Original illisible
NF Z 43-120-10

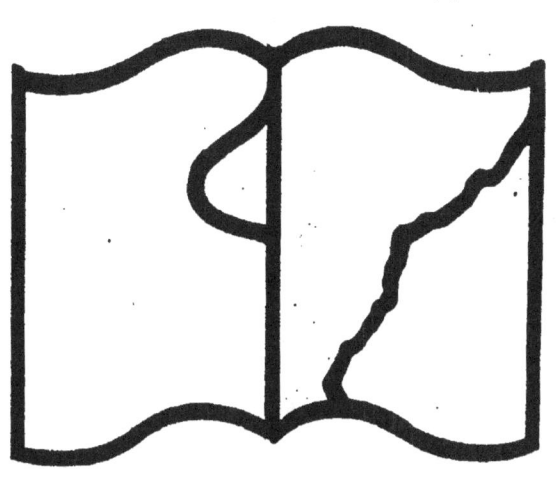

Texte détérioré — reliure défectueuse
NF Z 43-120-11

"VALABLE POUR TOUT OU PARTIE
DU DOCUMENT REPRODUIT".

Publication inédite à 30 c. la Livraison.

LA LOIRE

HISTORIQUE,

PITTORESQUE ET BIOGRAPHIQUE,

D'APRÈS

LES AUTEURS DE L'ANTIQUITÉ, LES LÉGENDES, CHRONIQUES,
CHARTES, HISTOIRES PROVINCIALES, STATISTIQUES, TRAVAUX ADMINISTRATIFS,
TRADITIONS LOCALES, MONUMENTS HISTORIQUES ET DOCUMENTS DIVERS,

RECUEILLIS EN 1838 ET 1839

Dans les Villes, Bourgs, Châteaux,
Archives, Bibliothèques, Cabinets particuliers, etc.,

DE LA SOURCE DE CE FLEUVE A SON EMBOUCHURE,

PAR

G. TOUCHARD-LAFOSSE.

> Nos provinces, nos villes, tout ce que chacun de nous comprend dans ses affections sous le nom de patrie, devrait nous être représenté à chaque siècle de son existence.
>
> *Augustin Thierry.*

L'HISTOIRE générale a ses limites: l'espace lui manque pour relater tous les faits, pour signaler toutes les illustrations, pour mentionner, même brièvement, les hommes utiles. D'ailleurs, ni les compactes in-folios, ni les volumes multipliés ne conviennent à notre époque : l'écrivain ambitieux d'instruire ou d'intéresser doit être assez concis pour prévenir la fatigue d'esprit, la facile atonie d'émotions à laquelle nous sommes sujets. Historien d'un empire, il faut qu'il laisse échapper, en dépit de sa conscience, les fils élémentaires d'intérêt qui pourraient corroborer et souvent embellir cette trame d'événements, cette page infinie d'expérience que les générations voient se dérouler progressivement sous la main des siècles. Mais ces fils négligés sont repris avec succès par l'historien des localités : en compensation de l'ordonnance grandiose, refusée quelquefois à ses tableaux, il présente, sous mille formes, sous milles nuances, des détails qui achèvent de peindre les hommes et les temps : filaments de sociabilité, rudiments de physiologie historique, à peine indiqués dans les grandes compositions.

Et puis n'est-il pas d'une haute portée morale, disons plus, d'une haute importance politique, d'étudier, de constater ces individualités provinciales dont nos modernes législateurs tiennent trop peu de compte, peut-être, dans les modifications incessantes de notre pacte social ? car l'esprit de localité, en passant sous le rude niveau des révolutions, ne s'est point effacé en France ; et l'on peut affirmer qu'une des premières nécessités contemporaines est de le bien connaître, afin de prévenir sa réaction contre une centralisation absolue, qui le froisse quelquefois.

Tels sont les principaux traits du plan qu'adopte l'auteur de la *Loire historique*, en descendant, annaliste-voyageur, dans l'admirable vallée où coule, sur un espace de 200 lieues, le plus beau fleuve de l'Europe, à travers le pays le plus animé, le plus pittoresque, le plus historique, le plus empreint de poésie. On comprendra facilement tout ce que l'observateur consciencieux et vivement impressionné peut recueillir de notions ignorées, de faits neufs, d'épisodes inédits, d'anecdotes curieuses, de corollaires dédaignés et pourtant caractéristiques, en portant le flambeau d'une investigation aussi active que constante sur le double littoral de la Loire ; en proportionnant ses excursions transversales à l'attrait, surtout à l'utilité qu'elles offrent. Ainsi l'historien ne trouve nulle part son sujet aride : lorsque l'événement digne de mémoire, la donnée piquante, le charme des sites, le drame puissant, la leçon instructive, le portrait saillant, l'institution philanthropique, l'établissement agricole, industriel ou commercial, ne se rencontrent pas en vue du fleuve, il les cherche derrière la forêt, dont le sombre rideau dérobe des vestiges druidiques, des traces de la grandeur romaine, une abbaye jadis célèbre, un temple révéré, une ferme modèle, une usine ingénieuse, une mine exploitable ou exploitée; il gravit le coteau au sommet duquel s'élève le château féodal mutilé par le temps, mais éloquent encore à confirmer le caractère d'un personnage ou d'un siècle. Puis il va dans les archives, dans les bibliothèques des villes; dans le cabinet de l'administrateur, du bibliophile, de l'archéologue, de l'agronome, de l'industriel patriotes et complaisants, compléter ou rectifier ce que lui ont appris les dires populaires, les traditions de la veillée, le témoignage souvent capricieux des monuments, les annales généralement officieuses de l'historiographe, les vues trop passionnées du novateur.

Indépendamment des villes semées sur les bords de la Loire : Saint-Étienne, Montbrizon, Roanne, La Palisse, Moulins, Saint-Pierre le Moûtier, Nevers, La Charité, Sancerre, Cosne, Gien, Orléans, Cléry, Beaugency, Blois, Amboise, Tours, Chinon, Saumur, Angers, Ancenis, Nantes, Paimbœuf et tant d'autres, d'où surgissent à flots pressés les souvenirs historiques, que de localités où dorment, faute de voix pour les redire, faute de plumes pour les consigner, des faits et des réputations dont l'histoire s'enrichirait, dont l'orgueil national pourrait se prévaloir! Et quelle précieuse collection de fastes ne glane-t-on pas encore dans les nombreux châteaux qui s'épanouissent sur les deux rives du fleuve; sans mentionner ici, sous ce rapport, la Loire supérieure, assez belle de produits naturels et d'active industrie pour ne pas s'enorgueillir d'une parure de monuments qui, toutefois, ne lui manque point, nous citerons Chambord, cet Alhambra éclos d'un souvenir poétique de François Ier : ce palais aux coquetteries orientales, si célèbre par les galanteries du roi-chevalier, par les intrigues que Richelieu sut rendre suzeraines de la royauté, par les infimes voluptés et la mort restée mystérieuse du maréchal de Saxe; Menars, qui fut l'Eldorado d'un bourgeois que Louis XV avait improvisé grand seigneur : Menars où se développe aujourd'hui une féconde activité, sous la main d'un grand seigneur descendu dans la lice industrielle; Chaumont, que M. de Vigny a trop brièvement décrit dans son roman de *Cinq-Mars;* Chanteloup, dont les magnificences, évanouies récemment, prêtèrent à l'exil de Choiseul l'aspect d'un règne; Chenonceaux, enfant superbe des prodigalités d'Henri II envers cette Diane de Poitiers qui, parvenue à l'âge où les femmes ne comptent plus dans leur vie que des hivers, ne semblait ajouter à ses années que des printemps : Chenonceaux, où mille témoignages redisent les menées secrètes, les pratiques superstitieuses, la sanglante influence de l'astucieuse et sombre

Médicis, la sauvagerie sublime de J.-J. Rousseau, les saillies spirituelles, pleines d'animation, étincelantes de souvenirs d'une fille de Samuel Bernard, ce Juif devant lequel s'abaissa la grandeur nécessiteuse de Louis XIV; Plessis-lés-Tours, qui ne s'offre plus à la vue que comme une ombre terrible : Plessis-les-Tours, tombeau crénelé dans lequel vint mourir lentement Louis XI, au sein d'une agonie de lugubres terreurs, mais couché sur les foudres éteints de la féodalité.... Citons encore Ussé, avec ses tours sourcilleuses et ses fortifications modernes, où se jouèrent les dernières inspirations de Vauban ; Champtocé, manoir maintenant en ruines, mais célèbre par le séjour du farouche maréchal de Retz, surnommé Barbe-Bleue ; La Seilleraie, où l'on montre, dit-on, le pupitre sur lequel madame de Sévigné traça plusieurs de ces lettres que la postérité attendait ; enfin, Goulaine, qu'une autre Jeanne d'Arc, Yolande de Goulaine, défendit vaillamment contre les Anglais, et que Henri IV visita plus tard avec admiration.

Et l'immense épisode des guerres vendéennes, n'est-ce pas aux bords de la Loire qu'on en recueille le récit sincère, de la bouche des vieux guerriers sortis de cette lutte homérique? Là, les souvenirs, où la passion s'est refroidie, retracent avec fidélité le combat livré, il y a quarante-cinq ans, sur le sol que l'historien rustique frappe du pied en disant : » On se battit ici pendant dix heures ; ce gazon, qu'émaillent la pâquerette et le bouton d'or, était inondé de sang ; et si le soc l'entr'ouvre, on entend résonner ce fer, comme dans le vers de Virgile, contre des ossements humains... Le fleuve lui-même fut le théâtre mobile où s'escrima la fureur des partis : ses ondes, aux reflets d'argent, s'ensanglantèrent plus d'une fois ; car les noyades, horriblement ingénieuses, de Carrier ne furent pas sans représailles.

Dans cette longue suite d'annales, commencée aux sources de la Loire, et conduite jusqu'à l'Océan *par un enfant de la riante Touraine*, que d'hommes utiles, de talents modestes, de notabilités vivantes, de découvertes ou d'améliorations timides à révéler : en un mot, que de renommées avortant dans leur germe, sur un théâtre trop peu éclairé par la presse : renommées que l'histoire enregistrera, lorsqu'elles seront produites au soleil de la publicité. Car, il faut bien le dire, l'aristocratie savante, littéraire, artistique ou industrielle de notre capitale s'attribue trop exclusivement des progrès auxquels les départements concourent. Avouons, avec Lamartine, « qu'on doit respecter et proclamer les supériorités qu'une nation groupe dans son sein, pour faire éclater plus haut et rayonner plus loin ce foyer de lumières vivifiantes; mais convenons aussi que ce ne sont point les pavés d'une capitale qui enfantent les illustrations dont elle se décore ; que la sève de vie d'un grand peuple circule dans tous ses rameaux ; que le fruit de l'intelligence mûrit sous toutes les latitudes ; » et que si chaque partie de la France venait à revendiquer ce qui lui appartient dans la gloire de Paris, cette grande cité verrait détacher quelquefois des rayons de son auréole.

Le temps est venu de montrer la province sous un jour moins faux que celui sous lequel on nous l'offre depuis Molière ; la raison publique fait enfin bonne justice de ces éternelles plaisanteries, butin de roman, de vaudeville ou de feuilleton, qui nous peignent le provincial comme attardé d'un siècle sur les voies élargies de la civilisation. Chaque jour la province nous apprend que, dans les routes nouvelles, elle marche de près sur les traces du progrès parisien ; et si l'on parcourt ses journaux, il faut reconnaître que leur critique éclaire parfois les faux pas auxquels s'expose, en courant, l'aventureuse rapidité de la pensée métropolitaine. Assez justes aujourd'hui pour convier les capacités départementales au banquet de nos gloires, révélons donc tout ce que le silence de la publicité laisse encore ignorer de leurs droits ; et ces droits, sachons nous faire un devoir de les établir en les prouvant. L'auteur de *la Loire historique*, dans le cadre qu'il s'est tracé, s'efforce, sinon d'accomplir, du moins d'entreprendre cette tâche équitable.

Il serait difficile de faire juger par un simple prospectus tout ce que notre publication offrira d'importance, d'intérêt et d'utilité ; mais nous croyons en avoir dit assez pour démontrer qu'il ne s'agit ni d'un de ces prismes chatoyants appelés ambitieusement *Impressions de voyage*, ni d'un de ces itinéraires destinés à l'amusement des voyageurs que la vapeur fait glisser sur nos fleuves, ni d'un de ces badinages spéculatifs qualifiés de *Keepsake*. L'auteur a osé concevoir une grande page d'histoire, une longue galerie de mœurs, une succession consciencieusement étudiée, de descriptions, de récits et d'appréciations, sans esprit de parti, sans aucune influence politique, sans déviations d'équité résultant des tendances de coterie ou de rivalité. Les gages de zèle et de capacité donnés par M. Touchard-Lafosse sont bien connus : tout le monde a lu le *Précis de l'histoire de Napoléon* (1825, — 1 vol. in-8°.) *L'Histoire de Paris et l'Histoire des environs de Paris* (1833 à 1837, — 9 vol. in-8°), devenues populaires après celles de Dulaure ; *l'Histoire de Charles XIV, roi de Suède et de Norvège* (1838, — 3 vol. in-8°); *les Chroniques de l'OEil-de-Bœuf* (1829 à 1831, — 8 vol. in-8°); *les Souvenirs d'un demi-*

siècle (1836, — 6 vol. in-8°); et 60 autres volumes de compositions diverses : tous ouvrages dont le succès honorable et soutenu nous autorise à promettre ici un livre d'une facture sagement calculée entre deux extrêmes à éviter : la sécheresse et la frivolité.

Exécutée sur le plan que l'on vient d'exposer, l'œuvre annoncée est nécessairement empreinte d'un caractère local, embrassant, il est vrai, un immense théâtre; mais elle se recommande particulièrement aux populations des rives de la Loire; c'est donc du patriotisme de ces dernières que nous croyons pouvoir surtout attendre son succès. Il nous a semblé que cette publication devait surgir des contrées mêmes dont elle offre la description, l'histoire, la biographie; et nous avons pensé que son exécution typographique, confiée à l'industrie supérieure, à la noble ambition de la plus importante des villes situées sur la Loire, serait déjà un témoignage irrécusable du progrès départemental que l'auteur se propose de proclamer.

Conditions de la Souscription.

La *Loire historique* formera 4 très beaux volumes grand in-8°, contenant la matière de plus de 12 volumes ordinaires, imprimés sur papier grand jésus vélin glacé, en caractères fondus exprès, semblables à ceux du Prospectus. L'ouvrage sera illustré de 50 magnifiques gravures sur acier, confiées à l'habile exécution de M. EMILE ROUARGUE, d'après les dessins originaux de M. ADOLPHE ROUARGUE : elles représenteront les plus beaux points de vue de la Loire, monuments divers, et scènes historiques d'un intérêt puissant. Le texte sera enrichi de vignettes, portraits, lettres ornées, culs-de-lampe, fleurons, etc.; enfin, et pour que cette importante publication ne laisse rien à désirer, il sera établi, pour chacune des trois grandes divisions (Loire supérieure, Loire moyenne, Loire inférieure), une carte du cours de ce fleuve, avec indication de tous les lieux mentionnés dans l'ouvrage. Ces cartes seront gravées avec le plus grand soin par M. PIERRE TARDIEU.

La *Loire historique* sera divisée en 200 livraisons, à 30 centimes chacune; il paraîtra deux livraisons par semaine : la première sera en vente dans le courant de septembre prochain. On pourra souscrire également par demi-volume contenant vingt-cinq livraisons, et par volume en contenant cinquante.

ON SOUSCRIT A NANTES,

CHEZ SUIREAU, LIBRAIRE-ÉDITEUR,

RUES CRÉBILLON ET CONTRESCARPE.

A PARIS,

CHEZ ERNEST BOURDIN ET Cie, ÉDITEURS,

RUE DE SEINE, 16.

Et chez tous les Libraires de France et de l'étranger.

NANTES. — Imprimerie de HERAULT, rue de Guérande, 5.

LA
LOIRE HISTORIQUE.

Touchard Lafosse.

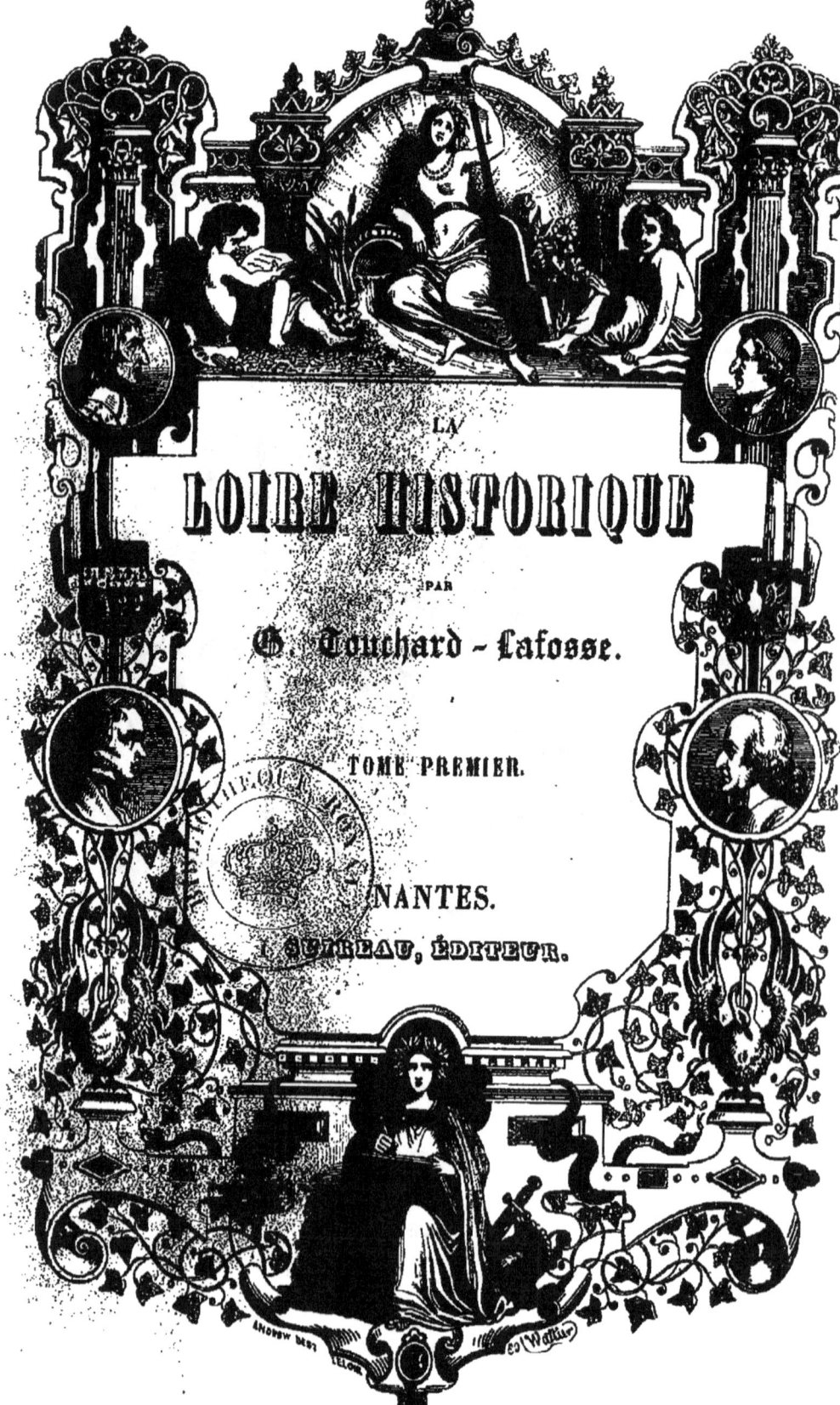

LA LOIRE

HISTORIQUE,

PITTORESQUE ET BIOGRAPHIQUE,

D'APRÈS

LES AUTEURS DE L'ANTIQUITÉ ET LES LÉGENDES, CHRONIQUES, CHARTES, HISTOIRES PROVINCIALES, STATISTIQUES, TRAVAUX ADMINISTRATIFS, TRADITIONS LOCALES, MONUMENTS HISTORIQUES, DOCUMENTS DIVERS,

RECUEILLIS EN 1839 ET 1840,

Dans les Villes, Bourgs, Châteaux, Archives, Bibliothèques, Sociétés savantes et Cabinets particuliers,

DE LA SOURCE DE CE FLEUVE A SON EMBOUCHURE,

PAR

G. TOUCHARD-LAFOSSE.

TOME PREMIER.

NANTES,

CHEZ SUIREAU, LIBRAIRE-ÉDITEUR,

RUES CRÉBILLON ET CONTRESCARPE

1840

INTRODUCTION.

Quelle voix a donc dit : non, la France départementale n'est pas la France glorieuse, la France du progrès ; non, les intelligences que n'échauffe point le soleil intellectuel de notre capitale ne peuvent être fécondées jusqu'aux nobles élans du génie. Pour être admise au banquet de nos illustrations, pour savourer cette ambroisie de renommée bienveillante qui crée et alimente les réputations, il faut que toute inspiration provinciale vienne se régénérer sous le baptême métropolitain. Il faut qu'en tribut de son admission aux scintillantes destinées de Paris, le néophite renie son berceau, insulte de ses sarcasmes dédaigneux les maîtres qui lui apprirent à épeler les éléments du savoir, qui firent éclore dans sa jeune imagination les premières lueurs de l'idée. Hâtons-nous de le dire, la grande voix du peuple parisien ne prononça jamais ces paroles ; jamais elle ne se formulèrent en opinion arrêtée dans les convictions du million de citoyens que recèle la reine des cités. On l'a répété cent fois, les universalités pensantes sont équitables et logiques ; mais le *vox populi* est de nos jours une chimère. La pensée populaire se fractionne en mille échos qui l'altèrent ou la dénaturent, tout en se targuant de la reproduire fidèlement. La presse, cet interprète si nécessaire quand elle s'inspire du puritanisme de sa belle mission, si dangereuse lorsque, cessant d'obéir à une consciencieuse nationalité, elle s'abandonne aux insinuations de coterie ; la presse, du haut de son trône parisien, se fait peuple selon ses caprices, et s'érige en esprit public. Divisée dans ses manifestations religieuses, politiques, morales, scientifiques, littéraires, artistiques, industrielles : combattant sous des bannières de couleurs différentes, elle ne rallie ses dissidences que sur un seul point, le dénigrement de la province. En cela, tous les organes de la publicité quotidienne et périodique semblent avoir reçu le même mot d'ordre, parce que en effet, ils se proposent le même but : diminuer le concours incessant de facultés qui convergent vers le foyer des lumières, et le diminuer, non parce qu'on s'y éclaire, mais parce qu'on peut s'y enrichir. Car il y aurait folie à prêter quelque réalité aux illusions *poétiques* dont certains écrivains s'amusent à parer notre siècle : ces fleurs de bien dire, brodées sur la trame toute positive des penchants contemporains, n'abusent que les niais. Depuis que, dans le texte même de nos institutions, les intérêts matériels sont devenus la base des principes, les lettres aussi aspirent à s'envelopper d'un coin du manteau de l'aristocratie numéraire ; et, disons-le sans réserve, sans détour, il est difficile de retrouver une morale pure, à travers l'époque où les œuvres de l'esprit se matérialisent. Le sage observateur, isolé de cette foule d'entraînements sordides, voit avec chagrin la littérature déroger à sa généreuse tâche, aux incitations d'une puissance infime ; il s'afflige en la trouvant insoucieuse à l'estime, à la considération, sans lesquelles l'art d'écrire n'est qu'un métier, disons plus, un trafic, moins la légitimité du lucre ; et, passant des généralités à l'application, il s'indigne surtout, ce sage observateur, au bruit scandaleux de la perpétuelle mousquetade de futilités que déverse sur les départements, le feuilleton parisien, recruté en partie de défections provinciales.

Quelle initiative d'hostilités ne provoque pas de représailles ? La plume croise la plume, comme l'épée croise l'épée ; et les étincelles que produit le choc des débats littéraires, pour être moins vives que celles jaillissant de deux fers qui se heurtent, n'en sont pas moins pénétrantes, pas moins propres à faire dégénérer le dépit en colère, la colère en profonde inimitié. La province, attaquée par le journalisme de Paris, riposte par ses journaux ; on s'aigrit, ou s'irrite mutuellement ; et voilà la guerre déclarée entre le pays et sa capitale : guerre sérieuse, vraiment, ce sont des amours-propres qui combattent.

Mais la lutte ne peut être égale : indépendamment des défectionnaires provinciaux dont la presse parisienne se recrute, Paris n'a-t-il pas des intelligences parmi ses rivaux des départements ? Le plus grand désavantage de la province, celui qui peut-être nuit le plus à l'appréciation de ce qu'elle vaut, c'est qu'elle laisse infiltrer Paris dans ses goûts, dans ses habitudes, et jusque dans ses mœurs. Chaque région de la France, copiste malheureuse de la métropole, semble effacer à plaisir les dernières traces de cette individualité qui rappelait, et ses origines, et les exploits de ses premiers citoyens, et la part glorieuse qu'ils apportèrent à la conquête de notre grande nationalité. Plus malheureusement encore, ce parfum d'actualité, type épandu sur nos provinces, achève de dissiper les émanations de leur caractère propre : ferment généreux qui, pendant une longue suite de siècles, entretint entre elles une noble rivalité, appliquée au concours émulateur de toutes les gloires. Ce changement, qu'il faudrait déplorer avec amertume s'il était universellement adopté, ne l'est, grâce à Dieu, que par une fraction de la société départementale : essaim léger et vagabond *s'ennuyant* de tout, parce qu'il est du plus mauvais ton d'avoir des goûts vieux de quinze jours ; et se défendant d'un plaisir durable comme d'un ridicule. C'est dans ce cercle d'intelligences volages, où l'on n'a foi qu'aux oracles du journalisme, fugitifs et superficiels comme elles, que vous trouverez les auxiliaires de l'exclusion parisienne. Ces dandys provinciaux, trop frivoles pour tenir compte des ressources et des émulations locales, patriotes trop indifférents pour comprendre la nécessité de les mettre en œuvre, passent leur vie à arriver de la capitale, et revêtant tous les objets du clinquant de leurs souvenirs, ils jurent que la France intelligente n'est et ne peut être qu'à Paris. La raison qu'ils en donnent ne vous paraît-elle pas sans réplique ? on n'entend qu'à Paris les chanteurs bouffes ; on ne se réunit que là en jokeys-club ; ce n'est que parmi les *lions* du faubourg Saint-Germain ou de la Chaussée-d'Antin, que l'on se casse élégamment le cou à courir au clocher ; et là seulement les dames savent fumer avec grâce la cigarette et même le cigare. Il demeure donc bien constaté pour ces dénégateurs de l'aptitude provinciale, que toute tentative empreinte d'invention, d'originalité, de pensée transcendante, doit être interdite aux ambitions départementales, et qu'il ne leur sied point de quitter l'ornière que trace la capitale dans les champs du progrès. Ainsi le savant de Lyon, de Bordeaux, de Nantes, de Rouen, ne se permettra d'imaginer une théorie, que sauf le bon plaisir de la sublime académie, qui ne veut rien innover. Le paysagiste ne saura jeter sur la toile les sites pittoresques, la feuillée qu'on croit voir s'agiter, les eaux limpides que cherche à sonder le regard séduit, l'azur céleste sur lequel semble courir le nuage vaporeux ; il ne saura, en un mot, accomplir tous les prestiges de son art, qu'autant qu'il aura habité, deux ou trois années durant, un cinquième étage du faubourg Saint-

Jacques, devant un horizon de tuiles noirâtres ou de plâtre blafard. L'homme de lettres provincial sera honni, s'il n'a pas étudié la chevelure ou la barbe de telle illustration littéraire, le paletot de telle autre, la robe de chambre modèle d'une troisième; et quoique pourvu de ces éléments de célébrité, cet écrivain trébuchera bientôt dans la carrière, s'il ne fait venir constamment son style de Paris, avec ses habits.

Il ne faut pas toutefois que les habitants de la province, plus sagement inspirés, se hâtent de condamner en ceci ceux de leurs compatriotes qui ne les veulent agissant, écrivant, pensant que par imitation. Cela tient d'une inclination qui leur est, hélas ! commune avec Paris même : inclination que Lamartine a parfaitement définie dans un discours prononcé devant la société académique de Mâcon. « Il faut oser le dire, s'est-il écrié, un vice ou plutôt un défaut du caractère national, qui tient peut-être à de brillantes qualités, mais qui en étouffe beaucoup d'autres, c'est ce besoin de niveler, en rabaissant les supériorités qui cherchent à se produire autour de nous, même lorsqu'elles nous honorent ou nous profitent; ce penchant à la moquerie, cette disposition à une certaine ironie déconcerte l'enthousiasme et nous porte à nous défier de notre admiration, pour peu qu'elle compromette notre esprit, et à nous moquer quelquefois de nous mêmes, pour enlever aux autres la priorité de la raillerie : disposition demi-amère, demi-gracieuse, qui amuse un peuple, qui lui donne la palme du sarcasme en Europe; qui semble le placer au-dessus de tout, parce qu'il joue avec tout; qui juge par un bon mot, qui définit par une injure, qui laisse une plaisanterie sur chaque vertu, une cicatrice sur chaque gloire; mais qui profane beaucoup de sentiments élevés, et les rabaissant jusqu'à terre, intimide beaucoup de courages et glace beaucoup de jeunes ambitions. »

Ces hostilités dénigrantes, ces blessures à coups d'épingle, faites aux individualités dont pourraient se composer la gloire et l'honneur du pays, sont par malheur devenues des spéculations : peut-être les verrons nous prochainement cotées à la bourse, au nombre des scandales qui s'y industrialisent. Voyez les publications à la lecture desquelles le public égaré s'égaie, leur succès, leur vogue, se prononcent avec d'autant plus d'éclat, que la dose de diffamation qu'elles renferment est plus ample : à notre époque appartient la malheureuse idée d'avoir déchiré ce rideau de bienséances tiré sur la vie privée; à nos contemporains est dû le triste mérite d'avoir attaché des noms propres aux indiscrétions allégoriques du *Diable boiteux*. Ce n'était pas assez que nous eussions des *Charivari,* des *Guêpes,* des *Personnalités,* des *Pichenettes,* livrant une guerre incessante aux hommes de notre temps; ce n'était pas assez qu'un caricaturiste éditeur, faisant développer à tant la page l'inspiration d'un caricaturiste peintre, traînât les conditions sociales en masse aux gémonies du ridicule; on n'a pas craint de livrer au scapel de l'opinion la réputation du sexe, cette réputation à laquelle il est si difficile de toucher sans la flétrir. Caché sous un appât tendu à la coquetterie des *belles femmes de Paris,* le dard acéré du biographe a pénétré jusqu'au cœur de leur vie intime, dont on a vu souvent les plus secrets épisodes exposés, avec leur portrait, derrière les vitres d'Aubert et de Martinet. Quoique les épigrammes ne blessent que ceux qui les craignent, et qu'elles n'aient jamais tué ni un talent réel, ni une vertu reconnue, ni une vérité constatée, il faut déplorer pourtant cette tendance à tout rapetisser, qui nous gêne, nous préoccupe, nous égare, lorsque nous voulons mesurer de l'œil ou de la pensée ce que nous croyons véritablement supérieur. Et si, dans les archives du siècle, on conserve, avec ces critiques exclusivement malicieuses, diffamatoires et quelquefois calomnieuses, les peintures fantastiques, les caractères étranges, les figures de fantaisie, le naturel idéal, les monstruosités apocalyptiques; en un mot, le monde d'invention bizarre imaginé par nos dramatistes et nos romanciers modernes, que penseront les générations futures de notre époque lumineuse?

Heureusement, en dehors de ce tourbillon d'excentricités turbulentes, il existe en France une société qui ne se laisse point éblouir par les futiles et dangereuses lueurs de la vogue, que nous voyons s'étendre jusque sur les domaines de la religion, de la morale et de la science : cette majorité d'appréciateurs intègres, qui prévaudra en province comme à Paris, assignera aux départements et à la capitale, le rang qui leur convient dans les fastes du pays. Mais, qu'il nous soit permis de le dire, la province a jusqu'ici manqué de plumes pour enregistrer, avec une équitable sollicitude, ses actions et ses travaux, injustement dépréciés, ainsi que nous l'avons vu, par les préventions locales, autant que par la critique parisienne. Certes! ni l'inspiration, ni le courage, ni la persévérance, n'ont manqué à nos départements, pour entreprendre ce que Paris entreprenait, et souvent leurs tentatives, ou généreuses ou hardies, ont été au-delà des siennes. Ce qui leur a presque toujours fait défaut, c'est une tribune, c'est une lice de publicité, où les combattants de la science, de l'art, de l'industrie, aient pu jouter avec des *tenants* de la capitale. Lorsque cette tribune leur a été offerte, les capacités provinciales se sont produites avec supériorité : ouvrez l'histoire de notre révolution, compulsez les débats législatifs de cette époque, brillante de tout l'éclat d'un orage, et vous nous direz ensuite dans quelle proportion Paris sut conquérir les palmes de l'éloquence. Étaient-ils enfants de la fière Lutèce, les Mirabeau, les Barnave, les Cazalès, les Grégoire, les Camille Desmoulins, les Vergniaud, les Maury? Non, sans doute; et le dernier seul s'était enrichi des tours académiques. Les autres apportèrent du fond de leurs provinces ces soudainetés admirables, ces tonnantes improvisations, cet irrésistible ascendant de la puissance oratoire qui, s'ils ne conquirent pas toutes les convictions dans cette arène d'opinions divergentes qu'on nommait une législature, réduisirent souvent au silence l'opposition qui se croyait forte de principes et de raison. Plus tard, ils ne durent rien à Paris, les Foy, les Benjamin Constant, les Manuel, les Labourdonnaye, les Villele, les Chauvelin, les d'Argenson, les Lamarque: la verve qui les anima, la poésie nerveuse dont leur bouche sut empreindre les matières politiques, ne sont pas de ces dons que féconde l'atmosphère ambrée des capitales, ni que l'on recueille parmi les périodes admiratives de l'école : le génie ne s'apprend nulle part.

Athlète inimitable dans une polémique qui déchire en riant les travers contemporains, Paul-Louis Courrier, ne demanda des inspirations, ni aux caprices étranges de la presse parisienne, ni aux harangues parlementaires refaites pour être insérées dans les journaux de parti; il ne modifia point ses formes d'une élégance abrupte par le frottement des assemblées de Paris, qui deviennent si facilement des coteries. C'est sous les ombrages de Veret, sous le ciel inspirateur de Rabelais, que cet écrivain, Rabelais lui-même au XIXe siècle, médita ces pages originales, qui resteront comme un modèle de la plus *sérieuse* plaisanterie.

Et maintenant nous oserons interpeller M. de Cormenin, qui tout récemment joignit un tableau de genre[1] à une galerie de fantaisie, où la fantaisie se montre presque toujours hostile à ces *Français peints par eux-mêmes*, qui certes! ne se sont pas flattés. Comment, lui, raisonneur profond, dialecticien serré autant qu'écrivain spirituel et poli, a-t-il pu lancer sur la littérature départementale un anathême absolu qui aurait encore le défaut d'être dépourvu d'urbanité, quand il n'offrirait pas un déni de justice basé sur une ignorance complète de la situation actuelle des lettres dans la province. On doit s'affliger en voyant un

---

(1) *Les Français peints par eux-mêmes*, article intitulé *la Cour d'Assises*, n°ˢ 14 et 15. Voyez page 595 de ce volume, le jugement porté par M. de Cormenin sur les écrivains de la province.

homme de cœur, de talent et de savoir jeter ainsi aux vents de la publicité des phrases hasardées ; et l'affliction est d'autant plus grande, que ces phrases formulent une injure gratuite contre les départements, qui révèrent en lui le mandataire consciencieux. Nous venons de parcourir dans toutes ses parties le bassin de la Loire, et partout nous avons trouvé des citoyens livrés à l'étude des sciences, à la culture sage et persévérante des lettres ; à l'exercice des beaux arts qui décorent la vie sociale, enfin à la recherche des théories nouvelles qui peuvent reculer les limites des connaissances pratiques. Pour accomplir notre tâche, nous avons dû consulter tous les recueils, tous les mémoires rédigés sur ces localités ; tous les journaux publiés dans les chefs-lieux de département ou d'arrondissement nous ont passé sous les yeux : notre attention s'est même arrêtée à cette faconde romancière du feuilleton, que la province devait imiter de l'industrie parisienne, pour se conformer au *goût du jour;* et souvent nous avons lu des productions *du crû,* comme disent dédaigneusement les suzerains de la *grande presse,* qui feraient honneur aux habiles que la vogue proclame à Paris. Si M. de Cormenin, décidé à rectifier, sans déplacement, l'arrêt acerbe qu'il a porté, veut, un peu tardivement, s'éclairer sur l'objet qui nous occupe, qu'il se fasse remettre les annales des sociétés scientifiques, littéraires ou agricoles ; qu'il ouvre les histoires locales (car chaque province, chaque département, chaque ville aura bientôt fourni sa pierre à l'histoire générale, si pauvre encore) ; qu'il consulte les publications qui s'empoudrent dans les librairies de province, non à défaut de mérite, mais parce que leurs auteurs manquent du grand véhicule de l'époque, le savoir faire ; enfin qu'il daigne parcourir les annales des *Congrès scientifiques;* nul doute qu'après une telle investigation, il n'accorde plus de place dans son estime, à cette littérature provinciale qu'il a foudroyée, comme l'artilleur mitraille son ennemi, sans la connaître.

Peut-être, serait-ce une abnégation laborieuse d'amour-propre, que ce retour de l'illustre publiciste, sur un jugement que les préventions favorables du public le portent (il serait peu exact de dire l'autorisent) à croire irréfragable : il est difficile que nous apercevions nos erreurs à travers la fumée de l'encens qu'on brûle pour nous : c'est en cela surtout que les panégyriques outrés sont dangereux. Nous n'en persistons pas moins à déclarer ce jugement injuste ; dans le cours de cet ouvrage, l'occasion de le prouver par l'autorité des faits et des noms se reproduira souvent.

Par quelle fatalité la province aurait-elle donc refusé de s'associer au mouvement progressif qu'une instruction large et méthodique a préparé dans toutes les parties de la France ? Comment peut-on admettre qu'à une époque où des communications multipliées ont établi un concours, un échange, une fusion continuels de connaissances et d'idées, quelque partie du territoire moral ait été rebelle à la culture du progrès, à celle des lettres, de ces lettres qui sont l'attrait universel de notre jeunesse studieuse et vivement impressionnée ? Supposons pour un moment qu'en toute chose l'inspiration normale parte de Paris ; prêtons quelque portée logique à cette opinion paradoxale, que la pensée, dépourvue de sève sous le ciel départemental, ne puisse fleurir que dans les cages de plâtre où l'emprisonnent les habitants de la capitale ; jamais il ne lui fut plus facile d'obtenir ce complément de vie, par des pélerinages fréquents à cette jouvence du savoir. Mais, dans tous les cas, ces pélerinages seront d'autant plus fructueux, qu'ils seront plus courts : à Paris, la corruption succède vite à la maturité. Là, le talent et même le génie, semblables à ces plantes qui s'étiolent dès qu'elles ont cessé de s'accroître, se frélatent et se dégradent au contact des passions qui s'ébattent, des intrigues qui s'agitent, des bizarreries qui se produisent pour acquérir une célébrité dont personne ne songe à contrôler l'origine, lorsqu'elle est parvenue à s'asseoir sur l'autel de cette divinité aux ailes de papillon, qu'on appelle la vogue.

Et ce fleuve torrentueux de capacités, où l'on prétend à toute force immerger la vie littéraire, dites, serait-il devenu si vaste, si majestueux, si vous voulez, sans le concours des affluents que la province y verse ? Ouvrons les biographies [1] :

Victor Hugo, né à Besançon, révéla à Paris une verve nourrie d'excitations italiennes, espagnoles, bretonnes : verve exaltée au sein des inflagrations politiques et guerrières : poésie de l'âme, affranchie déjà des langes scolastiques, et qui ne voulut écouter dans la capitale, ni conseils, ni critiques : génie type qu'on vit marcher sans déviation à son but et l'atteindre, aux applaudissements de la multitude couvrant les sifflements de l'envie.

Casimir Delavigne, médiateur élégant entre les unités aristotéliennes et la licence romantique, apporta du Hâvre à Paris un talent tout formé; il fleurit l'Académie française sans avoir rien emprunté aux écoles multiples, ou plutôt aux individualités ambitieuses qui s'érigeaient en écoles, il y a quinze ans, comme aujourd'hui.

Georges Sand, muse bercée sous le ciel des Antilles, ne dut en aucun temps et ne devra jamais une direction à quelque influence que ce soit. Peintre admirable, elle prend et ses modèles et ses couleurs dans son imagination; nous espérons que les passions qu'elle retrace ont la même origine : il nous serait pénible de penser que cette lave inanalysable découlât de son cœur.

Charles Nodier, écrivain franc-comtois de haute portée et de chaleureuse conviction, traça ses premières pages à la lueur des éclairs révolutionnaires; puis son talent s'accomplit et s'expérimenta à l'école rigoureuse de l'exil. La vie de ce littérateur

---

[1] Châteaubriand était, avant notre époque, un homme hors ligne, que l'opinion ne doit point faire rentrer dans les rangs de nos littérateurs contemporains; nous ne pensons pas du reste que personne songe à soutenir que l'auteur *des Martyrs* et du *Génie du Christianisme* ait pu rien acquérir dans l'officine littéraire de Paris.

estimable était déjà avancée dans son automne lorsque la nef où long-temps elle avait été ballottée surgit au port : port tel qu'il le fallait à Nodier, c'est-à-dire semé de vieux livres, animé de nouvelles ambitions auxquelles il apprit à fouiller ces trésors. Paris ne lui a rien donné et lui doit beaucoup.

Balzac, excellent tourangeau, après avoir cherché long-temps sa route parmi les indifférences contemporaines, les a certainement échauffées jusqu'au degré d'une juste admiration ; mais ses compositions les plus vraies, ses peintures les plus suaves, ses élans les plus empreints de poésie, ne tiennent ni du néologisme phrasier, ni des étrangetés morales qu'on reproche à notre littérature moderne, et dont le crédit baisse heureusement, même à Paris. Jamais Balzac n'est aussi heureux que lorsqu'il reprend ses pipeaux des bords de la Loire : lisez *Eugénie Grandet*.

Alfred de Vigny écrivit peut-être à Étampes, sa patrie, peut-être à l'armée, qui fut long-temps une autre patrie pour les jeunes Français, le livre éminemment remarquable intitulé *Cinq Mars*. Loin de l'assister dans la composition de cet ouvrage, Paris ne lui offrit que des obstacles lorsqu'il voulut le mettre au jour : l'auteur dut s'engager à tenir compte à l'éditeur des frais de publication, comme d'une opération hasardée. Les lumières parisiennes avaient glissé sur ce chef-d'œuvre ; ce furent le goût et la raison du public qui lui assignèrent un rang.

M. Guizot débuta dans les lettres avant de quitter Nîmes pour venir au centre de la civilisation ; et chacun sait que ce promoteur ardent de *la Doctrine* fit école à Paris, en littérature comme en politique, plutôt qu'il ne s'associa aux systèmes existants.

Augustin Thierry, historien de haute sagacité, murit à Blois le beau talent et la manière consciencieuse qui distinguent ses ouvrages. Placé dès long-temps au premier rang des écrivains du genre, que pouvait-il rechercher dans la capitale, sinon la récompense qui lui a été décernée ?

L'historien auvergnat des *ducs de Bourgogne*, M. de Barente, eût écrit partout cette ingénieuse compilation, résultant d'un mécanisme littéraire qui lui appartenait : Paris n'a offert à cet appareilleur heureusement inspiré des vieilles chroniques, qu'un théâtre et de la publicité.

M. Thiers, obéissant à d'autres vues, voulait, lui, un début éclatant : intelligence politique ignorée, et qui s'ignorait peut-être elle-même, cet homme d'État aspirant a demandé aux lettres un passeport pour voyager dans une contrée plus productive que leur république ; nous avons eu *l'Histoire de la Révolution française :* c'est un cadeau que Marseille fit à Paris ; on saura quelque jour au juste jusqu'à quel point Paris doit se montrer reconnaissant envers l'antique colonie phocéenne.

Pour achever cette suite de citations, qu'il serait fastidieux de continuer, groupons maintenant des noms qui ressortent avec quelque éclat de nos fastes littéraires, entendus dans le sens de la vogue : Frédéric Soulié est de Toulouse ; Jules Janin, de Saint-Étienne ; Alexandre Dumas, de Villers-Coterets ; Émile Souvestre et Théophile Gauthier, de la Bretagne.... Nous nous arrêtons : en prolongeant cette liste, il y aurait danger de réduire à une brève étendue celle des littérateurs dont Paris peut s'énorgueillir, comme lui appartenant en propre. Quant à ceux nommés dans ce paragraphe, il serait injuste de ne pas les féliciter sur l'importation de richesses que leur doit la grande ville ; mais les félicitations qu'ils méritent pourraient être plus complètes, si l'aptitude provinciale qu'ils avaient apportée du sol natal se fût moins aventurée à la recherche de cette idole du jour, qualifiée d'originalité. Ce fétiche, que chacun façonne suivant son caprice, contribue aujourd'hui à prouver une triste vérité : c'est que la littérature, pâte malléable dont on fait ce qu'on veut, est devenue, sous la main de certains faiseurs, quelquefois insensée, plus souvent frénétique, et de temps en temps impertinente envers le public, qui la paye.

Un moraliste a dit quelque part : « Les grandes cités conviennent merveilleusement au débit des œuvres de l'esprit; elles sont nuisibles à leur développement. » Ceci est beaucoup plus qu'une opinion, c'est un fait dès long-temps constaté. Horace, fuyant Rome la superbe et la dissolue, sentait couler doucement ses vers inimitables au murmure des cascades de Tivoly. Ovide n'eût trouvé près du trône d'Auguste que de hideuses corruptions; il trouva sous les ombrages qu'il affectionnait, dans la prairie émaillée de fleurs où s'égarait sa muse rêveuse, les plus suaves inspirations de cet amour qu'il s'était pris à enseigner, sans être toutefois un sage professeur. Au moyen-âge, la plupart des écrivains recherchèrent la solitude : voyez Homère et Virgile renaître dans le silence des cloîtres ; voyez l'histoire moderne y prendre un essor hardi, sous la plume de Froissart. Montaigne médita ses *Essais* au fond d'un vieux château du Périgord; Rabelais, curé presque campagnard, traça une partie de ses malices incisives sur le dos de son bréviaire, un peu négligé.

Le siècle de Louis XIV vit-il épanouir tous ses chefs-d'œuvres au soleil éclatant de la ville et de la cour? Assurément non. On nous montre, à douze lieues de Paris, l'aire ou l'aigle de Meaux formula en prose sa sublime Épopée. Le pupitre de Fénélon reposa rarement sur les tables dorées d'un palais : c'était aux champs que cet autre Mentor d'un autre Télémaque demandait des préceptes sublimes. De cette même prairie d'où l'illustre prélat ramenait la vache égarée d'un paysan cambrésien, il apportait le souvenir d'une vertu grecque, pour l'instruction de son royal élève[1]. Les fables du bon Lafontaine croissaient, vous le savez, à l'ombre d'un chêne. Labruyère dessinait ses caractères si vrais, en parcourant au hasard la campagne, comme on vit naguère notre

---

(1) Andrieux a composé sur ce fait historique une pièce de vers où se reproduit, avec la simplicité touchante et naïve de Fénélon, toute la bonhomie patriarcale du spirituel conteur.

Béranger composer ses admirables chansons en battant les halliers avec sa badine. Si l'on jetait, il y a quelques années, un regard au-delà du détroit, ne voyait-on pas Walter Scott, schérif et greffier, écrire ces romans qui devaient charmer vingt capitales, dans un manoir agreste et solitaire, au sein d'une vie domestique simple comme celle de Rousseau.

Résumons en peu de mots une opinion que partagent tous les hommes qui observent et réfléchissent : si l'art d'écrire, si les élucubrations de la science sont devenus une branche de commerce ; si les œuvres de la pensée doivent s'étaler dans un bazar ; si le débit s'en fait au plus offrant, sur la criée d'une publicité qui s'achète et que l'on vend sophistiquée comme tout ce qui se paye ; oh ! dans cette hypothèse, Paris est la seule *place* littéraire et scientifique du royaume. Nulle part l'industriel écrivain ou savant ne peut trouver plus de chalands réunis ; car l'inflexible centralisation, araignée aux pattes longues et multipliées, attire dans sa trame, par centaines de mille, les moucherons humains, qui, croyant trouver à Paris la fortune ou la gloire, viennent s'y faire absorber et annuler. Mais si les lettres et le savoir doivent être considérés comme une noble mission ; si leurs éléments naturels sont l'étude, la méditation, les recherches persévérantes, le châtiment sévère des caprices de l'imagination ; si l'on demande des conseils à la nature, des portraits à la société, de bons modèles à une bibliothèque choisie, des résultats au travail profond et réfléchi, en épandant sur son œuvre ces reflets d'actualité qu'on ne doit pas refuser d'un siècle qui marche à grands pas ; si enfin, on se donne toutes les garanties de succès que l'expérience avait consacrées, avant que la jeune France de Paris l'eût déclarée radoteuse ; qui pourra soutenir que la vie calme des provinces soit un obstacle au progrès des connaissances humaines ? qui osera prétendre que l'air pur et balsamique du coteau ne gonflera pas la poitrine du poète, d'un élément plus généreux que l'atmosphère viciée de la capitale? qui viendra démentir le site inspirateur diapré de bois, de prairies, d'ondes limpides, de vignobles pendus au versant des collines, pour reléguer l'inspiration dans une frêle maison de Paris, qui tremble au bruit de la rue, comme dit Achille Allier?

Nous croyons fermement la raison conquise à cette maxime : « la sève de vie d'un grand peuple circule dans tous ses rameaux, » et le fruit de l'intelligence mûrit sous toutes les latitudes. » Mais dans l'entraînement de prévention favorable à la capitale et d'injustice révoltante déversée sur les départements, c'est une vérité qu'il ne suffit pas de dire ; les preuves surabondent : notre tâche d'affection sera de les produire au grand jour. Il ne faut pas seulement soulever le boisseau sous lequel est cachée la lumière provinciale, mais le briser et en jeter au loin les débris, pour que l'orgueil métropolitain n'en fasse pas décidément un éteignoir.

Mais, vont s'écrier les partisans de la capitale absorbante, nos départements n'ont-ils pas tous les honneurs réservés à l'agriculture progressive ; l'industrie ne leur décerne-t-elle pas dans les concours, à peu près toutes ses couronnes ; et le commerce ne réalise-t-il pas aux mains de leurs habitants une partie de ses avantages. La province, continuent ces raisonneurs, offre en grande partie la vétérance de nos illustrations nationales : ses cours supérieures sont le sanctuaire où s'éteignent doucement les lumières des assemblées constituante, législative, conventionnelle ; là aussi s'épurent, sous la toge judiciaire, les législateurs muets de l'empire, les consciences vénales de la restauration. Dans nos divisions militaires brillent, d'un éclat affaibli sans être altéré, les satellites du grand astre de Napoléon : étoiles qui tombent une à une, mais dont la trace restera lumineuse sur notre firmament historique. Sous le chaume, les vainqueurs d'Austerlitz, d'Iéna, de Wagram, de la Moscowa ; les héroïques vaincus de Waterloo ; les débris des légions exilées jadis Outre-

Loire, achèvent de vivre du pain, à peine suffisant il est vrai, de la reconnaissance nationale et des reflets lointains d'une gloire consolatrice.

Oui, Paris laisse aux contrées rurales la charrue, dont le rude maniement blesserait ses mains délicates ; il laisse aux départements les usines fumeuses dont la noire vapeur flétrirait ses fraîches toilettes ; il ne revendique point ces forges bruyantes qui troubleraient le sommeil voluptueux de ses habitants. L'industrie parisienne abandonne sans débats à la province les médailles de bronze, même celles d'argent, décernées aux concours ; mais il est rare que la croix d'honneur orne la poitrine d'un industriel départemental, lorsqu'une concurrence parisienne la lui dispute. Quant au commerce, chacun sait que Paris, en train de faire converger ou diverger, selon son avantage, toutes les marchandises, par les chemins de fer, eût bien voulu naguère *centraliser* sur la place de la Concorde le commerce maritime, le seul qui ait échappé jusqu'à ce jour à la centralisation.

Voilà donc la province, appauvrie des illustrations qui s'étaient révélées dans son sein, comprimée dans l'essor de celles que les temps à venir lui promettent ; la voilà, si l'on n'y met ordre, réduite, pour conserver quelques reflets de gloire, à faire afficher l'acte de naissance des personnages célèbres qu'elle produisit, et la chronologie des fastes dont elle fut le théâtre. Car les monuments, ces reliques de son existence féodale, que les institutions modernes l'ont réduite à regretter, ne lui restent pas, même altérés par les siècles : le minotaure dévorant se nourrit aussi de pierres et de parchemins. « Comment qualifier, dit un réclamant provin-
» cial indigné, la conduite de tel inspecteur des monuments
» historiques qui, chargé de la conservation de tous les débris des
» temps passés, dont la découverte peut intéresser l'histoire des
» pays qu'il parcourt, expédie des voitures remplies d'objets d'art,
» non au musée du département, mais tout bonnement à Paris.

» Que penser encore de la mission d'un haut fonctionnaire des
» archives du royaume, et dont le résultat a été la translation à
» ce dépôt, si riche déjà, d'une quantité considérable de docu-
» ments ramassés dans les archives de l'une des provinces de
» l'est [1] ? »

Et que deviennent ces sculptures précieuses voiturées vers Paris? fragment déchirés des pages historiques dont ils complétaient le sens, vous les verrez étalées, sans suite, sans cohésion, inintelligibles, dans les salles d'un musée, ou bien appliquées, à force de plâtre, à quelque pastiche des constructions du moyen-âge : imitations puériles où l'on refait une grandeur factice, des débris d'une grandeur réelle. Quant aux archives *centralisées*, quelle en a été jusqu'à ce jour l'utilité? Quel historien s'en est servi avec fruit? quel écrivain s'est pris à enrichir l'histoire générale des faits, souvent si précieux, si caractéristiques des hommes et des époques, que les localités ont fournis? Augustin Thierry l'a dit récemment: « La vraie histoire nationale, celle qui mériterait de devenir popu-
» laire, est encore ensevelie dans la poussière des chroniques
» contemporaines, et personne ne songe à l'en tirer. » Ces liasses d'édits, de chartes, de lettres patentes, de procès-verbaux, que dévorent à Paris les vers et la poussière, ne constituent qu'un luxe inutile : la sagacité qu'il faudrait rétribuer pour mettre en œuvre ces richesses, recule découragée par les allocations parcimonieuses du budget. Pourquoi grossir ainsi un pactole sans cours? pourquoi ravir à la province et les vouer à l'oubli, des monuments que le courage départemental interrogerait avec d'autant plus de succès, que leur nombre serait moins grand? Nous avons acquis la preuve, durant notre voyage historique sur les deux rives de la Loire, que partout une laborieuse investigation fouille ce passé encore si mal connu : dans la Haute-Loire, un jeune littérateur,

---

[1] *Extrait de l'Art en Province;* 5ᵉ année, 1ʳᵉ livraison, p. 4, article signé : M. Clairefond.

M. Mandet, après le consciencieux mais trop sec Arnault, écrit une histoire du Velay, puisée à des sources authentiques. Dans la Loire, M. Auguste Bernard, éclaircissant et rectifiant quelquefois les chroniques, à l'aide de documents qui leur sont contemporains, continue la tâche utilement commencée par son *Histoire du Forez* et ses *d'Urfé*. Dans l'Allier, un livre étincelant de verve, rempli d'épisodes inédits, de portraits vierges, de descriptions poétiques, et qu'ont embelli de toute leur élégance les arts du dessin et de la typographie, offre, avec un intérêt entraînant, les fastes du vieux berceau des Bourbons. Cet ouvrage, dû à feu Achille Allier et à MM. Adolphe Michel et Louis Batissier, est un plaidoyer éloquent en faveur des capacités littéraires de la province ; et nous ne conseillerions pas à beaucoup de ses détracteurs que nous connaissons, d'entrer en lice avec les auteurs de cette éminente composition. Les départements de la Nièvre, du Loiret et du Cher, préparent aussi les matériaux de leur histoire locale respective. Déjà Nevers publie son *Album*, suite de croquis artistiques où l'on voudrait voir la plume seconder le crayon avec moins de parcimonie. A Bourges, M. Azé, jeune peintre voué à la recherche des richesses archéologiques et à l'étude des édifices du moyen-âge, fait paraître par livraisons, des *Notices pittoresques sur les Antiquités et les Monuments du Berry* : le travail de cet artiste pourra servir à l'ornement d'une histoire future, et le texte qu'un écrivain anonyme y a joint peut être lu comme les prolégomènes d'une composition plus importante. La patrie des antiques Berruyers attend encore un historien de l'école nouvelle qui peigne les faits dont la Thaumassière, Jean de Lassay, et l'auteur de la *Chronique du Berry* n'ont tracé que l'aride chronologie. On assure qu'un jeune magistrat, abeille laborieuse dans les champs de l'histoire, recueille depuis quelques années les éléments d'un ouvrage qu'il médite et rédige avec lenteur, en dérobant aux regards profanes les éléments de son travail. Peut-être pourrait-on conseiller à cet écrivain d'être moins mystérieux : nous espérons qu'un jour luira où nos départements, opposant la force d'aggrégation à la puissance de centralisation qui les froisse, placeront eux-mêmes leurs titres de gloire sur les ailes de la renommée; mais cette restauration n'est pas accomplie, et les littérateurs de la province ne feront pas mal de montrer quelque confiance aux vétérans de la carrière qui leur rendent justice et leur tendent la main. Il est nécessaire qu'ils se persuadent bien que les réputations ne se révèlent dans aucune carrière par explosion spontanée : le public, nous entendons le public éclairé, ne les admet à la candidature des célébrités, qu'en les éprouvant à la pierre de touche de ses goûts et de ses opinions. Or, l'histoire projetée du Berry pourrait être, après son apparition, une œuvre ignorée à dix lieues de Bourges, si son auteur n'avait pas, dès long-temps, fait briller aux yeux du monde quelques parcelles des richesses qu'il cache avec tant de soin.

Dans le département de Loir-et-Cher, un écrivain déjà inscrit parmi les notabilités académiques, M. de la Saussaye, procédant avec moins de mystère, a publié, en attendant ses ouvrages de longue haleine, plusieurs notices archéologiques ou historiques qui se recommandent en même temps par la haute portée du savoir, et par l'élégante simplicité du style. M. de la Saussaye a fondé aussi une *Revue numismatique* qui, grâce aux savantes recherches de son fondateur et de quelques autres rédacteurs, promet de dignes continuateurs aux Barthélemy, aux Millin, aux Mionnet. Dans le même département, M. Alonzo Péan, membre de la Société Française pour la conservation et la description des monuments historiques, est auteur de plusieurs mémoires qui ont été entendus avec beaucoup d'intérêt dans les congrès de cette société, présidée avec tant d'éclat par M. de Caumont. L'histoire de la Touraine, due à feu M. Chalmel, laissait à désirer quelques développements, et nécessitait certaines rectifications. Plusieurs écrivains de cette ancienne province se sont mis à l'œuvre; leurs travaux, encore inédits, nous seront connus, sans doute, lorsque nous aurons à publier la septième section de cet ouvrage, comprenant le département d'Indre-et-Loire. Devancier de ses compatriotes dans la même carrière, M. de Croy fit paraître, en 1838, ses *Études statistiques, historiques et scientifiques sur le département d'Indre-et-Loire* : c'est un aperçu rapide mais substantiel où la science se joue, avec tout le charme du style, des matières qu'elle traite. On doit espérer que cet ouvrage sera suivi de compositions plus étendues, et qui confirmeront le public dans l'opinion déjà conçue, que M. de Croy est appelé à prendre rang parmi nos écrivains distingués.

Les *Recherches historiques* de M. Bodin, d'Angers, sur l'Anjou, sont un ouvrage de conscience ; c'est aussi une œuvre de talent, sous le rapport des appréciations. Mais, moins heureux que son fils, Félix Bodin, l'honorable angevin ne possédait pas l'art de parer ses récits et ses descriptions. Un nouvel historien, M. Godart-Faultrier, auteur du livre intitulé *l'Anjou et ses Monuments*, a mieux compris le goût de son époque, sans peut-être s'arrêter assez aux tendances de l'opinion générale, dans quelques jugements qu'elle ne partagera pas de tout point. A part cette observation, nous aurons fréquemment à citer avec éloge, dans notre huitième section, le travail, savamment étudié, de M. Godart-Faultrier. Souvent le crayon, quelquefois le burin, se sont associés avec bonheur à la plume de l'écrivain : *l'Anjou et ses Monuments*, sous ce rapport aussi, fera honneur au département de Maine-et-Loire. L'émulation nantaise ne s'est point laissé devancer dans la carrière historique, par les efforts de la sagacité angevine : l'antique cité armoricaine, la capitale de ces ducs de Bretagne, qui plus d'une fois se mesurèrent à la taille des rois de France, offre encore trop de traces de ses nobles destinées ; elle joua d'ailleurs un rôle trop animé dans nos derniers troubles civils, pour n'avoir pas eu ses historiens particuliers. M. Guépin est celui d'entre eux qui se fait lire avec le plus d'intérêt, soit par le plan heureusement conçu de *l'Histoire de Nantes*, soit par le talent qu'il a développé dans son exécution. Une publication périodique, *les Archives du département de la Loire-Inférieure*, confiée à la direction de M. Verger, offrira aux annalistes futurs de cette importante localité des matériaux qu'ils ne manqueront pas de recueillir. M. Camille Mellinet, sous un titre grave, promet, de son côté, une composition que rechercheront les méthodistes versés dans l'économie sociale. Enfin, M. Meuret, qui, des classes industrielles, s'élança d'un seul bond dans le domaine des lettres, en aventurier hardi, a pu se féliciter de l'accueil fait à ses *Annales de Nantes*, ouvrage estimable où l'on trouve un enchaînement facile, une clarté de récits, qui valent bien ce style éclatant, dont on ne doit après tout exalter le mérite que lorsqu'il ne sert pas à voiler le défaut d'intérêt.

En général, les connaissances historiques sont cultivées en province avec une persévérance remarquable : l'étude des monuments surtout y a fait des progrès et des conquêtes dont MM. les inspecteurs généraux auraient pu profiter si, au lieu d'aviser ces débris des vieux âges à travers le cadre d'une portière de diligence, ils eussent interrogé les sagacités locales, et visité avec moins de rapidité les musées que l'on a formés dans presque tous les chefs-lieux de département. Nous avons rapporté, même lorsque nous n'avons pu y rallier nos opinions, les croyances de la science départementale ; et chacune de nos sections présente d'impartiales notices sur les collections que nous venons de signaler.

Les sociétés savantes, littéraires et artistiques qui existent également dans presque toutes les villes importantes de la France, possèdent aujourd'hui des richesses qu'on est loin de soupçonner : nous exposerons successivement sous les yeux de nos lecteurs celles que nous avons vues sur les bords de la Loire, et l'on pourra reconnaître que les inattentions ou les dédains de MM. les inspecteurs généraux ont commis beaucoup de surprenantes omissions.

L'archéologie et la connaissance des monuments du moyen-âge ont marché d'un pas assuré dans plusieurs des localités que nous avons explorées : nous y avons vu des classifications nouvelles fort bien entendues ; des distinctions nettement établies entre les écoles d'architecture qui se sont succédées parmi nous, depuis la période gallo-romaine jusqu'à nos jours ; enfin des remarques fines, spirituelles et quelquefois malignes sur d'étranges balourdises de certains immortels. Une langue nouvelle a été découverte par un savant de Tours : langue hiéroglyphique qui nous ouvre un cours d'histoire sur ces vitraux aux riches coloris qu'on admire dans nos basiliques des XIVe, XVe et XVIe siècles. Nous attendrons toutefois pour affirmer la réalité de cette découverte, qu'elle ait été constatée. Ça et là, l'érudition départementale s'est prise à expliquer ces caprices du ciseau si bizarres en apparence, et souvent si indécents, que l'on remarque aux portails des églises gothiques, quelquefois même dans leur sanctuaire. Croyez bien que la bizarrerie ne présida pas à ces compositions ; ce fut la malice, ce fut surtout la vengeance de l'artiste opprimé qui les imaginèrent ; plus souvent encore elles naquirent de la haine que le fainéant ivre de jouissances, inspirait à l'ouvrier qui travaillait et souffrait. Voyez ce singe lisant avec gravité son bréviaire, cet âne encapuchonné, ce porc présidant une assemblée de son espèce : ne reconnaissez-vous pas l'hypocrite dévôt, l'ignorance monastique, la gloutonnerie des communautés opulentes. Ici ce sont des masques hideux qui grimacent et ricanent devant de nobles visages ; ailleurs des diables entraînent dans les flammes le seigneur cruel ou le moine libertin. Qui ne comprendra cette Némésis de pierre.

Il faudrait dépasser les limites resserrées d'une introduction pour signaler, même par un rapide aperçu, les conquêtes marquantes que l'industrie et l'économie agricole ont faites sur le territoire que borde et traverse la Loire : cet objet sera traité dans chacune de nos sections avec tout le soin que nous permet d'y apporter une observation récente et minutieuse. Vrais en reproduisant l'esprit des localités, nous contrarierons peut-être quelques systèmes favoris, élaborés à Paris dans le silence des théories bureaucratiques, et loin du lieu d'exécution, comme l'historien Vertot assiégeait les places du fond de son cabinet. Mais en disant la désaffection que ces projets ont rencontrée, les réclamations qu'ils excitent, les résistances qu'on leur oppose, nous espérons faire comprendre à ceux qui conçoivent en toute chose une direction exclusive, sans égards aux diversités de convenances, de penchants et d'intérêts, que rien au monde ne peut être plus contraire au bien-être de la société, que cette coupe sur un patron commun de toutes les nécessités ; que ce moule uniforme où l'on prétend couler tous les besoins. Ainsi nous répéterons que, si on rencontre sur le double littoral de la Loire quelques particuliers persuadés par Brindeley que Dieu n'a fait les rivières que pour alimenter les canaux, des populations entières prétendent, comme le grand Pascal, « que les rivières sont des chemins qui « marchent, et qui portent où l'on veut aller. » Cette confiance dans le travail de la nature est si grande, et, disons-le, si générale, que nous avons trouvé partout la pensée populaire empreinte de cette idée, que MM. les ingénieurs, en creusant des canaux le long des rivières, tranchent une difficulté qu'ils n'ont pu résoudre : et nous devons ajouter, pour achever d'être sincères, que le bon sens du peuple attache quelque chose comme une dérision à ces petits fossés rampant le long des grands fleuves, dont en définitive, le génie saura, quand il voudra s'y prendre résolument, rendre le lit navigable à peu près en tous temps. « Et d'ailleurs, continuent les discoureurs de la foule, est-ce donc avec un profit constant pour la navigation, que les cours d'eau naturels prêtent leurs ondes aux canaux du système latéral ? ne sont-ils pas sujets aux infiltrations, aux crevasses ? n'arrive-t-il jamais que des brèches à leurs bords les mettent à sec? Les réparations et le curage n'occasionnent-ils pas tous les ans un chomage plus long que celui que peuvent causer, sur des fleuves tels que les nôtres, les inondations du printemps et les étés sans pluie? Nous ne prononcerons point, au moins dans un sens absolu, sur cette question ; mais les partisans des rivières ont intéressé à leur cause quelques athlètes de la science, tels que M. Michel Chevalier et M. l'inspecteur-général des ponts-et-chaussées Deschamps. La canalisation latérale est aussi défendue et a triomphé déjà sur divers points, par le puissant concours de plusieurs savants de la plus haute portée, en tête desquels se trouve M. le vicomte Héricart de Thury. Tout porte à croire que les canaux l'emporteront sur les rivières ; mais pour conquérir les convictions, il faut des résultats, et jusqu'à présent les travaux qui ont été conduits avec le plus de rapidité, se terminent depuis cinq à six ans.

Nous ne dirons pas ici les débats soulevés, dans les départements que nous avons parcourus, par la question si rapidement jugée en haut lieu des chemins de fer. Sans parler des résistances que l'adoption morale du système en grand éprouve sur diverses localités, par suite de l'inévitable froissement d'intérêts que toute innovation produit, nous devons rapporter les réflexions qui nous ont frappé parmi les populations. L'idée-mère qui domine partout, c'est que, pour l'exécution d'un réseau de chemins de fer couvrant notre France, il ne faudrait pas imposer au pays un sacrifice moindre de dix-huit cent millions à deux milliards : et qu'en posant le principe de l'admission comme une nécessité politique, il resterait encore à éclaircir plusieurs points très-vivement controversés. On se demande, par exemple, qu'elle étendue le réseau doit avoir pour être en harmonie avec le territoire français, avec l'état présent ou prochain des autres voies de transport, avec l'importance des services que nous devons en attendre, avec nos ressources publiques et privées, avec le degré d'extension qu'a acquis ou que tend à acquérir le goût des voyages; enfin, on demande essentiellement si, dans la question agitée, on a bien apprécié la valeur que nous attachons au temps : car c'est dans son économie que se prononce surtout, peut-être pourrait-on dire exclusivement, l'avantage des chemins de fer; et cette considération a fait passer avec quelque légèreté sur toutes les autres, au sein d'un de ces entraînements d'enthousiasme si naturels à notre caractère. Malheureusement on sait, en province comme à Paris, qu'aucun des sujets que nous venons d'indiquer n'a pu être approfondi; on sait qu'une multitude d'autres questions d'administration publique, de finances, de douanes, de stratégie, d'équilibre européen, ont été examinées superficiellement; et la précipitation de cet examen s'est révélée d'elle-même, lorsqu'on a su que la commission qui avait été chargée d'y procéder, s'était réunie le 18 novembre 1837, et séparée le 25 du même mois. Nous devons donc avouer, encore en faveur de la sagacité provinciale, que dans le bassin de la Loire, le système des chemins de fer est peu accrédité, parce qu'il y a paru basé sur des théories trop flottantes encore pour fixer l'opinion.

Nous sommes loin de trouver aussi légitime l'espèce d'éloignement que nous avons souvent remarqué, dans notre investigation, pour ceux des progrès agricoles dont les résultats sont le plus authentiquement constatés : les partisans de la routine offrent, même au centre de la France, des masses si serrées, si compactes, que la lumière nouvelle y pénètre très-difficilement. Hâtons-nous d'ajouter qu'elle brille pourtant autour de ces rétardataires obstinés : il n'est pas un seul département, peut-être, qui ne possède au moins une société d'agriculture. Mais les vieilles erreurs n'en subsistent pas moins : incapables de les défendre par une seule raison valable, ceux qui prétendent y persévérer, sont fertiles en prétextes spécieux pour repousser les améliorations qu'on leur propose.

Au milieu d'une époque universellement progressive, la situation à peu près stationnaire de l'agriculture pratique est un phénomène singulier que n'expliquent suffisamment ni la force d'inertie, ni même le respect des traditions. Ne pourrait-on pas y voir une conséquence des déceptions qui découlèrent, à la fin du siècle dernier, du système des *économistes* : réformateurs absolus, qui voulurent refondre le monde physique dans leur creuset, comme les encyclopédistes se flattaient de refondre le monde moral dans le leur. Hélas ! lorsqu'on découvrit l'un et l'autre, il se trouva : dans le premier, au lieu de l'or pur qu'on avait recherché avec ardeur, un néant déplorable de résultats; dans le second, le néant de croyances, qu'il eût été facile de prévoir. Les conséquences furent graves vraiment : l'intelligence qui devait s'appliquer aux choses matérielles, se refusa désormais à croire aux perfectionnements les mieux démontrés, et l'intellectualité nia les vérités philosophiques les plus irréfragables.

Ce que les économistes et l'encyclopédie firent il y a quatre-vingts ans, il est à craindre que les *industrialistes* ne le fassent bientôt : quel spectale, en effet, pour notre génération, que cette fièvre chaude d'ambition spéculative qui dévore journellement tant de prospérités individuelles : vice capital du calcul des probabilités que l'expérience ne peut guérir, parce que c'est malheureusement le propre de tout esprit ambitieux de se croire supérieur aux difficultés devant lesquelles d'autres ont succombé. Il est juste cependant de consigner ici un fait que nous avons observé en parcourant le bassin de la Loire : l'industrie nous y a semblé moins hasardeuse qu'à Paris, moins disposée à se laisser séduire par les rêves dorés de cette imagination travailleuse, que Montaigne appelle ingénieusement *la folle de la maison*.

Nous croyons avoir groupé en grande partie sous les yeux de

nos lecteurs, les titres légitimes que possède la province pour arriver au partage des gloires et des prospérités nationales; nous avons fait apercevoir aussi les obstacles que la centralisation oppose à l'émancipation départementale, c'est-à-dire à l'affranchissement de cet ilotisme moderne qu'impose au peuple français un trente-cinquième de sa force numérique. On a pu reconnaître que l'immense majorité froissée par cette infiniment petite minorité relative, compte dans son sein des faux-frères qui, par légèreté plutôt que par système, s'associent en beaucoup de choses à l'aristocratie métropolitaine, pour opprimer ou mépriser le surplus de la population. Voilà, relativement à la situation des départements, le vice radical de notre sociabilité; essayons maintenant d'en indiquer le remède. Ce remède est, nous le pensons avec sincérité, dans un antidote d'un effet assuré : la France provinciale souffre de la centralisation morale, entée par le temps sur la centralisation politique; ce sera donc à la *décentralisation*, morale aussi, qu'elle devra, sinon une restauration complète, que nos institutions rendent impossible, du moins sa réintégration au rang des intelligences contemporaines, au-dessous desquelles le préjugé l'a placée. Mais pour obtenir ce résultat si désirable, il faut qu'elle cesse d'envoyer des recrues à ses adversaires; il faut qu'elle ferme l'oreille à cette capitale qui lui crie : « Et vous, cités déchues, que faites-vous de vos savants, de vos poètes, de vos artistes? Laissez-les venir à moi; j'ai de la gloire et des trésors pour eux; je suis grande dame; je suis puissante et riche. Il me faut des architectes pour me bâtir des palais, des peintres et des sculpteurs pour les orner; des érudits pour m'instruire, des littérateurs pour me distraire; des Rachel pour me faire pleurer, des Arnal pour me faire rire; des musiciens, des chanteurs pour charmer mon oreille et enivrer mes sens. — Vos riches paieront mes bijoux et mes dentelles; vos pauvres me serviront à genoux; vos poètes chanteront mes louanges et mes bienfaits. Plus j'ai d'amants, et plus je suis belle;

j'ai pour chacun d'eux un doux regard et une caresse; pour chacun d'eux un sourire et une couronne [1]. »

Si la province n'a écouté ces paroles de sirène qu'avec la résolution bien arrêtée de ne pas se laisser séduire; si elle a pu rester insensible au bruit lointain des napoléons d'or que Paris agite pour la captiver; enfin, si son regard n'a pas été fasciné par les lauriers que la capitale lui tend, elle répondra :

« Oui, sans doute, ô Lutèce, tu es une grande dame, mais une grande dame aux caprices éphémères, aux galanteries inconstantes. La faveur de tes amants ne dure qu'un jour; tu dépenses en prodigue les talents qui affluent à ta cour; il faut, pour te plaire, qu'ils se fatiguent durant leur vogue, comme les chevaux de tes voitures de place; et lorsqu'ils se sont usés à ton service, lorsqu'ils ont cessé de pouvoir courir aussi vite que tes goûts mobiles, tu les abandonnes à la misère, au froid, à la faim, en t'écriant : *à d'autres*. Qu'offres-tu, dis, à la vétérance du génie, lui-même : vétérance que tes infidélités rendent de plus en plus rapprochée de ses premiers essais? Tes trésors s'ouvrent-ils pour épancher l'or sur sa carrière, où les lauriers se fanent? l'admets-tu, ce père de la gloire, au banquet de tes récompenses? Oui, si par une souplesse au moins égale à son mérite, il sait obtenir des pensions et gagner, à la course des intrigues, ce trône de pavots sur lequel l'immortalité commence quelquefois avant que la vie de l'immortel se soit révélée. Hors de ces conditions, tu montres du doigt à l'homme de pensée et de cœur l'hôpital du pauvre, le lit où périrent Gilbert et Egésipe Moreau. Combien de douleurs illustres n'as-tu pas ignorées, ô fière suzeraine des cités de France! combien d'illustrations qui ont contribué à tresser ta couronne glorieuse, sont mortes de désespoir, tenant encore à la main les dernières fleurs qu'elles allaient y ajouter. Du faîte de ce trône que les gloires

---

(1) Extrait de *l'Art en province*; 5ᵉ volume, 1ʳᵉ livraison, article signé : Clairefoud.

provinciales ont fait si haut en s'immolant pour lui servir de base, tu ne vois que ceux qui dominent la multitude, soit par le bruit, soit par le savoir-faire : le surplus est une tourbe qui roule à tes pieds pour végéter et souffrir, sans que tu daignes lui jeter une consolation.

Voilà ce que la province répondra à l'appel incessant de Paris, dès qu'elle s'inspirera de sa dignité, dès qu'elle aura mieux compris ce qu'elle peut et ce qu'elle vaut. Du jour où les départements auront pris cette noble résolution, ils sentiront fermenter leur cerveau et vibrer leurs muscles, pour opérer la décentralisation, qui peut être considérée aujourd'hui comme une des plus impérieuses nécessités nationales. Nous savons que l'on traite assez généralement d'utopie, de chimère, l'émancipation provinciale : la vie sociale, ainsi que la vie animale, disent les intrépides champions des puissances convergentes, a sa source et son confluent au cœur d'une nation : il faut que toutes les capacités y passent pour être fécondées, comme le sang passe au cœur humain pour devenir propre à nourrir l'existence. Mais l'expérience a fait justice de ce paradoxe : tant de migrations infructueuses vers Paris, tant de misérables destinées ourdies dans cet Éden des espérances, ont enfin ouvert les yeux des nombreux adorateurs de la capitale qui tenaient ses faveurs pour articles de foi. Les bons esprits provinciaux commencent à voir des myriades de déceptions tachant ce centre lumineux; ils ne se laisseront bientôt plus séduire par la sirène couronnée de tours et de palais mollement couchée aux bords de la Seine. La province, en s'étudiant mieux, va reconnaître que le progrès ne lui a fait défaut que dans l'art de se faire valoir; que sa faiblesse et sa pauvreté ne sont que les effets fictifs d'un découragement profond, fruit amer d'une injuste défiance de ses forces. Alors elle se dira : « Paris doit sa prépondérance despotique à ses immenses ressources de publicité : il la doit surtout à cette presse périodique, de laquelle tombent journellement mille panégyriques des intelligences amies, mille détractions des intelligences rivales : fleuve sans cesse alimenté par les complaisances ou les inimitiés de coterie, qui d'un côté féconde et de l'autre détruit en immergeant. Eh bien ! opposons une presse départementale à la presse parisienne ; opposons-la lui loyale, consciencieuse, impartiale ; mettant le doigt sur chaque turpitude spéculative, frappant de l'arme du raisonnement cette critique de tréteaux qui, comme l'a dit Lamartine, « laisse une plaisanterie sur chaque vertu, une cicatrice sur chaque gloire. » le bon sens du peuple aura promptement apprécié cette réforme ; car si le peuple aime à rire, son hilarité cesse dès qu'on lui montre le côté hideux de la grimace qui l'amusait. »

Une presse départementale est, en effet, la seule institution qui puisse refréner le faux journalisme, la fausse littérature et cette multitude, toujours croissante, de prétendues théories sociales qui, chaque jour, font dévier pitoyablement le goût et affligent la raison. La presse départementale, obéissant à des consciences pures (et l'on en trouve encore), fera cesser, nous l'espérons, par un contrôle sévère, ce commerce scandaleux de diffamation, que les lettres dégradées exercent comme un métier lucratif. Et qu'on se garde bien de croire qu'un réseau de principes, de connaissances et de publicité soit si difficile à former sur notre territoire, où la lumière brille partout, n'en déplaise à M. Charles Dupin ; déjà la trame en est commencée : les congrès scientifiques, en s'établissant tour à tour dans les villes importantes du royaume, y récoltent d'une main et sèment de l'autre. Les sociétés académiques de ces mêmes villes se lient incessamment par une correspondance suivie, quelquefois même par des députations respectives, chargées d'établir des éléments d'harmonie dans les travaux dont ces corps savants s'occupent. Plusieurs *Revues* qui embrassent dans leur cadre une circonscription plus que départementale, rallient aussi la pensée, l'émulation et le mérite, en répandant les saines doctrines, les progrès normaux de la science, de la littérature, des arts et de l'économie publique. Nous avons dit précédemment que des collections scientifiques, des musées se forment dans un grand nombre de villes; déjà même les administrations locales ont eu l'heureuse idée de fonder des expositions pour les produits de l'industrie : on citait dernièrement avec éloge celle qui s'est faite à Valence.

Non-seulement le réseau se forme; mais une puissance de cohésion, une sorte d'étincelle électrique circulera bientôt d'un bout à l'autre du système, pour en achever l'homogénéité. Un pas immense a été fait déjà vers ce résultat par la fondation du recueil mensuel intitulé *l'Art en province*[1] : recueil dont le titre trop modeste indique imparfaitement la composition. En effet, cette revue n'est pas seulement consacrée à l'art; les sciences, les lettres et l'économie industrielle remplissent une bonne partie de ses colonnes, et la presque totalité des articles se recommande par un mérite littéraire éminent. C'est en cela que le titre peut se justifier : *l'Art d'écrire* est empreint ici d'une remarquable supériorité habituelle, tandis que les arts du dessin et de la typographie achèvent de placer cette publication au niveau des revues périodiques de Paris les plus soignées.

Demandons encore à la province quelques publications pareilles; qu'elles soient répandues s'il le faut, dans les premiers temps, à l'aide de sacrifices devant lesquels ne reculera point une émulation généreuse; et que l'œuvre provinciale, multipliée par la presse, vienne jusqu'à Paris se poser sur le guéridon des cafés, sur les tapis des cabinets de lecture.... Si cette lutte est soutenue avec persévérance; si, l'espace de deux années seulement, la

---

[1] Cette revue a été fondée à Moulins (Allier), par M. Desrosiers, imprimeur-libraire; elle compte cinq années d'existence, et chaque année a vu s'accroître le nombre de ses abonnés et de ses collaborateurs.

province se fait remarquer par de bons travaux, qu'il est en elle de produire, il n'y aura plus qu'un vœu à former pour la décentralisation morale ; mais celui-là, nous devons l'avouer, est d'un accomplissement plus difficile : il s'agit de repousser des illusions caressantes et dorées. Les jeunes capacités départementales, habituées à s'émigrer vers Paris dès qu'elles sentent poindre leurs ailes, renonceront-elles à cet usage ? Nous l'espérons, si la réflexion vient à leur secours. Qu'elle se persuade donc une bonne fois, cette jeunesse abusée, qu'en cultivant avec courage le sol natal, elle y recueillera enfin ces prospérités qu'elle va si souvent demander en vain à l'indifférence parisienne : pour un être privilégié du destin qui les obtient, combien d'existences se brisent sur l'écueil. Et parmi les plus favorisés, que voyons-nous encore ? Des intelligences enlacées par les coteries pour en exprimer la quintessence à leur profit, et qu'elles rejettent ensuite avec dédain, comme un citron épuisé de suc.

Non, la restauration de la province, non, le placement de ses notabilités intellectuelles au niveau de notre capitale, sans recourir à l'abri de son manteau, n'est point une chose impossible : nous en avons dit les moyens ; vienne maintenant la volonté, et ce mouvement heureux, ce nivellement indispensable pour que l'égalité ne soit pas une chimère, au moins dans les domaines de l'intelligence ; cette révolution réparatrice en un mot, s'opérera sans secousse, sans fausser d'honorables principes. Qui sait même si, plus tard, les institutions politiques ne seront pas modifiées elles-mêmes par le relâchement d'un système de centralisation que Napoléon n'avait fait si absolu, que par les nécessités exceptionnelles de son règne laborieux. « Un jour, a-t-il dit lui-même, j'aurais relâché cette » corde, dont la tension était extrême ; mais alors tout devait » partir de mon trône et y revenir : si l'État n'eût été exclusive- » ment *moi*, il n'eût rien été du tout. » Les temps ne sont plus les mêmes ; d'autres nécessités ont surgi de leur cours ; et comme elles sont gouvernées par un régime stationnaire, au sein d'un siècle qui avance au pas de course, le corps social souffre, surtout à ses extrémités, où la vie vient trop lentement et de trop loin.

L'auteur de cette introduction a besoin, en la terminant, de prévenir une erreur qui pourrait naître de son esprit. Il est loin de sa pensée d'être hostile à la capitale : quelques mots suffiront pour convaincre ses lecteurs de la sincérité de sa profession de foi à cet égard. S'il ne reçut pas le jour à Paris, son berceau y fut bientôt apporté. Poussé par l'inconstante fortune à travers plusieurs carrières ingrates, soldat ensuite dans les héroïques légions que guida Napoléon, il retomba, en 1814, meurtri et dénué par la guerre sur le sol parisien, et ce sol lui fut hospitalier. C'est là qu'il trouva le pupitre sur lequel il s'efforce, depuis vingt ans, de tracer quelques vérités utiles, dont Paris a souvent favorisé le cours. C'est que, nous le répétons, le Paris aux neuf cent mille têtes, le Paris qui fait une révolution en trois jours, et s'arrête sans avoir commis un excès; ce Paris, toujours juste et bienveillant quand il pense par lui-même; ce Paris, enfin, qu'on égare mais qu'on ne pervertit pas, tient compte à l'écrivain de ses bonnes intentions; et l'auteur de la *Loire historique* a pu lui faire apprécier les siennes, à une époque où mille professeurs d'opinions n'avaient pas encore établi leurs chaires dans le *forum*.

Si, malgré ce qui précède, quelques susceptibilités persistaient à nous accuser de désaffection envers notre belle métropole, nous répondrions, au risque de voir subsister cette accusation gratuite : nous ne concevons point un patriotisme partial, qui dépare, qui deshabille la patrie, qui met à nu tous ses membres, pour orner sa tête. Tout monopole, en fait de prospérités nationales, est, selon nous, une hérésie sociale intolérable; nous refusons d'admettre que Paris puisse s'enrichir légitimement des dépouilles de la province. Une capitale sera, si vous voulez, l'enseigne brillante de l'opulence d'un pays; mais si, après avoir admiré cette orgueilleuse exhibition, l'étranger aperçoit partout ailleurs l'inactivité, la langueur et le dénuement, ne comparera-t-il pas cet état de choses au charlatanisme d'un marchand qui met toutes ses richesses en étalage, et n'expose dans son magasin que des ballots remplis de paille? Nous voulons que Paris soit prospère, magnifique, glorieux; mais non pas exclusif, mais non pas dévorateur, et moins encore ingrat envers ces départements qui lui envoient, dans la proportion des onze douzièmes, les éléments de tout ce qui constitue sa valeur. Les supériorités réunies dans notre superbe Ninive, sont des lances tirées de toutes les parties de la France: avec elles nous pouvons jouter, en lice courtoise ou à fer émoulu, contre toutes les concurrences européennes; mais n'oublions pas qu'elles forment au centre du pays un faisceau puissant, dont Paris n'est que le lien. N'oublions pas surtout qu'en des temps calamiteux, la grande cité eût pu voir tomber et effeuiller sa splendide couronne, si la province ne se fût empressée d'y porter la main. Ces temps, dont nos vœux fervents repoussent le retour, peuvent cependant se reproduire. Quelles seraient alors les transes de cette capitale, qui aurait traité les départements en suzeraine dédaigneuse, et leur aurait enfoncé dans le sein ce trait acéré du ridicule, dont la blessure, toute légère qu'elle soit, ne se guérit jamais? Non, dans aucune circonstance, la province ne doit être, à l'égard de Paris, une rivale humiliée; car il faut que Paris puisse, en toute chose et toujours, en attendre l'assistance d'une amie.

LOIRE SUPÉRIEURE,

PREMIÈRE RÉGION.

ARDÈCHE ET HAUTE-LOIRE.

LA LOIRE

HISTORIQUE,

PITTORESQUE ET BIOGRAPHIQUE.

CHAPITRE PREMIER.

La Loire : étendue de son cours ; départements qu'elle arrose. — Ce que les géographes appellent le *Bassin de la Loire.* — Les Cevennes. — Coup-d'œil géognostique d'un homme du monde. — Le mont Gerbier-de-Jones. — Source de la Loire : il faut la chercher. — Cours du fleuve jusqu'à Retournac. — Ascension sur le Gerbier. — Un marais à 1,562 mètres d'élévation. — Le mont Mezinc : panorama admirable. — Les *Montagnes du Matin.* — Les cascades de la Roche et de la Baume. — Généralités géologiques. — Le pays des *Velaunes* ; sa capitale ; ses villes principales ; limites de ce pays. — Domination romaine. — Invasion des Visigoths. — Buric, Alaric. — Détails curieux. — Portrait des Visigoths — Les Francs. — Le Velay incorporé au royaume d'Austrasie. — Royaume d'Aquitaine. — Réunion à la France. — Gouvernement particulier du Velay.

La Loire (*Ligeris*), en arrosant un territoire d'environ 200 lieues d'étendue, partage la France en deux parties à peu près égales. Elle coule sur douze départements : Ardèche, Haute-Loire, Loire, Saône-et-Loire, Allier, Nièvre, Cher, Loiret, Loir-et-Cher, Indre-et-Loire, Maine-et-Loire et Loire-Inférieure. Ce fleuve établit, par le canal du centre, une communication d'une haute importance commerciale entre l'Océan et la Méditerranée.

Mais ce que les géographes appellent le *Bassin de la Loire* comprend une surface territoriale beaucoup plus considérable : la chaîne de montagnes qui l'enserre, commence dans la région orientale et méridionale du Languedoc, entre Mende et Viviers. Là, cette chaîne se divise en deux parties : l'une d'elles, dont nous n'avons pas à nous occuper, gagne l'ouest ; l'autre, se dirigeant au nord, passe par le Puy-en-Velay, Saint-Étienne-en-Forez, Roanne, Charolles, Autun ; puis, s'abaissant vers Nevers, elle se porte sur Cosne, Orléans, Alençon, Domfront. Revenant ensuite au midi, elle avoisine Laval, Châteaugontier, Nantes, Paimbœuf, et finit à la mer. Mais en traversant la Loire, on retrouve les coteaux renforcés qui couvrent Mauléon et Poitiers ; enfin, continuant toujours à s'élever, cette chaîne forme les hautes montagnes du Limousin, de l'Auvergne, du Vivarais, et vient à Viviers fermer le vaste bassin qu'elle entoure.

C'est à la partie supérieure de ce bassin et dans les gorges des Cevennes que l'on trouve, avec quelque peine, la source de cette Loire[1], qui traverse en souveraine tant de belles et fertiles contrées. Si, au milieu d'une nature que les feux volcaniques ont déchirée de toutes parts, on conserve un délicieux souvenir des riches coteaux du Blesois, de la Touraine et de l'Anjou, il sera difficile qu'il ne se rembrunisse pas devant les aspects terribles et pourtant grandioses dont l'âme, en même temps que les yeux, sera frappée durant cette excursion. Ici, les traces de la volcanisation sont flagrantes : on dirait, sur divers points, que ces grands phénomènes se sont opérés récemment ; les bouches des volcans subsistent ; quelques-unes offrent de profonds et mystérieux abîmes ; leurs anciennes déjections paraissent à peine refroidies : vous foulez des cendres encore rouges, des laves et des scories que vous craignez de trouver encore brûlantes. Des roches colossales, suspendues sur d'étroites vallées, attestent leur origine ignée par de chaudes nuances brunes, éclairées d'un reflet rougeâtre.

L'imagination s'exalte devant ces témoignages d'une subversion immense : elle rallume ces foyers éteints, entend les puissantes détonations que produisent les montagnes en éclatant, voit couler dans les gouffres qu'ils s'ouvrent des torrents de lave embrasée ; tandis que les eaux des rivières et des lacs, chassées de leur lit par ces irruptions ardentes, se débordent en bouillonnant, et achèvent de détruire les espérances de l'homme... si l'homme fut contemporain de ces révolutions du globe.

C'est au milieu de leurs débris gigantesques que la nature a caché le berceau de la Loire : elle prend naissance au pied du *Mont-Gerbier-de-Joncs*, l'une des montagnes les plus élevées du Vivarais. La source de ce fleuve se rencontre au sud-est et à cinq cents pas du Mont, non dans la cour d'une ferme[2] comme l'ont

---

(1) L'expression est exacte : les habitants du pays, en général, hésitent à vous désigner cette source, entre plusieurs petites fontaines qui l'avoisinent ; mais on trouve sur les lieux des cicérones bien informés.

(2) Cette ferme, appelée *Loire*, se trouve un peu au-dessous de la source : on assure que le nom du fleuve vient de ce domaine ; rien ne prouve pourtant que ce ne soit pas le contraire.

écrit plusieurs géographes, mais sur une pelouse inclinée et semée d'arbustes, que l'humidité du sol entretient assez verts. Entre quelques pierres volcaniques enclavées dans le gazon, on aperçoit une petite fontaine, en forme de rigole, dont l'eau très-limpide nous a paru d'une saveur fort douce; sa largeur est de quatre pouces, sa profondeur, de dix lignes... Cette rigole, c'est la Loire :

c'est cette belle capricieuse qui traverse le royaume de France, se parant sur ses rives de verdoyantes forêts, de villes splendides, de châteaux majestueux, de coteaux opulents, de plaines fécondes; et, dans ses bons jours, favorisant l'échange des produits de son double littoral contre d'autres produits, souvent contre de l'or, ou voiturant vers l'Océan, qui doit les exporter, les surabondantes richesses de notre sol.

En mesurant la Loire à cent pas de sa source, on la trouve large d'environ deux pieds, et profonde de cinq à six pouces. A quelque distance de là, elle s'infiltre, pour ainsi dire, dans un étroit et profond défilé, qu'elle suit jusqu'à Retournac, entre d'affreux escarpements creusés dans le granit et les roches trachytiques, seule issue par laquelle ce fleuve, déjà grossi des eaux de la Borne, de l'Arzon et d'une foule de ruisseaux, puisse sortir du sein des montagnes où il a pris naissance. La Loire, dont le cours est assez réglé, a une pente totale de 895 mètres sur un développement de 18 à 20 lieues : ce qui donne 45 mètres d'inclinaison moyenne par lieue dans la vallée du Velay; tandis que cette pente se réduit à 500 mètres environ sur l'espace de 180 lieues que le fleuve parcourt ensuite jusqu'à son embouchure. Aussi, inonde-t-il fréquemment ses rives dans la partie supérieure de son cours, et produit-il alors des effets analogues à ceux des torrents dont il reçoit les eaux. Comme eux, on le voit charrier des sables, des cailloux, de gros quartiers de roc, qu'il précipite hors de son lit, jusqu'à ce que, par suite de sa mobilité, il vienne les reprendre et les entraîner de nouveau.[1]

Le mont Gerbier-de-Joncs s'élève à 1,562 mètres au-dessus du niveau de la mer; il présente une masse trachytique dépourvue sur ses flancs de toute végétation, si ce n'est à sa base et vers le nord. Rien de plus aride que l'aspect de cette montagne, dont les versants, nuds et rocailleux, réfléchissent les rayons du soleil avec une chaleur dévorante. De quelle surprise n'est-on donc pas saisi lorsqu'après avoir atteint laborieusement la cîme du Gerbier, on y trouve un terrain frais, marécageux même, dans lequel poussent des joncs. C'est cette singulière végétation que rappelle le nom additionnel du Mont[2]. « Du haut de ce dôme escarpé, dit M. Bertrand-Roux, dans un entraînement poétique dont la science pourrait quelquefois s'embellir[3], l'œil plonge, d'un côté, dans d'effroyables précipices; de l'autre, il erre, avec la Loire naissante, dans le beau vallon de Sainte-Eulalie; il s'égare avec elle dans les pâturages émaillés de violettes, parmi les bosquets de hêtres, dont la teinte grisâtre des montagnes du Béage fait ressortir l'éclatante verdure; et lorsqu'enfin le fleuve se dérobe à la vue, l'âme, plongée dans une douce rêverie, le suit encore à travers de lointaines contrées. »

Le Gerbier et la source de la Loire sont situés dans le département de l'Ardèche; mais le *Mont Mezinc*, qui forme le point culminant de cette partie des Cevennes, appartient au département de la Haute-Loire, canton de Fay-le-Froid. Son élévation est de 1,756 mètres, d'après le calcul de MM. Gouilly et Arnaud. Cependant les habitants du pays mènent paître leurs troupeaux dans une plaine aérienne qui couronne la montagne : l'herbe en est très-fine; les aromates odoriférants qui s'y mêlent, la rendent délicate, et les moutons la

---

(1) Nous avons emprunté ces détails et plusieurs autres à un ouvrage fort remarquable de M. Bertrand-Roux, citoyen du Puy, intitulé : *Description géognostique des environs du Puy en Velay*; Levrault, à Paris, 1823.

(2) Ce n'est donc pas le mont *Gerbier de Joux*, mais bien le mont *Gerbier de Joncs* qu'il faut dire.

(3) Description géognostique des environs du Puy en Velay, par J. M. Bertrand-Roux.

préfèrent à celle des vallées. Les montagnards du Mezinc nourrissent des bêtes à cornes, connues sous le nom de *mezines*, dont ils font un commerce assez étendu dans le Dauphiné et la basse Provence. Enfin, on cueille sur cette montagne la grande violette, le comaret marécageux et beaucoup d'autres plantes, qui se vendent à la foire de Beaucaire, où les viennent acheter les parfumeurs de la Provence et du Languedoc [1].

Du Mezinc, l'œil embrasse la plus admirable perspective qu'il y ait au monde : si, docile à la recommandation de l'habitant des Boutières, vous gravissez les pentes rapides de ce géant du Vivarais au lever du soleil, vous voyez avec un plaisir indicible ce que, dans son langage pittoresque, il appelle *les Montagnes du matin :* c'est-à-dire, à l'ouest, les volcans éteints du Cantal, du Puy-de-Dôme, et du Mont-d'Or; au nord, les plaines de la Bresse; vers le sud, le mont Ventoux, situé presque au fond de la Provence; à l'est, les Alpes qui bordent le Dauphiné et la Savoie...; enfin, dans la région des nuages et à cinquante lieues de distance, ce Mont-Blanc, qui ne quitte jamais sa triste parure de neige. Dans une perspective plus rapprochée, le Rhône scintille sous les premiers rayons de l'astre; le pont du Saint-Esprit montre sa construction irrégulière; et si l'observateur est muni d'une bonne lunette, il peut découvrir le clos où l'on récolte le vin de l'Ermitage, si recherché par nos gourmets. Du Mezinc au Rhône, la chaîne des Cevennes présente un amphithéâtre qui s'abaisse en se rapprochant du fleuve, et forme, tantôt des hauteurs escarpées, tantôt des gorges profondes, qui déchirent en tous sens le sol. Aux pieds mêmes de l'observateur, se hérissent des rocs aigus, des pics inaccessibles, des crêtes aux formes bizarres, qui dans leurs ondulations heurtées, ressemblent aux flots d'une mer en courroux, et jetant toute son écume à sa surface. Il n'est, en Europe, aucun panorama comparable à celui du Mezinc : on peut dire que de ce mont sourcilleux, la vue s'étend, non-seulement sur plusieurs provinces, mais sur plusieurs États, puisqu'elle découvre une partie du Piémont et de la Suisse. L'auteur de cette histoire renonce à exprimer ce qu'il a éprouvé au lever d'un beau soleil d'août, éclairant un tel spectacle : il revoyait ce Mont-Blanc qu'il n'avait pas vu depuis l'héroïque passage du Saint-Bernard par l'armée française, allant vaincre à Marengo : il le revoyait, peut-être, avec la même enveloppe de neige qui le couvrait en 1800... Et que de souvenirs lui parurent inscrits sur cette page persistante de frimas!!! Non, ni la plume, ni la bouche ne peuvent redire ce qu'une semblable vue, retrouvée après trente-neuf ans, excite de palpitantes émotions!

Sur le versant ouest du Mezinc, le soleil se joue à travers le cristal limpide

---

(1) Voyez, à la fin de cette première section, *la Flore des montagnes* de la Haute-Loire.

des cascades de *la Roche* et de *la Baume :* ces cascades, dont la chute est de vingt-cinq à trente mètres, tombent sur le basalte, détruisent incessamment ses masses, et montrent comment, par la puissance des eaux, s'agrandissent successivement les vallons qu'elles creusent, en traversant les coulées de laves volcaniques.

Le pays que parcourt la Loire tout à fait supérieure, dans un cours de sept à huit lieues, offre peu de traces de l'histoire des hommes; mais la nature y a laissé des témoignages impérissables de ses grandes péripéties, dont nous allons achever l'imparfaite description. Par malheur, ces monuments naturels ont été, jusqu'à présent, étudiés avec plus de sagacité que de succès : « la géologie, dit M. Bertrand-Roux, dont nous avons déjà cité l'excellent ouvrage, s'est égarée et souvent perdue dans des recherches purement spéculatives. De toutes parts, des volcans encore allumés s'offrent à l'observateur ; leurs effrayantes clartés brillent devant lui; leurs laves coulent à ses pieds.... Aussi, combien de volumes, que d'ingénieuses hypothèses pour nous apprendre dans quelle partie des régions souterraines est situé leur foyer; quelle est la nature de leurs feux; par quelles substances ils sont alimentés; quelle est la cause de la fluidité des laves et de leur singulière chaleur... Et cependant, après tant d'efforts, ces questions, si long-temps agitées, sont loin d'être résolues. L'histoire des volcans éteints se réduit encore à la description, plus ou moins régulière, des matières qu'ils ont rejetées autour d'eux en si grande abondance, et à des recherches sur leur origine aqueuse ou volcanique, devenue, entre les minéralogistes français et ceux de l'école allemande, le sujet de discussions aussi longues qu'animées [1]. »

En adoptant la nomenclature appliquée à ces matières, on remarque dans les montagnes volcaniques de la Haute-Loire, les *Trachytes* et les *Phonolites*, qui constituent un terrain particulier, dont le Feldspath est la base : ces substances sont, au dire des savants, les plus anciens produits de la volcanisation. Viennent ensuite les *Laves basaltiques* plus ou mois anciennes : le Pyroxène domine dans leur composition, ainsi que dans celle des *brèches* formées de leurs débris. Enfin, on trouve, mêlées à ces déjections, les *scories* ou tufs qui coulèrent jadis des cratères [2]. Or, par l'existence de ces diverses matières, les géologues ont cru reconnaître dans les volcans éteints du Velay trois âges distincts, appréciables par la conformation et la nature de trois groupes également distincts. D'après ce système, les volcans du Nord-Est, parmi

---

(1) Description géognostique de M. Bertrand-Roux, p. 106.
(2) Voyez le même ouvrage pour la subdivision de ces genres en une infinité d'espèces et de variétés, dont la nomenclature seule excéderait nos limites.

lesquels figure le Mezinc, sont les plus anciens, et les volcans du Sud-Ouest appartiennent à la dernière période volcanique. Dans l'intervalle qui sépare ces deux groupes, disposés parallèlement, les géologues admettent des volcans *intermédiaires*, et le vallon où s'élève la ville du Puy serait bordé par des monts de cette dernière nature.

Tous les terrains que l'on observe dans les montagnes que nous parcourons ne sont pas, ainsi qu'on peut le penser, des produits de la volcanisation : on y reconnaît aussi, dans leurs diverses variétés, le *granit* et le *gneis primordiaux*. Viennent ensuite les terrains *secondaires*, composés uniquement de quelques variétés de *psammites*, présentant, sur certains points, des débris souvent silifiés de branches et de troncs d'arbres, ainsi que d'énormes roseaux articulés. Ailleurs, ce sont des empreintes de feuilles de *gramens* ou de roseaux aplatis, quelquefois carbonisés. Or, en appréciant la présence de ces vestiges du règne végétal, on peut conclure que ce n'est point par les eaux de la mer, mais bien par celles d'un lac plus ou moins étendu que ces terrains psammitiques ont été déposés. De plus, les savants ont constaté l'existence dans les montagnes qui nous occupent des *terrains* dits *tertiaires*, comprenant : 1° les argiles et marnes, 2° les marnes siliceuses, 3° les gypses, 4° le calcaire d'eau douce, 5° enfin, les terrains que Cuvier et Brongnart ont nommés *terrains de transport* ou *d'alluvion*. Chacune de ces cinq variétés se subdivise en espèces, qui se combinent dans quelques localités. On trouve mêlés aux marnes siliceuses des coquillages d'eau douce ; dans les gypses, se rencontrent des tiges de *gramens* et de roseaux carbonisés, des empreintes de feuilles qu'on peut ranger parmi les Phyllites, quelques *limnées* fossiles, et un petit nombre de coquilles bivalves, que l'on croit être des *cypris*. Le calcaire d'eau douce offre abondamment des coquillages fossiles : *limnées, cyclostomes, bulimes, planorbes*, etc. On y trouve aussi des ossements fossiles, tels que dents ou fragments de mâchoires ayant appartenu à des mammifères : quelques-uns de ces débris paraissent être ceux d'animaux du genre *Anthracotherium*. Le même calcaire renferme encore des parcelles de crapace de tortue. Les terrains d'alluvion offrent, ainsi que les précédents, des empreintes végétales, comme graminées et herbes marécageuses, larges feuilles de roseaux, grosses tiges de joncs perforées, empreintes de feuilles de *Dicotylédones*, etc. Ajoutons que les montagnes d'alluvion du Velay fournissent des exemples de l'association fort remarquable du fer avec des vestiges de végétaux. De la nature des terrains que nous venons de désigner, de leurs gisements, des débris qui s'y trouvent mêlés, les géologues ont tiré certaines inductions qui permettent d'assigner, avec quelque probabilité, l'âge respectif de ces terrains dans la période anté-volcanique : c'est avoir fait un pas immense en géologie, et la science ne s'est point arrêtée.

Nous n'étendrons pas davantage cet aperçu des généralités géognostiques de la Haute-Loire : une plus longue dissertation ne serait point de notre ressort, et doit être l'objet d'ouvrages spéciaux [1].

Le pays où nous sommes venu chercher le cours supérieur de la Loire, était habité, avant la période romaine, par les Velaunes, *Vellalvi* ou *Velauni* : c'est du nom de ce peuple qu'on a dû former la désignation territoriale de *Velay*. Lorsque les Romains firent la division des *Gaules*, ils comprirent ce pays dans la première Aquitaine. La principale ville du Velay, selon l'itinéraire de Théodose, confirmé en cela par des inscriptions découvertes sur les lieux, occupait l'emplacement actuel de Saint-Paulien, à deux lieues et demie du Puy. Le nom primitif de cette capitale était *Revessio*, *Ruessio* ou *Ruessium*; elle fut appelée ensuite *Vellava*, *Civitas vellavorum*, ou *Civitas vetula*. Les autres villes des Velaunes, au rapport du même auteur, étaient *Aquis Segete*, sur la frontière du Forez, *Icidmago*, que l'on croit être la ville actuelle d'Issingeaux, et *Condate*, situé non loin du lieu appelé aujourd'hui Saint-Privat. Les Velaunes avaient pour voisins, au nord, les Arvernes, ou Auvergnats ; au sud et à l'ouest, les Gabales, ou peuples du Gevaudan ; à l'est, les Ségusiens, ou habitants du Forez, et les Helviens, ou habitants du Vivarais. Ainsi limité, le Velay avait cent soixante-cinq lieues carrées, de vingt-cinq au degré, et ses frontières, en tirant vers le nord, n'étaient éloignées de *Forum*, ancienne capitale du Forez, que de quatre lieues et demie [2]. Dans la suite, l'étendue du Velay fut restreinte : en 1789, elle n'était plus que de 116 lieues carrées.

Vers l'an 21 de l'ère chrétienne, une révolte éclata dans l'Aquitaine, déterminée par la rigueur extrême avec laquelle les agents de Tibère y levaient les impôts : Tacite, dans ses *Annales*, fait mention de cette révolte, à laquelle les Velaunes, peuple imparfaitement soumis aux Romains, prirent une part fort active. Peut-être est-ce dans cette occasion que ce peuple qui, du vivant de Strabon [3], se gouvernait par lui-même, parvint à secouer en partie le joug des conquérants.

Telle était sans doute encore la situation politique des Velaunes, lorsque, vers l'an 418, les Visigoths, sous la conduite d'Ataulphe, franchirent les Alpes,

---

(1) Voyez la description géognostique de M. Bertrand-Roux, et l'*Essai géologique sur le département de la Haute-Loire*, par M. Aulagnier; le Puy, 1823. Voyez aussi la lettre de M. Cordier sur le mont Mezinc, *Journal des Mines*, N° 153.

(2) Voyez la carte de la *Gaule Braccanta*, jointe à l'*Histoire générale du Languedoc*, p. 59.

(3) Voyez sa *Géographie* en dix-sept livres. Paris, 1628.

inondèrent la Gaule méridionale, et amenèrent l'empereur Honorius, soit par la force des armes, soit par des traités, à leur céder pour demeure l'Aquitaine, depuis Toulouse jusqu'à l'Océan. Ainsi le Toulousain, l'Agénois, le Bordelais, le Périgord, la Saintonge, l'Aunis, l'Angoumois et le Poitou subirent la loi de ces barbares. Ils se tinrent quelques années tranquilles dans leurs limites; mais bientôt las de cette vie paisible, contraire à leurs habitudes, ces transfuges du Nord firent diverses expéditions chez leurs voisins, et finirent par se faire céder la *Novempopulanie* ou Gascogne. Théodoric, leur roi, prince belliqueux, entreprenant, ami des hasards sanglants de la guerre, s'empara ensuite de Narbonne et du reste de la première Narbonnaise, jusqu'au Rhône. Euric, qui succéda à Théodoric, son frère, hérita aussi de ses projets ambitieux. La première Aquitaine n'avait pas encore subi le joug des Visigoths : ce prince s'y porta avec rapidité, et se rendit maître en peu de temps du Velay, du Gévaudan, de l'Albigeois, du Rouergue, du Quercy et du Limousin : en l'an 472, il ne restait aux Romains, de la première Aquitaine, que l'Auvergne et le Berry.

Voilà donc les Velaunes dominés par ces Visigoths, qui avaient adopté avec tant de chaleur l'arianisme; ils ne tardèrent pas à vouloir l'imposer aux peuples du Velay; mais ceux-ci, sectateurs fidèles du catholicisme, demeurèrent fermes dans les principes de leur foi, malgré les persécutions ordonnées contre eux par Euric. Sidoine Apollinaire rapporte que ce roi fit emprisonner un grand nombre d'ecclésiastiques; que d'autres furent exilés, d'autres enfin mis à mort par ses ordres. Lorsque les évêchés devenaient vacants, ajoute le prélat-poète [1], Euric s'opposait à ce que les siéges fussent remplis; dans quelques provinces, il fit boucher d'épines les portes des églises, espérant ainsi fatiguer le zèle pieux des catholiques : tentative qui demeura sans succès. Alaric, son fils, plus modéré, ne continua point ces persécutions; sous ce règne, l'élection des évêques devint libre, et ceux-ci purent se réunir en conciles.

Nous trouvons dans une bonne histoire du Velay, par M. Arnaud [2], un tableau curieux de ce pays, durant la domination des Visigoths : nos lecteurs nous sauront gré d'en avoir emprunté quelques détails.

« Chacun des deux peuples (Velaunes et Visigoths), dit cet historien, conservait son langage particulier. La langue celtique ou gauloise était encore en usage à la fin du ve siècle parmi les habitants du Velay; ils parlaient cependant plus

---

(1) Sidonius Apollinaris était évêque de Clermont : il vivait dans la seconde moitié du cinquième siècle; on a de lui des *Épîtres* et vingt-quatre pièces de *poésie*. 1609.

(2) Publiée au Puy en 1816 ; 2 volumes in-8°, chez Jaquet, libraire.

communément la langue latine, qui leur était devenue comme naturelle. Mais, depuis l'établissement des Visigoths en Aquitaine, on vit cette dernière langue perdre peu à peu de sa pureté, et s'altérer par le commerce que ces peuples eurent ensemble. En sorte que, du mélange du latin avec le visigoth et des rapports habituels que les derniers conquérants eurent avec les Romains ou les Gaulois d'origine, qui ne formaient plus qu'un seul peuple, il résulta insensiblement une nouvelle langue qu'on appela *romane*. C'est, à quelques altérations près, la même qu'on parle de nos jours dans le pays : ainsi, l'on nomme encore aujourd'hui au Puy, *oulla* ou *olla* une marmite, et dans certaines parties du Velay, on dit *lou vespre* pour *vespere*, le soir.

« Sous l'empire des Visigoths, la première Aquitaine, qui comprenait le Velay, avait, de même que les autres provinces de la monarchie Gothique, pour gouverneur général, un duc ou un comte du premier ordre, qui, outre le maniement des affaires publiques, commandait les troupes et exerçait la principale autorité dans l'administration de la justice civile et criminelle. Le Velay obéissait à un comte du second ordre, sous la direction du gouverneur général de la province. Ce comte était assisté par un ou plusieurs vicaires ou *viguiers*, et sous ces derniers, se trouvait un grand nombre d'autres officiers subalternes.

« Chaque peuple devant être jugé suivant ses lois et coutumes particulières, les Romains l'étaient entre eux par des comtes ou juges de leur nation ; mais quand le procès était entre un Romain et un Goth, le comte de cette dernière nation prenait un jurisconsulte romain pour assesseur. Si le juge, quel qu'il fût, avait porté un jugement passionné, l'évêque diocésain était en droit d'évoquer l'affaire à son tribunal, et réformait l'arrêt mal rendu. Mais alors ce prélat devait envoyer sa sentence au roi pour en obtenir la confirmation : il l'obtenait presque toujours, si cette sentence se trouvait conforme à la loi ; sinon, elle était cassée. Les évêques, assistés de quelques assesseurs, étaient les juges naturels des pauvres, et les juges séculiers ne pouvaient refuser de faire exécuter leurs jugements. Il était permis à chacun, excepté aux prélats et aux princes, de plaider soi-même sa cause. Des peines sévères étaient portées contre les gouverneurs, juges ou officiers du fisc qui auraient exigé quelques rétributions ou épices : tous les fonctionnaires étant rétribués suffisamment par le prince... » — Que de magistrats des temps modernes devraient se pénétrer des principes du Code Visigoth !

« Les habitants, soit Romains[1], soit Visigoths ou étrangers, étaient distingués

---

(1) Cruel résultat de la conquête ! On voit qu'au ve siècle, il n'y avait plus de Gaulois dans les Gaules :

en personnes libres et en esclaves : les premières étaient toutes censées nobles ; les serfs appartenaient au roi ou à des particuliers : celles-là avaient quelques avantages de plus que ceux-ci. Au reste, les lois qui concernaient les esclaves et les affranchis, avaient une grande conformité avec celles des romains. Les alliances des personnes libres avec les esclaves étaient défendues ; comme aussi l'union entre une femme et un homme moins âgé qu'elle : en cas de transgression, il y avait lieu de casser le mariage. Le fiancé ou ses parents devaient payer la dot de la fiancée.

« Les Visigoths possédaient les deux tiers des terres, et les naturels du pays le reste. » — Ces derniers n'avaient donc pas trop à se plaindre d'un partage du lion qui, sous la main des aventuriers du Nord, eût pu favoriser beaucoup moins les vaincus, par l'application du *vœ victis*. Une autre immunité importante du régime visigoth, c'est qu'il n'admettait ni droits féodaux ni justice seigneuriale [1].

« Les Visigoths étaient tous soldats : quand le roi convoquait les troupes de ses provinces, tous les hommes en état de porter les armes étaient obligés, sous des peines corporelles ou pécuniaires, de se trouver au rendez-vous. Mais les habitants indigènes n'étaient point assujettis à cet appel. » — Les émigrants du Nord, plus politiques en cela que les Romains, ne risquaient point de voir la trahison, née d'une désaffection possible, surgir de leurs propres rangs, ainsi que cela s'était vu plus d'une fois sous le commandement des Césars dans les Gaules.

Cette nation, venue des régions hyperboréennes [2], en conservait les usages : les Visigoths et même leurs rois, se couvraient de peaux ; ils se livraient avec transport à l'exercice de la chasse, lorsque la guerre, leur premier ou pour mieux dire leur seul état, ne les appelait pas dans les camps. Ils étaient d'une taille moyenne, robustes, bien faits, agiles ; ils avaient les yeux vifs, le teint

---

tout était devenu Romain ; la nationalité primitive était évanouie... Bientôt, dans la Gaule méridionale, il allait ne plus y avoir que des Visigoths... Mais vint un troisième conquérant : Gaulois, Romains et Visigoths disparurent, balayés par l'aile de la victoire ; on ne voulut plus reconnaître que les Francs..... Le *succès* change tout à son gré, même le type des nations.

(1) Ils ne furent établis en France que vers le x° siècle.

(2) On sait que les Goths, ainsi nommés parce qu'ils étaient originaires du *Gothland* en Suède, quittèrent ce pays vers le commencement du III° siècle, et s'établirent d'abord sur les rives du Danube, où ils embrassèrent l'arianisme, vers la fin du siècle suivant, pour plaire à l'empereur Valens, dont ils espéraient obtenir des terres plus méridionales. Cette grande migration, durant son séjour sur la rive gauche du Danube, était divisée en deux nations : on appelait Ostrogoths celle qui habitait au levant, et Visigoths celle établie au couchant. Ce fut cette dernière qui passa en Italie la première, d'où elle vint ensuite dans les Gaules, ainsi que nous l'avons rapporté.

blanc, la chevelure blonde. Mais leur âme, habituée aux élans des passions fortes, dédaignait de s'alanguir dans les contentions de l'étude : aussi les sciences et les lettres, qui, durant la période romaine, étaient devenues si florissantes dans les Gaules[1], surtout à Lyon, à Marseille, à Narbonne, à Toulouse, ne furent presque plus cultivées sous la domination des conquérants du Nord; persuadés qu'ils étaient que les spéculations de l'esprit tendaient à amollir le corps. Cependant, ils avaient compris l'utilité de la médecine et de la jurisprudence : ils en toléraient l'enseignement.

Nous avons cru devoir nous étendre un peu sur l'occupation du Velay par les Visigoths, comme appartenant à l'histoire spéciale de l'ancienne Aquitaine, dont ce pays faisait partie : histoire généralement peu développée dans les annales générales de la France. Nous reprenons la suite des événements.

Au commencement du VIe siècle, Clovis, à la tête des Francs, après avoir vaincu Syagrius, général Romain, avait conquis toute la Belgique; puis, étendant sa conquête vers la Loire moyenne, s'était enfin avancé jusqu'à la frontière du pays sur lequel régnait Alaric. Ce dernier, ligué avec Théodoric, roi des Ostrogoths, marcha contre le vainqueur Franc; mais défait et tué à Vouillé, en Poitou, de la main de Clovis, le monarque Visigoth perdit en même temps l'empire, la vie et la plus grande partie de son armée. Aujourd'hui encore, le soc du laboureur poitevin heurte et soulève des ossements visigoths, que l'on distingue, à leur blancheur, de ceux que laissèrent, treize siècles plus tard, dans ces malheureuses contrées, les victimes de nos dissensions civiles.

Thierry, fils de Clovis, ayant ensuite soumis le Quercy, le Rouergue et l'Albigeois, porta ses armes victorieuses dans l'Auvergne, et s'empara du Velay ; tandis que son père se rendait maître de l'autre partie de l'Aquitaine jusqu'à la Garonne, et soumettait la Novempopulanie. Cependant les succès du jeune prince ne furent pas sans retour fâcheux : il ne tarda pas à reperdre les provinces qu'il avait conquises, et le Velay rentra sous l'obéissance des Visigoths, en 509. Ce ne fut qu'en 533 que Théodebert, fils de Thierry, put subjuguer définitivement la partie de l'Aquitaine échappée aux armes de son père. Elle fut alors incorporée au royaume d'Austrasie, échu à Thierry, par le partage des vastes états de Clovis entre ses quatre fils. Les Visigoths quittèrent à jamais l'Aquitaine, passèrent les Pyrénées, et se retirèrent dans la Septimaine, occupée par leurs compatriotes.

En 562, Sigebert, fils de Clotaire, eut en partage le royaume d'Austrasie, moins quelques parties, qu'on en détacha pour arrondir les états de ses frères;

---

(1) Voulez-vous devenir savants, disait Juvénal aux jeunes Romains, allez étudier dans les Gaules.

le Velay lui resta, et fut gouverné, en son nom, par un comte révocable à la volonté du roi. Après Sigebert, Childebert II, son fils, puis Théodebert II, son petit-fils, lui succédèrent; celui-ci fut le dernier monarque austrasien. Thierry II, second fils de Childebert et roi de Bourgogne ou d'Orléans, posséda le Velay. Après lui, vint Clotaire II, d'abord roi de Neustrie, et enfin seul souverain des Français, en 613.

C'est ainsi que le territoire formant aujourd'hui le département de la Haute-Loire, fut incorporé à la monarchie française, au commencement du VIIe siècle. En 688, le Velay passa sous la domination des ducs d'Aquitaine, qui se prolongea jusqu'en 768. Dans cette même année, les rois de France reprirent le gouvernement direct de cette province, qu'ils conservèrent seulement dix ans, sous Pépin le Bref et l'empereur Charlemagne. Louis le Débonnaire, fils de ce grand homme, fut reconnu, en 778, roi d'Aquitaine; plusieurs princes, après lui, reçurent ce titre jusqu'en 877 ; mais, à cette dernière époque, il s'éteignit dans la personne de Louis le Bègue, parvenu au trône de France. Depuis lors, nos rois n'ont plus détaché ce beau fleuron de leur couronne pour en orner le front des princes de leur sang: ils n'ont eu que des gouverneurs dans l'Aquitaine et des sous-gouverneurs dans le Velay. Mais il arriva souvent que ces représentants du monarque, plus souverains que lui-même, firent peser un rude servage sur ces contrées.

Bornant ici un aperçu général que nous avons cru indispensable, nous allons, dans notre récit, remonter le cours de la Loire jusqu'à sa source, et reprendre, autant que nos limites nous le permettront, l'histoire des localités, en nous conformant au plan que nous avons adopté.

CHAPITRE II.

Point de ruines antiques dans les montagnes du Vivarais. — Expédition présumée fabuleuse de Jules César à travers les Cevennes. — Traditions populaires sur les exploits de ce héros. — Véritable époque de la construction des monuments romains dans les Gaules. — La Chartreuse de Bonnefoi. — Divers martyrs. — Les moines-seigneurs. — Ce qu'étaient les châteaux des montagnes du Vivarais au moyen âge; ce qu'ils furent dans les guerres de religion. — Histoire de la ville du Monastier; *idem* de Saugues et de son canton. — Solignac et ses seigneurs. — Événements militaires. — Situation actuelle de cette ville et du canton. — Le bourg de Cayres et son canton. — Le lac du Bouchet. — Les Corses du Vivarais. — La vallée du Puy.

Nous l'avons dit, les annales de la partie du Vivarais que nous explorons sont obscures : sans doute ces gorges plus qu'agrestes, ces monts escarpés, que les feux volcaniques semblent avoir légués aux frimas, et que la neige couvre pendant six mois de l'année, repoussèrent, de tout temps, par leur âpreté, les populations qui font fleurir un pays. Là, point de ruines antiques [1] : les Druides mêmes, qui recherchaient souvent les lieux sauvages pour la célébration de leurs mystères, ne paraissent pas avoir habité ce pays : on n'y trouve nulle part ces

---

[1] Nous croyons pouvoir prouver plus tard que les grottes profondes, creusées dans quelques montagnes de la Haute-Loire, loin de remonter jusqu'aux temps celtiques, sont l'ouvrage d'une civilisation avancée.

monuments grossiers qu'on leur attribue, et qui ne manquent point dans les autres parties du département. Cependant il y a quelques faits historiques à glaner à travers ces montagnes : les troubles religieux du moyen-âge ont étendu jusque là leurs fastes déplorables. Mais ces tristes drames de notre histoire générale réduisent à quelques épisodes, les éléments de célébrité des gorges où la Loire prend naissance. Toutefois, M. Arnaud, historien du Velay, rapporte un fait beaucoup plus ancien, que nous croyons pouvoir répéter, quoique nul autre écrivain ne l'ait consigné, et que les *Commentaires de César* n'ent fassent aucune mention. Ce général, dit notre auteur, se trouvant, l'an 702 de Rome, dans le pays des Helviens, peuples du Vivarais, fut informé que les Velaunes s'agitaient et songeaient à se joindre aux Arvernes ou Auvergnats, révoltés contre les Romains. Alors, le héros se met à la tête de ses légions; malgré la rigueur de l'hiver, il s'ouvre un chemin dans les Cevennes couvertes de neige, et tombe comme la foudre au milieu des Velaunes. Les mutins, qui avaient cru ces montagnes inaccessibles à une armée, furent terrifiés, et rentrèrent dans le devoir. Nous craignons qu'en ceci l'honorable historien n'ait trop complaisamment ouvert l'oreille à ces candides traditions locales, qui ajoutent à la carrière de César, déjà si riche d'exploits, une myriade de merveilles. Écoutez partout les dires populaires : le vainqeur des Gaules a bâti de nombreuses villes, jeté des ponts sur tous les fleuves, couronné de châteaux formidables tous les rocs sourcilleux. En vérité, ce sont là des fables perpétuées de génération en génération. Pendant la conquête des Gaules et longtemps après, les Romains ont plus détruit dans ces contrées qu'ils n'ont édifié : ils craignaient plus les places fortes qu'ils ne les affectionnaient, au milieu de nations belliqueuses dont l'alliance ne leur inspirait jamais une entière sécurité; et César était trop bon politique pour multiplier des remparts d'où ces alliés douteux, qui devinrent souvent des ennemis, eussent pu assaillir les imprudents constructeurs. Aussi voyez les vestiges appartenant à cette première époque : ce sont des voies pour faciliter la marche des conquérants; des aqueducs pour conduire les eaux sur les points où elles eussent manqué; des temples pour imposer aux peuples, par les splendeurs d'un culte auquel les Romains ne croyaient plus eux-mêmes; des thermes pour caresser leur vie, si voluptueuse lorsqu'elle devenait inactive; enfin des arènes destinées aux spectacles sanglants qui formaient un étrange contraste avec les autres goûts de ces imitateurs des mollesses attiques, qu'on voyait prendre leurs repas couchés et couronnés de fleurs. Les villes somptueuses, les monuments, les forts dont la puissance romaine dota la Gaule, sont d'une époque postérieure de deux ou trois siècles au temps de la conquête. Alors les dominateurs n'avaient plus d'ennemis à craindre parmi nos pères; la vieille patrie de ceux-ci était morte enivrée des corruptions de Rome; il n'existait plus de Gaulois.

Il faut chercher dans une période beaucoup plus rapprochée quelques faits dignes d'être cités et se rapportant à l'histoire des montagnes du Vivarais. Parmi les plus remarquables, nous devons mentionner l'établissement, vers le milieu du XIIe siècle, de *la Chartreuse de Bonnefoi*, l'aînée de toutes celles qui existaient en Languedoc. Le nom du premier fondateur n'est pas parvenu jusqu'à nous ; peut-être cette fondation fut-elle déterminée par les terreurs de quelque seigneur approchant du terme d'une vie peu exemplaire, dont il se flattait de racheter ainsi la punition. Quoiqu'il en soit, Guillaume Jordain ou Jourdain, par une charte de l'an 1179, fit donation à cette Chartreuse d'un domaine qui en était peu éloigné. Dire que ce legs fut un marché conclu entre les religieux et la conscience du donataire, c'est substituer une probabilité au silence que l'acte de donation garde à ce sujet; mais nous ne pensons pas que notre présomption se fasse ici bien calomnieuse. Enfin, en 1202, Guillaume VIII, seigneur de Montpellier, s'inscrivit aussi parmi les bienfaiteurs de ce monastère.

Il ne nous est pas revenu qu'aucun des reclus de la Chartreuse de Bonnefoi se soit illustré par l'émission des lumières d'en-haut; mais, en 1569, ce couvent eut ses martyrs, et ceux-ci furent vengés par de sanglantes représailles. Le sire de Culant, qui commandait alors les religionnaires des Cevennes, s'étant mis à la tête d'une troupe des siens, assaillit la communauté, et peut-être irrité de la foi puissante des religieux, il en fit périr quatre : le prieur fut du nombre. Après ce meurtre, Culant laissa cinquante hommes en garnison à Bonnefoi, et se retira. A la nouvelle d'un si affreux attentat, Antoine de Senectère, évêque du Puy, et le sire de Rochebonne, sénéchal de cette ville, se prirent à prêcher par les rues une croisade contre les hérétiques conquérants de la Chartreuse. Depuis long-temps déjà les conciles avaient interdit l'usage des armes aux ecclésiastiques; mais le sang avait coulé dans la maison du Seigneur, l'interdiction fut oubliée, et le prélat, l'estoc au poing, courut, à la tête de deux ou trois cents habitants du Puy, venger les quatre religieux massacrés par les Huguenots. Ceux-ci, trop faibles pour soutenir un siége, demandèrent à capituler avec la vie sauve; on la leur promit; mais ils ne l'obtinrent pas : tous, au mépris de cette promesse, furent passés par les armes, excepté le capitaine Trialat..... Toujours les vengeances religieuses, de quelque secte qu'elles aient émané, furent exercées avec usure.

Depuis lors, les reclus de Bonnefoi rentrèrent dans la vie paisible dont ils avaient joui long-temps ; nous ne disons pas dans la vie humble et *thébaïdique* qui leur était prescrite par saint Bruno, leur fondateur : ce serait faillir à la vérité. Ces bons pères étaient *seigneurs* des Estables, village situé près de leur retraite, et seigneurs jaloux de leurs droits, ainsi que nos lecteurs en vont pouvoir juger. Durant les guerres civiles, les foires et marchés des Estables avaient été supprimés ; le prieur de la Chartreuse en sollicita vivement le rétablissement, et l'obtint en 1642. Les lettres patentes du roi Louis XIII, délivrées à ce sujet, sont datées de Lyon : le cardinal de Richelieu venait d'envoyer à l'échafaud Cinq-Mars et de Thou : apparemment l'éminence souveraine se flatta de compenser ce meurtre, accompli par son ambition ombrageuse, en rendant un privilége féodal à de pauvres serviteurs de Dieu.

La Chartreuse de Bonnefoi est située sur la rive droite de la Loire, au pied du Mezinc et dans une gorge profonde : véritable Thébaïde, où les bons pères ne devaient pas craindre d'être détournés de leurs devoirs religieux par les distractions mondaines. L'édifice primitif qui, comme tous les monastères du moyen âge, devait ressembler à une forteresse, a été remplacé, dans les temps modernes, par un corps de bâtiment percé de nombreuses fenêtres : deux cents religieux auraient pu s'y loger. Il paraît cependant qu'au moment de la révolution, ce couvent ne renfermait pas plus de huit à dix chartreux, peu soucieux d'ajouter à leur compagnie, et qui jouissaient largement de leurs droits seigneuriaux. La Chartreuse de Bonnefoi, vendue comme domaine national, est devenue une propriété particulière. L'église seule, construction de diverses époques et dépourvue de tout caractère monumental, témoigne de l'existence en ce lieu d'une ancienne retraite monastique.

Passant de la rive droite à la rive gauche de la Loire, en remontant un peu ce fleuve vers le Sud, on entre dans le canton de Pradelles, où quelques particularités se recommandent à l'historien observateur. Telle est, sur la commune d'Arlempdes, la coupe verticale d'une coulée volcanique, dont la structure naturelle offre quelque ressemblance avec un temple antique, pour peu que l'imagination se prête à parfaire le tableau.

Mais sans le secours de l'illusion, le poète, l'artiste surtout, s'abandonnent à je ne sais quel penchant mélancolique et rêveur, à l'aspect du château d'Arlempdes, dont les ruines, ici debout encore, là dispersées sur le sol, couronnent une petite éminence basaltique, au pied de laquelle coule la Loire, avec le bruit et l'apparence écumeuse d'un torrent. Cette construction, qui fut jadis une forteresse redoutable, adosse cependant ses tours et ses murailles grisâtres à une montagne qui les surmonte de trois cents mètres au moins ; et deux autres montagnes, en flanquant le château, achèvent de former l'étroite

et sombre gorge où il semble englouti. Peut-être les anciens seigneurs d'Arlempdes comptèrent-ils parmi leurs moyens de domination l'espèce de terreur qu'inspire, au premier abord, ce gothique édifice, dans une situation aussi sauvage. Il est vrai que, pour les esprits superstitieux, cette demeure rappelle bien ces manoirs fabuleux dont les possesseurs, prétendus satellites du démon, évoquaient le souverain des âmes perverses. Ainsi devait être le château de *Robert-le-Diable*, si son pacte avec l'esprit immonde peut être considéré autrement que comme un caprice poétique des vieux chroniqueurs.

Pradelles a de commun avec presque toutes les petites villes de ces montagnes, d'avoir été visitée, au commencement du XVIe siècle, par ces *routiers*, qu'on appelait avec raison des brigands, et possédée un peu plus tard par divers partis religieux, qui n'eussent pas usurpé la même qualification. Aux environs de Pradelles, vivait, en 1600, l'illustre Olivier de Serres, père de l'agriculture française, et l'un des premiers écrivains qui aient traité de cette science pratique. C'est un souvenir illustre; mais en passant auprès du cimetière de cette ville, on s'afflige à voir qu'aucun monument ne s'élève sur la tombe de ce brave et savant général Lacoste, dont Napoléon disait : « Il ira bien loin, si une balle ne l'arrête... » une balle l'arrêta! L'hospice de Pradelles est fort ancien; l'industrie des habitants nous a paru languissante; leur nombre est d'environ 1150. La distance de ce lieu au Puy est de sept lieues. Le canton de Pradelles est traversé par la route du Puy à Mende : elle passe dans la ville même.

Les deux rives de la Loire, dans les montagnes du Vivarais, offrent plusieurs châteaux isolés, que la puissance nobiliaire avait assez bien entretenus, jusqu'à l'époque orageuse où dut tomber tout ce qui s'élevait au-dessus du niveau de la société commune : conditions et monuments. Ces demeures seigneuriales, durant les guerres de religion, furent prises et reprises souvent par les calvinistes, les ligueurs, les royalistes : à cela se bornent, en général, les fastes dont elles furent le théâtre. Là, dans le cours des siècles antérieurs, point de guerres possibles entre voisins, pour conquérir des terres que la nature avait frappées de stérilité; point de hauts barons descendant de leurs tours, pour capturer de riches butins sur les voyageurs, ou enlever de belles châtelaines, afin de faire payer, tardivement peut-être, une rançon par leurs nobles époux. Quelques pèlerins, voyageurs dévotieux se rendant à Notre-Dame-du-Puy, s'engageaient seuls dans ces âpres défilés, où les seigneurs avaient bâti leurs châteaux, comme l'aigle construit son aire sur des pics inaccessibles. Ces forts étaient autant de refuges : nous avons presque dit autant de repaires. Leur situation explique l'importance qu'ils acquirent pendant les dissensions religieuses des XVIe et

XVIIᵉ siècles, parce qu'alors chaque parti recherchait les positions militaires. Sous ce dernier rapport, l'histoire de ces forteresses serait partout la même : toutes reçurent alternativement des garnisons calvinistes, ligueuses ou royales ; triomphantes ou vaincues ; fuyant ou se disposant à l'attaque ; il n'y aurait pas jusqu'aux dates qui seraient autant de redites. Parmi les châteaux dont on voit les ruines plus ou moins remarquables, du mont Gerbier aux portes du Puy, nous nommerons seulement Sauvetat, Goudet, Costaros, Coubon, Cussac et Ceyssac ; nous réservant de mentionner moins brièvement ceux que leur situation rendit propres à d'autres destinées, c'est-à-dire, au développement d'une trame de passions plus étendue.

La petite ville de *Monastier*, située sur la rive droite du fleuve, à quatre lieues sud-est du Puy, quoique maintenant bien déchue, mérite quelque attention. Son origine, tout-à-fait religieuse, remonte à la fin du VIIᵉ siècle : Calmin ou *Calmilius*, auvergnat, d'une famille sénatoriale, gouvernait alors l'Auvergne, sous le titre de Duc. En 680, ce seigneur forma le dessein de faire bâtir une église en l'honneur de Saint-Pierre, dans une terre qu'il possédait au lieu qui nous occupe. Après l'exécution de ce projet, *Calmilius*, portant plus loin ses vues religieuses, fit construire, près de l'église, un monastère, qu'il dota, et lui-même se rendit à Rome pour mettre cette abbaye naissante sous la protection du Pape. A son retour, il passa par le monastère de Lerins, en Provence, et obtint de l'abbé une petite colonie de religieux, destinée à peupler le couvent dont il était le fondateur. Un moine appelé Eudes en fut le premier abbé, et le premier nom de cette maison était *Monastier Carmeri*. Bientôt on y substitua celui de *Monastier Saint-Chaffre*, nom du second abbé, qui s'était rendu célèbre par la sainteté de sa vie. Quant à *Calmilius*, il fut, après sa mort, honoré comme saint, et sa femme, Namadie, obtint le même honneur. C'était justice : le pieux auvergnat avait fait assez pour mériter cette double béatification.

L'abbaye de Saint-Chaffre qui, plus tard, reçut la règle de Saint Benoit, était en grande vénération dans le Velay ; les abbés avaient leur place réservée au chœur de la cathédrale du Puy : lorsqu'ils y paraissaient pour la première fois, leur entrée était accompagnée d'un cérémonial auquel l'évêque lui-même prenait part, lorsqu'il n'avait pas été pourvu surabondamment de la crosse de Saint-Chaffre, ce que les dignitaires de ce siège recherchèrent plus d'une fois. Deux couvents de filles, Chamalières en Velay et Saint-Pierre de Froissenet, relevaient de cette importante abbaye, qui avait également sous sa dépendance plusieurs prieurés conventuels, entr'autres Saint-Pierre du Puy ; le curé de Saint-Hilaire tenait également ses provisions de l'abbé de Saint-Chaffre.

Les institutions religieuses, comme les autres, ont leurs vicissitudes; la divine Providence le veut ainsi : dès le temps de sa fondation, les Sarrasins firent une excursion funeste à l'abbaye de Saint-Chaffre. Le croissant de l'Islamisme remplaça un moment le signe de la rédemption dans les murs de ce monastère saccagé, et le sang de Saint Chaffre coula au pied de l'autel, profané par les infidèles. Selon quelques historiens du Languedoc, c'est à la même irruption des transfuges de l'Orient que l'on doit faire rapporter le martyre de Saint Agrève, évêque du Puy. Quoiqu'il en soit, l'abbaye de Saint-Chaffre, ainsi dévastée et ensanglantée, resta long-temps dans la plus déplorable situation : les moines, fidèles à la tombe du martyr, continuèrent d'habiter le monastère en ruines, exposés aux intempéries des saisons, et priant au bruit des vents de la montagne, qui sifflaient sous leurs cloîtres lézardés. Mais enfin Louis le Débonnaire, en l'an 804, fit restaurer cette sainte maison et relever son église en partie abattue : Saint-Chaffre fut un des vingt-six couvents que ce souverain fonda ou rebâtit dans le royaume, qu'il gouverna, comme chacun sait, avec plus de dévotion que de gloire et de sagesse.

L'édifice actuel n'offre plus de parties appartenant à cette première reconstruction, et l'église de Saint-Chaffre fut presque entièrement rebâtie par l'abbé Guillaume III, à la fin du xie siècle. La nef que l'on voit aujourd'hui est de cette époque, à l'exception de quelques voûtes; mais le chœur a été reconstruit vers la fin du xve siècle, par les soins de l'abbé d'Estaing. Le plan représente une croix latine, dont les transsepts sont un peu allongés. La nef, trois fois plus large que ses collatéraux, est bordée de piliers carrés fort épais, flanqués de colonnes engagées et souvent tronquées en console vers leur face principale. On remarque dans les arcades inférieures des différences essentielles de construction, indices certains des réparations faites à diverses époques. Plusieurs travées au nord sont en ogive à pointe obtuse; tandis que les autres décrivent un cintre régulier. La même différence existe dans les arcs-doubleaux des nefs latérales. Les voûtes refaites paraissent être du xve siècle; quelques-unes sont du siècle précédent; le surplus appartient à la reconstruction du xie siècle. La nef, ne recevant le jour que par une seule fenêtre, percée dans la façade, et par les étroites croisées des collatéraux, est fort sombre, surtout en hiver. Ces ouvertures sont uniformément cintrées et flanquées de colonnettes légères, dont les chapiteaux, historiés et d'un travail médiocre, offrent des aigles, des griffons : type assez général de l'architecture byzantine en Auvergne. Les consoles sont toutes historiées. Le chœur est presque dépourvu d'ornementation : une seule des chapelles qu'on y voit nous a paru décorée avec quelque soin : elle appartient au style de la renaissance. Des trois portes qui conduisent dans l'église, à l'occident, au midi et au nord, la première seule doit avoir eu un caractère imposant; mais elle a été défigurée par de déplorables réparations : moulures, bas-reliefs et colonnes engagées ont presque disparu, et le badigeon vandale des temps modernes étend sa couche blafarde jusque sur les archivoltes, autrefois décorées d'incrustations coloriées. Néanmoins, la façade de Saint-Chaffre laisse encore reconnaître le type des façades bysantines particulières à l'Auvergne, avec leurs corniches saillantes, leurs billettes, leurs arcades latérales, destinées à recevoir des figures de saints, et leurs doubles archivoltes à claveaux rouges, noirs et blancs.

Jusqu'à la fin du XIIe siècle, rien ne révèle l'existence de la ville qui, sans doute, fut construite insensiblement autour du monastère, ou *Monastier*, dont elle reçut le nom. On doit présumer, toutefois, qu'elle fut de bonne heure munie d'une enceinte; car en 1361, Perrin Bauvetot, capitaine d'une compagnie de routiers, l'enleva par escalade. Cette place resta près de deux ans au pouvoir de ces aventuriers ; mais le vicomte de Polignac la reprit en 1363, après un siège de trois mois. En 1590, le *Monastier*, menacé de tomber au pouvoir des ligueurs, reçut une forte garnison pour défendre la ville et l'abbaye, dont l'évêque du Puy était abbé. Ce prélat, ayant abandonné son siége aux dissidents, se retira à Saint-Chaffre, vers la fin de la même année; tandis que les ligueurs juraient, dans la cathédrale dont il s'éloignait : « de ne vouloir « reconnaître, ni en général, ni en particulier, Henri de Bourbon, hérétique « notoire, or excommunié, pour roi, ni aucun de son parti, de quelque dignité, « grade ou prééminence qu'il pût être pour les commander. » Cependant, les ligueurs, fort puissants dans le midi de la France, étant devenus maîtres de la presque totalité du Velay, le duc de Nemours, l'un de leurs principaux chefs, reçut la soumission du Monastier. Cette ville était encore tenue au nom de la ligue, lorsqu'en 1593, les états du Velay s'y assemblèrent ; mais au commencement de l'année suivante, elle se soumit à Henri IV.

Tels furent les événements qui donnèrent jadis quelque importance au Monastier ; mais ce lieu dut surtout sa prospérité à l'antique monastère de Saint-Chaffre. La ville, qui conserve à peine l'apparence d'un gros bourg, était, au temps de sa splendeur, une des huit principales cités du Velay qui, tous les quatre ans, envoyaient un député à l'assemblée des états du pays. La suppresssion du couvent, ordonnée en 1787, par lettres patentes de Louis XVI, frappa de décadence cette ville elle-même, et l'on reconnaîtrait difficilement, à son aspect actuel, les remparts qu'elle opposa jadis aux troupes qui l'assiégeaient. Il ne serait pas moins difficile d'indiquer aujourd'hui avec précision les causes qui déterminèrent la cour à supprimer l'abbaye; il est probab[le] toutefois qu'elles ne furent pas étrangères aux prétentions toujours croissant[es] qu'élevaient alors les disciples de Saint-Benoît. On sait qu'ils avaient repouss[é] si loin les limites de la vie monastique, qu'ils s'étaient hasardés jusqu[à] demander de porter la queue : on les attendait *à l'oiseau royal* et *à l'aile [du] pigeon*, lorsque la révolution vint les séculariser au-delà de leurs vœux [1].

Le Monastier, enseveli dans des montagnes que ne traverse aucune rout[e] praticable, se soutient petitement par un effort industriel et agricole dont l[e] résultat ne dépasse guère les limites de son territoire [2] : c'est une ruche q[ui] concentre en elle-même tous les éléments, tous les produits de son activité ; e[t] cette concentration, pour les villes comme pour les états, ne produit qu[e] d'imparfaites prospérités. Nous avons rencontré au Monastier ces muletiers qui, par des chemins ardus, transportent, à dos de mulets et dans des outres le gros vin du Vivarais que consomment les habitants de la Haute-Loire. Rie[n] de plus bizarre que l'attirail de ces messagers des Cevennes : la tête de leurs mulets est ornée de trois plaques en cuivre fort larges, sur le front et sur les tempes ; et d'énormes flocons de laine, diversement colorée, qui leur pendent au museau, achèvent de prêter à la physionomie de ces animaux un aspect fantastique digne des contes d'Hoffmann.

(1) Ce travers doit être excusé dans ces religieux, auxquels les sciences et surtout les lettres durent d'importants travaux, à une époque où les ténèbres de l'ignorance enveloppaient encore la France.
(2) On a découvert récemment une mine de charbon près du Monastier : le produit présente l'apparence d'une sorte de *lignite*, plutôt que celle de la houille ordinaire : cette exploitation est abandonnée.

La population du Monastier est encore de 4,400 habitants, en y comprenant celle des villages et hameaux environnants.

Les voyageurs ont beaucoup parlé des grottes situées aux portes du Monastier et creusées, de main d'homme, dans les scories agglutinées ; mais on s'est généralement trompé, selon nous, sur l'origine de ces cavités, en la faisant rapporter aux temps celtiques. Elles se divisent, pour la plupart, en plusieurs chambres, communiquant entre elles, et ayant une entrée commune. Quelquefois les grottes se présentent sur deux ou trois étages, auxquels on parvient par des escaliers intérieurs taillés dans la masse volcanique. On y voit aussi des lits, des alcoves, des bancs, des armoires, pratiqués de la même manière : toutes choses qui font supposer une civilisation plus avancée que ne l'était celle des Celtes. L'entrée de ces grottes se trouve toujours sur une pente fort raide et d'un accès difficile. Quelques-unes sont assez vastes pour avoir pu contenir une famille. Peut-être l'opinion de leur origine antique s'est-elle appuyée sur ce qu'on ne remarque dans aucune ni cheminée ni issue ouverte à la fumée ; mais cette circonstance serait peu concluante : on sait que les cheminées n'ont été en usage, au moins en France, qu'à une époque avancée du moyen âge, et que précédemment, nos pères se garantissaient des rigueurs de l'hiver à l'aide d'une sorte de poêle, appelé *chauffe-doux*.

La commune de *Goudet*, du canton de Monastier, outre son château et celui de *Beaufort*, qui n'est pas encore abandonné, offre un pont sur la Loire, construit en bois. Il remplace un pont de pierre qui fut enlevé par une inondation, en 1795. Dans cette même commune, se trouve le village de l'*Aubépin*, connu des minéralogistes par ses *lignites*, que l'on avait pris pour de la houille. A *Saint-Martin de Fugères* existe une source d'eau minérale, sur la rive droite de la Loire.

Si l'on s'écarte un peu sur la rive gauche du fleuve, on rencontre, à près de sept lieues du Puy et à l'ouest-sud-ouest, le bourg de *Saugues*. En 1362, Pacimbouc, chef de routiers, renommé pour ses brigandages audacieux et ses débauches effrénées, s'empara du château dont on voit encore en ce lieu les débris, et dont la construction ne paraît pas remonter au-delà du siècle précédent. Il avait déjà établi dans ce fort le sérail de jeunes prisonnières qui le suivait partout, lorsqu'Armand, vicomte de Polignac, Guillaume, seigneur de Chalençon, et quelques autres chevaliers, marchèrent pour soutenir le maréchal d'Audenham, capitaine général du Languedoc, qui vint mettre le siège devant Saugues. La place fut prise après une défense opiniâtre. Un troubadour languedocien, qui composa une ballade sur ce fait d'armes, y rapporte que les belles captives ne voulurent pas être délivrées ; mais les pobles sont quelquefois malicieux. L'importance de Saugues est un peu moindre que celle du Monastier : là aussi, le défaut de débouchés oblige l'activité locale à se replier sur son foyer. On y élève des mulets d'une assez belle espèce ; les femmes font de la dentelle, ou filent une petite quantité de laine employée par quelques fabricants d'étoffes grossières, établis dans le bourg et aux environs. Pendant l'automne, les habitants de cette commune, ainsi que ceux du canton dont elle est le chef-lieu, se livrent à la chasse des grives et des bécasses, que les marchands du Languedoc viennent leur acheter. On évalue la population de Saugues, hameaux compris, à 3,400 âmes.

A deux cents pas hors des murs de la ville et au Nord, s'élève un petit édifice appelé le *Tombeau du général anglais,* dont nous devons à nos lecteurs une courte description. Sur un pavé grossièrement taillé, sont placées, à deux mètres de distance l'une de l'autre, quatre colonnes cylindriques, supportées chacune sur une base cubique. Leur hauteur est de quatre mètres ; leur circonférence d'un peu moins de deux. Elles soutiennent une voute en ogive, formée de petites pierres et recouverte par un toit. Aucune inscription ne se trouve sur ce monument, et la tradition ne sait rien ajouter à la désignation de *Tombeau du général anglais.* Des fouilles faites au pied de cette singulière construction, ont fait rencontrer le roc immédiatement sous le pavé ; personne n'a donc pu être enterré là. Cependant il est rare que les traditions ne reposent pas sur un fait plus ou moins authentique : il est probable que, vers la fin du XIVe siècle, peut être à l'époque ou du Guesclin pourchassa les anglais dans ces contrées, un de leurs chefs aura perdu la vie en ce lieu, et que ses troupes auront érigé ce monument à sa mémoire, sans avoir confié sa dépouille mortelle à la terre étrangère.

Le canton de Saugues offre, *à Saint-Christophe-d'Allier,* la ruine d'un pont jadis bâti sur cette rivière. A *Monistrol d'Allier,* un bac communique d'une rive à l'autre. Près de *Grèses,* se trouvent les ruines d'un château très-fort, qui paraît avoir été entouré de fossés, mais dont les fastes, s'il en eut, ont échappé à l'histoire. Il ne faut pas quitter le Vivarais sans avoir admiré la chapelle de la *Madeleine,* creusée dans le basalte ; les caves ou grottes de l'*Esclusel,* et surtout les masses basaltiques connues sous le nom d'*Orgues de Saint-Arçons.* Dans la Virlange, qui traverse le canton de Saugues, on pêche quelquefois un coquillage fluviatile (l'*Unio pictorum*) qui renferme des perles : on assure que, lorsqu'elles sont d'une belle eau, les joailliers ne les jugent pas inférieures à celles de l'Inde.

Les huit cités principales du Velay, après le Puy, étaient Yssengeaux, Saint-Didier, Roche, Montfaucon, le Monastier, Monistrol, Craponne et

Solignac : c'est de cette dernière ville que nous avons maintenant à parler. Elle est située sur la rive gauche et tout près de la Loire, à deux lieues sud du Puy. La première mention qui soit faite des seigneurs de Solignac, dans l'histoire du Velay, est de l'année 1293, époque à laquelle un de ces seigneurs, nommé Gilbert, assista, comme témoin, dans la cathédrale du Puy, au serment d'hommage prêté par des gentilshommes du comté de Bigorre, à Jeanne de Navarre, femme de Philippe-le-Bel. Jean de la Roche Aymon, qui portait la parole, « promit foi de chevalier et *sur l'âme de la reine,* bonne et loyale « fidélité à cette princesse. » Il paraît que dès-lors la maison de Solignac jouissait d'une grande considération dans le Velay ; car Gilbert avait été appelé fort jeune à l'imposante solennité que nous venons de rapporter. L'année suivante, il se trouva du nombre des nobles qui, n'étant encore que *damoiseaux,* reçurent du même souverain l'ordre de prendre la *ceinture militaire,* pour servir sous la bannière de Robert, duc de Bourgogne, que le roi avait appelé à la défense de ses domaines sur le Rhône. On doit présumer que cette noblesse, peu soucieuse en ce moment de se livrer à l'élan chevaleresque du temps, ne prit pas volontiers les armes : les historiens du Languedoc rapportent que le sénéchal de Beaucaire dut confisquer les terres de plusieurs barons, pour les obliger à revêtir l'armure.

En 1313, la seigneurie de Solignac était échue à Bernard : ce seigneur fut compris dans cette même année parmi ceux qui devaient, par le commandement du roi, donner leur avis sur la réunion à la sénéchaussée de Lyon, qu'il venait d'ériger des sénéchaussées de Mâcon et de Beaucaire. Le rang que tenaient alors en Velay les sires de Solignac, fait présumer que leur château avait été fortifié dès le commencement du XIVe siècle : il est constant au moins qu'en 1362, le seigneur de la Roue tenta vainement d'enlever cette forteresse par escalade, dans une guerre qui s'était élevée à propos de la succession de Lieutaud, baron de Solignac, mort en 1357, et qui avait été élu, en 1344, *premier consul* du Puy.

Jusqu'à cette époque et plus tard encore, les annales du Velay se taisent sur la ville de Solignac, dont les maisons, ainsi que cela se pratiquait au moyen âge, s'étaient probablement groupées successivement autour du château, sous la protection de ses remparts. Mais en 1523, cette ville n'en fut pas moins occupée et pillée par une de ces grandes compagnies de brigands militaires, contre lesquels le voluptueux et indolent Charles VII ne savait pas même défendre le peu de provinces qui lui restaient alors. Les hommes d'armes du sire de Solignac, trop peu nombreux pour s'opposer à cette invasion, en furent, du haut des tours du château, les témoins inactifs : ils entendirent, sans pouvoir leur porter secours, les cris déchirants des femmes livrées aux brutalités de ces féroces partisans, et ceux des malheureux habitants qu'ils torturaient pour leur faire donner ce que la plupart d'entre eux n'avaient pas.

Nous voyons qu'en 1589, Solignac, ainsi que Ceyssac et d'autres places, dépendait de la vicomté de Polignac. En cette année, la ville reçut une garnison royaliste, ce qui fit murmurer les habitants du Puy, déterminés ligueurs, contre la vicomtesse de Polignac, qui paraissait avoir accepté volontiers cette occupation. Dans cet état de choses, le seigneur de Chaste, commandant pour le roi au Pays de Velay, comme lieutenant du duc de Montmorency, ordonna aux préposés de la vente du sel d'aller s'établir à Solignac : c'était un prudent conservateur des droits du fisc que ce capitaine de Chaste. Cette précaution devint bientôt vaine : en 1590, les Ligueurs du Puy, commandés par les sieur de Marminhac, s'avancèrent nuitamment et à petit bruit vers Solignac, espérant surprendre la place, à l'aide d'un pétard dont ils s'étaient munis. Mais, malgré leur marche silencieuse, ils furent découverts par les guetteurs de la garnison, et contraints de se retirer sous une double décharge de mousquetades et de lazzis que les royalistes firent pleuvoir sur eux, du haut des murailles. Or, si l'on s'en rapportait aux premières apparences, on serait tenté de croire que la vicomtesse de Polignac ne s'était prêtée qu'avec une bonne grâce simulée à l'occupation de Solignac par les troupes du roi; car à peine les ligueurs étaient-ils rentrés au Puy, qu'ils reçurent de Pierre Sigaud, officier attaché au service de cette dame, une lettre pleine de moqueries, qui les accusait de couardise, et les défiait de se présenter de nouveau devant Solignac. On verra bientôt que cette démarche n'était pourtant qu'une bravade, comparable à celles qui émanent assez naturellement du caractère de nos français méridionaux. Marminhac n'en jugea pas ainsi : à la lecture de cet écrit, il fit un clignement d'intelligente compréhension, crut avoir des amis dans la ville, et donna des ordres pour qu'on se remît en marche vers Solignac, le jour suivant, avec du canon, des échelles et tous les instruments nécessaires pour enlever la place de vive force. Munis de ce formidable appareil, les assiégeants, encore excités par le souvenir des mauvaises plaisanteries de Sigaud, eurent promptement fait une brèche aux murailles de la ville et s'en emparèrent, malgré la plus vigoureuse défense. Les royalistes se réfugièrent alors dans le fort et le château; mais les ligueurs ayant attaché leur pétard à la porte du premier, la firent sauter avec un pan de muraille et les soudards qui défendaient cette porte. Le surplus des hommes trouvés en armes dans le fort, furent passés au fil de l'épée. Restait encore à enlever le château : les assiégeants allaient y attacher un second pétard, lorsque ce même Sigaud, qui avait fait si mal à propos le mauvais plaisant, fut le premier à demander une capitulation, sous l'unique condition que les assiégés, avec leurs femmes et leurs enfants, seraient conduits à Ceyssac : ce que Marminhac accorda. Les compagnies à cheval entrèrent dans le château, où ils trouvèrent du blé, des armes et beaucoup d'or et d'argent ; tandis que les hommes de pied saccageaient la ville au nom de la Sainte-Ligue. Quoique bon nombre de sujets du roi eussent été massacrés et que d'autres eussent sauté en l'air, les habitants du Puy, obéissant à l'irascible exaltation de cette époque, firent une procession générale en actions de grâces d'un si beau succès, puis envoyèrent une centaine de maçons et de charpentiers à Solignac, pour détruire les fortifications de la place et du château : ce qui fut immédiatement exécuté. Partout où l'esprit de parti domine, plus de pitié, plus de compassion, plus de sentiments humains à espérer.

Ajoutons que les meubles de Sigaud, dont les ligueurs ne se trouvaient pas assez vengés, furent vendus aux enchères ; une ferme qu'il possédait à Vals, fut saccagée ; bientôt on l'enleva lui-même pour le livrer en otage aux ligueurs du Puy : *tantæ ne animis celestibus iræ!*

En 1591, Solignac, ainsi que presque toutes les villes et bourgs du Velay, se soumit au duc de Nemours, qui occupa le pays avec un corps de troupes considérable. Ce général fit son entrée dans cette place dévastée, sur de tristes décombres, encore noirs du feu de la mine, encore inondés du sang de ses défenseurs égorgés. Il ne tint qu'à lui de croire à la sincérité de ce cri : *vive le prince catholique!* que les habitants lui firent entendre. Au mois de septembre de la même année, Solignac fut ressaisi par les royalistes. Le duc de Nemours ayant quitté le Velay, avec une partie de ses forces, les partisans de Henri IV reprirent courage, et Pierre de la Rodde Seneujols, à la tête de cinquante hommes seulement, se jeta dans cette ville, qu'il fit fortifier, ainsi que le château, par un travail rapide, qui se continuait la nuit à la clarté des flambeaux. Malgré la précipitation avec laquelle ce nouveau système de défense avait été exécuté, il était tel que le sieur de l'Estange, ligueur intrépide, et l'un des nombreux favoris de l'ardente duchesse de Montpensier, marcha vainement contre Solignac, suivi des ligueurs du Puy.

Ce fut le dernier chapitre de l'histoire militaire de Solignac ; le temps et la pioche révolutionnaire ont dispersé tout ce qui restait des fortifications de ce lieu, que l'histoire nomme alternativement une ville et un bourg. Maintenant, son aspect est entièrement rural, et de génération en génération, les habitants, jadis belliqueux, sous la bannière de leurs barons, s'endorment plus volontiers dans cette obscurité, qui n'est pas la moins désirable des situations politiques.

Que de calamités, hélas! accourent aux stridentes fanfares de la renommée! Solignac est le chef-lieu de l'un des cantons de l'arrondissement du Puy envers lesquels la nature s'est montrée le plus sévère : le terrain volcanique qui forme la presque totalité de son sol ne produit guère que du seigle, un peu de méteil et des fourrages d'une médiocre qualité. La commune de Bignon, appartenant à ce canton, renferme la source minérale *de Salle*, dont les eaux sont assez recherchées par les habitants du pays; mais la proximité fait une partie de leur mérite, et nous doutons qu'elles puissent être jamais fréquentées par les étrangers. La population de Solignac est d'environ mille âmes.

Entre les cantons de Solignac et de Saugues, est enclavé celui de *Cayres*, situé sur la partie occidentale du plateau volcanique compris entre la Loire et l'Allier. Le bourg qui donne son nom à ce canton, ne se recommande par aucun souvenir historique ; sa condition actuelle ressemble à celle des villages environnants : les hommes s'y livrent aux soins d'une culture qui ne leur donne que du seigle et de l'avoine; les femmes font de la dentelle, ou préparent des fromages dont la pâte est fine, grasse et persillée. La population de ce bourg, situé à quatre lieues sud-sud-ouest du Puy, est de 750 personnes.

A quelque distance de Cayres, se trouve le lac du Bouchet, l'une des curiosités naturelles les plus remarquables du département. Ce lac, dont la forme est ovoïde, offre un développement de 4,500 mètres; sa plus grande profondeur, mesurée en 1790, par le docteur Vallat, est de 28 mètres. Les eaux froides, calmes et limpides qui remplissent cette sorte d'entonnoir formé par quatre montagnes, ont succédé aux feux qui s'en élancèrent jadis : le lac du Bouchet est évidemment un cratère éteint. On dirait que les poissons craignent d'y être surpris encore par l'élément antipathique à celui dans lequel ils vivent : on voit à peine quelques abes, quelques vairons animer ces profondeurs, que le regard sonde à travers un cristal immobile. Mais, au moment de leur passage, le cormoran, le plongeon, la sarcelle et d'autres oiseaux palmipèdes troublent la surface du lac, et envoient leurs cris sauvages aux échos des montagnes voisines. On a tracé autour du bassin un chemin praticable qui permet de l'examiner à loisir : ses eaux n'ont aucune issue apparente; mais quoique leur dégorgement ne soit pas sensible, il est probable que le lac du Bouchet sert de réservoir aux cascades qui jaillissent dans les plateaux inférieurs. M. Bertrand-Roux pense toutefois qu'il pourrait y avoir équilibre entre la quantité d'eau qu'il reçoit des sources qui l'alimentent, et celle qu'il perd par évaporation. Il va sans dire que la superstition locale a *fabulé* quelque conte merveilleux sur ce lac ; sans doute, dans le mystère des nuits, il a sa population de fées, ou méchantes, ou bénignes. Nous n'avons pas interrogé les habitants à ce sujet : candides dans leur crédulité, ces montagnards ne sont pas moins susceptibles, et l'on aurait mauvaise chance à leur laisser croire qu'on veuille se moquer d'eux. On verra dans notre résumé moral que, sous le rapport de l'irritabilité et des promptes inspirations de *vendetta*, leur caractère ne manque pas d'analogie avec celui des insulaires de Corte ou d'Ajacio.

Les communes d'Alleyras et de Vabres, du canton de Cayres, fournissent une argile avec laquelle on fabrique de la poterie commune assez estimée. Les sapins qui croissent à la base des montagnes de cette contrée, sont exploités pour charpente, et ce genre d'exploitation dédommage un peu les habitants de l'ingratitude du sol.

Lorsqu'on entre dans le canton sud-est du Puy, on rencontre le château de Bouzols, bâti sur un mamelon de basalte assez escarpé : cette construction du moyen-âge est en partie détruite; mais elle contribue encore à relever le paysage des bords de la Loire, qui coule en ce lieu rapide et encaissée. Bouzols a joué un rôle important dans les guerres religieuses; avec elles s'est évanouie sa passagère célébrité. Cet édifice n'est pas d'une époque antérieure au XIVᵉ siècle, si l'on peut en juger par ce que le temps et les hommes, plus hostiles que lui, ont laissé subsister.

CHÂTEAU DE BOURBON.

Non loin de Bouzols et sur la rive droite de la Loire, le voyageur s'arrête avec une surprise mêlée de terreur devant la *Roche rouge,* masse volcanique d'une forme bizarre, chaudement colorée de teintes diverses, et qu'une volonté infernale semble avoir fait surgir des sombres demeures pour rester pendant la durée des siècles suspendue et menaçante sur la tête des passants. Au village de la Terrasse, du même canton, se retrouvent plusieurs de ces grottes d'origine inconnue dont nous avons déjà parlé.

Dans la commune de Saint-Germain s'élève la montagne de Peynastre, sur laquelle un pèlerin fut enterré jadis. Les fidèles du pays viennent en ce lieu pour être délivrés de la fièvre : nous en avons vu qui assuraient avoir été guéris près de la tombe du pieux voyageur. Nous n'avions pas interrogé leur pouls avant ce pèlerinage.

Nous voici parvenus à cette vallée du Puy qui, dans son étendue si resserrée, mais si pittoresque, semble réunir des échantillons de toutes les richesses de la nature, abritées par un immense manteau de trahytes ou de basaltes. En effet, ce vallon, admirablement cultivé, et qu'arrosent, dans leurs cours sinueux, le Dolaison, la Borne et notre Loire, offre des prairies, des céréales, des jardins, des vignobles heureusement exposés, et s'étendant en amphithéâtre sur des coteaux aux crêtes menaçantes. A travers une verte végétation, que nous avons vue dans toute son activité, sont jetés çà et là de blanches bastides, d'élégants pavillons : on dirait une multitude de dés épars sur le tapis d'une table à jouer. Tandis que l'agronome et l'horticulteur admirent ici ce que le courage et la persévérance ont conquis de fécondité sur une nature rigoureuse, le savant peut étudier les plateaux de Rome, de Montredon; les montagnes de Brunelet, du Ronzon, de la Denise ; le rocher de Corneille, le cône si merveilleux d'Aiguilhe, qui étalent à ses yeux leurs somptuosités minéralogiques. Laissant cette étude approfondie à des capacités spéciales, nous achevons de traverser le canton sud-est du Puy, et nous pénétrons dans la ville même, à laquelle est consacré le chapitre suivant.

CHAPITRE III.

Origine de la ville du Puy. — Une légende. — Notre-Dame; — Charlemagne y fait un pèlerinage. — Les évêques-comtes de Velay. — Commencement de la ville. — L'église métropolitaine. — Priviléges de l'évêque et du chapitre. — Le roi Robert visite Notre-Dame. — Les papes Urbain II, Gelase II, Calixte II, Innocent II, et Alexandre III, viennent successivement au Puy. — Louis-le-Jeune s'y rend à son tour. — Philippe-Auguste y passe en partant pour la croisade. — Saint Louis y vient au retour de sa première expédition sacrée. — Don fait par ce prince d'une figure de la Vierge. — Trésor de la Cathédrale. — Travaux successifs de défense du XIIIᵉ au XVIIᵉ siècle; motifs. — Précis de l'histoire de la ville jusqu'au règne de Henri IV : nombreuses visites de têtes couronnées; guerres de religion; événements divers du XIIIᵉ au XVIIᵉ siècle. — Histoire du Puy sous Louis XIII, Louis XIV et Louis XV. — Le fameux Mandrin au Puy. — Cette ville durant l'Empire et la Restauration. — Monuments religieux : le rocher et la chapelle de Saint-Michel; un prétendu temple de Diane; anciennes églises paroissiales ou conventuelles. — Institutions religieuses actuelles. — Congrégations de femmes et d'hommes. — Monuments et établissements civils — Une anecdote sacrée. — Caisse d'Épargnes. — Société d'agriculture. — Musée. — Routes. — Population.

Nous avons dit ailleurs que l'antique capitale du Velay (*Ruessio* ou *Ruessium*) était située sur l'emplacement actuel du bourg de Saint-Paulien, dont nous parlerons plus tard. Ce fut *Evodus* ou *Saint Vosy*, évêque du Velay, qui, vers l'an 570, transféra le siége épiscopal de *Ruessio*, où il avait été jusqu'alors établi, au lieu appelé *Anicium*, aujourd'hui la ville du Puy. On doit faire remarquer néanmoins que ce point historique a donné lieu à de grandes discussions : Lebœuf[1],

(1) *Histoire de l'Académie des Inscriptions.*

Dom Vaissette[1] et le père Sainte-Marthe, auteur de la *Gallia christiana*[2], conviennent que Saint Vosy transporta le siège du Velay au Mont-Anis; mais ils ne sont d'accord, ni sur le temps de son épiscopat, ni sur celui de la translation. Vaissette, en cherchant à fixer l'époque de cette dernière, la fait rapporter à la fin du VII° siècle, et est combattu en cela par Sainte-Marthe, à l'opinion de qui se range l'abbé Lebœuf. Or, ce savant antiquaire, pour déterminer en quel temps siégait *Evodus* ou Saint Vosy, qu'il reconnaît pour premier évêque du Puy, d'après une inscription authentique trouvée sur les lieux[3], fait observer qu'*Aurelius*, désigné comme successeur immédiat de ce prélat, dans un manuscrit qui appartenait à l'église du Puy, au X° siècle, est cité par Grégoire de Tours, à l'an 591, sous le titre d'évêque du Velay, résidant à *Anicium*. Cette explication nous a paru satisfaisante; dans l'absence de documents plus authentiques, nous n'avons pas hésité à l'adopter, sans prétendre déterminer d'une manière absolue la translation, que l'on peut faire rapporter toutefois à la période comprise entre 560 et 570, en accordant aux évêques *Evodus* et *Aurelius* un épiscopat d'une durée moyenne de vingt ans (550 à 591).

Les traditions populaires sont aussi de l'histoire: elles font connaître le caractère des peuples, et servent à fixer l'opinion du moraliste sur les mœurs d'un siècle. Or, voici comment les traditions velaisiennes expliquaient, dans un temps qui n'est pas encore éloigné, la translation du siége épiscopal sur le mont Anis. «Saint Vosy, sixième évêque du Velay après Saint Georges, était le ministre que Dieu avait destiné pour l'exécution de ce grand dessein: la voix du ciel se fit entendre une seconde fois. Une dévote religieuse de la très-illustre famille de Polignac[4], qui habitait au bourg de Ceyssac, était extrêmement malade; tous les remèdes lui étaient inutiles; elle se recommanda à la Sainte Vierge, se jetant dans ses bras, se résignant à sa volonté. Dans cette religieuse intention, elle s'endormit. La Sainte Vierge lui apparut en son sommeil, et d'un visage propice et bénin, lui dit : Ma fille, si vous voulez obtenir guérison, faites-vous conduire, aussitôt que vous serez éveillée, en la prochaine montagne d'*Anis*, où vous vous reposerez sur une pierre (Elle lui désigna le lieu qui est à

---

(1) *Histoire de Languedoc*, t. V, add., p. 675.

(2) T. II, p. 689.

(3) Voici l'inscription : *Hic requiescit corpus Sancti Evodii primi ecclesiæ aniciensis præsulis*. On voyait encore, à la fin du XVIII° siècle, dans l'église de Saint-Vosy, au Puy, le tombeau d'*Evodus*, sur lequel ces mots étaient gravés.

(4) Remarquez que nous sommes à la fin du VI° siècle. Pâlissez, Montmorency, la Trémouille et Talleyrand ! Mais nous verrons mieux encore.

présent l'église cathédrale), et vous serez guérie. Cette religieuse obéit à ce que la Sainte Vierge lui avait commandé; puis ayant savoureusement sommeillé, elle vit un Ange qui la poussait doucement et qui lui dit : Éveillez-vous, venez devant le prochain autel, femme bien fortunée, où l'impératrice du ciel vous demande, pour lui rendre grâce de la santé qu'elle vous a procurée. En s'éveillant, elle vit sur l'autel que Saint Georges avait dédié à la Mère de Dieu, une clarté incomparable, puis la glorieuse Vierge, éclatante d'une grâce et beauté sans pareille, environnée d'une troupe infinie d'Anges et de Vierges; l'air résonnant de tous côtés d'un harmonieux concert de musique. Elle se jeta alors, toute étonnée, à ses pieds, et lui ayant rendu grâces du mieux qui lui fut possible, la Sainte Vierge l'invita doucement à remercier son Fils, auteur de tout bien. Elle ajouta: « Allez-vous-en à votre pasteur, et dites-lui, de ma part, que pour l'obligeance et secours des pauvres pécheurs languissants, il me fasse ici bâtir une église dans laquelle il transportera le siége épiscopal du Velay, selon l'avis que j'en donnai à Saint Georges, son prédécesseur. Pour preuve de cette vérité, faites-lui connaître votre miraculeuse guérison, l'assurant que tous ceux qui, parfaitement zélés, viendront dorénavant en ce lieu, recevront, par mon intercession, une semblable faveur. Cela dit, la bénigne dame disparut, avec toute sa sainte compagnie. Cette religieuse, se trouvant parfaitement guérie, s'en retourna chez elle, suivie de ceux qui l'avaient accompagnée, et alla raconter tout ce qui s'était passé à Saint Vosy.

« Le pieux évêque, avant de rien entreprendre, voulut encore sonder la vérité avec les armes de l'église; c'est pourquoi il commanda dans le pays de jeûner trois jours durant, pendant lesquels un Ange lui apparut, et lui confirma le récit merveilleux de la religieuse. Le prélat promit d'obéir; ce qui étant venu à la connaissance du peuple, ce ne furent que réjouissances, que chants d'allégresse.

« Saint Vosy étant allé à Rome, le pape lui permit de bâtir l'église de Notre-Dame, en accompagnant cette permission de dons et d'un excellent architecte nommé Scrutaire. Le saint évêque eut l'honneur et le contentement de voir souvent la bienheureuse Vierge, qui consolait les ouvriers et les animait à la conduite et perfection de ce beau temple; lequel, en peu de temps fut parachevé et bâti d'un art vraiment admirable et si solide que, malgré l'injure du temps, il s'est maintenu en son entier jusqu'ici, et il n'y a point de doute qu'il ne demeure en cet état jusqu'à la fin du monde [1].

Telle est, même aujourd'hui, pour les classes populaires du Velay, l'histoire

---

(1) Histoire admirable de Notre-Dame du Puy.

authentique de la fondation de l'église épiscopale du Velay : toute autre relation est à leurs yeux mensongère et hérétique.

Charlemagne fit un pélerinage à Notre-Dame-du-Puy, en 793 ; dix ans plus tard, il institua dans cette église dix chanoines pauvres, ou de *pauperie*, pour y faire le service divin avec les autres chanoines. Il n'y avait vraisemblablement alors, sur le mont Anis, que quelques maisons bâties autour de la cathédrale ; car aussi tard que le xe siècle, il n'y existait encore qu'un bourg, ainsi qu'il résulte d'une charte du 8 avril 924. « Raoul[1], y est-il dit, et Guillaume II, duc d'Aquitaine, s'étant réunis à Châlons-sur-Saône, le premier donne à Adalard, évêque du Puy, du consentement de Guillaume, son vassal, et pour le soulagement de l'âme de Guillaume, oncle dudit, et de tous ses parents, *le bourg contigu à l'église de Notre-Dame-du-Puy*, avec tout ce qui, dans cet endroit, appartenait au domaine du comte et relevait de son autorité. » Comme Guillaume II possédait le comté particulier de Velay et les domaines seigneuriaux du Puy ; il consentit à la donation de Raoul, et ce consentement fut cité dans l'acte. Celui-ci peut donc être considéré comme le titre primordial de la seigneurie des évêques du Puy sur cette ville et le pays de Velay. Adalard obtint en même temps *le droit de monnaie : droit appartenant au domaine du comte, et qu'il était en son-pouvoir de céder*. Cette disposition prouve que, dès le commencement du xe siècle, les comtes tenaient des rois ou avaient usurpé le privilége de battre monnaie[2]. Les *sous*, ou pièces de monnaie que les évêques du Velay firent *forger*[3], reçurent la dénomination de *podienses*, venant de *Podium*, désignation générale en Auvergne de toute situation élevée ou montagne.

L'époque à laquelle *Anicium* devint une ville, n'est pas fixée ; on sait seulement qu'en l'an 1134, Louis le gros accorda à Humbert, évêque du Velay, par un diplôme daté d'Orléans, la *cité d'Anis ou du Puy*, avec le château de Corneille. Dom Vaissette, historien du Languedoc, en conclut que cette cité fut construite entre la fin du xe siècle et le commencement du xiie ; *Anicium* n'étant encore qualifié que de bourg, dans une charte de Lothaire, qui mourut en 986. Un fait vient à l'appui de cette opinion : Pons, évêque du Velay, en 1102, occupa les premières années de son épiscopat à réduire plusieurs chevaliers habitants du Puy, qui avaient flanqué de tours leurs maisons, et s'en servaient pour tyranniser les habitants. Soit qu'il voulût mettre

---

[1] C'est ce prince qui fut roi au détriment de Charles-le-Simple.

[2] Ce privilége ne pouvait dater que de la mort du roi Charles-le-Chauve ; car, à la fin de son règne, l'émission de la monnaie était un droit exclusivement royal.

[3] On ne fondit et battit la monnaie qu'à la fin du xvie siècle.

fin à cet abus, soit qu'il se proposât de réprimer l'atteinte portée à ses droits, ce prélat recourut à la force des armes et soumit ces chevaliers, qui se reconnurent ses vassaux, moyennant *dix mille sous* du Puy, qu'il leur distribua. Or, la réunion de divers hôtels fortifiés et la présence d'un certain nombre de nobles, révèle assez clairement ici l'existence d'une ville.

Il est probable que l'église épiscopale bâtie primitivement sur le mont Anis, fut reconstruite à l'époque où la ville reçut quelque développement, c'est-à-dire vers la fin du xe siècle : c'est du reste ce que l'on peut induire du caractère de ce monument, dont tous les détails primitifs appartiennent à l'architecture byzantine. Cet édifice, dont la singularité pourrait être attribuée au génie ambitieux de l'architecte, ne la doit pourtant qu'à l'irrégularité du terrain sur lequel le vaisseau est posé. On ne saurait trop admirer les efforts d'art qu'il a fallu mettre en œuvre pour vaincre les difficultés qu'a dû rencontrer cette étrange construction. L'ensemble en est imposant, quoique bizarre : sa façade, bigarrée d'assises de pierres et de lave, présente quatre ordonnances de colonnes et de portiques, dont tous les arcs sont à plein cintre ; le portique du milieu, vaste, majestueux, hardi, sert d'entrée à l'église. Quant à l'ornementation extérieure de cette partie, elle ne consiste guère que dans l'alternance des couleurs composant les mosaïques grossiers qui distinguent le type bysantin de l'Auvergne. Au-dessous des ordonnances à plein cintre, la porte principale et la fenêtre placée devant ont été reconstruites en ogive, sans doute pour devenir plus propres à supporter la charge qui pèse sur ce point. Cette précaution n'a pu suffire : dès la fin du xive siècle, il a fallu éperonner la façade par un puissant contrefort, qui nuit singulièrement à l'effet général. Cependant cette sombre ogive sous laquelle nous avons vu, pendant une procession, scintiller une croix d'argent et briller d'éclatantes bannières ; ce long escalier, dont les dernières marches se perdent sous l'obscurité de la voûte ; ces arcades superposées au-dessus ; le cachet des siècles, enfin, apposé sur ces masses singulières, ont quelque chose d'austère et de mystérieux qui commande le recueillement. On parvient à l'église par un perron de cent trois degrés, offrant cinq paliers ou repos. Dans l'étendue ascendante de ce vaste escalier, on remarque, à main gauche, l'entrée de la petite église du Saint-Esprit, puis celle de l'Hôtel-Dieu ; à droite, se trouvent les ruines de l'ancien palais épiscopal, incendié en 1782. Après avoir monté les cent trois degrés, on arrive à la porte principale, dite la *Porte dorée*. Sans doute elle devait ce nom à deux battants couverts en bronze délicatement ciselé et probablement doré, qui ont été remplacés par des battants en fer. Cette porte est ornée de deux colonnes de beau porphyre oriental que nous croyons antiques.

On pourrait se persuader, en montant le Perron, qu'il se trouve en dehors de la basilique ; ce serait une erreur : il est couvert d'une voûte jetée audacieusement sur un précipice que l'artiste rencontrait à côté du plateau sur lequel il bâtissait. La moitié de l'église n'a pas d'autre base que ces arceaux ; cette partie de l'édifice s'avance donc au-dessus du gouffre, en sorte que le Perron et le portique ne sont là que pour remplir le vide de l'abîme. C'est en cela que réside principalement la singularité d'une telle construction, certainement unique. Avant la restauration qui eut lieu en 1781, lorsqu'on avait franchi la porte dorée et monté encore dix-neuf degrés, on se trouvait au milieu de l'église, ayant le chœur devant soi et la nef derrière ; ce qui faisait dire, dans un langage empreint de toute la naïveté du vieux temps : « On entre à Notre-Dame du Puy par le nombril. » Maintenant, quelques nouveaux degrés conduisent, par une direction demi-circulaire, de la porte dorée à l'entrée du temple, du côté gauche.

En pénétrant dans la cathédrale, on voit trois nefs sans absides, formant, y compris le chœur, huit travées ; chacune est couverte d'une espèce de coupole très-ancienne, et qu'on peut faire rapporter à la première construction du temple, que nous croyons appartenir au Xe siècle. Des piliers épais séparent la nef principale des collatéraux ; au-dessus des arcades qu'ils supportent, se dessine une fausse galerie, formée d'un placage d'arcades soutenu par des consoles. Dans chaque travée, s'ouvre une fenêtre à plein cintre, que flanquent deux autres fenêtres figurées. Des colonnettes géminées les accompagnent et reçoivent les retombées de la coupole. Une autre fenêtre éclaire chaque travée des bas-côtés. Les trois premières travées à partir du mur oriental ne présentent que des arcades à plein cintre, avec des piliers devenus irréguliers de plan, par suite de réparations successives, mais dont l'amortissement consiste également dans un simple tailloir. A la quatrième travée, commence un système de restauration dont les traces ne peuvent être contestées : vers le sud, l'arcade est en ogive ; au nord, le plein-cintre a été respecté ; à la cinquième travée, l'ogive devient constante dans les arcades, sans que les piliers aient perdu le caractère du byzantin fleuri, que l'on reconnaît aisément à leurs chapiteaux historiés. Enfin, aux deux dernières travées de l'occident, les piliers, qui, comme les précédents, ont en plan la forme d'une croix, diffèrent de ceux-ci par l'existence d'une colonne engagée à chaque angle rentrant. Ici des réparations en style gothique révèlent le travail du XIVe siècle, surtout dans le collatéral du nord.

Le chœur de la basilique qui nous occupe en est évidemment la partie la plus ancienne, ce qui semble démontré par l'absence de toute ornementation.

On peut présumer que primitivement cette église était de forme cruciale : les vestibules situés au nord et au sud, ainsi que les salles qui existent au-dessus, paraissent en avoir formé autrefois les transsepts, à en juger par leur position intérieure et extérieure, analogue à celle du chœur, dont ils furent sans doute séparés vers la fin du XIIe siècle. Des fresques peintes sur les murs qui séparent maintenant du chœur les anciens transsepts, ont le caractère de cette époque.

« L'église primitive, dit M. Mérimée, ne devait comprendre que quatre travées, et sa forme était celle d'une croix; cependant il n'est pas impossible que les transsepts ne soient qu'une addition postérieure à ces quatre premières travées. Deux autres furent ajoutées, au XIe siècle. Le raccord avec les anciens murs, maladroitement exécuté, une différence notable dans la hauteur des fenêtres, la forme des piliers et celle des arcades constatent ces premiers changements, si toutefois ils n'en fixent pas positivement la date. Suivant toute apparence, ce fut à la même époque que toutes les parties alors existantes de l'église reçurent une ornementation nouvelle et à l'extérieur uniforme. Je ne puis au moins attribuer qu'à cette restauration des archivoltes et des moulures à billettes qui entourent le chœur, les transsepts et une partie de la nef : tentative de décoration qui, pour simple qu'elle soit, ne contraste pas moins avec la grossièreté de la première construction, surtout avec ses piliers sans colonnes ni chapiteaux. Probablement encore, il faut attribuer la même origine à une tour octogone qui surmonte la coupole, défigurée par une restautation du XVIIIe siècle [1].

Quelques antiquaires, entr'autres l'abbé Lebœuf et M. Mérimée, pensent que l'on doit faire rapporter à la seconde époque de Notre-Dame, c'est-à-dire au XIe siècle, l'entrée bizarre et hardie que nous avons décrite plus haut, ainsi qu'une partie de l'escalier y conduisant. Enfin, un troisième accroissement se fait remarquer dans cet édifice : le second y avait ajouté les cinquièmes et sixièmes travées; celui-ci consiste dans l'addition des septièmes et huitièmes travées à l'ouest, et probablement dans l'élévation de la façade. Or, quoique cette dernière construction soit une imitation de la précédente, il est aisé de reconnaître qu'elle appartient à une période artistique plus avancée : il y a de la grâce dans les piliers, de la grandeur dans la façade, et les détails de sculpture assez rares qui s'y trouvent, sont exécutés avec une certaine finesse.

Le clocher de Notre-Dame n'est remarquable que par sa hauteur, d'environ

---

[1] *Notes d'un voyage en Auvergne*, par Prosper Mérimée, inspecteur général des monuments historiques.

200 pieds; il est entièrement construit en pierres volcaniques; il affecte une forme pyramidale, et paraît appartenir à la seconde époque de l'église, si l'on en juge par l'arcature des fenêtres à plein cintre qui l'éclairent.

La décoration intérieure de Notre-Dame n'a pas été heureusement conçue dans quelques-unes de ses parties : M. de Galard, en gâtant la vénérable ordonnance du vaisseau, dans les meilleures intentions du monde, n'est pas parvenu à compenser les sacrifices qu'il faisait. Le maître autel est richement comparti de marbres précieux sans doute; mais le style et les détails du travail sont en désaccord flagrant avec le caractère du monument. La chaire et l'orgue sont ornés de sculptures d'une époque plus ancienne, conséquemment d'un meilleur goût [1]; toutefois, leur surabondance forme un contraste presque choquant, opposée à la sévérité un peu nue des anciennes dispositions architecturales de cet intérieur.

L'église métropolitaine du Puy, quoique comprise dans la juridiction de l'archevêque de Bourges, primat des Aquitaines, relevait immédiatement du Saint-Siége, depuis les premiers siècles de la monarchie. Aussi l'évêque avait-il, comme les archevêques, le droit de porter le *pallium*. Il prenait le titre de comte du Velay et de Brioude. Les chanoines, depuis le XIIIᵉ siècle, paraissaient la mitre en tête dans les grandes solennités religieuses. Ils portaient le petit gris au camail, en hiver, et pendant l'octave de Pâques, la *lingarelle*, espèce de petit scapulaire qui fut attribué, dit-on, à ce chapitre, pour perpétuer le souvenir d'Adhémar de Monteil, évêque du Puy, et légat du Saint-Siége à la première croisade.

La cathédrale du Puy possédait autrefois une multitude de reliques précieuses dont nous ne devons parler qu'après avoir mentionné le principal trésor de cette église. Suivant l'exemple de l'empereur Charlemagne et du roi Robert, les papes Urbain II, Gelase II, Callixte II, Innocent II et Alexandre III la visitèrent; puis, Louis-le-Jeune y fit trois pèlerinages successifs, et Pierre, vénérable abbé de Cluny, y vint trouver ce souverain. A son tour, Philippe-Auguste, partant pour cette croisade, où sa gloire devait pâlir devant celle du fameux Richard-Cœur-de-Lion, voulut implorer le secours de la Sainte Vierge, honorée dans la capitale du Velay. Ce fut, au contraire, lors de son retour de sa première expédition contre les infidèles, que le vaillant et pieux roi Saint Louis se rendit au Puy, après avoir parcouru le Languedoc. Il arriva dans cette ville le dimanche, 9 août 1254, et se prévalut

---

(1) On sait à quel point de dégénérescence les arts étaient tombés dans les premières années du règne de Louis XV.

du *droit de giste*, d'abord chez les bourgeois, puis chez l'évêque, enfin, chez les chanoines : ainsi, ce monarque resta trois jours dans la capitale du Velay. Si l'image de Notre-Dame, que l'on voit encore aujourd'hui sur le maître-autel de l'église épiscopale, fut en effet apportée d'Orient par Saint Louis, le don qu'il en fit à cette église, doit se rapporter à l'année 1254 ; mais nous sommes forcé d'ajouter que les documents authentiques manquent pour confirmer ce don. Quelques écrivains, entr'autres Oddo de Gissey, assurent que Saint Louis étant revenu en 1255, au mois de mai, on porta, processionnellement par la ville, la figure de Notre-Dame, offerte l'année précédente par ce monarque. Ces écrivains ajoutent que le concours des pélerins fut si grand, que plus de mille personnes périrent dans la foule.

L'image de la Sainte Vierge qui, parmi les habitants du Velay, passe aujourd'hui généralement pour être un présent de Saint Louis, est une petite figure en ébène, vêtue de brocard d'or, ainsi que l'Enfant-Jésus posé sur ses genoux. La couleur noire de ces deux effigies est un hommage rendu à une coutume traditionnelle contraire à la vérité : chacun sait que ni la sainte mère de Dieu, ni son Fils ne pouvaient être nègres ; et l'on ne conçoit pas par quelle étrange idée l'art a prêté à ces divins personnages des traits éthiopiens, qui jadis dégradaient l'humanité. La figure de Notre-Dame est placée sur le principal autel de la cathédrale du Puy ; elle continue d'être, pour les habitants, un objet de profonde vénération. L'église métropolitaine dut encore à la munificence de Saint Louis une épine de la couronne du Christ : on a conservé pendant plusieurs siècles la lettre que ce prince écrivit au chapitre, en lui envoyant cette précieuse relique. Philippe-le-Hardi, suivant l'exemple de son illustre père, donna au même chapitre une croix d'or renfermant un morceau de la vraie croix. Précédemment, le roi Lothaire avait favorisé l'église cathédrale du Puy des ossements de saint Tertullien, conservés dans un magnifique reliquaire ; enfin on voyait dans le trésor d'autres reliquaires offerts par Clement IV, Jean XXII et Philippe-le-Bel. Ce trésor contenait encore : 1º la charte de Charlemagne qui fondait les dix prébandes de *paupérie* dont nous avons parlé ; 2º une bible donnée par Théodulphe évêque d'Orléans : elle était écrite sur vélin en lettres d'or et d'argent ; 3º un nouveau testament grec, que l'on croyait de Saint Jérôme ; 4º une couronne d'or venant de Marguerite de Provence, femme de Saint Louis ; 5º une couronne d'or de Charlemagne, ornée d'antiques fort curieux ; 6º la couronne de Jean Stuart, duc d'Albanie, déposée par lui-même sur l'autel de Notre-Dame.

Tandis que tant et de si illustres pélerinages se succédaient dans la cathédrale du Puy, la ville prenait un accroissement progressif, que durent hâter les tributs qu'y laissaient des dévots étrangers. Le Puy, comme Lorette en Italie, comme Saint-Jacques-de-Compostelle dans la Peninsule ibérique, s'enrichit par sa patronne; et comme, dans ces temps où la force était la suprême loi, les richesses passaient aisément aux mains de ceux qui savaient les conquérir par l'épée, il devint nécessaire, au commencement du XIII° siècle, de songer à fortifier la ville. Cependant la construction de ses fortifications eut un autre motif : en 1237, Bernard de Montaigu, évêque du Velay, eut de grands démêlés avec les habitants du Puy, ainsi que cela était arrivé à plusieurs de ses prédécesseurs. Ces troubles, assez souvent renouvellés, avaient pour cause la répugnance avec laquelle les citoyens supportaient l'autorité temporelle de leurs prélats. Bernard de Montaigu, pour réprimer leurs efforts et assurer sa défense, entreprit, avec son chapitre, de former une enceinte de murailles qui embrassât tout l'espace compris entre le palais épiscopal et l'abbaye de Saint-Vosy; déclarant toutefois, par un acte, qu'il n'entendait nuire en rien au droit et au domaine du roi. Malgré cette précaution, la rebellion dura encore près de deux années, quoique l'évêque eût jeté un interdit sur la ville : une fois déchaînées, les passions bravent même les armes sacrées. Il fallut recourir à la puissance royale pour terminer cette guerre; enfin, en 1239, les habitants du Puy se soumirent à leur comte mitré.

Les fortifications, sans doute pour des motifs mieux appréciés par les habitants, furent continuées pendant le cours du XIII° siècle, et ils en supportèrent les frais. En 1348, le roi Philippe de Valois proposa la suspension de cette taxe, pendant la durée d'un impôt de guerre qu'il venait d'établir dans la sénéchaussée de Beaucaire « Ainsi voulons-nous, dit ce prince dans « une charte, et nous plaît que, durant ladite imposition, les bourgeois et « habitants du Puy, se il leur plaît, fassent cesser la taille ordonnée pour « les édifices de forteresses de ladite ville, et ladite imposition finie, qu'ils « la puissent lever (l'autre), pour la dite cause ainsi comme par avant.

Ce fut la ville du Puy qui fit bâtir, en l'année 1385, la grosse tour de Saint-Gilles, surmontant la porte, à l'entrée de la rue du même nom : cette construction fut terminée l'année suivante. Vers l'hiver de 1440, Charles VII, étant à Bourges, donna des lettres patentes par lesquelles il permit aux habitants du Puy de percevoir pendant dix ans, pour l'entretien et réparations des murailles et boulevards de cette ville, deux sous six deniers tournois sur chaque *bête chevaline et autre ayant pied rond* qui y serait vendue ou échangée; sur chaque charge de blé et de fèves qui serait exportée de la ville et des faubourgs, six deniers tournois; et sur chaque charge de fruit cru qui se vendrait dans la ville et les faubourgs, quatre deniers tournois. Ce document sert à faire connaître comment les forteresses se trouvaient si multipliées en France au moyen âge : c'était en surpayant les objets nécessaires à leurs besoins que les citoyens pourvoyaient à leur sûreté.

Au xve siècle, les habitants du Puy s'étaient chargés de supporter à l'entretien des fortifications de la ville, moyennant un droit d'entrée sur le vin, que les consuls étaient autorisés à percevoir. En 1469, ces magistrats, ayant voulu s'assurer à perpétuité cette perception, qui jusqu'alors n'avait été que triennale, offrirent à Louis XI de lui payer un pot de vin de *deux mille trois cent trente sept livres dix sous:* ce prince, qui n'était pas moins bien avisé en finances qu'en politique, accepta, et le droit fut perpétuel. En 1476, le même monarque, à l'occasion du voyage qu'il fit au Puy, et dont nous parlerons plus tard, octroya pour dix ans la remise des tailles à cette ville; ce qui lui donna la facilité d'augmenter ses fortifications. Profitant de cette immunité, elle fit construire la grande tour de *Farges*, les fossés et boulevards de ce quartier, le boulevard de Panessac et plusieurs *canonnières*. En 1518 furent construits la tour dite la *Gaillarde*, et sur plusieurs points, des machicoulis, merlets et tourelles. Le brigandage des *routiers*, en 1583, ayant fait craindre à la ville leur redoutable visite, un subside fut levé sur les habitants pour acheter de l'artillerie, qui accrut les moyens de défense déjà existants. On couvrit aussi de barbacanes les créneaux des murailles. Charles-Quint menaça, comme on sait, la Provence en 1536; l'activité de cet empereur était connue, et toutes les provinces du midi se mirent en mesure de se défendre. Dans cette circonstance, les consuls du Puy firent *dresser l'artillerie* de la ville; envoyèrent dans le Forez acheter cinquante six arquebuses, qui coûtèrent cent vingt livres, et firent fabriquer douze quintaux de poudre. Ils ordonnèrent, en même temps, la réparation des boulevards, canonnières et portes de ville; on remplit les créneaux de cailloux; les chaînes des carrefours furent réparées; enfin, en cette année, fut élevée la tour Françoise, entre les portes Saint-Gilles et Saint-Jacques.

Les guerres de religion furent, pour les habitants du Puy, un dernier motif d'attention apportée à l'entretien de leurs fortifications; en 1568, de nouveaux ouvrages furent même joints à ceux exécutés dans le cours des trois derniers siècles. On ajouta une tour au château de Corneille, situé sur le rocher de forme fantastique, qui domine la ville, et près duquel aboutissaient les murailles d'enceinte. Cette tour fut appelée la *Tour Perdue*. Ce point élevé avait été assez négligé jusqu'alors; on ne connaissait guère que depuis l'usage du canon tout l'avantage des positions militaires dominantes; à cette époque, le sire de Rochebonne, qui les comprenait bien, fit creuser un fossé près du rocher de Corneille, et l'on y plaça un pont levis. L'urgence de ces travaux était si bien sentie, qu'ils furent continués même pendant les fêtes de Noël. Le Baron de Saint-Vidal, gouverneur pour le roi, en 1575, fit achever de creuser les fossés de la ville : travail que Rochebonne n'avait pu conduire à fin. Il fut terminé au moyen de certaines corvées que l'on avait imposées aux habitants de Solignac et du bourg d'Aiguilhe. Sept ans après, d'autres fortifications furent ajoutées au système de défense du Puy ; voici à quelle occasion : Anne de Joyeuse, favori du roi Henri III, en termes décents, et mignon de ce prince en style de chronique, avait été, dans l'espace de deux ans, créé duc, pair et amiral de France. Sa faveur avait valu en même temps au vicomte son père, le bâton de maréchal ; enfin, le cardinalat accordé en 1582 à François de Joyeuse, fut obtenu par le crédit d'Anne son frère. Pour ceux qui savaient comment s'acquerait le pouvoir des mignons, ce dut être une singulière influence exercée sur le Saint-Père, et, dans cette circonstance ou jamais, Rome devait assurément *rougir d'avoir rougi*. Les favoris, surtout lorsque leur empire ressemble à celui des *favorites*, ne savent guère s'arrêter dans les voies de l'ambition : le duc de Joyeuse, non content encore des grâces dont il était comblé, voulut avoir le gouvernement du Languedoc, et rien ne lui parut plus simple que d'en déposséder le duc de Montmorency par la puissance des armes. A cet effet, il s'efforça de brouiller le vicomte, son père, avec le titulaire actuel de ce commandement ; puis il persuada au Roi qu'il avait à se plaindre de lui. Le vicomte, assez faible pour obéir en cela aux suggestions de son fils, assez ingrat pour oublier qu'il avait dû jadis son élévation au connétable Anne de Montmorency, se fâcha avec le seigneur de cette illustre famille qui gouvernait alors le Languedoc : division qui devint funeste à la province. Ces deux grands personnages cherchèrent à soumettre réciproquement plusieurs villes à leur obéissance ; et, à la faveur de ces entreprises, les catholiques et les religionnaires continuèrent de s'armer les uns contre les autres.

Dans cet état de choses, les habitants du Puy, informés qu'une armée de Calvinistes s'avançait du Bas-Languedoc vers Saint-Agrève, pourvurent autant qui fut en eux à la sûreté de leur ville : ils levèrent une compagnie de cent hommes à la solde des bourgeois ; une cloche d'alarme fut posée sur le sommet du rocher de Corneille, et l'on environna sa plate-forme d'une muraille crénelée. Cependant Saint Vidal et les consuls du Puy, craignant de ne pouvoir se défendre contre ce corps de religionnaires, commandé par Châtillon, fils du malheureux amiral de Coligny, envoyèrent une députation à ce général, qui, moyennant la somme de cinq cent cinquante écus, cessa de marcher vers la ville. Mais cette marche se renouvela plusieurs fois dans les années suivantes; voulant se garantir de pareilles attaques, les habitants firent construire, en 1586, le boulevard de la porte Saint-Gilles, et firent placer un pont-levis à cette même porte. Ce furent les derniers travaux exécutés aux fortifications du Puy; nous parlerons ailleurs de leur destruction successive. Revenons au récit des événements généraux, que nous avons interrompu pour suivre jusqu'à son achèvement, le système de défense de la capitale du Velay.

En 1277, une sédition éclata au Puy, soulevée par les excès de quelques soldats qui avaient pillé dans la campagne. Le peuple attroupé voulant obtenir vengeance de ces pillards, les attaqua et les maltraita. Avec plus de prudence, les magistrats eussent arrêté facilement ce mouvement; mais, sans vouloir écouter en rien les habitants, qui n'avaient eu que le tort de se faire justice eux-mêmes, le bailli, le viguier et plusieurs autres officiers de justice, se disposèrent à faire conduire les mutins en prison. Alors la fureur de ceux-ci se tourna contre ces officiers; ils furent contraints de se retirer dans l'église des Cordeliers; mais ils n'y trouvèrent point un asile. Poursuivi jusque dans le clocher, où il s'était réfugié, le bailli en fut précipité; le surplus des gens du roi périt dans cette échauffourée. Le soir même, les coupables avaient été excommuniés par l'évêque; mais il était à craindre que cette punition toute spirituelle, n'arrêtât pas les désordres. Toutefois, ils prirent fin, dans cette circonstance, ainsi que dans tant d'autres, précisément parce qu'ils cessèrent de rencontrer de l'opposition [1]. Philippe-le-Hardi, informé de la révolte

---

(1) Médicis et Burel, auteurs de deux mémoires manuscrits, rapportent un antécédent de cette révolte que nous croyons devoir mentionner. En 1276, Guillaume de Rocheberon, bailli de l'évêque du Puy, s'était épris d'une violente passion pour la femme d'un boucher de la ville. Il ne pensa pas qu'un gentilhomme comme lui pût rencontrer de grands obstacles pour se donner la femme d'un *vilain*; il la fit donc mander sous un prétexte spécieux, et la bouchère n'ayant aucun soupçon des projets déshonnêtes du trop galant magistrat, se rendit chez lui. Là, sans beaucoup de circonlocutions, Rocheberon dévoila à cette dame et sa flamme et le dessein qu'il avait de la satisfaire; ajoutant que, comme il ne manquait pas d'avantages physiques, il espérait qu'honorée de sa recherche, celle qui en était l'objet ne refuserait point d'y répondre immédiatement. La bouchère, loin de goûter ce raisonnement, n'opposa à son séducteur que des refus et des larmes... Femme qui pleure se prive d'une partie de ses moyens de résistance : l'amoureux bailli eut recours à l'*ultima ratio* des séducteurs, triompha, et la nouvelle *Virginia* retourna chez elle déshonorée. Son chagrin, ses pleurs trahirent bientôt le fatal secret qu'elle eût voulu se cacher à elle-même; il lui échappa, et la pauvre femme s'excusa auprès de son mari du silence qu'elle avait gardé jusqu'alors, en alléguant la crainte qu'elle avait d'être répudiée. Le *Virginius* du Velay, en s'armant de son couteau pour tuer sa femme, n'eût remédié à rien : le crime était commis, il ne restait plus que la triste satisfaction de s'en venger; et dans le cours du XIIIe siècle, il n'était pas aussi facile de se faire justice du bailli d'un évêque, qu'il l'avait été jadis à Rome de renverser les décemvirs. Enfin, l'occasion, assez long-temps attendue, se présenta, et l'on a vu que la révolte, dont le boucher outragé s'était fait le chef, le vengea trop complètement.

du Puy, se montra d'une extrême sévérité envers les citoyens les plus honorables de la ville, pour une mutinerie dont les classes inférieures seules avaient été coupables. La population fut condamnée à une amende de trente mille livres tournois; elle se vit privée de ses priviléges, du consulat, de la garde des clefs, enfin de tous les droits appartenant à une communauté. Le sénéchal de Beaucaire, Jean de Garel, condamna en outre au supplice, les chefs de la révolte, y compris sans doute le boucher déshonoré..... Mais l'honneur d'un boucher! qu'était-ce que celà? Les condamnés furent exécutés devant l'église des Cordeliers. La ville fut en outre, par un arrêt du parlement de Paris, déclarée *estre désormais inhabile et incapax d'avoir grand consulat, qui fut grande amertume aux pauvres habitants*[1]. Le Puy demeura ainsi privé de ses droits pendant plus de soixante ans ; ce ne fut qu'en 1344, que Philippe-de-Valois les lui rendit, moyennant une forte somme, qu'il se fit compter en particulier par les députés de la ville, qui s'étaient rendus à la cour pour solliciter cette réhabilitation. Alors seulement les citoyens de la capitale du Velay purent, comme par le passé, avoir un corps municipal, une maison commune, un sceau, ainsi que la garde des portes et des clefs de leur cité[2]. Le roi chargea en même temps le bailli d'assembler, à son de cloche, les notables habitants, et de faire procéder, *en sa présence*, à l'élection des nouveaux consuls. L'injonction donnée à ce seigneur d'être présent à cette élection, ne ressemble-t-elle pas un peu à l'influence gouvernementale exercée sur les élections constitutionnelles du XIXe siècle?

Revenant à l'ordre chronologique des faits, nous voyons que Guillaume de la Roue, instigateur de la grande et longue punition infligée aux habitants du Puy, était mort en l'an 1283, c'est-à-dire sept ans après avoir sévi d'une

---

(1) Le récit des historiens du Languedoc et du Velay se borne à ce que nous venons de rapporter. Mais les deux mémorialistes déjà cités (Médicis et Burel), qui, sans doute, étaient indépendants de l'influence épiscopale, ajoutent les faits suivants, dont nous leur renvoyons toute la responsabilité : « Guillaume de la Roue, évêque du Puy, fit informer sur cette affaire, et mit beaucoup de chaleur dans la poursuite des prévenus. Comme il avait eu des contestations avec les consuls, il les soupçonna d'avoir provoqué ces excès, et les prit à partie. Quelques-uns d'entre eux furent accusés d'avoir participé à la révolte, et malgré tous leurs moyens de défense, ils furent condamnés à être pendus avec des chaînes de fer. L'exécution de cette sentence eut lieu sur une montagne voisine de la ville nommée le Ronzon, et leurs corps furent inhumés dans un cimetière près des Dominicains. Le 15 juin 1277, les bouchers, qui avaient pris la fuite, furent arrêtés et suppliciés.
Mémoires d'Étienne Médicis sur la ville du Puy : Manuscrit de 450 pages ; et Mémoires de Jean Burel contenant tout ce qui s'est passé de curieux dans la ville du Puy, de 1560 à 1629 : Manuscrit de 916 pages.

(2) Janvier 1344.

manière si rigoureuse. Ce prélat avait bâti sur une roche volcanique, près du Puy, le château d'Espailly, que nous verrons un moment habité par un roi de France, qui, de ce roc, pouvait presque apercevoir tout ce qu'il conservait de son royaume, envahi par les Anglais. Vers la fin de cette même année 1283, Philippe-le-Hardi, après avoir parcouru une partie du Languedoc, se rendit au Puy. Les chanoines de Notre-Dame lui présentèrent les clefs de la ville et celles de leur cloître, à cause de la vacance du siége; le roi les remit à Guillaume de Pontchavron, sénéchal de Beaucaire. Ce fut, dit-on, dans cette circonstance que le fils de Saint Louis fit présent à l'église du Puy d'une grande Croix contenant une parcelle de la vraie Croix, et un morceau de l'éponge ayant servi à la Passion de Jésus-Christ; mais les preuves authentiques manquent à l'appui de ce fait. Les annales contemporaines ne disent pas si les habitants du Puy, privés de leurs droits depuis sept ans, par ce souverain, qui les avait condamnés avec une grande légèreté, crièrent de bon cœur *Noël!* et vive le roi! pendant son séjour au milieu d'eux. Quoiqu'il en soit, ce dernier cri eût été impuissant: Philippe-le-Hardi mourut dans le Roussillon, en portant la guerre au sein de la Catalogne, quelques mois après son voyage au Puy. Philippe-le-Bel, à son retour d'Espagne, l'année suivante, passa dans cette ville, et selon Gissey, fit présent d'un calice d'or à l'église de Notre-Dame[1]. En 1301, le même souverain convoqua trois députés du Puy à l'assemblée des états généraux, réunis à Paris pour délibérer sur les démêlés alors existants entre la couronne de France et le Saint Siége, à propos de Bernard de Saincti, évêque de Pamiers, accusé de lèse-majesté. Philippe avait d'abord invoqué dans cette affaire la juridiction spirituelle du pape Boniface VIII; mais ce pontife, loin d'informer contre le prélat, soumit purement et simplement le monarque à son autorité temporelle. Les états généraux, goutant peu cette suzeraineté ecclésiastique, déclarèrent qu'ils étaient prêts à sacrifier leurs biens et exposer leur vie pour soutenir l'indépendance de la couronne. Sur ce, excommunication fulminée contre Philippe-le-Bel; mais Boniface avait en tête un rude adversaire. Voulant mettre fin à une querelle dans laquelle il eût eu contre lui une partie du clergé français, le roi trancha la question dans le vif, en envoyant Guillaume de Nogaret en Italie, avec la secrète mission d'arrêter le Saint Père: ce qui fut exécuté ponctuellement à Agnani. Effrayé d'une disposition aussi violente, le pontife accéda à tout ce qu'on voulut, fut mis en liberté après deux jours de captivité, retourna à Rome, et mourut de chagrin,

---

(1) *Discours historique de la très-ancienne dévotion à Notre-Dame du Puy, pays de Velay*, par le R. P. Oddo de Gissey, de la Compagnie de Jésus; le Puy, 1644.

ou plutôt de dépit. Tel fut le résultat que les députés du Puy, convoqués pour la seconde fois en 1303, apprirent à leurs concitoyens, lorsqu'ils retournèrent parmi eux.

En 1307, Jean de Cumenis, évêque du Puy, associa le roi à la seigneurie du Puy : à cette époque, le procès des Templiers était déjà commencé ; il ne fut peut-être pas étranger à cette association. En effet, on sait que cet ordre, dont les richesses et la puissance étaient devenues un double sujet d'inquiétude pour la couronne, ne vivait pas en bonne harmonie avec les évêques de France. Or, Jean de Cumenis, se croyant sans doute trop faible pour attaquer directement les Templiers de la commanderie du Puy, et craignant qu'ils ne songeassent à invoquer, contre son gré, sa double puissance de comte de Velay et d'évêque du Puy, pour s'en faire un manteau contre l'autorité royale ; Jean de Cumenis, disons-nous, d'après ces motifs probables, appela le monarque au partage de sa puissance temporelle immédiate. Philippe-le-Bel, sans redouter aucune chicane, put donc, dans la même année, faire arrêter les Templiers de la commanderie du Puy, parmi lesquels l'histoire nous a conservé le nom d'un Bertrand de Silva, dont le courage ne s'inspira pas des exemples de constance et de stoïcité que donnèrent le grand maître Jacques Molay et le prieur d'Aquitaine, Gui de Viennois. Ce chevalier, cédant aux tourments de la torture[1], confessa avoir vu, dans un des chapitres provinciaux tenus à Montpellier, et durant la nuit, selon l'usage, Satan sous la forme d'un chat, avec plusieurs diables ayant revêtu de gracieuses figures de femmes. Il avoua avoir adoré le chat infernal et caressé les gentils démons. Ces paroles, arrachées au délire de la souffrance, furent prises pour des révélations ; sans doute en faveur d'une si déplorable déposition, mise à profit contre l'ordre entier, on fit grâce de la vie à ce Templier ; il fut renvoyé, confessé et absous par le curé de Saint-Thomas de Durfort, à la clarté sinistre des flammes qui dévoraient ses frères de la sénéchaussée de Beaucaire. Le roi abandonna aux chevaliers hospitaliers les biens de la commanderie dite de Saint-Barthélemy du Puy, qui avaient appartenu aux Templiers.

Les États généraux de Languedoc décidèrent, en 1358, qu'une députation de huit membres serait envoyée par cette province auprès du roi Jean, prisonnier en Angleterre ; Jean de Rocheris, notable du Puy, en fit partie. Ces Languedociens dévoués offrirent au souverain les biens et les bras de tous leurs compatriotes pour concourir à sa délivrance ; nous ignorons ce qu'il

---

(1) Si bien définis par M. Renouard, dans sa tragédie des *Templiers*, en un seul vers :
La torture interroge et la douleur répond.

répondit; mais, plus captif de la comtesse de Salisbury[1] que d'Édouard III lui-même, le bon roi s'amusait à faire des vers pour elle, et se montrait peu empressé de ressaisir son sceptre, heureusement remis à la main habile du dauphin, depuis Charles V.

Tandis que le royal prisonnier se livrait aux penchants d'un galant troubadour, les Anglais, au mépris d'une trêve existante, jetèrent, de la Guienne, qu'ils occupaient, des coureurs en Languedoc. Dans le cours de l'année 1359, les habitants du Puy prirent les armes, et, réunis aux autres troupes de la sénéchaussée de Beaucaire, marchèrent contre l'ennemi, sous les ordres du vicomte de Narbonne. Cette troupe arrêta les courses de Bertugat d'Albret, du parti anglais, qui s'était avancé jusqu'à Clermont. Deux ans plus tard, les mêmes citoyens ne se montrèrent pas moins empressés à se porter contre une compagnie de *routiers* qui, dirigée par un gascon nommé Seguin de Badefol, s'était emparée de Brioude, et faisait des courses jusqu'aux portes du Puy[2]. Ces aventuriers, devenus puissants dans le midi de la France, depuis la victoire complète qu'ils avaient remportée récemment, près de Lyon, sur Jacques de Bourbon, comte de la Marche, se maintinrent alors dans toutes leurs positions. Ils en conservaient encore quelques-unes, lorsque, en 1365, au mois de mai, le vicomte de Polignac, son frère et plusieurs autres seigneurs du Velay, avec cent soixante hommes d'armes et la commune du Puy, rencontrèrent une bande de routiers commandée par le capitaine Rambaut, et la taillèrent en pièces dans un champ nommé depuis *champ de la Batterie*, entre Annonay et Saint-Julien. Le chef de cette troupe, fait prisonnier, fut conduit à Villeneuve d'Avignon, où il eut la tête tranchée. Cette même année, le Languedoc fut délivré de ces bandits, au moins pour quelque temps.

Mais il ne l'était pas des Anglais, ennemis plus redoutables, dont les entreprises incessantes nécessitaient un déploiement de forces imposantes. Le duc d'Anjou, gouverneur de la province, avait demandé, à plusieurs reprises, des secours qui pussent le mettre à même de repousser ces audacieux voisins;

---

[1] C'était cette même comtesse de Salisbury, dont Édouard III avait été éperdument amoureux; celle dont la jarretière, ramassée dans un bal, donna lieu à la création d'un ordre aujourd'hui révéré, avec cette devise : *Honni soit qui mal y pense*... devise que personne alors ne prit au sérieux par d'excellentes raisons.

[2] Charles V lui-même avait fait passer secrètement des compagnies dans le midi, pour seconder le mécontentement des habitants du Ponthieu contre les Anglais, et conquérir ce comté à la couronne de France, sans qu'il parût s'en mêler. Mais ce résultat obtenu, les routiers, brigands avant tout, pillèrent le pays : ils n'y virent plus que des ennemis.

ce lieutenant du roi fut d'abord autorisé par les États du Languedoc à lever quelques subsides. Il est à remarquer que, pour procéder régulièrement, il fut fait plus tard un recensement des feux de chaque sénéchaussée, et que le nombre de ceux du baillage de Velay s'éleva à dix-sept cent douze. En 1369, la guerre étant déclarée définitivement entre la France et l'Angleterre, le duc d'Anjou parvint à réunir une armée d'environ neuf mille hommes, tant chevaliers qu'écuyers et fantassins. Il s'y trouvait aussi, par malheur, mille routiers, ou *gens de compagnie*, comme on les appelait. Mais ce qui releva les espérances des habitants du midi, ce qui les persuada qu'ils seraient bientôt délivrés des étrangers, c'est que Bertrand du Guesclin, ce chevalier dont l'épée valait dix mille lances, venait d'être adjoint au duc d'Anjou. L'Achille breton arriva en Languedoc vers le milieu de l'été, et soudain la victoire se rangea sous sa bannière. Il battit les Anglais dans plusieurs combats, reprit diverses places dont ils s'étaient emparés, fit reculer le prince de Galles de ville en ville, et occupa dans le pays de savantes positions, qui devaient lui assurer d'autres succès. Ce fut alors que, revêtu de la dignité de connétable, il alla prendre, dans le Maine et l'Anjou, le commandement d'une armée opposée à Robert Knolles, général anglais, qui s'avançait vers ces provinces, où il devait être battu.

Cependant, la ville du Puy, indépendamment de soixante hommes d'armes, commandés par Bernard d'Arca, bailli du Velay, avait fourni à l'armée tous les gens de guerre qui n'étaient pas strictement indispensables pour la défense de ses remparts. Cette ville s'était, en outre, imposé sans murmure le subside de trois francs d'or par feu, qu'avaient demandé les États de Languedoc. Mais elle avait trop présumé de ses ressources, d'après l'élan de sa bonne volonté. En 1372, elle se vit contrainte de représenter au roi qu'elle se trouvait dans l'impossibilité de parfaire le paiement de cet impôt, à moins qu'il ne lui fût permis d'établir ce qu'on appelle aujourd'hui un octroi. Charles V, accédant à cette *doléance,* comme on disait alors, accorda aux consuls du Puy la faculté de percevoir « une certaine somme sur le vin et le blé entrant dans la ville »; et la subvention de trois francs d'or par feu fut complétée.

Le duc d'Anjou, profitant des premiers succès de du Guesclin, porta la guerre en Guienne dans le cours de l'année 1374; car Charles V ne pouvait être d'accord avec le roi d'Angleterre sur la possession de cette province : le premier regardait toujours Édouard comme son vassal; le second, au contraire, soutenait que ce pays avait été cédé à la Grande-Bretagne en toute souveraineté. Telle était la cause de la guerre qui se renouvelait dans le midi de la France depuis l'année 1369, et dont il est temps d'expliquer le motif.

Le monarque français, qu'un grand nombre de seigneurs gascons priaient depuis long-temps de réprimer les vexations commises en Guienne par les Anglais, se fût promptement décidé à les satisfaire, s'il eût obéi à son penchant secret; mais sa prudence ordinaire hésitait à tirer l'épée dans une cause qui n'était pas précisément juste. La Guienne avait bien été cédée à l'Anglais par le traité de Bretigny, qu'aucun autre n'infirmait à cet égard. Enfin, le roi se laissa *arracher* la permission que sollicitaient ses vassaux : ils purent présenter au parlement une requête contre le prince de Galles ; ce corps l'admit, et le prince fut sommé de comparaître devant la cour des pairs. « J'irai, répondit-il, mais le bassinet en tête et soixante mille hommes de « compagnie... » Charles V, informé de cette réponse, déclara la guerre à l'Angleterre. Les chances en furent très-défavorables aux Anglais jusqu'en 1374, et elles étaient telles à la fin de cette année, qu'il ne restait à Édouard, de la Guienne, que sa seule capitale. Alors, le duc de Lancastre, second fils de ce souverain, qui commandait dans cette province, convint avec le duc d'Anjou d'une suspension d'armes que le roi ne confirma point, parce qu'il comprit qu'en l'acceptant, il eût permis aux Anglais de tourner leurs armes contre le roi de Castille, fidèle allié de la France. Seulement Charles V consentit à traiter de la paix ; il nomma des ambassadeurs qui se transportèrent à Bruges pour en déterminer les conditions ; et la suspension d'armes, qu'il avait repoussée précédemment, fût conclue. Dans le cours de cette trève, le prince de Galles succomba à une longue maladie, et fut suivi dans la tombe par Édouard III, au moment où les hostilités allaient recommencer, à défaut d'entente des plénipotentiaires réunis au congrès de Bruges.

Il n'appartient point à cette première partie de notre histoire d'offrir le tableau de ce qui se passait en 1379, relativement à la déposition de Montfort, duc de Bretagne, par suite de son alliance avec les Anglais. Mais ces événements causèrent, comme on sait, quelque refroidissement entre Charles V et l'illustre du Guesclin. Ce fut le monarque qui, l'année suivante, fit les premières démarches auprès du vaillant guerrier, qu'il voulait renvoyer dans les provinces du midi, de nouveau ravagées par les Anglais.

Le duc d'Anjou avait été rappelé ; les peuples du Languedoc demandaient à grands cris un capitaine expérimenté qui pût les défendre ; ils se réjouirent en apprenant qu'ils allaient revoir le connétable. Mais celui-ci, atteint de ce pressentiment d'une fin prochaine qui, peut-être, est la plus mortelle des maladies, obéit tristement aux ordres du roi, et, dans une sorte de testament verbal, lui fit languissamment entendre ces paroles, en prenant congé de lui : « Sire, jusqu'à la dernière heure de ma vie, vous me trouverez disposé à

« marcher contre *les Anglais* (il appuya sur ce mot); mais je ne sais si je
« retournerai du lieu où je vais; je suis vieilli et non pas las. Je vous supplie
« très-humblement que vous fassiez la paix avec le duc de Bretagne, et aussi
« que vous le laissiez en repos se soumettre à son devoir; car les gens de
« guerre du pays vous ont très-bien secouru à toutes vos conquêtes, et
« pourront encore faire, s'il vous plait vous en servir. »

La triste prévision du connétable ne tarda guère à se réaliser; suivons cependant sa marche dans le midi. Il soumit d'abord le château de Cholliers en Auvergne; il passa ensuite au Puy : peut-être arrêta-t-il un regard fatidique sur cette église des Dominicains, où devait reposer une partie de sa dépouille mortelle. Le connétable entra ensuite dans le Gevaudan; et, après avoir appelé à lui divers seigneurs de l'Auvergne et du Velay avec leurs gens d'armes, il mit le siège devant Châteauneuf de Randon.

Là devaient se terminer les exploits de ce grand homme. Divers assauts furent livrés à cette forteresse au commencement du mois de juillet 1380; et bientôt elle fut réduite à la dernière extrémité. Le commandant anglais, sommé par du Guesclin de remettre la place au roi de France, répondit que si, après l'expiration d'un nombre de jours qu'il fixa, il n'était pas secouru, lui-même porterait les clefs de Châteauneuf au vaillant connétable. Mais dans l'intervalle, le héros tomba malade; sentant sa fin approcher, il ne cessait de répéter aux chevaliers qui l'entouraient: « Mes amis, n'oubliez point qu'en
« quelque pays que de loyaux serviteurs d'un roi chrétien fassent la guerre,
« les femmes, les enfants, les vieillards et les gens d'église ne sont jamais leurs
« ennemis. Tenez, dit-il, dans ses derniers moments, en s'adressant à Clisson,
« qui se trouvait près de lui, voici l'épée de connétable; je vous charge de la
« rendre au roi après ma mort. Puis, il ajouta, en regardant fixement son
« frère d'armes : Il saura bien la donner au plus digne. » Dans son testament, il recommandait à Charles V sa femme et son frère Olivier, l'un des plus braves chevaliers de la Bretagne. Sans doute sa sœur, cette religieuse qu'on avait vue combattre sur les murs de Pontorson, et en repousser les ennemis, avait devancé ce preux dans la tombe; il n'en parla point dans ses derniers moments.

Cependant, le terme du délai demandé par le capitaine anglais était arrivé; le maréchal de Sancerre s'avança sur le bord du fossé de la place assiégée, et somma de nouveau cet officier de remettre les clefs de cette forteresse, ainsi qu'il l'avait promis. — J'ai donné ma parole à du Guesclin, répondit l'Anglais, et je ne me rendrai qu'à lui.

— Las! reprit le maréchal, notre connétable passa hier de vie à mort: son âme est à cette heure devant Dieu.

— Cela étant, répliqua le chevalier anglais, demain, aux premiers rayons de l'aube, je porterai les clefs de la ville sur le cercueil du défunt.

Sancerre, sans chercher à combattre cette résolution, revint tout préparer pour une si triste et en même temps si glorieuse cérémonie. Du Guesclin était mort sous la tente; on plaça sa bière sur une estrade couverte de fleurs; l'armure, l'écharpe et l'épée du connétable furent suspendues au-dessus en faisceau enlacé de lauriers; puis les principaux officiers de l'armée entourèrent ce catafalque triomphal. A l'heure matinale où ces préparatifs se terminaient, le lieutenant de Richard II, sorti de Châteauneuf avec une centaine d'hommes d'armes, traversait le camp français aux accents de vingt trompettes qui sonnaient une marche lugubre, exprimant tout à la fois le chagrin d'une défaite et les nobles regrets donnés au grand homme par un ennemi généreux. Le capitaine anglais, suivi de quelques chevaliers, fut introduit par Clisson sous la tente funéraire. A sa brillante écharpe rouge, brodée richement, était attaché un large crêpe noir; un autre se mêlait à l'aigrette de son casque. Il s'avança lentement vers le cercueil, mit un genou en terre, et déposa les clefs de la ville sur le drap mortuaire; tandis que les compagnons de du Guesclin, guerriers hauts en naissance comme en renommée, debout, la tête penchée sur la poitrine, pleuraient silencieusement le héros.

Le corps du connétable fut apporté au Puy; on le déposa pendant un jour dans l'église des Dominicains, aujourd'hui la paroisse de Saint-Laurent. Du Guesclin avait demandé d'être inhumé à Dinan en Bretagne; on procéda à l'embaumement; les intestins et autres parties retirées du corps furent enterrées dans cette même église des Dominicains, où les restes mortels du vaillant breton avaient été déposés. Les consuls du Puy lui firent faire, le 23 juillet, un service magnifique, dans lequel, dit un historien du Velay, deux cent cinquante torches brulèrent durant toute la cérémonie. La bière était recouverte d'un drap d'or, bordé de noir et portant les armes du connétable. Le professeur en théologie du collège prononça son oraison funèbre, qui doit avoir été conservée dans les archives de la ville. On voit encore dans une chapelle dédiée à Sainte Anne, le tombeau renfermant les entrailles de cet illustre chevalier. Il est représenté en ronde-bosse, couché, les mains jointes, et couvert de son armure, moins le casque, qu'on ne donnait qu'aux guerriers morts sur le champ de bataille. « Cette statue, dit M. Mérimée, dans son voyage en Auvergne, passe pour le portrait le plus authentique du connétable. Ses traits durs et fortement marqués expriment l'énergie et l'obstination, et l'on pourrait prendre ce masque comme un type très-caractéristique des physionomies bretonnes. Du Guesclin était petit; mais la largeur de ses épaules indique la vigueur et la force. On lit sur ce monument, d'ailleurs très-simple, cette épitaphe, qui ne l'est pas moins : *Cy gist honorable homme et vaillant messire Bertrand Claikin, comte de Longueville, jadis connétable de France, qui trépassa l'an M CCC LXXX, le XIIIe jour de juillet.*

Le monument élevé à la mémoire de ce vaillant capitaine, a été restauré récemment par les soins de M. Eynac, curé de Saint-Laurent, qui a dirigé lui-même cette restauration. L'ordonnance ancienne du mausolée n'a point été altérée : elle se compose d'un soubassement carré sur lequel est posée la statue du connétable, dans une niche ornée de figurines, de clochetons : tous les détails de sculpture échappés à la destruction, sont replacés dans leur ordre, et le reste a été restauré d'après les dessins de l'ancien tombeau.

On sait que Charles V survécut peu à du Guesclin [1] : il mourut le 16 septembre de la même année; et sous le règne suivant, de nouvelles vicissitudes furent le partage du midi de la France.

En 1381, les trois États de l'Auvergne, du Velay et du Vivarais s'assemblèrent au Puy, sous la présidence du duc de Berry, frère de feu Charles V. Ces États firent une ligue pour s'entre secourir : ils convinrent de mettre sur pied et d'entretenir pendant quatre mois, pour résister aux Anglais et autres ennemis du roi, quatre cents hommes d'armes et cent arbalétriers. Ces dispositions faites aussi dans d'autres parties de la province n'empêchèrent pas le duc de Berry d'être défait par le comte de Foix, sous les murs de Revel : époque désastreuse où les petits princes profitaient des embarras de la monarchie, pour se déclarer indépendants et faire la guerre au roi. Après cet échec, le duc de Berry retourna à la cour de Charles VI, son neveu.

Le Puy eut la visite de ce malheureux prince en 1394 : déjà privé de sa raison, et ne pouvant obtenir aucun soulagement des facultés de la terre, il implorait les secours du ciel, lorsque quelques lueurs de lucidité lui permettaient de reconnaître sa déplorable situation. Il venait donc au Puy s'agenouiller aux pieds de Notre-Dame. On sait trop que sa fervente prière ne fut point exaucée, et pourtant Charles VI, ainsi que tous ses prédécesseurs, guérit les écrouelles qu'il toucha. Après avoir fait ses dévotions à la cathédrale du Puy, le jour de l'Assomption, le roi accepta un dîner que lui offrit, au château d'Espailly, Ithier de Mareuil, évêque du Velay. La ville, malgré tous les

---

(1) Le nom qu'on lit dans l'inscription écrite sur le monument de Saint Laurent, diffère de celui tracé sur le tombeau de Dinan et de celui rapporté dans la charte de Don Henri, au Musée de Rennes : au Puy, c'est *Cluikin*; à Dinan, *Gleaquin*; à Rennes, *Claquin* : le second de ces noms paraît le plus conforme à l'étymologie armoricaine.

sacrifices que les guerres lui avaient coûté, donna au roi une statue de Notre-Dame en or aussi, et du prix de cinq cent cinquante livres; elle en fit accepter deux autres valant chacune cent vingt livres, aux ducs de Berri et de Bourgogne, ses oncles, qui l'accompagnaient. Avant de partir, cet infortuné monarque, que la débilité de ses facultés mentales faisait quelquefois redevenir enfant dans l'âge viril, ordonna que les robes, manteaux et chaperons que portaient les consuls du Puy, seraient dorénavant d'écarlate, au lieu d'être de drap *pers*, comme par le passé; couleur qu'il avait jugée de mauvais goût.

Un sinistre accident marqua, en 1407, la fête de l'Assomption, pour les habitants du Puy: un concours immense de pèlerins se pressait dans l'église cathédrale, à l'occasion de la rencontre de cette fête avec le vendredi-saint, ce qui devait faire gagner des indulgences particulières aux fidèles qui feraient ce jour-là leurs dévotions à la Sainte Vierge. Or, la Providence, dans ses décrets impénétrables, permit que deux cents personnes fussent étouffées en se livrant à cet élan religieux.

Lorsqu'une messaline venue du Nord, Isabelle de Bavière, eut prostitué le royaume, comme elle s'était prostituée elle-même, en arrachant le bandeau des rois de France du front de son fils, pour en parer une tête anglaise, le Velay et la ville du Puy demeurèrent fidèles aux Valois. Par un édit rendu à Bourges, le 4 février 1419, le Dauphin, depuis Charles VII, nomma Armand VII, vicomte de Polignac, son lieutenant-général dans le Velay, le Gevaudan, le Vivarais et le Valentinois, provinces qui lui restaient soumises. Néanmoins, les Bourguignons ne désespérèrent pas d'occuper la ville du Puy, forteresse importante dont la possession pouvait leur faciliter la conquête de tout le pays environnant. Mais ils échouèrent devant cette place: elle fut vaillamment défendue par ses habitants, parmi lesquels nous devons citer Pierre Rocel, Villeret, Jean de Bounas, Durand de Portal et Pons d'Alzon, secondés par un bon nombre de chevaliers, entr'autres les sires de Polignac, de Perdiac, de Roche, de Montlaur, de Peyre, de Beauchâtel, d'Apchier, de Lafayette, qui s'étaient jetés dans la ville au moment du danger. Les Bourguignons ne remportèrent de cette expédition que le triste avantage d'avoir forcé un couvent de filles au village de Vals, et de s'y être livrés à de grands excès, ainsi que cela ne manquait guère d'arriver durant les guerres civiles. Hélas! que de vierges du seigneur, dans ces temps de malheur, perdirent ce titre précieux! heureusement, ce fut sans péché.

Le 15 Mai 1420, le dauphin Charles fit son entrée solennelle dans sa fidèle ville du Puy. Il assista aux premières vêpres de l'Ascension, en

surplis et en aumusse, comme chanoine. Mais, le lendemain, redevenu prince royal, il créa chevaliers[1] le comte de Perdiac, les barons de Chalençon, d'Apchier, de la Tour-Maubourg, de la Roche, et les seigneurs de Vergezac et de Roussel, qui s'étaient distingués contre les Bourguignons[2].

Charles revint dans le Languedoc en 1422, au mois de juillet; ses finances étaient alors dans la plus déplorable situation; il assembla à Carcassonne les trois états de la province, qui lui accordèrent cent mille francs; puis il se retira au château d'Espailly avec Marie d'Anjou, sa femme, belle et gracieuse princesse; son dévoué serviteur Tanneguy-du-Chatel, Jean de Louvet, son principal conseiller et plusieurs autres seigneurs, parmi lesquels brillaient le comte de Clermont, fils du duc de Bourbon, le maréchal de Lafayette, le comte d'Aumale, le vicomte de Narbonne, Saintrailles, Lahire, enfin ce beau comte de Dunois dont on commençait à parler dans les camps, presque autant que parmi les dames et demoiselles de la dauphine.

Renvoyant à notre précis historique sur le château d'Espailly le récit de l'événement dont il fut le théâtre en 1422, nous continuons la narration des faits accomplis dans la ville du Puy. Charles VII n'y reparut plus qu'en 1434; il se rendait à Vienne sur le Rhône, où il venait de convoquer les états de Languedoc. Cinq ans après, ce fut au Puy que cette assemblée se tint, et le roi y fit un nouveau voyage. Les États lui accordèrent une aide de cent mille livres tournois pour soutenir la guerre; allocation qui fut faite à la singulière condition qu'il serait permis aux habitants de chasser et de pêcher, excepté dans les lieux défendus. Il faut en toute occasion, même lorsque l'intérêt personnel ressort sous l'apparence la plus infime, en présence des grands intérêts de l'État, il faut que l'invincible tendance des hommes vers le bien-être individuel se pose en première ligne : c'est un ulcère moral que l'on ne parvient guère à cacher.

La ville du Puy, jusqu'à la fin de ce règne, prit une part peu active aux événements généraux, et sauf l'appel de ses consuls aux états de la province, en 1445, elle s'enveloppa d'un voile d'obscurité qui ne s'écarta qu'au commencement du règne suivant. Ce fut à l'occasion de la guerre dite *du bien public*, à laquelle les habitants de cette ville refusèrent d'accéder. Le duc de Bourbon, l'un des premiers seigneurs ligués contre Louis XI, avait cependant engagé Jean-de-Bourbon, évêque du Puy, dans ce parti, en faveur duquel s'était

---

(1) Ce prince n'était pas chevalier lui-même; l'ordre de chevalerie ne lui fut conféré qu'au moment de son sacre, dans l'église de Reims, par le duc d'Alençon, et sous l'étendard de Jeanne d'Arc.

(2) Voyez l'*Histoire du Velay*, par M. Arnaud, t. I, p. 244.

aussi déclaré le vicomte de Polignac. On n'épargna, pour séduire les citoyens du Puy, ni menaces ni promesses : des envoyés du duc de Berri firent publier dans les places et carrefours, que ce prince du sang les affranchissait de toute taille, impôt ou subside; qu'en conséquence, il leur était recommandé de ne rien payer aux agents du fisc. Cette recommandation était séduisante; toutefois la ville resta ferme dans ses devoirs. Cependant le lieutenant-général du Languedoc, craignant qu'à force d'obsessions, les habitants ne bronchassent dans leur fidélité au roi, ordonna à Rauffec de Balzac, sénéchal de Beaucaire, de prêter à ces bons sentiments l'appui des milices de la sénéchaussée, que cet officier distribua en effet dans les environs du Puy, et qu'il surveillait du château de Bouzols. En l'année 1467, et lorsque nous aurons à nous occuper du château de Polignac, nous verrons les citoyens du Puy marcher sous les ordres du sire Gilbert de Lafayette, contre cette redoutable forteresse, pour punir le vicomte Armand-Guillaume de s'être déclaré contre le roi dans la guerre du bien public. On ne pouvait pas porter plus loin l'attachement au souverain; aussi Louis XI, charmé d'un tel dévouement, accorda-t-il aux habitants du Puy « *tenant rentes et fiefs* « *nobles* de ne se armer ni de le aller servir à la guerre ni en ses arrière-« bans. » Cette faveur était trop exceptionnelle pour être un acte de reconnaissance envers la ville; cependant elle pouvait priver Louis XI de bons serviteurs, à une époque où son règne était incessamment agité par les mécontents; et ce monarque lui-même sentait, comme on va le voir, la nécessité de pouvoir armer beaucoup de bras pour soutenir la cause du trône. En 1468, le roi, voyant avec chagrin le royaume *privé d'enfants mâles*, prescrivit à l'évêque du Puy, d'ordonner une procession générale où l'on porterait la sainte effigie de Notre-Dame, afin *d'obtenir la paix en France et des enfants mâles*: les annales du Velay ne font aucune mention du résultat de cette solennité.

Sous ce règne, la ville du Puy n'avait pas encore obtenu l'entier rétablissement des privilèges abolis par suite du mouvement séditieux de l'année 1277; un arrêt du conseil rendu à Tours, en Janvier 1469, compléta cette réintégration. Cet arrêt peut être attribué sans doute à la grande vénération que Louis XI vouait à Notre-Dame-du-Puy, qui, dans ses actes de dévotion, tenait à peu près le même rang que *Notre-Dame-d'Embrun,* dont il portait à son chapeau l'image en plomb; nous devons pourtant ajouter que, précisément alors, la ville du Puy ayant payé au roi, comme nous l'avons dit ailleurs, la somme de deux mille trois cent trente sept livres dix sous, pour obtenir à perpétuité le droit d'entrée du vin, il y a quelque apparence que ce subside aida tant soit peu à l'effusion des bonnes grâces de ce souverain.

L'année suivante, les habitants du Puy jouirent d'un spectacle aussi nouveau qu'imposant : Charles, duc de Berri, puis de Normandie, et dépouillé ensuite de ce dernier duché par le roi son frère, avait fait la paix avec lui, au mois de mai 1469 ; Louis XI venait de lui accorder la Guienne pour apanage. Ce prince, voulant à son tour faire ses dévotions à Notre-Dame, arriva près du Puy avec quatre cents chevaux et un appareil splendide qui n'annonçait guère l'humilité d'un pélerin, et se pliait encore moins aux exigences du carême, dans lequel on entrait. La ville fit à l'illustre personnage une brillante réception : les habitants, leurs consuls en tête, allèrent au-devant de lui à une demi-lieue du Puy ; les rues, sur son passage, étaient tendues de belles tapisseries et semées de fleurs. Le frère du roi passa huit jours sur le mont Anis, et le chapitre de Notre-Dame eut à se féliciter de ses libéralités. Les archives de la ville constatent que le duc de Guienne, qui avait la réputation d'être lettré, visita la bibliothèque de Pierre Adin, official : bibliothèque manuscrite assurément ; car ce ne fut qu'en cette même année 1470, que la première imprimerie fut établie à Paris.

Au mois d'octobre suivant, la reine Charlotte de Savoie, étant accouchée heureusement du dauphin Charles, fit un voyage d'actions de grâces au Puy ; la ville lui rendit les hommages dus à l'épouse du souverain. Cette princesse aimait *les choses plaisantes et merveilleuses* : on s'efforça, autant que le permirent les ressources du lieu et du temps, d'arranger une représentation qui réunît cette double condition. Or, on ne trouva rien de mieux que d'habiller en chevaliers les neuf plus belles filles de la *rue de Panessac*, qui représentèrent l'histoire de ces preux. Ce dut être en effet un spectacle plaisant, sinon merveilleux, que de voir ces neuf jouvencelles sous l'armure, si elles s'en montrèrent à moitié aussi embarrassées que les acteurs mâles de nos théâtres modernes, revêtus de la vraie armure, et s'efforçant de ressaisir les allures chevaleresques du moyen-âge.

Les pélerinages illustres accomplis dans le cours de ce règne, à Notre-Dame-du-Puy, se terminèrent par celui de Louis XI lui-même, qui eut lieu au mois de mars 1476. Le roi venait faire une neuvaine dans l'église dédiée à la Sainte Vierge. Etant arrivé au village de Fix, à trois lieues et demie de la ville, il reçut les députés du chapitre, qui le haranguèrent en l'absence de l'évêque, et lui présentèrent les clés de leur cloître. Louis écouta favorablement la harangue, toute laudative qu'elle était ; mais repoussant les clés avec cette douceur de manières qu'il savait prendre à l'occasion, il ajouta : « Vous les avez bien gardées, gardez-les encore ;

« car j'ai une entière confiance en vous et en votre ville, qui a toujours
« été fidèle à notre couronne. » Puis, prenant le ton d'une profonde humilité,
il pria les chanoines de se retirer, et de ne point venir au-devant de lui
quand il entrerait en ville. « Tenez-vous seulement à la porte de l'église,
« poursuivit ce souverain : j'y veux entrer, non en roi, mais en pélerin, et
« je vous recommande que vous chantiez le *Salve, Regina*, au lieu des
« honneurs que je ne suis venu quérir. »

Le lendemain, Louis XI, malgré les représentations de ses courtisans,
déclara qu'il ferait le reste du chemin à pied, et marcha en effet, l'espace
de trois lieues et demie, à travers un pays âpre et montueux, où le
passage des hommes était à peine indiqué par des traces capricieuses et
fugitives. Etant arrivé sous le portique Saint-Jean, où le clergé métropolitain
l'attendait, le roi demanda qu'on le revêtît d'un surplis et d'une chappe;
mais André Cottier, son médecin, qui ne le quittait guère, lui ayant peut-
être représenté que les dalles de l'église seraient bien froides pour son pied
royal, le pélerin couronné demanda humblement au doyen du chapitre d'être
dispensé du vœu qu'il avait fait d'entrer nud-pieds dans l'église; ce qui,
comme on peut s'en douter, lui fut accordé.

Louis étant fort las, sa prière fut courte ce jour là; il se retira en
laissant sur l'autel une bourse de trois cents écus d'or. Le jour suivant,
il entendit trois messes et fit, à chacune, l'offrande de trente et un écus
d'or; ce qui continua pendant trois jours, indépendamment de divers présents
qu'il offrit à la cathédrale et aux autres églises du Puy. Cependant le roi dut
interrompre sa neuvaine pour des raisons politiques qui l'appelaient immédiatement dans le Dauphiné, et ces raisons étaient au moins aussi impérieuses
en lui que les inspirations religieuses. Mais il reparut au Puy vers le mois
de juin, et cette fois, il y fit entièrement ses dévotions. A ce second voyage,
Louis XI remit aux habitants du Puy la taille pour dix ans; ce qui, comme nous
l'avons dit ailleurs, les mit à même de continuer leurs fortifications. Quelques
années plus tard, cette immunité adoucit un peu les angoisses d'une disette,
succédant à plusieurs mauvaises récoltes, et que suivit une affreuse épidémie.
Ce dernier fléau sévit surtout en 1482 : Les habitants des campagnes, qui
avaient vainement frappé aux portes des villes, aussi affamées qu'eux, parcouraient les prairies comme des insensés, et se jetaient sur des herbes qu'ils
dévoraient sans pouvoir apaiser leur faim. On voyait ces infortunés pâles,
les joues caves, le regard éteint, chancelant sur leurs jambes amaigries, errer
comme des ombres, succomber enfin d'épuisement, puis tournoyer sur eux-
mêmes et expirer avec d'horribles contractions musculaires. Une fièvre pestilen-

tielle vint compliquer encore cette déplorable situation : elle décima les habitants du Puy. Ainsi que durant la période sinistre du choléra de 1832, on voyait alors les habitants tomber dans les rues, foudroyés par la maladie. Bientôt, l'activité des menuisiers et la charité des citoyens ne purent fournir ni assez de bières, ni assez de linge pour ensevelir les morts. Des calculs sans doute exagérés, portent à dix-sept mille le nombre des victimes qui périrent dans les hôpitaux et dans la ville; mais les actes publics constatent au moins une effrayante dépopulation, à la suite de l'épidémie. On remarque en frémissant qu'elle se renouvella dix fois : en 1503, 1521, 1547, 1577, 1580, 1581, 1586, 1628, 1629, 1630, époques doublement calamiteuses durant lesquelles le pays de Velay eut presque constamment à subir la combinaison de deux fléaux : la peste et la guerre civile. Efforçons-nous de jeter sur ce tableau un voile qui en atténue les sombres couleurs: l'occasion nous en est offerte par cette étrange fatalité qui veut que, presque toujours, le ridicule, le grotesque même adhère aux plus graves sujets.

Peut-être conserve-t-on, dans les archives du Puy, quelque charte municipale indiquant à quelle *imaginative* fut due l'institution d'un *Réveilleur*. Les fonctions de cet agent noctambule consistaient à parcourir les divers quartiers de la ville, dans la nuit du dimanche au lundi, et à réveiller les citoyens par des chants lugubres, mêlés aux son d'une cloche retentissante, en leur prescrivant de prier pour les morts. Ce trouble-sommeil existait dans plusieurs villes de France; il était, sous le titre de *Guetteur*, chargé de sonner le beffroi en cas d'alerte ou d'incendie; quelquefois, et par forme de variante, il lui arrivait bien de crier :

Réveillez-vous, gens qui dormez,
Et priez pour les trépassés;

Et ce distique peu poétique devait être aussi désagréable à l'oreille des vieillards qui dormaient, qu'à celle des jeunes époux, dont il venait affliger la douce veille d'une importune diversion. Mais quant au *Réveilleur* du Puy, il faut convenir que la nuit de son office était mal choisie, et certes! après le repos envié du dimanche, les morts devaient peu recueillir de prières dans les quartiers habités par le peuple.

La charge du *Réveilleur* n'était que bizarre; mais voici une circonstance grave qui prouve que les résultats les plus fâcheux peuvent surgir des événements les plus louables. Vers la fin de 1495, Charles VIII, revenant d'Italie, fit un voyage de dévotion au Puy. Le roi avait avec lui une suite brillante et leste; il resta dans la ville quelques jours; puis il retourna à Lyon prendre la route de sa capitale. Or, peu de temps après l'apparition de cette cour guerrière en Velay, une maladie qu'on ne peut nommer[1], jusqu'alors inconnue dans le pays, s'y manifesta avec des symptômes alarmants. L'art médical, encore fort peu avancé en général, ne connaissait aucun remède propre à guérir ce mal nouveau; plusieurs personnes du Puy en périrent. L'histoire du Velay ne mentionne point les présents que l'illustre pèlerin put laisser en cette ville; mais on dut y conserver long-temps le souvenir du triste cadeau de sa suite.

En 1529, on vit, pour la première fois, au Puy, un de ces bûchers allumés au nom du ciel, et qui, vers la fin de ce XVIe siècle, si fécond en calamités publiques, ne devaient s'éteindre que sous des torrents de sang. Un prêtre nommé Laurent Chaset ayant *commis un grand crime*, que les annales n'indiquent pas autrement: « fut par ses méfaits, devant la muraille « des Cordeliers, degradé, et les cérémonies faites sur ce requises, dans trois heures après, fut brûlé au Martouret du Puy. » Deux ans plus tard, on brûla vif, dans la même place, « le nommé Marcellin, devers Monistrol, faulx, hérétique, qui ne voulait croire ne Dieu, ne Diable... » même silence des archives sur le crime nettement défini de ce mécréant.

François Ier, dans l'été de 1533, était convenu d'une entrevue à Marseille avec le pape Clément VII, pour le mariage du duc d'Orléans, son fils, depuis Henri II, avec Catherine de Médicis, nièce de ce pontife: mariage qui devait porter à la plus déplorable extrémité les perturbations religieuses, déjà flagrantes. Le roi-chevalier, comme l'appellent quelques écrivains, prit la route d'Auvergne, dans le dessein de faire ses dévotions à Notre-Dame du Puy, ainsi que tant de souverains ses prédécesseurs. Ce monarque coucha le 17 juillet, dans le château du vicomte de Polignac, qui l'avait été prendre à Brioude, à la tête de cent gentilshommes, *ses vassaux*; et le roi fit son entrée au Puy, le 18, avec cette magnificence qui était le principal élément de sa vie, peut-être pourrait-on dire de sa gloire. François avait une suite nombreuse de seigneurs, parmi lesquels on distinguait les princes ses fils, le grand maître de Montmorency, gouverneur du Languedoc, le chancelier Duprat et plusieurs évêques. La reine Éléonore d'Autriche, qui accompagnait son époux, était environnée d'une multitude de nobles dames de sa cour, et l'on sait que le rival de Charles-Quint se montrait indulgent sur les titres héraldiques des dames admises au palais des Tournelles, lorsqu'elles

---

(1) Charles VIII avait fait la conquête de Naples, et l'on appelait, dans ces premiers temps, la maladie dont nous taisons le nom, le *mal napleux*.

se recommandaient par leur beauté. Apparemment les consuls du Puy connaissaient ce penchant peu secret du roi; car les clefs de la ville lui furent présentées, à la porte de Panessac, par les deux plus belles filles qu'on eût pu trouver.

Le roi, ayant mis pied à terre, marcha sous un dais jusqu'à l'église Notre-Dame, entouré des six consuls, des notables personnages du Puy, et de quinze cents enfants, tous vêtus de ses couleurs et livrées, disent les relations du temps. Parvenu sous la grande voûte, où le chapitre l'attendait, François Ier, après avoir baisé la croix, reçut des mains du doyen, le surplis et l'aumusse. Ce prince logea à l'évêché; là le bailli, assisté des consuls, lui offrit, le lendemain, au nom de la ville, une petite statue d'or représentant Notre-Dame du Puy, et enrichie d'un saphir d'une notable grosseur, qui avait appartenu à René, roi de Sicile. Quelques temps après, le roi envoya à l'église deux chandeliers d'argent, du poids de cent marcs. François Ier avait continué sa route vers Marseille, par le Rouergue, l'Albigeois et Toulouse.

Si l'on en doit juger d'après le fait suivant, les habitants du Puy, qui sans doute se laissaient imposer volontiers pour faire de magnifiques présents aux souverains, ne se montraient pas aussi disposés à supporter les contributions de guerre. En 1536, un capitaine Tournon, commandant une troupe de quinze ou seize cents hommes, se présenta aux consuls, et leur demanda, moyennant un prix raisonnable, la fourniture des vivres pour ce corps armé. Les magistrats, jugeant que *le prix raisonnable* offert par le capitaine serait sans doute beaucoup plus que modéré, proposèrent à cet officier une somme de soixante écus d'or, pour que la ville fût dispensée en ce moment de toute autre prestation: Tournon accepta. Or, cette transaction déplut à une partie de la population; elle s'attroupa devant l'hôtellerie où le capitaine était logé; l'épithète de *fripon* se mêla aux clameurs qui se firent entendre sous ses fenêtres; enfin, les séditieux se rendirent à l'Hôtel-de-Ville; prétendant obliger les consuls à se faire rendre les soixante écus d'or, à peine de les réintégrer, de leur bourse, dans la caisse municipale. Cette condition parut fort dure à ces officiers; mais leur anxiété devint plus grande encore lorsque le peuple ameuté proféra la menace de massacrer Tournon et le peu de soldats qui l'avaient accompagné. Le nombre des hommes pourvus d'armes à feu augmentait dans la foule; les consuls craignant une révolte décidée, sortirent de l'Hôtel-de-Ville, par une porte secrète, et se rendirent auprès des officiers de justice. Ceux-ci, réunis aux magistrats municipaux, voulurent réprimer le tumulte; ils furent accueillis par des huées auxquelles se mêlait toujours la réclamation des soixante écus : les mutins ne sortaient pas de là. L'autorité du capitaine *Mage*[1] ayant été invoquée, il émana sur l'heure, de sa juridiction prévôtale, une proclamation qui prescrivait à tous les citoyens de se retirer, à peine d'être pendus. L'avis était explicite ; mais, soit que les séditieux jugeassent que l'on ne *pend* le peuple que s'il ne s'avise pas sérieusement de sa force, soit que la fureur les aveuglât, les menaces du capitaine Mage ne produisirent aucun effet. On songea alors à négocier avec Tournon, pour la restitution des 60 écus. Le vicomte de Polignac se trouvait alors au Puy ; il se chargea de voir le capitaine, et lui ayant représenté qu'en gardant cet argent, il exposait sa vie, cet officier se décida, quoiqu'avec répugnance, à restituer la somme. Au sortir de l'auberge, le vicomte éleva au-dessus de la foule, le sac contenant les espèces ; il les fit sonner aux oreilles des mutins, qui, persuadés enfin par cette démarche effective, se retirèrent et rentrèrent chez eux.

Le capitaine Tournon, qui s'éloigna fort mécontent de la ville du Puy, pouvait appartenir à la famille du fougueux cardinal de ce nom, auquel les Calvinistes durent de si constantes persécutions, et qui favorisa l'établissement des Jésuites en France. Quoiqu'il en soit, ce prélat parut au Puy en 1538 ; il y resta cinq jours. On n'a recueilli d'ailleurs aucune notion sur ce voyage, sinon que son éminence joua à la paume, dans la rue de Panessac, avec le seigneur de Joyeuse, abbé de Saint-Antoine.

Par malheur, le cardinal de Tournon ne jouait pas toujours à la paume ; il parvint à exalter la cour au plus haut point contre les religionnaires, et sous le règne de Henri II, cette exaltation fit prévoir une prochaine, une terrible réaction. En 1548, ce prince ordonna que *les grands jours* fussent tenus au Puy ; il désigna à cet effet, dans le parlement de Toulouse, un président, douze conseillers, deux clercs et dix laïcs, auxquels il donna commission « *d'extirper cette malheureuse secte luthérienne*, avec pouvoir d'en connaître, « tant en première instance que par appel. » Durand de Sarta, qui devait présider les grands jours, arriva le 31 août au Puy, où les douze conseillers l'avaient devancé de quelques heures. Les consuls allèrent au-devant de ce magistrat, dont l'entrée en ville fut signalée par une décharge d'artillerie. Tous les membres de cette cour extraordinaire étant arrivés, les consuls leur envoyèrent *hypocras, dragées, torches ; et pour leurs montures, certains foin et paille ; puis chacun jour à leur dîner, deux pots vin clairet ou vin blanc.*

---

[1] Lieutenant du sénéchal de la province.

Avant l'ouverture de l'assise, les consuls, revêtus de leurs robes rouges, se rendirent chez le président de Sarta, où se trouvaient réunis les douze conseillers, aussi revêtus de leurs robes rouges ; et tous ensemble allèrent entendre la messe à l'église de Notre-Dame. Le 3 septembre, il sortit de cette juridiction, un arrêt pour continuer la recherche des hérétiques et les divers procès commencés contre eux : nous en rapporterons brièvement les conséquences. Dans le courant de l'année suivante, les habitants du Puy avaient fait élever, à leurs frais, plusieurs croix sur les boulevards ; l'une d'elles fut brisée dans la nuit du Lundi au Mardi-Saint. On ne put, malgré d'actives reherches, découvrir les auteurs de ce sacrilége ; mais on l'imputa sans hésiter aux Luthériens. Cette présomption, fondée peut-être, mais que n'appuyait aucune preuve, fut l'une des causes les plus incitantes des rigueurs extrêmes qui se succédèrent dans le Velay pendant plusieurs années ; nous en citerons quelques exemples.

Le 16 avril 1557, jour du Vendredi-Saint, on donna au Puy une représentation de la Passion de Jésus-Christ. Un prêtre représenta le Père Éternel ; d'autres représentèrent la Vierge, Madelaine, les bourreaux, etc. ; et le peuple, charmé de ce spectacle, y puisa plus de haine encore contre les protestants, devenus pour lui de véritables ennemis de Dieu. La foule se porta donc avec une vive satisfaction au supplice *d'un hérétique, qui, pour dénouement du drame sacré, fut exécuté en pleine procession, un jour de dimanche, lui faisant suivre ladite procession et faire amende honorable tout en chemise.* En 1563, deux Huguenots accusés de faux monnayage, furent condamnés, au Puy, à être brûlés sur la place du Martouret, et subirent cet arrêt le 10 juillet. Il est à remarquer que le crime qui leur était imputé devait être puni par la potence ; mais ils étaient hérétiques, on leur fit les honneurs du feu. En 1570, douze jeunes gens de la ville de Crest, en Dauphiné, et qui allaient rejoindre, disait-on, l'armée des Calvinistes, furent arrêtés, conduits au Puy, et pendus le soir, aux flambeaux, sur une simple ordonnance du sénéchal. Quatre ans après, plusieurs religionnaires, ayant été pris hors des murs de la ville, dans une sortie nocturne de la garnison, furent pendus immédiatement au Martouret, en vertu d'une sentence du prévôt. Dans le même temps, Jacques Cormail, capitaine protestant, fut décapité au Puy, avec un ministre luthérien ; la tête de celui-ci fut exposée sur la porte Saint-Gilles. Ces exécutions, dont nous abrégeons la sinistre énumération, constituèrent une forte part de rigueurs, pour une ville de troisième ordre. Assurément, à cette malheureuse époque, les religionnaires exerçaient de fréquentes et cruelles représailles ; mais on ne peut, quoique bon catholique, se dispenser de jeter un blâme immense sur ceux qui répandirent le premier sang. Quel autre sentiment qu'un désir ardent de vengeance put allumer, par exemple, les fureurs du féroce et trop fameux baron des Adrets, que nous voyons, dès l'année 1562, se disposer à saccager la capitale du Velay, pour la purger, disait-il, de l'idolâtrie. Heureusement, il fut détourné de ce projet par d'autres intérêts de son parti, par d'autres excès sans doute, et chargea le sieur de Blacons, chevalier de Malte, de l'expédition qu'il ne pouvait diriger en personne.

Le chevalier, à la tête d'une armée de sept à huit mille hommes, et pourvu de deux pièces de campagne, s'avança, au mois d'août, vers la ville du Puy; la place était bien défendue, bien approvisionnée, et pouvait résister; mais les habitants, s'exagérant les forces calvinistes, entrèrent en pourparler, et Blacons, moyennant trois mille cinq cents écus, qui lui furent comptés, consentit à s'éloigner. On devait attendre d'un officier ayant fait des vœux en religion, un certain respect pour sa parole; mais quel bon sentiment résista jamais à l'esprit de parti? Au lieu de reprendre la route de Lyon, comme il s'y était engagé, le capitaine réformé marcha, la nuit suivante, sur le Puy, et arriva le 4, à la pointe du jour, en vue des remparts. Cet acte de foi punique alarma d'abord les habitants; mais la principale noblesse du Velay était alors dans la ville : on y comptait les seigneurs de Latour-Maubourg, de Jonchères, de Beaune, Laurent de Pousols et l'évêque du Velay, Antoine de Senectère, dont les courageuses exhortations décidèrent surtout les citoyens, un peu timorés, à soutenir un siège. Dès lors, ils montrèrent une résolution qui ne se démentit plus. Cependant, les assiégeants s'établirent successivement dans le faubourg d'Aiguilhe, au village de Saint-Marcel et dans le château d'Espailly, qu'ils dévastèrent. Ils se répandirent ensuite aux environs, et ravagèrent tout le pays; enfin, ils se disposèrent à attaquer la porte et la grande rue de Panessac simultanément. Ils firent jouer contre le haut des murailles leurs deux pièces de canon, qu'ils avaient montées avec peine sur la montagne de Ronzon. Mais les assiégés avaient aussi de l'artillerie dirigée par un solitaire de l'ermitage de Colet, qui avait autrefois servi dans les armées. Rien n'égalait l'adresse et l'activité du saint homme : ayant baissé son capuchon, relevé ses larges manches et dénoué la corde qui lui servait de ceinture pour agir plus librement, ce singulier artilleur pointait les pièces avec une admirable justesse. Dans l'espace de quelques heures, il tua un assez grand nombre d'assiégeants, et particulièrement des canonniers. Déconcerté par l'adresse de cet habile pointeur, de Blacons eut recours à la voie des négociations; mais le conseil de ville repoussa avec mépris ses propositions, en lui rappelant sa mauvaise foi et félonie. Trompés encore dans cet espoir, les assiégeants recommencèrent les hostilités, et se flattèrent d'obtenir plus de succès en attaquant la place au levant. Conséquemment, ils se prirent à saper la muraille vers la porte Saint-Jean, et occupèrent le faubourg d'Avignon. Mais les assiégés repoussèrent vaillamment cette nouvelle attaque; dans plusieurs sorties successives, ils tuèrent ou prirent beaucoup de monde aux Calvinistes, qui s'étaient logés dans le couvent des Carmes, dans celui des Cordeliers, et dans les Tanneries. Les femmes mêmes, dont le courage s'éleva souvent en de semblables circonstances au niveau de celui des hommes, se signalèrent pendant cette défense. Bref, les Huguenots, informés que Senectère, frère de l'évêque, marchait au secours du Puy avec des forces imposantes, décampèrent après un siège de cinq jours, et cinquante des leurs, faits prisonniers dans les sorties, furent pendus sur la place du Martouret. Ce massacre, contraire à toutes les lois de la guerre, pouvait, en exaltant les réformés, attirer de plus grands malheurs sur la ville. Toutefois, une seule tentative fut renouvelée, en 1585, contre le Puy, sous la direction du comte de Chatillon, et comme celle de Blacons, elle échoua. Cependant, lors du siége mis devant la place par ce dernier, les habitants avaient reconnu la nécessité d'avoir des canons de gros calibre; dès l'année 1563, ils s'étaient décidés à descendre une cloche de chaque clocher de la ville, et de nouvelles pièces avaient été fondues au Puy même. Plus tard, les consuls ayant prêté six canons au duc de Joyeuse pour le siège du Malzieu, et ces canons n'ayant point été restitués, la ville dut encore dégarnir quelques clochers en 1587, époque à laquelle maître Jean Guyard, fondeur, jeta en moule deux nouveaux canons, qui furent montés sur des affuts tirés de Lyon.

Malgré la guerre d'extermination faite aux Calvinistes, et sans doute à cause de cette guerre : car toute croyance religieuse s'affermit par la persécution, ces sectaires faisaient de nombreux prosélytes dans toutes les provinces. Au Puy, leur nombre était devenu considérable au milieu des buchers et des potences. Ils se réunissaient ouvertement dans plusieurs maisons particulières; ils acquirent, pour les inhumations, un jardin situé hors de la ville, entre la porte de Farges et l'église de Saint-Laurent, et placèrent, au dehors de la porte de ce cimetière, les armes de France, avec cette inscription : *Bienheureux sont ceux qui meurent en Jésus-Christ*. Lorsqu'un religionnaire mourait, douze des leurs le portaient à bras à ce champ du repos éternel : le cercueil du défunt était couvert d'un suaire orné de l'écusson royal, en signe de soumission à la maison régnante. Mais cette soumission politique ne suffisait pas à la cour; il lui fallait celle des consciences calvinistes, c'est-à-dire, l'anéantissement de leur croyance.

Nous ne savons pas précisément quels noms, parmi ceux des nombreux évêques du Velay, les habitants de cette partie de la France révèrent le plus; mais nous croyons adopter une opinion généralement reçue, en citant Antoine de Senectère, comme un des plus vertueux prélats qui aient occupé ce siège; car il fut humain, au grand péril de sa sûreté et peut-être de sa vie, envers des sujets du roi que ce prince avait mis hors la loi de l'humanité. Au mois d'août 1572, date qui ressort toute sanglante de nos éphémérides, le comte de Tendes en Provence, le seigneur de Saint-Hérem en Auvergne, le parlement de Toulouse en Languedoc, avaient continué la Saint-Barthélemi; Mandelot, à Lyon, les avait surpassés, en faisant égorger quatre mille protestants; Antoine de Senectère entreprit, lui, de sauver ceux du Puy. Ayant fait venir tous ces religionnaires dans son palais, il leur donna connaissance des intentions du roi sans le moindre détour, et leur dit: « Ma mission est par « malheur, aujourd'hui, de faire tomber la hache sur vos têtes; je veux la « détourner; mais songez que je ne puis vous conserver la vie qu'en vous « offrant un asile dans l'église du Seigneur. L'alternative est étroite et impé- « rieuse : la messe ou la mort. » Les Calvinistes du Puy abjurèrent; le dimanche suivant, on les vit à la sainte Table, dans l'église de Notre-Dame.

Cependant les citoyens de cette ville éprouvèrent un grand embarras au commencement de l'année 1589 : ils étaient environnés de populations qui avaient embrassé le parti de la ligue; ils se sentaient eux-mêmes portés à prendre une pareille détermination; mais en l'absence de leur évêque, le même Antoine de Senectère, qui se trouvait aux états de Blois, ils n'osaient se décider. Ils avaient d'ailleurs à opter entre deux dangers : d'une part, le seigneur de Chaste, sénéchal du Puy, et qui tenait pour le roi, prétendait avoir le gouvernement de la ville; d'autre part, le baron de Saint-Vidal, dévoué aux Guises, et qui depuis long-temps gouvernait effectivement, refusait de remettre l'autorité. Dans cette situation, un corps royaliste, fort d'environ quatre mille hommes, et commandé par Alphonse d'Ornano[1], colonel des Corses, passa près d'Espailly pour se rendre à Bains.

Avisé de cette proximité, Saint-Vidal fit murer les portes de la ville, et ordonna aux capitaines de quartier d'avoir à surveiller avec attention ceux des habitants qu'on appelait *politiques*, c'est-à-dire les partisans de la cour. Le baron convoqua ensuite les consuls dans la maison qu'il habitait; il assembla aussi un conseil général, et obtint sans grande difficulté le

---

(1) Les historiens modernes ont constaté que cette famille est alliée à celle qui donna à l'univers l'un des hommes les plus complets qui aient paru sur la terre : Napoléon Bonaparte.

serment de fidélité *à Dieu et à la religion catholique*. Le lendemain, les capitaines de quartier firent signer à domicile aux citoyens le *pacte d'union* juré la veille par leurs magistrats. Bientôt, une profession de foi plus solennelle encore confirma cette disposition : huit députés de Toulouse étaient venus au Puy pour presser la détermination des habitants en faveur de la ligue ; une grande assemblée eut lieu, le 3 avril, au palais épiscopal. Antoine de Senectère était alors revenu des états de Blois ; nous ignorons quels engagements il y avait pris ; mais il prêta, sans la moindre hésitation, le serment de vivre et mourir dans la religion catholique, apostolique et romaine, en suivant les principes de la *sainte union*. Saint-Vidal prit le même engagement ; puis vinrent les chanoines, le reste du clergé, les officiers de la sénéchaussée, ceux du baillage et de la commune ; les consuls, nobles, bourgeois, avocats, enfin, tous les habitants qui se trouvaient à l'assemblée, et dont le nombre s'élevait à près de deux mille personnes. Il fut ensuite procédé à la nomination d'un certain nombre de députés qui devaient parcourir le Velay, afin de faire des prosélytes ; l'histoire a conservé les noms des citoyens qui furent choisis : c'étaient les sieurs Chaudéon, Jean Boyer, Claude Lafont et Jacques Enjolvy. Nous devons ajouter que ces commissaires furent assez mal accueillis presque généralement, et qu'ils revinrent au Puy sans avoir réuni beaucoup de recrues sous les bannières de l'union.

Après avoir signalé l'établissement de la ligue au Puy, nous éviterons de décrire minutieusement les engagements que ses partisans eurent avec les royalistes, les prises et reprises de villes, les conventions conclues et trahies ; en un mot, nous tairons une multitude de détails sans importance, sans couleur, qui se reproduiraient avec une fatigante uniformité. Mais il est utile de dire que le gouvernement de la ville du Puy fut confié à une commission composée de vingt-quatre personnes : six ecclésiastiques, six officiers de justice et douze bourgeois. Toute l'autorité émana de ce conseil, sauf le commandement militaire, que Saint-Vidal, obligé de se rendre à Lyon, avait remis au sieur Flaghac, avec le titre de son lieutenant. Il serait superflu d'ajouter que le seigneur de Chaste, sénéchal du Puy pour le roi, avait été contraint de se retirer ; mais il ne s'était pas éloigné : ses troupes occupaient Yssingeaux, Solignac, Ceyssac et autres places. Lui-même s'était établi dans la redoutable forteresse de Polignac, qui par la puissance morale de ses possesseurs, comme par son élévation sourcilleuse, dominait tout le Velay.

Marguerite de Valois, reine de Navarre, était alors au château d'Usson, en Auvergne ; on sait qu'elle avait été éloignée de la cour par des motifs qui n'étaient ni politiques ni religieux, et sa conduite, pleine de scandale, ne paraissait pas s'améliorer beaucoup dans la retraite. Seulement, à défaut de grandes aventures, elle se contentait de petites galanteries sur ce théâtre d'intrigues, plus resserré que les vastes dépendances du Louvre. En 1589, cette princesse, soit pour échapper à l'uniformité de sa vie actuelle, soit pour ressaisir, par quelques petits services rendus au roi son frère, un peu de l'estime qu'elle avait perdue, s'avisa d'intervenir, comme médiatrice, dans les divisions religieuses du midi de la France. Deux gentilshommes, députés par elle, arrivèrent au Puy le 17 mai 1589, et offrirent leurs bienveillants offices pour rétablir la bonne intelligence entre le seigneur de Chaste et les ligueurs du Puy. Ce gouverneur consentit volontiers à des conférences ; mais le conseil des vingt-quatre ne s'y prêta qu'avec une mauvaise grâce marquée ; et malgré les soins des médiateurs, les parties ne purent s'entendre. Les hostilités recommencèrent ; le seigneur de Chaste continua de faire une guerre de chicane active aux ligueurs : il gênait toutes leurs communications, sans redouter d'être inquiété par eux, enfermé qu'il était dans le donjon de la vicomtesse de Polignac, qui lui avait accordé sa main en secondes noces. Pressés de toutes parts, menacés d'une famine prochaine, les habitants du Puy autorisèrent enfin le seigneur de Chevrières à renouer des négociations déjà rompues plus d'une fois. De Chaste écouta encore cette proposition ; des commissaires furent nommés de part et d'autre. Cette fois, un traité fut conclu et signé après trois jours de conférences. Ce traité portait que le duc de Montmorency serait reconnu, au pays de Velay, gouverneur du Languedoc, pour le roi ; que la justice serait exercée audit pays par les officiers de ce prince, le tout, suivant la forme ancienne ; « mais sans que « les habitants de la ville du Puy se départent du serment par eux prêté pour « la manutention et la conservation de la religion catholique, apostolique, et « romaine, ni de leurs autres priviléges, franchises, libertés, etc. » Saint-Vidal et Chaste, chacun de son côté, s'engagèrent à intervenir, le premier auprès du duc de Nemours, chef suprême des ligueurs du midi ; le second auprès du duc de Montmorency, gouverneur du Languedoc, pour que les troupes des deux partis cessassent de ravager le pays, les unes au nom du roi, les autres au nom de Dieu. Tout cela ne pouvait constituer qu'une paix plâtrée, puisque le principal mobile de la division subsistait : aussi continua-t-elle de régner entre les ligueurs et les politiques ; de fréquentes rixes avaient lieu dans les rues : la bonne intelligence n'existait que dans la lettre du traité. L'évêque du Puy, peu confiant dans une pacification au sein de laquelle le sang coulait encore, se retira sur le rocher d'Espailly, en fit restaurer les fortifications, et le munit d'une bonne garnison. Les pressentiments du prélat n'étaient que trop fondés : bientôt la mauvaise intelligence entre les ligueurs et les politiques se changea en hostilités ouvertes ; lui-même se vit assiégé à Espailly, qu'il dut abandonner pour se retirer à l'abbaye de Saint-Chaffre.

Malgré cet acharnement des deux partis l'un contre l'autre, ils ne laissaient pas, à certains moments de soupirer après une paix définitive : au mois de janvier 1591, Chaste et Saint-Vidal se rendirent auprès du prélat, et le prièrent d'intervenir, comme arbitre, pour l'ouverture de nouvelles négociations. Elles furent commencées au Monastier, et continuées au pont d'Estroilhas, près du bourg d'Espailly. On convint de reconnaître le baron de Saint-Vidal pour gouverneur-lieutenant du duc de Montmorency, Senectère pour évêque, et Chaste pour sénéchal. On demeura d'accord, en outre, que la ville du Puy et le pays de Velay mettraient sur pied vingt cuirassiers, pour battre les champs et réprimer tout excès. Ces divers points arrêtés, on espérait qu'enfin les malheurs communs allaient cesser, lorsque les négociateurs apprirent, avec beaucoup de surprise, que la ville épiscopale se mettait en opposition avec eux. Le conseil des vingt-quatre, influencé par un cordelier furibond nommé Gallésiant, avait pris en défiance le baron de Saint-Vidal ; ce conseil voyait avec peine qu'il fît de fréquents voyage à Polignac ou au pont d'Estroilhas, et ces ligueurs ne voyaient les apparences d'une prochaine paix qu'à travers les soupçons de trahison qui les préoccupaient incessamment. Le moine qui s'était fait le conseiller intime des vingt-quatre, les exhortait chaque jour à n'avoir confiance qu'en Dieu, et à ne compter que sur lui : c'était fermer décidément à ces hommes exaltés toute voie de réconciliation avec leurs concitoyens. Poussés ainsi dans les excès d'un fanatisme ombrageux, les ligueurs du Puy firent, le 23 janvier, une procession générale, à laquelle un grand nombre d'entre-eux assistèrent en chemise et nu-pieds ; ce qui pouvait être fort dévotieux, mais n'était point du tout décent.

Cependant les négociations continuaient au pont de l'Estroilhas ; mais, tout en reconnaissant la nécessité impérieuse d'une pacification, Saint-Vidal et de Chaste, qui ne pouvaient s'aimer, discutaient avec une aigreur toujours voisine de la dispute. Le 25 janvier, un débat plus vif que de coutume survint entre eux, et dégénéra promptement en querelle, puis en provocation. Selon l'usage du temps, on convint d'un combat de quatre contre quatre ; les champions, ayant fait retirer à l'écart le reste des personnes présentes, descendirent sur une petite pelouse, et commencèrent un combat acharné, que les autres négociateurs regardèrent, de loin, comme un épisode tout naturel de la discussion, tant il y avait encore, sinon de barbarie, du moins de férocité dans les mœurs..

Après des efforts d'adresse et de subtilité qui maintinrent assez long-temps le sort des armes indécis, on vit Saint-Vidal chanceler, pâlir, et sa cuirasse fut aussitôt inondée de sang. Il venait d'être frappé à mort par Pierre de la Rodde ; tandis que Rochette, qui combattait dans la cause du baron, éprouvait un sort aussi funeste que lui.

Les conférences, interrompues par cet événement tragique, ne furent pas reprises. Les habitants du Puy, qui, le matin encore, suspectaient Saint-Vidal de trahison, lui donnèrent des larmes : ce gentilhomme, ainsi que cela se vit tant de fois sous l'empire de nos jugements versatiles, avait acquis de grandes qualités en mourant. Ils se transportèrent en armes au lieu où les deux combattants étaient tombés ; ils rapportèrent leurs corps au Puy, et déposèrent celui de Saint-Vidal dans l'église de Saint-Agrève, où il resta jusqu'au 3 mars. Ce jour là, les habitants du Puy firent à ce seigneur de magnifiques obsèques : « Le convoi, dit l'historien Arnaud, était éclairé par deux mille torches ou cierges, ornés d'armoiries, et toutes les cloches des églises sonnaient en volée. Le cheval de parade du défunt, couvert d'un drap de velours noir, avec une croix de satin blanc, était conduit par deux écuyers : des écharpes de crêpe étaient attachées au mors. Six hommes d'armes de la compagnie du baron portaient sa lance, sa cotte d'armes de velours noir, son heaume, ses gantelets, son épée et ses éperons dorés. On portait sur les épaules le corps recouvert d'un drap de velours noir, sur lequel une croix en argent était brodée, et dont les consuls tenaient les coins. L'inscription suivante, tracée sur une bannière qui précédait le cortège, indiquait ainsi les titres du défunt : *Antoine de la Tour, chevalier de l'Ordre du Roi, capitaine de cinquante hommes d'armes, baron de Saint-Vidal, Mons, Saint-Quentin, le Villar, Montvert, Montusclat, Goudet et Barges en Velay ; Senaret, Montferrant, Recolletes, Laval de Saint-Chely, Tal et autres lieux en Gevaudan ; gouverneur aux pays de Velay et de Gevaudan ; grand-maître de l'artillerie de France.*

Ainsi, au mépris des traités conclus entre les politiques et les ligueurs, traités plusieurs fois renouvelés, sans que le sort des peuples fût adouci un seul instant, la guerre se perpétuait dans le Velay. La ville du Puy surtout, ligueuse obstinée, ne s'arrêtait aux sacrifices énormes que ces hostilités lui coûtaient, que lorsqu'ils la froissaient au point de ne pouvoir plus les supporter : à cette extrémité même, elle laissait retremper son exaltation par le fanatisme du père Gallesiant, et les combats continuaient. Les habitants, privés de tout commerce, de toute industrie, par la défense de laisser sortir aucune marchandise, aucun article fabriqué des murs du Puy, murmuraient, laissaient éclater leur mécontentement ; mais dès qu'on leur parlait de reconnaître *l'hérétique* Henri IV, ils répondaient qu'ils *mangeraient plutôt femmes et enfants* que de violer le serment qu'ils avaient fait. Nous ne prononcerons point ici sur l'aveuglement d'un parti dès long-temps jugé : peut-être doit-on se borner à dire que les citoyens du Puy portèrent, durant de longues années, la peine de leur trop constante participation aux transports délirants de cette faction sacrée.

Terminons le récit d'une longue succession d'excès, de rapines, d'incendies, de dévastations dont, hélas ! la religion fut, durant près d'un siècle, le malheureux prétexte, et la moindre bourgade du Velay le théâtre. Lorsque, le 25 juillet 1593, Henri IV eut embrassé la foi catholique, apostolique et romaine, les ligueurs persévérants se déchaînèrent plus que jamais contre ce souverain ; que voulaient-ils donc ? de quel gouvernement attendaient-ils la réalisation de leurs espérances ? Nous allons le rappeler. On sait que le duc de Mayenne, après la mort de Henri III, avait fait proclamer roi de France, sous le nom de Charles X, le cardinal de Bourbon, oncle paternel de Henri IV. Le pape Grégoire XIII, protecteur de cette royauté ecclésiastique, se flattait apparemment de soumettre ainsi plus sûrement la couronne de France à l'autorité temporelle du Saint-Siége. Malheureusement, pour l'accomplissement de ce projet, ce prétendu Charles X, fit le premier défaut à sa cause, et du fond de la prison de Fontenay, où les partisans de Henri IV le retenaient, il écrivit à ce prince qu'il le reconnaissait pour son roi légitime. Ce cardinal étant mort en 1590, les ligueurs, toujours influencés par le Vatican, se disposèrent à proclamer un Charles XI, dans la personne du cardinal de Vendôme, neveu de feu Charles de Bourbon ; mais cette royauté, plus malheureuse que la précédente, expira sous les traits du ridicule. Henri IV étant allé visiter le prétendant, malade, lui dit avec ce ton goguenard qui révélait souvent une malice, jamais une méchanceté : « Mon cousin, prenez courage ; il est vrai « que vous n'êtes pas encore roi ; mais il est possible que vous le soyez après « moi. » Tel était le souverain qu'appelaient les vœux de la ligue : ils croyaient en cela mériter les grâces du ciel, lorsqu'ils ne faisaient qu'obéir à l'ambition dominatrice de Rome. « Mais, a dit un écrivain de l'époque, Mayenne riait dans sa barbe, d'un roi mannequin, qu'il saurait bien jeter de côté, lorsqu'il en serait temps. »

Vers le mois d'avril 1594, le bruit se répandit au Puy que le roi avait été tué à Paris. A cette fausse nouvelle, les ligueurs manifestèrent une vive satisfaction : on tira le canon en signe de réjouissance ; des feux de joie furent allumés sur les places publiques. Dans un des carrefours, un mannequin, représentant Henri IV, fut jeté dans les flammes; d'autres effigies de ce prince furent précipitées par les fenêtres. Des cris injurieux au roi, mêlés d'invectives contre ses serviteurs fidèles, se firent entendre durant toute la nuit. Les consuls, honteux de ces excès, commis par des hommes réunis sous les saintes bannières de la ligue, voulurent y mettre un terme; ce fut en vain. Mais ils parvinrent plus sûrement à calmer ce transport dans l'obligation où ils se trouvèrent bientôt d'augmenter les impôts. Alors quelques-uns réfléchirent tristement sur leur situation, et s'écrièrent avec l'accent d'une profonde amertume. « *Pauvres gens que nous sommes! nous portons la peine des grands!* »

Telle était, au milieu de l'année 1594, l'état des choses dans la ville du Puy, lorsque le seigneur de Chaste, le plus redoutable adversaire des ligueurs du Velay, voulut tenter une surprise de cette place où il était parvenu à se ménager quelques intelligences. Ce fut le terme de sa carrière; son entreprise ayant été découverte, les ligueurs du Puy firent une sortie inattendue, sous les ordres du seigneur de Lestange, successeur de Saint-Vidal. Chaste, sénéchal du Puy et lieutenant du roi au pays de Velay fut tué avec les seigneurs de Chalençon, beau-frère de la vicomtesse de Polignac; Laborie, commandant à Polignac; Lapierre, capitaine de la garnison de Saint-Paulien; Pont, commandant au Monastier; les sieurs de Saint-Quentin et de l'Herm, fils du sieur de Latour Maubourg; les sieurs Sanhard, de Gorce, de la Vèze, de Chambonnet, de Rouveyrolles; les capitaines de Nolhac et de Chantemule, le chevalier de Villemont, les sieurs de Roure, Benjamin Saint-Vidal d'Orserolles, etc. En un mot, l'espace compris entre le faubourg Saint-Gilles et le pré de la Chaumazelle, était jonché de nobles guerriers gisants sous leurs riches armures. La brise matinale soulevait çà et là des écharpes sanglantes et les plumes blanches des casques brisés avec le crâne qu'ils recouvraient par la mitraille des fauconneaux. Cent trente-neuf royalistes de marque avaient péri dans cette expédition malheureuse pour leur parti. On trouva des hommes noyés dans les fossés de la ville; d'autres étaient tombés dans un puits de l'hôtellerie de Gibellin; d'autres enfin avaient été consumés par les flammes qui venaient de dévorer cette hôtellerie, incendiée par les ligueurs. Dans le butin considérable que firent ceux-ci, on compta deux cents cuirasses.

Le lendemain, la vicomtesse de Polignac fit réclamer, par un trompette, le corps du seigneur de Chaste, son mari, et celui du sieur de Chalençon, son beau-frère. Du haut des murailles, le sieur de Hautvillar répondit que ces cadavres ne seraient rendus que si la dame réclamante renvoyait le père de ce gentilhomme, prisonnier au château de Polignac. Ce singulier échange de la vie contre la mort fut consommé, après un mois de séjour dans l'église de Saint-Pierre du Puy, des deux seigneurs tués sous les murs de cette ville.

Avant de signaler la fin d'une si malheureuse guerre, nous devons parler brièvement d'une nouvelle faction qui se déclara dans cette contrée en mai 1595. Le seigneur de Chevrières, qui avait succédé à Chaste, en qualité de sénéchal du Puy et de lieutenant du roi, assembla les États du Velay à Montfaucon, et dans cette réunion, une mesure vigoureuse fut prise contre les ligueurs. Les habitants eurent la permission de se tenir en armes, d'élever des fortifications, de courir sus aux sujets rebelles, armés contre les troupes du roi, et de s'opposer à ce qu'ils levassent des contributions. Environ douze cents paysans furent assemblés en peu de temps, par les soins d'Hector de Fay, du sieur de Verchières, fils du seigneur de Latour Maubourg, et du sieur Jean de Chaste, frère de feu le sénéchal. Ces campagnards, qui ne se montrèrent d'abord armés que de piques, hallebardes, lances, pertuisanes, faulx, etc., étaient féroces envers les ligueurs : peut-être durent-ils à cette férocité le nom de *croquants*. Ils obéissaient aux sieurs Billandon et Montagnac. Dans les temps modernes, on aurait qualifié cette réunion de *tiers parti*. Bientôt il arriva, ce qui ne manque jamais d'arriver, lorsque l'on confie imprudemment à des masses indisciplinées la police du pays : les *croquants* ne commirent pas moins d'excès que les ligueurs, et Chevrières, qui les avait organisés, se vit contraint de marcher contre eux pour arrêter leurs brigandages.

Enfin, au mois d'avril 1596, les ligueurs du Puy se soumirent au roi Henri IV : cette ville fut certainement comptée parmi les dernières qui restèrent fidèles à la Ligue. Nous ignorons si elle avait pu se glorifier de sa longue persévérance; mais nous pouvons affirmer que ceux de ses habitants qui s'étaient montrés les plus acharnés ligueurs, partagèrent assez volontiers la joie commune, quand vint le terme de cette sainte mais laborieuse obstination. Le 5 avril, on sonna toutes les cloches pendant quatre heures; à midi, le gouverneur l'Estange convoqua Bertrand, juge-mage, les officiers de la sénéchaussée et les consuls du Puy; puis, après plusieurs discours plus ou moins mélangés de latin, on lut l'édit de pacification donné à Folembrai, et cette lecture fut souvent interrompue par le cri réitéré de *Vive le roi!* L'assemblée se rendit ensuite à l'église cathédrale, où l'on chanta le *Te Deum*. Le peuple, naguère si animé contre l'un des meilleurs princes qui aient régné sur la France, paraissait maintenant transporté de joie; les enfants mêmes ornaient leurs chapeaux de fleurs de lys. Le soir tous les officiers de la sénéchaussée, vêtus de leurs habits de galas, les consuls, le lieutenant du prévot, suivi de ses gens d'armes, et les sergents de ville, avec leurs habits bariolés des armoiries de la cité, parcoururent à cheval, les places, carrefours et rues montueuses du Puy pour publier l'édit de pacification. Partout il fut accueilli avec des cris d'enthousiasme par ces bons français, dont la mobilité, en Languedoc comme dans les provinces plus occidentales, finit toujours par être le caractère essentiellement distinctif.

Parmi les huit principales villes du Velay, Monistrol avait surtout pris une part active aux démonstrations hostiles des ligueurs. Quant aux châteaux, tous ou à peu près tous, servirent de refuges ou de places d'armes, soit aux royalistes, soit aux ligueurs. Après Polignac, ce suzerain des forteresses du Velay, on peut citer, comme ayant eu une destinée commune, durant les troubles de la Ligue, ainsi que pendant les précédentes guerres de religion, Ceyssac, Dunières, Lavoûte, Adiac, Saint-Vidal, Bouzols, la Seauve, Goudet, la Batie, Chambonnet, La Tour, Grazac, Le Besset, Chateauneuf, Retournac La Broue, Sainte-Silogène, Vertamise, Chalençon, Vaux, Bonneville, Chamalières, Chadac, Bouzac, etc. Nos lecteurs nous dispenseront sans doute de rechercher dans ces demeures féodales les parcelles épisodiques qu'elles pourraient offrir; nous répéterons à cet égard ce que nous avons dit ailleurs : la période historique de ces châteaux ne remonte pas au-delà des guerres de religion; et nous n'aurions que des redites à consigner, en reprenant pour chacun la part qu'ils y ont eue.

A la fin du XVIe siècle, se termine l'histoire active de la ville du Puy : on a pu voir que jusqu'alors elle paya un ample tribut aux fastes de la France : pour achever de le prouver, nous ajouterons que quatorze rois et quatre papes y firent des voyages; et que de 1439 à 1543, les états-généraux du Languedoc s'y assemblèrent dix-huit fois. Désormais, l'importance de cette ville, au moins jusqu'à la fin du XVIIIe siècle, ne sera guères entretenue que par des faits qui la laisseront péricliter. Glanons cependant ces fragments d'intérêt, à travers une multitude d'événements, sans couleur comme sans portée historique, que nous devons passer sous silence.

La troisième guerre de religion, soulevée dans le Languedoc par le duc de Rohan, sous le règne de Louis XIII, eut quelques ramifications dans le Vivarais; elle pénétra même en Velay; mais elle y fit peu de progrès, et n'inspira aux habitants du Puy que la crainte d'être atteints par ce fléau renaissant. Ils ne pouvaient avoir oublié ce que les dernières hostilités sacrées leur avaient coûté de prospérité, d'or et de sang : ce souvenir les rendit plus circonspects. Passant donc avec rapidité sur ces troubles, étrangers à notre sujet, nous arrivons à la malheureuse levée de boucliers faite contre le cardinal de Richelieu, en 1632 ; révolte aussi mal conçue que mal dirigée, qui finit par l'insignifiante bataille de Castelnaudary, et par le supplice du brave duc de Montmorency, que la province de Languedoc regrette encore [1]. Dans cette circonstance, Gaston, duc d'Orléans, principal et inhabile instigateur de la révolte, entra en Velay à la tête de trois mille chevaux; il envoya prier les consuls du Puy de lui ouvrir les portes de cette ville; mais ces magistrats, prévenus par le maréchal de Schomberg du danger qu'il y aurait pour eux à écouter les propositions du prince, refusèrent de déférer à son invitation, et mirent la place en état de défense.

Quelques troubles survenus au Puy, par suite de la cherté des grains, en 1655, se perpétuèrent jusqu'en 1657. Malgré toute la sollicitude des autorités locales, on avait eu à déplorer une succession funeste d'attroupements, d'armements, de meurtres, de démolitions ou d'incendies des fermes. Ces désordres attirèrent l'attention de Louis XIV, qui rendit, le 11 août, en son conseil d'état, un arrêt tendant à réprimer ces mouvements tumultueux. Les réprimer était difficile, si l'on ne remontait à leur cause, pour la faire cesser: après de sages recherches et observations faites à cet égard, il fut reconnu que la révolte, à peu près permanente depuis trois ans, avait été occasionnée par la misère d'une partie de la population; on y apporta quelque remède, et les troubles cessèrent.

Le défaut de travail est presque toujours la cause première de ces perturbations populaires; or, elles devaient fréquemment troubler la tranquillité d'une ville dans laquelle il n'existait point d'établissements industriels importants. Vers le milieu du XVIIIe siècle, les magistrats du Puy firent quelques efforts pour employer un certain nombre de bras, en favorisant diverses exploitations nouvelles. Les états de Velay, assemblés en 1755, renouvelèrent la demande formée depuis long-temps auprès du gouvernement, d'une exemption des droits de sortie qu'avaient payés jusqu'alors les dentelles expédiées à l'étranger. Dans le même temps, le diocèse fut autorisé à renouveler un emprunt de trente mille francs, fait l'année précédente, pour la continuation d'une route du Puy à Lyon. Des fondations industrielles d'une certaine importance furent encouragées par le roi Louis XV, de 1752 à 1756 : le sieur Servan obtint de

---

(1) Ceux qui ont soulevé les feuillets intimes de l'histoire, scellés pour le vulgaire, savent que le cardinal de Richelieu n'eût pas obtenu de Louis XIII l'ordre de sacrifier Montmorency, si ce prélat ne fût parvenu à exciter la jalousie du roi contre le duc, au bras de qui l'on avait trouvé le portrait de la reine Anne d'Autriche. Voyez, pour les détails relatifs au supplice et aux honneurs funèbres rendus à ce seigneur, l'article *Moulins*, à la troisième section de cet ouvrage.

la cour une allocation pour l'établissement au Puy d'une manufacture de soies unies, de toutes longueurs, largeurs, qualités et aunages, avec faculté d'imiter toutes sortes d'étoffes de soie étrangères. Sa Majesté encouragea également l'établissement que le sieur Grenus avait fait, dans la même ville, d'une manufacture de mousseline et d'une filature de coton. Un triage et moulinage de soie, établi à Aubenas par le sieur Deydier, eut part aussi aux encouragements accordés par la couronne, et qui étaient fournis partie par le trésor royal, partie par les états de Languedoc. Par un arrêt du conseil du 29 juin 1756, ces trois industriels durent toucher : le sieur Deydier, la somme de sept mille livres, pendant dix années; le sieur Servan, pareille somme pendant quinze années; et le sieur Grenus, celle de quatre mille livres pendant le même espace de temps. On ne retrouve plus au commencement du XIXe siècle, aucune trace des deux établissements formés au Puy au milieu du XVIIIe; les fabriques de dentelles seules s'y sont maintenues.

Quelque temps avant ces fondations, dont l'avenir devait être si borné, on vit paraître dans le Velay une célébrité originale, un brigand d'une trempe supérieure, dont le nom a été recueilli par l'histoire. Louis Mandrin, contrebandier par état, voleur à l'occasion, après avoir parcouru le Dauphiné, le Vivarais, le Gevaudan, le Rouergue, entra dans le Velay, au mois d'octobre 1754, et pénétra jusqu'au Puy. La manière de procéder de Mandrin était typique, comme sa physionomie morale : « On me calomnie en m'appelant bandit, disait-il quelquefois, dans les élans d'un esprit jovial, qui n'était pas précisément sans culture; seulement je fais avec les agents du fisc des affaires dans lesquelles leur volonté est subordonnée à la mienne. Je vole, prétend-on, la recette des receveurs de la ferme; nullement : lorsque j'emporte leur argent, je leur laisse de la marchandise : je leur vends des ballots de tabac, et vraiment je ne suis pas cher. Quant aux droits d'entrée que j'esquive, belle affaire, ma foi! ce sont quelques parcelles d'or enlevées au pactole de MM. les fermiers-généraux; quelques *fontanges*[1], quelques aunes de dentelles de moins à donner aux danseuses d'opéra qu'ils entretiennent. »

En vertu de ce système commercial, Mandrin se présenta, le 16 octobre, devant l'Entrepôt de tabacs du Puy, situé rue du Consulat, à la tête d'une troupe sans doute nombreuse. Le capitaine-général des fermes, qui avait été prévenu, s'était retranché dans cette maison avec vingt employés. La troupe de Mandrin fut accueillie par une décharge de mousqueterie; mais elle ne

---

(1) Nom d'une coiffure imaginée par Mlle de *Fontanges*, pour plaire à Louis XIV, et dont la vogue a duré long-temps, surtout en province.

recula point. Un combat assez vif s'engagea entre les contrebandiers et les employés : l'un des premiers fut tué et trois ou quatre autres blessés. Mandrin lui-même eut l'épaule fracassée. Du côté des agents de la ferme, deux hommes seulement avaient été blessés ; mais douze autres lâchèrent pied ; le capitaine-général, avec les six derniers combattants, fit sa retraite par-dessus les toits. Mandrin fouilla et pilla l'Entrepôt de la cave au grenier ; et ce qui paraîtra plus extraordinaire, il prit le temps de vendre tout ce qu'il y avait de bons meubles dans la maison. Il se rendit ensuite à la prison, en força les portes, enleva plusieurs prisonniers, puis il sortit de la ville sans avoir été troublé dans ses diverses expéditions. On ne sait, en vérité, ce qui doit surprendre ici le plus, ou de l'audace du brigand, ou de l'indifférence de la population. Cela ne prouverait-il pas que les employés des fermes étaient environnés d'autant de désaffection que la bande de Mandrin inspirait de terreur ? Ce coup de main audacieux excita l'attention du gouvernement sur les brigandages du fameux contrebandier : arrêté vers les frontières de la Savoie, au printemps de l'année 1755, il fut conduit à Valence, jugé dans cette ville, et roué vif, le 26 mai.

Durant les vingt-cinq dernières années du xviiie siècle, la ville du Puy vit, sans émotion, abattre les fortifications qu'elle avait jadis élevées à si grands frais. Elle se livrait à un calme qui fut à peine troublé, lorsque la révolution de 1789 vint abroger les lois de la vieille monarchie française, et faire table rase des anciennes institutions du pays. Peut-être n'est-il pas hasardeux d'ajouter que les habitants du Velay avaient reçu une si grande leçon, surgie de leur persistante participation aux troubles de la ligue, qu'ils se sentirent peu disposés à redescendre en athlètes fougueux dans la lice des débats politiques. Toujours est-il constant que l'orage révolutionnaire, qui éclata avec un si terrible retentissement dans toutes les provinces voisines, ne fit entendre au sein de ces montagnes que des échos affaiblis de ces redoutables grondements. Sans doute plusieurs des enfants de la Haute-Loire prirent une part active au grand drame dont nous croyons avoir atteint le terme ; mais ce fut presque toujours sur un théâtre éloigné de leur berceau ; et sous ce rapport, l'histoire des localités est presque tout entière dans la biographie des hommes éminents qui en sont sortis. Du reste, lorsque les apôtres ardents de notre passagère république, parcoururent la France, et, missionnaires d'une démocratie sans limites, en proclamèrent les principes à la tribune des clubs, ils trouvèrent peu de séides dans le département de la Haute-Loire. Ajoutons que, par une conséquence heureuse de cette conduite ou prudente ou timorée, le glaive révolutionnaire moissonna peu d'existences dans l'ancien Velay. Durant les guerres de cette époque et de l'empire, le pays que nous explorons ne paya pas avec moins d'éclat que les autres sa dette de dévouement à la patrie : bon nombre de ses citoyens rapportèrent dans leurs foyers les doubles palmes de la valeur et du talent [1]. Mais, il faut le dire, la restauration y trouva plus de sympathie que les régimes précédents les institutions politiques, plus ou moins éphémères qui s'étaient succédées en France depuis 1793, n'avaient pu, ni par des agitations violentes, ni par des prestiges étincelants de gloire, effacer les souvenirs caressants qu'entretenaient quelques noms, jadis fameux, inscrits au nobiliaire du Velay. A ce penchant se joignait un entraînement non moins vif vers les influences ecclésiastiques, que la famille régnante favorisait ; en fallait-il davantage pour faire considérer le gouvernement de cette époque comme essentiellement normal ! A cet exposé nous ne devons rien ajouter, sinon que les habitants de la Haute-Loire, bons citoyens avant tout, obéissent aux lois, et se montrent pénétrés d'une sincère nationalité [2]. Après avoir tracé rapidement l'histoire des habitants du Puy, nous reviendrons à celle des monuments de cette capitale de l'ancien Velay, dont nous n'avons encore décrit que la fondation primitive et les fortifications, successivement construites.

Résumant d'abord le précis que nous terminons par un aperçu de l'ancien gouvernement de la ville du Puy, nous voyons que la seigneurie de cette ville fut acquise aux évêques, à partir de l'année 924, avec le droit de battre monnaie en leur nom. Vers 955, le roi Lothaire confirma la donation faite à ces prélats par son prédécesseur ; et l'on ne connaît pas de monument qui prouve que les rois de France aient exercé aucune autorité dans ce domaine jusqu'au règne de Louis-le-Jeune. Alors le pouvoir des évêques du Puy s'accrut encore; car ce monarque, ayant confisqué le Velay sur un Guillaume VII, qui portait le titre de comte de ce pays, réunit ses apanages à ceux de l'évêque. En 1219, Philippe-Auguste intervint dans la souveraineté temporelle de ce prélat : une charte de cette année porte : « Les habitants du Puy, quand ils « voudront faire quelque collecte ou imposition de taille, seront obligés de « *notifier au roi*, en la personne de son bailli d'Auvergne, la somme qu'ils « voudront lever. Par un traité conclu en 1307 entre Philippe-le-Bel et Jean de Cumenis, évêque du Puy, il fut convenu que « la justice serait rendue dans « cette ville par un bailli et un juge qu'institueraient en commun le sénéchal « de Beaucaire, au nom du roi, et l'évêque. » Ce ne fut donc qu'au commen-

---

(1) Voyez notre biographie, à la fin de la première région.
(2) Voyez le tableau moral du département de la Haute-Loire, à la fin de la première section.

cement du xivᵉ siècle que les habitants purent former un corps de communauté, et avoir des consuls. A cette époque apparemment, les priviléges de l'évêque furent au moins bien réduits, puisque ces officiers s'assemblèrent en une maison commune, eurent un sceau et gardèrent les clefs de la ville. Le nombre des consuls, jusqu'en 1394, avait été, tantôt de dix, tantôt de huit, tantôt de quatre seulement ; alors, il fut irrévocablement fixé à six. Mais les habitants du Puy ne jouirent pas sans interruption du droit d'élire leurs consuls : ils en furent privés en partie, à diverses reprises, par des édits royaux, notamment par celui du mois de novembre 1733, portant création *d'offices municipaux*, que la province de Languedoc racheta en 1754. C'était encourager une cour friande de finances à imaginer de nouveaux moyens de s'en procurer; aussi, en 1771, institua-t-elle des *charges municipales*, que, par arrêt du conseil d'état du 27 octobre 1774, la province fut autorisée à racheter également. D'un autre côté, l'évêque seigneur du Puy et le vicomte de Polignac, qui en était gouverneur, conservèrent longtemps le privilége de nommer alternativement, chaque année, le premier consul; mais, après un long procès soutenu devant le parlement de Toulouse contre ces seigneurs, la ville obtint, en 1771, le droit d'élire au premier consulat [1].

Les consuls avaient au Puy les mêmes fonctions que les capitouls à Toulouse et les échevins à Paris : c'est-à-dire que ces magistrats dirigeaient les affaires de la commune et la police. Aux assemblées des états-généraux de Languedoc, le premier consul du Puy représentait le tiers-état; il assistait avec ses collègues aux états particuliers du Velay. La ville jouissait du privilége d'envoyer, chaque année, un député aux états de la province, avec le premier consul; ce dernier siégeait le sixième au premier banc du tiers-état [2].

Les consuls du Puy faisaient apposer à leurs actes le sceau des armes de la ville, qui étaient aussi imprimées à la tête de leurs ordonnances. Ces armes, selon Oddo de Gissey et Théodore, furent accordées par Hugues Capet en 992 [3],

---

(1) Le 25 novembre de chaque année, *les corps et métiers* de la ville du Puy se réunissaient pour nommer au scrutin les six consuls. Le premier, qui devait être *noble*, *avocat* ou *médecin*, prenait la qualité de *premier consul maire* ; le second, qui était nécessairement *procureur, notaire ou ancien troisième consul*, prenait le titre de *lieutenant de maire*. Les quatre autres étaient choisis dans les diverses classes indistinctement. Le roi nommait un procureur à vie auprès de la commission consulaire.

Deribier de Chaissac, description statistique de la Haute-Loire, p. 377.

(2) Voyez les lois du Languedoc, t. I, p. 365.

(3) Ces deux historiens sont assurément en défaut ici : les armoiries ne commencèrent à être en usage qu'à la fin du xiᵉ siècle, et l'on sait qu'elles furent imaginées à l'occasion des croisades.

à la sollicitation de Guy Foulques, évêque du Puy : elles étaient *semées de France, à l'aigle d'argent, au vol abaissé, brochant sur le tout; l'écu accolé de deux palmes de synoples liées d'azur.* Les consuls portaient, comme nous l'avons dit ailleurs, des robes d'écarlate, dont ils étaient toujours revêtus dans les grandes solennités religieuses. A la Fête-Dieu, ils portaient le dais. Aux cérémonies moins solennelles, et dans l'exercice de leurs fonctions, ces officiers se plaçaient seulement sur l'épaule un chaperon d'écarlate.

Les assemblées des états particuliers du Velay, composées des trois ordres, furent instituées selon toutes les apparences à la même époque que celles des états-généraux de Languedoc, c'est-à-dire sous le règne de Charles VII. La noblesse y était représentée par dix-huit barons; le clergé, par l'évêque du Puy, président né, assisté de neuf ecclésiastiques, abbés commandataires ou prieurs; le tiers-état, par les six consuls du Puy et deux envoyés de chacune des huit principales villes du Velay. Deux commissaires du roi assistaient à l'assemblée des états : le premier était nommé par le commandant de la province; le second était ordinairement ou le sénéchal ou le juge mage du Puy. Les délibérations n'avaient force de loi qu'après la sanction des états-généraux de la province, dont l'entrée avait été accordée au syndic diocésain du Puy, par arrêt du conseil d'état rendu en janvier 1714. Enfin, il y avait au Puy une commission permanente chargée de faire exécuter les délibérations, de répartir la taxe dite *capitation*, ainsi que celle du vingtième de l'industrie, et de pourvoir aux détails de l'administration annuelle du Velay d'une tenue d'états à l'autre. Les membres de cette commission étaient l'évêque, le vicomte de Polignac et le premier consul.

Nous avons rapporté la fondation de l'église cathédrale du Puy comme l'origine de cette ville, et comme le premier élément de son histoire; revenons maintenant à la description des monuments.

L'annexe la plus prochaine de Notre-Dame est un cloître situé au Nord de cet édifice, et qui correspondait anciennement aux corps de bâtiments occupés par les chanoines. Ce cloître est formé de quatre galeries voûtées et portées sur des arcades en plein cintre. Les chapiteaux des colonnettes destinées à recevoir la retombée des arcades sont, pour la plupart, d'un travail délicat, qui se fait surtout remarquer par la variété et la poésie des détails. En effet, les volutes et les feuilles d'acanthe s'y combinent souvent d'une manière capricieuse, mais qui fait toujours concevoir les élans de l'imagination jeune et puissante des artistes de l'école byzantine, à laquelle on peut hardiment attribuer ce travail. Toutefois il est aisé de reconnaître qu'il n'appartient pas dans toutes ses parties à la même époque : des différences très-appréciables s'y font remarquer, et l'on ne peut douter que cette construction, ainsi que celle de l'église elle-même, ne soit l'ouvrage de plusieurs siècles, pendant lesquels l'art s'est progressivement perfectionné. La partie la plus ancienne offre moins de richesse dans l'exécution des chapiteaux que la partie postérieurement faite.

On reconnaît encore qu'au temps de la première construction, l'architecte a beaucoup compté sur l'effet assez pittoresque produit par les incrustations de pierres variées de couleurs et symétriquement arrangées au-dessus des arcades.

Durant une période plus avancée, le goût ayant exigé davantage, la sculpture est venue ajouter ses inspirations à celles des temps antérieurs. Alors la combinaison des mosaïques grossières s'est enrichie d'une multitude de petits bas-reliefs ou de fantaisies, bizarres sans doute, mais révélant les progrès d'un art qui savait oser avec bonheur. Néanmoins nous ne pensons pas qu'aucune partie de ce cloître appartienne au style gothique : tout porte à croire qu'il n'y a rien, dans cette construction, d'antérieur au XIe siècle, rien de postérieur à la fin du XIIe.

Sous les voûtes de ce cloître, règne un banc de pierre se détachant de la muraille et large d'environ dix huit pouces : peut-être les chanoines, dans un temps bien reculé, où les mœurs du clergé ne se ressentaient point des contacts du monde, venaient-ils s'asseoir sur ce banc, et s'y livrer à de saintes méditations. L'imagination se plaît à reproduire une longue file de lévites, tapissant de leurs figures songeuses les parois humides de cette galerie sombre et mystérieuse.

Au cloître que nous venons de décrire, est adossé un grand bâtiment fort ancien, et qui paraît avoir été comme une sorte de donjon au milieu de l'enceinte fortifiée dont s'environnait l'église cathédrale. Il est probable que les évêques du Velay faisaient leur résidence dans cette citadelle à une époque où ces prélats, seigneurs de la terre et ministres du ciel tour à tour, devaient revêtir alternativement l'armure et les habits sacerdotaux. Ce château s'élève sur le bord d'un escarpement dont la base épouse toutes les anfractuosités ; ses murailles hautes, épaisses et doublées encore de puissants contreforts, sont couronnées de créneaux et de machicoulis. Une tour carrée plus haute que le surplus du fort existe à sa face septentrionale ; sa construction, certainement antérieure à celle des autres parties du bâtiment, pourrait remonter au-delà du XIe siècle. Cette tour offrait plusieurs étages, et sa plate-forme, maintenant recouverte d'un toit, était crénelée. Elle servit autrefois de prison, et les archives du Puy y furent long-temps déposées.

Une tradition qui s'appuie sur quelque vraisemblance, a proclamé romaine la construction presque en ruines que l'on voit au nord de la cathédrale, et connue sous le nom de *la Prévoté*. En examinant avec attention ses débris, on y remarque, en effet, plusieurs portions de murailles antiques : ce qu'il est facile de reconnaître à leur appareil réticulé. Certaines parties des arcades et des piliers qui les soutiennent paraissent également remonter au temps où la splendeur romaine, confiante dans la soumission des Gaulois, épandait ses magnificences sur leur pays. Mais les reconstructions ou restaurations de différents âges et qui pis est, les raccords malheureux des derniers temps sont si nombreux dans ce monument, qu'il est impossible de retrouver, sous leurs altérations, son caractère primitif, et de hasarder une opinion sur la destination que lui avaient assignée les maîtres du monde. Quant à sa destination ultérieure, on peut l'induire du nom de l'édifice, sans pouvoir préciser pourtant si le prévôt qui l'occupa jadis appartenait à la juridiction épiscopale ou à l'administration civile.

Quoiqu'il en soit, on sort de l'examen du monument appelé la Prévôté fortement préoccupé de l'idée qu'un établissement romain peut avoir existé sur le mont Anis : dans l'intérieur, aujourd'hui délabré, de ce bâtiment, on a incrusté des vestiges de moulures antiques, des fragments de frise, des lambeaux d'inscription. Nous avons dit ailleurs que d'autres vestiges d'antiquité ont été enlevés de la cour orientale de Notre-Dame[1], contiguë à l'église Saint-Jean, et certaines parties de cette dernière église elle-même appuient la présomption que les Romains ont eu un établissement sur ces hauteurs, sans toutefois en démontrer l'existence. Il est certain au moins que l'origine des fonts baptismaux de Saint-Jean remonte à une époque très-reculée, et de beaucoup antérieure à celle de la cathédrale. Outre qu'il semble peu probable qu'on ait apporté, d'un lieu éloigné, sur le sommet du mont Anis, des vestiges d'architecture romaine, pour les incruster dans des murailles, les parties de maçonnerie antique qu'offrent les ruines de la Prévôté, se retrouvent à l'église Saint-Jean. Il paraît donc à peu près certain qu'un édifice romain, peut-être considérable, existait sur ce roc volcanique : édifice dont la Prévôté et l'église Saint-Jean, maintenant séparées par des masses imposantes du moyen-âge, pouvaient dépendre. En souscrivant à cette hypothèse, appuyée sur ces témoignages matériels, on admet l'induction toute naturelle que les constructeurs venus après les Romains, ayant trouvé des portions d'édifice bien conservées, ont bâti sur ces bases dès-lors réputées indestructibles. Car, lorsque les Romains élevaient des temples et des palais dans les Gaules, il y avait déjà dix siècles qu'ils bâtissaient. En son état actuel, l'église Saint-Jean se compose d'une seule nef, soutenue par des pilastres sans chapiteaux, mais surmontés d'une corniche saillante accusant l'enfance de l'art. Le chœur, que l'on pourrait appeler une simple abside, est séparé de la nef par deux gros piliers, que couronnent un tailloir. La forme de ce chœur est celle d'un hémicycle, et, à l'arc du demi-cercle, se trouve un

---

(1) Pour être transportés au musée du Puy ; voyez ci-après la description de cet établissement.

renfoncement carré. Une ouverture formant deux niches de chaque côté de ce renfoncement, est soutenue par six colonnes de marbre antique. Au-dessus de cette arcature mais un peu en retraite, il y en a une seconde plus petite, que supportent également des colonnes antiques. Aux chapiteaux des colonnes romaines, qui sans doute ne se sont pas retrouvés, on en a substitué de pierre, simulant avec grossièreté le style corinthien, et qui sont même d'un diamètre plus petit que celui des fûts. La voûte plein-cintre de la nef est d'arrêtes assez fortes, mais d'un travail imparfait; celle du chœur affecte la forme d'une demi-coupole.

Non seulement cette construction ne présente que quelques fragments antiques; mais, quoique plusieurs de ses parties puissent remonter au IXe siècle, il en est d'autres qui ne sont pas antérieures au XIe. Du reste, il serait impossible aujourd'hui d'examiner l'intérieur de Saint-Jean sous l'épais badigeon dont un vandalisme soi-disant restaurateur a couvert les murailles, et le caractère des diverses époques de la construction a été absolument dérobé par cette profanation.

L'église de Saint-Laurent (autrefois celle du couvent des Dominicains) est, après la cathédrale, l'édifice religieux le plus grand de la ville du Puy. Elle s'élève sur la rive droite de la Borne et hors de l'ancienne enceinte. C'est une construction du XIVe siècle, présentant une basilique à trois nefs, qui se terminent par autant d'absides. Celle du milieu, plus grande que les deux collatérales, forme le chœur. Les piliers de cette église se composent de colonnettes groupées, que couronnent des chapiteaux en corbeilles d'un travail assez inférieur pour l'époque à laquelle il appartient. Les rinceaux, les monstres de forme fantastique, les caprices étranges qu'on y remarque, semblent, par un dernier hommage, attester le regret qu'éprouvèrent les artistes du Velay en s'éloignant de la manière byzantine. Ici les retours vers le type de cette dernière école sont tels, dans quelques détails, que l'on pourrait se méprendre sur leur âge si, d'un autre côté, l'on ne voyait s'y combiner ces feuilles larges et frisées qui caractérisent avec certitude les derniers temps de l'art gothique. Du reste, les constructeurs ont pris le soin de prévenir, par une date, toute incertitude à cet égard: à la base d'un des piliers, on lit cette courte inscription en lettres onciales: *En l'an M CCC XL, fut faict ce.....* L'ornementation de Saint-Laurent est à peu près nulle, sauf à l'entrée principale, où l'on a prodigué les richesses de sculpture dont le surplus du monument est privé. En effet, ce porche, extérieurement et intérieurement, offre une multitude de voussures remplies d'anges d'une exécution assez gracieuse, et nichés sous de petits dais fort délicatement fouillés. L'ensemble du portique, que l'on restaure en ce moment, sous la direction de M. Aynac, curé de Saint-Laurent, serait d'un effet assez beau, s'il ne formait pas un contraste presque choquant avec l'absence d'ornementation des autres parties de l'église. Il faut toutefois en excepter la chapelle Sainte-Anne et le monument de du Guesclin, que M. Aynac, ainsi que nous l'avons déjà dit[1], a fait restaurer également avec beaucoup d'intelligence et de zèle, mais, par malheur, mêlés d'un peu d'ambition. Or, l'ambition se tient rarement dans les limites du bon goût: l'autel de cette chapelle est surchargé de dorures ; le même défaut se fait remarquer dans quelques accessoires chatoyants qui s'harmonient mal avec l'ordonnance gothique du monument funéraire, que M. le curé a si heureusement restauré.

L'extérieur de Saint-Laurent est entièrement dépourvu d'ornements. Les fenêtres sont étroites et n'ont qu'un seul meneau. Ces arcs-boutants, qui contribuent à la solidité des églises gothiques en ajoutant à la majesté, à la grâce même de leur aspect, sont remplacés ici par des contreforts épais et dans la construction desquels l'élégance a été complétement négligée. En un mot, lorsqu'on examine ce monument religieux, on a peine à le classer parmi ceux qui marquèrent avec tant d'éclat, dans les provinces septentrionales de la France, les derniers temps de la période gothique, à laquelle il appartient cependant.

Non loin de Saint-Laurent et sur le sommet d'une roche volcanique nuancée des plus ardentes teintes de rouge, de jaune et de brun, s'élève la chapelle de Saint-Michel. Il n'existe assurément nulle part une église aussi étrangement située ; nulle part on ne retrouve le roc pyramidal qui la supporte : aussi regarde-t-on ce monument à base phénoménale comme une des merveilles du Velay. Si l'on cherche à expliquer comment cette masse basaltique, haute de 95 mètres et qui n'a pas, au pied du rocher, plus de 25 mètres de développement, a pu surgir en ce lieu, sans adhérence aucune avec les montagnes voisines, l'imagination se perd dans une vague appréciation des terribles révolutions du globe auxquelles de semblables singularités sont dues. L'église qui couronne ce cône naturel date de la fin du Xe siècle : selon Oddo de Gissey, la première pierre fut posée en 965 par *Truanus*, doyen du chapitre de Notre-Dame, sous l'épiscopat de Guy II. Mais nous ne pouvons reconnaître avec cet historien, que l'édifice ait été *parachevé* en 984. Il y a dans cette construction des parties qui se rapportent évidemment

---

(1) Voyez la description que nous en avons donnée à la page 55.

à la fin du XIᵉ siècle. Le bâtiment suit toutes les sinuosités du roc, et plonge, pour y trouver un appui solide, dans toutes ses anfractuosités. Un rapide examen suffit pour faire reconnaître que la muraille extérieure elle-même est l'ouvrage de plusieurs époques. Intérieurement, la différence de style devient plus remarquable encore : la nef, de forme semi-elliptique, est soutenue par des colonnes légères disposées en hémicycle, qui reçoivent les retombées d'une voûte d'arrêtes en plein cintre. D'autres colonnes, appliquées le long des murs, soutiennent une suite d'arcades plaquées, dont l'ordonnance est fort irrégulière. Le chœur, qui primitivement pourrait bien avoir composé tout l'édifice, est une sorte de réduit carré, d'un style essentiellement différent du reste de la construction; il se présente obliquement à la nef, par rapport au grand axe de celle-ci. Les diverses époques de Saint-Michel se prononcent nettement, si l'on examine en détail ses parties constitutives : les fûts déliés des colonnes, leurs chapiteaux historiés et d'un travail assez délicat, enfin tous les détails d'ornementation de la nef ne peuvent appartenir qu'à une époque avancée de l'architecture byzantine, et, nous le répétons, la chapelle, qui, d'après Oddo de Gissey, fut terminée en 984, devait se borner au réduit carré qui forme aujourd'hui le chœur.

L'intérieur de la petite église était jadis décoré de fresques, dont il est impossible de retrouver les traces sous l'épaisse couche de badigeon vandale qui revêt aujourd'hui la muraille. Pourquoi faut-il ajouter que la brosse ignoble du maçon s'est promenée sur ces peintures précieuses, au mépris des vives réclamations de plusieurs personnes de goût, et même nonobstant les défenses réitérées de l'autorité supérieure.

Le clocher, que nous croyons construit plus tard encore que la nef, rappelle un peu la médiocre exécution de celui de Notre-Dame, dont il paraît être une copie réduite. Néanmoins il ajoute à l'effet de cet édifice étrangement situé, en achevant sa forme pyramidale. L'entrée de Saint-Michel, contemporaine de la nef, est la plus curieuse partie du monument : aucune autre construction ne pourrait peut-être donner une idée plus précise du parti que l'art byzantin savait tirer des ressources locales pour développer ses richesses. C'est une combinaison finement étudiée, de pierres diversement coloriées, de moulures très-délicates et de bas-reliefs d'un travail on ne peut plus heureux.

Cette façade, qui a quelque chose de moresque, nous a semblé un petit chef-d'œuvre de goût, soit par l'exécution gracieuse des rinceaux qui s'arrondissent en guirlande légère au-dessus de la porte; soit par l'agrément de quelques autres détails d'ornementation avec plusieurs figures d'apôtres ou d'archanges; soit enfin l'idée originale d'avoir fait soutenir les consoles qui surmontent le tout par des mains et des commencements de bras sortant de la muraille [1].

On peut faire le tour de la chapelle sur une petite terrasse qu'offre la corniche du rocher, et que, par une indispensable précaution, on a bordée d'un parapet à hauteur d'appui. Ce parapet, en s'exhaussant un peu, suit toutes les circonvolutions d'un escalier de deux cents marches taillées dans le roc, pour monter à la chapelle; de distance en distance, on a pratiqué des excavations peu profondes sur les flancs de ce même rocher, sans doute pour servir de repos durant cette sorte d'ascension. Quelques écrivains prétendent que les pèlerins qui venaient faire leurs dévotions à la chapelle du Pic-Saint-Michel passaient la nuit dans ces espèces de niches, au mépris de leur exiguïté et de leur élévation menaçante. Cette opinion est appuyée jusqu'à un certain point par l'existence de traversins de roc ménagés en creusant ces grottes aériennes.

Au bas de l'escalier, on a incrusté dans une muraille, plusieurs fragments de bas-reliefs d'une sculpture fort ancienne, mais non pas antique, et qu'on peut faire rapporter, ce nous semble, à l'origine du style byzantin. Quelques écrivains sans avoir assez d'égards aux opinions de cette époque reculée, ont cru voir dans un de ces fragments, trois *nayades* tenant chacune un vase d'où s'épanche un liquide : personnification allégorique des trois rivières qui arrosent la vallée du Puy. « Cette explication, ainsi que le dit M. Mérimée, est trop antique ou plutôt trop moderne » : les fleuves, les rivières, les fontaines si ingénieusement personnifiées dans la théogonie païenne, ne furent certainement point admis durant les premiers siècles du moyen-âge; la renaissance seule, en accréditant de nouveau les richesses poétiques d'Ovide, ramena le goût aux allégories de ce genre.

---

(1) L'église de Saint-Michel, dit l'historien Arnaud, est décorée d'assez riches dépouilles de monuments plus anciens, tels que porphyres, marbres, albâtres et mosaïques. On voit une de ces mosaïques au-dessus de la porte d'entrée, et elle en forme pour ainsi dire l'attique. Elle est assez singulière pour la forme, et précieuse pour la matière : elle se compose de losanges d'une lave extrêmement noire, et qui a reçu le poli, et de losanges d'une pierre transparente dont la blancheur, beaucoup plus éclatante que celle du marbre de Carrare, approche du ton de la porcelaine saxonne. Le tout est entrecoupé de bandes de marbre jaune et de porphyre rouge. On a prétendu que les Romains avaient un temple ou un fort sur ce rocher; cependant, selon Théodore (*Histoire du Puy*), il était resté inaccessible jusqu'à la construction de l'église. (*Histoire du Velay*, t. II, p. 381.) Nous ne croyons pas en effet qu'à aucune époque de leur domination, les maîtres du monde aient été assez maladroits pour construire un édifice, et surtout un fort, sur une sorte de pyramide qu'avec un peu de persévérance, leurs ennemis eussent pu scier par sa base, plus facilement en vérité qu'Annibal n'usa, dans une tradition dérisoire, un rocher des Alpes avec du vinaigre.

Lorsqu'après une sorte de voyage aérien, on est parvenu à la chapelle de Saint-Michel, placée dans la région voisine des nuages comme un repos des âmes entre la terre et le ciel, on se sent pénétré d'une profonde et dévote émotion. L'ancienneté de ce petit temple, le souvenir des pèlerinages qu'y firent d'innombrables fidèles dès long-temps endormis du sommeil éternel, et dont on retrouve les traces sur la pierre usée; les vents qui sifflent ou murmurent contre les verrières étroites, en simulant quelquefois des accents lointains : tout captive la pensée; on aime la suave tristesse que ce séjour inspire, et les genoux du plus sceptique fléchissent invinciblement au pied de l'autel. Une fois l'année seulement, le service divin est célébré dans l'église de Saint-Michel, le jour consacré à l'archange : l'évêque du Puy lui-même concourt à cette solennité, durant laquelle le sacrifice de la messe est consommé douze fois sur ce mont pyramidal.

Au pied du roc du Saint-Michel et dans l'ancien bourg de l'Aiguille, qui pourrait bien tenir son nom de la forme de ce rocher, se trouve un petit bâtiment octogone appelé généralement *la Chapelle de Saint-Clair*, et érigé par quelques antiquaires en *temple de Diane*; la forme seule de cet édifice a pu faire prendre le change à ces derniers, qui lui ont assigné très-abusivement une origine romaine. Il ne faut examiner qu'un instant cette construction, pour reconnaître le caractère byzantin de la fin du XIe siècle, peut-être même des premiers temps du siècle suivant. Il n'est pas moins évident que ce monument eut une destination religieuse, à une époque où le christianisme seul régnait dans les Gaules. L'intérieur, dont le diamètre est d'environ 12 pieds, offre à l'est, une petite abside se détachant en saillie, et qui servit certainement de chœur. Il n'y a pas encore cinquante ans, il existait dans cette partie de la chapelle un autel sur lequel était placée la statue de Saint Clair. L'entrée principale est à l'ouest; mais une autre porte ouvrait au nord. Sept fenêtres éclairaient la nef; une seule est restée ouverte : les autres ont été murées. La voûte à huit pans qui couronne l'octogone, présente à son sommet une ouverture arrondie; et cette disposition, en appuyant l'induction tirée de la forme générale de l'édifice, achève d'autoriser les archéologues à prêter une origine antique à cette construction[1]. A chacune des huit faces, figure une arcade avec une archivolte s'appuyant sur deux maigres colonnettes. Les archivoltes sont généralement composées de claveaux noirs et blancs alternés

---

(1) On voit en effet à Rome et dans plusieurs villes d'Italie des temples antiques dont la voûte est ouverte à son sommet ; celle du Panthéon est construite ainsi.

et tranchant sur l'appareil des pendentifs, composé de pierres entièrement noires. Au-dessus de la porte, située à l'ouest, est une large archivolte en rapport d'ornementation avec les autres. Mais dans cette partie, on remarque au milieu d'un linteau monolithe, en forme de fronton, une croix grecque sculptée, et de chaque côté de cette croix, deux cercles qui diminuent de diamètre, en proportion du rétrécissement que subit le linteau. Les deux derniers cercles, aux extrémités de droite et de gauche, se détachent en très-bas-reliefs, et ressemblent à des boules aplaties. L'un est divisé par une courbe figurant à peu près un croissant; l'autre offre un cercle intérieur. Tels sont les ornements que les antiquaires dont nous avons parlé ont pris pour les différentes phases de la lune : attributs que les anciens prêtaient à Diane, et de là l'opinion que la chapelle de Saint-Clair avait été primitivement un temple consacré à cette déesse.

Nous devons ajouter que l'église de Saint-Barthélemi, ou de l'ancienne commanderie des Templiers, était située assez près de la chapelle qui nous occupe, et se rapportait pour le style avec cette dernière, ce qui autorise à penser qu'elle pouvait en dépendre. En résumé, si l'octogone du bourg de l'Aiguille est évidemment d'origine byzantine et même d'un temps avancé, on ne peut disconvenir que sa forme générale et surtout l'ouverture circulaire de la voûte n'aient été imitées des constructions romaines; ce qui, du reste, a été observé sur divers points, et devait avoir lieu naturellement à une époque où les Gaules offraient encore de toutes parts des temples romains.

« On voit dans la ville du Puy, dit l'abbé Lebœuf, plusieurs églises qui ont sept à huit cents ans d'antiquité, et dont les murs sont construits de quantité de fragments d'anciennes statues et d'inscriptions du paganisme. » Ces églises pouvaient exister lorsque cet antiquaire a visité les monuments du Velay; mais le nombre en est aujourd'hui bien réduit, et comme édifices dignes d'attention nous ne voyons pas dans le chef-lieu de la Haute-Loire d'autres églises que celles précédemment décrites. La plupart de celles qui existaient avant la révolution ont été détruites. Nous croyons donc pouvoir nous borner ici à une simple nomenclature. Ces églises étaient ou sont encore Saint-Pierre, le Monastier, les collégiales de Saint-Vosy, de Saint-Georges, de Saint-Agrève, l'abbaye de Saint-Pierre-Latour, Saint-Jean de Jérusalem ou de la chevalerie, et Saint-Barthélemi, commanderie de l'ordre du Temple, déjà mentionné. Puis venaient, en couvents d'hommes : les carmes, les capucins, les cordeliers et les dominicains, frères prêcheurs ou jacobins; les monastères de femmes : les clarisses ou colettes, les dominicaines, les filles de la congrégation de Saint-Joseph, les religieuses de Notre-Dame du refuge et les visitandines. Nous

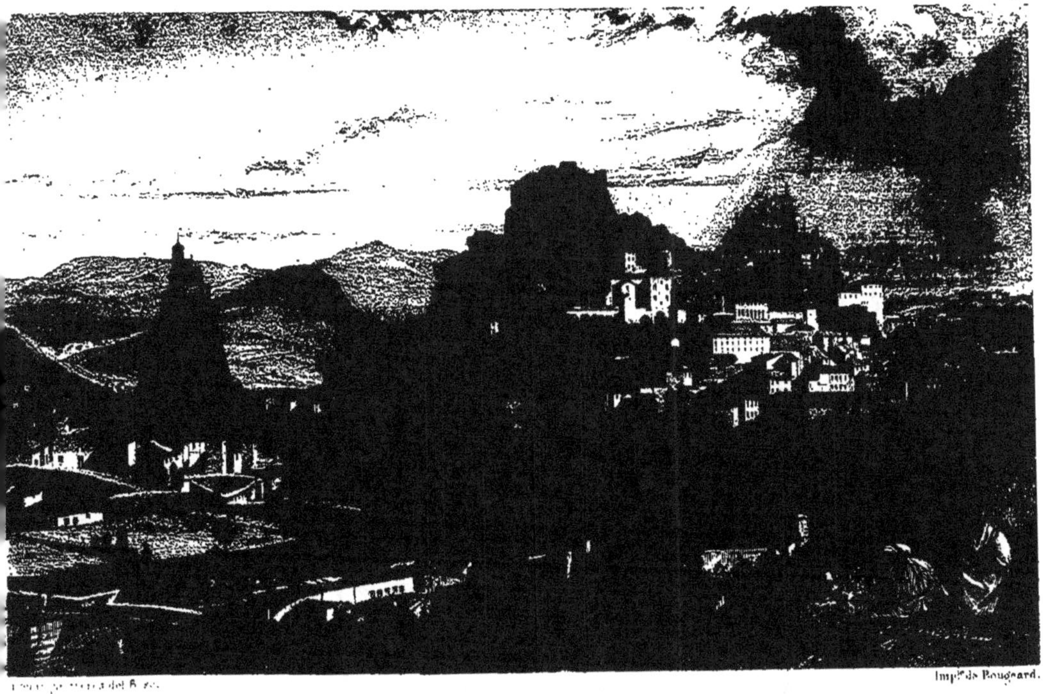

[illegible] — Imp. de Bougeard.

LE PUY

(Vue d'Espaly)

[illegible] PAR [illegible], À NANTES.

ne rechercherons point ce que les gouvernements qui se sont succédé en France depuis 1800 ont toléré ou autorisé de restaurations des anciennes communautés religieuses : ce serait aborder une sphère politique dont nous voulons nous tenir éloignés. Nos lecteurs nous tiendront compte, à titre de réserve, d'une lacune d'ailleurs sans importance, et que nous ne remplirions pas sans exciter des susceptibilités qui se montrent partout fort irritables.

Maintenant, quatre églises seulement sont consacrées aux célébrations du culte catholique dans la ville du Puy, savoir : Notre-Dame et Saint-Laurent, cures, l'église du collége et l'ancienne église conventuelle, succursales. Il n'y a point de temple protestant au Puy. Un grand nombre d'associations ou si l'on veut de communautés de femmes, pour la plupart enseignantes ou hospitalières, existent aussi dans cette ville : indépendamment des *Clarisses*, dont la vie est entièrement contemplative; il y a des dames de la Visitation de Sainte-Marie, des dames de Saint Vincent de Paule ou de la Providence, des dames des Sacrés-Cœurs de Jésus et de Marie, des dames de la Sainte-Trinité; à l'Hôtel-Dieu, des dames de Saint-Joseph; des demoiselles dites de l'instruction, des sœurs de la Croix; à l'hôpital, des sœurs de Saint-Charles, des Dominicaines, des Franciscaines et des sœurs du Bon-Pasteur. La mission des pieuses congrégations consacrées au soulagement des malades ou des pauvres mérite un éloge sans restriction; nous voudrions qu'il fût juste d'en dire autant des dames qui se livrent à l'enseignement. Peut-être cette dernière remarque est-elle applicable, comme objection, aux écoles dites des frères du Sacré-Cœur et des frères de Saint-Yon, que l'on compte parmi les institutions enseignantes du Puy.

Les édifices civils du moyen-âge sont nombreux dans la ville du Puy; si l'on parcourt les quartiers voisins de la cathédrale, on rencontre à chaque pas des maisons d'un caractère gothique fort remarquable; il y a même des rues qui n'offrent pas une seule construction moderne. Çà et là, de vieilles tours, des pans de murailles ayant fait partie de l'ancienne enceinte fortifiée de Notre-Dame, en marquent encore le développement; et plusieurs des portes de cette forteresse coupent la voie publique dans ces quartiers élevés. En voyant ces hôtels des XIVe et XVe siècles bien conservés, on se croit au milieu d'une ville de cette époque. La réflexion s'endort volontiers sur le sein de l'illusion que créent ces grands témoignages historiques; l'œil se laisse surprendre à épier si les portes couronnées de minutieuses sculptures ne vont pas livrer passage à quelque baronne splendidement vêtue de velours ou d'étoffes tissues d'or; à quelque seigneur couvert d'une étincelante armure, et demandant son cheval de bataille. Mais avec cette profusion de demeures particulières de style gothique, la ville ne renferme pas un seul monument public du même caractère, ou du moins pas un seul qui l'ait conservé sans de notables altérations.

Les rues basses sont maintenant étroites, tortueuses et laides de vétusté, sans dédommager le regard par l'aspect de ces maisons des XIVe, XVe et XVIe siècles, si curieuses dans leurs détails, si pittoresques dans leur ensemble. Il y a, rue des Panessac, un hôtel en style de la renaissance, occupé aujourd'hui par un épicier. Il est encore couvert de délicieuses arabesques; mais on a détruit, pour faire place à des volets, les colonnes à demi-engagées qui encadraient cette charmante décoration. Les rues basses du Puy, au XIXe siècle ne rappellent plus le moyen âge que par la profonde obscurité qui y règne le soir, par l'état déplorable du pavé et par le libre parcours des pourceaux sur la voie publique. Il faut sortir de l'ancienne enceinte et visiter le boulevard ou la place du Breuil pour trouver quelques maisons modernes d'une certaine apparence.

Si l'on devait s'en rapporter aux historiens Gissey et Théodore, d'après les témoignages incertains dont ils appuient leur récit, l'Hôtel-Dieu aurait été fondé en 596, sous l'épiscopat de Saint Bénigne, au moyen des dons du nommé Manant Gras, qui avait fait sa fortune en logeant les pèlerins venus de toutes les parties de l'Europe à Notre-Dame-du-Puy. Si l'on n'admet cette origine que comme apocryphe, il faut reconnaître que cet hôpital existait au milieu du XVe siècle; car en 1549 les consuls obtinrent du parlement de Toulouse, tenant ses grands jours au Puy, arrêt relatif à l'administration de cet établissement. Voilà tout ce que nous avons pu recueillir sur l'ancienneté de l'Hôtel-Dieu, dont les bâtiments offrent des constructions de toutes les époques. L'hôpital général qui touche à celui dont nous venons de parler, fut fondé en l'an 1687, par les soins d'Arnaud de Bethune et de Louis Armand, vicomte de Polignac, avec le concours des habitants du Puy: Louis XIV, par lettres patentes du mois de juin 1694, confirma cette fondation et en régla la direction. Il est probable qu'alors les malades avaient été placés dans les vieilles maisons voisines de l'Hôtel-Dieu, et dont plus tard on reconnut la vétusté menaçant ruine. Car, en 1752, de nouveaux et vastes bâtiments, ainsi qu'une église pour les pauvres furent construits, aux frais des sieurs de Saint-Martin et Sordon de Creaux, chanoines de la cathédrale, qui devinrent ainsi les principaux bienfaiteurs de cet établissement de charité. En 1756, les états du Puy accordèrent une somme de mille livres pour la construction, à l'hôpital général, de loges destinées à recevoir les aliénés, et à l'entretien de ceux qui seraient traités dans cette maison. Nous avons cru devoir parler des deux grands hôpitaux du Puy comme institution; quant à leurs bâtiments, vastes et solidement construits, ils n'ont rien de monumental, et ne méritent aucune mention sous ce rapport. Ils sont régis aujourd'hui par l'administration municipale, et peuvent recevoir dans les deux locaux, environ 360 malades, pauvres ou enfants. A l'hôpital général, on a établi, pour occuper ces derniers, une fabrique de couvertures.

Le collége du Puy, dont nous devons nous occuper sous le même rapport, fut fondé, en l'an 1571, par les habitants qui manquaient de moyens d'instruction pour leurs enfants. Le conseil de ville acheta une maison et ses dépendances, rue de la Chevrerie, et le sieur Pons Irail fut chargé d'ordonner les constructions et réparations nécessaires pour établir un collége dans ce local. Dans les premiers temps, l'enseignement fut confié aux soins uniques d'un jeune docteur appelé de Paris; mais bientôt d'autres professeurs lui furent adjoints. A la fin du XVe siècle, André Dujeune, seigneur de Montgiraud, à l'exemple de Clémence Isaure, conçut le projet de décerner annuellement une rose et une marguerite d'argent aux plus méritants des élèves du collége. En effet, ce seigneur, dans son testament, dressé le 15 juin 1586 « donne et
« lègue, pour exciter la jeunesse à la vertu et aux lettres, par fondation
« perpétuelle et annuelle, la somme de six écus deux tiers, employable chacun
« an, et premier jour de mai, en l'achat de deux fleurs qui seraient données
« pour prix, le même jour, à deux écoliers étudiant au collége du Puy; savoir:
« l'une à celui qui se trouverait avoir mieux dit en vers et *Carmes* latins, et
« l'autre à celui qui se trouverait avoir le mieux dit en prose latine... et ce
sur la louange des fondateurs de ce collége *et de ces prix*[1]. » Quel bout d'oreille difficile à cacher que celui de la vanité!!! Durant les troubles de la ligue, et vers l'année 1588, le conseil de ville décida que la direction du collége serait confiée aux Jésuites; et, circonstance fort remarquable, ce fut la vicomtesse de Polignac, femme du sieur de Chaste, l'un des adversaires les plus redoutables des ligueurs, qui se chargea de subventionner ces nouveaux enseignants. Il est vrai qu'au moment où cette disposition fut faite par la vicomtesse, les habitants du Puy ne s'étaient pas encore déclarés contre le roi.

Le père Régis, jésuite que Clément XII canonisa en 1736, avait enseigné les belles-lettres au Puy, en 1625. Malgré ce glorieux précédent, ces co-sectaires furent expulsés du même collége, en 1764, par suite de l'édit de Louis XV, qui dissolvait la société de Jésus. L'enseignement, après la retraite de ces Pères, fut confié à des prêtres séculiers. Le même souverain, par lettres-

---

(1) Nous avons vu une grosse de ce testament chez un épicier de la ville du Puy : ô destinée !

patentes de 1765, accorda sa sanction royale à cette institution, et y joignit un pensionnat.

L'église du collége, construite à peu près dans le même temps, et qu'on s'est efforcé de rendre imposante, se ressent, par malheur, du mauvais goût qui dominait en France à la fin du XVIIIe siècle, et dans lequel sont venues s'altérer ici les inspirations de l'école italienne. L'intérieur, couronné par une voûte unique dont les retombées s'appuient sur des pilastres appliqués, rappelle cette architecture dégénérée que les artistes de nos jours qualifient de style *Pompadour* [1]. La façade, décorée de six colonnes d'ordre dorique d'une proportion vicieuse, ne rachète point la triste ordonnance de l'intérieur. En un mot, si ce monument produit quelqu'effet, c'est par l'importance de sa masse, qui captive un moment le regard en le trompant. Quant aux bâtiments civils du collége, les restaurations de diverses époques s'y sont amalgamées à tel point, qu'ils ne laissent plus distinguer aucun caractère. Cet établissement avait souffert durant la révolution; M. de Polignac lui a fait restituer son titre de collége royal : il ressort de l'académie de Clermont. Les salles du collége renferment la bibliothèque publique, composée d'environ sept mille volumes d'un choix tel que plus de moitié de la collection doit être rarement consultée. Cette bibliothèque, qui, sans doute, excite la sollicitude de l'administration supérieure, est ouverte les mardis, jeudis et samedis; toute la journée durant l'été; et le soir seulement, pendant l'hiver.

D'autres établissements consacrés à l'instruction publique existent encore au Puy : nous devons surtout mentionner *l'école normale*, destinée à former des professeurs pour l'enseignement élémentaire. Une institution non moins intéressante est *l'École industrielle départementale*, fondée récemment. Elle doit particulièrement son existence à MM. les membres de la société d'agriculture, secondés par le zèle éclairé de plusieurs notables habitants de la ville et du département. On enseigne dans cette école les mathématiques élémentaires, le dessin ombré, le dessin linéaire et ses applications à l'art des constructions et à la stéréotomie; la connaissance des ordres d'architecture, du tracé des plans, de la perspective, etc. Une multitude d'ouvriers, répandus dans la ville du Puy, doivent à cette utile fondation les connaissances sans lesquelles une profession n'est jamais un art, et se réduit aux tâtonnements aveugles du métier. Nous devons encore citer avec éloge *l'École des sourds-muets* fondée au Puy, en 1818, par les soins de l'œuvre de charité, et devenue

---

[1] Pour désigner ces travaux de mauvais goût, exécutés pendant les premières années de la révolution, on les qualifie, dans la langue artistique, *d'architecture messidor*.

institution départementale en 1827, époque à laquelle le conseil-général du département et le conseil municipal du Puy prirent cette école sous leur patronage. Développer l'utilité toute philanthropique d'un tel établissement serait superflu : chacun aujourd'hui compte parmi les grands bienfaits de la science cet art qui sut :

> Assigner au geste un langage,
> Et prêter une oreille aux yeux.

La maison est administrée par une commission de cinq membres, à la nomination du préfet, et dont le maire du Puy est le président né. Les élèves sont admis en vertu d'une délibération de ce comité ; leur nombre est indéterminé. Nul n'est admis s'il a moins de six ans ou plus de quatorze, à moins de cas exceptionnels. Les bâtiments occupés par les institutions que nous venons de mentionner échappent à l'attention, comme monuments ; ceux où l'on a placé les écoles normales et des sourds-muets sont commodes : c'est tout ce qu'on peut en dire.

Le plus ancien des édifices modernes du Puy, après l'église du collége, est l'hôtel de ville, bâtiment dépourvu de grace, dont la longueur est de trente mètres sur dix de profondeur. Cet hôtel, construit en 1766, se ressent plus encore que l'église, de la décadence de l'art. La façade, entièrement construite en pierres de taille, présente un avant-corps couronné par un fronton triangulaire ; les deux parties latérales sont surmontées d'un attique. L'ordonnance du tout appartient à l'ordre dorique. L'hôtel de ville occupe l'un des côtés d'une place assez grande, qui eût pu recevoir plus de caractère d'un édifice mieux exécuté.

L'évêché, dont la construction remonte à sept ou huit ans, n'a d'imposant que sa situation sur le rocher où la cathédrale elle même est construite. Cependant cette longue page de maçonnerie toute blanche, en s'appuyant sur le vénérable monument religieux, acquiert, par le contraste des tons, une certaine majesté, que ne complète pas, malheureusement, un frontispice soutenu par de maigres colonnes que la perspective rend plus grêles encore. A tout prendre, ce palais épiscopal ressemble de loin à une filature de coton bâtie par un négociant ambitieux.

Le séminaire, situé sur le même rocher, se compose d'un grand corps de logis et de deux ailes en retour d'équerre, construits sans aucune prétention d'ordonnance architectonique. Ce bâtiment nous a semblé d'une distribution commode : on y voit un vaste escalier fait en dalles tirées du roc volcanique sur lequel s'élève l'édifice; les séminaristes se rendent à l'église par une galerie couverte. Cette église a été restaurée par les soins de M. Chaillou, supérieur de la maison, au moyen d'une allocation accordée par le conseil-général. Il est malheureux que l'ambition, dont les constructeurs du séminaire s'étaient montrés exempts, se soit rendue maîtresse de l'ouvrier chargé de badigeonner ou si l'on veut, de peindre l'intérieur de l'église : il n'a produit qu'un bariolage du plus mauvais goût.

En 1822, M. Armand de Bastard, alors préfet de la Haute-Loire, et qui a laissé de vifs regrets dans ce pays, posa la première pierre d'un hôtel-de-préfecture, maintenant terminé. Ce monument, à part quelques défauts, est d'un bon style et produirait beaucoup d'effet, s'il n'était pas situé sur une place démesurément grande, qui en rapetisse singulièrement les proportions. Sa façade principale regarde cette place, appelée le *Breuil*. Le bâtiment, élevé sur un soubassement de six à sept pieds, présente deux étages éclairés par des croisées d'égale hauteur; mais un troisième rang de fenêtres dites *Mezanines*, dépare selon nous l'ensemble, et ces ouvertures très-basses ressemblent plus à des sabords qu'à des fenêtres. L'édifice offre, au corps de logis principal, tant du côté de la place que vers le jardin, deux ordres complets composés chacun de quatre colonnes toscanes, engagées seulement d'un tiers dans le mur, avec entablement et surmontées d'un fronton. Les entrecolonnements, tant au rez-de-chaussée qu'au premier étage, sont couverts d'arcades à plein-cintre, avec impostes et archivoltes. Sur le surplus du bâtiment, on a seulement profilé les corniches des entablements. Aux extrémités des ailes, figurent des niches destinées à recevoir des statues. A ces mêmes extrémités, du côté de la place, s'attache une grille qui ferme la cour, formée par la façade et les deux ailes en retour[1].

Sur la place du Breuil, on construit un vaste bâtiment d'un style sévère, où doit être placé le Tribunal civil. Cet édifice, qui ne manquera pas de majesté, ne sera terminé qu'en 1840 ou 1841. Il est bâti en brèche du Mont-Denise, dont le ton grisâtre est assez disgracieux à l'œil.

---

(1) Une inscription gravée sur une plaque de métal a été enfermée dans le soubassement, la voici : *moins la disposition lapidaire, que nous négligeons*. « Sous le règne de Louis XVIII, cet hôtel de préfecture fut fondé, le IV septembre M DCCC XXII, d'après une délibération du conseil-général, pour être construit des deniers du département, sur un terrain concédé par la ville du Puy; Son Excellence Jacques-Guillaume-Joseph-Pierre de Corbière, étant ministre de l'intérieur. La première pierre de cet édifice a été posée par Armand de Bastard, maître des requêtes, chevalier de la Légion d'honneur, préfet du département; Maquet, architecte; Montrobert et Filhat, entrepreneurs. »

Le prix de l'adjudication a été de 203,856 fr. 70 c.

Un seul pont, celui bâti sur la Borne, et que traverse la route de Clermont, mérite d'être cité parmi ceux que l'on voit au Puy : il est d'une construction aussi élégante que solide, et propre à résister aux crues ordinairement intempestives, de la rivière sur laquelle il est jeté.

Il nous reste à parler des fontaines : elles sont nombreuses, et plusieurs d'entr'elles ne manquent pas de style. Celle de la place des Tables, dont on peut faire rapporter la construction au commencement du XVe siècle, est d'un travail très-fin : nous croyons devoir soumettre ce filigrane de pierre au jugement de nos lecteurs.

Gauthier-Jourdain.

La fontaine de Farges ne se recommande pas au même titre que la précédente : ce n'est plus qu'une restauration imparfaite de l'ancienne fontaine du même nom, à laquelle se rattache une tradition curieuse, que nous devons rapporter. Vers les fêtes de Noël de l'an 1320, un jeune enfant de chœur, en traversant une rue habitée par des Juifs, chantait un cantique en l'honneur de la nativité du Sauveur. Outré de ce chant chrétien, certain israélite fit entrer chez lui l'enfant, sous un prétexte spécieux, et le sacrifia, dit l'historien Théodore, « au ressentiment qu'il avait de l'entendre chanter l'incarnation du Fils de Dieu dans le sein de Marie. » Il l'enterra ensuite secrètement, et se flatta sans doute que son crime resterait impuni, parce qu'il serait ignoré. En effet, les parents du jeune martyr, croyant qu'il avait en fuyant obéi à quelque inspiration de débauche, ne firent aucune recherche après sa disparition, et cet événement allait tomber dans l'oubli, lorsque, le dimanche des Rameaux, une procession passant à la fontaine de Farges, près de laquelle l'enfant avait été enterré, on le vit tout-à-coup se mêler au clergé, et « entonner, ajoute Théodore, l'antienne où l'église applaudit la Reine du ciel du triomphe qu'elle a remporté sur toutes les erreurs du monde. » La voix angélique que le choriste rendu à la vie faisait entendre, remplit d'admiration la multitude; et l'on peut juger de quelles merveilleuses sensations elle fut saisie, lorsque cette victime du juif eut raconté ce qui lui était arrivé. A peine l'enfant avait-il achevé son récit, que le peuple se jeta dans la maison du meurtrier, et le massacra. Peu de temps après, tous les Juifs furent chassés de la contrée. L'historien légendaire ne dit pas si les seigneurs du Velay leur rendirent scrupuleusement l'argent que, dans toute la chrétienté, la noblesse devait sans cesse à ces mécréants, toujours ruinés et toujours riches. Quoiqu'il en soit, Charles-le-Bel, à qui l'on avait parlé de la résurrection miraculeuse du jeune clerc, décida, en 1325, que lorsqu'un Juif se montrerait dans la ville du Puy, il serait justiciable des enfants de chœur. Nous voudrions, pour l'honneur de ce prince, pouvoir douter d'un tel écart de sagesse royale; mais les annales du pays constatent qu'en 1373, un israélite ayant reparu au Puy, l'aréopage juvénil se prévalut de ce singulier privilége, et le condamna à trois cents livres d'amende. Le chapitre de Notre-Dame fit dresser une croix à la fontaine de Farges, sur laquelle on sculpta la figure de l'enfant ressuscité; et le jour des Rameaux, on ne manque jamais de chanter le verset qu'il fit entendre en sortant de sa tombe. Cet événement miraculeux était rappelé par quelques vers latins qu'on lisait autrefois dans un cartouche de la cathédrale, les voici :

Cantatur per Clericum
Gabrielem archangelum
Bonum tulisse nuntium

> Judæus necat parvulum,
> Suscitat hunc Beata.
> Digna fuit expulsio
> Judæorum à Podio,
> Non intrent quia captio
> Clericulis est data. (1)

Nous avons signalé plus haut les bienfaits de la Société d'agriculture, sciences, arts et commerce du Puy; avant de mentionner avec quelques détails sa composition et le but de ses travaux, nous devons ajouter que c'est encore à la sollicitude de ce corps savant que la ville du Puy doit l'établissement dans ses murs d'une caisse d'épargne. C'est lui qui en provoqua la fondation, après avoir ouvert une souscription qui s'éleva à 4,000 francs; somme à laquelle le conseil-général ajouta celle de 3,000 francs. La caisse d'épargne fut autorisée en 1835 : elle est administrée par plusieurs notabilités de la ville, et ouverte aux déposants, dans les salles de l'Hôtel-de-Ville, le dimanche, de midi à trois heures.

La Société d'agriculture du Puy compte déjà vingt-un ans d'existence, et peu d'associations du même genre ont produit, dans le même espace de temps, des travaux aussi fructueux, des résultats aussi utiles. Le but principal de la Société est l'étude des théories agronomiques, avec leur application à la pratique rurale, autant que le permettent l'influence du climat et la nature du sol. Ces sages appréciations, bien comprises par les agronomes du Puy, épargnent assez généralement dans la Haute-Loire, des essais infructueux qui sont pour la science de piquantes déceptions, et pour le praticien, un emploi gratuitement onéreux de terrain, de capitaux et de temps. La société encourage

---

(1) Traduction du Frère Théodore :

Un enfant de chœur, plein de zèle,
Chantait que l'ange Gabriel
Apporta l'heureuse nouvelle
Qu'un Sauveur nous venait du ciel.
Un Juif alors, poussé d'envie,
De l'innocent tranche les jours;
Mais la Vierge, par son secours,
Le fait retourner à la vie.

C'est donc avec grande justice
Que les Juifs, remplis de malice,
Sont pour jamais bannis du Puy.
Nul d'eux n'en approche aujourd'hui,
Car, après une telle offense,
S'ils osaient encore y venir,
Les petits clercs ont la puissance
De les prendre et de les punir.

Sous l'empire de la charte, nous ne pensons pas que les enfants de chœur du XIXe siècle songent à invoquer le privilége que leurs devanciers tenaient de Charles-le-Bel. A l'âge de ces adolescents, on troquerait volontiers un pareil droit contre une toupie d'Allemagne ou un jeu d'osselets.

par des primes et des distinctions honorifiques, distribuées dans ses séances publiques et annuelles, les cultivateurs qui ont adopté des méthodes nouvelles profitables, les nourrisseurs de bestiaux, les horticulteurs, enfin ceux qui, en se conformant à son programme, se sont distingués dans les diverses parties de l'agriculture. Ce corps savant décerne aussi des récompenses aux personnes avancées dans les sciences, les arts et l'industrie.

La Société d'agriculture du Puy s'occupe avec zèle, avec sollicitude, de la recherche, de la réunion et sans doute du choix des documents qui peuvent servir à la rédaction d'une bonne histoire du pays, et des illustrations assez nombreuses qu'il a produites. Cette tâche, il faut bien le dire, est difficile et délicate, eu égard à la tendance trop exclusive de certaines idées ou de certaines opinions, sous l'empire desquelles presque toutes les compositions historiques du Velay nous ont semblé écrites. Nous avons cru remarquer même que les annalistes de cette contrée se sont épris de quelques noms, et le respect dont ces écrivains les ont environnés, a nui souvent à la fidélité de leurs récits aristocratiques, jusqu'aux plus étranges altérations de la vérité. La Société d'agriculture, en cherchant des traces d'authenticité à travers ces écrits laudatifs, aura plus d'une fois occasion d'en discuter la valeur, afin de ne pas offrir à l'histoire les assertions du servilisme ou de la prévention pour les témoignages d'une consciencieuse et indépendante impartialité. Le conseil-général, dans sa session de l'année 1839, a alloué une somme de 800 francs pour la mise en ordre des archives du Velay ; espérons que cette allocation deviendra annuelle, et que la Société d'agriculture en dirigera l'emploi conformément aux nécessités que nous venons de signaler. Une commission de neuf membres choisis dans son sein procède à la réunion, sous le titre de *Bibliothèque départementale*, des manuscrits et livres imprimés qui peuvent entrer comme éléments dans une histoire civile, politique et religieuse du pays.

La Société s'est donné une tâche plus facile dans la surveillance, la conservation et l'accroissement des objets de science et d'art que renferme le musée du Puy, dont nous parlerons tout-à-l'heure, et qu'elle a contribué à former. Ces travaux, d'une spécialité marquée, sont confiés à une commission particulière, qui se divise en autant de sections que le musée renferme de parties distinctes.

Le nombre des titulaires de la Société, d'après l'annuaire de 1839, est de quarante-deux, non compris les membres non résidants, dont le nombre est indéterminé. Son bureau se compose de six membres, savoir : un président, un vice-président, deux secrétaires, un bibliothécaire et un trésorier. Elle publie des annales dont l'apparition n'est pas très-régulière, mais qui, sous le rapport du mérite littéraire, nous ont paru fort remarquables en divers points.

Le musée du Puy doit son existence au noble amour des sciences et des arts qui anime M. le vicomte de Becdelièvre, qui conçut la première idée de cette collection. Mais nous devons nous hâter d'ajouter qu'il vit son projet vivement accueilli par M. de Bastard, alors préfet de la Haute-Loire; puis promptement secondé par les notabilités du département, parmi lesquelles nous citerons feu le brave général de Latour Maubourg, M. Mangon de Lalande, antiquaire et numismate recommandable; M. Bertrand-Roux, géologue distingué et MM. Calemard-Lafayette et Joseph Bertrand, députés. Aux dons volontaires que firent ces honorables citoyens, qu'un assez grand nombre de personnes imitèrent, le gouvernement ajouta divers morceaux, qui enrichirent successivement le musée; et cet établissement reçut le nom de *Musée Caroline*, sans doute parce que Mme la duchesse de Berry y envoya son portrait, bonne copie de l'original de Lawrence.

Le musée du Puy renferme aujourd'hui un cabinet minéralogique et d'histoire naturelle fort intéressant dont presque toutes les parties appartiennent au département; mais ses principales richesses consistent en objets d'antiquité, également recueillis ou découverts dans le département, au moyen de recherches et de fouilles intelligentes dirigées par M. le vicomte de Becdelièvre. Nous croyons répondre au désir de nos lecteurs en décrivant ceux de ces précieux débris qui nous ont surtout semblé curieux. Les inscriptions ont d'abord fixé notre attention : la première que nous ayons examinée, a été découverte au Puy; elle présente des lettres d'une grande dimension (environ six pouces de haut) qui donnent lieu de penser qu'elle devait être lue de loin; l'inscription elle-même confirme cette opinion ; la voici :

QLIL
VNT » H
S » FORV (1)

Sur une pierre tumulaire romaine transportée au musée, d'une petite cour

---

(1) M. Mangon de Lalande, restaurant en idée la partie droite de la pierre sur laquelle cette inscription est gravée, et suppléant aux parties frustes qu'offre le surplus, a donné cette double interprétation : S. P. Q. R. *Decret› aut lege illis qui expediunt hujus in civitatis forum*; c'est-à-dire : « le sénat et le « peuple romain, par décret, avis à ceux qui expédient ou exposent en vente des denrées ou des bestiaux « dans le forum de cette cité. »

voisine de la sacristie de Notre-Dame, où elle était enclavée dans la muraille, on lit :

        D. M.
M. DONNO PRISCIANO
CI DONNI PRISC
VELLAVI OMN'BVS OF
IS CIVIL'BUS 'N CIVITA
SVA FUNCTO A'FERBAR
RVM CIVL PAERNVS AMI
US S'BI QVE VIV'S D PROPRI
PONENDVM CVRAVIT
        D.

Cette inscription est d'autant plus curieuse, que non seulement elle témoigne de l'usage admis chez les Romains de partager le tombeau d'un parent ou d'un ami, mais encore de la complète fusion des mœurs gauloises avec les mœurs romaines. Ce *Caïus Julius Paernus* était *vellavien* ou *velaune*, et l'on voit qu'il se conformait religieusement aux coutumes des vainqueurs. Ce monument est aussi un gage de la sainteté du nœud de l'amitié parmi ces païens, dont on a trop généralement décrié la morale, dans l'intérêt d'une foi nouvelle qui pouvait se passer de calomnies pour détrôner le polythéisme.

Voici maintenant un gage de l'amour fraternel, inscrit sur une autre

---

(1) M. de Lalande traduit ainsi :

Diis manibus	Aux dieux mânes,
M. Donno Prisciano	A Marcus Donnus Priscianus,
C. J. Donni Prisciani	fils de Caïus Julius Donnus
Vellavi omnibus officiis	Priscianus, vellavien, lequel
civilibus in civitate	a rempli toutes les fonctions
sua functo	civiles dans sa cité.
... C. J. Paernus, amicus	Caïus Julius Paernus, son ami,
sibi que vivus de proprio	a fait élever ce monument de ses deniers,
ponendum curavit.	et pour lui-même, de son vivant.
Sub ascid. dedicavit.	Il l'a dédié *sub ascid.*

Essai sur les Antiquités de la Haute-Loire, par Mangon de Lalande.

pierre tumulaire, enlevée d'un mur de la chapelle Saint-Jean des fonts baptismaux, où elle était maçonnée à 25 pieds de hauteur.

```
        D. M.
   ET MEMORAEER...E
    ...AE AM ROPE...
    ...MAE FRAVIV...
      PON'DVM CV...
    RAVIT DED...(1)
```

Près de ces inscriptions, dont chacune est une page éloquente qui nous initie à la connaissance intime des mœurs antiques, on remarque, au musée du Puy, plusieurs bas-reliefs ou fragments de sculpture qui n'inspirent pas moins d'intérêt. Nous les décrirons sous la désignation qu'ils ont reçue des conservateurs de cet établissement. *Le Griffon*, fragment enlevé de la place du fort, près l'ancien palais épiscopal, est un monstre moitié aigle, moitié lion, dont un serpent enveloppe le cou, tandis que l'animal tient un taureau dans ses fortes serres. On croit que ce bas-relief appartenait à un temple d'Apollon : cette opinion est en effet appuyée par celle de plusieurs antiquaires qui pensent que le serpent et le taureau étaient consacrés chez les Grecs à ce Dieu, dont ils avaient singulièrement multiplié les attributions. D'un autre côté, ces mêmes peuples, et après eux les Romains, consacrèrent le Griffon à l'Apollon delphique. Cependant tout cela ne suffit pas pour prouver que le fragment dont il s'agit provienne d'un temple érigé au Dieu de l'harmonie, et prouve moins encore que ce monument ait existé sur le mont Anis, comme quelques écrivains l'ont trop complaisamment inféré de la présence des débris antiques qu'on a trouvés en ce lieu ; quoiqu'il en soit, le Griffon du musée n'est pas des meilleurs temps de la statuaire romaine.

Un autre fragment, désigné *Le Cerf aux abois*, a été recueilli dans une

---

(1) M. de Lalande traduit ainsi :

Diis manibus	Aux dieux mânes
Et memoriæ æternæ	Et à la mémoire éternelle
amantissimæ Ropeliommæ,	de la bien-aimée Ropeliomma,
frater vivus ponendum curavit,	Son frère, qui lui survit, a fait élever
dedicavit sub ascid.	ce monument, et l'a dédié *sub ascid*.

T. I.

petite cour, près du clocher de la cathédrale. Il représente un Cerf atteint par un dogue, qui l'a saisi au-dessus de l'épaule; une Biche le précède. Ce bas-relief, quoique fort endommagé par le temps, laisse remarquer un travail supérieur à celui du Griffon, et paraît appartenir à une meilleure époque de l'art. La forme du grès assez fin sur lequel il est sculpté, fait présumer qu'il faisait partie d'une frise. D'autres fragments, sur lesquels on voit également des cerfs et des biches, se trouvent encore dans la cour mentionnée, et sont apparemment des vestiges de la même frise. Or, comme le caractère d'une chasse est clairement indiqué ici, on ne pouvait pas en conclure moins que l'ancienne existence d'un temple consacré à Diane sur l'emplacement qu'occupe aujourd'hui l'église de Notre-Dame, et sans doute à côté de celui d'Apollon; mais il faudrait d'autres garanties pour confirmer une telle induction.

Sur un troisième fragment, sont sculptées deux figures qui semblent occupées d'un sacrifice, à en juger par leur attitude grave et leur recueillement, l'un des personnages tient à la main un instrument qu'on ne peut reconnaître : peut-être le couteau du sacrificateur, peut-être un bâton augural. La face opposée de ce débris présente sur une échelle plus grande, un personnage sans doute éminent, revêtu du *pallium*. Ce bas-relief rappelle la perfection du ciseau à la meilleure époque de la statuaire antique; peut-être fut-il exécuté par un de ces artistes qui avaient conservé à Marseille les précieuses traditions de la Grèce, métropole de cette célèbre colonie phocéenne.

Un autre fragment du même style, et placé près de celui que nous venons de décrire, représente évidemment deux prêtres debout devant un autel; un troisième personnage est à genoux, et paraît invoquer la divinité, à laquelle on va sans doute offrir un sacrifice. Sur une autre face de la pierre, on voit un pied chaussé du cothurne, et qui doit avoir appartenu à une figure d'assez forte proportion.

Un bas-relief fort mutilé, et dont il serait difficile de reconnaître l'époque, se trouve combiné, de la manière que nous expliquerons bientôt, avec les fragments décrits précédemment : il représente une lutte entre un homme et un lion : peut-être est-ce Hercule terrassant le lion de Némée. Nous ne partageons pas l'opinion de M. Deribier de Cheissac[1], qui a cru reconnaître dans ce bas-relief, un gaulois aux prises avec un lion; le sujet manquerait

---

(1) M. Deribier est auteur d'une description statistique de la Haute-Loire, excellent ouvrage, qui a été couronné par l'Académie des sciences, et que l'on devrait adopter pour modèle des statiques départementales, dont la rédaction a été si vaguement arrêtée jusqu'à présent.

d'exactitude : le climat des Gaules ne permet pas de penser que les lions aient été indigènes de cette vaste contrée.

Enfin, un sixième fragment, qui paraît avoir appartenu à la frise d'un temple, complète la petite collection de six bas-reliefs réunis avec un goût vraiment artistique pour former le soubassement de la niche où l'on a placé un plâtre de l'Apollon pythien, accordé par le gouvernement au musée du Puy. Ce bas-relief représente deux enfants ou deux génies portant des corbeilles de fruits ou des vases. Cette sculpture révèle le commencement d'une époque de décadence.

Tous les morceaux mentionnés précédemment sont sculptés sur du granit plus ou moins fin, analogue à celui que l'on tire des montagnes primitives du Velay. Cette circonstance, digne d'attention, prouve, ce nous semble, que ces bas-reliefs ont été exécutés pour des monuments construits dans ce pays, durant la période romaine, ce que la suite de cette description achève de confirmer. Mais nous pensons que les traditions locales et les auteurs qui ont écrit sous leur influence ont précisé avec une assurance trop peu réfléchie l'emplacement de ces monuments. En fait de grands établissements romains dans le Velay, on ne peut admettre comme authentique que l'existence de *Ruessium*, capitale du pays des Vellaviens : les anciens eux-mêmes ont pris soin de constater cette existence par des témoignages irrécusables, ainsi que nous aurons occasion de le faire remarquer en parlant de Saint Paulien.

Le seul bas-relief en marbre d'une certaine importance, qui existe au Musée du Puy, représente un mariage romain, selon l'opinion généralement adoptée par les savants de la Haute-Loire. « Au moment de quitter la maison paternelle ombragée de lauriers protecteurs, l'usage était d'arracher la jeune fille des bras de sa mère : les trois personnages de la droite expriment cette scène. On couvrait ensuite d'un voile la tête de la fiancée ; elle était revêtue d'une robe flottante, fermée par une ceinture de laine dont le mari seul, après la cérémonie, devait défaire le nœud herculéen. Le mariage se faisait en mettant la main de la fille dans la main de celui qui l'épousait. On retrouve ces usages exprimés par les trois personnages suivants, en avant du portique du temple. La dernière scène se passe à la porte du mari, où un personnage, tenant une bourse, vient offrir les présents de noce. Un vieillard, assis sur le seuil, et qui paraît plongé dans la douleur, exprime le moment où le père va se séparer de sa fille. »

Telle est la description que M. Deribier de Cheissac[1] a faite du bas-relief

---

(1) *Description statistique de la Haute-Loire*, p. 226 et 227.

qui nous occupe; mais l'imagination de l'écrivain a plus fait ici que le ciseau du statuaire pour expliquer aussi clairement la scène en trois parties assez grossièrement sculptée sur le marbre. Du reste, il y a quelques portions bien entendues dans cette composition; et l'on voit que l'artiste avait plus de poésie dans la tête que dans la main. Ce marbre a été enlevé du mur extérieur de l'église Saint-Jean des fonts baptismaux, où il avait été employé dans la maçonnerie, à quarante pieds d'élévation.

On a donné le nom de *Tireur d'épine* à une imitation presque grotesque de la délicieuse statue de ce nom. Cette copie est placée extérieurement au-dessus de la porte du musée. Tout ce que l'on peut dire pour la justification de l'imitateur, malheureux artiste byzantin sans doute, c'est qu'il peut avoir fait cette figure de mémoire. On l'a enlevée du même mur où le bas-relief de marbre était enchassé.

Dans une fouille dirigée par M. de Becdelièvre, au lieu appelé Margeais, on a trouvé une multitude de débris antiques déposés au musée: l'objet capital est aujourd'hui une tête de femme d'un style assez beau, et qui paraît appartenir à l'école grecque. Une vieille tradition assure qu'il existait près de Margeais un temple antique ; M. Mérimée[1] pense que c'était un établissement thermal, et voit une tête de nayade dans celle découverte en ce lieu. Nous partageons d'autant plus volontiers cette opinion, que la même fouille a mis au jour des dauphins d'un assez beau travail, et deux figurines en ronde-bosse, enfants ou génies, dont l'un se dispose à jeter des filets tandis que l'autre, moins ambitieux, va pêcher à la ligne. Ces deux statuettes offrent ce style un peu maniéré qui signale le commencement des temps inférieurs de l'art; mais il y a néanmoins de la grâce et de la finesse dans le travail.

Nous citerons encore un buste antique en marbre, si bien conservé, que l'on serait tenté de le prendre pour une imitation moderne. La même réflexion naît à la vue d'un petit bas-relief, aussi en marbre, et qui représente deux masques, exprimant: l'un, une puissante passion; l'autre, ce rire moqueur que l'art prête au visage de Thalie. Antiques ou imités, ces deux morceaux sont d'un beau travail. Le buste rappelle la manière de Chaudet. Nous allions oublier un beau vase étrusque en terre, d'une grande dimension, et dont la conservation est parfaite.

Parmi les richesses archéologiques réunies au musée du Puy; on remarque

---

(1) *Notes d'un voyage en Auvergne*, etc. par Prosper Mérimée, inspecteur-général des monuments historiques.

surtout deux colonnes milliaires d'autant plus intéressantes, qu'elles constatent, ainsi que nous l'avons dit, l'existence à Saint-Paulien de l'ancienne capitale des Vellaviens. L'une de ces colonnes, dont on n'a retrouvé qu'un tronçon, était abandonnée sans doute depuis plusieurs siècles, dans un tas de boue, entre le moulin et le pont de Chomelix, lieu où passait la voie romaine, appelée *Via Bolema*, et qui porte encore dans le pays le nom patois de *Vio Boulë-na*. Ce fragment porte l'inscription suivante :

**IMP. CAES. MARCO AVRELIO
SEVERO ALEX. PIO FELICI
AUGUSTO PONTIFICI MAXIMO
CONSULI TERTIUM. CIVITAS
VELLAVORUM MILLE PASSUS XII** (1)

La seconde colonne milliaire, trouvée beaucoup plus près de Saint-Paulien, c'est-à-dire de l'antique *Ruessium*, offre cette autre inscription :

**DOMINIS NOSTRIS IMPERATORI
MARCO JULIO PHILIPO. PIO. FELICI
AUGUSTO ET MARCO JULIO PHILIPO
NOBILISSIMO CAESARI CIVITAS
VELLAVORUM. MILLE PASSUS TRES** (2).

Nous reparlerons de la voie sur laquelle ces colonnes étaient placées; achevons de décrire les antiquités réunies au musée du Puy.

Les fouilles dirigées par M. le vicomte de Becdelièvre ont produit une multitude d'objets plus ou moins précieux, parmi lesquels il faut citer surtout près de huit cents médailles celtiques ou romaines trouvées dans le département et pour la plupart à Saint-Paulien. On admire dans cette collection huit médailles d'or antiques bien conservées; elles ont été découvertes

---

(1) « A l'empereur César Marc-Aurèle Alexandre Sévère, pieux, heureux, auguste, grand pontife consul trois fois, la cité des Vellaviens. Douze mille pas. »

(2) « A nos seigneurs l'empereur Marc Jules Philippe, pieux, heureux, auguste; et à Marc Jules Philippe très-noble César, la cité des Vellaviens. Trois mille pas. »

C'est une chose curieuse que cette formule laudative s'épanchant sur les grands chemins, et traçant un petit panégyrique sur chaque colonne milliaire... Les Romains, il faut en convenir, eussent été des gouvernants d'une grande bienveillance, si ces éloges étaient mérités. Mais l'histoire les désavoue souvent, et la puissance des dominateurs les explique.

dans le bois de Phar, qui domine le bourg d'Alègre, et acquises pour l'établissement. Cette collection offre aussi des médailles d'or françaises, fort anciennes mais bien conservées.

A Espailly, dans un champ cultivé, les fouilles ont mis à découvert des fondations très-considérables, qui doivent avoir supporté un vaste monument dont une seule colonne s'est retrouvée : elle est d'ordre composite grec. En ce même lieu, on a recueilli en très-grande quantité des débris de poterie noire, grise et rouge; des vases, jattes et amphores ; des fragments de Lacrymatoires; des cornes de cerf, des défenses de sanglier, des dents de divers animaux ; des vestiges de peinture à fresque comparables à celles que l'on trouve à Pompeïa; des aiguilles en ivoire ou en corne de cerf, que les dames romaines employaient dans leur coiffure; des épingles dites *fibula* qui servaient à rattacher les draperies; des fragments de vases en verre d'une grande finesse; enfin des débris de mosaïque à très-petits compartiments.

Avant d'abandonner la partie du musée consacrée aux sculptures, nous mentionnerons avec plaisir un Gladiateur dû au ciseau d'un artiste du Puy, M. Francis Experton, morceau qui mérita une médaille au concours de 1827. Il y a de l'avenir dans ce morceau, et nous ne doutons pas que son auteur ne soit compté au nombre de nos statuaires distingués.

Le musée du Puy ayant été fondé pour inspirer le goût des beaux arts aux jeunes gens du pays, les conservateurs de cet établissement y ont aussi formé une galerie de peinture, où l'on remarque plusieurs toiles capitales et beaucoup de jolis tableaux. Parmi les compositions anciennes, nous citerons un *Serpent d'airain*, attribué à Rubens, et qui du moins rappelle bien le faire de ce grand artiste; *Dédale et Icare*, par le Guerchin; une *petite Vierge* que l'on croit de Raphaël; une *Descente de Croix*, sur cuivre, attribuée, sans assez de certitude, à Annibal Carrache, mais que ce maître n'eût pas désavouée : le musée doit ce petit tableau à la générosité de M. de Becdelièvre. On voit aussi dans cette collection un Mieris d'un coloris admirable, une tête d'étude qui pourrait être de Van-Dyck ; un Teniers, apocryphe peut-être, mais fort beau ; plusieurs autres tableaux de l'école flammande, qui ne dépareraient pas les plus belles galeries : entr'autres, deux portraits d'homme et un de femme, peints avec une vigueur remarquable. Au nombre des tableaux français de diverses âges on distingue un beau portrait d'homme de Philippe de Champagne, un portrait de Henri II, faible d'exécution, mais assez étudié pour faire présumer qu'il est ressemblant ; un beau paysage attribué à Nicolas Poussin ; mais que l'on croit de son beau frère, G. Dughuet ;

un autre paysage d'Allegrin; une vigoureuse aquarelle d'Hubert; une tête de criminel et la même tête après la décollation de ce coupable; belles études à l'huile par M. de Becdelièvre; une suite de dessins lithographiés, représentant plusieurs vues du département, par le même; *Le Triomphe de la Religion sur l'Athéisme*, par Blondel; une tête d'étude de Girodet; enfin le portrait de Mme la duchesse de Berry, dont nous avons déjà parlé, et qui passe exclusivement pour être de Lawrence, dont il n'est qu'une bonne copie.

Parmi les tableaux de l'école italienne qu'offre le musée du Puy, nous ne pouvons guère citer qu'une *Annonciation* du Tintoret, tableau d'une couleur chaleureuse; et une assez grande toile qui rappelle le faire de Salvator Rosa dans quelques parties : c'est un homme qui s'ouvre l'abdomen avec un couteau; le corps est admirablement peint, mais l'expression de la tête est fausse.

Les conservateurs du musée que nous explorons ont rassemblé un choix de plâtres reproduisant les principaux chefs-d'œuvre que le musée royal possède ou a possédés avant 1815. On voit aussi dans cet établissement une belle copie en bronze du Moïse, de Michel Ange, et une du Milon le crotoniate, du Puget.

L'absence de toute antiquité égyptienne dans les collections que nous décrivons eût formé une lacune que M. de Becdelièvre et ses collégues ont prévue : parmi les objets appartenant à cette période qu'ils se sont procurés, on remarque un Harpocrate en bronze dont la base est couverte d'hyérogliphes; plusieurs pièces de lapis sur lesquelles sont sculptées des divinités dites primitives, des amulettes, des scarabés; et une belle momie, dont la tête est exposée à découvert et laisse remarquer la dernière expression d'une agonie âgée de trente siècles. Cette momie a été offerte au musée par M. Prosper de Parron.

Enfin, à une époque où le moyen-âge, mieux connu, mieux apprécié, excite parmi nous une admiration qui tient de l'enthousiasme, il fallait bien que les conservateurs du musée de la Haute-Loire offrissent un aliment à cette sorte de passion, et nous pouvons affirmer que les siècles chevaleresques sont fort heureusement représentés dans cette dernière section, M. Dusommerare ne désavouerait pas ici le choix des amateurs du Puy. La collection byzantine et gothique du musée se compose de fragments divers ayant appartenu à des églises et autres monuments détruits : comme tombeaux, colonnes, chapiteaux, bas-reliefs, épées, cuirasses, gantelets, pertuisanes, armes à feu des premiers temps. On y remarque aussi des reliquaires et des ivoires d'un travail exquis; un oliphant du XIIe siècle bien conservé; une belle chaire d'abbé, ouvrage de la renaissance; et parmi quelques beaux meubles du XVe siècle, un buffet couvert de sculptures d'une finesse extrême, et un grand fauteuil non moins bien sculpté, qui porte les armoiries de la maison de Polignac, l'une des plus anciennes sans doute, mais assurément la plus adulée du pays. Enfin, dans cette collection, se trouve un des éperons dorés que Raymond, comte de Toulouse, partant pour la première croisade, attacha en *ex voto* à l'autel de l'illustre abbaye de la Chaise-Dieu, gage chevaleresque de la piété profonde avec laquelle les seigneurs entreprenaient cette expédition aventureuse, préparée peut-être par une pensée plus politique que religieuse.

On a pu conclure du résumé que nous terminons qu'il s'attache à la ville du Puy une multitude de souvenirs d'un puissant intérêt; et que, dans sa situation présente, l'essor scientifique de ses notabilités, le mouvement industriel qu'il a imprimé, la propagation des connaissances utiles aux classes laborieuses, enfin tout ce qui marque une civilisation en travail de progrès, place cette cité au nombre de celles qui peuvent donner un démenti effectif au jugement sévère porté par M. Charles Dupin sur l'instruction des peuples de l'Auvergne. Malheureusement, le défaut de communications suffisantes rendra tardive la prospérité du département de la Haute-Loire et de sa capitale; la route de Clermont et celle de Lyon sont les seules grandes voies qui traversent cette ville, où nulle rivière navigable ne contribue à diminuer la difficulté des relations commerciales. Aussi, malgré les fastes que nous avons décrits, la population du Puy ne s'élève-t-elle qu'à 15,000 âmes au plus. Il faudrait que le gouvernement aidât extraordinairement les autorités locales pour que ce chiffre tendît à s'augmenter par l'unique cause qui détermine l'accroissement des populations, leur destinée prospère [1].

---

[1] Pour les mœurs, usages, coutumes particulières du Puy; pour la situation actuelle de l'industrie et du commerce dans cette ville; enfin, pour son état politique et les améliorations qu'il réclame, voyez le résumé général, à la fin de cette première section.

CHAPITRE IV.

Vals et la maison des Jésuites. — Espailly, son territoire, ses *orgues*. — Le *Rioux-Pezoulioux*. — Pierres fines charriées par ce ruisseau. — Château d'Espailly; son origine; épisode de la reconnaissance de Charles VII comme roi de France. — Autres détails historiques sur le château et le bourg d'Espailly. Le Mont-Denise. — Coup-d'œil pittoresque sur la vallée du Puy. — Le plateau et le château de Polignac. — Origine de la famille de ce nom. — Inscription de l'empereur Claude. — Le *masque d'Apollon*. Discussion sur les antiquités de Polignac. — Description des ruines du château. — Précis historique sur la seigneurie et les seigneurs de Polignac. — MM. de Lévis, parents de la Vierge Marie. — Nouvelle croisade. — La lance dont les Juifs s'étaient servis pour percer le sein de Jésus-Christ. — Hercule de Polignac mortellement blessé. — Réflexion d'un Sarrazin à ce sujet. — Singulière destinée des familles de Polignac et Lafayette. — Louis XI donne ordre à Gilbert de Lafayette d'arrêter le vicomte de Polignac. — Son arrestation. — Le sir de Lafayette obtient les bonnes grâces de Mlle de Polignac. — Il l'enlève. — On les unit. — Assassinat du comte d'Apchier dans la cathédrale de Mende. — Combat dans l'église. — Le fils du prince de Polignac visite le château de ses pères, en 1830. — Repas sur l'herbe offert par ce prince. — Église du village de Polignac. — Sa description. — Pierre funéraire enclavée dans la muraille. — Inscription et bas-relief.

En pénétrant avec rapidité dans la capitale du département de la Haute-Loire, si curieuse, si intéressante sous divers rapports, nous avons passé trop vite devant la commune de Vals, appartenant au canton du Puy, et située à moins d'une demi-lieue sud-ouest de la ville. Ce village renfermait autrefois un couvent d'Augustines, dont l'église a été érigée de nos jours en succursale. Dans les bâtiments de cet ancien monastère, restaurés et agrandis, une nombreuse société de Jésuites a trouvé un refuge, depuis que les institutions de 1830 ont assigné des limites au prosélytisme de cette congrégation. Les bons Pères de Vals, qui ont choisi, en habiles appréciateurs de l'esprit local, l'espèce de Thébaïde dans laquelle ils se sont confinés, y jouissent d'une existence paisible et sans doute exempte des tentatives d'ultramontanisme ambitieux dont un autre régime avait favorisé l'élan. On visitait autrefois, en ce lieu, l'ermitage de *Saint-Benoît*, situé dans une position trop pittoresque pour favoriser les inspirations de la vie contemplative : on a bâti sur son emplacement une maison de campagne. Dix moulins à blé, alimentés à Vals par le cours du Dolaison, répondent aux besoins de la ville du Puy.

Le bourg d'Espailly est situé presqu'au nord et à moins d'une demi-lieue du Puy. Les maisons qui le composent forment une ceinture de constructions assez laides, à la base d'un rocher de brèche volcanique, sur lequel on ne voit plus que quelques vestiges d'un château fort, dont nous parlerons bientôt.

Derrière cette roche et dans la même direction, se trouve une autre éminence ; et sa coupe, vers le sud, présente, par la disposition des colonnes naturelles de basalte, une réunion de lignes verticales qui figurent assez bien les tuyaux d'un jeu d'orgues : aussi a-t-on nommé ce caprice singulier de la nature, *les Orgues d'Espailly*.

Un peu plus au nord, s'élève presqu'à pic, le mont Denise, dont les carrières, exploitées, dit-on, depuis un temps immémorial, fournissent une brèche de médiocre qualité pour la bâtisse.

Espailly occupe la rive droite de la Borne, qui baigne le pied du rocher sur lequel était bâti le château. En descendant l'espace de quelques toises, le cours de cette rivière, dont les eaux limpides coulent sur des galets de basalte, on rencontre le Pont d'Estroilhas, près duquel eut lieu, en 1591, le combat de quatre contre quatre, où périt le baron de Saint-Vidal [1]. Les débris d'un autre pont sans doute beaucoup plus ancien, se remarquent entre les orgues d'Espailly et le bourg. Si, comme on pourrait l'inférer d'un grand nombre d'objets antiques découverts sur ce territoire, il y exista des établissements romains d'une certaine importance, peut-être est-il permis de faire rapporter la construction de ce pont à cette époque héroïque. Mais ce que le temps a laissé subsister des anciennes piles est tellement dépourvu de caractère, qu'il nous semble difficile d'asseoir une opinion à cet égard.

La commune d'Espailly est traversée par un petit ruisseau nommé le *Rioux-Pezoulioux*, où l'on trouve quelques pierres fines dont les géographes ont beaucoup trop vanté la valeur. Il est vrai toutefois que ce filet d'eau, ou plutôt le terrain volcanique sur lequel il coule, est le seul gisement connu en France d'une pierre plus dure que le quartz, et de la sous-espèce désignée par Brongniart *zircorn-hyacinthe*. C'est à tort qu'on lui donne sur les lieux le nom de *grenat*: sa forme générale est celle d'un prisme à quatre pans, terminé par une pyramide à quatre faces rhomboïdales, qui correspondent aux arrêtes du prisme. Mais pour se procurer des zircorns d'une belle qualité, il ne faut pas les acheter aux paysans d'Espailly : ceux qu'ils trouvent dans le lit même du ruisseau ont les facettes et les angles usés; leur éclat est presqu'éteint. « Les voyageurs qui ne sont que curieux, dit M. Deribier, se contentent de ceux-là; mais le naturaliste instruit du vrai gisement des *zircorns*, s'empresse de s'y faire conduire; armé d'un marteau, il brise des fragments, plus ou moins gros, d'un tuf basaltique ou d'une lave en décomposition qu'il trouve épars sur la rive droite du *Rioux-Pezoulioux*; et il est rare qu'avec un peu de constance il ne parvienne pas à découvrir quelques-unes de ces pierres. La *telesie-saphir-bleu* se trouve aussi dans le terrain que traverse le ruisseau d'Espailly mais elle est plus rare que le zircorn, et d'un prix bien supérieur [2].

Le château d'Espailly, qui n'existe plus que dans les annales historiques, avait été commencé, vers le milieu du XIIIe siècle, par Guillaume de

---

(1) Voyez notre *Précis historique sur le Puy*.
(2) Voyez la *Description statistique de la Haute-Loire*, pages 85 et 86.

la Roue, évêque du Puy, et terminé, à la fin du quinzième, par Jean de Bourbon, aussi évêque du Puy. En 1394, au mois de mars, l'infortuné Charles VI, qui prosternait alors son insanité mentale aux pieds de toutes les madones, étant venu au Puy, fut régalé magnifiquement au château d'Espailly par Ithier de Martreuil, alors titulaire de l'épiscopat du Velay. Le successeur de ce monarque, encore dauphin, et forcé de chercher un refuge en Languedoc, demanda plus d'une fois l'hospitalité à l'évêque du Puy, dans son château fort d'Espailly. Il s'y trouvait en 1421, lorsqu'il apprit que Gilbert de Lafayette, seigneur du pays, venait de défaire le duc de Clarence, lieutenant-général du roi d'Angleterre, à la bataille de Beaugé, en Anjou. Ce fut à Espailly qu'on présenta à ce prince les drapeaux conquis dans cette journée, et dont il fit hommage à la cathédrale du Puy. Long-temps ces bannières restèrent suspendues à la voûte de cette église; mais elles en furent enlevées vers 1782; on les porta alors aux archives, et durant la révolution, elles disparurent, sans qu'on ait su depuis ce qu'elles étaient devenues [1]. En Angleterre les trophées conquis sur les Français ne se perdent point.

Charles était encore à Espailly, avec Marie d'Anjou et un grand nombre de seigneurs, au mois d'octobre 1522. Déjà les hautes montagnes environnantes étaient couvertes de neige; les sentinelles, sur la muraille crénelée, sentaient leurs doigts se glacer dans le gantelet de fer; tandis que les officiers du dauphin, dans une salle abondamment chauffée, risquaient au jeu de dés, le peu d'or que les guerres prolongées leur avaient laissé, sauf à recourir au bon vouloir onéreux des Juifs, pour continuer de se faire tuer avec honneur. Charles, galant passionné avec les dames de sa cour, mais époux indifférent et froid auprès de la dauphine, dont les charmes, l'esprit et les vertus méritaient un tout autre sort; Charles, disons-nous, devisait de chasse, de fêtes, de jeux, au milieu de ses courtisans intimes. Vainement Tanneguy du Châtel, Louvet, Clermont, Saintrailles, le jeune Dunois et quelques autres s'efforçaient-ils, à la sollicitation de Marie d'Anjou, de ramener l'entretien à des sujets plus graves, et surtout à la nécessité d'une attitude martiale qui fît penser aux Anglais que l'héritier du trône n'accédait pas au honteux traité qui le déshéritait; énervé ou découragé, le dauphin ne songeait point alors à combattre : sans accepter son triste sort, il s'y laissait aller nonchalamment.

---

(1) Peut-être quelque Démocrate du Puy imita-t-il la société populaire de Montargis, qui brûla, en 1793, une bannière prise, sous Charles VII, au comte de Warwick, par le célèbre Dunois, afin de faire disparaître un témoignage humiliant pour l'Angleterre, *terre classique de la liberté*. Six mois après, les Anglais étaient dans les rangs de nos ennemis. (*Anquetil, règne de Charles VII.*)

Ainsi s'écoulaient les journées de ce Valois à Espailly, lorsque, dans la soirée du 25 octobre, un courrier lui apporta la nouvelle de la mort du roi Charles VI, arrivée cinq jours auparavant [1].

Charles VII était sensible, bon, et point du tout accessible au ressentiment : on lui avait fait beaucoup de mal au nom de son père; mais nonobstant ce qu'il avait souffert, ce qu'il souffrait encore, par suite du funeste traité d'Arras, il pleura beaucoup en apprenant la mort de Charles VI : l'amour filial ne s'éteint, à la voix de l'intérêt, que dans les mauvaises âmes. Charles se couvrit le même soir d'une robe noire, et fit chanter un *De Profundis* dans la chapelle du château. Mais le lendemain, d'après l'avis de son conseil, il prit le deuil royal, consistant en une robe violette : les rois, lui avait-on dit, ne doivent jamais quitter la pourpre. Alors les hérauts revêtirent leur costume blasonné; tous les chevaliers présents à Espailly s'armèrent brillamment, comme pour une joûte courtoise, ceignirent leur écharpe blanche, et l'on se rendit à la chapelle, encore tendue de noir. Après l'office, on leva la bannière de France; elle fut agitée sur la tête du prince, et tous les assistants crièrent *Vive le roi!* On rapporte que l'un des chapelains ayant ajouté : *et que son père Charles VI repose en paix*. Tanneguy du Châtel le réprimanda avec sa rudesse ordinaire. Charles VII lui imposa silence; puis se tournant vers le prêtre, il dit avec douceur : « Je vous suis obligé, mon Père, de ce que, dans cet instant de réjouissance, vous me faites souvenir en liberté que je dois mourir un jour, comme le roi mon père et seigneur est mort ».

Cette bannière fleurdelisée qu'on venait d'agiter sur la tête du jeune monarque, ne pourrait pas de long-temps flotter librement dans les plaines de notre belle France; l'étendard d'une simple bergère devait auparavant ouvrir à cet insigne royal le chemin de la victoire; et Charles VII ne serait roi en effet, que quand Jeanne d'Arc aurait assuré le diadème sur son front. Néanmoins, on visite avec émotion les ruines de cette chapelle où fut accomplie la reconnaissance si simple, mais si chevaleresque d'un roi de France; et le rocher couvert de vestiges a encore des voix qui parlent à l'imagination du poète. Car c'était une poétique époque que le XVe siècle.

Charles VII, après avoir été salué roi à Espailly, se rendit à Poitiers, où il fut couronné.

---

[1] C'est par erreur que M. de Barante, dans son *Histoire des Ducs de Bourgogne*, rapporte que cette nouvelle fut apprise par le Dauphin au château de Mehun-sur-Yèvre, en Berry. Ce château, commencé sous le règne précédent, était loin d'être terminé; il ne le fut que dans le courant du XVe siècle. D'ailleurs, Anquetil et d'autres historiens, particulièrement ceux du Languedoc et du Velay, disent positivement que Charles VII fut salué roi à Espailly, etc.; il existe au Puy des manuscrits qui confirment ce fait.

En 1423, ce monarque, ayant résolu de recevoir en personne le serment de fidélité de ses sujets, et voulant leur épargner des frais de voyage, assigna pour rendez-vous à ses vassaux du Languedoc, le château d'Espailly. Il s'y rendit le 1er janvier, et y reçut l'hommage de tous les seigneurs de cette province, ecclésiastiques et séculiers. En 1425, les états-généraux de Languedoc s'assemblèrent dans ce château : ce fut là qu'ils accordèrent au roi un subside de 200,000 livres, payables en quatre termes, pour l'aider à combattre les Anglais.

Durant la guerre dite du bien public, Jean de Bourbon, évêque du Puy, avait accédé à la rebellion des princes contre l'autorité de Louis XI. Le bourg d'Espailly, alors fortifié et qui appartenait à ce prélat, reçut une garnison, et les portes de cette place furent fermées. Le seigneur de Clermont, lieutenant du gouverneur de Languedoc, ayant été averti de ces dispositions hostiles, fit marcher contre Espailly le sire Rauffec de Balzac, sénéchal de Beaucaire, qui ajourna les habitants de ce bourg, à heure fixe, pour venir prêter, entre ses mains, serment de fidélité au roi. L'évêque était dans le château ; ses vassaux l'ayant consulté sur ce qu'ils devaient faire, en reçurent la défense de s'engager par aucun serment, sinon envers lui ; et à cette occasion, il leur prescrivit de jurer sur l'évangile qu'ils continueraient de lui obéir fidèlement. Puis Jean de Bourbon fit monter au château une garnison composée d'habitants du bourg. Averti de ces circonstances, Rauffec de Balzac se rendit en personne devant la place, et la somma, au nom du roi, de lui ouvrir ses portes. Le trésorier de la cathédrale du Puy, neveu de l'évêque, qui apparemment commandait à Espailly, refusa de se rendre, et se retira au château. A peine fut-il parti, que les habitants, craignant de ne pouvoir résister aux forces du sénéchal, l'introduisirent dans le bourg. Tandis qu'il y entrait, un coup de canon, tiré du fort, blessa un homme près de lui. Cependant ce seigneur somma le château de se rendre ; nouveau refus de Pierre Very, qui le commandait. Mais après cinq jours d'assaut, ce capitaine ayant été frappé mortellement d'un trait, les assiégés demandèrent à entrer en pourparlers. Les négociations s'ouvrirent, dans une maison du bourg, entre le neveu de l'évêque et de Balzac ; et la forteresse fut livrée au sénéchal, qui s'empressa d'y mettre une forte garnison.

Depuis cet événement, l'histoire du château d'Espailly fut celle de toutes les places fortifiées du pays : il passa successivement dans les mains des religionnaires ou politiques, des partisans de la ligue et des royalistes. L'évêque du Puy, Guillaume de Sénectère, devenu ligueur, s'y retira, et fit ajouter à ses moyens de défense. Mais ce château ayant été enlevé aux ligueurs, et ceux-ci étant parvenus à le reprendre, ils en firent sauter les fortifications en 1590, sur l'ordre du baron de Saint-Vidal, de peur que les royalistes ne vinssent à ressaisir ce fort qui, par sa proximité du Puy, pouvait causer de perpétuelles inquiétudes aux habitants de cette ville. Cependant le capitaine Chambaud s'y logea avec deux ou trois compagnies, l'année suivante, et releva quelques fortifications. Mais bientôt assiégé par les troupes de la ligue, cet officier ne put tenir dans ces remparts mal réparés. Les ligueurs ayant occupé de nouveau Espailly, achevèrent de le démanteler : c'en fut fait de ses splendeurs et de sa puissance. Dès la fin du règne d'Henri IV, on ne voyait plus en ce lieu qu'un roc aride, lézardé par la mine, et que les chèvres seules gravissaient pour y brouter une herbe rare et brûlée. Si vous montez péniblement sur cette roche basaltique, veuve du château qui la couronnait, votre œil rêveur retrouve encore un des piliers de la chapelle, renversé, mais dont l'actif salpêtre n'a pu désunir les pierres, tant elles sont fortement liées ensemble. L'oiseau des nuits croasse là où la noblesse française, brillante d'armures et de chaînes d'or, salua jadis un nouveau roi ; et le reptile se glisse entre les herbes sauvages, au lieu où se posa le petit pied des dames de la cour de Marie d'Anjou.

A en juger par la tristesse de ses habitants et par les regards attendris qu'ils jettent sur les ruines du château, le bourg d'Espailly aurait vu finir sa prospérité avec le servage que lui imposait la féodalité. Les nobles vassaux de l'évêque, en quittant les modestes manoirs qu'ils occupaient au pied du roc où régnait leur suzerain, ont assurément desserré le joug des *Vilains*, qu'ils molestaient même en les protégeant ; eh bien ! les descendants de ces hommes façonnés à l'esclavage ont fait d'une existence plus large un apprentissage qui ne les avait pas encore rendus aptes à devenir libres, lorsque le tocsin d'une orageuse liberté sonna sur leur tête. Voici une remarque que l'observateur attentif fera en parcourant l'ancien Velay : partout où quelque puissance féodale fit peser jadis sa domination, on retrouve, non pas seulement des souvenirs, mais aussi des regrets se rattachant à ce régime. Cela nous a frappés à Espailly, à Polignac et dans plusieurs localités. La révolution, en passant sur ces contrées, y a fait luire quelques éclairs d'enthousiasme, y a fécondé des gloires nationales ; mais les premiers ont été éphémères ; les dernières laissent peu de traces dans la mémoire du peuple rural, et les vieilles illustrations héraldiques l'occupent encore. On dirait que le paysan de la Haute-Loire, tout en se livrant au travail selon ses libres penchants, pour le bien-être direct de sa famille, a toujours un bras prêt à recevoir les chaînes que la foudre révolutionnaire a brisées.

Si l'on sort du Puy presque au nord, en laissant Espailly à l'ouest, on gravit lentement le flanc escarpé du mont Denise, sur lequel l'art a conquis toutefois la route, aujourd'hui très-praticable, de Clermont. Lorsqu'on est parvenu à moitié de la montagne, le regard embrasse un admirable point de vue en se tournant vers la vallée qu'on vient de quitter : devant soi, s'élève en amphithéâtre la ville, couronnée de sa vieille cathédrale, que surmonte le fantastique rocher de Corneille[1], dont un petit bois verdit le pied, au nord-est. A droite, le vallon du Puy, diapré de toutes les nuances d'une active végétation, montre ses plans inclinés, sur lesquels semblent se pencher de nombreuses bastides, comme pour se mirer dans la Loire et dans le Dolaison. A gauche et au-dessus du rocher pyramidal de Saint-Michel, se déroule un triple plan de montagnes du plus magique effet, observées aux premiers rayons d'un soleil d'automne : les plus rapprochées, sombres encore, se profilent en repoussoir austère sur les secondes, dont les flancs marneux, qu'éclaire déjà l'astre naissant, tranchent par un ton jaunâtre avec le premier système, tandis que le troisième dessine vaguement ses sommités dans la brume matinale, qui ne les laisse entrevoir qu'à travers une gaze grisâtre. La pensée s'alanguit délicieusement devant ce tableau réduit des Alpes grandioses : tableau sur lequel les vieux siècles sont venus jeter quelques traits qui s'y harmonient bien, lorsque la vue fait abstraction de quelques constructions modernes, révélant un goût peu soucieux de son désaccord avec l'effet général.

En continuant de monter[2], on découvre bientôt, au nord et à trois quarts

---

(1) Une forte partie de cette masse basaltique s'est détachée pendant une nuit pluvieuse de septembre 1839 ; elle a écrasé une partie des bâtiments de l'hôpital ; heureusement personne n'a péri. Mais le rocher de Corneille, suspendu au-dessus de la ville du Puy, semble la menacer sans cesse, et la nature seule dispose ici d'un autre fil de Damoclès.

(2) Nous avons cru devoir exclure de notre texte la mention d'une sorte d'antre creusé dans la brèche, et qui reçoit un habitant dont le cerveau échauffé l'a porté à se reléguer là en qualité d'ermite. Les paroles, les actions et les écrits de ce nouveau solitaire réclameraient une désignation précise pour indiquer l'anomalie mentale qui le domine ; mais de temps en temps, l'homme du monde se révèle chez le misanthrope du mont Denise : il y a quelque temps, saisi d'une velléité plus ambitieuse qu'inhérente à la vie contemplative, il quitta sa grotte, et se rendit à Paris avec son costume semi-pèlerin semi-monacal. Notre cénobite fit sensation dans les rues, on peut se douter à quel titre. Ce premier succès excita son ambition ; il se promena au Palais-Royal, et Chaudruc Duclos eut un rival. On suivit le Velaisien enfroqué ; on fit foule autour de lui ; peut-être allait-il avoir de la célébrité ! dans notre impressionnable capitale, on peut en obtenir à moins. Mais les sergents de ville, gens peu romantiques par état, prirent à partie la vogue naissante de ce promeneur étrange, et le conduisirent à la salle *Saint-Martin*. Heureusement, le pauvre voyageur, très-honnête homme au fond, put se faire réclamer promptement, et l'on présume qu'il regagna sa grotte, bien guéri de l'envie de s'inscrire parmi les singularités phénoménales du XIXᵉ siècle.

CHÂTEAU DE POLIGNAC.

PUBLIÉ PAR SUIREAU, À NANTES.

de lieue du Puy, un autre spectacle admirable. A son premier aspect, l'observateur peut juger jusqu'à quel point ce moyen-âge, long-temps traité de barbare, comprenait mieux que les siècles qui lui ont succédé, l'harmonie des œuvres de l'homme avec celles de la nature. Un vaste plateau de brèche volcanique, coupé à pic sur toutes ses faces, excepté au nord, et vigoureusement nuancé de chaudes teintes, semble avoir surgi d'une vallée assez profonde, comme un immense piédestal; sa hauteur, à partir du fond de la vallée, est d'environ six cents mètres au-dessus du niveau de la mer. C'est sur ce plateau, dont la configuration et l'élévation étonnent le regard, qu'un haut baron du Velay, le vicomte de Polignac, fit construire sa demeure seigneuriale, en homme habile à profiter d'une telle situation pour rendre son pouvoir redoutable, en ajoutant au prestige de la naissance et du rang l'appareil des tours et des murailles crénelées. Quant à l'époque de cette première construction, nous ne pouvons qu'imiter la réserve de l'historien jaloux d'appuyer ses assertions sur des témoignages authentiques, et rien, d'après ces témoignages, n'est antérieur au XIe siècle dans ce qui reste du château de Polignac. On sait, il est vrai, que la famille de ce nom se prévaut d'une illustration beaucoup plus ancienne ; mais, en cela aussi, les preuves manquent : le tableau de la filiation de cette famille, que nous avons sous les yeux, désigne Armand, premier vicomte de Polignac, comme ayant vécu en 1053. Il est constant, toutefois, que ce même Armand Ier vivait dès l'an 1031 ; car une charte de cette année porte qu'il souscrivit alors à une donation faite au monastère du Puy. Des historiographes complaisants invoquent bien, à titre d'autorité historique, le partage, en faveur des vicomtes de Polignac, du droit de battre monnaie accordé en 924, par le roi Raoul, aux évêques du Puy ; mais rien ne prouve que ce partage soit authentique ; et nous ne pouvons reconnaître que des preuves apocryphes dans tout ce qu'on a avancé sur les Polignac d'antérieur à cette époque. Néanmoins, avant de reléguer parmi les fables les traditions orales ou écrites qui rendent cette famille contemporaine de Saint Georges, voire même de Jules César, nous allons reproduire les différentes opinions émises sur l'antiquité du château qui nous occupe, et dont plusieurs historiens ou archéologues se sont occupés avant nous.

Il se trouve sur le plateau de Polignac deux objets d'une antiquité généralement reconnue : le plus précieux de ces objets est un morceau de grès portant trente-deux pouces de large sur dix-huit de haut, et ayant été employé dans une construction ; cette pierre offre l'inscription suivante :

TI CLAVDIVS CAES
AVG GERMANIC
PONT MAX TRIB
POTEST V IMP
..XI PP COS IIII [1].

Cette pierre, selon l'abbé Lebœuf, se trouvait à l'angle extérieur d'un grand bâtiment voûté qui n'était autre chose d'après le même antiquaire, qu'un ancien cellier; elle y était placée à la hauteur d'environ neuf pieds. Aujourd'hui, elle se trouve exposée aux injures de l'air, sur une muraille en ruines. Le second objet, dont l'antiquité nous semble moins constatée, quoiqu'il ait donné lieu à de plus amples inductions, est un *masque*[2] grossièrement sculpté sur un bloc de grès ayant trois pieds huit pouces de large, sur trois pieds de haut : le derrière de la figure, brut et aplati, n'a jamais eu la forme arrondie d'une tête d'homme, et n'a pu conséquemment appartenir à aucune statue. La bouche est figurée par un trou qui traverse le bloc; on remarque sur les côtés des mèches de cheveux, et le menton est garni d'une épaisse barbe. Malgré ce dernier attribut, plusieurs savants, entre autres Faujas de Saint-Fond, Gruter et M. Mangon de Lalande, ont cru reconnaître dans cette sculpture un *masque d'Apollon*; et se laissant caresser par une idée toute poétique, ils ont conclu de la présence de ce masque barbu et de l'inscription romaine qu'un temple dédié au Dieu de l'Harmonie devait avoir existé sur le plateau de Polignac. A travers l'épopée qu'il s'était créée, Gruter a cru voir le fameux masque environné de

---

(1) M. Mangon de Lalande traduit :

Tiberius Claudius Cæsar,
Augustus, Germanicus,
Pontifex maximus tribunicia
potestate V, imperator
XXI. Pater patriæ, consul IV.

Tibère Claude César,
Auguste, vainqueur des Germains,
grand pontife dans la 5ᵉ puissance
tribunitienne, père de la patrie,
général des armées pour la 21ᵉ fois,
consul pour la 4ᵉ.

Il faut remarquer que le premier X, devant former XXI, est presque entièrement effacé ; mais l'espace qu'il laisse, permet de supposer qu'il a existé. L'histoire de l'empereur Claude fait cependant douter qu'il ait commandé tant de fois les armées.

(2) Il était abandonné dans un coin de l'esplanade, au bord d'un terrein labouré, et à moitié couvert de groseilliers sauvages ; c'est M. le vicomte de Becdelièvre qui l'a fait relever pour le dessiner. Un plâtre de ce masque se voit au musée du Puy.

rayons qui auraient été dorés. Assignant toutefois des limites à son illusion enchanteresse, cet historien repousse, comme ridicule, l'opinion que le nom même de Polignac vienne de celui d'Apollon : *Apolliniacum;* et sur cela, l'abbé Lebœuf est de son avis. En effet, une circonstance que Gruter ignorait sans doute, c'est que, dans les plus anciens titres, le château est appelé *Podemniacum.* Faujas de Saint-Fond s'emparant de ce mot, en appuie son opinion sur l'ancienne existence du temple d'Apollon : il prétend que l'origine du nom de Polignac était *Podum-Niacus* et que ce dernier mot pouvait se décomposer ainsi : *Pod-omniacus,* en prenant *Pod* comme abrégé de *podium, éminence, élévation* [1], et *omniacus* pour *ominiacus,* qu'il fait venir d'*omen, présage, augure, pronostic.* Mais tout cet échafaudage de suppositions repose sur celle que le nom ancien du château et de la famille était *Podomniacus;* tandis que ce nom est, dans les plus anciens actes, *Podemniacus* : ce qui ne signifie plus du tout *montagne de présage ou d'oracle.* D'ailleurs, toute incertitude sur l'orthographe du mot doit cesser en présence d'une charte de 1273, encore existante, et signée *Armandus de Podemniaco.*

L'abbé Lebœuf, observateur judicieux, n'avait pas attendu ces explications pour se prononcer contre l'existence du temple : voici le raisonnement de ce savant, et nous verrons qu'il a été confirmé tout récemment. « Ni la tête, ni l'inscription ne sont originaires de Polignac : l'une et l'autre viennent sans doute de la ville de *Ruessio* ou *Ruessium,* ancienne capitale des *Vellavi,* aujourd'hui Saint-Paulien, et éloignée de Polignac seulement d'une lieue. Lorsqu'on bâtit la ville du Puy, à deux lieues de Saint-Paulien, on y transporta beaucoup de débris des temples, des tombeaux et des autres antiquités de cette capitale; il est très-possible qu'on ait laissé à moitié chemin le masque et l'inscription; les seigneurs du château s'en seront emparés, et les auront fait incruster dans les murs, comme ils voyaient qu'on avait incrusté au Puy d'autres antiquités de *Ruessium.* On aura ensuite inventé toutes les fables qu'on a débitées sur ce prétendu oracle d'Apollon, sur le voyage de l'empereur Claude à Polignac, parce que cet empereur était natif de Lyon, et mille autres imaginations qui sont encore en vogue dans le pays [2]. »

Cependant les partisans du culte d'Apollon sur le plateau de Polignac, outre

---

(1) Le mot *Puy* a la même origine : de là, le Puy en Velay, le Puy-de-Dôme, et toutes les montagnes dont la désignation générale est Puy.

(2) *Histoire de l'Académie des Inscriptions.* Voyez aussi, pour l'opinion de Faujas de Saint-Fond, l'*Histoire des Volcans éteints du Vivarais et du Velay;* et pour celle de Gruter, l'*Histoire du Languedoc,* t. III.

la tête et l'inscription antiques, trouvent sur ce rocher des débris du temple jadis consacré à cette divinité païenne : par exemple, une excavation appelée vulgairement *l'abîme* ou *le précipice*, dont l'entrée ressemble à celle d'un large puits, taillée dans le rocher à la partie orientale du plateau, aurait servi aux mystères du paganisme; tandis que sur une ouverture ronde et beaucoup plus petite, le masque d'Apollon, adapté à cette même ouverture, aurait donné issue aux oracles du dieu par la bouche béante que présente ce masque. En adoptant cette opinion, une salle souterraine d'environ sept mètres carrés, qui se trouve à vingt pieds de profondeur, et à laquelle communique la petite citerne, devient un *sacellum* où se tenaient les prêtres d'Apollon. Enfin, une partie des bâtiments du château, maintenant en ruines, offre à nos savants prévenus le caractère d'une construction romaine.

Mais on a objecté, avec beaucoup de raison, que *l'abîme* ou le *précipice*, autrefois profond de 200 pieds, maintenant réduit à 55 ou 60 par les objets qu'on y a jetés [1], pouvait être une citerne creusée dans ces vastes proportions pour suffire long-temps aux besoins d'une garnison assiégée ; ou peut-être une sorte de silo destiné à recevoir des grains pour la nourriture de cette garnison. Quant au prétendu *Puits de l'oracle*, on y voit encore la trace des armatures en fer qui le garnissaient; les pierres qui en bordent l'ouverture sont usées par le frottement des cordes ayant servi à monter les sceaux. Pour achever le désenchantement, une auge essentiellement prosaïque et dont l'usage ne peut être douteux, se trouve près de la citerne, et recevait l'eau qu'on avait tirée. En visitant le *sacellum* de nos antiquaires enthousiastes, on voit une salle souterraine voûtée *en ogive*; et quoiqu'elle soit séparée en deux parties par cinq arcades à plein cintre, il est difficile de méconnaître, dans l'ensemble de sa construction, le travail du xve siècle. La forme des piliers carrés, épannelés et comme cannelés sur leurs angles; la coupe des claveaux, le caractère de la voûte, le système de maçonnerie, tout décèle une bâtisse du moyen-âge ; et nous croyons avoir assigné à celle-ci une époque un peu reculée. Toutefois, la salle peut être plus ancienne; mais dans ce cas, elle a été presque entièrement reconstruite: nous soupçonnons même que les arcades pourraient être du xvie siècle ; ce qui expliquerait leur arcature à plein cintre. Avec la meilleure volonté possible, on ne peut reconnaître aucun vestige

---

(1) Les autorités du Puy, sur l'invitation de M. le vicomte de Becdelièvre, ont, dit-on, sollicité et obtenu une allocation particulière pour faire déblayer *le précipice*, et les partisans du culte d'Apollon sur le rocher de Polignac sont convaincus que des objets d'antiquité plus ou moins précieux seront trouvés dans cette profonde excavation.

d'antiquité dans cette salle souterraine, que nous avons examinée avec toute la bonne-foi d'une opinion encore indécise : c'est évidemment une citerne établie pour le service du château. Si l'on en doutait encore après un long examen, le doute cesserait à la vue de deux conduits, bouchés aujourd'hui, mais très-apparents, et qui servaient à conduire les eaux de pluie dans ce réservoir.

Voyons maintenant si la partie des ruines de Polignac que l'on croit avoir été primitivement un temple antique, peut justifier cette opinion : c'est au moins la plus ancienne des constructions qui ont existé sur le plateau, mais ce débris révèle au premier coup-d'œil son caractère byzantin. Il consiste en un tympan orné de rinceaux assez délicatement sculptés, et qu'on a accolé à des parties de bâtiment bien plus nouvelles. Or, le millésime du XIIe siècle serait gravé sur ce tympan, qu'il n'appartiendrait pas plus authentiquement à cette époque. Comment pourra-t-on donc reconnaître les vestiges d'un édifice romain à Polignac? Y a-t-on trouvé des statues, des fragments de frise, des tronçons de colonnes, des restes de leurs chapiteaux? En fouillant la mince couche de terre végétale qui recouvre le rocher, a-t-on recueilli des médailles, des briques, des tuiles, des débris de poterie, des objets ayant servi au culte d'Apollon ou à l'usage domestique des prêtres de ce Dieu, enfin, tout ce que les fouilles ont produit à Saint-Paulien, à Espailly, à Margeais, partout où l'existence des établissements romains ne peut être contestée? Rien n'a été découvert au lieu qui nous occupe : pas une parcelle d'urne, de vase, de lampe ou de lacrymatoire; pas un seul bronze, même des temps les plus bas. Et quelle apparence que toute trace d'antiquité ait pu disparaître ainsi de ce plateau, si un monument aussi important qu'un temple y eût existé? Nous dirons à cette occasion avec M. Prosper Mérimée, dont l'opinion est en cela conforme à la nôtre, « Attila, en passant sur ce rocher, n'y eût pas effacé aussi radicalement les traces de la grandeur romaine.

Continuons cependant de décrire les groupes de constructions éparses sur ces hauteurs, et qui peuvent avoir été réunis par des galeries. Le donjon, situé à l'extrémité nord du rocher, est une tour carrée, haute d'environ cent vingt pieds, et dont la base est rendue oblique, comme celle d'une pyramide, par un puissant contrefort. L'intérieur de cette tour présentait quatre étages, auxquels on montait par un escalier en hélice : le premier de ces étages seul était voûté. La partie supérieure du donjon offrait une plate-forme, maintenant écroulée, que bordaient de larges machicoulis. Dans les temps modernes, cette plate-forme était devenue une terrasse, sur laquelle une vieille femme [1],

---

[1] La famille de cette vieille femme, nommée *Roland*, habite depuis deux cents ans le plateau de

cicérone du château, se souvient d'avoir cueilli des fleurs dans sa première jeunesse. La foudre a frappé et lézardé la tour de Polignac, qui menace ruine dans plusieurs de ses parties; il est à craindre que l'on ait à regretter bientôt cet édifice, que les seigneurs du lieu avaient placé, avec une entente vraiment poétique, sur le bord du rocher, sans doute pour rendre plus imposant encore l'aspect de ce roc gigantesque par la vue d'un fort ajouté à sa hauteur, et le couronnant de sa forme martiale.

Les hauts barons du moyen-âge comprenaient merveilleusement l'effet moral des grandes masses sur une population qui ne reconnaissait que le pouvoir de la force matérielle; vouloir la persuader par le raisonnement, c'eût été perdre son éloquence; il était plus logique de l'étonner et la soumettre par un appareil formidable. La tour de Polignac, ainsi qu'en font juger ses fenêtres carrées, divisées en compartiments par une croix de pierre, n'est pas d'une époque antérieure au XVe siècle.

Les bâtiments d'habitation forment trois groupes sur le plateau : nous avons parlé du plus ancien : c'est-à-dire de celui auquel est accolé le petit tympan byzantin érigé en temple d'Apollon. Le second groupe des ruines, situé vers le sud du donjon, laisse supposer une construction plus moderne, quoique moins bien conservée. Enfin, le troisième groupe, qui occupe la partie inférieure et la plus méridionale du plateau, offre des fragments de construction encore assez considérables : c'était ce bâtiment qu'habitaient, avant la révolution, les vicomtes de Polignac, lorsqu'ils venaient passer quelque temps dans leur seigneurie. Ce n'est, dit-on, qu'en 1793, que ce corps-de-logis a été dévasté; il en reste quelques salles basses voûtées, avec d'immenses cheminées. Plusieurs pièces sises au-dessus, furent, selon toute apparence, des appartements de maîtres, à en juger par les accessoires d'utilité secrète qu'on remarque dans leur distribution. Ces dernières constructions paraissent appartenir au XVe siècle. Une muraille crénelée entoure le plateau de Polignac, et sur quelques points, enfonce ses fondations dans les fissures du rocher, pour y trouver un appui solide. De distance en distance, des tours rondes et des courtines font saillie sur cette enceinte; on y remarque des meurtrières destinées aux arquebusiers: quelquefois elles sont percées dans le manteau des machicoulis; ce qui permettait de tirer obliquement et de loin; tandis que les traits pouvaient tomber verticalement de ces machicoulis, au pied même de la forteresse. On ne pouvait arriver au

---

Polignac. Elle servait jadis les seigneurs de ce nom; elle laboure aujourd'hui le terrain sur lequel s'élevait leur château.

château que vers le nord, défendu, de ce côté, par une double enceinte, et l'on n'y parvenait qu'en suivant un chemin couvert, obliquement dirigé, se terminant à une formidable poterne munie d'un pont-levis, avec tous les accessoires nécessaires à la défense opiniâtre d'une porte. Sur ce point seulement, on avait pratiqué dans la muraille, sans doute au xvie siècle, des embrasures propres à recevoir de ces petites pièces d'artillerie qui, lorsqu'elles se retrouvent dans les vieux châteaux, nous font l'effet des jouets de notre enfance. Ce sont, en effet, des armes presque dérisoires pour ceux qui ont entendu tonner les pièces de position, dans nos places de guerre modernes.

L'histoire du château de Polignac se confond avec celle de ses possesseurs; nous allons essayer d'en offrir le résumé. Beaucoup de fables ont été débitées sur cette forteresse, indépendamment de l'ancienne existence d'un temple d'Apollon. Écoutez la tradition populaire : Jules César, au temps de la conquête des Gaules, s'efforça vainement de prendre Polignac : ce général en fut pour la perte de son temps et de ses dispositions stratégiques. Ni ses fameuses lignes de circonvallation, ni l'habileté avec laquelle il savait diriger une attaque, ne purent ébranler la constance *d'un vicomte de Polignac* qui défendait le château. Un vicomte de Polignac, 55 ans avant l'ère chrétienne ! vous comprenez, j'espère, qu'aucune illustration héraldique ne peut jouter avec celle-là, si ce n'est peut-être celle de MM. de *Lévis*, parents de la Vierge Marie [1]. Sans partager la croyance absurde du siége de Polignac par César, les habitants de la Haute-Loire consentent difficilement à reconnaître que l'existence de ce fort ne remonte pas aux premiers temps de la monarchie : c'est une erreur qu'on ne peut respecter, et nous croyons avoir prouvé que rien sur le plateau où gisent les débris que nous venons de décrire, n'est de construction antique. Suivons maintenant les phases de célébrité que les annales du Velay ont constatées sur la famille et le manoir de Polignac. Nous avons dit ailleurs que la filiation authentique de cette maison ne remonte pas au-delà du xie siècle, époque à laquelle vivait Armand Ier; cependant quelques historiens

---

(1) Il est constant que la famille de *Lévis*, malgré la différence d'orthographe qui existe entre son nom et celui de *Lévi*, a plus d'une fois émis l'étrange prétention de sa parenté avec la mère du Christ; ce qui a fait dire à un mauvais plaisant, en style de rébus, que M. de *Lévis* n'était pas arrêté *par une petite* S Noé, se rendant à l'arche, a dit un auteur *d'Ana*, emportait un gros ballot sur ses épaules. — Que portez vous donc là, lui demanda quelqu'un sur son chemin.—Ce sont les papiers de la famille de *Lévis*, répondit le patriarche.

ont admis que, dès le temps où Louis-le-Bègue laissa usurper des droits régaliens à une infinité de grands vassaux, les vicomtes de Polignac étaient du nombre, et que dans la suite, ils furent les premiers à rendre leurs dignités héréditaires. Si l'on adopte cette version, il n'y aura aucune difficulté à reconnaître que Guillaume-le-Pieux, duc d'Aquitaine, ayant joint à ce titre celui de comte d'Auvergne et de Velay, en 918, la vicomté ou lieutenance de ce pays fut accordée à un Polignac, qui se qualifia alors de vicomte. Quoiqu'il en soit, Armand Ier était déjà un seigneur puissant, au milieu du XIe siècle, puisqu'il put soutenir une guerre assez longue contre Pierre de Mercœur, évêque du Puy, pour des causes qui tenaient moins aux intérêts du ciel, qu'à ceux de la terre. Les armes du prélat l'emportèrent sur celles du vicomte : Polignac et les seigneurs du Velay, ses alliés dans ses démêlés avec la puissance épiscopale, furent vaincus. Nous ne reproduirons pas ici les dissensions qui existèrent à diverses reprises entre la maison de Polignac et le siège épiscopal ; nous dirons seulement que, par jalousie, intérêt ou vanité, ces deux puissances furent souvent en désaccord, à moins qu'elles ne fussent réunies dans la même famille, ce qui arriva plusieurs fois. Par exemple, Pierre de Mercœur, évêque du Puy, étant mort en 1073, Etienne de Polignac, déjà évêque de Clermont, se fit élire, par intrigue et par cupidité, dit un historien du Velay, à la place du prélat décédé. S'il est avec le ciel même des accommodements, le vicaire de Jésus-Christ en cette terre ne peut être intraitable ; aussi le nouvel évêque, quoique parvenu à cette dignité un peu frauduleusement, fit-il confirmer par le Pape la canonicité de son élection. Mais le Saint-Père ne tarda guère à se repentir de son indulgente investiture. Dans le 3e concile romain tenu à Clermont en 1076, Etienne fut excommunié, pour cause d'homicide et de simonie. Peu soucieux de l'excommunication fulminée contre lui, l'évêque du Puy se maintint sur son siége. Grégoire VII, alors investi de la suprême puissance spirituelle, envoya en France un légat qui réunit un nouveau concile à Clermont, en 1077, et ajourna Etienne de Polignac devant ce conseil sacré. Il ne s'y rendit point ; mais craignant d'être ignominieusement chassé, il assembla un jour ses chanoines dans la cathédrale, et promit solennellement, devant l'autel de la Vierge, d'obéir au légat, en s'éloignant de son siége. Ce serment ne l'empêcha pas de gouverner l'église du Puy, plusieurs années encore, en dépit des défenses réitérées du Saint-Père, et de l'anathème fulminé par le chef de l'église.

En 1095, Raymond de Saint-Gilles, comte de Toulouse, ayant pris la croix et se disposant à passer en Terre-Sainte avec un grand nombre de Chevaliers, qu'il promettait de stipendier, Héracle, frère puîné de Pons, vicomte de Polignac, se joignit à ce seigneur pour entreprendre cette première croisade. Nous ignorons si Héracle de Polignac partagea le vœu formé par le comte de Toulouse, de ne plus revenir dans sa patrie, et d'employer le reste de ses jours à combattre les infidèles ; mais la destinée disposa de sa vie dans cette expédition lointaine. Les croisés, bloqués dans Antioche par le Sultan de Nicée, dit M. Arnaud, historien du Velay, tombèrent dans un grand abattement, et les chefs de l'armée sentirent la nécessité d'employer des moyens extraordinaires pour relever leur courage. Or, un prêtre provençal déclara que Saint André, dans une apparition nocturne, lui avait appris que la lance dont les Juifs s'étaient servis pour percer le sein de Jésus-Christ se trouvait renfermée dans le principal autel de la basilique de Saint-Pierre d'Antioche, et que sa possession devait protéger les chrétiens contre tous les efforts des musulmans, si ce fer, selon le vœu de la Providence, était remis au comte de Toulouse, pour le porter dans les combats. La lance, cherchée avec une fervente solennité, se trouva, comme on le pense bien, au lieu indiqué, cachée dans la terre, à douze pieds de profondeur. La vue de ce précieux talisman ranima le courage des soldats de la foi ; ils demandèrent à grands cris le combat. Raymond profita de cette sainte exaltation : le 29 juin 1098, l'armée fut distribuée en douze corps ; dans le quatrième, commandé par Aymar de Monteil, évêque du Puy, Raymond d'Agiles, chapelain du comte de Toulouse, portait cette arme déicide, qui devait donner la victoire aux croisés. Ils avaient en tête le sarrazin Kerboga, roi de Mozul, dont l'armée était, dit-on, une fois plus nombreuse que la leur. Malgré cette supériorité numérique, l'infidèle fut défait, et les pieux guerriers ne dédaignèrent pas de recueillir un butin immense dans le camp des mécréants. On dit que la division de l'évêque fit, dans cette journée, des prodiges de valeur, sans avoir ni tués ni blessés, excepté pourtant Héracle de Polignac, qui tomba frappé mortellement sur l'étendard de l'église du Puy, qu'il portait. « Comment donc, dit le Sarrazin « vaincu en apprenant cette sinistre exception, la Providence des chrétiens « a donc ses caprices ! C'était bien le moins que la lance sacrée protégeât « la bannière d'un évêque. »

Nous retrouvons, en 1162, un vicomte de Polignac animé d'intentions infiniment moins pieuses que ce pauvre Héracle, mort en Terre-Sainte : dans le courant de cette année, Louis-le-Jeune, se trouvant à Souvigny, dut faire intervenir son autorité royale pour empêcher Pons et ses fils d'exiger des voyageurs un droit de passage, et de rançonner l'évêque du Puy. Ces seigneurs jurèrent de vivre en paix avec le prélat; mais ils enfreignirent bientôt leur promesse, et le monarque dut venir en personne dans le Velay pour mettre fin aux vexations qu'ils commettaient, particulièrement sur l'abbaye de la Chaise-Dieu. Pons, soutenu par les comtes d'Auvergne et du Puy, qui, de leur côté, ravageaient la ville et l'abbaye de Brioude, osa concevoir le projet de résister au roi, les armes à la main. Cette audace eut un malheureux résultat: Louis VIII battit les trois rebelles, les fit prisonniers, les emmena avec lui, et les jeta dans une prison royale. Selon son habitude, Pons[1] promit solennellement de se tenir tranquille, et selon son habitude aussi, il jura tout bas de n'en rien faire si son engagement, démenti mentalement, lui procurait la liberté. Ce fut ce qui arriva: les violences du prisonnier relaxé contre les églises du Velay recommencèrent presque immédiatement. Cette offense directe envers la majesté suprême devait mal finir pour le vicomte de Polignac: en effet, Pierre, évêque du Puy, s'étant rendu à la cour, en 1169, exposa devant son adversaire tous les griefs qu'il avait contre lui, et en demanda réparation. Ce seigneur, craignant de voir se rouvrir la prison royale d'où il était naguère sorti, promit de réparer les dommages qu'il avait causés à l'église épiscopale, s'engagea à restituer tout ce qu'il avait pris induement, et consentit à ce que, pour garantie de sa promesse, tous ses fiefs fussent confisqués. De plus, le vicomte, après un temps donné, devait envoyer à Paris, pour otages, plusieurs gentilshommes ses vassaux, et remettre sa personne même à la disposition du roi. Or, Pons n'ayant pu remplir ces diverses conditions, particulièrement en ce qui concernait les otages, se vit condamné à tenir prison avec son fils jusqu'en 1171, et fut dépouillé de la plupart des domaines confisqués sur lui. L'évêque du Puy eut alors l'heureuse idée de diminuer ces rigueurs, comprenant que leur entière exécution prêterait au vicomte toute la force du désespoir. En conséquence, Robert, évêque de Viviers, et Pierre, évêque de Clermont, furent chargés de dresser une transaction pour atténuer les mesures sévères dont leur collègue craignait les suites. La sentence arbitrale de ces deux prélats portait: 1° Que l'évêque rendrait en fief au vicomte de Polignac, la moitié de la monnaie des domaines du Puy, dont le dernier avait été privé par l'arrêt de 1171; 2° Que ledit évêque rendrait également en fief, audit vicomte,

---

(1) Selon le tableau chronologique que nous avons sous les yeux, Armand II dut succéder à Pons, vers l'an 1163; si cette date est exacte, il fut solidaire des exactions de son prédécesseur, s'il ne s'en fit pas le continuateur. Mais divers historiens ont fait rapporter tous ces événements à la carrière de Pons, et nous croyons qu'ils lui appartiennent.

deux des quatre châteaux qui lui avaient été enlevés par le même arrêt : savoir, Ceyssac et Eynac, et que les deux autres châteaux, Saint-Quentin et Seneuil, seraient aussi rendus au vicomte, sans aucune condition : 3° Que le vicomte de Polignac restituerait, de son côté, tout ce qu'il avait *acquis* dans le domaine de Beaumont ; 4° Que, ni ce seigneur, ni l'évêque ne pourraient acquérir dans la suite aucune seigneurie dans les terres qu'ils possédaient, et qu'ils s'interdisaient également de bâtir toute forteresse comme aussi d'exiger aucun droit dans les domaines l'un de l'autre. Toutefois, il leur était loisible de reconstruire le château de Saint-Paulien[1] et quelques autres, détruits par la guerre ; 5° Et enfin, que des treize deniers qu'on levait par *trousseau* dans la ville du Puy, l'évêque en aurait cinq, que le vicomte en tiendrait cinq autres en fief de ce prélat, et que les trois derniers reviendraient au chapitre métropolitain. Ce nouvel accord ayant été accepté par les parties, le vicomte Pons en jura l'exécution fidèle avec ses trois fils, Héracle, Etienne de Roche-Savine et Hugues, chanoine de Brioude ; Louis-le-Jeune l'autorisa par une charte datée de Fontainebleau ; et la paix, si long-temps bannie du Velay par l'ambition turbulente (l'expression est douce) des vicomtes de Polignac, fut rétablie dans ce pays, désolé par les divisions de ses deux grands dominateurs.

Tout porte à croire qu'en 1213, la bonne intelligence régnait encore entre le siége épiscopal et le gigantesque plateau de Polignac, position formidable dont ces seigneurs se prévalurent trop souvent. Nous voyons qu'en cette année, Pons IV fit hommage de sa vicomté à Bertrand, évêque du Puy ; Pons V renouvela cet hommage en 1225. La paix entre l'évêché et le château de Polignac fut encore cimentée sous le règne suivant, par l'avénement d'Armand de Polignac, abbé de la Tour, à l'épiscopat du Velay.

Cependant l'ambition quelque peu cupide des seigneurs de Polignac n'était pas précisément éteinte : Armand VII en eut un ressouvenir en 1396, lorsqu'il fit bâtir une tour au pont de Brive sur Loire, près le Puy, dans le dessein d'exiger des passants un droit de péage. Les consuls du Puy intentèrent à cet égard un procès au vicomte ; mais ces magistrats roturiers le perdirent, et le haut baron fut autorisé à lever le péage. Les vicomtes de Polignac étaient dès lors assez bien en cour ; leur faveur augmenta dans la suite, non pas,

---

(1) On doit remarquer ici que les vicomtes de Polignac ayant eu, par suite de ce traité, le pouvoir de faire acte de possession à Saint-Paulien, il devient naturel de penser que l'inscription romaine et le masque d'Apollon, sujets de tant de controverses, auront été transportés, de la ville antique abandonnée, au château de Polignac.

toutefois, sans avoir eu à subir, par intervalles, certaines vicissitudes. En 1419, Charles, dauphin de France, privé de la succession au trône par une marâtre, et vivant à Bourges dans une situation voisine de la misère, berçait néanmoins sa triste carrière de quelques rêves de puissance et de domination. Il nomma à cette époque, Armand VII, vicomte de Polignac, son lieutenant-général dans les pays de Velay, de Gevaudan, de Vivarais et de Valentinois, provinces qui lui restaient à peu-près soumises.

Ce fut trois ans après que la vicomté de Polignac passa, avec le nom et les armes de cette famille, dans la maison de *Chalençon* : voici à quelle occasion. Armand VII mourut après avoir disposé de cette vicomté et dépendances en faveur d'Armand de Montlaur, son petit-fils, au préjudice de la substitution qu'Armand VI, son frère, avait faite au profit de Pierre de Chalençon, son neveu. Un procès survint entre les maisons de Montlaur et de Chalençon; cette dernière le gagna, en 1424, devant le parlement de Paris. L'arrêt adjugea la vicomté de Polignac, ainsi que les baronnies de Solignac, Randon, Randonat, Ceyssac, Saint-Paulien, Saint-Agrève, Servissas et Molin-Neuf, venant de la succession d'Armand VI, à Guillaume Armand de Chalençon, arrière-petit-fils de Guillaume de Chalençon et de Walpurge de Polignac; avec la condition de porter le nom et les armes des anciens vicomtes. A partir de 1421, l'illustration, prétendue antique, des Polignac, eut donc à subir l'intervention d'une quenouille dans leur écusson.

Nous avons parlé des vicissitudes éprouvées par la maison qui nous occupe: un fait à l'appui de cette assertion se présente en 1465. Louis Armand Ier entra dans la Ligue dite du *bien public :* c'était agir avec trop d'audace que d'attaquer ainsi l'autorité d'un prince tel que Louis XI. Le vicomte, sans avoir mesuré assez l'étendue de la puissance suprême, sous la main de cet habile souverain, défendit à tous ses sujets de payer les subsides au roi. Le rival de Charles-le-Téméraire n'était pas homme à oublier une injure : dès qu'il eût recouvré la tranquillité, par un de ces traités cauteleux qu'il savait toujours signer à propos, il se rappela la rebellion du vicomte de Polignac, et ce fut un Lafayette qu'il chargea d'exercer sa vengeance royale envers ce baron taquin.....

Un Lafayette, dont l'arrière-petit-fils devait, dans une révolution bien autrement grave, atteindre le crédit d'un Polignac, et quarante ans plus tard, reprendre une trame fatidique, plus funeste encore à la faveur d'un autre Polignac. Etrange fatalité! deux races jetées par la nature dans l'âpre berceau de l'Auvergne, nourries sous le même ciel, au bruit de la même cornemuse montagnarde, diffèrent de tendance politique dès le xve siècle; et l'arrêt du destin, qui arme leurs fortunes l'une contre l'autre, se maintient encore après cinq cents ans.

Gilbert de Lafayette, seigneur de Saint-Romain, se dirigea donc en 1467, à la tête d'un corps armé, vers le château de Polignac; il arriva au pied du plateau menaçant, à la nuit tombante. Après avoir rangé sa petite armée, il se présenta à la porte du donjon, et somma par trois fois, au nom du roi, les hommes d'armes, de lui en livrer l'entrée. Le vicomte, ayant pris communication des ordres du monarque, fit ouvrir les portes du château au sire de Lafayette; ce seigneur fut honorablement accueilli par la vicomtesse, la dame de Villars et plusieurs autres dames et demoiselles, réunies dans la salle d'honneur pour le recevoir. Malgré cette courtoise réception et le repas splendide dont on régala lui et ses officiers, Gilbert ne se laissa pas enivrer, au moins dans ce premier moment, par les délices d'une autre Capoue, et le lendemain, il exigea que le vicomte, qui s'était retiré dans la chapelle, *comme par moyen de franchise*, lui fût livré sans plus de retard, ainsi que les clefs du château. Toutefois, Lafayette, homme de cour autant qu'on savait l'être au XVe siècle, ne sévit qu'avec des formes pleines d'urbanité. On doit présumer même que, secrètement, il y en employa de plus galantes encore; car, lorsque le vicomte de Polignac eut fait sa paix avec le roi, il dut unir une de ses filles à ce même sire de Lafayette, qui l'avait enlevée.

Nous avons rapporté ailleurs le voyage de François Ier au Puy, en 1533; ce fut Guillaume Armand III, vicomte de Polignac, qui se porta au-devant de ce monarque jusqu'à Brioude, ainsi que nous l'avons dit, à la tête de cent gentilshommes, ses vassaux. Ce déploiement de puissance féodale devait être suivi d'une réception magnifique, surtout avec un prince ami des solennités éclatantes. Le vainqueur de Marignan fut en effet traité magnifiquement : lui et ses fils occupèrent les appartements d'honneur, décorés de tout ce qu'on avait pu y réunir d'ornements splendides, sans oublier les trophées conquis à la guerre par les sires de Polignac. Et comme le château, si vaste qu'il fût, n'avait pu recevoir toute la suite du roi, on la logea dans un grand corps de bâtiment en charpente, bâti exprès sur l'esplanade. François Ier, paladin un peu romanesque et panégyriste exalté de tout ce qui lui plaisait, ne pouvait se lasser d'admirer la noble et alors terrible position du manoir de Polignac. « Foi de gentilhomme, vicomte, dit-il en riant à son hôte, après avoir examiné les fortifications qui bordaient le château, vous devez être un rude adversaire pour celui qui vous rompt en visière, et je pense qu'il fait bon à être votre ami quand on est votre voisin..... »

Un courtisan du XVIIIe siècle eût trouvé une réponse flatteuse à faire, afin de prévenir l'arrière-pensée que pouvait éveiller certaine rebellion, encore assez récente, d'un vicomte de Polignac envers la couronne ; nous ignorons ce que Guillaume Armand III répondit. Quoiqu'il en soit, le roi continua sa route dès le lendemain.

Les historiens du Velay rapportent d'une manière assez obscure le mariage conclu par Françoise de Montmorin de Saint-Herem, sans doute veuve de Louis Armand II, vicomte de Polignac, avec François de Clermont, seigneur de Chaste, et nous ne pouvons dire précisément à quelle époque eut lieu cette seconde union de la vicomtesse. Mais nous avons suffisamment mentionné le concours du seigneur de Chaste dans la guerre soutenue en Velay, par les partisans de Henri IV, contre les intrépides ligueurs de ce pays : guerre durant laquelle ce gentilhomme succomba. Dans le cours de ces hostilités, plusieurs conférences furent tenues à Polignac entre les parties dissidentes ; diverses trêves ou conventions de paix, toujours violées, y furent signées ; nous croyons devoir tirer ici le rideau sur ces témoignages de l'instabilité des traités conclus sous l'empire de l'esprit de parti. Au milieu de ces terribles circonstances, les habitants de la campagne, ruinés, consternés, épuisés par les privations, virent un soir briller sur le plateau de Polignac, une grande flamme, dont les reflets, en retombant, mobiles et capricieux, sur le rocher volcanique, semblèrent, pour un instant, lui restituer ses anciens feux. Bientôt on tira les canons du château en signe de réjouissance, et les accents solennels d'un *Te Deum* chanté dans l'église du bourg de Polignac ranimèrent les espérances du villageois, en pénétrant sous sa chaumière à travers le silence de la nuit. C'étaient effectivement les signes d'une réjouissance : Lyon venait de se soumettre au vaillant Béarnais : un exprès expédié de cette ville en avait apporté la nouvelle au seigneur de Chaste, lieutenant du roi dans le Velay ; on était au 22 février 1594.

En 1605 et lorsque les factions, un moment apaisées, laissaient goûter les charmes d'une paix qui ne devait pas être longue, un double événement tragique couvrit d'un deuil mêlé de quelque infamie la maison de Polignac. Le vicomte, en qualité de baron de Randon, assistait, le 18 janvier, aux états-particuliers de Gevaudan. Au moment de siéger, le comte d'Apchier lui disputa la préséance et l'obtint. Rien ne pouvait blesser plus vivement l'orgueil de caste dans une famille extrêmement fière de son illustration héraldique : Villefort, frère du vicomte, conçut le projet de venger ce qu'il appelait un affront fait à sa noble race. Le lendemain, il entra, suivi de plusieurs gentilshommes, dans la cathédrale de Mende, où le comte d'Apchier entendait la messe, et le blessa à mort, avant qu'il eût eu le temps de se mettre en défense.

Soudain les amis du blessé se mirent en devoir de le venger : des épées nues brillèrent dans l'église; leur cliquetis retentit sous les voûtes sacrées ; trois gentilshommes et deux domestiques de Villefort étaient déjà couchés sans vie sur les dalles sanglantes, lorsque ce seigneur fut arrêté. On s'assura aussi du vicomte, son frère, et des seigneurs qui avaient combattu pour eux : tous furent conduits dans la prison de Mende, où les consuls du Puy envoyèrent une députation offrir leurs services à MM. de Polignac. Mais ces courtoisies n'arrêtèrent point l'action de la justice : Villefort, traduit devant le parlement, fut conduit à Toulouse, condamné à la peine capitale, et sa tête tomba sur cette même place où devait périr, vingt-sept ans plus tard, l'infortuné et illustre maréchal Henry de Montmorency.

Ce sang versé par la justice tacha l'écusson des Polignac ; mais son éclat fut relevé en 1633, époque à laquelle Louis XIII créa Gaspard-Armand, vicomte de Polignac, chevalier de Saint-Michel et de l'ordre illustre du Saint-Esprit. Ces nouvelles dignités imposaient à cette famille une conduite exempte des écarts qui avaient marqué la carrière d'un bon nombre de ses ascendants : Sidoine-Apollinaire-Gaspard-Scipion, vicomte de Polignac, convaincu de cette vérité, donna une preuve de haute probité que nous devons citer. Ce seigneur, fort endetté, ainsi que presque tous les nobles de son temps, abandonna, en 1718 [1], à ses créanciers, les terres et seigneuries d'Auzon, Riol, Roche-Savine, Boutounargues, Saint-Amant, Saint-Pal, Sarras, Châteauneuf et dépendances, dont la valeur totale s'élevait à 545,000 livres, et le revenu annuel à 16,600 livres seulement : ce qui prouve, en passant, que la propriété immeuble ne rapportait pas plus au XVIIIe siècle qu'au XIXe.

En l'absence de l'évêque du Puy, le vicomte de Polignac présidait les états particuliers du Velay : ce qui arriva en 1580, 1601, 1606, 1609, 1610, 1612 et 1627. Lorsque le prélat assistait à l'assemblée, ce seigneur n'y occupait que la seconde place. Quand les dix-huit barons représentant la noblesse du Velay s'assemblaient, le vicomte de Polignac occupait la première place ; aux États-généraux du Languedoc, il siégeait le second parmi les barons, c'est-à-dire immédiatement au-dessous du comte d'Alais. A l'assemblée-générale des états du royaume, convoquée à Tours, par Charles VIII, en 1484, Claude-Armand de Polignac fut placé le septième parmi les vicomtes [2].

Au nombre des seigneurs dont nous venons de résumer l'histoire, sans avoir entrepris de mentionner les diverses attaques faites vainement contre leur formidable manoir, nous aurions pu compter assurément beaucoup de vaillants chevaliers ; et dans nos précédents récits, nous avons consigné les exploits de plusieurs d'entre eux. Mais la vaillance fut toujours une qualité si généralement française, qu'il faut aujourd'hui d'autres titres, avec elle, pour mériter le souvenir de l'histoire. Or, les talents et le génie ont été départis, il faut le dire, avec quelque parcimonie à la famille de Polignac, placée si haut dans l'admiration de ses compatriotes du Velay. Nous n'avons vu nulle part ces seigneurs acquérir le nom de grands capitaines, de grands ministres, de princes illustres de l'Eglise ; un seul fut tout à la fois politique habile et bon écrivain. Nos lecteurs ont déjà reconnu le cardinal de Polignac : cet audacieux plénipotentiaire, qui disait aux Hollandais, dans les conférences d'Utrecht : « Messieurs, nous ne « sortirons pas d'ici ; nous traiterons chez vous, nous traiterons de vous, « et nous traiterons sans vous [3]. » La nature n'accorde pas tous ses dons à un même individu : on sait que le cardinal de Polignac, homme d'esprit et de puissante portée, se distinguait peu par sa sagesse ; les salons de

---

(1) Par acte passé devant Dutarthe et son confrère, notaires à Paris, le 27 avril 1718.
(2) Lois de Languedoc, t. I, p. 349. Procès-verbal, Titres, etc. de la province de Languedoc.
(3) Voyez notre biographie à la fin de la première région.

Le Cardinal de Polignac

Publié par Pornin & Suureau, Editeurs

la duchesse du Maine, à Sceaux, eussent été indiscrets, s'ils avaient eu une voix. Melchior de Polignac partagea l'exil de cette princesse, qu'il avait, dit-on, conseillée lors de la conspiration de Cellamare, en 1718.

Dans le cours des XVIII° et XIX° siècles, l'histoire de la famille de Polignac appartient aux annales générales de la France ; et celle du principal manoir de ses ancêtres dort depuis long-temps dans le silence de ses ruines. Nous ne reproduirons ici, ni les fastes du petit Trianon, ni les inscriptions quelque peu exorbitantes que la favorite de Marie-Antoinette, obtint *au livre rouge*, ni la part originaire que N. de Polastron prit aux erreurs politiques de cette malheureuse princesse : erreurs qui devaient la conduire à sa perte. Nous tairons également les actions, diversement jugées, de MM. de Polignac, durant le règne de Napoléon ; car il faut respecter les convictions jusqu'à pardonner même l'oubli de la clémence. Enfin, il nous paraît superflu de redire quel fut le rôle que joua cette famille dans le drame encore retentissant qui précipita du trône la branche aînée des Bourbons.

Les ruines décrites plus haut appartiennent toujours, par indivis, à MM. de Polignac ; on les régit en leur nom, et un pauvre fermier, dont la famille habite depuis deux cents ans ces hauteurs jadis martiales, laboure, sans beaucoup de fruit, les cours d'honneur et la Place d'armes de l'ancienne forteresse. Quelquefois, les propriétaires y venaient, durant la restauration, rêver sur les grandeurs passées de leurs aïeux, dominateurs redoutés du Velay, et soupirer sur les débris de ces tours orgueilleuses que le temps détruit incessamment. En 1830, le fils du prince de Polignac, jeune homme de treize ou quatorze ans, visita le château de ses pères, et fit servir, sur l'herbe, un formidable repas aux cent soixante élèves du collége du Puy qui l'accompagnaient. En quittant Paris, cet adolescent y avait laissé son père à l'apogée des grandeurs humaines ; il ne put le rejoindre que proscrit, fugitif, et bientôt prisonnier d'état. Dans les temps d'instabilité politique, le vent de l'adversité s'élève vite et souffle fort.

Les maisons formant le bourg de Polignac semblent s'être groupées et resserrées au pied du plateau sur lequel s'élevait la forteresse, comme un troupeau qui craint le loup se presse autour du berger. On remarque encore en ce lieu plusieurs constructions des XIV° et XV° siècles, dont le style et les ornements extérieurs annoncent qu'elles durent être habitées par ces gentilshommes, que le vicomte comptait en grand nombre parmi ses vassaux. L'église du village est plus ancienne ; elle se compose de trois nefs terminées par autant d'absides : celle du milieu, servant de chœur, est à cinq pans ; les autres sont sémicirculaires. Les voûtes et arcades à plein cintre ; les piliers ayant la forme d'une croix et flanqués de colonnes dans leurs angles ; les chapiteaux de ces colonnes historiés ou ornés de feuillages : tout, dans le style de cette église, rappelle la manière byzantine ; avec cette particularité, commune aux monuments religieux du Velay, que les collatéraux sont étroits et presque aussi élevés que la nef principale. La façade, flanquée de quatre épais contre-forts, n'est ornée extérieurement que d'un tympan de mosaïque grossière, composée de losanges noirs et blancs, avec des archivoltes à claveaux de ces deux couleurs alternativement, et qui s'arrondissent au-dessus de la porte d'entrée. Deux fenêtres trilobées répondent aux nefs latérales. La porte principale, située à l'occident, est condamnée ; on entre dans l'église, au midi, par un portique en mauvais style gothique du XV⁰ siècle.

Presque en haut du chevet de l'église, on remarque une pierre funéraire enclavée dans la muraille : c'est un morceau de grès sur lequel une main peu habile a sculpté un homme en buste ; ce morceau est d'une antiquité constatée. Au-dessous de la figure, se trouve une inscription extrêmement fruste, qui ne laisse découvrir que ces lettres :

D. O. M
.... MARVILINNI
..... M ....[1]

Plusieurs archéologues ont cru trouver dans ce bas-relief un témoignage de plus de l'existence d'un établissement romain sur le rocher de Polignac ; nous n'y voyons, nous, qu'une preuve surabondante du transport de certains fragments antiques des possessions que la maison de Polignac avait à Saint-Paulien, à sa demeure principale. Quant à l'église, tout porte à croire qu'elle est, à quelques restaurations gothiques près, du même temps que les constructions primitives du château, c'est-à-dire du XI⁰ siècle.

---

(1) *Deo optimo maximo.*   Au Dieu très-bon et très-grand.
  Julii Marvilinni   A la Mémoire
  memoriæ.   de Julius Marvilinnus.

CHAPITRE V.

Excursion dans le département. — Saint-Julien de Chapteuil ; son château. — Grottes mystérieuses de Lantriac. — Saint-Pierre-Eynac ; le château de Lardeyrol. — Château de Queyrières ; son élévation ; nature du rocher qui lui sert de base. — Montagnes du Pertuis ; phonolites ; eaux minérales. — Canton de Loudes ; Charles VII couche une nuit au château de Loudes. — Pic de la Durande. — Lac de Limaque. — Ruines du château de Sereys. — Château de Mercœur. — Château de Thiolent ; monument à Sobieski. — Baron de Saint-Vidal. — Langeac ; la Mère Agnès ; sa béatification par Clément XI. — Carrières Meulières. — Marsanges. — Prades. — Bourg de Pinols ; Tombe de Las Gadas, ou Tombe des Fées. — Canton et ville de Tence ; son commerce. — Yssingeaux ; son origine, son histoire. — Retournac. — Navigation de la Loire. — Ruines de l'ancien château d'Arzon. — Ville de la Roche ; Disgrâce du connétable Charles de Bourbon ; Diane de Poitiers ; Soumission de la Roche à Henri IV ; sa décadence. — Prieuré de Chamalières. — Réforme de l'abbaye de Saint-Chaffre. — Barghac, chanoine apostat et capitaine protestant. Son combat avec Saint-Vidal. — Saint-Paulien ; ses antiquités ; histoire de cette ville. — Borne ; ses grottes. — Château de la Voûte. — Pont romain sur la Borne. — Cratère de Bas. — Bourg d'Alleyre. Siége du château, par le duc de Nemours. Fabrique de dentelles,

En suivant le plan de cet ouvrage, nous ne devons pas descendre seulement le double littoral de la Loire, mais nous en écarter transversalement jusqu'aux limites du département exploré, afin de ne passer sous silence aucun des faits historiques dignes de mémoire, aucun des objets remarquables qu'offre cette circonscription territoriale. Remontant donc un peu le cours du fleuve, sur sa rive droite, nous quittons le canton du Puy, pour entrer dans celui de *Saint-Julien-de-*

Chapteuil, arrosé par deux petites rivières, la Gagne et la Sumène. Le château du chef-lieu, édifice peu important par lui-même, couronne une masse de basaltes prismatiques très-élevée, et son aspect, en se combinant avec celui de l'église, bâtie également sur un roc volcanique, forme un point-de-vue très-pittoresque, lorsqu'il est saisi dans une direction bien entendue. Les rochers eux-mêmes sont d'un effet curieux et qui peut inspirer le pinceau du paysagiste. La population de Saint-Julien de Chapteuil est de 2,548 individus ; la distance de ce bourg au Puy est de trois lieues et demie.

On retrouve à *Lantriac* de ces grottes presque mystérieuses que nous avons décrites déjà : celles-ci communiquent, dit-on, avec celles de Couteaux, qui en sont éloignées d'environ 800 mètres. On raconte, pour preuve, que des chiens, en chassant le renard, passaient autrefois de Couteaux à Lantriac, par des conduits creusés dans le roc. Aujourd'hui, rien ne fait présumer que cette communication ait existé ; on sait, d'ailleurs, qu'il faut se défier des traditions locales, sur les passages souterrains excessivement prolongés : c'est la fable de toutes les veillées villageoises, dans le voisinage des vieilles habitations. On compte à Lantriac quatorze de ces cavités dont la plus grande, divisée en trois compartiments, a quinze mètres de profondeur, sur trois et demie de largeur. Mais leur dimension la plus ordinaire est de neuf à douze mètres. Dans toutes, le plafond n'a pas moins de deux mètres et demi d'élévation, et l'on peut s'y tenir debout. Parmi ces grottes, on en remarque deux plus enfumées que les autres, et qui paraissent avoir servi de cuisine, à en juger par les petites distributions faites dans les parois de ces chambres. Or, il serait absurde de penser que les traces de feu que ces demeures souterraines ont conservées remontassent aux temps des Druides.

A *Saint-Pierre Eynac*, on voit de semblables grottes et les ruines de deux châteaux. Celui de Lardeyrol, situé sur la route du Puy à Lyon, paraît avoir été très-fort : ses débris, dont quelques parties sont encore debout, couvrent le sommet d'une roche basaltique. Les seigneurs de Lardeyrol étaient comptés parmi les dix-huit barons du Velay représentant, dans les états, la noblesse de ce comté, mais la liste des possesseurs de cette seigneurie ne remonte pas au-delà de la fin du XVe siècle.

Le château de *Queyrières*, bâti sur une haute roche de basaltes prismatiques, domine tout le pays que les anciens barons de ce nom tenaient sous leur obéissance : il s'élève à 1,244 mètres au-dessus du niveau de la mer. Le rocher basaltique qui lui sert de base est d'une formation singulière : les prismes s'y présentent, ici verticaux, là horizontaux, quelquefois convergents :

c'est une sorte d'anomalie géologique bizarre à l'œil, et peut-être curieuse pour les savants. Le manoir fortifié de Queyrières fut brûlé dans les guerres de religion, malgré la prépondérance de son possesseur, qui était aussi l'un des dix-huit principaux barons du Velay.

Quelques communes du canton de Saint-Julien produisent du seigle, de l'avoine, de l'orge ; d'autres, plus fertiles, donnent du froment et du méteil : particulièrement celles de Saint-Etienne et de Lardeyrol. Des montagnes dites du Pertuis, on extrait de belles dalles en phonolites, employées ordinairement à couvrir les maisons. La pierre tirée des carrières de Montcharret et de la Pradette est un trachite gris de fer, d'un grain serré et très-fin. Supérieure au marbre pour la solidité, elle en approche pour le poli : on l'a employée dans la colonnade de l'église du collége au Puy, et dans la balustrade intérieure de cet édifice. Sur la même commune, des eaux minérales sourdent au fond d'une gorge étroite et profonde.

Maintenant nous nous portons brusquement à l'ouest pour explorer le canton de *Loudes*, après avoir franchi la Loire. Le château du chef-lieu, qui appartint, au commencement du XVII° siècle, aux seigneurs des Serpens, barons de Gondras, passa, vers le milieu de ce même siècle, dans la maison de Polignac, par le mariage de Suzanne des Serpens avec Louis-Armand vicomte de Polignac. Le seigneur de Gondras était l'un des dix-huit barons qui siégeaient aux états de Velay. Une tour isolée est tout ce qui reste de l'ancienne demeure féodale de Loudes ; et tout ce qu'on sait des fastes de ce manoir, c'est que Charles VII, encore dauphin, y coucha, le 17 mai 1420, en se rendant à Clermont. La population de ce bourg n'excède pas 1,425 habitants ; il est distant du Puy de trois lieues. Dans la commune de *Saint-Jean de Nay*, se trouve le pic de la *Durande*, l'une des montagnes les plus hautes du Velay, et du sommet de laquelle la vue, par une belle matinée, s'étend, dit-on, jusqu'à Bourges, qui en est éloigné, au nord-ouest, d'environ 50 lieues, à vol d'oiseau. Un peu plus à l'ouest, on aperçoit l'Allier, qui, s'échappant des montagnes où son cours a été jusqu'alors resserré, semble se coucher mollement dans les belles plaines de la Limagne et de l'Auvergne. A l'horizon, le Puy de Dôme darde sur le ciel sa crête, presque toujours blanche de frimas. La commune de Saint-Jean de Nay offre aussi le lac de *Limaque*. A *Sereys*, gisent les ruines du château de ce nom, démoli pendant la révolution. A *Saint-Privat*, nous trouvons l'Allier plus large que la Loire sous le même degré de latitude. Indépendamment des grottes que l'on voit encore dans cette commune, on y remarque le château de *Mercœur*, édifice moderne commencé avant la révolution sur un plan assez vaste, et qui n'a point été achevé. On a recueilli dans le cimetière de *Saussac* une borne milliaire romaine qui fut long-temps déposée dans la cour du château de Barret. Nous ne l'avons pas vue au musée du Puy. On doit s'empresser, dans la commune de *Vergezac*, d'aller visiter le château de Thiolent ; là fut rendu jadis un juste hommage à l'une des grandes renommées de la terre : M. de Béthune, évêque du Puy, y fit élever un monument à la mémoire de Jean Sobieski, roi de Pologne, dont ce prélat était le parent. Tel est l'ascendant des grandes vertus, que les révolutions en respectent le souvenir : le mausolée de Thiolent n'a pas été détruit durant nos troubles civils. Un intérêt non moins vif s'attache à l'ancien manoir de Saint-Vidal : en 1445, un baron de Saint-Vidal fut appelé aux états généraux de Languedoc, comme l'un des membres les plus illustres de la noblesse du Velay. Dix ans plus tard, le même baron fut convoqué par Charles VII, avec dix-neuf autres lances, pour soumettre le comte d'Armagnac. En 1632, après la triste échauffourée de Castelnaudary, le marquis de Chabannes s'avança dans le Velay pour faire raser ou occuper militairement les châteaux des seigneurs soupçonnés d'avoir suivi le parti de Gaston d'Orléans. Le château de Saint-Vidal échappa à la pioche ; mais le marquis en fit enlever trois pièces d'artillerie, et y laissa une garnison.

Le canton de Loudes produit du seigle, de l'orge, de l'avoine, mais peu de froment ; les légumes secs y sont abondants, et l'on y récolte de bons fourrages. La commune de Loudes est la plus fertile du canton : elle donne de bonnes récoltes en seigle, et le froment y réussit mieux que dans les terrains environnants.

A peu près sur la même ligne transversale relativement à la Loire, s'étendent les cantons de *Langeac* et de *Pinols*, arrondissement de Brioude. Jusqu'à Langeac, l'Allier a coulé sur le département de la Haute-Loire, entre d'âpres escarpements ; ici, les montagnes s'ouvrent sur la rive droite de cette rivière, pour laisser se développer une plaine riante et féconde, qui s'élevant insensiblement, va se fondre avec la vallée de Paulhaguet. Langeac dépendait autrefois de la sénéchaussée de Saint-Flour ; c'est une de ces petites villes, qui jadis obtenaient ce nom dès qu'elles étaient enceintes de murailles ; aujourd'hui, l'apparence urbaine de celle-ci est entièrement évanouie. Il est probable que l'hospice de Langeac, dont la fondation est due à M. Comte, chanoine de cette ville, est établi dans l'ancienne communauté où la Mère Agnès, religieuse de l'ordre de Saint-Dominique, mourut en odeur de sainteté, le 19 octobre 1634. Cette pieuse fille était née au Puy : l'on montre encore la chambre qu'elle habita dans une maison occupée par la congrégation du tiers-ordre de Saint-Dominique. Dès le mois de mars 1698, l'évêque de Saint-Flour fit informer *juridiquement* des vertus de feu la Mère Agnès, et sa béatification fut sollicitée auprès du Saint-Siége. Louis XIV, la duchesse de Bourgogne, les cardinaux Lecamus, de Coaslin, de Noailles; les évêques de Saint-Flour et du Puy; le général de l'ordre de Saint-Dominique, le séminaire de Saint-Sulpice, surtout[1], intercédèrent successivement auprès du Saint-Père, pour hâter l'admission de la Mère Agnès au nombre des bienheureux. Clément XI, cédant à ces instances, ordonna l'*introduction de la cause;* mais cette béatification qui s'environnait des formes d'un procès, en eut toute la lenteur. La congrégation des rites informa avec une circonspection plus que séculaire sur les mérites et les miracles de la sainte fille, car ce ne fut qu'au mois de mars 1808, qu'une assemblée de casuistes ayant décidé à l'unanimité que la vénérable Mère Agnès avait porté toutes les vertus à un degré héroïque, le Pape décréta qu'il y avait lieu à juger enfin cette cause spirituelle. L'historien du Velay, auquel nous empruntons ces détails, ajoute que le *défaut de fonds* avait fait languir la *procédure*[2]. Les juridictions spirituelles ont donc aussi leur fisc et leurs avoués.

Il existe à Langeac une école dirigée par les Frères de la doctrine chrétienne, dont la fondation est due à la libéralité de M. Dumas. Près de la ville, on exploite des carrières d'où l'on tire des meules d'une bonne qualité, et qui sont particulièrement expédiées aux coutelleries de Thiers. A *Marsanges*, une mine de houille peu considérable est en exploitation. Langeac est à six lieues de Brioude; sa population est de 3,000 âmes.

A *Chanteuges*, un pont est jeté sur la Dége et sur la route de Brioude à Langone. On remarque près de ce village une ancienne abbaye qui fait valoir le site auquel ce vieil édifice se combine. Dans la commune de *Charraix*, se trouvent les ruines des châteaux de *Besc* et de *Chamblevie*, dont nous n'avons rien à dire. Nous ne citerons que l'ancienne abbaye de *Saint-Julien de Chazes*, dans la commune de ce nom. A *Pebrac*, l'église, ancien prieuré bâti sur une roche volcanique, menace ruine par suite du glissement des terrains d'alluvion sur lequel l'édifice repose immédiatement. *Prades* est un village d'un aspect pittoresque et situé dans un joli vallon, au bord d'un ruisseau. Lorsqu'on en approche, on entend le bruit des tournants d'une papeterie, dont le produit

---

(1) Ce fut sur l'avis de cette religieuse que M. Olier fonda cette institution.
(2) Voyez l'*Histoire du Velay*, par M. Arnaud, t. II, p. 154.

s'écoule aisément dans l'arrondissement. Près de là, se rencontrent les ruines d'un pont et une source d'eau minérale.

Le canton de Langeac produit du seigle, des fourrages, du chanvre, et la vigne y est cultivée avec quelque avantage.

En remontant un peu le cours de la Loire, qui coule maintenant assez loin vers l'est, nous entrons dans le canton de *Pinols*, situé en partie sur les montagnes de la Margeride, dont il occupe le versant oriental. Le bourg de Pinols, bâti à six lieues trois quarts de Brioude, et dont la population ne s'élève pas à plus de 825 individus, ne se recommande par aucun souvenir historique que nous ayons pu recueillir; mais non loin de ce lieu, un monument d'une haute antiquité excite puissamment l'intérêt des voyageurs, et surtout la sagacité des savants. Nous voulons parler de la masse que l'on nomme dans le pays la *Tombe de las Gadas*, ou Tombe des Fées. M. Besson, inspecteur des mines, est le premier qui ait fait mention de ce monument; on lui en doit à peu près la découverte, qu'il a rapportée ainsi. « Passant un jour sur le quai de la Feraille, à Paris, je m'arrêtai devant l'échoppe d'un bouquiniste. Un vieux livre enfumé et à peine lisible fixa mon attention, il était intitulé : *Antiquités curieuses de l'Auvergne*. Je le pris, et j'y lus, entr'autres choses, que, dans la paroisse de Pinols, il existait un monument appelé par les gens du pays la *Tombe de las Gadas*. »

Or, long-temps après cette découverte, M. Besson, accompagné d'un antiquaire de Saint-Flour, à qui il avait fait part de ce que nous venons de rapporter, se rendit à Pinols; là ces deux savants décidèrent qu'à sa forme et sa situation mystérieuse au fond d'un bois, on ne pouvait méconnaître, dans la Tombe des Fées, un autel des Druides.

Il y a vingt ans, cette antiquité avait subi peu d'altérations, tant il est vrai que les monuments des âges primitifs semblent se montrer insoucieux de l'action des années et des siècles, si prompts à détruire les constructions plus modernes. Mais les pâtres de la contrée, espérant sans doute trouver des trésors cachés sous cette masse druidique, en ont creusé récemment et sapé les fondations. Quelques pierres latérales ont d'abord perdu leur aplomb par suite de cette cupide investigation; et comme elle s'est renouvelée plus d'une fois, l'antique et précieux monument est aujourd'hui presqu'entièrement ruiné. Des vandales du pays en ont brisé trois pierres pour les employer dans leurs plates bâtisses. Néanmoins, à l'aide de quelque sagacité archéologique, on peut restaurer la *Tombe de las Gadas*, dont voici la description.

La table de l'autel, posée horizontalement, a dix pieds de long sur huit de large et dix pouces d'épaisseur. La pierre latérale du sud a onze pieds et demi de long, sept de large et dix pouces d'épaisseur. Celle qui lui correspondait et dont les proportions étaient les mêmes, a été brisée et enlevée. Les pierres de chaque bout avaient sept pieds de hauteur et six pieds quatre pouces de large : elles ont été également emportées. Le vestibule, encore intact, est composé de trois pierres. La table seule de l'autel, d'après ses dimensions, doit peser au moins dix milliers ; cette pierre, comme toutes les autres, est brute, et ne porte aucune empreinte du travail des hommes. La direction de l'autel, dans sa longueur, est de l'est à l'ouest. Les énormes blocs qui forment le monument que nous venons de décrire sont d'un chiste micacé, se rapprochant du gneis. Si l'on ajoute à ces choses positives les rêveries de la tradition locale, un souterrain partant du monument, ira aboutir à plus de trois quarts de lieue, au village d'Espigoux. Puis viendra la porte en fer qui fermait cette issue, et qu'on aura retrouvée il y a long-temps. Si vous paraissez accéder à ce récit, le pâtre qui vous aura servi de cicérone ajoutera, pour appuyer l'existence de sa galerie souterraine, que les pas des chevaux, dans cette direction, s'entendent de fort loin, et qu'ils font retentir le sol comme en marchant sur un terrain creux. Convenons qu'en présence d'une construction sur laquelle vingt siècles ont passé, et qui rappelle l'époque si poétique des Druides, l'imagination a bien aussi ses caressantes illusions, que favorisent encore ce site profondément silencieux, ce sombre bois, dont les rameaux se penchent sur l'antique monument, comme pour lui rendre un hommage de vénération.

Là, peut-être, le poëte ou l'artiste, plongé dans une mélancolique contemplation, finira par voir s'entr'ouvrir le massif de feuillage, et pour sa vue doucement fascinée, quelque druide à la longue robe blanche, au front ceint d'une tige de gui, se dirigera vers l'autel, le couteau du sacrificateur à la main. Si le rêveur est dans cet âge où la figure d'une femme se mêle à toutes les illusions, ce sera une jeune et belle druidesse qui surgira de la forêt, avec sa flottante chevelure et son sein agité de pieuses inspirations, ou peut-être soulevé par les transports d'une plus impérieuse passion : car cette passion n'était permise qu'à certains jours aux prêtresses de Mitra, selon quelques écrivains, et selon d'autres, elle leur était entièrement interdite.

Le village de *Besseyre* ne présente à la vue de l'investigateur que son vieux château, sur lequel l'histoire est muette. Mais la commune renferme une verrerie assez active, où l'on fabrique annuellement pour environ 15,000 francs de verre blanc. Elle est située dans un lieu appelé *Chamblar*. Chazelles, sur la rive gauche de la Dege, en étalant ses vignes et ses vergers dans un étroit vallon, forme un contraste éminemment pittoresque avec l'horrible nudité des montagnes qui dominent le village à gauche, et avec la profondeur des gorges qui l'environnent. On trouve en ce lieu, sur les bords de la rivière, quelques filons de plomb sulfuré.

En 1818, le canton de Pinols fut presqu'entièrement bouleversé par un orage : à une grêle qui ne dura pas moins de cinq heures, succéda une pluie qui, tombant par torrents, déracina les arbres, entraîna les moulins, laboura des prairies entières, et fit disparaître plusieurs chemins. Cette malheureuse contrée fut long-temps à se remettre des suites de ce déluge local; cependant, les habitans purent enfin reprendre leur principale spéculation, qui consiste dans le commerce des chevaux, et qui, conséquemment, nécessite l'emploi des fourrages que le pays produit. Ils tirent ces chevaux du Poitou. Les moutons appelés *bizets* réussissent très-bien dans ce canton : leur laine est fine et leur chair délicate.

Inconstant dans nos excursions territoriales, afin de rester fidèle à notre système d'investigation en aval du cours de la Loire, nous franchissons de nouveau ce fleuve, pour décrire le canton de *Tence*, de l'arrondissement d'Yssingeaux, et nous passons ainsi, d'un bond, des frontières du Cantal aux limites de l'Ardèche, vers l'est.

Tence, petite ville située sur le Lignon, renferme une population fort active, qui ne s'élève pas à moins de 5,400 âmes. Sa destinée fut triste durant les guerres de religion, et ses fastes ne se composent guère que de calamités. Dès l'année 1567, un corps de religionnaires venant du Gevaudan, menaçait Tence, qu'il se proposait de ruiner, ainsi que le Monastier et Yssingeaux. La ville fut garantie de cette invasion par un petit nombre d'arquebusiers que l'on chargea de défendre ses remparts. Mais sept ans plus tard, les protestants étant maîtres de Tence, le baron de Saint-Vidal, général catholique, assiégea cette place, s'en empara, fit passer les habitants par les armes, et la mit au pillage. Les soldats se livrèrent, durant ce sac, aux horreurs d'une férocité inouïe : ayant su, par exemple, qu'un homme avait avalé des pièces d'or, ils l'éventrèrent pour les arracher de ses entrailles palpitantes. Saint-Vidal fit pendre les ministres calvinistes qu'il trouva dans la ville ; de plus, le sieur de Chambonnet, habitant de Monistrol et protestant sans doute, fut fait prisonnier en ce lieu, conduit à Montfaucon, où siégeait alors le baillage du Velay, et arquebusé sur les plus vagues imputations. La forteresse de Tence, en partie détruite après cette sanglante expédition, fut réparée en 1591, par les soins du même Saint-Vidal, devenu ligueur : les archives du Velay rapportent qu'il fit expédier, en faveur de François de Luzy, capitaine d'une compagnie de chevau-légers, un mandat de cent écus, pour réparation des fortifications de la ville de Tence et des retranchements qu'y avait fait creuser ce François de Luzy. En 1591, la place se soumit au roi, et reçut dès lors une garnison royaliste. Ainsi finirent les fastes de Tence ; mais les protestants y furent long-temps en grand nombre, malgré les efforts multipliés par le siége du Puy pour leur expulsion, ou plutôt pour leur conversion. Nous avons dit que cette ville était le centre d'une certaine activité : elle renferme en effet plusieurs chapelleries ; à ses portes, une papeterie est établie sur le Lignon, et un moulin à soie sur le ruisseau de Trifoulous. Deux routes départementales, qui traversent la ville, favorisent l'exportation de ses produits et de ceux des villages du canton. Tence est à trois lieues d'Yssingeaux.

Dans la commune de *Saint-Jeures*, sont situés le château de la *Rochette*, celui de *Laborie*, d'où sortit un seigneur du même nom, vice-roi de Sainte-Lucie; et ceux du *Bouchet* et de *Salecrup*, qui ne nous offrent aucun fait à citer.

Le canton de Tence est animé par la fabrication assez générale des blondes, et par celle des draps ou serges faits à *Saint-Voy* et au *Chambon*, avec des laines mécaniquement cardées et filées. Plus de cent cinquante pièces de chaque espèce sortent chaque année de ces ateliers; les mêmes communes fournissent en outre près de deux cents quintaux de laine en suint aux fabriques de l'hôpital général du Puy. Une autre branche d'industrie sur cette localité, consiste dans la confection des toiles blanches et bises : les premières se vendent à la classe bourgeoise du pays; les secondes sont exportées à Saint-Etienne. Enfin, le pays, très-boisé, fournit une grande quantité de planches, qui sont conduites sur les bords du Rhône. Quant à l'agriculture, elle est un peu sacrifiée, dans le canton de Tence, à l'activité industrielle que nous venons de signaler : la moitié des terres à peine s'ensemence en seigle; l'autre moitié est assolée.

Du canton de Tence nous passons immédiatement dans celui d'*Yssingeaux*, dont le chef-lieu est aussi celui d'un arrondissement communal. Yssingeaux, au rapport de plusieurs savants, et peut-être sur l'unique autorité des tables de Peutinger, est l'antique *Icidmago*, l'une des principales villes des Velaunes. Ce point ne nous paraît pas incontestable, non plus que l'origine du nom de la ville, que l'on fait dériver de l'emblème inexpliqué de ses anciennes armoiries. Elles représentent cinq coqs sur un champ d'azur, en langage du pays *cinq jaux*, d'où, par suite de la corruption ordinaire des anciennes dénominations, on a fait *Yssingeaux*. Quoiqu'il en soit de l'antiquité et de la désignation originaire de ce lieu, il est certain qu'il fut toujours l'une des principales cités du Velay : Yssingeaux envoyait tous les quatre ans un député aux états particuliers de cette province. Théodore nous apprend que Jean de Bourbon, évêque du Puy, fit bâtir, en 1450, le donjon qui existe encore, et dans l'intérieur duquel on a placé, de nos jours, le tribunal civil et la mairie. Sans doute ce château était terminé et servit aux séances des états particuliers du Velay, lorsqu'en 1494, ils s'assemblèrent à Yssingeaux, pour l'assiette des contributions et la répartition des sommes accordées au roi par les états de Languedoc, réunis précédemment à Mende. Il y a lieu de croire qu'à la même époque, un mur d'enceinte complétait le système de défense que le donjon seul n'eût point assuré; toujours est il certain qu'en 1567, cette ville, menacée de ruine par les religionnaires, qui s'étaient rendus maîtres de Saint-Agrève, reçut une garnison d'arquebusiers à temps pour être préservée de ce malheur ; ce qui fait présumer qu'alors ces soldats purent être protégés par des remparts. Le parlement de Toulouse, qui dès l'année 1589, avait signé le pacte de la ligue, rendit, au mois d'avril de la même année, un arrêt enjoignant au sieur de Chaste, commandant pour le roi en Velay, de remettre la place d'Yssingeaux aux mains de l'évêque, alors réuni aux ligueurs. Malgré cet ordre, le capitaine royaliste maintint la garnison qu'il avait mise dans cette forteresse. Bien plus, de Chaste, en qualité de sénéchal du Puy, fit publier par tous les carrefours de cette ville, une ordonnance portant injonction aux officiers de justice attachés à la sénéchaussée de tenir leurs audiences à Yssingeaux, à peine de nullité des actes qui se feraient au Puy. Cette disposition fut exécutée, parce que les fonctionnaires pourvus d'offices royaux, quoique disposés pour la plupart à se ranger dans le parti de la ligue, ne la crurent pas encore assez affermie, et craignirent de compromettre leurs charges. Mais l'année suivante, par suite d'une capitulation conclue à Espailly, entre le sieur de Chaste, au nom du roi, et le baron de Saint-Vidal, pour la ligue, le château et la ville d'Yssingeaux furent remis aux ligueurs : les garnisons royalistes qui les occupaient s'éloignèrent immédiatement. Cent arquebusiers et cinquante gens d'armes, sous le commandement du sieur de Marminhac, furent logés dans la place et le donjon. Soit que les excès de ces gens de guerre eussent révolté les habitants, soit qu'ils se sentissent peu d'inclination pour le parti de l'union, ils s'armèrent, au mois de mars 1591, et obligèrent la garnison ligueuse à quitter leurs murs, après avoir blessé le lieutenant de Marminhac. Les ligueurs du Puy, outrés de cet acte d'indépendance des bourgeois d'Yssingeaux, et croyant y voir une accession tacite à la cause des *politiques*, se prirent à faire emprisonner tous les citoyens d'Yssingeaux qu'ils purent saisir. Informés de cette rigueur, les habitants écrivirent au comité-ligueur du Puy, que leur intention n'était pas de recevoir une garnison royaliste, comme on paraissait les croire disposés à le faire, mais seulement de se garder eux-mêmes. Cette déclaration calma l'agitation des ligueurs, les arrestations cessèrent. Néanmoins et malgré ces assurances, la bourgeoisie d'Yssingeaux laissa pénétrer ses opinions royalistes lorsque, dans le cours de la même année, les états du Velay s'assemblèrent dans leur ville. Ils obtinrent qu'il serait compté la somme de neuf cents écus au capitaine Masboyer, commandant pour le roi dans leurs remparts ; laquelle somme devait être répartie entre ceux des habitants qui s'étaient employés à réduire la ville à l'obéissance du roi.

et les indemniser des pertes et méchants procédés qu'ils avaient essuyés lorsqu'elle était occupée par *les rebelles à sa majesté*. Dans le cours des révolutions, il est dangereux d'exprimer aussi explicitement ses opinions, car la fortune des partis est inconstante : avant la fin de l'année 1691, le duc de Nemours, qui tenait de Mayenne le gouvernement du Lyonnais, entra dans le Velay, à la tête d'un corps considérable. Au bruit de son approche, la garnison royaliste d'Yssingeaux s'éloigna, et les habitants, contraints de se soumettre aux ligueurs, eurent à redouter les effets de leur ressentiment. Nous présumons qu'ils ne les leur épargnèrent pas, et que plus d'une fois, ces pauvres citoyens regrettèrent de s'être aussi mal pénétrés de l'instabilité des destins politiques. Les dispositions militaires faites par le sieur de Chaste en mai 1594, déterminèrent les ligueurs à quitter à leur tour les murs d'Yssingeaux : en effet, ce capitaine royaliste venait de parcourir toutes les parties du Velay, afin d'y ranimer l'espoir des royalistes, en leur apprenant la soumission de presque toutes les villes du royaume. Une forge pour la réparation du train d'artillerie était établie au château de Polignac, et les dames d'Allègre et de Saint-Didier avaient été requises de remettre au lieutenant du roi les boulets qui se trouvaient dans leurs châteaux. Le 31 août, de Chaste convoqua à Yssingeaux les états du Velay, pour le 14 septembre suivant. Tandis qu'il assistait à cette assemblée, les ligueurs, profitant de son absence, marchèrent vers le bourg de Polignac, dont il avait emmené la garnison, et enlevèrent tous les bestiaux dont ils purent se saisir. Dans cette journée, Jean de Costaros, qui avait essayé, avec un trop faible détachement descendu du château, de repousser les compagnies ligueuses, fut tué sur la place. Le 15 novembre, les états se réunirent une seconde fois à Yssingeaux : aucun député de la ville du Puy n'assista à cette assemblée. Ainsi la cité qui nous occupe fut dès lors et jusqu'à l'entière soumission du Velay, considérée comme le centre de l'autorité royale dans ce pays ; et lorsqu'au mois de janvier 1696, le duc de Ventadour convoqua à Pezenas, les états de la partie du Languedoc soumise au roi, ce fut un député d'Yssingeaux qui siégea dans cette réunion, à la place des consuls du Puy. Au milieu de cette même année 1696, deux gouverneurs royalistes se disputaient l'autorité et croisaient leurs ordres dans la province de Languedoc, savoir : le duc de Ventadour, dignitaire d'une prudence convenable, et ce duc de Joyeuse, qu'on voyait

> . . . . tomber au moindre choc,
> Aujourd'hui dans un casque et demain dans un froc.

Ce Seigneur, libertin vieilli, pécheur repentant par terreur des tourments de l'autre vie, oubliait alors les vertus modestes du cloître, où il devait rentrer plus tard, et ne savait avoir des qualités d'un gouverneur-général, que les vaniteuses prétentions. Mais comme son génie ne répondait pas à son ambition, il laissa prendre, malgré lui, à son rival une prépondérance que la sagesse de ce dernier rendit décisive ; et ce fut le duc de Ventadour qui réunit les états du Velay à Yssingeaux, en 1696. Comme à la précédente réunion, aucun député du Puy ne parut, le conseil municipal ayant répondu que c'était aux gens des états à venir les tenir dans la ville épiscopale. Il est vrai qu'à cette époque encore, les ligueurs du Puy étaient soutenus par le parlement de Toulouse, qui, tout récemment, avait défendu au sénéchal et au lieutenant du prévôt, de juger ailleurs que dans cette ville. Un huissier d'armes s'étant rendu à Yssingeaux, avait notifié cet arrêt à Chantemule, lieutenant du sénéchal, et à Martel, lieutenant du Prévôt, avec injonction de retourner au Puy.

Au commencement du règne de Louis XIII, les chefs des religionnaires et ceux des catholiques, profitant de l'orage qui grondait au Louvre, redescendirent de nouveau dans la lice les uns contre les autres, peut-être pour développer plus facilement, au sein de la guerre civile, les renaissantes prétentions de féodalité que Richelieu devait bientôt frapper avec la hache des bourreaux. Alors, les protestants de Privas, sous la conduite de Blacons, firent une course dans le Velay, pillèrent plusieurs églises, et tentèrent de surprendre Yssingeaux, à la faveur de deux pétards qu'ils appliquèrent avant le jour, l'un au ravelin, l'autre à l'une des portes. L'alarme ayant été donnée, le curé, homme intrépide, quoique septuagénaire, se précipita sur les assaillants à la tête d'une partie des habitants, armés à la hâte ; les religionnaires furent obligés de prendre la fuite, après avoir laissé un assez grand nombre des leurs sur le glacis. Chaste, second du nom, sénéchal du Puy, qui avait marché contre eux, les attaqua en rase campagne, et les tailla en pièces. De 400 hommes sortis de Privas, 40 seulement y rentrèrent [1].

Yssingeaux, après les guerres de religion, rentra dans une paix profonde, et quoique l'une des principales villes du Velay, fut réduite à la mince importance d'un simple baillage, dont l'existence fit assurément peu de bruit à la cour du grand Louis XIV. La révolution trouva peu d'adhérents enthousiastes dans cette ville : ainsi que dans le reste du Velay, on y entendit

---

(1) *Histoire du Velay*, par Arnaud, t. II, p. 119.

sans émotion les transports éclatants de démocratie qui partaient du littoral marseillais. Les résistances contre-révolutionnaires du Languedoc, de Toulouse et du Lyonnais y rencontrèrent plus de sympathie. Toutefois, du sein de cette population façonnée au vieux joug, on vit surgir quelques hommes ardents voués aux intérêts du pays, et qui le servirent en partageant, plus ou moins, les erreurs où tant de patriotes se laissèrent entraîner par une entente vicieuse de la cause qu'ils avaient embrassée. Lorsqu'un sceptre illustre, mais pesant, remplaça en France le niveau déjà brisé de l'égalité, la ville d'Yssingeaux le sentit appuyer rudement sur elle sans se plaindre de son poids ; elle était donc bien préparée, après ce despotisme de fait, au despotisme de vieux principes renaissants qui devait lui succéder : aussi l'accueillit-elle avec un abandon que l'on sut, plus tard, exciter en faveur d'un état de choses détruit. Fidèle aux interdictions que nous avons dû nous imposer, nous éviterons ici tout ce qui tiendrait de la discussion politique ; bornant nos réflexions à dire que la tâche des autorités post-Juliennes d'Yssingeaux doit être rude et laborieuse. Nous avons trouvé dans cet arrondissement un jeune sous-préfet, homme d'esprit, de cœur et de haute portée : il débutait dans l'administration, et jamais chevalier Teuton ou Rose-Croix n'eut à subir des épreuves comparables à celles qui l'attendaient sur cette galère administrative.

Yssingeaux occupe une demi-éminence, que dominent de toutes parts des montagnes plus élevées, ce qui rend sa situation triste et morne. La teinte sombre des maisons, le défaut d'édifices majestueux, l'absence presque absolue de tout mouvement commercial ou industriel, qui heureusement n'est pas général dans l'arrondissement, ajoutent encore à l'aspect quasi-lugubre de cette ville, que traverse cependant la route du Puy à Lyon, par Saint-Etienne. L'hôtel de ville, monument du XVe siècle dont nous avons parlé, est le seul édifice un peu remarquable que l'on puisse citer. Quant à l'église, c'est un bâtiment moderne construit sur un plan régulier, mais dépourvu de caractère ; nous ne croyons pas qu'elle ait même le mérite de la solidité : il nous semble avoir vu une étaie de bois appuyée à son mur occidental. Ce temple est pourtant l'ouvrage de plusieurs années ; et l'architecte, que ne devaient pas préoccuper les inspirations artistiques applicables à cette bâtisse, avait eu le temps de se donner des garanties de bonne construction. La population d'Yssingeaux est de 7,621 habitants, d'après l'annuaire de 1839 ; ce chef-lieu d'arrondissement est à six lieues un cinquième nord-est du Puy.

A *Chambonnet*, près d'Yssingeaux, l'on a découvert, il y a quinze à seize ans, une mine de plomb sulfuré. Dans la commune *d'Araules*, s'élève la montagne de *Testevoire*, la plus haute de l'arrondissement et du groupe de Mégal : son élévation est de 1,447 mètres au-dessus du niveau de la mer. Non loin de ce pic, se trouve celui de Lizieux et les ruines du château fort de *Bonas*. La commune de *Bessamorel* offre les vestiges d'une ancienne commanderie de l'ordre de Malte ; les ligueurs occupèrent en 1574 l'espèce de forteresse que les chevaliers du Temple avaient jadis élevée en ce lieu. On voit à *Galvenas* les vestiges d'un autre château fort, et le terrain se recommande à l'attention des géologues par ses marnes herborisées. *Saint-Julien du Pinet*, village situé sur la route d'Yssingeaux à Montfaucon, se dessine agréablement en perspective, grâce à son pont et à son vieux château encore habité. La commune de *Lapte* est intéressante par sa belle carrière de granit.

A *Retournac*, nous rejoignons la Loire, cette principale héroïne de notre histoire, et nous la retrouvons non pas encore navigable, mais flottable[1], conséquemment déjà utile au commerce, qu'elle pourrait favoriser davantage. Il nous sera permis d'émettre ici quelques réflexions tout à fait inhérentes à notre sujet, mais dans lesquelles toutefois nous serons sobres de développements.

L'importance de la Loire était un fait constaté dès les temps les plus reculés : parmi ces *Naviculaires* ou ces *Nautes* créés dans les Gaules sous la domination romaine, les navigateurs de ce fleuve occupaient un rang distingué. On compta dans leurs rangs des décurions, des décemvirs, des sénateurs. Au moyen-âge, cette prépondérance se soutint avec moins d'éclat, peut-être, mais les bateliers de la Loire furent encore honorés par les souverains. Louis-le-Débonnaire qualifiait ce corps : *Splendissimum corpus Nautorum*. Des lois, des édits remontant aux premiers siècles de notre histoire, réglaient les droits et les priviléges du commerce qui se faisait par la Loire : l'autorité souveraine intervint souvent pour réprimer le brigandage des pirates, titrés ou non, répandus sur les rives de cette belle rivière. Mais la navigation elle-même demeura jusqu'à nos jours et demeure encore imparfaite, inconstante, quelquefois désastreuse, à défaut des améliorations que le cours du fleuve réclame. On avait cependant commencé, en 1755, sur divers points, la construction de *digues submersibles;* mais ce travail fut bientôt abandonné; on l'a repris en 1825. Trois digues ont été formées entre Chouzé et Candes;

---

(1) Par un arrêt du 9 décembre 1681, le fleuve n'était reconnu navigable qu'à partir de Roanne; depuis le commencement du XVIII° siècle, la navigation s'étend jusqu'à Saint-Rambert, à vingt kilomètres des limites du département. On a même tenté avec succès de remonter jusqu'à Retournac. Dans sa situation actuelle, la Loire est flottable sur une étendue de 35,000 mètres; puis navigable sur un parcours de 763,907 mètres jusqu'à l'Océan : longueur totale, 798,907 mètres.

T. L.

d'autres l'ont été depuis, en amont de Tours; mais rien ne prouve que ces travaux doivent être généralisés : il semble qu'on n'a point en vue un système d'améliorations exécuté en grand, et que celles entreprises se borneront à quelques localités. C'est cependant dans toute l'étendue du parcours, depuis Retournac, qu'il faudrait pratiquer un chenal d'une profondeur suffisante pour favoriser et rendre constante la navigation, relativement aux nécessités du pays que traverse le fleuve, et à l'importance du commerce d'exportation qui lui est propre. Ajoutons que, dans les divers projets dont l'exécution est commencée ou qui ont été simplement émis, les départements sur lesquels coule la Loire supérieure sont entièrement négligés : ni la *Haute-Loire*, où tant de besoins se font sentir, ni la *Loire* et l'*Allier*, où les produits manquent de voies suffisantes d'écoulement, ne paraissent devoir participer aux travaux de canalisation : on ne s'occupe que de la Basse-Loire, et le canal latéral projeté ne remontera guère au-delà d'Orléans. Dès l'année 1823, l'ingénieur en chef des ponts et chaussées du département de la Haute-Loire mit sous les yeux du gouvernement un rapport fort détaillé sur le projet reconnu exécutable de rendre le fleuve praticable aux bateaux chargés, jusqu'à Retournac : une compagnie offrit alors de faire les frais de l'entreprise, moyennant la cession, pour un temps donné, d'un droit de péage fort modéré. Le rapport et la soumission n'eurent pas de suite.

On s'est épris depuis quelques années des canaux latéraux; on ne favorise que leurs partisans. Et pourtant s'ils sont partout exécutables, ce dont on peut douter, que de dépossessions violentes, que de terrains enlevés à l'agriculture, pour obtenir un état de choses qui, par les frais de construction et d'entretien, porterait le droit de péage à un taux tellement élevé, que toute navigation deviendrait presque impossible.

Achevons de dire notre pensée : un tel système, qui pourrait contribuer à prouver surabondamment l'habileté de nos ingénieurs, dès long-temps reconnue, nous paraît basé sur un calcul vicieux de la fortune publique, et sur l'oubli complet des ménagements qu'on doit se proposer en y touchant. D'ailleurs, la vanité scientifique veut-elle qu'en ceci les nécessités publiques lui rendent de nouveaux hommages? Elle ne manquera pas de les recueillir si, au lieu d'innover à grands frais, le génie civil se borne à seconder le vœu de la nature, en creusant le lit des fleuves. Laissons aux nations orgueilleuses la mise en œuvre des utopies brillantes, mais stériles; tirons de nos entreprises mieux que la satisfaction des difficultés vaincues; et pour cela, ne songeons ni à la construction de *Tunnels*, ni au creusement des canaux latéraux, lorsque le lit des rivières, amélioré convenablement, nous offrirait des moyens de navigation permanents beaucoup moins onéreux. « Sans doute, la Loire, comme un grand enfant, joue perpétuellement avec ses rives, et accorde, puis retire le lendemain les plaines de sable qu'elle a formées » : cette figure d'un écrivain moderne est d'une poétique exactitude. Mais parce que cet enfant, gâté par les siècles, se montre capricieux, faut-il donc le déshériter ? Faut-il recourir à l'expédient presque honteux d'ouvrir au commerce une route mesquine qui ramperait à côté de ce noble fleuve, lorsqu'il n'a besoin que d'être contenu dans ses égarements. Creuser une voie de navigation aussi chétive qu'onéreuse, parallèlement au cours de notre belle Loire, n'est-ce pas, au surplus, accuser l'insuffisance de l'art dans les conceptions possibles, propres à la fixer et à la soumettre? Certes! les anciens, que nous avons surpassés souvent, ne songèrent jamais à esquiver ainsi une difficulté que l'on peut vaincre.

Puisque le gouvernement, assez préoccupé des abstractions politiques, pour se voir contraint de négliger bon nombre d'utilités positives, ne peut accorder ni assez d'attention spéciale, ni assez d'argent pour accomplir, par ses soins directs, la canalisation de la Loire, il est certain que partout des compagnies se chargeront de ce grand travail. Indépendamment des offres mentionnées ci-dessus, une société d'actionnaires offre d'opérer entre Nantes et Paimbœuf. Des nécessités non moins importantes sur la Loire supérieure et sur la Loire moyenne, conséquemment des produits assurés, détermineront sans nul doute d'autres sociétés à imiter celle de la Loire-Inférieure; et dans tous les cas, le péage, basé sur une dépense moins forte que celle occasionnée par l'établissement des canaux riverains, demeurera loin du tarif exorbitant qu'il faudrait imposer pour la navigation sur ces derniers [1].

Revenons à Retournac, petite ville gaie, active, commerçante, située sur la rive gauche du fleuve, et dont la population est de 3,750 individus. Si le projet dès long-temps conçu de faire remonter la navigation jusqu'à cette hauteur avait son exécution, ce port, où l'on construit des bateaux pour le transport des produits des départements de la Haute-Loire et de la Loire, serait susceptible d'acquérir une grande prospérité, en ajoutant à celle du pays, dont il favoriserait davantage les intérêts. En attendant, les habitants exploitent le mieux qu'ils peuvent l'industrie que leur permet la proximité des

---

(1) Voyez, pour le développement de cette matière, les Mémoires de la Société d'agriculture d'Angers, et les considérations publiées par M. Devisme sur le même sujet. Il nous a semblé que, dans plusieurs autres mémoires encore, on avait combattu victorieusement l'objection des grandes crues, comme longuement nuisibles à la navigation sur la Loire; et dans tous les cas, cet inconvénient est plus qu'égalé par celui de la glace, si facilement formée sur les eaux stagnantes des canaux.

bois du canton de la Chaise-Dieu. Théodore, historien du Velay, rapporte que, vers l'année 1486, Jean de Bourbon, évêque du Puy, érigea en collégiale la paroisse de Retournac. L'église, qui ne mérite pas plus que beaucoup d'autres une description détaillée, appartient au style gothique, sans en offrir les beautés. En 1590, les royalistes occupèrent Retournac, afin d'éviter que cette ville, sans doute fortifiée, ne tombât au pouvoir des ligueurs; en 1594, elle se soumit définitivement à Henri IV. On voit dans la commune le château où naquit le comte de Vaux, qui offrit un exemple, rare sous l'ancienne monarchie, d'un militaire parvenu à la dignité de maréchal de France, après avoir passé par tous les grades. C'est à cet officier, qui fit, en 1769, la conquête de la Corse, que nous devons l'honneur d'avoir pu compter parmi les illustrations françaises le plus grand homme des temps modernes. Près de là, sont les ruines du château d'*Artias*.

Entre le canton d'Yssingeaux et celui de Saint-Paulien, s'étend le canton *de Vorey*, qui, comme le dernier, appartient à l'arrondissement du Puy. Vorey, ou plutôt *Vaurey* (*Vallis regia*), est un bourg assez fort et dont la population s'élève à 2,100 individus; distance du Puy: cinq lieues un cinquième. Il existait autrefois en ce lieu un prieuré de religieuses qui releva long-temps de l'abbaye de Saint-Chaffre; après la suppression de cette dernière maison, en 1787, le prieuré de Vorey passa sous la dépendance du monastère de Chases, situé dans l'ancien diocèse de Saint-Flour, sur les frontières du Velay et du Gevaudan. Cette localité offre, tout près de la Loire, une source d'eaux minérales. *Mézères*, petit village du même canton, fut, dit-on, jadis une ville assez considérable; rien aujourd'hui ne rappelle cette condition urbaine. A *Saint-Pierre Duchamp*, on voit les ruines du château d'*Arzon*.

Que dire de l'ancienne ville de *Roche en Regnier* qui, à une époque encore peu reculée, était une des huit principales cités du Velay, et envoyait, tous les quatre ans, un député aux états particuliers de cette province? A quelles causes de décadence est dû l'évanouissement de cette condition, échangée contre l'aspect et les habitudes d'un village? Ici, comme sur tant d'autres points du globe, il faut reconnaître que les sociétés ont leur jeunesse, leur puissance de vitalité, puis leur vieillesse, leur décrépitude, et ce retour à l'enfance, qui leur est commun avec les individus. En 1313, le seigneur de la Roche fit partie d'une commission de hauts barons nommée par Philippe-le-Bel pour opérer la réunion de diverses parties du Vivarais et du Velay à la nouvelle sénéchaussée de Lyon, en les séparant de la sénéchaussée de Beaucaire. Sans doute, dans cette circonstance, la soumission de ce seigneur aux volontés de la cour y laissa un souvenir reconnaissant; car en 1360, Jean, comte de Poitiers, lieutenant du roi en Languedoc, déclara que « Les sujets de Gui de Lévis, seigneur de la Roche, lesquels étaient taillables à sa volonté, ne devaient pas contribuer aux subsides, *capuges* et autres subventions du roi pour la guerre. » En 1418, le Dauphin, depuis Charles VII, voulant remettre le Languedoc sous son obéissance, nomma Renaud de Chartres, archevêque de Reims, son lieutenant en cette province, et lui associa Jean, sire de Villars et de la Roche en Regnier. Celui-ci leva alors, à ses dépens, cent hommes d'armes et cent hommes de trait; pour l'entretien de cette troupe, il vendit sa vaisselle d'or et d'argent: sacrifice dont Charles VII le dédommagea dans la suite. Lorsqu'au mois d'avril 1436, ce même souverain réunit les états-généraux de Languedoc, le seigneur de la Roche y fut appelé, et se trouva à même de féliciter le roi sur la soumission de Paris à son obéissance, événement qu'il apprit durant cette assemblée. La seigneurie de la Roche en Regnier appartenait, au commencement du XVIe siècle, à Charles, duc de Bourbon et d'Auvergne, comte de Montpensier et de Forez : c'est-à-dire à ce fameux connétable qui, pour n'avoir pas voulu comprendre les soupirs d'une princesse surannée (Louise de Savoie, mère de François Ier), tomba dans la disgrâce de son maître. Charles de Bourbon était gouverneur du Languedoc; prenant conseil du plus âcre ressentiment, non seulement il songea à trahir l'état, mais il chercha à entraîner dans sa trahison plusieurs grands personnages. Le roi, ayant été informé du complot, fit arrêter Antoine de Chabannes, évêque du Puy, Aimar de Prie, Descar, seigneur de la Vauguion, quatre à cinq autres gentilshommes, amis du connétable, et le vénérable comte de Saint-Vallier. On sait à quel prix la fille du dernier sauva les jours de ce vieillard : peut-être fut-il l'objet d'une condamnation plus rigoureuse que celle portée contre ses complices, pour offrir au trop galant monarque l'occasion de faire payer plus chèrement à Diane de Poitiers, la grâce de son père. Quant au connétable de Bourbon, il se vit privé de ses charges et dignités; ses biens furent saisis, entr'autres la baronnie de la Roche en Regnier.

Telle fut assurément l'origine des malheurs de cette ville, dont la seigneurie, retirée à un allié de la maison royale, ne pouvait que perdre beaucoup de son importance.

En 1593, la ville et le château de la Roche en Regnier étaient occupés par une garnison ligueuse. Dans une conférence entre les chefs royalistes et quelques ligueurs influents, qui eut lieu à Polignac, en 1594, il fut convenu que le sieur de Hautvillar, capitaine ligueur, qui se trouvait depuis plusieurs mois prisonnier à ce château, serait relâché, à condition qu'il s'engagerait à faire remettre dans la main du roi le château et la ville de la Roche en Regnier : engagement que ce seigneur prit, et qu'il ne tint pas, selon l'usage des deux partis à cette triste époque. L'année suivante, les sieurs Billandon et de Montagnac, à la tête des *croquants*, s'avancèrent vers la Roche, et mirent le siége devant cette place, après s'être fortifiés dans les maisons voisines. De l'Estange, chef ligueur, ayant appris ce blocus, marcha contre les croquants, leur tua quelques hommes, fit une centaine de prisonniers, et la ville même qu'ils espéraient enlever, devint leur prison. Un peu plus tard, la Roche se soumit à l'autorité de Henri IV : ce fut le dernier acte de son importance politique. De l'ancienne splendeur relative qui régnait en ses murs, elle ne put reconquérir dans la suite que le rétablissement de ses foires et marchés, supprimés durant les troubles civils : le roi, par lettres patentes du mois de février 1599, approuva ce rétablissement.

Aujourd'hui, la Roche en Regnier, ancienne cité principale du Velay, n'est pas même chef-lieu de canton. Ce qui reste de cette ville est bâti sur une roche volcanique, non loin de la montagne, beaucoup plus haute, appelée la *Miaune*, et dont l'élévation absolue est de 1,077 mètres.

Le village de *Chamalières* échapperait à l'attention de l'historien, si son ancien prieuré conventuel, qui relevait de l'abbaye de Saint-Chaffre, ne devait pas sauver ce lieu d'un oubli absolu. Au commencement du Xe siècle, Alfred, duc d'Aquitaine, comte d'Auvergne et de Velay, donna, par testament, l'alleu de Chamalières à l'église de Notre-Dame du Puy. Dix ans après cette donation, l'abbaye de Saint-Chaffre étant tombée, disent les vieilles chartes, dans un *grand relâchement*, Arnauld, abbé de Saint-Gérand d'Aurillac, à la prière de Gotescalc, évêque du Puy, établit dans ce monastère l'observance de Saint Benoît, et le prieuré suffragant qui nous occupe, partagea cette réforme. En 1594, le prieuré, sans doute défendu par un mur d'enceinte, reçut une garnison royaliste, et ne tomba point alors au pouvoir des ligueurs, que les religieux eussent volontiers favorisés. Le prieur de Chamalières avait droit de séance à l'assemblée des états du Velay : en 1729, Solatge de Lamée y siégea en cette qualité. Nous ignorons si les archives du Velay, lorsqu'elles seront débrouillées, signaleront la participation de quelque bénédictin de Chamalières aux travaux littéraires ou scientifiques de son ordre ; mais jusqu'à présent, aucune renommée n'a surgi des ruines de ce monastère.

Il nous reste à mentionner, dans le canton de Vorey, le bourg assez considérable de *Rosières*. Durant les premières guerres de religion, ce lieu fut le théâtre d'un combat sanglant : Barghas, capitaine protestant, après avoir été chanoine du Puy, s'étant mis à la tête de deux mille hommes, en 1577, s'empara de Saint-Agrève, Foy et Saint-Paul de Tartas, sur les frontières du Velay, et s'avança dans ce pays, pour tenter l'enlèvement de quelques places plus importantes. Saint-Vidal, gouverneur de cette province, marcha contre le chanoine apostat, avec un renfort que Mandelot lui avait envoyé rapidement de Lyon. Les deux partis se rencontrèrent à Rosières : l'engagement fut vif et meurtrier; Barghas eut le dessous, et dut battre en retraite, laissant trente ou quarante hommes sur le champ de bataille. Saint-Vidal ne perdit que trois chevaux, disent les relations des historiographes; mais ce rapport peut ressembler aux bulletins que rédigea depuis le conventionnel Barrère, et dans lesquels l'armée républicaine, en tuant les Autrichiens et les Prussiens par milliers, n'était blessée qu'au petit doigt d'un soldat. La commune de Rosières présente plusieurs filons de plomb sulfuré, de la chaux fluatée et de la chaux carbonatée, particulièrement au lieu appelé *Maléys*.

Le canton de Vorey est heureusement coupé de bois, de prairies et de vignobles; et c'est dans le fertile vallon d'Emblavès, arrosé par le Beaulieu, que l'on récolte les plus beaux fruits qui se vendent aux marchés du Puy et d'Yssingeaux. Cette vallée est un petit Eden que l'œil surpris admire au milieu d'une enceinte de monts escarpés. Le naturaliste rencontre en ce lieu de jolis oiseaux, tels que le loriot, le bec croisé, le bouvreuil; le gastronome y trouve l'ortolan, l'outarde et l'engoulevent. Les céréales du canton de Vorey consistent en méteil, seigle et froment.

De ce canton, nous passons dans celui de *Saint-Paulien*, qui lui est contigu à l'est et au sud. Saint-Paulien, cette ancienne capitale du pays des Velaunes qui, à en juger par les vestiges de son ancienne splendeur, fut une ville importante, animée, splendide, ne présente plus aujourd'hui que des décombres ensevelis sous l'herbe ou les guérets. Quelquefois le laboureur, en soulevant des marbres antiques, maudit, comme un obstacle, quelque débris de frise élégante, ou quelque fragment d'autel. *Ruessium* était située au-delà de la ville actuelle, et adossée à un mont en hémicycle qui l'abritait des vents du nord. Ce qui surtout devait contribuer à sa grandeur et à son opulence, c'est qu'elle se trouvait sur une des plus belles voies romaines établies dans les Gaules, celle se dirigeant de Lyon vers l'Espagne. M. de Lalande, archéologue distingué, dont nous avons plus d'une fois cité les savantes recherches, pense que César-Octave, s'étant rendu dans les Gaules, l'an de Rome 725, visita la Vellavie, et *dut* ordonner la construction de plusieurs temples et édifices civils, dont on retrouve çà et là les restes sur l'emplacement de l'ancienne *Ruessium*. Il ne nous paraît pas suffisamment démontré que ces embellissements remontent aussi loin, et le même antiquaire nous indique une époque plus probable de ces grands travaux dans celle de l'affranchissement de la Vellavie. Ce fut, comme chacun sait, en l'an 737 de l'ère romaine, c'est-à-dire seize ans avant Jésus-Christ, qu'Auguste déclara libres plusieurs villes gauloises, auxquelles il reconnut des droits municipaux. Or, une preuve irrécusable que les Vellaviens eurent part à ce bienfait, ressort d'une inscription funéraire que nous rapportons, et que M. de Lalande a découverte :

ETRVSCLLAE
AVG CONIVG
AVG N
CIVITAS VELLAVORVM
LIBERA [1].

La pierre sur laquelle cette inscription est gravée se trouve encore maçonnée à deux pieds du sol, dans la façade d'une maison construite sur l'emplacement de Notre-Dame du Haut-Solier, à Saint-Paulien.

L'affranchissement des Velaunes ou Vellaviens ainsi démontré, il devient tout à fait probable que des routes furent percées de leur ville principale aux grandes cités que faisait fleurir la puissance romaine. Mais M. de Lalande lui-même croit que ces communications ne consistèrent alors qu'en des percées provisoires, tracées particulièrement de Lyon à *Ruessium* et sans doute au-delà. Plus tard et lorsque les Romains eurent imprégné de leur luxueuse civilisation les villes gauloises, les Vellaviens durent ouvrir de plus vastes débouchés à leurs relations. C'est ainsi que l'on peut suivre sur une grande étendue, les restes d'une voie romaine qui porte encore dans le pays le nom patoisé de *Vio-boulé-na* (*Via Bolena.*) Dans l'avenue du château de Barret, près de Saussac, l'alignement de cette route est parfait, et l'on reconnaît aisément sa direction vers Saint-Paulien, à vol d'oiseau. Sa largeur est de dix-huit à vingt pieds ; elle s'élevait plus ou moins, selon

---

(1) *Etrucilla,*
augustæ Conjugi
Augusti nostri,
civitas Vellavorum
libera.

A Étrucilla,
l'Épouse auguste
de notre auguste Empereur,
la cité libre
des Vellaviens.

M. Mérimée pense que cette Étrucilla était femme de l'empereur Trajan Dèce, qui régna de 250 à 254 de l'ère chrétienne. M. de Lalande croit, lui, que cette Étrucilla était l'épouse de Volusien, associé à l'empereur Gallus, son père, et qui fut tué par des soldats, en 253.

que le terrain l'exigeait pour conserver le niveau. Des fouilles pratiquées dans quelques parties ont fait parfaitement juger du système de construction que les Romains appliquaient à leurs voies de grande communication : celle-ci est formée de quatre couches de pierres, dont les deux premières sont recouvertes d'un ciment assez dur. De ces deux couches, la plus profonde se compose de pierres très-grosses, la seconde de pierres un peu moins fortes, la troisième de plus petites encore, la quatrième enfin, c'est-à-dire celle qui se trouve à la superficie du sol, est faite d'un gravier très-menu et comparable à celui qu'on emploie aujourd'hui sur nos routes modernes, avec cette différence qu'il est en quelque sorte maçonné. En examinant ce travail si bien conçu, si bien exécuté, on reconnaît qu'avec le moindre entretien, les voies romaines, dont les Gaules étaient rubanées dans tous les sens, pouvaient être conservées à toujours : la restauration que Brunehaut fit au VIe siècle, eût été exécutable partout ; mais les monarchies nonchalantes du moyen-âge, laissèrent enfouir ces belles routes, dont elles eussent tiré un si grand parti ; la barbarie de nos pères s'embourba, dix siècles durant, tandis qu'à quelques pouces de profondeur, subsistaient des chemins indestructibles, et percés, pour la plupart, de manière à servir aux communications des populations modernes.

Les voies antiques construites avec la perfection que nous venons de faire apprécier, sont assurément d'une époque postérieure à la venue d'Auguste dans la Vellavie et à l'affranchissement des peuples de cette contrée. Une inscription tracée sur une colonne monumentale trouvée sur le chemin d'Allègre, au moulin de Bourboulioux, prouve que sous la domination romaine même, les routes et les ponts de ce pays avaient été négligés, et qu'un César dut les faire restaurer ; cette colonne porte :

CAESAR PRINCEPS
JUVENTUTIS VIAS ET PONTES
VETUSTATIS CONLAPSOS RESTITUIT.

Or, voici l'opinion de l'abbé Lebœuf, l'un de nos plus savants antiquaires, sur ce monument : « Cette inscription est gravée sur une colonne de quatre à cinq pieds de hauteur, se terminant par une croix, et il y a apparence que, pour rendre ce fragment antique plus propre à cet usage, on a scié le haut et enlevé une ou deux lignes de l'inscription. Car pourquoi le nom du César qui a fait ces réparations ne s'y trouve-t-il pas ? Les Romains ne laissaient pas deviner à la postérité le nom des empereurs et des Césars en l'honneur desquels ils érigeaient des monuments. » Bergier a cru, et son sentiment est bien fondé, que l'inscription commençait par ces deux lignes :

C. IVLIVS
VERVS MAXIMVS.

Il cite, pour pièces de comparaison, celle qui se lit dans Gruter [1]. Ce serait donc au fils de l'empereur Maximus que les Vellaviens auraient dû la restauration des chemins et des ponts mentionnés dans l'inscription, et l'on pourrait la faire rapporter à l'an 238 de l'ère chrétienne. M. de Lalande, d'après l'examen d'une colonne semblable à celle de Bourboulioux, découverte entière à Usson (Loire), adopte l'opinion de l'abbé Lebœuf.

Sur la voie dont nous avons parlé, et qui se dirige vers l'Espagne, une seconde borne milliaire, sur laquelle on lisait : *mille passus sex*, se trouvait en effet à six mille pas romains, ou deux lieues, de la capitale des Vellaviens. Une troisième colonne a long-temps existé près du château de Montbonnet ; mais, soit qu'on l'ait obscurément employée dans quelque construction domestique, soit qu'elle ait été enlevée par un antiquaire, M. le vicomte de Becdelièvre a fait de vains efforts pour la retrouver. A cette hauteur, la chaussée antique est parfaitement droite ; mais sa largeur a été successivement diminuée par divers empiétements. Pour en finir avec la voie romaine appelée *Via Bolena*, disons que les parties les mieux conservées qu'elle offre dans la Haute-Loire, se remarquent à Saint-Georges-l'Agricol, à Pont-Empeyras (*Pons imperatoris*), au Pont de César, près Chomelix, à Saint-Geneis, non loin de Saint-Paulien, à Saussac, près du château de Barret, et enfin non loin du château de Montbonnet. Or, toutes ces parties de route étant assez rapprochées les unes des autres, cet important vestige des établissements romains est un des plus curieux qui existent en France. Revenons à *Ruessium*, qui, après l'organisation municipale que nous avons mentionnée, prit le nom de *Civitas Vellavorum*. Tout porte à croire que les somptuosités de cette ville doivent se rapporter au temps où les routes qui la traversaient et l'enrichissaient furent restaurées, c'est-à-dire au troisième siècle, époque à laquelle s'opérait la fusion définitive des Romains

---

(1) *Histoire de l'Académie des Inscriptions*, t. XXV, p. 143-149; et *Histoire du Languedoc*, par Gruter, t. Ier, p. 14.

avec les peuples de la Gaule : fusion qui permit aux uns et aux autres d'embellir des cités qu'on ne craignait plus de voir dévaster par les guerres intestines. Quoiqu'il en soit, il est aisé de voir que les Vellaviens déployèrent dans leurs constructions une grande magnificence ; les champs voisins de Saint-Paulien sont jonchés de débris antiques. Long-temps on y a découvert, sur une étendue de territoire considérable, des tronçons de colonnes, des chapiteaux, des fragments de tuile ou de poterie, enfin des dalles en marbre blanc ayant appartenu à un aqueduc, ainsi qu'on en peut juger par les eaux qui sourdent encore sur l'emplacement où elles se trouvaient. De pareils morceaux dans un pays où l'on n'exploita jamais aucune carrière de marbre, révèlent l'opulence du personnage, romain ou vellavien, dont les bains construits en ce lieu favorisaient la sensualité. Plusieurs antiquaires ont pensé qu'au faubourg dit du *Haut-Solier*, il a dû exister un petit temple (*Sacellum*) consacré au soleil ; M. de Lalande, partageant cette opinion, fait dériver le nom même du quartier et de la chapelle qui s'y trouve de *alto soli*. Cette chapelle est au moins fort curieuse par les vestiges d'antiquité qu'elle présente : « Ses murs, dit l'abbé Lebœuf, ne sont bâtis, du côté septentrional, que de débris des monuments romains, et de fragments d'inscriptions posés les uns sur les autres sans mortier ni sable. » On voit dans le même quartier plusieurs restes de couches de ciment et de mastic, qui ont servi à contenir de la mosaïque. Une partie de la ville même de Saint-Paulien a été bâtie avec des matériaux provenant de l'antique *Ruessium*, et l'église en offre plusieurs dans sa construction. On lit sur un des piliers de la nef l'inscription que voici :

**IVLIAE
NOCITVR
NAE RMF
RVFINVS
MARIVS
VXOR CAS
TISSIME
PO** [1].

(1) *Juliæ Nocturnæ,
Rufini Marii filius,
Rufinus Marius
uxori castissimæ
posuit.*

Rufinus Marius,
fils de Rufinus Marius,
a érigé ce tombeau
à la plus chaste des épouses,
Julia Nocitnrna.

Près du mur de la même église, se trouve une pierre appelée dans le pays *Peira dous Treivirs* (Pierre des triumvirs) sur laquelle sont sculptées trois têtes en relief; aucune inscription n'est gravée au-dessous. M. de Lalande, qui n'a rien voulu laisser d'inexpliqué dans les antiquités qu'il a observées, pense que ce bas-relief était la pierre monumentale du champ des supplices. Du reste, elle a été trouvée dans un champ assez éloigné de la ville actuelle, et qui devait être hors des anciennes limites de *Ruessium*.

Sur la place de Saint-Paulien existe un monument curieux et certainement d'une haute antiquité, dans lequel plusieurs archéologues ont cru voir une tribune aux harangues; mais outre que la cité antique occupait un autre emplacement que la ville moderne, et que le *Forum* devait être au centre de cette même cité, l'objet dont il s'agit a tout le caractère d'un autel consacré aux sacrifices païens. C'est un énorme bloc de grès coupé carrément, haut de trois pieds et large de cinq. La face supérieure est taillée comme une table; le bas a été évidé de manière à former quatre arceaux, qui reposent sur autant de piliers. On remarque encore sur la table de petites entailles sans doute pratiquées pour faciliter le transport en ce lieu d'une aussi forte masse. Quelques écrivains veulent que ce monument singulier ait appartenu a une église du IVᵉ siècle, et qu'il ait servi d'autel à Saint Paulien, évêque du Velay. Le bon sens des paysans du voisinage a mieux compris son usage, en l'appelant la *Pierre à tuer les bœufs;* la forme même de ce bloc semble confirmer son origine antique, sans que toutefois, il offre rien d'analogue avec les autres monuments religieux de la période romaine. On serait tenté de l'attribuer à l'ère celtique, si la grossièreté du travail, toute primitive qu'elle se présente ici, ne tenait encore de l'art beaucoup plus que les autels druidiques. Cependant, le défaut d'analogie de la pierre à tuer les bœufs avec ces autels et la proximité des établissements romains, font incliner à croire que cette masse indestructible servit à immoler des victimes à quelque Dieu de la théogonie païenne, après la conquête des Gaules par le peuple-roi.

De tout ce que nous venons de rapporter, on peut conclure que la capitale des Vellaviens, située à quelque distance de la ville actuelle de Saint-Paulien, fut une grande et importante cité, dont il serait peut-être facile de déterminer l'enceinte par des fouilles intelligentes. Pour dernière observation à l'appui de l'ancienne importance de *Ruessium*, nous ferons remarquer que près de 800 médailles ont été trouvées non loin de l'emplacement qu'occupa cette ville, et qu'une pareille quantité de monnaie, semée sur un espace assez peu étendu, fait nécessairement présumer une affluence considérable de population.

L'époque à laquelle le christianisme fut introduit dans la capitale des Vellaviens ne peut être fixée d'une manière précise, et l'on ne sait pas mieux si en effet Saint Georges fut le premier évêque du Velay. Sur ce dernier point, les bréviaires de l'église du Puy, imprimés en 1516 et 1532, et le *Propre du Diocèse*, imprimé en 1661, ne sont nullement d'accord avec les monuments historiques. Ainsi, dans le dernier de ces ouvrages, on lit, aux leçons de Saint Georges, dont la fête tombe le 10 novembre, que Saint Pierre l'envoya évêque dans le Velay; et aux leçons du jour de l'octave du saint prélat, il est écrit que, revenant de voir Sainte Marthe, il alla à Toulouse pour visiter Saint Saturnin, qu'il trouva en arrivant couronné du martyre. Or, selon les plus habiles critiques, entr'autres Tillemont, le père Ruinart et les auteurs *de l'Art de vérifier les dates*, saint Saturnin fut fait premier évêque de Toulouse en 257; conséquemment près de deux cents ans après Saint Pierre, qui mourut en l'an 66. Ces mêmes légendes abondent en contradictions : par exemple, Saint Marcellin est qualifié de troisième évêque du Velay dans les bréviaires, et dans *le Propre du Diocèse*, il est dit qu'il succéda immédiatement à Saint Georges. Rien de plus authentique ne s'est offert à nous sur le rang numérique que tint, parmi les successeurs de Saint Georges, le prélat qui donna son nom à Saint-Paulien, autrefois *civitas Vellavorum*. Toujours est-il certain que Saint Georges et Saint Marcellin y furent inhumés. Nous avons mentionné ailleurs l'époque probable de la translation du siége au Puy; et si elle eut lieu en effet à la fin du VIe siècle, ainsi que semblent le prouver quelques témoignages dignes de confiance, il faut attribuer uniquement la nécessité de ce changement à la décadence de l'antique *Ruessium*, cité presque romaine, qui dut tomber avec la suprématie des Romains. Nous pensons que ni les Visigoths, dont la domination avait cessé depuis un demi-siècle, ni les Sarrasins, dont les courses furent postérieures à ce temps, ne causèrent la ruine de la capitale des Velaunes : coquette magnifique, elle atteignit d'autant plus vite le terme de ses splendeurs et de ses prospérités, qu'elle s'en était montrée plus prodigue dans sa jeunesse. Vieille avant la vieillesse ordinaire des villes, celle-ci succomba, comme tant d'autres, sous l'atteinte des ses propres corruptions. Si les infidèles de l'orient et les pirates du nord saccagèrent dans la suite *Ruessium*, devenue Saint-Paulien, ils ne firent qu'achever la ruine commencée par l'abus des somptuosités que n'entretenait plus l'opulence romaine.

Nous n'avons reconnu à Saint-Paulien aucun vestige de cette église du ıv⁰ siècle, qui reçut, dit-on, les dépouilles mortelles de Saint Georges et de Saint Marcellin, transférées depuis au Puy. L'édifice actuel offre même peu de restes d'une reconstruction du xıᵉ siècle; et si quelques portions de murailles sont plus anciennes, ce ne peut être que la partie inférieure de la façade et des murs latéraux. L'église de Saint-Paulien a perdu, surtout à l'intérieur, le caractère assez imposant qu'elle eut jadis, et des réparations très-modernes l'ont à peu près défigurée. Sa forme primitive était celle d'une croix latine; mais dans ces derniers temps, on a condamné les transsepts. L'ornementation de la nef se réduit aujourd'hui à des pilastres surmontés de tailloirs, retouchés récemment avec une notable maladresse. Les voûtes ont été refaites d'après le système moderne; il ne reste des arceaux primitifs, c'est-à-dire de la reconstruction du xıᵉ siècle, qu'une partie de voûte en berceau couronnant l'un des transsepts. Une tour gothique du xıvᵉ siècle surmonte la façade, qui paraît avoir été surhaussée à cette époque. Un commencement de fortification du même temps se fait remarquer devant la façade, éperonnée de deux contreforts épais, liés ensemble par un large machicoulis. Au-dessus de la porte occidentale, ouverture basse et étroite, on a pratiqué une meurtrière. Dans cette partie du monument, des claveaux alternant de couleur s'arrondissent autour d'une grande fenêtre, et des incrustations presque détruites y rappellent l'ornementation byzantine de l'Auvergne.

Tel est le seul édifice remarquable de Saint-Paulien; car nous ne pouvons en vérité mentionner que pour mémoire un bâtiment assez vaste, construit tout récemment pour recevoir les Frères des écoles chrétiennes.

Les historiens du Languedoc et du Velay rapportent qu'en 1306, Jean de Cumenis, évêque du Puy, fit un échange avec Armand, vicomte de Polignac, du château de Saint-Paulien contre le château et la seigneurie de Mercœur, afin d'éviter à l'avenir tout sujet de dispute entr'eux. En s'attachant à rechercher les conséquences naturelles de cet échange, il paraît d'une vraisemblance irréfragable, que le vicomte, devenu seigneur de Saint-Paulien, aura recueilli sur ce territoire divers objets antiques, qu'il aura fait transporter à son principal manoir; et de là, sans doute, la présence dans ce château de l'inscription romaine et du masque d'Apollon [1].

En 1591, le duc de Nemours, chef des ligueurs, reçut la soumission des habitants de Saint-Paulien; la ville, mal fortifiée, ne pouvant soutenir un siége. Ce prince, tenant trop peu de compte de cette soumission, se rendit, au

---

[1] Voyez précédemment l'article Polignac.

commencement de l'année 1593 dans cette ancienne cité épiscopale, acheva de la faire démanteler, et y laissa une garnison. Elle n'y resta pas long-temps : vers le mois de septembre, le capitaine Lapierre commandait pour le roi à Saint-Paulien, et en avait fait réparer les fortifications. Cependant, malgré la trêve générale qui régnait alors, les sieurs d'Apchier et de Hautvillar, capitaines ligueurs, s'avancèrent pour enlever cette place ; mais ils furent vivement repoussés.

Les destinées de Saint-Paulien, dans le cours des deux derniers siècles, furent celles de toutes les petites villes, et rien ne put contribuer à lui rendre l'antique splendeur dont les vestiges disparaissaient progressivement à ses portes, sous le gazon du Préau, tandis que le temps en effaçait même le souvenir parmi ses habitants. Dans le cours de nos modernes révolutions, ici comme dans toutes les petites localités éloignées du centre d'action, on parodia, si nous pouvons nous exprimer ainsi, les passions qui s'agitaient au sein des grandes villes ; Saint-Paulien eut ses pastiches de *Forum*, de clubs, de partis : il s'y fit de la démocratie et de l'aristocratie en miniature.

La population de Saint-Paulien, aujourd'hui réduite à 3,000 âmes, jouit d'une certaine prospérité dans un canton où, comme le dit un écrivain du pays, réside le type du beau pour le département de la Haute-Loire : bonne constitution, physique agréable, taille avantageuse, au milieu d'une nature prodigue de ses dons. En effet, la campagne qui environne cette petite ville et forme sa circonscription cantonale, produit des fruits savoureux, du froment, du méteil, du seigle, de l'orge, des légumes d'excellente qualité, et la proximité du Puy (deux lieues et demie) où ces denrées peuvent être transportées presque sans frais, contribue surtout à rendre leur écoulement avantageux aux habitants.

A Borne, sur la rivière du même nom, on voit des grottes creusées dans une brèche argileuse que recouvre le basalte, et qu'on appelle dans le pays *Bornas* : de là vient peut-être, le nom du village. Il est traversé par la route du Puy à Clermont.

La commune de *La Voûte* sur la Loire, ne se recommande à l'attention du voyageur que par son château, situé sur la rive droite du fleuve, et dans une situation fort pittoresque.

Ce monument, d'une construction gothique imposante, où vinrent se mêler quelques inspirations de la renaissance, semble avoir emprunté à la nature les principaux éléments de sa force, et le fleuve, en coulant au pied du rocher qui le supporte, forme de ce côté un fossé naturel superflu. Le château de la Voûte maintenant abandonné, appartint autrefois à la famille de Polignac ;

en 1591, il fut assez bien défendu pour demeurer fidèle au roi. Dans la commune que nous traversons, un pont est jeté sur la Loire. On y exploitait autrefois des mines de plomb.

Près du château de la Roche-Lambert, sur la rivière de Borne, il a existé un pont romain, dont il est facile de reconnaître les vestiges par l'examen des pierres que les paysans d'un village voisin ont retirées de l'eau, il y a dix-huit ou vingt ans. D'ailleurs la voie romaine dont nous avons parlé (*Via Bolena*) aboutit évidemment au lieu où se trouvait ce pont.

Presque au nord du canton de Saint-Paulien et parallèlement à celui de Vorey, s'étend le canton *d'Allègre*. Le chef-lieu est bâti sur le revers d'une montagne élevée, mais dominée elle-même par un dôme volcanique qui présente à son sommet la coupe parfaitement conservée d'un ancien cratère. Certes! aucun site des environs ne peut mieux captiver le regard artistique; aucun ne rappelle mieux en même temps les grandes catastrophes de la volcanisation.

Écoutons, à ce sujet, M. Bertrand-Roux, géologue vivement impressionné, qui sait quelquefois être poète dans ses savantes descriptions.

« Le cratère de Bar près d'Allègre, s'offre sous un tout autre aspect que celui du Bouchet : ce n'est plus une simple excavation creusée au-dessous du niveau du sol environnant; mais une montagne en forme de cône tronqué, isolée au milieu des granits sur lesquels elle repose, et dominant tout ce qui l'environne. Elle est presque entièrement composée de *Lapillo* et de laves scorifiées; autour d'elle sont quelques débris des coulées sorties de ses flancs. Sa base a presque 6,000 mètres de circuit; sa hauteur au-dessus du Courbière, est d'environ 250 mètres. Au sommet, est un magnifique cratère, dont les bords, parfaitement conservés, présentent, vers le midi, une seule échancrure. Il est de forme circulaire : son diamètre, mesuré d'un bord à l'autre, est de 500 et quelques mètres; il en a environ 40 de profondeur. Son fond est uni, horizontal; le sol en est un peu marécageux, et couvert de plantes aquatiques; tandis que l'amphithéâtre formé par les pentes intérieures autour de cette espèce d'arène, est ombragé par une belle forêt de hêtres, qui s'étend aussi autour de la montagne. Il est certain, d'après la tradition et l'inspection des lieux, qu'un lac couvrit autrefois le fond de ce cratère : on voit encore au milieu de son échancrure, la tranchée par laquelle on fit écouler les eaux. Ce site est admirable; mais l'idée confuse des embrasements dont il fut le théâtre, ajoute encore à la fraîcheur de ses bois, et rend plus délicieux le calme dont on y jouit. »

Selon le même écrivain, ce cratère éteint et celui du Bouchet, sont les seules bouches que présente le groupe des volcans les plus modernes du Velay : « On y aperçoit bien encore, ajoute-t-il, quelques bassins peu profonds, tels que le marais de Limaigne, le lac de l'Œuf, etc., mais leurs formes sont bien moins prononcées. » Quant aux autres bouches volcaniques qui appartiennent à cet âge, poursuit M. Bertrand-Roux, elles sont aujourd'hui tout-à-fait oblitérées, et ne sont reconnaissables qu'aux énormes tas de scories libres ou agglutinées qui en marquent encore la place. Ces amas se présentent sous la forme de monticules arrondis, ou de croupes plus ou moins allongées, dont l'arête se relève ordinairement vers une de ses extrémités.

On croit que le lac de *Bar* existait encore au temps de la domination romaine, peut-être même servit-il aux plaisirs des riches citadins de *Civitas Vellavorum*, qui purent se procurer sur cette nappe d'eau le spectacle d'une *naumachie*. Toujours est-il constant qu'en 1822, on découvrit sur les bords du lac, huit médailles d'or bien conservées, que l'on voit aujourd'hui au musée du Puy. La petite ville, ou si l'on veut le bourg d'Allègre, n'est pas entièrement privé d'importance historique : dès le XIIIe siècle, ce lieu et son château, qui avait le titre de baronie, sont mentionnés dans les annales du Velay. Le seigneur d'Allègre eut, en 1233, de vifs démêlés avec Pons V, vicomte de Polignac, et la paix ne fut rétablie entre leurs maisons, qu'en 1243. Deux ans plus tard, Agnès, fille de Pons V, ayant épousé Héracle, fils du Seigneur de Montlaur en Vivarais, et le vicomte lui ayant accordé en dot la terre de Prades et quatre cents marcs d'argent, dont chacun valait quatre-vingt sous du Puy, Armand, seigneur d'Allègre, avec trois autres barons, se rendirent caution de cette dot : ceci prouve que le sire de Montlaur n'avait pas une grande confiance dans le beau-père de sa fille. En 1293, Armand seigneur d'Allègre, assista au serment prêté par les nobles du comté de Bigorre à Jeanne de Navarre, femme de Philippe-le-Bel. Au commencement du XIVe siècle, Milet de Noyers, sénéchal de Beaucaire, soutint un procès contre le seigneur d'Allègre; prétendant que la baronie de ce dernier relevait de cette sénéchaussée et du baillage du Puy; en 1320, un arrêt du parlement de Paris décida que la seigneurie d'Allègre dépendrait à l'avenir du baillage d'Auvergne.

Sans doute on montra long-temps dans le manoir d'Allègre, l'appartement où François Ier coucha une seule nuit, pendant un voyage de dévotion qu'il fit au Puy, en 1533 : ce sont là de ces fastes, d'une assez mince importance, dont les châtelains se prévalaient toutefois avec un soin extrême. Le séjour de l'hôte couronné était constaté par un acte en bonne forme, déposé aux archives du château; la chambre que le monarque avait occupée pendant quelques heures recevait le nom de *Chambre du roi ;* et le seigneur assez heureux pour avoir hébergé Sa Majesté, se trouvait bien dépourvu de crédit, s'il n'obtenait pas la permission d'ajouter à ses armes quelque signe rappelant une glorieuse circonstance dans laquelle ce gentilhomme avait servi son prince.... à table. Walter Scott, dans son admirable roman des *Puritains d'Écosse*, a livré au ridicule cette vaniteuse manie; c'est justice : il appartient au moraliste de honnir ces âmes chétives qui pratiquent les puérilités de l'orgueil ; car celles-là ne rechercheront jamais la véritable gloire.

Il est difficile de dire ici à quel degré de profanation fut livrée la chambre du roi, dans le château d'Allègre, l'orsqu'en 1593, le duc de Nemours y logea une garnison de ligueurs; mais cet épisode des guerres de religion offre une circonstance curieuse que nous devons rapporter. Ce général, durant plusieurs jours, se borna à faire battre vigoureusement les fortifications de la ville, sans diriger un seul projectile vers les murs du château. Les bourgeois sentirent que ce système d'attaque, qu'ils ne pouvaient concevoir, allait prolonger leur affliction, puisque le château, respecté par les assiégeants, ne serait pas obligé de se rendre. Ils envoyèrent une députation au duc de Nemours, et lui firent demander le motif de cet étrange ménagement.

— Vous auriez dû le comprendre, répondit-il.

— Monseigneur, nous avouons notre ignorance.

— Christophe, marquis d'Allègre, votre seigneur, ne s'est-il pas rendu coupable de meurtre sur la personne du seigneur d'Hallot, dans une embuscade félonne.

— Et c'est pour cela que les canons de votre altesse épargnent son château et renversent nos maisons, à nous, pauvres habitants, qui n'y pouvons mais.

— La robe que vous portez, maître, répondit le ligueur, en s'adressant à l'échevin orateur de la députation, vous donnait en ma pensée la réputation d'un prud'homme; ne savez vous donc pas que lorsqu'un baron a tué déloyalement quelque personnage titré, les biens du meurtrier, s'il prend la fuite comme a fait votre seigneur, sont confisqués au profit du roi? Or, notre souverain, en l'an de Jésus-Christ 1593, c'est la Sainte-Union; c'est donc en son nom que nous, duc de Nemours, qui la représentons au pays de Velay, déclarons que le château d'Allègre, seigneurie et dépendances nous appartiennent. Et que diriez-vous, je vous prie, d'un noble qui, se mettant en chasse, commencerait par tirer sur son colombier? Moi, je le tiendrais pour fou, et me garderai bien de l'imiter en canonnant le château d'Allègre.

— Je sens, Monseigneur, reprit l'échevin interpellé, qu'il nous conviendrait mal de vouloir argumenter en droit devant vos arquebuses; mais il nous sera permis sans doute, d'intercéder auprès de la mère du jeune marquis d'Allègre, restée dans le château, afin qu'il lui plaise de prévenir, en capitulant, la ruine de notre ville.

— Vous parlez sagement, répliqua le duc en frappant sur l'épaule du magistrat municipal; allez, et ne tardez guère à réussir, car mes hommes d'armes sont pressés.....

— Je pense que c'est de prier Dieu dans notre église, interrompit l'échevin, avec un sourire équivoque.

— Peut-être avez-vous rencontré juste, répartit Nemours avec amertume; mais ne laissez pas d'avertir les dames d'Allègre que nous prions à plus d'une chapelle, quand l'insolence des hommes nous y oblige.

Les envoyés se retirèrent sans répliquer; mais ils intercédèrent auprès de la baronne douairière, dans l'intention qu'ils avaient énoncée. Cette dame entra le jour même en pourparlers avec le duc de Nemours ; puis la garnison royaliste ayant capitulé, évacua les murs d'Allègre le lendemain. On doit présumer que cette négociatrice, belle encore, sut gagner les bonnes grâces du vainqueur; car il la chargea de conserver la ville et le château pour la Sainte-Ligue, et n'y laissa qu'une faible garnison.

Cette dame d'Allègre, si prompte à se faire la conservatrice des intérêts du parti sacré, était sans doute veuve du seigneur de ce nom qui, en l'année 1558, avait acheté l'office de sénéchal du Puy, sans qu'on se fût le moins du monde enquis, en le lui vendant, s'il possédait les qualités nécessaires pour exercer des fonctions tout à la fois militaires, administratives et judiciaires. Cependant, au milieu du XVIe siècle encore, bon nombre de titulaires de charges à qui l'on eût dit : *C'est un grand abus que de les vendre*, auraient répondu avec non moins d'ingénuité que Bridoison : *On ferait bien mieux de nous les donner.*

La petite ville d'Allègre, située à quatre lieues nord-ouest du Puy, et dont la population est d'environ 2,000 âmes, se livre avec une activité remarquable au commerce de la dentelle et à celui des chevaux : ce dernier est surtout favorisé par la proximité des bons pâturages. Cette ville possède un petit hospice, fondé en 1725 par Marie Remond de Modène : c'est l'unique institution qu'on y trouve, et ce n'est pas un monument, si l'on prend ce mot dans l'acception architecturale.

CHAPITRE VI.

Canton de la *Voûte Chilhac*. — Ailly, Mercœur, Saint-Privat-du-Dragon. — M. de Machoco, agronome distingué. — Canton de *Paulhaguet*. — M. le docteur Civiale. — Canton de *Brioude*. — L'antique *Brias*. — Le martyr Julien. — L'empereur Avitus. — Notice historique sur Brioude et son chapitre de Comtes. — Description de la basilique de Saint-Julien. — La ville actuelle. — Vieille Brioude et son pont. — *Lugeac.* — Aventures du marquis de ce nom. — Monument celtique. — Canton de *Blesle*. — Productions, industrie. — Canton d'*Auzon*. — Houillères de *Grosmenil* et de *Barthes*. — Produit de ces établissements. — Construction de bateaux. — Auzon, Sainte-Florine, Lampdes. — Église romane. — Immodestie du ciseau. — Canton de la *Chaise-Dieu*. — Description de la célèbre abbaye. — Précis historique. — Canton de *Craponne*. — La ville. — *Montfaucon*. — *Monistrol*. — *Saint-Didier*. — Lettre de Henri IV. — Amours du troubadour Saint-Didier et de la vicomtesse de Polignac. — Canton de *Bas*, etc.

Lorsque l'on quitte le canton d'Allègre, en se portant un peu vers l'ouest, on entre dans le canton de *la Voûte Chilhac*, qui dépend de l'arrondissement de Brioude ; et, puisque nous voici sur cette partie du territoire, détachée du Gevaudan et de l'Auvergne lors de l'organisation administrative de 1790, nous ne repasserons la Loire qu'après avoir exploré le pays en entier. Le chef-lieu de ce canton, situé à quatre lieues de Brioude, et dont la population n'atteint pas le nombre de 800 individus, échapperait à l'attention sans l'ancienne église des Bénédictins et le pont sur l'Allier; il s'en faut pourtant que l'un et l'autre méritent une description artistique. Mais plusieurs communes du canton se recommandent à divers titres. *Ailly* offre une mine d'antimoine; une autre se trouve à *Mercœur :* toutes deux sont exploitées. Le basalte formant le sol de *Chilhac* repose sur un banc de cailloux roulés, que l'escarpement qui se prononce au sud-ouest laisse à découvert : ces gisements étonnent le regard et sont un objet d'étude pour les naturalistes. Dans la commune de *Saint-Privat-du-Dragon*, M. de Macheco, agronome distingué et persévérant, a fondé au château d'Alleret, l'un des plus beaux établissements agricoles qui existent dans la France méridionale. Les bâtimens d'exploitation sont un objet de haute curiosité; mais c'est la moindre partie du résultat de cette habile gestion. En entrant, avec les traditions reconnaissantes du pays, dans les détails de ce que ce propriétaire a fait pour l'amélioration de l'agriculture, il sera facile de reconnaître que si l'habitude héréditaire ou plutôt la routine lui eût opposé moins de résistance, ses exemples et ses encouragements eussent porté loin le progrès dans un département qui, par malheur, et malgré les enseignements de la société d'agriculture du Puy, a beaucoup à faire pour se trouver au niveau des connaissances pratiques de l'époque, et des avantages désormais incontestables qu'elles ont produits sur d'autres points. Il est évident que M. de Macheco est parvenu à rendre fertile un sol qui jusqu'à lui avait été à peu près stérile. Les marécages ont été remplacés dans ses domaines par des prairies saines et productives; de belles récoltes ont paru là où la charrue traçait avec peine quelques sillons. L'accroissement des terres labourables basses, le défoncement partiel mais successif de toutes celles susceptibles de culture, l'augmentation des fourrages au moyen des prairies artificielles : voilà les principaux bienfaits obtenus par cet agriculteur. Dans les exploitations secondaires, il n'a pas été moins persévérant, pas moins heureux : Trente à quarante bêtes bovines engraissées au vert ou à la crèche par ses soins, et revendues au bout de soixante ou soixante-dix jours, ont donné quarante quatre pour cent de bénéfice, non compris le produit des engrais que ce nourrissage a procuré. M. de Macheco n'a pas été le seul propriétaire de la Haute-Loire qui ait imprimé ce mouvement progressif aux exploitations agricoles; mais, nous le répétons, l'exemple est venu souvent de lui.

L'Allier traverse le canton de la Voûte Chilhac du sud au nord. Le sol de la rive droite est généralement volcanisé et partout hérissé de montagnes; la rive gauche, moins accidentée, présente de beaux vignobles sur les coteaux de la Voûte, de Saint-Ilpize, de Saint-Cirgues. Le raisin de ces vignes est d'un goût agréable, sans néanmoins produire du vin d'une qualité supérieure. On cultive le chanvre dans quelques communes de ce même canton, et plusieurs étangs qu'il renferme sont très-poissonneux.

En nous reportant brusquement au nord, nous entrons dans le canton de *Paulhaguet*, à peu près parallèle à celui d'Allègre, de l'arrondissement du Puy. Le chef-lieu et les nombreuses communes de son ressort, n'offrant aucune particularité historique qui doive trouver place dans cet ouvrage, nous résumerons en quelques lignes ce qui s'y rattache sous le rapport de l'agriculture et des relations industrielles. Le canton est traversé par la route royale du Puy à Clermont. Le sol de la plaine, à droite et à gauche de cette route, est jonché de débris volcaniques; une carrière de brèche s'exploite, comme pierre de taille, au lieu dit *la Chaumette*. Le chanvre et le houblon sont cultivés sur ce territoire; on y voit aussi quelques vignobles. Dans certaines parties du canton, les habitants sèment du sarrasin ou blé noir, qui, du reste, est peu connu dans le département de la Haute-Loire. Les terrains élevés produisent de belles récoltes d'avoine.

Paulhaguet, dont la population n'excède pas 1,260 habitants, est le lieu de naissance du docteur Civiale, inventeur de la *Lithotritie*, ou broiement des calculs urinaires dans la vessie [1]. Ce bourg se trouve à trois lieues deux cinquième du chef-lieu d'arrondissement.

Le canton de *Brioude* confine, au nord et à l'ouest, celui que nous venons de traverser; parlons d'abord de cette ville, la plus importante de la Haute-Loire après le Puy.

Brioude est située sur la rive gauche de l'Allier, à seize lieues, ouest-nord-ouest du chef-lieu de département : c'est l'antique *Brias*, et l'existence de cette ville sous la domination romaine ne peut être révoquée en doute. Les vestiges d'un pont, quelques autres ruines et le témoignage des anciens que sanctionne l'itinéraire de Peutinger, sont d'accord sur ce point. Sidoine Appolinaire, en faisant allusion à la riante situation de cette ville, lui applique l'épithète de bénigne : *benigna Brivas*. Les plus vieilles chroniques mentionnent le martyre de saint Julien, chef d'une légion romaine, qui fut décapité, en 303, par ordre de l'empereur Maxime, pour avoir embrassé le christianisme, et dont le corps avait été transporté à Brias : *in vico Brivatensi*. La ville paraît avoir été beaucoup plus considérable qu'elle n'est aujourd'hui : des fondations et des ruines assez remarquables s'étendent bien au-delà des limites de l'enceinte actuelle. Si l'on doit s'en rapporter aux légendaires, la basilique qu'on éleva en l'honneur de

---

(1) Voyez la biographie à la fin de cette première région.

Saint Julien, et qui ne fut terminée qu'en 389, sous l'empire de Valentinien, était l'un des plus beaux monuments de cette époque. Grégoire de Tours rapporte que de nombreux prodiges s'opérèrent bientôt sur le tombeau du saint, et que l'affluence des pélerins y devint immense. Brioude fut saccagée plusieurs fois, et sans doute chacun des sacs qu'elle subit, diminua son importance. En 507, les Bourguignons, alliés de Clovis, qui venait de conquérir en partie l'Aquitaine sur les Visigoths, firent une irruption en Auvergne, et s'emparèrent de Brioude. Ils dévastèrent la magnifique basilique où reposaient, non-seulement les reliques de Julien, mais les restes mortels de l'empereur *Avitus* [1]. Cette dévastation ne leur profita point ; un corps de troupes, sous les ordres d'Allire, général Visigoth, accourut du Velay, mit en fuite les Bourguignons, et reprit le butin qu'ils se disposaient à emporter. Mais les excès commis dans la ville avaient été grands, et beaucoup de malheurs ne purent être réparés. Seize années avaient à peine affaibli le souvenir de ce désastre, lorsque Thierry, roi de Metz et conquérant de l'Auvergne, dévasta à son tour Brioude. Puis vinrent ces Sarrasins, ennemis trois fois terribles, qui envahissaient les terres, s'emparaient des richesses et détruisaient les temples chrétiens. Fatale destinée des peuples de la Gaule ! A chacune des conquêtes qu'ils subirent, leurs vainqueurs renversèrent les autels nationaux ; non contents de prescrire aux vaincus des lois sur la terre, ils tentèrent d'ouvrir à leur conscience un ciel nouveau ; et sans le redoutable marteau de Charles d'Héristal, nos pères étaient mahométans au commencement du VIIIe siècle. Ce fut sans doute peu de temps avant les victoires de ce héros en Languedoc, que les Sarrasins pénétrèrent jusqu'à Brioude, mirent la ville au pillage, et brulèrent l'église de Saint-Julien.

A une époque où tant de brigands, ennemis ou alliés, parcouraient la France en dévastateurs, Brioude, située dans une vaste plaine, encore couverte de bois au IXe siècle, et dominée de trois côtés par des monts élevés, était néces-

---

(1) Avitus (Flavius Cæcilius ou Epapherius), d'une famille sénatoriale d'Auvergne, fut créé préfet des Gaules par l'empereur Valentinien, en récompense d'un traité de paix qu'il avait ménagé entre les Romains et Théodoric, roi des Ostrogoths. Il se distingua en 451 dans la guerre contre Attila, fut élu chef de la milice, puis proclamé empereur en 455. Mais Avitus, n'ayant pu triompher de la haine que le Sénat lui portait, fut déposé deux ans plus tard et sacré évêque de Plaisance. Il est à présumer que, peu rassuré par son épiscopat, il craignit encore pour ses jours sur le siége où il venait de monter ; car il se sauva de Plaisance chargé de richesses et voulut se réfugier en Auvergne. L'ex-empereur étant mort en route, son corps fut apporté à Brias et inhumé au pied du saint martyr. Il y a quelques années, en fouillant dans le chœur de l'église, on trouva des cendres recouvertes d'une simple tombe : c'étaient celles d'Avitus.

sairement difficile à défendre, et devait offrir un appât séduisant à la cupidité de ces aventuriers. Ce fut par une bienveillante appréciation de cette situation vulnérable, que Guillaume-le-Pieux, duc de Poitou, d'Aquitaine et d'Auvergne, créa quatre-vingts chevaliers, chargés de protéger les reliques de Saint Julien, et les pélerins qui se rendaient journellement au tombeau de ce martyr. Dans la suite, ces nobles champions, suspendant leurs épées aux voûtes de l'église, prirent les ordres, et composèrent ce célèbre chapitre qui s'attribua, avec plus d'orgueil que d'esprit évangélique, le titre de *comtes de Brioude*. Les priviléges de ces chanoines titrés devinrent immenses : ils partageaient jusqu'aux droits régaliens, et finirent par obtenir la permission de battre monnaie. Exempts de toute juridiction épiscopale, prélats eux-mêmes dans l'étendue de leur seigneurie, ils portaient la robe violette et officiaient la crosse en main, la mitre en tête. Les comtes de Brioude présidaient aux assemblées de la bourgeoisie, influençaient à leur gré ses délibérations; enfin, leurs prérogatives allaient jusqu'à pouvoir s'opposer à tout établissement de juridiction royale dans leur ressort. A peine le roi de France pouvait-il se dire le suzerain de cette magnifique aristocratie ecclésiastique. Avant même de porter si loin les vanités empruntées du monde, Saint-Julien avait eu ses illustrations : Grégoire de Tours se glorifiait d'appartenir à cette église. Depuis, les papes Clément IV et Grégoire IX furent comtes de Brioude; Fénélon, revêtu du même titre, s'en prévalut peu, et ne se fit remarquer dans ce chapitre que par sa mansuétude et la pureté de ses mœurs. Le cardinal de Bernis, chanoine honoraire de Saint-Julien, au commencement de sa brillante carrière, suivit, il faut bien le dire, une ligne de principes opposée : ce fut durant son canonicat qu'il composa en grande partie ses poésies légères, où les reflets du monde se montrent souvent plus vifs que les lumières de la foi. Si l'on doit s'en rapporter aux historiens de l'Auvergne, la haute et vénérable célébrité de l'église de Saint-Julien dura treize siècles. Mais, durant une si longue période, cette collégiale éprouva de fréquentes vicissitudes : son opulence en fut presque toujours le motif. Excités par cet attrait, plusieurs seigneurs d'Auvergne pillèrent l'église et même la ville; piqués d'émulation en cela, les vicomtes de Polignac imitèrent ces pillards auvergnats. Les chanoines de Brioude furent souvent en guerre avec ces hauts barons, et plus d'une fois, les rois de France durent intervenir entr'eux comme médiateurs.

Lorsque, vers la fin du XIVe siècle, les Anglais firent dans le midi de la France une irruption qui porta leurs armes, un moment victorieuses, jusqu'en Auvergne, Brioude tomba en leur pouvoir et fut saccagée. Plus tard, ce furent les guerres de religion qui, dans ces contrées comme dans toute la France, rouvrirent, par de nouvelles calamités, les plaies encore saignantes de cette malheureuse monarchie. Brioude eut à souffrir de l'invasion des Protestants plus qu'elle n'avait encore souffert : ce parti, rendu furieux par les persécutions de ses ennemis, se montra dans cette ville plus barbare que les barbares eux-mêmes. Le tombeau de Saint Julien, que les Sarrasins et les Normands avaient respecté, ou tout au moins épargné, fut détruit alors, et les cendres du martyr furent jetées au vent.

Brioude se trouvait autrefois dans le diocèse de Saint-Flour, sans être suffragante de son siège, ainsi que nous l'avons dit plus haut. Cette ville était l'un des chefs-lieux d'élection compris dans l'intendance de Riom, et ressortissait au parlement de Paris. Les rues sont mal percées, étroites, malpropres et bordées de maisons d'un aspect généralement désagréable. Après l'église de Saint-Julien, dont nous allons offrir une description détaillée à nos lecteurs, le seul édifice remarquable de la ville est le collége, qui, du reste, ne provoque l'attention que par la situation de ses bâtiments sur une colline où leur masse, à peu près dépourvue de style, emprunte un certain caractère de cette position.

L'incendie qui détruisit, au VIII° siècle, l'église de Saint-Julien, n'a laissé aucune partie reconnaissable de la première construction. Soit qu'on la fasse remonter au règne de Valentinien, à celui de Constantin ou à celui de Constance Chlore, on ne peut même assurer que le monument actuel occupe l'emplacement sur lequel s'élevait l'ancienne basilique qu'avaient brûlée les Sarrasins. Elle fut reconstruite par Louis-le-Débonnaire, puis réparée vers le commencement du X° siècle, sans doute par Guillaume-le-Pieux, fondateur du chapitre, ou plutôt de l'institution chevaleresque dont nous avons parlé plus haut. Dans son état actuel, l'église ne conserve assurément que peu de traces de cette dernière restauration : les parties les plus anciennes de l'édifice appartiennent au type byzantin fleuri, c'est-à-dire au commencement du XI° siècle ; encore ont-elles subi quelques changements dans une troisième restauration qui porte le caractère du siècle suivant, particulièrement dans la construction du chœur et dans certaines portions d'ornementation de la nef. Beaucoup plus tard (probablement vers la fin du XIV° siècle), l'architecture gothique est venue combiner ses inspirations nobles et hardies à l'ordonnance byzantine. Puis, par une destinée malheureuse, des mains tout-à-fait modernes se sont efforcées de dénaturer le tout. Néanmoins, l'église de Saint-Julien conserve encore de beaux vestiges de son ancienne splendeur.

L'intérieur présente une basilique très-allongée, se composant de trois nefs, terminées par cinq absides semi-circulaires. Il est à remarquer que les collatéraux sont presque aussi larges que la nef principale : disposition qui, nous le répétons, est particulière au style byzantin de l'Auvergne. Tout le vaisseau comprend neuf travées : six pour la nef, trois pour le chœur. Les arcades sont très-hautes; elles reposent sur des piliers fort épais, flanqués de colonnes engagées sur leurs quatre faces. Les arceaux de la voûte centrale sont à plein-cintre ainsi que ceux des collatéraux; mais ces derniers seulement appartiennent à la construction primitive. Quant au chœur, il n'offre qu'une arcature en ogive. Du reste, l'ogive se présente presque partout en tiers-point. La nef était éclairée autrefois par trois fenêtres en plein-cintre, surmontées d'autant de roses au sommet des travées auxquelles ces fenêtres répondaient; mais, dans la réparation du XIVe siècle, le système ogival a prévalu : les fenêtres ont acquis plus de largeur, plus de grâce, et leur tympan s'est orné.

Au-dessus de l'entrée du chœur, s'élève une tour carrée à sa base, puis octogone à ses étages supérieurs; elle se terminait par une flèche, abattue récemment. Les arcs qui portent cette tour, comme ceux du chœur, sont en ogive. A droite et à gauche de l'entrée du chœur, s'ouvrent deux vastes tribunes formant une sorte de chalcidique supérieure. Si l'on pénètre dans ces tribunes, on y remarque avec quelque surprise une cheminée : c'était là que les nobles chanoines venaient entendre l'office, en hiver, auprès d'un bon feu, afin sans doute de ne pas compromettre leur vie terrestre en préparant leur salut éternel.

L'ornementation intérieure de Saint-Julien est généralement d'un travail exquis : nulle part, peut-être, le style byzantin ne présente des détails plus ingénieux, plus soignés, plus fins, et surtout une plus riche variété de motifs. Si quelques archéologues, malgré le caractère bien marqué des époques byzantine et gothique de cet édifice, ont cru y reconnaître des restes importants de la construction du IVe siècle, il faut convenir que cette erreur a pu se maintenir par une réminiscence tellement évidente du ciseau romain, que bon nombre de chapiteaux paraissent appartenir à la période antique. Mais d'autres chapiteaux rappellent les inspirations favorites du moyen-âge : des figures d'une monstrueuse bizarrerie, des personnages repliant leurs membres d'une manière étrange, quelquefois indécente; des damnés grimaçant dans les angoisses du supplice éternel; enfin le mélange des figures humaines aux feuillages : combinaison qui signale la transition du chapiteau historié au chapiteau végétal, que l'art gothique devait adopter exclusivement.

La peinture s'est aussi signalée dans la splendide construction de l'ancienne collégiale de Saint-Julien : les fresques de la chapelle Saint-Michel, ouvrage du XIIIe siècle, se recommandent par leur originalité toujours, quelquefois par les efforts de l'art lui-même. Malheureusement, ces fresques ont beaucoup souffert de l'humidité. Néanmoins, on peut encore reconnaître en partie leurs sujets. Le pinceau a tout envahi dans cette partie de l'église : parois, voûtes, fûts des colonnes, chambranles des fenêtres. Il va sans dire que le jugement dernier, Poëme affectionné des peintres du moyen-âge, développe ici toute l'originalité hasardeuse de leur imagination : des diables d'une taille gigantesque et variés de couleurs, torturent de pauvres damnés, qui ne leur cèdent ni en grimaces, ni en formes fantastiques. Ailleurs, Clovis et Charlemagne reçoivent des couronnes de la main d'un ange ; tandis que près d'eux, les vertus théologales triomphent des vices d'une façon toute matérielle : ces vertus, représentées par de longues et raides figures, enfoncent très-nonchalamment une pique dans la gorge des vices, qui expirent avec autant d'indifférence que les saintes personnes en apportent à les occir. Moins assujettis aux règles du clair-obscur, qui leur manquait, dans l'exécution des ornements ainsi que dans celle des compositions principales, les artistes ont fait serpenter entre elles des rinceaux formant un genre d'encadrement bizarre, mais dont les couleurs s'harmonient bien, et dont l'effet général est agréable.

A l'extérieur, l'église de Saint-Julien n'est remarquable que par ce système de décoration si commun dans les édifices bizantins de l'Auvergne, qui consistait à mélanger symétriquement les couleurs imprimées aux matériaux par la volcanisation. Les deux entrées latérales, au nord et au sud, précédées de porches assez bas, que soutiennent des piliers courts et trapus, offrent, surtout celle du nord, ce genre d'ornementation. C'est un composé de losanges, de carrés, de bandes horizontales, blancs, rouges, noirs, tranchant avec vivacité sur le surplus de l'appareil. Cette mosaïque se remarque également au chevet de l'église, et là, sa recherche est poussée jusqu'à la coquetterie. Toujours préoccupés du désir d'éviter les tons monochrones, les architectes byzantins, non-seulement ont prodigué ici les enjolivures diversement coloriées, comme placage, mais ils ont flanqué les fenêtres de colonnettes se détachant, par leur couleur rouge foncé, de la muraille à laquelle elles sont appliquées. Nous n'avons rien à décrire de la façade occidentale : elle a été complètement disgraciée par les réparations modernes ; ce n'est plus qu'un grand mur, qu'appuient quatre contreforts, et percé d'étroites fenêtres. Une tour s'élevait autrefois au-dessus de cette entrée ; mais elle a été abattue jusqu'au niveau de la toiture. Quant à la porte située de ce côté, qui était l'entrée principale, il semble qu'on ait voulu y attacher l'insigne du dernier degré de dégénérescence de l'art.

L'église de Saint-Julien a été fortifiée : on y conserve deux *ex voto* très-curieux, qui la représentent telle qu'elle était avec cet appareil guerrier. Une enceinte crenelée et flanquée de tours environnait tout l'édifice, et la porte de cette enceinte, pratiquée dans une des tours plus grosse que les autres, était défendue par une redoute. Cette forteresse sacrée se voyait encore au XVIIe siècle.

Si les fidèles de Brioude ne peuvent plus prier sur la tombe du martyr Julien, on voit encore dans leur église un monument en marbre érigé à J. de Polignac, mort doyen du chapitre, en 1335, et devant lequel l'artiste passe sans s'arrêter. Un objet plus curieux, que l'on voyait jadis dans cette ancienne collégiale, c'était une horloge, ouvrage de Nourissat, qui en fit de pareilles pour les cathédrales de Strasbourg et de Lyon. Cette mécanique, aujourd'hui dépouillée quelque peu du merveilleux qu'on attachait à son exécution, indiquait l'office du jour, et lorsque l'heure sonnait, un carillon faisait entendre l'hymne des vêpres se mêlant au chant du coq, tandis-qu'une procession sortait d'un petit porche, avec tous les accessoires chatoyants d'un jouet d'enfant.

Le souvenir de Saint-Julien est perpétué parmi les générations modernes par une tradition tellement accréditée, que la vue, cet organe qui rectifie si souvent les erreurs du jugement, a été conquise à la croyance vulgaire. Lorsque ce romain fut décapité, ses bourreaux, dit la légende, lavèrent sa tête dans un ruisseau qui subsiste sur le territoire de Brioude. Eh bien! les fidèles du lieu, le jour anniversaire du supplice de Julien, ne manquent jamais de voir reparaître au fond de cette fontaine le sang du martyr : plusieurs habitants de Brioude nous ont dit : Je l'ai vu.

Brioude occupe un coin de la Limagne, contrée délicieuse, dont les habitants, agriculteurs avant tout, préfèrent la culture aux spéculations du commerce et aux inspirations industrielles : les unes et les autres sont donc à peu près nulles dans cette ville. Il y existait autrefois quelques tanneries; mais après avoir décliné de plus en plus, sous l'empire, elles sont enfin tombées au commencement de la restauration. D'autres branches d'industrie ont éprouvé le même sort; M. de Trudaine, intendant de l'Auvergne, en 1752, s'efforça d'établir à Brioude des draperies et d'autres fabriques d'étoffes de laine; il fit venir de Montpellier un homme habile dans ce genre de fabrication; mais la vocation manquait aux habitants; les essais ne furent pas continués. Toutes les convoitises des citoyens de la ville s'élancent dans la plaine : leur unique ambition consiste à cultiver le fertile bassin qu'un hémicycle de montagnes semble protéger, tandis que l'Allier offre son cours aux produits obtenus par l'économie agricole. Il faut convenir, en effet, que le canton de Brioude, prolongé jusqu'à la limite du département, n'est pas moins riche, pas moins varié dans ses productions que la Limagne, et ne lui cède qu'en étendue. Partout des prairies, des vergers, des vignobles embellissent ce pays privilégié. Des hauteurs de Vieille-Brioude, on jouit avec un charme inexprimable, dans la belle saison, du spectacle qui se développe au pied du coteau, sur un théâtre largement dessiné, et qu'anime une population inspirée en ce lieu de toute son activité.

A Vieille-Brioude, on admire aussi le magnifique pont en pierre formé d'une seule arche, jeté d'une rive à l'autre de l'Allier, et dont les bords, assez escarpés encore, imposaient ici aux ingénieurs un plan très-hardi, qu'ils ont exécuté avec bonheur. Tout porte à croire que ce monument n'aura pas le sort des deux constructions qui l'ont précédé : un premier pont, présentant un arc très-prononcé, fut bâti en 1454, époque à laquelle les transports se faisaient par mulets. Lorsque le commerce eut pris quelque développement, ce pont, qui ne pouvait servir au roulage, devint insuffisant; on en construisit un nouveau, vers la fin du XVIIIe siècle, à une demi-lieue plus loin. Celui-là était d'une largeur et d'une solidité qui semblèrent permettre le passage des grosses voitures; cependant, il s'écroula en 1783, et l'on se vit contraint de revenir au premier, que l'on restaura en 1794, afin de le rendre praticable au roulage. On se servait de cette construction du XVe siècle, depuis vingt-huit ans, lorsqu'en 1822, une crue l'emporta, et nécessita l'établissement du pont que l'on voit aujourd'hui.

Le nom de Vieille-Brioude fait supposer que l'ancienne *Brias*, ou du moins une partie de la ville, au temps de sa splendeur, occupait cette localité, où l'on trouve en effet des vestiges de fondations qui appuient jusqu'à un certain point cette présomption.

A *Saint-Just*, près Brioude, nous n'avons à citer que des mines d'antimoine situées à *Chazelles*, et maintenant abandonnées. *La Roche*, village bâti sur un roc basaltique, entoure les ruines d'un vieux château du moyen-âge, sur lequel l'oubli a jeté son manteau, ainsi que sur celui de *Poulhac*. Mais le nom de *Lugeac*, attribué à l'une des communes de l'arrondissement, rappelle les grâces, la valeur et les nombreuses aventures d'un seigneur qui fut presque l'ami intime de Louis XV, tant il y avait de conformité entre sa vie excentrique et celle de ce souverain. Lisez les mémoires secrets, les chroniques quelque peu scandaleuses du temps, vous les trouverez remplis des faits et gestes du *beau Lugeac*. Vous le verrez, viveur joyeux, dissiper une partie de sa grande fortune avant d'avoir quitté les pages. Ce fou charmant donne à la Grande-Écurie des fêtes que le roi honore de sa présence, et qui coûtent vingt mille écus. Il joue et perd plus que les princes du sang; ses chevaux et ses équipages viennent d'Angleterre; si le peuple se réunit en foule pour admirer ses attelages aux jambes de gazelle, il fait jeter des écus *à cette canaille*, afin, dit-il, de se procurer le plaisir de la voir *se prendre aux crins* dans sa convoitise cupide. Ailleurs, nous trouvons le Lovelace des Grandes-Écuries, dans une situation tout-à-fait opposée : ce fiacre hideux, ce poulailler mobile qui prépare si mal l'apparition de commodes *Citadines*, des élégantes *Lutéciennes*, des légères *Sylphides*, conduit à je ne sais quel rendez-vous Lugeac et quelqu'un encore, qui s'enveloppe d'un manteau *couleur de muraille*. Le triste équipage est rencontré dans une rue étroite par une voiture du même genre; celle-ci renferme des clercs de la basoche : jeunesse bruyante et tapageuse, qui occuperait à elle seule le guet de Paris, si les grands seigneurs mauvais sujets n'absorbaient pas toute son activité. Les deux chars numérotés se pressent, s'accrochent; les basochiens ne sont pas gens à manquer l'occasion

De disputer du pas le frivole avantage ;

de son côté, Lugeac n'a pas coutume de le céder. On saute de part et d'autre sur le pavé; les cannes sont levées : elles se croisent, elles frappent, et le combat ne finit pas sitôt, que plus d'un jonc plébéien ne soit tombé sur les plus illustres épaules du royaume : circonstance à ajouter aux inconvénients de l'incognito.

Tels furent, vers la moitié du xvııı siècle, les plaisirs qui réduisirent presque à rien l'immense fortune du marquis de Lugeac, et l'obligèrent, jeune encore, à passer dans ses terres, peut-être au lieu que nous visitions, une grande partie du temps qu'il ne consacrait pas à la guerre. Louis XV regrettait ce favori; il s'informa des causes qui le tenaient éloigné de la cour, et sut que son compagnon d'aventures était à peu près ruiné. « Revenez, mon cher Lugeac, lui écrivit-il un jour, et n'oubliez plus que vous avez des amis à Versailles. » Le marquis, un matin, reparut au petit-lever; le roi l'embrassa avec transport, puis le tirant dans l'embrasure d'une croisée, il lui mit quelque chose dans la main en lui répétant : « N'oubliez plus que vous avez des amis à Versailles. » Lugeac, qui avait dissipé le fonds de cent mille écus de rentes pour être agréable à son maître, ouvrit la main quand il fut seul, et reconnut que le roi venait de lui donner cinquante louis [1]... On sait que Louis XV, qui signait avec un grand abandon des bons payables au trésor royal, se montrait plus que

---

[1] Voyez tous les mémoires du temps, et particulièrement ceux pour servir à l'*Histoire de la République des Lettres*, par Bachaumont. Voyez aussi nos *Chroniques de l'OEil-de-Bœuf*.

parcimonieux lorsqu'il s'agissait d'ouvrir sa cassette particulière, dont lui seul tenait la clef.

Entre Brioude et Saint-Georges d'Aurat, à droite de la route de Clermont au Puy, se trouvent les débris d'un monument celtique. Des cinq pierres qui le composaient, deux seulement sont restées debout : on remarque à la partie supérieure de l'une d'elles, des entailles que nous croyons avoir été faites au ciseau, mais qui pourraient avoir été pratiquées après la construction du monument. C'est du reste un dolmen assez important.

Le canton de *Blesle*, dans lequel nous entrons en nous reportant à l'ouest, est traversé du sud-ouest au nord-ouest, par la route royale de Perpignan à Paris ; il est arrosé, dans la même direction, par l'Alagnon, rivière qui nous a semblé à cette hauteur presque aussi forte que l'Allier. Ce canton, moins fertile que celui de Brioude, produit du seigle, de l'orge et peu de froment ; on y cultive aussi le chanvre et surtout la vigne. Le chef-lieu, situé à une petite distance de la route que nous venons de désigner, acquerrait certainement quelque avantage d'une telle proximité, si les habitants rapprochaient encore leurs constructions de cette voie de grande communication. Blesle est un bourg dont la population ne s'élève pas au-delà de 1,800 âmes ; son origine remonte à l'établissement d'un monastère de filles, fondé vers le milieu du IXe siècle ; on fait rapporter à la même époque la construction d'une tour à vingt pans qui se voit en ce lieu : il est probable qu'elle faisait partie de l'enceinte fortifiée dont le couvent était environné, comme tous ceux de cette époque. Blesle est à trois lieues et quart de Brioude.

On exploite des mines d'antimoine sulfuré dans les communes de Saint-Etienne sur Blesle et de Lubilhac. A la Chapelle-Alagnon et à Autrac, on se livre à l'extraction des pierres calcaires ; dans la première de ces communes se trouve la source d'eaux minérales dite de *Chantegeol*. Le lac desséché de *la Pleinide* s'étend sur une partie du territoire d'Espalem. Tels sont les seuls objets remarquables qu'offre le canton de Blesle, et nous n'y avons recueilli aucun fait qui puisse se recommander à l'attention de l'historien.

Revenant des bords de l'Alagnon à ceux de l'Allier, nous rencontrons le canton *d'Auzon*, limitrophe du département de la Haute-Loire vers le nord. L'industrie de ce canton consiste principalement dans l'exploitation des mines de houille ; et le centre de ce bassin-houiller est situé entre Frugères-les-Mines et Sainte-Florine, sur le terrain de grès que présente la rive gauche de l'Allier. Deux exploitations considérables existent sur ce territoire : celle de *Grosménil*, commune de Sainte-Florine, et celle de *Barthes*, commune de Vergongheon. La mine de Grosménil, qui produit annuellement environ

190,000 quintaux métriques de charbon, est la plus considérable; mais celle de Barthes, d'où l'on n'extrait, dans le même espace de temps, que 135,000 quintaux métriques, fournit, selon les renseignements que nous avons obtenus sur les lieux, un combustible d'une qualité supérieure. Nous aurons occasion de traiter avec détail de l'exploitation des houillères dans notre seconde section, comprenant le département de la Loire; nous mentionnerons seulement ici quelques particularités se rattachant à l'établissement de Barthes, dirigé par MM. Chevallier et Girond. Cette houillère, ainsi que toutes celles d'Auvergne, diffère des mines de Saint-Étienne et de Rive de Gier par le gisement : ainsi les couches de houille, au lieu de se présenter horizontalement superposées, sont disposées presque verticalement. Sans doute un bouleversement, facile à concevoir sur le sol volcanique de l'Auvergne, aura soulevé ces couches, planes jadis, au point de leur imprimer le degré d'inclinaison qu'elles ont aujourd'hui. Les puits houillers de Barthes sont ouverts au milieu de quatorze couches, formant une puissance d'environ quatre-vingts pieds de charbon. Le combustible qu'on en tire est bitumineux; il s'enflamme comme le bitume même, et sa chaleur, aussi intense que prolongée, doit surtout le faire rechercher par les divers forgerons. Employé dans les gazomètres, ce charbon fortement saturé d'hydrogène offre, dit-on, des avantages remarquables pour la quantité du produit, et le coak qui en forme le résidu est d'une qualité supérieure. Le conseil général du département, dans sa session de 1839, a voté une somme suffisante pour l'entretien d'un chemin qui doit favoriser l'exploitation de Barthes.

En général, les houillères du bassin d'Auzon seraient pour l'arrondissement de Brioude une source féconde de prospérité, si leurs débouchés devenaient plus vastes. L'Allier, trop imparfaitement navigable aujourd'hui, offrirait seul une voie d'écoulement suffisante; mais il faudrait que les projets dès longtemps conçus pour l'amélioration de la navigation sur cette rivière, fussent enfin exécutés. Personne n'ignore que la Belgique et même l'Angleterre exercent, quant à la fourniture des charbons à nos départements septentrionaux, une concurrence que pourraient anéantir en peu d'années les exploitations de la Loire et de la Haute-Loire, si leurs produits, plus que suffisants pour alimenter tout le royaume, n'étaient pas éloignés de la consommation d'une partie de nos provinces par les difficultés ou les lenteurs du transport. Cet objet est digne d'une sérieuse attention : laisser une industrie imparfaite, et favoriser l'exportation du numéraire, sont deux grandes anomalies d'économie politique. Chacun sait maintenant qu'avec la Belgique, le système d'échange est à peu près nul; et quant à l'Angleterre, on peut se faire l'idée des avantages que nous procurent nos traités de commerce avec elle, lorsqu'on sait que ces voisins d'outre-mer, si jaloux d'écouler chez nous leurs produits, achètent le plus souvent les vins de France sur des ports étrangers.

Dans la situation actuelle de l'exploitation des houillères dont il s'agit, exploitation, qui, nous le répétons, pourrait être beaucoup plus considérable, si les ressources d'écoulement le permettaient, un sixième de la houille se consomme dans l'arrondissement de Brioude; le surplus est embarqué sur l'Allier, et dirigé le plus ordinairement vers Paris. La vente du charbon, qui s'élève chaque année dans ce bassin à la somme de trois cent mille francs environ, se fait sur la mine même; puis les entrepreneurs font conduire ce combustible au village de Brussaget (Puy-de-Dôme), où il est chargé sur des bateaux.

A cette occasion, nous devons parler du village de Vezezoux, du canton d'Auzon : c'est dans ce petit port, situé sur la rive droite de l'Allier, que l'on construit les bateaux destinés au transport des charbons. Ils sont d'une construction uniforme ; et quoiqu'ils paraissent fort légers, leur solidité est assez heureusement entendue pour qu'ils puissent naviguer sans avarie jusqu'à Paris, où ils sont immédiatement convertis en bois à brûler. La charge moyenne de chaque bateau est de 280 quintaux métriques; on a calculé qu'il faut annuellement mille de ces embarcations pour le transport des charbons : conséquemment, la quantité exportée est de 280,000 quintaux métriques.

Le bourg d'Auzon, chef-lieu du canton, situé à deux lieues et demie de Brioude, possède un hospice fondé au XVe siècle par François de Montmorin, seigneur du pays. La population de ce bourg est de 1,400 âmes. *Sainte-Florine* est, après Auzon, la commune la plus importante de ce canton; *Lampdes* vient ensuite, et présente un aspect plus animé, ce bourg étant traversé par les routes royales de Paris à Perpignan et du Puy à Clermont. Un monument curieux existe à Lempdes : c'est une église romane qui certainement doit être l'aînée de tous les édifices religieux du département, car sa construction primitive subsiste en entier. On réparait récemment cette église, que nous croyons remonter au IXe et même au VIIIe siècle. Il est à désirer, malgré le respect dû aux monuments des vieux âges, que les restaurateurs aient fait disparaître deux modillons d'une obscénité telle qu'il est impossible de les décrire en aucune langue usuelle. Il appartient cependant à la mission de l'historien de faire juger, par de semblables témoignages, jusqu'à quel point nos pères mêlaient les sujets profanes aux choses sacrées : *Homunculus tonso capite, nudo corpore...... prægrandem ostentat manibusque tractat.*

Senex quidam sedens, promissâ barbâ venerandus, muliebrem annulum ante pedes in unâ mutuli parte exculptum malleo obtundit [1].

Le canton d'Auzon, dans sa partie occidentale, dont le sol est granitique, produit du froment, du seigle, du chanvre et offre quelques vignobles ; mais les habitants, occupés en grand nombre à l'exploitation des houillères, s'adonnent moins à l'agriculture que dans les cantons voisins.

Le canton de la *Chaise-Dieu* confine, vers le sud-est, celui d'Auzon. Il est traversé par la route royale de Nîmes à Moulins, et occupe un plateau de granit très-élevé, dont le cinquième au moins est couvert de forêts. C'est de cette dernière partie de territoire que l'on tire le bois servant à la construction des bateaux destinés au transport de la houille, et à celui des vins et des fruits que l'arrondissement de Brioude envoie à Paris. Ces bois sont aussi exploités en planches et en madriers, qui se vendent aux marchés du Puy.

La Chaise-Dieu, petite ville renfermant une population de dix-huit à dix-neuf cents âmes, doit son nom et probablement son existence au célèbre couvent fondé en ce lieu par Saint Robert, vers l'an 1036, sous la désignation mystique de *Casa Dei, Maison de Dieu;* désignation dont on a fait, par une traduction forcée, *Chaise de Dieu* puis *Chaise-Dieu*. Il faut dire que l'illustre fondateur ne fit qu'ajouter le mot *dei* au nom de *casa*, que portait déjà le coteau sur lequel la ville est bâtie : nom qui lui venait peut-être d'une petite église fort ancienne qu'on voyait sur cet emplacement. Quoiqu'il en soit, une bulle de Léon IX confirma, en 1050, l'établissement de ce monastère, et douze ans plus tard, une charte d'Henri Ier l'érigea en abbaye.

L'église de la Chaise-Dieu n'offre plus aucune partie de sa construction primitive, si ce n'est une grande porte en plein-cintre que l'on dut comprendre plus tard dans l'enceinte fortifiée. Ce monument fut reconstruit au milieu du XIVe siècle, par les soins et, dit-on, aux frais du Pape Clément VI qui, sous le nom de Roger de Beaufort [2], avait été abbé de la Chaise-Dieu. Commencée,

---

(1) Prosper Mérimée, *Notes d'un Voyage en Auvergne*.

(2) On raconte que Roger, après avoir terminé ses études en Sorbonne, revenait à la Chaise-Dieu, et, traversant, à la nuit, la forêt de Randan, fut entièrement dépouillé par des voleurs. Il se réfugia chez Aldebrand, prieur de Thuret, qui l'accueillit avec une expansive cordialité. Roger, habillé, pourvu d'argent et muni d'une nouvelle monture par son hôte, lui exprima la plus vive reconnaissance, lorsqu'il le quitta pour continuer son voyage. — Quand et comment, lui dit-il, en lui serrant la main, pourrais-je m'acquitter envers vous. — Quand vous serez Pape, répondit le prieur hospitalier, en souriant. Cette plaisanterie devint prophétique : Roger, après avoir été successivement évêque d'Arras, archevêque de Rouen, de Sens, et cardinal, fut élu Pape en 1342. Sans doute Aldebrand, s'il vivait encore, devint une puissance de l'Église. Quoiqu'il en soit, monté au trône pontifical, Clément VI n'oublia pas le couvent de la Chaise-Dieu : il fit construire l'église qui existe aujourd'hui, et la choisit pour son tombeau.

comme nous venons de le dire, au XIVᵉ siècle, cette vaste construction gothique ne fut terminée qu'au commencement du siècle suivant, ainsi qu'on en peut juger par le caractère de son architecture. L'église, longue de deux cent trente pieds et large de soixante-quinze, présente trois nefs fort élevées, se terminant, à l'est, par cinq absides ou chapelles à cinq pans. Les nefs sont divisées par deux rangs de piliers octogones et sans chapiteaux. Ces piliers, plus épais dans la nef que dans le chœur, forment la seule différence qui distingue cette dernière partie de la première; et ni dans l'une ni dans l'autre, il n'existe la moindre décoration. L'étendue de la basilique, quoiqu'immense, ne produit point sur l'observateur l'effet qu'il pourrait en attendre, parce que le point de vue est masqué par un Jubé dont les formes lourdes, incorrectes et dépourvues de style, ne sont pas propres à dédommager le regard de la perspective qu'elles lui enlèvent. Ce Jubé est du XVIIᵉ siècle. Les fenêtres sont étroites, à un seul meneau, et leur tympan, où se dessinent diverses courbes irrégulières, offre une combinaison métisse entre les inspirations du gothique fleuri et les fantaises de l'ogive flamboyante. La couleur verdâtre des murs à l'intérieur, annonce l'infiltration incessante des eaux qui minent lentement ce grand édifice. L'accrétion indestructible de cette moisissure hideuse et insalubre tient à l'existence des forêts environnantes, surtout à l'élévation de la montagne sur laquelle l'église est bâtie : élévation qui est de 1,060 mètres au-dessus du niveau de la mer; elle est due encore à la position du monument sur un sol incliné qui, recevant beaucoup d'eaux pluviales, a rendu nécessaire le creusement sous le pavé de l'église de plusieurs conduits de décharge.

Un large escalier précède la façade, laquelle est flanquée de deux tours massives et pauvres d'ornementation, ainsi que le surplus de cette façade. Les flèches qui surmontaient ces tours ont été abattues durant la révolution. Le vandalisme de cette époque a aussi mutilé le peu de sculptures qui décoraient le portail.

L'abbaye de la Chaise-Dieu fut fortifiée, de 1378 à 1420, par les soins de l'abbé de Chanac; ou du moins il fit achever ce système défensif, dont il ne reste plus qu'une tour carrée touchant au chevet de l'église. Elle est flanquée à ses angles de contreforts saillants, et couronnée de machicoulis; on la nomme la tour de Clément VI. Il est probable, en effet, que cette construction appartient à la partie de l'édifice élevée par ce Pontife; car elle masque deux chapelles du côté du sud; ce qui prouve assez évidemment qu'elle leur est antérieure.

Le cloître de la Chaise-Dieu, séparé de l'église par des bâtiments modernes, est d'une construction vaste et d'une certaine élégance. On reconnaît dans sa partie la plus ancienne, le style du XIVe siècle ; le surplus révèle le goût des dernières années du XVe. On attribue généralement à l'abbé de Chanac l'érection de la galerie du nord.

Revenant au chœur pour mentionner le peu d'ornements qu'il présente, nous devons dire que le nombre des stalles a été exagéré jusqu'à l'invraisemblance ; il faut rectifier d'aussi hyperboliques assertions. Ces stalles se présentent aux côtés sur quatre rangs de trente et une ; un double rang de douze se trouve encore au fond : en tout, cent quarante-huit places ; c'est-à-dire vingt de plus que n'en renferme le chœur de Saint-Remy de Reims, qui passe pour un des plus beaux du royaume. L'ornementation de ces stalles a été exagérée comme leur nombre : elle est simple, uniforme à l'excès, et ne se fait remarquer que par une frise flamboyante qui en forme l'amortissement. Sur l'une des faces de la clôture du chœur (au nord), s'étend une fresque du XVe siècle que l'humidité a fortement endommagée, mais dont il est encore possible de reconnaître presque tous les détails. C'est une danse macabre ou des morts : sujet à l'exécution duquel les peintres de l'époque se sont fréquemment exercés, parce qu'il leur était recommandé par les orateurs sacrés, dont il favorisait les tonnantes prédications. Ici se déploie une longue procession de personnages appartenant à diverses classes de la société, et groupés par états ou conditions. A chaque groupe, un fantôme décharné saisit de sa main de squelette le vêtement des personnages, et s'efforce de les entraîner dans la tombe, en insultant leur effroi de son horrible sourire. Toutes les figures se détachent sur un fond rouge, et paraissent avoir été tracées par une main inhabile, car de fréquents *repentirs* grossissent les traits principaux, et révèlent l'indécision du pinceau de l'artiste. Selon l'usage du temps, la peinture couvre les piliers comme les surfaces planes, et ne s'inquiète pas même des angles qui la forcent de se détourner.

On remarque dans la nef principale deux tombeaux en marbre noir, avec les statues des Papes Clément VI et Grégoire XI. Malheureusement ces monuments funéraires, très-mutilés pendant les guerres religieuses du XVIe siècle, sont désormais sans intérêt sous le rapport de l'art. La dégradation a été portée moins loin dans un troisième tombeau érigé à un abbé de la Chaise-Dieu : on y distingue encore des ornements et des statuettes gothiques qui rappellent le meilleur temps de ce style, par la finesse et l'élégance des détails. On n'a retrouvé dans l'église que nous décrivons aucune trace du tombeau de Humbert, évêque du Puy, qui, selon les historiens du Velay, y fut inhumé en l'année 1128.

Le clergé actuel de la Chaise-Dieu conserve une collection de tapisseries qui donnent une idée de la perfection à laquelle était parvenu, au commencement du XVI⁰ siècle, le travail de haute-lisse. Quelques-unes de ces tentures, moins anciennes, ont été données à l'abbaye par son dernier abbé régulier, Jacques de Senneterre : il en est au nombre de ces dernières qui sont tissues en fil d'or. Les premières, plus curieuses, sinon aussi belles, peuvent favoriser les recherches de l'historien sur les habitudes de la vie privée, chez nos aïeux : habitudes fort libres, en vérité, que les artistes de l'époque ont sans aucun scrupule fait passer ici dans leurs compositions. Ainsi l'une des tapisseries, qui représente la cène, offre un apôtre se curant les dents avec son couteau, tandis qu'un autre essuie le sien à la nappe.

L'histoire du bourg de la Chaise-Dieu se confond avec celle de l'abbaye, ou plutôt ce bourg, ou, si l'on veut, cette petite ville, n'échappa à la plus complète obscurité que par un reflet des fastes de cette célèbre maison, qui compta parmi ses abbés, outre le Pape Clément VI, les cardinaux de Richelieu, de Mazarin, d'Armagnac et de Rohan. En 1095, et lorsque le Pape Urbain II eut conçu le projet de la première croisade, il visita l'abbaye de la Chaise-Dieu, dont il dédia l'église. L'année suivante, Raymond de Saint-Gilles, comte de Toulouse, partant pour cette sainte et non moins politique expédition, qu'il ne considérait candidement que sous le premier point de vue, fit un voyage de dévotion à la Chaise-Dieu : ce fut alors qu'il y laissa, comme *ex voto*, ses éperons dorés, dont un seul a été conservé, et se voit maintenant au musée du Puy.

Lorsque les religionnaires, dans les terribles représailles qu'ils exercèrent contre leurs persécuteurs, parcoururent l'Auvergne, le fer et la flamme à la main, Blocons, lieutenant du farouche baron des Adrets, se porta vers la Chaise-Dieu : c'était en 1564. L'abbaye, alors environnée d'une bonne enceinte, ne put cependant se défendre contre cette invasion ; elle fut prise et pillée, ainsi que le bourg. Mais les habitants et les religieux trouvèrent un refuge dans la tour dite de *Clément* VI. Ils y avaient transporté non-seulement les trésors de l'église, mais tout ce qu'ils possédaient de richesses et d'effets précieux. Il s'étaient pourvus aussi de vivres et de munitions de guerre suffisants pour soutenir un long siége : cette précaution les sauva ; Blocons ne put se rendre maître de la tour. Ce capitaine huguenot se vengea d'une résistance qu'il n'avait pas prévue, en saccageant et brûlant tout ce qu'on n'avait pu lui soustraire. Les tombeaux furent brisés, les statues mutilées, les ornements d'architecture écrasés avec le marteau, partout où ce fer destructeur put atteindre. Mais si les protestants satisfirent pleinement leur fureur dévastatrice dans ce sac du bourg et de l'abbaye de la Chaise-Dieu, leur cupidité fut trompée : ils avaient enlevé de l'église un Moïse en cuivre doré servant de pupitre, et qu'ils supposèrent un moment être d'or pur, tant ils avaient entendu vanter l'opulence du célèbre monastère qu'ils venaient de piller. Cependant ils soupçonnèrent bientôt qu'une masse aussi considérable pouvait bien n'être pas ce qu'ils pensaient : pour s'en assurer, Blocons fit scier un des pouces de Moïse, et le cuivre s'étant révélé, la statue fut jetée dans un étang qui se trouvait sur la route. Elle y resta près de quarante ans; mais, ayant été retrouvée par hasard après ce long espace de temps, elle fut replacée avec honneur dans le chœur de la Chaise-Dieu.

Ce que le bourg venait d'éprouver de calamités, ce qu'il pouvait souffrir encore dans ces temps de troubles, engagea les habitants à reporter leurs maisons dans la vaste enceinte de l'abbaye, dont les fortifications furent très-probablement augmentées encore. Par suite de cette disposition, la plus grande partie des constructions particulières est enfermée dans les murs de l'ancienne maison conventuelle.

La Chaise-Dieu relevait autrefois de l'intendance de Riom, du diocèse de Clermont, et ressortissait au parlement de Paris. Le cardinal de Rohan, dernier abbé de cette vaste et opulente communauté, y fut exilé après la trop fameuse affaire du collier. Il est probable que la présence de ce superbe prélat ne devint pas l'occasion d'une addition aux rigueurs cénobitiques du couvent : on sait qu'il savait donner, avec autant de grâce que de liberté, les allures du monde et même de la cour aux devoirs du sacerdoce.

Le sol du canton de la Chaise-Dieu, très-boisé et conséquemment froid, est cependant assez favorable à la culture des plantes potagères; mais les fruits y viennent rarement à maturité. La commune du chef-lieu contient aussi des prairies d'un bon rapport. Les montagnes de ce canton renferment des fragments de *Talc* [1].

Le canton de *Craponne*, appartenant à l'arrondissement du Puy, confine, à l'est, celui de la Chaise-Dieu, dont il est séparé par la petite rivière d'Arzon; au nord, il est limitrophe du département de la Loire. Le sol granitique de cette contrée ne produit guère que du seigle, de l'avoine et des pommes de terre. Mais diverses industries, assez fructueuses, dédommagent les habitants de la demi-ingratitude de leur territoire: ils se livrent à la construction des bateaux, à la scierie des planches et madriers, au moyen de

---

(1) Pierre onctueuse, lamellée, transparente, composée de parties à peu près égales de silice et de magnésie, avec un vingtième d'alumine.

moulins à scie, et surtout à la fabrication des sabots; produits dont la position du canton, entre l'arrondissement de Brioude, l'arrondissement d'Yssingeaux et le département de la Loire, favorise l'écoulement, et prête au pays un mouvement commercial assez vif. A la Souchère et à Laprat, des sources d'eaux minérales attirent un certain nombre d'étrangers, et contribuent à la prospérité de la contrée.

Au temps de l'ancienne division territoriale, Craponne, dont la population n'excède pas aujourd'hui 3,800 habitants, était comptée parmi les huit principales cités du Velay, qui envoyaient des députés aux états particuliers de la Province. En consultant les histoires locales, nous aurons à répéter, pour cette ville, ce que nous avons dit de plusieurs places fermées : ses murailles, ses tours, ses fossés, durant les guerres de religion, ne la défendirent successivement contre la fureur des partis que pour lui attirer ensuite des calamités. Au commencement de 1590, cette forteresse reçut une garnison royaliste, qui ne put s'y maintenir long-temps. Vers le mois d'août, le duc de Nemours la fit occuper à son tour au nom de la ligue; mais Craponne ne fut pas une des dernières villes du Velay qui se soumirent à Henri IV. Il existe depuis long-temps en ce lieu un hospice; il reçut en 1740 le titre d'hôpital général. Maintenant les revenus, assez modiques, de cette institution consistent presque exclusivement dans les libéralités de M. Porral du Clusel. La maison est desservie par des Sœurs de la Croix. Les habitants de Craponne font un commerce assez considérable de dentelles, que favorisent sans doute les routes de Saint-Flour à Lyon et du Puy à Montbrison, qui traversent la ville. Il ne reste plus de son enceinte fortifiée qu'une tour carrée, surmontant l'une des anciennes portes. Dans la commune de Chomelix, canton de Craponne, on remarque les ruines d'un château fort; mais ces vestiges du moyen-âge sont muets pour l'histoire.

Ici, nous reportant à l'est, nous franchissons de nouveau la Loire, et remontant un peu son cours, nous entrons dans le canton de *Montfaucon*, de l'arrondissement d'Yssingeaux. La principale industrie de ce canton consiste dans l'engraissement des bêtes à cornes et à laine, que facilitent d'assez bons pâturages, quoique d'ailleurs le pays soit peu fertile. La rubanerie occupe une autre partie des habitants qui, grâce à la proximité des grandes fabriques de Saint-Étienne, manquent rarement d'ouvrage en ce genre.

Montfaucon est une des plus anciennes cités du Velay; quelques écrivains assurent même qu'elle en était autrefois la capitale. Il est constant du moins que cette ville, aujourd'hui réduite à une population de 1,150 habitants, jouissait jadis du droit de députation aux états particuliers de la province et qu'elle était le siége de l'un de ses deux baillages. Son ressort s'étendait depuis le voisinage d'Annonay jusqu'à celui du Puy ; il fut supprimé en 1689, par édit de Louis XIV. Les rois de France ont été long-temps co-seigneurs de Montfaucon, et ses barons avaient, de plein droit, leur entrée aux états-généraux de Languedoc. En 1445, ses consuls furent appelés à siéger parmi les députés de la province : honneur inaccoutumé, qui témoignait de l'importance de cette ville au xve siècle. En 1585, les religionnaires surprirent Montfaucon, détruisirent son château, et passèrent au fil de l'épée une partie des habitants. Sommée, cinq ans plus tard, par le baron de Saint-Vidal, d'ouvrir ses portes aux ligueurs, la même cité se soumit, et demeura au pouvoir de ce parti, jusqu'en 1591, époque à laquelle elle rentra sous l'obéissance du roi, qu'elle dut abjurer de nouveau, quelques mois après, sur l'intimation du duc de Nemours. Enfin, Montfaucon se rangea définitivement sous la bannière de Henri IV, au mois de mars 1594, et l'année suivante, les états du Velay s'assemblèrent dans ses murs. Depuis lors, cette ville est rentrée dans l'obscurité que les guerres civiles lèguent aux localités qu'elles agitent, avec la ruine plus ou moins absolue qui leur succède. Seulement, en l'année 1755, Montfaucon sortit un instant de ce calme d'épuisement par l'incendie de son couvent de Bernardines : cinq à six religieuses ou pensionnaires périrent dans les flammes, et le monastère fut ruiné de fond en comble. Les états du Velay, assemblés en cette même année, vinrent, autant qu'ils le purent, au secours de ces malheureuses recluses : ils décidèrent que, pendant six années consécutives, la somme de deux cents livres leur serait payée, en considération de l'utilité de leur maison pour l'instruction des jeunes filles protestantes qu'elles attiraient. Cette dernière circonstance est, plus qu'on ne serait d'abord porté à le croire, digne d'attention : elle prouve, d'une part, que les rivalités religieuses étaient éteintes dans le pays, au milieu du xviiie siècle ; d'autre part, elle met au jour une vérité consolante, c'est que parmi les plus ferventes catholiques, il se trouvait alors des femmes assez réellement pieuses pour former l'éducation des demoiselles qui professaient une foi différente de la leur. Cette mission nous apparaît trop belle pour que nous recherchions une arrière-pensée dans les intentions des Bernardines de Montfaucon, et nous pensons avec confiance qu'elles n'avaient aucun projet de prosélytisme. L'église du couvent existe encore ; on y remarque douze tableaux peints sur bois d'un faire médiocre sous le rapport du dessin, mais remarquables par la suavité et l'harmonie des couleurs. L'hospice de Montfaucon fut fondé vers le commencement du xviiie siècle. La ville est traversée par la route du Puy à Annonay.

Dunières, commune du canton de Montfaucon, est beaucoup plus peuplée que ce chef-lieu, puisque l'on y compte près de 2,800 âmes. Les habitants sont en grande partie occupés de la fabrique des rubans ou de la préparation de la soie. A Dunières, neuf moulins à soie sont construits sur la rivière du même nom, et fonctionnent avec une grande activité. A quelque distance du bourg, s'élève une vieille tour, qui, vue de très-loin, est pour les voyageurs un point de direction ; cette tour appartint, dit-on, à un château qu'habita le fameux marquis d'Espinchal, dont les aventures et les facéties sont encore rapportées et sans doute exagérées dans les traditions locales. On a cru reconnaître une voie romaine se dirigeant vers Annonay, à travers les Cevennes, sur le territoire actuel de la commune de Raucoules, appartenant au canton de Mautfaucon : cette conjecture s'appuie du nom traditionnel de *Pont romain*, très-anciennement donné à un lieu situé au bord de la Dunières. Nous avons examiné les débris qu'on a pris pour ceux de cette prétendue voie antique, et nous ne pensons pas qu'ils aient aucun rapport avec la route si authentiquement romaine appelée la *Via-Bolena*. Dans la commune de Saint-Julien-Molhesabate, s'élève la montagne appelée le *Fulletin* ou le *Felletin*, dont la hauteur absolue est de 1,368 mètres. L'ancienne abbaye de Clavas, fondée vers l'an 1230, et dont il existe encore de belles ruines, était située dans l'importante commune de Riotord, sur la limite orientale de la Haute-Loire. Il est à remarquer, en parlant de cette limite, que toutes les montagnes qui s'y trouvent sont primordiales.

Au nord du canton de Montfaucon et sur la rive droite de la Loire, s'étend le canton de *Monistrol,* dont le chef-lieu est situé tout près du fleuve. Monistrol, *Monasteriolum*, fut aussi l'une des principales cités du Velay, et envoyait ses députés aux états particuliers de la province. Ce lieu conserve encore une certaine apparence urbaine, due au caractère monumental de son église, située sur une petite place assez bien bâtie et dont une jolie fontaine décore le centre.

Monistrol, dont le nom vient évidemment du mot latin rapporté ci-dessus, doit en effet son origine à un couvent d'Antonins fondé dans les premiers temps de la monarchie, et qui exista, dit-on, jusqu'au IXe siècle. Quoiqu'il en soit, on sait d'une manière positive que Guillaume de la Roue, évêque du Puy, mort en 1283, acheta de Guigon, chevalier, seigneur de Saint-Didier, la ville et seigneurie de Monistrol en Velay, au prix de mille trois cent soixante livres, pour être réunies au domaine de l'évêché ; ce lieu prit alors le nom de Monistrol-l'Evêque, parce que le prélat y faisait sa résidence une partie de l'année. Bernard de Castanet, successeur de Guillaume de la Roue, fonda, en 1309, dans l'église de saint Marcellin de Monistrol, une collégiale de treize chanoines, qui sans doute devinrent les conservateurs des reliques de ce Saint, troisième évêque du Velay, selon quelques légendaires; reliques que possédait alors cette ville. Jean de Bourbon, autre évêque du Puy, fit bâtir, en 1486, la grosse tour de Monistrol, maintenant détruite, et qui peut-être servait à fortifier la collégiale de Saint-Marcellin. Aujourd'hui, cet édifice ne conserve plus rien de son style primitif, dénaturé par des reconstructions successives, depuis la renaissance. La grosse tour dont nous venons de parler ne put défendre ni la ville ni l'église d'une invasion désastreuse : en 1563, le trop fameux baron des Adrets s'en empara, mit l'une et l'autre au pillage, enleva les vases sacrés et emporta sur la croupe de son cheval une chasse de vermeil renfermant les restes de Saint Marcellin, qui n'opposa aucun prodige à cette profanation sacrilège.

En 1590, le seigneur de Chaste mit une garnison royaliste à Monistrol; mais, par un accord conclu dans cette même année, entre ce capitaine et le baron de Saint-Vidal, la ville et le château furent livrés aux ligueurs, pour être gardés par eux jusqu'à l'entière pacification du pays. En conséquence, les chefs de l'union envoyèrent à Monistrol une garnison de cent arquebusiers, sous le commandement du capitaine du Montrier, sieur de Champètières. Ce ne fut qu'en 1596 que cette ville, ainsi que plusieurs autres lieux *tenant le parti,* selon l'expression des édits de Henri IV, se soumit enfin à ce monarque, qui déchargea ses habitants bénéficiers des décimes et de leurs arrérages « depuis la détention dudit lieu par les ligueurs jusqu'à sa soumission. » L'excellent Béarnais était un de ces princes rares dans la succession des siècles, qui répandent à pleines mains les bienfaits sur la trame de leurs ennemis, afin de ne plus l'apercevoir.

Monistrol fit alors partie du département assigné au duc de Joyeuse, dans le gouvernement du Languedoc, confié au connétable de Montmorency. L'histoire a constaté qu'en 1689, les états du Velay accordèrent, sauf l'approbation des états-généraux, une somme de cinq cents livres aux Pères Capucins de Monistrol, dont l'église et la bibliothèque venaient d'être incendiées : cette mention historique révèle une circonstance peu commune parmi les Franciscains : c'est que ceux de Monistrol avaient une bibliothèque.

Outre son couvent de Capucins, Monistrol possédait autrefois un monastère de religieuses Ursulines, et une maison dite de Saint-Joseph : sous la restauration, cette dernière fut rétablie pour un service hospitalier. Le château de Monistrol, ancienne résidence de campagne des évêques, avait été acheté, sous l'empire, par le département, pour y placer le dépôt de mendicité de la Haute-Loire. Il est affligeant de voir qu'à ces institutions aussi utiles que morales, le gouvernement royal ait préféré le hideux paupérisme qui humilie notre belle France, et donne, par une interprétation mal entendue de la charité, une démenti incessant à son active industrie. Vers l'année 1821, un petit séminaire fut établi dans le château qui nous occupe ; il remplace, jusqu'à un certain point, l'ancien collége de cette ville, supprimé depuis long-temps.

Monistrol offre un mouvement industriel assez vif : on y a établi, dans ces dernières années, beaucoup de métiers à fabriquer des foulards et autres tissus de soie : l'hospice, dirigé avec intelligence, renferme huit de ces métiers. Cette petite ville, assise entre deux vallons et sous un beau ciel, présente une situation riante et pittoresque, quoiqu'elle soit généralement mal bâtie ; ses promenades sont agréables ; on y respire un air pur. La population de Monistrol dépasse 3,800 habitants ; sa distance d'Yssingeaux, chef-lieu d'arrondissement, est de quatre lieues. La route du Puy à Lyon par Saint-Étienne, passe à une très-petite distance de la ville.

A Saint-Maurice de Lignon, subsistent les ruines du château *de Maubourg*, qui appartint à l'une des anciennes familles du Velay : famille illustre au moyen-âge ; illustre dans les temps modernes par le brave maréchal de Latour Maubourg [1]. La même maison possédait aussi, dans la commune de Sainte-Silogène, le château de la Tour, bâti sur les bords de la Dunières. Le territoire de Sainte-Silogène présente un phénomène géologique assez remarquable : ce sont des filons de basalte dans un terrein entièrement granitique ; on en trouve sur plusieurs points de cette localité.

Le canton de Monistrol est essentiellement industriel : les habitants se livrent particulièrement à la rubanerie ; ils montrent aussi une certaine adresse dans la confection des ouvrages de serrurerie et de quincaillerie : les grilles du sanctuaire de la cathédrale du Puy attestent leur habileté en ce genre. Le territoire, sans être très-fertile, produit néanmoins toutes les espèces de céréales ; mais on y récolte plus particulièrement de belles avoines.

Le canton de *Saint-Didier-le-Sauve* confine, à l'est et au nord, celui de Monistrol ; il y règne, comme dans ce dernier, une industrie fort active. C'est de cette localité que l'on tire, pour soutenir les galeries houillères de Saint-Étienne, des pièces de bois de huit à douze pieds de long, et portant cinq à six pouces d'équarrissage. Là, plusieurs usines sont destinées à scier des planches, qui sont également expédiées à Saint-Étienne. Ce canton produit du seigle, et dans certaines localités, des fruits et du vin.

Saint-Didier, qui fut l'une des villes du Velay ayant droit à la députation aux états particuliers de cette province, est situé sur la rive droite de la Loire, à cinq lieues, nord, d'Yssingeaux. Ses seigneurs étaient puissants dès le commencement du XIVe siècle : l'un d'eux fut convoqué à Arras, en 1304, par Philippe-le-Bel, qui allait entreprendre la guerre de Flandre, et marcha ensuite vers l'Artois à la tête de ses hommes d'armes, ainsi que le Roi le lui avait prescrit. Depuis cette époque jusqu'à la fin du XVIe siècle, l'histoire se tait sur les destinées de Saint-Didier ; mais, en 1589, cette ville sortit noblement de son obscurité en se faisant remarquer par son attachement à la cause royale, et par le regret que ses habitants exprimèrent à la mort de Henri III. Ce fut apparemment la connaissance qu'eut Henri IV de ce sentiment, fort peu partagé dans le midi de la France, qui détermina ce prince à faire parvenir à ces bons royalistes une lettre close où l'on retrouve bien le caractère du brave Béarnais. Nous copions cet écrit, conservé dans les archives de Saint-Didier : « Chers et bien amés, la rage et cruauté des ennemis du roi

---

(1) Voyez notre biographie, à la fin de la première région.

» et de l'État les a poussés si avant que d'avoir fait entreprendre malheureuse-
» ment sur sa vie par un dominicain (Jacques Clément) introduit de bonne foi,
» pour la révérence de son habit, pour lui parler en sa chambre hier matin, où
» il lui a donné un coup de couteau dans le ventre, qui ne montrait appa-
» rence de danger au premier appareil ni tout le long de la journée. Néan-
» moins, il a rendu l'âme à Dieu cette nuit; laissant ses bons serviteurs qui
» sont ici en extrême ennui et déplaisir, tous bien résolus, avec nous, d'en
» poursuivre la justice[1]; à quoi, de notre part, nous n'épargnerons jusqu'à
» la dernière goutte de notre sang. Et nous ne ferons aussi en ce qui concerne
» l'État, aucune chose qui ne soit trouvée bonne pour le bien public. Sur
» quoi, nous avons bien voulu écrire la présente pour vous assurer de notre
» bonne intention, à ce que vous soyez d'autant plus confortés à persévérer
» en la fidélité que vous avez par ci-devant gardée à votre roi; vous assurant
» que ce faisant, vous recevrez de nous tout le meilleur traitement et soulage-
» ment en ce qui concerne votre particulier qui nous sera possible. Sur ce,
» nous prions Dieu, chers et bien amés, vous avoir en sa sainte garde. Écrit
» au champ de Saint-Cloud, le 2 août 1589, signé Henri, et (*plus bas*) Revel. »

Cette lettre soutint quelque temps la courageuse persévérance des habitants de Saint-Didier; mais, au mois d'août de l'année 1590, le sieur de Saint-Vidal, gouverneur du Velay au nom de la Ligue, somma la ville qui nous occupe de lui ouvrir ses portes, à peine d'être traitée comme le château d'Espailly, dont on venait de faire sauter toutes les voûtes, au moyen de *quatre charges* de poudre. Les consuls de Saint-Didier répondirent qu'ils se rendraient, pourvu que Saint-Vidal et les siens consentissent à reconnaître M. de Montmorency, pour gouverneur-général. Cette condition fut acceptée, et Saint-Didier reçut une garnison ligueuse.

A propos du sieur de Saint-Vidal, nous consignons ici quelques détails caractéristiques de cette étrange faction appelée la Ligue : faction dont la physionomie se dessinait diversement, selon les localités. Saint-Vidal, donc, à qui le duc de Mayenne avait donné, avec la charge de grand-maître de

---

[1] Justice était déjà faite quant à Jacques Clément : on sait que les gardes de Henri III le tuèrent, et que le supplice de l'écartement, que suivit celui du feu, ne fut infligé qu'à un cadavre. Mais Henri IV n'ignorait pas que ce dominicain avait été fanatisé par un parti qui lui survivait, et dont l'activité était à craindre. La duchesse de Montpensier, par ses cajoleries, quelques-uns disent par ses faveurs, avait contribué puissamment à déterminer l'assassin. On le disait un jour à Henri IV, qui répondit : « Ventre « Saint-Gris! c'était livrer sa vie pour une bien petite pièce de monnaie..... Je ne donnerais pas un « poil de ma barbe pour une nuitée avec madame de Montpensier. »

l'artillerie, le gouvernement du Gevaudan et du Velay, était arrivé au Puy, suivi d'Anne, comte d'Urfé, bailli du Forez, et de son frère, honoré d'Urfé, chevalier de Malte et auteur du fameux roman *d'Astrée*[1]. Ces deux gentilshommes, poètes l'un et l'autre, étaient choisis pour diriger une expédition dans laquelle on comptait préparer des effets de spectacle, toujours puissants sur la multitude. En conséquence, Saint-Vidal fit son entrée dans le Velay à la tête de cinq à six mille hommes, moitié soudards, moitié moines par le costume : Un *guidon colonel*, commandant des *lanciers*, portait à la main un crucifix. Partout les habitants des campagnes se jetaient en foule au-devant du gouverneur, lui baisaient les mains, et le recevaient comme un libérateur. Saint-Vidal amenait de Paris le cordelier Gallesiant qui prêchait, sur son passage l'excellence de la Ligue, les erreurs du calvinisme et la damnation très-probable du roi de Navarre.

Tels étaient les moyens de persuasion des ligueurs, lorsque Saint-Didier se soumit à eux. Cependant les habitants de cette ville faisaient de temps en temps des retours vers le parti du Béarnais : en 1591, quand le duc de Nemours se présenta pour l'occuper, elle refusa d'abord de le recevoir ; mais voyant que les ligueurs se disposaient à battre la place avec du canon, la garnison capitula et sortit enseigne déployée et mèche éteinte. Enfin, au commencement de l'année 1594, Saint-Didier se soumit à Henri IV. Depuis lors, les annales de cette ville cessèrent d'offrir des événements dignes de parvenir à la postérité : elle est aujourd'hui livrée exclusivement à l'économie agricole, pour les hommes et à l'industrie de *dentellière* pour les femmes : industrie dont nous parlerons plus amplement dans notre résumé sur la situation générale de la Haute-Loire.

Une chronique velaisienne fait mention d'un Guillaume de Saint-Didier[2], châtelain de Veillac ou de *Noaillac*, dont on a fait peut-être le nom de Noailles. Ce gentilhomme, qui vivait au XIIe siècle, s'illustra comme les autres seigneurs

---

(1) Tout le monde connaît le succès qu'obtint ce roman : tissu de beautés métaphoriques, et qui dut fournir plus tard à Molière l'idée primitive des *Précieuses ridicules*. L'apparition *d'Astrée* faillit diviser la cour en deux camps ; beaucoup de rapières et de dagues brillèrent au soleil pour attaquer ou défendre cette mirobolante composition. C'était là l'effet ordinaire d'une littérature qui cherche des inspirations, et à force d'ambition, tombe dans le bizarre ; et comme le goût se laisse facilement égarer au bruit de la vogue, celui des admirateurs *d'Astrée* ne fut pas moins hyperbolique que le livre lui-même. Deux cents ans plus tard, une époque de transition littéraire devait ramener la même effervescence, avec des paroxismes différents... Dieu veuille que l'histoire n'assigne pas au délire du XIXe siècle un cabanon plus étroit que celui où la raison relégua l'auteur et les admirateurs *d'Astrée*, au XVIIe siècle!

(2) Voyez notre biographie, à la fin de la présente région.

de sa maison, par des exploits militaires : il était bon chevalier d'armes, dit la chronique, libéral, bien instruit, civil et galant. Mais c'est particulièrement par cette dernière qualité qu'il se recommanda : il fit la cour, continue l'historien du pays, à la vicomtesse de Polignac, qui se montrait charmée des vers qu'il lui dédiait : car Guillaume de Saint-Didier était troubadour. Il est difficile de savoir jusqu'à quel point le vicomte eut à se plaindre des assiduités de son noble compatriote auprès de sa femme ; mais afin d'envelopper sa passion des voiles du mystère, il donnait à cette dame, dans les chansons qu'il composait pour elle, le nom de *Bertran*. Hugues le maréchal, ami de Guillaume, était dans la confidence de ses amours ; et ce qui prouve un peu que Madame de Polignac ne laissait pas glisser les soupirs de son amant sur un cœur inaccessible, c'est qu'elle acceptait volontiers le pseudonyme, et n'en disait rien à son mari ; c'était un secret entre elle, Hugues et Guillaume. Les beautés cruelles font plus de bruit de leurs principes. Autre preuve, hélas ! bien plus convaincante : Saint-Didier devint infidèle ; il fit aussi des chansons en l'honneur de la comtesse de Roussillon. La vicomtesse, insinue le chroniqueur, en eut de la jalousie ; elle fit éclater un vif dépit, et femme qui se dépite contre un amant, est bien près de s'en venger. Hugues le maréchal se trouvait là ; c'était déjà beaucoup ; l'auteur de la chronique ne dit pas s'il se prévalut de cette position : l'histoire du dépit de madame de Polignac n'y est pas continuée.

L'importance historique de Saint-Didier est tombée avec les fortifications qui l'avaient produite ; mais, ainsi que toutes les places de guerre démantelées, cette ville est devenue plus heureuse en cessant d'être célèbre ; au bruit des armes, a succédé dans son sein le mouvement du travail et de l'industrie, et, sous ce double rapport, le canton de Saint-Didier est une des localités les plus favorisées du département. Les deux papeteries qui existent au chef-lieu se sont élevées au niveau du progrès contemporain : on y fait du papier de toutes grandeurs et qualités. On fabrique aussi à Saint-Didier, comme dans le reste du canton, des rubans, qui sont expédiés sur Saint-Étienne, et l'on y file la soie avec une perfection remarquable. La population de cette ville, située à cinq lieues nord-est d'Yssingeaux, approche de 3,900 âmes. L'abbaye de la Seauve, dont il existe des ruines assez considérables à une demi-lieue de la ville, est désormais sans intérêt pour l'observateur. Les archives de ce couvent, fondé en 1228, par les comtes de Forez, si elles n'ont pas été brulées durant la révolution, sont, ainsi que bon nombre de documents curieux, ensevelies dans les liasses poudreuses et *inexplorées* réunies au Puy ; attendant le *fiat lux* que produirait une allocation suffisante pour favoriser le débrouillement de ce chaos.

AURAY

IMPRIT PAR SUIREAU A NANTES

Entre Saint-Didier et Saint-Victor-Malescours, les pâtres du pays montrent au voyageur un communal appelé le Champ-Dolent, *Campus-Dolens* : la tradition locale mentionne un combat sanglant livré en ce lieu, à une époque fort reculée, mais qu'aucun historien n'a fixée. Saint-Victor-Malescours est la patrie de Peyrard, commentateur de Bezout et traducteur d'Euclide. Les grottes que l'on remarque sur cette commune, ne ressemblent point à celles que nous avons décrites ailleurs : sur plusieurs points, elles offrent des souterrains profonds, mais étroits, que l'on prendrait pour des aqueducs, plutôt que pour des habitations destinées aux hommes.

Aurec est, après Saint-Didier, le lieu le plus important du canton : sa population de 2,600 âmes se livre surtout à la confection des barques destinées à transporter, de Saint-Rambert et de Roanne, à Paris ou à Nantes, les houilles de Saint-Étienne et de Firminy. *Aurec* partage avec *Saint-Ferréol-d'Auroure* une industrie qui leur est particulière : il existe dans ces deux localités cinq cents souches pour la clouterie et la serrurerie. A Saint-Pal-de-Mons, où l'on voit les ruines du manoir de Chanteloube, on avait commencé l'exploitation d'une mine de plomb sulfuré, qui n'a pas été continuée; on y avait aussi trouvé du cuivre carbonaté. Toutes ces richesses minéralogiques seraient recherchées sans doute avec plus de persévérance, si les communications favorisaient leur écoulement; mais partout où les débouchés manquent, l'industrie hésite à entreprendre, ou se lasse bientôt après avoir entrepris. A Saint-Romain-Lachalm, le château de l'ancienne maison Dupeloux de Saint-Romain, peut à peine être cité comme édifice remarquable; on fabrique dans cette commune des rubans pour le compte du commerce de Saint-Étienne.

Le canton de *Bas*, situé presque à l'ouest de celui de Saint-Didier, s'étend, dans cette direction, jusqu'à celui de Craponne, et au nord, jusqu'à la limite du département de la Loire. Les vallons de cette contrée, arrosés par la rivière d'Ance et ses affluents, offrent de belles prairies, que bordent quelques coteaux tapissés de vignobles. Le sol granitique de ce canton produit du seigle et un peu de froment ; les pois, les lentilles, les haricots y sont cultivés en grand. De temps en temps, les travaux agricoles des habitants mettent au jour des débris d'urnes funéraires, de lacrymatoires et d'autres objets antiques qui attestent le passage, sinon le séjour des Romains sur cette localité.

La petite ville de *Bas en Basset*, située sur la rive gauche de la Loire, reçoit un caractère assez imposant des ruines du château de Rochebaron, qui la domine, et sa population d'environ 5,500 âmes, contribue à lui communiquer une physionomie urbaine, qu'elle doit aussi à la fertilité des campagnes environnantes et à l'activité commerciale qu'elle favorise. En effet, les céréales que le canton produit sont vendues dans les marchés du chef-lieu ou dans ceux de Craponne, et leur transport anime incessamment le pays, auquel sa riante situation achève de communiquer un aspect très-agréable.

Les seigneurs de Rochebaron qui, sans nul doute, secondèrent l'accroissement de Bas en Basset, furent investis de cette seigneurie, au commencement du XIIIᵉ siècle : en 1214, Philippe-Auguste *donna* à Robert de Melun, évêque du Puy, pour lui et ses successeurs, les châteaux de Rochebaron, de Chalençon et de Chapteuil, qui appartenaient au domaine royal. Toutefois, il nous semble difficile de comprendre nettement *ce don*, car la charte royale porte que ces prélats pourront acquérir *comme ils pourront* ces baronnies et leur dépendances. Il est vrai qu'il arriva souvent à nos anciens rois de donner ce qu'il fallait ensuite acheter et quelquefois chèrement. En 1277, la seigneurie de Rochebaron était apparemment passée dans des mains séculières, car ce fut un Guillaume de Rochebaron, bailli de la justice épiscopale, qui, dans une sédition survenue au Puy, fut précipité du haut d'un clocher [1]. Quoiqu'il en soit, Armand de Rochebaron fut consulté en 1313 par Philippe-le-Bel, avec plusieurs autres seigneurs du Velay, sur la réunion de quelques parties de la sénéchaussée de Beaucaire à celle de Lyon : réunion qui ne fut que momentanée.

Au commencement du XVᵉ siècle, et lorsque les Bourguignons se flattèrent de soumettre le Velay, le seigneur de Rochebaron se déclara pour eux, et s'avança, en 1415, vers le Puy, avec un parti assez considérable. Mais plusieurs hauts-barons du pays s'étant ébranlés pour marcher contre lui, il profita de sa parenté avec quelques-uns d'entr'eux pour signer un traité. Cependant dès que ces gentilshommes eurent posé les armes, Rochebaron éleva de nouveau la bannière bourguignonne ; il ne fut pas heureux dans ses premiers mouvements militaires, et perdit diverses places. Néanmoins, l'archevêque de Reims, qui avait négocié une première fois avec Rochebaron, lui offrit, au nom du dauphin, le pardon de son infidélité et la restitution des forteresses enlevées à son parti. On lui promit, en outre, la somme de trois mille livres, qu'offraient de verser les provinces de Velay, de Gévaudan et de Vivarais, auxquelles il faisait la guerre. Rochebaron ayant rejeté ces offres, s'avança avec le prince d'Orange, jusque sous les murs du Puy; mais les Bourguignons qu'ils commandaient furent repoussés [2], et contraints de se retirer à Serverette

---

(1) Voyez précédemment notre précis de l'histoire du Puy.
(2) Voyez le même précis.

CHÂTEAU DE LA ROCHE BARON,

PUBLIÉ PAR SUIREAU, À NANTES

en Gevaudan. Bientôt assiégés eux-mêmes dans cette place par le sénéchal d'Auvergne, ils se virent contraints de l'abandonner. Le prince d'Orange et le seigneur de Rochebaron furent faits prisonniers. Tandis qu'ils négociaient pour leur rançon, le comte de Pardiac et quelques autres seigneurs mettaient le siège devant le château de Rochebaron; peut-être allait-il être enlevé d'assaut, lorsqu'on apprit en Velay que le dauphin, depuis Charles VII, était en voie de réconciliation avec le duc de Bourgogne. Alors la guerre civile cessa en Languedoc, et dans chaque ville, dit un vieux chroniqueur, « toutes les Bourgeoises et femmes d'estat ne firent que baler et faire feste... » On dansait encore dans le midi de la France, lorsqu'on y apprit le tragique événement du pont de Montereau : péripétie sanglante qui couvrit du sang de Jean-sans-Peur le pacte d'union commencé entre lui et le fils de Charles VI.

Durant tous ces événements, la ville, ou pour mieux dire, le bourg de Bas, dut avoir à souffrir des vicissitudes qu'éprouvaient le seigneur et le château de Rochebaron; mais nous n'avons point trouvé le nom de cette localité dans les documents que nous avons compulsés.

A Saint-André de Chalençon, on voit les ruines d'un ancien château qui fut possédé par l'illustre famille de ce nom. Bertrand de Chalençon était évêque du Puy au commencement du XIIIe siècle : en 1211, il accorda, conjointement avec son chapitre, un subside de deux cents cinquante marcs d'argent à Philippe-Auguste. Sans doute ce prélat voulut faire oublier ainsi au roi les exactions qu'il avait commises en 1209, comme général d'armée, dans la croisade contre les Albigeois. En effet, Bertrand, après avoir pris sa route par le Rouergue, permit aux habitants de Caussade en Quercy et de Saint-Antonin, sur les frontières de l'Albigeois, d'éloigner les rigueurs d'un siége et d'un sac probables, moyennant une grosse contribution qu'il s'était fait compter. Le roi, appelé au partage de ce subside, trouva la conduite du prélat fort régulière, quoiqu'il eût été l'un des ordonnateurs du massacre et de l'incendie de Béziers [1].

Philippe accorda même à cet évêque, en augmentation de régale, le château d'Arzon et ses dépendances. La maison de Chalençon donna un autre titulaire au siège du Velay : on retrouve en 1222, Étienne de Chalençon guerroyant contre Pons de Montlaur, qu'il prend les armes à la main, et qu'il renferme

---

(1) Les croisés ayant demandé à l'abbé de Cîteaux ce qu'ils devaient faire en cas qu'on vînt à prendre la ville d'assaut, dans l'impossibilité où l'on serait de distinguer les catholiques des hérétiques, cet ecclésiastique répondit : *Tuez-les tous, Dieu reconnaîtra ceux qui sont à lui.*

dans les prisons de l'évêché, avec un entier oubli de la charité chrétienne. Mais ce seigneur ayant fait compter à l'église du Puy quatre cents marcs d'argent, par suite d'une exigence de l'évêque qui n'était guère plus patriarcale que ses rigueurs, le noble prisonnier fut rendu à la liberté et à sa famille.

En 1304, un seigneur de Chalençon, convoqué à Arras par Philippe-le-Bel, pour concourir à la guerre de Flandres, marcha vers cette province au mois de juillet, avec ses hommes d'armes, et eut part à la victoire de Mons-en-Puelle. En 1359, Robert Canolle, capitaine anglais, avait entrepris de pénétrer jusqu'à Avignon, par l'Auvergne, avec trois mille hommes; le sire de Chalençon contribua à le repousser. Trois ans après, ce furent les routiers que Guillaume, seigneur de Chalençon, attaqua dans Saugues, avec plusieurs autres barons du Velay, ainsi que nous l'avons rapporté en parlant de cette ville. Vers 1419, un baron de Chalençon marcha contre les Bourguignons, et fut créé chevalier par le Dauphin, depuis Charles VII, pour les services qu'il avait rendus dans cette guerre. Les sires de Chalençon ayant pris rang depuis plusieurs siècles parmi les principaux seigneurs du Velay, l'un d'eux fut appelé, en 1436, à siéger aux états du Languedoc, réunis à Vienne.

Au mois de mars 1584, une vive querelle s'éleva entre le seigneur de Chalençon et le baron de Saint-Vidal: des domestiques de ce dernier avaient été trouvés, par le premier, chassant sur sa terre; Chalençon leur enleva les lacs avec lesquels ils chassaient, et les frappa. Saint-Vidal, à son tour, ayant rencontré un domestique de Chalençon, lui porta un coup d'épée, qui le blessa grièvement. Ces deux seigneurs, superbes, irascibles et déjà aigris l'un contre l'autre, convinrent de vider leur différend par un combat singulier; ils prirent jour, et le rendez-vous fut indiqué dans la prairie de Saint-Germain, où l'on devait combattre à la dague et à la rapière. Mais les deux adversaires ayant choisi pour témoins des hommes sages et bons juges du point-d'honneur, ceux-ci parvinrent, avant le jour fixé pour le combat, à leur faire accepter la médiation d'Antoine de Senectère, évêque du Puy. Ce prélat, secondé par le comte de Saint-Herem, père de la vicomtesse de Polignac, réussit à réconcilier Saint-Vidal et Chalençon. Ce ne fut pas le gazon de la plaine de Saint-Germain que rougit le sang de ces nobles champions; mais l'un succomba bientôt au pont d'Estroilhas, l'autre fut frappé mortellement sous les murs du Puy[1].

Le château de Chalençon, en 1591, était occupé par une garnison royaliste.

---

(1) Voyez notre précis historique sur cette ville.

et ne tomba point au pouvoir des ligueurs. On a prétendu qu'il existait jadis auprès de ce château une ville portant le même nom, et dont les foires et marchés auraient été transportés à Craponne. Nous n'avons aperçu en ce lieu aucune trace qui rappelle un établissement aussi considérable, et les historiens du Velay ne mentionnent nulle part cette prétendue ville de Chalençon. Mais près des débris du château, on voit deux ponts en pierre sur la rivière d'Ance; ils sont regardés comme l'ancienne limite entre le Velay et le Forez. De ce côté, la limite nord du département de la Haute-Loire se trouve aujourd'hui sur la commune de Saint-Pal de Chalençon, canton de Bas, et sur celle d'Aurec, canton de Saint-Didier. Nous avons dit précédemment que, plus loin, elle longe le canton d'Auzon, de l'arrondissement de Brioude.

CHAPITRE VII.

Résumé sur le caractère, les mœurs, les usages des habitants de la Haute-Loire. — Distinctions à établir. — Diversité d'origines. — Caractère des anciens Arvernes dans les environs de Brioude. — Aperçu moral des cantons d'Auzon de Paulhaguet, de Blesle. — Région montagneuse de ces cantons. — La Chaise-Dieu, Craponne, Bas. — Influence du clergé. — Anecdote. — Cantons de la Voûte, Pinols, Saugues. — Apathie. — Philosophie de la paresse. — Les montagnards du Mezinc et cantons voisins. — Leur portrait moral. — Anecdote. — Mœurs corses. — Épisode caractéristique. — Bonnes qualités rachetant cette âpreté. — Civilisation améliorée dans ces montagnes. — La prière en commun. — Mœurs des cantons du centre. — Penchant à la débauche. — Candeur du libertinage. — Divertissements : diverses danses. — Danseurs fougueux. — Plaisirs dans les villes. — Ce que c'est que d'aller à *sa vigne*. — Costume. — Constitution physique et physionomie. — Maladies, leurs causes ; singulier traitement que s'appliquent les habitants. — Langage : exemple patois.

Il ne faut pas chercher, dans le département de la Haute-Loire, ces traits généraux qui caractérisent assez ordinairement la physionomie morale de certaines provinces, comme la Bretagne, la Normandie, la Provence, la Gascogne. Ce département, formé de parcelles territoriales détachées du Gevaudan, du Vivarais, de l'Auvergne, du Forez, pour être jointes à l'ancien Velay, devait offrir nécessairement une variété de caractères résultant de la diversité des origines : ce ne sera donc que par des esquisses séparées que nous pourrons peindre les mœurs observées dans ce pays. Mais pour se faire une idée exacte du moral des populations, ce n'est point dans les villes qu'on doit l'étudier: la civilisation avancée du XIXe siècle a pénétré partout où les relations de sociabilité sont établies; les journaux et les malles-postes de la capitale entretiennent au jour le jour nos citadins provinciaux de doctrines, d'opinions, de mœurs, ainsi que de modes, de goûts et de manières : l'inspiration de la métropole est devenue leur suprême loi; et si le naturel se montre par intervalle chez eux, c'est à travers un fard d'imitation parisienne qui ne permet plus d'en saisir le type primitif. Viennent des chemins de fer sillonnant toute la France, et Paris couvrira de son reflet incessant tout esprit de localité dans les villes. Il n'en est pas ainsi des campagnes : la nature semble y avoir perpétué, de siècle en siècle, des mœurs traditionnelles; nous avons parcouru quelques contrées où les empreintes de l'antiquité même ne sont point effacées. Plus généralement, vous trouverez parmi les hommes voués à la vie rurale, ici, le costume et de notables parties de langage du moyen-âge [1]; ailleurs, les habits coupés carrément, les vestes à longues basques et les locutions de la minorité de Louis XV [2]. Cette remarque est applicable au département de la Haute-Loire.

Dans une partie de l'arrondissement de Brioude, démembrement de l'ancienne Auvergne, on retrouve, peu altéré, le caractère des fiers Arvernes : là, le paysan, pénétré de sa dignité d'homme, se révolte contre les manières fières et exigeantes : le ton impérieux n'obtient rien de lui; mais traitez-le avec douceur, vous le verrez obligeant, généreux, hospitalier. Raisonneur et réfléchi, c'est toujours cet Auvergnat qui murmurait et s'animait contre la conquête de César [3] : son esprit travaille incessamment; il fait des questions

---

(1) Dans la Basse-Bretagne, par exemple.
(2) Dans les parties de la Touraine et du Berry que ne traversent point les grandes routes.
(3) La mention des Arvernes et de César nous offre ici l'occasion d'expliquer une assertion émise au second chapitre de ce volume, page 18, et qui a pu paraître trop absolue. Nous n'avons pas prétendu affirmer que le conquérant des Gaules n'ait pas franchi *quelque part* les Cevennes, en l'an 702 de Rome. Nous avions encore dans la mémoire ce passage du Livre VII des Commentaires : *Etsi mons Cebenna, qui Arvenos ab Helviis discludit, durissimo tempore anni, altissima nive iter impediebat; tamen discussa nive sex in altitudinem pedum, atque ita viis patefactis, summo militum labore ad fines Arvenorum pervenit : quibus oppressis inopinantibus, quod sic se Cebenna, ut muro, munitos existimabant, ac ne singulari quidem homini unquam eo tempore anni semita patuerant; æquitibus imperat, ut, quam latissimè possint, vagentur, et quam maximum hostilibus terrorem inferant,* (Quoique les montagnes des Cevennes, qui séparent le Vivarais de l'Auvergne, fussent couvertes de neige, et que l'on fût alors dans la saison la plus rude de l'année, cependant, à force de travail, ses soldats (ceux de César) écartèrent la

ou des réponses dont la portée étonne. Comme citoyen, il obéit aux lois; mais il veut savoir si l'arbitraire n'ajoute rien aux obligations qu'elles imposent, et son jugement sait apprécier la légalité. Tel est le paysan des cantons de Brioude, d'Auzon, de Langeac, de Paulhaguet, de Blesle. Civilisé, assez instruit, il s'énonce en français, et ne reste pas étranger à ce qui se passe dans le monde politique. Quelques notions historiques se sont même inscrites dans sa mémoire : Napoléon surtout y occupe une place d'honneur, et l'imagination de l'habitant des rives de l'Allier supérieur grandit encore l'héroïque figure. Si l'on s'éloigne de cette rivière, le tableau moral que nous venons de tracer doit être modifié : des habitudes plus agrestes, quoique non moins franches, se font remarquer dans la région montagneuse des cantons désignés ci-dessus. En suivant le revers méridional des montagnes qui s'étendent de l'ouest à l'est, et comprennent partie des cantons d'Auzon, de Paulaguet, puis ceux de la Chaise-Dieu, de Craponne, de Bas, on trouve un peuple laborieux comme celui des plaines de Brioude; hospitalier et prévenant ainsi que lui, mais beaucoup moins intelligent, avec des formes plus grossières. Dans cette contrée, l'homme des champs est fort religieux : les ministres du culte exercent sur lui un empire égal à celui des anciens Druides, et sa dévotion est poussée jusqu'au point de faire un mauvais parti à quiconque oserait, en sa présence, émettre une opinion contraire à l'infaillibilité de l'église catholique. Dans un petit village du canton de la Chaise-Dieu, nous avions exprimé, devant une sorte d'aubergiste, l'intention de visiter l'église du lieu; mais la nécessité de profiter d'une voiture pour retourner à Brioude, nous contraignit de renoncer à ce projet. Jusqu'alors notre hôte, affable, empressé, obligeant, s'était efforcé de nous être agréable; dès qu'il nous vit disposés à partir sans avoir accompli le pélerinage annoncé, il devint brusque, impoli, dédaigneux; et faisant plier sa

---

neige qui était haute de six pieds, et lui ouvrirent un chemin pour arriver chez les peuples de l'Auvergne. Après être tombé sur eux lorsqu'ils y pensaient le moins, (car ils se croyaient à couvert par les Cevennes comme par un mur impénétrable, où jamais on n'avait vu trace d'homme dans cette saison), il ordonna à sa cavalerie de s'étendre de tous côtés le plus qu'il lui serait possible, et de causer le plus grand effroi aux ennemis.)

On voit qu'il n'est fait aucune mention des Velaunes dans cette citation, et César n'eût pas tû son passage sur leur pays, s'il eût eu lieu. Il paraît donc évident que ce général, parti de Privas ou de L'Argentières, franchit les Cevennes vers Mende, et se dirigea sur Saint-Flour, Issoire et Clermont par des chemins plus directs, surtout plus accessibles qu'il n'en eût trouvé dans les gorges situées entre la Margéride et le Mezinc : passage encore inaccessible aujourd'hui, même dans la belle saison.

T. I.

conscience aux intimations de son ire dévotieuse, il exigea, pour le petit repas qu'il nous avait servi, un prix quadruple de sa valeur.

Sur le flanc oriental de la Margéride ou des chaînons qui se rattachent à cette montagne, contrée sur laquelle s'étendent les cantons de la Voûte, de Pinols, de Saugues, l'activité que l'on a remarquée dans le pays que nous venons de citer n'est nullement imitée : l'apathie des habitants et leur dégoût du travail sont tels que, semblables aux castillans du peuple, ils ne s'occupent que lorsqu'une impérieuse nécessité les y contraint. Tout près d'eux, on lutte courageusement contre la misère sur un sol peu fertile, que l'on force à nourrir ses habitants; et, pour que ses produits ne fassent pas défaut à la population, elle s'émigre en partie chaque année. L'absence des aventuriers qui s'éloignent du foyer natal, dure six, sept et huit mois : partis en octobre, ils reviennent en mai ou en juin; ils ont vécu, et chacun rapporte une petite somme, qui fait circuler un peu de numéraire dans le pays, et y répand momentanément quelque aisance. Ce résultat heureux ne détermine point les montagnards des cantons de Pinols, de la Voûte et de Saugues : ils demeurent inactifs et souffrent pendant les deux tiers de l'année. Des hommes à la fleur de l'âge surchargent inutilement les ménages, plutôt que d'aller, à l'imitation de leurs voisins, chercher du travail dans des climats plus riches et plus tempérés. Du reste, ces paysans sont doués d'une philosophie pratique qui les fait accepter leur position avec une patience résignée : compensation dont heureusement la nature se montre avare; car elle ne pourrait que dégrader l'humanité. Nous devons nous hâter d'ajouter que la petite ville de Saugues, capitale de ces montagnes, ne mérite point le reproche d'apathie paresseuse que l'on peut adresser aux habitants de la campagne : l'activité de sa population forme un constraste évident avec leur indolence [1].

Les montagnards du Mezinc et des chaînons qui adhèrent à ce mont, forment un peuple dont les mœurs ne ressemblent en rien à celles des populations environnantes. Ensevelis dans les débris des volcanisations, à peine ces grandes catastrophes physiques leur ont-elles laissé quelques coins de terre à cultiver, et pour dédommagement des pâturages semés d'aromates précieux; ils tirent parti du tout avec labeur et sagacité, ainsi que nous l'avons rapporté ailleurs. Ces paysans du Vivarais sont francs, amis sincères, serviables et doués généralement d'une probité dont ils se targuent. Ils ne laissent même guère échapper l'occasion de s'en prévaloir; nous en avons eu la preuve dans notre excursion aux sources de la Loire. Un jeune homme du village de Laussonne

---

(1) Voyez pages 26 et 27 de ce volume.

nous servait de guide; nous cheminions seul avec lui dans des gorges profondes où tout secours eût été impossible, si quelque attentat à notre sûreté eût été commis. Tout à coup, le cicérone montagnard s'arrête, s'appuie les deux bras sur son bâton ferré, et nous regardant fixement :

— Vous n'avez donc pas peur, dit-il, d'un ton moitié sérieux, moitié goguenard, de voyager ainsi tout seul dans un pays aussi sauvage. Et s'il prenait à quelqu'un l'envie de vous assassiner?

— Cette envie pourrait coûter cher à celui qui l'aurait, répondîmes-nous, sans trop comprendre à quel sentiment le montagnard obéissait alors. Les vieux compagnons d'armes de Napoléon, ne sont pas faciles à intimider.

— Ah! oui, des grognards, nous en avons dans nos montagnes; ils nous racontent à la veillée, les batailles du grand empereur; on les respecte, mais on ne les craint pas. Par ainsi, votre courage de vieux guerrier ne vous servirait guère; la *coutelière* [1] du montagnard est prompte.

— Le plomb l'est davantage, mon garçon, et nous savons le diriger.

— Cela ne sera jamais nécessaire dans ce pays, reprit le guide avec un sourire de satisfaction et d'un ton superbe, que rendait très-plaisant son patois, mi-français, mi-velaisien; nous sommes pauvres dans ces montagnes, mais sachez qu'on peut y voyager la bourse sur la main, et nos portes n'ont point de serrure. Dieu, qui accorde ou refuse les richesses, ne permet pas à ceux qu'il en prive de prendre ce qu'il n'a pas donné, nous lui obéissons en respectant le bien d'autrui.

Le jeune montagnard disait la vérité; mais il ne la disait pas toute entière: l'habitant du Mezinc est jaloux, susceptible, vindicatif à l'excès. Au moindre sujet de dispute, la coutelière brille à sa main, et tombe, rapide comme un stylet italien, sur le sein de quiconque rompt en visière à ce corse du Vivarais. Il médite sa vengeance, la caresse, en calcule froidement l'exécution, et n'épargne, dans son ressentiment, ni ses parents les plus proches, ni ses amis les plus chers. Et l'on aurait tort de croire que l'humeur irascible de ces hommes ne puisse être excitée que par de graves sujets : elle s'exalte pour le plus léger motif. Malheur à l'imprudent voyageur qui se permettrait de danser avec la jeune fille qu'un montagnard aurait amenée dans un lieu de réjouissance publique: cet affront serait lavé dans le sang du danseur, dans celui de la danseuse elle-même [2].

---

(1) Couteau long et affilé que les habitants du Mezinc portent toujours avec eux.

(2) Dans ces montagnes, comme dans tout le département, il est entendu qu'une jeune fille ne doit danser qu'avec celui qui l'a conduite au bal.

Les habitants des cantons de Pradelles, de Fay-le-Froid, de Cayres et du Monastier, dont nous retraçons ici les mœurs, ne laissent point refroidir la vengeance dans leur sein : elle s'y cache sous une enveloppe de dissimulation, quelquefois de perfidie, comme le feu sous la cendre ; et lorsqu'on la croit affaiblie ou même éteinte, elle éclate, elle frappe. Voici une anecdote qu'on nous a racontée sur les lieux : deux paysans avaient long-temps plaidé ensemble ; celui en faveur de qui la justice s'était prononcée, ne se trouvait guères moins lésé que l'autre, tant la procédure lui avait coûté. Le mécontentement et la vindicte qu'il avait excitée étaient donc égaux de l'un et de l'autre côté. Cependant ces montagnards, habiles à observer leurs démarches mutuelles, ainsi que deux généraux expérimentés en rase campagne, se haïssaient depuis trois ans, sans avoir pu rencontrer le joint de leur défiance réciproque. Enfin, un soir, ils se trouvent en présence, ils s'arrêtent spontanément ; leur regard, étincelant de colère, ressemble à l'éclair qui précède le coup de tonnerre. Sans doute les deux champions songent à se précipiter l'un contre l'autre, et le combat acharné qu'ils vont se livrer ne finira qu'avec la vie de l'un d'eux. Point du tout, soit crainte, soit indécision, ils ne s'attaquent pas, et le dialogue suivant commence.

— C'est toi, Pierre ?
— C'est moi, Sylvain.
— J'ai ma coutelière.
— Je n'oublie jamais la mienne.
— Tu m'as fait bien du mal.
— Le procès que tu m'as intenté m'a ruiné.
— Il ne m'a pas enrichi.

Morne silence ; puis Sylvain reprend :
— Veux-tu venir vider une pinte de vin.
— Je le veux bien, répond Pierre, d'un air défiant..... Mais c'est drôle tout de même.
— Je crois que je suis las de haïr.
— Il est vrai qu'à la longue la haine fait mal : ça pèse comme un plomb sur la poitrine. Allons boire.

Nos montagnards entrent au prochain cabaret, et se placent vis-à-vis l'un de l'autre, à une table étroite. On apporte du vin ; Sylvain verse une rasade à Pierre et lui dit :

— Ta coutelière, pique-la sur cette table.
— Volontiers, Sylvain, si tu veux y piquer la tienne.

Et les deux lames acérées s'enfoncèrent en même temps dans le sapin, avec une puissance d'impulsion qui, pour un observateur, eût présagé plus de fureur concentrée que d'intention pacifique. Néanmoins, les adversaires s'entretiennent assez paisiblement de leurs discords ; au premier litre en succède un second, et bientôt le ressentiment de nos buveurs paraît se noyer dans le vin. Sylvain tend la main à Pierre, en s'écriant avec feu :

— Voisin, réconcilions-nous : ce sera une action agréable à Dieu.

— Ma foi, va pour la réconciliation, répond Pierre, après un moment d'hésitation.

— Si tu veux, Pierre, nous irons demain matin trouver M. le curé, et nous ferons passer une messe sur notre vieille querelle, pour achever de l'éteindre.

— Voilà qui est dit, Sylvain, réplique vivement Pierre, en essuyant une grosse larme sur sa joue. Tiens, pour preuve de sincérité, échangeons nos coutelières : ce n'est ni toi, ni moi, qui voudrions percer le côté de l'autre avec l'arme qui s'y est échauffée.

— J'accepte l'échange.

Et les coutelières échangées sont de nouveau plantées dans la table, mais cette fois sans la moindre passion. Après avoir fini leur second litre, les montagnards, exempts d'ivresse, calmes et presque bons amis, se lèvent, se prennent le bras ; Sylvain conduit Pierre à sa porte, lui serre la main en le quittant, et cette phrase, prononcée simultanément par eux, se croise dans l'air : — Demain matin, chez M. le curé.... Que Dieu soit avec toi cette nuit.

Le lendemain, à l'heure fixée, Sylvain sort de chez lui, rencontre bientôt Pierre,... et celui-ci tombe frappé mortellement.

Le meurtrier n'avait pas tué son voisin avec la dague qu'il tenait de lui : il croyait sa conscience irréprochable ; c'était d'un coup de fusil qu'il venait de l'étendre mort sur le gazon.

Il est juste cependant de jeter quelques traits lénitifs sur ce tableau repoussant : le caractère farouche et vindicatif des montagnards du Vivarais s'est beaucoup adouci ; autrefois, ils n'allaient à l'église ou au prêche qu'armés de leur fusil ; et durant toute la période impériale, les conscrits réfractaires ne pouvaient être saisis dans cette contrée que par de forts détachements. Nulle brigade de gendarmerie n'y pouvait pénétrer sans être massacrée. Mais depuis une trentaine d'années, la sévérité persévérante des magistrats et autres fonctionnaires publics, la facilité plus grande quoiqu'imparfaite encore des communications ; enfin, le retour au foyer des jeunes soldats, quelque peu civilisés et instruits sous les drapeaux, ont modifié sensiblement l'âpreté morale de ces montagnards. Encore un trait qui révèle leur caractère : durant la révolution, les émigrés et les prêtres ont trouvé chez eux un asile assuré; ajoutons que souvent cette hospitalité protectrice fut exercée par ces protestants des Cévennes, si long-temps, si cruellement persécutés au nom de la cour, d'après les incitations du clergé.

Les catholiques de ces montagnes ont conservé, en professant la religion romaine, une coutume des calvinistes, qui jadis étaient en majorité dans le Vivarais; ils prient tout haut et en commun partout où ils se trouvent réunis, soit durant le repos des fêtes, soit lorsqu'ils s'occupent d'un travail exempt de locomotion. La présence des étrangers ne trouble nullement cette sorte de psalmodie grave, mélancolique, et qui s'empreint d'un caractère d'autant plus vénérable, que les vœux de ces pauvres gens sont moins exaucés, et leur résignation à la misère plus stoïque.

A mesure qu'on se rapproche du centre de la Haute-Loire, un climat plus doux, une destinée moins sévère et surtout le commerce habituel des hommes entr'eux, exercent une influence favorable sur les mœurs. Les habitants de l'arrondissement du Puy, à l'est et au nord; ceux de l'arrondissement d'Yssingeaux et de l'Emblavès ont de la franchise; ils se montrent confiants dans les relations d'affaires ou de sociabilité, et fort industrieux à se pourvoir contre le besoin. Mais pour être moins farouches que les penchants des montagnards, leurs passions ne sont guères moins vives : la jeunesse se livre au plaisir jusqu'à l'invasion du vice inclusivement; et nous sommes forcés d'ajouter que dans ces excursions passionnées, on rencontre les deux sexes à une égale distance de la modération. Si les jeunes hommes fréquentent les cabarets et s'y livrent à une effervescence turbulente, qui souvent dégénère en rixes sanglantes, les jeunes velaisiennes auxquelles l'éducation n'a point enseigné le prix de la chasteté, laissent peu remarquer en elles cette candeur, cette innocence, ancien apanage des montagnards, que l'on regardait comme l'heureux dédommagement des qualités sociales qui leur manquaient. On pourrait ajouter que l'on trouve au centre du Velay une sorte de candeur du libertinage : il s'y déguise en vérité fort peu, et l'on rencontre dans les campagnes des vices inconnus à la ville[1].

Les cantons de Loudes, de Saint-Paulien, quelques communes du canton de Solignac et la totalité de celui du Puy offrent, avec les bonnes qualités qui distinguent ceux dont nous venons de parler, moins d'effervescence parmi les jeunes gens, moins d'emportement dans le plaisir.

---

(1) Loin de charger ce tableau, nous en avons adouci les traits, ainsi qu'on pourra s'en convaincre en consultant la statistique rédigée par M. Deribier.

Nous sommes amenés, par les observations qui précèdent, à parler des divertissements auxquels se livrent les habitants de la Haute-Loire ; ils se bornent en général, dans les campagnes, à l'effusion du vin et à la danse : deux genres de récréation presque toujours incompatibles avec la raison et la continence. Aux environs de Brioude, la danse a conservé les allures de l'Auvergne : c'est le plus ordinairement une bourrée dont les pas sont lourdement marqués par un piétinement qui retentit au loin, au son du fifre et du tambourin, quelquefois au son de la musette. Dans l'arrondissement du Puy, la jeunesse des campagnes et même celle des bourgs danse aux chansons, sans le secours d'aucun instrument ; ce qui ne l'empêche pas de sauter et de retomber en cadence lorsque le chanteur ou la chanteuse est fidèle à la mesure. Les jeunes artisans des villes s'élèvent jusqu'au quadrille ; mais de la part des danseuses, c'est vraiment une tentative malheureuse : elles ont la tête baissée, les bras pendants ; leurs mouvements sont brusques, dépourvus de grâce, et leur physionomie, presque rechignée, exprime la fatigue, nullement le plaisir. On dirait que ces jeunes filles travaillent péniblement à s'amuser. Les garçons, au contraire, s'agitent, trépignent, gambadent, avec une ardeur infatigable ; souvent vous les voyez quitter brusquement les danseuses qu'ils ont amenées pour former des contredanses entr'eux : vraisemblablement ils trouvent que les jeunes filles ne se trémoussent ni assez vite, ni assez long-temps pour satisfaire leur intrépide dansomanie.

Parlerons-nous des plaisirs que recherche, dans le département de la Haute-Loire, cette société aristocratique à divers titres qui se trouve partout ? Il faut répéter ici ce que nous avons dit plus haut : les salons du Puy, de Brioude, d'Yssingeaux offrent, à quelques nuances près, le pastiche de ceux de Paris. Pastiche est bien le mot, car ce naturel local, que l'on ne parvient jamais à déguiser entièrement, devient, en se combinant avec les manières de la capitale, quelque chose d'assez semblable au ridicule. La bonne compagnie provinciale entend mal son intérêt en se faisant ainsi perpétuellement imitatrice : on grimace toujours au profit de la critique des habitudes d'emprunt, et celles que la nature a données sont encore ce qui sied le mieux, même avec les allures de l'Auvergne. Nous devons ajouter, à la louange des classes opulentes du pays que nous venons d'explorer, qu'elles se prévalent moins que dans beaucoup d'autres départements de ces dons de la fortune, que l'on a classés récemment parmi les *capacités*, au grand préjudice de la morale et de la grammaire. Dans la Haute-Loire, les grands propriétaires parlent peu de leurs terres ; les banquiers, peu de leurs capitaux ; les négociants, peu de leurs vastes entreprises. Nous citons cet exemple, bon à suivre pour arriver à la correction d'un travers. La noblesse velaisienne, douée en général d'une modestie non moins louable, déroule rarement ses parchemins pour s'en faire un mérite : les descendants des hauts-barons dont les châteaux en ruines couvrent toutes les éminences du pays, nous ont paru assez disposés à penser que les grandeurs conventionnelles sont, dans nos institutions modernes, tout aussi dégradées que ces manoirs crénelés sur les montagnes. Plusieurs personnages titrés du pays cherchent, dans la culture des sciences, des lettres, des beaux-arts, surtout dans l'émission des bienfaits, une compensation véritablement noble de l'illustration héréditaire, dont nos idées progressives ont pâli, pour ne pas dire effacé, le reflet. Nous avons signalé ailleurs la participation de plusieurs personnes appartenant à d'anciennes castes aux fondations utiles faites dans la Haute-Loire, aux recherches qui peuvent agrandir le domaine du savoir, à l'établissement d'un musée, aux travaux de la société d'agriculture.

Les classes bourgeoises ou marchandes ont peu de récréation au Puy et dans les autres villes de la Haute-Loire : à part le spectacle, qui nous a semblé assez suivi au chef-lieu du département, les plaisirs de ces classes se bornent l'hiver aux monotones habitudes du café, devenues trop générales en France, surtout depuis que nos compatriotes ont substitué le cigarre aux parfums qu'ils affectionnaient autrefois. Durant la belle saison, la bourgeoisie et le petit commerce se ménagent des délassements à la campagne : il faut qu'un particulier ait bien peu prospéré pour qu'il n'ait pas, à une petite distance de la ville, ce qu'il appelle *sa vigne*, c'est-à-dire une bastide bâtie sur un coteau, au milieu de quelques ceps, dont il se garde bien de consommer le produit, à moins que ce ne soit dans l'arrondissement de Brioude. C'est à ce vide-bouteille que l'honnête citadin se rend le dimanche, quelquefois le soir dans la semaine, avec sa famille et ses amis pour goûter les délices de la vie champêtre. Il emporte ses provisions, y compris le vin de Vivarais ; et quand on s'est bien restauré dans une chambre unique de huit pieds carrés ; quand on a circulé, deux heures durant, sur l'espace d'un vingtième d'arpent, comme le cheval attaché à la roue d'un manége, on retourne gaiement à la ville en disant, avec une petite vanité de propriétaire : *Je viens de ma vigne.*

Si, pour ne pas laisser de lacune dans l'exécution de cet ouvrage, nous devons aborder quelquefois les matières sacrées, nous n'y toucherons qu'avec respect, sans renoncer toutefois à dire notre pensée sur la direction qui leur est assignée. Le clergé exerce une prépondérance suprême dans le département de la Haute-Loire : les ecclésiastiques, extrêmement nombreux, qui s'y trouvent réunis, forment autour de l'évêque une sorte de cohorte prétorienne qui le rendrait redoutable, s'il concevait la pensée de l'être; car il ne faudrait que faire diverger cette milice religieuse dans toute la contrée, pour en rallier les populations autour de l'antique bannière de Notre-Dame du Puy, même au mépris de tous les devoirs civils. Heureusement la piété du prélat actuel, forte contre l'ambition, ne se méprend point, sans doute, jusqu'à faire surgir de sa mission évangélique cet abus du pouvoir spirituel. Nous avons l'intime conviction que M. de Bonald et ceux de ses successeurs qui comprendront ainsi que lui la religion comme un reconfort de morale, emploieront leur ascendant à corroborer les mœurs trop souvent défaillantes dans le ressort épiscopal, particulièrement au sein des classes populaires. La récompense de ces dignes ministres du ciel sera alors de voir les fidèles du Velay se livrer à cette dévotion sincère qui cherche dans le sein de Dieu une douce consolation, non à ce bigotisme fallacieux qui croit attirer sur les vices du monde le manteau de la miséricorde divine.

Redescendant des considérations intellectives auxquelles nous venons de nous élever, à des observations physiques, nous allons essayer d'esquisser le costume des habitants de la Haute-Loire. Il faut redire encore qu'il ne peut être question ici des personnes habitant les villes : dans leur enceinte, les couturières, tailleurs, marchandes de modes et chapeliers, abonnés assidus du *Journal des Modes*, se tiennent aussi près qu'ils peuvent des goûts du jour révélés par les oracles parisiens. Sans doute l'habileté provinciale s'égare souvent, et produit plus d'une coupe, plus d'une forme *hérétique;* mais enfin l'intention est bonne, et les élégants de la Haute-Loire acceptent, sinon avec confiance, du moins avec résignation les œuvres du talent indigène. Nous n'avons donc à nous occuper que du costume des habitants de la campagne : pour les hommes, il est, à quelques variantes près, le même dans tout le département. Celui des jeunes gens consiste en une veste ronde, ordinairement verte, un pantalon gris-blanc, d'étoffe ou de drap grossier, un chapeau retappé, à grandes ganses rondes ou plates. Les jours de fête, les hommes de cet âge portent l'habit-veste à deux rangs de boutons, le gilet chargé de dessins, la cravate blanche pour la grande parure. Les hommes âgés portent, en grande tenue, l'habit carré-long, avec des poches sur les basques; le gilet rond de molleton, croisé; la culotte courte; des guêtres de la même étoffe que la culotte et l'habit; le chapeau rond avec les ailes rabattues; les cheveux longs tombant sur les épaules. Jeunes hommes et vieillards portent des sabots, et ne mettent des souliers que le dimanche. Peu de paysans de la Haute-Loire ont élevé leurs prétentions jusqu'aux bottes; les militaires rentrés au pays, avec le grade de sous-officier et qui, comme tels, ont pu adopter ce genre de chaussure, n'osent que rarement, au village, maintenir un tel luxe : ils craindraient qu'on ne les appelât *muscadins*, épithète encore nouvelle dans ces montagnes.

On voit que le costume des hommes est ici vulgaire et sans caractère remarquable ; il n'en est pas ainsi de celui des femmes, dont l'ensemble nous a paru pittoresque, quelquefois élégant, lorsqu'il s'y combine un peu de recherche et de bon goût. Les paysannes portent la robe dite de bergère, c'est-à-dire ayant une longue taille, à laquelle s'adapte une jupe aux plis multipliés, et ne dépassant pas la cheville du pied. La couleur de ce vêtement est toujours assez claire pour que de larges velours noirs, appliqués au dos, puissent trancher sur cette couleur. Le devant de la robe est garni, de chaque côté, en baleines très-fortes, pour tenir lieu de corset, et relever le sein. Les manches, coupées au coude, laissent tout l'avant-bras découvert ; ce qui sied bien aux femmes qui l'ont blanc et potelé ; celles qui ne sont pas favorisées de cette perfection, donnent un démenti à l'usage, en adoptant des manches plus longues : il n'est pas de montagnes assez inaccessibles pour que la coquetterie féminine ne puisse y parvenir. Les femmes peu fortunées portent au cou une petite croix d'or suspendue à un velours étroit ; les élégantes, jeunes ou vieilles, se piquent d'avoir une chaîne d'or massive, à laquelle est attaché un Saint-Esprit qui descend sur la poitrine. La coiffure, dans quelques cantons de l'arrondissement de Brioude, est un bonnet de mousseline rond, qui maintient les cheveux relevés en chignon. Mais dans une partie des arrondissements du Puy et d'Yssingeaux, des prétentions plus coquettes admettent une jupe plus courte, le corset à petites basques enjolivées de velours, le bonnet garni de dentelles, le transparent rose dessous et le chapeau de feutre. Ce chapeau, parure à peu-près générale des paysannes du Velay, est, si nous pouvons nous exprimer ainsi, l'enseigne de l'aisance plus ou moins grande dont elles jouissent : il est tout simple, et figure parfaitement une assiette creuse renversée chez les Velaisiennes pauvres ; les riches le portent orné de blondes, retombant en forme de voile sur les yeux. D'autres surchargent cette coiffure presque masculine, d'aigrettes en paillettes ou d'épis d'or, que remplacent quelquefois une épaisse touffe de plumes noires. Les habitantes de la Haute-Loire ne quittent jamais ce chapeau de feutre : c'est le compagnon obligé de leurs travaux aux champs, de leurs courses matinales à la ville, et même de leur casanière industrie de dentellière ou de fileuse : le rabat n'est pas plus inséparable de l'habit ecclésiastique, l'épée pas plus inhérente à l'uniforme de l'officier.

Aux environs du Puy, le costume reçoit quelques modifications : la jupe, froncée tout autour du corsage, est en droguet de soie, les jours de fête, et en étoffe plus grossière pour les jours de travail. Les coiffes sont à barbes et garnies de dentelle. Dans le canton de Saugues, ces barbes se roulent sous le cou.

Nous n'avons encore rien dit de la constitution physiologique des habitants de la Haute-Loire, non plus que de la physionomie de cette population : physionomie dont les nuances doivent être nombreuses dans un pays coupé de montagnes, de vallées, de gorges profondes, et situé sous des températures diverses. Cette considération nous oblige donc à établir ici plusieurs classes, sans avoir égard à la division administrative, et en nous attachant seulement à l'ensemble des qualités physiques qu'offrent les individus pris en masse dans les cantons.

Le canton de Saint-Paulien offre véritablement le type du beau dans le département : la complexion des hommes nous a semblé robuste, leur taille avantageuse, leur figure agréable et animée. Le visage des femmes réunit la fraîcheur à la régularité; elles sont bien faites, d'une taille souple, ont les dents belles, les lèvres fraîches, le sourire gracieux. En parcourant ce canton sur les vestiges antiques qui le couvrent, nous avons un instant rêvé le retour à la vie de ces belles races romaines, dont les traits, brunis au soleil de l'Italie, s'étaient blanchis et ornées d'un vif coloris sous le climat tempéré des Gaules. Les cantons ruraux de Loudes et du Puy présentent ces belles proportions, cette constitution heureuse, ces physionomies prévenantes; mais avec une nuance en faveur de Saint-Paulien. Le Puy ville et Solignac, offrent des hommes moins forts, des femmes d'un sang moins beau. Si l'on traverse les cantons de Tence, de Fay-le-Froid, du Monastier, on y trouve des montagnards trapus, au teint frais, à la physionomie inerte. Yssingeaux est peuplé d'individus généralement bien constitués; on a remarqué cependant qu'ils avaient les bras courts. Les habitants de Paulhaguet et de Langeac (cantons) sont grands, mais d'une taille effilée; leurs jambes sont longues, minces: conséquemment on est peu surpris de trouver dans ces cantons un assez grand nombre de bancals. Hommes et femmes ont le visage maigre, le teint hâve, la physionomie triste; leur allure, sans vivacité, révèle une existence souffreteuse. La population de Craponne et d'Allègre, dont la taille est généralement moyenne, réunit à cette proportion les qualités qui l'accompagnent presque toujours : c'est-à-dire, des formes bien prises, un buste large, des épaules musclées. Cayres, Pradelles, Saugues, Pinols, la Voûte, ne présentent guère que des hommes d'une taille médiocre, ayant les épaules voûtées, les jambes faibles, le visage blanc, la physionomie sans expression. Le sexe, même dans la jeunesse, a les habitudes mélancoliques, le regard éteint, la démarche lente et mal assurée. Le canton de Brioude n'est pas beaucoup plus favorisé : avec une stature médiocre, les hommes ont la poitrine étroite, la taille et les jambes grêles; les bancals abondent dans cette contrée. Les deux sexes ont une physionomie douce, mais peu expressive et sans animation.

Dans les cantons de Blesle et de la Chaise-Dieu, les hommes réunissent une petite taille à de bonnes proportions; mais leur physionomie manque d'expression, et les femmes, dont les traits sont réguliers, la taille assez bien prise, le pied assez petit, n'ont ni cette vivacité de regard, ni cette finesse dans le sourire qui distinguent le sexe dans une partie des arrondissements du Puy et d'Yssingeaux. Les cantons de Montfaucon, Bas et Monistrol, du second de ces arrondissements, offrent la preuve de cette dernière assertion : avec une petite stature et une constitution peu robuste, les hommes et les femmes sont doués d'une physionomie vive, mobile, enjouée. Sans être favorisés d'une telle compensation, les cantons de Saint-Didier et d'Auzon, l'un situé à l'est, l'autre à l'ouest, aux deux extrémités septentrionales du département, renferment les hommes de la plus petite taille et de la constitution la plus grêle de toute la circonscription départementale.

Si maintenant on cherche à se rendre compte de ces variétés dans la taille, l'organisation physique et la physionomie des habitants de la Haute-Loire, on reconnaît que la différence de température en est une des principales causes. Mais la fertilité ou l'ingratitude du sol, la quantité et la qualité des aliments, la nature du travail auquel on se livre habituellement, n'exercent pas une influence moins puissante. Ainsi, un climat tempéré quoiqu'assez vif, des eaux abondantes et saines, un pain substantiel de froment, de méteil ou du moins de seigle bonne qualité; enfin, des travaux modérés et d'une durée moyenne, telles sont, sans nul doute, les conditions qui entretiennent la supériorité physique dans les cantons de Saint-Paulien, du Puy, de Loudes, de Saint-Julien et de Solignac. L'âpreté du climat, dans les cantons de Fay, de Tence et du Monastier, est compensée par la fertilité des paccages, qui fournissent aux habitants quelques ressources en laitage, et celles-ci, suppléent jusqu'à un certain point à l'insuffisance des céréales. Néanmoins, cette nourriture, moins bonne que celle des cantons précédemment désignés, et une température plus élevée, ne peuvent soutenir la constitution au degré de puissance qu'offre ces mêmes cantons. Ce décroissement progressif devient de plus en plus sensible, à mesure qu'on s'enfonce davantage dans les contrées montagneuses; en l'attribuant à des causes semblables, peut-être doit-on y ajouter l'effet d'un travail anticipé, et celui, plus actif encore, des mariages précoces.

Tous les agents que nous venons de signaler, en modifiant avec plus ou moins d'intensité la constitution et le tempérament, peuvent finir par altérer l'économie vitale. Nous n'avons pas l'intention de traiter à fond de la topographie médicale de la Haute-Loire; mais des considérations générales sont de notre ressort, et nous les abordons. Plusieurs causes concourent à déterminer et à compliquer les maladies dans ces montagnes : en première ligne, il faut signaler la vivacité du climat, jointe à l'inconstance de la température. Le brusque abaissement du thermomètre, vers la fin de juin et après quelques jours de chaleur, quelquefois même au cœur de l'été, à la suite d'un orage, surprend le cultivateur en habits légers, souvent à demi-nu et couvert de sueur : de là les fluxions de poitrine, les rhumatismes et toutes les affections qui résultent d'une transpiration arrêtée. Viennent ensuite les eaux vives bues sans précaution comme sans mesure durant la moisson, et qui produisent les mêmes maladies. Il faut ajouter à ces causes des habitations basses, humides, mal éclairées, peu ou point aérées; les logements au rez-de-chaussée et de plain-pied avec les écuries ou les étables; les matières délétères entassées dans la cour des exploitations rurales; enfin, la malpropreté que le défaut d'aisance traîne à sa suite.

Le paysan de la Haute-Loire, malade, est trop pauvre, dans les cantons de Fay, de Pradelles, du Monastier, de Pinols, de Saugues, de Cayres et dans plusieurs autres, pour recourir à l'assistance des médecins : aussi ne s'en est-il établi que fort peu dans ces contrées, où la moitié des maladies deviennent graves, faute de secours. Il serait à désirer, pour la conservation des populations, que le gouvernement entretînt en ce pays un certain nombre de médecins, à l'instar de ceux des dispensaires de Paris. L'expérience apprendrait progressivement à ces montagnards que le savoir peut souvent redresser les écarts de la nature ; et sans doute, après un certain nombre d'années, la mortalité diminuée sous leurs yeux, serait un enseignement qui triompherait de leur routine fatale. Car ce n'est pas toujours par économie ou par éloignement pour les secours de l'art qu'ils s'en privent : leurs bestiaux sont-ils malades, ils appellent incontinent le vétérinaire, parce que, prétendent-ils, les bêtes ne parlent pas, et ne peuvent dire ce qu'elles éprouvent. Pour eux, ils sentent bien ce qui leur convient ; en vertu de cette prétendue faculté, les insensés se traitent à leur manière : ils s'administrent surtout des vomitifs, des purgatifs, sans calculer ni les doses ni les effets probables ; et le plus souvent cette thérapeutique aveugle agrave la situation du malade, si elle ne la rend pas désespérée. Si, malgré les efforts que ce malade a faits pour se tuer, en voulant se guérir, il échappe à la tombe, trop de précipitation à reprendre ses travaux, un mauvais régime, des imprudences de tout genre, occasionnent des rechutes ou donnent naissance à de nouvelles maladies.

Frappés de ces malheurs, à chaque instant reproduits dans les montagnes de la Haute-Loire, de la Lozère et du Puy de Dôme, quelques écrivains, quelques administrateurs philanthropes avaient, dit-on, développé un système médical, confié aux prêtres desservant les communes rurales, et de qui l'on eût exigé quelques connaissances dans l'art de guérir. On peut féliciter le gouvernement de n'avoir point accueilli ces projets : rien, en médecine, ne peut être plus funeste que ces lueurs scientifiques à l'aide desquelles des hommes téméraires marchent dans les chemins encore imparfaitement connus des plus puissantes intelligences. Le paysan qui se traite lui-même, n'est au moins comptable envers personne des jours qu'il compromet ; tandis que les demi-savants dont on propose l'intervention, assassineraient avec l'assurance, véritablement coupable, d'avoir rempli un devoir et accompli le vœu de l'humanité : cette idée est intolérable. Déjà trop de *guérisseurs*, imprudemment brevetés, sont répandus dans les départements, lorsque nos écoles de Paris et de Montpellier fournissent plus de Docteurs qu'il n'en faudrait pour une population de soixante millions d'âmes. Qu'on ait toléré, dans les campagnes et les petites villes, au commencement de la restauration, quelques officiers de santé rentrés des armées, c'était, par une concession dangereuse mais assez juste d'ailleurs, offrir une sorte de récompense à des hommes qui s'étaient, plus ou moins long-temps, dévoués au soulagement de l'humanité, sous les projectiles de l'ennemi. Mais avoir perpétué cette tolérance au point de délivrer encore des brevets d'officiers de santé, c'est un abus grave, un abus à supprimer : il ne s'agit plus de favoriser l'exercice d'une profession lucrative; il faut, avant tout, prendre des mesures conservatrices de la santé publique, en la confiant à des capacités garanties par de bonnes études et par de sévères examens.

L'usage de la vaccine a pénétré à peu près dans toutes les parties du département; si elle n'est pas généralement pratiquée, l'habitant des campagnes ne la repousse pas comme innovation : le sentiment, plus ou moins senti du progrès, est général en France, quoiqu'en dise M. Charles Dupin. Mais il faut rétribuer le vaccinateur, ou l'aller trouver chez lui, et toute dépense dont l'utilité ne semble pas d'une urgence immédiate au montagnard de la Haute-Loire, lui répugne singulièrement. Comment ferait-il le moindre sacrifice pour éviter un danger éloigné et incertain, quand il ne se décide que difficilement à le faire dans un péril imminent? Nous devons ajouter que, pour triompher de cet inconvénient, des amis de l'humanité ont cherché à rendre la vaccine populaire au sein des montagnes, en formant des vaccinateurs parmi les agriculteurs mêmes. L'histoire doit recueillir le nom de M. Lavalette, docteur-médecin qui, vers le commencement de ce siècle, enseigna à des femmes intelligentes du canton de Saugues la manière d'inoculer le vaccin, et leur apprit à reconnaître les caractères de la vraie vaccine. Ainsi, dit M. Deribier de Cheissac, pour s'accréditer dans ces contrées, cette précieuse découverte a eu besoin de devenir une pratique de bonnes femmes. Il serait à désirer que dans tous les départements, des savants aussi philanthropes parcourussent les compagnes, pour constater légalement la nécessité de procéder à une nouvelle opération partout où le virus a perdu sa puissance préservatrice, qui, selon les observations les plus récentes, est entièrement oblitérée après une dixaine d'années.

Le langage usité dans le département de la Haute-Loire, parmi les classes agricoles, est un dérivé du Languedocien, qui, avec le provençal, forme la base de tous les idiômes du midi de la France. Mais la Haute-Loire renfermant une grande portion de l'Auvergne et du Gevaudan, il est naturel de penser que, dans les cantons détachés de ces anciennes provinces, le patois qu'on y parle n'est pas le même que celui de l'ancien Velay: ces nuances, peu sensibles pour l'étranger, n'échappent point aux personnes habituées aux dialectes méridionaux. Au surplus, les différences portent moins sur la racine des mots que sur la prononciation et les désinences. L'articulation rapide ou lente imprime au langage de chaque partie du département un caractère particulier; mais dans aucune de ces variétés de patois on ne retrouve les mots français, même défigurés, car ils n'y existent qu'en très-petit nombre. Il est hors de doute que les idiômes du midi viennent d'une langue commune; conséquemment ceux qui les possèdent bien, doivent reconnaître qu'ils sont assujétis à des règles générales, reproduites identiquement dans chacun.

Le patois velaisien a de la douceur, de l'harmonie; dans la bouche d'une femme, il acquière un charme qui caresse délicieusement l'oreille. Nous citons un passage de la parabole de l'Enfant Prodigue dans cet idiôme; peut-être en concluera-t-on avec nous qu'il ne serait pas rebelle à la poésie.

« Ein omë oyo dous garsous, lou pu dzouci-në Diguêt à soun pae-rë! béla më ço que diou me reveni de vostrë bë : é. Soun pae-rë liour partigué soun bë.

Caouque dzours apré, pu dzouci-në do que lous garsous quont aguè ramassa tou co qu'oyo, s'ein onêt dins un pay strandgie bien loin, et l'ei putafiné tou soun bé [1].

---

[1] Un homme avait deux fils dont le plus jeune dit à son père : Donnez-moi ce qui doit me revenir de votre bien, et le père leur fit le partage de son bien.

Peu de jours après, le plus jeune de ses deux fils, ayant amassé tout ce qu'il avait, s'en alla dans un pays étranger fort éloigné, où il dissipa tout son bien en excès et en débauches.

Où il dissipa tout son bien en excès et débauches, est loin de rendre l'énergique concision de : *Et l'ei putafiné tou soun bë*. On ne trouve que dans la langue de Virgile et d'Horace des tours aussi énergiquement concis.

CHAPITRE VIII.

Sciences, lettres, beaux-arts. — Enseignement. — Notabilités savantes. — Société d'agriculture, sciences et arts. — Agriculture. — Horticulture. — Flore du département. — Industrie et commerce. — Ressources qu'ils présentent. — Règne animal; détails divers.

Il nous reste peu de chose à dire pour signaler le mouvement progressif *des sciences, des lettres et des arts* dans la Haute-Loire, après les détails que nous avons consignés à ce sujet en résumant l'histoire de la ville du Puy. Nos lecteurs ont pu reconnaître que les efforts simultanés et constants d'un bon nombre de notabilités de ces contrées agrestes, ont fondé depuis longtemps des institutions et obtenu des résultats qu'on ne rencontre pas communément dans nos départements méditerranés les plus opulents. Il en est peu, en effet, qui présentent autant de ressources pour l'instruction publique : indépendamment des colléges du Puy et de Brioude, il existe dans chaque arrondissement, soit de nombreuses écoles primaires confiées aux Frères, soit des écoles d'enseignement mutuel, où ce système est appliqué avec un plein succès. L'externat de Brioude a réuni jusqu'à deux cents élèves. Nous avons mentionné ailleurs l'école normale du Puy, l'école industrielle départementale et l'école des sourds-muets; nous ne pouvons que répéter ici qu'il sort chaque jour de ces établissements des hommes utiles, quelquefois des sujets distingués, dont les heureuses dispositions ne se fussent point développées sans un tel secours. La société d'agriculture du Puy, fondatrice des institutions spéciales désignées plus haut, s'est donc acquis un droit incontestable à la reconnaissance de ses concitoyens, et les travaux auxquels ce corps savant se livre ne peuvent manquer de lui en acquérir de nouveaux. Plusieurs de ses membres occupent un rang honorable, soit parmi les savants, soit dans les lettres, soit dans les arts : nous avons eu souvent l'occasion de citer, dans le cours de cette section, les ouvrages de MM. Bertrand-Roux et Aulanier, ainsi que les recherches archéologiques de M. le vicomte de Becdelièvre; et le nom de ce savant se retrouvait encore sous notre plume lorsque nous avions à signaler des compositions artistiques d'un mérite reconnu. Nous devons ajouter que si les membres de la société d'agriculture, en général, se montrent peu avides de cette renommée que procure la publicité, les Annales à la rédaction desquelles ils concourent prouvent que bon nombre d'entre eux devraient moins écouter leur modestie.

La société d'agriculture, sciences, arts et commerce du Puy n'est étrangère à aucun progrès agricole, industriel ou commercial obtenu dans le pays: on peut dire qu'elle a fécondé autant qu'il était en son pouvoir les ressources et les moyens qu'offrait la localité; malheureusement il est des obstacles que n'ont pu surmonter ni son zèle éclairé, ni la bonne volonté qu'il rencontrait parmi les citoyens; on en jugera par le résumé qui suit.

Le département se compose de vingt-huit cantons; sur ce nombre, vingt-quatre portent des traces plus ou moins remarquables de la volcanisation. Le canton du Puy, qui occupe les vallées de la Borne, du Dolaison et de la Loire, offre un sol argilo-volcanique, ou calcaréo-volcanique. Or, la nature de ce sol, une température moyenne et des soins agricoles bien entendus font de ce bassin le plus fertile territoire de la Haute-Loire. Vient ensuite, dans cette première classe, le vallon de Brioude; puis se rangent, dans la seconde et suivant l'ordre où nous allons les présenter, Saint-Paulien, Loudes, Monistrol, une partie de Solignac et de Vorey. La troisième classe comprend Saint-Didier, Yssingeaux, Craponne, Tence, Montfaucon, partie de Blesle,

Langeac, Paulhaguet ; la quatrième classe se compose de Monastier, Cayres, Allègre, la Chaise-Dieu, Auzon ; la cinquième, de Pradelles, Fay-le-Froid, la Voûte-Chilhac; la sixième, des cantons de Saugues et de Pinols, dont les noms seuls éveillent des idées de stérilité et de misère.

Le chiffre total des terres du département est de 498,046 hectares, desquels, il faut déduire 124,508 hectares de terres vaines ou non imposables; le surplus se divise ainsi :

Terres labourables	217,216 hectares.
Prés	48,339 —
Pâtures	52,114 —
Vignes	5,200 —
Bois	47,172 —
Cultures particulières	2,030 —
Propriétés bâties	1,439 —

Les terres labourables sont cultivées dans la proportion d'un quart au plus en froment; les trois autres quarts produisent moitié seigle, orge ou avoine, moitié légumes secs, tels que fèves, lentilles ou haricots. Le sarrasin ou blé noir n'est connu que dans le seul canton de Paulhaguet.

Les prairies naturelles occupent de grandes surfaces ; elles fournissent un fourrage généralement bon, et qui pourrait à la rigueur suffire aux besoins de l'agriculture. Néanmoins, les prairies artificielles ne sont pas entièrement négligées dans la Haute-Loire : quelques particuliers cultivent avec assez d'avantage la luzerne, le trèfle et le sain-foin.

Sur les 5,200 hectares de vignes que le département renferme, 4,000 sont dans l'arrondissement de Brioude, 900 dans celui du Puy, et 300 seulement dans celui d'Yssingeaux. Les habitants de ces deux derniers arrondissements ne considèrent absolument ce genre de culture que comme un objet d'agrément. Les vignobles y ont été jadis plus nombreux : le consommateur indigène, moins délicat, moins voyageur, conséquemment moins apte à juger, par la comparaison de la qualité des boissons, se résignait à consommer les vins du cru. Mais bientôt la facilité plus grande des communications, fit pénétrer en Velay les vins généreux du midi, du Vivarais, de l'Auvergne, et nonobstant la différence des prix, les produits vignicoles du pays furent dédaignés par la bourgeoisie et abandonnés au peuple, qui, plus tard, cessa de s'en contenter. Dès lors on négligea un genre de culture qui ne pouvait plus être productif; les vignes furent successivement déplantées, puis remplacées par des céréales. Du reste, les habitants des arrondissements d'Yssingeaux et du Puy n'eurent rien à regretter en supprimant la presque totalité de leurs vignes : non-seulement ils ne récoltaient qu'un vin de mauvaise qualité, mais la quantité en était si petite, qu'elle les dédommageait à peine des frais de culture. Il faut ajouter, toutefois, que cette quasi-nullité de récolte provenait en grande partie d'un mode vicieux d'exploitation : le choix des cepages était mauvais, le renouvellement des plants négligé, la taille mal conçue. De plus, on épuisait une terre déjà pauvre de sucs nourriciers, en y semant des haricots dans l'intervalle des ceps.

Dans l'arrondissement de Brioude, une culture mieux entendue ayant fait retirer d'assez grands avantages des vignobles, ils sont devenus une des richesses du pays. Le choix des plants est bon, les ceps, plantés à trois pieds l'un de l'autre, sont soutenus par des échalas, et donnent un bois vigoureux. Les vignerons recourbent la principale tige qui doit porter le fruit, et en attachent la pointe au pied de l'échalas. Ainsi, la sève, circulant avec une certaine difficulté dans cette espèce de cerceau, se reporte avec plus d'abondance sur le fruit. A côté de ce jet productif, on a soin de laisser toujours une autre tige pour avoir du bois l'année suivante. Les vignes des environs de Brioude sont généralement en plaine; quelques clos ont été entourés de murs; mais la plupart des pièces ne sont séparées les unes des autres que par des fossés.

Aux environs du Puy, les vignes, situées sur la pente des collines, sont soutenues par des murs en terrasse, construits avec des scories ou des fragments de lave. Plantés sur des hauteurs volcaniques, ces vignobles contribuent au moins à l'aspect pittoresque des sites; mais leur avantage est à peu près exclusivement au profit des yeux. Cependant nous devons ajouter, pour être juste, que l'on fait dans la vallée du Puy un vin blanc qui, mis en bouteille, lorsqu'il n'a pas trop de verdeur, est sec, piquant, et imite, par sa mousse, le jeu des vins de Champagne et de Saint-Peray. C'est une assez gentille déception exercée sur le goût des amateurs disposés à s'y prêter.

Les quarante sept mille hectares de bois mentionnés ci-dessus sont presque tous dans le canton de la Chaise-Dieu, et dans quelques parties de l'arrondissement d'Yssingeaux. Le pin y est l'espèce dominante; puis viennent le sapin, le chêne, le hêtre. A ces arbres élevés se mêlent, dans les forêts, la lauréole, la viorne, le poirier et le pommier sauvages, le houx, l'alisier, plusieurs espèces de néfliers, de sorbiers, de genêts, de myrtiles, de trembles et de bouleaux. Autour des domaines et le long des héritages, on voit des plantations de frênes, de peupliers, d'ormeaux, d'érables, de sycomores et de tilleuls. Près des eaux croissent l'aulne et deux ou trois espèces de saules. Sur les tertres végètent trois variétés de chevrefeuilles, le sureau noir et à grappes, le cornouiller, le troène blanc, le lierre, l'érable champêtre, l'épine-vinette, le groseiller épineux, le rosier sauvage, le cerisier Mohalele, le prunelier, la ronce à front noir, le framboisier, le nerprun, le fusin, le coudrier et l'aubépin. Le genévrier, peu commun dans ces contrées, occupe la lisière de quelques bois, de quelques pâturages. Le genêt herbassé ou sagittal infeste les pâturages secs; sur la montagne appelée *le Mégal,* se trouve le saule nain ou *nicheur;* au Mezinc, l'arbousier, le saule myrthier (*salix myrsinitès*), l'azalée couchée, et le *daphne alpina* croissent en abondance.

Les arbres fruitiers le plus ordinairement cultivés dans nos départements du centre croissent dans les vergers ou les jardins de la plaine de Brioude, sur les bords de l'Allier, sur la Loire, à Coubon, à Chamalières, à Bas, à Aurec. Les vallons du Dolaison et de la Borne offrent quelques plantations en ce genre; mais la culture ne s'y fait point en grand. Les marchés du Puy sont généralement approvisionnés de fruits par des envois du Bas-Vivarais, surtout pour les productions précoces et les qualités supérieures. Le pêcher dans les vignes, le coignassier dans les jardins; quelques espèces peu variées de pommiers, de poiriers, de pruniers, de cerisiers; tels sont les arbres à fruit que l'on rencontre communément dans le pays. Le noyer est très-rare aux environs du Puy. Nous parlerons ailleurs du mûrier, que l'on a cherché, sans succès, à acclimater dans l'arrondissement de Brioude.

Les jardins d'agrément sont rares dans la Haute-Loire, où l'on doit mieux employer les terrains productifs; car la nature ne s'y est pas montrée généreuse de ce premier des éléments de richesse. Chaque petite propriété ou ferme est avoisinée d'un enclos qui contient souvent un verger, quelquefois une chenevière, et toujours un jardin potager. Ce dernier, chez les paysans, est en général un espace très-circonscrit, où l'on jette au hasard quelques graines de choux, de poireaux et de salade, qui sont transplantés ensuite, sans ordre, dans tous les espaces libres. Par exception, deux ou trois riches propriétaires dans chaque commune, donnent plus de soin à ce genre de culture. Au Puy et à Brioude, les produits du gros jardinage abondent : nulle part ils ne sont à meilleur compte. Il se débite surtout dans les marchés de ces deux villes une quantité presque inimaginable de poireaux. Quant aux légumes fins, ils viennent, ainsi que les fruits en primeur, du Bas-Vivarais, d'où l'on tire particulièrement de fort bons melons. Vainement les propriétaires du Puy essaient-ils de préconiser ceux qu'ils font venir à grand reconfort de soins et de fumier; cet éloge émane d'une indulgence toute paternelle, que ne peuvent partager les amateurs délicats.

Après avoir énuméré les produits de l'agriculture et de l'horticulture dans le département dont nous terminons la description, nous devons, autant qu'il est en notre pouvoir, offrir à nos lecteurs une nomenclature de la *Flore* des montagnes qui, comme nous l'avons dit ailleurs, est un objet de spéculation. Elle présente principalement diverses espèces de gentianes (*G. Lutea, cruciata, campestris, ciliata acaulis pneumonanthe*); le varaire blanc (*veratrum album*); la cacalie alpine (*cacalia alpina*); le pied de chat (*gnaphalium dioicum*); le grand doronic (*doronicum maximum*); *l'arnica montana; le meum;* la grande astrance (*astrancia major*); la renoncule à feuille d'aconit et à feuille de platane (*R. aconiti folius et platani folius*); l'aconit (*aconitum lycoctonum*); l'anémone alpine; le napel (*A. napellus*); le Rossolis (*drosera rotundifolia*); la grassette (*pinguicula vulgaris*); la grande violette du Mezinc (*viola grandiflora*); le comaret marécageux (*comarum polustre*). Voici maintenant des plantes particulières au Mezinc, ou à ses environs : sureau argenté; *sedum stellatum gentianes amarella; saxifraga petrœa, S. genui, S. cotyledon, orphys vidus avis, anthemis alpina, vaccinium, uligimesum, aconitum commarum, juneus niveus; lonicera alpigena; thesium alpinum, pedicularis verticillata, anthirrinum, asarina, A. alpinum, senecio, saracenicus,* etc., etc.

Passons aux moyens d'exploitation rurale employés dans la Haute-Loire. Les chevaux, sans pouvoir soutenir la concurrence avec ceux de la Haute-Auvergne et du Limousin, s'élèvent cependant ici avec quelque succès. Les fourrages et paccages du département sont, ainsi que nous l'avons déjà dit, d'une qualité satisfaisante et suffisants à la consommation. Mais les propriétaires du pays sont peu portés à améliorer les races chevalines, et le nombre des élèves produits par les étalons du gouvernement est très-borné. L'industrie locale se porte bien plus volontiers vers l'élève des mulets, dont l'avantage est plus sûr, plus constant, tout en exigeant moins de précautions et de surveillance. Lorsque la jument a été envoyée au baudet, elle n'en porte pas moins toute l'année des denrées aux foires ou marchés, ou sert également de monture au paysan qui, nonobstant l'état de la pauvre bête, lui talonne les flancs sans beaucoup de ménagements, pour hâter son allure. Malgré ce défaut de soins, il arrive peu d'accidents; le mulet, à l'âge de six mois, est vendu au comptant, et donne ainsi un produit clair, qui n'a coûté ni peine, ni avance de fonds. Toutefois, dans certains cantons, particulièrement dans ceux de Saugues, de Langeac, de Pinols, de Cayres, on achète, comme nous l'avons rapporté ailleurs, des mulets venant du Poitou, et de l'âge de six à huit mois; on les garde de huit mois à un an; puis ils sont revendus avec un notable profit. Mais, pour que cette spéculation soit bonne, il faut que les communications avec l'Espagne soient libres : alors les foires du

Puy, surtout celle de la Toussaint, offrent en ce genre des affaires très-importantes.

On élève dans le département trois espèces de bêtes à grosses cornes : les *Mezines*, dont nous avons déjà parlé ; les *Auvergnates* et les *Foreziennes*. Chacune de ces espèces à son genre de mérite, qui sans doute résulte du pâturage où elle est nourrie. L'expérience a prouvé que, déplacées subitement des localités où elles sont nées, ces espèces s'acclimatent difficilement dans d'autres, et que presque toujours on les voit dégénérer. Les montagnards du Mezinc se montrent jaloux des élèves qu'ils font : on pourrait même dire qu'ils en sont fiers ; et quoiqu'ils vendent pour les Basses-Alpes et la Provence les taureaux d'un à deux ans, ils gardent les plus beaux, afin d'en conserver la race dans toute sa pureté. La vache auvergnate a moins de corps que la mézine ; mais elle supporte mieux la fatigue : c'est cette espèce que l'on attèle à toutes les voitures pour le transport des bois, des pierres, des denrées, et même pour le labourage. Les travaux prolongés, les marches forcées de jour et de nuit, la circulation sur des pentes escarpées, en un mot tout ce que les exploitations rurales ont de plus pénible est réservé à cette courageuse et patiente bête, à laquelle des mains exigeantes n'arrachent pas avec moins d'assiduité un lait échauffé, qui ne produit que du beurre de mauvaise qualité. Vous rencontrerez dans la Haute-Loire peu d'attelages de bœufs ; ils sont engraissés et réservés pour les boucheries. La vache forezienne, originaire des montagnes du Forez, et qui occupe la partie nord-est du département, est la plus petite espèce : ce qui ne doit pas surprendre dans un pays couvert de rochers, maigre, sablonneux, où les fourrages sont rares. Les animaux de plus forte taille et moins sobres ne vivraient pas dans cette contrée, à défaut d'une nourriture suffisante ; tandis que l'espèce forezienne s'y soutient très-bien, quoiqu'elle y soit employée aussi aux travaux rigoureux mentionnés ci-dessus.

A la faveur d'un parcours à peu près général dans le département, on y élève quatre espèces distinctes de bêtes à laine, indépendamment des races espagnoles, qui n'y ont guère été introduites que par des essais, que n'a pu généraliser l'impulsion, constante pourtant, de quelques agronomes. Ces espèces sont le *Causse* (terme du pays), mouton haut d'environ deux pieds et demi, sans cornes, et dont la toison de laine très-fine pèse trois kilogrammes. La chair de ce mouton est peu estimée. Vient en seconde ligne, le *Querey*, tiré d'Aurillac ou de Rodez : sa hauteur est de deux pieds ; il porte de longues cornes et trois kilogrammes de laine ; mais cette toison est de mauvaise qualité, et l'on n'estime ni la graisse, ni la chair de l'animal. Vient ensuite le *Bizet*, mouton à cornes, originaire des montagnes de la Margeride : sa laine est très-fine et chaque toison pèse au moins deux kilogrammes. Le *Bizet* est fort recherché par les bouchers, pour la délicatesse de sa chair. La quatrième espèce, nommée *Ravat*, en terme vulgaire, se tire des montagnes de Vacivières en Forez. Sa laine, frisée en tire-bouchons, n'a pas moins de cinq à six pouces de long, et traîne quelquefois jusqu'à terre. Mais cette toison, peu épaisse, ne pèse que cinq quarts de kilogramme. Ce mouton résiste mieux que les trois espèces précédentes à l'intempérie des saisons; il prend beaucoup de graisse en peu de temps, et la chair en est exquise. La laine des troupeaux multipliés et très-forts de la Haute-Loire est exportée en grande partie; les fabriques du pays ne sont pas assez importantes pour en consommer une notable quantité.

Les porcs sont nombreux dans le département, et la race blanche à longues oreilles est la plus commune. Leur poids moyen, lorsqu'ils sont engraissés, est de 150 kilogrammes.

On voit peu de chèvres aux environs du Puy, où les bois sont rares; mais elles sont très-multipliées dans les montagnes de Saugues, de Pinols et de la Voute. Dans l'arrondissement d'Yssingeaux, les pauvres gens en élèvent communément jusqu'à deux.

L'éducation des abeilles est peu ordinaire dans la Haute-Loire, et dans aucune de ses parties on ne s'en occupe en grand. Le peu de ruches qu'on y remarque, ont la forme de prismes quadrangulaires, ou simplement celle d'un cylindre, recouvert avec des pierres plates. Dans le bassin de l'Allier et à Saugues, les ruches figurent un cône évasé, ou plutôt une moitié de sphère posée sur son grand cercle. Dans ces diverses localités, ce sont des tresses de paille appliquées les unes contre les autres en spirales, et clayonnées avec des brins de coudrier ou d'osier. Le miel du Mezinc seul mérite d'être recherché; il est d'une couleur tirant sur le vert, transparent, d'un goût exquis : ce qui doit être attribué au suc des fleurs de ces montagnes, dont nous venons de parler.

Nous avons dit plus haut qu'on avait essayé d'acclimater à Brioude le mûrier, sans lequel il faut renoncer à l'éducation des vers à soie. Le conseil-général du département avait même accordé une prime à un propriétaire qui s'était livré à ce genre d'industrie; nous ne voyons pas que les résultats aient été satisfaisants. Sans doute la température trop variable de ce climat, les nuits froides, les vents qui soufflent impétueusement des montagnes de l'Auvergne, et les orages intempestifs assez communs dans ce canton, n'ont pas permis à la nature si susceptible du mûrier de répondre aux espérances qu'on avait conçues.

Les maladies des animaux domestiques, dans le département de la Haute-Loire, sont celles que l'on remarque partout; mais les épizooties ne s'y montrent que peu fréquemment, et le claveau, parmi les bêtes à laine, est celle de ces affections qui s'y déclare le moins rarement. Vers l'année 1822, MM. de Treveys et de Saint-Germain ont tenté d'inoculer le claveau ; le succès paraît avoir répondu à cet essai, dont le résultat satisfaisant a été constaté par la société d'Agriculture du Puy. Des artistes vétérinaires formés à l'école royale de Lyon, sont entretenus au moyen de fonds alloués annuellement par le conseil-général ; l'administration veille à ce qu'ils fassent de fréquentes tournées sur les localités où les maladies surviennent. Du reste, et quoique le paysan de la Haute-Loire soit plus empressé de faire traiter son troupeau ou ses bestiaux malades que d'appeler le médecin à son propre chevet ou à celui de ses enfants, il n'accorde guère sa confiance qu'aux empyriques, aux *rhabilleurs*, dont la routine et ses crédules traditions proclament les secrets.

Il est aisé de reconnaître, à l'exposé ci-dessus, que l'agriculture a fait peu de progrès dans la Haute-Loire ; mais il faut bien se garder d'attribuer cette situation stagnante au défaut de méthodes nouvelles ; nous le répétons, la société d'agriculture propage avec non moins de zèle que de discernement toutes les connaissances applicables à la culture du pays, et l'exemple de quelques propriétaires est venu souvent à l'appui de cette marche progressive des théories agricoles. Mais, outre que le sol et le climat ont opposé souvent leur ingratitude aux tentatives enseignées et encouragées par les agronomes, les vieilles habitudes ont persisté : l'autorité des novateurs est restée sans confiance, avec la démonstration évidente des avantages qu'elle propageait.

Les instruments aratoires en usage dans la Haute-Loire diffèrent peu de ceux employés sur d'autres points : nous croyons devoir décrire toutefois la charrue commune du pays. Elle se compose : 1° de l'arbre ou timon en deux parties : la *crosse* ou *jambige* et le timon proprement dit, garni de sa chaîne pour le rajuster à la crosse ; 2° du *dental* et des oreilles, formant le cep ; 3° du socle ou règle en fer adaptée sur la longueur du cep, et d'une largeur de trois à quatre pouces ; 4° du manche ou levier appelé *Esteve* : la grande dimension de celui-ci exige que le laboureur soit pourvu d'un aiguillon d'une longueur de 5 à 6 mètres. La société d'Agriculture s'est efforcée à plusieurs reprises de substituer à cet appareil des charrues plus commodes et surtout plus légères : nous en avons vu plusieurs modèles fort bien entendus déposés au musée du Puy ; mais, pour cela comme pour le surplus des soins agricoles, la routine a prévalu jusqu'à ce jour.

Nous terminerons ce précis sur l'agriculture de la Haute-Loire, par la description des constructions rurales du pays : « Une ferme ou domaine, dit M. Deribier de Cheissac, se compose ordinairement d'une sorte de cuisine, au rez-de-chaussée, attenant à l'étable, qui y communique par une porte intérieure. Au-dessus, règne une vaste chambre renfermant un meuble à contenir le grain, et des lits pour les filles ou servantes de la maison; le chef de famille et sa femme couchent au rez-de-chaussée, et la jeunesse mâle, à l'écurie. L'étable est proportionnée à l'importance de l'exploitation. Ainsi que l'écurie et la bergerie, la grange est située au-dessus de l'étable des bêtes à grosses cornes; on y parvient par un escalier extérieur en pierre, sous lequel l'architecte rural ménage un toit à porcs. Quelquefois on substitue à ces degrés un talus artificiel, plus commode pour le service de la grange. Les constructions sont à peu près généralement couvertes en tuiles creuses, fabriquées dans le département; quelques-unes cependant le sont en dalles de lave ou en phonolites. La Haute-Loire offre peu de couvertures en chaume, et celles qu'on y voit, se trouvent vers les limites de l'Ardèche et de la Lozère. L'habitation de l'agriculteur se montre partout d'une grande malpropreté; dans ce défaut, il y a souvent spéculation de sa part : le rez-de-chaussée n'est presque jamais pavé; on y entre de plain-pied de l'étable ou de la cour; et dans l'une comme dans l'autre, le paysan laisse séjourner long-temps le fumier, les eaux, les urines, les pailles, afin d'améliorer ces engrais par une plus complète putréfaction, au mépris, non-seulement de la propreté, mais de la santé des habitants.

L'industrie et le commerce, plus heureux dans le département que l'économie agricole, parce qu'ils y ont été plus dociles aux enseignements de l'expérience moderne, se sont améliorés sensiblement depuis une trentaine d'années, quoiqu'ils y aient peu prospéré. Aujourd'hui, comme autrefois, la fabrication et le négoce des dentelles est la branche industrielle la plus productive du Velay. Elle nous a semblé à peu près générale dans les arrondissements du Puy et d'Yssingeaux; et les ouvriers en dentelles de soie ou blondes, sont plus nombreux que ceux qui fabriquent la dentelle de fil. La matière première employée par les uns est tirée de Saint-Étienne ou du Lyonnais; celle mise en œuvre par les autres vient de nos départements du Nord ou de la Hollande : ce qui alimente, dans la ville du Puy, un commerce d'entrepôt assez considérable, que les négociants de cette ville réunissent ordinairement à la vente des tissus eux-mêmes. Le commerce des dentelles était, avant la révolution, très-florissant dans le Velay; il imprimait à ce pays une activité qu'il a perdue en partie. Les fabricants expédiaient alors en Allemagne, en Italie, en Angleterre et dans presque toutes les colonies. Depuis, les fabriques ouvertes en Saxe, ont fermé les débouchés du Nord aux expéditeurs du Puy; et comme le commerce avec les colonies espagnoles avait lieu par l'intermédiaire de la métropole, il est aisé de concevoir que l'état permanent de guerre au-delà des Pyrénées, a dû nuire beaucoup aux négociants dentelliers du Velay. En général, l'Amérique tire maintenant fort peu de ces tissus des fabriques de la Haute-Loire. Leurs relations avec l'Italie se soutiennent; mais l'invention des *tulles* contribue à diminuer les avantages de cette industrie, qui pourtant s'est singulièrement améliorée, depuis une trentaine d'années. Dans sa situation actuelle, les bénéfices qu'elle procure ne portent guère que sur la main-d'œuvre: bénéfices malheureux, qui réduisent presque à rien le salaire des ouvriers. Le produit total du commerce des dentelles et blondes, dans le département que nous explorons, ne s'élève pas au-dessus de deux millions de francs. Le nombre des ouvriers en dentelle fil est de 70,846; celui des ouvriers en blondes s'élève à 117,803 individus; ceux qui ne s'occupent ni de l'une ni de l'autre fabrication sont au nombre de 88,181 : on voit que ce travail intéresse par bonheur, près des deux tiers de la population totale.

Les travaux de métallurgie et l'exploitation des mines tiennent, après la fabrication des dentelles, un rang distingué parmi les industries de la Haute-Loire; nous avons mentionné ailleurs plusieurs cantons, particulièrement dans l'arrondissement d'Yssingeaux, où le fer est travaillé; mais ce métal, considéré sous le rapport minéralogique, est importé dans la Haute-Loire, où nulle part il n'est trouvé sur les lieux : c'est généralement de Saint-Étienne que les ouvriers le tirent. Il y avait autrefois au Puy des fabriques d'épingles et d'aiguilles; mais elles n'existent plus depuis long-temps. Ce chef-lieu de département a mieux conservé ses fabriques de clochettes, de sonnettes, de grelots : c'est de là que les rouliers et les muletiers du centre et du midi de la France tirent ces objets : on ne compte dans le royaume que deux autres fabriques de ce genre : à Paris et à Avignon. Le cuivre employé à la confection de ces articles est tiré de la Suède.

Dans plusieurs parties du département, le plomb et l'antimoine sulfuré sont exploités : la commune d'*Ailly* offre ce dernier minerai tantôt en couches, tantôt en filons, dans le schiste micacé. Quant aux houillères du canton d'Auzon, nous nous sommes étendus assez en décrivant cette localité, pour n'avoir pas besoin de revenir sur l'exploitation du charbon de terre qu'elle produit [1].

---

(1) Voyez page 184 de ce volume.

On tire des montagnes du Velay de la chaux sulfatée : exploitation d'une petite importance, qui se fait en creusant des puits de 15 à 20 mètres, puis en ouvrant des galeries horizontales, comme pour l'extraction de la houille. Les pierres de taille et meules à moudre ou à aiguiser alimentent, dans la Haute-Loire, un commerce assez considérable : les carrières d'où l'on tire la plus belle pierre de taille sont celles d'*Araules* et celles de la *Pradette* commune de Montusculat. Des mêmes carrières on extrait les meules à seigle, qui sont vendues sur le lieu même, de trente à soixante francs, selon les dimensions et la beauté du grain. La carrière de grès micacé de Langeac est celle qui produit les meilleures meules à aiguiser du département : elles sont principalement expédiées à Thiers, pour le service de la coutellerie.

Des poteries et des briqueteries existent sur plusieurs points du département : les poteries de Charensac-sur-la-Loire, d'Alleyras, de Vabres, de Bas, présentent de bons produits, mais presque exclusivement consacrés à l'usage du peuple. On compte dans la Haute-Loire une douzaine de briqueteries, savoir : à Saint-Germain, à Alleyras, à Monlet, à Chabreuges, à Cohade, à Saint-Beauzire, à Lamothe, à Auzon, à Coutarge, à la Chaise-Dieu, à Langeac et à Bas. Il ne se fait aucune exportation des tuiles ou briques fabriquées dans ces établissements, où il n'existe pas d'autres chefs d'ateliers que des pères de famille, dont le bénéfice se réduit au prix moyen d'une journée de travail, c'est-à-dire à 1 franc 50 centimes, pour eux, leurs femmes et leurs enfants. Aussi ne se livrent-ils à ce genre d'industrie, que durant les saisons où leurs bras ne sont pas nécessaires pour les travaux de l'agriculture.

Nous avons parlé, en leur lieu de la verrerie de *Maseyroles ;* des papeteries de *Saint-Didier*, de *Saint-Féreol-d'Auroure* et de *Tence ;* et nous n'avons plus à mentionner que les tuileries situées dans les cantons de Paulhaguet, de la Voûte, de Langeac, de Blesle et d'Auzon, dont les produits, peu considérables, se consomment sur les lieux.

Un triste recours des pays peu fertiles et peu industriels, c'est l'exercice de la chasse, érigé en industrie. Les cantons voisins de la Margéride et du Mezinc, vivent du produit de cette guerre livrée aux animaux sauvages du département de la Haute-Loire : animaux dont nous allons étendre un peu l'énumération, dans l'intérêt des sciences naturelles. Parmi les mammifères, le département offre la chauve-souris commune, le hérisson, le blaireau, la loutre, la belette, la fouine, la marte, le putois, le chat sauvage. On a rencontré aussi dans ces contrées le lynx : un individu de cette espèce, tué en 1822, dans les bois de Saint-Pierre-Eynac, fut empaillé, et on l'a déposé depuis au musée du Puy. Les loups sont nombreux dans le département ; les dégâts qu'ils y commettent ont été plus d'une fois la providence des journaux, tant il est généralement vrai qu'à quelque chose malheur est bon. On pense qu'à certaines époques périodiques, ces animaux descendent des montagnes : il a été reconnu, par exemple, que la fameuse *hyène du Gevaudan,* tuée en 1764, et qui fut le sujet de complaintes lamentables, n'était qu'un loup dont la férocité avait été fortifiée par l'usage de la chair humaine, durant les guerres de cette époque : ce qui fait supposer que, de montagne en montagne, ce terrible animal était venu de l'Allemagne, où la paix de 1763 venait d'être signée, après les campagnes d'Hanovre. L'hyène n'habite guère que les latitudes très-chaudes, et l'on expliquerait difficilement comment cette espèce aurait pu s'introduire dans les Cevennes, où la température est presque toujours froide. Quoiqu'il en soit, cet animal historique fut tué près du château de Besset, paroisse de Labesseyre, non sans un grand danger couru par les intrépides chasseurs qui le traquaient depuis plusieurs jours.

Le renard, beaucoup moins commun dans la Haute-Loire que dans le Cantal, l'est cependant assez pour causer de grands dommages aux habitants des campagnes, plutôt toutefois par la destruction du gibier que par celle des animaux de basse-cour. Les chasseurs, en le détruisant, obtiennent donc un résultat doublement fructueux. Les lièvres abondent dans la Haute-Loire : par un temps de neige, on en prend des quantités prodigieuses ; et néanmoins les chasseurs qui connaissent bien les gîtes, en tuent encore beaucoup, surtout durant l'automne. Les lièvres qui pendant l'hiver descendent des montagnes dans les plaines, sont beaucoup plus gros que ceux des régions basses ; mais ils ont la chair moins délicate. On nous a donné l'assurance qu'il n'existait dans la Haute-Loire que des lapins domestiques, et qu'on n'y connaissait point de garennes. L'écureuil, le rat ordinaire, le rat d'eau, la souris, le mulot sont ici, comme partout, des hôtes et des voisins fort incommodes, dit M. Deribier de Cheissac.

Le sanglier, qui long-temps fut le grand destructeur des bois du Velay, paraît en avoir été expulsé. Le chevreuil a également disparu à peu près entièrement : il est assez rare de le rencontrer aujourd'hui, même sur les bords de l'Allier et dans les bois de la Margéride, où il vivait autrefois.

Parmi les volatiles, nous citerons d'abord quelques oiseaux de proie que nous avons remarqués dans ces montagnes : on y voit l'autour, l'épervier, la buse, le milan royal, le grand duc, le hibou, le chat-huant, l'émérillon, la pie-grièche, etc. On y trouve aussi le merle, le corbeau, la corneille, la pie, le geai, l'étourneau, le gros-bec, le bouvreuil, le moineau, le pinson, la linotte, le chardonneret, le tarin, le bruant ou verdier, la mésange, la bergeronnette, l'engoulevent, le martin-pêcheur, le pivert, le pic noir, le loriot et l'hirondelle.

Le gibier volant est assez commun dans le département ; aussi le sert-on dans les hôtels et sur les tables bourgeoises avec une sorte de profusion. Les marchés offrent en abondance la grive, le bec-figue, la perdrix rouge et grise, la caille, le râle de genêt, les pluviers gris et dorés, le vanneau, la bécasse durant ses passages de mars et d'octobre. La bécassine, le ramier, le canard sauvage et la sarcelle sont également de passage dans la Haute-Loire.

Sous le double rapport de la gastronomie et de l'économie industrielle, nous ne pouvons nous dispenser de mentionner les poissons que l'on pêche dans la Haute-Loire. Les étangs sont peuplés presque exclusivement de carpes et de tanches ; mais il faut citer les truites du lac de Saint-Front et du Lignon. On pêche dans la Loire et l'Allier, l'anguille, le barbeau, le goujon, la loche, le saumon, l'ombre et le tacon. Cependant les itinéraires abusent le voyageur, lorsqu'ils lui annoncent que les auberges du Puy sont toujours pourvues de saumon : dans l'espace de deux mois que nous avons passé en cette ville, nous n'avons pas vu ce poisson servi une seule fois sur les tables d'hôte, et nous ne le croyons pas plus commun sur les tables particulières.

Les lamproies remontent quelquefois la Loire ; nous en avons vu de vivantes à Retournac ; mais à cette hauteur, elles sont généralement petites et moins bonnes que celles de la Loire-Inférieure.

Les molusques et les cétacés que l'on trouve dans le département sont peu nombreux. Parmi les premiers, le colimaçon et la limasse sont les seuls que nous y ayons remarqués. Nous avons déjà cité un coquillage fluvial qui se pêche dans la Virlange, rivière du canton de Saugues, et qui renferme quelquefois des perles : c'est l'*unio pictorum* de Linnée. L'écrevisse de rivière est ici très-bonne et très-abondante : on en mange au Puy toute l'année.

Parmi les reptiles, on distingue surtout dans la Haute-Loire le lézard vert, le lézard gris, la salamandre terrestre et aquatique, la couleuvre verte et jaune, la vipère commune, l'orvet ordinaire, la grenouille et le crapaud. Les reptiles de l'espèce serpent ont, dans cette contrée presque méridionale, une qualité vénéneuse plus intense qu'au centre de la France.

Nous voudrions pouvoir offrir à nos lecteurs la nomenclature des insectes qui se trouvent dans la Haute-Loire ; mais elle dépasserait les limites que nous avons dû nous prescrire ; et d'ailleurs, personne, que nous sachions, n'ayant encore entrepris dans ce département de recueillir des matériaux pour la composition d'un ouvrage régulier sur cette matière, le plus rapide aperçu exigerait aujourd'hui un travail de plusieurs mois. Nous devons nous en abstenir.

CHAPITRE IX.

Organisation politique du département de la Haute-Loire. — Sa situation actuelle sous divers rapports. — Améliorations possibles. — Causes qui s'y opposent.

Le département de la Haute-Loire, situé entre le 0° 45′ de longitude orientale du méridien de Paris, et le 2° 5′, s'étend entre le 44° degré 46′ de latitude et le 45° 34′. Sa température moyenne est de 13° 82′; le maximum du thermomètre y présente + 30° et le minimum — 10°. Ce département est borné, au nord, par les départements du Puy-de-Dôme et de la Loire; à l'est, par ceux de la Loire et de l'Ardèche; au sud, par ce dernier et la Lozère ; à l'ouest, par ce dernier et le Cantal. Il est divisé, ainsi que nous l'avons fait remarquer dans nos précis historiques, en trois arrondissements et vingt-huit cantons, qui comprennent deux cent soixante-six communes ; sa superficie est de 498,602 hectares, formant 251 lieues carrées ; sa population, d'après le recensement fait en 1832, s'élève à 295,324 habitants, parmi lesquels on compte environ 8,500 calvinistes.

Les électeurs de la Haute-Loire, dont le nombre est de 915, nomment trois députés. Dans la division politique actuelle de ce département, il fait partie de la 19e division militaire (Clermont) ; pour l'état judiciaire, il relève de la cour royale de Riom ; il appartient à la 30e conservation des forêts, à la 5e inspection des ponts-et-chaussées (Lyon), au 12e arrondissement et à la 4e division des mines (Saint-Étienne), au 6e arrondissement (Aurillac) pour les courses de chevaux.

Le département de la Haute-Loire forme le diocèse du Puy, suffragant de l'archevêché de Bourges, primatie des Aquitaines. Il y a dans ce département six cures de première classe, vingt-quatre de deuxième, deux cents quinze succursales et cent quatre-vingts vicaires. Les réformés ont à Saint-Voy, arrondissement d'Yssingeaux, une église consistoriale desservie par trois pasteurs et divisée en trois sections : Saint-Voy, Vastres et Tence. Il y a en outre deux temples ou maisons de prière, une société biblique et une école protestante.

Le surplus de l'organisation politique est celle commune à tous les départements du royaume ; et pour les données de statistique proprement dite, nous renvoyons nos lecteurs aux ouvrages spéciaux : ces détails ne pouvant trouver place dans notre cadre.

La situation générale du département de la Haute-Loire, sous divers rapports, réclame de grandes améliorations ; mais toutes ne sont pas d'une facile exécution. Il en est d'autres qui pourraient s'effectuer par le sacrifice de certaines préventions, de certains désaccords, et celles-là sont peut-être plus urgentes que les autres. Sans doute, un département situé entre les actives, les opulentes provinces du centre, et le Languedoc, la Provence, le Dauphiné, pourrait, si de vastes communications le traversaient, acquérir cette prospérité que tout pays reçoit d'un tel état de choses ; sans doute aussi les deux rivières qui deviennent importantes dans les arrondissements de Brioude et d'Yssingeaux, l'Allier et la Loire, rendues plus navigables, au moyen de sacrifices que la population partagerait volontiers ajouteraient au bien-être du pays, en facilitant l'exportation de ses produits, surtout des articles ouvrés ; car la fabrication de ceux-ci deviendrait d'autant plus considérable, que la confiance des fabricants reposerait sur des chances d'écoulement plus assurées. Mais, soit pour obtenir le percement des routes, soit pour hâter la canalisation des rivières, il faudrait qu'une bonne intelligence permanente régnât entre la population et l'autorité administrative ; or voilà précisément ce qui n'existe pas dans la Haute-Loire. Un seul préfet, M. de Bastard, avait plu à ses administrés ; les regrets qu'il a laissés parmi eux sont encore exprimés avec une extrême vivacité. Il ne nous appartient point d'examiner à quels titres, plus ou moins légitimes, cet administrateur devait une telle faveur : nous désirons qu'elle n'ait pas été un élan de tendance politique plutôt qu'un témoignage de gratitude pour des bienfaits. Quoiqu'il en soit, depuis que M. de Bastard a quitté la Haute-Loire, ses successeurs n'ont fait que passer dans ce département. Certes, il était difficile que durant cette gestion éphémère, ils pussent s'occuper d'autres soins que de celui de se maintenir en place. Aussi long-temps que ce roulement de préfets durera, les grandes questions d'intérêt local pourront à peine être abordées ; la situation anormale du pays, dans diverses parties, sera perpétuée, et le malaise des citoyens, qui ne peut être adouci que par une convergence de volontés vers le centre administratif, se perpétuera au profit des influences stériles.... Nous croyons avoir été compris.

La première condition à désirer pour le département de la Haute-Loire, serait donc un coup-d'œil attentif de la part du gouvernement sur les causes du désaccord qui n'a pas cessé d'exister, depuis 1830, entre le chef de l'autorité administrative et les notabilités influentes du pays : causes que, sans le vouloir assurément, le ministère a secondées par les fréquentes mutations du personnel administratif. Nous croyons avoir bien compris l'espèce de désaffection à laquelle les préfets de la Haute-Loire ont été en butte depuis neuf ans : leur administration est étrangère à la guerre sourde qu'on leur fait, ou pour mieux dire, elle en est le prétexte. Le véritable motif nous a semblé complètement identique avec les opinions anti-Juliennes qui subsistent dans le département, et qu'il faudrait conquérir par la persuasion. Disons toute notre pensée, l'opposition légitimiste, que nous signalons ici en dépit de notre réserve, parce que sa conquête importerait essentiellement à l'amélioration matérielle du pays, ne paraît se plaindre des œuvres de l'administration que pour attaquer en elle la monarchie elle-même. Or, au lieu d'obéir en quelque sorte à cette opposition, en changeant à son moindre décri, les champions du pouvoir, ne voudrait-il pas mieux les maintenir dans la lice, et retremper fréquemment leurs armes. Et si tant est qu'on ne puisse persuader les partis, n'est-il pas dangereux de temporiser sans cesse avec eux en Fabius imprévoyants ? Nous avons parlé d'influences stériles, et l'on a deviné ce que nous sous-entendions. Nulle part ceux qui les exercent ne sont plus puissants; nulle part leur cohorte n'est aussi compacte et ne marche aussi serrée; de plus, dans aucune partie de la France, les classes populaires ne leur viennent autant en aide. Tranchons le mot : au chef-lieu de la Haute-Loire, le suprême pouvoir descend du Mont-Anis, succursale puissante du Vatican; et le capitole des Tuileries n'entretient à la préfecture qu'un délégué trop peu soutenu.... Durant notre séjour dans le département de la Haute-Loire, nous avons suivi la carrière administrative de M. Leg***, alors préfet; nous en avons appris les détails de gens dont la justice, l'impartialité et le patriotisme ne pouvaient être suspectés; enfin nos yeux se sont arrêtés sur le rapport de cet administrateur au conseil général, dans sa session de 1839 : il ressortait du tout, un zèle actif, une gestion consciencieuse, et pourtant moins de deux mois après notre départ du Puy, M. Leg*** avait cessé d'administrer.

Nous le répétons, tant que durera cette prise à partie des personnes, sans le moindre égard aux faits, le département de la Haute-Loire attendra, et des voies de communication suffisantes à travers ses montagnes, et la canalisation de ses rivières, et le développement de son industrie, et d'importantes modifications dans le système d'enseignement, trop généralement confié aux congrégations : lesquelles font trop en faveur des influences stériles, pas assez au profit des relations civiques et des intérêts sociaux.

SECONDE SECTION.

LOIRE ET SAONE-ET-LOIRE.

CHAPITRE PREMIER.

L'antique Ségusie. Ses limites; son gouvernement sous les Romains; puis sous les rois de Bourgogne. — Le comté de Forez. — Aperçu chronologique sur ses comtes. — Sa réunion à la couronne.

L'ancienne *Ségusie,* comprise en partie dans le département de la Loire, s'étendait, au temps de la conquête romaine, des bords de ce fleuve à ceux du Rhône et de la Saône. La cité principale de ce pays, *Forum Segusianorum,* était la ville appelée maintenant Feurs, du nom de laquelle on a, plus tard, formé celui de *Forez,* donné à la province qui représente l'antique patrie des Ségusiens. Quant aux limites de cette contrée, César lui-même a pris soin de les indiquer, au moins à l'est, et ce point est important, car Strabon a placé la Ségusie entre le Doubs et le Rhône. D'autres écrivains, ayant trouvé en Piémont une ville appellée *Secusium* ou même *Segusiana Civitas*, ont voulu que le pays des Ségusiens fût le territoire actuel de Suze et de ses environs. Le général-historien a dit cependant avec clarté : *OEduis Segusianisque qui sunt finitimi provinciæ;* et il ajoute ailleurs : *Segusianos sunt extrà provinciam trans Rhodanum primi* [1]. Or, il ne peut être douteux que le pays des Éduens, désigné par César comme contigu à celui des Ségusiens, ne s'étendît sur la rive droite, non sur la rive gauche du Rhône. D'un autre côté, Ptolémée assigne pour limites des Ségusiens, au sud, le pays des Arvernes : *sub quibus finitimi Arvenis sunt ii qui cemmenos montes incolunt, Segusiani, et civitates ipsorum Rodumna et forum Segusianorum* [2]. — Ainsi donc la Ségusie était limitée, à l'est, par le Rhône et la Saône ; au midi, par la Vellavie ; à l'ouest, par l'Auvergne, et au nord, par le pays des Éduens, dont la capitale était Bibracte, aujourd'hui Autun.

Voici maintenant ce qui prouve que le département de la Loire est loin de comprendre le pays des Ségusiens : Pline l'ancien, à la fin de sa nomenclature des peuples de la Gaule Lyonnaise, dit explicitement : *Segusiani liberi, in quorum agro colonia Lugdunum* [3]. Or, la Ségusie renfermait donc, lors du voyage de Pline dans les Gaules, une partie du Lyonnais, à titre de simple colonie, et les habitants de celle-ci ne se nommaient pas Lyonnais, mais bien Ségusiens.

Feurs, ainsi que nous l'avons dit plus haut, était la capitale de ce pays ; cela est prouvé par divers monuments antiques, qu'il sera temps d'examiner lorsque nous aurons à nous occuper de cette ville. Rien n'est parvenu jusqu'à nous de l'histoire des Ségusiens jusqu'à l'invasion romaine, et César est le premier historien de ces peuples, comme de tant d'autres nations gauloises. C'est lui qui nous apprend que, dans la lutte qu'il eut à soutenir contre Vercingétorix, les Ségusiens s'unirent aux autres peuples de la Gaule pour

---

[1] « Les Éduens et les Ségusiens, qui sont voisins de la province romaine. » (On sait qu'elle s'étendait jusqu'à Vienne.) « Le pays des Ségusiens est le premier au-delà du Rhône. »
Commentaires, livre VII.

[2] Il est nécessaire de dire que Ptolémée confond ici les Velaunes ou Vellaviens avec les Arvernes, parce que ces derniers avaient soumis les premiers, pour marcher en commun contre les Romains ; autrement, il serait difficile de comprendre comment les Arvernes se seraient trouvés voisins des Ségusiens. Mais cette citation du géographe ancien ne contribue pas moins à prouver que la Ségusie était bien située sur la rive droite du Rhône.

[3] « Les Ségusiens, peuples libres, dans la terre desquels se trouve la colonie de Lyon. »
Livre IV, chap. XVIII.

soutenir l'indépendance de la commune patrie, et qu'alors la Ségusie devint le théâtre des hostilités. On a même prétendu que ce fut près de Saint-Haon le vieux, village compris aujourd'hui dans l'arrondissement de Roanne, que César acheva la défaite de Vercingétorix : ce que l'on veut expliquer par la présence au milieu d'une prairie d'un quartier de rocher, sur lequel sont sculptées de grandes clefs en relief. Nous reviendrons sur ce monument, dans la description des localités.

Quoiqu'il en soit, le passage de Pline cité ci-dessus prouve que les Ségusiens, après la soumission de leur pays aux Romains, furent compris au nombre des peuples que ces vainqueurs laissèrent se gouverner par leurs propres lois, et qui reçurent en conséquence la désignation passablement inexacte, sous divers rapports, de *Nations libres* : désignation que l'on doit comprendre au moins comme *francs* et *exempts d'impôts*.

Quelque temps après la conquête, cette colonie Lyonnaise dont nous avons parlé plus haut et qui occupait, sur les bords du Rhône, une partie de la Ségusie, devint l'origine de la province romaine connue depuis sous le nom de *Gaule Lyonnaise*. Dion Cassius nous apprend à quelle occasion eut lieu cette fondation. « Le sénat, rapporte cet écrivain, craignant que Lépidus et Lucius Plancus ne se joignissent au parti de Marc-Antoine, leur écrivit qu'il n'était point encore nécessaire qu'ils vinssent à Rome pour les affaires de la république; et afin qu'ils ne lui créassent pas des embarras, il leur envoya l'ordre de bâtir une ville près du lieu où la Saône et le Rhône se joignent, pour y recevoir les habitants de Vienne, chassés par les Allobroges. De sorte que ces deux grands hommes, étant ainsi arrêtés, bâtirent Lyon [1]. » — « Mais ajoute un historien du Forez [2], comme Lépidus s'était déchargé du soin de cette affaire sur Lucius Plancus, ce dernier doit seul être considéré comme le fondateur de cette ville : aussi est-ce de son nom que se tire l'étymologie du nom latin de Lyon : *Lugdunum* (*Lucii dunum*). »

La Ségusie fut occupée par les Romains pendant plus de cinq siècles : c'est-à-dire depuis la conquête jusqu'à l'invasion des Francs. Il est aisé de reconnaître qu'un grand nombre de bourgs ou de villages de cette contrée ont des étymologies romaines, ainsi que nous le ferons remarquer plus

---

(1) Livre IV, chapitre IV.

(2) M. Auguste Bernard auteur d'une *Histoire du Forez*, qui mérite d'être citée, par les recherches consciencieuses auxquelles l'auteur s'est livré, et à laquelle nous ferons plusieurs emprunts, parce que nous avons pu nous convaincre de son exactitude ; 2 vol. in-8°. Montbrison, 1835.

particulièrement dans nos descriptions locales ; nous mentionnerons aussi les aqueducs antiques dont le Forez est sillonné dans toutes les directions.

Jusqu'au commencement du Ve siècle, les Ségusiens vécurent assez tranquilles; et tandis que la fusion des enfants originaires du sol se faisait avec les races conquérantes, cette nation libre se livrait au commerce avec une activité éclairée, peu commune parmi ses voisins. Sans doute cette activité, fille de la paix, dut être souvent troublée par les essaims de barbares qui ravageaient alors les Gaules dans leurs courses fréquentes; mais ces fléaux passagers n'avaient pas détruit entièrement les destinées prospères des Ségusiens, lorsqu'en 407, les Bourguignons ayant envahi les provinces dites Germanique-Supérieure, Séquanaise, Viennoise, et la Lyonnaise, de laquelle dépendait la Ségusie, formèrent du tout un royaume de Bourgogne : état dont les empereurs, impuissants plutôt que portés de bonne volonté, confirmèrent la possession à ces nouveaux conquérants, parce que, disaient ces dominateurs dégénérés, les Bourguignons s'étaient vaillamment conduits lorsqu'il s'était agi de repousser Attila.

Le premier royaume de Bourgogne dura peu : l'histoire générale nous apprend que vers l'an 480, Gondebaud, possesseur d'une partie de ce même royaume, fit assassiner son frère Chilpéric, possesseur du surplus, afin de rester seul maître de la monarchie. Clotilde, fille de cette victime d'une ambition sacrilège, n'oublia point le crime de son oncle lorsqu'elle fut unie au vaillant Clovis; et, pour faire comprendre à Gondebaud toute l'étendue de son ressentiment, elle fit incendier plusieurs villages des États bourguignons. Le roi Franc ne seconda point les desseins vindicatifs de la reine : il comprit, en politique censé, qu'il valait mieux s'unir avec le roi de Bourgogne, afin de repousser ensemble les Visigoths. Mais les fils de Clovis, excités par Clotilde, poursuivirent la vengeance de cette princesse sur les enfants de Gondebaud : ou plutôt la guerre qu'ils leur firent, était un prétexte pour agrandir leurs possessions. Cette ambitieuse entreprise réussit : le premier royaume de Bourgogne fut anéanti en 533, son territoire incorporé à l'empire des Francs, et par là le Forez devint une province française. Quelques historiens, entr'autres Charier, pensent que la réunion de ce pays avait précédé le demembrement de la Bourgogne, soit que le Forez eût formé le douaire de la reine Clotilde, soit qu'il eût été cédé au monarque Franc, lors de la guerre contre les Visigoths. Toujours est-il certain que, du moment de son incorporation à la France, l'administration du Lyonnais, dans lequel le Forez se trouvait compris, fut confiée à des comtes amovibles, par Clotaire, fils de Clovis. On a conservé les noms de ces premiers gouverneurs : ce furent Armentaire, Dauphin, Bermont, Odo, Adalbert, Warnier, Sigonius, Annemond, Bertrand et Gérard, dit de Roussillon.

Cependant le christianisme avait été accueilli avec ferveur dans le Forez, depuis long-temps déjà les dénominations romaines étaient de toutes parts remplacées par des noms de Saints : les églises, élevées partout sur les ruines des temples, se multipliaient incessamment, et les évêques sanctifiés de leur vivant, devenaient les patrons des villes où leur siége était situé. On vit Saint Aubin, patron de Montbrison; Saint Baldomerus et Saint Annemond, patrons de Saint-Galmier et de Saint-Chamond. Puis vinrent des Saints étrangers au pays, mais qui s'y rendirent recommandables par des fondations : ainsi Saint Priest fit construire l'église qui porte son nom; il en fut de même de Saint Bonnet. On conçoit que, dans le Forez comme partout, ces prélats vénérables, environnés de la considération des peuples, que soutenait la fréquence des prodiges qui s'opéraient à leur voix, dut porter une grande atteinte au pouvoir des comtes gouvernants.

Mais ce pouvoir spirituel si prépondérant, défaillit pour arrêter une invasion dont le Forez fut le théâtre, ainsi que la Provence, le Dauphiné, le Lyonnais et le Beaujolais. Vers 735, les Visigoths, joints à une multitude infinie de Mores, dit Belleforest, et conduits par Athin, lieutenant de Miramolin en Espagne, ravagèrent ces pays. L'historien du Forez, De la Mure, croit avoir retrouvé la preuve de cette invasion dans une médaille sur laquelle on voit, d'un côté, une tête couronnée, grossièrement représentée, et qui semble considérer un laurier; de l'autre côté, un trépied surmonté d'un croissant, et tout autour, le nom d'*Avalitanor*, écrit en lettres gothiques [1].

Après l'expulsion définitive des Sarrasins par Pepin-le-Bref, en 764, les Bourguignons s'emparèrent de nouveau du Forez, et le firent gouverner par des comtes à la nomination de leurs rois : état de choses qui résulta d'un nouveau partage de la France entre les enfants de Louis-le-Débonnaire. La contrée qui nous occupe fut comprise alors dans un vaste gouvernement, formé du Dauphiné, du Lyonnais, du Beaujolais et du Roussillon. Gérard, que nous avons nommé précédemment, gouvernait le Lyonnais, vers 753 : habitué à résister à l'autorité des rois fainéants, plutôt qu'à la faire respecter comme c'était son devoir, il refusa de reconnaître Pepin; celui-ci marcha contre lui, le battit, et lui pardonna, disent les historiens, parce qu'il était du sang royal des Mérovingiens. Le vainqueur rendit à Gérard les comtés

---

(1) Sans doute gothique doit signifier ici en caractères goths : ce qui serait plus exact que la signification du mot *gothique* attachée à l'architecture originaire d'Orient. Mais l'abus a acquis en ceci puissance de loi, malgré son évidence.

de Bourgogne, Lyonnais, Forez, Beaujolais, Vienne, Arles, etc. Mais Pepin fit mourir Vaifre, duc d'Aquitaine et beau-frère de Gérard, parce qu'il avait voulu le soutenir : sans doute ce Vaifre ne descendait pas de Mérovée, et la clémence des rois se montre quelquefois capricieuse. Au comte Gérard, succéda Artaud, puis un second Gérard, dit de Roussillon, petit-fils du premier. En 870, ce comte fit la guerre à Charles-le-Chauve, ainsi que cela avait lieu souvent alors de la part de ces princes gouverneurs, qui ne tenaient guère compte de leur domination à la couronne de France. Mais le sort des armes ayant été contraire à Gérard, Charles, après l'avoir vaincu, le déposa, et nomma à sa place, au comté du Lyonnais, Forez et Beaujolais, un Willelme ou Guillaume, selon la prononciation de nos jours : une charte de l'an 913, sert à fixer l'époque de son gouvernement. Ce fut sous ce gouverneur, ou plutôt sous cette souveraineté, que les comtes de Forez obtinrent l'hérédité et devinrent inamovibles, d'amovibles qu'ils avaient été jusqu'alors.

Guillaume, premier du nom, forma donc la tige de la première race des comtes héréditaires de Forez, et se qualifia bientôt : « comte par la grâce de Dieu; » ce qui réduisit à bien peu de chose la suzeraineté du roi de France. Il est vrai que ce prince agissait ainsi sous Charles-le-Simple, qui devait terminer sa vie à Péronne, prisonnier d'un de ses vassaux. Nous devons ajouter toutefois que si Guillaume Ier trouva ce monarque tolérant pour ses écarts d'ambition, il paya son indulgence par un service signalé : ce fut lui qui fit reconnaître son autorité à Lyon. A la mort de ce comte, son gouvernement fut partagé entre ses trois fils : Guillaume, l'aîné, eut le Lyonnais; à Beraud ou Bernard, échut le Beaujolais, et à Artaud, le Forez. Ce dernier seigneur est le premier qui ait gouverné le Forez seulement, et plusieurs chartes attestent qu'il se qualifiait : *Artalus comes Forensium*. Depuis cette époque (vers 917), le pays Forezien, qui conserva toujours les mêmes limites, comprenait le Forez proprement dit, le Roannais et une partie du Jarez.

Renvoyant à nos précis sur les localités les actes des comtes de Forez, nous en continuerons ici la nomenclature pure et simple. A Artaud, mort en 960, succéda Giraud premier, son fils; mais ce comte ne termina point sa vie dans l'exercice du pouvoir : il fit à ses enfants le partage de ses comtés et se retira avec sa femme dans l'enceinte d'un monastère, où il mourut en 990. Lors de ce partage, Artaud II réunit les comtés de Lyon et de Forez : pour le premier, il devait hommage au roi de Bourgogne; pour le dernier, il était vassal du roi de France. On a des chartes signées par Artaud II, de 993 à l'année 999; il mourut dans le cours de cette dernière année. Théoberge, sa veuve, ayant épousé Ponce de Gevaudan, ce seigneur se donna le titre de comte de Forez; mais il ne tarda pas à suivre au tombeau le premier mari de la comtesse, et celle-ci reprit alors le gouvernement direct du comté, ainsi que l'attestent plusieurs chartes de donations à diverses abbayes. A la mort de Théoberge, arrivée en 1011, Artaud III, fils d'Artaud II, eut le comté de Forez, qu'il ne conserva pas long-temps; car une charte de l'an 1017 est signée par Giraud II, son frère, qui réunissait alors ce comté à celui de Lyon, lequel, précédemment, formait son apanage particulier. Du vivant d'Artaud III, les deux frères avaient conclu ensemble une sorte d'association pour lutter contre l'archevêque de Lyon, qui s'efforçait d'envahir le pouvoir temporel, selon l'usage de presque tous les prélats du temps. Les deux comtes d'abord, puis Giraud II seul, ne firent ni paix ni trêve avec ce prince de l'Église, tant qu'il vécut; mais il mourut en 1034. Artaud III ne lui survécut que de quatre ans; son fils gouverna, sous le nom d'Artaud IV, en qualité de comte de Lyon et de Forez. On trouve dans le cartulaire de Savigny, une charte constatant la date d'une transaction passée vers 1072 entre Humbert, archevêque de Lyon, et le comte Artaud : apparemment ce dernier, concéda alors des droits considérables au prélat; car on vit depuis ce temps l'autorité des comtes décliner dans la ville de Lyon; ils cessèrent même d'y résider, dit l'historien Bernard, et se retirèrent dans leur comté de Forez. Montbrison devint alors leur résidence la plus habituelle.

En 1076, Widelin succéda au comte Artaud IV, son père, comme comte de Lyon et de Forez; mais son pouvoir fut presque méconnu des Lyonnais. Les archevêques avaient acquis tant de pouvoir, que si, par réminiscence de ses droits, le comte voulait ordonner quelque mesure dans ce comté, une bulle émanant du Saint-Siége intervenait soudain pour le *censurer jusqu'à récipiscence*. Ce Widelin, étant mort en 1078, laissa le comté de Forez à Artaud V, son frère, qui, dès l'année suivante, associa Guillaume, son fils, à ce comté, dont il hérita enfin en 1086. Guillaume III se croisa avec Raymond de Saint-Gilles, comte de Toulouse, et fut réputé parmi les plus vaillants chevaliers du temps. Guillaume de Tyr, historien de la Guerre sainte, dit de ce comte de Forez : ***Willelmus de Foreys omni virtute et potentia bellicâ præclarus***[1].

Guillaume IV, surnommé le *Jeune*, pour le distinguer de son père, du vivant de ce dernier, était resté dans le Forez avec Eustache, son frère, pour administrer le pays pendant l'absence de Guillaume III. Il est difficile de préciser l'époque à laquelle cet illustre croisé mourut, et laissa le comté à

---

(1) Guillaume de Forez, réputé pour toutes les vertus et pour ses talents militaires.

Guillaume IV; on sait seulement que celui-ci gouverna jusqu'à l'an 1107. Avec lui finit la première race des comtes de Forez, qui avait régné sur ce pays pendant deux cents ans.

Guy Ier, cousin de Guillaume-le-Jeune, dernier comte de la première race, lui succéda au comté de Forez et à celui de Lyon, qui, comme nous l'avons déjà fait entrevoir, n'était plus qu'un titre honorifique. Ce seigneur mourut en 1130, laissant trois fils : l'aîné s'était fait chartreux ; ce fut le second qui succéda à son père, sous le nom de Guy II. Le comte défunt avait recommandé ce fils à Louis-le-Jeune, qui le fit venir à sa cour, l'arma chevalier de sa main, et le renvoya comblé de faveurs dans son comté. En 1198, Guy II abandonna le pouvoir à son fils Guy III, qu'il y avait associé depuis long-temps. Dans le même temps, Renaud, frère du dernier, fut promu à l'archevêché de Lyon ; cette élection mit fin aux longues contestations qui avaient existé entre les titulaires de ce siége et les comtes de Forez. Guy III partit pour la quatrième croisade peu de temps après son avénement au comté, et mourut en Orient vers 1204.

Guy IV succéda à son père : encore enfant lorsque celui-ci était parti pour l'Orient, il avait été confié à son oncle, archevêque de Lyon, qui sut tirer parti de sa tutelle, ainsi qu'on en va juger. Dès que le jeune Guy entra en possession de son héritage, le prélat eut soin de lui faire approuver la session du comté de Lyon, faite par ses aïeux à l'église de cette ville ; ce fut le premier acte du jeune comte. Le règne de Guy IV fut très-long, et remarquable en ce sens que, le premier dans le Forez, il accorda la franchise à ses serfs ; exemple que suivirent plusieurs petits seigneurs, ses vassaux. Les derniers actes connus de ce gouvernant sont de 1239 ; et tout porte à croire qu'il mourut au moment où il projetait un voyage en Terre-Sainte, qu'il ne put exécuter. Sa troisième femme, Mahaut de Courtenay, comtesse de Nevers, eut, après sa mort, la jouissance du comté, en commun avec Guy V, son héritier. Mais ce seigneur s'étant croisé peu de temps après la mort de Guy IV, la comtesse douairière gouverna le Forez avec la vice-gérance de Décane, prieur de Saint-Jean-de-Roanne. Toutefois, Guy V repassa en Europe avant l'année 1248, puisqu'en cette même année, il partit de nouveau avec Saint-Louis, pour la Croisade ; mais arrêté à Marseille par quelques soins, il ne rejoignit le roi en Orient qu'au commencement de l'an 1250, après avoir affranchi les habitants de certaines parties de son comté.

En 1259, Guy V étant mort, jeune encore, le comté de Forez passa à Renaud, son frère, qui déposa la robe sacerdotale pour ceindre la couronne de comte. Ce seigneur, voulant se croiser, ainsi que ses prédécesseurs, dicta son testament en 1270, et fit élection de sépulture dans l'église de Notre-Dame de Montbrison. Il rejoignit l'armée navale de Charles, roi de Sicile, frère de Saint-Louis, et arriva en Afrique, avec ce prince, pour rendre les derniers devoirs au plus pieux, au plus brave, et peut-être à l'un des plus sages de nos rois. Renaud, accablé de fatigue, revint bientôt dans le Forez, et mourut à son retour : sa tombe ne l'avait pas attendu long-temps.

Guy VI, fils du précédent, était engagé dans les ordres ; mais, ainsi que son père l'avait fait, il renonça à la cléricature, et réclama sa part d'héritage. Il eût le Forez, et le Beaujolais fut donné à Louis, son frère. Ce comte, dont la santé avait toujours été languissante, ne se croisa point; il passa sa vie à faire des testaments, et mourut en 1278, avant d'avoir atteint l'âge de vingt-cinq ans; laissant le comté à Jean, son fils, à peine âgé de deux ans. Le comte Jean se rendit en 1296 à l'armée de Philippe-le-Bel, qui assiégeait dans Lille, Valeran, comte de Foulquemont, avec une garnison flammande. Le seigneur Forezien n'avait alors que dix-huit ans; néanmoins, il fit admirer ses prouesses par toute la noblesse française; et l'année suivante, il fut reçu avec une grande courtoisie par le roi de France, qu'il visita à Paris, dans son Palais de la Cité. En 1311, Jean retourna à la cour; il fit partie de l'assemblée, aussi brillante que solennelle dans laquelle Philippe-le-Bel décida une nouvelle expédition en Terre-Sainte. Le comte de Forez, ayant pris la croix avec l'enthousiasme qui éclata parmi la noblesse dans cette réunion, reparut en Forez portant cet insigne sur ses habits, et peu de temps après, il se disposait à partir, lorsqu'il apprit la mort du roi. La religieuse ardeur des seigneurs français s'éteignit alors sur la tombe de ce souverain, avec d'autant plus de facilité, que ni le monarque défunt, ni ses courtisans ne s'étaient proposés sérieusement de se croiser. Le saint zèle qui, depuis deux siècles, faisait élancer tant de vaillants chevaliers au-delà des mers, commençait à baisser : l'esprit chevaleresque devenait moins candidement dévoué à la politique des cours et de la thiare.

Selon les historiens du Forez, et particulièrement De la Mure, le comte Jean, parvenu à la dignité de ministre du roi Charles-le-Bel, fut considéré à sa cour comme un homme de haute capacité, politique adroit, général expérimenté et même jurisconsulte savant : en un mot, dit l'écrivain que nous citons, il figurait honorablement partout. Il mourut vers 1333, à Villefranche, en revenant de Paris; son fils Guy VII lui succéda.

Ce comte de Forez se rangea, ainsi que son père, sous les bannières royales déployées contre les Anglais, en 1338. Mais Philippe de Valois ayant soumis Péronne, que tenaient les troupes d'Édouard III, sans avoir eu besoin de combattre, ce monarque n'eut qu'à remercier sa noblesse du dévouement qu'elle venait de lui montrer. Deux ans plus tard, Guy VII se retrouva dans l'armée française, alliée cette fois à celle du comte de Flandre. L'ingénieux et incisif chroniqueur Froissard cite le comte Guy avec éloge pour les vaillantes choses qu'il fit dans le midi de la France, en 1345 : il contribua puissamment, dit cet écrivain, à faire reprendre aux Anglais beaucoup de places du Languedoc, entr'autres, Miremont, Aquillon, Villefranche; puis, conjointement avec le duc de Bourbon et le comte de Ponthieu, ses beaux-frères, Guy VII fit prisonnier l'anglais Étienne de Lezi, avec tous ses chevaliers. La carrière de ce comte fut toute martiale, et son épée rendit d'éminents services au roi Philippe de Valois. Il mourut à Montbrison en 1357; Louis, fils aîné de Guy, hérita du comté. Au moment de son avénement, ces hordes de bandits, appelées les *grandes compagnies*, licenciées par le traité de Bretigny, inondaient la France, sous les noms étranges mais significatifs, de *Mange-Bâcon*[1], de *Croquans*, de *Retondeurs*, de *Tard-Venus*. Le roi Jean se rendit en personne à Agen et dans le Forez, pour marcher, avec sa noblesse du midi, contre ces brigands, qui désolaient le pays. Jacques de Bourbon, comte de la Marche, venait d'être désigné pour combattre les *Tard-Venus*, qui se concentraient près de Lyon; le monarque lui-même résolut de s'avancer contre eux. Dans sa suite se trouvèrent, indépendamment du comte de la Marche et de Pierre de Bourbon, fils aîné de ce prince, Louis, comte de Forez, Jean, son frère et leur oncle Renaud, seigneur de Malleval, qui se joignait à eux, disait-il, pour leur apprendre le métier de la guerre. Cette éducation leur devint funeste : le comte de la Marche fut défait par les Tard-Venus: ce prince et son fils, blessés mortellement, expirèrent peu de jours après, à Lyon, et Louis, comte de Forez, resta mort sur la place. Telle fut la désastreuse catastrophe qui, le 4 mars 1362, fit tomber une grande partie des provinces méridionales de la France au pouvoir des grandes compagnies.

Jean de Forez, sorti sain et sauf de cette sanglante journée, éprouva un si vif chagrin de tant de malheurs arrivés instantanément aux maisons de Bourbon et de Forez, qu'il tomba dans une sorte d'imbécilité qui dura jusqu'à la fin de sa vie. Il succéda pourtant à son frère ; mais, moins à cause de l'insanité mentale qui le rendait inhabile au gouvernement, que par suite des prétentions de sa mère, ce prince ne jouit pas en paix du comté. Toutefois, une transaction eut lieu entre lui et cette princesse, par

---

(1) *Mange-Bâcon*, c'est-à-dire *mangeur de cochon* : bâcon est un mot encore en usage dans le Lyonnais.

les soins d'un curateur qu'on avait donné au comte comme à un enfant : un partage de domaines s'en suivit, et Louis termina paisiblement sa triste vie avec l'ombre du pouvoir. Jean, surnommé l'*Imbécile*, mourut en 1372, âgé de vingt-neuf ans; il avait fait l'abandon de son duché à Jeanne de Bourbon, sa mère, sœur du roi Jean. Or, pour faire réaliser cette donation, cette princesse prétendit qu'il avait sa raison; mais Louis de Bourbon, qui du vivant de Jean, avait été son tuteur, prétendait à l'hérédité, parce qu'il avait épousé, en 1370, Anne Dauphine, fille de feue Jeanne de Forez, sœur de Jean-l'Imbécile, âgée alors de dix ans. En conséquence de la donation, Jeanne gouvernait le Forez et Louis agissait de même en vertu de ses droits : deux conditions qui n'étaient pas plus valables l'une que l'autre. Cette duplicité du pouvoir se prolongea quelques années; mais enfin en 1376, la comtesse douairière se désista de tous ses droits en faveur de sa petite-fille Anne et du duc son mari. Ici finit la lignée des comtes de Forez, la seule, dit l'historien Bernard, dont les intérêts aient été parfaitement liés avec ceux du Puy. Le Forez se fondit dès lors dans les immenses apanages de la maison de Bourbon; et l'individualité de cette province sous le rapport gouvernemental, ayant bientôt disparu, nous n'aurons plus à nous occuper que de l'importance historique des faits proprement dits.

Louis de Bourbon, reconnu comte de Forez en 1376, et qui réunit ainsi ce comté au Bourbonnais, au Dauphiné et à l'Auvergne, était arrière-petit-fils de Saint Louis; il fut le chef des comtes de Forez de la troisième race. A ce prince, qui mourut à Montluçon, en 1410, succéda son fils, Jean Ier, qui régna jusqu'en 1433. Après lui, vint Jean II, surnommé le *Bon*, mort en 1487, sans postérité légitime. Le plus distingué de ses enfants naturels, Mathieu de Bourbon, connu dans l'histoire sous le nom du *Grand Bâtard de Bourbon*, n'hérita point des apanages de son père; ce fut Charles II, frère de Jean II qui s'empara, quoiqu'archevêque de Lyon, de la succession de ce frère, mais ce prélat ambitieux mourut en 1488; ce fut Pierre II, sire de Beaujeu, fils de Charles Ier, conséquemment frère de Charles II et de Jean II, qui réunit toute la succession de la branche aînée des Bourbons. Il épousa, comme on sait, Anne, fille de Louis XI, dont il eut Charles, comte de Clermont, mort enfant, et Suzanne, duchesse de Montpensier, qui épousa, en 1505, Charles III, septième et dernier comte de Forez de la troisième race.

Ce Charles III est le fameux connétable de Bourbon, qui, pour avoir déplu à Louise de Savoie, mère de François Ier; ou plutôt pour n'avoir pas voulu s'apercevoir qu'il lui plaisait, tomba dans la disgrâce de cette princesse, puis dans celle de son fils, et devint ensuite coupable de trahison envers la couronne. Les biens féodaux, domaines et apanages du connétable, confisqués dès l'année 1522, furent réunis à la couronne, l'année suivante, et le prince condamné à mort. Mais il échappa au supplice ignominieux des traîtres, et fut tué sous les murs de Rome, en 1527.

Il sera facile de reconnaître, par la succession de nos récits, que pour ne pas revenir plusieurs fois sur des données chronologiques indispensables, mais qui n'offrent d'intérêt qu'autant qu'ils forment un aperçu suivi, nous avons dû commencer cette section par le contenu du chapitre précédent; nous allons maintenant rentrer dans notre système de descriptions locales après avoir présenté à nos lecteurs quelques notions géologiques sur l'ensemble du pays.

Le département de la Loire est séparé, à l'est, de celui du Rhône, par une chaîne de montagnes (prolongation des Cevennes), dont une des bases arrive presque jusqu'à la Saône, et se dirigeant du midi au nord, se joint en s'abaissant aux montagnes de la Bourgogne. Une autre chaîne se détache des montagnes de l'Auvergne, et courant aussi du sud au nord, va s'anéantir dans les plaines du Bourbonnais : c'est la chaîne de l'ouest. Or, l'espace compris entre ces deux chaînes forme, au midi, la plaine de Montbrison ou du Forez, au nord, la plaine de Roanne. Entre ces plaines, s'étend une ramification de montagnes, dont l'étendue est d'environ trois lieues sur trois lieues de base et qui joint les groupes de l'est et de l'ouest. Les principales élévations de la Loire, que nous décrirons successivement, sont le *Mont-Pila, Pierre-sur-Haute, la Magdeleine, Saint-Germain, la Montagne de Belmont :* les deux grandes chaînes ci-dessus mentionnées, ainsi que d'autres élévations du département, sont de formation primitive : le granit, dur ou friable, des variétés de gneis et des portions de quartz varié dominent dans leur composition ; on y trouve aussi les roches carnéennes, le koabin, le feldspath étincelant, plusieurs argiles; quelques montagnes, particulièrement dans la chaîne de l'ouest, offrent du schorl, du trap, du baryte, de la stéatite, du grès dur et siliceux. Quelques espèces du porphyre, de marbres et de brèches sont contenues dans les mêmes montagnes : nous en reparlerons en parcourant les localités.

Le Forez, ainsi que l'Auvergne, le Vivarais et le Velay, a eu ses volcans; mais leurs vestiges n'indiquent point les terribles catastrophes physiques dont les traces gigantesques couvrent ces provinces; on ne voit nulle part dans le département de la Loire ces matières ignées, cette variété de produits des volcanisations qui jonchent la contrée que nous venons de quitter. Il ne se trouve ici ni lacs inondant d'anciens cratères, ni scories de laves ou de basaltes éparses sur le sol. Les volcans du Forez ne semblent être que des buttes surgies des terrains de la plaine, ou même qui se sont fait jour au travers des roches primitives. Si des bouches volcaniques ont existé, la main du temps les a fait disparaître, et l'on est d'autant plus autorisé à nier leur existence, que les flancs des buttes volcaniques n'indiquent aucun vestige de coulées, qu'on n'y voit ni laves allongées sur les pentes, ni laves torses révélant les obstacles qui les auraient détournées de leurs cours. Enfin, on ne rencontre point de substances volcaniques au-delà de la base des éminences qui les ont produites. Jetées çà et là comme au hasard, celles-ci sont le plus souvent isolées au milieu d'espaces entièrement unis, comme pour témoigner des caprices de la nature qui les aurait jetées à la superficie du sol.

Mais ces mamelons-volcans ne se montrent pas seulement dans la plaine et au pied des montagnes de l'ouest, où elles se trouvent en plus grand nombre, ils se retrouvent encore dans les hautes montagnes à cinq cents mètres au-dessus du niveau de la mer : c'est cette sorte de phénomène qui nous a fait dire précédemment que ces produits de la volcanisation poussés par un véhicule souterrain à la recherche duquel la raison se perd, s'étaient ouvert un passage à travers les roches primitives. Les volcans du Forez sont formés en général de basaltes noirs, compactes, pesant, sans cellules, à quatre ou cinq faces; long-temps exposés à l'air, ils prennent une couleur grise-foncée, puis ils se changent en une argile cendrée, noirâtre, et qui devient très-propre à la fertilisation. Ces basaltes présentent des noyaux de chrysolithe assez bien conservés; quelques-uns renferment des parties calcaires, de la zéolite de petites géodes de calcédoine et du scharl noir. Dans certaines laves, ces diverses substances se trouvent réunies. Ces buttes volcaniques, dont, en définitive, le nombre est très-borné, puisqu'il ne s'élève guère au-delà de trente; forment une sorte de ligne se dirigeant du nord au sud, et, à l'exception de trois situées dans la plaine de Montbrison, la presque totalité se trouve sur le bord occidental de cette plaine, au pied de la chaîne qui la ferme sur ce point. Nous reviendrons sur les volcans, lorsqu'ils se produiront à notre vue dans nos excursions locales.

Telles sont les traces de la volcanisation dans le département de la Loire : sans doute, en parlant de l'origine des buttes qui la rappellent, nous n'avons émis qu'une opinion conjecturale ; mais elle peut, ainsi que tant d'autres propositions géologiques, s'offrir à titre de probabilité, jusqu'à ce que, par des observations saisies, on ait découvert le rapport de ces éminences avec les montagnes granitiques qui les avoisinent. Nous devons ajouter qu'il n'existe dans le pays aucune tradition, ni de tremblement de terre, ni d'explosions, ni d'irruptions.

Renvoyons à une autre partie de cette section l'examen des richesses minéralogiques du département de la Loire, nous terminerons cet aperçu géologique par quelques remarques sur la nature du sol. Il est d'une espèce très-variée, mais principalement argileux, dans les arrondissements de Roanne et de Montbrison, granitique et schisteux, dans celui de Saint-Étienne. On trouve dans quelques parties du département des végétaux et des restes d'animaux fossiles. Les carrières calcaires renferment surtout de ces derniers débris, et particulièrement des ossements de mammifères. Certaines localités offrent une espèce de marne falunière, mêlée de coquillages et renfermant une grande quantité de cyclostomes et d'hélices fluviatiles et terrestres. Les terres cultivables du département se divisent en six classes : *les varennes, les pierres, les fromentals, les beluzes, les chambons* et *les chaninats*. La *varenne* est une terre franche et légère qui repose sur du gravier, du sable et souvent de l'argile. La *pierre* présente une terre noire, légère, mêlée de cailloux; elle recouvre un fond d'argile, de grès pierreux et de mâchefer. Le *fromental* offre une terre jaune et argileuse. On appelle *beluze* un terrein grisâtre et froid qui repose fréquemment sur un fond de mâchefer et d'argile. Le *chambon* est une terre noire, chargée d'humus, et mêlée de sable fin, parce qu'elle est formée surtout par les alluvions de la Loire. Enfin, le *chaninat* est une terre forte, argileuse, noire ou rousse, impénétrable à l'humidité, et qui paraît particulièrement propre à la culture du froment.

CHAPITRE II.

Ressources agricoles de l'arrondissement de Saint-Étienne. — Le Chambon ; son industrie. — Fabrication des aciers. — Saint-Paul en Cornillon. — Descriptions pittoresques. — Le château. — Singulière charte du seigneur de Cornillon. — Bourg-Argental ; son histoire ; son commerce ; description de l'Église. — Saint-Julien. — Moulins à soie. — Mines de plomb. — Saint-Chamond ; son histoire manufacturière. — Rubanerie. — Anecdote sur *Jacquard*. — Manufacture de lacets à Izieux ; — Détails curieux sur cette industrie. — Le Mont-Pila. — Pouce-Pilate y fit construire un palais qu'il habita ; sa fin tragique. — Cimetière des Lombards. — Rive-de-Gier. — Détails intéressants sur son industrie — Institution philanthropique. — Canal de Givors ; sa description ; son histoire. — Chemin de fer, etc.

Si des cantons situés sur la limite nord de la Haute-Loire, on pénètre dans le département de la Loire, en suivant la rive droite du fleuve, on se trouve sur l'arrondissement de *Saint-Étienne*. Or, avant d'explorer les localités, nous devons offrir un aperçu des ressources agricoles de cette partie du département, afin d'éviter des redites sur la nature du sol et ses produits, qui partout sont à peu près les mêmes, et partout sacrifiés plus ou moins à l'activité industrielle, source à peu près exclusive de prospérité dans cette contrée

Dans l'arrondissement de Saint-Étienne, la culture des terres varie suivant leur position, et doit être divisée en culture des hautes montagnes, culture des collines et culture des vallées. Le sol d'une partie des hautes montagnes n'est formé que de rochers rapprochés les uns des autres, et n'offrant, dans leurs intervalles, aucune végétation qui puisse même suffire à la nourriture des bêtes à laine, une autre partie est couverte de bois ou de terres quelquefois argileuses, plus souvent pierreuses qui restent en jachères pendant plusieurs années. Il y croit du genêt et des buissons; on peut les défricher tous les dix ou douze ans; on y met alors de l'avoine, du seigle ou des pommes de terre : ce qu'on appelle faire des *essarts*. Le surplus de ces montagnes, est composé de prairies et de terres varennes médiocres; ces dernières ne produisent qu'une année sur deux : on y cultive du seigle, de l'avoine, des pommes de terre, la première année; la seconde année, elles demeurent en jachères; mais, durant cette période de repos, elles doivent recevoir au moins trois labours. Il est une petite portion de ces terres varennes d'une qualité supérieure : celles-ci produisent pendant quatre années consécutives : première année, seigle ; seconde, pommes de terre; troisième, grains de mars; quatrième, avoine; puis, après un an de jachère, la même rotation recommence. La position des terres que l'on *essarte*, et même de la plupart des varennes, ne permet pas de les cultiver autrement qu'à la pioche.

« Le sol des collines ainsi que l'assolement et la culture qu'on y applique sont à très-peu de chose près les mêmes que dans les hautes montagnes, avec cette différence, que quelques terrains admettent la culture du froment. Ces terres, pourvues d'engrais, peuvent produire deux années de suite, et ne demeurent en jachère que la troisième. »

Les vallées de l'arrondissement de Saint-Étienne, c'est-à-dire les terrains avoisinant les villes de Saint-Étienne, Saint-Chamond, Rive-de-Gier, et les communes riveraines du Rhône, offrent de fertiles prairies, des terres dites varennes de première ou de seconde qualité, et des chambons, produit des alluvions du Rhône. Les varennes supérieures peuvent être cultivées deux années sur trois : on y récolte du seigle, du froment et des pommes de terre ou autres légumes. Les varennes de seconde qualité exigent une année de jachère sur deux; quant aux chambons, ils donnent alternativement du froment et du chanvre, sans avoir jamais besoin de repos[1] : ces généralités exposées, nous revenons aux localités communales.

---

(1) *Essai statistique sur le département de la Loire*, par M. Duplessy. — Voyez aussi notre résumé sur l'agriculture, à la fin de cette section.

Le canton du *Chambon* est le premier qui se rencontre en venant de la Haute-Loire, au sud-ouest. A deux lieues de Saint-Étienne, se trouve le chef-lieu, petite ville peuplée d'environ trois mille quatre cents âmes, où le nombre des habitants s'est triplé depuis trente ans, ainsi qu'il en a été de toutes les annexes de Saint-Étienne, cette Birmingham française, qui, certes, ne le cède à celle d'Angleterre ni en activité productive ni en opulence. On fabrique au Chambon de la coutellerie; les eaux de l'Ondaine, qui coule près de la ville, paraissent être très-propres à la trempe de l'acier employé à cette fabrication. Toutefois, le Chambon ne renferme point de grands établissements; les ouvriers travaillent isolément, soit au chef-lieu, soit dans les communes environnantes; quelques-uns pour les négociants de Saint-Étienne ou de Saint-Chamond, la majeure partie pour leur propre compte. Les ateliers se composent de deux, trois, quatre, cinq ou six personnes au plus; le maître ouvrier achète la matière première, et vend ensuite les couteaux fabriqués aux maisons de commerce. On fabrique aussi au Chambon quelques articles de quincaillerie : par exemple, M. Roland Palle a établi dans cette ville un atelier pour les vis à bois, industrie que l'arrondissement de Saint-Étienne allait perdre, et qu'il y a relevée. Une usine plus importante fut fondée, il y a vingt-quatre ou vingt-cinq ans, à Trablaine, commune du Chambon, par M. James Jackson : c'est une *acierie,* qu'a dirigée depuis M. Apollinaire Robin. Cette usine produit de l'acier fondu, de l'acier cémenté et corroyé; mais depuis quelques années, cet établissement a été dépassé par celui de M. Holtzer, situé sur la rivière de Cotalay, dans la même commune. L'acier cémenté est fabriqué avec des fers en barre de première qualité, principalement avec celui des mines spathiques, dites *mines d'acier.* On fait généralement les aciers raffinés avec les fers de *Rives* (Isère), qui sont des espèces d'acier peu carbonisés. Nous devons dire à ce sujet que M. Frichou, professeur de chimie à l'École des mineurs de Saint-Étienne, a fait construire des fourneaux pour la fusion des aciers. On confectionne à Trablaine des limes, façon anglaise, qui ne le cèdent en rien à celles tirées d'Angleterre.

Il se tient au Chambon quatre foires par année, très-favorables pour la vente des bestiaux, et plus particulièrement pour celle des bêtes à laine. Cette petite ville, création moderne de l'économie industrielle, n'offre aucun souvenir historique; elle est située sur la route royale de Lyon à Toulouse, et l'élégance des maisons qu'on y remarque révèle promptement la prospérité que l'industrie a procurée à ses habitants.

A *Firminy,* autre petite ville, située sur la même route, tout près du Chambon, et dans les villages environnants, on fabrique de la clouterie depuis le milieu du XVIe siècle ; mais les ouvriers ne se livrent à ce travail que pendant une moitié de l'année; ils consacrent les six autres mois aux travaux d'une agriculture qui ne les dédommage pas toujours de leurs peines. On tire du territoire de Firminy des meules à aiguiser la coutellerie; le prix de ces meules varie selon leur dimension : de trois pieds et demi de diamètre à cinq pieds et demi sur une épaisseur de sept à douze pouces, elles valent de 48 à 150 francs. Il y a sur les communes de Firminy et de Roche-la-Molière, canton du Chambon, trois fosses houillères comprises dans le bassin de Saint-Étienne; nous en parlerons lorsque nous aurons à nous occuper de l'exploitation des charbons, l'une des principales sources de richesse de cet arrondissement.

Le bourg de *Saint-Paul en Cornillon*, situé à l'ouest du canton de Chambon et sur la rive droite de la Loire, n'est remarquable que par sa position au pied d'une roche très-élevée, sur laquelle est bâti le château des anciens seigneurs de Cornillon. Ce site pittoresque doit avoir plus d'une fois inspiré le crayon de l'artiste, et nous laissons à M. Adolphe Rouargue le soin de le reproduire. Saint-Paul, qui ne présente plus aujourd'hui que l'apparence d'un bourg, paraît avoir eu jadis l'importance d'une ville : c'est au moins ce qu'on peut inférer d'une charte d'affranchissement rendue, au commencement du XIIIe siècle, par le sire Guillaume de Beaudisner. Ce document, curieux sous plusieurs rapports, mérite surtout d'être cité, parce qu'il peint en même temps les mœurs du temps, et le système gouvernemental de la noblesse féodale : voici les principales dispositions de la charte du seigneur de Cornillon. « Si quelqu'un est convaincu d'avoir volé de jour ou de nuit quelques effets dans *la ville*, le seigneur doit avoir soixante sous d'amende, et peut faire couper un pied ou une oreille. Si un homme de guerre a donné un coup de poing ou un soufflet à quelqu'un, il doit payer soixante sous au seigneur, et satisfaire l'offensé à l'arbitrage du maire et des consuls de la ville. Si quelqu'un est convaincu d'adultère, ce qui peut se prouver ou par témoins, ou si l'on trouve un homme et une femme nus et une partie des habits de l'un et de l'autre épars dans le même lit; ou si l'on trouve dans une chambre une femme avec un homme suspect, les portes fermées : alors ils seront remis entre les mains du seigneur, qui, pour punition de leur crime, les fera courir nus dans la ville, *à moins qu'ils ne rachètent* cette course; le tout à la volonté du seigneur. » Ainsi l'on peut conclure logiquement de ce réglement que le seigneur de Cornillon, empressé sans doute de punir les délits commis par ses sujets, ne devait pas se montrer aussi disposé à les prévenir, puisqu'ils formaient une partie de son revenu. Poursuivons : « Les homicides et les voleurs doivent être mis à la disposi-

St PAUL EN CORNILLON.

PUBLIÉ PAR SUIREAU, À NANTES.

tion du seigneur, et non point demeurer dans la ville ni au pouvoir des habitants. Si une fille a été connue par une homme marié, elle doit être conduite à la femme offensée, ou à l'arbitrage des gens mariés; mais s'il y a eu plainte publique, elle sera à la disposition du seigneur, pour punir le crime. Il est dû au seigneur soixante sous pour les fausses monnaies : » cette disposition concédait positivement le droit de se faire faux-monnayeur, moyennant allocation au sire Guillaume de Beaudisner. Du reste, le seigneur de Cornillon, apparemment fort puissant, était du petit nombre de ceux qui, dans le comté de Forez, pouvaient établir des fourches patibulaires à trois piliers, insigne de haute, moyenne, basse, mère et mixte souveraineté. On sait encore que les habitants de Cornillon étaient taillables aux trois cas : chevalerie, mariage et engagement de terre ; mais le tout sans aucune violence du seigneur, et à l'arbitrage des consuls : cette concession féodale est digne de remarque.

La roche fourchue, située un peu au-dessus de Saint-Paul en Cornillon, forme, dans le cours du fleuve, la limite du département de la Haute-Loire.

En nous reportant un peu à l'est, nous trouvons les communes d'Unieux, de Feugerolles, de Roche-la-Molière et de Saint-Genest-Lerpt : communes dont le territoire couvre à l'ouest le canton de Saint-Étienne, quoiqu'elles dépendent de celui du Chambon. A Unieux, il existe une *fenderie* sur la rivière d'Ondaine; deux autres sont établies à Feugerolles sur le même cours d'eau. On sait que ces fenderies sont des usines dans lesquelles le fer est divisé, sur sa longueur, en verges ou baguettes plus ou moins épaisses, pour être employé ensuite à la clouterie ou à divers ouvrages de serrurerie. Le métal se divise aussi en lames plates propres à faire des cercles de tonneaux. Les usines dont il s'agit, procèdent à l'aide de machines hydrauliques à double équipage. Feugerolles offre une papeterie destinée uniquement à la fabrication du carton ; elle date de l'année 1808, et livre annuellement de quarante-cinq à cinquante mille feuilles. A Roche-la-Molière et à Saint-Genest-Lerpt, presque toute la population masculine est livrée à la fabrication de divers objets de quincaillerie. Saint-Genest-Lerpt exerçait autrefois une industrie qui lui était particulière, et pour laquelle deux cents ouvriers étaient pourvus de travail : là se concentrait exclusivement la confection des *mouchettes*. L'auteur d'une statistique industrielle que nous avons sous les yeux, assure que Saint-Genest donnait cet article à des prix tellement variés, qu'il y en avait depuis dix-huit sous jusqu'à deux cent-vingt francs la douzaine. Mais cette branche d'industrie, selon le même écrivain, est presque anéantie dans l'arrondissement de Saint-Étienne ; et il attribue cette décadence à la concurrence des manufactures de Liège. Ne convient-il pas d'ajouter à cette cause là le progrès de l'éclairage à l'huile, la propagation des diverses espèces de bougie à bon marché, et surtout les appareils de gaz : tous moyens qui excluent l'usage de l'ustensile qui faisait la fortune de la localité sus-mentionnée. Les ouvriers jadis employés à la fabrication des mouchettes, s'occupent aujourd'hui dans leurs foyers, de la confection des armes de guerre pour la manufacture royale de Saint-Étienne [1].

En sortant, au sud-est, du canton de Chambon, nous entrons dans celui de *Saint-Genest-Malifaux*, dont le territoire n'offre pas moins d'une soixantaine d'usines à scier les planches, établies sur divers cours d'eau. Les principales sont à Saint-Genest sur la Semène et la Pleine; à Jonzieux et à Tarantaize sur le Furens; à Marlhes, sur un ruisseau qui traverse cette commune. Les planches sciées dans ces nombreuses usines sont destinées à alimenter le commerce considérable qui s'en fait dans les arrondissements de Saint-Étienne et de Montbrison. Les pièces soumises au sciage sont tirées des bois qui couvrent le Mont-Pila, canton de Saint-Chamond, et de plusieurs autres cantons environnants. Une faible partie des planches est consommée dans le pays; le reste s'exporte par le Rhône dans le midi, pour être vendu principalement à Beaucaire. La commune de Tarantaize renferme une forêt royale contenant 300 hectares, et qui se compose essentiellement de sapins.

Continuant de nous reporter au sud-est jusqu'à la limite du département de l'Ardèche, nous rencontrons le canton de *Bourg-Argental*, et nous trouvons ici une lueur historique de quelque intérêt. Artaud IV, comte de Forez, fonda en 1062, le prieuré de Saint-Sauveur, commune de ce canton : prieuré qu'il plaça sous la dépendance de l'abbaye de la Chaise-Dieu. Plusieurs priviléges furent accordés par le fondateur au nouveau prieur, avec diverses usances en ses terres, du consentement de toute la noblesse de son vasselage (*volentibus omnibus militibus de Argentau*). La charte de fondation octroyait aussi aux habitants de Saint-Sauveur, le droit d'user du bois de la forêt pour leurs besoins. Dans la suite, ces concessions furent encore augmentées par les descendants d'Artaud IV.

L'église de Bourg-Argental est fort ancienne, et M. Bernard jeune, historien du Forez, pense que sa construction primitive n'est pas postérieure au milieu du IXe siècle. Nous le croyons volontiers; mais lorsque l'on visite ce monument, il est difficile d'y retrouver des traces de cette première construction. Ce qui a échappé à l'outrage du temps et aux injures plus actives des factions

---

[1] Voyez la notice sur cette ville.

religieuses, ne rappelle ni le style roman proprement dit, ni l'architecture byzantine, qui vint le modifier et le fleurir lorsqu'il ne lui restait plus rien de sa majesté originaire. Le portail offre sans doute des ornements aussi curieux que multipliés; mais ils appartiennent incontestablement à la période gothique, et même d'une époque avancée, ainsi que nos lecteurs en pourront juger par la description suivante. Deux statues de forte proportion flanquent l'entrée principale de l'église; elles sont fort mutilées, mais on peut distinguer encore qu'elles étaient grossièrement sculptées. Peut-être ces statues servirent-elles à décorer l'édifice du IXe siècle; peut-être même avaient-elles appartenu précédemment à quelque temple antique, et l'on serait tenté de le croire, en appréciant le caractère de celle de ces deux figures dont la dégradation est le moins avancée. Elle représente une femme nue, enlacée par deux serpents qui lui dévorent le sein. L'artiste, sans doute inspiré par les souvenirs de la statuaire allégorique des anciens, a-t-il prétendu représenter la religion, atteinte au cœur par l'hérésie et le péché? Quoiqu'il en soit, les statues qui nous occupent diffèrent essentiellement de tout le système d'ornementation du portail, et lui sont antérieures de plusieurs siècles. Des ouvriers, comme pour hâter la destruction, ont aiguisé leurs outils sur la pierre dont elles sont faites. Parmi les autres sculptures, on distingue le Père Éternel encensé par deux anges, et dominant une suite de médaillons, qui représentent diverses scènes de la conception, de la visitation, de la nativité et de l'adoration des mages. D'autres médaillons, disposés en forme d'archivolte, contiennent chacun une tête, que l'on n'est point encore parvenu à reconnaître. Un peu au-dessus, David, sculpté en pied, est assis et joue du violon; tandis qu'un chœur d'anges, placé encore au-dessus, joue du tambour de basque, de la harpe, de la cithare, du psaltérion, de la viole d'amour. Ce concert, où David semble placé comme chef-d'orchestre, assigne une époque presque précise à ces bas-reliefs : ce n'est qu'à la fin du XVIe siècle que l'art se permit ces singuliers anachronismes. On sait que long-temps après, les poëtes et les artistes, jaloux de rechercher les délicatesses de l'exécution, ne se mettaient nullement en peine d'être vrais dans l'imitation : Rubens admet des musiciens jouant de la basse aux festins bibliques; et dans le paradis de Milton, les anges sont virtuoses sur le violon.

L'église de Bourg-Argental a la forme d'une croix, et du point de jonction des transsepts avec la nef principale, s'élève une tour octogone servant de clocher. Cette partie du monument nous a paru antérieure à la période gothique; le surplus a été reconstruit à diverses époques, toutes postérieures au XIVe siècle, et ne laisse plus distinguer, le portail excepté, aucun caractère artistique.

Durant les guerres de la Ligue, Bourg-Argental, occupé par les troupes ligueuses, vit échouer sous ses murs les efforts des royalistes qui assiégaient cette place : on y célébra long-temps, par une procession publique, la mémoire de cet événement. Depuis lors, le canton de Bourg-Argental ne s'est inscrit sur les tablettes de l'histoire que par l'activité industrielle dont il est le théâtre. Situé dans une vallée fertile où viennent s'amortir les bases de trois hautes montagnes, ce territoire est planté en mûriers, qu'on y cultive avec autant d'intelligence que de succès. C'est avoir dit que les habitants se livrent à l'éducation des vers à soie; le produit qui en résulte est cette belle soie blanche, provenant du ver *Sina*, importé de la Chine en 1780 [1]. Elle est d'une qualité tellement supérieure à toutes celles connues, qu'elle ne cesse jamais d'être retenue à l'avance par les fabricants de Lyon, de Saint-Étienne, de Saint-Chamond, à un prix plus élevé que celui des matières du même genre, venant de toute autre origine. Le nombre des fabriques où l'on s'occupe du moulinage des soies, dans le canton de Bourg-Argental, est aujourd'hui très-considérable, puisqu'elles forment ensemble plus de 55,000 broches : la commune de Saint-Julien-Molin-Molette surtout, renferme un grand nombre de moulins. En 1766, cette commune ne possédait que deux petites fabriques, où l'on employait à peine vingt à vingt-cinq ouvriers. Dans le cours de cette même année, M. François Corrompt, habile mécanicien, établit une troisième fabrique, et vingt ans plus tard, il en fonda une quatrième. M. Joseph Corrompt, fils du précédent, ouvrit deux nouvelles usines, auxquelles il joignit un établissement pour le tissage du crêpe. Maintenant les membres de cette même famille possèdent la plus grande partie des moulins à soie de Saint-Julien, et leur exploitation occupe plus de 500 personnes. La population de cette commune qui, lorsque M. François Corrompt vint s'y établir, ne s'élevait pas à quatre cents âmes, est aujourd'hui plus que triplée : on peut juger par là, ce que le pays doit de reconnaissance à cet industriel et à ses descendants.

Dans les environs de Saint-Julien-Molin-Molette (chaîne du Pila), on a découvert des rochers de serpentine d'un vert foncé, quelquefois tachée de blanc. La division des bancs présente des couches minces d'abestoïde verdâtre. Cette serpentine peut s'employer pour ornements; elle prend un beau poli et s'harmonie bien avec les bronzes dorés. Nous ne quitterons point

---

(1) Le moulinage des soies fut importé en France vers le milieu du XVI siècle, par un italien nommé Gayotti, qui se fixa à Saint-Chamond. Plus tard, Pierre Bernay se livra à cette industrie à Pelussin, et elle se répandit bientôt dans les environs, principalement sur le territoire qui forme aujourd'hui les cantons de Pelussin, de Saint-Chamond et de Bourg-Argental.

Saint-Julien, sans parler des mines de plomb sulfuré dont le centre et les fonderies sont dans cette commune, quoique les mines elles-mêmes s'étendent en grande partie dans le département de l'Ardèche. Leurs filons nous ont paru très-nombreux, et présentent toutes les variétés connues de ce produit, mêlées avec les substances qui s'y combinent ordinairement : le zinc sulfuré ou *blende* y est surtout très-commun. On trouve aussi dans ces mines, la baryte ou le spath pesant, d'une espèce très-blanche ; elle peut servir avec succès à fabriquer la céruse. Le minérai, après avoir été lavé, trié, etc., est employé à la poterie commune : une partie est consommée dans le département; le surplus s'exporte dans les départements du Rhône, de Saône-et-Loire, de la Haute-Loire et du Puy-de-Dôme. Ce qui ne sert pas à la poterie, est fondu, réduit en lingots et converti en plomb de chasse. Dans les mines de Saint-Julien, on parvint il y a une trentaine d'années, à une cavité tapissée de cristaux de galène et de pyrites cuivreuses; on la dépouilla pour en extraire le métal. Le plomb de ces mines recèle du cuivre en assez grande abondance, surtout dans le filon de la montagne appellée *la Pause*.

La ville de Bourg-Argental, quoique possédant moins de moulins à soie que Saint-Julien, l'emporte sur cette commune pour le mouvement commercial résultant des achats de ce produit. D'ailleurs, cette localité, dont la population excède 2,500 âmes, offre une blanchisserie renommée pour le degré de blancheur qu'elle donne aux toiles. Elle possède aussi une fabrique de crêpes qui occupe de quatre-vingts à cent ouvriers, et il existe à Bourg-Argental un certain nombre de métiers à rubans.

Nous ne laisserons point échapper l'occasion de donner à nos lecteurs une idée des premiers apprêts appliqués à la soie ; nous empruntons ces détails de la statistique industrielle du département de la Loire, publiée en 1835 par M. Alphonse Peyret[1]. « La soie, en sortant du cocon, dit cet écrivain, reçoit différents apprêts appelés *ouvraisons* ou *moulinages*, qui lui donnent la consistance et le nerf nécessaires pour supporter le décreusage et le tissage. On emploie deux espèces de soie pour les tissus : les unes, destinées à former les fils de la chaîne, sont appelées *organsins ;* les autres, réservées pour la trame, sont désignées sous le nom de *poils*, quand elles sont à un bout, et de *trames* quand elles sont à plusieurs. Pour la confection de certains tissus, comme les gazes, par exemple, on n'emploie que des organsins. Une soie filée à quatre, cinq ou six cocons produit le premier fil de l'organsin; on monte

---

[1] A Saint-Étienne, chez Delarue, libraire-éditeur, place Royale.

deux fils isolément, ayant soin de donner à chacun un tordage ou premier apprêt qui se nomme *filé*. On joint ces deux bouts, que l'on tord de nouveau, l'un après l'autre : c'est le second apprêt ; il se termine par le montage de la soie sur un guindre, sur lequel on assemble un certain nombre de tours, qui forment des *capies* ou petites flottes, dont plusieurs réunies composent le *metteau* livré au commerce.

» Le *poil* n'est autre chose qu'une soie grège, filée à huit ou dix cocons, quelquefois plus, montée à un seul bout, et n'ayant qu'un seul apprêt. Le montage et le *capiage* s'opèrent de même que pour les organsins ; le pliage seul diffère. Il ne s'en fait pas dans les fabriques de la Loire. La *trame* est formée d'une grège que l'on choisit plus ou moins fine, suivant l'emploi qu'on lui destine, et que l'on monte à deux ou trois bouts avec un seul apprêt.

» On fait aussi une soie ouvrée qui tient le milieu entre l'organsin et la trame ; on l'appelle *tors sans filé* : elle entre quelquefois dans la chaîne des étoffes. Cette soie n'a point de premier apprêt ; seulement les fils en reçoivent un second très-renforcé, qui cache la perte du premier.

» Le titre ou la finesse de la soie est exprimé en *deniers*, fractions de la livre de Montpellier, d'après le poids d'une longueur de fil de 400 aunes ou 476 mètres.

» Le *crêpage*, c'est-à-dire l'apprêt que l'on fait subir à la soie pour les tissus appelés *crêpes*, qui sont ensuite teints en pièces, a été appliqué, en 1818, aux organsins destinés à la fabrication des rubans-gazes : ceux-ci forment tout à la fois la chaîne et la trame de ces rubans. Cet apprêt consiste à donner un nouveau tors à la soie teinte, afin d'augmenter sa force en produisant une réduction de quatre à cinq pour cent dans sa longueur. »

Nous ne nous étendrons pas davantage sur ces détails techniques, suffisants pour donner une idée générale des premiers travaux appliqués à la soie. Revenons à Bourg-Argental. Cette ville, située sur la route de Roanne au Rhône, et traversée par la petite rivière de la Diome, est le centre d'une grande activité, indépendante du moulinage et du commerce des soies : c'est par là que passent, pour descendre vers le Rhône, tous les bois exploités dans les forêts des montagnes de l'ouest ; c'est aussi le passage des vins expédiés des rives du Rhône dans les départements de la Loire et de la Haute-Loire. Bourg-Argental est le lieu du département où se tient le plus grand nombre de foires : il y en a quatorze, qui toutes sont fécondes en affaires importantes.

La commune de Saint-Sauveur offre, au lieu appelé le *Coin*, douze scieries de planches, établies sur un ruisseau : c'est tout ce que nous pouvons dire de cette localité. Sur la commune de Thélis-Lacombe, s'étend le bois du

Paradis contenant 165 hectares, un quart en sapin haute-futaie, les trois autres quarts en hêtre taillis.

Au nord-est du canton de Bourg-Argental, celui de *Pelussin* côtoie la rive droite du Rhône, et longe à l'ouest et au nord-ouest, les cantons de Saint-Étienne et de Saint-Chamond. Le territoire de Pelussin, surtout le fond des collines, offre une argile grisâtre; on y remarque une sorte de marne falunière, mêlée de coquillages et renfermant une quantité considérable de cyclostomes, avec des hélices fluviatiles et terrestres. De temps en temps, on y découvre des os fossiles de mammifères, particulièrement sur le territoire de Chavanay. Les habitants de ce canton racontent que, vers le commencement de ce siècle, en pratiquant des fouilles dans des bancs d'argile pour une fabrique de faïence, on découvrit, à dix mètres de profondeur, l'empreinte bien distincte d'un enfant; elle fut exposée quelque temps dans l'atelier d'un potier; mais la gelée qui survint l'altéra bientôt entièrement. Était-ce le moule d'un fossile humain? la Genèse et Cuvier couraient-ils le risque d'être enfin démentis, la première dans sa chronologie, le dernier dans ses constantes dénégations touchant l'existence de ces débris anté-diluviens de notre espèce? Avant de prononcer sur une question aussi délicate, il faudrait constater l'authenticité de la découverte, et c'est ce que nous n'avons pu faire.

Pelussin, chef-lieu du canton, possédait dès l'année 1684, un grand atelier de moulinage, fondé par un habile filateur de Bologne, nommé Pierre Benay, déjà nommé dans cette section, Claude de l'Étang de Grolier, baron de Malleval, Chavanay et autres lieux, accueillit avec empressement cet industriel, et lui concéda gratuitement les eaux de son réservoir. Ce Pierre Benay, établit dans la suite d'autres moulins à soie, à Privas et à Aubenas, et obtint de Louis XIV des lettres de noblesse. Or, ce qui venait de l'illustrer en France le desservait en Italie: tandis qu'on l'anoblissait à Versailles, les Bolonais, indignés de son infidélité à leur ville, le pendaient en effigie. Son fils, ayant recueilli ou complété sa grande fortune, abandonna l'industrie, vécut en grand seigneur et se ruina. L'usine de Pelussin, fut vendue à un des ancêtres de M. Julien du Colombier, qui la possède encore aujourd'hui.

La route de Lyon à Beaucaire borde, dans toute sa longueur, le canton de Pelussin; passant à Saint-Pierre-de-Bœuf et Chavanay, sur la rive droite du Rhône, cette communication et le commerce qui se fait par le cours du fleuve impriment au pays une certaine activité; mais l'industrie fabricante n'y est pas aussi considérable que dans les cantons voisins.

Une voie départementale conduit des bords du Rhône à *Saint-Chamond*, chef-lieu de canton, situé à six lieues de Saint-Étienne, sur la route de Lyon à Toulouse. L'existence de cette ville date du VII⁰ siècle : Saint-Ennemond, archevêque de Lyon, y fit bâtir une église vers l'an 640; mais rien ne prouve que son importance remonte aussi loin. « On a voulu, dit M. Duplessy, que Saint-Chamond ou *Saint-Chaumond*, comme on l'appelait jadis, tirât son nom de la montagne (*Mons Callidus*) sur laquelle la ville fut d'abord bâtie; mais il paraît plus vraisemblable qu'elle ait pris le nom de son fondateur, qu'on appelait également Saint-Chaumond, ainsi que cela est constaté par la liturgie de Paris, qui conserve encore à ce prélat ce nom de Saint-Chaumont. » Quoiqu'il en soit, les comtes de Forez n'avaient fait aucun établissement considérable dans la partie de leur comté qui forme aujourd'hui l'arrondissement de Saint-Étienne; cette portion du territoire était abandonnée à de nobles vassaux qui, à diverses époques, y construisirent des châteaux forts, dont il reste aujourd'hui peu de vestiges. Or, les seigneurs de Saint-Chamond eurent primitivement une modeste habitation près de la rivière ; ils fondèrent un chapitre, plusieurs institutions religieuses et divers autres établissements. Mais ce ne fut qu'au milieu du XVII⁰ siècle que cette ville prit quelque développement. Melchior Mitte de Chevrières, marquis de Saint-Chamond, qui, le premier parmi les généraux de Louis XIV, fut revêtu du titre de lieutenant-général des armées du roi[1], crut devoir relever encore cette dignité par une magnificence féodale peu ordinaire. Il fit construire le château de Saint-Chamond sur un plan aussi vaste que curieux, qui, du reste, n'a jamais été exécuté entièrement. Cet édifice, détruit en 1793, offrait une disposition telle que le clocher de la chapelle se trouvait sous l'église, et celle-ci sous un parterre dont on pouvait faire le tour en voiture. Le tout était dominé par le château proprement dit, armé d'un système de défense qui le rendait à peu près imprenable. Sa position sur le flanc d'une colline, des remparts, des bastions, de larges fossés, de vastes souterrains, tout contribuait à favoriser une longue résistance. Cette immense demeure devait avoir la forme d'un M, initiale de *Mitte*, si les parties inachevées eussent été conduites à leur perfection. Les distributions intérieures des corps de logis terminés rappelaient encore, à la fin du XVIII⁰ siècle, la splendide vanité des seigneurs de Saint-Chamond : il y avait dans ce château une galerie de tableaux précieux, un musée d'histoire naturelle et des meubles d'une richesse extrême. Tout a été anéanti en 1793; quelques débris du monument lui-même attestent

---

[1] En 1663.

seuls son ancienne splendeur : on voit encore une longue galerie et la salle du musée.

Mais si la ville de Saint-Chamond a perdu le lustre féodal dont ses seigneurs épandaient sur elle le reflet, l'intelligence et l'activité de sa population, doublée depuis une trentaine d'années, ont fait naître et entretiennent dans son sein une prospérité que n'avaient pu lui procurer ses nobles dominateurs. Trois branches d'industrie sont exercées dans la ville de Saint-Chamond et ses environs avec un égal bonheur, indépendamment des exploitations plus fécondes encore des mines et du sol houiller : ces industries sont le moulinage des soies grèges, la fabrication des rubans, galons, padoux, lacets; enfin la clouterie pour la marine et les particuliers. Le moulinage des soies, importé, comme nous l'avons dit, à Saint-Chamond au milieu du xvie siècle, par l'italien Gayotti, n'avait pas obtenu, au commencement de notre siècle, tout le perfectionnement qu'on pouvait attendre d'une aussi longue existence; il était réservé à M. Richard Chambovet, moulinier et fabricant de lacets à Saint-Chamond, de porter à sa perfection cette partie essentielle de la préparation des soies. De nouvelles machines à organsiner, importées d'Angleterre, furent établies dans sa fabrique d'Izieux, et la régularité du travail, jointe à sa vitesse, ne laisse rien à désirer depuis l'application de ce mécanisme [1].

La fabrication des rubans a pris dans le canton qui nous occupe, un développement plus grand encore : on peut dire que cette industrie a fait la fortune, non-seulement de Saint-Chamond, mais de Saint-Étienne même. Sans elle, dit M. Alphonse Peyret, auteur de la statistique industrielle déjà citée, ces deux villes, bornées au travail du fer et à l'exploitation de la houille, ne seraient jamais parvenues à cette splendeur commerciale qui, à Saint-Étienne surtout, excite l'étonnement et l'admiration des étrangers. Si maintenant nous remontons à l'origine de cette opulente industrie, nous voyons que, dès le commencement du xvie siècle, Turquet et Nariz apportèrent de Lucques à Lyon des métiers pour le tissage des étoffes façonnées, et qu'en 1540, parut un règlement qui fixait un fort droit d'entrée dans le royaume pour les draps d'or, d'argent, de soie et pour les *rubans*. Il est donc présumable que la France produisait déjà assez de ces tissus pour alimenter son luxe, fort prodigue de rubans, surtout à la cour du fasteux François Ier. De Lyon, la rubanerie fut promptement transportée à Saint-Chamond, ville alors plus

---

[1] Dans ces nouveaux métiers, construits presque entièrement en fer, les fuseaux font jusqu'à 3,000 tours par minute, au lieu de 800 à 1,000 qu'ils faisaient avec l'ancien système; et cependant ils exigent une force motrice moins considérable.

considérable que Saint-Étienne ; peut-être même ce genre de fabrication fut-il l'occasion qui détermina l'italien Gayotti à établir en ce lieu ses moulins à la *Bolonaise*, pour l'ouvraison des soies. Ainsi, l'on voit que Saint-Chamond fut véritablement le berceau de la rubanerie, dans le pays qui forme aujourd'hui l'arrondissement de Saint-Étienne, et que cette dernière ville reçut de sa voisine cette sorte de talisman industriel. La révocation de l'édit de Nantes arrêta, vers la fin du XVIIe siècle, l'essor de cette industrie, par l'expulsion d'un grand nombre d'ouvriers ; elle n'avait pas encore repris toute son activité, lorsqu'en 1760, la maison Dugas de Saint-Chamond, importa de Bâle les métiers à la *Zurickoise*. Depuis lors, des primes accordées par le gouvernement, puis le commerce d'exportation des rubans dans toutes les parties de l'Europe et aux colonies, enfin l'abondance des capitaux dans les mains des fabricants, imprimèrent aux ateliers une activité, et à l'écoulement une rapidité que les événements de 1793 arrêtèrent tout à coup. La dépréciation des assignats, avec lesquels on ne pouvait plus se procurer les matières premières, la fermeture des débouchés, les velléités martiales, républicaines ou contre-révolutionnaires, qui se prononcèrent parmi les ouvriers : telles furent les principales causes de cette suspension ; les métiers se turent. Ceux des rubaniers de Saint-Chamond et de Saint-Étienne, qui ne se rangèrent pas sous les drapeaux de la république, ou sous les bannières de la rebellion lyonnaise, furent employés à la fabrication des armes de guerre. Cependant, au commencement du consulat, époque à laquelle l'enthousiasme militaire et l'effervescence des partis étaient déjà attiédis, un recensement fait dans le département de la Loire, pour la distribution des secours accordés aux ouvriers indigents, porta le nombre des rubaniers à vingt-cinq mille. Mais de 1800 à 1806, la rubanerie, relevée progressivement depuis 1796, parvint à un haut degré de prospérité : les produits restèrent constamment au-dessous des commandes. Les fabricants ne pouvaient suffire aux demandes : la paix ayant rouvert les communications avec l'Allemagne, la Russie, le Portugal et l'Espagne, ces divers pays, privés durant plusieurs années des rubans dits de Saint-Étienne, en firent une ample consommation. Pendant cette veine de prospérité, les chefs d'ateliers et les ouvriers se perfectionnèrent ; l'apprêt fut porté à un degré supérieur à celui des Anglais, et divers genres de fabrication furent successivement innovés. Par exemple, les rubans de satin, jusqu'alors peu connus, furent tissés avec un grand progrès ; ceux de velours, façon Crevelt, s'introduisirent dans les ateliers de Saint-Étienne, par les soins de M. Thiollière-Duchamp ; et ces deux produits donnèrent des bénéfices considérables.

Mais lorsque la France redescendit dans la lice des guerres européennes, pour n'en plus sortir que par un immense désastre, les manufactures de rubans, comme tant d'autres, déclinèrent rapidement : cette crise progressive dura jusqu'en 1815.

Malgré le prix excessif des soies, la rubanerie se releva de nouveau en 1816 ; alors la multiplicité des commandes, surtout les efforts constants que les fabricants firent pour perfectionner de plus en plus leurs produits, portèrent cette industrie à un apogée de splendeur qu'elle n'avait jamais atteint. Les deux causes principales de ce progrès extraordinaire et peut-être unique dans l'histoire manufacturière de la France, furent l'invention des *rubans-gazes* et l'application des métiers *Jacquard* au tissage des rubans. Ce fut M. Pierre Bancel de Saint-Chamond qui, en 1817, prit un brevet d'invention et de perfectionnement pour un procédé de fabrication des rubans et autres tissus de soie *en deux ouvraisons*, auxquels on donne la teinture avant la première et après la dernière de ces opérations. Ce nouveau genre de tissus, adopté aujourd'hui comme base de la plupart des rubans façonnés, eut un succès prodigieux, dû en grande partie à l'emploi du système Jacquard, qui les exécute avec une rare perfection [1].

Nous venons de nommer un des hommes qui, de nos jours, rendit les plus éminents services à l'industrie française. Nous ne pouvons résister au désir de rapporter une anecdote sur cet inventeur doué d'une simplicité si remarquable.

Joseph Jacquard n'était pas un enfant des bords de la Loire ; sa famille, originaire de Lille, était venue s'établir dans le Lyonnais, où il avait vu le jour vers 1770. Mais cet homme, plus grand que sa renommée, qui faisait de la mécanique transcendante comme J. J. Rousseau de la philosophie sublime, par sagacité innée ; ce génie bonhomme, dont l'active imagination produisit une révolution immense dans l'art du tissage, fit battre monnaie à coups de navette, dans les ateliers de Saint-Étienne et de Saint-Chamond ; nous ne pouvons donc parler de la rubanerie de ces deux villes sans épandre sur sa tombe quelques feuilles de laurier ; sans jeter sur le gazon qui la couvre une couronne de souvenirs. Jacquard, relieur, puis fabricant de chapeaux, à Lyon avant la révolution, vit son industrie frappée par les foudres remises aux mains de Collot d'Herbois et de Couthon ; il se fit soldat. Mais ce n'était pas sous les drapeaux que Joseph Jacquard devait servir son pays : dans sa tête rêveuse fermentaient des pensées de création, non des idées de destruction ; il songeait à ouvrir de nouvelles veines à l'industrie, et ne se trouvait

---

(1) *Statistique industrielle du département de la Loire*, par M. Alphonse Peyret, p. 10.

nullement propre à tarir les sources de l'activité, en répandant le sang des hommes. Démosthènes prit la fuite honteusement à Chéronée, pour rester orateur illustre à Athènes ; Jacquard, mieux inspiré, ne quitta le champ d'honneur que le lendemain d'une bataille, et n'en fut pas moins un mécanicien célèbre à Lyon... Célèbre s'entend parmi ces bonnes gens qui jugent les capacités selon ce qu'elles produisent, non sur ce qu'on en dit : le brevet d'inventeur habile lui fut décerné par le peuple qu'il servait journellement, soit en épargnant quelque gêne à son labeur, soit par la création de quelque ressource mécanique, qui hâtait l'accomplissement de sa tâche. Raccommodant le métier de celui-ci, fabricant un outil nouveau à celui-là, tournant des chaises, imaginant des modèles, se faisant forgeron ou menuisier à l'occasion, et souvent par besoin, le père Joseph, comme on l'appelait déjà, parce que le vent de l'adversité avait blanchi de bonne heure sa tête, était devenu, en 1802, le conseiller, l'ami des ouvriers en soie : le fabricant superbe l'appelait ironiquement *l'Archimède des canuts*.

Cependant le nom de Jacquard avait fait un peu de bruit ; les journaux du temps, qui louaient encore les hommes de savoir, même lorsqu'ils ne participaient pas à leur rédaction, les journaux mentionnèrent les inventions ingénieuses de l'Archimède des canuts ; un beau matin, Jacquard reçut l'ordre de se rendre à Paris immédiatement, et de se présenter chez le ministre de l'intérieur, Chaptal. Le garçon de bureau à la veste rouge, l'huissier à la chaîne d'argent, avaient leurs instructions : Jacquard fut introduit sans lettre d'audience dans le cabinet de l'homme d'État. Celui-ci ne reçut point l'humble mécanicien avec hauteur ; encore moins avec l'aigreur d'un esprit jaloux : Chaptal ne savait qu'être affable dans ses relations, et, comme tous les vrais savants, il espérait toujours apprendre. Il y avait là un second personnage, peut-être quelque secrétaire particulier : jeune homme à la physionomie songeuse, au regard brillant et scrutateur ; mais notre mécanicien fit peu d'attention à lui.

— Asseyez-vous, citoyen Jacquard, dit le ministre en désignant un fauteuil au voyageur, qui l'occupa sans plus de façon... On dit, poursuivit Chaptal en riant, que vous êtes un autre Vaucanson.

— Si quelqu'un dit cela, citoyen ministre, ce n'est pas moi qui le fais dire.

Un sourire aussi gracieux que rapide passa en cet instant sur les traits du secrétaire particulier.

— Au moins prétendez-vous le prouver, reprit le ministre ; car vous vous flattez, dit-on, de faire ce que Dieu ne ferait que par un miracle : un nœud sur une corde tendue.

— Ah ! je vois ce que c'est, répondit Jacquard, vous voulez parler d'un métier à fabriquer du filet, dont je m'amusai un soir à faire le modèle avec des allumettes, et l'essai avec des brins de fil.

—Précisément, continua l'homme d'État, avec l'amertume inhérente à l'idée d'une tentative moqueuse; et cet essai vous a réussi?

—Parce que la réussite était facile.

—Prenez garde à ce que vous dites, Jacquard; les ruses d'un charlatan sont bientôt reconnues.

—Un charlatan! morbleu! ce mot est dur à l'oreille d'un honnête homme; et comme je n'ai pas demandé à venir ici, ce n'était pas la peine de me faire faire cent lieues pour m'insulter.... Eh bien! je veux fabriquer en votre présence, le métier et le filet; qu'on me donne du bois, une scie, un marteau... Tenez, je puis même me passer de tout cela, poursuivit le bonhomme avec animation, en lorgnant de côté un petit guéridon très-fragile placé près de lui.... Puis, brisant ce meuble contre le parquet, il tira de sa poche un couteau bien tranchant, et se prit à charpenter, si vite, si adroitement, qu'au bout d'un quart d'heure, le métier se trouva terminé. Et soudain Jacquard, ayant pris sur le bureau du ministre une pelote de fil rouge, ourdit en deux tours de main quelques mailles de filet.

— Maintenant suis-je un charlatan ? s'écria l'inventeur, en présentant à Chaptal la solution matérielle du prétendu problème insoluble.

Tandis que le grand chimiste cherchait sa réponse, le secrétaire particulier se leva, prit le filet, l'examina avec attention, puis, s'adressant au mécanicien, qui s'essuyait le front ruisselant de sueur :

— Citoyen Jacquard, lui dit-il, vous êtes un homme de génie ; je me charge de votre fortune, et à dater de ce jour, vous avez une pension de 2,000 écus. Chaptal, ajouta ce personnage, devenu tout-à-coup énigmatique pour notre Lyonnais, que ce brave homme soit installé au conservatoire des arts et métiers... C'est un bon renfort dans la guerre industrielle que nous allons faire désormais à l'Angleterre, et qui vient de commencer à notre avantage par l'exposition des produits français au Champ-de-Mars.

A ces mots l'inconnu sortit, et Jacquard l'entendit, en s'éloignant, chanter faux un refrain d'opéra-comique... Le secrétaire particulier, c'était le premier consul, c'était ce fin connaisseur en toute chose, que Lebrun-Pindare avait surnommé *le Mécanicien de la victoire*... Il lui appartenait bien de protéger son collègue.

Avant de quitter Paris, Jacquard imagina le fameux métier auquel on a donné son nom ; il rapporta à Lyon, en récompense de cette invention admirable, une médaille *de bronze* et cette stupide mention de je ne sais quel jury : « Décernée à M. Jacquard, pour un mécanisme qui supprime un ouvrier dans « la fabrication des tissus brochés. » Or, les *canuts*, interprétant à leur manière les termes du jury, ne virent plus dans le père Joseph qu'un novateur malveillant, qui leur ôtait le pain de la main ; ils brûlèrent son chef-d'œuvre et voulurent le précipiter lui-même dans le Rhône. Cette prévention se dissipa plus tard : on comprit enfin que simplifier les procédés industriels, c'était offrir au travail une voie plus large, et non paralyser des bras. On compta à Lyon, après quelques années, 30,000 métiers *Jacquard ;* bientôt ils se répandirent dans toute la France ; et depuis vingt ans, cette machine sert, d'un bout à l'autre de l'Europe, à la fabrication de tous les tissus de soie, de fil, de laine et de coton.

Mais quel service signalé ne s'affaiblit pas dans le souvenir des hommes ! Hélas ! que de gens ici-bas ressemblent à cet Athénien qui votait l'exil d'Aristide, parce qu'il était las de l'entendre nommer *le Juste !*... Jacquard mourut en 1834, décoré comme un sous-préfet, mais dans l'obscurité d'une réputation usée.... La souscription ouverte pour ériger un monument à la mémoire de celui qui avait décuplé les produits de l'industrie lyonnaise, ne s'éleva pas à 9,000 francs. Chaque année, Lyon fabrique pour 120,000,000 de tissus, sur les métiers de Jacquard, et vous ne trouverez le nom de cet homme de génie sur aucune biographie. Le ciseau n'a pas, que nous sachions, reproduit ses traits; lorsque maint auteur d'une moitié de roman ou d'un tiers de vaudeville, expose au Musée son buste en marbre, après l'avoir, il est vrai, commandé lui-même.

Nous avons cru devoir rapporter ici le résumé historique de l'industrie rubanière qui, depuis long-temps, est la première source des fortunes d'un accroissement prestigieux que l'on remarque dans l'arrondissement de Saint-Étienne. Nous terminerons ce précis par quelques notions sur la fabrication des rubans, examinée dans ses détails techniques. A Saint-Chamond, ainsi qu'à Saint-Étienne, les fabricants ne possèdent aucun atelier pour la teinture des soies; mais un grand nombre de teinturiers obtiennent, avec une perfection toujours sûre, les couleurs les plus délicates, après le décreusement. Cette dernière opération est celle par laquelle on enlève au fil le vernis gommeux dont il est empreint; opération qui diminue son poids de 25 à 28 pour cent. En sortant des mains du teinturier, la soie, dont le poids a été constaté, est envoyée au dévidage; puis à la suite de ce travail, celle destinée aux gazes reçoit au moulin un apprêt très-fort. Le fabricant fait exécuter chez lui l'ourdissage de la chaîne des rubans; mais les chaînes qui doivent recevoir des chinés sont préparées à Saint-Étienne ou à Lyon, par des ouvriers qui s'occupent exclusivement de ce soin. Chaque fabricant possède des métiers d'échantillon de basse-lisse sur lesquels il fait exécuter, suivant son goût, des dispositions, qu'il soumet aux acheteurs: c'est en cela surtout que l'émulation entre les manufacturiers est excitée, et que la concurrence devient active, sinon hostile et processive. La mise en carte des dessins est faite par des personnes de confiance attachées aux fabriques: c'est le secret de la maison, ou si l'on veut, c'est un germe incessant de prospérité, qui ne doit pas être divulgué.

Après ces divers préparatifs, les chaînes sont distribuées aux ouvriers tisseurs à la barre: des commis parcourent à cheval les villages pour remettre aux rubaniers la chaîne des rubans de basse-lisse, pour surveiller la fabrication, et pour rapporter les pièces confectionnées. Mais en sortant des mains de l'ouvrier, les rubans n'offrent point encore cet attrait, cette fraîcheur que l'on connaît; avant d'être livrés au commerce, ils sont soumis à d'autres opérations. L'émouchage et le découpage font disparaître tout ce qui pourrait nuire à la beauté du tissu; ils sont exécutés dans la ville par des femmes. Viennent ensuite le cylindrage, le moirage, le gaufrage, l'impression en couleurs, au moyen de rouleaux et de planches: tout cela se fait dans des ateliers *ad hoc*.

On aura une idée de la prodigieuse quantité de rubans qui se fabrique à Saint-Chamond, lorsqu'on saura que cette ville consomme annuellement pour la confection de ce produit 40,000 kilogrammes de soie; mais l'on croira sans doute avec peine que Saint-Étienne, pour le même article, en emploie 400,000 kilogrammes : en tout 440,000 kilogrammes, valant, au taux ordinaire, 27,000,000 de francs. Les autres frais de fabrication s'élèvent à 20,000,000 de francs; et si, comme on l'assure, le commerce des rubans est porté chaque année au chiffre de 50,000,000 de francs, on voit que les fabricants de Saint-Étienne et de Saint-Chamond ne peuvent réaliser, pour intérêt de leurs capitaux et bénéfices, que 3,000,000 de francs. On a calculé que le dixième du produit brut, c'est-à-dire 4,800,000 de francs, appartient à Saint-Chamond ; le surplus revient à Saint-Étienne.

Les rubans façonnés forment environ les trois cinquièmes de la fabrication; mais cette progression augmente journellement, et les rubans unis perdent de leur faveur. Après l'entrée en magasin, les pièces sont aunées, roulées avec soin sur de petits cylindres en sapin, et renfermées dans des cartons où l'atmosphère fumeuse du pays ne puisse pas altérer leur délicieuse fraîcheur, conservée par une sorte de prestige, après avoir passé dans tant de mains.

La vente des rubans, qui jadis s'opérait directement entre le fabricant et le commettant, s'effectue maintenant en grande partie par l'entremise des commissionnaires, et l'on pense que ce moyen ajoute aux chances heureuses de ce commerce.

Il nous reste à parler des avantages de cette industrie pour l'ouvrier qui s'y livre. Le rubanier peut tisser par jour (douze heures de travail) six à huit aunes de ruban petite largeur, et seulement de quatre à six aunes, grande largeur. Le tissage des rubans façonnés apporte peu de différence dans cette proportion. Le prix de la façon est payé par douzaine d'aunes: autrefois ce prix était tel, que l'ouvrier pouvait se soutenir honorablement et élever sa famille sans gêne; mais l'invention des battants à procédés, ayant rendu la fabrication plus rapide, les fabricants ont diminué successivement le salaire des rubaniers. Ceux-ci, dans les années 1833 et 1834, crurent pouvoir poser des limites à cette baisse effrayante : dans une convention arrêtée entre eux, ils établirent une fixation de laquelle il résultait que chaque ouvrier compagnon eut gagné de 1 franc 70 centimes à 2 francs par jour. Cependant, soit que la concurrence étrangère effrayât en ce moment les manufacturiers, soit qu'ils prétendissent se raidir contre les prétentions des rubaniers, ces coalitions n'eurent pour résultat que d'arrêter la fabrication. Nous n'examinerons point ici de quel côté, dans ce conflit d'intérêts, se rangeaient la raison et le bon droit, puisque depuis, on paraît avoir senti que la liberté des transactions entre les fabricants et les ouvriers, également intéressés à la prospérité de l'industrie, est le seul moyen de prévenir une ruine imminente, une ruine commune, et même de triompher des concurrences étrangères.

Nous avons dit que M. Richard-Chambovet de Saint-Chamond, avait introduit dans cette ville des perfectionnements de moulinage d'un puissant intérêt; c'est aussi à lui que l'arrondissement de Saint-Étienne doit des progrès remarquables dans la fabrication des lacets : nous laissons ce fabricant lui-même faire l'historique de ce perfectionnement. « En janvier 1807, a-t-il dit dans une Revue, j'achetai à Paris trois mauvais métiers à lacets [1], que je fis transporter à Saint-Chamond, pour en étudier le mécanisme : je parvins à en corriger les défauts, ainsi que les défectuosités de fabrication. Le métier étant perfectionné, je m'occupai de monter une fabrique, que j'ai successivement augmentée. Le débit de mes produits éprouva d'abord des difficultés, parce que la consommation n'en était pas établie; mais insensiblement le bas prix et la régularité de l'aunage, m'attirèrent des demandes considérables. En 1809, ma fabrique était de 30 métiers ; je résolus de la doubler ; mais je manquais de moteurs. Pour y suppléer, je fis usage d'une machine à vapeur à haute pression. Cette machine, d'une force de douze chevaux, fait mouvoir 240 métiers à lacets, offrant une résistance de 1,200 kilogrammes, et parcourant 60 mètres à la minute. » Enfin, après divers accroissements, M. Richard possédait en 1824, 500 métiers, comprenant 8,000 fuseaux, qui fabriquaient 60,000 mètres de lacets par jour. Ainsi le nombre de ces métiers qui en 1807 était de trois, s'élève aujourd'hui à 2,400, qui produisent continuellement 176,000 aunes de lacets par jour; et la maison Richard seule en entretient plus de 800. S'il est permis d'émettre ici une réflexion quelque peu légère, nous dirons que les dames françaises, jalouses de leur fine taille, peuvent casser bon nombre de lacets sans craindre d'avoir à supporter les suites onéreuses de cette recherche de coquetterie. Maintenant, les lacets de Saint-Étienne et de Saint-Chamond sont en possession d'étreindre presque toutes les tailles de l'Europe et de l'Amérique; et si les poitrines trop comprimées ont à souffrir de graves lésions dans ces deux parties du monde, M. Richard ne peut pas dire qu'il soit innocent de ces altérations organiques.

Parmi les beaux établissements dont cet industriel est le fondateur, nous

---

[1] Ces métiers étaient de l'invention du célèbre Vaucanson ; il en existait avant la révolution plusieurs modèles au Conservatoire des arts et métiers.

citerons surtout celui d'Izieux, près de Saint-Chamond; cette vaste usine, où l'on compte 500 métiers à lacets et 10,000 broches, est chauffée par un calorifère d'une construction ingénieuse, et éclairée par le gaz, qui alimente plus de 200 becs. Nous devons ajouter que la seule manufacture d'Izieux fait vivre 300 ouvriers, dont le tiers à peu près logé dans l'établissement, et les deux autres tiers sont occupés, au dehors, à dévider et doubler les soies, cotons, fleurets, etc. Cette fabrique emploie, par année, 600 quintaux de matière première, dont la teinture et le blanchissage seuls coûtent environ 61,000 francs. Et cependant l'économie est telle dans la fabrication, qu'une pièce de lacets en coton blanc, contenant 36 mètres, est vendue, emballage compris, 25 centimes. Ainsi un kilogramme de coton, qui coûte 3 fr. 80 centimes en sortant de la filature, est doublé, mouliné, teint ou blanchi, fabriqué en lacets, calendré, auné, plié en 40 demi-pièces de 18 aunes, encartonné et emballé pour 4 francs 66 centimes. Le prix des lacets en soie est beaucoup plus élevée, à cause de la cherté de la matière première.

On fabrique aussi à Saint-Chamond, ainsi qu'à Saint-Étienne, des lacets et rubans dans la confection desquels entre le caout-chouc, découpé à l'aide de procédés nouveaux. Le kilogramme de cette matière, qui vaut de 5 à 6 francs, se vend, lorsqu'elle est filée, environ trente francs. Un kilogramme produit 10,000 mètres de fil. La fabrication des tissus élastiques résultant du mélange de caout-chouc et de soie ou de coton, a pris un certain développement, dans ces dernières années, à Saint-Étienne et à Saint-Chamond : on peut évaluer à 300,000 francs le produit annuel de cette innovation dans ces deux villes.

Cependant les diverses industries dont nous venons de développer les ressources et les moyens, pour n'y plus revenir lorsque les mêmes objets se reproduiront dans l'économie industrielle de Saint-Étienne, ne forment qu'une partie des richesses de Saint-Chamond; il nous reste à parler de ses ouvrages en fer et des produits du sol proprement dit. Nous croyons avoir déjà dit que Saint-Chamond partage avec Saint-Étienne, Firminy, Sorbier, Saint-Jean, Bonnefond, la *Clouterie*, introduite dans le Forez depuis le milieu du XVIe siècle. Ce produit, qu'on évalue à 4,000 quintaux métriques par année, s'écoule dans le midi de la France, d'où il est expédié sur différents points, et employé principalement aux constructions maritimes. Pour ne citer ici que la clouterie de Saint-Chamond, nous dirons que l'on fabrique dans cette ville plus de cent espèces de clous : elles se vendent, soit au mille, soit au quintal. Le prix varie suivant les qualités, depuis 80 jusqu'à 120 francs le quintal métrique. Si l'on achète au mille, on établit la valeur selon les espèces qui, comme nous l'avons dit plus haut, sont très multipliées.

La ville de Saint-Chamond ne possède point de monuments publics dignes d'être cités; mais elle est bâtie avec une certaine élégance, et présente des promenades agréables. Le nombre de ses habitants est de 10,000; leur affabilité dédommage de l'âpreté un peu crue, que les étrangers ont à subir dans leurs relations avec la population commerçante ou industrielle de Saint-Étienne, trop exclusivement dominée sans doute par l'esprit des affaires, pour descendre aux délicatesses d'une sociabilité cérémonieuse. — Un décret impérial rendu en 1806, autorisait la fondation d'un lycée à Saint-Chamond; mais l'ouverture de cette maison n'eut lieu qu'en 1812. Les frais de premier établissement, qui s'élevaient à 70,000 francs, furent couverts par une souscription volontaire que s'étaient imposée les habitants, avec un empressement qui signalait leur désir de voir les lumières se perpétuer parmi eux. Le collège de Saint-Chamond, placé dans l'ancien couvent des Minimes, est une bonne institution; l'administration y est bien dirigée, et l'enseignement n'y est pas moins digne d'éloges.

Nous devons maintenant sortir de Saint-Chamond et faire une excursion dans les environs de cette ville, pour achever de signaler les richesses que la nature y a réunies. Le sol de ce canton qui recèle la houille est recouvert, dans une épaisseur de 30 mètres, par un grès gris ou tirant sur le bleu, qu'on exploite en blocs de toutes dimensions; il est en général très-propre aux constructions; mais le gris est inférieur en qualité au bleuâtre, dont le grain nous a semblé plus fin. Renvoyant la description du bassin houiller de Saint-Chamond, à notre précis sur celui de Saint-Étienne, dont il est comme la continuation, nous aborderons ici les autres produits minéralogiques que ce territoire contient.

Dès l'année 1810, on avait reconnu que l'arrondissement de Saint-Étienne recélait des mines de fer, particulièrement dans les cantons de Rive-de-Gier et de Saint-Chamond. Une demande en concession de territoire fut faite, et depuis, on donna une suite active à cette demande. L'existence du minerai de fer dans le bassin houiller de Saint-Étienne fut constatée surtout en 1817, par M. de Gallois, ingénieur en chef des mines et professeur à l'école des mineurs: ce minerai, avait encore constaté le même savant, produisait le fer carbonaté lithoïde. Cette découverte pouvait compléter et porter au plus haut degré de prospérité, l'économie manufacturière du pays, par l'exploitation de la matière première trouvée sur les lieux mêmes. Mais jusqu'à ce jour, les hauts fourneaux n'ont pas obtenu dans l'arrondissement de Saint-Étienne, tout le succès désirable. Nous parlerons successivement des établissements de l'Orme, de Saint-Julien, de Lorette, de Janon; disons seulement ici que les diverses usines en fer du département de la Loire, n'ont pas encore cessé de tirer du dehors la matière première qu'elles emploient : ce sont particulièrement les départements de la Côte-d'Or, de l'Isère, de Saône-et-Loire et de la Haute-Saône qui les leur fournissent. Revenons au canton de Saint-Chamond.

La commune d'Izieux, dépendant de ce canton, se distingue par une industrie tout à fait spéciale : ce n'est que dans cette localité que sont fabriquées les *poêles à frire*. L'usine unique où l'on se livre à cette bruyante fabrication fut établie par un chef d'atelier venu de Sedan, ville rivale d'Izieux pour la confection de ce produit. Aujourd'hui, plus de soixante ouvriers travaillent dans la fabrique, qui ne consomme pas moins de cent milliers de fer en barre, sans pouvoir suffire aux innombrables demandes qui lui sont faites. De nombreux marteaux, mis en mouvement par le ruisseau appelé le Janon, préparent nuit et jour le fer qui doit recevoir ensuite la forme des poêles à frire. Depuis quelques années, on a joint à cette fabrication celle des cuillers à pots et des couvercles de marmites.

Dans la commune de Saint-Julien en Jarret, canton de Saint-Chamond, est située, sur la rivière du Gier, une forge à l'anglaise établie en 1820 par M. Joseph Bessy, l'un des industriels les plus distingués du département : c'était la première usine de ce genre construite en France sur un grand modèle. Le succès accueillit promptement cette entreprise : avant la fin de l'année suivante, la réduction de la fonte en fer y était en pleine activité. Vers 1827, MM. Charles Bessy et Ardaillon, afin d'alimenter la forge de Saint-Julien, mirent en feu les deux hauts fourneaux de l'Orme, sur le territoire de la même commune. Ces deux exploitations, en combinant leurs opérations, constituent aujourd'hui l'une des principales usines de l'arrondissement. C'est dans les ateliers de l'Orme que l'on fabrique une partie des machines dont on se sert dans le pays; une autre partie de la fonte sortant des hauts fourneaux de l'Orme est employée en projectiles creux et pleins : ce dernier genre de fabrication, établi en 1832, peut fournir au département de la guerre 5 à 600,000 kilogrammes par an de bombes, de boulets et d'obus, au prix moyen de 28 francs le quintal métrique.

Avant l'existence des vastes usines que nous venons de décrire, il existait à Saint-Julien en Jarret une *fenderie :* nous avons expliqué précédemment la manière de fonctionner de ce genre d'établissement; nous devons seulement ajouter ici que les fenderies qui existent dans l'arrondissement de Saint-Étienne, mettent en œuvre plus de 50,000 quintaux métriques de fer, dont la valeur excède 3,000,000 de francs.

Avant de faire diversion à nos aperçus sur la situation industrielle de l'arrondissement de Saint-Étienne par des considérations historiques d'un autre genre, nous devons dire que, dans la commune de la Valla, canton de Saint-Chamond, plusieurs scieries de planches sont mûes par la petite rivière du Furens, et que dans cette même commune se tiennent des foires fort renommées pour la vente des bêtes à laine.

Dans la commune de Doizieu et sur les confins du canton de Pelussin, s'élève le fameux *Mont-Pila*, qui fut le sujet d'une longue controverse entre les historiens de diverses époques. Nous allons exposer les pièces du procès; nos lecteurs jugeront. Le sommet du Pila présente un assez large plateau, surmonté de trois pointes, en partie couvertes d'énormes débris appelés *Chirats*. Long-temps la tradition du pays a vu dans ces produits naturels les vestiges d'une forteresse bâtie par César; car Voltaire a dit avec raison : « on ne voit presque point de pigeonniers en France ou de vieux murs, « qu'on ne se fasse un devoir de faire habiter les premiers et fonder les « seconds par César. » Ces masses ne sont pourtant que des blocs de roc vif, qui ont échappé à la destruction. Mais il existe véritablement sur cette montagne des monuments que l'on peut croire celtiques; ce sont des pierres élevées çà et là, quelquefois circulairement disposées; puis d'autres pierres plus hautes se trouvent de distance en distance : il y en a dont la forme est triangulaire. Ailleurs, ce sont deux piliers, sur lesquels s'appuie une énorme dalle posée en travers, ainsi que cela se voit à tous les monuments druidiques. Les blocs bruts appelés *pierres debout*, ou ceux placés de diverses manières, sans laisser apercevoir la trace d'aucun instrument, étaient, on le sait, les signes du culte de nos premiers pères, avant qu'ils connussent l'usage du fer, et conséquemment la taille des pierres.

L'étymologie du nom de *Pila*, a surtout exercé la sagacité d'un grand nombre d'écrivains : plusieurs ont pensé qu'il venait de *Pileus*, chapeau, parce que l'on dit vulgairement dans le pays que Pila prend son chapeau lorsque cette montagne se couvre de nuages. D'autres font dériver *Pila* de deux mots celtiques : *Pi*, hauteur, élévation, dont nous avons formé le mot français *Pic*; et *Lat*, large, étendu. On remarque en effet, que la base de ce mont est fort large; mais l'opinion la plus générale, celle qui a prévalu, c'est que le mot de *Pila* vient du nom de ce trop fameux *Ponce-Pilate*, qui fut si cruellement passif dans le supplice de Jésus-Christ. L'historien De la Mure s'était épris de cette version; il l'a longuement commentée dans son *Histoire du Forez*, et l'on doit avouer que ce n'est pas sans raison qu'il a pu l'adopter. Il est authentique que l'ancien gouverneur de la Judée fut exilé à

Vienne par Tibère, d'autres disent par Caligula, pour ses malversations. Or, le chronologiste Adon, évêque de Vienne, qui écrivait au IX⁰ siècle, et qui a constaté cet exil, ajoute que ce romain, craignant que le ressentiment impérial ne l'atteignît encore dans cette ville, la quitta secrètement, franchit le Rhône, et se réfugia sur les monts *Cemènes*, où il fit bâtir un palais. Mais incessamment poursuivi par ses terreurs, peut-être par le remords d'avoir méconnu la divine mission du Sauveur, continue le prélat historien, Pilate se donna bientôt la mort, en se précipitant dans un abîme d'où jaillit incontinent la petite rivière de Gier. Des traditions postérieures ajoutent que le cadavre du célèbre exilé, fut trouvé entre Tain et Saint-Vallier, et que, pour conserver la mémoire de cet événement, on bâtit en ce lieu une tour, qu'on appelait encore au XVI⁰ siècle, *la Tour de Pilate*. De la Mure pense que les monts Cemènes n'ont changé de nom qu'après cette fin tragique, et l'auteur Forézien ne fait nulle difficulté d'en tirer la dénomination du *Mont-Pila*. Il est vrai qu'Adon lui-même, le nomme plus complétement, le *Mont de Pilate*. De la Mure prétend encore que le lieu où Pilate se donna la mort fut appelé Malifaux (*Malis falcibus*) : « Comme pour indiquer, suivant l'ordinaire façon qu'on parle
« de la mort, qu'elle avait usé en ce mont de la plus cruelle de ses faulx, qui
« sont les violentes rages d'un horrible désespoir, pour moissonner l'indigne
« et odieuse vie de celui qui, par l'injustice de sa complaisante sentence, avait
« été le criminel auteur de la mort douloureuse du divin auteur de la vie¹. »

S'il exista un palais sur le mont Pila, le temps et les vents en ont, depuis plusieurs siècles, balayé les derniers débris. On ne voit plus sur ces hauteurs agrestes qu'une nature morne, qu'attristent encore les plantations de noirs sapins qui couvrent la montagne et tout le territoire de la commune de Doizieu. Le cri des oiseaux sauvages trouble seul le silence de cette sombre solitude, avec le murmure des cascades qui tombent des rochers, limpides ou mousseuses, selon la liberté de leur chute ou l'obstacle qui leur est opposé. Une seule fois peut-être, à ce silence succéda le terrible retentissement des armes : en l'an 1465, le duc de Bourbon Jean II, comte de Forez, avait pris parti avec les *mécontents* contre le roi Louis XI. Alors ce souverain engagea le duc de Milan, son allié, à venir fondre sur les terres de ce duc de Bourbon. Le prince italien, ayant obtenu du duc de Savoie la permission de traverser le Piémont, entra dans le Beaujolais puis en Forez, où les Lombards firent une désastreuse

---

(1) Voyez la *Chronologie universelle* d'Adon ; l'*Histoire de Vienne*, par Guichenon, et l'*Histoire du Forez*, par De la Mure.

irruption. Mais les Foréziens, rangés sous les bannières de leurs seigneurs, joignirent ces étrangers au Mont-Pila, et les taillèrent en pièces dans un champ qui avoisine la commune de Saint-Genest-Malifaux. Ce champ porte encore aujourd'hui le nom de *Cimetière des Lombards;* et en effet, le soc du laboureur, en retournant cette terre jadis imbibée de sang, souleva long-temps les os blanchis des soldats du duc de Milan. En 1601, on trouva des armes dorées dans le tronc creux d'un arbre que l'on avait abattu sur le *Cimetière des Lombards*, et que l'on sciait pour le brûler. Les annales du pays ont conservé le nom d'un Forézien nommé Léonard Terrasson, qui s'étant jeté avec une poignée de braves dans le château de Chatelus, fit mordre la poussière à presque tous les Lombards qui voulurent l'attaquer.

Le *Furens*, rivière éminemment utile à l'industrie stéphanoise, prend sa source au Mont-Pila, traverse quelques communes, puis la ville de Saint-Étienne, et se jette dans la Loire à Andresieux, après un cours d'environ sept lieues.

Au nord-est du canton de Saint-Chamond et sur la route royale de Toulouse à Lyon, s'étend le canton de *Rive-de-Gier*, qui, dans cette direction, confine le département du Rhône. Le chef-lieu, situé sur la rivière de Gier, et à quatre lieues nord de Saint-Étienne, est, après cette ville, la place commerciale et industrielle la plus importante du département. Sa population, doublée depuis trente ans, comme celle de toutes les villes de l'arrondissement, dépasse aujourd'hui 10,000 âmes.

Rive-de-Gier ne se recommande ni par des souvenirs de féodalité pompeuse, ni par des fastes guerriers. La ville fut cependant entourée jadis de murailles, environnée de fossés et dominée par un château fort, dont il ne reste plus que des ruines peu considérables. Rive-de-Gier reconnaissait anciennement pour Seigneurs, cette fière aristocratie ecclésiastique qu'on nommait les comtes de Lyon : un châtelain et un subdélégué y faisaient leur résidence. Voilà tout ce qu'on sait de l'histoire ancienne de cette localité; sa célébrité, fondée sur l'intelligence et l'activité de ses habitants, est toute moderne. Avant 1780, Rive-de-Gier n'était qu'un gros bourg, dont la population s'élevait au plus à deux mille habitants. La seule industrie locale était l'exploitation des mines de houille qui, à cette époque, avait peu d'importance ; le transport du charbon jusqu'au port de Givors se faisait à dos de mulets, et de là ce produit remontait par le Rhône à Lyon, ou descendait dans le midi. Ce transport était lent, difficile et onéreux : les bêtes de somme devaient traverser le vallon sur lequel le canal dit de Givors est établi maintenant; elles avaient à passer trente-six gués ; et chaque mesure de houille pesant 150 livres, transportée de Rive à Givors, coûtait de 60 à 75 centimes. L'établissement du canal changea cet état de chose, et fut pour la ville qui nous occupe une source féconde de prospérité. Nous devons à nos lecteurs l'histoire de ce canal, entrepris pour joindre la Méditerranée à l'Océan, par le Rhône et la Loire.

« En 1751, François-Zacharie de Lyon, forma le plan de ce canal, dont l'une des extrémités aurait été à Givors sur le Rhône, l'autre à Bouthéon sur la Loire : ce qui eut produit un parcours de 53,000 mètres ou dix lieues trois cinquièmes, passant par Rive-de-Gier, Saint-Chamond et Saint-Étienne. Malgré des obstacles sans nombre, l'auteur de ce projet parvint en 1760, à obtenir l'autorisation de l'exécuter; les premiers bateaux descendirent en 1768, de Saint-Romain à Givors. Mais la parcimonie financière qui avait présidé aux travaux ayant nui au succès de l'entreprise, Zacharie mourut de chagrin. Par arrêt de 1770, Guillaume-Zacharie, fils du précédent, obtint la permission de reprendre les ouvrages, avec concession pour soixante années des droits précédemment accordés à son père. L'entreprise fut alors conduite avec activité : en 1780, le canal était terminé jusqu'à Rive-de-Gier; au commencement de l'année suivante, la navigation y fut pleinement établie.

« Cependant un nouvel arrêt rendu en 1779, avait prolongé à 99 ans la durée des droits accordés à l'entrepreneur, avec augmentation de moitié de leur quotité. Les prétentions de Zacharie n'en restèrent pas là : sur de nouvelles représentations faites à la cour en 1788, par la compagnie qu'il avait fondée, Louis XVI lui fit l'abandon absolu du canal, avec titre de fief, pour en jouir à perpétuité, moyennant une redevance annuelle d'un *éperon d'or*, et à la charge d'employer, suivant l'offre de ladite compagnie, une somme de 1,371,551 fr., tant en ouvrages nécessaires au perfectionnement de ceux exécutés avec trop d'économie, qu'à la construction d'un réservoir qui pût, en temps de sécheresse, suppléer les eaux du Gier. Ainsi exécuté, le canal de Givors, depuis Rive-de-Gier, où il commence, jusqu'à Givors, point de son embouchure dans le Rhône, se développe sur une longueur de 15,485 mètres (plus de 3 lieues), dont 6,500 mètres dans le département de la Loire, et 8,975 mètres dans celui du Rhône. Sa largeur est généralement de 8 mètres au fond, et de 10 à 12 mètres à la surface. La hauteur d'eau est de 1 mètre 50 millimètres. Il traverse, dans le département de la Loire, les communes de Rive-de-Gier, Tartaras, Dargoire; et dans celui du Rhône, les communes de Saint-Maurice, Saint-Jean du Toulas, Saint-Romain, Saint-Martin de Cornat et Givors. On compte sur ce canal 29 écluses, 9 ponts-aqueducs, 16 ponts-chemins, un percé à travers une montagne, ayant 108 mètres de longueur, 11 mètres 69 centimètres de largeur et autant de hauteur. On a établi des chaussées en maçonnerie, assises dans le lit du torrent (le Gier), et longues de 2,000 mètres. Sur une plus grande étendue règnent des parties du canal tranchées perpendiculairement dans les rochers, depuis 3 jusqu'à 8 mètres de hauteur. Deux beaux bassins revêtus en pierre de taille, commencent et terminent le canal : dans celui établi à Rive-de-Gier, s'opère l'embarquement des charbons : il a 120 mètres de longueur. Celui de Givors, destiné à garer les bateaux, a 300 mètres aussi de longueur.

« Mais le plus important comme le plus dispendieux des travaux exécutés, c'est sans contredit *le réservoir de Couzon*, destiné à tenir en réserve les eaux du ruisseau de ce nom. Ce réservoir, situé à une demi-lieue au-dessus de Rive-de-Gier, fut achevé en 1809; il peut être comparé au bassin de Saint-Féréol (canal du Midi). La hauteur du mur d'amont est d'environ 30 mètres; l'épaisseur de la digue ou barrage, de 60 mètres. Les rigoles de conduite se prolongent par un percement de 500 mètres de longueur à travers la montagne. Ce bassin peut contenir 1,500,000 mètres cubes d'eau destinée à remplacer les eaux du Gier, dans les temps de sécheresse, et alors il peut suffire aux besoins de la navigation. »

Le principal objet de l'entreprise du canal de Givors, était le transport de la houille extraite des mines de Rive-de-Gier; depuis, cette utilité s'est accrue de toutes celles résultant de l'industrie et du commerce expansifs de cette ville et de ses environs. Subsidiairement, le canal a favorisé l'importation dans l'arrondissement de Saint-Étienne, des vins, des fers et autres matières tirées du Lyonnais ou de la Bourgogne. Primitivement, les droits de navigation étaient de 5 sous par quintal, poids de marc, pour toute la longueur du canal. En 1781, la Compagnie réduisit volontairement ce péage, savoir : pour la houille, à 5 sous par mesure du poids de 150 livres, et pour les autres objets à, 2 sous 6 derniers par quintal. Il entre, année commune, dans le canal de Givors de 2,500 à 3,000 bateaux; le plus grand nombre est vide, et charge en retour de la houille seulement. Or, à raison du poids de l'hectolitre, substitué à l'ancienne mesure locale, on perçoit 27 centimes et demi, c'est-à-dire 5 sous 6 deniers au lieu de 5 sous. Chaque bateau porte 600, 700, 800 et jusqu'à 900 hectolitres de charbon. Deux ou trois hommes suffisent pour conduire un bateau de Rive-de-Gier à Givors en un jour. Aux deux extrémités du canal, la Compagnie a des magasins et entrepôts commodes; elle entretient des préposés pour recevoir toutes les marchandises en transit et les expédier à leur destination. Les établissements de cette Compagnie à Rive-de-Gier ont un aspect monumental; ils contribuent à l'ornement de la ville. Elle a également à Lyon un entrepôt qui reçoit les marchandises, et les expédie à Rive-de-Gier, par des bateaux appelés *diligences*. On pourra se faire une idée de l'immense accroissement du commerce dans le département de la Loire, par l'aperçu suivant : en 1784, la perception des droits sur le canal ne s'élevait annuellement qu'à 51,582 francs; en 1818, cette même perception donnait 568,038; au moment où nous écrivons, il n'est pas hasardeux d'avancer qu'elle s'élève à plus de 1,000,000 de francs.

« Chaque année, au mois de septembre, le canal est mis à sec pour en faire le curement et réparer les ouvrages de l'art. Trois jours suffisent ensuite, pour le remplir du volume d'eau nécessaire à la navigation. Dans le cours de l'année, s'il survient des accidents, ils sont réparés le plus souvent dans la nuit et n'interrompent que très-rarement le service [1]. »

L'exécution du premier projet de François-Zacharie, pour la réunion du Rhône à la Loire, présentait des avantages locaux qui n'ont pas encore été réalisés : il offrait, par exemple, un débouché favorable pour l'exploitation des bois du Mont-Pila, pour l'écoulement des objets manufacturés à Saint-Chamond et à Saint-Étienne; enfin, pour le transport de la houille des bassins avoisinant ces deux villes. On s'est proposé, dans ces derniers temps, de réaliser ces avantages dans l'arrondissement que nous explorons. Par ordonnance du 5 décembre 1831, la Compagnie-Concessionnaire du canal de Givors a été autorisée à le prolonger jusqu'au lieu appelé la Grand'Croix. M. Michel, ingénieur des ponts-et-chaussées, fut alors chargé de dresser le plan et le devis des travaux. Le point de départ à Rive-de-Gier est établi à l'extrémité du canal, au centre d'une cour entourée des magasins de la Compagnie. Après avoir remonté le cours du Gier, dans le lit même de la rivière, et s'être adossé contre les maisons riveraines sur une longueur de 220 mètres, le canal doit traverser la route royale de Lyon à Toulouse, par Saint-Étienne; puis continuant à suivre le cours du Gier, franchir le torrent de la Dorèze en passant derrière la forge de Lorette, dont nous parlerons ci-après. Au-dessus de cet établissement, il traversera le Gier et l'un de ses affluents sur la rive gauche, le franchira de nouveau au-dessus du barrage du Bouchet, et viendra aboutir un peu au-delà du pont de la Grand'Croix, limite de la concession obtenue. Ce tracé offre un développement de 5,000 mètres. Les travaux de canalisation sont loin d'être terminés au moment où nous écrivons; nous ne pouvons donc signaler que les dispositions du projet. La pente totale, depuis la Grand'Croix jusqu'à Rive-de-Gier est de 66 mètres; elle sera répartie sur 17 écluses : 14 de 3 mètres et 3 de 4 mètres chacune de chute. Des ponts-canaux seront jetés sur les

---

[1] *Essai statistique sur le département de la Loire*, par M. Duplessy.

rivières ou ruisseaux de Gier, de Dorèze et d'Autras; leur construction offrira une hauteur suffisante pour laisser aux eaux un libre cours. Les raccordements de chemins avec les ponts, pourront se faire aisément sans excéder la pente de 5 centimètres par mètre pour les rampes des abords. On laissera aux eaux du Gier, dont le lit sera rétréci par le canal, un débouché de 21 mètres.

Voici les moyens que l'on croit propres à procurer les eaux nécessaires pour alimenter ce canal : le Gier, pendant six mois au moins, depuis le commencement d'octobre jusqu'à la fin de mars, fournit, abstraction faite des eaux d'orage, 1 mètre 50 centimètres cube d'eau par seconde. Or, l'usine la plus considérable qui existe entre la Grand'Croix et Rive-de-Gier, ne produit pas un travail qui excède la force de quarante chevaux, en prenant pour force d'un cheval 75 kilogrammes, élevés à 1 mètre par seconde. Un mètre cube d'eau suffit donc pour produire cette force, en admettant une hauteur de chute de 3 mètres, et en supposant que la moitié seulement de la force théorique soit transmise par les machines hydrauliques. Ainsi, il restera 0 mètre 50 centimètres cube d'eau par seconde, à la disposition de la compagnie du canal, qui n'a besoin que de 0 mètre 25 centimètres, représentant 1,080 pouces de fontainier (à 20 mètres par pouce en vingt-quatre heures). Dans ce calcul, on admet que 580 pouces d'eau sont nécessaires pour réparer les pertes résultant des évaporations et infiltrations, et que les autres 500 pouces d'eau, fournissant 10,000 mètres cubes en vingt-quatre heures, suffiront pendant six mois à la navigation de seize bateaux, soit montants, soit descendants et portant ensemble 960 tonnes, à raison de 60 tonnes par bateau. Le réservoir de Couzon, dont les eaux seront amenées par une rigole large de 4 mètres au plus, peut, d'après les mêmes calculs, fournir 15 à 18,000 mètres cubes d'eau, qui seront plus que suffisants, pour entretenir la navigation pendant deux mois. On pourra donc, toujours d'après ce calcul, avoir huit mois de navigation, sans mettre les mines du Gier en chomage; et il ne faudra plus, pour terminer la campagne de navigation (dix mois), que prendre les eaux de la rivière, au détriment des usines, pendant deux mois seulement. La valeur des usines qui auront à souffrir de cette prise d'eau peut être évaluée à un million; valeur que la privation des eaux réduira d'un sixième, soit un quart; l'indemnité à payer sera conséquemment de 250,000 francs. Cette indemnité comprise, la dépense totale de construction est estimée 1,600,000 francs.

L'ordonnance de concession a fixé les droits à percevoir à 10 centimes par kilomètre et par tonne pour les bateaux chargés, et à 25 centimes par écluse sur les bateaux vides. Le projet définitif a dû être soumis à l'approbation du directeur général des ponts-et-chaussées et des mines.

Telles sont les dispositions relatives au prolongement du canal de Givors; dispositions qui ne compléteront point le projet conçu il y a plus de 80 ans par François-Zacharie. Il y a plus, les travaux ne s'exécutant qu'avec une extrême lenteur, on a lieu de présumer que le projet pourrait être abandonné, par suite de l'établissement du chemin de fer à double voie, construit par MM. Seguin de Rive-de-Gier à la Grand'Croix. Il est vrai que la concurrence entre cette voie, qui n'a coûté que 500,000 francs sur cet espace, et le canal, qui ne coûtera pas moins de 1,600,000 francs, ne peut être à l'avantage de ce dernier, surtout si la canalisation n'est pas conduite un jour jusqu'à la Loire. Car alors le chemin de fer aurait tout l'avantage de la concurrence, puisque desservant Rive-de-Gier, Saint-Chamond et Saint-Étienne, il correspond ensuite avec le chemin de fer de cette dernière ville au fleuve [1].

M. Alphonse Peyret, auteur de la *Statistique industrielle du département de la Loire*, à qui nous avons emprunté une partie des détails ci-dessus, pense que la Compagnie du canal de Givors, aurait pu construire à moins de frais que n'en entraînera l'établissement de cinq kilomètres seulement de canal, une voie de fer jusqu'à Saint-Étienne, par la vallée de Langonan, que ne dessert le chemin de MM. Seguin; et tout en profitant de l'expérience acquise par eux, entrer en partage des beaux bénéfices que procure, sur la ligne de Saint-Étienne à Lyon, la circulation toujours croissante des voyageurs et des marchandises.

Cette mention du canal de Givors et de sa continuation, a fait une longue diversion à notre notice sur Rive-de-Gier; nous y revenons. Or, ayant l'intention de comprendre dans un seul aperçu les bassins houillers de Saint-Étienne, de Saint-Chamond et de Rive-de Gier, afin d'éviter la reproduction de détails entièrement identiques, nous renvoyons au précis sur Saint-Étienne tout ce qui se rattache à cette importante exploitation; et passant aux autres industries, nous trouvons en première ligne les verreries.

La plus ancienne de ces usines fut établie en 1787, par des spéculateurs réunis qui comprirent tout ce que l'ouverture récente du canal de Givors pouvait présenter d'avantages à leur exploitation. D'autres industriels, frappés des mêmes considérations, imitèrent les premiers entrepreneurs. Enfin, en 1809, on comptait déjà à Rive-de-Gier, dix fours de verrerie, dont sept pour le verre noir, deux pour la boufféterie et gobeletterie et un seul pour les verres à vitres. La concurrence des verreries du midi n'arrêta point l'essor de ces manufac-

---

(1) Voyez ci-après la mention de ces divers chemins de fer.

tures : plus heureuses que beaucoup d'autres, qui furent renversées, elles parvinrent à alimenter une grande partie de la France. Une circonstance diminua pendant quelque temps la prospérité des verreries de Rive-de-Gier : l'exportation des vins et des huiles, dont une partie avait lieu en bouteilles, avait presque cessé par nos ports du midi et de l'ouest ; il en résulta une diminution très-sensible dans les commandes ; Rive ne fabriqua alors que pour la consommation intérieure. Le double droit imposé pour la vente du vin en bouteilles contribua aussi à ce déficit, qui dut amener une baisse de prix. Néanmoins, l'accroissement progressif des verreries continua, par cette anomalie assez générale dans les actions des hommes, qu'ils croient toujours en entreprenant faire mieux que leurs devanciers. Il existe aujourd'hui à Rive-de-Gier trente verreries : quinze à bouteilles, douze à vitres, trois à verroterie et gobeletterie ; elles emploient environ 1,200 ouvriers, et leur produit annuel est de 4,200,000 francs.

Ces usines ont reçu de grands perfectionnements depuis quelques années : la construction des fours a été améliorée, et le tirage régularisé à l'aide de cheminées qui ont permis une économie considérable de combustible. L'emploi du sulfate de soude et du charbon de bois dans la fabrication du verre à vitre, a aussi facilité la fusion des matières. Nous devons ajouter qu'une partie des progrès apportés dans les verreries, sont dus aux fabricants de Rive-de-Gier ; il faut convenir aussi qu'ils ont profité à leur industrie. M. Lanoir est parvenu à livrer au commerce, des verres de couleur d'une belle exécution, à des prix peu élevés. MM. Hutter, de leur côté, confectionnent également à des prix très-modérés, des globes et cylindres d'une très-grande dimension (1 mètre 50 centimètres de hauteur), qu'ils obtiennent à l'aide d'un soufflet, dont l'action est infiniment plus puissante que le souffle de l'ouvrier.

La verrerie, comme les autres industries, a éprouvé des vicissitudes : il y a eu à diverses époques des coalitions d'ouvriers, pour maintenir les salaires à un taux élevé qui put, par anticipation, les dédommager des maladies résultant de leurs fatigues extrêmes. Cette sorte de corporation s'est donné des lois : aucun étranger n'est admis s'il ne s'engage à se conformer aux règles établies, et les apprentis sont choisis exclusivement parmi les fils des associés. Par suite de ces mesures, un ouvrier souffleur ne peut pas gagner moins de deux à trois cents francs par mois : les souffleurs gentilshommes de l'ancienne manufacture de Sèvres eussent bien voulu se procurer un tel salaire, même en se relâchant un peu de leurs prétentions nobiliaires. Une ligue en appelait une autre : les maîtres verriers de Rive-de-Gier se sont réunis pour prévenir, autant qu'il était en eux, la diminution de leurs produits.

Il est résulté de cette association l'élévation du prix de la verrerie, surtout des bouteilles. Nonobstant ce renchérissement, qui d'ailleurs a été modifié depuis, les verreries de Rive-de-Gier conservent une grande faveur dans le commerce : elles la doivent particulièrement à la finesse, la pureté et la qualité éminemment calcaire du sable que fournit le Rhône ; et en second lieu à la proximité de vastes terrains tout couverts de beaux quartz, dans les montagnes qui bordent ce fleuve, en le descendant à l'ouest.

Des usines non moins importantes, non moins renommées que les verreries de Rive-de-Gier, sont établies depuis long-temps dans cette ville : ce sont les ateliers pour l'établissement des machines à vapeur, particulièrement celles destinées à l'extraction de la houille. Elles furent introduites dans le pays il y a près de cinquante ans, et la première qu'on y vit fonctionner, était une machine à double effet sortant des ateliers de MM. Perrier, à Chaillot. Les principales fabriques de Rive-de-Gier, sont celles connues sous les noms de MM. Imbert père et fils, Verpilieux, Baldero, Boury et Barthélemy. La première de ces maisons, où l'on s'occupe surtout de la construction des machines à basse pression et à rotation, en établit depuis la force de deux chevaux-vapeur [1], et du prix de 4,500 francs, jusqu'à la puissance de quatre-vingts chevaux, et du prix de 44,900 francs.

On a calculé que le nombre des machines à vapeur en activité dans le département de la Loire, approche de 200, et presque toutes sortent des ateliers de Saint-Étienne ou de Rive-de-Gier.

Le surplus des industries exercées dans cette ville, ne peut être comparé à celles que nous venons d'examiner. Quelques ouvriers s'y occupent toutefois, du dévidage et du doublage de la soie. Il existe aussi à Rive-de-Gier deux fabriques de noir de fumée, et voici comment on y procède : en fabriquant le coak, la fumée est recueillie dans des chambres, sans autre appareil et sans autres frais. Ce produit s'écoule à Lyon et dans le midi. L'une des fabriques de noir, connue sous la raison Donzel, a dix fours ; l'autre, qui en offre douze, a été fondée par M. Peyret. Une centaine d'ouvriers travaillant en chambre, fabriquent isolément des épares et autre grosse quincaillerie. Ces ouvriers vont eux-mêmes vendre leurs produits, principalement à Lyon.

L'aspect de Rive-de-Gier est animé ; ses rues sont bien bâties ; on y voit quelques cafés élégants : tout, en un mot, dans cette ville essentiellement manufacturière, révèle l'aisance de ses habitants. Quelques-uns d'entr'eux se font

---

[1] La force du cheval-vapeur est évaluée à 100 kil., élevé à 1 mètre de hauteur dans une seconde.

honneur, à la manière des gens du monde, d'une grande fortune acquise par une vaste et intelligente industrie. Mais enveloppée incessamment de vapeurs épaisses s'élevant des mines-houillères, des fabriques mûes par les machines à feu, et même du foyer domestique, Rive-de-Gier ressemble à une ville anglaise, à la triste gravité près. Là, comme à Saint-Étienne, il est impossible de conserver, une heure durant, du linge propre, et les plus fraîches toilettes des dames, ne rappellent bientôt plus que la parure de nos charbonnières du faubourg Saint-Marceau à Paris. Toutefois, cette atmosphère spéciale n'imprime point au pays une sombre physionomie : le sourire de la satisfaction et de la prospérité perce cette enveloppe charbonneuse, et les habitants ne se plaignent pas trop d'une incommodité qui les enrichit. Comment, en effet, se fâcher contre des émanations qui se condensent en or.

Une institution philanthropique, que nous devons mentionner, fut créée, en 1817, à Rive-de-Gier : c'est une caisse de prévoyance établie en faveur des ouvriers houilleurs ; voici les principales dispositions de l'ordonnance royale qui autorise cette fondation, et des réglements qui la régissent. Le capital se compose : 1° des fonds que la munificence royale s'est réservé d'accorder ; 2° du versement d'un centime par hectolitre de houille extraite dans chaque exploitation, déduction faite du nombre d'hectolitres livrés, à titre de redevance, aux propriétaires de la surface ; 3° du versement fait par ces derniers de 2 centimes par chaque hectolitre de houille qu'ils reçoivent comme redevance ; 4° de tous les dons qui pourront être offerts par toute personne, sans néanmoins donner le droit de faire partie de la société. L'administration de la caisse est gratuite ; elle repose dans les mains d'un comité général et d'une commission permanente. Le recouvrement des fonds est confié à un caissier qui réunit les fonctions de secrétaire, et dont le traitement est de 1,000 francs [1]. Les ouvriers prennent part à l'administration en ce sens, que quand il y a lieu de distribuer des secours, *le gouverneur, un piqueur et un traineur* de l'exploitation à laquelle appartient l'ouvrier secouru, sont appelés à la séance de la commission ; mais sans voix délibérative. Les secours sont exclusivement réservés aux ouvriers, veuves ou enfants d'ouvriers appartenant à des exploitations soumissionnaires pour le versement des fonds. L'ouvrier blessé ou malade par suite de travaux, reçoit par jour 50 centimes

---

[1] M. Malassagny, notaire à Rive-de-Gier, nommé, en 1817, caissier de la société, renonça au traitement alloué par le réglement du ministre de l'intérieur : cet acte de désintéressement mérite d'être cité, et l'historien des localités est heureux d'avoir à constater de pareils traits.

jusqu'à parfaite guérison. Il peut être accordé 25 centimes par jour à sa femme, et autant à chacun de ses enfants, trop jeunes pour travailler. Tout ouvrier de soixante ans et au-dessus, incapable de travailler, et qui justifie de trente années de travaux dans les mines, obtient une retraite de 75 centimes par jour. Les veuves et enfants des ouvriers tués dans les travaux ou morts à la suite, reçoivent : les veuves, 50 centimes par jour ; les enfants au-dessous de dix ans, 25 centimes. Chaque orphelin au-dessous de dix ans reçoit 50 centimes par jour. Les veuves des ouvriers morts dans l'indigence et sans accident extraordinaire, peuvent aussi obtenir des secours sur une décision spéciale de la commission. La caisse acquitte en partie les frais de traitement des ouvriers blessés. L'ouvrier qui perd un bras ou une jambe est admis à la pension de 75 centimes par jour, et ses enfants au-dessous de dix ans jouissent de 25 centimes aussi par jour. Les comptes de la caisse sont rendus chaque année au comité général.

Il serait à désirer qu'une semblable institution existât sur toutes les grandes exploitations industrielles ; nous signalons celle-ci à l'attention de nos concitoyens, avec l'espoir qu'elle pourra servir d'exemple pour arracher à la misère ces pauvres artisans, qui, après de longs travaux, ne trouvent pas toujours le lit de l'hospice pour terminer leur vie.

Nous allions oublier une industrie exercée dans la ville de Rive-de-Gier, et qui, pour être moins ancienne que les autres, n'en est pas moins active, pas moins importante : nous voulons parler de la fabrication des galons de fil. Cette industrie s'est établie dans les premières années de ce siècle, et déjà ses résultats sont tels, que l'on peut espérer qu'elle affranchira bientôt le royaume du tribut qu'il paie annuellement à l'Allemagne pour ce produit. La matière première est tirée des départements qui composaient l'ancienne Flandre française. Ce travail est presque généralement abandonné aux femmes : une ouvrière fait mouvoir un métier ; chaque métier tisse à la fois 28 à 30 pièces de diverses largeurs, et l'on confectionne par jour 36 aunes de chaque pièce. Les pièces sont de 40 aunes pour les petits galons, et de 46 aunes pour les grands. Il est nécessaire d'ajouter que les largeurs varient de deux à quatorze lignes. La pièce du plus petit galon se paie 50 centimes ; celle du plus grand 12 francs. Les rubans de fil sont tous fabriqués en écru ; on les blanchit où on les teint ensuite à Lyon, et c'est de là qu'ils sont expédiés dans toute la France.

Il se tient à Rive-de-Gier sept foires dans l'année ; il va sans dire qu'il s'y fait des affaires considérables pour les objets manufacturés dans la ville et aux environs.

A *Lorette*, village peu distant de Rive-de-Gier et sur la rivière de ce nom, MM. Neyrand frères et Thiollière établirent, en 1824, une forge à l'anglaise, que l'on compte parmi les établissements de ce genre qui ont prospéré dans l'arrondissement de Saint-Étienne ; car on verra bientôt que tous ne réussissent pas également. Les appareils de cette usine consistent en deux machines à vapeur, l'une de trente-huit chevaux pour le marteau, les laminoirs dégrossisseurs et les laminoirs marchands ; l'autre, de vingt et un chevaux pour les petits fers, le petit tour et les cisailles. Les feux et les ateliers se composent de dix fours à bruler, trois fours de chaufferie, quatre laminoires à barreaux, deux chaufferies pour les petits fers, et trois laminoirs pour ces mêmes fers. Il sort de la forge de Lorette, année commune, environ 115,000 milliers de métal fin, de fer brut, de fer marchand et de petit fer, qui produisent 1,400,000 francs, et se vendent à Saint-Étienne ou à Lyon.

Si l'on s'en rapportait aux traditions, toutes les mines houillères du bassin de Rive-de-Gier, n'offriraient qu'un produit infime, comparé à celui d'une mine d'or que recèle, dit-on, le territoire de *Saint-Martin-la-Plaine*. Selon les mêmes versions, il est constaté par quelque vieille chronique, que plusieurs vases précieux conservés dans le trésor de l'abbaye de Saint-Denis, ont été faits avec l'or tiré de cette mine, depuis long-temps abandonnée. Nous sommes loin d'être à même de garantir la véracité de cette assertion ; mais si le fait est exact, on peut s'étonner que ces richesses inestimables demeurent enfouies, au milieu d'une population industrielle, qui ne manque ni de hardiesse pour entreprendre, ni de ressources pour conduire à bien ses entreprises. En attendant que la mine d'or qu'ils foulent aux pieds les enrichisse, les habitants de Saint-Martin-la-Plaine fabriquent de la quincaillerie, qu'ils vendent à Saint-Étienne.

La population de *Saint-Genis-Terre-Noire*, canton de Rive-de-Gier, se livre à la même fabrication, et les articles qu'elle confectionne reçoivent la même destination. Il existe depuis long-temps dans cette commune une fonderie pourvue d'un fourneau à reverbère : appareil qui a l'avantage de chauffer le fer plus également, de produire moins de déchet et de consommer moins de houille. Les propriétaires de cette usine, MM. Neyrand frères et Thiollière, possesseurs de la forge de Lorette, dont nous avons parlé précédemment, font fabriquer à Saint-Genis-Terre-Noire, entr'autres produits, des rubans de fer pour cercler les tonneaux, d'après des procédés pour lesquels ils ont pris un brevet d'importation.

A *Saint-Paul-en-Jarret*, le nombre des fonderies est de cinq à six, et le produit plus considérable qu'à Saint-Genis. Nous croyons avoir déjà dit que les rubans de fer descendent dans le midi ou remontent en Bourgogne et jusqu'en Champagne.

Chagnon est la dernière commune du canton de Rive-de-Gier dont nous ayons à nous occuper, et ce n'est pas sous le rapport de l'activité industrielle que cette localité se recommande à l'attention de l'investigateur. Le très-petit village de Chagnon se prévaut d'une haute antiquité et d'une grande importance urbaine, évanouie dans la suite des siècles. Malheureusement, l'examen des lieux ne permet guère d'admettre cette prétention dans toute son étendue : on voit encore les ruines des portes de cette ancienne ville, et leur position prouve évidemment qu'elle était resserrée sur un très-petit espace. Près d'une de ces portes, gît une pierre qui, d'après la chronique populaire, fit autrefois partie d'un ouvrage ayant servi à la défense de la place, par des archers. Ce qui reste des fortifications de Chagnon n'est point antique : ces vestiges appartiennent certainement au moyen-âge, mais ils sont au moins d'une époque fort reculée. Du reste, il n'est pas impossible que les Romains aient eu des établissements en ce lieu ; on peut cependant, sans recourir à cette conjecture, expliquer l'existence d'une portion remarquable d'aqueduc antique qui subsiste près du village. Il est aisé de reconnaître, à la direction de plusieurs autres parties du même monument trouvées dans quelques communes, que cet aqueduc prenait naissance à la rivière de Furens, et se prolongeait jusqu'aux portes de Lyon. Le fragment situé à Chagnon est un conduit pratiqué dans le roc à travers la montagne ; on remarque encore les traces du pic avec lequel il a été creusé. L'ouverture faite dans ce rocher avait environ huit pieds de hauteur ; mais le conduit ayant été revêtu ensuite de maçonnerie, se trouve réduit à quatre pieds de haut, sur deux et demi de large. Les pierres sont revêtues, intérieurement et sur les côtés du canal, d'un ciment d'un demi-pouce d'épaisseur, de couleur rouge, encore luisant et qui a toute la dureté du caillou. Les pierres de revêtement sont placées diagonalement.

Si l'on cherche maintenant à comprendre pourquoi les Romains établis à Lyon, faisaient conduire les eaux du Forez jusqu'aux portes de cette ville, on apprend que le palais des empereurs était bâti sur les hauteurs de Fourvières. Or, le grand usage que les Romains faisaient des eaux, et l'ignorance parmi eux des moyens hydrauliques pour faire monter à cette hauteur celles de la Saône, expliquent comment, ayant à Lyon même cette rivière et le Rhône, ils y faisaient conduire à grands frais les eaux de la Loire et du Furens. Du reste, les travaux qu'exécutaient ces dominateurs pour conserver le niveau, en évitant les détours, étonnent par leur hardiesse. Là, où un enfoncement rompait ce niveau, s'élevaient des arcades quelquefois gigantesques ; ailleurs, un rocher se présentait-il, les intrépides constructeurs ouvraient un passage à travers ses flancs de granit : ce sont des travaux de ce dernier genre qui furent l'origine du nom de la commune de *Rochetaillée*, dont nous parlerons bientôt.

Le canton de Rive-de-Gier, fort peu agricole en général, est cependant cultivé en chanvre dans quelques-unes de ses parties. Les autres cultures y sont négligées : les temps et les bras reçoivent, dans les entrailles de la terre, un emploi fructueux dont la surface ne pourrait offrir l'équivalent.

Après avoir exploré les cantons qui limitent à l'est le département de la Loire, nous allons nous reporter rapidement à l'ouest, par le chemin de fer construit récemment de Lyon à Saint-Étienne, et dont la description trouve naturellement sa place ici. Le mauvais état de la grande route passant à Saint-Chamond, Rive-de-Gier et Givors, entièrement fatiguée par un roulage extraordinaire; le prix excessif du transport, celui non moins élevé du péage sur le canal; enfin la nécessité d'ouvrir une communication entre les houillères de l'arrondissement de Saint-Étienne et les villes situées sur le littoral du Rhône : tels furent les motifs qui déterminèrent plusieurs compagnies à solliciter l'autorisation d'établir le chemin qui nous occupe. Le gouvernement, par arrêté du 2 février 1826, autorisa une adjudication, en fixant pour *maximum* des droits à percevoir 15 centimes par 1,000 kilogrammes et par kilomètre de distance. On publia le cahier des charges, portant obligation à la compagnie adjudicataire d'avoir terminé ses travaux au 1ᵉʳ janvier 1832. Une société anonyme formée par MM. Seguin frères et Ed. Biot, ayant réduit ses prétentions au droit de 9 centimes et demi, obtint la préférence. Elle émit 2,000 actions de 5,000 francs chacune, auxquelles furent ajoutées 400 actions dites d'industrie, qui ne devaient être livrées aux entrepreneurs qu'après l'entière exécution du chemin, et lorsque les actions de capital auraient produit sept pour cent. Il fut convenu que l'on adopterait des *rails* en fer, plus chers de premier établissement, mais beaucoup plus durables que ceux en fonte.

Cependant le travail offrait partout de nombreuses difficultés : un pont à jeter sur la Saône, des percements longs et coûteux, d'immenses terrassements le long du Rhône et au passage des vallées, se présentaient en première ligne d'obligation. D'un autre côté, la nécessité de ne jamais donner aux courbes moins de 500 mètres de rayon, multiplia encore les percements. La compagnie avait sollicité la permission de lancer une voie au travers de Rive-de-Gier; mais des intérêts froissés firent rejeter cette demande; il fallut percer la montagne au midi dans une étendue de 800 mètres. Enfin, un passage souterrein de 1,500 mètres dut être creusé pour arriver de la vallée de Janon au Pont-de-l'Ane. Les entrepreneurs triomphèrent de tous les obstacles en vrais constructeurs romains.

Ces grands travaux, commencés en 1827, étaient déjà exécutés au tiers à la fin de l'année suivante. Mais il fut dès-lors facile de prévoir que la somme de 10,000,000, produit des actions de capital, serait loin de suffire à cette entreprise. La compagnie fit un emprunt de deux millions, qui fut couvert aussitôt par les actionnaires : il portait intérêt à quatre pour cent. Alors il devint évident qu'il serait impossible d'effectuer, au prix de 9 centimes et demi, les remontes de Givors à Rive-de-Gier, et moins encore celles de cette dernière ville à Saint-Étienne : trajet durant lequel la pente exigeait une puissance de traction extraordinaire. On demanda une augmentation, qui fut accordée : le prix de remonte entre Givors et Rive-de-Gier demeura alors fixé à 12 centimes, et celui de Rive-de-Gier à Saint-Étienne à 13 centimes.

Vers la fin de 1830, la partie de Givors à Rive-de-Gier fut livrée au public ; on reconnut bientôt que le transport des voyageurs, sur lequel on n'avait compté que subsidiairement, offrait des bénéfices certains ; et l'on s'applaudit de n'avoir pas reculé devant les dépenses pour éviter des plans inclinés moins coûteux, peut-être, mais toujours sujets à des dangers.

Tandis qu'on travaillait avec activité au percement qui devait correspondre au pont de la Mulatière, la ligne de la Grand'Croix à Saint-Étienne se poursuivait avec autant de rapidité ; à la fin de 1830, elle était presque achevée, et dans le courant de 1831 toute la ligne fut mise en activité. Ainsi cette entreprise gigantesque avait été entièrement exécutée dans l'espace de quatre ans.

Les calculs de la compagnie, quant au transport des marchandises, ont été trompés : le produit n'a pas réalisé les avantages qu'on avait regardés comme assurés, même depuis la continuation du chemin de fer jusqu'à Roanne. Mais le mouvement des voyageurs est devenu une branche importante de l'exploitation : leur nombre, en été, de Lyon à Saint-Étienne ou retour, excède souvent 300 par jour. Des voitures commodes et fort vastes sont établies sur cette voie nouvelle ; elles font le trajet deux fois par jour en été, et une seule fois en hiver. Les locomotives n'ont été appliquées jusqu'à ce jour qu'aux wagons ; les voyageurs sont conduits par des chevaux, et presque partout il n'en faut qu'un seul pour faire rouler une voiture contenant quarante voyageurs. Il est vrai de dire que ce genre de locomotion est loin d'égaler la vélocité que l'on obtient par la vapeur : de Lyon à Saint-Étienne, la distance de treize lieues n'est franchie qu'en six heures ; de Saint-Étienne à Lyon le voyage dure une heure de moins.

Il est peu de sites aussi pittoresques que ceux à travers lesquels l'industrie, non moins hardie qu'insoucieuse des dépenses, a tracé la voie de fer dont nous venons de rapporter l'origine. Le voyageur suit au milieu du pays le plus agreste, tantôt des lignes droites, tantôt des courbes, tantôt des spirales. Puis, tout-à-coup la lumière échappe à sa vue : il est précipité sous des voûtes creusées dans le roc ; il frémit en glissant sous celle dite de *Terre-Noire*, longue d'une lieue, et dans laquelle on n'a ménagé que le passage d'une seule voiture. Malheur à l'imprudent qui tiendrait dans cet étroit défilé, ses bras hors de la voiture ; il risquerait de les avoir broyés contre les parois de la voûte. En approchant de Saint-Étienne, l'aspect change : aux montagnes nues ou couvertes de noirs sapins, succède une nature animée par le travail de l'homme. Le pays s'empreint d'une physionomie qu'on ne retrouve point ailleurs : ce sont des milliers de fourneaux d'usines, ici flamboyants, là fumeux seulement, et laissant échapper de leurs sveltes cheminées, semblables aux minarets de l'Orient, d'épais tourbillons de vapeurs, qui noircissent de toutes parts l'azur du ciel. Partout le sol, déchiré par la main du mineur, est couvert d'une poussière noirâtre, dont tous les objets sont ternis : hommes, femmes, enfants, habitations, tout est revêtu de cette teinte cyclopéenne.

Nous voici rendus à Saint-Étienne, et la sombre couleur de ses maisons, de ses édifices continue bien l'aspect des campagnes environnantes. Nous entrons pourtant dans la ville la plus peuplée des deux rives de la Loire après Nantes, qui l'emporte sur cette Birmingham française par son importance historique, son élégance et l'élévation de ses relations extérieures, mais qui ne l'égale ni en fécondité industrielle, ni en prospérité.

CHAPITRE III.

Origine présumée de Saint-Étienne. — *Furanum* ou *Furania*. — Domination romaine. — Origine plus authentique. — Premières fortifications. — Saint-Étienne occupé par les Calvinistes. — Séjour de l'amiral Coligny. — Guerre des enfants. — Henri IV à Saint-Étienne. — Pestes de 1629 et de 1640. — Colombet de Saint-Amour. — Émeute à Saint-Étienne. — Les rubans. — Précis historique sur la fabrication des armes de guerre. — Son mouvement durant la révolution et l'Empire. — Les Autrichiens à Saint-Étienne. — Situation actuelle de la manufacture d'armes de guerre. — Armes de luxe et du commerce. — Histoire de cette industrie. — Sa situation actuelle. — Armes orientales dignes des *Mille et une Nuits*. — Fers, aciers, limes, quincaillerie, coutellerie. — Détails curieux sur les *Eustachet*. — Serrures du Forez. — Cables. — Ancienne physionomie de Saint-Étienne. — Aspect nouveau : rues, maisons, embellissements, population. — Édifices publics. — Institutions. — École des mineurs. — Autres établissements publics. — Journaux et recueils technologiques. — Littérature. — Chemin de fer de Saint-Étienne à la Loire. — Généralités géologiques sur le sol houiller. — Histoire et description de l'industrie houillère dans l'arrondissement de Saint-Étienne. — Détails divers sur le surplus du canton dont cette ville est le chef-lieu. — Canton de *Saint-Héand*. — Saint-Priest ; drame fatidique. — Villars ; Sorbier ; Fontanès ; la Fouillouse ; la Tour. — Fanal gaulois.

L'antiquité de Saint-Étienne n'est relatée que par des autorités incertaines, ou du moins trop peu authentiques pour que nous puissions appeler sur ces notions la confiance sans réserve de nos lecteurs. Toutefois, trois écrivains, l'abbé de Soleysel, le Père Fodéré et Papire Masson paraissent avoir fait des recherches consciencieuses qui ont répandu quelque lumière sur l'origine de cette ville. Suivant les deux premiers, les Romains seraient venus habiter l'étroite vallée de Saint-Étienne 56 ans avant l'ère chrétienne, c'est-à-dire, à l'époque même où Jules César terminait la conquête des Gaules. Selon les mêmes auteurs, ils nommèrent ce vallon *Furum*, d'où serait dérivé le nom de *Furanum*, ou de *Furans* qu'il a porté jusqu'au XIe siècle, époque à laquelle son église, fondée de la manière que nous rapporterons ci-après, fut dédiée à Saint-Étienne. En adoptant cette version, la petite rivière appelée le *Furens* aurait conservé, un peu altérée, cette dénomination ou celle de *Furania*, donnée à la contrée, selon Papire Masson.

Pour la défense du pays, disent les mêmes historiens, *Labienus*, lieutenant de César, cantonna en ce lieu une légion de vétérans; ce qui donna lieu à la construction d'une forteresse à *Rochetaillée*, et à celle d'un pont sur la Loire pour le passage des troupes. On ne retrouve plus aucune trace du fort; mais M. Duplessy, auteur de l'*Essai statistique sur le département de la Loire*, pense que ce sont les ruines de ce pont antique que l'on voit encore à Saint-Just-sur-Loire [1]. Les Romains, ajoutent les auteurs que nous citons, élevèrent aussi près de *Furanum* un temple à Jupiter, et c'était en ce lieu que ces dominateurs des Gaules faisaient construire les armes et ustensiles de guerre dont ils avaient besoin. A l'appui de ces assertions, M. Peyret, rédacteur de *la Revue de Saint-Étienne*, rapporte qu'en 545, Childebert et son frère Clotaire vinrent à *Furanum* chercher des armes pour soutenir la guerre contre l'Espagne : voilà donc un témoignage de plus, qui milite en faveur de l'existence d'un arsenal sur cette localité, durant la domination romaine. Ce document, dont nous ne discutons pas l'authenticité, établit que les princes francs rencontrèrent Saint-Maur à *Furanum*, et qu'il les conjura d'y faire bâtir une église. Ils en donnèrent l'ordre à Gérard, nommé par eux comte de Forez: cette chapelle fut alors dédiée à Saint-Laurent. M. Bernard ne pense pas, lui, que la loi chrétienne ait été introduite aussi tard dans le Forez : « Longtemps avant le Ve siècle, dit-il, Lyon inondait la Gaule de missionnaires qui parcouraient le pays en simples apôtres, et dont les vertus privées, comparées aux sales orgies de Rome, faisaient autant de prosélytes que les sublimes théories du christianisme. Les chroniques placent beaucoup de Foréziens au nombre des premiers martyrs de Lyon; et, en effet, si près de la ville des Pothin, des Irénée, il serait bien étrange que ce peuple n'eût pas été des premiers appelés, surtout si l'on considère les rapports qui unissaient les deux pays [2]. »

On regarde comme un fait plus avéré que, vers le XIe siècle, un château

---

(1) M. Duplessys écrivait en 1818.
(2) *Histoire du Forez*; t. Ier, p. 70.

fut construit sur le penchant du Mont-Dor, aujourd'hui Sainte-Barbe; qu'une chapelle dédiée à Saint-Étienne et quelques maisons furent successivement bâties autour de ce fort, et que plus tard la chapelle agrandie, ou reconstruite, devint l'église paroissiale et patronymique du lieu. La petite population réunie sur le Mont-Dor, se composait-elle dès-lors, d'ouvriers en rubans, ainsi que l'ont avancé plusieurs écrivains? C'est ce qu'il n'a pas été possible de constater. La ville de Saint-Étienne, écrivait M. Duplessy, en 1818, n'ayant pas d'archives qui remontent au-delà de soixante ans, les traditions seules rapportent que la fabrication des rubans y fut introduite pendant le Xe siècle, et celle des armes à feu dans le XVe.

L'histoire de Saint-Étienne, jusqu'au tiers du XVe siècle, offrait apparemment si peu de faits mémorables, que les chroniqueurs foréziens n'ont pas cru devoir les consigner. Mais *la Revue de Saint-Étienne* nous apprend qu'en l'an 1435, le sire de Saint-Priest, seigneur de Saint-Étienne, obtint de Charles VII, en faveur des habitants de cette ville, la permission de s'imposer pendant trois ans, afin de clore de murs leur *cité naissante*. Ce ne fut toutefois qu'en 1441 que l'on commença à bâtir l'enceinte fortifiée; le mur avait cinq pieds et demi d'épaisseur et seulement vingt de hauteur. Deux grandes portes et deux petites furent percées dans cette muraille : l'une des premières, située au levant et donnant sur le pré de la foire; l'autre, au couchant, et défendue par un boulevard. En 1444, le roi permit aux habitants d'ajouter aux fortifications, précédemment construites, quelques nouveaux ouvrages; le mur d'enceinte, dont il reste encore quelques vestiges, fut alors flanqué de tours, et Saint-Étienne put se garantir d'une surprise de la part des Anglais, qui infestaient alors le Forez. A cette époque, la ville ne renfermait que 200 maisons; ce qui, en comptant cinq personnes par maison, donne 1,000 habitants. Si, en effet, le lieu qui nous occupe fut habité par les Romains; s'ils y eurent des manufactures d'armes, on voit que néanmoins l'importance de l'antique *Furanum* ne s'accrut pas en raison de celle de ces établissements. « En présence de pareils faits, dit M. Auguste Bernard, quelques habitants de Saint-Étienne, patriotes peu scrupuleux, n'ont pas craint de donner à cette ville une antiquité que repoussait toute probabilité; ils ont mieux fait, ils ont placé des inscriptions monumentales, qui, dans quelques siècles, peut-être, pourraient passer pour des pièces de conviction. Si notre *veto* peut avoir quelque poids (et nous l'espérons, en récompense de nos efforts pour faire connaître notre passé), nous dénonçons à la postérité cette étrange manière d'écrire l'histoire [1]. »

---

[1] *Histoire du Forez;* t. II, p. 54.

L'écrivain que nous citons ici est enfant de Montbrison ; peut-être, dans cette sortie un peu vive contre la véracité stéphanoise, s'est-il trop inspiré de la rivalité qui, dès long-temps, existe entre sa ville natale et Saint-Étienne. Mais nous ne pouvons nous dispenser de convenir que l'antiquité de *Furanum* doit être accueillie à peu près sur parole, au moins en ce qui concerne son importance et ses monuments ; car l'église de Saint-Étienne elle-même dément, par son caractère architectural, l'ancienneté qu'on lui attribue ; et sous ce dernier rapport, nous ne pensons pas qu'on puisse faire remonter sa construction au-delà du XIIe siècle. M. Auguste Bernard ajoute à ce sujet : « Nous n'avons vu cette église mentionnée dans aucun acte authentique avant le XIVe siècle, et il n'est presque pas un seul clocher existant à cette époque dans la province dont nous n'ayons lu le nom dans quelque charte [1]. »

En 1562, et lorsque le comté de Forez eut tant à souffrir de l'invasion du trop fameux baron des Adrets, chef des calvinistes, le nommé Sarras, gouverneur d'Annonay pour ces religionnaires, surprit Saint-Étienne, mit le feu aux portes de la ville, et s'en rendit maître. Outre le butin que ce capitaine fit dans cette circonstance, il s'était emparé d'une grande quantité d'armes, trouvées sans doute dans les fabriques ; mais son triomphe fut court. Poursuivi durant son retour à Annonay par le seigneur de Saint-Chamond, commandant un corps d'environ 1,500 hommes, dont 7 à 800 arquebusiers, Sarras fut battu et perdit presque tous ses soldats. Après cette victoire, Saint-Chamond, ayant refoulé les huguenots dans Annonay, somma, au nom du duc de Nemours, cette ville de lui ouvrir ses portes ; mais les calvinistes, malgré la défaite du gouverneur, ne capitulèrent qu'à la dernière extrémité. La ville s'étant enfin rendue, le chef catholique, jaloux sans doute d'égaler les fureurs du baron des Adrets, fit passer au fil de l'épée tout ce qu'il trouva les armes à la main, et précipiter du haut des tours, les soldats qui les avaient vaillamment défendues.

Après la bataille de Moncontour, les armées du roi de Navarre et du prince de Condé, s'étant réunies sous les ordres de l'amiral de Coligny, parcoururent le midi, et pénétrèrent dans le Forez. Les soldats, animés sans doute par le souvenir de la défaite que nous venons de rapporter, se réjouissaient en disant qu'ils allaient plumer *les oisons du Forez*. Au printemps de cette même année, l'amiral entra à Saint-Étienne, qu'il avait fait occuper par Colombier. Écoutons sur cet événement un chroniqueur de Saint-

---

[1] *Histoire du Forez*, t. II, p. 54 et 55.

Étienne : « Par le moyen dessus dict, le roi de Navarre, le prince de Condé et ledict sieur de Montgoméry, entrèrent dans ladicte ville de Saint-Estienne, avec plus de neuf ou dix mille raistres, sans les compagnies françaises, et ce fust sur la fin dudict mois de may. Toute ceste armée demeura dans ladicte ville ou ez-environs dix-sept jours, et firent faire le dégast à leurs chevaux, non seulement aux prairies, mais encore aux bleds, qui estaient en herbe. Ils tuèrent beaucoup de personnes, brisèrent toutes les croix qu'ils trouvèrent, brûlèrent les bancs du chœur de l'église, rompirent la pluspart des cloches ; de sorte que toute l'église estait pleine de chevaux et toutes les chapelles. Ils firent dans ladicte église mille sacrilèges et infamies ; ils en brûlèrent les portes, se chauffèrent des tableaux, et enfin, n'y laissèrent rien, sinon le fumier de leurs chevaux, de sorte qu'elle semblait être une estable ou grange. Leur séjour dans ladicte ville y laissa telle infection, qu'on y prit une maladie qu'on nomma *la Picorée*, qui estait presque autant irrémédiable et soudaine que la peste. Ils firent un grand butin, emportèrent tout ce qu'ils purent tant de l'église et maison curiale, que de celles des prêtres, en reliques, contrats, papiers et documents [1].

« Pendant que l'armée séjournait dedans et autour de Saint-Estienne, continue le chroniqueur, tant pour se refaire des pénibles traictes qu'elle avait faictes, que pour attendre du renfort, l'amiral de Coligny, qui logeait au *Cheval-Blanc*, sur le pré de la foire, maison Allard, près la Vouste Sainte-Catherine, et dont le camp s'estendait de l'estang Patrua aux rives de l'Heurton, vint à tomber dangereusement malade, et le doulx jeu d'amour n'avait esté estranger à la maladie de ce huguenot. »

Ce fut dans cette situation et à Saint-Étienne que l'amiral reçut des députés de la cour, pour traiter de la paix. Mais cette tentative n'eut aucune issue favorable : les hostilités continuèrent.

Avant de quitter Saint-Étienne, l'amiral y établit un prêche qui subsista long-temps. Il était, dit M. Auguste Bernard, au bas de la rue Violette, dans la rue des Moines, et probablement dans le monastère même duquel cette rue tenait son nom. « Mais ce parti s'étant affoibli peu à peu, rapporte un autre chroniqueur de Saint-Étienne, il arriva un jour, que quelques hérétiques insultèrent le prêtre qui portait le Saint-Viatique aux malades. Une troupe d'enfants catholiques indignés d'une impiété si scandaleuse, investit tout

---

[1] Ceci explique en partie l'absence de tout document historique ancien dans les archives de Saint-Étienne.

à coup ces téméraires calvinistes, et les poursuivit à coups de pierres, jusque dans leurs maisons. »

« Le succès de cette entreprise enhardit ces nouveaux défenseurs de la foi : les jours suivants, ils commencèrent à reprocher en face aux huguenots leurs attentats sacrilèges. Des reproches, ils en vinrent aux menaces, et les effets suivirent de près, car une grêle de cailloux fondit de toutes parts sur la tête de ces novateurs timides. »

« Un jour, que ces hérétiques étaient assemblés dans le prêche, les enfants catholiques de la ville s'étaient distribués de façon que les plus forts les attendaient à la porte avec des pierres aux mains; en même temps, les autres, tout près de là, attendaient aussi leur sortie pour les aveugler avec de la cendre noire; et à coups de pierres et de tuiles, ils les assommèrent. Ayant été poursuivis avec tant d'ordre, tant de vigueur, et voyant tous les jours la persécution devenir plus sérieuse, enfin lassés, les huguenots aimèrent mieux abandonner la ville, que d'y demeurer au péril de leur vie. »

Ce récit, assez peu probable et dicté sans doute par un catholicisme officieux, nous rappelle ce passage hyperbolique d'un chant républicain de Chenier :

> Les républicains sont des hommes ;
> Les esclaves sont des enfants.

S'il fallait en croire le chroniqueur de Saint-Étienne, les adolescents catholiques de sa ville se seraient élevés jusqu'à l'héroïsme, tandis que les calvinistes adultes redescendaient aux faiblesses de l'enfance. Il est probable que ces religionnaires en s'éloignant de Saint-Étienne, obéirent à de plus puissantes considérations que l'attaque des *gamins* du lieu.

Quelles qu'en aient été les causes, cette expulsion, ou plutôt cette retraite des calvinistes, ne fut pas définitive : nous les voyons encore maîtres de Saint-Étienne en 1589. Alors cette ville n'était pas entièrement remise des désastres d'une peste qui lui avait enlevé 7,000 habitants. Mais les religionnaires de l'époque n'étaient plus, comme ceux de 1569, des rebelles armés contre la couronne : c'étaient les défenseurs de cette *légitimité* si souvent invoquée, de nos jours, en faveur des descendants d'un prince qu'une partie de la France proscrivait alors : Saint-Étienne venait d'ouvrir ses portes aux sujets fidèles de Henri IV. Ce prince lui-même, disent les chroniqueurs déjà cités, passa dans cette ville en revenant d'Auvergne, et logea sur la place, dans la maison de Pierrefort.

Saint-Étienne, sortie des désastres que les guerres civiles traînent après elles, commençait à reprendre sa vie active, lorsque de 1628 à 1629 une maladie contagieuse y sévit de nouveau avec une extrême violence [1]. Les communications furent soudainement interrompues, le commerce devint stagnant, les ouvriers se virent réduits à la plus affreuse misère. Pour arrêter la contagion, le corps municipal fit bâtir hors de la ville, sur le mont *Courette*, 500 cabanes en bois, espèce de bourg-hospice, où les malades furent relégués comme des lépreux. Malgré cette précaution, le fléau ne cessa qu'après avoir enlevé, disent les traditions locales, près de 8,000 habitants. Ce ne fut point au milieu de cette affreuse mortalité qu'un Vincent-de-Paule ou un Belzunce Stéphanois répandit sur les maux de ses concitoyens le baume d'une angélique bienfaisance : le curé Colombet de Saint-Amour ne commença à consacrer quarante-cinq années de sa vie à leur soulagement que vers l'année 1659. Ce vertueux ecclésiastique, qui ne parlait de la charité qu'en la pratiquant, ne se borna point à soulager l'indigence : riche de patrimoine, plus riche de nobles vues, il créa et dota divers établissements de bienfaisance, entr'autres l'Hôtel-Dieu et l'hospice de la Charité ; une partie de sa fortune fut employée à fonder des écoles gratuites pour les enfants des deux sexes, une autre à faire bâtir l'église de Notre-Dame ; enfin, durant la grande disette de 1693, Colombet de Saint-Amour nourrit en partie à ses frais la classe ouvrière. Nous regrettons de n'avoir pas trouvé dans les histoires les plus récentes du Forez, une seule page consacrée à ce bienfaiteur universel de Saint-Étienne ; et nous espérons qu'en compulsant les chroniques locales, l'éloge d'un si digne appréciateur de la mission évangélique du lévite aura échappé à notre attention [2].

En 1645, la ville de Saint-Étienne ayant pris un accroissement qui semblait réclamer quelques-unes des institutions politiques attribuées aux cités importantes, on y plaça une sénéchaussée formée d'un démembrement du baillage de Montbrison. Ce corps judiciaire n'eut qu'une existence éphémère : vers la fin de la même année, il fut transféré à Montbrison. Mais, par lettres patentes rendues en 1667, une portion de la sénéchaussée de cette capitale du Forez, devait, chaque année, se transporter à Saint-Étienne, y résider pendant six mois, et connaître de toutes les causes civiles et criminelles. Cet état de choses cessa en 1762.

---

(1) Elle se déclara dans la maison du nommé Antoine Thomas, et ne cessa qu'en 1630. Cette maladie pestilentielle se renouvela en 1640 ; mais il ne périt que six cents personnes.

(2) Les trois consuls de Saint-Étienne, durant la peste de 1629, firent preuve d'un dévoûment dont la peinture a perpétué le souvenir : on voit dans l'église de Notre-Dame un tableau représentant ces magistrats en costume consulaire, faisant un vœu au nom de la ville. Colombet de Saint-Amour méritait-il moins ?

Depuis les troubles de la ligue, le Forez, selon l'expression d'un de ses historiens, s'était endormi dans le calme qu'il achetait chèrement par un contingent d'or et de sang, destiné à subvenir aux éternelles guerres du *Grand Roi*. Mais en 1717, cette somnolence payante devint convulsive : Saint-Étienne se ressentit d'un mouvement opéré par les mécontents de l'époque sur la ville de Montbrison. Les chroniqueurs stéphanois qui nous ont appris cet événement, ont aussi consigné une anomalie phénoménale des saisons survenue en 1725 : en cette année, disent-ils, un tremblement de terre s'étant fait sentir devers Montbrison, il n'y eut point d'hiver; les arbres étaient verts et les fleurs primitives épanouies en janvier; les blés avaient des épis au mois de février : la récolte fut très-bonne.

Mais sans doute qu'à cette abondance, succéda, deux ans plus tard, une disette : les blés enchérirent, et le 6 juin, il y eut à Saint-Étienne une émeute populaire. Les mutins se portèrent en foule chez Jacques Pierrefort et Barthelemy Craponne, accusés d'accaparement et d'envois de grains à l'étranger; leurs maisons furent pillées. Le peuple est ordinairement malheureux à se faire justice lui-même, à moins que cette justice n'émane de la loi du plus fort ; vaincus, les révoltés sont toujours criminels, et les délits contre lesquels ils se sont élevés, même les crimes qu'ils ont voulu punir, deviennent des actions licites. La sénéchaussée de Lyon ayant évoqué l'affaire, quatre des mutins furent pendus, quatre fouettés et douze bannis. Les sieurs Pierrefort et Craponne, s'ils avaient réellement accaparé et exporté des grains en temps de disette, ce qui nous semble assez probable, eurent un brevet d'impunité, scellé par la justice.

L'histoire politique de Saint-Étienne, à la fin du XVIIIe siècle, n'offre rien de remarquable, sinon le retentissement des troubles du Lyonnais, auxquels les Foréziens prirent quelque part, ainsi que nous aurons occasion de le faire remarquer ailleurs. Quant à l'histoire industrielle de cette ville, elle doit être l'objet d'un précis d'une certaine étendue, dans lequel nous tâcherons de reproduire avec fidélité la vie excentrique du travail et du négoce qui, depuis une trentaine d'années surtout, procure à cette nouvelle Salente, toujours en travail d'agrandissement, un accroissement prestigieux d'importance et de prospérité. On peut se faire une idée de cette progression par le chiffre de la population : en 1771, Saint-Étienne, y compris quelques villages voisins que l'on peut considérer maintenant comme ses faubourgs, contenait 20,000 habitants; de cette époque à l'année 1817, ce nombre ne fut porté qu'à 26,000. Aujourd'hui la population, sur laquelle toutes les géographies, tous les recueils pittoresques, commettent de graves erreurs, excède 60,000 âmes, d'après les évaluations les plus modérées faites récemment. Examinons les causes d'une augmentation de 34,000 âmes dans l'espace de vingt-deux ans : augmentation dont on ne trouve nulle part un second exemple.

La fabrication des rubans est la plus ancienne industrie de Saint-Étienne, si, comme le rapportent les traditions locales, elle y fut introduite dès le xe siècle. Mais il est probable, en tout cas, que la rubanerie, à cette époque reculée, devait être fort imparfaite ; et nous croyons avoir développé suffisamment, dans notre précis sur Saint-Chamond, l'origine et les progrès de cette industrie dans le Forez. Aussi tard que la fin du XVII siècle, il y avait encore peu de métiers à Saint-Étienne ; ils étaient répandus dans les campagnes jusqu'à une assez grande distance ; et par cette raison sans doute, il ne se forma point alors dans la ville de corporation d'ouvriers en rubans, ainsi que cela eut lieu à Saint-Chamond et à Saint-Didier. Or, de la libre fabrication à laquelle se livrèrent les Stéphanois, naquit la prépondérance de leur ville sur ses rivales ; cette prépondérance s'est toujours accrue depuis, et a laissé derrière elle les fabriques de Saint-Chamond, qui lui avaient envoyé en grand la rubanerie.

Dans la notice sur cette dernière ville, nous avons donné des détails suffisamment étendus sur la confection et le commerce des rubans ; il serait superflu de nous redire à ce sujet, et nous ajouterons seulement à la mention qui précède quelques particularités propres à Saint-Étienne. C'est dans cette ville exclusivement que sont faits les essais publics des soies destinées à la fabrication des rubans ; mesure concentrée en ce lieu depuis environ trente-cinq ans. Auparavant, les fabricants éprouvaient eux-mêmes les matières, chacun dans son établissement. Une grande partie du *crêpage* se fait aussi à Saint-Étienne ; et à cet égard, l'auteur de la *Statistique industrielle du département de la Loire* fait observer qu'il y aurait une grande économie à faire exécuter cette opération dans l'Ardèche.

Il y a dans la ville de Saint-Étienne douze ou quinze commissionnaires marchands de soie et banquiers, dont le capital réuni forme trois à quatre millions. Les ventes se font ordinairement par l'intermédiaire des courtiers, auxquels le vendeur paie un quart pour cent. Saint-Étienne est le centre de la dessication ou *condition* des soies employées dans le pays ; elle y fut importée de Lyon, vers le commencement de la révolution. Cette opération, si essentielle pour une matière aussi précieuse, aussi hygrométrique[1] que

---

(1) La soie, par sa seule exposition dans un lieu sec ou humide, peut prendre ou perdre de dix à trente-cinq pour cent de son poids en eau.

la soie, s'exécuta d'abord dans des maisons particulières. Ce ne fut qu'en 1793 que le premier établissement de dessication fut créé à Saint-Étienne, sous la direction de M. Legouvé. Par décret du 15 janvier 1808, une condition unique fut ensuite fondée et dirigée par l'administration municipale, qui en supporte les dépenses et en perçoit les revenus. Nous dirons un mot des moyens employés pour dessécher les soies : on les renferme dans des cages grillées en fil de fer de la construction la plus propre à faciliter l'action de l'air échauffé par des poëles ; le déposant appose son cachet sur leur fermeture. Vingt-quatre heures après, on vérifie le poids de la soie : si elle a perdu plus de trois pour cent, on la laisse séjourner dans l'appareil pendant une seconde période de vingt-quatre heures. La température entretenue dans les salles varie selon les mois de l'année. Les droits de condition sont de 10 centimes par kilogramme ; les ballots d'un poids inférieur à 25 kilogrammes paient un droit fixe de 2 francs 50 centimes. Le droit de pesage est d'un franc par ballot.

De grandes améliorations successives ont été obtenues, dit-on, dans la dessication des soies ; mais on n'est pas encore parvenu au résultat normal de cette opération. Un bon appareil pour le conditionnement de la soie, dit M. Alphonse Peyret, doit avoir pour objet, non pas de la dépouiller de toute humidité ; mais de constater celle qui s'y trouve. En 1835, MM. Talabot frères, par un procédé sûr et facile, étaient parvenus à résoudre ce problème, mieux qu'il n'était résout précédemment.

Sans rechercher ici jusqu'à quel point est fondée l'antiquité prétendue d'une manufacture d'armes de guerre à Saint-Étienne, nous reprendrons seulement l'origine de cette fabrication à une époque où les dernières traces de l'antique industrie du même genre avaient disparu dans le pays, si jamais elle y a existé. Quoique les traditions locales fixent l'apparition des premiers ouvriers en armes à feu à Saint-Étienne aux XVe siècle, ce n'est cependant qu'au commencement du XVIe que nous trouvons à cet égard des notions authentiques. En 1516, François Ier envoya dans cette ville l'ingénieur Virgile, pour présider à la confection des arquebuses à rouet et des mousquets. Mais il ne forma point alors de grands ateliers : le gouvernement commandait aux armuriers de la ville les armes dont il avait besoin ; les détails de fabrication n'étaient point surveillés : on se bornait à faire éprouver superficiellement les armes destinées au service de l'État. Ce ne fut qu'en 1717, que le ministre de la guerre envoya à Saint-Étienne un officier d'artillerie, M. du Saussay, avec le titre d'inspecteur. On mit sous ses ordres un contrôleur ; les armes de guerre furent soumises à une visite plus exacte, et leurs proportions déterminés par des réglements. Les ouvriers-armuriers obtinrent d'être exempts de la milice. A M. du Saussay succéda, en 1742, M. Faure; et celui-ci fut remplacé, en 1747, par M. Brune, qui, deux ans plus tard, eut pour successeur M. de Saint-Hilaire, lieutenant-colonel. Ce dernier remplit les fonctions d'inspecteur jusqu'en 1764. Depuis l'origine, les armes de guerre avaient été fabriquées par les principaux armuriers de la ville, d'après des marchés individuels passés avec le gouvernement.

Mais en cette même année 1764, M. de Montbéliard, inspecteur de la manufacture royale d'armes de Charleville, fut envoyé à Saint-Étienne pour y organiser une fabrication régulière. Sur sa proposition, le roi accorda à une société unique le privilége exclusif de fournir toutes les armes commandées, soit pour son service, soit pour les puissances étrangères, la compagnie des Indes et la traite des Nègres. Cette société s'engagea à faire construire, à ses frais, tous les bâtiments nécessaires à une grande exploitation; la cour conféra à cet établissement le nom de *Manufacture royale*, avec tous les priviléges dont jouissaient les manufactures de Charleville et de Maubeuge. Avant la fin de l'année, les forges, ateliers, usines, magasins, hangars et autres bâtiments d'exploitation furent terminés et disposés convenablement.

Un marché de neuf ans fut passé entre la compagnie et le gouvernement, pour une quantité d'armes de guerre qui demeura fixée à 20,000 par année. M. de Montbéliard, afin d'assurer une bonne fabrication, divisa les ouvriers en trois classes : la première fut exclusivement employée à la confection des armes de l'État; les deux autres, occupées de la confection des armes pour les puissances étrangères ou les compagnies, ne servaient à alimenter la première, que lorsqu'elles pouvaient fournir des armuriers assez instruits et expérimentés pour en faire partie. Les entrepreneurs devaient fournir le fer aux ouvriers au prix qu'il leur coûtait, rendu dans leurs magasins. Il était expressément défendu à tout fabricant d'armes d'exporter de Saint-Étienne aucune arme de commerce sans un visa délivré par l'inspecteur de la manufacture, et sans que les canons eussent été éprouvés et poinçonnés par un contrôleur *ad hoc* connu sous la dénomination de *contrôleur-éprouveur*.

M. de Montbéliard, après avoir accompli sa mission de la manière la plus honorable, et avoir introduit dans la manufacture plusieurs réformes utiles, retourna à Charleville, et fut remplacé par M. de Bellegarde, sous l'inspection de qui fut introduite à Saint-Étienne la fabrication des baïonnettes, vers la fin de 1765.

L'association des entrepreneurs tenant la manufacture royale de Saint-Étienne ne dura que cinq ans; elle fut dissoute en 1769, et M. Carrier de Monthieu, l'un des sociétaires, succéda seul à cette compagnie, avec tous les priviléges et prérogatives dont elle avait joui, conférés à perpétuité à lui et à ses héritiers, par lettres patentes du roi. Mais cet entrepreneur laissa bientôt remarquer son incapacité à remplir les engagements qu'il avait contractés; en 1773, il fut déclaré inhabile à continuer la fabrication des armes pour le roi. Il se vit contraint de céder à MM. Carrière de la Thuilerie et Dubouchet les usines, les immeubles et l'approvisionnement destinés au service de la manufacture. Le ministre de la guerre passa alors de nouveaux marchés avec cette compagnie et avec diverses sociétés d'armuriers, pour la quantité de 25,000 armes [1].

M. Jaunay, lieutenant colonel d'artillerie, fut nommé, dans cette même année, inspecteur de la manufacture. Cet officier ayant été autorisé à former à Saint-Étienne un dépôt ou salle d'armes, un gardien fut chargé de la conservation de ce petit arsenal, et de faire encaisser successivement les fusils pour les expédier à leur destination. De cette époque, date l'installation d'un garde d'artillerie à la fabrique d'armes de Saint-Étienne.

L'année suivante, le privilége de MM. Carrière de la Thuilerie et Dubouchet cessa d'être exclusif : le gouvernement autorisa une nouvelle compagnie d'entrepreneurs, composée de MM. Jourjon, Royer, Nicolas, Robert et Courbon de Montviol : cette société reçut immédiatement une commande de 15,000 armes, qui fut ensuite réduite à 11,000. Dans la même année, l'inspection passa de M. Jaunay à M. de Berre. La gestion des cinq nouveaux entrepreneurs fut courte : en 1777, ils cédèrent leur entreprise à MM. Carrière de la Thuilerie et Dubouchet, qui restèrent ainsi seuls fournisseurs privilégiés. A cette époque, M. d'Agoût remplaça M. de Berre, comme inspecteur. Ce fonctionnaire avait alors sous ses ordres trois contrôleurs et deux réviseurs. Il fut nommé en outre un contrôleur principal pour les trois manufactures de Maubeuge, Charleville et Saint-Étienne. Cet employé supérieur était spécialement chargé de veiller à ce que ces établissements fussent pourvus des mêmes outils; d'assurer l'uniformité et l'accélération des travaux; enfin, de maintenir l'économie dans le prix des articles commandés. Ce fut alors que parut un réglement pour l'adoption d'un nouveau modèle de fusil, connu encore sous le nom de *modèle de* 1777. Le prix du fusil fut porté de

---

(1) Par le mot *armes*, il faut entendre *fusils* ou pistolets de troupes.

18 à 20 francs; l'année suivante, on l'éleva à 22 francs 10 sous; et comme encouragement des ouvriers, on institua une distribution de prix à la fin de chaque trimestre.

Soit gestion distinguée, soit faveur de cour, M. d'Agoût fut nommé en 1780 directeur-général des trois manufactures d'armes de Charleville, Maubeuge et Saint-Étienne; M. Danzel le remplaça dans cette dernière ville. En 1781, les entrepreneurs ayant ajouté à l'établissement un magasin à poudre, un bâtiment d'épreuve pour les canons de fusil et quelques nouveaux ateliers, le prix du fusil fut porté à 23 francs; en 1784, il fut fixé à 24 francs.

Malgré ces augmentations successives, les entrepreneurs continuèrent de se plaindre du peu d'intérêt qu'ils tiraient de leur mise de fonds; ils proposèrent en 1785, au gouvernement, la cession des usines de Saint-Étienne, et offrirent d'en diriger les travaux en qualité de régisseurs, moyennant un bénéfice de quinze pour cent sur le prix courant des armes. Cette proposition ne fut point acceptée par le ministre, alors préoccupé du contenu d'un mémoire fort étendu rédigé par M. Danzel, et dans lequel cet officier signalait la mise en régie de la manufacture, comme l'unique moyen d'arrêter sa décadence. M. de Gribeauval, alors premier inspecteur-général de l'artillerie, consulté sur ce projet, ne l'approuva point; il en démontra les inconvénients, et prouva que le système de l'entreprise était moins coûteux pour l'État. Sur la proposition de cet officier-général, les immeubles appartenant à la manufacture furent aliénés, ainsi que les approvisionnements nécessaires pour la fabrication de 12,000 armes : le tout estimé 400,000 francs. D'après cette estimation, on accorda chaque année aux entrepreneurs quinze pour cent de son montant, et dix pour cent de bénéfice sur le prix courant des armes livrées.

En 1786, M. Lespinasse, qui fut dans la suite lieutenant-général d'artillerie, chambellan de l'empereur Napoléon, sénateur et pair de France, remplaça M. Danzel; son inspection se prolongea jusqu'en 1792, et pendant sa durée on ne fabriqua jamais au-delà de 12,000 fusils. M. Colomb succéda à M. Lespinasse; mais il ne resta à ce poste que jusqu'au mois de nivose an II. A cette époque, la surveillance de la manufacture d'armes de Saint-Étienne fut ôtée aux officiers d'artillerie : on la confia d'abord aux soins d'un administrateur, ayant sous ses ordres un caissier; puis à une commission composée de six membres, sur laquelle un *surveillant-régisseur* eut la haute main. Sous cette administration, et en vertu de la mise en réquisition de tous les ouvriers, on fabriqua à Saint-Étienne, de l'an II de la république à la fin de l'an IV, une immense quantité de mauvais fusils. Plusieurs milliers de sabres divers furent aussi expédiés de cette ville aux arsenaux du gouvernement.

Cette fabrication précipitée et vicieuse, commune aux autres manufactures, n'empêcha pas, ainsi qu'on l'a tant dit, les défenseurs de la république, soldats aussi neufs que leurs mousquets, de repousser du sol français les quatorze armées de la coalition européenne. Habitués à enlever les positions au pas de charge, nos jeunes volontaires, lorsque l'imperfection de leurs armes en avait éteint le feu, s'en servaient comme Charles-Martel de sa masse : le poids de la crosse suppléait à la balle, restée dans le canon.

Au commencement de l'an v, les travaux furent suspendus à Saint-Étienne, faute de fonds, et vers la fin de cette même année, les fonctions du conseil d'administration de la manufacture cessèrent. M. Colomb qui, dès l'an III, avait été renvoyé à cet établissement avec le titre d'inspecteur militaire, fut chargé de le réorganiser sur les anciennes bases : on nomma, comme par le passé, des contrôleurs, des réviseurs et un garde d'artillerie. Le 28 brumaire an VI, un nouveau marché fut passé avec MM. Dubouchet et Jovin père et fils, pour l'entreprise des armes de guerre. Ces entrepreneurs se firent céder toutes les matières, ustensiles et approvisionnements qui se trouvaient dans les magasins; mais les travaux ne reprirent de l'activité qu'en l'an VII, et particulièrement sous le ministère du général Bernadotte, qui venait d'imprimer un nouvel essor au département de la guerre [1]. Cette réorganisation fut laborieuse, malgré tout le zèle de M. Colomb, secondé par M. de Vernin, directeur-général des manufactures d'armes. La plupart des ouvriers avaient perdu l'habitude de travailler avec l'exactitude et la précision qu'exige la fabrication des armes d'un modèle régulier; les produits manufacturés pendant les années VI, VII, VIII, IX et X de la république, furent encore faibles et de mauvaise qualité. Cependant, le nombre des ouvriers s'étant beaucoup augmenté, la quantité d'armes fabriquées s'éleva en l'an X, à un nombre qu'on n'avait jamais atteint : 36,000 fusils sortirent dans cette année, de la fabrique nationale de Saint-Étienne; elle en livra à peu près autant l'année suivante. En toutes choses, bonne qualité et grande quantité se montrent rarement ensemble, surtout quand la précipitation préside aux moyens d'exécution. En 1811, les

---

[1] Aujourd'hui roi de Suède et de Norvège. Voyez l'*Histoire de Charles* XIV, publiée en 1837, par Gustave Barba... Tâche de justice que le public a accueillie avec faveur, quoique le monarque scandinave *ait paru* ignorer le plaidoyer historique de son défenseur le plus hardi, comme le plus désintéressé. Mais l'auteur avait écrit pour rétablir la vérité dans ses droits; son but était atteint, et ce qui prouve qu'il l'était bien, c'est que pas la moindre critique sensée, pas la plus petite preuve, opposée à ses preuves, n'ont réfuté son livre. On n'a débité que des lieux communs rebattus et sans portée, auxquels l'auteur répondra dans une seconde édition.

armes de Saint-Étienne étaient encore très-imparfaites, et l'on en sera peu surpris, en apprenant qu'il sortait annuellement de la manufacture de cette ville jusqu'à 80,000 fusils. Dans le courant de la même année, M. Preau lieutenant-colonel d'artillerie remplaça, comme inspecteur de l'établissement, M. le chef de bataillon Colomb. Alors, on s'occupa sérieusement d'améliorer les travaux : des platineurs furent tirés de Charleville, avec un contrôleur habile à diriger la confection de cette partie essentielle de l'arme; on distribua à ces ouvriers des calibres exacts, et l'on veilla à ce qu'ils observassent strictement les dimensions prescrites par les tables. En peu de temps, la fabrication de la platine arriva à un degré de perfection très-satisfaisant.

Jusqu'alors, les baïonnettes faites à Saint-Étienne étaient défectueuses, et le nombre que la fabrique livrait n'égalait jamais celui des fusils. En 1812, on fit venir de Klingental des ouvriers baïonnettiers et un réviseur; des forgeurs et des aiguiseurs se formèrent; une nouvelle usine à aiguiser les baïonnettes fut établie, et l'on put en fabriquer 36 à 40,000 par année.

Malgré la sévérité que l'on apportait désormais dans l'examen des armes, la commande de 65,000 faite en 1812, fut remplie. En 1813, Saint-Étienne en fournit 82,000. Nos guerres, à ce point de déclin d'un empire jusqu'alors victorieux, consommaient dans leurs désastres plus d'armes qu'elles n'en avaient employé dans la conquête. L'inspecteur reçut l'ordre de presser les travaux autant que faire se pourrait; on l'autorisa à distribuer aux ouvriers des primes d'encouragement. Toute fabrication d'armes de luxe et de chasse fut interdite à Saint-Étienne; on y ouvrit un atelier de réparation, et tous les ouvriers de la ville furent mis en réquisition, comme durant la période révolutionnaire... C'est que, cette fois encore, la patrie était en danger. Indépendamment d'une fourniture de 82,000 fusils prescrite à la manufacture, une commande de 100,000 autres fut faite aux entrepreneurs.

Malheureusement les efforts de l'empereur, mal secondés par une nation lasse de guerre et désormais fatiguée du retentissement de sa gloire militaire; ces efforts de géant par la puissance, de sylphe par la vitesse, ne purent arrêter l'invasion du territoire français. En 1814, les travaux de la manufacture de Saint-Étienne furent suspendus; on évacua sur Saint-Flour le matériel de l'établissement; l'inspecteur, ses officiers et les contrôleurs se retirèrent au Puy.

Saint-Étienne fut bientôt occupé par les Autrichiens, qui brûlèrent, aux feux de leurs bivouacs, les bois de fusils qu'ils trouvèrent dans les magasins, et détruisirent les pièces d'armes qu'on n'avait pas eu le temps d'enlever. Ce dégât s'éleva à plus de 600,000 francs.

Au mois de mai, les travaux reprirent vigueur, et l'inspecteur reçut l'ordre de fabriquer 5,000 armes par mois. De plus, les entrepreneurs furent autorisés à fournir en outre 10,000 fusils n° 1 pour utiliser toutes les pièces dépareillées qui leur restaient.

La commande de 1815 avait été d'abord de 60,000 armes; après le 20 mars, elle fut portée à 80,000. Les réquisitions et les primes de 1814 reparurent durant ce jet renaissant, mais éphémère de l'étoile napoléonienne, qu'on a nommé les *Cent-Jours*. Puis cet astre disparut à jamais, et avec lui s'éteignit l'Etna de Saint-Étienne. La manufacture demeura muette jusqu'à la fin de 1815; à cette époque, M. l'inspecteur Preau, coupable d'avoir forgé des armes pour l'usurpation, fut remplacé par M. le chef de bataillon Lucis.

Il s'opéra alors, une petite révolution dans l'établissement : on fit venir de Charleville et de Maubeuge, des forgeurs de canons et un réviseur, afin de substituer la manière de forger dite *Liégeoise*, à la méthode forézienne, qui exige une plus grande consommation de fer et un travail plus long pour le forage. Dans l'année 1816, la manufacture s'enrichit d'une mécanique ingénieuse pour tarauder les vis à bois. Cependant les travaux avaient repris leur activité :

en 1816, on fabriqua 40,000 armes; en 1817, 35,000; en 1818, 31,000. Dans cette dernière année, M. le lieutenant-colonel Vialet remplaça M. Lucis. Dès son entrée en fonctions, ce nouvel inspecteur eut à s'occuper de l'établissement de divers modèles adoptés pour fusils, pistolets et mousquetons : cette opération se fit avec célérité, et les nouveaux calibres furent promptement compris par les ouvriers. Ce sont ces nouvelles armes que l'on fabrique aujourd'hui. En 1824, M. Tugnot de Lanoy, maintenant chef du bureau de l'artillerie au ministère de la guerre, fut nommé *directeur* de la manufacture; pendant son administration, qui ne cessa qu'en 1828, les commandes furent successivement réduites à 20,000, tant pour l'armée de terre que pour la marine. Le nombre des ouvriers diminua en proportion : lorsqu'en 1828, M. le chef de bataillon Raulin prit le service, on n'en comptait plus que huit cents dans les ateliers divers, et ce nombre était bien supérieur aux besoins du service.

Après les événements de 1830, l'armement de la garde nationale donna lieu à une nouvelle activité dans la fabrication des armes : les contrôles de cette milice bourgeoise ne pouvaient suffire aux inscriptions qu'inspirait l'essor renaissant d'un civisme martial qui, ayant toute la vivacité de l'enthousiasme français, faisait craindre qu'il n'en eût aussi la brièveté. A cette époque, les commandes d'armes faites à Saint-Étienne, furent à peu près illimitées; M. le chef d'escadron Caussade, alors directeur de la manufacture, répondit de son mieux à cet égard aux intentions du gouvernement. Mais il fut remplacé, en 1832, par M. Régnault, officier supérieur du même grade.

Nous devons constater ici, que, malgré l'immense développement donné, durant ces dernières années, à la fabrication des armes de guerre, leur exécution a été sensiblement améliorée à Saint-Étienne; et maintenant, elles peuvent être comparées avec avantage à celles des autres fabriques françaises et étrangères. D'un autre côté, les moyens d'exécution sont immenses : le grand nombre d'ouvriers employés aux armes bourgeoises et à la quincaillerie, répandus dans un rayon de quelques lieues autour de la ville, permet à la manufacture de porter sa fabrication annuelle à 150,000 fusils, non compris les fournitures à faire aux particuliers, qui pourraient s'élever au même chiffre; et les importantes améliorations introduites récemment dans cette vaste usine, particulièrement pour le laminage des canons et la dessication des bois par la vapeur, faciliteraient un développement plus grand de production.

La manufacture d'armes de Saint-Étienne est placée sous la direction d'un corps d'officiers d'artillerie, aussi instruit qu'expérimenté, qui dresse les devis, surveille les travaux, et approuve les marchés des entrepreneurs. Ceux-ci ne sont, à vrai dire, que des banquiers, auxquels le gouvernement paie l'intérêt de leurs capitaux, et dont les fonctions se bornent à acquitter les dépenses, à entretenir les usines, et à faire réparer les bâtiments nécessaires à l'exploitation.

Cependant l'établissement, ainsi dirigé, a été souvent attaqué par les armuriers de Saint-Étienne, qui se sont plaints de n'être pas admis à fournir des armes à l'État aux mêmes conditions que les entrepreneurs privilégiés. Les raisons qu'ils ont développées dans un mémoire présenté en 1830 à M. le maréchal duc de Dalmatie, alors ministre de la guerre, et dont la plus brève analyse excéderait nos limites, ne sont pas toutes également fondées en principes; mais il en est plusieurs au moins qui s'appuient sur des droits méconnus. Toutefois, dans l'état de choses actuel, nous partageons l'opinion de M. Alphonse Peyret quant à l'avantage d'un système de fabrication unique, sous le double rapport de l'économie et de la bonne exécution. Ce n'est que sur l'assurance de commandes annuelles et régulières que l'on peut établir des usines et des machines coûteuses, et sans cette condition, il y aurait trop d'imprudence à réunir des approvisionnements considérables. Mais nous ne concevons pas comment l'État, qui s'est ménagé la direction exclusive de la manufacture qui nous occupe, n'applique pas une partie de ses immenses revenus à la faire exploiter pour son compte. L'entreprise, intéressée à ce que le prix des armes soit le plus élevé possible, agirait contre ses intérêts en recherchant l'économie dans le prix des matières premières et de la main-d'œuvre; elle repoussera donc de tout son pouvoir les innovations économiques. En un mot, les entrepreneurs, commerçants avisés, ne sont pas ici des manufacturiers, mais des prêteurs à gros intérêts, et qui prêtent à des gens qui n'ont pas besoin d'emprunter. Puisque la direction des travaux est entièrement confiée à un corps nombreux d'officiers d'artillerie, dont la capacité n'est pas douteuse, pourquoi ne pas lui remettre aussi la gérance de l'établissement? On économiserait ainsi tous les bénéfices de l'entreprise, évalués à treize pour cent; sans compter les diminutions possibles sur le prix de fabrication, par l'emploi des machines nouvelles ou perfectionnées. D'après la dernière fixation, le prix du fusil d'infanterie, plus élevé à Saint-Étienne que dans les autres manufactures, est de 35 francs 43 centimes [1].

L'organisation actuelle des ouvriers employés dans la fabrique de Saint-Étienne leur assure une existence indépendante des crises commerciales : un salaire convenable, un travail constant, régulier, et sur la fin de leurs jours, une pension qui les met à l'abri du besoin. Après trente ans de travail, les chefs

---

[1] À Mutzig, il est de 34 fr. 63 cent.; à Tulle, de 35 fr. 34 cent.; à Charleville, de 32 fr. 52 cent. La fabrique de Maubeuge a été supprimée et remplacée par celle de Chatellerault.

d'ateliers obtiennent une pension de 250 francs, qui s'élève à 480 après cinquante ans. Pour les simples ouvriers, cette pension est de 200 à 360 francs. Il y a en outre deux caisses de secours : une à Saint-Étienne et une à Saint-Héand, pour l'entretien des malades et des orphelins. Afin d'alimenter ces caisses, les chefs d'atelier versent mensuellement 75 centimes, les compagnons 50 centimes; les maîtres paient 10 centimes pour leurs apprentis.

Le plus grand nombre des ouvriers travaillent hors de la manufacture; ils sont disséminés dans les communes de Saint-Étienne, Montaud, Villars, Saint-Genest-Lerpt, Saint-Héand[1], la Fouillouse, Sorbier, Rochetaillée et le village de Planfoy : la plupart des ateliers qu'ils occupent appartiennent aux entrepreneurs.

Les ouvriers travaillent à leurs pièces, sur des matières dont l'entreprise fait les avances; les pièces refusées par les contrôleurs et réviseurs, demeurent à la charge de celui qui les a établies. Le salaire des ouvriers, selon la nature du travail, varie de 2 à 10 francs par jour.

Lorsqu'un fusil est terminé, il a passé par soixante-dix mains.

Les fers pour canons, garnitures et douilles de baïonnettes, se tirent de Belfort; ceux de Lucelle, de Framont et d'Audincourt s'emploient pour les platines, chiens et vis de chiens. Le cuivre pour les bassinets et les garnitures de mousquetons et de pistolets, se tire des usines de Saint-Bel (Rhône). On faisait venir autrefois des aciers d'Allemagne et de Goffontaine; maintenant on emploie ceux de la Bérardière pour lames de baïonnettes, ressorts de platines et faces de batteries. On se sert encore de l'acier de Rives, non-raffiné, pour les baguettes, tire-bourres et ressorts de garnitures. Les bois de noyer, pour la monture, viennent, dégrossis, du Bugey, du Dauphiné et de la Savoie.

Il existe à la fabrique d'armes de Saint-Étienne plusieurs machines propres à abréger le travail : tels sont des tours à canon et à fraiser les corps de platines, une mécanique à tarauder les vis à bois, une autre à tarauder les vis de l'acier. Tous les corps de platine sont percés avec beaucoup de précision, dans un même atelier, par des moyens mécaniques; on y fraise aussi tous les bassinets. Le platineur ne fait pas, comme dans d'autres manufactures, toutes les pièces de la platine : il en reçoit le corps garni du bassinet et le chien achevé, avec la batterie et les petites vis de forge; la noix de forge est rôdée, et chacune de ces pièces a été forgée dans des ateliers différents.

Nous devons dire, en terminant cette description, que la manufacture de Saint-Étienne, tout en possédant encore les usines, magasins, ateliers et bâti-

---

(1) Saint-Héand est la principale succursale de la manufacture d'armes, pour la fabrication des platines et la monture. Un capitaine d'artillerie et plusieurs contrôleurs y résident.

ments de toute espèce, qu'exigeait la fabrication considérable antérieure à 1815, n'entretient plus autant d'ouvriers qu'elle en employait alors. Leur nombre s'éleva dans ce temps de belliqueuse mémoire jusqu'à 2,000, et ne descendait jamais au-dessous de 1,600. Aujourd'hui, les ouvriers attachés à cette exploitation sont presque toujours moins de 1,000.

Pour les détails techniques sur la fabrication des armes de guerre, nous renvoyons à l'excellent ouvrage de M. Alphonse Peyret, dont nous avons extrait une partie des notions que nous venons de transmettre à nos lecteurs, après en avoir constaté l'exactitude par l'inspection des lieux. Sous la direction du même guide, notre attention va s'arrêter un moment à l'examen des armes de chasse et de luxe. De tels progrès ont été faits à Saint-Étienne dans cette partie que, maintenant, le renom *d'armes de pacotille* donné jadis avec quelque raison aux produits de cette ville, serait, non seulement une injure gratuite, mais le déni d'une industrie portée à un degré de perfection éminent.

La fabrication des armes de chasse et de luxe à Saint-Étienne, remonte, dit-on, à une époque beaucoup plus reculée que celle des armes de guerre. Sans en rechercher l'origine dans l'obscurité des temps, nous reprendrons l'armurerie de ce genre à l'apogée de prospérité qu'elle avait atteint en 1786, quoiqu'elle fût alors d'une imperfection proverbiale. Mais, à cette époque, ce commerce avait d'immenses débouchés dans le Levant et dans les colonies d'Amérique, où la concurrence Anglaise ne se faisait point alors sentir. De 1790 à 1799, la fabrication des armes de luxe, devenue presque superflue par suite des terribles préoccupations des deux mondes, fut d'un autre côté négligée en faveur de l'armurerie de guerre... Les représentants du peuple d'abord, les envoyés du premier consul ensuite, enrôlèrent tous les armuriers de Saint-Étienne pour multiplier les mousquets. Cependant, sous le consulat, le commerce des armes de luxe reprit; les encouragements que Bonaparte accorda dès lors à l'industrie, excitèrent des émulations stéphanoises : divers améliorations furent apportées dans plusieurs parties du fusil de chasse. De cette époque datent surtout les perfectionnements *du canon*, pour lequel on peut dire hardiment que Saint-Étienne ne connaît pas aujourd'hui de rivaux, puisque les meilleures fabriques étrangères viennent l'acheter dans cette ville. La perfection est particulièrement remarquable dans *le canon tordu* et dans *le canon à ruban*. Ces deux dénominations retentissent souvent à des oreilles inhabiles à les comprendre : nous en devons l'explication à nos lecteurs. Le canon tordu est celui dans la confection duquel les fibres du fer ont reçu une direction spirale. Ce canon se forge comme à l'ordinaire, et lorsqu'il a été bien soudé dans toute sa longueur, l'ouvrier chauffe chacune de ses parties en commençant par le milieu, avec précaution et presque à blanc. Il l'engage ensuite par une de ses extrémités dans les mâchoires d'un étau; puis, après avoir fait entrer l'autre dans un tourne-à-gauche, il le tord de façon que le nerf qui était en long, se trouve en spirale. Le canon étant ainsi tordu, on lui donne de légères chaudes en le frappant à petits coups de marteau, pour le réparer, le redresser et resserrer le nerf du fer. Le canon tordu résiste plus que tout autre à l'action de la poudre; s'il y cède, le danger est moins grand pour le tireur. Le canon à ruban se fait avec un ruban de fer bien corroyé et roulé sur une chemise ou tube servant de moule : si ce ruban est d'*étoffe* le canon est damassé. Or, le ruban de Damas se fait en étirant, par exemple, 15 lamettes de fer nerveux et 14 lamettes faites d'acier fondu. On en compose une trousse en mettant alternativement une lame de chaque espèce, ayant bien soin que le dessus et le dessous soient en fer; on soude cette trousse, on l'étire, et on l'étend en spirales semblables au pas d'une vis. Par une opération semblable à celle du canon tordu, on chauffe avec précaution cette pièce, puis on lui donne la forme du ruban. Si les baguettes préparées ainsi sont forgées ensemble, et soudées en les combinant en sens contraire, on obtiendra diverses fleurs de Damas. Le canon à ruban damassé est supérieur au canon tordu; mais il est d'une fabrication difficile. M. Merley, de Saint-Étienne, a exposé des canons à ruban et même à double ruban, dont l'exécution ne laisse rien à désirer [1].

D'autres perfectionnements ont été obtenus dans la fabrication des armes de luxe à Saint-Étienne : à cet égard, les fabriques de cette ville ne sont jamais restées au-dessous des innovations progressives du siècle. Par exemple, on y exécute tous les genres de platines, même celles à poudre oxigénée, à bassinet tournant, et celles à la *Pauly*. Les garnitures et la monture ne se sont point laissé devancer en progrès : les doubles détentes pour pistolet de combat et pour carabine, les détentes à coffre pour fusil double, les plaques de couche à pompe, les plaques à charnière se fabriquent à Saint-Étienne avec un art et un fini parfaits. Dans la monture des armes de prix, quelques sculpteurs ont surpassé l'attente des fabricants; mais, par malheur, et malgré la création d'une école de dessin en 1809, les artistes en ce genre s'épuisent à Saint-Étienne; déjà, par un plus grand malheur, la gravure, la ciselure, et la damasquinure, cette parure séduisante des armes de goût, se recrutent peu, et perdent beaucoup depuis quelques années.

---

(1) *Statistique industrielle du département de la Loire* ; page 82 et suivantes.

Néanmoins on exécute à Saint-Étienne toute espèce d'armes à feu, à quelque degré d'élégance et de richesse que notre luxueuse époque puisse les désirer. Les fabricants de cette ville ont exposé des fusils à canne, des fusils brisés à poignée, des fusils brisés au canon, des fusils à vent, à piston, à coulisse et à réservoir sans chien ni batterie [1]; des carabines à l'allemande, des pistolets de combat, etc., etc.

Dans sa situation actuelle, l'armurerie civile fabriquée à Saint-Étienne peut répondre aux exigences les plus recherchées, aux caprices les plus épris des prodigalités de l'opulence; aussi les armes de chasse et de luxe de cette ville sont-elles répandues dans toute la France, exportées en Suisse, dans le Levant, dans les colonies, sur les côtes d'Afrique et jusque dans l'Inde. Un grand nombre de celles fabriquées pour l'Orient sont ornées de métaux précieux, quelquefois de pierres d'un grand prix : le tout disposé avec une entente parfaite du goût particulier à ces contrées. Nous avons vu à Saint-Étienne des fusils et des pistolets d'une richesse extrême, et comparables aux idéalités poétiques des *Mille et une Nuits :* ils étaient commandés pour le grand seigneur. Nous avons désiré pour ce chef des croyans moins d'or, moins de pierreries sur ses armes, et plus de fer aux mains de ses populations. Il se trouvait là un jeune seigneur russe qui, ayant entendu notre souhait, nous rappela, en l'approuvant, le système d'optimisme du docteur Pangloss.

Le prix des armes du commerce établi à Saint-Étienne varie à l'infini. Autrefois on y faisait des pistolets à 3 livres 10 sous et des fusils de chasse à 7 livres; les tarifs modernes ne descendent pas aussi bas; mais aussi les qualités ne s'amoindrissent pas au point de permettre des fournitures à ce taux infime. Un fusil double se vend 60 francs, un fusil simple 20 francs, et une bonne paire de pistolets 20 francs. Liège, il faut l'avouer, produit des armes à meilleur marché et qui, dans les prix moins élevés, ont plus d'apparence; mais l'expérience ne tarde pas à prouver qu'elles sont d'une qualité bien inférieure à celles du Forez.

Saint-Étienne livre annuellement environ 30,000 fusils de chasse : 20,000 doubles, 10,000 simples; le nombre des paires de pistolets n'excède guère 1,500.

L'industrie des fers et aciers, soit en masses ou en barres, soit employés à de gros ou petits ouvrages, est, ainsi que nous l'avons fait remarquer en traversant plusieurs cantons, l'une des branches d'exploitation les plus importantes de l'arrondissement de Saint-Étienne, et cette ville est l'entrepôt commun de

---

(1) Cette espèce de fusil est de l'invention de M. Cessier, armurier à Saint-Étienne.

tous les produits des environs. D'ailleurs, un grand nombre d'articles fabriqués dans les villages ou les communes du voisinage, passent pour appartenir à la cité-même, et nous en parlerons en ce sens; ayant soin toutefois d'indiquer la localité où s'opère la fabrication, quelque rapprochée qu'elle se trouve de Saint-Étienne. Les aciéries de l'arrondissement de Saint-Étienne se livrant au commerce des aciers fondus, cémentés et corroyés, la fabrication des limes devait nécessairement devenir une des industries du pays. La première usine où l'on fit fabriquer ce produit en grand a été établie à Trablaine, près Saint-Étienne, par MM. Rabbin et compagnie, qui n'ont cessé d'y apporter de grands perfectionnements. Vers l'année 1834, M. Soudry, ancien élève de l'école des mineurs, fonda, à Saint-Étienne même, une nouvelle fabrique d'où l'on tire toutes les espèces de limes communes. Cependant cet établissement fournit aussi des limes de dimensions très-variées et de diverses tailles, pour l'orfévrerie et la gravure. A l'exposition de 1834, le jury a surtout remarqué les limes en paille dites *spincer*, que l'on tire ordinairement d'Angleterre, et que M. Soudry fait établir avec avantage.

Nous avons déjà parlé de diverses fonderies et forges à l'anglaise, situées dans le canton de Rives-de-Gier; ce qui nous resterait à dire sur l'usine exploitée à Saint-Jean-Bonnefond par la compagnie des mines de fer de Saint-Étienne, ne se rapporterait qu'à une exploitation malheureuse; nous croyons devoir nous abstenir de cette mention. Les mêmes motifs nous imposent une semblable réserve, relativement à la tréfilerie d'acier et de cuivre vainement établie à Saint-Étienne, et dont les essais onéreux se sont prolongés sans résultats favorables de 1820 à 1823. Signaler des tentatives infructueuses, nous semble une tâche plus nuisible qu'utile : rarement l'industrie consent à s'éclairer des échecs éprouvés dans la carrière qu'elle songe à s'ouvrir. L'amour-propre, dominant même les enseignements de l'expérience, considère presque toujours l'insuccès d'autrui comme l'effet d'une direction erronée ou maladroite; et, sans apprécier la puissance des obstacles qui ont culbuté ses devanciers, l'industriel, plein de confiance dans ses facultés, court par la voie que d'autres ont suivie, mais seulement à plus grands frais, vers le précipice où ses prédécesseurs sont tombés. Nous rentrons dans la sphère des prospérités industrielles de Saint-Étienne.

La quincaillerie est une des sources de richesse de cette ville et de ses environs; elle paraît avoir précédé dans le pays la fabrication des armes; mais il serait bien difficile d'assigner l'époque précise de son établissement. Du reste, cette branche d'industrie ne se développa guère en Forez, que sous le règne de Louis XIV. Pendant les trente années qui précédèrent la révolution, les progrès en cette partie furent constants : de 1780 à 1789 surtout, ils devinrent rapides. Mais des entraves fiscales diminuaient sensiblement alors les avantages que l'industrie stéphanoise pouvait tirer de ce produit; tandis que, par suite du déplorable traité de commerce conclu avec l'Angleterre en 1786, les articles identiques venant de ce royaume entraient en franchise à Marseille, d'où ils se répandaient ensuite dans toute la France. Ce traité, qui a fait époque dans l'économie manufacturière de Saint-Étienne, eut peu d'influence, peut-être sur la quincaillerie grossière; mais les articles dont la matière première ne formait pas la principale valeur, et que l'on commençait à perfectionner, furent presque tous abandonnés à cause de la concurrence anglaise. Dans cette classe il faut ranger les boucles de souliers et de jarretières, mouchettes, tire-bouchons, cadenas, éperons fins, serrures de petits meubles, fiches à charnières en laiton ou en fer, vrilles diverses, enfin un grand nombre d'objets dorés ou plaqués qui, depuis, n'ont jamais été repris avec un plein succès. Mais d'autres sources de prospérité firent bientôt oublier celles qui se tarissaient; des expéditions maritimes eurent lieu pour les colonies d'Amérique, les États-Unis, l'Ile-de-France, la côte d'Afrique, les Échelles du Levant; et la consommation intérieure ajoutant encore à cet écoulement, les fabriques de Saint-Étienne se trouvaient dans la plus heureuse situation au moment où la révolution éclata. Ce grand événement produisit sur le commerce de la quincaillerie l'effet de perturbation qui se fit sentir dans toutes les parties; un peu plus tard, les ouvriers en métaux furent requis pour fabriquer des armes. Pendant la durée de la république et de l'empire, les guerres ayant, à quelques éclairs de pacification près, fermé tous les débouchés à l'étranger, la quincaillerie ne commença à se relever qu'en 1815. Dans le cours de cette longue stagnation, l'industrie quincaillère s'appauvrit encore de quelques articles : par exemple, les fourchettes qui se fabriquaient autrefois dans 26 ateliers, et employaient 6 à 700 ouvriers, n'en occupent pas aujourd'hui plus de 30 à 40. Les vis étaient aussi un des principaux objets d'exportation : leur fabrication, à peu près concentrée à Valbenoite, près Saint-Étienne, procurait un travail constant à 1,000 ou 1,200 personnes. La consommation de ces vis était énorme : une seule maison en expédiait à Paris, chaque semaine, six tonneaux du poids de 4 à 5 quintaux l'un. Nous avons signalé ailleurs, ce que M. Roland-Palle, fabricant au Chambon, a conservé de cette industrie dans l'arrondissement de Saint-Étienne. Nous avons aussi mentionné l'extinction à peu près entière de la fabrication des mouchettes, autre article important de la quincaillerie stéphanoise. Elle a vu cesser encore la fourniture qu'elle faisait à nos colonies, particulièrement à Saint-Domingue, des *manchettes*, espèces de couteaux pour couper les cannes à sucre. Il ne faut pas accuser nos betteraves devenues sucre, d'avoir déterminé cette cessation de fourniture; mais bien l'attribuer à la plus grande facilité que les îles ont à se procurer en Angleterre les ustensiles nécessaires à leurs exploitations, grâce au libre essor de la marine anglaise, et à l'accroissement timoré de la nôtre.

Cependant si, à certains égards, la quincaillerie de Saint-Étienne est restée stationnaire, ou même a rétrogradé, pour un plus grand nombre d'objets, l'amélioration des produits et la baisse des prix ont participé au progrès universel imprimé à l'industrie depuis trente ans. La mauvaise qualité des articles en fer tirés de Saint-Étienne, n'est plus aujourd'hui qu'un renom injuste : nous n'en voulons pour preuve que l'augmentation de son produit annuel, qui surpasse celui des années antérieures à la révolution de 1789. Soixante fabricants, dont le capital réuni s'élève à 3,000,000 de francs, employent 6,000 ouvriers (hommes et femmes), et versent annuellement dans le commerce une valeur de quatre millions et demi de marchandises. Nous devons à nos lecteurs les noms des industriels qui ont introduit des améliorations récentes ou des produits nouveaux dans les ateliers de quincaillerie : M. Arnaud de Saint-Bonnet a appliqué en grand le balancier à la fabrication des différentes pièces de la serrure, et le tour au guillochage des clefs. Nous avons déjà nommé M. Roland-Palle, conservateur de l'industrie des vis dans le département de la Loire. Enfin, nous mentionnerons M. Very, dont l'usine remarquable fournit à bas prix, des faulx, faucilles, poêles, cuillers, etc.

En résumé, on fabrique à Saint-Étienne et dans l'arrondissement dont cette ville est le chef-lieu et l'entrepôt, plus de 1,500 articles différents en fer, acier ou cuivre, dont les prix varient à l'infini.

Pour compléter notre précis sur les ouvrages en fer, il nous reste à examiner le mouvement de la coutellerie, qui peut être aussi comptée parmi les industries importantes du département de la Loire. L'époque de son introduction dans le Forez est incertaine; mais on la fait remonter généralement à plus de deux cent-cinquante ans. Nous avons déjà parlé de cette industrie dans notre précis sur Saint-Chamond; mais c'est particulièrement à Saint-Étienne, que se concentrent les produits fabriqués à peu près exclusivement dans ces villes et leurs environs. La description de cette exploitation est curieuse, sous le double rapport industriel et commercial. Nous avons dit que les ouvriers en coutellerie travaillent isolément, et qu'ils livrent leurs produits au commerce chacun pour son compte, ou plutôt par atelier de 3 ou 4 ouvriers. Il faut bien avouer que, nonobstant quelques progrès dans la fabrication, on ne doit pas chercher dans l'arrondissement de Saint-Étienne, des couteaux fins, des rasoirs d'une trempe supérieure, des ciseaux d'un fini soigné : c'est à la coutellerie commune que les Stéphanois doivent une partie de leur fortune industrielle, et particulièrement à cet *Eustache* d'un usage prolétaire, qu'un dandy oserait à peine toucher, même à la chasse. Ce couteau infiniment plus que modeste, est par cela même exporté dans toute la France et à l'étranger : la renommée de *l'Eustache* est cosmopolite; et partout elle est populaire comme une chanson de Béranger, ou comme un roman de Paul de Kock [1]. Dans quelque partie de nos départements que vous voyagiez, vous trouverez rarement un paysan, quelque pauvre qu'il soit, dont la poche ne soit pas garnie d'un *Eustache*, toujours bien affilé, bien tranchant; ce qui prouve que la qualité de ce produit, quoique vulgaire, est généralement bonne.

Ces couteaux se vendent à la grosse, ou par douze douzaines, à des prix tellement bas, que l'on conçoit avec peine comment ils peuvent avoir été fabriqués. Ces prix, suivant la grandeur, varient de 5 francs à 16 francs la grosse. Un article de cette espèce, avant d'être achevé, passe pourtant par les mains de 18 ouvriers, et tous trouvent dans ce travail des moyens suffisants d'existence. Quelques détails à ce sujet ne seront pas sans intérêt.

Les manches, en bois de hêtre, se fabriquent dans les montagnes, à deux ou trois lieues de Saint-Étienne, ils reviennent, rendus dans les ateliers, à 30 centimes la grosse, les plus petits, et à 75 centimes les plus grands. On les noircit en les plaçant dans des moules de fer chauds : ce travail est payé à l'ouvrier 20 centimes par grosse; il peut gagner 1 franc 50 centimes à 2 francs, en commençant vers quatre heures du matin et ne finissant qu'à minuit. Les forgeurs de lames gagnent 1 franc 80 centimes à 2 francs par jour, en recevant pour prix de la grosse de 60 centimes à 1 franc. Chaque lame doit être mise au feu 6 fois, et chaque fois, elle reçoit au moins 12 coups de marteau : ainsi pour une douzaine de lames, qui vaut 5 centimes à l'ouvrier, il a fait rougir l'acier 72 fois, et lui a donné 768 coups de marteau. Encore, sur ce salaire d'une modicité presque inimaginable, doit-il payer le charbon, les outils et le loyer de la forge. Vient ensuite l'aiguisage, opération dangereuse, et tout aussi petitement rétribuée.

Enfin, d'autres ouvriers sont chargés de réunir la lame au manche. Or, toute une famille occupée à ce travail gagne à peine 3 à 4 francs par jour.

---

[1] Le couteau plébéien de Saint-Étienne se nomme *Eustache* à Paris et dans quelques autres parties du royaume; en Normandie, il a reçu la dénomination d'*Avril*; dans les départements que traverse la Loire, on l'appelle *couteau Descos à la clé*; dans le Poitou, c'est le *couteau d'Oson*; en Italie et en Espagne, c'est le *Bizalion*. Tous ces noms sont ceux d'anciens fabricants.

L'homme scie le manche, la femme ajoute la lame, les enfants fixent les petites rosettes, ouvrent les couteaux et les ferment. Pour ajouter à la célérité de l'ouvrage, tous les mouvements sont combinés de telle manière, que pas une seule seconde n'est perdue : aussi le même mouvement qui sort le manche de l'étau, saisit celui qui le remplace [1].

On évalue à environ douze mille douzaines par semaine, le produit de la coutellerie de Saint-Étienne, et dans cette quantité, les *Eustaches* entrent assurément pour les trois quarts. Le surplus se compose de couteaux de poche, à manche de bois ou de corne, qui se vendent en gros 1 franc 50 centimes la douzaine, et de couteaux de table d'un prix un peu plus élevé.

La fabrication des Eustaches est sans concurrence jusqu'à ce jour : nulle fabrique n'a pu arriver à la modicité du prix de main-d'œuvre que nous venons de mentionner. Cependant la consommation de ce produit diminue sensiblement : serait-il possible que l'achat d'un Eustache, se trouvât au-dessus de la portée du plus pauvre artisan ? Quoiqu'il en soit, on a calculé que dans les premières années du siècle, cet écoulement était six fois plus considérable.

Le nombre des ouvriers en coutellerie de Saint-Étienne et de Saint-Chamond est de 6 à 700 ; la valeur des produits bruts qu'ils établissent s'élève annuellement de 450 à 500,000 francs.

Nous avons parlé de la serrurerie de quincaillerie ; mais il nous reste à parler des *serrures dites de Forez*, qui sont un objet d'exploitation d'une certaine importance pour le département de la Loire : car cette fabrication n'est pas absolument particulière à l'arrondissement de Saint-Étienne [2]. Dans cette circonscription territoriale, il n'existe point d'usine en grand pour la serrurerie : les ouvriers, disséminés au chef-lieu et dans les communes avoisinantes, travaillent par petites réunions, pour leur compte. Le nombre des ouvriers en serrures est, dans l'arrondissement, de 7 à 800 ; leur salaire journalier peut être évalué de 1 franc 30 centimes à 1 franc 50 centimes par jour. On fait des serrures d'armoire au prix de 5 francs la douzaine ; des serrures de porte à 1 franc 25 centimes l'une, et de 12 francs jusqu'à 150 francs la douzaine. Mais ces dernières sortent de l'ouvrage courant.

Les *serrures de Forez*, malgré les perfectionnements qu'on y a apportés, n'ont pu encore triompher du mauvais renom qu'elles avaient autrefois, et qui, maintenant, n'est plus vraiment qu'un injuste préjugé. Cette prévention est

---

(1) *Statistique industrielle du département de la Loire*; pages 93 et 94.
(2) Voyez le canton de Saint-Bonnet-le-Château, arrondissement de Montbrison.

tellement enracinée, que nous avons vu des articles fabriqués à Saint-Étienne, et sur lesquels, par ordre du commettant, était gravé le nom d'une autre ville. Revêtus de cette indication factice, ces articles sont recherchés des personnes mêmes qui les auraient dédaignés, s'ils eussent porté la marque du fabricant stéphanois. Voilà bien le cachet essentiellement caractéristique de notre époque : l'empire des noms dominant en toute chose le mérite des œuvres. Il en est des serrures de Saint-Étienne, comme des romans ou des vaudevilles de début d'un littérateur : fussent-ils des chefs-d'œuvre, ils tombent à plat, sous le nom de l'auteur; s'associe-t-il à celui de Balzac ou de Scribe, l'ouvrage est porté aux nues, encore même que ces favoris de la vogue n'aient répandu sur la plus déplorable médiocrité, qu'un vernis léger de leur talent.

Une industrie digne de quelque attention et dont Saint-Étienne est le centre, c'est la fabrication des cables en chanvre pour les mines, particulièrement les houillères, et les plans inclinés des chemins de fer, etc. Les mines seules consomment annuellement pour 400,000 francs de ce produit, et l'on peut évaluer la consommation totale à 800,000 francs.

Avant d'examiner ce que le territoire de l'arrondissement de Saint-Étienne ajoute d'éléments à la prospérité du pays, nommément par les produits presque inépuisables de ses bassins houillers, nous allons essayer de peindre la physionomie de la ville : physionomie type qu'on ne retrouve nulle part, et qui fait de ce foyer d'activité industrielle et commerciale, une cité tout-à-fait originale. « Les industrieux stéphanois, dit M. Duplessy, demeuraient jadis dans des maisons basses, humides, peu aérées; les rues de Saint-Étienne étaient étroites, tortueuses, et la population, toute opulente qu'elle fût, semblait privée non-seulement des jouissances que procure la fortune, mais des aisances mêmes qu'on se procure sans le secours des richesses. » Cela tenait à une entente des affaires bien différente de la manière dont on en comprend aujourd'hui les moyens et le but. Le spéculateur d'autrefois ne concevait pas l'union de la vie sociale avec les soins du négoce auquel il se livrait : tant que durait sa carrière de labeur, il n'était que négociant ou industriel; aux jours de repos et d'opulence seulement, commençait sa période de jouissance et de luxe. Alors, il dépouillait l'homme du comptoir ou de l'usine, il s'éloignait du théâtre où s'était élevé l'édifice de ses prospérités; quelquefois ingrat envers ce sol nourricier, il le quittait à jamais pour vivre ailleurs largement, voire *noblement*, sans qu'on pût ramener ses souvenirs au point infime d'où, le plus souvent, il était parti. Nous ne manquerions pas d'exemples de ces migrations prises dans l'histoire de Saint-Étienne, et nous y trouverions peut-être un motif du triste aspect que conserva long-temps cette ville, riche depuis plusieurs siècles.

Aujourd'hui, la classe commerçante, appelée par nos institutions au premier rang des notabilités sociales, sur la simple exhibition de son coffre-fort, a dû nécessairement, au sein même de ses spéculations, se faire des habitudes aristocratiques, puisqu'elle devenait aristocratie. Les négociants, députés ou pairs de France, ont des hôtels en même temps que des comptoirs; à la campagne, leurs usines fumeuses sont flanquées de délicieuses *Villa*; et conducteurs du *haquet* le matin, le soir ils parcourent la ville en équipage splendide. Sans qu'il soit besoin de poursuivre ces considérations, nous y trouvons l'explication des embellissements que Saint-Étienne a reçus depuis une vingtaine d'années. Des rues spacieuses et longues d'une demi-lieue, remplacent les ruelles sinueuses et fétides que cette ville avait héritées du moyen-âge ; chaque jour de nouveaux quartiers s'élèvent dans la plaine et envahissent l'espace naguère rural. Encore quelque temps et des villages situés à une lieue de Saint-Étienne, seront compris dans son étendue. On dirait que l'ambition stéphanoise, en éclipsant la splendeur pâlie de Lyon, se propose de réduire de rechef cette seconde capitale de la France à son ancienne condition de colonie ségusienne. On admire à Saint-Étienne de vastes places, lumineuses de gaz, resplendissantes de riches magasins et de cafés décorés avec toute l'entente artistique du goût parisien. L'Hôtel-de-Ville, édifice moderne, étonne sinon par la majesté de son architecture, du moins par l'immensité des bâtiments qui le composent. Des voûtes, en couvrant le lit du Furens, forment d'utiles, d'élégantes communications, là où l'on ne voyait, il y a trente ans, que des cloaques infects et délétères. L'écoulement est donné à des eaux jadis stagnantes; des plantations bien entendues contribuent encore à assainir la ville, en procurant à sa population des promenades agréables ; des hôtels magnifiques ouvrent leurs superbes portiques aux voyageurs; des bains publics ont été établis, et les jeux scéniques sont offerts aux habitants dans une salle disposée avec élégance, au moins intérieurement.

Cependant Saint-Étienne, assez généralement bien bâtie, est encore pauvre de monuments : à part son Hôtel-de-Ville, la Bourse, qui n'est pas encore terminée, une ou deux fontaines et l'église de Notre-Dame, dont on ne peut vanter le style, les embellissements se bornent aux maisons particulières. Il manque à ce chef-lieu d'arrondissement un certain nombre d'édifices somptueux, pour que le bourg du xve siècle prenne rang parmi les grandes villes du xixe. On ne doit pas toutefois passer sous silence plusieurs monuments qui, pour manquer de caractère, n'en ont pas moins une destination publique. Au nombre des quatre églises de Saint-Étienne, il faut citer celle que l'on fait remonter peu authentiquement au règne de Childebert : elle est construite en pierres de taille, de la nature des grès micacés; le temps a grandement altéré cette ancienne construction, sans que l'on puisse pourtant accepter l'origine antique qu'on lui attribue. L'église de Saint-Étienne subit depuis long-temps, l'influence de l'atmosphère charbonneuse qui environne sans cesse la ville; la sombre couleur qu'elle en a reçue, vieillit assurément ses murailles de plusieurs siècles; et cette couche grasse et noirâtre, qui prête une apparence de vétusté aux constructions les plus modernes du pays, suffit pour justifier jusqu'à un certain point, l'anachronisme dont ce temple est l'objet.

Nous citerons encore, non pour leur beauté, mais pour leur importance, deux hôpitaux de la ville, corps de bâtiments dépourvus de régularité; le collège, construction également irrégulière, enfin, la manufacture d'armes, agglomération de bâtisses que l'on ne peut considérer comme un édifice public.

Les institutions que renferme la ville de Saint-Étienne, méritent une plus longue et plus favorable mention: outre les établissements communs à tous les chefs-lieux d'arrondissement, il y a dans ce centre d'une industrie expansible, tous les éléments de progrès qui peuvent la favoriser. *L'École des mineurs* doit être citée au premier rang: elle fut créée par ordonnance royale du 2 août 1816. L'enseignement a pour objet: 1° les mathématiques élémentaires, la levée des plans superficiels et souterrains, le nivellement, le dessin appliqué au tracé et au lavis des plans de machines et de constructions; 2° les éléments de l'exploitation des mines proprement dite comprenent la disposition générale des travaux d'une mine, les divers moyens d'entailler et d'abattre la roche et les minérais, l'art de contenir les eaux, de les faire écouler et les épuiser, les usages de la sonde, les divers moyens employés pour transporter et extraire les minérais, l'art d'étayer les excavations souterraines, les méthodes d'aërage, la connaissance des appareils et machines en usage dans ces opérations; 3° la connaissance des principales substances minérales et de leurs gisement, l'art d'essayer les minérais, les éléments de l'art de traiter en grand et d'obtenir économiquement les matières minérales les plus utiles. En outre, les élèves suivent les travaux qui s'exécutent dans les environs de Saint-Étienne.

L'enseignement est gratuit, et tous les départements du royaume peuvent participer au bienfait de cette institution. Mais les élèves sont pris de préférence parmi les fils ou neveux des mineurs, directeurs ou exploiteurs des mines ou usines. Tout prétendant à l'admission doit être âgé de quinze à vingt-cinq ans; il adresse au préfet du département: 1° son acte de naissance, 2° un certificat d'un officier de santé constatant qu'il est de bonne constitution, qu'il a été vacciné ou qu'il a eu la petite vérole; 3° un certificat de bonnes mœurs délivré par le maire, et indiquant s'il est fils ou neveu de mineur. Le candidat est ensuite examiné par l'ingénieur des mines du département, ou, à son défaut, par telle autre personne que le préfet juge convenable. Ce magistrat adresse ensuite les pièces à M. le directeur-général des ponts-et-chaussées et mines, qui prononce définitivement.

Le cours complet des études est divisé en deux années; mais les élèves peuvent être autorisés à rester une troisième année. L'année scolaire se compose de dix mois d'études et de deux mois de vacances; les cours et exercices commencent le 15 octobre et finissent le 15 août. Les cours de chaque année sont terminés par une distribution de prix. A la sortie de l'école, chaque élève reçoit un certificat constatant le temps pendant lequel il a suivi les cours, et les connaissances qu'il a acquises. Ceux des élèves qui se sont distingués par une conduite irréprochable, par leur intelligence et leurs progrès, reçoivent, en outre du certificat ci-dessus, le titre d'*élève breveté* de l'école des mineurs de Saint-Étienne; lequel brevet est délivré par M. le directeur-général des ponts-et-chaussées et mines. Les élèves brevetés ont tous le droit, après leur sortie, de porter l'uniforme de l'école. Cet uniforme se compose d'un *frac bleu* boutonnant sur la poitrine, avec des boutons de métal jaune, ayant pour légende : « *École des mineurs de Saint-Étienne.* » La direction de l'école est confiée à un ingénieur en chef des mines, secondé par un nombre suffisant d'ingénieurs ordinaires.

Depuis sa fondation, l'École des mineurs de Saint-Étienne a subi divers changements qui, n'atteignant point les dispositions organiques mentionnées ci-dessus, peuvent être passés sous silence dans une composition historique. Mais nous devons ajouter que des sujets distingués sortis de cette école, ont rendu d'éminents services à l'industrie stéphanoise, et que plusieurs d'entre eux se sont rendus recommandables, soit par des procédés nouveaux, soit par des découvertes propres à multiplier ou améliorer les travaux souterrains. En résumé, les vices d'exploitation, qui souvent se firent remarquer autrefois dans l'exploitation des mines, autant que la perte des écoles de *Pesey* et de *Geislautern*, situées sur un territoire enlevé à la France par le traité de 1814, nécessitaient, pour l'arrondissement de Saint-Étienne en particulier et pour le royaume en général, la formation d'un établissement qui remplaçât ceux devenus étrangers au pays. Ce but a été non seulement atteint, mais dépassé, grâce à la parfaite direction donnée à l'école des mineurs de Saint-Étienne; surtout depuis que la direction-générale des mines, détachée de celle des ponts-et-chaussées, a été confiée à M. le vicomte Héricart de Thury, conseiller d'État et membre de l'Institut. Il fallait dans ces hautes fonctions un savant qui fût homme d'État : cette double condition ne pouvait être mieux remplie.

L'existence de l'école des mineurs, et le développement des recherches et des travaux minéralogiques, dans l'arrondissement que nous explorons, rendaient nécessaires un cabinet d'histoire naturelle, qui offrît surtout des échantillons des richesses du pays en ce genre. Cet établissement existe à Saint-Étienne : c'est un muséum aussi complet qu'il pouvait le devenir jusqu'à ce jour.

La bibliothèque publique de Saint-Étienne, qui n'était, il y a vingt ans, qu'un dépôt de livres, en grande partie dépareillés et tirés des anciennes maisons religieuses, est devenue assez considérable. Cependant nous avons remarqué que le fonds originaire, c'est-à-dire les ouvrages traitant de matières théologiques, dominent encore dans cette collection. Sans doute le gouvernement fait chaque année quelques envois de livres à la bibliothèque qui nous occupe; mais ici, comme dans toutes les villes de France, on a lieu de remarquer l'insuffisance des fonds accordés par les Chambres, pour ces établissements, si utiles à l'instruction publique.

Indépendamment du collége de Saint-Étienne, créé sous la désignation de *Lycée*, par décret impérial du 23 mai 1806, il existe dans le même local (l'ancien couvent des minimes) une école de mathématiques et de mécanique, fondée en 1809, à laquelle on a joint un conservatoire qui s'accroît chaque année, au moyen d'un fonds spécial. L'instruction, dont la ville fait les frais, est gratuite pour les élèves. Il en est encore ainsi dans l'école de dessin établie en 1809.

Nous ne citons que dubitativement, sous le rapport du nombre, les écoles tenues à Saint-Étienne par les frères de la doctrine chrétienne, et celles dirigées par les sœurs de Saint-Joseph, de Saint-Charles et de Sainte-Ursule; nous croyons cependant que l'on compte dans cette ville quatre des premières et trois des secondes. Une école d'enseignement mutuel y fut établie dans les premières années de la restauration.

En 1818, il ne paraissait pas un seul journal dans le département de la Loire ; il n'y existait que des feuilles d'annonces; aujourd'hui, la seule ville de Saint-Étienne possède deux ou trois journaux. Nous devons citer avec éloge *le Mercure ségusien*, feuille plus littéraire que politique, publiée par M. Janin, imprimeur-libraire, frère du spirituel écrivain de ce nom. Le succès du *Mercure ségusien* ne s'est point arrêté aux limites du département de la Loire : il parvient dans plusieurs départements voisins, et n'est pas méconnu à Paris. Les habitants de Saint-Étienne, quoique livrés en grande majorité aux exploitations industrielles ou au commerce, comptent parmi eux quelques écrivains ; non seulement il se publie dans cette ville diverses annales technologiques, mais les vieux chroniqueurs de Saint-Étienne ont eu des successeurs. Les journaux du lieu, particulièrement le *Mercure ségusien*, insèrent souvent des articles qui ne seraient pas désavoués par nos faiseurs de la capitale : c'est une vérité que sanctionnerait sans doute le critique ingénieux et incisif qui, parti jeune encore des bords du *Furens*, tient aujourd'hui, sous la forme d'une gentille marotte, le sceptre du feuilleton parisien [1].

Sortons enfin de la ruche industrielle que nous venons d'examiner ; quittons ce creuset stéphanois, où tout métal devient or, sous tant d'heureuses mains ; et suivons jusqu'à la Loire le chemin de fer qui, le premier, fut construit dans le département et même en France, sous la direction de M. Beaunier, alors ingénieur en chef, depuis inspecteur-général des mines. Ce chemin, autorisé en 1823, ne fut commencé qu'en 1825, et vers le milieu de l'année 1828, il put satisfaire aux besoins du commerce; besoins qu'on avait exclusivement en vue lors de sa construction. Dans la première situation de cette voie, le matériel de la compagnie formée pour son exploitation se composait de 270 wagons, cubant chacun 3 mètres. Les transports ont lieu au moyen de chevaux, qui se divisent en quatre relais de 4 à 5 mille mètres chaque, et descendent les marchandises du point de départ au point d'arrivée en quatre convois. L'acquisition du matériel, l'achat des terrains, la construction du chemin de fer et de toutes ses dépendances, ont coûté aux actionnaires 1,931,583 francs 69 centimes, dont 1,740,000 seulement ont été versés ; le surplus, de 190,583 francs 69 centimes, a été couvert par les produits de l'exploitation.

Le prix du transport, tant à la remonte qu'à la descente, est de 19 centimes par tonne et par kilomètre : ce transport coûte à la compagnie 4 centimes par tonne et par kilomètre. Depuis 1832, l'entreprise transporte les voyageurs, et cette branche de produits s'accroît de plus en plus. On compte environ cent voyageurs par jour qui parcourent cette ligne, et procurent annuellement un revenu de 10 à 12,000 francs. La compagnie afferme cette partie d'exploitation à des commissionnaires de roulage, qui moyennant un péage fixe, la font valoir à leurs risques et périls.

Le chemin de fer de Saint-Étienne à la Loire, communique avec celui de

---

(1) Pour les illustrations et notabilités diverses de Saint-Étienne, voyez notre biographie à la fin de cette section.

cette ville à Lyon, au pont de l'Ane; et avec le chemin de fer d'Andrezieux à Roanne, au lieu de la Queritière, commune de Saint-Just-sur-Loire. Cette double communication met la compagnie à même de profiter des transports qui s'opèrent par les deux grandes lignes dont elle est le centre : ainsi du côté du chemin de fer de Lyon, tous les charbons qui se dirigeaient autrefois sur cette ville par la voie de terre et qui suivent maintenant celle de fer, ouverte par M. Séguin, sont ensuite voiturés sur le chemin dont nous parlons, jusqu'au point de jonction. Ainsi encore, les marchandises comme les voyageurs venant de Roanne ou route, et se dirigeant sur Saint-Étienne, parcourent cette ligne entière pour y arriver. Enfin, le chemin de fer qui nous occupe, reste toujours le point de communication indispensable entre les houillères de Saint-Étienne, sur lesquelles il commence, et le fleuve qui doit exporter les charbons.

Devant nous occuper maintenant de l'exploitation des mines de charbon, nous comprendrons dans un même aperçu, les bassins de Saint-Étienne, Saint-Chamond et Rive-de-Gier.

« L'industrie houillère, dit M. Alphonse Peyret, est une des plus anciennes et des plus importantes de l'arrondissement de Saint-Étienne : elle donne lieu à une extraction annuelle d'environ 8,000 quintaux métriques ou 10 millions d'hectolitres de charbon. Cette quantité forme la moitié du produit des mines de France, évalué à 16,000,000 de quintaux métriques, et représente une valeur de 8,000,000 de francs

« Le sol houiller de Saint-Étienne et de Rive-de-Gier [1] est contenu de toutes parts dans un bassin d'origine primitive, qui s'étend du sud-ouest au nord-est, entre la Loire et le Rhône, vers le point où les deux fleuves, coulant en sens contraire, sont le moins éloignés l'un de l'autre. Ce bassin offre un renflement considérable à l'ouest, c'est-à-dire vers la Loire. Sa plus grande largeur, prise dans la méridienne de Roche-la-Molière, est alors de 13,000 mètres; mais ses bords se rapprochent sensiblement vers Saint-Chamond, et courent ensuite des deux côtés de la rivière de Gier, parallèlement à son cours, jusque vers les limites du département de la Loire, sur le versant du Rhône. Ils se prolongent, sans changer de direction, jusqu'à ce fleuve et même un peu au-delà. A Rive-de-Gier, la formation houillère n'a pas plus de 2,300 mètres de largeur; à Tartaras, elle en a encore moins. Sa plus grande étendue en longeur, mesurée entre Saint-Paul en Cornillon sur la Loire et Givors sur le Rhône, est de 46,250 mètres. Sa surface totale est de 221 kilomètres 43 centimètres carrés.

« A l'ouest et au nord-ouest, il est assez ordinaire que le sol houiller repose

---

(1) Le sol houiller de Saint-Chamond est considéré comme appartenant au bassin de Saint-Étienne.

sans intermédiaire sur des granits; au sud et au sud-ouest, il repose le plus souvent sur des gneis, des schistes micacés ou talqueux, ou même sur des serpentines. Ces roches le séparent des granits qu'on retrouve en se rapprochant des crêtes primitives. Au-delà, sur le revers opposé au terrein des houilles, le sol primitif renferme des gîtes métalliques [1].

Si de ces généralités géologiques nous passons à l'examen immédiat du terrein houiller proprement dit, nous voyons que la formation des charbons résulte, si l'on peut s'exprimer ainsi, d'une décomposition du vase qui les contient. Ces débris sont disposés en couches d'allure variable, qui alternent avec des couches de houille et de schiste argileux; lesquels, outre le détritus qui les compose, contiennent des vestiges plus ou moins bien conservés de corps organiques du règne végétal. Sans entrer ici dans l'énumération des diverses sortes de poudings, de grès, de schistes et de houilles qui occupent les bassins de Saint-Étienne et de Rive-de-Gier, nous dirons un mot de leur configuration, qu'il est toutefois difficile de signaler en général. Dans certaines localités on exploite des bancs qui n'ont que 50 centimètres d'épaisseur; mais le plus ordinairement, l'extraction s'opère sur des couches dont la puissance varie entre 1 et 5 mètres. Sur certains points, ces couches éprouvent un renflement subit, qui leur fait acquérir jusqu'à 16 et même 20 mètres. Quelquefois aussi, par un effet contraire et non moins prompt, elles diminuent d'épaisseur au point qu'on en perd la trace sur une grande étendue. Ce dernier accident, à peu près particulier aux mines de Saint-Étienne, soumet leur traitement à des conditions spéciales qui rendent difficile le tracé continu des couches de houille.

On n'a que des données incertaines sur l'exploitation des mines de Rive-de-Gier, au XIVe siècle; celles de Saint-Étienne et de Saint-Chamond, exploitées sans doute antérieurement à cette époque, ne sont pas mieux connues sous le rapport originaire. Il est probable au moins que les unes et les autres durent être long-temps abandonnées à ceux qui voulurent en extraire le contenu; extraction d'autant plus facile, qu'une grande quantité de couches devait alors se montrer à la surface du sol. Il faut ajouter que primitivement, la propriété des mines s'étant trouvée naturellement attachée à celle du terrein superficiel, ce dut être le possesseur de la terre agricole qui profita de ses richesses souter-

---

(1) *Statistique industrielle du département de la Loire*, pages 131 et 132. Voyez aussi le Mémoire de M. Baunier, intitulé *Topographie extérieure et souterraine du territoire houiller de Saint-Étienne et Rive-de-Gier*, exécutée pendant la fin de 1812 et le commencement de 1813 : *Annales des Mines*, année 1816. Voyez encore l'*Essai sur la Lithologie du Forez*, par M. de Bournon.

reines. Mais les travaux d'exploitation, qui souvent devinrent si onéreux sur d'autres localités, qu'ils obligèrent à abandonner même des mines d'or et d'argent, malgré leurs brillantes promesses, ces travaux, disons-nous, ayant dépassé les moyens des premiers exploiteurs, ils prirent le parti de concéder leurs droits. D'un autre côté, les concessionnaires sentirent la nécessité d'être assurés d'une longue jouissance, afin de pouvoir utiliser, sur une certaine étendue de pays, les ouvrages d'art établis ou à établir. Enfin, il devint urgent que le gouvernement, par une police spéciale, arrêtât les désordres et les accidents multipliés auxquels donnait lieu l'exploitation des houillères du Forez. Tels furent les motifs qui déterminèrent et les grandes concessions que nous allons mentionner, et la mise en vigueur, dans le bassin de Saint-Étienne, dont nous devons d'abord nous occuper, des lois et réglements appliqués aux mines du royaume.

M. le duc de Charost obtint en 1767 une concession qui s'étendait en rayon à 1,500 toises de son château de Roche-la-Molière; en 1786 et 1789, cette concession fut cédée et augmentée. D'autres furent accordées, à peu près à la même époque, pour les mines de Villars, à M. de Curnieu; pour celles de Poyetton, à M. Chaland; pour celles de la Périnière et du Treuil, à M. Jovin; et plus tard (1790) à M. Jovin-Molle, pour celles de Renieux. Ces quatre dernières concessions étaient seulement assises sur les propriétés des titulaires, dans une étendue indéterminée; celle accordée en 1774, à M. Galet de Montdragon, s'étendit sur tout le marquisat de Saint-Chamond. Il paraît que, bien antérieurement à ces dispositions, une concession des mines voisines de Saint-Étienne avait été faite à M. le baron de Vaux, mais révoquée ensuite en 1763. Quoiqu'il en soit, pour assurer à la ville de Saint-Étienne, à un prix modéré, la quantité de houille nécessaire à ses ateliers de ferronnerie et d'armes de guerre, le roi lui accorda, en cette même année 1763, le droit d'empêcher la sortie des houilles extraites dans un rayon de 2,000 toises, la ville prise pour centre. Toute contravention à ce réglement devait être punie par la confiscation et une très-forte amende.

Voici quelle était la disposition des exploitations dans le bassin de Saint-Étienne et de Saint-Chamond en 1765 : au Treuil, un puits qui était le seul dans le pays; à Monthieu, deux fosses; à Terre-Noire une fosse; à Saint-Jean de Bonnefond, plusieurs fosses; à Villars, deux fosses; au bois Monzier, deux fosses; à Roche-la-Molière, trois fosses; à la Beraudière, trois fosses; à la Ricamarie, trois fosses; aux environs du Chambon, trois fosses; à Firminy, trois ou quatre fosses; à Saint-Genest-Lerpt, deux ou trois fosses. A Saint-Chamond, les mines du château étaient déjà en activité; mais celles de la

Varisclle venaient d'être abandonnées, à cause du *feu grison*, dont nous parlerons ci-après.

A cette époque, la plupart des mines avaient donc été fouillées jusqu'à une profondeur plus ou moins grande, suivant l'abondance des eaux, la quantité, la qualité de la houille et la facilité du débit. Aujourd'hui, il est à peu près démontré que toutes les couches exploitables de la contrée, ont été ou sont l'objet de travaux qui se sont enfoncés jusqu'à 100, 150 et même 160 mètres, mesurés sur la ligne de pente.

L'exploitation des mines dites de Rive-de-Gier, remonte, comme nous l'avons rapporté précédemment, ainsi que celle des houillères de Saint-Étienne et de Saint-Chamond, à plusieurs siècles; c'est particulièrement aux territoires de Mouillon et de Gravenand, que les extractions ont jusqu'à ce jour, offert le plus d'avantages. Les couches se manifestent à la surface, par des affleurements où se révèle souvent toute leur puissance : la qualité du charbon répond à son abondance. On regarde comme les exploitations les plus anciennes de ce territoire celles exécutées aux Grandes-Flaches, à la Montagne de Feu, à la Grand'Croix, à Dargoire et à Tartaras. On ne peut évaluer quelle était originairement la quantité de houille tirée du bassin de Rive-de-Gier; mais on sait que dès-lors, le principal débouché de ces mines était, comme aujourd'hui, le port de Givors sur le Rhône; nous avons dit ailleurs que 1,200 mulets étaient employés au transport de ce produit avant l'existence du canal, qui imprima un accroissement d'activité au travail des mines. Depuis le commencement du XVIIIe siècle, on avait creusé des puits de 80 à 100 mètres de profondeur; à partir de 1790, cette profondeur fut portée à 120, 130, 150 mètres; depuis vingt ans, les mineurs s'enfoncent jusqu'à 400 mètres. Lorsque le voyageur, peu habitué à mesurer par la pensée ces excavations presque inimaginables, descend dans un puits houiller du bassin de Rive-de-Gier, l'émotion qu'il éprouve double la longueur du temps employé à cette investigation souterraine; il croit pénétrer jusqu'au centre du globe, et le Pyrrhonien le plus intrépide dans son doute, restitue pour un moment à la terre ses demeures infernales.

Jusque vers l'année 1749, les propriétaires du sol houiller de Rive-de-Gier, paraissent avoir joui exclusivement de son exploitation, soit directement, soit qu'ils l'aient affermée. Mais en cette année, une compagnie de concessionnaires fut envoyée en jouissance des mines de Mouillon, de Gravenand et des Grandes-Flaches, les plus productives qui fussent alors connues. En 1790, six autres concessions furent accordées à des sociétés diverses. Par suite de conventions réciproques, les exploitations se trouvèrent grevées de redevances très-fortes : le cinquième ou le sixième du produit brut, par exemple ; redevances constituant un prix de ferme plutôt qu'une simple indemnité. De la sorte, le propriétaire du sol, sans aucune mise de fonds, sans courir aucun risque, jouit du revenu le plus net des mines. Ce droit, contre l'énormité duquel s'élève M. Peyret, auteur de la *Statistique industrielle* à laquelle nous faisons d'intéressants emprunts, est cependant une conséquence naturelle de l'omnipotence attachée à la propriété, surtout quand il s'agit de concessions à faire pour favoriser une spéculation. Tout au plus pourrait-on arguer ici de l'intérêt du consommateur ; mais une saine logique répondrait encore à cet argument, que les exploitants sont assez riches de bénéfices pour baisser leur prix. Il n'y a pas de loi qui, de particulier à particulier, puisse, avec légalité, sanctionner la dépossession territoriale à des conditions autres que celles émanant de la volonté du cédant. Nous ne connaissons que les exigences d'un service d'utilité publique, qui soient légalement autorisées à déposséder les citoyens, sur un *maximum* d'estimation fixé à dire d'experts.

Dans les transactions pour concession d'un terrein houiller, les entrepreneurs traitent avec le propriétaire, et s'assurent la faculté de fouiller une étendue de territoire qui, rarement, dépasse 4 hectares. Souvent le propriétaire, outre une rétribution variable du sixième au huitième, suivant la profondeur des mines, exige encore que l'on creuse un puits dans sa propriété et que l'on exploite sous son terrain dans un laps de temps donné. L'acte porte d'ordinaire que la redevance sera payée en nature et à l'orifice du puits, exempte de toute charge et impôt, aussitôt que l'exploitation aura commencé sur la propriété du traitant. Mais cette clause est sujette à beaucoup de discussions ; car il est extrêmement difficile de reconnaître, dans les profondeurs de la mine, sous quelle partie de sa surface se trouvent les mineurs : on conçoit que cette difficulté augmente encore, lorsque les galeries houillères se poursuivent sur des propriétés très-divisées.

Avant d'aborder la description de l'industrie houillère proprement dite, il convient de dire un mot d'une *mine en inflagration*, située dans le bassin de Saint-Étienne, près de la Béraudière et de la Ricamarie. Cette mine brûle depuis près de trois cents ans, au rapport d'Alleon-Dulac : il en trouve la preuve dans d'anciens terriers qui assignent ces carrières pour confins et s'expriment en ces termes : *Juxtà calceriam inflammatam*. Lorsqu'on approche de ce lieu, l'inflagration s'annonce par une odeur forte et un peu de fumée. La couche de houille enflammée, épaisse de 8 à 10 mètres, est consumée en partie, à une profondeur que l'on estime de 40 à 50 mètres. Le feu, presque éteint il y a quarante-cinq ans, reprit de l'activité en 1799, par le contact de l'air qui pénétra dans le foyer embrasé, des travaux récents d'une exploitation voisine; les ouvriers faillirent être victimes de cette renaissante volcanisation. Les pluies donnent ordinairement plus d'intensité à la chaleur qui s'exhale de la mine : elle est alors au degré de l'eau bouillante. Malgré cet incendie souterrain, on a travaillé tout près de son foyer et même au-dessus. L'ambition humaine, dès long-temps dominatrice des mers et voyageuse dans les plaines éthérées, en est-elle enfin venue à braver le feu, seul élément sur lequel sa faconde téméraire n'ait pas encore tenté de grandes conquêtes. Quelques savants ont attribué cette inflagration à la présence des charbons et des schistes pyriteux.

Dans le bassin de Rive-de-Gier et sur le territoire appelé la *Montagne de Feu*, il s'était manifesté, à des époques reculées, deux incendies dans les mines alors exploitées sur ce point; en 1740, un inflagration plus intense se déclara dans les travaux dits de la *Garde*, sur la même colline, et pendant trente ans, ont fit de vains efforts pour éteindre ce feu. C'est à ces accidents que la Montagne de Feu doit son nom.

L'exploitation des mines de houille dans le bassin de Saint-Étienne diffère en certains détails des travaux exécutés dans les mines de Rive-de-Gier; nous aurons soin, en décrivant l'une et l'autre exploitation, d'établir cette différence. Les ouvrages d'art usités aux environs de Saint-Étienne pour l'extraction de la houille sont de trois espèces : les galeries ou puits inclinés qu'on appelle *fendues*; les puits verticaux, et les galeries d'écoulement. Les fendues servent à la descente des ouvriers, et le plus souvent à l'extraction de la houille, qui est élevée de la mine à des d'hommes. Ces fendues ne sont pas ouvertes précisément dans la houille, mais 3 à 4 mètres au-dessus de l'affleurement, afin d'obtenir une plus grande solidité. Elles joignent la couche à peu de distance de leur orifice; quelquefois aussi, pour rendre la pente plus uniforme, ou bien pour éviter d'anciens travaux, ces mêmes fendues sont ouvertes dans le rocher, sur une plus grande étendue. Il y a quarante-cinq ans, cette espèce d'ouverture des mines était presque la seule en usage à Saint-Étienne; maintenant beaucoup d'exploitants ont adopté les puits verticaux; ce qui peut faire juger des difficultés de l'extraction, même dans un pays si riche en mines. Les fendues permettent d'attaquer économiquement les couches de houille qui s'enfoncent sous les collines. Les puits verticaux, plus généralement employés dans le bassin de Saint-Étienne, sont d'une profondeur qui varie de 80 à 100 mètres, rarement au-delà; leur forme est circulaire, et leur diamètre n'excède guère 22 décimètres. Ils se maintiennent ordinairement sans boisage ni muraille de revêtement; si ce n'est à la partie supérieure, pour prévenir les éboulements de terre végétale. Depuis une trentaine d'années, on creuse des puits houillers aux environs de Saint-Étienne, sans le secours de la poudre. Le prix courant du creusement ne peut être fixé, même par approximation : cette rétribution est tout à fait subordonnée à la profondeur où l'on est parvenu, à la dureté du rocher et à la quantité d'eau qu'il faut épuiser. Toutefois, en assignant pour *minimum* du prix 60 francs et 200 francs pour *maximum*, nous croyons donner une latitude d'évaluation qui comprend toutes les variations.

On se sert pour l'extraction des houilles ou des matières qui la précèdent, de machines dites *à Molettes,* mûes par un ou deux chevaux. Le diamètre cylindrique du tambour de ces machines est de 1 mètre 30 centimètres, et celui du manége de 7 à 10 mètres. La houille est élevée dans des tonnes appelées *bennes*, contenant de 2 à 3 hectolitres, et au moyen de câbles fabriqués exprès pour cet usage. Lorsque les machines à molettes servent pour l'épuisement des eaux, les bennes sont plus grandes, et l'on attelle à la barre du manége un plus grand nombre de chevaux.

Dans les mines exploitées par *fendues*, on épuise quelquefois les eaux en se servant de machines à manége et à pompe : à l'aide de cet appareil, appelé *calendres*, on peut s'enfoncer à une profondeur de 100 à 150 mètres. Les calendres ne diffèrent des machines à molettes ordinaires que par l'arbre qui, au lieu de tambour, porte une roue horizontale garnie de dents, lesquelles s'engrènent dans une ou plusieurs lanternes, dont l'une se termine par une manivelle. Celle-ci fait mouvoir des varlets, et par suite, les tirans de deux ou trois paires de pompes. Les machines à molettes suffisent à l'extraction ordinaire de la houille; mais s'il s'agit d'épuiser en même temps une quantité d'eau considérable, l'usage des machines à vapeur et à rotation est bien préférable. Il économise et du temps et de la dépense; aussi devient-il à peu près général aux environs de Saint-Étienne.

L'exploitation, dans le bassin de Rive-de-Gier, offre des différences que nous devons signaler : les puits circulaires ont ici de 2 mètres à 2 mètres 2 décimètres de diamètre ; quelques exploitants portent même ce diamètre à 3 mètres. Au milieu de la profondeur, ces puits sont élargis sur une certaine hauteur afin qu'au point de rencontre de la *benne* ascendente avec la benne descendante, elles puissent passer librement. Lors du creusement, on enlève les eaux et les déblais avec un treuil jusqu'à une profondeur de 30 à 36 mètres; ensuite on établit une machine à molettes. Lorsque le travail est gêné ou interrompu par l'affluence d'une certaine quantité d'eau, on cherche à boucher les fissures par lesquelles on la voit filtrer : à cet effet, on y chasse des coins de bois ou de fer, et si ce moyen est insuffisant, dans le bassin de Rive-de-Gier, ainsi que dans celui de Saint-Étienne, on perce une petite galerie au niveau où l'obstacle s'est prononcé, et l'eau est contenue au moyen d'un réservoir qui dispense de l'élever d'une plus grande profondeur. Quelquefois à Rive-de-Gier, on creuse ensemble deux puits rapprochés l'un de l'autre, de manière à épuiser l'eau dans le plus profond, tandis que l'on continue de creuser celui qui l'est le moins. Toutefois, on ne réussit pas toujours à contenir certaines sources dans le bassin de Rive, et souvent, par cette raison, on y a vu des mines abandonnées.

La partie supérieure des puits creusés dans la terre végétale où le roc tendre, est fortement *emmuraillée*; quelquefois même, on fait un *beton* derrière le mur pour empêcher la filtration des eaux de la surface. Rarement du reste, ces puits ont besoin d'être boisés plus profondément, le rocher étant presque toujours dur et compact. Les machines à molettes usitées à Rive, devant faire le service de puits plus larges, où se meuvent des bennes plus grandes, sont établies dans de plus fortes proportions, que dans le bassin de Saint-Étienne. Pour les puits ayant moins de 100 mètres de profondeur, le diamètre du tambour est de 2 mètres, celui du manège de 7 à 8; on y attelle toujours deux chevaux à la fois. Pour les puits de 150 à 200 mètres, le diamètre du tambour est porté à 3 mètres; celui du manège, de 8 à 9; on y attelle trois chevaux. Nous devons ajouter que pour les puits dont la profondeur excède 200 mètres, on n'emploie que des machines à vapeur: alors le diamètre du tambour est de 5 à 6 mètres; les bennes servant à monter la houille contiennent jusqu'à 10 hectolitres; tandis que celles montées au moyen des molettes, n'excèdent jamais la contenance de 3 à 4 hectolitres.

Voici maintenant des détails qui, à quelques variantes près, se rapportent aux deux bassins de Saint-Étienne et de Rive-de-Gier. Lorsqu'un puits est arrivé à la couche de houille et que le puisard est terminé, on reconnaît cette couche en poussant, à droite et à gauche, ce que les ouvriers appellent des *galeries de coursières*, ne leur donnant que la pente nécessaire pour que l'eau se rende au puisard. Ce percement laisse nécessairement distinguer le sens suivant lequel la houille se détache le plus aisément; c'est ce que les mineurs appellent le *gît du charbon*. Or, c'est la disposition des fissures naturelles ou des lits de la matière qui détermine la direction suivant laquelle il faut attaquer sa masse. Les galeries sont toujours séparées par des piliers assez épais : celles que l'on ouvre tout à fait horizontalement se nomment *de fonds* ; celles auxquelles on imprime une certaine inclinaison, reçoivent le nom de *pointes* ou *descentes*. La hauteur des galeries est proportionnée à la puissance du banc de houille ; ce qu'on laisse de cette matière à leur partie supérieure se nomme le *toit*. La hauteur des galeries horizontales, toujours proportionnée à la dureté du charbon, varie de 3 à 5 mètres ; mais les ouvriers se donnent le plus d'espace qu'ils peuvent, afin de détacher plus facilement la houille et de l'obtenir en plus gros morceaux. Les galeries inclinées sont moins larges, ne servant guère qu'à établir les communications nécessaires pour l'aérage, le transport du produit ou l'écoulement des eaux. Les galeries de *fonds* sont espacées de 10 en 10 mètres ; on ne pratique qu'un étage de travaux, même sur les couches les plus puissantes, et lorsque, par cas exceptionnel, on en établit deux, il n'y a aucune correspondance de l'un à l'autre.

L'entaille de la houille, pour le creusement des galeries de fonds ou horizontales, se fait latéralement et au sol ; presque toujours la masse est facile à détacher, à cause des fissures qu'elle offre et qui se trouvent, si l'on opère bien, dans le sens où la houille est sollicitée de se rompre. Le plus léger effort suffit ordinairement ; cependant il est quelquefois nécessaire de chasser des coins en fer dans le massif vers les deux tiers de sa hauteur : c'est ce qu'on appelle *faire une tombée*. Un seul ouvrier est chargé de ce travail, qui exige une entente particulière. Les blocs de houille abattus sont cassés, pour être emportés plus facilement.

Le percement des galeries de *pointes* ou *descentes* s'exécute en pratiquant au milieu de leur largeur une entaille verticale, que l'on élargit à l'aide de coins et de pics, de manière à opérer un vide prismatique triangulaire ; puis on abat les parties latérales comme dans les galeries de fonds, et de manière à travailler dans l'entaille perpendiculairement aux fissures.

Il est nécessaire de boiser, c'est-à-dire d'étayer les galeries : pour cette opération, des cadres composés de trois pièces de bois sont placés à des distances variables, selon la solidité des parois. Quelquefois, surtout dans les galeries de fonds, on se contente d'établir des poteaux isolés, portant sur des semelles chassées avec force au toit et aux murs de la galerie. Il importe surtout de soutenir le faîte, qui pourrait s'affaisser, particulièrement lorsque la galerie est très-large. Quant à la hauteur, elle diminue chaque année par le rehaussement du sol : fait observé dans toutes les mines de houille.

Nous venons de décrire la première époque de l'exploitation ; mais il y en a une seconde : c'est-à-dire qu'après avoir poussé les galeries aussi loin qu'on l'a pu, on revient sur ses pas, en cherchant à emporter le plus de houille qu'il est possible, sans s'inquiéter de la conservation des travaux primitifs : cela s'appelle le *dépilement*. Alors on amincit, on refend les piliers, et l'on fait tomber la houille qui a pu rester au toit d'une certaine épaisseur. Dans quelques mines où les couches sont très-épaisses, on enlève ainsi la moitié de la houille qui les compose, dans d'autres, seulement le quart ou le sixième. Mais il y a des exploitations où l'on extrait la masse en totalité. On peut estimer en résumé, que dans les mines les mieux exploitées, on laisse enfoui le quart ou le tiers de la houille, et dans celles moins bien dirigées, la moitié. Les effets du *dépilement* se font sentir tôt ou tard à la surface, quoiqu'elle soit élevée au-dessus des travaux, de 150 et même 200 mètres ; et lorsque la couche exploitée a 3 ou 4 mètres d'épaisseur, il en résulte presque toujours des crevasses dans le terrain. Quand on abat les piliers, il faut recourir aux *remblais :* ils s'opèrent en élevant des murs en pierres sèches, avec les débris du nerf de séparation des couches qui se trouve dans toutes les mines ; mais si ces mêmes couches sont épaisses, cette matière est insuffisante, et l'on se voit obligé d'apporter des matériaux de la surface du sol.

L'aérage des puits houillers est une partie importante de l'exploitation : il s'opère facilement lorsque, ainsi que cela est commun dans le bassin de Rive, il y a deux puits en communication, et quand l'opération est parvenue au point où l'on peut se servir de cette ressource. Mais dans les situations qui ne la permettent pas, il faut recourir à des moyens artificiels. On emploie alors des soufflets de forge mûs à bras : l'air qui s'en exhale pénètre dans la mine, au moyen de tuyaux en bois de pin percés d'un trou circulaire ayant 16 centimètres de diamètre. On fait usage aussi du soufflet à piston, mis en jeu par un cheval ou par la machine à vapeur servant à l'extraction.

Dans la plupart des mines et particulièrement à Rive-de-Gier, il faut prendre des précautions contre le feu *grison*, ou combustion spontanée du gaz hydrogène carbonné : ces précautions se réduisent ordinairement à enflammer le gaz chaque matin, avant l'entrée des ouvriers dans la mine : celui qui exécute cette opération, est revêtu d'un surtout de cuir et porte une sorte de capuchon de même matière. C'est apparemment pour cela qu'on l'appelle le *pénitent*, et ce nom lui est acquis souvent par de rudes épreuves. D'autres gaz délétères, dont il est plus difficile de se rendre maître, gênent les travaux dans un grand nombre d'exploitations : ces gaz sont appelés collectivement par les mineurs *la force*. Dans quelques mines, où séjourne de la houille menue, il se manifeste quelquefois des embrâsements par l'effet d'une fermentation que détermine l'humidité.

On descend dans les mines avec une *lanterne de sûreté :* cet appareil ne permet pas le contact de la lumière avec les gaz qui se dégagent dans ces profondeurs. Vers l'automne de 1839, un funeste événement eut lieu à quelque distance de Saint-Étienne, par l'imprudence d'un jeune homme qui descendait au fond d'un puits houiller, accompagné de plusieurs personnes. Oubliant ou ignorant le danger, il voulut ouvrir la lanterne de sûreté dont il était muni; soudain une immense combustion se déclara; le câble qui tenait la benne suspendue fut aussitôt brûlé. L'imprudent et malheureux mineur, ainsi que ceux qui se trouvaient à ses côtés, furent précipités dans l'abîme, où périrent d'un tourment infernal beaucoup d'ouvriers déjà rendus à leur travail. Les journaux ont rendu compte de ce désastre; mais ils ont tu le véritable chiffre des victimes : le *gouverneur* [1] de la mine et son fils étaient du nombre.

Pour l'éclairage des travaux, on se sert de lampes en fer : chaque ouvrier a la sienne, et l'huile lui est fournie par l'entrepreneur de l'exploitation. Les lampes de *Davy* sont maintenant assez répandues dans les mines de Rive; mais il serait à désirer que les mineurs de l'arrondissement de Saint-Étienne, adoptassent les lampes nouvelles à globe de cristal, usitées en Angleterre : leur lumière est franche, égale, éclatante, et peut-être permet-elle une économie d'huile.

La houille est transportée du lieu où elle a été abattue jusqu'à la benne d'ascension sur une sorte de traîneau, contenant un hectolitre, et qu'un homme fait glisser assez facilement sur le sol des galeries. Lorsqu'une pente à monter exige plus de tirage, deux ouvriers s'attèlent à ce charriot souterrein. C'est *le traîneur* qui fait marquer la houille qu'il a prise au tas de tel ou tel *piqueur* [2]; et cette formalité sert aussi à constater sous quelle propriété elle a été extraite. La tâche du traîneur est fixée par jour à une certaine quantité de bennes, suivant la distance qu'il doit parcourir. Son salaire s'élève de 3 francs à 3 francs 50 centimes. Autrefois, les transports se faisaient à dos d'homme; les traîneurs sont un perfectionnement; mais dans plusieurs grandes exploitations, les charriots sont tirés par des chevaux ou par des bœufs. Quelques exploitants ont établi dans les galeries inclinées, des machines à molettes intérieures pour le transport de la houille. La concession dite du *Réclus* possède même pour l'épuisement des eaux, une machine à vapeur souterreine. Enfin, tout récemment, les chemins de fer se sont multipliés au fond des mines; ce qui a produit une grande économie dans l'exploitation, et beaucoup de mécontentement parmi les ouvriers qui, là comme ailleurs, ne conçoivent pas encore le *bienfait populaire* de ce progrès.

Les piqueurs entrent dans les travaux à une ou deux heures du matin, et y

---

(1) On donne ce nom à celui qui dirige les travaux de l'exploitation.
(2) L'ouvrier qui abat la houille.

restent jusqu'à onze heures ou midi. Ils sont payés, dans les grandes exploitations, de 40 à 45 centimes par *benne* d'extraction, contenant de 5 à 6 hectolitres (environ 4 quintaux métriques) de grosse houille; et seulement de 15 à 17 centimes pour la menue. Un piqueur abat 10, 12, 15 bennes par journée de dix à onze heures, tant en menu qu'en gros; il gagne 3 francs 25 centimes à 3 francs 50 centimes. Quelquefois, pourtant, ce salaire varie avec celui de la houille. On fournit au piqueur les outils et l'huile; de plus, l'usage est de lui donner une benne d'extraction par semaine, soit en nature, soit en argent; le traîneur jouit du même avantage. Les traîneurs entrent dans la mine quatre heures après les piqueurs.

Indépendamment des piqueurs et des traîneurs, on emploie dans les mines de houille les remplisseurs de bennes, les receveurs, les chargeurs, les garnisseurs de lampes, les toucheurs de chevaux, les palfreniers, les forgerons et enfin les *réparationnaires*, chargés de boiser les galeries : tous ces ouvriers gagnent de 2 francs à 2 francs 50 ou 2 francs 75 centimes par jour. On a remarqué que généralement les mineurs de Rive-de-Gier gagnent plus que ceux de Saint-Étienne; aussi passent-ils pour être plus laborieux.

Les divers ouvriers employés dans une mine travaillent sous la direction du *gouverneur*: il est chargé de tous les détails de l'exploitation, et payé à raison de 5, 6 et même 8 francs par jour, selon l'idée qu'on se forme de son talent, mais surtout suivant l'importance de la mine.

Les mines diffèrent beaucoup entr'elles, relativement à l'espèce de houille qu'elles renferment : la plus recherchée dans le commerce, c'est la houille en gros quartiers, qu'on appelle *perat*; vient ensuite le charbon en morceaux moins gros, et qu'on nomme *chapelé* ou *grêle*; enfin, le *menu*, ou charbon en petites parcelles; il n'a de valeur que pour les travaux de forge. L'exploitation la plus avantageuse est donc celle qui donne le plus de houille (perat ou grêle) propre au chauffage. Mais quant aux qualités qu'il faut rechercher pour cet usage, on n'est pas bien d'accord: les uns veulent que la houille s'enflamme aisément, et produise un feu clair, quoiqu'il soit reconnu que son ardeur dure peu; d'autres préfèrent le charbon difficile à mettre en combustion, assurant avec raison que sa chaleur se soutient plus long-temps, et que, conséquemment, son usage est plus économique.

Quant à l'emploi de la houille dans les forges, on dit qu'elle est trop vive et qu'elle ne convient pas au travail des grosses pièces, lorsqu'elle procure d'abord une chaleur capable de faire brûler le fer à sa surface, avant que le centre ait atteint une température convenable. D'un autre côté, les habitants de l'arrondissement de Saint-Étienne, prétendent que certains charbons sont trop gras, et qu'ils ont besoin d'être exposés long-temps à l'air pour être employés avec avantage : ils ajoutent que la houille perd ainsi de son *soufre*, par l'action de l'air.

« Depuis long-temps, dit M. Alphonse Peyret, à qui nous avons emprunté une grande partie des détails précédents, les industriels les plus distingués regrettent l'absence de règles fixes sur la qualité des houilles; c'est pour y suppléer que M. le directeur-général des ponts-et-chaussées et des mines, sur le rapport de M. Beaunier, inspecteur-divisionnaire, a fait entreprendre au laboratoire de l'École des mineurs de Saint-Étienne, une suite d'expériences sur les houilles consommées par les usines françaises, dans le but de connaître leurs divers effets utiles, et par suite leur valeur commerciale. Déterminer la quantité de gaz que fournit chaque espèce à la distillation, la facilité de sa production et de son pouvoir lumineux, la dépense d'un bec par heure, le résidu en coak et la teneur de la houille en cendres et en soufre; tel est le problème qu'on s'est proposé. La plus brève mention des expériences auxquelles il a été procédé pour le résoudre, excéderait de beaucoup nos limites : » nos lecteurs les trouveront dans la *Statistique industrielle du département de la Loire* [1].

Autour de chaque puits houiller, on établit des cases dont l'ensemble s'appelle *la recette*, et dans lesquelles chaque sociétaire de l'exploitation fait déposer la houille qui lui revient, et la vend ensuite à son gré; car la vente ne se fait point au compte de la société, mais pour celui de chaque individu. La comptabilité est dressée sur des feuilles qui portent toute la dépense d'une quinzaine, ainsi que la quantité de houille extraite; cette feuille est signée et acquittée par chaque intéressé.

L'espèce de houille qui procure le plus d'avantage à la vente, est celle qu'on a détachée par gros morceaux, le perat; cette espèce est plus abondante dans les mines de Rive que dans celles de Saint-Étienne. En général, les premières fournissent une grande quantité de charbon propre au chauffage; elles en fournissent aussi de très-estimé pour la forge. La quantité de perat, représente à peu près le tiers du produit total de l'extraction. La vente aux consommateurs du pays ne s'opère que rarement et en petite quantité à l'embouchure du puits; la houille est ordinairement transportée dans des magasins : à Rive-de-Gier, ces magasins sont situés sur le bord du canal. L'hectolitre est la mesure de vente; son poids est de 80 kilogrammes. On

---

[1] Pages 165 et suivantes.

évalue qu'un mètre carré de houille *solide*, donne 16 à 18 hectolitres de charbon en morceaux de moyenne grosseur et menu.

Nous terminerons ce précis sur les mines houillères de l'arrondissement de Saint-Étienne, par un aperçu curieux que nous empruntons encore à M. Alphonse Peyret : « La superficie totale des deux bassins est de 221 kilomètres carrés, dont il faut déduire 121 kilomètres au moins, non susceptibles d'être exploités ; restent 100 kilomètres ou 100,000,000 de mètres carrés. En supposant sous toute cette surface une couche continue de 2 mètres d'épaisseur moyenne, on pourra extraire la moitié de ce volume : soit cent millions de mètres cubes, représentant 1,300,000 quintaux métriques. On voit donc qu'il suffirait d'une période de cent trente ans, pour arriver à l'épuisement total des mines de l'arrondissement de Saint-Étienne. » Si maintenant l'on rapproche cette évaluation très-approximative du produit annuel des deux bassins, officiellement constaté en 1832 ; produit qui s'éleva dans cette année à 4,897,959 francs, on trouvera que les entrailles de la terre aux environs de Saint-Étienne, recèlent un trésor s'élevant à 636,734,670 francs, réalisable dans l'espace de cent trente ans. Mais il ressort de cette rutilante perspective une réflexion affligeante : c'est que l'existence d'un grand nombre de manufactures et d'usines, qui pourraient contribuer toujours à la prospérité du pays, sera compromise ou plutôt anéantie, par l'épuisement du combustible, dont la présence fut la cause déterminante de leur établissement. Si le calcul de M. Alphonse Peyret est exact, il devient évident que l'exportation des charbons par la Loire, est un avantage présent qui contribuera à hâter un immense désavantage futur.

En pénétrant dans la ville de Saint-Étienne, nous avons peint sous un aspect plus pittoresque que géologique, le bassin où cette cité manufacturière est bâtie ; nous devons compléter notre tâche sous le dernier rapport. Saint-Étienne, placée dans une vallée peu profonde, sur un sol compacte et argileux, est environnée, au nord et au midi, de prairies qui se prolongent, sur un terrain plat et humide, à la distance d'environ deux lieues. Son horizon peu étendu est limité sur chacun de ces points par des montagnes, qui sans être fort élevées, appartiennent néanmoins aux terrains primitifs et granitiques, et sont formées le plus généralement de gneis. Mais les monticules et les côteaux qui bornent cette ville à l'est, et la cernent de si près en quelques endroits, qu'elle se trouve assise sur leur versant, sont composés de pierres différentes : des grès micacés, des schistes argileux forment les masses que l'on y observe ; et la pierre de taille même que l'on emploie aux constructions locales, ne paraît être qu'un grès mêlé de quelques fragments de mica. Les meilleurs grès des environs de Saint-Étienne sont ceux de Polignay ; ils servent à faire des meules de toute espèce, mais surtout des meules à aiguiser, qu'on emploie très-utilement pour les manufactures d'armes. Dans les constructions, on s'en sert avec moins d'avantage : ils s'exfolient promptement. Ce sol raboteux et aride est peu propre à la végétation : quelques arbres solitaires s'élèvent çà et là, faibles, languissants, et les récoltes en céréales n'y s'ont jamais précisément abondantes. Nous croyons l'avoir déjà dit, pauvre à sa surface, la terre de cette contrée recèle dans son sein toutes les richesses que la nature lui a départies. Indépendamment des terreins houillers, il existe dans le canton de Saint-Étienne quelques mines de fer : on en reconnaît l'existence à des dépôts ocreux formés dans le cours de plusieurs ruisseaux. Le côteau de La Croix, près Saint-Étienne, offre, sous différentes formes, le fer oxidé. La Pyrite Martiale (fer pyriteux ou sulphuré) se rencontre fréquemment dans les schistes, avec la houille, sur des groupes de roseaux bitumineux, qu'on trouve au-dessous des premières couches.

Il nous reste à parler de quelques communes du canton de Saint-Étienne, pour achever la description et le précis historique de cette localité. La commune d'*Outre-Furens*, qui pourrait aujourd'hui être considérée comme un faubourg de Saint-Étienne, offre au lieu appelé la *Bérardière*, une usine établie il y a vingt-deux ou vingt-trois ans, par M. Milleret, alors receveur-général du département de la Moselle : c'est une aciérie destinée particulièrement à la fabrication de l'acier raffiné pour la confection des outils, des mécaniques, des armes de guerre, etc. Cette usine importante, établie sur le Furens, se compose de plusieurs forges, plusieurs martinets, et emploie un assez grand nombre d'ouvriers. A l'origine de l'établissement, tous les ouvriers, la plupart allemands, étaient logés dans les bâtiments d'exploitation ; ils y étaient chauffés et avaient la jouissance d'un jardin. Quelques modifications ont été apportées dans ce régime ; mais les produits de la manufacture ont pris une grande faveur. Dès l'année 1818, M. Milleret avait obtenu une médaille d'or de la société d'encouragement, pour la bonne qualité des baïonnettes, des grands ressorts, des fleurets et des diverses limes, dites *bâtardes*, fabriqués à la Bérardière. Les fleurets surtout fixèrent à cette époque l'attention du gouvernement et du comité des arts ; jusqu'alors, on n'avait point fait en France de fleurets avec l'acier du pays : c'était d'acier d'Allemagne que s'alimentait la manufacture de Klingenthal. En comparant ces lames avec celles de Solingen, on les trouva tout aussi liantes, tout aussi élastiques que celles de cette fabrique étrangère si renommée ; et une seule expérience parut suffire pour faire penser que le département de la Loire s'était enrichi de l'acier à ressort qui manquait jadis à la France pour la confection des armes blanches. Enfin, on constata en 1818 que les produits de la Bérardière pourraient servir à la fabrication des cuirasses, ordinairement confectionnées en fer, quoique l'expérience ait souvent démontré que l'acier naturel corroyé a quatre fois plus de ténacité que le meilleur fer laminé. La réputation des produits de la Bérardière s'est soutenue : M. Peyret dit, dans sa *Statistique industrielle* : « On faisait venir autrefois des aciers d'Allemagne et de Goffontaine ; aujourd'hui, l'on emploie ceux de la Bérardière, près Saint-Étienne, pour lames de baïonnettes, ressorts de platines et faces de batteries. »

La commune d'Outre-Furens renferme une bonne partie des soixante-trois *aiguiseries* disséminées dans les environs de Saint-Étienne ; pour ne plus revenir sur cette industrie, nous dirons que les autres aiguiseries sont situées dans les communes de Valbenoite, Rochetaillée, du canton de Saint-Étienne ; et dans celles de Feugerolles et d'Unieux, canton de Chambon.

Outre un grand nombre d'ouvriers en armes établis dans la commune de *Rochetaillée*, il y existe une fabrique de papiers d'une importance secondaire, et qui date de l'année 1808. Cette usine offre deux cuves : une pour le papier, une autre pour le carton. Le moulin dépendant de cette fabrique est double : chacune des parties a une pile et chaque pile a trois maillets ; les cylindres sont montés à la hollandaise. La cuve du papier donne annuellement environ 2,000 rames, dont deux cinquièmes en papier fin, et trois cinquièmes en papier moyen. La cuve du carton produit de 90 à 100,000 feuilles. Mais la fabrication courante atteint à peine la moitié de ces quantités.

On chercherait en vain à Rochetaillée la trace reconnaissable des établissements romains qui, selon quelques écrivains du Forez, ambitieux de vieilles origines, existèrent sur cette localité. Il faut donc accepter avec confiance l'espèce de coupe verticale d'un rocher voisin, comme le témoignage de *l'intention*, exécutée ou non, que les dominateurs des Gaules eurent de bâtir en ce lieu une forteresse ; mais elle est tout-à-fait fantastique pour les observateurs qui ne se décident à croire que sur des preuves irrécusables.

La commune de *Valbenoite* présente, elle, des gages d'anciens fastes historiques que l'on ne peut contester : MM. Duplessy et Bernard[1], historiens du Forez, nous fournissent quelques renseignements sur l'origine de ce village ; nous ne pouvons mieux faire que de les rapporter à peu près textuellement.

---

(1) Nous répétons ici avec plaisir que l'exactitude de cet écrivain, consciencieux autant que modeste,

Vers la fin du XIIe siècle, une jeune fille noble, Benoîte de la Valette, disent ces écrivains, avait obtenu de son père, seigneur de la puissante maison de Jarez, la concession d'une vaste forêt, située au pied d'une colline arrosée par le Furens, pour y établir un certain nombre de pieux solitaires qui, dans cette autre Thébaïde, se consacraient au service de Dieu sous la voûte des grands chênes, à l'exemple des anciens druides. Peu de temps après, Ponce de Saint-Priest, Briand de Lavieu, seigneur de Saint-Chamond, Guillemette de Roussillon et Gondemar de Jarez, firent bâtir pour ces religieux une abbaye, qu'ils appelèrent *Valbenoite vallis benedicta*, (Vallée bénite) selon les uns, et du nom de *Benoîte*, première fondatrice, selon les autres. Peut-être pourrait-on dire aussi que ce nom vient de celui des religieux de l'Ordre de Saint-Benoît, qui s'établirent en ce lieu. Quoiqu'il en soit, le Pape Jean aux belles mains approuva cette fondation en 1184 ; elle fut également sanctionnée par Guy II, comte de Forez, et son fils, qui donnèrent 50 sous pour l'édification du monastère. Une charte rendue à ce sujet en 1222, porte : *Recepimus idem monasterium in nostra custodia, et donavimus ad edificationem ipsus loci quinquaginitos solidos fortium*. Le comte posa de ses mains la première pierre de l'église. Pour ajouter aux domaines de la nouvelle abbaye, Guillemette de Roussillon lui abandonna un champ qu'elle possédait près du Furens. Le Forézien Saint-Hugues de Bonneveau fut le premier abbé de Valbenoite. Bientôt, étendant leurs possessions et leurs privilèges, à l'exemple de toutes les communautés du temps, les religieux de cette maison s'enrichirent, et furent investis d'une seigneurie qui s'étendait même sur une partie de la ville de Saint-Étienne. Dans la suite, l'abbé de Valbenoite, nommé par le roi, disputait à celui de Montbrison le titre de premier ecclésiastique de la province.

Dans le cours du XIVe siècle, Jeanne de Bourbon, comtesse de Forez, permit aux religieux de Valbenoite, réduits alors à quatre, et qui avaient eu à souffrir beaucoup des guerres, de construire un fort pour protéger leur couvent ; ce fort devait toutefois demeurer la propriété des comtes de Forez. Malgré ce système de défense, les calvinistes, sous la conduite de l'amiral de Coligny, occupèrent, en 1570, cette abbaye, la saccagèrent, et firent sauter

---

nous a été démontrée, par suite du travail de comparaison auquel nous avons dû nous livrer, en recueillant, dans le département de la Loire, les éléments de notre travail sur cette localité. Puisse la justice que nous rendons ici à M. Auguste Bernard, contribuer au succès de son *Histoire du Forez* et à celui du livre non moins curieux qu'il vient de publier sous le titre des *d'Urfé*. L'auteur, entravé dans sa carrière littéraire par des circonstances impérieuses, a besoin d'encouragements ; le public les lui doit, car il les mérite.

les voûtes de l'église. Ils brisèrent aussi dans cette église le tombeau d'Antoine de Rochefort de la Valette, seigneur de Saint-Priest, et successeur de Godemar de Jarez, l'un des fondateurs. L'église, réparée depuis, a été érigée de nos jours en succursale.

Aujourd'hui, la commune de Valbenoîte ne se fait plus remarquer que par l'extraction des meules à aiguiser que son territoire fournit, et par les aiguiseries qu'elle renferme.

Saint-Jean-Bonnefond a été le théâtre d'une vaste industrie, dont les essais n'ont pas prospéré : c'est sur cette commune que l'on avait fondé les forges et hauts fourneaux de Terre-Noire, dont les travaux bien compris, mais moins bien dirigés, ont cessé en 1832. L'activité de cet établissement, si elle n'a pas été reprise depuis que nous l'avons visité, offrirait aujourd'hui des avantages qui pourraient être tirés de l'expérience même née de l'insuccès des premiers exploitants. La marche à suivre pour arriver à de bons résultats est désormais connue ; la pratique a rectifié les calculs erronés de la théorie ; et personne ne doute, au moment où nous écrivons, que les environs de Saint-Étienne ne soient favorables à la fabrication du fer. En effet, nulle part il ne se trouve de meilleur combustible, et le minerai fourni par le sol, est de très-bonne qualité. A Saint-Jean-Bonnefond, il se fabrique une grande quantité de clous, particulièrement à l'usage des cordonniers.

Le canton de *Saint-Héand*, dont le chef-lieu est situé au nord et à quatre lieues de Saint-Étienne, est aussi peu agricole que la plupart de ceux précédemment décrits ; on y récolte pourtant un peu de chanvre, et la presque totalité des autres terrains offre de vertes prairies. Saint-Héand, gros bourg peuplé d'environ 3,000 habitants, est une succursale importante de la manufacture d'armes de Saint-Étienne, pour la fabrication des platines et pour la monture ; un capitaine d'artillerie et plusieurs contrôleurs y résident. En 1824, une caisse de secours pour les ouvriers en armes fut établie à Saint-Héand, en même temps que celle de Saint-Étienne : les réglements qui régissent les deux institutions sont identiques. Le travail et l'aisance qu'il procure à ceux qui s'y livrent avec une courageuse persévérance, ont prêté à ce centre d'activité un aspect assez agréable, que complètent les sites pittoresques qui l'environnent. Le voisinage des eaux de Saint-Galmier et du chemin de fer conduisant de Saint-Étienne à Roanne ajoute encore au mouvement qu'une vive industrie entretient en ce lieu, et quoique sa situation soit agreste, Saint-Héand n'est pas une solitude dépourvue d'agrément.

Revenant sur nos pas presque jusqu'aux portes de Saint-Étienne, pour décrire avec ordre le canton de Saint-Héand, après avoir parlé de son chef-lieu, nous trouvons la commune de *Saint-Priest*, qui, dans un temps fort reculé, donna son nom à l'une des plus illustres familles du Forez. Ici, vont se dérouler à nos yeux les scènes d'un double drame offrant dans plusieurs de ses parties une sorte d'empreinte fatidique ; et chacune de ces actions fatales vint se dénouer sur l'échafaud. Mais avant de les rapporter, nous devons remonter, autant que possible, à l'origine de la seigneurie qui nous occupe. Au rapport de l'historien De la Mure, l'ancienne, l'illustre maison de Jarez avait sa première et principale terre au lieu appellé Saint-Priest ; et de cette terre, ajoute le même écrivain, relève encore, en haute justice, la renommée ville de Saint-Étienne. Ceci est si vrai, que la seigneurie de Saint-Ennemond, nommée vulgairement Saint-Chamond, n'entra autrefois dans cette famille, que par l'acquisition qu'en fit Gaudemar de Jarez, seigneur de Saint-Priest. Dès l'an 1573, le château de Saint-Priest était considéré comme le manoir paternel de la famille ; deux autres terres voisines servaient d'apanages aux enfants du haut baron : savoir, celle de Rochetaillée et celle de Feugerolles.

La maison de Jarez, en patois *Jaresium* ou *Giaresium*, tirait son nom de celui de la rivière de Gier, *Giarium*. Le château, sur la porte duquel on voyait les armes de Genève[1], adoptées par les seigneurs de Saint-Priest, comprenait dans sa circonscription seigneuriale, La Tour, Saint-Julien, Saint-Paul, Saint-Romain, etc.

Les anciens seigneurs de Saint-Priest, ont laissé, dans l'étendue de leurs fiefs, une renommée que trop peu de barons recherchaient jadis : ils exerçaient sans aucune rigueur leurs droits seigneuriaux, et se montraient faciles dans la concession des immunités, lorsque l'exercice de ces droits tendait à froisser leurs vassaux. Saint-Priest était la seconde baronnie du comté ; et comme Saint-Étienne en relevait, c'était, dit Anne d'Urfé, dans sa *Description du Forez, la plus revenante terre* qui fût en ce pays. A l'époque où ce seigneur écrivait, cette opulente seigneurie appartenait à messire Aymart de Saint-Priest, chevalier de l'Ordre du roi ; elle avait appartenu précédemment à son frère aîné, Jean, auquel il succéda.

---

(1) Cinq points d'or équipolés à quatre d'azur. — Si l'on doit s'en rapporter aux chroniqueurs de Saint-Étienne, voici l'origine de l'introduction de cet écusson dans la famille de Saint-Priest : en 1070, Raymond de Baux, prince d'Orange, avait épousé Jeanne de Genève ; de ce mariage naquit un fils, lequel donna sa fille à un cadet de la maison des comtes de Forez. En considération de cette alliance, ce seigneur reçut en apanage le pays de Forez. Telle est la tradition ; mais M. Auguste Bernard objecte à cette explication qu'elle ne peut trouver place dans la généalogie des comtes de Forez, qu'il a soigneusement compulsée ; d'où il conclut que les Saint-Priest ne descendent point de ces comtes.

On sait combien alors, les grands étaient jaloux de l'exclusion dans leur droit de chasse, et de quelle sévérité farouche ils s'armaient souvent, lorsque l'on attentait à cette prérogative. Henri IV, dont la vie fut remplie d'actions nobles et généreuses, l'entacha peut-être d'une seule faute capitale : ce fut son édit cruel contre les braconniers. Ce n'était pas seulement une mauvaise action; c'était aussi un mauvais exemple. Aymart de Saint-Priest l'avait donné avant lui. « Le Samedi-Saint 1584, dit Le Laboureur, dans une rencontre de chasse sur les confins de sa terre et de celle de Roche-la-Morlière [1], à la suite d'un différend et d'une querelle fort vive, ce seigneur commit un double homicide sur la personne d'Antoine d'Augerolles, seigneur de Roche-la-Morlière et de Jean d'Augerolles, baron de Brunard, son fils, nouvellement marié. Le désespoir et la plainte de la veuve, attirèrent la rigeur de la justice sur le meurtrier, qui fut condamné à mort par contumace, et à payer une amende énorme, pour laquelle tous ses biens furent mis en décret. Le seigneur de Saint-Priest étant venu à mourir pendant la contumace, sa femme, Catherine de Polignac, profita de cette circonstance pour obtenir, par l'entremise de plusieurs seigneurs et amis, et notamment de l'archevêque de Lyon, Pierre d'Epinac, un accommodement solennel, consenti en 1596. Mais, depuis ce tragique événement, une espèce de malédiction sembla s'attacher à la famille de Saint-Priest qui, malgré deux mariages consécutifs de Louis de Saint-Priest, fils et successeur d'Aymart, finit, faute de postérité; et Louis, dont la vie fut pleine de dégoûts, la termina encore par le dernier chagrin d'avoir fait des ingrats, en donnant tous ses biens aux enfants de sa sœur, Antoinette, dame de Chalus et d'Orcival, à l'exclusion de ses héritiers naturels de nom et d'armes. »

Mais la destinée, ou selon des idées moins fatalistes, la série des malheurs qui s'enchaînaient dans cette famille, devait encore éclater aux yeux du monde, par une terrible catastrophe. Les successeurs que Louis s'était donnés, le marquis de Saint-Priest et le comte d'Orcival, avaient commencé leur carrière par l'ingratitude, ils la finirent par l'infamie : vers la fin du XVIIe siècle, ces deux seigneurs furent condamnés, aux grands jours de Clermont, le plus jeune, à une prison temporaire; l'aîné, à la décapitation. Il porta sa tête sur un échafaud dressé dans cette ville de Saint-Étienne, qui était sa vassale. La population industrieuse qui, naguère encore, courbait la tête devant le panache féodal de Saint-Priest, assista, comme à un spectacle, au supplice

---

(1) Il a été élevé en ce lieu une chapelle expiatoire que l'on voit encore.

infamant de son seigneur. Il faut accueillir avec défiance les traditions locales qui rapportent que, vers le même temps, le château de Saint-Priest fut frappé plusieurs fois de la foudre : signes certains de la réprobation céleste, ajoutent les candides narrateurs du pays. Le crime commis par les deux frères est encore environné d'un mystère impénétrable : un chroniqueur de Saint-Étienne, l'abbé Sauzéas, a prétendu que leur condamnation avait été motivée sur la fabrication, avec récidive, d'une grande quantité de fausse monnaie : cet écrivain a vu, dit-il, dans les souterrains de Saint-Priest, des instruments propres à cette fabrication; mais ses assertions à cet égard ont été combattues par d'autres historiens. Quoiqu'il en soit, il est avéré qu'à deux reprises, en 1665 et 1680, l'ancien manoir de Saint-Priest fut frappé de la foudre, sans doute parce que sa position élevée et la hauteur de ses tours favorisèrent l'action du fluide électrique. Il ne reste plus que des vestiges informes de cette construction, et l'aristocratie industrielle de Saint-Étienne fouille, pour y chercher des éléments de richesse, la terre de ses anciens dominateurs féodaux.

Dans la commune de *Villars,* du canton de Saint-Héand, on extrait des meules à aiguiser ; et cette localité est la résidence d'un assez grand nombre d'ouvriers, qui travaillent pour la manufacture d'armes de Saint-Étienne. La commune de *Sorbier* est plus particulièrement habitée par des ouvriers en quincaillerie et en serrurerie; cependant une partie de sa population s'occupe aussi de l'armurerie.

Le village de *Fontanès* mérite d'être cité à cause de ses foires remarquables pour la vente des bestiaux et des bêtes à laine; mais le mouvement industriel y est moins actif que dans les communes environnantes. Il n'en est pas ainsi de la *Fouillouse :* indépendamment de sa papeterie, usine peu considérable, cette commune présente des ateliers d'armes, et ce n'est pas une des localités qui contribuent le moins aux travaux de la manufacture de Saint-Étienne.

Le village de la *Tour* se recommande différemment à l'observateur : ce lieu, au rapport de plusieurs historiens, fut fortifié jadis, et le système de défense consistait principalement en trois tours, sur l'une desquelles paraît avoir été placé le monument singulier dont nous allons parler. C'était une pierre de granit, de forme pyramidale, à quatre faces, et offrant sur chacune la représentation du soleil. Elle avait deux pieds de haut sur un pied seulement d'épaisseur. Vers son sommet, se trouvait un trou assez profond, qui paraissait avoir servi à recevoir une lumière; une empreinte noire et grasse dont cette pierre restait couverte, semblait être l'effet d'une teinture résineuse produite par l'action d'un combustible enflammé, long-temps entretenu. De la

Mure, après d'autres écrivains, pense que, sous les Gaulois, cette espèce d'idole servait au culte d'Apollon, qu'ils adoraient dans l'éclatante manifestation de sa puissance. « C'estait, dit l'historien du Forez, un phare ou un fanal dédié à cet astre, père des lumières, tels qu'estaient les phares usités alors, qui estant de nuict aperçus de loin, servaient de signal pour prendre les armes et se garantir, dans les temps de troubles, des surprises nocturnes. » De la Mure n'émet ici qu'une conjecture, et nous ne prétendons pas donner à son opinion une autorité qu'on ne pourrait plus contrôler par l'examen du monument dont il s'agit. Les tours et le phare qui les surmontait n'existent plus; seulement le lieu sur lequel s'élevait la plus haute de ces constructions, s'appelle encore la *Grand'Tour*, et c'est apparemment de ce fort que le village tient son nom.

CHAPITRE IV.

Canton de *Saint-Bonnet-le-Château*. — Aperçu agricole. — Antiquités. — Précis historique sur Saint-Bonnet. — Excursion sur les deux rives de la Loire. — *Saut du Perron*. — *Digue de Pinay*. — Louis XIV-Sésostris. — Piles de Saint-Maurice. — Manoir aérien. — Chronique fantastique. — Trésor composé de pièces inconnues. — Diversités. — Canton de *Saint-Rambert*. — Légende. — Saint-Rambert au moyen-âge. — Construction de bateaux. — Coup-d'œil artistique. — Saint-Romain-le-Puy. — Sury-le-Comtal. — Saint-Marcellin. — Canton de *Saint-Jean-Soleymieux*. — Le château de La Garde. — Lavieu; anecdote tragique. — Canton de *Montbrison*. — Moingt; son antiquité; sa destinée. — Montbrison; origine; accroissements successifs. — La *Jacquerie* en Forez; ses causes. — Fastes divers. — Peste à Montbrison. — Commencement de l'épisode sur le connétable de Bourbon. — Sac de Montbrison; cette ville jusqu'à nos jours.

L'histoire, dans l'arrondissement de Montbrison, n'a plus ni la physionomie, ni les allures qui lui étaient propres aux environs de Saint-Étienne; ses fastes changent de caractère. A ces gnomes-mineurs ensevelis pendant une moitié de leur vie dans les entrailles de la terre, aux noirs ferrons qui forgent des foudres pour cette Pallas toujours érigée en puissance dominatrice, tandis qu'à leurs côtés, la coquette rubanerie tisse impunément ses fraîches et soyeuses bandelettes dans une atmosphère charbonneuse; vous allez voir succéder les fiers barons aux splendides habits de velours, les nobles châtelaines à la robe dorée, les vaillants chevaliers revêtus d'armes étincelantes, que Milan, Florence et Tolède leur envoient à grands frais. L'écho des montagnes ne sera plus éveillé par le bruit des marteaux laborieux, mais par le cliquetis des épées homicides. Là-bas le travail anime et féconde ; ici la guerre laisse après elle le désert et la stérilité. Partout il faudra traverser plusieurs siècles, au milieu des hostilités ambitieuses de la féodalité ou des troubles civils, plus déplorables encore, pour retrouver la vie citoyenne, revenue à ses douces habitudes, et rendue à la sécurité du foyer domestique.

Après avoir franchi la Loire et remonté son cours au sud-ouest, nous rencontrons le canton de *Saint-Bonnet-le-Château*, qui confine à l'ouest le département du Puy-de-Dôme, et au sud celui de la Haute-Loire. Ce canton est le plus méridional de l'arrondissement de Montbrison, sur lequel nous devons à nos lecteurs quelques généralités se rapportant au sol.

L'espèce de terrein appelée *chaninat*, dont nous avons parlé au commencement de cette section, est particulière à la division territoriale sur laquelle nous entrons : elle se remarque dans presque toutes les parties de l'arrondissement qui ne sont pas riveraines de la Loire. Mais sur les deux rives de ce fleuve, les terres dites *chambons*, s'étendent dans la plaine sur une largeur de 2 à 3 kilomètres, et donnent une superficie de 10 à 12,000 hectares, dont 2,000 hectares environ, de première qualité, produisent alternativement du froment et du chanvre. Le surplus, envahi par le sable et le gravier, offre une dégradation insensible de fertilité, suivant que les dépôts limoneux qui en sont la base, s'offrent plus mélangés de sable. La mention de ces chambons ramène naturellement ici quelques réflexions sur le cours de la Loire, et ce ne seront pas les dernières, car ce n'est que sous le rapport de l'agriculture locale que nous allons signaler les ravages de ce fleuve, dont l'inattention des gouvernements a toléré jusqu'à nos jours les caprices. Ses crues sont subites et presque toujours imprévues ; quelques propriétaires ont cru pouvoir s'en garantir, en couvrant les chambons par des levées en terre, auxquelles ils donnaient un niveau supérieur à celui des débordements probables ; mais ces ouvrages, construits pour la défense de certains domaines particuliers, sur l'une et l'autre rive, souvent vis à vis les uns des autres, ont le grave inconvénient de repousser de l'une à l'autre plage les efforts des eaux. La Loire, ainsi resserrée et tourmentée, s'irrite contre ces obstacles, les brise et entraîne dans son cours les barrières qu'on prétendait lui opposer.

Outre les ravages que nous venons de signaler, il en est d'autres que le fleuve opère lentement, mais sans relâche, et qu'il n'est pas moins difficile de prévenir par les petits moyens locaux mis en usage. En beaucoup d'endroits il sape sourdement le terrain léger et friable qui compose son double littoral, envahit enfin de grands territoires, et alors, quand ce conquérant se dirige vers une levée ou vers un édifice, pris ainsi en sous œuvre, ils sont bientôt renversés. Comme ressources préservatrices, on a essayé des gazonnements, des plantations ; puis sont venus les éperons ou pilotis garnis de bétons. Mais ces ouvrages, n'étant fondés que sur le sable et appuyés contre une terre sans consistance, ont été promptement déchaussés de toutes parts. Un moyen plus heureux a été employé par un propriétaire pour fixer le cours mobile de la Loire : il a fait tailler ses bords en talus, et les a fait couvrir de fascines de chêne, fixées à l'aide de forts piquets, autour desquels on a enlacé des espèces de cordes en bois flexible. Cette sorte de glacis, dont les vides se sont promptement remplis de limon, n'a pu être entamée par les eaux, et ce revêtement, imité des digues de la Hollande, a été adopté par d'autres riverains. Mais que peuvent faire ces tentatives personnelles, encore qu'elles réussissent sur divers points? Ici contenu, le fleuve recouvre plus loin sa désastreuse liberté, car on ne lui a opposé que des efforts de pygmée. La main de ce géant de puissance et de richesse appelé le gouvernement, pourrait seule accomplir des travaux suffisants.

Nous avons dit que le *chaninat* est une terre particulière à l'arrondissement de Montbrison, et précédemment nous l'avions signalée comme argileuse, forte, noire ou rousse, impénétrable à l'humidité, se desséchant à la moindre chaleur et difficile à cultiver. Cette terre, que l'on trouve particulièrement dans les cantons de Saint-Rambert et de Montbrison, est presque toujours ensemencée en froment. Un point uniforme pour la méthode d'assolements dans les environs de Montbrison, c'est le retour des céréales tous les deux ans : dans la plaine, le froment forme un tiers de la première sole; dans les montagnes, il n'y entre que pour l'infime proportion du douzième; le surplus est en seigle. L'année intermédiaire seule offre quelque différence dans l'emploi des terrains.

Les chambons des bords de la Loire, comme ceux des rives du Rhône, sont cultivés à la bêche et ensemencés en chanvre, l'année qu'ils ne produisent pas des céréales. S'ils sont de qualité inférieure, la seconde sole est employée, dans la proportion d'un quart, en racines, légumes, grains de mars et plantes oléagineuses ; le reste demeure en jachère.

Les habitants des montagnes de l'est (arrondissement de Saint-Étienne) se sont enrichis, il y a vingt à vingt-cinq ans, de la culture du trèfle; mais leur exemple n'a pas été suivi dans l'arrondissement de Montbrison : à peine y remarque-t-on çà et là quelques prairies artificielles. Soit que la qualité du sol, l'ignorance des cultivateur sou le défaut de moyens pécuniaires aient empêché la propagation de ce genre de culture, il y a peu d'apparence qu'il se généralise sur ce point.

Ces données étant posées, nous revenons à l'histoire locale de l'arrondissement de Montbrison, et au canton de *Saint-Bonnet-le-Château*. On a recueilli peu de documents sur la petite ville qui en est le chef-lieu : elle est située à cinq lieues sud de Montbrison, au sommet d'une montagne et dans un site pittoresque, qui offre à l'œil connaisseur de l'artiste une fabrique d'un heureux effet. Nul doute que l'origine de ce lieu, dont l'ancien nom était *Castrum Vari* (Château de Varus), ne remonte à la période romaine, peut-être au-delà. Il est probable que l'illustre et infortuné proconsul défait par le germain Arminius, avait fait construire en ce lieu, soit une forteresse, soit une de ces maisons de plaisance que les chefs romains avaient multipliées dans les Gaules, sous le règne éclatant d'Auguste. Dans le voisinage de Saint-Bonnet et sur l'emplacement même qu'occupe la ville, il existe des parties de la route militaire ouverte par Agrippa, et qui conduisait, le long des Monts-Cemènes, de Lyon en Auvergne, dans l'Aquitaine, en Espagne et jusqu'à l'extrémité du Portugal. On a découvert sur la localité que nous décrivons, des vases, des instruments propres aux sacrifices, et des médailles frappées depuis César jusqu'aux enfants de Théodose. On ne peut donc considérer que comme une dénomination défigurée le nom de *Chatel-Vair*, que cet établissement antique avait reçu au moyen-âge. Cette ville, dit M. Duplessy, était déjà la propriété des comtes de Forez, lorsque, vers l'an 712, les reliques de Saint-Bonnet, évêque de Clermont, passèrent à Castel-Vair, y séjournèrent quelque temps, et laissèrent le nom de ce prélat, au lieu qu'elles avaient sanctifié.

Les murailles et les tours de la ville, qui existent encore en partie, sont du temps où les bourgs mêmes obtinrent des rois l'autorisation de s'envelopper d'une enceinte pour se défendre des invasions étrangères, ou des suites, non moins terribles, de la guerre civile. Ces ruines portent le caractère de la fin du XIIIe ou de la première moitié du XIVe siècle ; mais c'est à une époque plus récente, plus rapprochée de la renaissance, qu'il faut faire rapporter la construction de l'église, monument d'un style gothique assez élégant, et que surmontent deux clochers fort déliés, sinon d'une architecture remarquable. Cette église paraît avoir été célèbre : on lit dans la *Description du Forez*, par Anne d'Urfé : « Sainct-Bonnet-le-Chasteau est fort hault en la montagne, « en un air froid et suptil ; en laquelle ville il y a une fort belle esglise et la « mieux servie du Forez, ors celle de Nostre-Dame de Montbrison, pour la

« cantité de bons musiciens qu'il y a d'ordinaire en ceste ville, où se font les
« meilleures forces à tondre draps qu'on sache en lieu du monde. »

Anne d'Urfé a composé une sorte de précis héraldique, sur les principales maisons du Forez [1], et nous n'y avons trouvé aucune mention des seigneurs de Saint-Bonnet. Mais la ville elle-même a joué un certain rôle dans les guerres de religion.

En 1562, le baron des Adrets, après le sac de Montbrison, y avait laissé une commission de calvinistes chargée d'achever la ruine des églises, et de faire des excursions dans les villes voisines. Un jour, le nommé Quintel, bailly huguenot du Forez, eut le dessein d'envoyer un ministre à Saint-Bonnet-le-Château, pour y établir un prêche. Sur la représentation qu'on lui fit que ce serait envoyer ce ministre à une mort certaine, tant était grande l'exaspération des habitants, ce fut une compagnie d'archers qui se rendit à Saint-Bonnet, et elle ne quitta cette ville qu'après avoir saccagé l'église et brûlé les archives précieuses qu'elles renfermait.

Anne d'Urfé, acteur fort actif dans les guerres de la Ligue, dont il s'est fait l'historien, nous apprend encore que le duc de Nemours s'était attaché à capter le suffrage des consuls qui exerçaient l'autorité municipale dans les villes fermées du Forez. A l'aide de cette courtoisie intéressée, il parvint en 1589, à se former une enceinte de citadelles de Charlieu, Montbrison, Saint-Bonnet et plusieurs autres places, qu'il avait occupées sans coup férir. On voit cependant qu'un peu plus tard, le seigneur de Chevrières, qui tenait alors le parti du roi, ayant soumis Bourg-Argental, ramena les consuls, naguère séduits par le duc de Nemours, à la cause du vaillant Béarnais.

Saint-Bonnet était l'une des treize villes du Forez, dont les consuls avaient voix délibérative aux assemblées des États du pays : les autres cités étaient Montbrison, Feurs, Saint-Germain-la-Val, Cervières, Boen, Sury-le-Comtal, Saint-Galmier, Saint-Rambert, Saint-Étienne, Roanne, Saint-Héand et Bourg-Argental. Plus tard, on ajouta à cette liste Saint-Just en Chevallet et Crouzet; ce qui porta le nombre des bonnes villes du Forez à quinze.

Le clergé de l'église paroissiale de Saint-Bonnet, qui, comme nous l'avons vu plus haut, exécutait les offices avec un luxe remarquable d'harmonie, avait les attributions de chanoines et en portait l'habit pendant les cérémonies religieuses. Il y avait en outre à Saint-Bonnet un couvent de Capucins et

---

[1] Voyez les *d'Urfé*, un vol. in-8°, publié par M. Auguste Bernard, 1839; de la page 457 à la page 468.

un d'Ursulines. L'une des maisons jadis cloîtrées, est occupée maintenant par des sœurs hospitalières de Sainte-Marthe, dirigeant un hospice pour les malades. François Dupuy, mort en 1521, général des Chartreux, avait vu le jour à Saint-Bonnet-le-Château : ce fut lui qui fit bâtir l'église dont nous avons parlé : cette construction ne peut donc être antérieure à la fin du XVᵉ siècle [1].

Avec la féodalité cessa l'importance de Saint-Bonnet, comme ville historique; et vers le même temps, commença son importance industrielle. Anne d'Urfé nous a dit que Saint-Bonnet était renommée de son temps pour les ciseaux à tondre les draps; mais cette source d'activité, tarie depuis près de deux siècles, a fait place à la fabrication des serrures et surtout à celle des dentelles : car il appartient au département de la Loire d'offrir dans le même lieu des industries tout-à-fait opposées. Ce n'est que depuis environ cent ans que la confection des dentelles a été introduite dans le canton de Saint-Bonnet; et depuis lors, cette fabrication a éprouvé fort peu de variations. On fait des dentelles ordinaires dans toutes les communes de cette circonscription cantonale : plus de 3,000 ouvrières s'en occupent; mais elles ne se livrent à ce travail que pendant six mois; le reste de l'année est consacré par elles aux travaux plus rudes de l'agriculture.

Les pièces de dentelle sont de 12 aunes; on en fabrique annuellement de 37 à 38,000 pièces, c'est-à-dire de 444 à 446,000 aunes; ce qui fait de 150 à 152 aunes par ouvrière. Il serait difficile d'établir la valeur, même approximative, de cette fabrication; car les prix du produit ont si peu de rapport entre eux qu'il y a des dentelles à 10 centimes l'aune, tandis que la même localité en offre à 7 francs. Cependant on peut évaluer, sans trop s'éloigner de la probabilité, qu'il se fabrique chaque année, dans le canton de Saint-Bonnet, pour 300,000 francs de dentelles. Le fil commun vient de l'ancienne Flandre française; le fil fin est tiré de la Hollande : on paie le premier 57 francs le kilogramme; le dernier ne descend guère au-dessous de 236 francs. Il s'en consomme dans une année 500 kilogrammes des deux espèces. Il est digne de remarque qu'une aune des plus petites dentelles, qui doivent être vendues de 10 à 15 centimes, emploie pour 2 ou 3 centimes de fil; tandis que l'aune des plus belles, dont le prix peut s'élever à 7 francs, ne consomme que pour 10 centimes de cette matière première. Dans celles-ci, la valeur consiste donc presque entièrement dans la main-d'œuvre. Cependant la différence que nous venons d'établir, se fait peu remarquer quant au salaire des ouvrières : en

---

(1) Voyez notre biographie, à la fin de la première région.

fabriquant des dentelles communes, elles gagnent, terme moyen, 30 centimes par jour quand la marchandise est au plus bas prix, et 60 centimes lorsqu'elle acquiert le plus haut point de faveur.

Les ouvrières placent les tissus qu'elles ont fabriqués, chez les marchands de Saint-Bonnet-le-Château, qui leur vendent le fil nécessaire à la fabrication, et qui les paient partie en fil, partie en argent. Moitié au moins de ces dentelles sont employées dans le pays par les femmes de la campagne, à garnir des bonnets, des mouchoirs et même des robes; le surplus est exporté dans les départements du midi de la France, en Savoie et jusqu'en Allemagne.

On reprochait vivement, il y a quelques années, aux dentellières de Saint-Bonnet de mettre en œuvre des dessins d'un goût trop ancien; elles commencent à se corriger de ce défaut, et nous avons vu sous leurs légers fuseaux de très-jolies dispositions.

La serrurerie, qui, comme nous l'avons dit, est un des principaux objets d'industrie dans le canton de Saint-Bonnet, comprend les serrures de portes, de placards, de malles et les cadenas. La fabrication a lieu principalement dans les communes de Saint-Bonnet, de Rozier-Côtes-d'Aurec, Saint-Nizier de Fornas, Saint-Maurice en Gourgeois, la Tourette et Usson. Dans les communes de Saint-Nizier et de Saint-Bonnet-le-Château, trois grands établissements et trois ou quatre petits occupent en totalité 500 ouvriers; une cinquantaine d'autres travaillent isolément pour leur compte, et vendent leurs produits, soit aux marchands de la ville, soit à des négociants de Saint-Étienne ou de Lyon. Les ouvriers qui peuvent se procurer une forge, fabriquent les serrures en entier; ceux qui ne sont pas pourvus de cet appareil, reçoivent l'ouvrage des mains du forgeur. Il n'y a que les ouvriers employés dans les grands ateliers qui travaillent toute l'année à la serrurerie; ceux des communes environnantes ne s'en occupent que durant les quatre mois d'hiver; ils travaillent à la terre pendant le reste de l'année.

On peut évaluer à 1,000 quintaux métriques, le fer mis en œuvre chaque année dans le canton de Saint-Bonnet-le-Château; ce fer, le même qu'on emploie à ce genre d'ouvrage dans l'arrondissement de Saint-Étienne, est tiré en général des départements de la Haute-Saône et de la Côte-d'Or. Mais s'il s'agit de fer en verge, les ouvriers se le procurent à Saint-Étienne. Ils tirent le cuivre de Saint-Bel (Rhône).

Les habitants du canton de Saint-Bonnet-le-Château se livrent aussi à un commerce considérable de planches, tirées des bois exploités dans l'arrondissement de Montbrison. Ce commerce s'exerce principalement dans les communes d'Apinac, d'Estivareille, Saint-Hilaire-Cusson-la-Valmitte, Saint-

Maurice en Gourgeois, Merle, Saint-Nizier de Fornas, Rozier-Côtes-d'Aurec, la Tourette et Usson. On compte dans ces diverses communes environ 75 établissements ou ateliers, dans chacun desquels sont employés de 3 à 5 ouvriers qui scient des sapins provenant des forêts voisines; on n'emploie point de scierie à eau dans le canton de Saint-Bonnet. Nous avons mentionné ailleurs la direction donnée aux planches; nous ne reviendrons pas là-dessus.

Il nous reste à signaler une industrie tout-à-fait particulière au canton de Saint-Bonnet-le-Château : c'est la fabrication de la poix. Cette manipulation s'opère dans la proportion des quatre cinquièmes, sur la commune d'Usson. Les arbres destinés à l'extraction de la poix sont des pins : l'arbre mis à la poix, selon l'expression du pays, reçoit cette destination pour six ans. L'extraction se fait successivement de trois côtés; le quatrième côté est conservé intact pour laisser monter la sève. Ainsi épuisé, le pin est dépourvu de calorique : il ne procure plus qu'un chauffage presque nul; mais il peut servir aux constructions. Les propriétaires des pins livrés à la poix, perçoivent 50 centimes par arbre, pour les six années; le nombre des pieds consacrés à cette fabrication est annuellement de 16 à 17,000. Voici maintenant la manière de procéder.

On enlève progressivement l'écorce de l'arbre jusqu'à la hauteur de 5 pieds si l'on ne veut obtenir que la résine; on recueille celle qui découle, et on la fait fondre dans des chaudières. S'il s'agit de fabriquer de la poix, on coupe la partie exploitée de l'arbre en petites buches minces, que l'on place, sous la forme de faisceaux et le plus perpendiculairement possible, dans un four construit exprès pour cet usage, et ouvert au sommet. Par cette ouverture, on met le feu à l'extrémité supérieure des buches; alors la résine, liquéfiée par la chaleur, est recueillie dans des canaux pratiqués à la base du four, et tombe dans un grand bassin de pierre. On l'en tire encore chaude, pour la verser dans des creux pratiqués en terre, où elle est réduite en masses nommées *bouillons*, et du poids de 18 à 20 kilogrammes. Cette fabrication dans les communes d'Usson, d'Apinac et d'Estivareille, peut s'élever à 700 quintaux métriques. La poix est exportée à Lyon; on l'emploie au goudronnage des bouteilles, des bateaux et même des vaisseaux. Mêlée à la poix de Bourgogne, elle sert à fabriquer de la térébenthine.

Il se tient, le jeudi de chaque semaine, à Saint-Bonnet-le-Château, un marché très-fréquenté pour la vente des bestiaux, et une foire le Jeudi-Saint.

Dès 1818, il y avait dans cette ville une école tenue par des Frères de la Doctrine-Chrétienne. Saint-Bonnet-le-Château, peuplé d'environ 2,200 âmes, est situé sur la route de la Loire au Puy, sans passer par Saint-Étienne; route construite pour établir une communication directe des arrondissements de Roanne et de Montbrison, avec le département de la Haute-Loire. Mais cette voie, à travers une suite non interrompue de montagnes, ne peut qu'être d'un entretien fort dispendieux.

La Loire, dans la partie du département que nous explorons, offre à l'observateur des accidents naturels ou des ouvrages de main d'homme pour la description desquels nous nous élancerons un moment bien au-delà du canton qui fait le sujet de ce chapitre. Le fleuve, en s'ouvrant un passage entre les ramifications de montagnes qui séparent la plaine de l'est de celle de l'ouest, traverse une gorge profonde et resserrée, que bordent des rochers forts escarpés, dans la composition desquels domine le granit primitif et le porphyre argileux. De ce resserrement et de la pente de son cours, portée jusqu'à près de 3 mètres au lieu dit *Le-Saut-du-Perron*, la Loire reçoit une impétuosité extrême. En voyant ses ondes blanchies et grondeuses, l'imagination, réalisant la fabuleuse personnification des fleuves, prête à celui-ci de la colère, excitée par ses gardiens de roc.

Or, Louis XIV, à qui ses courtisans faisaient rêver de grandes choses lorsqu'il n'en concevait pas, se laissa persuader qu'en faisant construire une digue de pierre dans la gorge que nous venons de décrire, il arrêterait le ravage des fortes crues, qu'on voit inonder tout-à-coup les opulentes contrées de l'Orléanais, de la Touraine et de l'Anjou. Les coffres de l'État furent ouverts, les travaux entrepris; la digue dite de *Pinay* s'éleva à travers le fleuve. Elle est longue de 80 mètres, et au milieu de sa longueur, on a ménagé une ouverture de 13 mètres pour le passage des eaux. La hauteur moyenne de ce massif, à partir de la retraite établie au niveau des moyennes eaux, est de 13 mètres en amont, et vers sa tête, elle est réduite à 8 mètres en aval, par suite des dégradations qu'a occasionnées une crue presque sans exemple, survenue en 1790. Car, en cette année, et comme si la nature eût été d'accord avec les peuples pour produire de grandes irruptions, les fleuves sortirent de leur lit, ainsi que les passions populaires de leur calme léthargique. Revenons à la digue de Pinay. Lorsqu'elle fut achevée, on ne manqua pas d'affirmer au Grand-Roi qu'il venait d'ajouter une étoile à sa couronne d'immortalité; il avait fait plus sur la Loire que Sésostris à l'isthme de Suez, lui dirent ses plus intrépides panégyristes. Malheureusement, l'expérience ne confirma point ce brillant éloge : le fleuve mutin continua d'envahir les plaines de son double littoral, et la fameuse digue fut reconnue complètement inutile. En effet, la Loire, encore peu considérable à l'endroit où cet obstacle lui est opposé, n'a jamais excédé 15 ou 16 mètres de hauteur, lors de ses plus grandes crues; élévation, qui, à raison du rétrécissement de son lit dans la gorge dont il s'agit, ne produirait certainement aucun débordement sensible dans les plaines immenses où ce fleuve porte ses eaux, si elles n'étaient grossies par les nombreux affluents qui s'y joignent.

Les piles de Saint-Maurice, sont les ruines d'un pont sur la Loire, dont il ne reste plus sur pied que deux piles, hautes d'environ 5 mètres, et une culée de la même hauteur. Elles sont de forme pentagone et fondées sur le roc vif. A l'inspection de ces ruines, on peut reconnaître que ce pont, jeté d'un rocher à l'autre, pour laisser un libre passage au fleuve, quel qu'en fût le gonflement, devait se composer de trois arches : la plus considérable se trouvait sur la rive droite, où passait sans doute le principal courant, à une époque reculée. Les eaux se sont portées depuis sur la rive opposée, entre la seconde pile et le rocher qui supporte la culée subsistante. On a voulu prêter une origine romaine *aux piles de Saint-Maurice*; mais elles n'ont point le caractère des constructions antiques. Le pont n'était pas cintré, et sans nul doute le dessus se composait de fortes pièces de bois. Si l'examen de la maçonnerie ne révélait pas ici le travail du IXe ou Xe siècle, la proximité d'un château situé sur un pic presque inaccessible, comme l'aire de l'aigle, donnerait lieu de penser que quelque baron, habitant de cette demeure aérienne, avait fait construire le pont pour grossir son revenu, en rançonnant les habitants de la contrée ou les voyageurs qui voulaient passer la Loire en cet endroit. Cette opinion est à peu près confirmée par l'existence d'une tour située assez près du pont, et qui devait avoir la double destination de favoriser le péage, et de défendre à cette hauteur le passage du fleuve. Le château n'offre plus que des ruines, auxquelles on parvient avec beaucoup de difficulté, tant le roc qui les supporte est escarpé et coupé de profondes déchirures. L'œil a beau chercher la trace d'un chemin plus commode ayant conduit à ce manoir féodal, il ne la retrouve point; et la pensée se refuse presque à croire que de nobles personnages aient pu choisir une pareille demeure. Là cependant le poète, assis sur un quartier de roche, restaure en idée ce nid crénelé, et lui rend les tours, les remparts, les herses, les ponts-levis, les vassaux bardés de fer qui, moins que sa situaton sourcilleuse, le défendaient à la fin du XIIe siècle. Sa chronique imaginaire admet dans ce châtel une baronne, belle, puissante de jeunesse, accablée de loisirs, pendant l'absence de son époux, qui suivit Philippe Auguste en Terre-Sainte. Au pied de la montagne, le fleuve fait entendre son murmure monotone; autour du donjon, les vents mugissent, et trop fidèle accompagnement de tristesse, mêlent leur voix, tantôt grondeuse, tantôt aiguë, aux soupirs redoublés de la dame délaissée. Et ces livres, alors si rares, que l'opulence du baron a pu réunir, la châtelaine porte sur leur couverture de velours, sur leurs fermoirs d'or, un regard mélancolique; mais ce qu'ils renferment est pour elle un mystère impénétrable..... Elle comprend qu'il y a là des émotions à recevoir, d'heureuses diversions à produire sur sa vie, comble d'ennuis; mais comment rompre le cachet de cette lettre close, que scella l'instruction; car elle ne sait pas lire, la noble dame.... Mais son page, ce tout jeune aspirant aux prouesses de la chevalerie, qui, en attendant que sonne pour lui l'heure de la gloire, verse l'eau de rose sur les mains de sa belle maîtresse, il est savant, il a étudié parmi les clercs; elle lui prescrira quelques lectures le soir, pour abréger les longues nuits de son veuvage.

Le jeune varlet a détaché les riches fermoirs; sa douce voix épanche à l'oreille de la châtelaine, les secrets recelés sous le velours d'un volume, qu'il a su choisir. La première lecture qu'il fait est celle d'un fabliau plein de situations énamourées : peut-être une touchante histoire d'Héloïse et d'Abailard, déjà tracée par quelque moine peu continent.

Et dans le rêve fantastique que nous supposons, la lecture continue chaque soir, pendant quelques semaines; puis le gentil page cesse de lire.... L'impressionnée baronne n'entend plus ni le murmure de la Loire, ni le triste sifflement des vents, ni la girouette criarde; ses soupirs ne bruissent plus dans l'oratoire; l'ennui est banni de sa demeure; les fleurs, naguère ternes et sans odeur, ont repris à ses yeux leurs vives couleurs : elles l'enivrent encore de leur suave parfum, et la nuit lui semble avoir retranché avec courtoisie, moitié au moins de sa durée. Mais n'oublions pas de rappeler à nos lecteurs, que ceci n'est qu'une débauche d'imagination, et recommandons leur de ne point attribuer à quelque dame de Saint-Maurice, la distraction rêvée par le poète. Nous devons à ces châtelaines plus de ménagements, car dès le xe siècle, les premiers seigneurs de Roanne sortirent du château dont nous venons d'explorer les ruines.

Nous ne quitterons pas cette partie des bords de la Loire, où nous ne reviendrons plus, sans constater qu'il y a quelques années, un paysan nommé Perraud, trouva dans la terre un pot renfermant une grande quantité de médailles d'or, dont la valeur pouvait s'élever à 30,000 francs. Ce trésor était enfoui près d'un fragment de pavage, se dirigeant vers le pont de Saint-Maurice. Nous avons dit plus haut, que ce pont n'a point le caractère des constructions antiques; mais il pouvait en exister un autre à la même place, durant la période gallo-romaine. Du reste, il est difficile de comprendre où pouvait aller la route qui traversait ce pont, et franchissait les rochers escarpés qu'offrent ici, les deux rives de la Loire. Quelques pièces des monnaie trouvées sur la commune de Saint-Maurice, portaient d'un côté une figure, de l'autre un cheval au galop; sous le ventre de cet animal, on voyait une urne, et au-dessus de lui un signe ressemblant à un *S* renversé, sans que la médaille offrît aucun caractère. Elle était de la dimension d'une pièce de 15 sous; mais beaucoup plus épaisse. Quoique ces médailles ne rappellent précisément aucune époque de la puissance romaine, il est peu probable qu'elles appartiennent aux siècles antérieurs; mais les Romains, maîtres de l'univers, avaient à leur disposition des monnaies de tous les pays, et celle qui nous occupe, pouvait appartenir à toute autre contrée que la Gaule, qui, du reste, n'a guère possédé de pièces d'or, qu'après la conquête de César.

Disons encore qu'à Saint-Maurice, on tire de l'extrémité des montagnes de l'ouest, une belle brèche siliceuse, couleur de vin, mêlée de vert, de bleu et de blanc; elle reçoit le plus beau poli. Cette matière repose sur une couche de pechstein nuancé des plus vives couleurs. La brèche de Saint-Maurice n'est encore employée qu'à construire des habitations rurales, et nous pouvons affirmer qu'elle serait digne d'orner l'intérieur des palais.

N'omettons pas de dire, que selon l'historien de la Mure, il y avait un autre pont romain à Piney, c'est-à-dire sur le lieu même où Louis XIV fit construire la digue mentionnée précédemment. C'est sans doute sur le témoignage de l'annaliste forézien, que fut écrite cette mention empruntée par M. Auguste Bernard à l'*Almanach de Lyon*, année 1760. « César y avait fait bâtir (à Piney) « un pont d'une seule arche, lorsqu'il voulut aller assiéger Gergovia, ville « d'Auvergne voisine de Clermont. Ce pont s'appelait Pigney, et a donné son « nom à la paroisse. Il servait à la communication du Beaujolais et de « l'Auvergne. Il s'écroula dans le XIVe siècle, et le seigneur de Saint-Marcel « de Felines (Torigny), obtint des comtes de Forez la permission d'y tenir « un bateau pour y suppléer [1]. »

A moins de concevoir une immense révolution physique postérieure au XIVe siècle, il est difficile de comprendre comment il a pu y avoir là une route; les deux rives de la Loire y sont très-escarpées : la rive gauche surtout, ne présente qu'un rocher fort élevé et coupé presque perpendiculairement. César joue encore ici un de ces rôles fabuleux que les écrivains crédules et les amateurs de merveilles ont cousu à sa vie héroïque; s'il exista un pont à Piney, il dût être construit pour les besoins des habitants, et la voie romaine, rêve des traditions successives, se réduisait peut-être, à quelque sentier pratiqué sur le flanc de la montagne.

---

[1] *Histoire du Forez*, par Auguste Bernard; t. Ier, p. 36.

Le paysagiste s'arrête et dresse son chevalet devant le *Château de la Roche*, situé sur un rocher qui s'avance dans la Loire, entre Saint-Maurice et Piney. Rien de fantastique comme cette étrange construction, autour de laquelle tourbillonne la Loire avec un bruit étourdissant : on dirait un palais bâti par quelque enchanteur, pour tenir captive une princesse rebelle à son amour. Mais on s'aperçut bien, lors de la crue de 1790, que le propriétaire de la Roche ne possédait point la baguette de Merlin; car son château faillit être emporté par les eaux folles qui l'entouraient jusqu'au niveau du premier étage; lui-même fut sauvé avec peine par des bateliers, qui, bravant des dangers imminents, vinrent avec une barque le prendre à une croisée.

Quittant enfin le cours de la Loire auquel nous venons de nous abandonner, remontons à l'ouest du canton de Saint-Bonnet, pour explorer la commune d'Usson, limitrophe du département de la Haute-Loire. La limite est marquée par un ruisseau situé au village nommé *Pont-Imperat* (*pons imperatoris*), dont nous avons fait mention précédemment. On voit dans ce village, le dé d'un piédestal sur lequel est sculpté en relief, un homme portant un agneau sur ses épaules. S'il faut ajouter foi à la version locale, ce monument fut érigé en mémoire d'une offrande que les habitants effrayés présentèrent à César, au-devant de qui ils s'étaient portés en suppliants. Toujours César pour expliquer les choses dont la trace authentique échappa à nos pères : cet illustre Romain vient, dans nos traditions complaisantes, trancher de sa puissante épée tous les nœuds gordiens de l'antiquité obscure. Convenons toutefois, que le bas-relief ci-dessus mentionné est bien antique. Usson, qui n'est plus qu'un village, paraît avoir été jadis une ville importante. Au rapport de Grégoire de Tours, il existait en ce lieu, un temple dédié par les Gaulois à la déesse *Vasso;* et l'on a prétendu que le nom corrompu de cette divinité, serait devenu celui de la ville. M. Duplessy, auteur de l'*Essai statistique sur le département de la Loire*, malgré l'autorité de Grégoire de Tours, admet la dénomination de *Vasso* comme celle d'un temple, non comme le nom d'une déesse; il cite, à l'appui de son opinion, un temple gaulois appelé *Vasso*, qui existait à Clermont. Nous ne prononcerons point entre l'écrivain du VIe siècle et celui du XIXe; la théogonie gauloise est d'ailleurs le sujet de trop de controverses pour que nous osions prononcer ici sur cette matière; mais il nous semble que l'historien qui écrivait à une époque où la civilisation gauloise était encore palpitante, doit en avoir retrouvé des traditions plus fraîches, conséquemment plus fidèles que celles dont nous sommes obligés aujourd'hui d'accepter le témoignage, après les longs débats de la science. En général, il faut se montrer sobres de démentis donnés aux annalistes contemporains, pour des faits qu'ils n'ont pas été intéressés à dénaturer ; il y a du moins dans leurs assertions, grande présomption de probabilité, et les sujets pour lesquels ils doivent inspirer de la défiance, se révèlent d'eux-mêmes.

Il existe encore à Usson une colonne de 2 mètres d'élévation, et portant une inscription presque fruste, mais qu'on a su déchiffrer assez, pour reconnaître l'intention dans laquelle elle fut élevée durant la période gallo-romaine. Ce monument était consacré par la reconnaissance des habitants à Maximinus et à son fils, Julius Verus, qui avaient rétabli leur temple, sans doute celui de Vasso, tombant de vétusté : *vetustate consumptum*.

Un particulier d'Usson, en faisant démolir quelques pans de muraille de l'ancien château, découvrit, il y a vingt-quatre à vingt-cinq ans, deux bustes en granit grossièrement sculptés, et une pierre en parallélogramme, sur laquelle se trouve un lion en relief. Peut-être ces deux morceaux, qui rappellent l'enfance de l'art, ont-ils servi à orner le temple susmentionné ; et l'on est tenté de croire, en les voyant, qu'ils appartiennent à la statuaire gauloise.

Usson, ainsi que Saint-Bonnet, ou plutôt *Castrum-Vari*, se trouvait sur la voie romaine dite d'Agrippa, dont nous avons indiqué précédemment la direction. Cette situation et les débris antiques trouvés en ce lieu ne permettent donc pas de douter que les Romains, et avant eux les Gaulois, aient eu un établissement considérable à Usson. Il est sans doute difficile aujourd'hui d'obtenir des notions exactes sur son importance, qui serait peut-être révélée par des fouilles convenablement dirigées.

On voit à Usson les restes d'un château féodal, apparemment bâti sur les ruines d'une construction romaine, ainsi qu'on peut le présumer après la découverte des sculptures antiques décrites ci-dessus. Mais nous n'avons retrouvé aucune trace des fastes dont ce château put être le théâtre durant le moyen-âge. Car il faut bien se garder de confondre *Usson* (Loire), avec la forteresse du même nom située en Auvergne, et dans laquelle Marguerite de Valois, première femme de Henri IV, fut enfermée quelque temps, et exerça sur ses geôliers mêmes les enchantements de l'amour. Nous aurons occasion d'en parler à propos d'un seigneur du Forez, qui fut un instant le Renaud de cette autre Armide.

Les cantons de *Saint-Rambert* et de *Saint-Jean-Soleymieux*, s'étendent parallèlement, le premier sur les deux rives de la Loire, le second sur la limite ouest du département, qui touche au Puy-de-Dôme. Nous allons d'abord explorer le canton de Saint-Rambert. Le chef-lieu, situé sur la rive gauche de la Loire, à 3 lieues sud-est de Montbrison, est une ville dont l'origine paraît remonter aux temps antiques. Anne d'Urfé, dans sa *Description du*

Forez, en parle ainsi : « Son église montre une grande antiquité, et crois « qu'avant qu'il eût pleu à Dieu planter sa foi en ce païs, que c'estait un temple « des Dieux gentils, se voyant en une pierre près de la porte une Cerez inscul- « pée qui se montre fort antique. » Voici ce qu'un historien moderne, M. Bernard, ajoute pour confirmer l'opinion du gentilhomme forézien : « Ce lieu se nommait autrefois *Occianum*, et le prieuré, devenu l'église paroissiale, fut très-anciennement, dit-on, dédié à Saint-André, par Saint-Rambert, évêque ou archevêque. » Quoiqu'il en soit, cette église est très-ancienne, et l'on croit même qu'elle fut construite, ainsi que son cloître, sur les ruines de quelque édifice romain. Avant d'entrer dans le temple, se présentent, à gauche, des inscriptions tellement frustes, que le seul nom qu'on en puisse déchiffrer est celui d'*Albano*. Sur les côtés d'un portique des temps modernes et sans caractère, on aperçoit, à 40 pieds de hauteur, des médaillons de pierre noire, incrustés dans la muraille, et dont le style indique l'enfance de l'art; mais il est difficile de reconnaître ce que le sculpteur a voulu représenter. Nous croyons pourtant que d'Urfé s'est trompé, lorsqu'il a cru distinguer ici une Cérès; il nous paraît plus probable que l'artiste, ou si l'on veut l'ouvrier, de l'École romane sans doute, a eu en vue quelque sujet chrétien; car en examinant bien le médaillon de droite, on distingue des personnages ayant les mains jointes et priant devant une sorte de temple, malheureusement figuré. Sur la pierre incrustée à gauche, plusieurs personnes sont groupées, et l'une d'elles a la tête surmontée d'une auréole. Au-dessus de ces sculptures informes, règnent deux arcades, soutenues par des colonnes, dont l'un des chapiteaux offre des palmes grossièrement faites, l'autre des hommes portant des animaux sur leurs épaules. Or, on sait que vers le VIIe ou le VIIIe siècle, et avant toute combinaison bysantine, les colonnes étaient couronnées par de semblables ornements, dont l'École orientale sut ensuite s'emparer pour les perfectionner et les enrichir, en agençant, d'une manière bizarre mais ingénieuse, des animaux ou des personnes avec l'ornementation végétale.

L'église, divisée en trois nefs sans transepts, confirme selon nous l'origine romane de l'édifice : la nef principale est séparée des collatéraux par des piliers carrés et trapus, recevant les retombées d'une voûte en plein cintre. Cependant on trouve dans cet intérieur, des travaux beaucoup moins anciens : l'ogive gothique se présente à l'entrée de l'une des chapelles, avec une archivolte composée d'anges, groupés deux à deux et d'un travail fort délicat. Cette archivolte, qui caractérise bien le style du XVe siècle, est due, selon M. Auguste Bernard, à Jean de Bourbon, bâtard de Jean Ier, comte de Forez. Ce bâtard fut en même temps évêque du Puy, seigneur d'Argental, abbé de Cluny et prieur de Saint-Rambert : ce qui prouve que l'amour sait parfois s'entendre avec la fortune pour favoriser ses enfants. Jean de Bourbon, après avoir fait élever les murailles de Montverdun et refusé l'archevêché de Lyon, dit le même historien, se retira dans le prieuré de Saint-Rambert; et ce fut sans doute à cette époque, c'est-à-dire de 1475 à 1485, qu'il fit construire la chapelle gothique mentionnée ci-dessus. Dans cet intervalle, le gouvernement du Forez lui avait été confié par Jean II; il profita de son pouvoir pour faire réparer tous les bâtiments du prieuré, et procura à cette maison tout ce qu'elle pouvait obtenir de priviléges et d'immunités : c'était bien le moins qu'il pût faire. Ce Jean de Bourbon datait ordinairement ses actes, de sa chambre de Saint-Rambert.

Autrefois, les reliques de Saint Rambert attiraient dans la ville un grand nombre de voyageurs; elles y avaient été transportées sous le comte Widelin, vers la fin du XI° siècle. Le Laboureur raconte avec sa candeur ordinaire comment, selon l'opinion populaire, qu'il paraît partager, ce transport fut effectué. « Un homme qui honorait particulièrement ce bienheureux, dit le naïf historien, le vit apparaître plusieurs fois devant lui, et à chacune de ces apparitions, il lui témoignait le désir que son corps fût transféré au monastère de Saint-André, dans le comté de Forez. Déterminé par ces sollicitations d'outre-tombe, ce brave homme chargea les reliques sur ses épaules, chemina péniblement sous ce faix précieux, et arriva à Iseron, que le comte habitait alors. Widelin, ayant rencontré à la chasse ce singulier porte-balle, l'interrogea lui-même ayant appris le sujet de son voyage, il ordonna à ses veneurs et aux gentils-hommes qui l'accompagnaient, de former avec lui un dévotieux cortége au voyageur chargé des dépouilles de Saint Rambert, père temporel du prieuré de Saint-André. Il fallait traverser la Loire, ajoutent les traditions mystiques du pays; alors on vit se renouveler le passage miraculeux de la Mer Rouge : les eaux du fleuve s'arrêtèrent pour offrir une route solide à cette foule pieuse. »

« La ville de Saint-Rambert, dit encore Anne d'Urfé, dans sa *Description*
« *du Forez*, appartient en toute justice au prieur, qui est (au temps où il écri-
« vait) messire Jehan-Meliet de la Besserie, comte et prévost de Saint-Jehan
» de Lyon; lequel, au lieu des religieux qui y soulloyent être, y entretient des
« chanoines, ayant se prieuré esté secullarisé avec l'abaye de l'Isle-Barbe, dont
« il dépend. »

Saint Rambert eut à souffrir des guerres religieuses : en 1589, le baron de Saint-Vidal, chef ligueur dont nous avons souvent parlé dans la précédente section, occupa un moment cette ville, durant un voyage qu'il fit à Lyon, afin d'obtenir un secours pour résister au royaliste de Chaste. Dans la même année, le marquis d'Urfé [1], autre ligueur, non moins puissant dans le Forez que Saint-Vidal en Velay, se concentra à Saint-Rambert, avec six cents arquebusiers et cinquante lances ; tandis qu'un régiment commandé par le sieur Disimieu, était cantonné tout près de là. Ce fut de ce lieu que ces forces ligueuses, sous les ordres du marquis d'Urfé et du seigneur de Saint-Chamond, partirent pour aller dégager Saint-Vidal, alors assiégé dans Monistrol, par de Chaste, son plus redoutable ennemi. Les partisans de l'Union tenaient beaucoup à conserver Saint-Rambert, à cause du pont sur la Loire qui existait en ce lieu, et qui pouvait à toute heure donner passage aux royalistes de l'Auvergne. Mais cette ville était peu disposée à seconder ce parti : Anne d'Urfé en convient lui-même : « Nous fîmes entrer (1590), audit lieu, 150 arquebusiers, « dit-il, dans sa *Description du Forez*, pour ce que c'estait le lieu qui nous estait « le plus suspect, et duquel nos ennemis faisoyent grand estat, et qui n'avoit « jamais aussi vollu recevoir garnison dudit sieur d'Urfé. »

Saint-Rambert était une des cités principales du Forez qui envoyaient des députés aux assemblées des États du pays, et dépendait du baillage de Montbrison. C'est dans le petit port de ce lieu que sont les chantiers où l'on construit tous les bateaux qui descendent à Roanne chargés de houille ; principal et presque unique objet de la navigation sur la Loire, jusqu'à cette dernière ville. On sait que les charbons arrivent au bord du fleuve par un chemin de fer. Les bateaux sont en bois de sapin ; leur longueur de quille est de 23 mètres, à la surface 27 ; leur largeur, au milieu, est de 4 mètres hors œuvre, de 2 mètres 95 centimètres, à l'un des bouts, et de 1 mètre 85 centimètres, à l'autre bout ; leur hauteur n'excède jamais 1 mètre 10 centimètres. La charge de ces bateaux jusqu'à Roanne, en charbon *menu*, est de 8 à 10 voies ; ils chargent de 12 à 16 voies en grosse houille ou *perat*. Le poids moyen de cette charge est de 200 quintaux métriques. Ainsi, admettons que le nombre moyen des bateaux qui descendent de Saint-Rambert à Roanne, soit de 2,000, il y aura une exportation annuelle de 400,000 quintaux métriques. Lorsque les chargements sont arrivés à Roanne, la Loire devenant plus profonde, ils sont augmentés dans la proportion d'un tiers, quelquefois plus, suivant la hauteur des eaux. Or, cette opération laissant à vide un certain nombre de bateaux (environ 300 par année), ils sont employés à transporter dans les département du Nord et de l'Ouest ; les vins du Roannais et les marchandises expédiées du midi, dont Roanne est l'entrepôt. Nous reviendrons sur ce sujet.

---

(1). Anne d'Urfé, auteur de la *Description du Forez*.

Ici, se reproduit naturellement la mention des projets dès long-temps formés, pour rendre la Loire navigable au-dessus de Saint-Rambert, jusqu'à Monistrol, Haute-Loire. On sera peut-être étonné d'apprendre que la dépense, à partir de Saint-Paul en Cornillon, c'est-à-dire sur une longeur de 17,789 mètres, hérissée de rochers, n'excéderait pas 180,000 francs; et de Saint-Paul à Monistrol, elle serait beaucoup moins forte. Nous avons mentionné, dans la première section, les soumissions faites au directeur-général des ponts-et-chaussés, pour ces travaux, et qui n'ont pas eu de suite.

A la fin du XVIe siècle, la Loire n'était encore navigable que jusqu'à Roanne; en 1572, le duc d'Anjou, depuis Henri III, alors lieutenant-général du roi aux pays de Bourbonnais et d'Auvergne et comte de Forez, se montra très-disposé à favoriser le projet de rendre le fleuve accessible aux bateaux jusqu'à Saint-Rambert, pourvu toutefois, que le pays supportât la dépense devant résulter de ces travaux. Les États imposèrent à cet effet, les vingt-sept villes du Forez; la somme de 5,000 livres fut perçue; le roi Charles IX, de sombre mémoire, en autorisa l'emploi par ordonnance du 15 août 1572... neuf jours avant la Saint-Barthélemy. Que devint cet argent ? hélas! peut-être fut-il employé à soudoyer les assassins de quelques-uns des contribuables qui l'avaient versé.

Ce ne fut qu'en 1705, qu'on revint au projet de rendre la Loire navigable jusqu'au pont de Saint-Rambert : alors seulement, la compagnie *Gardette* commença les travaux, qui s'exécutèrent lentement et d'une manière fort imparfaite, ainsi que nous l'avons fait voir précédemment. Quant à la continuation des ouvrages de canalisation du fleuve, praticables non-seulement jusqu'à Monistrol, mais jusqu'à Retournac, tout porte à croire qu'elle ne s'effectuera pas de long-temps, et que le département de la Haute-Loire restera ainsi privé d'un accroissement de ressources aussi précieux qu'assuré. *Voyez p. 154.*

Saint-Rambert est une assez jolie petite ville, que l'industrie signalée ci-dessus rend fort vivante : l'aisance de ses habitants y entretient un luxe qui, comme dans bon nombre de localités, trompe peut-être le jugement de l'observateur sur la fortune de quelques particuliers; et la vivacité du plaisir, dans les jours de fête, est égale à celle du travail des chantiers pendant la semaine. La population de ce chef-lieu de canton dépasse 3,000 âmes.

Les environs de Saint-Rambert sont bien cultivés et productifs : c'est une des parties les plus fertiles de l'arrondissement, en grains, en fourrages et en chanvre; on y récolte aussi du vin; mais il rendrait la piquette de Surène orgueilleuse. Cette contrée abonde en points de vue riants et heureusement coupés de bosquets, de ruisseaux limpides, de roches aux chaudes nuances, aux formes fantastiques. Et si quelque chariot traîné par un attelage de bœufs, qu'aiguillonne un jeune paysan vient à glisser sur ce paysage, près d'une jeune forézienne au teint coloré, vous croyez voir s'animer la délicieuse composition de Léopold Robert, aux physionomies romaines près.

Le village de *Saint-Romain-le-Puy*, canton de Saint-Rambert, tient son nom d'une butte volcanique, formée d'une masse de basalte de figure conique assez aiguë, et qui s'élève sur un sol entièrement uni. Son escarpement dans tous les sens est tel que, pour la gravir, on est obligé de décrire une ligne spirale. Un ancien couvent de bénédictins occupe le sommet de ce cône ardu, et le bourg ne se recommande guère que par cet ancien prieuré. Anne d'Urfé, dans sa *Description du Forez*, a parlé de cette maison d'une étrange manière, qu'il ne nous appartient pas d'interpréter : « Dans le silence des historiens à ce sujet, pour « ne déplaire à personne, dit le gentilhomme forézien, je ne dirai rien davantage « de ce prieuré, outre qu'il est tellement en litige, que je ne saurais véritable- « ment qui en nommer prieur. Il dépend de l'abbaye d'Aynay. » Quelque mystère que cèle cette phrase ambiguë, il est certain que l'église de Saint-Romain-le-Puy est très-ancienne; mais entièrement défigurée par les reconstructions et par les badigeons successifs superposés sur les murailles, comme pour effacer plus sûrement la physionomie caractéristique du monument, il est impossible aujourd'hui de lui assigner un âge. On voit, incrustés dans la muraille extérieure, une suite de médaillons ayant quelque rapport avec ceux du prieuré de Saint-Rambert; ils ont été maçonnées tous à la même hauteur, et forment comme une bordure. Le style de ces sculptures, la présence d'une sorte d'*Ibis*, représenté sur plusieurs, enfin, la figure de deux hommes qui semblent adorer un serpent, prêtent à ces morceaux un aspect égyptien, qui viendrait à l'appui de l'opinion émise par divers antiquaires touchant le culte d'*Isis* dans les Gaules, avant la conquête romaine. Cette opinion, sur laquelle nous ne hasarderons aucune réflexion, n'a peut-être pas été suffisamment réfutée pour donner raison à ceux qui ne la partagent pas; il est évident au moins que ces derniers n'ont jamais fourni un argument aussi concluant que la presque identité des rites, des coutumes, surtout de l'influence des druides, avec le sacerdoce souverain de Thèbes et de Memphis.

Sury-le-Comtal, petite ville située sur la route de Montbrison à Saint-Étienne, et du canton de Saint-Rambert, fut autrefois la résidence des comtes de Forez. Le château que ces seigneurs habitaient est d'une construction antérieure au xe siècle, puisqu'à cette époque reculée, il était déjà en leur possession. Il va sans dire que des réparations successives ont été faites à ce monument, et lui ont imprimé le caractère indéterminé de tous les édifices auxquels plusieurs siècles attachèrent les marques de leurs goûts divers. « On voit « encore debout la maison des comtes de Forez, dit Anne d'Urfé, dans la « description déjà citée, qui a marque d'avoir été belle, et en laquelle il y « a de forts beaux tuyaux de cheminée [1]. » Devenu propriété de la couronne, après la réunion du Forez, ce château fut donné par Henri IV, à Gabrielle d'Allonville, dame de Saint-Cyr et de Quincampoix, en échange de l'hôtel du *Cheval-Blanc*, à Fontainebleau, qui fut depuis enclavé dans l'enceinte de cette résidence royale. On sait que ce fut dans la cour dite du *Cheval-Blanc*, que Napoléon prit congé en 1815, de sa vaillante garde : adieux touchants dont notre Horace Vernet a consacré le souvenir par un tableau digne du sujet. Le château de Sury-le-Comtal passa depuis dans la maison de Sourdis, et devint plus tard la propriété de la famille de Rochebaron. On raconte, sans préciser l'époque, qu'un des membres de cette dernière famille, faisant exécuter une réparation, découvrit dans un mur fort épais, un trésor de 600,000 francs. L'édifice qui nous occupe est un des mieux conservés de la province, et c'est l'ancienne chapelle du château qui sert d'église paroissiale à la ville.

M. Duplessy, dans son *Essai statistique*, avance que, du séjour des comtes

---

[1] Les architectes de l'école gothique s'attachaient d'affection à ce genre d'ornement dans la construction des édifices civils; la renaissance l'adopta et enchérit peut-être sur l'élégance des cheminées. On peut expliquer ce luxe du ciseau guindé sur les toits : outre que la vanité des sculpteurs pouvait ainsi faire admirer de loin leurs œuvres, les cheminées sont toujours une partie de l'édifice si peu gracieuse, qu'après avoir essayé vainement de la cacher, les architectes ont dû s'attacher à l'embellir.

de Forez, cette localité tint son nom de *Sury-le-Comtal*. Anne d'Urfé avait écrit précédemment : « Suri-le-Contal, ayant pris son nom du petit ruisseau « qui passe au dessoubz, a aussy pris un surnom des ognons, pour les beaux « qui y viennent et en estresme cantité. Il y a un prieuré assez beau dont est « prieur Baltazar de Rostaing, qui tient aussi le prieuré de Pommiers. »

Nous aurions à reproduire ici les occupations alternatives de cette ville par les royalistes et les ligueurs, durant les guerres de religion; et ces redites, à peu près identiques, reviendraient dans notre récit aussi souvent que nous aborderions une ville de l'ancien Forez : nous abrégerons ces mentions, et quant à Sury, nous citerons seulement le passage suivant de la *Description* d'Anne d'Urfé : « Ceste ville fust batue et prise sur messire Honoré d'Urfé [1], « à présent comte de Chasteauneuf et baron de Chasteaumorand, chevalier de « l'Ordre du roi, et capitaine de cinquante hommes d'armes des ordonnances, « qui l'avait quelque peu auparavant pour le service du roi; par monseigneur « le duc de Nemours, pour n'avoir le dit d Urfé, eu loisir de la fortifier. »

« Sury-le-Comtal, dit M. Duplessy, déchue de son rang primitif, tend incessamment à y remonter; sa population augmente sensiblement, et l'activité de ses habitants fait espérer qu'elle deviendra un jour plus importante. » La remarque de cet écrivain est si juste que, depuis 1818, époque à laquelle il écrivait, le nombre des habitants, qui n'était alors que de 1,900, dont 1,200 seulement *intra muros*, s'élève aujourd'hui à 2,500 au moins. Le pays agricole au centre duquel se trouve Sury, donne de l'importance au marché qui s'y tient le mercredi, pour la vente des grains. Le commerce de la chaux se fait en grand sur cette localité : à une époque où toutes les dénominations héraldiques furent proscrites avec celles empruntées à la légende, on substitua ici le nom de *Sury-la-Chaux* à celui de *Sury-le-Comtal;* et l'on peut présumer que cette substitution fit improviser de beaux mouvements d'éloquence populaire dans le club du lieu.

A Sury, l'instruction des enfants pauvres est confiée à des Sœurs de la congrégation de Saint-Joseph.

Saint-Marcellin, dernière commune du canton de Saint-Rambert dont nous ayons à nous occuper, a joué, comme tant d'autres localités, son rôle dans les guerres de la ligue, et même ce ne fut point un rôle passif ; on lit dans l'*Histoire du Forez*, par M. Bernard : « Il paraît qu'il y avait encore quelques débris de la religion protestante en 1641, puisque les habitants de Saint-Marcellin obtinrent qu'on n'en pratiquerait pas les cérémonies dans *l'enceinte*

---

[1] Auteur du roman *d'Astrée*.

de leur ville. Aujourd'hui, Saint-Marcellin a peu conservé l'apparence urbaine dont les habitants se targuaient alors un peu orgueilleusement, ce nous semble : c'est un bourg situé sur la route de Montbrison au Puy ; et sa population, qui était en 1818, de 1,600 âmes, ne nous a pas paru sensiblement augmentée. Il se prononce en ce lieu peu de mouvement industriel ; mais les environs nous ont paru assez bien cultivés. »

Nous avons dit que le canton de *Saint-Jean-Soleymieux* touchait à l'ouest, au département du Puy-de-Dôme ; il confine au nord le canton de Montbrison. Saint-Jean est situé dans les montagnes, sur la rive gauche de la Loire, et non loin du lieu où la *Mare* prend sa source. C'est un bourg peu considérable, où l'histoire ne dut jamais avoir la plus brève mention à recueillir. Les habitants arrachent péniblement à un sol ingrat, les éléments d'une existence souffreteuse ; et sur quel point du globe, la pauvreté eut-elle jamais des fastes ?

Nous n'aurions rien à dire de la commune de *Saint-Thomas*, canton de Saint-Jean-Soleymieux, si nous ne devions pas un salut, en passant, au *Château de la Garde*, qui fut possédé par l'illustre maréchal de Villars, le sauveur de la France, à Denain. On a dit que ce savant homme de guerre, après avoir épargné à Louis XIV les effets du ressentiment que nourrissait le prince Eugène, qu'il avait humilié, vint plus d'une fois à la Garde, s'affliger sur ses services non moins oubliés qu'ils avaient été éclatants. Louis XIV eut de commun avec Napoléon, une faiblesse qui fut souvent celle des grands hommes : il se montrait jaloux de ceux dont le génie s'élevait au niveau de sa renommée. Jamais ce monarque ne pardonna à Louvois d'avoir déplacé, au siége de Mons, un petit escadron de cavalerie qu'il s'était plû à placer lui-même. Sa Majesté, sur l'avis de ses flatteurs, regardait cette espèce de patrouille comme le véhicule assuré du succès ; et Mons ayant été pris sans le secours du petit escadron, le ministre dut être un grand coupable, et la victoire même eut tort... La grandeur a ses infirmités. Il existait autrefois à *Lavieu*, commune du canton de Saint-Jean-Soleymieux, un château appartenant à la famille du même nom, l'une des plus anciennes et des plus illustres de la province ; car l'aîné de la maison portait, dès le xe siècle, le titre de *vicomte du Forez*. Le jurisconsulte Papon raconte qu'un certain comte, qu'il ne désigne pas autrement, s'étant épris d'une fougueuse passion pour la vicomtesse de Lavieu, lui rendit un matin visite en l'absence de son mari. Trouvant le moment favorable pour mettre à exécution le plus méchant des desseins, et ne pouvant obtenir de la dame, par les prières, le déshonneur du vicomte, ce brutal assaillant employa la violence... le lit conjugal des seigneurs de Lavieu fut souillé. A son retour au château, le vicomte trouva sa femme pâle, échevelée, fondant en larmes; le désordre où elle se trouvait, autant que ses aveux entrecoupés de sanglots, apprirent à l'époux outragé, ce qui s'était passé; elle se jeta à ses pieds en se tordant les bras, et lui demanda instamment la mort. Le noble sire, attendri, consola la châtelaine; il lui dit avec bonté qu'elle était innocente du crime que le coupable seul devait expier.

Lavieu, laissant la vicomtesse à ses femmes, se rendit immédiatement au château du criminel; il y entra librement, parce qu'il était familier avec lui, et personne ne s'opposa à ce qu'il pénétrât jusqu'à sa chambre. Le comte, après son attentat, s'était couché et endormi profondément. Il passa de ce somme instantané au sommeil éternel; car le vicomte, après avoir jeté les couvertures au pied du lit, et épié un moment le battement du cœur de son indigne ami, lui enfonça sa dague dans le sein, jusqu'à la poignée. Le comte poussa un soupir de réveil... un soupir de mort, et Lavieu s'éloigna froidement.

Ici, les traditions cessent d'être d'accord : les unes disent que le vicomte, ayant fait tenir un cheval prêt à la porte du château, sauta dessus, et se sauva sain et sauf à l'étranger; les autres rapportent que les domestiques du comte de Forez, ayant découvert le crime, coururent après Lavieu et le tuèrent, au lieu appelé *la Barrière*[1]. Ce meurtre, commis sur un personnage aussi éminent, entraîna la confiscation de la vicomté de Lavieu; et comme elle eut lieu à peu près à l'époque où finit la première race des comtes de Forez, c'est-à-dire vers 1107, tout porte à croire que l'assassin était Gauzeran de Lavieu, et la victime Guillaume IV, dit *le Jeune*.

La famille Lavieu était liée de parenté avec les d'Urfé, ce qui, selon De la Mure, est prouvé en ce que les écussons des deux maisons sont précisément la contre-partie l'un de l'autre. En 1408, ce lien fut encore resserré par le mariage de Jean d'Urfé avec Éléonore de Lavieu. Le château du lieu, dont l'origine est fort obscure, fut démoli en 1611, en même temps que beaucoup d'autres demeures féodales du Forez. Il n'est pas bien certain que cette destruction de forteresses, ait été l'effet des intentions spontanées de leurs possesseurs ; Marie de Médicis, avant son mariage avait observé, de la cour Florentine, les embarras que tant de châteaux avaient suscités à Henri IV; et les grands vassaux du midi de la France ne lui semblaient ni assez soumis, ni assez fidèles à la couronne, pour qu'il fût prudent de laisser sur les montagnes de l'Auvergne, du Velay et du Forez, ces vieux créneaux qui pouvaient

---

(1) *Commentaires de la Coutume du Bourbonnais*, paragraphe 386.

encore s'armer de canons contre la monarchie. Tout esprit attentif pouvait prévoir que la haute noblesse n'attendait qu'une occasion favorable, pour étendre de nouveau sur la France le réseau de fer d'une ambitieuse féodalité : elle n'en eut pas le temps ; Richelieu parut, et fit surgir des plis de sa pourpre, le glaive sous lequel tombèrent les têtes de l'hydre qui menaçait le pouvoir de Louis XIII, ou plutôt le sien. Les mêmes prétentions se renouvelèrent sous une autre régence, dont un éventail était le sceptre et des guirlandes de myrte l'attribut trop apparent; Mazarin, plus heureux que son illustre prédécesseur, ne frappa point : il *enjôla*, et la fronde finit.

Le canton de *Montbrison*, ainsi que nous l'avons dit précédemment, confine au nord, celui de Saint-Jean-Soleymieux; la ville, qui en est le chef-lieu, est aussi celui du département. Avant de nous en occuper, nous devons parler de *Moingt*, dont l'importance paraît beaucoup plus ancienne, mais qui, par suite du déclin de toutes les choses de la terre, après une période de splendeur plus ou moins longue, est devenu un faubourg à peu près rural de Montbrison. Moingt, cité par Ptolomée et marqué par Peutinger, est aussi indiqué dans la carte du géographe Sanson-d'Abbeville, sous le nom de *Mediolanum segusianorum :* nom que les Gaulois, conquérants de l'Italie, sous la conduite de Ségovèse, avaient donné jadis à la ville de Milan qu'ils venaient de fonder. Les Romains, qui rebâtirent Moingt, l'appelèrent *Mediodunum* [1]. Toutefois, cette ville a été connue aussi sous d'autres noms : il paraît certain qu'elle s'est appelée *Medonium* ou *Modonium*, et c'est ainsi qu'elle est désignée dans l'inscription placée dans le chœur de l'église Notre-Dame, à Montbrison.

Tout atteste que cette ancienne cité, gauloise d'abord, gallo-romaine ensuite, était considérable. Les fondations et les débris qu'on y a découverts, ceux qu'on découvre encore tous les jours, ne laissent aucun doute à cet égard. A peu de profondeur, des fouilles ont produit, à diverses époques, et sur un espace étendu, des fragments de corniches en marbre blanc et noir, des porphyres, des morceaux de granit plus ou moins bien sculptés. Dans les champs, dans les jardins, pour peu qu'on entr'ouvre la terre, il n'est pas rare d'extraire des débris de colonnes ou de frises, des médailles d'empereurs romains : de ceux surtout qui ont régné dans les premiers siècles de l'empire [2]. Il est à

---

(1) Les Romains avaient l'usage de terminer les noms de leurs villes par *dum*, quand la principale situation en était au levant : c'est ainsi qu'ils nommèrent Lyon *Lugdunum*, et Autun, établie par Auguste *Augustodunum*.

(2) M. Plaisançon père, de Montbrison, amateur de la numismatique romaine, avait réuni une quantité considérable de médailles découvertes à Moingt et aux environs.

remarquer aussi que les noms de quelques hameaux voisins dérivent de dénominations romaines : là peut-être furent les maisons de plaisance qu'habitaient, dans la belle saison, ces grands personnages que Rome, dominatrice des Gaules, avait jetés dans cette vaste province, pour y vivre des amples moissons de la conquête : ainsi, Cursieux ne viendrait-il pas de *Curtius*, Flavieu de *Flavius*, Pothémieu de *Posthumius*, Rufieu de *Rufius* ?

On doit considérer comme romains les restes d'un vaste monument situé au couchant de Moingt, sur un côteau élevé, et que l'on appelle vulgairement le *Palais-Sarrasin*. Il ne faut jamais se hâter de repousser avec mépris les traditions populaires : il est rare qu'elles n'aient pas pour première base une donnée véridique. Par exemple, cet édifice, connu très-anciennement dans les chartes sous le nom de *Palatium-Vetus* (Vieux-Palais), fut sans doute occupé par les Sarrasins, lors de leur invasion dans le Forez : le général de ces conquérants put s'y loger; ou peut-être y établirent-ils le chef-lieu d'une juridiction. Mais tout porte à croire qu'ils ne bâtirent point ce palais; ces peuples détruisaient beaucoup et n'édifiaient guère. On pourrait faire rapporter plus vraisemblablement à l'occupation sarrasine les pièces de monnaie, mal frappées et de forme circulaire, que l'on a trouvées sous une pierre oblongue, à la partie supérieure de ces ruines. Ces médailles sont faites d'une combinaison de cuivre, d'antimoine et de plomb; des figures informes y sont gravées, et leur imperfection est telle, qu'outre le défaut de ressemblance avec les médailles romaines, on ne peut les attribuer à aucun temps de la civilisation avancée où Rome était parvenue quand elle devint métropole des Gaules. Sans doute, en appréciant l'apparence hiéroglyphique des signes que portent ces pièces, on serait tenté de les considérer comme appartenant à la période *isiaque gauloise*, dont l'existence n'est presque plus contestée; mais il est plus naturel de penser que les prétendus signes hiéroglyphiques, qui ont pu faire prendre le change sur ces monnaies, n'étaient autre chose que des caractères arabes.

Les murailles, formant les parties occidentale et méridionale du palais sarrasin, restent debout à une hauteur considérable; elles sont soutenues à l'extérieur par des pilastres carrés. Le diamètre du monument est de quarante mètres. Près de là est une église que la tradition et De la Mure après elle, font remonter aux temps antiques, et que l'on prétend bâtie sur les ruines d'un temple de Cérès. Les vieillards du pays affirment qu'en 1789, on voyait encore, sculptée au fronton de cette église, une faulx; et l'historien que nous venons de citer, assure qu'elle y était antérieurement à la fondation de l'ère chrétienne, comme souvenir du culte qui avait été voué en ce lieu à la déesse des moissons. A l'église, abandonnée aujourd'hui, tiennent des débris de muraille de la même construction que le palais sarrasin, dont le temple pouvait être une annexe : ce qui tendrait à le prouver, c'est que la même église et les bâtiments y attenant s'appelaient très-anciennement *Domus-Palatii* (Maison-du-Palais). Un témoignage plus convainquant encore, c'est que toutes ces ruines offrent le même système de bâtisse : de petites pierres carrées, ayant 3 à 4 pouces de hauteur sur 6 de largeur. Avant qu'on eût adossé à la *Maison-du-Palais* le logement d'un ancien aumônier, on voyait au mur un ciment jaunâtre, indiquant la naissance de trois voûtes latérales, dont la dernière à l'est avait été surmontée d'un second cintre, à la distance de deux mètres du premier. Enfin, toutes les traditions rapportent que de vastes souterreins, maintenant bouchés, conduisaient du palais au temple de Cérès. Ajoutons que dans les environs de l'église, on découvre des débris de murailles, de conduits, de fontaines, etc. M. Auguste Bernard fait remarquer que l'étymologie de l'ancien nom de Moingt, *Medio* (au centre) pourrait faire présumer que les Romains, ayant trouvé *Forum* (Feurs) trop peu central, depuis que son ressort avait été démembré par la ville de Lyon, ces dominateurs auraient établi à *Mediodunum* une justice spéciale, pour l'exercice de laquelle auraient été construits le palais qui nous occupe et ses dépendances. « Pourtant, ajoute le même historien, la forme de ce bâtiment ne semble pas autoriser cette opinion : en se plaçant sur le seuil d'une espèce de porte, à laquelle on parvient au moyen d'un massif qui semble être le reste d'un escalier, on peut suivre des yeux les traces d'une vaste circonférence, qui aurait bien pu être consacrée aux spectacles du cirque [1]. »

Quoiqu'il en soit, Moingt, grande ville antique, quoique désignée par Ptolomée, serait peut-être tombée tout-à-fait dans l'oubli, si elle ne se fût pas trouvée sur la *Via Bolena*. Du Lac est l'écrivain qui s'étend le plus sur cette importante cité : « Là, sans doute, dit-il, était la demeure d'un « proconsul; là, sans doute, étaient déposés les tributs de la province. » Cet historien ajoute : « Les courtisans avaient bâti des maisons de cam- « pagne dans les environs ; » et cette assertion vient à l'appui de l'opinion que nous avions émise plus haut sur les noms de ces romains opulents, attachés aux localités et corrompus dans la suite des siècles.

Moingt conserva long-temps, dans le cours du moyen-âge, une sorte de reflet de son antique splendeur : le mandement de cette ville s'étendait jusqu'à la rivière de Vizezi; l'église de Notre-Dame, la plus importante de

---

(1) *Histoire du Forez*; t. 1er, p. 76 et suivante.

Montbrison, fut bâtie sur la paroisse de *Moingt-Bourg*; et sur cette même localité, furent établies les rentes accordées aux chanoines de ce chapitre, qui, comme seigneurs de Moingt, avaient le siége de leur justice dans ce village. Tout cela est constaté par des chartes et inscriptions. De plus, l'église collégiale de Notre-Dame, devant en cette qualité s'abstenir des cérémonies attribuées aux églises paroissiales, les habitants de Montbrison logés dans les quartiers de l'Hôpital et de la Pêcherie, devaient, pour les offices, baptêmes, mariages, enterrements et autres devoirs religieux, se rendre à l'église de Saint-Julien ez Moingt. Depuis, cet usage, fort laborieux durant la mauvaise saison, surtout pour les cérémonies funèbres, a été supprimé, et la chapelle Sainte-Anne a été établie à Montbrison, comme succursale de Saint-Julien.

Aujourd'hui, Moingt, situé sur la petite rivière de Vizezi, n'est plus qu'un village, où l'on remarque toutefois des parties de fortifications qui peuvent faire présumer que, vers les XIIIe et XIVe siècles, cette localité conservait encore quelques restes de son antique splendeur. Cependant, l'histoire n'a rien recueilli de ses fastes, si elle en eut alors.

Il existe près du village de Moingt des eaux minérales auxquelles, a dit Anne d'Urfé, dans sa *Description du Forez :* « Le nitre et le vitriol impriment

« une acrimonie savoureuse et des propriétés salutaires. » S'il faut s'en rapporter au même écrivain, on récoltait de son temps sur ce territoire du vin de très-bonne qualité, produit par un plant nommé *gamé*; et le clos qui le produisait était la propriété du chapitre de Notre-Dame. Cette possession est au moins probable : partout où la nature a voulu les seconder, les hommes de Dieu ont cultivé soigneusement la vigne : c'est celle des traditions remontant au temps de Noé qu'ils ont le moins négligée. Le clos Vougeot, dont le vin est si recherché par les gourmets, appartenait autrefois aux moines de Citeaux, et les opulents bénédictins de Marmoutiers possédaient une partie des meilleurs crus de Vouvray.

Montbrison, où nous parvenons après un court trajet, est assurément une ville ancienne; mais on ne doit en faire remonter l'origine aux temps antiques que si l'on considère l'établissement sur cette localité d'un culte antérieur même à l'occupation romaine. En effet, le nom latin de Montbrison *Mons Briso*, ou plus correctement *Mons Brisonis*, vient de *Mons* (montagne) et de *Briso*, déesse qui, selon Athénée, présidait aux songes, et avait un temple sur l'éminence volcanique appelée aujourd'hui *le Calvaire*. Quelques écrivains ont prétendu tirer un dérivé logique des *brisures* infinies que présente la pierre dont cette butte est formée, comme si elle eût dû s'appeler *Mont brisé*: cette dénomination avait même plu aux républicains qui soumirent Lyon en 1793; et, par allusion, ils l'avaient adoptée. Une telle version n'est point d'accord avec les chartes authentiques; le nom qui nous occupe y est écrit sans doute de diverses manières : tantôt on y lit *Mons Briso*, tantôt *Mons Brisonis*, quelquefois *Mons Bruso*, et même *Mombriso*; mais il s'agit bien ici d'un dérivé du latin, et l'étymologie française n'est que subtile. On a trouvé dans le flanc de la montagne une vaste grotte, qu'on suppose avoir servi aux mystères du culte de la déesse *Briso*. On conçoit l'usage de ce sanctuaire souterrain si, comme le pense Athénée, les prêtres de cette divinité érigeaient en oracles les songes qu'ils interprétaient en son nom.

Si en effet un établissement religieux des Gaulois existait sur la butte appelée aujourd'hui *le Calvaire*, elle dut fixer l'attention des Romains; c'était d'ailleurs une position militaire que leur prudence ordinaire ne pouvait négliger. Il faut donc admettre, comme très-probable, l'existence d'une forteresse romaine au mont Briso. Lorsque les Bourguignons devinrent maîtres de ces contrées, ce château fut naturellement occupé par eux; plus tard, il fut donné aux seigneurs qui gouvernèrent le pays sous ces dominateurs; enfin, les comtes de Forez, depuis l'introduction de l'hérédité dans leur famille, devinrent à leur tour possesseurs du fort de Montbrison. Il n'est pas impossible qu'à cette dernière époque, la forteresse romaine subsistât encore dans toute son intégrité. Quoiqu'il en soit, une charte rendue par Guillaume-l'Ancien, vers 1090, confirme l'existence d'une résidence des comtes de Forez sur la butte qui nous occupe; mais lorsque, jusqu'à la fin du XVIe siècle, ce donjon passa pour imprenable, assurément les travaux antiques, où le bois entrait pour beaucoup, avaient été remplacés par des constructions plus appropriées au système de guerre du moyen-âge, surtout depuis l'invention de l'artillerie. Il y a lieu de croire même que ce fort fut entièrement reconstruit lorsque les comtes de Forez transférèrent leur résidence de Feurs à Montbrison, et qu'alors sa vaste enceinte renferma toute la montagne, dont le premier édifice n'occupait que le sommet.

Il y avait dans le château une chapelle dédiée à la Vierge; on croit qu'elle fut élevée sur les ruines du temple de Briso, à l'époque où le christianisme devint presque général dans le Forez, c'est-à-dire vers le Ve siècle, et peu après la conquête des Bourguignons. Ce qu'on appelait le château dès la fin du XIe siècle, était loin de se borner aux bâtiments seigneuriaux; l'enceinte fortifiée renfermait un grand nombre de maisons que les comtes avaient permis à leurs sujets d'y bâtir, afin de se soustraire aux suites des guerres perpétuelles de la féodalité. A cette époque encore, il existait peu d'habitations dans la plaine, même à une petite distance de la butte protectrice; et selon l'usage du temps, on bâtit d'abord en ce lieu un édifice religieux. Or, la plus ancienne église de Montbrison était celle de la Madeleine; dans le cours du XIIe siècle, les monuments historiques mentionnent souvent aussi celle de Saint-André; puis, vers 1254, fut fondé le couvent de Saint-François. Alors, les maisons bâties successivement autour des églises formaient déjà un bourg, ainsi qu'on peut l'inférer de ce passage d'un auteur ancien: « Il y avoit un pré qui « aboutissait *au bourg* de Montbrison d'un costé, et de l'autre, à la maison « de la confrérie Saint-André. » Ainsi, la cité naissante ne s'avançait guère en 1254, hors de la butte fortifiée. Un pré seigneurial s'étendait le long de la rivière, et de là, sont venus plus tard, les noms de la rue *Pracomtale* et de la commanderie *des Prés*.

Cependant, on présume qu'à cette même époque, l'église Notre-Dame était construite sur l'autre rive du Vizezi, puisque des actes authentiques constatent que le dessein de bâtir cette collégiale avait été conçu en 1212, par Guy IV, comte de Forez. M. Bernard rapporte ainsi ce fait: « Guy fit connaître son projet à son oncle Renaud, archevêque de Lyon, et aux archevêques de Vienne et d'Embrun, qui étaient venus lui rendre une visite de félicitation, comme un parent de leur seigneur. Il fut, ainsi qu'on le doit penser, grandement encouragé par ces ecclésiastiques, et ne voulut pas qu'ils le quittassent avant qu'il eût décidé dans quel endroit l'église projetée serait établie.

« Le choix était important et difficile à faire ; car il fallait la placer dans un lieu vaste et commode, qui pût recevoir en même temps le logement des chanoines et l'hôpital ; maison de Dieu qui devait, comme son plus riche mobilier, suivre sa patronne, *Notre-Dame-d'Espérance* (ce fut le nom qu'on donna à cette église, que nous décrirons ailleurs). Pendant onze ans, continue l'historien du Forez que nous citons, on y travailla sans relâche ; et, à cette époque, la voûte était probablement terminée, puisqu'on pouvait y célébrer le service divin [1]. Quoiqu'il en soit, Notre-Dame fut constituée au mois de juillet 1225 ; on remarque ce passage sentencieux dans la charte de constitution : « Parce que la mémoire des hommes est fragile, et que ce qui est « fait avec le temps périt avec le temps, c'est pourquoi nous avons donné « ces lettres. » Cet acte instituait treize chanoines y compris le doyen, le chantre, le sacristain et le maître de chœur. Pour leur entretien, le comte donnait son château de Moingt et dépendances, la dîme de Verrières et 60 livres fortes annuellement sur la seigneurie de Montbrison.

Or, en 1254, époque à laquelle la collégiale devait être sinon terminée, du moins fort avancée, le petit pont de la *Poncette* existait sans doute pour communiquer du bourg à l'église. Bientôt ce quartier bas fut bâti : d'abord la Grand'Rue, puis la rue Pracomtale ; les rues Traversière et de la Tupinerie [2] vinrent ensuite. Avant la fin du XIIIe siècle on construisit la rue Saint-Jean, conduisant à une commanderie de ce nom. A peu près simultanément, on commença la rue des Arches, dont le nom rappelle l'existence de quelque aqueduc sur le terrein qu'elle occupe ; et la rue de la Croix, bâtie sur l'emplacement d'un faubourg du même nom. Parmi les plus anciennes rues de Montbrison, on peut encore compter la rue du Collége, autrefois des Pénitents, qui devait avoir porté précédemment un autre nom, puisque les pénitents de Montbrison ne datent que du XVIe siècle. Il y a aussi dans cette ville, comme partout, une rue du Four, parce que là, comme partout, les habitants étaient tenus de faire cuire leur pain aux établissements banaux, moyennant redevance ; mais cet usage, utile aux classes pauvres qui n'auraient pu se procurer le combustible, était plutôt un bienfait qu'un impôt.

A propos de ces noms, qui rappelaient ou des particularités historiques

---

(1) Notre avis diffère en cela de celui de M. Bernard : la voûte de l'église Notre-Dame est d'un style qui annonce une époque plus avancée de la période gothique : nous en reparlerons.

(2) Tupinerie doit venir de *tupin*, ancien nom des marchands de marmites.

dédaignées par les annalistes, ou des usages caractéristiques des mœurs anciennes, ou la résidence de certaines corporations qui n'existent plus, plusieurs écrivains se sont élevés contre les novateurs assez mal inspirés pour avoir, en les supprimant, effacé la tradition qu'ils perpétuaient. N'était-ce pas, en effet, priver l'histoire, déjà si peu riche de documents authentiques, d'autant de traces précieuses qui subsistaient dans l'espace des temps écoulés ? Presque partout, la vanité moderne a substitué des dénominations nouvelles qui la flattent, aux anciennes qui pouvaient l'instruire. Qu'avons-nous besoin d'étiqueter les rues du nom de nos illustrations, de nos victoires ou de nos fastes civils ? L'histoire n'a-t-elle pas gravé sur ses tablettes, ou consacré par des monuments impérissables ces noms immortels, sans qu'une puérile jactance les affiche sur la voie publique, près de l'enseigne d'un épicier ou d'un cabaret ? Il faut ajouter qu'en province, cette manie a fait moins de progrès qu'à Paris : nous avons retrouvé par exemple à Montbrison, la rue de la *Brêche*, dont la simple désignation est un chapitre d'histoire ; et la rue du *Bout-du-Monde*, qui, rappelant l'ancien emplacement d'un cimetière, peut tenir lieu de tout un livre de Platon.

Nous ne nous attacherons point à suivre minutieusement les accroissements successifs de Montbrison ; il nous semble plus important d'aborder les détails sérieusement historiques qu'offre cette ville, comme ancienne capitale du Forez. On a pu voir qu'à la fin du XIIIe siècle, elle commençait à s'étendre à quelque distance des murs du château, dans lesquels une partie de sa population avait été long-temps resserrée. Cependant, tel était encore le danger d'habiter la plaine que chacun tâchait de se conserver un pied-à-terre dans la forteresse, qui, comme nous l'avons déjà dit, embrassait toute la circonférence du *Calvaire*. On peut encore suivre le développement de ses murailles, parfaitement distinctes de celles qui plus tard, entourèrent la ville. Elles suivaient la ruelle située derrière l'église Saint-Pierre, et qui fut long-temps appelée *rue des Fossés*.

Ce n'était pas sans raison que les nobles et bourgeois de Montbrison aspiraient à se conserver un refuge dans la forteresse même, au milieu du XIVe siècle ; car sous le gouvernement de Louis Ier, comte de Forez, les Anglais firent plusieurs incursions désastreuses dans ce pays. « Ces anciens « ennemis du royaume, dit l'historien De la Mure, enflés à cause de la prison « du roi Jean, qu'ils tenaient en leur île, s'épanchaient avec furie par la France, « sous les ordres de leur roi Édouard, qui y tranchait du souverain, et se jetant « en cestuy-ci, commirent des actes d'hostilités épouvantables ; car on croit « que ce fut alors qu'ils brûlèrent la ville de Montbrison, dont l'enceinte et

« étendue était alors plus grande qu'à présent : vu que les fossés avoisinaient
« en ce tems Charlieu, qui est une maison noble, laquelle en est à présent
« distante de plus de cent pas. »

De la Mure parle ici de fossés avoisinant Charlieu ; ce qui donnerait lieu de penser que, de l'époque à laquelle Notre-Dame avait été commencée, jusqu'au milieu du XIVe siècle, la ville aurait été close de murailles. Nous verrons bientôt, cependant, que la charte de clôture ne fut rendue qu'au commencement du XVe siècle ; et la retraite des chanoines dans le fort achève de prouver qu'au milieu du siècle précédent, Montbrison était encore une cité ouverte. « L'in-
« cendie et destruction de la ville de Montbrison par les Anglais, poursuit
« l'auteur Forézien, obligea les chanoines de l'église collégiale d'acheter une
« maison dans l'enclos de l'ancien château, près de la motte du Donjeon, et
« joignant le cellier ou cave du comte ; dans laquelle maison ils se retirèrent,
« pendant plusieurs années, et pendant le temps des premières guerres des-
« dits Anglais ; ils y tenaient le trésor et les joyaux de leur église dans une voûte
« de pierre qui était faite exprès dans ladite maison, du côté du Donjeon, et
« disaient matines et les autres heures canoniales, et faisaient le divin service
« en la salle haute de cette maison ; jusqu'à ce que les hostilités du royaume en
« Forez venant à cesser, les chanoines retournèrent en leur dévôt cloître. »

La charte de clôture fut donnée en 1428, au château de Sury-le-Comtal, par Marie de Berry, duchesse de Bourbonnais et d'Auvergne, comtesse de Forez, de Montpensier et dame de Beaujeu, ayant pouvoir de Monseigneur le duc Jean Ier, alors prisonnier des Anglais. Cet acte déterminait non-seulement le développement des fortifications, mais aussi leur propriété ; il y était dit :
« Les fossés qui seront faits tout autour de ladite ville, du costé du chastel,
« jusques à la rivière de Vizezy, jusques à la porte des faubourgs de Saint-
« Jean, d'une part ; et du costé de la porte de la Magdelaine jusques à la porte
« du Colombier, en comprenant le couvent des Cordeliers, soient et appar-
« tiennent de plain droit avec l'usuffruit, proffits et revenus des pescheries
« d'iceux à la communauté de ladite ville, pour aider à maintenir à toujours, et
« munir ladite fortification des susdits. Et pareillement, que les fossés qui seront
« faits du costé de l'églize et cloître Notre-Dame, attendu ce que lesdits fossés
« seront faits, par la plus grand'partie, sur le territoire du chapitre, compétent
« et appartiennent, doivent compétir et appartenir ausdits doyen et chapitre,
« et à leurs successeurs à toujours, mais depuis le pont neuf (aujourd'hui le
« pont d'Argent), joignant à ladite rivière Vizezy, d'une part, jusques à l'opo-
« site de ladite porte Saint-Jean aboutissant sur ladite rivière d'autre part, en
« comprenant ledit cloître et la maison Dieu, pour convertir et employer les

« proffits et émoluments desdits fossés, à la fortification et réparation de la
« muraille dudit cloître. »

Il fut enjoint aux habitants de faire doubles fossés, pour la partie du château qui devait demeurer hors de la ville; la pêcherie de ces doubles fossés fut laissée à la ville; mais elle était tenue d'entretenir les fortifications du château.

« Que toutes manières de gens, est-il exprimé dans la charte, de quelque
« état qu'ils soient, gens d'églize, nobles et autres, bourgeois et habitants,
« cessant tous privilèges, toutes prérogatives et exemptions, soient tenus de
« contribuer à ladite fortification; lesdits, selon la valeur et faculté des biens,
« terres et possetions, cens, rentes, revenus et héritages qu'ils ont, tiennent
« et possedent ez et dedans ladite ville, mandement, franchise et territoire
« d'icelle; excepté lesdits doyen, chapitre et subpoz de ladite église Nostre-
« Dame, lesquels seront tenus exempts de la réparation et fortification d'icelle
« ville, tant à cause de ladite église comme autrement de loyal eschelte (ori-
« gine) et conquest, dedans ladite ville et franchise d'icelle, pour ce qu'ils
« sont et seront tenus d'eux fortiffier à leurs propres cousts et dépens et de
« maintenir leur dite fortiffication. »

Indépendamment de ces obligations imposées à la ville et au chapitre, pour l'élévation du mur d'enceinte et le creusement des fossés, il fut établi un impôt sur le pain, le vin et autres denrées. De plus, les consuls, de concert avec le comte et douze commissaires choisis parmi les notables de la ville, eurent la faculté d'établir au besoin une ou plusieurs tailles pour subvenir aux frais de cette fortification. Enfin, le comte alloua, de sa grâce, comme il est dit dans la charte, 10,000 livres tournois, pour la construction des portes.

Il est digne de remarque que ces lettres patentes, dictées par une rigoureuse équité, n'admettaient aucun privilège : nobles, ecclésiastiques et bourgeois étaient tenus de contribuer, selon leurs moyens, à une charge que la sûreté commune imposait. Les chanoines de Notre-Dame devaient bâtir à leurs frais au moins un quart de la muraille; et les cordeliers furent également obligés de construire, aussi à leurs frais, la partie de mur qui devait comprendre leur couvent dans l'enceinte de la ville. Ces bons Pères ne purent suffire à cette dépense, qu'en vendant ou engageant leurs vases sacrés.

La muraille que l'on éleva alors autour de Montbrison, avait 50 pieds de haut et 5 d'épaisseur; elle était flanquée de quarante-six grosses tours voûtées et à deux étages, distantes les unes des autres d'environ cinquante pas. Quatre portes publiques bien fortifiées, donnaient accès dans la ville : la porte Saint-Jean, la porte de la Madeleine, celle de la Croix ou du Colombier et celle de Moingt. Plus tard, on en ajouta une cinquième derrière le château, qui fut appelée *porte de Bourbon*. Le chapitre avait fait ouvrir une *poterle* particulière, qu'on nommait porte d'Ecotay.

Les habitants de Montbrison n'ont point encore perdu le souvenir de cette duchesse Marie qui, sous le règne calamiteux de Charles VII, et pendant la captivité de son époux, gouverna avec sagesse le Bourbonnais, l'Auvergne et le Forez. Mais elle ne pouvait adoucir tous les maux : les villes étaient en grande partie affranchies, érigées en communautés, et avaient voix délibérative dans la gestion de leurs affaires. Déjà même, secouant le joug affaibli que les seigneurs essayaient de rattacher à leur front, elles faisaient parvenir leurs doléances jusqu'au trône, et ne se montraient pas toujours suppliantes. Mais, nous l'avons dit, la féodalité faisait encore peser un réseau de fer sur les pauvres serfs des campagnes : désolés par les courses continuelles des gens de guerre, arrachés aux travaux de la terre pour veiller à la sûreté des seigneurs, ils n'en devaient pas moins payer la dîme du peu qu'ils récoltaient, et l'impossibilité de satisfaire aux droits des barons, ne rendait pas leurs agents moins impérieux à exiger. Or, il arriva plus d'une fois que le malheur et l'oppression, devenus intolérables, dégénérèrent en désespoir furieux, parmi les populations rurales : vers l'année 1430, le Mâconnais et le Forez eurent leur *Jacquerie*. Peut-être la ville de Montbrison eut elle à se féliciter d'être close au moins en partie à cette époque; car il pouvait arriver que les paysans armés, ne respectassent pas des citadins coupables de ne pas partager leur adversité. « Ces paysans, dit un historien Mâconnais dans son langage pittoresque, émurent grand tumulte; tuant autant de gens d'église et de nobles qu'ils en pouvaient atteindre, sans discrétion d'âge, ni de sexe. Ils assaillaient les châteaux et maisons fortes, et s'ils pouvaient entrer, les détruisaient; brûlaient les titres, livres, terriers et tous autres enseignements; sans oublier de piller les meubles et butiner tout ce qu'ils rencontraient. Avec tout ce, ajoute l'écrivain Mâconnais, comme nulles méchantes entreprises, pour pernicieuses qu'elles soient, ne manquent de couverture, ils mettaient en fait que quand il fut dit à Adam qu'il mangerait son pain à la sueur de son visage, tous les hommes furent compris dans cette malédiction, et partant, que les nobles n'en sont exclus, et qu'ils doivent travailler s'ils veulent vivre. Et quant aux gens d'église, ils ne voulaient que deux presbytères en chacun des deux comtés. De sorte qu'ils prétendaient une égalité entre les hommes, et portaient la distinction d'état non recevable. » Pierre de Saint-Julien de Baleure, que nous citons ici, écrivait ses *Mélanges historiques* en 1589; et tout chanoine qu'il était, nous le soupçonnons un peu d'avoir partagé les idées réformatrices qui, sous la plume de Luther et de Calvin, firent éclore le premier germe des grandes révolutions du XVIIIe siècle, les révoltés agissaient; le chroniqueur mâconnais les a fait raisonner : il s'est fait la pensée de leur action, qui, en définitive, eut une triste fin, car lui-même ajoute : « Contre eux le bailly de Mâcon assembla les bans et arrières-bans et autres troupes royales, composées de quantité d'hommes de fer; lesquels, aidés et secondés par les deux États assaillis, firent en sorte que les mutins et rebelles furent mis en vau de déroute, écartés comme perdreaux, et autant on en trouvait, autant on en tuait. » Ce fut là toute la satisfaction qu'on donna aux déplorables extrémités qui avaient armé ces paysans; car les peuples ont aussi leur *ultima ratio*.

Cependant Charles VII avait mandé au sénéchal de Lyon, de faire droit aux supplications des malheureux serfs, avant qu'ils eussent élevé les bannières de la révolte : « Ce monarque, qui rarement manqua de popularité, s'était élevé
« contre les vexations des seigneurs, qui contraignaient les subjets à leur faire
« d'étranges reconnaissances, pour icelles enregistrer en leurs chartes et ter-
« riers; et quand ils n'ont voulu obéir à iceux, ils les ont indûment travaillés
« et molestés, dont ils font de grandes exachions sur iceux pauvres sup-
« pliants, et tellement que quand ils n'ont voulu chevir, ni composer avec
« eux, ils ont fait consumer leurs chevances, prenant pour lesdites recon-
« naissances le douzième de tous leurs biens et souvent le sixième; au moyen
« desquelles exachions est advenu et advient souvent, que lesdits seigneurs
« ont eu en trois ou quatre mortalités au plus, toute la chevance d'un hôtel
« ou bon ménage; qui est la totale destruction desdits pauvres suppliants. »

Telles étaient les doléances que Charles VII renvoyait, pour y faire droit, aux sénéchaux du Lyonnais et du Forez; mais les seigneurs, en recevant les injonctions royales d'un prince qui avait besoin de leur bonne épée, secouaient dédaigneusement leur tête empanachée, et continuaient d'opprimer, sauf à se révolter contre le monarque lui-même, s'il persistait à s'inspirer de sa suzeraineté sans puissance coërcitive.

Les *Jacquiers* du Mâconnais et du Forez furent vaincus ou plutôt détruits; mais Saint-Julien ne nous a pas dit jusqu'à quel point, avant de succomber, ils portèrent leur terrible et sauvage réaction : la tradition des révoltes de la Picardie et du Valois, sous le roi Jean, était parvenue jusqu'à eux; ils en imitèrent les actes atroces : on vit aussi dans les deux comtés, des seigneurs massacrés, des intendants mis à la broche, des châtelaines subissant, avec une horrible pluralité d'attentats, la contre partie de certain droit du seigneur, qui pourtant n'avait jamais flatté, comme bien on pense, la vanité de ces nobles dames.

En 1440, Guy de Bourbon, frère naturel du duc Charles Ier, et lieutenant-général pour lui, dans le Roannais, prit parti pour le dauphin, depuis Louis XI, révolté contre le roi son père. Ce seigneur avait déjà soumis Saint-Haon et menaçait Montbrison, lorsque Charles VII vint lui-même faire rentrer les révoltés dans le devoir.

L'année suivante, le duc Charles, qui avait confirmé en 1434 les priviléges accordés par ses prédécesseurs aux Montbrisonnais, revint dans leurs murs. Voyant le bel état des fortifications achevées par ses ordres; considérant en outre la position centrale de Montbrison et la supériorité de sa population, relativement aux autres villes du Forez; enfin, reconnaissant que cette cité était la clef principale de son comté, ce prince lui donna authentiquement le titre de *Capitale*, qu'avait jusqu'alors conservé Feurs, à cause de son antiquité. Par lettres patentes, datées du 19 octobre 1443, ce même duc commit le bailly et le juge du Forez, pour aider le chapitre dans la recherche des matériaux nécessaires à l'achèvement de l'église de Notre-Dame : le portail et les deux hautes tours qui devaient le surmonter, n'étaient point encore bâtis. Ce fut par le secours des libéralités de Charles et de son épouse, que ces travaux furent continués jusqu'au point où nous les voyons aujourd'hui. A cette époque, les ouvriers recevaient 13 deniers par jour; à la fin du XIVe siècle, ils ne recevaient encore que 1 sou 6 deniers par semaine.

Vers 1452, le dauphin Louis s'étant une seconde fois révolté contre le roi, en épousant sans son consentement la fille du duc de Savoie, Charles VII se remit en campagne pour aller châtier ce duc; mais effrayé de cette marche, celui-ci envoya des députés au-devant du monarque, pour implorer son indulgence. Il se trouvait alors au château de Montbrison; des entrevues eurent lieu, soit à Feurs, soit au château de Cleppé, et non-seulement Charles sanctionna le mariage de son fils, mais il donna Iolande de France, sa fille, au prince savoyard. Le contrat fut signé dans l'église de la Madelaine, à Montbrison; un reste de vénération pour l'antique cité de Feurs fit, toutefois, que cet illustre mariage fut célébré dans cette dernière ville, où le roi demeura quelques jours avec une cour leste et brillante qui l'avait suivi en Forez. Depuis long-temps, les vieux échos de la ville gauloise ne répétaient plus le bruit des fêtes; depuis long-temps le château que les comtes possédaient en ce lieu, était morne, silencieux; les oiseaux de nuit y pénétraient par les vitraux brisés. Ces noces furent tristes, excepté pour les jeunes époux : on sait qu'au jugement des grands eux-mêmes, il est un jour dans la vie, où le bonheur ne consiste ni dans le faste ni dans la splendeur.

Ce fut de 1500 à 1503, et sous le gouvernement de Jean II, qu'on plaça dans les tours de Notre-Dame les cloches baptisées *Sauve-Terre* et *Forez*. De la Mure raconte que *Sauve-Terre* avait de grandes vertus pour dissiper les orages, et l'inscription qu'elle portait consacrait cette erreur superstitieuse. Nous aimons mieux l'inscription de *Forez:* elle a du moins le mérite d'être ingénieusement vraie; la voici :

Laudo Deum verum, plebem voco, colligo clerum, defunctos ploro, pestem fugo, festa decoro [1].

Au commencement du XVIe siècle, et malgré la vertu de cette cloche, une peste terrible se déclara dans le Forez, et sévit à Montbrison avec une extrême rigueur. M. Auguste Bernard a lu sur la marge d'un vieux missel :

> En l'an mil-cinq-cent et sept,
> Que Montbrison estait infect ;
> Il en mourut, de compte faict,
> Trois mille sept cent et sept.
> *Signé*, POMYER.

De la Mure ne parle point de cette épidémie survenue en 1507 ; mais il mentionne une peste qui sévit en 1522 ; il est probable que cette dernière date est la véritable. « La terreur fut telle à Montbrison, disent les traditions locales, que tous les habitants abandonnèrent la ville. » Les uns se sauvèrent du côté d'Essertines, d'autres cherchèrent un refuge, peut-être un préservatif à Sury, où se fabrique une grande quantité de chaux. Les rues de Montbrison n'étaient point pavées alors : pendant l'absence de la population, l'herbe y poussa comme dans un pré ; les ronces se croisèrent devant l'entrée des maisons ; et ce ne fut pas sans une crainte persistante, que les citoyens, après avoir fait faucher la voie publique, rentrèrent dans leurs habitations.

L'ordre des temps amène ici un événement que l'histoire générale a diversement, et presque toujours imparfaitement reproduit : nous voulons parler de la défection du connétable de Bourbon. Cet important épisode historique est non-seulement bien développé, mais sagement commenté, dans l'*Histoire du Forez*, par M. Bernard ; et dans *l'Ancien Bourbonnais*, ouvrage aussi consciencieux sous le rapport littéraire, que magnifique dans son exécution artistique : car *l'Ancien Bourbonnais* est une œuvre d'art [2]. Nous emprunterons

---

(1) Je loue le vrai Dieu, appelle le peuple, rassemble les clercs, pleure les morts, fais fuir la peste et embellis les fêtes.

(2) Deux volumes in-folio et un atlas en un volume grand-aigle. Cet ouvrage, publié par M. Desrosiers, imprimeur-libraire à Moulins, est un chef-d'œuvre de goût, pour l'exécution duquel l'éditeur n'a

donc à ces deux compositions le récit de ce qu'on a trop absolument, peut-être, appelé la trahison de Charles III, connétable et duc de Bourbon, sans tenir compte à ce prince, de l'extrémité à laquelle les injustices multipliées de la couronne avaient amené sa longue patience.

« En 1520, dit l'auteur de *l'Ancien Bourbonnais,* le connétable fixait déjà l'attention de toute l'Europe ; au camp du Drap-d'Or, le roi d'Angleterre, Henri VIII, porta sur lui un jugement qui prouve qu'il l'avait bien étudié, et que, sous des apparences aussi frivoles que celles du roi de France, il possédait un coup-d'œil plus sûr et une connaissance plus approfondie du cœur humain. » — « Mon frère de France, disait-il, au cardinal de Wolsey, a un sujet
« dont ne voudrois mie être le maître : dans tous les cas fera-t-il bien de ne pas
« trop serrer le mors à ce fier coursier ; car il me paraît prompt à regimber :
« c'est un vassal qui aimera toujours mieux sentir la main d'un ami que celle
« d'un maître. » Par malheur François Ier ne ménageait point assez ce naturel altier, et nous croyons que l'on s'est mépris sur l'éloignement que le connétable lui inspirait. Le roi n'ignorait pas les soupirs malheureux que sa mère poussait pour Charles de Bourbon, à l'âge où les soupirs d'une femme n'ont plus d'échos ; mais en fait d'amours, ce monarque se souciait fort peu de la destinée de ceux qui n'étaient pas les siens, à moins que d'autres ne vinssent à les croiser ; et voilà précisément ce qui était arrivé de la part du connétable.
« S'il n'était point exempt de toute faiblesse à l'endroit du beau sexe, continue
« l'historien du Bourbonnais, et s'il n'échappait point à la contagion d'une cour
« galante et dissolue, du moins Bourbon ne faisait-il point parade de ses
« triomphes en ce genre, et il recevait assez mal les plaisanteries que lui
« attirait sa réserve à ce sujet, sans se laisser imposer par la qualité du plai-
« sant. Un jour que François Ier, qui l'avait rencontré sur son chemin dans
« une de ses continuelles intrigues amoureuses, le raillait sur l'attachement
« qu'on lui supposait pour une dame de la cour, le connétable répondit à son
« royal interlocuteur, en fixant sur lui un regard ironique, mais sévère : *Mon-*
« *sieur, ce que vous dites là ne doit point me faire de dépit, mais bien à ceux*
« *qui n'ont pas été si avant que moi dans les bonnes grâces de la dame.* Le roi
« se sentit piqué au vif ; mais il se contenta de répondre : *Ah ! beau consin,*
« *vous vous fâchez de tout ; oncques ne vis prince plus mal endurant.* Le mot

épargné aucun sacrifice, et qui l'a placé au premier rang des publicateurs de la France et de l'étranger. Nous trouvons avec plaisir cette occasion de rendre une éclatante justice, non-seulement à M. Desrosiers ; mais aux littérateurs et artistes qui ont participé à cette belle publication.

« fut vite recueilli, et le connétable ne fut plus désigné à la cour que sous ce
« nom de Prince mal-endurant. »

François Ier pardonna, dit-on, à Charles-Quint, de lui avoir enlevé la victoire à Pavie ; il lui pardonna sa prison de Madrid, et peut-être jusqu'à sa renommée, qui volait plus haut que la sienne... Mais le souvenir d'une offense touchant les matières de galanterie, ne lui permit jamais l'indulgence envers celui ou celle qui en était coupable. Le roi, depuis la petite altercation d'amour-propre que nous venons de rapporter, épiait toutes les occasions de molester le duc de Bourbon : comme il savait que ce prince aimait la magnificence, il se plaisait à lui opposer celle que Duprat affectait à son château des Veyrières, situé près de celui que le connétable possédait à Chantelle ; ou bien il lui rappelait avec un sourire ironique toutes les somptuosités du château que Bonnivet avait fait bâtir à Chatellerault, dans une position qui dominait celui que Bourbon avait près de là. « Un jour, François Ier, qui recevait chez
« le connétable une hospitalité toute royale, le conduisit sur le domaine de
« son favori : Que pensez-vous, lui dit-il, du château de Bonnivet ? — Je
« pense, répondit froidement le duc, que la cage est beaucoup trop belle et
« trop grande pour l'oiseau. — Vous n'en parlez que par envie. — Comment,
« répliqua le prince avec le même flegme, Votre Majesté peut-elle penser
« que je porte envie à un gentilhomme dont les ancêtres se sont trouvés bien-
« heureux d'être les écuyers des miens. »

Il n'est pas sans utilité de mentionner ici un motif de la désaffection que le roi portait à son parent, car ce motif est encore du nombre de ceux où ce souverain puisait le germe de ses haines. Tout roi qu'il était, François ne laissait pas d'être trompé par la belle comtesse de Châteaubriand ; ses trahisons étaient même fréquentes et changeaient souvent de complice. Charles de Bourbon chercha à se glisser dans la foule des soupirants ; mais, moins heureux que Bonnivet, qui s'était jeté tout d'abord en conquérant audacieux parmi les élus, il échoua tout net auprès de la favorite. Or, il arriva au palais des Tournelles ce qui se voit tous les jours chez les simples particuliers : le roi prit en défiance l'adorateur éconduit, et ne soupçonna pas même Bonnivet, que toute la cour savait favorisé.

En 1521 arriva la mort de Suzanne de Savoie, duchesse de Bourbon, femme petite, maladive, contrefaite, et non de *celles où l'on pût prendre beaucoup de plaisir*, dit Marillac, mais *bonne, sage et vertueuse*. Alors Louise de Savoie, mère du roi, qui jusqu'alors s'était tenue envers le connétable dans les termes d'une galanterie agaçante, crut l'occasion favorable pour lui faire connaître sa passion ; elle fût refusée et même raillée. Outre son âge, cette

princesse avait rendu souvent de mauvais offices à celui qu'elle aimait, par dépit de n'en pas être aimée ; et l'amour qui, après avoir émoussé ses flèches sur un cœur, a emprunté les traits de la vengeance, revient sans succès à ses premières armes. « Or, dit Mézeray, comme il n'est point d'injure plus outra-
« geante envers ce faible sexe, que le refus de ses poursuites, la duchesse,
« se portant à une extrême vengeance, le poussa aussi à un extrême déses-
« poir. » On peut ajouter qu'elle trouva François Iᵉʳ disposé à prodiguer les humiliations au connétable, sans s'arrêter un instant à l'application assez claire d'une réponse faite à Charles VII par un seigneur gascon. Ce monarque lui demandait si rien ne serait capable d'ébranler sa fidélité : « Non, Sire,
« rien ! pas même l'offre de trois royaumes comme le vôtre, mais bien un
« affront. »

« Le connétable était vice-roi du Milanais, dit M. Auguste Bernard, il fut rappelé ; sa charge lui donnait le droit de commander l'avant-garde de l'armée, ce commandement fut remis au duc d'Alençon, qui faisait alors valoir des prétentions sur le duché de Bourbon. Enfin, Duprat, personnellement mécontent du connétable, eut ordre de lui intenter un procès, relativement à ses possessions, au nom du roi et de sa mère ; et, pour sa part de curée, reçut, en récompense du zèle acharné qu'il avait montré en cette occasion, la principauté de Thiers, qui faisait partie du domaine du pauvre duc [1]. »

Malgré ces affronts, pour la plupart accomplis en 1522, le connétable continua de servir le roi en Picardie, au rang secondaire où sa suprême dignité militaire devait l'empêcher de descendre ; et dans le temps même que la chicane aiguisait contre lui ses griffes, faisant en cela cause commune avec la malice des courtisans, ce prince s'emparait des places de Bouchain et d'Hesdin. Il ne dépendit pas de lui que François Iᵉʳ ne remportât alors une victoire éclatante sur l'Escaut : avantage préparé par la maladresse du général ennemi, et par l'intrépidité du comte de Saint-Pol. Bourbon avait dit au roi, en tirant son épée et en prêtant une âme à ce fer, selon les poétiques inspirations de ce siècle encore chevaleresque : « Sire, cette mienne épée brûle
« de faire aujourd'hui de grandes choses pour votre service. » Le rival de Charles-Quint n'approuva point ce mouvement héroïque ; *il appréhendait*, a dit Anquetil, *que le connétable n'eût le principal honneur de la victoire.*

L'hiver étant venu, le prince quitta l'armée, harassé de fatigues, endetté et outré des humiliations que la cour lui avait prodiguées ; il se retira à Montbrison,

---

(1) *Histoire du Forez*, t. II, p. 82.

et tâcha d'oublier, au milieu d'une noblesse nombreuse, brillante, amie du plaisir, les ennuis dont François Ier et Louise de Savoie l'abreuvaient. Mais celle-ci avait résolu de placer le connétable entre une ruine complète et la nécessité d'accepter sa main. Il avait demandé en mariage Renée de France, sœur cadette de la reine; demande à laquelle le roi avait répondu par un refus sec et hautain, à l'instigation de sa mère. Le chancelier Duprat s'était chargé d'obtenir pour l'amante dédaignée, la satisfaction qu'elle voulait, ou de faire pressentir au connétable la continuation des hostilités juridiques préparées contre lui; Bourbon n'hésita pas un instant dans son choix : il accepta le procès, et revint sans doute à Paris pour le soutenir. Si l'on doit s'en rapporter à Mézeray, François Ier lui-même se serait chargé de faire directement une dernière tentative pour unir sa mère au duc, et celui-ci aurait répondu que rien au monde ne pourrait le décider à prendre pour épouse une femme sans pudeur : réponse qui aurait eu un soufflet pour réplique. Mais l'on sait que Mézeray, historien quelque peu républicain à une époque de despotisme, se montrait parfois passionné et fâcheux dans ses récits. Il n'est pas probable qu'un monarque aussi superbe que François Ier, se soit exposé au refus qu'il pouvait prévoir; et nous croyons plutôt que le comte de Saint-Pol, cousin et ami du connétable, avait été chargé de cette dernière ouverture, ainsi que plusieurs historiens l'ont rapporté.

Le procès fut entamé; nous n'en suivrons point les débats fastidieux; retournons à Montbrison avec le duc. Il venait de purger ses domaines d'une sorte de *routiers* appelés *les cinq mille diables*, lorsque sa fidélité, comme sujet de François Ier, fut mise à une épreuve dont, ébranlée par le ressentiment, elle ne put sortir triomphante. Au moment où le connétable s'était emparé d'Hesdin, il y avait trouvé la comtesse de Roeux, qui appartenait à l'illustre maison de Croï, et jouissait d'une grande considération à la cour de Charles-Quint. Bourbon, non moins généreux que galant, avait traité cette dame avec tous les égards dus à son sexe, à son rang, et lui avait rendu la liberté, plus ses trésors et ses meubles. Cette conduite, vivement appréciée par la comtesse, avait été l'origine d'une correspondance assez suivie entre elle et le connétable; et souvent ce prince épanchait dans ses lettres tout ce que les rigueurs du roi amassaient de fiel sur son cœur. Madame de Roeux communiquait à l'empereur les plaintes amères de Bourbon; ce souverain qui, selon Pasquier, *nourrissait dans son âme un cœur de renard*, se promit de profiter du mécontentement d'un des premiers hommes de guerre du temps pour s'en faire un auxiliaire contre François Ier : ce fut, pendant quelques semaines, le sujet de toutes ses méditations.

Le connétable se trouvait à Montbrison, lorsqu'on lui annonça qu'un jeune paysan demandait à lui être présenté; il ordonna qu'on l'introduisît : ce jeune paysan, c'était Adrien de Croï, sieur de Beaurain, fils de la comtesse de Roeux, et premier gentilhomme de la chambre de l'empereur Charles-Quint. Il avait pris ce déguisement pour traverser la France avec sécurité. L'ambassadeur secret sollicita l'honneur d'un entretien avec le duc; celui-ci le lui accorda : il fut fixé à onze heures du soir. Bourbon ayant fait appeler dans la journée le comte de Saint-Vallier, selon la déposition de ce dernier, lui donna quelques bagues de prix, l'assura qu'il avait pour lui une véritable affection; puis il ajouta qu'il l'avait mandé afin de l'initier à un grand secret, mais qu'il fallait qu'il jurât sur le crucifix une discrétion inviolable. Le comte fit le serment qu'on lui demandait, et Bourbon reprit : Le seigneur de Beaurain viendra ce soir; je veux que tu sois présent à notre entrevue; tu entendras ce qu'il me dira. En effet, l'heure de l'entretien étant venue, le duc mena Saint-Vallier dans son cabinet, où il vit l'envoyé de Charles-Quint. Là, sans doute, fut conclu un traité entre l'empereur et le connétable : traité qui ne paraît pas avoir été écrit, et sur lequel on n'a jamais eu d'autres renseignements précis que ceux contenus dans la déposition du comte de Saint-Vallier. Charles de Bourbon, y est-il exprimé, devait épouser la princesse Éléonore, sœur de l'empereur et veuve du roi de Portugal Emmanuel-le-Grand. La dot de cette princesse, fixée à 200,000 écus, lui serait remise, outre le douaire de son premier mariage, qui était de 20,000 écus, et les écrins de la jeune veuve, estimés de 5 à 600,000 écus. « Dans le cas où l'empereur et son frère, l'archiduc d'Autriche, mourraient sans enfants, tous leurs royaumes et souverainetés devaient revenir à la femme du connétable. On formerait à celui-ci un royaume qui, indépendamment de ses anciens domaines de l'Auvergne, de la Marche, du Forez et du Beaujolais, comprendrait la Provence, le Dauphiné et le Lyonnais. Ainsi le démembrement de la France était le but de ce traité, auquel intervenait le roi d'Angleterre comme partie prenante. Quant aux moyens d'exécution, ils étaient ainsi réglés : on attendrait pour agir ostensiblement que François Ier, dont on connaissait les projets sur l'Italie, fût engagé avec son armée au-delà des monts; et tandis que Charles-Quint s'avancerait au travers de la Gascogne et du Languedoc, et que Henri VIII envahirait la Picardie et la Champagne, Bourbon exciterait un soulèvement dans les provinces du centre, où l'étendue de ses possessions lui assurait une grande influence. Jusque là, il devait s'appliquer à entretenir le mécontentement au sein des populations, et se ménager des intelligences en Normandie et en Provence. Avec les fonds qui lui seraient fournis par les deux monarques ses alliés, il lèverait dans ses terres un corps de 1,000 hommes d'armes, et 6,000 fantassins qu'il réunirait à 12,000 lansquenets, venus d'Allemagne, et qu'il irait rejoindre immédiatement en Bourgogne. Maître de Dijon et de Lyon, il se porterait avec ses forces vers les Alpes, pour fermer le passage à François Ier, que les impériaux et leurs auxiliaires écraseraient en Italie, et qui serait ainsi hors d'état de rentrer dans son royaume [1]. »

Nous le répétons, on n'a jamais eu rien de précis sur cette trame infâme, que les révélations orales faites par Saint-Vallier, à l'aspect du supplice, qu'il espérait peut-être éviter en chargeant à l'excès un prince abhorré du roi et de sa mère. Ce témoignage unique est insuffisant pour établir l'authenticité des dispositions du traité que nous venons de rapporter. Tout, dans ce procès, n'a-t-il pas pris, d'ailleurs, les formes de la corruption, jusqu'à la grâce honteuse du comte; grâce qui entacha la mémoire de François Ier d'une action odieuse, et qui pourtant dut fermer la conscience de Saint-Vallier aux récits mensongers préparés pour l'histoire. Il est donc permis de douter qu'un gentilhomme dont l'âme était noble et grande, un prince du sang royal revêtu de la première dignité de l'armée, ait accepté, dans toutes ses parties, le pacte proposé par Charles-Quint. Que le rival de François Ier ait voulu l'anéantissement du trône de France, pour satisfaire à la fois son ambition et sa rivalité envenimée, nous le concevons parfaitement; mais qu'un descendant de Saint-Louis se soit fait oublieux de son origine jusqu'à vouloir briser la couronne dont l'éclat se réfléchissait sur lui, c'est une infamie qu'on doit accueillir avec défiance, lorsqu'elle fut révélée sous l'empire d'une vindicte souveraine, surtout sous l'influence acrimonieuse d'un amour de femme méprisé et raillé. La haine du roi, le courroux de sa mère, ne manquèrent, ni dans le parlement, ni dans la noblesse, de complaisances intéressées prêtes à noircir le connétable au gré de leur animosité; et le servilisme des historiographes pensionnés ne pouvait leur faire défaut pour flétrir à souhait le nom du connétable aux yeux de la postérité. Sans doute le seul fait d'une défection, même considérée comme conséquence irrésistible d'un dépit légitime, suffit pour environner sa mémoire d'un blâme éternel; car si Bourbon avait à se plaindre de la cour, il ne pouvait cesser de se devoir à sa patrie, et c'était la trahir, quoi qu'aient pu dire ses défenseurs, que de tourner contre son sein la première épée du royaume, encore suspendue à l'écharpe fleurdélisée des princes français [2]. Nous devons

---

(1) *Ancien Bourbonnais*, t. II, p. 230 et 231.

(2) On a prétendu, dans les temps modernes, établir un parallèle entre le connétable de Bourbon et le maréchal Bernadotte, prince de Ponte-Corvo, devenu, par libre élection de la nation suédoise, prince royal, puis souverain de la presqu'île scandinave. Jamais confusion d'idées ne fut plus manifeste que dans

convenir, toutefois, que si Charles de Bourbon eut des détracteurs acharnés, il a trouvé de nos jours des défenseurs habiles : nous ne pouvons résister au désir de citer le plaidoyer le plus heureusement spécieux qui ait été écrit, non pour excuser la trahison de ce prince ; mais pour atténuer au moins l'infamie répandue sans mesure sur sa mémoire. « Si l'on veut comprendre la con-
« duite de Charles de Bourbon, et la voir sous son jour vraiment historique, il
« ne faut pas se placer exclusivement au point de vue de nos mœurs et de
« notre organisation politique, tel que l'a fait le mouvement des siècles.
« Reportons-nous donc à trois cents ans en arrière ; dégageons-nous un instant
« de nos idées d'unité nationale et d'étroite subordination dans les rapports du
« sujet au monarque : on était sur la voie de cette organisation compacte et
« forte du territoire de la monarchie en France ; on n'y était pas encore arrivé :
« la main de Richelieu n'avait pas encore achevé l'œuvre commencée par
« Louis XI. Qu'on se rappelle donc que le duc de Bourbon était le dernier
« appui, dans nos contrées, d'un régime social qui, bien que miné dans sa base,
« luttait encore avec énergie contre l'envahissement des mœurs nouvelles ; « Il
« représentait dans ses terres de France, dit très-bien M. de Châteaubriand
« (*Études historiques*), la puissance, la vie et les mœurs d'un ancien grand
« vassal de la couronne. » Il jouissait à ce titre d'une autorité égale à la puis-
« sance du roi dans ses propres domaines. Il levait des subsides, il instituait
« des juges, la justice se rendait en son nom, et il publiait des ordonnances
« où se trouvait cette formule du pouvoir absolu : *car tel est notre plaisir*. Il

---

ce rapprochement : Charles de Bourbon était connétable de France, et possédait au milieu de la monarchie de vastes domaines, lorsqu'il traita avec Charles-Quint. Bernadotte, au contraire, avait accepté l'héritage de la couronne de Suède, avec l'assentiment authentique de Napoléon ; il avait remis aux mains de ce souverain le bâton de maréchal d'empire, lorsqu'il quitta le sol français. Ce général était donc, encore avec l'aveu de l'empereur, fils adoptif de Charles XIII ; il se devait maintenant, avant tout, à sa nouvelle patrie. Charles-Jean ne pouvait désormais considérer que comme un devoir secondaire, l'obligation de maintenir la Suède dans l'alliance de Napoléon ; encore fallait-il que ce dernier favorisât cette alliance, en secourant, au nord de l'Europe, un allié qui ne pouvait lui être fidèle qu'autant qu'il le rendrait fort. Or, l'historien du roi de Suède régnant a produit une série de documents irrécusables, attestant que la Suède ne se réunit à la coalition européenne qu'au moment où, d'une part, elle entendait déjà les tambours des troupes russes et prussiennes, marchant pour l'envahir, tandis que, dans ses rades, les brandons anglais, qui, en 1808, avaient incendié la flotte danoise, étaient suspendus sur les vaisseaux suédois. Nous demandons aux hommes de bonne foi quel point de ressemblance on peut saisir entre la défection du connétable de Bourbon, qui n'avait pas cessé d'être dignitaire français, et la conduite de l'ex-prince de Ponte-Corvo qui, à l'extrémité où se trouvait sa patrie adoptive, ne pouvait plus être que suédois de fait, comme il l'était devenu par ses lettres de grande naturalisation. La détraction *quand même* a élaboré, pour attaquer cette évidence, beaucoup de phrases redondantes et aiguisées de pointes *vaudevilliques* ; mais nous n'en avons pas vu surgir une seule démonstration sensée.

« pouvait mettre sur pied, en convoquant le ban et l'arrière-ban de ses États,
« jusqu'à 40,000 hommes armés. Entre un vassal si puissant et son suzerain,
« les rapports pouvaient-ils être absolument les mêmes que du simple sujet
« au monarque ? Pour un prince qui peut appuyer sur des bases aussi fortes,
« ses velléités d'indépendance, on comprend que la fidélité n'est pas strictement
« un devoir, mais seulement un acte subordonné aux droits et aux intérêts de
« celui dont on la réclame. Dès que le feudataire se sent assez fort pour lutter
« avec le roi, la révolte est tellement pour lui une tentation de tous les jours,
« qu'elle cesse de se présenter à sa conscience avec l'idée d'une trahison. Le
« duc de Bourbon, qui ne se regardait plus comme connétable, depuis qu'on
« lui avait enlevé les fonctions et les priviléges de cet office, pour les donner
« à un autre, pouvait se considérer par cela même, comme parfaitement délié
« du serment qu'il avait prêté à François Ier en cette qualité; et se voyant lésé
« dans ses droits, blessé dans son orgueil, menacé dans son existence féodale,
« pourquoi se croirait-il tenu à l'obéissance passive envers le roi de France,
« plus qu'un duc de Bretagne, un comte de Flandres, un duc de Bourgogne,
« qui n'avaient pas été plus puissants que lui ? Et voyez le soin qu'il prend,
« dans cet horrible traité qu'on lui attribue, d'ennoblir sa révolte à ses propres
« yeux et aux regards de tous. Ce n'est point un pauvre chevalier qui brise
« son épée et voile son écusson, pour passer dans le camp ennemi; c'est l'époux
« d'Éléonore d'Autriche; c'est le roi de Provence; c'est un prince indépendant
« et fort qui stipule d'égal à égal, avec l'empereur et le roi d'Angleterre, qui
« déclare la guerre à François Ier. Il s'agit bien moins pour lui de favoriser
« l'ambition de deux monarques, rivaux de celui qui fut son souverain, que
« d'appeler cette ambition au secours de sa vengeance, et d'élever l'édifice
« de sa puissance royale, sur la ruine de ce roi imprudent et frivole, qui a si
« indignement méconnu ses services, ses droits, sa naissance; qui l'a sacrifié
« si légèrement à une femme aveuglée par la haine, à des courtisans cupides
« et jaloux [1]. »

Certes il est difficile de combattre sous une armure plus élégante, en faveur d'un prince trop sévèrement jugé, peut-être; mais ici son champion s'est trop aventuré dans la lice. Il a négligé de considérer qu'en reconnaissant, pour ainsi dire, au duc de Bourbon le droit de se révolter contre François Ier, il restituait à la féodalité tout ce pouvoir qu'elle ne tint jadis que de la force brutale; pouvoir usurpé sur un principe que les grands vassaux n'eussent jamais dû

---

[1] *Ancien Bourbonnais*; t. II, p. 231 et 232.

méconnaître, s'ils avaient été fidèles aux lois de la monarchie : *l'unité de la France*. Car encore même que le connétable pût se croire dégagé de la fidélité au roi, parce qu'il paralysait à son côté l'épée de connétable, et brisait avec la main de justice sa couronne ducale, il ne pouvait perdre de vue que, par une alliance avec Charles-Quint, c'était envers la France même qu'il allait se montrer félon, puisqu'il favoriserait l'invasion de son territoire. A quels hommes, cependant, ouvrait-il les portes de sa patrie? Aux deux souverains les plus cauteleux qui jamais se soient assis sur les trônes, à Charles-Quint et à Henri VIII. Quel gage, dans les précédents de ces princes, pouvait donc lui garantir l'accomplissement de leurs promesses, quand, avec l'aide de son bras, ils seraient parvenus au cœur de la France? A quel espoir imprudent ne se livrait-il pas, lorsqu'il voyait en perspective Charles et Henri, maîtres de la monarchie de Saint-Louis, tailler de leur épée conquérante, à lui simple duc, un royaume dans les dépouilles de François Ier. Il les connaissait bien mal, ces avides aspirants à la possession de nos belles provinces ; et s'ils eussent violé la foi promise, qu'aurait-il fait, même avec les 40,000 hommes qu'il pouvait mettre sur pied, devant les forces de l'Angleterre et de l'empire liguées contre lui?.. L'union de Bourbon avec Éléonore d'Autriche, n'était qu'un leurre brillant : en amorçant ainsi l'ambition du connétable, Charles-Quint dut sourire de pitié : on sait le peu de cas qu'il faisait d'une femme jetée dans le lit d'un prince dont il recherchait l'alliance; on sait aussi que personne ne calculait mieux que lui l'intérêt à tirer des dots qu'il donnait. Il y avait trop d'imprudence à saisir cet hameçon à la superficie dorée et revêtu d'éphémères voluptés. Nul doute que si les événements s'étaient réalisés au gré des contractants, Charles de Bourbon n'eût trouvé la foi punique, là où il espérait obtenir une ample récompense. Dans le traité conclu à Montbrison, s'il exista tel que Saint-Vallier l'a reproduit, le connétable commit, avec un acte de félonie, un trait presque inimaginable de légèreté. Nous devons ajouter à ce qui précède, qu'il n'est point exact de comparer la vassalité d'un duc de Bourbon, à celle des anciens ducs de Bretagne ou de Bourgogne; ces souverains, il est vrai, devaient foi et hommage à la couronne de France, ainsi que le roi d'Angleterre lui-même, pour les provinces qu'il possédait sur le continent. Mais la suzeraineté du monarque français sur ces étrangers était un droit purement honorifique, un jouet de vanité qu'ils écrasaient sous leur gantelet de fer, plutôt que de l'offrir, pour peu que ces vassaux indépendants de fait, fussent mécontents d'un suzerain illusoire. Leurs possessions s'appelaient, dans l'acception la plus exclusive, la Bourgogne, la Bretagne, la Guienne, la Normandie ; et jamais la bannière du Louvre ne flotta sur les tours de ces États, à côté de celle des ducs. Telles n'étaient point, sous la main des sires de Bourbon, les provinces qu'ils gouvernaient à leur plus grand profit, mais qui s'appelaient néanmoins *la France* avant tout, et ne pouvaient devenir indépendantes que par la violation d'*une nationalité* qu'avaient affaiblie sans doute les grands feudataires; mais qui, dans aucun temps, ne cessa d'exister, et se révéla avec toute sa puissance, chaque fois que nos rois convoquèrent les États généraux du royaume.

Le traité, plus ou moins fidèlement rapporté par Saint-Vallier, fut conclu en 1523, pendant la durée du procès inique intenté à Charles de Bourbon, et qui, bien mieux que toutes les prérogatives féodales, peut atténuer l'odieux de sa conduite. La vengeance, surtout lorsqu'elle se croit légitime, est une réaction de l'âme qui domine avec tant de puissance toutes les autres passions, que la vertu même devient impuissante à lui résister, elle qui n'est qu'une qualité trop souvent dépourvue d'énergie. Cependant il survint dans ce temps une circonstance tout-à-fait inattendue, et qui surprit beaucoup le connétable. Ce prince, dessaisi de tout commandement, retiré dans le château de Montbrison, et attendant l'occasion d'ouvrir la carrière de félonie qu'il venait de s'engager à suivre, apprit que François Ier, se préparant à une nouvelle expédition en Italie, avait annoncé au parlement qu'il laisserait en partant la régence à sa mère, et lui associerait, comme lieutenant-général, le connétable de Bourbon. Quelle cause pouvait donc avoir déterminé une résolution si contraire à ce qui venait de se passer à Paris? François Ier avait-il eu quelque connaissance du traité de Montbrison, et espérait-il, par une marque de haute confiance, en arrêter l'exécution? ou seulement influencé par des circonstances graves, se flattait-il d'effacer dans le cœur de son parent toute trace de ressentiment, s'il rendait soudain à sa charge tout l'éclat qu'elle avait perdu? Il est plus probable que Louise de Savoie, après avoir épuisé tour-à-tour auprès de ce prince, les caresses, les tracasseries, les menaces, faisait un essai de magnanimité, espérant par là trouver le seul point vulnérable de ce naturel altier. Mais cette démarche, quel qu'en fût le motif, était tardive; le connétable avait déposé son épée française au pied du trône de Charles-Quint. Ce fut peu de jours après avoir reçu la nouvelle embarrassante du retour de François vers lui, que le connétable quitta Montbrison : ce départ eut lieu vers le 25 juillet 1523. Dans notre troisième section, nous reprendrons la suite des événements dont nous devons suspendre en ce moment le récit.

Avant de quitter Montbrison, le connétable de Bourbon y tint l'assemblée des États du Forez, auxquels il fit de grandes prévenances, dit un historien du pays. En récompense, ils votèrent à son profit une somme d'argent assez forte, que perçurent les gens du roi. Cette assemblée eut lieu le 13 juin 1523.

Le duc Charles de Bourbon fut regretté au pays de Fôrez, même après sa trahison ; il s'était montré dans ce comté, comme dans tous ses autres domaines, grand, généreux, secourable aux pauvres habitants, et beaucoup moins avide de prérogatives que ses prédécesseurs. Or, le patriotisme, entendu dans sa plus vaste acception, c'est-à-dire comme dévouement au pays en général, est toujours dominé par l'affection portée à la localité : les Foréziens se montrèrent long-temps plus sensibles au souvenir des bienfaits du connétable, qu'indignés de ses méfaits envers la France. Rien n'est changé à cet égard en fait de patriotisme, et peu des membres de notre système représentatif pourraient réfuter cette assertion : qu'un ministre, qu'un grand porte une atteinte grave aux institutions conservatrices des droits ou des intérêts de la nation, il trouvera grâce auprès de tel ou tel député, s'il a fait bâtir un pont ou passer une route dans l'arrondissement de ce mandataire. Sans doute il en est dans la représentation nationale qui donnent une plus vaste signification au mot patrie ; mais on a bientôt fait de les compter dès que l'intérêt local vient à la traverse... Ce serait bien autre chose, si nous examinions le jeu de l'intérêt personnel !

Par l'issue du procès intenté au connétable, Louise de Savoie fut envoyée en possession de la plus grande partie de ses domaines, sauf ce qu'il avait fallu convertir en espèces ou concéder, pour récompenser ceux qui avaient aidé cette princesse à ruiner le duc dépossédé. On ne connaît l'administration de Louise de Savoie, dit M. Auguste Bernard, que par quelques actes où il est question d'argent. Le premier officier qu'elle ait mis en son nom, fut Victor Barguyn, secrétaire du roi et trésorier des finances de Madame : « Es « mains duquel, avoue De la Mure, les plus clairs deniers du comté de Forez, « déduites les charges et frais ordinaires, furent délivrez. Au mois de septembre « de l'année 1628, continue le même historien, fut faite l'assemblée des États « de Forez et Roannais, et par eux, furent accordées à Louyse de Savoye « plusieurs sommes pour la réduction et réunion des seigneuries aliénées au « comté. »

Cependant, François I⁰ʳ ayant conclu avec Charles-Quint le traité humiliant que l'histoire générale a signalé, l'empereur qui, comme nous le verrons ailleurs, n'avait tenu aucune des promesses faites au connétable, prit les intérêts de la famille du prince mort, lorsqu'il ne devait rien lui en coûter pour les servir. Il fut stipulé que la princesse de la Roche-sur-Yon, sœur du feu duc, aurait satisfaction sur la succession de son frère. Par suite de cette convention, fort imparfaitement accomplie, le jeune prince de la Roche-sur-Yon, reconnu comte de Forez, fit son entrée à Montbrison le premier juillet 1530.

accompagné du maréchal de Saint-André. « Le clergé de Nostre-Dame, « rapporte De la Mure, avec grosse sonnerie, le vint quérir; on lui donna à « baiser les reliques; estant au chœur, il prit la place du doyen; les penons de « Montbrison, armés pour le recevoir, faisaient le nombre de douze cents « hommes, rangés sous neuf enseignes déployées. »

Mais ceci n'était qu'une comédie, où le jeune prince de la Roche-sur-Yon jouait le principal rôle sans profit, comme un acteur de la banlieue de Paris. Ce leurre d'investiture avait eu pour but de satisfaire à la lettre du traité; mais aussitôt après la cérémonie, Louise de Savoie se remit en possession du Forez, en fit ensuite don au roi, et l'année suivante, 1531, il fut définitivement réuni à la couronne, ainsi que tous les domaines du connétable. En 1532, les papiers du comté furent enlevés de Montbrison et de tous les châteaux du comté où se trouvaient des archives; on les transporta à la chambre des Comptes de Paris, et, en 1533, les écussons royaux remplacèrent partout ceux des comtes.

Mais ce ne fut qu'en 1536, que François Ier vint prendre possession du comté de Forez, en revenant de visiter un camp établi près de Valence. Avant de faire son entrée à Montbrison, le roi s'était arrêté à Saint-Rambert, où il avait pris le plaisir de la chasse. Le 25 avril, Sa Majesté s'avança, accompagnée de sa cour, vers la capitale du Forez; pour donner une idée du cérémonial avec lequel on l'accueillit, nous ne pouvons mieux faire que de copier le procès-verbal qui en fut dressé par les consuls.

« Le mardy vingt-cinquième avril audit an, jour et feste de Monseigneur Saint-Marc, le roy nostre sire, la royne, Messieurs les enfants, assavoir, Messeigneurs de Daufin, duc d'Orléans et de Angoulème, tous ensemble, environ quatre heures du soir, entrèrent en ladite ville de Montbrison, par la porte de Saint-Jean, à laquelle Messieurs les consuls de ladite ville tenoient le poële fait de damas blanc, auquel il y avait une lettre F en or, eslevée la couronne au-dessus, par tous les costés dudit poële espoissement mis, et sous ledit poële, le roi nostre sire alla jusques au cloistre Nostre-Dame, son logis, et les enfants [1] de la ville, au nombre de cinq à six cents, avec arquebustes, tamborins de Suisse et grandes enseignes, conduits et menez par M. le chastellain de ladite ville, André Rapail; le tout en bon ordre et triomphement acoustrez,

---

(1) Nous pensons que le mot *enfant* signifie ici habitants natifs de la ville; c'eût été une sorte de dérision d'armer en guerre des adolescents pour aller au-devant du roi-chevalier; si c'eût été de jeunes filles, à la bonne heure : il y aurait eu là une heureuse entente du goût favori de François Ier.

alloient au-devant, dix ou douze trompettes sur ladite porte Saint-Jean jouant et sonant à grosse force. Ledit poële fut porté par Monsieur maistre Pierre Charbonnier, licencié ez lois; Thomas Cognasse, Pierre Galopin et Venerand Medieu, consuls de ladite ville (nommés depuis échevins), et le lendemain, il fit son entrée en l'église Nostre-Dame avec de belles cérémonies. »

Le roi logé, comme nous venons de le voir, dans le cloître Notre-Dame, occupa la maison de messire Pierre Paparin, sacristain et chanoine de cette collégiale. La reine Éléonore et les enfants de France logèrent dans d'autres maisons du même cloître. Continuons avec De la Mure le récit de cette entrée.

« Le roy donc, logé audit cloistre des chanoines de Montbrison, y demeura seize jours entiers, et pendant ce temps, fit tous les actes de prise de possession personnelle du comté de Forez, que requerait la double union qui en avait été précédemment faite à la couronne; et même dès le lendemain de son arrivée en ladite ville, étant allé ouyr la sainte messe en la belle église collégiale, qui est au milieu dudit cloistre, tout le clergé de cette ville, revêtu de chappes précieuses données autrefois par les comtes de Forez et ducs de Bourbon, l'étant venu quérir à la grande porte de ladite église, le roy y reçeut l'aumusse de chanoine sur le bras, qui lui fut présentée par le doyen, pour marque qu'en qualité de comte de Forez, il était le premier chanoine honoraire de cette église, comme il en était le patron. Ensuite de quoi il fut conduit au chœur de ladite collégiale au trosne qui lui avait été dressé, et là fut solennellement chanté le *Te Deum,* après lequel la messe ayant été chantée en musique, par un concert de voix réciproque des musiciens et chantres de ladite église et de ceux de sa chapelle, il reçeut en ladite qualité de comte de Forez, le serment de fidélité des doyen et chanoines, des officiers de ladite ville et des principaux gentilshommes foréziens, vassaux dudit comté, qui s'étaient rendus là pour la prestation de ce devoir.

« Le séjour que ce grand roy fit en ce dévot et agréable cloistre des chanoines de Montbrison, fut marqué et descrit par quatre vers français, conçeus au style et à la façon de ce temps là, et mis en relief sur une plaque apposée au fond et sur le derrière de ladite maison canoniale où il fut logé, dont voici la teneur.

Le jour de cinq marc mil cinq cent-trente-six
Fust le séjour de très-chrétien François,
Premier du nom, puissant roy des François,
Par seize jours en ce logis assis.

Heureusement pour l'amour propre des Montbrisonnais, ce quatrain, qui glacerait l'enthousiasme *moyen-agiste* de Victor Hugo lui-même, a disparu depuis long-temps; quelque habitant de bon goût en aura fait justice, et la brillante époque de la renaissance sera restaurée d'autant.

La chronique rapporte que le jour même de l'entrée de François Ier à Montbrison, le tonnerre, sans doute attiré par la *grosse sonnerie*, qui signalait cet événement, tomba sur le clocher de Notre-Dame, et que tous les bois des cloches faillirent brûler.

L'année suivante, une montre des habitants de Montbrison, organisés en milice, eut lieu par l'ordre du roi; nous citons le récit contemporain, qui peint avec des couleurs vives et vraies cette revue militaire. « Le dimanche pénultième d'avril 1537, par noble et puissant Claude d'Urfé, chevalier seigneur dudit lieu, escuyer d'escuyrie ordinaire du roi nostre sire, lieutenant de cent gentilshommes de sa chambre, bailly de Forez et capitaine de la ville de Montbrison, la monstre a été faite des habitants dudit Montbrison, tous ayant arquebutes, espées à deux mains et autres bastons de guerre, à laquelle Monsieur l'avocat messire Pierre Chatillon, estait le capitaine de la ville sous le seigneur d'Urfé, bailly et capitaine-général. Noble Jacques Chauvet portait l'enseigne; le donjon bien riche et affigé; et faisait beau voir lesdits habitants avec leurs accoustrements riches et tous expressement faits de nouvel, au nombre de sept cens ou environ, ayant à force taborins de Suisse de douze à quinze, et vinrent pour voir ladite monstre plusieurs grands seigneurs et gentilshommes. »

Sans être aussi épris du XVIe siècle que notre jeune littérature du XIXe; sans renier les usages de notre époque, pour ressaisir, à trois cents ans derrière nous, les coutumes, les allures et les habits du règne de François Ier, tandis que, par un contraste étrange, nos imaginations progressives dévorent l'espace devant elles; enfin, sans rétrograder vers une civilisation qui ne peut plus être la nôtre, nous devons cependant convenir que ces milices bardées de fer, et guerrières de cœur comme en apparence, rendent, par le souvenir et la comparaison, bien mesquines, bien grotesques nos gardes-nationales, qui jouent à l'attitude martiale ou s'en moquent. Cette légèreté et ce dédain ont cependant, aux yeux de l'Europe, une triste conséquence, qu'il faudrait considérer afin de prendre plus au sérieux le principal gage de la force des peuples : l'intention réfléchie des citoyens de se réunir sous les couleurs du pays, dès qu'il serait menacé. Sans doute le ridicule a sévi avec quelque raison, contre le soldat boutiquier qui passe une revue en lunettes, contre l'officier bourgeois qui fait le malade pour obtenir la croix sans fatigue, et seulement en sa qualité d'agent de change, d'avocat ou de notaire royal; mais la marotte du malin vaudeville se taira, le rire moqueur prendra fin le jour où l'on verra que tout garde-national comprend son service comme un devoir grave; alors les étrangers seront peu tentés de jouer sur leurs théâtres cette France qui saura, quand elle voudra, leur présenter trois millions de baïonnettes acérées. Retournons au XVIᵉ siècle et à Montbrison, où l'on va voir se dérouler une trame sanglante.

Depuis la prise de possession décrite ci-dessus, jusqu'à l'année 1562, la ville capitale du Forez ne fut le théâtre d'aucun événement digne d'être cité. Le chapitre de Notre-Dame s'occupait de terminer son église, commencée au XIIIᵉ siècle, et dont nous donnerons ici la description. Cet édifice en entier appartient à la période gothique : vers 1396, deux arcades furent ajoutées aux travaux commencés plus de cent ans auparavant, et la voûte fut terminée en 1403. Au reste, des inscriptions placées dans plusieurs parties de l'édifice, pourraient servir à faire connaître les progrès de la bâtisse dans le cours de trois siècles.

L'église de Notre-Dame est une basilique à trois nefs, avec abside derrière le chœur, mais sans transepts. Sa longueur, dans œuvre, est de 190 pieds; la largeur de la nef principale est de 37 pieds, celle de chacun des collatéraux de 22 : largeur totale 81 pieds. Des chapelles situées au côté droit, et sans parallèles, nuisent à l'harmonie de l'architecture; elles ont été ajoutées au monument à diverses époques [1]. La voûte principale a 58 pieds de haut; la hauteur des nefs latérales est de 31 pieds. La nef du milieu est séparée des bas côtés par une double rangée de piliers, dont les chapiteaux, assez pauvres d'ornementation, rappellent bien les époques tourmentées durant lesquelles la construction s'est poursuivie laborieusement. En général, cette église offre peu de ces richesses du ciseau dont l'école gothique était prodigue : on n'y voit point de rosaces; les ogives des fenêtres sont simples, dépourvues de vitraux; et par une inspiration malheureuse des temps modernes, on a voulu y suppléer à l'aide de verres de couleur, pastiche déplorable de ces délicieux tableaux diaphanes, que l'art gothique savait si bien créer. Un beau vitrail

---

(1) On lit dans la *Description du Forez*, par Anne d'Urfé : « La chapelle Saint-Estienne est bâtie par un doyen de la maison de Sainct-Marcel d'Urfé, qui a faict tant de bien en ceste église, qu'il en est estimé comme le fondateur, et qu'il est enterré en ceste chapelle, où il y a une sépulture pour tous ceux de Saint-Marcel, sortis et portant le nom et les armes des princes de Galles anglais. Il y a aussi une belle chapelle de la maison de Cousan, bâtie par un Eustache de Lévy, chantre de ladite esglise, où il y a une sépulture pour ceux de ladite maison, qui n'a point esté mise en usage que je sache. Il y a encore deux chapelles fondées par Robertetz : la plus grande, et qui est la plus belle de toute l'esglise, bâtie par un évêque d'Alby de ceste maison, dont il est sorti plusieurs excellents personnages, et qui ont exercé honorablement de grandes et belles charges auprès de noz roys, estant sortis de ceste ville de Montbrison, etc. »

placé dans une chapelle, semble se trouver là pour faire ressortir ce que les verrières modernes offrent de désaccord avec le style de l'église.

Le monument tel qu'il est ne manque pas de majesté ; mais, selon M. Auguste Bernard, il a perdu plusieurs détails d'ornementation qui le rendaient élégant. « Un jubé gracieux, dit cet écrivain, s'avançait au-dessus du chœur, et portait un orgue aux sons majestueux. Plusieurs statues et d'autres ornements de sculpture en marbre et en pierre décoraient encore l'édifice : il ne reste que quelques débris de cette richesse du ciseau. » Les premières dégradations de l'église Notre-Dame furent commises par les Calvinistes, lors de leur invasion de 1562, dont nous parlerons bientôt; et le délire dévastateur de 1793 acheva ce que les dissidences religieuses avaient commencé. Mais ni la fureur des Huguenots, ni le transport frénétique des Vandales du XVIIIe siècle, n'avaient pu enlever à cette église la majesté qu'elle tenait de ses premiers constructeurs; de prétendus restaurateurs modernes sont parvenus à l'altérer sensiblement, par des peintures d'une mauvaise exécution, et qui n'ont aucune analogie avec le caractère de l'édifice. Car l'architecture gothique semble n'avoir voulu confier qu'au ciseau, le soin de décorer ses formes grandes et imposantes; elle n'a réservé de place, selon nous, à la peinture que sur ses vitraux: les fresques elles-mêmes, nous ont toujours paru peu compatibles avec les dispositions grandioses des monuments religieux appartenant à cette période de l'art.

« Au milieu du cueur, dit Anne d'Urfé, est la tombe des comtes de Forez, qui a esté villenament rompue par les prétendus reformés, comme aussi celle de Matieu, bâtard de Bourbon, posée au devant de la chapelle Saint-Estienne. » L'auteur de la *Description du Forez* entend sans doute parler ici plus particulièrement du tombeau de Guy IV, fondateur de Notre-Dame. Ce monument, quoiqu'en ait dit l'écrivain que nous citons, ne fut point détruit par les *prétendus réformés :* le baron des Adrets, par un acte de générosité qu'on ne devait pas attendre de son caractère, fit respecter la dernière demeure du seigneur forézien. Mais en 1793, le sarcophage de Guy IV fut renversé; ses débris, mutilés et dispersés, ne se sont pas tous retrouvés lorsqu'on a voulu le restaurer : quatre pilastres et une balustrade en pierre élégamment sculptés avaient disparu; on s'est donc borné à replacer dans la nef la statue du comte, couchée, et ayant les pieds appuyés sur un lion. Cette figure, d'un travail assez délicat, nous a paru appartenir à la statuaire du XIVe siècle ou des premières années du XVe.

Près de la statue de Guy IV, on remarque une figure taillée dans un bloc de grès, dont une partie forme la table sur laquelle elle est couchée. La tête repose sur un coussin, et les pieds sur un chien mutilé. Cette statue est vêtue d'une sorte de surplis orné d'une dentelle ; un manteau dont les plis tombent sur le côté, couvre les bras et la poitrine avec une entente de draperie assez heureuse. Mais le travail en général, est d'une basse époque de l'art, qu'il est toutefois difficile de fixer, le visage et les mains étant dégradés. Aucune inscription ne fait connaître le personnage auquel ce monument fut élevé : quelques écrivains ont annoncé, sans assez de preuves, qu'il renfermait les restes d'un doyen du chapitre de Montbrison, nommé A. G. Duverney, qui avait été un *grand* jurisconsulte. Nous n'avons trouvé, parmi les illustrations du Forez, que Duverney (Joseph Guichard), savant anatomiste, né à Feurs au milieu du XIIe siècle, et dont nous parlerons dans notre biographie. L'église collégiale renfermait encore la sépulture des Papon, jurisconsultes célèbres : « Là, dit Anne d'Urfé, est le corps de Jehan Papon, conseiller du roi et lieutenant-général en ce baillage environ quarante ans, dont les beaux escris rendent la renommée perpétuelle. »

On voit dans le chœur de Notre-Dame une inscription placée assez haut, et qui constate la fondation de cet édifice. C'est une pierre d'honneur que Guy IV fit poser par la main de son fils, encore dans l'enfance, en l'année 1225 [1]. Voici l'inscription restaurée :

Clementis festo,
lector, semper memor esto,
cum semel millesimus bis centesimus
quater V'
Domini foret annus,
adjecto quinto,
lapis est primarius hujus ecclesiæ positus
Guido Quintus parvulus infans,
de mandato patris comitis posuisse refertur :
hunc pater ipse locum dedit et contulit,
atque dotavit ;
dos est Modonium, decima de Verrieres
et sexaginta libræ fortes [2].

---

(1) Alléon Dulac et M. Duplessy font remonter la pose de cette pierre à 1205, parce qu'en restaurant l'inscription, ils n'ont pas eu égard au mot *quater V'* (quatre fois cinq), et se sont ainsi trompés de vingt ans.

(2) En français : Souviens-toi toujours, lecteur, qu'à la fête de Saint Clément de l'an du Seigneur mil

La façade de l'église Notre-Dame, quoiqu'inachevée, offre bien le cachet de l'architecture gothique, parvenue à son apogée, et déjà mêlée des inspirations de la renaissance, qui, vers le tiers du XVIᵉ siècle, vint combiner ses souvenirs antiques avec les beautés entièrement dues aux inspirations du moyen-âge. Ici le ciseau, trop économe peut-être, a produit quelques détails d'une gracieuse finesse, qui s'harmonient bien avec une figure de la Sainte-Vierge, tenant son divin poupon, suivant la naïve expression de l'historien De la Mure. Des deux tours qui devaient s'élever au-dessus du portail, une seule a été terminée, l'autre ne dépasse point le faîte de l'église.

On entre aussi dans l'église par deux portes latérales; mais elles ne semblent pas tenir du système général d'architecture, et elles sont dépourvues de toute ornementation.

L'ensemble du monument, vu à l'extérieur, et entouré comme il l'est aujourd'hui de maisons d'un aspect assez disgracieux, produit peu de sensation sur le spectateur: c'est cependant, à tout prendre, un édifice digne de fixer l'attention.

deux cent vingt-cinq, la première pierre de cette église fut posée par Guy V, encore petit enfant, par ordre du comte son père, lequel lui-même choisit et consacra ce lieu, et lui donna pour dot la seigneurie de Moingt, la dîme de Verrières et soixante livres fortes.

Pour ne plus revenir à l'église collégiale de Montbrison, nous donnerons quelques détails sur l'organisation de son personnel, empruntés encore au sire Anne d'Urfé. « Il existe dans ce chapitre douze chanoines assez bien rantés et un doyen qui prend pour deux ; et l'est à présent messire Anne d'Urfé (celui-là même qui écrit), prieur de Montverdun, conseiller du roi en son conseil d'estat, et comte de Sainct-Jehan de Lion [1]. En ces douze chanoines il y a trois officiers, assavoir : le chantre, le segretain (sacristain), et le maître du cueur, qui n'ont rien de plus qu'un des aultres chanoines, que le lieu plus honorable. Oultre lesquels chanoines, il y a cinq prébandiers royaux qui peuvent, comme les dits doyen et chanoines, cellébrer la messe au grand autel; *ce qui n'est permis à neuls aultres*; et de plus, il y a six vingts prébandes ou commissions de messes, dont aucunes sont livrées à la collation du chapitre ou de quelques particuliers, la pluspart de la ville. »

Il y aurait bien quelque chose à dire d'un privilége nobiliaire et exclusif, se rapportant au sacrifice de la sainte messe; mais des réflexions à ce sujet paraîtraient malsonnantes peut-être à une époque où la *restauration* du catholicisme romain s'opère sous les inspirations de l'élégance et du bon goût. Nous ignorons ce que pense la cour de Rome d'une ferveur chrétienne proclamée par un journal intitulé *la Mode*, et reconnaissant pour évangélistes des littérateurs qui font chaque soir des soupers de régence avec les actrices du boulevard. Quoiqu'il en soit, il est à craindre que cette régénération religieuse à l'ambre et au pachouli ; ce mélange de prières affichées et de plaisirs expansifs mal cachés ; cette renaissance des candides croyances, enregistrée parmi les inspirations fugitives de la légèreté française ; il est à craindre, disons-nous, que tout cela ne soit classé par la postérité parmi les paroxismes d'étranges délires que les révolutions laissent assez long-temps sur leurs traces. Dans un autre temps, nous aurions dit, à propos de l'exclusion des prêtres non titrés du maître-autel de Notre-Dame, que si dans le royaume des cieux les grands doivent être abaissés et les humbles élevés, les ministres du ciel

---

(1) Ici, Anne d'Urfé, devenu ecclésiastique, d'homme de guerre qu'il était, ainsi que nous l'expliquerons ailleurs, tait, sans doute par une modestie évangélique, une partie de ses titres et dignités ; les voici : Anne de Lascaris d'Urfé, comte dudit lieu, souverain comte de Tendes et du Mare, marquis de Bagé, comte de Rivole, seigneur de Saint-Just en Chevallet, Rochefort, Saint-Didier, la Bastie, Sainte-Agathe, etc., chevalier de l'Ordre du roi, gentilhomme ordinaire de sa chambre, capitaine de cent chevaux légers et de cent hommes d'armes, bailli et gouverneur du pays de Forez; puis vinrent les qualités ecclésiastiques désignées dans le texte, et auxquelles il faut ajouter celle de vicaire-général du cardinal Maurice de Savoie.

agiraient selon la volonté de Dieu, en commençant sur la terre cette contrepartie des destinées humaines. Mais c'est avoir déjà trop philosophé ; nous savons tous que la vieille morale est devenue essentiellement prolétaire : cette doctrine d'échoppe et de carrefour doit se cacher comme une croix de juillet.

Les monuments religieux de Montbrison étant les seuls qui méritent d'être cités, nous continuerons de mentionner ceux que cette ville renfermait. Au rapport d'Anne d'Urfé, il y avait dans la capitale du Forez trois belles paroisses et deux autres belles et dévotes églises, outre celle que nous venons de décrire. Les trois paroisses étaient Saint-Pierre, Saint-André et la Madeleine. De ces trois églises paroissiales, que la révolution avait respectées, il en a été démoli depuis deux, par des raisons de salubrité. Ces édifices, fort anciens, doivent être regrettés comme monuments historiques. L'église de Saint-Pierre, la plus moderne, la plus petite et la moins monumentale des trois, a été conservée. Les deux églises conventuelles étaient celle des Cordeliers, fondée par le vicomte de Lavieu, en 1259; et celle du couvent de Sainte-Claire, « fort dévot et bien renommé, dit Anne d'Urfé, par la bonne et saincte vie des religieuses. »

La famille du fondateur des Cordeliers avait dans leur église une vaste sépulture au milieu du chœur. Les seigneurs des maisons de Cousan et d'Apchon avaient aussi leurs tombeaux aux deux côtés de l'autel; et dans une chapelle, on voyait celui de la maison de Sugny, qui fit exécuter plusieurs réparations dans ce couvent. A la fin du XVIe siècle, des pénitents blancs, sous le titre de *Confrérie de Gonfolon* (de l'italien *Gonfalo*), eurent, dans l'église des Cordeliers, une chapelle particulière. Plus tard, ils firent bâtir à leurs frais une vaste église qui, vendue durant la révolution comme propriété nationale, servit d'écurie. A une époque plus récente, la confrérie s'est formée de nouveau ; et se propose, dit-on, de racheter ses anciens bâtiments. L'utilité de cette société une fois admise, on ne pourrait que la féliciter d'une telle détermination : ce fut un retour à la barbarie, heureusement passager, que la profanation des temples; il ne peut exister de dissidence sur cette question de haute et indispensable morale.

Le couvent de Sainte-Claire fut fondé en 1500 par Pierre d'Urfé, grand écuyer de France et de Bretagne, chevalier des ordres de France, de Bourgogne et du Saint-Sépulcre, chambellan ordinaire du roi, capitaine de cinquante hommes d'armes de ses ordonnances, sénéchal de Beaucaire et bailly du Forez ; et par Antoinette de Beauvau, sa femme. Anne d'Urfé, prieur de Montverdun et doyen de Notre-Dame, fit bâtir une chapelle dans cette église, qui fut en outre et à ses frais voûtée en pierre de Saint-Étienne, au lieu de la voûte en bois qui avait jusqu'alors existé. Plusieurs seigneurs et dames de la maison d'Urfé avaient leur sépulture dans l'église de Sainte-Claire : au moment de la révolution, on y voyait encore les tombeaux de Pierre d'Urfé fondateur, et de Gabrielle d'Urfé. Ces mausolées, sur chacun desquels reposait une statue d'un travail assez médiocre, furent déplacés en 1788 pour faciliter quelques réparations. « On trouva dans le caveau qu'ils couvraient, rapporte M. Duplessy, deux cercueils en sapin ; l'un de ces cercueils renfermait des ossements qui paraissaient avoir appartenu à un personnage de haute stature : ils étaient enveloppés dans un manteau de velours cramoisi, brodé en or, et dont la couleur s'était parfaitement conservée ; la tête était couverte d'une toque de la même étoffe, également brodée. Tout auprès était une boîte de plomb en forme de cœur, d'une grande dimension et portant sur une des faces le millésime de 1551. Une autre boîte, plus petite, renfermait des papiers, dont on ne put lire les caractères. L'autre cercueil contenait aussi des ossements d'une grandeur plus qu'ordinaire, et couverts d'un manteau de velours vert, dont le temps avait altéré la couleur et même le tissu. Ces cercueils furent remis à leur place avec les dépouilles mortelles qu'ils renfermaient, et les religieuses convertirent en ornements d'église les deux manteaux qui avaient enveloppé, pendant près de deux siècles et demi, les squelettes de deux seigneurs de la maison d'Urfé. » Depuis la révolution, le cloître et l'église de Sainte-Claire ont été abattus, sauf une partie de bâtiment qui sert de caserne à la gendarmerie départementale. Or, pendant la démolition de cette abbaye, on a trouvé un bas-relief reconnu antique, qui répand quelque lumière sur un point curieux : ce morceau de sculpture, grossièrement travaillé sur du grès, représente le supplice d'un homme dont les membres sont tirés par quatre chevaux ; ce qui prouve que l'écartement, réservé dans les temps modernes aux régicides, était usité chez les anciens. Un parchemin couvert de caractères gothiques et trouvé dans les archives de cette maison, portait qu'une dame d'Urfé était accouchée, au château de Labatie, de neuf enfants vivants. Elle allait les faire jeter dans le Lignon, lorsque son mari, revenant de la chasse, rencontra sur le bord de la rivière les serviteurs chargés d'exécuter cet ordre cruel, et fit reporter au château ces pauvres petites victimes d'une barbarie maternelle motivée sans doute sur des craintes qu'il est aisé de soupçonner.

En relatant cette singulière anecdote, M. Duplessy, qui ne paraît pas y croire, en rapporte une plus ancienne, dont elle paraît être la copie, et que voici :

« Gilles de *Trazegnies*, surnommé *le Brun*, qui accompagna Saint-Louis dans la Palestine, était, suivant la tradition, l'un des treize enfants d'une même couche. La marquise sa mère, était enceinte lorsque son mari partit pour une expédition guerrière; elle accoucha pendant son absence de treize fils vivants. Effrayée des soupçons qu'un si grand nombre d'enfants pouvait faire naître au marquis, qui croyait peut-être à la superfétation dans le cours d'une grossesse, elle les condamna tous à être noyés. Sa suivante les ayant mis dans son tablier (tablier est bien moderne), les portait à la rivière lorsque le marquis, revenant de l'armée, la rencontra, et visitant son tablier, y trouva ses treize fils. Touché de compassion, il les fit mettre en nourrice et les reconnut. Ces enfants prirent par la suite le nom de *Trazegnies* qui, dans le langage du XIII° siècle, signifie treize nés. Il existe encore des descendants de cette maison. »

Nous voulons bien le croire, comme à l'aventure relatée par le manuscrit trouvé dans les archives de Sainte-Claire, et qui, dit-on, s'est perdu. Mais il faut convenir qu'il y a là, aux nombres neuf et treize près, de flagrantes réminiscences de l'enfance fabuleuse des Œdipe, des Romulus, des Rémus; et l'on sait de longue main que les contes modernes sont, le plus souvent, la reproduction des contes anciens. Seulement, de nos jours, les reproducteurs se persuadent qu'ils inventent en empruntant aux temps passés, qu'ils méprisent. Voilà qui est tout-à-fait logique : accuser nos pères de pauvreté d'esprit, c'est éloigner le soupçon qu'on veuille les piller.

Il paraît, du reste, que les dames de Sainte-Claire se montraient assez faciles à conserver les traditions candides : peu de temps avant la révolution, une abbesse, plus avisée que ses devancières, fit disparaître des archives de la maison, un procès-verbal attestant que, trois semaines avant la prise de Montbrison par le baron des Adrets, les religieuses avaient vu, pendant trois jours consécutifs, sur la surface de tous les murs qui n'étaient pas abrités, des taches rouges semblables aux gouttes d'une légère pluie de sang. De la Mure et le Père Fodéré ont rélaté cet étrange événement : c'était de leur temps.

A l'époque où le seigneur Anne d'Urfé écrivait sa *Description*, l'hôpital de Montbrison existait déjà, avec une chapelle dédiée à Sainte-Anne. La voûte de cette chapelle, semée encore des armoiries de sa famille, lui faisait présumer que cet établissement pouvait avoir été fondé par elle. Cependant le judicieux écrivain ajoute, que plusieurs prébandes ayant été instituées dans la maison par Anne, dauphine, comtesse de Forez, femme de Louis de Bourbon, elle eut au moins grande part à cette fondation.

Après la description des monuments religieux qui existèrent ou existent encore à Montbrison, nous revenons à l'histoire de la ville proprement dite.

Les protestants étaient maîtres du Lyonnais; ils s'y conduisaient en vainqueurs; tenant sur la poitrine des vaincus le genou de la force, ils leurs disaient:

« Nous ne voulons point de votre fétichisme, de votre idolâtrie. Pourquoi telle vierge est-elle plus riche que telle autre ? Pourquoi le bois sculpté de Fourvières opère-t-il plus de miracles, que le bois de toute autre chapelle ignorée ? Dieu n'est-il pas partout le même. Nous ne voulons plus de ces simulacres profanes, qui ne peuvent représenter la divinité, et attirent dans vos trésors les richesses de vingt provinces.

Les sectateurs de Calvin frappaient ainsi d'anathême tout principe de la religion, en faisant rentrer ses divins mystères sous le régime désolant de la logique et de la raison commune. Nous ne sommes pas de ceux qui prononcent audacieusement que ces réformateurs agissaient de tout point selon l'intérêt de la société; seulement, nous pensons qu'il eût été à désirer que le clergé se fût mieux pénétré, un demi-siècle plus tôt, de sa mission évangélique. Une réforme spontanée eût épargné au monde la réforme sanglante dont il eut à gémir.

Maîtres d'une province si proche du Lyonnais, les huguenots ne pouvaient manquer d'y pénétrer bientôt; mais les catholiques de ce pays n'attendirent pas l'invasion calviniste : ils la provoquèrent. Nous citerons, pour affirmer cette assertion, une autorité peu suspecte, celle du Jésuite Saint-Aubin.

« En avril 1562, dit-il, messire Henri d'Apchon prit prisonnier au port de Montrond le ministre d'Issoire en Auvergne, superintendant de tous ceux dudit pays, et comme tel député à Lyon à la conférence, pour le synode général qu'ils avaient convoqué à Orléans. Furent aussi pris audit temps, par messire Arthaud d'Apchon, son frère aisné, lieutenant en Forez, seigneur de Montrond, et arrestez par son ordre, les ministres et prédicants qui estaient *perchez* ez villes de Feurs, Saint-Galmier et Saint-Bonnet-le-Chastel, et furent tous conduits ez prisons de Montbrison. » Saint-Aubin continue avec cette acrimonie haineuse dont il faut se défier : « Les calvinistes avaient envoyé un de leurs ministres à Saint-Bonnet-le-Chastel, pour y faire quelques prêches au faubourg. Comme ce ministre avait été autrefois du nombre de ces charlatans qui montent sur le théâtre, pour vendre des drogues aux places publiques, il estait aussi de mauvaise vie, et très-mal pourvu des connaissances nécessaires pour conduire un troupeau. Il s'engagea, ne sais comme, à la fabrication de la fausse monnaie. Il va sans dire, ajoute le Jésuite narrateur, avec un ton de lourde plaisanterie, que c'estait tout simplement pour avoir de quoi réformer l'église, réformant sa bourse, et s'imaginant qu'en conscience, c'en était le seul et vrai moyen.

« Le gouverneur de Montbrison en étant informé, se rendit aussitôt sur les lieux avec le procureur du roi et plusieurs gentilshommes du pays. Ils saisirent le ministre avec deux complices; de même ils firent prendre une *garce*, qu'ils entretenaient, pour les aider à ce grand dessein de réformation, et furent tous enfermés dans les prisons de Montbrison, où on allait faire leur procès complétement. Les protestants en ayant été avertis, armèrent en diligence.

Si l'on pèse avec indépendance toutes les expressions de ce récit, il sera facile de reconnaître que les méfaits et délits imputés au ministre de Saint-Bonnet étaient de purs prétextes pour le mettre sous la main des catholiques; et ceci reconnu, il sera difficile de nier que l'agression du gouverneur de Montbrison n'ait été la première cause des désastres de cette ville.

Dans les derniers jours de juin 1562, François de Beaumont, baron des Adrets, revêtu par le prince de Condé du titre de colonel-général des calvinistes, avec 4,000 hommes cavalerie et infanterie, attaqua et défit la noblesse forézienne, qui s'était avancée au-devant de lui, sous les ordres du seigneur de Saint-Priest. Ce chef prit ensuite Feurs, puis vint mettre le siége devant Montbrison, le 13 juillet. Afin de n'enlever au récit de l'événement si tristement fameux dont cette ville fut le théâtre, ni sa fidélité, ni la couleur forte dont les historiens du temps l'ont revêtu, nous les laisserons parler tour-à-tour.

« Le lundy treizième juillet, environ deux heures après midy, a rapporté Jean Perrin, alors châtelain de Montbrison, M. le baron des Adrés, accompagné des seigneurs de Poncenat, Blacons, Pizey, Cice et aultres capitaines huguenots, avec vingt ou vingt-cinq enseignes, au nombre de 4,000 hommes, tant de pied que de cheval, assiégea la ville de Montbrison du costé du Parc. Le lendemain, mardy, vers sept heures du matin, un trompette fut envoyé par la porte Saint-Jean, de la part du capitaine Cice, sommer la ville et les capitaines qui avaient été mis en icelle, pour la garder, par M. de Montrond, lieutenant du gouverneur, assavoir : MM. de Montcelar, Cunières, Chalmazel, Duchiez, Magnieu-Haulterive, d'ouvrir les portes, faire cesser les messes, chasser les prêtres, Cordeliers et Sœurs de Sainte-Claire, et recevoir ministres en leur lieu, pour annoncer la parole de l'Évangile; auquel trompette ledit seigneur de Montcélar fist réponse pour les aultres capitaines et pour la dicte ville, que s'il plaisait au seigneur Cice se venir rafraîchir dans la ville, qu'il trouverait la porte ouverte et serait le bien-venu; mais que de luy ouvrir pour les actes susdicts, touts se desliberaient plustost d'endurer la mort. Le trompette ayant receu ceste response s'en retourna, et bientost après, on commencea à canoner la ville du costé du Parc, au dessoubz la porte apellée *la Poterle*, estant au cloistre Nostre-Dame, où, après avoir tiré plusieurs coups de canon, ils firent brèche, à laquelle ils vinrent environ sept heures du soir, et entrèrent dans la dicte ville, sans trouver grande résistance de la part de ceux qui étaient dedans.

Un second chroniqueur de Montbrison, Étienne Berthaud, avocat du roi en l'élection, dans un autre récit, rapporte que la ville fut prise aussi promptement, à cause de l'ivrognerie et lâcheté de 600 hommes étrangers qui s'y trouvaient en garnison. Mais, ajoute-t-il, ces soldats payèrent cher leur inaction : les calvinistes leur appliquèrent divers supplices, et tous périrent. Le savant docteur Claude de la Roue a jeté aussi quelques traits sur ce funeste tableau : « Les huguenots, dit-il, entrèrent par la brèche qu'ils avaient faite au mur du cloître, au nombre de 2,000 hommes, sans aucune résistance de la part des habitants, tant à la brèche que par les rues..... Et si Dieu n'eût avancé le cours du soleil, comme il l'avait arrêté du temps de Josué, il ne fût pas resté un homme vivant en toute la ville..... Ce que j'atteste être, comme l'ayant vu. »

La brèche avait été faite par trois pièces d'artillerie de position et deux pièces de campagne, que dirigeait Jean Guitet (Quintel), maître de l'artillerie. Le baron des Adrets et son lieutenant Poncenat, pendant la courte canonnade qui avait précédé l'entrée des calvinistes à Montbrison, s'étaient mis fort en évidence et exposés au feu des assiégés pour encourager leurs soldats. On rapporte qu'outre la brèche du cloître, il en avait été fait une seconde vers la porte Saint-Aubin, et que sur cette brèche, la Bourelle, armée d'un grand coutelas, s'était vaillamment escrimée, en tranchant la tête aux premiers calvinistes qui se présentèrent pour escalader en ce lieu la muraille à moitié renversée. Cet épisode, réminiscence probable de l'héroïsme de Jeanne Hachette, nous paraît apocryphe.

Les farouches vainqueurs, continuant le massacre, à la clarté des flambeaux, parcouraient la ville en proférant ce cri sinistre : *tue! tue!* que les échos des montagnes renvoyaient comme un glas funèbre. C'était une chose horrible que ces épées, ces lances où les reflets des torches brillaient, rouges du sang dont elles étaient dégouttantes. Les soldats, exaspérés par le récit peut-être exagéré qu'on leur avait fait des rigueurs exercées dans le Forez, envers leurs co-religionnaires, agissaient avec une férocité dont l'expression se réfléchissait sur leurs traits, hideux à voir à la flamme des incendies dont ils jetaient partout les brandons. On n'entendait, d'un bout à l'autre de la ville, que les blasphèmes des protestants furieux, mêlés aux gémissements des victimes égorgées, aux cris déchirants des enfants écrasés contre les murs, aux vaines supplications des femmes violées et éventrées, aux oraisons stoïques des gens d'église qui priaient en mourant. Le lendemain, lorsque le soleil vint éclairer le théâtre de tant d'horreurs, 800 cadavres gisaient étendus sur la voie publique; les ruisseaux des rues ne portèrent, pendant une partie de la journée, que du sang à la rivière de Vizezi.

Tous les historiens se sont accordés à dire que le baron des Adrets s'était réservé, comme spectacle, le supplice d'un certain nombre de personnages marquants, qu'il obligeait à se précipiter du haut d'une tour, sur les lances de ses soldats rangés au bas de ce fort. Voici le passage du récit de Jean Perrin, qui concerne cette particularité atroce : « Le dict jour mercredy, environ my jour, ils firent (les calvinistes) sauter et précipiter en bas de la tour du donjon, au jardin qui estait à feu M. de Jaligny, les capitaines Montcelar, Duchiez et Cunières, estant d'auprès de Roanne; un prestre de la Magdelaine nommé Messire Saulter; le Protonotaire Chenillat, nepveu à M. de Châteaumorand; M. de la Roche, Estienne Marion et aultres soldats, jusqu'au nombre d'onze ou treize. »

Or, nous ne passerons pas sous silence, quoiqu'elle soit devenue butin d'*Ana*, la répartie heureuse d'un soldat condamné par le baron à sauter du donjon : cet infortuné s'était avancé une première fois jusqu'au bord de la tour, et s'arrêtant effrayé de la profondeur du précipice, avait hésité à se précipiter.

— Eh bien ! lui cria des Adrets, que fais-tu ? te faut-il deux élans pour ce saut ?

— Seigneur, je vous le donne en dix, répondit le pauvre diable.

— Ah! par le Synode, répliqua le baron, en riant, ce mot est trop heureux en pareil moment pour ne pas mériter récompense ; je te fais grâce.

Nous avons dit que les prêtres étaient surtout pourchassés et massacrés par les calvinistes ; plusieurs firent preuve, dans cette circonstance d'une stoïcité digne des premiers martyrs du christianisme. Les Pères Gilbert Vacca et Jean Laur, Cordeliers, ne voulurent pas quitter leur couvent, envahi par les huguenots ; ils se retirèrent dans l'église, passèrent la nuit en prières, et communièrent tant de fois, qu'ils vidèrent le saint ciboire. Au point du jour, entendant enfoncer les portes, ils restèrent agenouillés au pied de l'autel et résignés comme ces sénateurs romains, que les soldats de Brennus trouvèrent assis sur leurs chaires curules, pendant le sac de la ville. L'héroïsme calme manque rarement de commander aux passions les plus violentes : les deux Pères ne furent pas massacrés ; leurs ennemis se contentèrent de les jeter en prison et de leur mettre les fers aux pieds et aux mains. On espérait les convertir, particulièrement Vacca, dont l'éloquence entraînante, une fois conquise aux dogmes des réformateurs, eût fait à leur secte de nombreux prosélytes. Un ministre venait voir souvent ce Cordelier dans sa prison, et le provoquait à des disputes théologiques, dont Vacca sortait toujours triomphant. Las de ses échecs oratoires, le huguenot porta au Père Vacca un coup de crosse de fusil qui lui cassa une côte. « Si vos arguments ordinaires sont dépourvus de raison, dit froidement « le moine, en portant la main à son côté, vous en avez assurément qui ne « manquent pas de force. » Le huguenot sortit, honteux sans doute de son emportement.

Au milieu des horreurs du sac, les religieuses de Sainte-Claire n'avaient pas d'autre perspective que celle d'être livrées à la brutalité du soldat, lorsqu'elles entendirent travailler à la muraille qui séparait leur jardin de celui d'une veuve nommée dame Colombe Hippolyte. Bientôt, elles virent paraître, dans un trou qu'il venait de pratiquer, le Père Bourges, Cordelier directeur du couvent, et qui venait à leur secours. Elles se réfugièrent dans la maison voisine ; mais elles n'y furent pas long-temps en sûreté : trois soldats enfoncèrent la porte et se disposèrent à violer les plus jolies... Tout à coup, Dieu sembla les protéger : les huguenots se sentirent apitoyés sur le sort de ces chastes filles, et renoncèrent à leur coupable projet. Deux des nonnes, reprenant alors un peu de courage, se souvinrent qu'elles avaient pour parent un seigneur calviniste du voisinage ; elles le firent prier de venir les voir. Ce gentilhomme vint en effet, et consentit à les emmener dans son château. Mais il refusa d'y conduire le Père Bourges, qui fut massacré dans la rue, en voulant regagner la demeure de son directeur.

Les bonnes religieuses restèrent deux mois dans le château du calviniste forézien; et nous n'oserions pas nous rendre garant que l'étroite continence du cloître n'ait pas eu à souffrir un peu de cette cohabitation parmi les gentils. Quoiqu'il en soit, le seigneur qui avait recueilli ces nonnes, commençant à être inquiété par ces co-religionaires, pour avoir donné asile à des *idolâtres*, des *caffardes papistes*, et les dames de Sainte-Claire, ne pouvant encore rentrer dans leur maison, elles se séparèrent. Lorsqu'elles purent y revenir, le nombre de ces recluses, un moment dispersées, se trouvait diminué. Moins heureuses, toutefois qu'elles n'avaient été, dix neuf femmes de nom, dit un chroniqueur du temps, furent prises par force.

Les calvinistes pillèrent et saccagèrent toutes les églises de Montbrison. Dans la seule collégiale de Notre-Dame, ils firent, disent les relations contemporaines, un butin estimé à plus de 40,000 livres. Cette évaluation doit être trop modérée, car il existait dans cette église vingt grandes chasses en argent, ornées de pierres précieuses. Les maisons des chanoines furent également pillées, et De la Mure pense que les pertes de ces ecclésiastiques s'élevèrent à 10,000 livres. Il ne faut pas oublier que ces sommes en feraient de beaucoup plus fortes, converties en monnaie actuelle. Parmi les bijoux que renfermait le trésor de Notre-Dame, on admirait une belle rose d'or, présent de Jeanne de Bourbon. Ce joyau fut emporté par les protestants, et racheté, dit-on, par un catholique, qui le revendit excessivement cher au chapitre.

Avant de quitter Montbrison, le baron des Adrets fit rassembler tous les papiers trouvés dans les archives de Notre-Dame, et les livra aux flammes. C'est ainsi, dit M. Auguste Bernard, que nous avons été privés de nos plus riches archives.

Tout ce que nous venons de rapporter du sac de Montbrison est constaté par des relations authentiques, et le récit des calvinistes eux-mêmes, que nous allons citer comme pièce de comparaison, prouve que les victimes n'ont point exagéré leur malheur. « Après la prise de Lyon, est-il dit, dans l'*Histoire des Triomphes de l'église lyonnaise*, les comtes (chanoines de Lyon) fuient dans le Forez, y lèvent de l'argent et des troupes commandées par Montcélar et de Montrond. M. le colonel (le baron des Adrets) ayant marié à Lion sa belle-sœur, Mlle Suzanne de Romanesche, avecq le baron de Sainct-Trucy, fust adverty que Montcélar, Montrond et les iadis comtes de Saint-Jean-de-Lion ou pour le moins leurs attiltrez, guastoyent et despilloyent le Forez, faisant leur tanière de Montbrison (laquelle ils avoyent fort munie), se deslibera marcher là ; où il faisoyt nombre à mille à douze cens hommes, d'où il n'y avait que quatre cens pistoliers chrestiens. Les ennemis, tout au double et munis de fortes murailles, sans le secours des oppidans, villageoys forcez, et arceleurs prestres. Ledict sieur colonel et Josué, ayant foy ferme de victoire, mande un gentilhomme audict Montcélar, tendant à quelque bon accord et à la gloire de notre Dieu. Mais ledict Montcélar et prestres, enflés de l'orgueil de Sathan, et se confiant en ses forces, ainsy que fesoyent les gentillastres de Canaan lorsque Josué les vainquist, respondit audict gentilhomme que s'il voulait boyre, il lui donnerait volontiers collation ; mais (disoyt ledict Montcélar par le sang Dieu) s'il lui parlait d'accord, qu'il le feroyt pendre et touts ceulx lesquels desclineroyent. Cela enflamba fort mondict seigneur colonel pour deux raisons : la première et principale, pource qu'il voyait à son desagré, le nom du seigneur blasphesmé ; la deuxiesme, qu'il avoyt foy que Dieu batailleroyt pour nous. Il braqua donc l'artillerie contre ledict Montbrison, fist bresche la nuict, fust vaillamment victorieulx, print ladite ville, occit ou mit en fuite tous les caffarts et soubztenant de leur querelle. Ceulx de la ville, pour avoir importuné les soudards chrestiens, jecté des pierres des fenestres et receu chez eux les rebelles à Dieu et aux roy, feurent mis à mort avecques leurs complices, au nombre de troys ou quatre cens, *sauf le plus.* Montcélar (avec sa sang Dieu et sa mort Dieu) admonesté de son salut par mondict sieur colonel, en cuydant eschapper sa vie avec onze aultres [1], saulta d'une tour de troys cens toises d'haulteur [2] en bas, sur un rochier, pour rescompense de ses œuvres. Mondict seigneur et colonel, ne tendant qu'à faire resgner J. S. sous la couronne de notre souverain prince, le roy de France Charles de Valoys, neuvième du nom, se préparoyt (*à aller*) en Avignon pour restablir les chrestiens. »

Cette pièce est curieuse par le mélange de style biblique qu'elle offre, dans le récit, naïvement exprimé, d'un massacre horrible, accompli à la gloire du Dieu de miséricorde, dont le nom fut toujours invoqué par les fanatiques qui égorgeaient.

Le baron des Adrets quitta Montbrison pour se rendre à Montrond le surlendemain de la prise de cette ville ; mais les protestants y restèrent cinquante-sept jours, et ne s'en éloignèrent que le 7 septembre. Après une si déplorable

---

(1) Le narrateur veut dire ici que Montcélar et ses compagnons avaient espéré, en se renfermant dans la tour, capituler et avoir la vie sauve.

(2) Y compris la hauteur du rocher sur lequel la tour était bâtie.

catastrophe, la capitale du Forez fut long-temps désolée, et l'ordre s'y rétablit difficilement. Il ne régnait pas encore, lorsque, le 15 juillet 1564, la peste vint marquer d'une manière lugubre le second anniversaire des calamités de 1562. Ce fléau fut apporté de Lyon, point de départ fatal pour Montbrison, par un messager nommé Prudhon de Bar. L'épidémie sévit si promptement et avec une telle rigueur, que la plupart des bourgeois abandonnèrent la ville. Peut-être eût-elle été pillée, sans la courageuse détermination d'un clerc de procureur, nommé Jean de l'Estra, qui, nommé capitaine de ladite ville par les consuls, fit une police sévère, sans autre assistance que celle de cinq à six archers. Vers la fin de l'année, la peste s'arrêta.

Soit que la population de Montbrison eût été duement maintenue dans la foi catholique par le chapitre de Notre-Dame, composé d'ecclésiastiques éloquents et doctes en la science de théologie, soit que l'on conservât dans cette ville un amer ressentiment des terribles journées de juillet 1562, les réformés y firent peu de prosélytes. Bien plus, en 1567, presque tous les habitants mâles de Montbrison combattirent à Cognac dans les rangs catholiques; et le gouverneur du Forez, Jacques d'Urfé, s'y conduisit si vaillamment, qu'à son retour, le seigneur de Saint-Chamond, en présence de toute la noblesse forézienne, lui remit le collier de l'Ordre du roi dans l'église Notre-Dame.

Le 15 mai de la même année, 1567, les États, réunis à Montbrison, décidèrent qu'une députation serait envoyée immédiatement au roi pour lui manifester la ferme résolution dans laquelle ils étaient de rester fidèles à la foi catholique, apostolique et romaine. Cette députation se rendit en effet à Paris en juin, et fut reçue par le duc d'Anjou au château de Madrid. Ce prince, assez beau parleur, affable dans ses manières, plus que courageux dans ses actions, accueillit les députés avec distinction, et leur prodigua les promesses de protection. Nous ignorons jusqu'à quel point elles se réalisèrent; mais les notables du Forez se rappelèrent au moins l'affabilité du prince, lors d'une nouvelle assemblée générale tenue à Montbrison, le 23 mai 1574, et dans laquelle le duc d'Anjou, devenu roi de France, sous le nom de Henri III, fut reconnu comte de Forez.

Un témoin, peut-être pourrait-on dire un complice des fureurs du baron des Adrets, subsista long-temps après le sac de Montbrison, pour en raviver le funeste souvenir : les habitants ne pouvaient lever les yeux vers le château sans voir ce sombre donjon, instrument gigantesque du supplice de Montcelar et de ses infortunés compagnons. Mais tout-à-coup, on ne vit plus que le ciel bleu, là où s'élevait cette tour homicide, qui fut renversée par la foudre, au mois d'août 1582. Le Père Fodéré raconte que ce fort fut détruit de telle sorte, qu'il n'en resta pas de traces, les décombres ayant été anéantis miraculeusement. Le candide historien ajoute qu'une femme nommée Reverdine, qui était allée monter l'horloge au sommet du donjon, se trouva sur la place qu'il avait occupée, sans le moindre mal. De la Mure, poétisant à son tour cet événement, dit : « La mesme tour de laquelle ces sanguinaires hérétiques firent précipiter en bas plusieurs catholiques sur des pointes de hallebardes, fut, comme en horreur et exécration d'un si inouï forfait, foudroyée et renversée à fleur de rocher, par le feu du ciel, quelque temps après, et fust choisie par ce feu vengeur, entre les autres tours qui rendaient alors si fort agréable le château de Montbrison, comme pour l'expiation de la barbare cruauté qui y avait été commise ; d'où vient la devise qu'on en fit après, et qu'on mit autour des armoiries de cette ville *ad expiandam hostile scelus* (pour expier le crime des ennemis). »

Trente ans plus tard, le tonnerre embrasa le Palais-de-Justice, placé dans l'enceinte du château, et qui pouvait bien avoir aussi quelques peccadilles à expier : ce fut au moins en ce sens qu'un bel esprit du temps composa ce quatrain :

> Ne fust-ce pas un plaisant jeu,
> Quand l'aultre jour dame Justice,
> Pour avoir trop mangé d'espices
> Se mit tout le palais en feu.

Le calembourg fut un travers de tous les temps ; et l'on voit qu'en Forez, au XVIe siècle, on ne se faisait pas faute de ces petites scélératesses de langue et de plume, qui distinguent le Français, *né malin*.

Cependant les calvinistes, pacifiés depuis quelques années, se voyant menacés de nouveau, en 1585, reprirent les armes ; un édit de la cour fut lancé contre eux au mois de juillet. Dès le mois d'avril, on avait publié à Montbrison des lettres de Henri III portant ordre à toute la noblesse de se rendre auprès de lui. Dans ces circonstances, les États du Forez s'assemblèrent à Montbrison, et tous les membres présents firent le serment de vivre et mourir en la religion catholique, apostolique et romaine, service et obéissance de leur roi. Mais alors les États foréziens ne soupçonnaient pas que Henri III lui-même aurait prochainement à solliciter leur fidélité contre le zèle séditieux de ce catholicisme romain, dont la cause se liait maintenant à celle du trône : en 1585, on ne prévoyait pas la ligue de 1589. Il y eut donc, à cette dernière époque, en Forez un moment d'hésitation sur le parti à prendre : il fallait choisir entre la religion et le monarque, réunis dans le serment prêté quatre ans plus tôt.

« Après la mort de Henri III, dit un chroniqueur, messire Anne d'Urfé, gouverneur en ce pays pour la ligue, fit lever la main à tous ceux qui voulaient suivre ce party, en l'assemblée qui fust faicte chez M. le juge Papon, à Montbrison. Plusieurs y firent serment de fidélité à la ligue; mais pourtant il fut remarqué que certains habitants de la ville tenoient le party du roy. C'est pourquoy le marquis d'Urfé, ayant en la dicte ville sa compagnie de gens d'armes, dict qu'il leur feroit un affront s'ils ne changeaient de pensée; si bien que le 15 d'aoust 1589, les gens d'armes dudit marquis se résolurent de battre les enfants de Montbrison qui ne tenoient le party de la ligue, et en effect, en blessèrent plusieurs, et s'attaquèrent même à Jean Perein escuyer, sieur de Montloup, Messimieu, Chenereilles, etc., qui ayant signalé sa valeur à leur résister, puisqu'il donna la fuite à douze avec une pertuisane, fust contrainct néanmoins de sortir de la ville, et se retirer à la Corée. »

Enfin, tous les députés des États, par conviction ou par crainte, firent un serment ainsi conçu: « Nous promettons à Dieu, sa glorieuse Mère, Anges, « Saincts et Sainctes du Paradis, de vivre et mourir en la religion catholique, « apostolique et romaine, et d'y employer nos vies et biens, sans y rien « épargner jusques à la dernière goutte de nostre sang. » Avant de se séparer, les députés conclurent un accord entre le Forez et la ville de Lyon: accord portant que les deux provinces « se secourroient mutuellement de vies, biens et moyens. »

La ligue l'emportait, parce que la noblesse forézienne espérait que ses deux principaux intérêts, sur cette terre, ceux de sa fortune et de son ambition, pourraient bien s'en trouver. Or, à peine décidés à élever les bannières de l'union, les Montbrisonnais furent attaqués dans leurs murs par ces religionnaires qui, à leur tour, se qualifiaient de royalistes: le seigneur de Chambaud, s'étant avancé avec quelques troupes jusqu'aux portes de la ville, attacha à celle de la Madelaine un pétard qui, par bonheur, manqua son effet. Il fut porté en triomphe à l'église Notre-Dame, où grâces furent rendues à Dieu de l'insuccès de cette tentative.

Vers la fin de l'année 1589, on eut avis à Montbrison que les religionnaires, maîtres de Vienne, Condrieu et autres places, se flattaient de pouvoir assiéger bientôt la capitale du Forez; ce siége était d'autant plus probable, que déjà des coureurs de ce parti s'étaient montrés à six lieues de cette ville, et l'on sut que le dessein des chefs royalistes était de dresser une batterie sur l'église de la commanderie de Saint-Antoine de Montbrison, qui (nous avons omis de le dire) était située au faubourg de la Madelaine, à vingt pas du mur d'enceinte. Cette position eût commandé et battu la courtine de la muraille, sur plusieurs rues : il n'y avait donc pas à choisir entre la conservation du monument et celle de la ville; le premier fut sacrifié : on démolit l'église et les bâtiments de la commanderie. On fit encore d'autres dispositions pour assurer la défense de Montbrison : le parapet de la porte dite de *la Madelaine*, fut élevé, on abattit le mur des jardins de la commanderie, et l'on rasa les hôtelleries du *Mouton* et du *Lion-d'Or*.

Ces préparatifs de guerre furent sans utilité immédiate : les royalistes, ou si l'on veut les politiques ne parurent point alors sous les murs de Montbrison. Ce fut le duc de Nemours, chef de la ligue dans le Lyonnais, qui, ayant demandé aux Montbrisonnais de l'argent qu'il n'avait pas obtenu, sans doute par le motif le plus puissant qui s'oppose à ce qu'on en donne, surprit Montbrison, en 1592. Des chroniqueurs contemporains disent même qu'ils s'y introduisit *en trahison*. Nous citons la relation faite de cet événement due à Jean Perrin, dont l'impartiale véracité est proclamée par tous les historiens du Forez ; elle prouve que la ligue ne comptait pas dans ses rangs, l'universalité des habitants de Montbrison.

« Le duc de Nemours s'estant emparé *par trahison* du chasteau de Montbrison, sistôt qu'il s'y fut barricadé, les principaux de la ville s'assemblèrent au logis de maistre Louis Berthaud, où j'étais avec MM. d'Aussere[1], Ganieu, avocat du roy, Papon, procureur du roi, et aultres. M. d'Aussere et moi fusmes députés de la ville pour parler au duc de Nemours, et savoir à quelle raison il s'estoit saisy de nostre chasteau, et quel ombrage il avoit de nous. Il faict réponse, que plus tost ce chasteau lui tombast sus, si jamais cela lui estoit entré en l'âme, et que tout ce qu'il en faisoit estoit pour nostre conservation. Chascun scavoit bien qu'il vouloit establir sa tyrannie, et se rendre comme souverain en ce pays, ainsi qu'au reste de la province ; mais ne scachant quel ordre y mettre, parce que Lyon lui laissoit faire, on luy laissa aussy faire ce qu'il voulut. Il met dans ce chasteau une grosse pièce de canon, deux grosses couleuvrines et trois compagnies de gents de pied, soubz la charge d'un nommé Mezières, manseau (du Mans), qui commandait à tous les capitaines, l'un desquels s'appellait Lafau, l'autre Lanoue. Ils demandent estant là-hault, des ustensiles : il fallut les bailler, et ils coustèrent à la ville plus de mille escus, et furent payés l'espace de huit mois. »

Cette prise de possession violente, qui signalait assez clairement l'ambition personnelle du chef ligueur, causa à Montbrison et dans tout le Forez, un

---

[1] Il avait remplacé Jean Papon, juge du Forez, mort en 1590. Voyez notre biographie.

refroidissement marqué pour le parti de la ligue; Nemours ne put l'ignorer, surtout lorsqu'ayant fait occuper tous les petits forts de la plaine, il entendit le murmure des Montbrisonnais s'élever jusqu'au château, d'où il ne descendait pas volontiers. Mais d'autres encore que les Foréziens avaient pénétré les vues secrètes de ce prince, et Mayenne, son frère aîné, ne tarda pas à sentir qu'il était temps d'en arrêter le cours. En conséquence, ce dernier, homme supérieur à son cadet en intelligence comme en vertu, mina sourdement le pouvoir de Charles de Savoie dans la ville de Lyon, centre du nouvel empire que rêvait son ambition. Des barricades s'élevèrent dans toutes les rues : on y vit ligueurs contre ligueurs, frère contre frère. Cependant la prospérité de Nemours touchait à son déclin : accouru dans Lyon, au secours de son parti, il fut cerné, saisi et conduit au fort de Pierre-Scise. Il parvint à s'en évader; mais, ayant en tête un homme du caractère de Mayenne, l'horizon brillant qu'il s'était créé s'évanouit; il cessa de voir en perspective la fortune lui tendant une couronne royale. Charles de Savoie duc de Nemours, mourut de chagrin peu de temps après, ainsi que nous le rapporterons.

Mézières resta gouverneur de Montbrison pour la ligue; mais ce parti, déjà affaibli dans le comté par l'abjuration de Henri IV, reçut un coup mortel en perdant Nemours. Anne d'Urfé, bailly du Forez, le comprit : jusqu'alors ligueur intrépide, il sentit qu'il devenait politique de se ménager un retour vers la cause royale, dont le triomphe pouvait être prévu. Ce seigneur, l'un des hommes les plus adroits de son temps, écrivit donc en septembre 1593, aux consuls et échevins de Lyon la lettre suivante, qui révèle toute la ductilité de son caractère. « Messieurs, ayant scu assurément se qui s'est faict dans vostre ville, je me suis approché jusques ici de vous aultres pour estre plus prez, si je vous puis faire service en quelque chose, comme j'ai plus amplement mandé à M. de Lyon. Seulement je vous supplieray faire très-assuré estat de moy et de ce qui en despand; et croyez que tout mon but n'est qu'à maintenir *la patrie*[1] en bonne paix, qui est, se me semble, se que nous devons tous désirer. Aussy crois-je que l'on ne me voudra toller (enlever) se qui m'appartient en se païs, et qu'on ne me peut mettre doupte; et me rapportant à la suffisance du sieur de Jas, présent porteur, je finiray ceste-cy, demeurant à jamais, etc. A la Bastie, le 24 septembre 1593. »

---

[1] Ce mot de *patrie* était bien rarement prononcé ou écrit par les nobles de cette époque; mais Anne d'Urfé était trop éclairé pour ne pas reconnaître l'existence d'une patrie, dans le cours d'une guerre où presque toute la population, en armes pour ou contre la ligue, pouvait un beau matin s'aviser de sa force et s'écrier : Ligueurs et royalistes, c'est pour la France que nous entendons enfin combattre.

Les honneurs, a dit quelque part un grand écrivain du XVIe siècle, furent toujours le *licou* des ambitieux : Henri IV, en confirmant, dès le mois de janvier, Anne d'Urfé dans sa charge de lieutenant-général au pays de Forez, l'avait entouré doucement des premiers liens de son parti; et, par un effet que le fin Béarnais avait fort bien prévu, cette faveur avait fait suspecter le marquis parmi les ligueurs d'une fidélité persistante. Anne d'Urfé se glissait donc insensiblement hors des phalanges de la sainte union, et sa joie fut sans mélange lorsqu'il apprit que Lyon s'était soumis au roi le 8 février 1594. Or, le 6 mars suivant, ce même d'Urfé qui, l'année précédente, était une des colonnes de la ligue dans le Forez, écrivait aux échevins de Lyon une lettre telle, que pour qui n'avait pas connu ses précédents, ce seigneur dut paraître un des plus anciens serviteurs de Henri IV. Cette lettre curieuse prouve que dès la fin du XVIe siècle, un *Dictionnaire des Girouettes* eût tenu dignement sa place dans les publications de l'époque.

« Messieurs, écrivait de Saint-Just en Chevallet le mobile marquis, je suis extrêmement marri que n'ayez voulu prendre mes raisons en bonne part, vous ayant envoyé les lettres qu'il a pleu au roi m'octroyer, ou pour le moins la coppie, collationnée par deux notaires sur l'original, par lesquelles sa majesté me permet disposer des tailles de ce païs, comme il est très-raisonnable, parce que je les sauray aussy bien employer pour son service que nul aultre. Non ostant cella et contre la vollonté de Sa Majesté, vous voulez que je n'y aye que voir, ou pour le moins que je me tiene à ce qui fust accordé avec M. le président des monnoies, avant que vous eussiez pris l'écharpe blanche. Je vous supplie juger que puisque nous sommes touts soubz un maistre, il faut aussi que je jouisse de l'autorité qu'il m'a donnée. J'ay maintenant tout le fort de la guerre de ces quartiers sur les bras : M. le marquis de Saint-Sorlin, Messieurs de Maugeron, de Montespan, Gimel, Montfau, Achier, Destain, et généralement toutes leurs forces dans le cœur du païs, assistez de canons qui, en deux heures, peuvent être mis en batterie devant les places que je tiens. Tellement qu'il faut qu'elles soient d'ordinaire fournies d'hommes pour recevoir le siège; chose qui ne se peult faire sans une essessive dépense, qui ne peult provenir de mes moyens mais de ceux du roy, ce qui fait que je m'en aide pour lui conserver *ce que je lui ay acquis avec la pointe de mon espée* [1]. Puis, Feurs a été repris et Crouzet sur *l'ennemi*, où je ne puis moins que d'établir garnison sur le fait des tailles. Quant à ce que vous m'aviez

---

(1) Depuis que cette épée ne le lui disputait plus.

accordé, c'estoit tout ce qu'il pouvoit faire d'entretenir la garnison des places que je tenois bien petitement, espérant alors que la trefve continuerait, ce qui ne peult estre. Il est bien raisonnable que m'élargissant sur l'ennemy et croissant la dépense que je croisse aussy la levée des deniers. Et puis messieurs nos trésoriers généraux ne me laissent pas libre de ce qui me fust même accordé, comme vous pourrez voir par la coppie que je vous envoye, car Roane m'estoit laissé; oultre cela, M. de Saint-Sorlin a tellement ravagé une partie des paroisses ou parcelles qui m'estaient laissées, qu'il est du tout impossible d'en rien tirer. Toutefois, s'il plaist à MM. les trésoriers généraux m'allouer mon estat tant pour les places que je soullais tenir, que pour celles qui ont esté prises modernement, je prendray par leurs mains, ne désirant rien tant que de voir un bon ordre à tout, et leur porteray non-seulement l'honneur et le respect qui leur est deu, mais tout ce qu'ils en sauraient désirer de moy. »

Nous avons cru devoir rapporter cette lettre en entier, parce qu'elle peint bien la situation déplorable du pays, dans ces temps de troubles et de tiraillements politiques.... Pauvre peuple! il était froissé, pillé, ruiné par les *Nemouristes* du marquis de Saint-Sorlin; et le bailly du Forez réclamait le pouvoir de le froisser, piller et ruiner de son coté, au nom du roi. Tout ceci préparait bien mal la mise *de la poule au pot du paysan*, au moins dans cette partie du royaume, et les bons Foréziens auraient pu dire qu'ils étaient bien las de *la voir plumer*.

Cependant Montbrison était encore aux mains des ligueurs en mai 1595; et ce qui désolait surtout Anne d'Urfé, maintenant royaliste fervent, c'est que son frère Honoré, l'auteur futur d'*Astrée*, combattait toujours en désespéré pour la ligue. Celui-là du moins croyait fermement à la bonté de sa cause; et l'on ne peut lui refuser en cela l'estime que mérite la persévérance bravant un malheur à peu près assuré. « Je suis trop engagé au combat, écrivait-il à un ami; il faut que nous sachions à qui le champ de bataille demeurera; si j'ay la victoire, tu cognoistra que je ne te donne conseil que je ne veuille prendre pour moi. Mais à cette heure la retraiste serait estimée fuitte. » En vertu de cette persistance, Honoré d'Urfé tenait encore la ville de Montbrison pour la ligue, et ce seigneur, qu'on nommait alors le chevalier d'Urfé, s'intitulait *gouverneur en la place du feu duc de Nemours*. Quelques mémorialistes ont prétendu qu'il fallait attribuer à cette obstination ligueuse, l'éloignement que Henri IV montra toujours pour l'auteur d'*Astrée*, nonobstant ses préfaces adulatrices. Nous croyons que c'est une erreur : ce roi, non moins généreux que bon appréciateur des hommes, se montra, comme chacun sait, oublieux des hostilités qu'on avait opposées à ses droits au trône : Mayenne lui-même fut comblé de ses bienfaits. Il faut donc chercher une autre cause de l'espèce d'inimitié dont Honoré d'Urfé fut l'objet de la part de l'indulgent Béarnais. Or, il y avait un genre de tort qu'il pardonnait difficilement, parce qu'il touchait à ce qui excitait le plus vivement son organisme puissant : c'était une rivalité rencontrée sur le chemin de ses amours ; à peine épargna-t-il à cet égard les effets de son ressentiment à Bassompierre, qu'il aimait presqu'autant qu'une maîtresse. Pour Honoré d'Urfé, il trouva le vert-galant plus sévère, d'abord parce qu'il avait, ainsi que son frère Anne, mais moins heureusement quant au mystère, courtisé un moment Marguerite de Valois, première femme de Henri IV, et que :

> . . . la garde qui veille aux barrières du Louvre
> N'en défend pas nos rois.

Ensuite, il paraît que le poëte se trouva encore plus d'une fois sur les brisées galantes de son maître ; ce qui dut singulièrement ajouter à ses griefs envers ce rival trop complètement *couronné*.

Enfin, après la trêve conclue le 12 décembre 1595, entre le seigneur de la Guiche, gouverneur pour le roi à Lyon, et le seigneur de Bazoches, ayant pouvoir de Saint-Sorlin, devenu duc de Nemours, Montbrison fut remis sous la main de Henri IV, moyennant la somme de 60,000 livres comptée à ce prince. L'édit de pacification étant signé, le duc de la Guiche, gouverneur pour le roi, prit possession de cette ville au nom de S. M. ; et du 21 au 27 juillet, on commença à démolir le château. Ainsi l'on détruit ces édifices élevés qui provoquèrent long-temps les orages, et qui n'anoblissent l'aspect d'un pays qu'en attirant sur lui des calamités. M. Auguste Bernard, s'abandonnant à un essor poétique à propos de cette destruction, dit dans son *Histoire de Forez* : « De « ce château, qui fut si long-temps le siége de la tempête, il nous reste à « peine un débris de fondation ! On dirait un de ces jalons de terre que les « manouvriers laissent dans les champs qu'ils viennent d'abaisser. Malheur à « celui dont la main profane, touchant à cette précieuse relique, séparerait ces « quelques pierres, sur lesquelles on croit lire : Ici fut le château dans lequel « *naquit* la ville de Montbrison, et qui la renferma long-temps toute entière « dans ses murailles [1]. »

Montbrison reçut la visite, au mois de février 1597, du fougueux archevêque de Lyon, d'Epinac, qui pendant la ligue, avait rendu sa mitre redoutable

---

[1] Tome II, pages 265 et 266.

aux royalistes. Il venait promener en Forez sa grandeur, devenue oisive depuis qu'elle n'avait plus à guerroyer au nom du ciel. Ce prélat, vieilli avant l'âge par tous les genres de débauche, n'offrait plus que les débris d'une constitution, puissante au physique comme au moral, qui lui avait mérité un grand renom parmi des adversaires plus aimables que les compagnons de Henri IV. Il logea, dit M. Auguste Bernard, chez le chanoine Papon; et ayant officié une seule fois dans l'église Notre-Dame, il parut, après cet exercice de son ministère sacré, frappé de cette langueur à laquelle, deux ans plus tard, il devait succomber, accablé de dettes et de misère. Il est vrai de dire qu'il s'était endetté pour le service de la ligue; mais Henri IV n'avait pas jugé équitable de fouler ses peuples, pour récompenser tous ceux qui s'étaient armés contre lui.

Anne d'Urfé, royaliste dévoué dans les dernières années de la ligue, reçut en 1598 divers gages de la reconnaissance du roi : ce fut alors que ce prince lui donna le titre de conseiller en son conseil d'État privé, et lui envoya le collier de l'Ordre du Saint-Esprit. Mais à cette époque, le marquis avait éprouvé dans sa vie privée des vicissitudes qui, depuis long-temps, lui faisaient prendre le monde en dégoût, et ce seigneur était décidé à s'engager dans les ordres. [2] Anne refusa donc le collier de l'Ordre du Saint-Esprit; devenu chanoine de Notre-Dame et comte de Lyon, il sollicita, au lieu du brillant insigne, le titre d'aumônier du roi, qui lui fut accordé. Jacques d'Urfé, frère d'Anne, fut alors nommé, à sa place, bailly du Forez et capitaine *châtelain* de Montbrison. Nous avons vu que la dernière partie de sa dignité était complètement honorifique : le château, qui naguère couronnait encore la ville d'un diadème de tours, n'existait plus que dans les souvenirs.

Comme gage de paix, Henri IV fit planter sur l'emplacement de divers châteaux forts, démolis en Forez par ses ordres, des tilleuls qui reçurent le nom de *Sully :* nom vénéré des générations, et qui sans doute les rendit soigneuses à conserver ces arbres commémoratifs. Quelques-uns, dont la végétation fut protégée ainsi, ont traversé les siècles : Néronde et Saint-André d'Apchon montrent encore les leur; celui de Montbrison n'est détruit que depuis quelques années. Comment a-t-il disparu? Pourquoi ne s'est-on pas efforcé de conserver cet arbre vénérable, insigne de paix, après une guerre de quarante ans? « Vu de la plaine sur le haut de notre butte aride, dit le jeune auteur de « l'*Histoire du Forez* avec verve, il rappellerait le panache historique de « Henri IV; » mieux, pourrions-nous ajouter, que les redondantes et prosaïques déclamations de louangeurs modernes de la maison de Bourbon.

---

(2) Voyez ci-après l'article biographique d'Anne d'Urfé.

T. I.

On sait que durant les premières années du règne de Louis XIII, les seigneurs, irrités contre la cour, ou la jugeant trop faible pour s'opposer à ce qu'ils relevassent les bannières de la révolte, formèrent ce parti des *mécontents* qui ne pouvait se soutenir long-temps, dès que Richelieu avait place au conseil. Néanmoins ces révoltés s'étaient emparés, en 1617, de la ville de Montbrison, et le seigneur d'Harlincourt, gouverneur des provinces du Lyonnais, du Forez et du Beaujolais, fut chargé de la reprendre. Il y entra, presque sans coup-férir le 11 mai. Ce fut le dernier épisode de l'histoire générale dont cette ville ait été le théâtre; elle s'endormit dès-lors dans une apathie locale qui ne fut troublée, à divers intervalles, que par quelques émeutes populaires, aussitôt calmées.

Or, les temps de calme sont ordinairement des temps de construction : le pouvoir, toujours jaloux de renommée, la cherche dans l'érection des monuments, lorsqu'il ne peut la trouver dans les actions héroïques, dans les grandes œuvres de la législation, ou dans les fastes administratifs. Ce fut ainsi, sans doute, que les échevins de Montbrison firent élever, en 1700, pour le couvent de Sainte-Marie, un beau bâtiment et une église qui ne coûtèrent, dit-on, que 200,000 livres; ce monument, construit par les soins de Martin de Neuville, architecte de Dijon, offre encore quelques inspirations de cette noble architecture, dont Mansard arrêta un moment la décadence; le dôme surtout, genre de construction qui prenait alors une grande faveur, est d'une élégance assez gracieuse. L'église, longue de 72 pieds, large de 36 et haute de 41, est un beau vaisseau, qui sert aujourd'hui aux séances de la cour d'assises.

Vers le milieu du XVIIIe siècle, la ville de Montbrison s'enrichit encore d'un édifice; mais celui-là n'est point un monument. Nous voulons parler de la caserne, qui fut construite sous la direction de l'architecte François Deville, de Lyon. Elle peut contenir environ 800 hommes assez commodément logés, et les accessoires utiles à la résidence d'un corps armé laissent ici peu à désirer.

Nous avons vu dans la première section de ce livre, l'audacieux contre-bandier Mandrin soutenir un combat au milieu de la population du Puy en Velay, sortir vainqueur de cette lutte, et donner, quelques heures durant, des lois aux autorités du lieu, la maréchaussée comprise. Nous allons voir cet aventurier procéder, à Montbrison, d'une manière toute différente. Il se présenta en 1754, aux portes de la ville si bien accompagné, que l'on ne songea pas même à lui opposer la moindre résistance : il occupa donc la capitale du Forez, comme le duc de Nemours avait pu le faire au XVIe siècle, avec cette différence toutefois, en faveur du brigand, qu'il n'exigea pas la moindre chose des habitants, fit observer la plus rigoureuse discipline, et ordonna même qu'un de ses compagnons fût fusillé sur le boulevard, pour avoir dérobé, dans une maison, un objet de mince valeur.

Après diverses dispositions, dans lesquelles sa sûreté personnelle et celle de sa bande n'avaient pas été plus négligées, comme on le pense bien, que l'inviolabilité des propriétés particulières, Louis Mandrin, élégamment mis, portant même un habit de cour richement brodé, disent quelques narrateurs, se rendit, suivi seulement de deux hommes en livrée, chez M. de Palmaroux, receveur de la gabelle. L'entrevue qu'il eut avec ce financier a été diversement rapportée ; mais, selon toutes les versions, elle fut calme : le célèbre contrebandier n'étant pas sorti un seul instant des manières polies et enjouées qu'il savait prendre, lorsque des formes plus rudes n'étaient pas de toute nécessité.

— Monsieur le receveur, je viens vous demander à souper, dit Mandrin, après avoir salué profondément le financier, et en jetant sous son bras gauche un chapeau à plumes, avec toute l'aisance d'un habitué du grand lever.

— Puis-je savoir, Monsieur, à qui je dois l'honneur d'une visite à laquelle je suis très-sensible assurément, balbutia M. de Palmaroux, flottant entre la crainte et la surprise, quoiqu'il ignorât encore le nom du terrible hôte qu'il recevait.

— Rien de plus simple que cette demande, Monsieur le receveur : on me nomme Louis Mandrin.

— Louis Mandrin !!...

— Ne vous récriez pas ; il est imprudent, mon cher financier, de juger les gens de loin ; c'est de près qu'il faut les voir. Voilà précisément pourquoi je viens vous rendre ma visite, et traiter avec vous le verre à la main.....

— Traiter ! je ne comprends pas quel genre de relations nous pouvons avoir ensemble, répondit le receveur, tremblant de la tête aux pieds.

— Je conçois à merveille ce que vous me dites là, Monsieur ; mais discuter l'espèce d'affaires que nous avons à traiter, me paraît complètement inutile ; il s'agira purement et simplement de conclure, et vous verrez que je suis bon prince..... Oh ! je veux que tout se passe avec une scrupuleuse régularité ; compromettre un honnête comptable, fi donc ! c'est bien loin de ma pensée : je suis l'homme du bon droit et de la justice, moi ; et c'est pour cela même que je marche escorté de quelques porte-mousquets. Car, vous le savez, cher receveur, il faut, par le temps qui court, une certaine énergie pour faire triompher l'équité. Mais avant tout, soupons... Où sont donc les dames ? elles se cachent, je parie ? Quelle injure ! il me semble que je sais vivre.... On m'a dit que Madame de Palmaroux était musicienne, je serais enchanté de l'entendre. Un des désagréments de ma carrière, c'est d'être privé de musique : je n'entends guère que les cornemuses des pâtres de la montagne, et ce n'est pas harmonieux.

— Monsieur, certainement.... Je crois bien que.... Je crains que Madame ne soit indisposée.

— Contre moi, peut-être... Ces diables de réputations... Je veux la rassurer moi-même.

Les dames, il y a long-temps qu'on l'a dit, ne sont jamais tellement effrayées, qu'une petite démangeaison curieuse ne puisse se mêler à leur effroi : ce fut sans doute cette velléité qui, nonobstant la présence d'un homme que l'on peignait comme un brigand, poussa Madame de Palmaroux dans le salon ; Mandrin remarqua même que sa frayeur, si elle en avait éprouvé, s'était passablement combinée ici avec cette coquetterie, qui rarement fait éclipse totale dans le caractère des femmes.... La financière se montra fort parée : si l'on peut avoir peur d'un brigand, s'était-elle dit apparemment, on n'est pas tenu de l'effrayer par un vilain négligé.

Louis Mandrin présenta bientôt à Madame de Palmaroux une main assez blanche et ornée d'un beau solitaire ; on passa dans la salle à manger, où, par précaution, l'aventurier célèbre fit tenir derrière son siège ses deux prétendus laquais, qui, du reste servirent à table, avec beaucoup d'empressement, le financier et sa femme. Pendant le repas, on parla de la cour, des spectacles, du roman à la mode, du favoritisme de Madame de Pompadour ; et pas un mot touchant le motif de la visite intéressée, ne se mêla à l'entretien. Mais au dessert la conversation changea d'objet ; Madame, prévoyant bien le *conclusum* de Mandrin, demanda à rester, quoique le contrebandier l'eût priée de se retirer, ne voulant pas, disait-il, attrister sa soirée par des détails d'affaires. Confiante, comme toutes les femmes, dans le pouvoir de son sexe, la financière espérait peut-être modérer au moins les exigences d'un bandit qui s'était montré jusqu'alors si courtois ; mais c'était un chapitre sur lequel Mandrin ne faisait jamais de concessions, et elle ne tarda pas d'en être convaincue.

— Ça, terminons notre affaire, dit enfin l'ennemi du fisc, après avoir avalé une dernière gorgée de vin de Champagne.... Combien, Monsieur le receveur, *avons-nous* en caisse ?

— Ah ! fort peu de chose, Monsieur Mandrin ; les perceptions ont été presque nulles ce mois-ci ; les contribuables se montrent récalcitrants ; ils se révoltent, ils battent nos préposés.

— En vérité ! braves gens, je vois qu'ils se forment ; je finirai par les mettre dans la bonne voie ; alors je prenderai ma retraite ; justice sera rendue. Mais ne perdons pas de vue notre objet, à combien s'élève *l'avoir* en caisse ?

— Peut-être sept à huit cents livres... tout au plus...

— Prenez bien garde à ce que vous me dites-là, cher receveur; vous savez qu'en bonne comptabilité, il n'y a pas de liquidation sans contrôle. Et puis ne croyez pas que je veuille agir ici en conquérant; j'entends bien parbleu, mettre dans votre coffre, à la place de l'argent, un reçu comptable en bonne forme; et celui-là, je puis vous l'affirmer, sera plus régulier que la plupart des quittances qu'on vous donne. Vous comprenez, une décharge scellée de mon cachet, avec l'appui de cent cinquante fusils doubles; c'est de l'or en barre: il n'y a pas de chambre des Comptes au monde, qui puisse rejeter une telle pièce. Allons, papa Palmaroux, de la franchise, dans un homme du fisc ce sera beau; quelle somme avez-vous à la ferme générale?

— La main sur la conscience, 6,000 livres.

A ces mots, Louis Mandrin, tirant de son parement brodé un tout petit papier, jeta les yeux dessus et répondit:

— Six mille 790 livres... Vous voyez, cher receveur, qu'on est bien informé... Mais 790 livres vont et viennent dans la conscience d'un financier... Puis se tournant vers ses deux acolytes, le brigand ajouta: accompagnez Monsieur à sa caisse; faites-vous remettre 6,790 livres; vous savez que je ne touche qu'à l'or: l'argent noircit les mains. Je vais, pendant ce temps, expédier ma quittance ici, pour ne pas laisser Madame seule... Je porte toujours sur moi du papier timbré; la régularité dans les actes, je ne connais que cela. A ces mots, Mandrin tira de sa poche un encrier portatif, et libella ainsi sa quittance, après avoir relevé un coin de la nappe, de peur de la tacher: « Je, soussigné, « Louis Mandrin, négociant, reconnais *avoir perçu* dans la caisse de M. de « Palmaroux, receveur des gabelles, la somme de six mille sept-cent quatre-« vingt-dix livres, violemment enlevée aux contribuables; déclarant le dit « receveur duement libéré de ladite somme et exempt de tout recours, de la « part de MM. les fermiers-généraux ou leur suppots; en foi de quoi, j'ai laissé « au susdit comptable la présente quittance, pour lui servir de valable « décharge. »

Dans la petite ville de Boen, Louis Mandrin reparaîtra sous un aspect non moins original, et son audace formulera avec plus d'appareil encore ce qu'il appelait de la *légalité*.

Nous voici parvenus, dans les murs de Montbrison, à l'époque mémorable où la révolution vint refondre, plus vaste et plus forte, la nationalité française, qui ne pouvait être *une* que par l'extinction complète des prérogatives féodales. On sait qu'il existait encore, au moment de cette grande péripétie, quelques lambeaux des bannières sous lesquelles la noblesse et le clergé avaient jadis combattu pour leurs intérêts personnels; ce fut à attaquer ou à défendre ces couleurs que les esprits s'animèrent pendant ces jours d'orage; et de l'un comme de l'autre côté, des passions frénétiques, des crimes même descendirent dans la lice. Mais nous sommes résolus à ne point attacher au front des villes l'étiquette du blâme, pour des faits qui ne peuvent être encore jugés. Il ne nous arrivera jamais, d'ailleurs, d'aborder les matières purement politiques se rattachant aux époques postérieures à 1789, à moins qu'un intérêt évident, une amélioration urgente ne nous en fassent la loi.

Les habitants de Montbrison ne figurent point dans nos annales modernes, comme ayant embrassé avec ardeur les principes de la révolution; il est présumable qu'ils n'en partagèrent pas les excès. Si quelques élans démagogiques se prononcèrent dans cette ville et dans la province dont elle était le centre, ces mouvements excentriques appartiennent à la biographie [1]. Nous devons ajouter que la levée de boucliers lyonnaise trouva des adhérents dans le Forez, particulièrement parmi les habitants de Montbrison, que nous verrons bientôt assiégés dans le château de Montrond, avec les débris de l'armée contre-révolutionnaire de Lyon, après la soumission de cette ville au gouvernement républicain.

Passant avec une prudente rapidité sur cette époque où notre France marqua le terme de sa longue léthargie par un réveil convulsif, et fondit ses individualités provinciales dans la grande individualité nationale, nous reporterons un regard rétrospectif sur le régime du Forez, durant les siècles précédents : ce sera le complément utile du précis historique de sa capitale.

La délimitation du Forez, au XIIIe siècle, donna lieu à de vives et fréquentes discussions entre les comtes, gouverneurs inamovibles de cette province, et leurs voisins : nous voyons, par exemple, Guy IV disputer pied à pied le terrain au sire de Beaujeu, du côté du Beaujolais. Vers le Velay, les limites ne furent jamais bien établies : en 1219, de grands démêlés s'élevèrent à ce sujet entre le même comte et Robert de Mehun, évêque du Puy. Le roi de France dut intervenir dans cette querelle : il envoya sur les lieux, en qualité d'amiable compositeur, Garin, archevêque de Senlis; et ce prélat agit avec tant de prudence, que les nobles dissidents furent dès lors amis et fidèles alliés. Quatre ans plus tard, ce fut avec la dame de Semur, que Guy eut à batailler pour les limites du Brionnais et du Forez. Il ne paraît pas que la galanterie ait présidé à l'accord qui suivit ce différend; car nous voyons que la dame de Semur dut abandonner sa maison de Roanne et tous les droits qu'elle pouvait avoir ou

---

(1) Voyez la nôtre à la fin de cette première région.

prétendre au territoire de cette ville, de Saint-Haon, de Crozet et autres châteaux du comté. La solution de ces démêlés, dont nous ne continuerons pas l'énumération, et qui souvent ne se terminèrent que par le choc des armes, n'était pas sans intérêt pour les populations: tel seigneur dont elles cessaient d'être vassales, les avait quelquefois affranchies, tandis que la servitude subsistait chez le seigneur sous les lois duquel elles passaient.

Amené naturellement à parler des chartes d'affranchissement, qui furent communes dans le Forez, à partir du XIIIe siècle, nous en citerons quelques dispositions, et l'on pourra remarquer que, si, en général, les lois de la féodalité étaient dures et oppressives, on trouvait parfois dans leur application, des gages de sollicitude dont les gouvernements les plus populaires pourraient se prévaloir.

Ainsi, le comte Guy IV, au mois de novembre 1223, donna aux habitants de Montbrison une charte dont voici les principales dispositions:

« Sont affranchis les hommes et les femmes habitant Montbrison, etc. Le comte aura soin de leurs intérêts, ainsi qu'en avaient agi ses prédécesseurs. Aucun habitant ne pourra être poursuivi, s'il veut donner caution, à moins qu'il n'ait commis quelque homicide, ou blessé mortellement quelqu'un, ou qu'en fuyant, il donne lieu de le suspecter. Si quelqu'un est poursuivi pour dette, sans pouvoir donner un garant, et cependant reconnaisse sa dette, que le droit soit exercé sur la chose, mais que sa personne reste libre. Si un homme insulte le comte ou son châtelain, et ne peut trouver de défenseur, le comte ou le châtelain doit lui en fournir un d'office. Le seigneur comte ou le châtelain doivent faire justice, par amende ou autrement, à tous ceux qui la demandent.

« Le comte permet aux habitants de se former en communauté, et de s'entendre pour mettre dans la ville une garde ou autres moyens de défense, et de faire tout ce qu'ils jugeront bon ou honorable à leur cité et à eux-mêmes, sans être préjudiciable au comte, pourvu que cela se fasse, néanmoins du consentement du comte ou de son châtelain. Toute personne pourra établir un château, en jurant au préalable dans les mains du comte, et en présence de quatre notables de la ville, qu'elle n'entend pas violer le pacte fait entre cette ville et le comte, et contenu dans cette charte. Si une personne se plaint de quelqu'un au comte ou à son châtelain, ledit châtelain doit travailler de tout son pouvoir à rétablir la paix entre les deux parties, sans dépens si la chose est possible; sinon il en demandera de très-modiques.

« Les notables pourront élire six d'entr'eux pour prélever l'argent nécessaire, soit pour se clore de murs, soit pour toute autre chose commune dans l'intérêt de la ville. Ces répartiteurs feront la répartition à leur gré, et au besoin le châtelain leur prêtera aide pour contraindre ceux qui refuseraient de payer leur cotisation [1]. »

Parmi les lois modernes rendues sous les gouvernements éclos de nos révolutions, il serait peut-être possible d'en trouver de plus libérales, à en juger par les subtilités de la forme ; mais il en est peu certainement qui garantissent les droits naturels des citoyens aussi complétement que cette libre émanation de la puissance féodale. Et voulant avec un entier abandon de bienveillance garantir, autant qu'il était en lui, son œuvre, Guy promit de faire jurer le maintien de cette charte à son fils, dès qu'il serait parvenu à sa majorité ; il donna pour ôtages, en cas d'inexécution, trente chevaliers et la caution de plusieurs autres seigneurs.

Guy IV octroya également des chartes d'affranchissement aux autres villes de son domaine particulier : Saint-Haon-le-Chatel, Saint-Rambert, Sury, Villeret, etc. Dans l'acte concernant Saint-Rambert, le comte déclara que cette ville, Bonzon, Chamble, Saint-Cyprien et Saint-Just, étaient francs-alleux de l'Ile-Barbe, et *qu'injustement* lui et ses prédécesseurs y avaient joui de la taille à volonté. Il s'en désistait, et accordait aux habitants le pouvoir de vendre, obliger, aliéner leurs fonds, sans retenir autre chose pour lui que sa pleine seigneurie sur les biens que ces mêmes habitants auraient en d'autres paroisses. L'Ile-Barbe, située dans le cours de la Saône, près de Lyon, était alors un domaine appartenant au noble chapitre de cette ville ; ainsi, le patronage de l'église libérait les populations, lorsque la bonne foi des seigneurs où les terreurs attachées à l'idée d'une vie future les portait à reconnaître cette protection sacrée. Quel dommage que des intérêts moins purs se soient trop souvent mêlés à ce bienfait du christianisme, bienfait qui eût pu s'agrandir par les plus heureuses conséquences !

Sans doute on pourrait, sans beaucoup de recherches, trouver dans le Forez la contre-partie des chartes libérales de Guy IV, qui furent imitées par plusieurs barons du Forez, entr'autres Robert, seigneur de Saint-Bonnet-le-Château : nous avons, par exemple, cité un acte du seigneur de Cornillon, qui résumait toute la législation de sa seigneurie en amendes à son profit.

Cependant la justice seigneuriale des possesseurs de fiefs et même celle des comtes de Forez n'était pas sans appel ; il existait à la fin du XIIe siècle, une justice souveraine dans cette province, et tout porte à croire qu'alors elle était

---

(1) Résumé pris dans l'*Histoire du Forez*, par M. Auguste Bernard ; t. Ier, p. 214 et suivantes.

un des attributs du grand *baillage* de *Forez*, créé vers 1198 [1]. Il est présumable que d'abord un seigneur exerça seul cette charge, en s'adjoignant des assesseurs de son choix ; et comme les lumières étaient à peu près exclusivement concentrées parmi les clercs, le chapitre de Montbrison fut appelé dès qu'il fut institué à remplir des fonctions judiciaires. Aussi le corps entier des chanoines de Notre-Dame se considérait-il comme investi de la magistrature, et depuis l'existence d'un *juge* de *Forez*, le doyen de l'église fut souvent revêtu de cette charge : *cognitor causarum*. Cette dénomination date de l'année 1269 ou à peu près. On doit encore présumer que les attributions du juge de Forez ne se bornaient pas à rendre la justice, mais comprenaient aussi de hautes attributions administratives ; car en l'année 1265, nous voyons un seigneur de Boissonnel s'intituler : vice-gérant, lieutenant de la cour et juge de Forez (*gerens vices, tenens curiam, judex in terrâ Forensi*. Sous le gouvernement de Jean Ier, il y eut, dit M. Auguste Bernard, plusieurs juges de Forez ensemble, et Boissonnel, devenu doyen du chapitre de Notre-Dame, était comme le juge d'appel auquel ressortissaient les autres juridictions.

Les comtes de Forez, ainsi que tous les grands vassaux du royaume, avaient soin de tenir peu serrés les liens de leur dépendance envers la couronne ; et les rois eussent été perpétuellement en campagne contre cette noblesse, s'ils eussent voulu la rappeler à l'exécution du pacte qui consacrait leur suzeraineté. Toutefois, il existait parmi les grands feudataires, des seigneurs qui se montraient pleins de respect pour le monarque : on peut deviner que c'étaient ceux qui pouvaient ajouter à leur puissance, par un grand crédit à sa cour. Tel fut le comte Jean Ier : il jouissait d'une haute faveur sous Philippe-le-Long ; il figurait au nombre des premiers officiers de la couronne, et faisait partie du conseil privé, appelé alors très-expressivement le *conseil-étroit*. Aussi, lors d'un voyage du roi à Lyon, le comte lui fit-il quatre hommages considérables : 1° des châteaux de Montbrison, de Montsupt, de la Tour-en-Jarez et de Montarcher ; 2° de la seigneurie de Saint-Bonnet ; 3° du château de Cervières ; 4° de la seigneurie de Thiers.

Néanmoins le comté de Forez, depuis l'année 1327, ressortissait directement au parlement de Paris, pour les grandes causes qui pouvaient intervenir entre les seigneurs, les communautés, corporations, etc. Des lettres patentes de Charles-le-Bel, rendues en cette année, exemptaient ce comté des ressorts de

---

(1) Mais cette charge ne fut bien nettement établie qu'en 1286, et Pierre de Maréchal fut le premier seigneur qui reçut le nom de bailly.

Lyon et de Mâcon, dont il avait dépendu jusqu'alors en certains cas. Mais le recours au parlement de Paris devait être rare, puisque les seigneurs du Forez, comme ceux du Beaujolais et du Lyonnais, avaient le droit de se faire justice entre eux par les armes: droit barbare qui, souvent, faisait égorger les uns par les autres, les membres d'une même famille. Philippe-le-Bel, révolté d'un duel entre deux frères du nom d'Albon, abolit ce sanguinaire usage; mais sous le règne suivant, les seigneurs du Forez redemandèrent à grands cris, le droit d'obtenir la vérité ou de faire rétablir leur honneur l'épée et la lance au poing: il était digne de Louis-le-Hutin de rendre à sa noblesse cette farouche prérogative, et il la lui rendit.

Si la conscience de M. Auguste Bernard, compilateur laborieux, ne s'est pas laissé séduire un peu par son patriotisme, on doit conclure de ses recherches, qu'on n'entendit jamais parler dans le Forez, des grands crimes politiques dont plusieurs provinces furent le théâtre. On n'y connut point, non plus, ajoute le jeune historien, ce droit, aussi ridicule qu'avilissant, appelé *cuissage* ou *jambage*; encore moins y vit-on mettre en usage ce privilége atroce qui, dans certaines localités et pour certaines maladies, permettait au seigneur de se réchauffer les pieds dans les entrailles fumantes d'un vassal, éventré à cet effet.

Mais il s'exerçait en Forez, un droit contre lequel d'unanimes plaintes s'élevèrent souvent, c'était celui du *milods* ou d'*inféodation*. Il est à remarquer cependant que, pour une époque où l'oppression pouvait se produire sous tant de formes, il y avait trop de rigueur à trouver oppressif, le droit qu'un seigneur se réservait d'établir un impôt sur la terre qu'il confiait, cédait, ou donnait, lorsque ce droit, purement conventionnel, pouvait échapper à ses ayant-cause, faute de capacité pour en hériter.

On reconnaissait en Forez deux espèces de *francs-alleus*, sous la domination des titulaires de fiefs : le *franc-alleu-noble* s'exerçait dans ce comté par celui qui avait justice ou simplement censive (droit de prélever une redevance) sur une terre dont il n'avait pas la seigneurie. Les possesseurs de ce franc-alleu, plus réellement seigneurs que le seigneur même, ne rendaient pourtant que la moyenne et basse justice, s'étendant aux affaires civiles et correctionnelles; et l'appel des causes qu'ils ne pouvaient juger en dernier ressort, était porté aux châtellenies. Le *franc-alleu-roturier* n'avait ni justice, ni droit; mais il était, de son côté, exempt de toute redevance, c'est-à-dire, qu'il jouissait d'un peu plus que la propriété actuelle.

Planant sur le tout, venait *le fief* attaché à une terre, à un château, à une seigneurie, avec le droit de haute, moyenne et basse justice; mais son possesseur rendait au souverain foi et hommage, et devait le suivre à la guerre, sans être astreint à aucune autre charge. On comptait dans la province, dès les temps les plus reculés, quatre grands fiefs, dont les titulaires étaient appelés *barons de Forez :* Cousan, Cornillon, Ecotay et Saint-Priest. Depuis l'extinction de la seconde race des comtes de Forez, les terres titrées furent multipliées : on eut les comtés de Bussy, Mably, Saint-Just-en-Chevallet, Urfé ; les marquisats de Palais, Rochebaron, Saint-Forgueux, Saint-Priest ; les baronnies d'Argental, Changy, Châteaumorand, Cornillon, Cousan, Ecotay, Feugerolles, Maclas, Malleval, Miribel et Rochetaillée [1].

Un droit précieux qu'assurait la coutume écrite du Forez, c'était la franchise de possession : c'est-à-dire que toute propriété était reconnue libre et franche de droit naturel, à moins que le contraire ne fût établi par des titres que le demandeur devait exhiber. Dans plusieurs autres provinces, la coutume inverse existait : nulle terre n'était supposée sans seigneur, et celui qui prétendait à la franchise, devait en fournir les preuves... Loi subversive du sens commun, consacrant ce principe, que tout homme naît dépendant d'un autre homme.

Les corvées, dit M. Bernard, étaient exigées en Forez avec peu de rigueur ; long-temps avant le savant jurisconsulte Papon, les seigneurs semblaient s'être pénétrés des règles qu'il posa à ce sujet, et que voici : « Les corvées doivent être demandées avec civilité, et hors du temps des récoltes et des semailles. Les corvéables seront avertis deux jours à l'avance ; ils ne seront pas tenus de faire leur corvée sans interruption ; ils seront nourris par le seigneur.

Nous avons déjà parlé de la taille dite aux *quatre cas* : 1° mariage des filles du seigneur, 2° rachat du seigneur, 3° voyage du seigneur outre mer, 4° chevalerie du seigneur ; elle fut rarement exercée dans le Forez, dit un de ses historiens, et le comte Renaud, par son testament, en déchargea les habitants de Montbrison. »

Au XVIe et XVIIe siècles, la justice royale fit un pas immense à travers les institutions seigneuriales ; cela devait être : la féodalité réelle, celle dont les créneaux hérissaient toutes les montagnes, agonisait sur les débris de ses remparts. Ce baillage du Forez, dont l'origine se cache dans l'histoire obscure des comtes de la première race, reçut une importante modification dès l'année 1532, c'est-à-dire, lorsque le comté fut réuni définitivement à la couronne. Alors les officiers du baillage, devenu royal de comtal qu'il était, furent à la nomination du roi. Mais le bailly principal nommait tous les autres officiers

---

(1) On remarque que dans la suite des siècles, et sans doute par suite d'une diminution de crédit des familles, les quatre grands fiefs du Forez perdirent de leur lustre : Saint-Priest devint un simple marquisat ; Cornillon, Ecotay et Cousan descendirent jusqu'au titre de baronnie.

des nombreux baillages de la province, qui tous relevaient du siége royal de Montbrison.

En 1637, époque à laquelle Richelieu régnait de fait en France, il fut créé un présidial à Montbrison, en remplacement du baillage de Forez. Sonyer-Dulac voit dans ce changement une récompense accordée au mérite du savant collége de jurisconsultes qui existait dans cette ville; mais ce propos est d'un courtisan, non d'un observateur. Par cette création, la cour du Louvre, ou plutôt du petit Luxembourg se procurait un double avantage : elle encaissait les finances des charges vénales qu'elle créait, et se donnait une garantie matérielle du dévouement des nouveaux magistrats. Un nouveau remaniement eut lieu en 1645 : par le démembrement d'une partie du présidial de Montbrison, on forma les sénéchaussées de Roanne et de Saint-Étienne; lesquelles, après une existence éphémère, et sur les vives réclamations du siége de Montbrison, furent supprimées, et leur ressort réuni à celui de ce siége. « Si la justice avait été ce qu'elle devait être, dit à ce sujet M. Auguste Bernard, la plainte des officiers du présidial aurait pu paraître extraordinaire; mais alors l'office de juge était un véritable commerce : on l'achetait et le faisait valoir comme une entreprise industrielle; et il est à remarquer que ces prétendues améliorations étaient toutes si productives pour le trésor royal, qu'il semble qu'elles n'aient été faites que dans son intérêt. Ce qui servirait à le prouver, c'est que les sénéchaussées furent *retransportées* à Montbrison, sans que pour cela, on ait songé à rembourser le prix des charges; mais on laissa cette faculté aux officiers du présidial : c'est-à-dire, ajoute Sonyer, dans un élan de franchise, qu'on leur permit de payer ce qui leur appartenait [1]. »

Trois ans plus tard (1640), le présidial de Montbrison lui-même fut supprimé et réuni à celui de Lyon, sur les instantes sollicitations de cette ville. Le baillage de Montbrison fut rétabli; mais une circonstance particulière donna lieu aussi au rétablissement d'une grande justice à Roanne qui, sous Charles IX était devenu le centre d'un duché. En 1688, François d'Aubusson, ayant fait confirmer par lettres patentes de Louis XIV l'existence du duché de Roanne, obtint l'érection de cette terre en pairie, avec ressort immédiat du baillage ducal à la cour. C'était une atteinte grave portée au grand baillage du Forez; les officiers de ce siége se plaignirent, et les lettres patentes ne furent enregistrées que sous la condition d'une indemnité préalable, payée aux réclamants : voilà bien la concurrence de *métier* dans toute l'acception du mot. L'indemnité

---

[1] *Histoire du Forez*; t. II, p. 307.

ne fut jamais payée, par une raison toute simple, c'est que pendant l'instance, le duché pairie s'éteignit.

Après beaucoup d'autres changements, soit généraux, soit partiels, introduits dans les institutions judiciaires du Forez, un nouveau remaniement total eut lieu en 1771 : on ne laissa subsister que deux grands sièges de justice, l'un à Montbrison, l'autre à Bourg-Argental. Le siège de Montbrison, portant le titre de *Baillage*, était composé d'un bailli d'épée, un lieutenant-général, un lieutenant criminel, un lieutenant particulier assesseur criminel, douze conseillers, deux avocats, un procureur du roi, un greffier civil, un greffier criminel, un commissaire aux saisies réelles et un receveur des consignations. En 1775, on joignit à ces officiers un lieutenant particulier assesseur civil. Le siége de Bourg-Argental comprenait un lieutenant civil et criminel, un lieutenant assesseur civil et criminel, deux conseillers, un procureur du roi, un greffier civil et criminel, un commissaire aux saisies réelles et un receveur des consignations.

A cette époque, il ne restait en Forez, non compris les justices seigneuriales, que sept ou huit châtellenies, le siége de Bourg-Argental et le grand baillage de Forez, séant à Montbrison, auquel, par ordonnance de 1775, demeuraient réunies à perpétuité les sénéchaussées de Saint-Étienne et de Roanne. Mais le baillage ducal de Roanne n'était pas bien mort : de nouvelles lettres patentes, rendues en cette même année 1775, le rétablirent, et lui donnèrent même des prérogatives que ne lui avait pas accordées l'édit de Louis XIV : c'est ainsi qu'il fut exempt de la prévention et concurrence du baillage de Forez, avec lequel il marcha de pair, sauf les cas royaux et domaniaux.

Dans le Forez, comme dans le reste du royaume, la création des offices de justice avait donné naissance à cette noblesse dite de robe, que la noblesse ancienne considéra toujours comme vile de naissance, et intruse sur les domaines du blason. Mais les dédains des vieilles illustrations leur jouèrent souvent de mauvais tours : les *robins*, comme ils nommaient ces membres ennoblis de la magistrature, tenaient la main de justice ; souvent ils lui prêtèrent des griffes : griffes de vengeance et de chicane qui égratignaient doublement. « La noblesse de robe, dit M. Auguste Bernard, a survécu à ses antagonistes dans notre province : la noblesse historique, qui y joua un rôle si important, est complètement anéantie, et c'est à peine s'il s'est transmis jusqu'à nous par les femmes, un de ces noms illustres qui se rencontrent si souvent dans nos annales ! Que sont devenus les Cousan, les Lavieu, les Saint-Priest, les Baudinier, les Feugerolles, les Saint-Germain, les Chalmazel, et tant d'autres dont la mémoire est pleine ?....
Déjà sous les ducs de Bourbon, ces familles étaient éteintes, mais d'autres

noms illustres avaient pris place : tous ensemble aujourd'hui dorment dans le tombeau. »

« Long-temps avant la révolution, continue le jeune historien, dans un élan poétique, notre féodalité avait disparu, et la plupart de ces manoirs, qui ont conservé des noms d'une illustre antiquité, n'étaient plus que des monceaux de ruines. Il est impossible de visiter sans quelque peine ces lieux de désolation, que les hiboux seuls habitent maintenant. On dirait même que le peuple éprouve une certaine répugnance à habiter près de ces murs, qui l'abritèrent autrefois... Les villages semblent s'éloigner peu à peu des lieux qui ne leur sont plus favorables, et laisseront douter un jour où furent placés ces châteaux tour à tour protecteurs et menaçants.... » La vie locale, dirons-nous avec l'annaliste Montbrisonnais, a changé de place comme de nature: ce n'est plus autour des châteaux inaccessibles et des églises vénérées que se groupent les habitations qui doivent un jour former une ville; c'est autour des grands établissements qu'anime et féconde l'intelligence; chacun s'agite et s'ingénie pour émettre son contingent d'activité, d'industrie, de pensée.... Aussi voyons-nous que, désormais, les peuples ont leur histoire, et que la vie des grands n'y tient plus que la place d'un épisode.

Nous avons peu de chose à dire sur l'ancienne administration du Forez: sous les comtes et avant la concession des chartes d'affranchissement, elle se réduisait à l'émanation de la volonté des seigneurs, et s'offrait aussi variée qu'absolue. L'établissement des communes amena celui des corps municipaux: toutes les villes du comté élirent des maires et des consuls. Après la réunion du comté à la couronne, les consuls prirent le nom d'échevins. Le Forez eut aussi ses États particuliers : treize et ensuite seize des cités de la province y avaient des députés lors de leurs réunions, qui ne nous semblent pas avoir eu des retours fixes. Les villes qui envoyaient des députés aux assemblées des États, étaient le centre d'une petite circonscription territoriale appelée *mandement*, qu'il ne faut pas confondre avec les *élections*. Celles-ci étaient établies pour la perception de certains deniers; jusqu'en 1631, il n'y eut en Forez qu'une seule élection, dont le siége était Montbrison. Le ressort de cette administration financière ayant été jugé alors trop étendu, il en fut créé deux autres : l'une à Roanne, l'autre à Saint-Étienne. Ainsi, dès le milieu du XVIIe siècle, les trois villes qui sont aujourd'hui les chefs-lieux des arrondissements communaux, avaient le rang qui leur a été conservé dans la division départementale; et depuis 1692, Montbrison, Saint-Étienne et Roanne, avaient le privilége d'être administrés par un maire et des échevins inamovibles.

Après avoir mentionné ces généralités, qui trouvaient naturellement leur place dans notre précis sur la ville capitale du Forez, nous revenons à son histoire particulière. Montbrison est située au pied des montagnes qui bornent le département de la Loire à l'ouest, sur la rivière de Viziezi, qui descend de ces hauteurs. Voici ce que dit Anne d'Urfé touchant la situation topographique de ce lieu : « Ceste ville, pour avoisiner la montagne et estre posée en lieu sec, est au moins mauvais air de la plaine. Je dicts moins mauvais air, parce que généralement toute la plaine a ceste infection de mauvais air ; et encores audict Montbrison, il n'y faict point sain les moys de juillet, aoust et septembre. Elle est assise en bons fons et lieu commode ; car, aboutissant à la plaine et à la montagne, elle jouit des commodités de touttes deux. Il passe parmy la ville une petite rivière nommée Viziezi, qui sert beaucoup à la tenir nette, et dans laquelle il se pesche au-dessus de la ville de bonnes truites ; mais au-dessoubz, il ne s'en prand point dont on doive tenir conte, à cause, à mon advis, des immondicitez de ladicte ville. » Nous avons cru devoir citer ce passage d'un écrivain des premières années du xviie siècle, afin qu'on ne nous accuse pas de faire cause commune avec ceux qui travaillent à faire enlever la préfecture à Montbrison, pour cause d'insalubrité. Du reste, l'état sanitaire de ce chef-lieu du département de la Loire s'est amélioré dans les temps modernes, grâce aux soins d'un administrateur attentif et éclairé, M. Lachèze, ancien maire de la ville et député. « Autrefois resserré entre d'étroites murailles, dit M. Auguste Bernard[1], Montbrison était sale, mal aéré ; encore l'air y était-il vicié par les miasmes qui s'exhalaient de l'eau fétide des fossés de la ville. Les murailles, devenues inutiles, et qui ne servaient plus qu'à attrister la vue, ont été abattues, les fossés comblés ; un boulevard spacieux et bien planté, remplace les fortifications, et est bordé d'assez belles maisons dans plusieurs de ses parties. » Les rues, il faut l'avouer, n'ont point encore un aspect élégant : les vieilles maisons y dominent encore, et peu de magasins modernes s'y font remarquer. Cependant, plusieurs de ces rues ont été ou élargies ou alignées ; l'administration municipale a commencé l'exécution d'un projet d'embellissement qui s'accomplit autant que les ressources locales et les intérêts personnels le permettent. Déjà un système d'irrigation bien combiné a pourvu au plus pressé : le nettoiement de la ville, que le Viziezi était loin de *tenir nette*. Nous devons ajouter même que les bords de cette rivière, encaissée entre d'assez vilaines maisons, et que traversent plusieurs ponts d'une construction peu monumentale, contribuent à

---

(1) *Les d'Urfé*, notes de la page 434.

enlaidir Montbrison, ainsi que nos lecteurs en pourront juger par le point de vue que nous plaçons sous leurs yeux.

Le seul édifice que renferme la ville de Montbrison, est l'église paroissiale de Notre-Dame, décrite précédemment dans ce chapitre. Les maisons religieuses dont nous avons rapporté la fondation ont été démolies, comme nous l'avons dit, ou sont consacrées aujourd'hui à des établissements publics. Parmi ceux de ces édifices dont on a tiré le meilleur parti, il faut citer l'ancien collége des oratoriens qui, par une reconstruction bien entendue, est devenu un fort bel Hôtel-de-Préfecture : c'est le plus splendide monument civil de la ville. Dans le vénérable couvent des Cordeliers, ont été réunis des établissements de nature essentiellement diverses, savoir : l'Hôtel-de-Ville, la halle au blé et la salle de spectacle : le tout ne contribue point à embellir la cité. Néanmoins, le principal but qu'on devait se proposer, l'utilité, est atteint. Ces dernières améliorations sont dues aussi à la sollicitude administrative de M. Lachèze ; et la ville de Montbrison est encore redevable à ce magistrat d'une boucherie commode. Tels sont, avec la caserne dont nous avons parlé ailleurs, les seuls bâtiments qui, par leur étendue, aient quelque importance; il en est d'autres que nous devons citer, parce qu'ils ont reçu des établissements qu'on ne peut passer sous silence. Montbrison possède deux hospices : l'un pour les vieillards, l'autre pour les enfants trouvés. L'existence du premier remonte, dit-on, aux comtes de la première race; mais la maison, qui, sans doute, fut reconstruite plusieurs fois, a été rebâtie peu d'années avant la révolution. Le second asile hospitalier, appelé *la Charité*, doit sa fondation à la bienfaisance des habitants, qui obtinrent en 1659, des lettres patentes pour cette institution. Il est desservi par des Sœurs de Saint-Charles. Ces bonnes filles se livrent aussi à l'instruction des jeunes filles, et, ainsi que les Frères de la Doctrine chrétienne, pourvoient un peu trop généralement à l'éducation publique.

Au collége des Oratoriens, supprimé au commencement de la révolution, succéda une institution qui, sous le nom de *Lycée*, fut créée le 27 thermidor an XII, et établie dans l'ancien couvent des Ursulines; mais l'enseignement ne commença qu'en 1808. Il eut, pendant quelques années, une languissante activité, et fut fermé vers le commencement de la restauration. L'établissement a été rouvert depuis; mais il ne semble destiné qu'à une existence précaire. Cependant, sa consolidation serait nécessaire dans un département où les maisons d'instruction ne sont pas suffisantes. Il est à présumer que le renom d'insalubrité que Montbrison a conservé, malgré l'assainissement à peu près complet que nous avons signalé, perpétue l'éloignement des familles, pour le collége de cette ville : c'est ainsi que les vieux préjugés se maintiennent en toute chose, et sont en toutes choses nuisibles au progrès. L'enseignement mutuel nous a paru peu répandu à Montbrison; toutefois cela tient moins au discrédit qu'il aurait eu parmi les habitants, qu'à des influences trop connues pour qu'il soit besoin de les signaler plus précisément, et qui depuis neuf à dix ans ont perdu beaucoup de leur puissance.

La bibliothèque publique de Montbrison, placée dans les bâtiments du collége, ne renferme guère que six à sept mille volumes : ce serait déjà quelque chose, si le choix des livres répondait à leur nombre. Mais on ne saurait trop répéter que les bibliothèques départementales, plus encore que celles de Paris, s'alimentent d'une si mince portion du budget, qu'il est impossible de pourvoir à leur accroissement. Aussi presque toutes sont-elles tellement arriérées, que l'on pourrait croire, à leur composition, que l'imprimerie a cessé d'exister depuis cinquante ans. C'est à la sollicitude de nos députés, que nous signalons cette situation déplorable d'une partie essentielle de l'éducation publique : si en effet, le système électoral, fondé sur la possession territoriale ou numéraire, est la meilleure garantie d'une représentation sage et éclairée, que les possesseurs ou commerçants appelés à notre chambre élective daignent donc jeter un coup-d'œil sur le paragraphe de leur mandat qui se rapporte à l'instruction ; qu'ils ne se laissent pas aller si complètement à l'indifférence trop naturelle, hélas! de ceux qui jouissent sans labeur, envers ceux que le savoir doit aider à vivre ; car enfin ces derniers, pour n'être ni éligibles ni électeurs, n'en sont pas moins utiles au bien-être et quelquefois à la gloire du pays.... Nous ne pouvons disconvenir que les produits du talent et de l'érudition, lorsqu'ils agréent aux riches, s'achètent comme toute autre marchandise; mais enfin, on ne pourrait se donner ce complément de jouissance s'il n'existait pas, et pour qu'il existe, il faut non-seulement maintenir, mais agrandir les sources d'où on le tire.

Le personnel des bibliothèques est surtout vicieux ou incomplet dans beaucoup de villes, et c'est peut-être là une des causes principales de l'abandon où ces établissements languissent. Les fonctions de bibliothécaire sembleraient devoir être réservées, par le bon droit comme par la raison, aux hommes de lettres, qui seuls sont capables de bien diriger ces établissements, et de solliciter auprès du gouvernement les publications nouvelles qui doivent y trouver place. Mais comme il n'y a point de règles fixes assises pour la candidature à ces emplois, ils sont, ainsi que tant d'autres, donnés au plus habile à les saisir, presque toujours au détriment des hommes spéciaux.

Vers la fin de 1839, une de nos illustrations littéraires, M. Victor Hugo, en s'élevant avec une noble chaleur, dans le comité de la société des gens de lettres, contre l'état d'abandon où nos institutions politiques laissent les littérateurs, signalait parmi les devoirs de cette société, le soin d'appeler sur eux l'attention du gouvernement pour les places de bibliothécaires. Cette proposition fut accueillie avec faveur par la commission devant laquelle elle avait été développée : rien, en effet, ne pouvait mieux contribuer à servir en même temps la gloire du pays et l'intérêt d'une classe de citoyens dont il serait juste d'encourager d'abord les essais, puis de récompenser les travaux, qui sont aussi des droits acquis. Cet objet, d'un autre côté, pouvait révéler avec éclat l'existence d'une corporation imposante par ses lumières. Le comité comprit, en cette circonstance, sa mission, et la proposition de M. Hugo prit place dans un ordre du jour, pour être discutée à la prochaine assemblée générale. Quel fut donc l'étonnement des membres de la société qui avaient apprécié toute l'opportunité du projet, lorsqu'après une vive discussion, l'assemblée se laissa persuader qu'il n'y avait rien à changer quant au choix des bibliothécaires, attendu, venait de déclarer un orateur *optimiste*, que, pour la nomination à ces emplois, *il y a des lois que l'on doit respecter?*

Sur cette vague conclusion, les débats, jusqu'alors soutenus logiquement, s'évanouirent dans le tumulte ; on négligea même de faire remarquer au défenseur du *statu quo*, que la prétendue législation qu'il invoquait, constitue tout au plus un régime réglementaire, abandonné à l'interprétation et souvent à l'application des bureaux.

La société des gens de lettres a sous la main tous les éléments de régénération de notre littérature, noyée sous un cataclysme d'individualités divergentes. Le jour où ce corps, composé de 300 membres, voudra bien se pénétrer de son mandat, il reconnaîtra que cette restauration est urgente, et pour l'existence des écrivains français, froissés jusque dans leur honneur par l'intérêt mercantile, et pour la littérature elle-même, à laquelle il est temps de rendre l'union du faisceau, pour qu'elle soit puissante, pour qu'elle redevienne nationale. Or, ce faisceau, la société des gens de lettres peut en être le lien... Il serait donc à désirer que la composition de son bureau fût moins subordonnée à l'influence de ces réputations de vogue, richement parées par l'assurance mutuelle des feuilletons. Si, comme nous sommes en vérité très-disposés à le croire, ces renommées sont des diamants, il faut laisser le public jouir de tout leur éclat, et former le comité de la société d'intelligences sérieuses, réfléchies, entendant l'administration, et qui surtout ne soient pas exclusives, par des considérations d'âge, d'école, ou plus malheureusement, par des intimités de vie mondaine.

Les sociétés d'agriculture sont encore des institutions qui ont grand besoin de l'appui du gouvernement : elles l'obtiennent quelquefois, mais pas assez pour être à même de vaincre, par des essais multipliés, l'obstination des vieilles coutumes. Il existe à Montbrison une société d'agriculture pleine de zèle; mais là, comme sur beaucoup de localités, l'effet de ses travaux progressifs est lent, et dans un arrondissement tout-à-fait agricole, il serait à désirer que les produits pussent s'accroître par l'amélioration des méthodes. C'est au surplus ce que le gouvernement a senti, lorsqu'il a établi à Montbrison une bergerie royale : institution trop nouvelle encore pour que ses résultats aient acquis tout l'avantage qu'on en peut attendre.

Ici, l'excellent *Essai statistique* de M. Duplessy [1] vient à notre secours, pour confirmer l'exposé que nous présentons : « Montbrison, éloigné de la Loire, dit cet écrivain, situé dans un pays de traverse, où aucune route importante n'aboutit, est entièrement étranger au commerce et à l'industrie ; l'esprit des habitants y est même si peu porté, que tous les essais de manufactures qu'on a

---

(1) Page 240.

voulu y tenter ont été infructueux : *le peuple y est en général laboureur ou vigneron.* »

Ce tableau, tracé il y a plus de vingt ans, peut être quelque peu modifié aujourd'hui. Des communications plus commodes ont été ouvertes à Montbrison : indépendamment des routes départementales allant à Lyon, à Saint-Étienne, à Roanne par Feurs, à Clermont par Ambert, routes ouvertes ou agrandies depuis 1818, on a pratiqué dans ces dernières années, un chemin de fer qui, partant de Montbrison, va s'embrancher à Montrond, avec celui de Saint-Étienne à Roanne. Cette voie, où les bandes de fer ont été adaptées à des pièces de bois pour rendre la construction économique, est desservie par une diligence wagon, qui, traînée par un cheval, met une heure à franchir les quatre lieues qui séparent Montbrison du lieu d'embranchement. Mais quoique ce moyen de locomotion ne soit ni bien prompt, ni bien commode, il ne laisse pas d'être favorable au chef-lieu du département de la Loire. Le chemin de fer dont il s'agit, a surtout procuré quelques visiteurs aux sources minérales dites de Montbrison; elles sont au nombre de trois : 1° la *Source Romaine*, voisine de Moingt et de l'ancien temple de Cérès, dont nous avons parlé; 2° la *Source de l'Hôpital;* 3° celle de la *Rivière*. Les propriétés médicinales des eaux de l'Hôpital consistent, dit-on, à guérir les engorgements des viscères abdominaux et les affections scrophuleuses. On vante l'eau de la Source Romaine contre la leucorrhée constitutionnelle, et contre l'aménorrhée accompagnée d'un état de langueur et d'un affaissement général.

Les routes que nous venons d'indiquer, ont communiqué du mouvement à l'ancienne capitale du Forez; il nous a semblé que le commerce tendait un peu à s'y améliorer, au moins dans le détail; et cela vient sans doute de l'accroissement assez remarquable des marchés qui se tiennent à Montbrison deux fois par semaine : le mercredi et le samedi. Il se tient aussi dans cette ville six foires annuelles : elles sont très-fréquentées pour la vente des denrées, surtout pour celle des bestiaux; et nul doute qu'elles ne contribuent, ainsi que les marchés, à augmenter les chances du commerce de détail, pour les objets de consommation et de première nécessité.

Nous ne croyons pas que l'écoulement des articles de luxe soit considérable parmi les Montbrisonnais : une population qui ne s'élève pas au-dessus de 7,000 âmes, doit peu favoriser ce genre de commerce, et nous pensons que les relations de société sont peu étendues et divisées à Montbrison. En examinant la solitude habituelle des magasins dans ce chef-lieu de département, un contraste nous a frappé, c'est l'activité qui règne et l'assortiment qu'offre une librairie dans une ville d'ailleurs si calme. Cette librairie est celle de M. Larbès;

MONTBRISON.

nous avons pu juger, en écoutant le récit de ses allures commerciales, de ce que peut l'industrie active, même sur un théâtre où son action est gênée. M. Larbès, par une correspondance intelligente, s'est fait des clients-libraires à Lyon et dans quelques grandes villes du midi : placé entre ces cités méridionales et Paris, il a su se créer un entrepôt intermédiaire de publications nouvelles; et les maisons qu'il sert en sont pourvues plus vite, et à des conditions aussi favorables que si elles s'adressaient directement aux commissionnaires de la capitale. Ce négociant nous a communiqué son secret; mais il ne nous a pas chargé de le transmettre.

Les étrangers que la curiosité attire à Montbrison, s'empressent de gravir la butte dite du *Calvaire*, berceau volcanique de la ville primitive. Ils n'y trouvent plus que quelques pans déchirés des murailles de l'ancien château des comtes; mais en s'exhaussant sur quelque fragment de ces débris, ils découvrent dans toute son étendue la fertile plaine de Forez, et les montagnes arides qui la bornent à l'horizon au sud, à l'est et au nord. La salle de spectacle, agréablement décorée intérieurement, n'offre pas toujours des représentations de choix au voyageur; mais avant de quitter la ville, il aura éprouvé une vive satisfaction, s'il a pu visiter *le Muséum* de M. d'Allard. Ce montbrisonnais, très-instruit, et amateur enthousiaste des choses rares, consacre à se les procurer une notable partie de ses grands revenus. Il a établi dans son hôtel une collection de curiosités précieuses, particulièrement en objets d'histoire naturelle. Lors de notre passage à Montbrison, il ne nous a pas été possible de visiter ce Muséum, son propriétaire s'étant trouvé alors absent; mais M. d'Allard devant figurer dans notre biographie, nous aurons soin d'y décrire son riche cabinet; car sa composition est assurément un titre de célébrité, et les richesses qu'il renferme nous seront connues lorsque cette partie de notre livre paraîtra [1].

Les habitants de Montbrison sont affables, d'un commerce affectueux, et si leur cité manque d'éclat, ils s'efforcent, par l'accueil poli qu'ils font aux étrangers, de les dédommager de ce défaut d'agrément. Les hôtels de cette ville sont bons; on y est bien servi, sans que les voyageurs aient à se récrier sur les exigences excessives des hôtes, comme dans certaines auberges situées sur les routes de première classe, où les trois francs à percevoir sont le but sérieux, et un repas servi à la hâte le prétexte.

---

[1] Après la *Description historique du département de l'Allier*. Voyez aussi cette section biographique, pour les autres illustrations de Montbrison.

de la Michellerie.   Gauthier-Jourdain.

CHAPITRE V.

Principales buttes volcaniques de la plaine de Montbrison. — Pierre-sur-Haute : panorama de vingt départements. — Magneux : bataille entre César et Vercingétorix. — *Cantons de Saint-Galmier et de Chazelles-sur-Lyon.* — Montround : siéges de ce château. — Saint-Galmier : son histoire, ses eaux. — *Le roi de Chevrières.* — Chazelles : origine, histoire, industrie. — Le château de Bouthéon. — Celui de Bellegarde. — *Canton de Feurs.* — L'ancienne *Forum Ségusianorum.* — Antiquités de cette ville. — Sa situation au moyen-âge. — État actuel. — Le déluge forézien. — Eaux de Salt en Donzy. — Diverses localités. — *Canton de Boen.* — La ville. — Encore Mandrin. — Abbaye de Montverdun. — Marcilly : la *fée Mellusine.* — Diverses localités. — Château de *la Bâtie* : histoire, description. — *Canton de Saint-Georges en Couzan.* — Différentes curiosités. — *Canton de Noirétable.* — La ville de Cervières. — Aperçu minéralogique.

Le voyageur que nous avons conduit, dans le chapitre précédent, au sommet de la butte volcanique sur laquelle gisent les ruines du château de Montbrison, aperçoit une partie des mamelons-volcans dont nous avons parlé ailleurs. Le plus important d'entr'eux, sous le rapport historique, est celui qu'on nomme le *Mont d'Usore* ou *d'Isoule*, au pied duquel coule le *Lignon*, qu'Honoré d'Urfé a rendu si célèbre par son roman d'*Astrée*. Cette montagne, située dans la commune de Montverdun, n'a pas la forme conique des autres pics ;

elle se prolonge du nord au sud, sur un espace d'une demi-lieue, et sa base, de l'est à l'ouest, est d'environ un quart de lieue. Assez élevée dans sa partie nord, elle s'abaisse insensiblement vers le midi. La plupart des historiens du Forez pensent que cette montagne a été consacrée à Isis ou Osiris. On y a trouvé, dit-on, des débris de vases, des figurines d'Isis, de Mercure, de Teutatès. Cette dernière figure, en marbre blanc, sculptée dans le style égyptien, représentait le demi-dieu nu, et tenant dans sa main une patère. Elle décora long-temps, probablement en qualité de saint, le portail de l'église de Chalain-d'Uzore. Il est à remarquer que le nom d'*Isoulé*, attaché par le peuple à la butte volcanique qui nous occupe, est le même que, dans le patois forézien, il donne au bois de houx, dont elle est couverte.

Sur une surface peu étendue, s'offrent, dans la plaine de Montbrison, le *Pic de Marcilly*, cône très-élevé et couronné par un château dont nous parlerons, ainsi que du village bâti sur la pente de cette montagne; le *Pic de Lard*, situé sur le chemin de Montbrison à Boen; le *Pic de Montauboux*, s'élevant près du ravin d'Azieux; le *Pic de Curzieux*, situé dans le hameau du même nom; le *Mont-Supt*, fusée assez escarpée dont la base est entourée d'un village; le *Mont-Simiouze*, superfétation volcanique d'une montagne de granit, qui paraît avoir surgi du bas en haut, à travers cette matière primitive; *Chaud-Abri*, pyramide de même origine, et sortie aussi des roches granitiques. Passant avec rapidité sur les pics de *Rochon*, de *Bard*, de la *Corée*, de *Claret*, de *Châtelneuf*, de *Palogueux*, à cause de leur conformité de forme et de situation, nous citerons les *deux Tetons de Champdieu*, buttes assez rapprochées de Montbrison, et qui, accolées par leur base, ont mérité ce nom, plus exact que décent.

A une plus grande distance de Montbrison, on aperçoit, du *Calvaire*, dans la chaîne de l'ouest, la montagne nommée *Pierre-sur-Haute* ou *Pierre-sur-Autre*, qu'on appelait jadis le *Mont-Herboux*. Sa crète, où la neige séjourne jusqu'au mois de juin, domine les montagnes environnantes des deux tiers de son élévation totale, qui est de 1184 mètres, au-dessus du niveau de la mer. C'est, après le Mont-Pila, le point culminant du Forez. *Pierre-sur-Haute* est de première formation : les substances qu'on y remarque sont diverses variétés de gneis, de granits, de roches cornéennes, de basaltes, de quartz; on y trouve aussi le kaolin, le feldspath étincelant et plusieurs sortes d'argile.

Nous avons voulu gravir jusqu'au sommet de ce mont escarpé, afin de vérifier si, de là, en effet, la vue, au lever et au coucher du soleil, s'étendait sur vingt départements. Lorsque nous y arrivâmes, il était sept heures, au mois d'août; le ciel pur et azuré, l'air sans mirage, et l'astre du jour se couchant sur un lit de petits nuages dorés, qui disparaissaient avec lui, nous permirent d'admirer dans son cercle immense la perspective qu'on nous avait vantée; mais il fallut réduire des trois quarts au moins le nombre des vingt départements qui devaient, nous avait-on dit, se développer à nos regards... Toujours et en toute chose, la fable des bâtons flottants.

Magneux est la dernière commune du canton de Montbrison dont nous ayons à nous occuper, pour ne pas tomber dans des descriptions sans importance. Quelques historiens pensent que, dans la plaine voisine de ce village, une bataille fut livrée à Vercingétorix par Jules César, et que la victoire resta indécise entre les Gaulois et les Romains, version que n'autorise aucun monument, aucune découverte faite dans la terre, bibliothèque quelquefois si riche pour suppléer à la pauvreté des autres. La bataille de Magneux nous semble résulter, comme tant d'autres faits apocryphes, d'une interprétation forcée des *Commentaires*, livre si diversement et quelquefois si malheureusement expliqué, même par nos plus doctes érudits.

A l'est du canton de Montbrison, sur la rive droite de la Loire, et presque parallèlement l'un à l'autre, se présentent les cantons de *Saint-Galmier* et de *Chazelles sur Lyon*, qui n'en formaient autrefois qu'un seul, dont le chef-lieu était à Chazelles. Craignant de mal saisir la nouvelle division, nous conserverons l'ancienne; ce qui, du reste, est sans importance dans l'exécution de notre plan.

Nous n'aurions rien à dire de la commune de *Meylieu-Montrond*, située sur la rive droite et tout près de la Loire, sans le château de ses anciens seigneurs, les sires de Montrond, l'une des plus illustres familles du Forez. Ce château, dont il reste des ruines imposantes, est situé sur une plage assez élevée; il devait ou protéger ou défendre avec avantage le passage du fleuve, durant les guerres de religion; et alors cette forteresse fut vivement convoitée par les parties belligérantes. Le château de Montrond appartint primitivement aux comtes de Forez qui, à une époque peu déterminée, l'échangèrent contre la ville de Saint-Germain-Laval, que possédaient les sires d'Apchon.

Cette famille fit reconstruire sans doute en entier le château qui nous occupe, dans le cours des XIVe XVe et même XVIe siècles, car il porte le caractère des trois époques, quoique le plan général du monument appartienne à la première, ainsi qu'on en pourra juger par la planche placée en regard de cette description.

Mais il n'est pas moins évident que la renaissance apporta ses inspirations dans cette construction : voici une porte qui ne permet aucun doute à cet égard.

L'écusson sculpté au-dessus de cette porte, offre les armoiries de la maison d'Apchon, qui étaient d'or, à fleurs de lys d'azur sans nombre, écartelé d'or, à quatre quantons de sable et un lambeau de gueulles.

Le château de Montrond était, dit-on, décoré splendidement à l'intérieur, surtout depuis que le maréchal de Saint-André, de la famille d'Albon, l'avait habité. Nous ignorons si ce faste subsista à la suite des troubles civils; mais, pour le faire disparaître, il fallait peu de récréations semblables à celles que Saint-André donna en 1550, aux princes qui se trouvaient avec lui dans ce château. Ayant mis dans le principal bastion de la forteresse les habitants de Feurs et de Saint-Galmier, il les fit attaquer par ceux de Saint-Étienne, au nombre de 200, et sous les ordres du sieur de Laporte. Le bastion fut forcé. La chronique ne dit pas si les princes s'amusèrent de ce jeu sanglant; on peut le présumer : cet amusement était de l'époque.

Les seigneurs de Montrond jouèrent, ainsi que leur principal manoir, un rôle fort actif dans les guerres de religion. En 1562, le sire de Montrond (Artaud d'Apchon), était lieutenant du gouverneur de Forez, et messire

Henri d'Apchon, son frère, commandait dans le château qui nous occupe. Ce fut ce dernier qui, au mois d'avril, fit prisonnier au port de Montrond, le ministre d'Issoire, en Auvergne; tandis que l'aîné faisait, de son côté, arrêter les ministres établis à Feurs, Saint-Galmier et Saint-Bonnet-le-Chastel; ce qui, comme nous l'avons dit ailleurs, fut l'une des causes de l'invasion désastreuse du pays par le baron des Adrets.

Après le sac de Montbrison, ce terrible huguenot s'avança vers Montrond; le seigneur était absent, et le commandement du château avait été confié au jeune de Prévieux. Informé de l'approche du chef calviniste, il assembla à la hâte une cinquantaine de villageois, et s'enferma avec eux dans la forteresse. Cette petite garnison parvint à repousser l'avant-garde protestante; mais des Adrets arriva bientôt, traînant à sa suite sa renommée, grossie encore des horreurs commises à Montbrison. Terrifiés à cette nouvelle, les paysans qui venaient de défendre vaillamment le château, refusèrent de persister dans cette défense : presque tous abandonnèrent leur poste; six seulement consentirent à rester auprès du commandant. Des Adrets fit sommer de Prévieux de remettre la place aux mains du *roi* et aux siennes; le jeune capitaine répondit que c'était précisément pour conserver Montrond à sa Majesté qu'il s'y trouvait maintenant. Ce jeu d'une politique cauteleuse, où le nom du souverain était invoqué dans les deux camps, ne pouvait long-temps amuser un homme du caractère de François de Beaumont; et le catholique ayant reçu de lui l'offre d'une composition favorable, ouvrit les portes du fort aux protestants.

La convention portait que le capitaine et les siens sortiraient sains et saufs, et qu'il n'y aurait pas de pillage; or, les soldats s'étant mis à piller dès leur entrée dans la place, de Prévieux invoqua avec chaleur l'exécution du traité. Des Adrets, à cette réclamation, se prit à rire en haussant les épaules, et fit signe aux pillards de continuer. Pour mieux consommer sa *foi mentie*, il ordonna même qu'un des six défenseurs de Montrond fût précipité de la plus haute tour; se bornant à dire au jeune chef : « Enfantelet, as-tu pu croire que
« j'épargnerais la demeure d'un sire d'Apchon, qui fit mettre la main sur nos
« ministres, et dont le père était le beau-frère du maréchal de Saint-André?
« A propos, ajouta le baron, on vient de me dire que le cadavre de feu
« d'Apchon a été découvert ici; qu'il soit tiré de son cercueil et traîné par
« les champs; il aimait, dit-on, à parcourir ses vastes domaines; c'est une
« satisfaction qu'on peut lui donner encore après sa mort : cela réjouira son
« âme dans l'empire de Monsieur Satan. »

On exécutait cet ordre sacrilége, lorsqu'une servante, par frayeur ou par séduction, découvrit aux calvinistes le lieu où l'on avait caché les richesses du château; ils en firent charger plusieurs chariots, et les envoyèrent à Lyon.

Artaud d'Apchon, qui avait contribué par son zèle catholique, imprudemment exercé, aux malheurs du Forez, devait, douze ans plus tard, succomber dans cette malheureuse guerre. Lorsque, le 31 mars 1574, les religionnaires, sous le commandement de Perraud, pénétrèrent dans la province, le sire de Montrond, poussant une reconnaissance hors de son château de Lupé, fut tué par un de ses vassaux qu'il avait maltraité autrefois, et qui ne s'était réuni aux calvinistes que pour se venger de son seigneur. On trouve ce fait souvent reproduit dans l'histoire de ces temps calamiteux : l'esprit de parti s'alimentait sur divers points, des inspirations de la vengeance personnelle.

Après les désastres que nous venons de rapporter, il est probable que les magnificences intérieures du château de Montrond avaient entièrement disparu; mais les tours, les murailles, les escaliers, les salles voûtées, les terrasses de ce formidable édifice, étaient encore dans le meilleur état à la fin du xviii siècle. En 1793, après la réduction des révoltés de Lyon par l'armée républicaine, les Lyonnais et les Montbrisonnais, qui s'étaient joints à eux, mirent une petite garnison dans cette forteresse pour favoriser leur retraite. Elle ne tarda pas d'y être forcée, et les vainqueurs incendièrent le château. Cependant ses ruines, à travers lesquelles on aperçoit le ciel, imposent encore par leur masse belliqueuse; on voit que ce fort était là pour commander à toute la contrée : c'est un beau squelette de la puissance féodale.

La petite ville de *Saint-Galmier*, chef-lieu du canton, bâtie sur une éminence que baigne la rivière de Coise, a acquis, dans les temps modernes, une certaine importance, à cause de ses eaux minérales, dont la découverte n'est pourtant pas nouvelle. Car Saint-Galmier, signalé sur la carte de Peutinger, sous le nom d'*Aquæ Segestæ*, était connu des Romains, qui avaient un établissement en ce lieu. On aperçoit encore autour d'une fontaine minérale, située au pied des murailles, les débris de quelques ornements antiques, dus à ces vainqueurs des Gaules. Quelques personnes ont pensé que le nom latin de *Segestæ* venait d'une faction des Ségusiens nommée les *Ségestes*; d'autres ont fait dériver ce nom de *Segesta*, divinité dont parle Pline l'ancien. Quelle que soit l'origine la plus probable de cette ancienne dénomination, il est constant que Saint-Galmier et ses environs étaient habités pendant et peut-être avant la période gallo-romaine. En 1802, un propriétaire, qui faisait défricher un taillis, apprit que ses ouvriers venaient de faire une importante découverte; il courut sur les lieux, et vit en effet que ces hommes examinaient deux grandes urnes cinéraires; mais les ayant trouvées closes, et croyant sans doute qu'elles contenaient un trésor, ils les avaient brisées. Le propriétaire put toutefois

MONTROND.

recueillir les cendres que l'une d'elles renfermait, et sur lesquelles deux tibias de coq avaient été disposés en forme de croix. Ne serait-ce point une allégorie rappelant que ce vase funéraire contenait les restes d'un personnage chrétien; et ne peut-on pas voir dans ce coq, dont les os se croisent sur des cendres humaines, celui dont le chant matinal doit annoncer le jugement dernier et le réveil des morts, appelés au tribunal de l'Éternel. Il ne serait pas impossible, toutefois, que le coq, attribut martial des Gaulois, figurât ici pour marquer une sépulture gauloise, et la distinguer des sépultures romaines. Des médailles entouraient les urnes; mais ayant été mises dans l'eau forte pour être nettoyées, elles y restèrent trop long-temps, et n'offrirent plus que des pièces de cuivre arrondies. La même découverte présenta encore des dents de cheval d'une grosseur peu ordinaire, des plaques de verre noir plus opaque que celui de nos bouteilles, et des débris de vases étrusques. En 1804, une nouvelle fouille, faite au même lieu, produisit une statuette en bronze, haute de huit pouces; un vase de terre cuite bien vernissé, d'une pâte très-fine, et ayant la forme de nos mortiers de faïence; enfin une caisse en bois de chêne, contenant les ossements d'un enfant de cinq à six ans, avec un petit chariot en bois et en osier. « Là, dit M. Duplessy, peut avoir existé originairement un cimetière des druides ou des celtes qui habitaient le *Mont-d'Isoule*, et que les Romains auraient consacré au même usage. » Cela peut être, en effet, mais nous ne pensons pas que le petit chariot de bois et d'osier remonte même à la période romaine.

En 1570, l'amiral de Coligny, à la tête d'un corps de protestants, fit à Saint-Galmier une pose de dix-neuf jours, et ses troupes y commirent de grands excès. L'église du lieu, édifice gothique d'un assez beau style, fut entièrement saccagée: les huguenots brûlèrent les portes et les bancs du chœur, abattirent la tribune, ouvrage en pierre très-remarquable, et ne quittèrent ce temple qu'après l'avoir profané de diverses manières.

« En la ville de Saint-Galmier, dit l'auteur de *la Généalogie et fin des Huguenots*, dont il faut accueillir avec quelque défiance les assertions, ils firent de l'église leur establerie, leur boucherie et voierie, s'en servant pour faire leurs ordures et nécessitez de nature, et qui plus est, traisnoient les femmes pour les forcer et violer sur les autels... Ils ouvraient les tombes et les sépulcres tellement, qu'il semblait qu'ils voulaient représenter la résurrection générale des morts; et ayant déterré les corps, attachaient à iceux des images de bois, et ressemblance de Jésus-Christ crucifié, de la Vierge Marie et Saint Jean-Baptiste, et bruslaient le tout ensemble. »

Un autre chroniqueur ajoute: « Le séjour dudit comte en Forez dura environ un mois, pendant lequel ils (les calvinistes) firent de grands bruslements, saccagements et aultres semblables cruautez. Tellement que du donjeon de Montbrison, de jour à autre, on voyait le feu allumé en divers lieux. »

Il est probable que l'église de Saint-Galmier, qui, dans presque toutes ses parties, porte le caractère du xvie siècle, fut reconstruite après la dévastation que nous venons de relater; elle est vaste et présente quelques beaux détails d'architecture dans le goût de la renaissance.

La ville de Saint-Galmier était, avant la révolution, le siége d'une châtellenie royale, dont la juridiction s'étendait assez loin. Elle est peuplée aujourd'hui d'environ 2,700 âmes, et particulièrement fréquentée par les buveurs d'eau de l'arrondissement de Saint-Étienne. La grande fontaine qui fournit l'eau ferrugineuse et saturée d'acide carbonique, se nomme *Fontfort*; nom que l'on donne, dans ce département, à presque toutes les sources minérales, et qui pourrait venir de *fons fortis*, à cause du goût piquant et comme vineux qu'ont en général les eaux de ce pays. Il s'élève de la source dont il s'agit de grosses bulles d'air, et à l'endroit où le filet qui en sort se jette dans la Coise, la fusion des deux ondes produit des jets qui montent à trois ou quatre pouces.

Les médecins ont reconnu aux eaux de Saint-Galmier des qualités délayantes, apéritives et absorbantes. Prises à la source, on a vu, dit-on, de bons effets de leur emploi dans les maladies glaireuses et dans la gravelle. Elles purifient le sang, selon le système de la médecine humoriste, et complètent quelquefois la guérison des maladies syphilitiques. Le peuple en faisait sa boisson ordinaire dès le temps où le seigneur Anne d'Urfé écrivait sa *Description du Forez*, et cet usage a continué.

La petite ville de Saint-Galmier qui, vue du chemin de fer de Saint-Étienne à Roanne, présente aux voyageurs une fabrique pittoresque, les invite souvent à la visiter, et contribue ainsi à sa prospérité, en attirant des buveurs d'eau par éventualité. L'affluence habituelle des Stéphanois a déterminé quelques spéculateurs du lieu à former de petits établissements commodes; et maintenant, il existe une concurrence assez égale entre les eaux de Saint-Alban, dont nous parlerons bientôt, et celles de Saint-Galmier.

Les quatre foires annuelles qui se tiennent en cette ville, sont fréquentées pour la vente des bêtes à laine. Il s'y tient aussi un marché hebdomadaire le lundi. Saint-Galmier possède un hospice pour les malades et les vieillards, desservi par des Sœurs hospitalières de Saint-Charles, qui s'occupent aussi de l'instruction des jeunes filles. Celle des garçons est presque exclusivement abandonnée aux Frères de la Doctrine chrétienne.

La chamoiserie fut long-temps la seule industrie du pays, et elle contribuait peu à sa prospérité. Depuis une trentaine d'années, les femmes de Saint-Galmier brodent des mousselines fabriquées à Tarare : ce travail jette annuellement à peu près 50,000 francs de numéraire dans le pays. La plaine voisine produit abondamment du grain, et l'on récolte sur le coteau où s'élève la ville, du vin de médiocre qualité. Saint-Galmier est à quatre lieues est de Montbrison.

Chevrières, village situé dans la montagne à une lieue de Saint-Galmier, tient, dit-on, ce nom du nombre considérable de chèvres qu'on y élevait autrefois. Il existe à Chevrières un château construit au XVIe siècle, par le seigneur de Saint-Chamond, qui joignait le nom de cette seigneurie à ses autres titres. En 1593, ce château fut attaqué par les ligueurs, qui peut-être voulaient en le détruisant, se venger de la défection du sire de Chevrières, devenu royaliste ardent, de ligueur intrépide qu'il avait été. Quoiqu'il en soit, les défenseurs de l'union furent repoussés.

La commune de Chevrières, disait M. Duplessy à l'origine de la restauration, s'est illustrée pendant la révolution, par la constance de son dévoûment à la religion et à la cause de la royauté : c'est là que les émigrés, que tous les malheureux, proscrits par les Sylla de cette époque funeste, étaient certains de trouver un asile. Parmi les habitants qui se sont plus ou moins distingués, nous citerons le sieur *Croizier*, simple cultivateur, qui a sacrifié, à secourir les infortunées victimes de la terreur, une fortune assez considérable ; ce qui lui avait valu dans le pays l'honorable surnom de *Roi de Chevrières*, sous lequel il est connu dans toute la contrée. Cette pureté de sentiments et d'opinion, sortie victorieuse de toutes les secousses révolutionnaires, continue l'auteur de l'*Essai statistique*, n'a point été ébranlée par celle du 20 mars 1815 ; le drapeau de l'usurpation n'a pas flotté à Chevrières pendant toute la durée de l'interrégne. Le roi a daigné récompenser la fidélité de ces habitants dans la personne du sieur Croizier et de ses deux frères, à chacun desquels Sa Majesté a bien voulu accorder, sur les fonds de sa liste civile, un traitement de 300 francs.

Sans doute les montagnards de Chevrières et M. Croizier se sont, non pas *illustrés* (le mot est hyperbolique), mais honorés en secourant les proscrits ; durant l'époque orageuse dont nous avons tous déploré et condamné les excès, mais l'historien de cette localité eût mieux servi et les habitants et le *Roi de Chevrières*, en n'offrant pas leur dévoûment sous l'aspect de l'esprit de parti. Nous désirons, du reste, que la population entière qui, d'après le récit de M. Duplessy lui-même, avait concouru au bienfait hospitalier, se soit trouvée convenablement *récompensée*, dans l'allocation des pensions faites aux trois frères Croizier. Un rapprochement se présente ici naturellement à notre pensée : nous avons dit, dans la première section de cet ouvrage, et l'histoire a déjà constaté, que les montagnards des Cevennes, si long-temps traqués, torturés, décimés par la cour de Louis XIV, à l'instigation du clergé, avaient, durant la terreur, exercé aussi envers les nobles et les prêtres, l'hospitalité la plus attentive, la plus oublieuse des maux que ces deux classes avaient fait souffrir à leurs pères.... Il eût été beau de récompenser une telle conduite.... Nous ignorons si elle a même été signalée à Louis XVIII, qui était capable de l'apprécier dignement.

La population de Chevrières est d'environ 1,300 âmes, son industrie nulle ; ses produits agricoles sont peu considérables dans le pays montagneux qu'elle occupe.

Dans la circonscription des deux cantons que nous parcourons en même temps, *Chazelles*, chef-lieu de l'un d'eux, est une ville plus considérable que Saint-Galmier, chef-lieu de l'autre, puisque sa population s'élève à près de 3,000 habitants. Elle est située sur la route de Lyon à Montbrison, dans une vallée agréable, fertile en grains, en fourrages et limitrophe du département du Rhône. Sa distance de Montbrison est de cinq lieues, à l'est.

Selon les traditions locales, appuyées par l'autorité de quelques chartes que nous n'avons pas vues, Chazelles doit son origine, antérieurement au XIIe siècle, à une abbaye de religieux de l'Ordre de Cluny. L'église paroissiale, suivant les mêmes versions, était alors à un quart de lieue du bourg, sur le chemin de Saint-Galmier ; mais au XIVe siècle, la paroisse fut transférée dans l'église de l'Abbaye, c'est-à-dire sur l'emplacement actuel de la ville ; et vers le même temps, on entoura celle-ci de murailles pour la garantir contre les incursions des Anglais. L'enceinte existe encore en partie. A une époque qu'il ne nous a pas été permis de fixer, l'Abbaye devint le siége d'une commanderie de l'Ordre de Malte. On voit, gravée sur les murs intérieurs de l'église, une inscription latine dont les caractères, devenus illisibles, paraissent appartenir au XIIe siècle ; mais cet édifice a subi plusieurs restaurations, et sa construction primitive, si elle était antérieure à la période gothique, n'a laissé aucune trace. Dans le cours du XVIe siècle, Chazelles, qui sans doute ne demeura pas exempte des malheurs causés par les guerres religieuses, fut assaillie, pour complément de calamité, par une peste à la suite de laquelle cette ville resta presque déserte. Alors, de nombreux marchés qui s'y tenaient, furent d'abord transférés à Grézieux (Rhône), puis à Saint-Symphorien-le-Château.

En 1589, Chazelles, ainsi que Saint-Galmier, fut *assuré* à la ligue, par le baron de Saint-Vidal, revenant de Lyon. En 1594, cette ville, remise sous la main du roi, fut *pétardée*, selon l'expression du seigneur de Chevrières, par les troupes du marquis de Saint-Sorlin, depuis duc de Nemours; mais la place, munie d'une bonne enceinte, résista à cette attaque.

Rendue au calme de la paix, depuis cette époque, à part quelques ressentiments des troubles civils de Lyon, en 1793, Chazelles est le centre d'une industrie active, la seule, peut-être, qu'on puisse citer dans l'arrondissement de Montbrison. C'est là que se fabrique, dans une assez forte proportion, la *chapellerie* appellée trop exclusivement *de Lyon*. Son établissement sur cette localité date d'environ cent soixante-dix ans; mais nous sommes contraint d'avouer que cette fabrication est loin de s'être accrue : « Ses produits actuels, écrivait M. Duplessy en 1818, atteignent à peine le huitième de ceux qu'elle donnait en 1790. Cet état de stagnation (c'est de décroissance qu'il fallait dire) continue depuis 1793, et si l'on s'aperçoit de quelque variation, elle a lieu dans un sens rétrograde. » Depuis lors, les fabriques de Chazelles n'ont pu ressaisir leur ancienne prospérité; autrefois la chapellerie de Lyon qu'elles alimentaient, était prospère et presque exclusive; mais depuis une trentaine d'années, on fait des chapeaux dans toute la France. La chapellerie de Paris, particulièrement, est recherchée et l'emporte sur celle de Lyon. Ce qui surtout a porté un coup funeste aux fabriques de chapeaux de feutre, ce sont ceux qu'on est parvenu à confectionner en tissus de soie, à des prix extrêmement modérés, sans que l'*apparence*, favorite constante des goûts français, ait eu à souffrir de cette économie. Cependant, il se confectionne encore à Chazelles une assez grande quantité de chapeaux en laine : produit commun qui se trouve au-dessous de la concurence de la chapellerie en soie; et ce reste d'industrie contribue à la prospérité du pays.

Malgré la diminution de ses ressources industrielles, Chazelles, situé au milieu d'un pays fertile, doit un certain bien-être à ses marchés, à ses foires annuelles, qui sont au nombre de cinq et très-fréquentées pour la vente des bestiaux; à la route assez suivie qui traverse cette localité; enfin, à la résidence d'un assez bon nombre de propriétaires aisés, qui cultivent la vigne, récoltent une certaine quantité de chanvre, de fourrages, de légumes divers, et tirent, quant à la culture des céréales, tout le parti possible de la plaine voisine. La ville est agréablement bâtie; on y remarque une jolie place entourée d'arbres; les hôtelleries commodes, les cafés élégants n'y font point défaut. L'instruction est confiée dans ce chef-lieu de canton, pour les filles, aux Sœurs de la congrégation de Saint-Charles; pour les garçons, aux Frères de la Doctrine chrétienne. Il y a aussi à Chaselle un pensionnat de garçons très-fréquenté.

La commune de *Bouthéon*, que nous trouvons dans le canton de Saint-Galmier, en nous rapprochant de la Loire, n'est remarquable que par son château, qui couronne un plateau élevé, sur la rive droite du fleuve. La terre de Bouthéon appartenait très-anciennement à la famille de Montboissier; mais Jean II, comte de Forez, l'acheta pour en faire don à son fils naturel, Mathieu de Bourbon, surnommé le *Grand-Bâtard de Bourbon.* Ce dernier seigneur fit construire le château splendide sur lequel Anne d'Urfé nous a laissé la description que voici : « La plus belle des maisons appartenant aux seigneurs du pays, est celle de Boutéon, commencée par le bastard Matieu de Bourbon, fort somptueusement, et depuis achevée par messire Guillaume de Gadagne, seigneur dudict lieu, mais non pas en mesme somptuosité. Ceste maison est un peu relevée, qui lui faict avoir une très-belle vue, et estre en un terroyer sec. Elle est forte, estant bien flanquée de quatre grosses tours, entre lesquelles il y en a une, la plus belle de toutte ceste plaine. Elle est faussoyée de bons grands fossés à fons de cuve, avec de bonnes et grandes casemates; elle a deux belles et grandes salles accompagnées à chacun bout de très-belles chambres, acomodées d'arières-chambres, garde-robes et cabinets, et bref, bâties par ledit bastard Matieu, à la principauté (comme pour un prince). Il y a une fort belle gallerie close, deux couvertes et une terrasse sur le devant; deux belles cours, un beau jardin, et tant d'aultres commodités, que je serais trop prolixe à les conter [1]. » La tour principale, dont parle ici l'ancien bailly du Forez, s'aperçoit de très-loin, lorsqu'on descend le cours de la Loire en suivant l'une de ses rives: ce donjon était autrefois surmonté d'une croix; il renfermait une horloge, et l'ancienne cloche du beffroi sonnait les heures qu'elle marquait. Un très-bel escalier conduit sur la plate-forme du château, et descend jusqu'aux caves, auxquelles viennent aboutir des souterrains qui, dit-on, vont jusqu'à la Loire. Nous n'avons pu vérifier ce fait; le flambeau dont nous étions munis s'étant éteint à vingt pas de l'entrée de ces souterrains. Nous avions eu le temps toutefois d'admirer le jeu de la lumière sur une infinité de stalactites très-blanches, attachées à la voûte de ces cavités.

Les parties du château de Bouthéon construites par le Grand-Bâtard de Bourbon, portent le caractère imposant des constructions de la seconde moitié du XVe siècle, avec toute leur splendide solidité ; il est donc aisé de reconnaître les continuations diverses ou reconstructions qui ont eu lieu ensuite. Les parties primitives de l'édifice ne sont pas sans analogie avec le château *d'Écouen.* Du haut de la plate-forme, on nous a montré, sur la commune de la Fouillouse, (canton de Saint-Héand), l'emplacement d'un bois fort étendu, dont l'illustre Sully vendit la coupe 40,000 livres, pour mettre Henri IV à même de continuer

---

(1) *Les d'Urfé*, ouvrage publié par M. Auguste Bernard, p. 448 et 449.

la guerre... Quel noble exemple pour les ministres de tous les temps ! Mais ce sont de ces dévoûments dont on rirait aux époques de civilisation sublimée.

Le château de *Bellegarde*, situé sur la route de Montbrison à Lyon, défendait autrefois l'entrée de la vallée qui s'ouvre en cet endroit; il appartenait, vers la fin du XVIe siècle, à Antoine de Bron, seigneur de Bellegarde et du Pinay, chevalier de l'Ordre du roi et capitaine de cinquante hommes d'armes des ordonnances. Ce château, construit à peu près à la même époque que celui de Bouthéon, devait, avant les dégradations qu'il subit en 1793, offrir de beaux restes de magnificence : la façade du côté de la cour était décorée d'une douzaine de bustes, qu'on disait être ceux des douze Césars; ils ont été brisés pendant la révolution. On sait qu'à cette époque, l'universalité des Français ne voulait entendre parler des Césars que pour les livrer, avec Voltaire, au poignard des Cassius; dix ans plus tard, la même universalité glanait jusqu'aux derniers fastes de leur vie, pour en tresser, par allusion courtisanesque, une couronne à l'empereur Napoléon.

Au nord et au nord-ouest du canton de Saint-Galmier, s'étendent parallèlement les cantons de Feurs et de Boen, qui bordent la Loire dans toute leur longueur, le premier sur sa rive droite principalement; le second sur sa rive gauche. *Le canton de Feurs* est le centre de l'ancien pays des Ségusiens, dont Feurs était la capitale, ainsi que nous l'avons dit au commencement de cette section. Les preuves de l'existence d'un grand établissement antique en ce lieu sont abondantes : les deux bords de la Loire sont couverts ici de monuments qui attestent le séjour d'une nombreuse, d'une luxueuse aristocratie, à une époque de civilisation avancée. Mais peut-être l'historien De la Mure s'est-il un peu hasardé dans l'incommensurable champ des conjectures, lorsqu'il a conclu de la situation de *Forum Segusianorum* sur le bord d'un fleuve qui ne devait pas être, sous la période gallo-romaine, plus navigable qu'aujourd'hui, à cette hauteur, qu'il favorisait le développement d'un commerce étendu. L'importance de Feurs, comme siège d'une grande administration, s'appuie sur des témoignages plus sûrs: on sait que dans les provinces romaines le nom de *Forum* se donnait aux cités où se trouvaient établies les grandes administrations; Paul Mérula a dit explicitement : *Fora erant partim ubi prætores juridicendi causa conventum habebant, partim nundi nationis gratia erant instituta.* D'ailleurs, il est aisé de reconnaître que plusieurs des villages voisins de Feurs firent partie jadis de son enceinte : à cet égard, la tradition se fonde sur l'existence de souterrains dont on put long-temps suivre la trace à une assez grande distance dans la campagne, et sur les nombreuses découvertes de débris antiques, faites sur toute l'étendue de l'espace qui sépare maintenant

Feurs de ces villages. La nature même des vestiges révèle l'ancienne splendeur des établissements auxquels ils appartinrent : ce sont des fûts de colonnes, des restes de tombeaux, des marbres sculptés, des coupes, des lampes, des lacrymatoires, des urnes, des patères : tous objets élégants de forme ou riches de ciselure, ayant servi, soit au culte des Dieux, soit aux derniers hommages rendus à des morts illustres, soit aux usages particuliers des classes opulentes.

On a trouvé, il y a trente-trois à trente-quatre ans, dans une fouille faite sous le seuil d'une maison de Feurs, un pavé mosaïque carré, très-bien conservé : il présente une large bordure d'arabesques, d'un dessin savamment étudié ; une belle rosace au milieu et divers ornements dans les angles. Chacun des côtés du carré est d'environ 18 pieds. Au-dessus de cette mosaïque se trouvaient accumulés des charbons, des tuiles brisées et, parmi ces débris, des ossements humains. Cette découverte viendrait à l'appui d'une très-ancienne tradition locale, relatant que *Forum Segusianorum* fut détruite par un incendie.

Dans la cour de la même maison, située près de l'église, subsiste un corps de logis de construction antique : des restes d'architecture savante et d'ornements d'un style grec assez pur, donnent lieu de présumer que ce vénérable monument peut remonter aux derniers temps de l'empire romain. Nous avons peine à croire cependant que l'on doive faire rapporter à la même époque, sans admettre une reconstruction presque totale et assez récente, un escalier soutenu par des colonnes d'Ordre corinthien, le pourtour d'un puits et l'espèce de dôme qui le couronne : le tout orné de bas-reliefs d'un travail assez fin. Il nous semble qu'il y a là des gages évidents d'une restauration de la renaissance, et l'état de vétusté des détails que nous citons, n'est pas suffisamment antique pour ébranler notre opinion à ce sujet.

Dans le mur extérieur du chœur de l'église, on voit incrustée une table de granit de 2 pieds 3 pouces carrés, et qui fut trouvée dans les ruines d'un ancien temple ; on lit sur cette pierre :

NUMIN. AUG.
DEO. SILVANO.
FABRI. TIGNUAR.
QUI. FORO. SEGUS.
CONSISTUNT.
D. S. P. P. [1]

---

(1) *Numini Augusto deo Silvano fabri tignuarii qui foro Segusianorum consistunt, de suâ pecuniâ*

Ce document est précieux, en ce qu'il prouve qu'il existait déjà dans les Gaules, au temps de l'occupation romaine, de ces communautés ou corporations d'artisans qui jouèrent un assez grand rôle au moyen-âge. La même inscription établit aussi que la ville de Feurs avait alors assez d'importance, pour que le corps des charpentiers s'y fût enrichi au point de pouvoir élever un temple à ses frais. Mais à part même cette importance, on conçoit que ces ouvriers devaient mettre en œuvre pour les Romains, une quantité considérable de ces bois dont les bords de la Loire étaient couverts, et que ces dominateurs faisaient entrer, comme on sait, pour beaucoup dans la construction de leurs monuments.

On voit encore, attachés à la voûte et à la façade de l'église, des restes d'antiquité qui ornent cette construction gothique mieux qu'elle ne l'a été par ceux qui l'ont élevée : ce sont des fragments d'anciens autels et de pierres tumulaires, avec quelques sculptures en relief. Ainsi, le christianisme a ressaisi, dans le naufrage du paganisme, beaucoup de ses monuments, et ce n'est pas le seul héritage qu'il ait recueilli du culte des gentils.

« Chaque jour, dit M. Auguste Bernard, on découvre à Feurs des traces de sa grandeur passée : tantôt c'est une statue, tantôt un fût de colonne. » Déjà les richesses antiques trouvées sur cette localité sont nombreuses; nous en continuons l'énumération :

En l'année séculaire 1600, on découvrit dans le couvent des Ursulines quatre grosses colonnes enfouies sous terre et chargées d'inscriptions apologétiques : elles étaient toutes consacrées à Caïus-Julius-Verus-Maximius, successeur d'Alexandre Sévère, et proclamé empereur dans les Gaules par les légions qu'il commandait.

Les limites que nous devons nous prescrire, ne nous permettent pas de rapporter les quatre inscriptions que présentent ces monuments : une seule suffit pour en faire apprécier l'esprit ; les trois autres ne sont que l'amplification de celle que nous allons citer ; la voici :

---

posuerunt. Et en français : Au dieu Sylvain, que révère l'empereur, les maîtres charpentiers qui habitent au marché des Ségusiens, élevèrent ce monument de leurs propres deniers.

Il est à remarquer que la partie des inscriptions romaines qui indique le nom des consécrateurs, est presque toujours mise en lettres initiales : ce qui prouve, ce nous semble, que les Romains pratiquaient une vertu peu honorée de nos jours : la bienfaisance ou la gratitude modeste, que l'on pourrait appeler la pudeur des sentiments généreux. Observez les œuvres de la charité moderne et les hommages rendus à la mémoire des morts au XIXe siècle; vous les trouverez amplement révélés dans les journaux, ou longuement expliqués sur les monuments érigés dans nos cimetières, avec les titres, dignités et décorations des consécrateurs, tenant plus de place que les qualités du défunt.

IMP. CAES. C. JVL. VE
RO. MAX... NO PIO
FELIC. AUG. GERMAN
ICO. P. M. X. SA. MATICO
PONT. MAX.. AX...
PROC...
XIMO. QV... ROMA.
CJVLFSEG
L. I. [1]

Les quatre colonnes qui nous occupent sont de granit du pays; leur hauteur est d'environ 7 pieds, leur diamètre d'environ 2 pieds. Elles étaient employées, comme colonnes milliaires, sur l'une des voies qui commencent à Feurs : ce qui nous semble démontré par les nombres romains I, II, III, IIII, qu'elles portent au bas de l'inscription.

L'empereur Maximinus qui, de l'humble condition de berger, devint le maître du monde, était arrivé à l'empire par l'assassinat d'Alexandre Sévère, auquel il avait, dit-on, participé en 235. Mais la victoire balaye de son aile même la trace du crime : la Gaule venait d'être ravagée par les Germains, Maximinus marcha contre eux et les défit. Les Ségusiens, qui avaient beaucoup

(1) *Imperatori Cæsari Caio Julio Vero*
Maximo pio
felici augusto German-ico
patri maximo Sarmatico
pontifici maximo maximo (consuli)
proconsuli
maximoque Romanorum
Caio Julio filio Segusiani
lapidem primum (posuerunt)

Les Ségusiens ont placé cette première pierre en l'honneur de l'empereur César Caïus Julius Verus Maximin, le Pieux, l'heureux, l'auguste; vainqueur des Germains et des Sarmates; souverain pontife, très-grand consul et proconsul; et du très-grand prince des Romains, Caïus Julius, son fils.

Il est digne de la plus sérieuse attention d'observer que, dans leurs inscriptions en l'honneur des empereurs ou autres grands personnages, les Romains n'omettaient guère de leur appliquer l'épithète *d'heureux*, avec la signification expresse d'une vertu, comme auguste, pieux, magnanime : la destinée prospère égalait, dans leur opinion, les plus nobles qualités de l'âme : aussi avaient-ils élevé des temples à la fortune. Le cardinal de Mazarin ne faisait donc que suivre un principe de morale romaine, lorsque, pour investir quelqu'un d'une grande confiance, il se faisait à peine rendre compte de ses talents ou de sa probité, et demandait, pour toute information, s'il était heureux.

souffert de l'invasion des Barbares du Nord, élevèrent à leur libérateur les monuments de gratitude que nous venons de signaler, sans s'arrêter un instant à l'idée que, pour venger les Gaulois, ce vainqueur venait de ravager 150 lieues de leur pays. Nous avons rapporté ailleurs que les habitants d'Usson avaient aussi érigé un monument de reconnaissance au même prince, restaurateur de leur temple. Cet ancien pasteur de la Thrace avait hérité de la pourpre sanglante d'Alexandre Sévère ; il la laissa teinte de son propre sang à l'empereur qui lui succéda : s'étant mis en marche pour punir Rome révoltée, il tomba, devant Aquilée, sous les coups de ces mêmes soldats qui l'avaient proclamé, après un règne de trois ans, marqué par mille traits de férocité. On croit que cet assassinat fut commis à l'instigation de Balbinus, qui voulait, comme tant d'autres capitaines romains, arriver à son tour à l'empire, et ne voyait pas de moyen plus sûr que de s'en frayer le chemin avec le poignard. Il y parvint en effet, avec Papiénus. Or, les Ségusiens, qui avaient érigé des monuments à la gloire de Maximinius, craignant de déplaire aux nouveaux Césars, prouvèrent bien que Corneille aurait raison de dire, quatorze siècles plus tard :

> Et le peuple, inégal à l'endroit des tyrans,
> S'il les déteste morts, les adore vivants:

Ils se hâtèrent de renverser et d'enfouir les colonnes laudatrices.

Quelques écrivains ont pensé que ce Balbinus avait son tombeau près de Feurs, au lieu qu'on aurait appelé par cette raison Balbigny. Mais un examen plus approfondi de ce monument, qui n'existe plus, a fait reconnaître une construction évidemment celtique, ainsi que nos lecteurs en pourront juger par la description qu'en donne M. Auguste Bernard. « Cette construction, dit cet historien, était composée de neuf pierres d'environ 2 mètres de hauteur, larges de 65 centimètres, épaisses de 22 centimètres ; elles étaient posées verticalement et formaient une enceinte ouverte du côté de l'est. Ces masses étaient appelées par les habitants les *grandes pierres*. Deux de ces pierres se trouvaient placées à l'ouest, ajoute M. Duplessy, trois au nord, quatre au midi ; deux quartiers de roche, aplatis par la nature sur leurs deux faces, formaient la voûte de cette espèce de grotte. On assure qu'autrefois il existait au milieu de l'enceinte, alors beaucoup plus prolongée, une longue pierre chargée de caractères illisibles, et armée de deux anneaux de fer propres à la soulever au besoin. » Aucune disposition ne rappelle mieux, ce nous semble, les vestiges du druidisme : on trouve dans plusieurs provinces des monuments semblables ;

le nom de *Roche aux Fées*, qu'on leur a donné sur plusieurs points, vient à l'appui de leur origine celtique : les druidesses étaient, comme on sait, appelées par les Romains *fatidicæ*, dont on a fait *fadas* dans le midi de la France, et enfin *fées*, par suite des corruptions de langage qui ont dénaturé tant d'étymologies.

Parmi les ruines du prieuré de Randan, qui touchait à la ville de Feurs, on a trouvé un bloc de pierre haut d'environ 4 pieds, et présentant la forme d'un autel antique. MM. Dulac et Duplessy ont cru reconnaître dans ce monument un autel consacré à Diane ; ce n'est évidemment qu'un cénotaphe ou espèce de piédestal, sur lequel les anciens plaçaient ordinairement une urne funéraire renfermant des cendres ; l'inscription, que voici, prouve évidemment cette destination :

```
      D. M.
    ET MEMOR
    AE AETERN
    TITIVS ERVA
    NDVS VIVOS
    SIBI COMPA
    RAVIT ET SVB
    ASCIA DED [1]
```

Près du lieu où l'on a découvert ce monument, il existe un fragment de ces aqueducs dont nous avons déjà parlé ; on peut en suivre les traces, s'étendant vers le midi sur un espace d'une demi-lieue. La tradition veut que cet aqueduc ait été construit par le triumvir Antoine : mais rien, ce nous semble, ne peut appuyer cette version.

Parmi d'autres morceaux d'antiquité importants qui existent aux environs de Feurs, surtout auprès du château du *Rosier*, et au lieu appelé *le Palais*, du nom primitif de *Palatium*, on reconnaît des fondations évidemment antiques. L'on ne peut contester cette origine aux *bains de César*, attenant à ces ruines, et qui, sans doute, est le reste d'anciens thermes. On y a découvert une suite

---

(1) « Aux dieux mânes, et à la mémoire éternelle, Titius Ervandus, vivant, se fit élever ce monument, et le dédia sous le ciseau. » Nous comptons encore beaucoup de personnages, fiers d'eux-mêmes, qui se recommandent ainsi, de leur propre mouvement, à la postérité ; mais elle ne les en oubliera pas moins... C'est un brevet d'immortalité insuffisant que celui qui nous est décerné par notre propre vanité.

de médailles des empereurs Auguste, Néron, Trajan, Marc-Aurèle, Maximien, Vespasien, Galba, Nerva; ce qui prouverait jusqu'à un certain point, que ce *Palatium* était une demeure impériale.

Nous l'avons dit ailleurs, les inscriptions, mieux encore que les monuments, sont des chapitres éloquents de l'histoire des mœurs antiques; nous ne devons donc pas omettre la mention d'un poids en bronze trouvé dans une fouille, à Feurs même. Son inscription semblerait annoncer qu'il était le type légal de ceux employés dans le commerce. Ce bronze pesait sept livres et demie, équivalant à dix livres, poids romain; il portait cette indication :

DEAE. SEG. F.
P. X.[1]

Pour ne plus revenir aux antiquités de Feurs et de ses environs, nous citerons encore une petite statue en bronze d'une grande pureté de dessin, découverte dans la commune de Saint-Paul-d'Épercieux. Elle représente un homme nud, la tête ceinte d'une bandelette; il est assis et soulève le pied droit. Les débris des thermes situés dans ce village, et qui paraissent les restes d'un vaste édifice, font présumer que cette figurine pouvait servir à l'ornement d'une salle de bain : sa nudité et sa pose indiquent un baigneur, et viennent à l'appui de l'opinion que nous venons d'émettre d'après plusieurs écrivains.

A Salt en Donzy, commune très-rapprochée de Feurs, il existe des ruines très-appréciables d'un temple; mais on ignore à quelle divinité il était consacré. Enfin, dans un étang, aux portes de l'antique capitale des Ségusiens, on trouva, il y a vingt-trois ou vingt-quatre ans, une médaille en or de Vespasien; elle était du module d'une pièce de vingt sous et parfaitement conservée.

On peut, à Feurs, dépenser toute son admiration à contempler les antiquités; on peut caresser sans réserve le souvenir de sa vaste enceinte et de son luxe pompeux, sous la domination romaine; car il n'y a plus rien à voir dans cette ville, lorsqu'on s'éveille du rêve de ses grandeurs passées. Elles disparurent sans retour, quand de nouveaux conquérants vinrent déchirer ce manteau de splendeurs que la fortune des armes avait taillé si ample aux Césars, et qu'elle s'était plue à broder si richement. Là où les ingénieux compartiments de

---

(1) Les antiquaires rétablissent ainsi cette inscription :
Deæ Segusianorum fori pondo decem, poids de dix livres dédié à la déesse du marché des Ségusiens, ou plutôt sous la foi de la déesse Ségusia.

mosaïque brillaient sous le pied du consul ou de l'empereur, on ne foule plus que l'herbe touffue; aux éclatantes couleurs que l'art assortissait pour former ces parvis, a succédé l'humble fleur des champs ; et le silence rarement troublé d'une petite ville, remplace à jamais sans doute les cris tumultueux qui s'élevaient du *Forum* de l'antique capitale.

Tout porte à croire que Feurs eut beaucoup à souffrir des invasions successives des Visigoths, des Bourguignons, des Francs et des Sarrasins; conquérants dévastateurs qui recherchaient surtout les cités que la civilisation gallo-romaine avait rendues fastueuses et opulentes. Après le passage de ces fléaux, il ne restait plus dans les villes que des décombres, des cendres et des populations ruinées ; Feurs, qui avait subi cette destinée, ne s'en releva jamais. Dès le XI° siècle, les comtes de Forez préférèrent le séjour de Montbrison à celui de l'ancienne capitale, dont l'aspect, attristé par les traces de l'irruption des Barbares, répondait mal à l'idée qu'ils se faisaient de leur puissance. Nous voyons, en effet, que Guillaume III, dit *l'Ancien*, qui gouverna de 1087 à 1097, et peut-être plus tard, fonda l'hôpital de Montbrison dans le château, que sa famille habitait depuis long-temps. Mais s'il peut exister quelque doute sur la résidence habituelle à Montbrison de ce seigneur et de Guillaume IV, qui fut le dernier comte de la première race, il devient évident que, dès le commencement de la seconde, Feurs avait cessé officiellement d'être la capitale du Forez. Nous disons officiellement, parce que dès-lors toutes les chartes, ou du moins à peu près toutes, furent datées de Montbrison.

Cependant les comtes conservèrent toujours un château à Feurs; par respect pour l'antiquité de cette ville, ils l'habitaient quelquefois, et certains actes solennels y étaient passés. Plusieurs rois de France, entr'autres Charles VII et François Ier, rendant hommage au souvenir de splendeur d'une ville que les empereurs romains avaient illustrée, se firent un devoir religieux de planter en ce lieu, pour quelques heures, leur bannière fleurdelisée sur le donjon féodal des comtes du Forez: donjon fondé peut-être par les maîtres du monde.

Ainsi que toutes les villes de la province, Feurs eut un mur d'enceinte qui dut être construit, ou reconstruit au XIV° siècle, époque des incursions de l'armée anglaise dans le Forez, à travers l'Auvergne. Il est présumable que ce fut alors qu'un noble ou un bourgeois de la ville enfouit en terre son petit trésor, que l'on retrouva il y a quelques années, renfermé dans plusieurs vases. Ce trésor se composait d'une grande quantité de pièces d'argent, et de quelques-unes d'or. On attribua aux unes et aux autres, lors de leur découverte, une antiquité que le premier regard de la science démentit. Les pièces d'argent étaient en général petites; les plus grosses pouvaient être comparées, pour la largeur, à nos pièces d'un franc; mais, beaucoup plus minces, elles contenaient tout au plus pour dix sous d'argent. Cette monnaie remontait à la première moitié du XIVᵉ siècle : on distinguait parmi, des pièces frappées (ou plutôt forgées) sous Guy VIII, dauphin de Viennois. Elles représentaient d'un côté un homme assis, tenant en ses mains les attributs du pouvoir; autour de cette figure était écrit : † *Guigo. Delp. Vien.* Sur l'autre face, se trouvait une croix ornée, autour de laquelle s'arrondissait cette inscription : † *Et comes albonis* [1].

Au temps des guerres de religion, Feurs, situé près de la Loire et ayant un pont sur ce fleuve, ne pouvait manquer d'être un théâtre d'hostilités, et les deux partis l'occupèrent. Mais, dès l'année 1593, cette ville penchait évidemment vers la cause royale, qu'elle ne devait pourtant embrasser que l'année suivante. Il est constant qu'au mois de septembre 1593, les habitants de Feurs hésitaient encore entre la bannière de l'Union et le panache de Henri IV, ainsi qu'on en peut juger par cette lettre du seigneur de Chalmazel de la Pie, aux échevins de Lyon.

« Par la mienne dernière, je vous avois mandé comme je me promettois de faire sortir la garnison qui estoit dans Feurs, sous l'assurance que ceux de la ville m'en avoient donnée; ce qui, s'ils eussent voulu, estoit fort aisé à faire, n'estant la dite garnison que de dix salades de la compagnie de M. de Maugiron [2], commandée par M. Fanin, et de soixante soldats à pied, sous quatre capitaines dudit sieur de Maugiron.... Et voyant qu'ils ne persistoient dans cette bonne opinion, je m'approchai de Feurs avec bonne troupe de mes amis, et ce que je pus mettre d'arquebusiers ensemble, avec quelques compagnies du sieur de Nerestang, pour les encourager à faire sortir leur dite garnison : à quoi je m'offrois les favoriser; mais s'estant laissé aller aux belles paroles dauphinoises, ils refusèrent tout à plat mes offres, et me dirent qu'ils s'estoient donné la foi, leur garnison et eux, de se conserver ensemble.... Les dits habitants m'ayant assuré d'ailleurs qu'ils estoient assez forts pour se garder de ceux de la garnison et de ceux du dehors. » Chalmazel ajoute plus bas que les mêmes habitants introduisirent dans leur ville un renfort de Nemouristes; puis il dit : « Si on les laisse long-temps là, ils s'y fortifieront et incommoderont fort le pays. »

On voit qu'au mois de septembre 1593, la population de Feurs, se défiant des royalistes et des ligueurs, se tenait dans cette réserve mixte, qu'on a nommée

---

[1] Guigues, dauphin de Viennois et comte d'Albon.
[2] L'un des mignons de Henri III; il avait, dit-on, demandé au roi la lieutenance du Dauphiné, donnée au colonel d'Ornano, et n'ayant pu l'obtenir, il se jeta dans le parti du duc de Nemours, et lui livra la ville de Vienne. *Les d'Urfé*, p. 308, note.

de nos jours *juste-milieu*. Mais tout porte à croire que cette ville était soumise définitivement au roi en février 1595, et que l'événement mentionné ci-après ne s'y passa que pendant une occupation momentanée des Nemouristes. Le fait lui-même vient à l'appui de cette conjecture.

Honoré d'Urfé, resté ligueur, et prenant la qualité de lieutenant du duc de Nemours, présidait un conseil dans l'ancienne capitale du Forez, lorsqu'il fut arrêté au milieu de l'assemblée, par la trahison d'un prétendu ami, qui le dénonça aux royalistes. « Je n'ai pas, dit l'auteur de *l'Astrée*, esté pris à force, mais surpris. Autrement j'auroy honte de ma prise, au lieu que je n'ay que regret de sa perfidie.... Il se figuroit de se prévaloir de ma charge, continue Honoré, en élevant son indignation jusqu'à la poésie; mais il lui est advenu non autrement qu'à l'enfant peu advisé qui, voyant la flamme de la chandelle, espris de sa beauté, y porte la main sans jugement pour la prendre, et pensant se l'esteindre entre les doigts, trouve que tuant la beauté de cette flamme, il ne lui en reste autre chose qu'une bruslure, qui luy en cuyt par après longuement.... » Et, plus tard, le noble ligueur écrivait de sa prison à un ami fidèle : « Il reste de satisfaire au désir qu'à l'adventure tu auras de savoir qui est celuy dont je plains la perfidie; saches que c'est une personne qui a pensé :

<blockquote>Pour se mettre en honneur, de se prendre à Ronsard,</blockquote>

et qui se voyant incogneu, a creu que brusler le temple de Diane le ferait renommer. Que cela te suffise; attendant que mon espée t'en rende plus claire cognoissance; car c'est elle et non pas ceste plume, qui m'a esté donnée pour marquer mes ennemis [1]. »

Nous parlerons ailleurs d'Honoré d'Urfé; mais nous croyons devoir rapporter ici les suites d'un événement qui se passa à Feurs. Sa captivité dura près d'un mois et demi, et devenu libre, il se rendit auprès du duc de Nemours, alors très-malade. Nous ne pouvons résister au désir de copier la description des derniers moments de cet ex-chef de ligueurs, si brillant dans sa courte période de prospérités. On verra par ce morceau, plein d'un charmant naturel, qu'Honoré d'Urfé savait être touchant et vrai, lorsqu'il renonçait à cette malheureuse recherche, qui fut l'épidémie du temps où il écrivait, trop semblable au nôtre sous ce rapport.

« J'allais, dit-il, en Savoye, vers ce grand prince, qui, peu auparavant, y estoit

---

[1] *Épistres morales*; édit. de 1598, p. 28.

venu de Vienne, comme si les destins le guidoyent, afin qu'il vînt fermer les yeux dans la province où desjà tant d'autres princes de son sang avoyent régné et fini leurs jours. Il avoit desjà souffert un très-grand assaut de son mal, et fut à tel terme, que plusieurs l'avoyent tenu pour mort. Il sembloit que le ciel nous le voulust conserver encore, lui redonnant assés de force pour monter à cheval et pour rejoindre ses troupes. Mais après avoir supporté, plus avec le désir qu'il avoit de ne nous point abandonner, sentant l'ennemy si près, que par force qui lui fut restée de sa dernière maladie, il fut enfin contraint de se retirer à Annecy, où, avec quelques particuliers, il faisait dessein de se guérir en repos. Mais hélas! celuy qui dispose de nous, ne voulant nous le laisser plus long-temps, l'appella après une très-longue et inaccoustumée maladie : très-longue, car il eust quatre mois la fièvre continue ; inaccoustumée, d'autant que jamais les médecins ne sceurent recognoistre au vrai quelle elle estoit [1]. Au commencement, croyant son mal procéder de tristesse, je me figuroy qu'il estoit plustost long que dangereux. De sorte qu'attendant sa guérison, je me retirai près de là, avec mon frère de Bussi (Christophe d'Urfé); employant le temps, tantost à la lecture, tantost aux promenoirs, tantost à visiter ces grands rochers et *agréables* précipices des ruysseaux. Mais lorsque j'attendoy quelque nouvelle de sa santé, ne voilà pas un de mes amis qui m'advertit qu'on ne lui espérait vie. Quel tressaut fut le mien! et quel le déplaisir qui m'en demeura! juge-le, Agathon [2], si jamais ce que tu as aimé a esté en telle extrémité. Je monte à cheval, et ne prens repos que je ne sois près de luy. Je le trouvoy tellement abattu de la perte de son sang, qu'on ne pouvoit estancher, qu'il n'avoit quasi la force de lever les bras. Aussi est-il allé traçant ses derniers jours de son sang, et la dernière goutte a esté le dernier moment de sa vie [3].

Le duc de Nemours mourut dans la nuit du 15 août 1595.

La ville de Feurs, à laquelle nous revenons, n'offrit plus de fastes, à partir de sa soumission à Henri IV; toute son ancienne importance se réduisait, au moment de la révolution, au siége d'une simple châtellenie; et maintenant ce n'est plus qu'un chef-lieu de canton, peuplé d'environ 2,400 âmes. Mais cette ville étant située dans un pays agricole, ses sept foires annuelles et son marché

---

(1) Quelques écrivains ont rapporté que le duc de Nemours mourut de la maladie qui avait emporté Charles IX; et la suite du récit d'Honoré sembleralt confirmer cette assertion.

(2) Nom pseudonyme de l'ami auquel cette lettre était adressée.

(3) *Epistres morales*, p. 131 et suiv. Voyez aussi sur la vie d'Honoré d'Urfé notre biographie, à la fin de cette première région.

hebdomadaire du mardi, ne sont pas sans influence favorable pour sa prospérité. La vente des grains imprime au marché un mouvement commercial assez vif, que la vente des toiles fabriquées dans les montagnes voisines, contribue à alimenter. L'aspect de Feurs est assez gai, aux yeux du voyageur qui n'est pas préoccupé de l'antique grandeur de cette cité dégénérée : on y voit quelques maisons agréables, qui pourraient recevoir des buveurs d'eau si, à l'aide de quelque savoir-faire, on parvenait à donner un peu d'importance aux sources minérales situées sur ce territoire.

Il existe à Feurs un hospice dirigé par les Sœurs de la congrégation de Saint-Augustin.

Nous ne pensons pas que la route de Roanne à Clermont passant à Feurs, puisse jamais contribuer beaucoup à l'accroissement de cette ville ; elle est peu suivie par les voyageurs, et les voituriers l'abandonnent à cause de ses pentes rapides. La route de Montbrison à Roanne est plus fructueuse pour Feurs, parce qu'en ce lieu même, elle s'embranche avec la route royale de Roanne au Rhône. Il y a à Feurs un pont suspendu sur la Loire ; nous en reparlerons.

La vigne est cultivée avec quelques succès dans ce canton ; on y récolte aussi du chanvre en assez grande quantité et du colza. Les céréales sont assez abondantes sur ce territoire, pour excéder les besoins de sa population.

Avant de quitter la plaine dite *de Forez* et *Feurs*, qui en occupe pour ainsi dire le bas-fond, nous devons rapporter, pour la combattre, une vieille tradition qui veut que cette plaine ait été jadis un lac, que les eaux de la Loire auraient perpétuellement alimenté : Fodéré, De la Mure et Dulac ont admis cette version ; les deux derniers écrivains ajoutent que les Druides, hardis novateurs, osèrent tracer un lit à la Loire, qui en s'écoulant, découvrit la plaine, et y laissa des terreins qui la fécondèrent. Dulac fait honneur aux Romains de ce travail gigantesque, ou du moins il pense qu'il fut achevé par eux ; mais Honoré d'Urfé est assurément celui de tous les écrivains qui a le plus accrédité cette fable, par le passage de son roman d'*Astrée*, où il dit :

« Cette contrée, que l'on nomme à cette heure Forets, fut couverte de grands abymes d'eaux, et il n'y avait que les hautes montagnes que vous voyez à l'entour qui fussent découvertes, hormis quelques pointes dans le milieu de la plaine, comme l'écueil du bois d'Isaure et Montverdun ; de sorte que les habitants demeuraient tous sur le haut des montagnes ; et c'est pourquoi encore, les anciennes familles de cette contrée ont les bastiments de leur noms sur les lieux les plus relevés et dans les plus hautes montagnes ; et pour preuve de ce que je dis, vous voyez encore aux coupeaux d'Isaure, de Montverdun et autour du chasteau de Marcilly, de gros anneaux de fer plantés dans le rocher, où les vaisseaux s'attachoient, n'y ayant pas d'apparence qu'ils pussent servir à autre chose. Mais il peut y avoir quatorze ou quinze siècles (de lunes pour compter à la façon des Gaulois), qu'un estranger romain qui en dix ans conquit toutes les Gaules, fit rompre quelques montagnes par lesquelles ces eaux s'écoulèrent, et peu après se découvrit le sein de nos plaines, qui lui semblèrent si agréables et fertiles, qu'il délibéra de les faire habiter, et en ce dessein, fit descendre tous ceux qui vivaient aux montagnes et dans les forets, et voulut que le premier bastiment qui y fust fait, portât le nom de Julius (Julien) comme lui; et parce que la plaine humide et limoneuse jeta grande quantité d'arbres, quelques-uns ont dit que le pays s'appelait Forests, et les peuples Foréziens, au lieu qu'auparavant ils estaient nommés Ségusiens. Mais ceux-là sont fort déçus, car le nom de Forets vient de *Forum* qui est Feurs, petite ville que les Romains firent bâtir, et qu'ils nommèrent *Forum Segusianorum*, comme s'ils eussent voulu dire, la place ou le marché des Ségusiens, qui proprement n'estoit que le lieu où ils tenoient leurs armées, durant le temps qu'ils mirent ordre aux contrées voisines [1].

Quoique Honoré d'Urfé n'écrivit qu'un roman lorsqu'il traçait ce passage, il est aisé de reconnaître qu'il croyait rapporter une chose fidèlement historique; et c'est sans doute son assurance, en racontant cette tradition improbable, qui a perpétué une erreur que tout contribue à reléguer dans la bibliothèque bleue.

D'abord les Romains ne bâtirent point Feurs; nous croyons avoir prouvé dans la première section de cette histoire que César, qui avait autre chose à faire que de construire des villes chez nos pères, encore insoumis, ne fit exécuter à son armée que les travaux nécessaires à sa sûreté ou à ses besoins. Les Romains s'établirent donc dans la capitale du pays des Ségusiens, comme dans toutes les capitales des Gaules, précisément parce qu'ils y trouvèrent toutes les grandes ressources urbaines, qui ne s'improvisent que dans les contes. Et si, après Dulac et d'autres historiens, on admet la présence d'un lac dans la plaine de Forez, en même temps que l'existence de Feurs qui, comme nous l'avons dit, occupe la partie la plus basse de cette plaine, on tombe dans une contradiction absurde.

Quant aux anneaux de fer qui servirent à attacher des *vaisseaux*, selon les traditions entées sur la fable romancière que nous avons rapportée, on n'en trouve la trace ni sur le mont Uzore ni ailleurs; et certainement Honoré d'Urfé ne les avait pas vus lorsqu'il écrivait son *Astrée*. Comment

---

(1) *Astrée*; première partie, liv. 11, p. 63.

concevoir en effet, que des anneaux plantés dans le rocher durant la période celtique, aient pu résister jusqu'au commencement du XVIIᵉ siècle à l'action de l'air, qui oxide et ronge si promptement le fer ? Comment d'ailleurs admettre, sous l'empire de la raison, que les Druides ou les Romains aient pu entreprendre et accomplir le travail gigantesque de couper des montagnes de granit, sur un espace de trois ou quatre lieues, et d'enlever ces masses, à l'exemple des mythologiques Titans, pour ouvrir une large issue vers la Loire, aux eaux du prétendu lac qui couvrait, selon ces relations candides, la plaine de Forez. Sans doute ce pays, comme le reste du monde, fut inondé par un de ces déluges *successifs* que la Genèse à réduits à l'unité d'une inondation universelle, pour l'admission de laquelle le fidèle croyant doit imposer silence au savoir ; sans doute ces périodes diluviennes ont laissé partout des témoignages irrécusables de leur authenticité ; mais ce ne fut pas la voix de l'homme qui put dire victorieusement aux ondes : retirez-vous ; ce ne fut point sa main débile qui écarta, pour leur livrer passage, les géants de roc qui les retenaient ; et faire rapporter d'aussi grandes révolutions physiques à des causes humaines, c'est jeter dans l'histoire ce que la fable offre quelquefois de puérilités inutiles, au milieu de ses grandes moralités.

La commune de *Salt-en-Donzi* renferme une des meilleures sources d'eaux minérales de la plaine de Forez, selon le rapport du docteur Richard de Laprade, médecin distingué. Ces eaux ont une chaleur de trois degrés de Réaumur, supérieure à la température atmosphérique. Dans la commune de *Valeille*, dépendant, ainsi que la précédente, du canton de Feurs, on remarque, au milieu d'un bois, les vestiges du château de *Sury-le-Bois*, qui fut autrefois la résidence de plusieurs comtes de Forez. « On raconte, dit M. Duplessy, qu'avant de partir pour les Croisades, Guy III, donnant une fête dans ce château, le plancher de la grande salle croula tout à coup sous les pieds des danseurs, qui furent presque tous tués, étouffés ou estropiés, à l'exception du comte de Forez et d'un seigneur avec lequel il se trouvait dans l'embrasure d'une croisée[1]. » Un chroniqueur, ami des prodiges, a ajouté quelque part qu'en ce moment Guy III causait *en fidèle* de la guerre sainte dans laquelle il allait s'engager ; tandis que la folâtre noblesse qui dansait se livrait, dames et gentilshommes, aux plus profanes inspirations du démon dans ses danses immodestes. « Voilà un bal que cette pauvre jeunesse paya cher. » Il paraît, du reste, que les comtes qui habitèrent le château de Sury-le-Bois n'offrirent pas toujours des exemples de continence ; car, dit M. Auguste Bernard, le lieu

---

(1) *Essai statistique sur le département de la Loire*, p. 215.

de la Brosse, voisin de cette résidence, portait jadis un nom *peu honorable*, indiquant que c'était là le lieu de débauche de ces comtes, leur petite maison.

La duchesse Marie de Berry, dame de Beaujeu, résidait quelquefois à Sury-le-Bois; les archives du département du Rhône contiennent de curieux documents sur les dépenses intérieures de cette princesse, pendant son séjour dans ce château. La désignation de certains objets de consommation à l'usage des maisons seigneuriales était assez singulière à cette époque, pour mériter d'être citée : on voit figurer ici *du pain de bouche* et *du pain commun; du vin de bouche, du vin d'escuyer* et *du vin commun*. Cependant l'hommage rendu aux estomacs illustres ne va pas, dans ces distinctions, aussi loin que dans ce repas servi à la cour d'un roi d'Espagne, où tous les mets offerts aux augustes convives étaient *dorés*. La vanité castillane est révélée toute entière par ce seul trait. Il y a lieu de présumer que les commensaux de la duchesse Marie ne se seraient pas contentés de ces plats magnifiques : on a peine à croire que les appétits les plus robustes, aient pu digérer l'énorme quantité de *chevreaults*, de chèvres, de porcs, d'*anguillons* et autres poissons frais; d'*eufs*, de *poys*, de harengs, de *pollets*, qui furent consommés à la table de cette dame, durant un séjour assez court.

Saint-Cyr-les-Vignes, autre commune du canton de Feurs, tirait son nom des vignobles que presque toutes les maisons nobles du Forez possédaient autrefois sur cette localité. A l'époque où De la Mure écrivait (1660), on y montrait encore les vignes appelées la Vigne-Comté; la Montrond, l'Apinac, la Liègue, la Chalmazel, etc. Il est probable qu'alors la qualité du vin de Saint-Cyr, expliquait cette réunion de possessions seigneuriales; sous ce rapport, la dégénérescence du crû est complète.

Nous ne mentionnons ici les communes de *Saint-Martin-Lestra* et *Saint-Barthélemy-Lestra*, que parce que leur territoire est traversé par la route de Lyon à Bordeaux, qui, peu suivie à cause de son âpreté, surtout dans le Puy-de-Dôme, ne communique pas à ces communes le moindre élément de prospérité, autre que les produits de leur industrie rurale.

En parcourant le canton de Feurs, que nous venons de traverser, il faut que l'explorateur emprunte ses émotions aux études de l'école, à son imagination, ou plutôt à toute la parure de souvenirs que l'aspect des lieux éveille en lui; car ici, tous les fastes doivent être exhumés, fictivement, des ruines peu appréciables d'une période historique semée de fables; et l'antiquité ne plane plus que par la pensée sur ce pays, dont la pourpre des empereurs romains balaya jadis le sol. Nous allons entrer dans une contrée où nous trouverons la grandeur plus jeune dans ses ruines, et surtout plus caractéristique des époques. C'est au moyen-âge que le *canton de Boen*, eut ses magnificences et ses illustrations.

La petite ville de *Boen*, peuplée de 2,000 âmes, est située sur la route de Bordeaux à Lyon, à quatre lieues nord-ouest de Montbrison. Sa situation est plus agreste que splendide ; nous ne sommes pas étonnés qu'elle ait inspiré la verve poétique de l'auteur *d'Astrée*, qui a placé en ce lieu plusieurs scènes de cette fable, qu'on appellerait aujourd'hui mirobolante. Boen se présente sur le penchant d'un coteau dominant une vallée étroite, qu'arrose le fameux Lignon, devenu si célèbre sous la plume d'Honoré d'Urfé, et dans les compositions de ses imitateurs. Car, au commencement du XVIIe siècle, le *servum pecus* existait comme du temps d'Horace, mais un peu moins que de nos jours. Près de la ville que nous décrivons, on traverse le Lignon sur un pont de pierre, et, parvenu sur sa rive gauche, on se trouve au pied des montagnes qui séparent le département de la Loire de celui du Puy-de-Dôme.

Tout porte à croire que la fondation de Boen remonte à une assez haute antiquité : en s'écartant un peu de la cité actuelle vers la Bouteresse, on a trouvé beaucoup de débris antiques : tuiles, vases, tronçons de colonnes, vestiges de chapiteaux; et les traditions rapportent qu'un établissement romain s'étendait de ce côté. Mais, ainsi que cela est arrivé tant de fois, peut-être a-t-on trop nettement interprété ici les *Commentaires de César*, lorsqu'on a appliqué à Boen cette mention quelque peu méprisante du général historien : *Civitas exigua et infirma*. Mandajors[1] va plus loin et nomme positivement *Boïa* le lieu indiqué par César. D'autres écrivains, se hasardant encore plus dans le champ des conjectures, ont prétendu que le nom de Boen venait de celui de *Boji*, que portait une colonie placée par les Romains entre les Arvernes et les Eduens, pour les empêcher d'être toujours en guerre. Si cette version ne présente pas toutes les conditions de l'authenticité, on ne peut disconvenir au moins que la dénomination de la localité dont il s'agit ne lui donne une certaine vraisemblance; on sait, d'un autre côté, que les auteurs s'accordent à placer cette colonie pacificatrice des Bojes dans le Bourbonnais, et Boen n'en est pas éloigné.

Quoiqu'il en soit, la ville antique dont les monuments se mirèrent en ce lieu dans le Lignon, n'offrait plus les moindres vestiges, lorsque, vers 1320, Amédée, seigneur de Cousan, Boen, Artun, et premier baron du Forez, fit clore de murs le bourg qui nous occupe. Sans doute cette enceinte et le château qui la protégeait, militairement parlant, attirèrent sur la population les malheurs

---

(1) Bailly général du comté d'Alais et maire de cette ville. Il publia, en 1696, ses *Nouvelles découvertes sur l'état de l'ancienne Gaule du temps de César*.

de la guerre civile ; mais nous n'avons rien trouvé dans les annales du Forez qui lui fût particulier. Anne d'Urfé nous apprend seulement qu'à la fin du XVIe siècle, la seigneurie de Boen appartenait à messire Jacques de Lévy, chevalier de l'Ordre du roi et capitaine de cinquante hommes d'armes des ordonnances.

Il existait autrefois à Boen un collége assez important, fondé par lettres patentes de 1595 ; cet établissement disparut à la révolution ; et les bâtiments qu'il a occupés le sont maintenant par les Sœurs hospitalières de Saint-Charles, qui tiennent en même temps une pension pour l'instruction des jeunes filles, et un petit hospice d'où ces bonnes Sœurs épandent quelques secours à domicile chez les pauvres de la ville. Au commencement de la restauration, on a ouvert, sous le nom de collége, un pensionnat de garçons pour l'éducation primaire ; mais il n'est pas placé dans le local de l'ancienne institution.

Boen, ancienne châtellenie et siége d'un mandement, envoyait des députés aux assemblées des États du Forez. Les habitants de cette ville revendiquent rarement l'honneur d'être les compatriotes de l'abbé Terray, ce contrôleur-général des finances qui eut la main si large pour alimenter les prodigalités d'une du Barry et de beaucoup d'autres courtisanes, qu'il enrichit par un mouvement de sa propre gratitude [1].

Nous avons promis à nos lecteurs, une nouvelle anecdote sur le fameux Mandrin, qui se passa dans la ville que nous décrivons : de Terray à Mandrin, la transition est presque insensible. L'intrépide contrebandier avait visité (1754) Montbrison, Charlieu, Roanne, Saint-Bonnet-le-Château, Feurs, Cervières et Noirétable, lorsqu'il se présenta à Boen. Dans la capitale du Forez, il avait fait, comme nous avons vu, des frais d'élégance, de politesse, de belles manières et même de galanterie ; il ne jugea pas une petite châtellenie digne d'une telle dépense de courtoisie ; et, s'étant logé à l'hôtel de *la Croix-Blanche*, il appela purement et simplement, les officiers de la ville, qui vinrent en robe ou en tenue militaire, ce dont Mandrin les complimenta d'abord. Puis, posant avec netteté sa réquisition financière, il déclara qu'il ne voulait compromettre personne ; et que si *Messieurs* voulaient bien appeler différents débitants de la ville, dont il donna les noms, soigneusement inscrits sur son carnet, on allait immédiatement *régulariser*, par un procès-verbal, l'*opération* que ses *préposés* venaient d'accomplir à Boen.

Les officiers se regardèrent d'un air qui ne révélait pas un courage décidé, et que le brigand interpréta ainsi : « comme il vous plaira, car nous ne sommes

---

[1] Voyez notre biographie à la fin de cette première région.

pas gens à vous contrarier. » Or, le silence des autorités ayant été pris pour consentement, Mandrin dit au greffier du procureur fiscal : « Relevez, Monsieur, votre manche, digne par sa largeur d'un employé du fisc, et écrivez ce que je vais vous dire. » L'homme intimé s'étant assis, le contrebandier dicta le procès-verbal qui suit, en se promenant dans la chambre avec tout l'aplomb du vainqueur de Wagram, dictant un bulletin amplifié au baron Fain.

« Cejourd'hui, vingt-troisième octobre mil sept cent cinquante-quatre, sur les dix heures du soir, pardevant nous, Gilbert Girard, avocat en parlement, juge ; Jean-Baptiste Gaudin, capitaine châtelain ; Joseph Ferrand, procureur fiscal : tous officiers de la ville et prévôté de Boen ; au logis où pend pour enseigne *la Croix-Blanche,* appartenant à la veuve du sieur Jean Paignon ; sont comparus, les sieurs Antoine Poix, André Jacquet, Anne de Lorme, Nicolas Allognier, Jean-Baptiste Fournet, Jean-Baptiste Dupuy, André Chirat, Barthélemy Laroche et Claudine Berger, veuve de Jacques Pinay ; tous marchands et débitants de tabac en cette dite ville, qui nous ont dit qu'une troupe de contrebandiers étant arrivée en cette dite ville sur les sept heures du soir, ils se seraient transportés dans leurs maisons, en leur disant qu'ils avaient du tabac et de l'indienne à débiter, et qu'ils exigeaient d'eux une somme de 2,000 livres pour la valeur desdites marchandises. Sur quoi les comparants leur ont remontré qu'ils étaient hors d'état de leur payer ladite somme, et que n'y ayant point de ressources dans ledit lieu, ils allaient s'adresser à Monsieur le curé et aux recteurs de l'hôpital dudit lieu ; et effectivement les sieurs recteurs dudit hôpital leur ont prêté la somme de 1,200 livres, qui est provenue de quelques remboursements faits audit hôpital, et les 800 livres pour parfaire lesdites 2,000 livres ; lesquelles ont été comptées à l'instant au sieur *Louis Mandrin,* chef de ladite bande, lequel à l'instant aussi, a remis auxdits comparants débitants quatre ballots couverts en serpillière, dont deux ballots de tabac et deux d'indienne : lesquels quatre ballots ont été cachetés du sceau et armes dudit sieur juge, et laissés en dépôt et au pouvoir de ladite veuve Paignon, qui s'en est chargée et a promis de les représenter quand il en sera par justice ordonné. De tout quoi lesdits comparants débitans nous ont requis acte, *ensemble ledit sieur Mandrin,* que nous, officiers susdits, leur avons octroyé, pour servir en temps et lieu, ce que de raison, et avons signé avec ledit sieur Mandrin et ladite veuve Paignon, et le sieur Puy, son gendre, l'un des recteurs dudit hôpital et notre commis greffier. »

Et, dominant toutes les autres signatures au bas de ce procès-verbal, on lisait avec paraphe, *L. Mandrin.* En vérité, l'on se surprend presque à regretter qu'un homme qui montrait tant d'ordre n'ait pas été à la tête des finances du royaume sous Louis XV : il est à parier que, comparativement avec la gestion de l'abbé Terray, l'État y eût gagné : ceci soit dit sans hyperbole, et sans supposer le moindre changement dans les habitudes de Mandrin. Revenons à la gravité statistique.

La ville de Boen est peu commerçante, peu industrielle; elle possède cependant une petite fabrique de papier. Il s'y tient un marché le jeudi, et quatre foires annuelles. Anne d'Urfé parle d'un assez bon vignoble situé sur ce territoire, « au lieu appelé Courbine, et qui produit, dit-il, de fort bon vin, mesme sur l'arrière saison. » La réputation de ce crû s'est soutenue, au rapport de M. Duplessy; mais ses produits se consomment entièrement dans le département. Les terres des environs de Boen sont propres à la culture du chanvre; le noyer y croit bien, sans toutefois être cultivé en grand.

Nous avons parlé, dans nos aperçus géologiques, du pic volcanique de *Montverdun*. Cette butte est couronnée par les bâtiments vastes, imposants, et encore presque entiers d'une ancienne abbaye, qui de loin ressemble à une forteresse plutôt qu'à un édifice religieux. Suivant la tradition locale, Saint Porcaire, abbé de *Lerins*, se serait réfugié à Montverdun, lorsque les Sarrasins eurent massacré cinq cents moines, dont il était le supérieur. Mais ayant été atteint en ce lieu par les ennemis de la foi, il y reçut le martyre, à une époque qui n'est pas précisément fixée. Anne d'Urfé, adoptant cette version, ajoute dans sa *Description du Forez* : « La commune oppinion est touttefois que se furent ceux de Marcilly, qui lors estoit une ville. Le fert de l'arme d'aste dont il fut frappé, est encores audict Montverdun. »

Jusqu'à la fin du XVIe siècle, l'histoire de l'abbaye de Montverdun fut obscure; à cette époque un seigneur de la maison d'Urfé en ayant été prieur, l'on conçoit que le reflet illustre de cette famille dut se réfléchir sur les vieux murs de ce monastère. Vers 1588, Antoine d'Urfé, encore fort jeune, puisqu'il était né en 1570, fut pourvu du titre de prieur de Montverdun; mais comme, apparemment, il était resté encore à l'abbaye de la Chaise-Dieu, où il avait fait profession, il obtint en 1589, par l'élection des religieux, presque tous ligueurs, la dignité d'abbé de la Chaise-Dieu même. Toutefois, cette élection ne fut point confirmée, non plus que celle d'évêque de Saint-Flour, faite en faveur de ce jeune ecclésiastique en 1593 [1].

Un second seigneur de la maison d'Urfé, Anne, bailly et gouverneur général du Forez, fut élu prieur de Montverdun, après la rupture de son mariage avec

---

(1) Voyez la curieuse biographie *d'Antoine d'Urfé*, à la fin de cette région.

Diane de Châteaumorand, dont nous parlerons ailleurs. Anne nous apprend lui-même qu'il fut, à son tour, prieur de Montverdun. Cette maison relevait de la Chaise-Dieu, et de l'Ordre de Saint-Benoît. Il serait difficile de préciser l'époque à laquelle eut lieu la première construction du couvent que nous décrivons ; mais on ne peut même supposer qu'aucune des parties de cet édifice, appartienne au temps où Saint Porcaire s'y réfugia. Le bâtiment actuel porte le caractère de plusieurs siècles, postérieurs au treizième, et antérieurs au dix-septième.

A une lieue de Montverdun, sur un pic de même nature que celui sur lequel s'élève l'ancien prieuré, se trouve le *Pic-de-Marcilly*, butte très-élevée et fort aiguë, sur les pentes de laquelle est bâti un assez grand village, que couronnent les ruines d'un château fort. Les vestiges du château, trop dénaturés pour qu'on puisse assigner une époque à sa construction primitive, semblent avoir été destinées à défendre une ville considérable, qui selon la tradition, exista jadis au pied de ce mamelon volcanique. Quelques vestiges d'enceinte découvertes, dit-on, dans la plaine, paraissaient révéler un triple rang de murailles, et quelques personnes ont adopté la version suivante. César, après la bataille de Magneux, dont nous avons fait mention précédemment, aurait poursuivi Vercingétorix vers Marcilly, dont il aurait fait le siége, s'en serait rendu maître au bout de trois jours, puis aurait poursuivi le général gaulois, qui l'aurait attendu dans la plaine de Saint-Haon-le-Châtel, ainsi que nous le relaterons plus tard. Malheureusement pour la probabilité de cette tradition, on n'a trouvé sur le territoire qu'eût occupé la ville antique, aucun des débris qui révèlent d'ordinaire ces établissements ; et nous pensons qu'Anne d'Urfé assure trop légèrement que le nom de Marcilly vient de *Marcellus*.

Dès le milieu du XIII° siècle, le château qui nous occupe était érigé en seigneurie : nous voyons dans la généalogie des seigneurs d'Urfé que, pour la validité d'un contrat de vente passé par Arnulphe d'Urfé (on écrivait alors d'*Ulphé* et même d'*Ulpheu*), il donne, selon l'usage du temps, quatre otages *portant qualité de chevaliers*, parmi lesquels figure Zacharie, seigneur de Marcilly. Plus tard, ce même Arnulphe épousa Marguerite, fille de Marcilly, seigneur de Chalmazel.

Les ruines du manoir de Marcilly, indépendamment de leur prétendue antiquité, sont environnées de fables merveilleuses, se rapportant à une époque moins ancienne ; et si vous interrogez le pâtre du voisinage en lui montrant ces lambeaux de murailles, il vous répondra que c'est le château de la *fée Mellusine*. Peut-être même, se complaira-t-il à vous dire que cette enchanteresse apparaît le soir, sous la forme d'une grande femme blanche, au sommet du pic. Alors, ajoutera-t-il en s'animant, exhumés de leur tombe par sa baguette magique, tous les seigneurs de la maison de Lusignan, ses aïeux, et tous les rois de Jérusalem, ses enfants, se rangent à ses côtés, brillants d'armures d'or et de pierreries, dont l'éclat est favorisé par une grande clarté jaillissant des yeux de deux serpents qui ceignent, de leurs anneaux verts, le sein de Méllusine. Or, voici l'origine de ce conte fantastique, rapportée par l'historien De la Mure.

« Raymondin de Forez, troisième fils de Guy Ier, épousa une dame de Lusignan, si fameuse et renommée sous le nom de *Mellusine*, composé de ceux de deux des seigneuries dont elle recueillit la succession *Melle* et *Lusignan*. Ce qui a fait parler si fort de cette dame, est un de nos plus anciens romans gaulois, auquel elle sert de sujet et de principal personnage. Ce roman fut composé autrefois pour le divertissement de M. Jean de France, duc de Berry et comte de Poitou (frère de Charles VI)[1]. Hugues Brun, père de Mellusine, qui passa presque toute sa vie outre mer, est sous-entendu en ce roman sous le nom de roi d'Albanie, qui est une région orientale voisine de la Terre-Sainte; sa mère est aussi nommée, par un nom de roman Prenine. Quant à son mari, il y est qualifié exprès frère du comte de Forez, et son principal apanage y est marqué en la seigneurie de Marcilly en Forez, où ce roman établit le séjour ordinaire de Mellusine, lorsqu'elle venait audit pays; d'autant qu'entre les fictions énigmatiques dont ce roman est rempli, cette dame y est représentée comme une de ces anciennes déités fabuleuses qu'on appelait *fées*, lesquelles prenaient diverses formes, et y est peinte moitié femme, moitié serpent; ce qui est dit pour faire connaître que c'était une personne extraordinaire et hors du commun, autant singulière en prudence, figurée par le serpent, qu'en beauté, figurée par la femme. Ce roman la décrit faisant ses prestiges et transmutations de formes dans ledit lieu de Marcilly, et cette fiction et invention du roman a si fort plu à nos anciens, qu'ils l'ont voulu autoriser par un monument public, qui se voit encore aujourd'hui en ce lieu de Marcilly, où sur le frontispice de l'église paroissiale paraît une pierre enchâssée de couleur différente des autres pierres du portail, sur laquelle est taillée en relief la figure d'une femme monstrueuse, allaitant des serpents; ce qui manifestement dénote cette Mellusine, laquelle, par la bonne éducation qu'elle donna aux enfants qu'elle eut de Raymondin de Forez, son mari,

---

(1) Voyez notre précis sur la ville de Bourges, dans la quatrième section.

les rendit si prudents et habiles en leur conduite, comme les serpents qu'elle allaite le donnent assez à connaître, qu'ayant fait passer jusqu'à eux cette haute prudence dont elle était douée, laquelle vertu est exprimée selon les termes évangéliques[1] par la forme serpentine, elle leur donna et inspira les moyens de ménager si bien leur fortune, que les uns parvinrent à de grands États et seigneuries dans le royaume, et les autres s'élevèrent jusqu'à des royaumes, même dans les pays d'outre mer. C'est ce qui a fait dire avant moi à l'historien du Dauphiné, que ce fut une femme d'excellent mérite, dont la réputation fut très-grande, et que le serpent étant le symbole de la prudence, on a feint qu'elle paraissait quelquefois tellement métamorphosée, qu'elle finissait en serpent, pour exprimer combien elle était prudente, savante et judicieuse. »

Raymondin de Forez eut plusieurs enfants de Mellusine : le premier, Guy de Lusignan, devint roi de Jérusalem ; le second, Geoffroy de Lusignan, eut quelques seigneuries en Forez et en Poitou ; Hugues III fut seigneur de la Marche, d'Angoulême, de Lusignan ; le quatrième devint, après son frère, roi de Jérusalem. Mais lorsqu'il parvint à cette royauté, ce n'était plus qu'une couronne fictive. Guy, ayant été fait prisonnier par les Infidèles, finit sa vie à Damas. Depuis lors, Jérusalem resta au pouvoir des sectateurs de l'Islamisme.

Voilà ce que l'histoire, à travers les fictions de l'ancien roman[2], a pu recueillir sur cette Mellusine, si renommée parmi nos pères : femme évidemment supérieure, dont, sans partager la superstition que son souvenir inspire dans le pays, il faut admirer les qualités, si grandes apparemment, que ses contemporains ne se les expliquaient qu'à titre de dons surnaturels.

Dans la commune de la *Bouteresse*, du canton de Boen, on retrouve à peine quelques vestiges de l'ancienne abbaye de Bonlieu (*Bonus locus*), fondée, à la fin du XII° siècle, par Guy II. Elle était située sur la rive septentrionale du Lignon, dont un bras traversait le jardin de ce couvent, habité par des religieuses de l'Ordre de Cîteaux. L'église, vaste et bel édifice, et les bâtiments d'habitation qui, dit-on, répondaient à la magnificence de ce monument religieux, n'existent plus que dans le souvenir des vieillards du pays. Dévastée pendant la révolution, l'abbaye subsistait pourtant en partie après ces jours d'orage ; un incendie acheva de la détruire à quelque temps de cette époque.

---

[1] Empruntés toutefois du paganisme : Hygie, déesse de la santé, était représentée faisant manger un serpent dans une patène.

[2] Fictions auxquelles Honoré d'Urfé en a ajouté d'autres, en s'emparant du personnage poétique de Mellusine, qu'il a fait entrer dans le cadre de son roman d'*Astrée*.

Dès son origine, le monastère de Bonlieu avait été dévoré par les flammes; il fut restauré en 1223, par messire Arnault d'Urfé, ainsi que l'a constaté un historien de la même famille, souvent cité dans cette histoire. « Ceux dudit d'Urfé, continue cet écrivain, ont leur sépulture générale au milieu du chœur de l'esglise, qui est une des plus belles sépultures de gentilhomme de France. » Le superbe mausolée dont Anne d'Urfé parle ici, ne fut commencé qu'en l'an 1543, après la mort de Jeanne de Balzac, femme de Claude d'Urfé, gouverneur des enfants de France, qui l'avait épousée en secondes noces. Ce monument, construit en marbre noir et blanc, était de forme carrée; à chaque face, des archivoltes portées sur des colonnes cannelées d'ordre dorique, formaient quatre portiques; chaque côté était orné d'un bas-relief représentant un des principaux traits de la passion. Les quatre animaux évangéliques, supportant les armes de la maison d'Urfé, figuraient aux quatre coins du tombeau. La correction des formes, la variété des attitudes, la vérité d'expression des figures ne laissaient rien à désirer : le XVIe siècle, si riche en chefs-d'œuvres dans les arts du dessin, pouvait s'honorer de ce tombeau, qui ne fut terminé qu'en 1545. « Cette sépulture, dit Anne d'Urfé, a ressenti les sacriléges mains des nouveaux réformés, qui n'eurent point de honte, oultre le mal qu'ils firent dehors, de fouiller jusque dans le souterrain où reposaient les corps, pour en ravir, comme ils firent, les cercueils de plomb dans lesquels ils estaient, et où il avint une chose presque miraculeuse : c'est qu'en sortant celluy de Jehane de Balzac, aïeulle de ceux qui sont à présent de ceste maison, enterrée depuis trente-deux ans, il saigna abondamment, se qui espouvanta quelques-ungs qui dirent que se sang demandait vengeance; mais non les aultres, qui estoyent plus endurcis en leur meschanseté. En mémoire de ceste illustre dame, continue l'honorable descripteur du Forez, je mettray icy une épitaphe qu'elle avait faict[1] en se lieu de ceux de la maison d'Urfé, par où on connoistra quel estait son gentil esprit en la poésie; car elle écrivait du temps de Marot, et ses compagnons estoyent seuls en vogue par la France. »

Voici l'épitaphe de la maison d'Urfé, composée par Jeanne de Balzac et attachée à la magnifique sépulture de Bonlieu.

    Par mort qui rand toutte terre à terre,
    Gisent ici les bons seigneurs d'Urfé,
    Justes en paix, audacieux en guerre,
    Ayant d'honneur le voulloir eschauffé;

---

(1) Voyez dans notre biographie, à l'article d'Anne d'Urfé, ce que nous disons de son orthographe, que nous avons cru devoir conserver dans nos citations.

> Qui ont souvent en armes triomphé,
> Comme il appert en mainte et mainte histoire.
> Mais so leur est mille fois plus de gloire
> D'avoir, par foy vive et sans fiction,
> Du vieil serpent invisible victoire,
> Soubz l'estendard de ceste passion [1].

Quelques fragments mutilés des bas-reliefs du mausolée ont été sauvés, dit-on, en 1793 ; mais, en quelques mains qu'ils se trouvent, ils ne peuvent servir qu'à faire regretter davantage le monument auquel ils ont appartenu.

La commune de *Saint-Agathe-la-Bouteresse*, plus ordinairement appelée *la Bouteresse*, doit être citée pour ses foires, qui sont comptées parmi les plus considérables du département : on y vend des bestiaux et des bêtes à laine. C'est tout ce que nous pouvons dire sur cette localité, où les travaux agricoles sont peu développés, quoique les bords du Lignon soient assez fertiles.

A *Cezay*, village du canton de Boen, que nous continuons de parcourir, on trouve le plus beau granit du département. Il est d'un gris bleuâtre, à petits grains égaux et uniformes ; il reçoit un beau poli, ne s'exfolie point, et se décompose difficilement. On l'exploite en gros blocs, dont les moindres portent 3 mètres cubes. La carrière de Cezay est située à une lieue environ de la route de Roanne à Montbrison ; un chemin vicinal bien entretenu, conduisant à cette route, favoriserait l'exploitation du granit que nous venons de signaler, et qui pourrait être exporté par la Loire.

Nous avons déjà parlé du *Mont-d'Usore*, vu de loin ; mais passant au pied de cette colline volcanique, nous devons décrire son sommet. Il paraît avoir été habité : on y reconnaît les restes de quelques édifices, surtout ceux d'un ermitage. Vainement avons-nous cherché en ce lieu les énormes anneaux de fer auxquels auraient été attachés, il y a quelque trois mille ans, les vaisseaux que l'auteur de l'*Astrée* a fait voguer sur le lac imaginaire du Forez.

Dans la commune de *Ligneux*, on a dès long-temps reconnu quelques indices de mines houillères ; mais les grandes exploitations de l'arrondissement de Saint-Étienne ont dû faire cesser toute velléité de concurrence dans le reste du département. Les mines de Ligneux, sur l'arrondissement de Montbrison, comme celles situées sur l'arrondissement de Roanne, et dont nous parlerons bientôt, ne seront probablement jamais exploitées.

Au milieu d'un bois situé dans la commune de Saint-Étienne-le-Molard,

---

(1) Allusion à la passion du Christ, représentée sur le monument funéraire de Bonlieu.

s'élève l'un des beaux édifices du Forez, et surtout l'un des plus historiques de cet ancien comté : c'est le *Château de la Batie*, demeure ordinaire des seigneurs de la famille d'Urfé, famille illustre au moyen-âge, mais éteinte depuis plus d'un siècle.

Le château de la Batie est moins ancien que celui d'Urfé, première résidence des seigneurs de ce nom, et qui fut, selon tous les historiens du Forez, bâti par *Wulphe* [1] *le Vaillant*, au commencement du XIIe siècle. La terre de la Batie n'est mentionnée dans les monuments historiques qu'à la fin du XIVe siècle, époque à laquelle cette seigneurie appartenait à Arnulphe d'Ulphé. Celui-ci l'avait eue en partage, par accord avec Guichard, son frère aîné, conclu en 1387; et par suite de ce traité, il s'intitulait : *Nobilis et potens vir*, *dominus Arnulphus de Ulphiaco, miles, dominus Bastitiæ* (noble et puissant seigneur Arnulphe d'Ulphé, chevalier, seigneur de la Batie). A cette époque, il devait exister déjà une maison seigneuriale à la Batie; mais nous n'avons trouvé aucun document qui mentionnât précisément la construction primitive de cet édifice. Pierre d'Urfé, grand écuyer de France, sous Charles VIII, fonda en 1490, avec sa femme, Catherine de Polignac, le couvent de Cordeliers, attenant aux jardins du château : nous empruntons au Père Fodéré quelques détails curieux sur cette fondation.

« Soudainement que nostre Pierre d'Urfé fut de retour de Hierusalem à son chasteau de la Bastie, avec le Frère André, célèbre et vertueux religieux de l'Observance, dit le vieux historien du Forez, il mit à exécution cette pieuse idée, qui lui avait été inspirée par le saint homme. Il donna ordre de bâtir le couvent auprès des murailles et au coin du jardin, où estait déjà une chapelle de Sainte-Marie-Magdelaine. Mais le sieur Duvent, alors secrétaire-archiviste de la maison d'Urfé, dit que sur ces entrefaites, ainsi qu'il commençait à jeter les fondements, lui surviendrent grandes disgrâces, savoir : un grand seigneur, son singulier amy, fut faict prisonnier au chasteau d'Usson en Auvergne, pour avoir tué sa femme, sur l'opinion que le roi en avait joui. Pierre d'Urfé s'en va en diligence en cour, solliciter avec un grand soing sa grâce; mais après y avoir employé la faveur des plus grands seigneurs, voyant qu'il n'y avait aucune espérance, ains on formait le procès au criminel,

---

(1) Ce *Wulphe*, dit M. Auguste Bernard, dans la généalogie de la maison d'Urfé, était allemand d'origine; fixé dans le Forez, par son mariage avec une parente du comte Guy Ier, il changea le *W* germanique de son nom en un *V* simple, et mit un accent sur l'e qui termine ce nom : ce qui fit *Vulphé*. Plus tard, Pierre d'Urfé, grand écuyer de France, changea encore le nom de sa famille, et commença à l'écrire tel qu'il est resté. Voyez notre biographie.

il revint à Usson, et soit par authorité de sa qualité de grand escuyer, soit par aultre moyen, il entre au château, force la prison, et en tire son amy, précisément l'avant-veille qu'il devait estre décapité. De quoi le roi fut tellement indigné [1] et la justice si offensée, qu'il n'eût meilleur expédient que de sortir hors le royaume ; et ne voyant aucun jour de réconciliation, comme celuy qui se noye se prendrait à une barre de fer ardente, il fut contrainct d'aller se rendre au roi d'Espagne, et par conséquent porter les armes pour lui, où il fit de si grandes vaillances, qu'il reçut l'Ordre de la Toyson, encore qu'il ne s'en voulût jamais prévaloir, ny le porter.

« Cependant très-pie, très-dévote, et je dirai saincte dame, Catherine de Poulignac, sa femme, parmi les angoisses que l'absence et disgrâces de son mary lui causoient, se délibère, par l'advis du Frère André, de faire poursuivre l'érection de ce couvent, non si ample que son mary l'avoit désigné, et qu'elle eust bien désiré ; mais comme elle put, afin d'accélérer l'œuvre, pour l'espérance et croyance qu'elle avoit, que les dévotions qui s'y feroient remettroient sondit mary en la bienveillance de son prince, et le rameneroient en santé ; ainsi que ses prières et œuvres pies n'avaient autre but.

« Elle se contenta donc faire que la chapelle de la Magdelaine serviroit de chœur, et y fist adjouter une petite nef pour réduire le tout en forme d'église de religion, qui est belle et bien dévote, pour ce qu'elle contient et du long de la nef un petit cloistre ; et puis, elle fit faire un petit dortoir de quatre cellules, et au-dessous, un refectoire, la cuisine et la dépense ; mais le tout de terre qu'ils appellent muraille de *piset* (qui est la commune structure du pays de Forests pour ne s'y trouver de pierre à bastir [2]), et si petits, qu'ils ressembloient plustost à un ermitage qu'à un couvent.

« Mais comme les ondes de la mer ne vont jamais seules, ains il y en a toujours trois ou quatre à la queue l'une de l'aultre ; *l'infortunée* fortune, ne se contenta pas des tristesses que ceste vertueuse dame supportoit par les infortunes de son mary, ains y ajouta un scandaleux désastre, d'un sien fils

---

(1) Le seigneur ami de Pierre d'Urfé avait, il est vrai, interrompu brutalement les plaisirs de Charles *le Courtois* ; mais il y avait, au XVᵉ siècle, comme de nos jours, des maris qui ne s'accommodaient point d'un déshonneur même royal ; et la décapitation, pour le meurtre d'une femme prise en flagrant délit d'adultère (car tel était le cas un peu déguisé quoique *naïvement* déduit par le Père Fodéré) était une peine excessivement sévère, que nul tribunal ne prononcerait aujourd'hui. La conduite du grand-écuyer devait donc, après le premier moment de colère qu'elle excita en Charles VIII, être jugée avec plus d'indulgence, eu égard à l'origine de tout ceci, et surtout à la sainte amitié qui avait guidé Pierre d'Urfé. Charles VIII, prince ordinairement généreux, eût dû s'inspirer mieux de sa clémence royale dans une circonstance où, certes ! il n'était pas assez innocent pour se montrer juge implacable.

(2) Comment cela pouvait-il se croire dans un pays couvert de montagnes granitiques et autres.

qui fut trouvé dans le bois joignant les fossés du chasteau, estranglé et en partie mangé par les loups et autres bêtes sauvages, dont le reste du corps fut enterré dans l'église de ce couvent, dans une chapelle que je crois que ceste pie dame fit faire exprès, en la nef de ceste église, du côté du septentrion. A l'occasion de ce tragique accident, ceste saincte dame ne voulut plus demeurer audit chasteau, mit en garde aux parents une petite fille qui lui restoit, nommée Marie, et se confina, avec une seule femme de chambre pour la servir, dans une chambre basse dudit couvent (que l'on tient à présent estre la cave ou cellier des religieux), où elle finit ses jours en prières, veilles, pleurs, jeusnes et toutes sortes de macérations; n'ayant voulu du depuis estre visitée, sinon parfois de personnes spirituelles, qui lui pouvaient donner quelque consolation, et l'encourager en ses mortifications. Pendant ceste vie austaire et plus qu'hermétique, elle fit célébrer dix mille messes, et ordonna par son testament, de distribuer aux pauvres, autant d'argent qu'on a accoustumé de donner pour le mesme nombre de dix mille messes. Enfin, approchant l'heure de sa mort (1492), elle fit sondit testament, par lequel elle fit de grands légats et œuvres pies, entre autres, de riches ornements d'église en ce sien couvent, où elle voulut estre inhumée en l'habit de Saint-François, dans une petite cave ou charnier devant l'autel du costé de l'évangile [1]. »

Catherine de Polignac avait, dans l'église des Cordeliers de la Batie, un monument en bronze, placé devant le maître-autel, au-dessus duquel elle était représentée portant l'habit de religieuse de Saint-François. Autour de cette figure se groupaient, en ronde-bosse, les statues des Saints auxquels elle avait une foi particulière; derrière s'élevait une représentation du Mont-Saint-Michel; aux quatre coins du monument étaient les armes de la noble dame, en argent : insignes peu compatibles avec l'humilité de l'habit dont elle s'était couverte pour mourir. Sur la face principale, on lisait cette épitaphe :
« Cy gist dame Catherine de Polignac, femme de messire Pierre seigneur
« d'Urfé, chevalier, grand escuyer de France, bailly de Forest. Cinq ans et
« demi ensemble vesquirent, croissants en amour et loyauté l'un envers l'autre.
« Elle charitable et aumosnière fut, et avant son trépas dix mille messes fit
« dire en l'Observance de Saint-François, et autant en aumosne pieuse distri-
« bua. Ensemble ce couvent fondèrent; et en l'habit de Saint-François mourir
« voulut, ce 5 février 1492.

Enfin, Pierre d'Urfé, ayant obtenu rémission de sa faute du roi Charles VIII,

---

(1) Fodéré : *Narration historique*, p. 987 et suiv. Voyez aussi *les d'Urfé*, par Auguste Bernard, p. 37 et 38, note.

rentra en grâce vers l'an 1494; et après avoir rendu de nouveaux et signalés services à la monarchie, revint au château de la Batie, où il mourut le 10 octobre 1508. Il choisit aussi l'église des Cordeliers pour lieu de sa sépulture; mais, par un sentiment de profonde humilité, il voulut être inhumé au dehors de cette église, contre un pilier qui soutenait le grand portail. C'était là qu'on voyait son tombeau en pierre, surmonté d'une grande table de bronze, supportée par quatre piliers de même métal. On y avait ciselé l'effigie de ce seigneur et gravé cette épitaphe, qu'on lisait à travers un treillis de fer enfermant le tout:

« Cy gist messire Pierre d'Urfé, qui fut chevalier du Saint-Sépulchre, et
« l'accolade receut au siége d'Otrante, à l'encontre des Turcs et infidèles,
« l'an 1480; conseiller et chambellan des roys Charles VIII et Louis XII,
« grand escuyer de France et de Bretagne; sénéchal de Beaucaire, capitaine
« de cinquante lances des ordonnances de France; l'ordre de Saint-Michel
« desdits roys receut, et chevalier dudit Ordre du nombre fust: le collier porta
« jusques au mardy 10 octobre 1508, qui fust son trépas au lieu de la Bastie.
« Plaise à ceux qui en cette église entreront, lui donner de l'eau beniste. »

Le château de la Batie fut successivement augmenté et embelli par plusieurs seigneurs de la maison d'Urfé, mais principalement par Claude, qui imprima à cette demeure seigneuriale l'aspect grandiose qu'elle conserve encore. Ce seigneur, ayant été ambassadeur auprès du Saint-Siége, avait apporté de Rome plusieurs statues antiques du plus beau style, dont nous dirons plus bas l'étrange destinée. Mais le plus important des travaux que Claude d'Urfé fit exécuter à la Batie, c'est une belle et curieuse chapelle, que Papire Masson appelait *Sacellum mirabile* avec justice, ainsi qu'on en pourra juger par la description suivante :

« Premièrement, Claude d'Urfé fit faire au-devant de ladite chapelle une grotte assortie de quatre grandes statues de marbre, qui représentent les quatre saisons de l'année, dont celle qui représente l'Automne est en forme d'un grand géant, qui a bien neuf pieds de hauteur. Le reste de ladite grotte est fait de petites pierres si industrieusement appliquées en figures, qu'elles font merveilleusement bien. Le bas de la grotte est garni d'un grand nombre de petits tuyaux, qui ne paraissent point parmi le petit et délicat pavé, qui rejaillent et jettent l'eau bien haut quand l'on veut. Et au bout de la grotte, montant trois degrés, l'on entre en cette somptueuse chapelle, à l'entrée de laquelle il y a un beau bénistier de porphyre [1], de deux pieds de long et d'un pied et demy de large, fait en

---

(1) Ce précieux bénitier, vendu pendant la révolution, servait d'auge à cochons chez un paysan de la montagne; mais il a été racheté et remis en place. *Les d'Urfé*, p. 472, note.

ovale, porté par un pillier de marbre de trois pieds de hauteur, fort bien eslaboré. Le tour duquel la chapelle est toute revestue est un lambris de boys, dont le plus bas quarré est de menuiserie merveilleusement riche, toute dorée, garnie de testes de chérubins et de sacrifices reslevés, avec un triangle au milieu du rond; au-dessous des sacrifices et aux quatre coins, il y a des C avec un I par le milieu (CIC) qui est le chiffre de Claude d'Urfé et de Jeanne de Balzac, sa femme, qui ont fait faire la chapelle. Le second quarré dudit lambris est de marqueterie, sans qu'on puisse discerner l'assemblage des pièces, et sont tous chefs-d'œuvre et inventions d'Allemagne, recherchés avec grande curiosité, et sont en telles dispositions, que de chaque costé de l'autel y en a deux de perspective, après un compartiment, un paysage, puis encore un compartiment et une perspective.

« Le tableau de l'autel est de mesme marqueterie, fait par un religieux nommé *F. Damianus Conversus*, où est représentée la Cène, avec les personnages au naturel, si industrieusement faits, que chaque partie des visages est à pièces rapportées de vraie couleur humaine, sans toutesfois qu'il y aye aucune peinture artificielle, et sans que l'on puisse discerner et recognoistre l'assemblage desdites petites pièces. Ledit tableau, enchassé en son cadre tout doré, accompagné de grands et beaux piliers dorés, contourné de lierre et autres ouvrages en relief. Au-dessus du lambris sont les tableaux des figures de l'Ancien-Testament, qui préfigurent le Saint-Sacrement. Au rond de la voûte au-dessus de l'autel est représenté comme la Manne tomboit aux enfants d'Israël. A la droicte est le grand-prestre de la Loy, qui offre les pains de proposition et l'agneau en sacrifice. A la senestre est le sacrifice d'Isaac. Encor du costé droict est Melchisedec, qui reçoit les pains de proposition. La table de l'autel est au milieu d'un marbre noir quarré, et le reste tout à l'entour de marbre blanc. Au costé droict est représenté David, qui coupe la teste à Goliad; au-devant, est le sacrifice de Noé; et de l'autre costé, est l'abysme de Pharaon au passage de la Mer Rouge. Sur la grande porte est Sanson, quand il trouva le miel à la bouche du lyon qu'il estouffa. Au-dessus des susdicts tableaux, il y a divers escrits en grosses lettres d'or, en caractères hébraïques, sur champ de fin azur. La voûte est de marbre pilé et pulvérisé (stuc), eslaborée par lozanges de doubles CIC, et la séparation est faicte par des trophées de fruicts et de roses, au milieu de la dicte voûte, est un quarré renfermant ces lettres:

D. M. O. S. [1]

---

(1) A Dieu très-grand, très-bon, éternel (*sempiterno*).

« Le pavé de ladite chapelle est de petits carreaux vernicés de diverses couleurs, correspondant perpendiculairement aux mesmes figures de la voûte. Le grand portal est de marbre noir, accompagné de deux colonnes de mesme marbre. Après tout ceci, environ la moitié de la chapelle, à la main droicte, est l'oratoire des seigneurs, revestu des mesmes lambris et marqueterie, d'un costé représentant la création du monde, et de l'autre l'Annonciation de la Vierge[1], puis le prophète Elie et l'ange qui lui apporte le pain ; et encore de l'autre costé, le banquet ordonné pour manger l'agneau paschal avec les laitues amères[2]. Au rond qui est à la clef de la voûte, est Moyse, quand il fit sortir l'eau du rocher avec sa baguette. Les portes tant de l'oratoire que du grand portal de la chapelle, sont revestues de mêmes marqueteries, et joignent si industrieusement dans leurs chassis et cadres, que quand elles sont fermées il est impossible de recognoistre qu'il y aye aucune porte ou ouverture, et vous semble estre en un lieu où il n'y a point de sortie. Les vistres sont en couleurs vives et en figures représentant toutes sortes d'instruments musicaux.

« En somme, cette chappelle est un chef-d'œuvre, et une des plus rares pièces de France, et laquelle tant plus on voit, tant plus on admire, qui témoisgne la magnificence des seigneurs d'Urfé, qui ont signalé leur nom autant en choses pies comme en fait d'armes[3]. »

La chapelle de la Batie, ainsi que nos lecteurs ont pu le reconnaître, est un édifice de la renaissance, et d'une époque avancée où le style heureux qui avait marqué les premiers temps de cette période artistique commençait à perdre de sa splendeur, en reniant son héritage de beautés gothiques, surtout en se livrant à l'abus des richesses de détail, qui ne peuvent jamais suppléer à la majesté des formes. Tout ce que le Père Fodéré vient de décrire constitue un ensemble charmant d'enjolivures : vu de près, il satisfait sans doute le goût par l'entente de l'agencement, par la délicatesse du travail ; mais l'âme, émue devant ces grandes voûtes, devant ces vitraux qui ne laissent pénétrer dans les temples qu'un jour mystérieux, enfin devant ces tours hardies dont le sommet se perd dans la brume de l'aube ou du soir, l'âme, disons-nous, reste calme à l'aspect de la toilette intérieure des monuments religieux du XIXe siècle. C'est qu'on ne les rend *jolis* qu'aux dépens de cette gravité imposante qui doit être le caractère essentiel d'un édifice consacré à la Divinité. Malheureusement

---

(1) Deux tableaux sur toile de l'école italienne.
(2) Autre tableau de la même école, placé dans la chapelle.
(3) *Narration historique*, par le Père Fodéré ; in-4°, 1619 ; p. 983 à 986. Et *les d'Urfé*, ouvrage publié par Auguste Bernard, p. 471 à 474.

l'inclinaison de l'art vers les ornements qui brillent a fait, de nos jours, des progrès désespérants; lorsque l'architecte n'a pu obtenir de son talent des inspirations vraiment grandes, il abandonne au ciseau du sculpteur ou au pinceau du peintre le soin de compenser, par la parure, ce qui manque à la beauté constitutive de son œuvre : il nous semble voir le costumier couvrant de passements et de paillettes, un habit d'étoffe grossière et d'une coupe vicieuse. Nous ne voulons point devenir hostiles en citant certaines églises nouvelles, où se produisent des pensées, pour ne pas dire des actions profanes, grâce à leur décoration coquette, présentant des archanges accoutrés en zéphirs d'opéra, et des saintes dans une demi nudité de boudoir.

On ne saurait disconvenir que la chapelle de la Batie, encore assez bien conservée, ne soit en effet un chef-d'œuvre, si l'on admet que les églises doivent participer du genre d'élégance des musées. On reconnaît néanmoins, dans les marqueteries, des restaurations qui, comme les *repeints* dans les tableaux d'un grand maître, sont loin d'approcher de la perfection du travail primitif. Mais les possesseurs modernes du château de la Batie, qui, soit dit en passant, en ont pris le nom [1], n'avaient plus à leur disposition les artistes que Claude d'Urfé avait amenés d'Allemagne ou d'Italie. Quelques-uns de ces artistes ont inscrit leurs noms sur leurs ouvrages : on lit au bas du tableau de la Cène qui, dit-on, coûta onze années de travail : *Frater Damianus conversus, Bergamas ordinis prædicatorum faciebat* M. D. XL. VIII (fait par Frère Damien de Bergame, convers de l'Ordre des Frères prêcheurs). Au coin d'un autre tableau, placé dans le petit oratoire contigu à la chapelle on lit : *Francisci Rolandini Veronensis opus* 1547 (ouvrage de François Roland de Vérone).

Nous avons dit qu'entre les embellissements faits par Claude d'Urfé au château de la Batie, on distinguait plusieurs belles statues antiques, qu'il avait apportées de Rome. Or, l'auteur du *Segraisiana* rapporte que Louis de Lascaris d'Urfé, élevé près de Louis XIV, comme enfant d'honneur, se révolta un beau jour contre la nudité de ces figures de marbre, et poussé par son zèle religieux, les mutila de la manière que nos lecteurs peuvent comprendre. Étant allé ensuite déclarer à son père cette action pudibonde, il lui en demanda pardon. Mon fils, répondit celui-ci, vous avez été plus sage que moi : vous avez fait ce que j'aurais dû faire.

Anne d'Urfé, dans sa *Description du Forez*, parle des autres travaux importants exécutés à la Batie au milieu du XVIe siècle : « Cette demeure, dit-il, a été grandement embellie et amplifiée par Claude d'Urfé, gouverneur des enfants de

---

[1] Le château de la Batie est habité aujourd'hui par M. *Gustave Puy de la Batie.*

France, chevalier de l'Ordre du roi, surintendant de la maison du roi-dauphin (François II déjà roi d'Écosse), capitaine de 100 hommes d'armes soubz sa charge, et baillif de Forez, lequel y fict porter de Romme, lorsqu'il y estait ambassadeur, grande cantité d'antiques, de beaux marbres et aultres singularités qui seroyent trop longues à narrer. Ceste maison sédant beaucoup à Boution (Bouthéon), quant au bâtiment, la surpasse bien aultant en beaulté de jardin, belles allées et promenoirs, estant accommodée comme à souait d'un beau bois d'haulte futaye aboutissant au jardin, d'une belle rivière, qui est le Lignon, de cantité de beaux et clairs ruisseaux, de belles et grandes prairies, et de force belles fontaines, de fasson qu'il n'y manque rien qui puisse rendre une assiette de maison belle et agréable que la veue. »

Tous les détails que nous venons de rassembler ont, nous l'espérons, dessiné dans l'imagination du lecteur, le château de la Batie, sous la forme d'une gracieuse *villa* de la renaissance [1]. Aussi était-ce là que les d'Urfé se revêtaient de leurs magnifiques habits de velours brodés d'or; là flottait sur leur toque élégante la longue plume blanche; là brillait à leur côté l'épée légère, richement ciselée et étincelante de pierreries. Au château d'Urfé qui, du haut de sa base de roc, semble encore menacer la plaine, ces seigneurs avaient leurs salles d'armes, leurs tours crénelées, leurs machicoulis meurtriers; et c'était de ce fort qu'ils descendaient couverts d'acier pour combattre dans la plaine.

Louis d'Urfé, qui mutila les belles statues apportées de Rome à la Batie, par Claude, n'avait pas atteint de sa dévotieuse indignation tous les objets d'art que renfermait ce château : on y voyait encore, au moment de la révolution, des morceaux précieux qui ont, en grande partie, disparu dans ces temps de troubles. Parmi les sculptures échappées à la dévastation ou aux soins *conservateurs* de ceux qui s'appropriaient les choses rares pour les soustraire au vandalisme, et oubliaient ensuite de les rendre à leurs légitimes possesseurs, on remarque à la Batie, une figure de Bacchus en marbre de Carrare et d'une belle exécution; c'est un ouvrage de la renaissance (et non de Coirevox ni de Coustou), qui ferait honneur au ciseau antique.

Claude d'Urfé avait hérité des livres de Jeanne de Balzac, cette femme bel esprit, qu'il ne regretta point assez toutefois, pour ne pas la remplacer par une

---

(1) On voit encore dans l'église de Saint-Étienne-le-Molard, dit M. Aug. Bernard, l'épitaphe du maître maçon ou architecte qui fut chargé, par Claude d'Urfé, des travaux de la Batie ; on y lit : *Ci gît Antoen Jonillyon, en son vivent metre maison de la Batie d'Urfé, qui trépassa le dizeneuf de mai 1558. Dieu ay son âme.*

autre épouse. Ces ouvrages, d'un bon choix, furent le fondement d'une trèsriche bibliothèque qu'il forma dans son château de la Batie. Le P. Jacob (non pas le *bibliophile* de nos jours) dit, dans son *Traité des plus belles bibliothèques*, que celle de Claude d'Urfé renfermait deux cents beaux manuscrits. Cette collection, après avoir appartenu au duc de la Vallière, a été réunie à la Bibliothèque royale.

C'est au château de la Batie qu'Honoré d'Urfé composa son fameux roman; il avait habité cette résidence au sortir du collége, et le charme qu'il y avait goûté à cet âge qui revêt tous les objets de ses riantes illusions, se réfléchit en doux souvenirs, sur tout le cours de sa vie. « Belle et agréable rivière, dit-il, dans une des préfaces de l'*Astrée* (car l'*Astrée* a plusieurs préfaces); Lignon sur les bords duquel j'ai passé si heureusement mon enfance et la plus tendre partie de ma première jeunesse, quelque payement que ma plume ait pu te faire, j'avoue que je te suis encore redevable pour tant de contentements que j'ai reçus le long de ton rivage, à l'ombre de tes arbres feuillus, et à la fraîcheur de tes belles eaux, quand l'innocence de mon âge me laissait jouir de moimême, et me permettait de gouster en repos les bon-heurs et les félicités que le ciel, d'une main libérale, répandait sur ce bien-heureux pays, que tu arrauses de tes claires et vives ondes. »

L'auteur de l'*Astrée* mourut à l'étranger; mais on croit que sa dépouille mortelle fut rapportée sur cette rive du Lignon qu'il avait tant aimée. On lit dans un ouvrage que nous avons sous les yeux une note ainsi conçue : A peu de distance du château de la Batie, il y a un petit tertre formant un carré long, bordé autrefois de six arbres, et connu sous le nom de *Tombeau de Cladon*. La tradition porte qu'un d'Urfé y a été enterré. Ce tertre, qui est aujourd'hui en culture, perd insensiblement sa forme primitive; il n'y reste déjà plus que deux tilleuls à demi brisés par les orages. Avant la révolution, il se trouvait dans un petit bois, et servait de but de promenade aux visiteurs. A en juger par la forme du terrein, il semble que ce monticule ait été arrosé par un bras du Lignon. Était-ce une allégorie, ou une épigramme, ou réellement le tombeau d'Honoré[1]? » M. Auguste Bernard semble pencher vers ce dernier avis, en s'appuyant d'un passage de la préface du cinquième volume d'*Astrée*, composé par Balthazar Baro, ancien secrétaire d'Honoré d'Urfé. Ce continuateur dit, en s'adressant à la bergère héroïne du roman : « mais prends garde, si tu ne veux m'offenser cruellement, de ne retourner point sans moi revoir le lieu bien heureux qui t'a donné la première nourriture, et qui triomphe aujour-

---

(1) *Les d'Urfé*, p. 166, note.

d'hui de la dernière dépouille de ce corps, qui fut autrefois l'organe de l'esprit qui te forma. » Il est probable en effet, d'après ce passage, que si le petit tertre des bords du Lignon ne couvre pas les restes mortels d'Honoré, ils ont été déposés dans le tombeau des seigneurs d'Urfé, à Bonlieu. »

Nous avons dit que le château dont nous terminons la description, appartient à la famille Puy de la Batie; ajoutons que, depuis long-temps, elle réunit une multitude de documents curieux sur cette habitation, et se fait un plaisir de les communiquer aux visiteurs, avec autant de bienveillance que d'empressement.

Le canton de *Saint-Georges-en-Cousan*, confine au sud-ouest celui de Boen, et touche à l'ouest au département du Puy-de-Dôme. Les habitants du chef-lieu, bourg peu considérable, se livrent au commerce des planches, qui sont exploitées dans les cantons voisins. La commune de *Sail-sous-Cousan*, dépendant de ce canton, offre une source d'eau minérale assez recherchée par les habitants du pays. L'ancien *château de Cousan*, situé sur la commune de Sail, ne présente plus que des ruines; mais elles sont encore imposantes. La position de ce fort sur une colline assez élevée, au pied de laquelle coule une branche du Lignon, était d'autant plus formidable, qu'il n'était abordable que par une sorte d'isthme, joignant cette colline à la haute montagne qui s'élève presque à pic derrière. « La famille de Cousan est très-ancienne, dit Anne d'Urfé : il y eut un grand chambellan de ce nom, » et ces seigneurs sont les premiers barons du pays, ainsi que nous l'avons dit ailleurs. En 1594, un sire de Cousan faillit être tué dans une embuscade dressée par les ligueurs du marquis de Saint-Sorlin; il avait été précédemment ligueur lui-même. Les Damas descendent de la maison de Cousan. *Palogneux*, *Sauvain* et *Chalmazel*, villages situés dans les montagnes du même canton, méritent d'être cités, à cause des phénomènes volcaniques qu'ils présentent à l'observateur. A Palogneux, s'élève perpendiculairement du sol à quatre ou cinq pieds de hauteur, un groupe de colonnes basaltiques de forme pentagone, d'un gris noirâtre, et dont le diamètre est d'environ dix pouces. A Sauvain un fait géologique plus remarquable encore, fixe l'attention des curieux : c'est une multitude de fragments basaltiques noirs, épars sur les pâturages, sans qu'il existe dans la contrée aucune butte volcanique à laquelle on puisse faire rapporter l'origine de ces matières. Leurs angles sont arrondis, usés, comme s'ils avaient été roulés par les eaux. Enfin, à trois quarts de lieue de Chalmazel et dans la plus haute montagne de formation primitive, on a découvert une sorte de pavé basaltique dont les prismes, de cinq à six pouces de diamètre, étaient noirs et de forme pentagone.

C'est dans les rochers sourcilleux voisins de Cervières et Chalmazel que prend naissance ce Lignon qui, « vagabond en son cours, aussi bien que

» douteux en sa source, dit poétiquement le chantre d'*Astrée*, va serpentant
» par cette plaine, depuis ces hautes montagnes jusques à Feurs, où la Loire, le
» recevant et lui faisant perdre son nom propre, l'emporte pour tribut à
» l'Océan. »

L'ancien château de *Chalmazel*, inhabitable aujourd'hui, est du nombre de ceux dont Anne d'Urfé a dit, dans sa *Description du Forez* : « Quant aux
» haultes montagnes, il n'y a guères de belles maisons, c'estant les seigneurs
» despuis fort long-temps, plus délectés de bâtir à la plaine ou aux collines,
» qu'en ses lieux si incommodes et froids, que peu de personnes les peuvent
» endurer, qui n'y ayent esté nourris, à cause des rumes que leur esmeut la
» suptillité de l'air; et celles qui y sont ont été plustost bâties pour la forte-
» resse que pour le plaisir. » On peut ajouter qu'au moment où le marquis d'Urfé écrivait, plusieurs nobles Foréziens établis dans la plaine, que les partis désolaient au nom du ciel, regrettaient de n'avoir pas bravé encore, quelques années durant, les *rhumes* qu'on pouvait avoir à subir en habitant la haute montagne. « Le château de Chalmazel, continue l'écrivain que nous venons de citer, a été enjolivé par les seigneurs, qui presque tous s'y sont plus (sans doute en dépit des rhumes), particulièrement parce qu'ils étaient environnés d'un fort beau pays de chasse, et parce que la maison, étant un peu enfoncée, n'était guère battue des vents. » Anne d'Urfé ajoute que près de cette résidence seigneuriale, se trouve un joli bourg (bien déchu apparemment), sur le territoire duquel passe un ruisseau abondant en bonnes truites.

Presque au nord du canton de Saint-Georges-en-Cousan, et toujours sur la limite du Puy-de-Dôme, s'étend *le canton de Noirétable*. Le chef-lieu, situé sur la route de Lyon à Bordeaux, est un gros bourg peuplé d'environ 2,000 habitants, et situé à sept lieues nord de Montbrison. Ce bourg a hérité de la demi-importance qu'avait autrefois la petite ville de Cervières, dont nous parlerons ci-après. Noirétable n'est d'ailleurs cité dans l'*Histoire du Forez* que pour avoir fourni des bois de lances au troupes de Henri IV, durant les guerres de la ligue. Ce même territoire en avait également fourni à Pierre de Bourbon, lors de la réception qu'il fit à Moulins au roi François Iᵉʳ. Près du bourg, on voit l'ancien château de la Merlée, appartenant à M. de Lores, et celui de Bufardan, dont il reste à peine quelques débris.

« La ville de *Cervières*, dit le marquis d'Urfé, est en lieu fort montagneux et froid, qui luy faict jouir d'un bon air, lequel y attirait en esté les comtes du Forez, y ayant un beau et fort chasteau. Ceste ville est la plus forte assiette du Forez, et a le plus beau mandement de tout le pays. Elle a cest honneur qu'estant entre les mains de ceux d'Urfé, elle a esté la première, en ces derniers troubles qui, après sa catilisassion (conjuration), s'est déclarée du parti du roi, à laquelle fin M. le duc de Nemours n'a jamais osé l'attaquer, et qui a esté maintenue avec touttes les montagnes qui l'avoisinent par ledit d'Urfé (celui qui écrit), exantes de touts ravages et ostilitez de guerre ; tellement qu'elle c'est enrichie de ce qui a appauvri les aultres, touts les deniers qui se levoyent aux environs se dépendants en elle. » Lorsque l'auteur de cette relation se fut déclaré pour le roi, il établit le centre du gouvernement que lui avait continué Henri IV, dans les montagnes de Cervières, et s'efforça de ramener quelque ordre dans l'administration du Forez. Cervières était autrefois le siége d'une châtellenie et d'un mandement.

Le château de Cervières, dont les ruines attestent encore l'ancienne splendeur, fut détruit au commencement du règne de Louis XIV ; il appartenait alors à la famille d'Harcourt, originaire du Forez.

Dans la commune de *la Valla*, du canton de Noirétable, se tient une des foires les plus considérables du département, pour la vente des bestiaux et bêtes à laine ; mais le village du même nom ne présente aucun intérêt historique.

La commune de *Salles*, la dernière dont nous ayons à nous occuper dans l'arrondissement de Montbrison, offre une exploitation d'une certaine importance : c'est celle des mines de plomb, connues sous le nom de *Concession de Saint-Martin-la-Sauveté*. Les fonderies sont au lieu appelé *la Goutte*, commune de Salles, quoique tous les filons d'où l'on tire le minerai dépendent des cantons de Saint-Just-en-Chevalet et de Saint-Germain-Laval, arrondissement de Roanne. D'immenses travaux ont été exécutés sur ces exploitations ; mais l'un des plus importants, peut-être doit-on dire un des plus audacieux, est celui par lequel on est rentré dans les ouvrages faits antérieurement à l'invention de la poudre, et abandonnés depuis plusieurs siècles. Pour atteindre jusqu'à ces anciennes mines, il a fallu descendre, à travers mille difficultés, mille périls, à 170 mètres de profondeur, à partir du sommet de la montagne. Mais l'intelligence des ouvriers et les soins des concessionnaires ont été tels, qu'il est arrivé peu d'accidents dans le cours d'une si courageuse investigation.

Les entrepreneurs de cette exploitation ne sont point restés en arrière des progrès contemporains, sur la manière de traiter le minerai, et leurs recherches, développées par de nombreuses expériences, ont contribué aux améliorations dont cette partie de la minéralogie a été l'objet en France. Le minerai de la concession de Saint-Martin la Sauveté, comme celui de Saint-Julien-Mollin-Mollette (voyez notre précis sur l'arrondissement de Saint-Étienne), donne, outre le plomb, la galène ou sulfure de plomb natif, que les potiers emploient pour leurs vernis. Le produit des deux mines de plomb qui existent dans le département de la Loire, alimentait autrefois à peu près exclusivement la fonderie de Vienne ; mais le bas prix auquel cette matière est réduite, par suite de la concurrence des mines espagnoles, a fait suspendre presque entièrement ces exploitations, devenues onéreuses pour leurs propriétaires.

CHAPITRE VI.

Aperçu géologique et agricole sur l'arrondissement de Roanne. — *Canton de Saint-Germain-Laval.* — La ville, histoire, industrie. — Dupes d'un nouveau Cagliostro. — Diverses localités. — *Canton de Néronde.* — Réflexions sur ce nom et singularités s'y rapportant. — *Canton de Saint-Just-en-Chevalet.* — Historique du chef-lieu. — Le château d'Urfé, son origine; *la Chambre du massacre.* — *Canton de Saint-Symphorien-de-Lay.* — La ville. — Histoire de l'industrie cotonnière dans l'arrondissement de Roanne. L'auteur des poëmes de la *Gastronomie et de la Danse.* — *Canton de Perreux.* — Le chef-lieu. — Vernay — *Canton de Roanne.* — La ville, ses antiquités, histoire, industrie, commerce. — Le chemin de fer. — Canal latéral de Roanne à Digoin. — *Villeret.* — Vin de la côte de *Renaison.* — L'abbaye de *Bénissons-Dieu.* — *Canton de Saint-Haon.* — Divers châteaux. — Eaux de *Saint-Alban.* Abbaye d'Ambierle. — *Canton de la Pacaudière.* — Diversités. — *Canton de Charlieu.* — L'abbaye et la ville, etc. — *Canton de Belmont.* — Quelques localités, etc., etc.

En nous reportant de la limite du Puy-de-Dôme vers la rive gauche de la Loire, à l'ouest du canton de Noirétable, que nous venons d'explorer, nous entrons dans l'arrondissement de Roanne, dont il est nécessaire de présenter un aperçu géologique et agricole.

Les seules montagnes considérables que l'on remarque dans la circonscription territoriale que nous allons parcourir sont *la Madeleine,* qui finit au département de l'Allier; *Belmont* et *Saint-Germain-la-Montagne,* éminences appartenant à la chaîne dite *de l'est* et au canton de Belmont : la dernière est située à l'extrémité nord-est d'une sorte de pointe du département de la Loire, qui darde assez avant dans celui de Saône-et-Loire. Les montagnes de la Madeleine et de la chaîne de l'est appartiennent à la première formation ; les principales matières qu'on y aperçoit sont le granit et le porphyre friables : des collines entières en sont formées ; mais on ne tarde pas à trouver le granit dur primitif, qui pénètre à une grande profondeur. La cause mystérieuse qui fit surgir quelques buttes volcaniques des terrains primitifs de ces contrées, paraît avoir borné son action à la plaine dite de *Forez :* nous n'avons point vu dans l'arrondissement de Roanne ces pics étranges communs aux environs de Montbrison, non plus que ces fragments de basalte produits d'origine inconnue, ou résultant de jets si puissants qu'on ne peut évaluer la distance des cratères qui les ont vomis.

La plaine de Roanne renferme un banc d'argile jaune très-serré, impénétrable à l'eau, et dont l'épaisseur n'est pas connue ; il passe sous le territoire d'une quinzaine de communes. Des fouilles ont été faites jusqu'à une profondeur de 55 pieds, sans qu'on ait trouvé le fond de ce terrain ; mais on y a découvert des ossements. Le même banc passe sous la Loire de l'ouest à l'est. L'argile qu'on en extrait est propre à la fabrication des tuiles et des briques. Nous croyons avoir dit ailleurs qu'on trouve des os fossiles de mammifères dans plusieurs parties du département : le canton de Saint-Symphorien-de-Lay, arrondissement de Roanne, en a offert plusieurs fois.

Il existe dans ce même arrondissement quelques mines de houille, ainsi que nous croyons l'avoir dit en décrivant l'exploitation de ce produit : elles sont situées à Saint-Symphorien-de-Lay, Regny, Pradines, Amions et Bully : cette houille, d'une espèce particulière, peut être comparée à *l'anthracite*. Mais avec la concurrence des houillères de Saint-Étienne, l'exploitation de celles qui existent dans le reste du département ne nous semble pas devoir être fructueuse.

Indépendamment des filons de plomb sulfuré que font exploiter les propriétaires de l'établissement de la *Goutte*, dont nous avons parlé précédemment, ce minerai se trouve sur quelques autres communes de l'arrondissement de Roanne : à Cherier, à Saint-Polgues, sur la rive gauche de la Loire ; à Neaux et à Vendrange, sur la rive droite. On n'a point encore découvert dans l'arrondissement qui nous occupe de mines de fer ; celles dont l'exploitation n'a pas été généralement heureuse sont toutes dans l'arrondissement de Saint-Étienne. Mais sur les communes de Saint-Germain-Laval et de Saint-Thurin, la plus légère fouille atteint souvent des filons de fer arsenical ou *mispickel*. Il y a vingt-cinq ou trente ans, un aventurier, espèce de comte de Saint-Germain au petit pied, persuada à quelques habitants qu'ils foulaient aux pieds d'opulentes mines d'argent; de riches propriétaires, séduits par l'appât de ces prétendus trésors souterrains, se prirent à exploiter la Pyrite dont il s'agit, et en furent pour des frais considérables.

L'espèce de terre que nous avons désignée au commencement de cette section, sous le nom de *pierré*, est assez commune dans l'arrondissement de Roanne, où elle forme les cinq vingt-quatrièmes de la totalité du sol. Le *beluze* s'y rencontre à peu près dans la même proportion ; le *fromental* n'y figure guère que pour un vingt-quatrième ; le *chambon* y occupe une semblable étendue : d'où il suit que le *chaninat* n'existant point dans cette partie du département, la *varenne* y forme plus de la moitié des terres mises en exploitation.

La culture, dans cette division territoriale, diffère trop peu de celle des deux autres arrondissements pour que nous donnions de nouveaux détails à ce sujet : renvoyant ce que nous pourrions dire ici à notre résumé sur l'agriculture du département en général. Nous ajouterons seulement que dans la partie montagneuse de la contrée, où le sol est mauvais, les fourrages sont meilleurs que dans la plaine.

Au nord-est du canton de Noirétable, s'étend, sur la rive gauche de la Loire, celui de *Saint-Germain-Laval*. Le chef-lieu, situé sur la petite rivière d'Aix, au penchant d'une colline et à trois lieues sud de Roanne, offre une petite ville vivante, d'un aspect agréable, et dont la population est d'environ 1,800 âmes. Saint-Germain-Laval n'est mentionné dans les chartes qu'au XIIIe siècle, quoique les traditions locales fassent remonter son existence au XIe. Sur cette autorité incertaine, plusieurs historiens ont constaté qu'à cette époque, les habitants firent bâtir à leurs frais un mur d'enceinte. On fait rapporter aussi à Saint-Germain-Laval une version qui se reproduit presque aussi souvent que l'intervention de César, dans les constructions de monuments d'une origine inconnue : les habitants ne manquent pas de vous raconter que leur cité fut jadis très-importante. Cette assertion est appuyée, du reste, par la découverte de fondations considérables, de charpentes à moitié brûlées, sur une superficie étendue ; enfin, on a trouvé parmi ces débris des pièces frappées à l'effigie de Philippe-le-Bel. Un amateur du pays conserve dans son cabinet, une cotte-de-mailles trouvée au même lieu.

Les premiers seigneurs connus de Saint-Germain-Laval, appartenaient à la famille d'Apchon; mais cette famille échangea ce domaine avec les comtes de Forez, contre celui de Montrond. Cette ville s'appelait primitivement Saint-Germain-du-Château ; plus tard, le nom de Laval (la Val), fut joint à sa désignation, pour la distinguer des autres lieux ainsi nommés. Ce nom, dit M. Auguste Bernard, vint d'une petite chapelle consacrée à la Vierge, alors très-fréquentée, et désignée *Notre-Dame-de-la-Vallée*, parce qu'elle s'élevait au fond d'un petit vallon, en vue de Saint-Germain.

Il ne reste plus que des débris du mur d'enceinte ; mais, il y a quatre-vingts ans, cette muraille existait, dit-on, encore en grande partie ; et l'on prétend qu'alors on trouva plusieurs boulets de canon dans son épaisseur. Les habitants assurent que Saint-Germain-Laval fut assiégée sans succès par le baron des Adrets, à l'époque où ce chef calviniste saccagea Montbrison. La chose est possible ; mais aucune mention n'a été faite de ce siége dans les annales du temps. Les ruines du château ne sont pas entièrement inhabitables ; elles servent aujourd'hui de maison de dépôt : triste destinée de presque toutes les demeures seigneuriales que les villes du moyen-âge renfermaient.

A l'époque où le marquis d'Urfé écrivait sa *Description du Forez*, Saint-Germain-Laval, siége d'une châtellenie et d'un mandement, avait quelque importance ; voici ce qu'il en dit : « Saint-Germain-Laval est relevée sur un coutaut ; il y a une belle église au faubourg, dédiée à Nostre-Dame, et une petite fort ancienne au cimetière, où se voit encore la sépulture des anciens seigneurs de Saint-Germain. Le plus remarquable qu'il y ait en ceste ville, est qu'elle a au pied de la montagne où elle est assise, l'église de Notre-Dame-de-la-Val, bâtie pour la pluspart par ceux de la maison d'Urfé, dont faict foy leurs armoiries, gravées au millieu de la voulte de l'église, fort renomée par les grands miracles qui s'y font, et à laquelle la pluspart de ceux du païs de Forez, ont une grande dévotion. Ceste ville, avant ses derniers troubles (pendant la ligue), ayant esté prise par messire Jacques Paillard d'Urfé, pour le service du vice-roi, fut reprise douze ou quinze jours aprez, sur le sieur de Chandieu, qu'il y avait laissé avec batterie, par MM. de Maugiron et de Montespan, ayant avec eux toutes les forces de feu Monsieur le duc de Nemours, qui rapporta beaucoup de mal, tant à ladite ville qu'aux lieux circonvoisins. »

Telle est sans doute toute la part que Saint-Germain-Laval prit aux guerres de religion ; pourquoi donc ne pas faire rapporter au siége de cette ville par MM. de Maugiron et de Montespan, la canonnade dont les projectiles étaient restés dans les murailles : il y aurait au moins en ceci une probabilité.

La *belle* église que signale Anne d'Urfé est du nombre de celles dont la description doit être épargnée au lecteur, comme ne méritant pas son attention, dans un ouvrage où tant d'autres monuments religieux devront être décrits, pour l'intérêt de l'histoire et de l'art. Il y avait en cette ville un couvent de Récollets ; des Sœurs de la congrégation de Saint-Charles occupent les anciens bâtiments de ce monastère : elles instruisent les pauvres et visitent les malades, ce qui est digne d'éloge, si ces bonnes Sœurs n'exercent pas la médecine.

Saint-Germain-Laval possède depuis très-long-temps une filature de coton, mue par la rivière d'Aix. Dès 1789, on cardait et l'on filait à la mécanique dans cet établissement, où le nombre des métiers n'était pas moindre de cinquante à soixante. M. Duplessy nous apprend qu'en 1818, les ouvriers qui filaient le coton à Saint-Germain, s'élevaient certainement à plus de deux cents. La filature dont il s'agit, était encore la seule du département, où l'on opérât mécaniquement ; depuis lors, cette industrie s'est considérablement étendue, non-seulement dans l'arrondissement de Roanne ; mais dans les deux autres [1].

Saint-Germain renferme quelques tanneries ; on fabrique aussi dans la ville et aux environs des toiles et des tissus appelés guinées. Il se tient à Saint-Germain quatre foires annuelles, assez suivies pour la vente des chevaux de races communes ; elles ne sont toutefois fréquentées que par les habitants du département.

L'écrivain Belleforest a beaucoup trop vanté les vins qui croissent sur la côte où Saint-Germain-Laval est bâti ; Anne d'Urfé, doué d'un palais moins patriote ou plus gourmet, avoue qu'ils sont pour la plupart fort verts.

Et malheureusement ce qui vicie abonde :

ce même côteau, dit aussi le gentilhomme descripteur, porte du vin en abondance.

La route de Roanne à Montbrison passe par Saint-Germain-Laval ; mais elle ne fournit pas un élément bien remarquable à la prospérité de cette ville.

Sur la route de Lyon à Bordeaux, on trouve le bourg de *Saint-Thurin*, dépendant du canton de Saint-Germain-Laval ; c'est là qu'on avait cru pouvoir exploiter une mine de fer arsenical, pour une mine d'argent, sur l'indication, sans doute intéressée, d'un Robert-Macaire du XVIIIe siècle : car notre époque croit avoir produit ce type du savoir faire et de l'intrigue, comme si l'ancien régime n'avait pas eu ses Saint-Germain, ses Cagliostro, ses Mesmer et ses Lafarge : rien n'est nouveau sous le soleil.

La commune de *Saint-Polgues* est renommée pour ses foires, où l'on vend beaucoup de bestiaux et de bêtes à laine ; celles de *Bully* et d'*Amions* présentent des indices de houillères dont le produit s'enflamme facilement, brûle avec lenteur, donne peu de fumée ; mêlé avec le charbon de Saint-

---

(1) Voyez ci-après nos considérations sur l'industrie cotonnière dans l'arrondissement de Roanne.

Étienne, il serait d'un bon usage pour les forges... Mais, nous le répétons, qui osera entreprendre l'exploitation en grand de ces mines, avec la concurrence gigantesque de l'arrondissement de Saint-Étienne, ses capitalistes, ses machines à vapeur et ses chemins de fer?

En passant de la rive gauche à la rive droite de la Loire, vers l'est du canton de Saint-Germain-Laval, on se trouve sur celui de *Néronde* qui, dans cette direction, achève d'occuper la largeur du département de la Loire, et confine celui du Rhône. Néronde est une de ces villes dont l'origine peu connue se fait chercher par notre nation, amie du merveilleux, parmi les choses qui en promettent le plus à l'imagination. Aussi les archéologues enthousiastes nous peignent-ils ici Néron fondant une cité au sein des Gaules, et l'inaugurant par des saturnales voluptueuses, qu'il faisait alterner avec ses délices sanglantes. Peut-être, au gré des esprits exaltés, le fils d'Agrippine éleva-t-il en Ségusie une ville superbe, pour se réserver le plaisir farouche de la brûler un jour. Quelques antiquaires prétendent trouver l'étymologie de *Néronde* dans *nigra-unda*, faisant allusion à une onde noire qui traversait ce territoire. Nous ignorons si la version positive doit l'emporter sur la tradition poétique; mais il est certain que nous avons trouvé des *Néronde* dans plusieurs des contrées sur lesquelles s'étendit la domination romaine : il y a particulièrement un bourg de ce nom dans le département du Cher, arrondissement de Saint-Amand. Plus tard, nous aurons occasion de remarquer aussi que, sur les contrôles de la conscription de ce département, le nom de *Néron* se reproduisait, il y a trente ans, avec une fréquence très-remarquable. Il n'y a point là d'onde noire à alléguer, c'est un nom romain, le nom d'un empereur, que portent des paysans du Berry.... Où chercher la cause de cette singularité? En voici une autre du même genre : dans la commune de Bourré, canton de Montrichard, département de Loir-et-Cher, on voit les derniers et presque inappréciables débris d'un ancien couvent de Templiers : les traditions sont au moins unanimes à ce sujet. Eh bien! sur cette localité dont la population ne dépasse pas 8 à 900 âmes, on comptait, il y a quarante ans, plusieurs habitants du nom de *Templier*. Nous avons soumis ce fait et le précédent à feu M. Eusèbe Salverte, auteur d'un ouvrage fort savant sur les noms propres; son érudition a bronché devant cette question ardue. « On concevrait » encore à la rigueur, nous disait-il en riant, une lignée de petits *Nérons*, » plus ou moins légitimes, se perpétuant dans les Gaules jusqu'à nos jours; » mais comment admettre que ces bons chevaliers du Temple, à une » époque candidement pieuse, aient permis de donner le nom de leur ordre, » d'un ordre monastique, aux fruits de leurs pécheresses préoccupations?.... » En vérité, l'on se perd à la recherche de la solution d'un si étrange problème. »

Revenons à la ville de Néronde, en admettant tout naturellement une origine inexpliquée. Elle est encore à peu près entourée de murailles, qui protégeaient une ancienne résidence des comtes de Forez. Mais, selon les traditions, cette enceinte était bien antérieure à la prise de possession de Néronde par ces comtes; car, dans le courant du XIe siècle, un seigneur de Rebbé y aurait soutenu un siége meurtrier contre ces mêmes gouverneurs héréditaires. On voyait encore, il y a trente ans, un donjon fort élevé qui couronnait le château; depuis, il a été presque entièrement démoli, et ses matériaux servent à entretenir le pavage de la ville. Si Victor Hugo lit ce passage, il criera à la barbarie, et trouvera plus d'un écho parmi les artistes et les hommes de savoir.

Au commencement de la ligue, époque à laquelle l'esprit de parti était poussé jusqu'à la fureur, un notaire de Néronde, nommé Arcanon, fut égorgé, avec sa femme et ses filles, comme favorisant les calvinistes. En 1593, la noblesse du Forez, effrayée des succès de Henri IV, se réunit en conseil dans cette ville, pour délibérer sur les mesures qu'elle devait prendre, ou pour continuer la guerre, ou pour se soumettre au roi. L'alternative était fort embarrassante : le marquis de Saint-Sorlin, au nom de l'union, désolait le pays; les royalistes, au nom de l'excellent Béarnais, ruinaient de leur côté la contrée. Les échevins des villes, en attendant que la victoire se fixât, négociaient avec tout le monde, se déclarant aujourd'hui pour Genève, et promettant tout bas de se déclarer demain pour Rome, s'il le fallait. D'un autre côté, le duc de Nemours, emprisonné, se vantait de quitter au premier jour sa prison de *bond* ou de *volée*; et Mayenne, que les deux partis avaient choisi pour arbitre, n'arrivait pas. Lyon, incertaine, flottante, hésitait à se prononcer. Les seigneurs foréziens assemblés à Néronde, se séparèrent sans avoir rien décidé.

Peu de temps après, cependant, cette ville se soumit à Henri IV et lui resta fidèle. Le roi, en récompense du dévouement de ses habitants, leur accorda divers privilèges : on voit encore, près d'une porte au-dessus de laquelle sont sculptées les armes de France et de Navarre, un tilleul deux fois séculaire planté par les ordres de Sully, et qui rappelle le ralliement des citoyens de Néronde à la couronne. Cet arbre, ainsi que nous l'avons déjà dit, porte le nom du vertueux ministre que Henri IV présentait avec confiance à ses amis comme à ses ennemis : nous serions heureux aujourd'hui de pouvoir conserver aux affaires des hommes d'État qui justifiassent la dernière moitié de cette confiance.

Néronde est la patrie d'un prêtre qui, plus d'une fois, peut-être, fut à même d'arracher le sceptre de la monarchie des mains de Richelieu : le Père Cotton, confesseur de Henri IV puis de Louis XIII, était né en ce lieu. L'adversaire terrible d'une féodalité quelques instants menaçante, mais bientôt agenouillée devant sa pourpre, trembla, en 1636, aux accents de Paris révolté, grondant aux portes de son palais. Le grand politique savait que le peuple est une hydre dont les têtes sont trop multipliées pour qu'on puisse les trancher ; il tremblait donc. Mais en ce moment, où le prêtre qui dirigeait la conscience du roi, pouvait à jamais fermer les portes du Louvre à l'illustre éminence, Cotton n'existait plus ; il avait été remplacé par le Père Caussin, qui n'osa pas renverser le colosse ébranlé. Feu Delandine, biographe distingué et bibliothécaire de la ville de Lyon, était d'une famille originaire de Néronde. Il fonda dans cette ville, vers 1816, un prix de 60 francs qui se distribue chaque année au mois de juillet. Cette fondation, propre à perpétuer les bons exemples, a été approuvée par ordonnance du 12 mai 1817. Le prix est accordé alternativement : 1° au bon ménage, 2° à la bienfaisance, 3° au courage utile, 4° à la piété filiale, 5° au bon serviteur. Une telle fondation devrait faire partie de toutes les institutions urbaines : puissions-nous, en signalant la pensée vraiment pieuse de Delandine, décider nos magistrats municipaux à la propager.

La disposition de notre plan, toujours subordonné au cours de la Loire, nous oblige à passer fréquemment, dans l'arrondissement que nous traversons, des confins du département du Rhône à ceux du Puy-de-Dôme ; en attendant que nos descriptions s'étendent du territoire même de Saône-et-Loire aux limites du département de l'Allier, que nous explorerons ensuite. Nous avons donc à nous occuper du canton de *Saint-Just-en-Chevalet*, situé sur la rive gauche du fleuve, et au nord-ouest du territoire de Saint-Germain-Laval. Saint-Just est une petite ville que traverse la grande route de Roanne à Clermont, comme nous l'avons déjà dit. Il est difficile de recueillir beaucoup de renseignements sur ce lieu, dont l'origine ne nous paraît pas remonter loin dans le moyen-âge. Vers la seconde moitié du XVe siècle, les sires d'Urfé se qualifiaient seigneurs de Saint-Just-en-Chevalet, et l'on peut présumer qu'ils possédaient depuis long-temps déjà cette seigneurie. Voici, du reste, ce que l'un d'eux en a dit : « La dernière de touttes ces villes est Saint-Just-en-Chevalet, où les comtes d'Urfé, qui en sont seigneurs, font tenir la justice de leur comté, et à leur considération a esté receue entre les villes capitales. Elle a pris son surnom du grand nombre de chevaliers, lesquels y faisoyent autrefois leur demeure, et desquels on voit encore les marques des maisons, assavoir : d'Urfé, de Saint-Polgues, qui y avoyent Ogerolles dont ils portent le nom ; de la Corée, qui y avoyent Boussonnelle ; de Suguy, Bufardan, la Merlée, Tremoullin et aultres.

Ce lieu (le Château) est quelque peu relevé, ayant un beau bourg au pied, où il y a beaucoup de riches habitants. L'air y est très-bon et doux, et les eaux excellentes [1].

Saint-Just-en-Chevalet, quoique situé dans un pays de montagnes, ne fut pas tout à fait exempt des calamités que les guerres de religion traînèrent à leur suite dans le XVIe siècle. C'est au moins ce que l'on peut inférer de la lettre suivante écrite aux échevins de Lyon par le marquis d'Urfé : « Messieurs, mes » subjects de Sainct-Just, revenant de Lyon, où ils avaient fait quelque commerce » de marchandizes, passant au retour par Sainct-Suphorin de Laille (Saint-» Symphorien de Lay), ont esté vollez de la Cornette de M. le marquis de Fortu-» nat, de dix-sept montures chargées de marchandizes ; chose que je trouve fort » estrange, veu qu'iceulx ne se sont spartializés en mon absence, n'y ont voulu » recevoir aucunes garnisons, qui les a du tout ruynés, d'autant que mon frère » de Châteauneuf, à ce sujet leur envoya le régiment de Leviston, qui ne leur » laissa chose au monde dans leur bourg. Pour mon particulier, j'estime que » personne ne doupte du party que j'ay toujours tenu et tiens à présent, en ayant » en tous lieux faict suffisamment preuves, qui me fera vous supplier, scavoir, » si le commerce des miens n'est pas licitte avec vostre ville, et faire en sorte » que cella ne demeure de telle façon, m'asseurant que vous vous y employerez » pour l'amour de moy. Je feray le semblable pour vous en ce que je pourray. » D'Urfé, ce 26 juillet 1593. »

Puisque les habitants de Saint-Just-en-Chevalet, purent refuser de recevoir une garnison pendant les guerres de la ligue, il est probable que leur ville avait alors un mur d'enceinte, derrière lequel ils pensaient pouvoir se défendre eux-mêmes. On voit aussi, par la lettre d'Anne d'Urfé, qu'au mois de juillet 1593, cette ville tenait pour la ligue ; ce qui n'avait pas empêché les ligueurs de Saint-Symphorien de piller les sujets du marquis d'Urfé, encore ligueur lui-même. Car ce ne fut qu'au mois de septembre suivant, que ce seigneur commença à pencher vers la cause du roi.

Avant la révolution, Saint-Just-en-Chevalet était le siége d'une châtellenie et d'un mandement. Aujourd'hui, ce chef-lieu de canton, peuplé d'environ 3,000 âmes, doit particulièrement sa prospérité aux ressources agricoles de son territoire. Anne d'Urfé ajoute, « qu'il a du fourmant fort bon, mais peu ; en récompense de quoi ils cueillent (les habitants) une estresme cantité de soigles et d'avoines. Ils ont force prés estimez les meilleurs du Forez, et des rivières abondantes en truites et en escrevisses. » Les coteaux voisins de Saint-

[1] Anne d'Urfé, Description du Forez, p. 443 et 444.

Just, offrent aussi quelques vignobles, dont le produit, d'une médiocre qualité, se consomme dans le pays. La montagne de Saint-Just, recèle des marbres de différentes couleurs : les plus beaux sont d'un blanc d'albâtre, quelquefois veiné de rouge. Il en existe quelques bancs d'un beau noir. Ces marbres ne sont point exploités.

Il se tient à Saint-Just-en-Chevalet, trois foires annuelles assez suivies pour la vente des bestiaux. Cette ville est à cinq lieues sud-ouest de Roanne.

Nous n'aurions rien à dire de la commune de *Champoly*, dépendant du canton de Saint-Just-en-Chevalet, si l'un des châteaux les plus imposants du Forez n'existait pas sur cette localité. Ce château est celui d'Urfé, construit au sommet d'une haute montagne et dans le site le plus sauvage. Cette ancienne forteresse, qui domine toute la province, s'aperçoit de presque tous les points; et ce grand squelette d'une puissance évanouie, inspire encore un mélange de respect et d'effroi. Selon l'opinion la plus généralement admise, Urfé fut bâti vers le tiers du XIII° siècle, par Wulphe-le-Vaillant, nouvellement fixé dans le Forez, et qui épousa, comme nous l'avons dit ailleurs, une des parentes du comte Guy I°. Nous croyons devoir répéter aussi que ce *Wulphe*, francisant son nom germanique, se fit appeler *Ulphé*, et donna le même nom à sa principale seigneurie [1].

Il reste encore de notables parties du premier château d'Urfé : ce sont elles qui prêtent à cette demeure aérienne la physionomie sombre et menaçante des vieux manoirs que Walter Scott a si bien décrits. « Mais, dit l'auteur de la *Description du Forez*, il a été accommodé modernement par messire Anne d'Urfé, de galeries, belles salles, belles chambres, belle terrasse, beau jardin, et d'un verger duquel on ne tire point de commodité que pour la vue, à cause du froid; pour estre ce chasteau bâti en lieu si hault, qu'il se voit presque de tout le païs. Le plus beau qu'il y ait faict dresser est un cabinet, où il y a beaucoup d'antiques, de beaux tableaux, belles tables de marbre et de cèdre, et plusieurs aultres choses fort rares. Il n'i a en ce lieu aultres

---

(1) M. Auguste Bernard n'est point d'accord avec ce qui précède, et qui est tiré cependant de la généalogie de la maison d'Urfé. Cet écrivain pense que le nom d'Ulphé ou d'Urphé existait, comme nom de fief, dans la province long-temps avant l'époque à laquelle les généalogistes y font arriver *Vulphe*. L'historien du Forez ajoute que le premier nom de cette famille était *Raimby* ou *Raiby*, et que dans une charte de 1255, un Arnulphe *Raiby* s'intitule *chevalier-seigneur d'Ulphieux*. M. Bernard, allant plus loin encore, avance qu'il a connaissance d'une charte se rapportant aux dernières années du XI° siècle, ou aux premières du XII°, et dans laquelle est mentionné un *Arnulphe Raimbi*, antérieurement à toutes les citations des généalogistes, qui ne font venir Wulphe en Forez qu'au XIII° siècle.

Malgré ces remarques, nous avons cru devoir conserver la tradition la plus généralement admise par les historiens; tradition que M. Bernard lui-même ne repousse pas entièrement.

choses dignes de remarque, car chacun par sa haulteur peult assez juger de sa belle veue, qui s'estant jusques aux montagnes du Dauphiné et de Savoye, fors que n'ayant ceste montagne en neuf lieu des environs aucune aultre si haulte, il y a au sommet d'icelle, un assez bel estanc qui ne se ramplit que des sources qui sont dedans dont il y a abondance, et porte de fort bon poisson. Se lieu est en si bon air, que je tiens du maistre [1], que depuis traise ou quatorse ans qu'il y a fait sa résidence tous les estés consécutifs, il n'y a veu personne tomber malade, et s'ils y sont venus malades d'ailleurs, ils y ont esté fort tost guéris ; au reste c'est un lieu merveilleusement tourmanté des vents et du froid, lequel y est tel souvent en yvert, à cause des naiges, qu'on n'en peult sortir bien six semaines durant. »

Les réparations considérables dont Anne d'Urfé parle dans le passage ci-dessus, furent apperemment faites à une époque où ce seigneur, durant une période de disgrâce, dont il craignait les suites, crut devoir se confiner dans cette demeure presque inaccessible, plutôt qu'au château de la Batie, véritable maison de plaisance, qui ne lui offrait point cette sécurité qu'il devait trouver derrière les créneaux d'Urfé. Mais il fallait ce motif puissant pour qu'un seigneur de ce nom se retirât en tel lieu, abandonné par sa famille depuis le commencement du XVe siècle, après une horrible catastrophe dont nous devons le récit à nos lecteurs.

En 1418, Jean d'Urphé étant sur le point d'acheter la terre de Crémeaux, alors en vente, ses valets s'aperçurent qu'il avait chez lui la somme nécessaire pour payer cette propriété, le massacrèrent ainsi que plusieurs membres de sa famille, et enlevèrent l'argent qu'ils convoitaient. Mais, dit l'auteur d'un manuscrit anonyme : « Dieu ne permit pas que ce forfait restât impuni ; car le seigneur de Saint-Forgeux d'Albon, qui se trouvoit pour lors au pays, entreprit si vivement les voleurs, que par une extrême diligence, il les fist tous attraper et les fist mettre sur la roue proche le chasteau, où despuis peu de temps on a veu le pillier qui soubstenoit ladite roue, qui fut bruslée d'un coup de foudre en 1570. »

« Il paraît bien, ajoute M. Auguste Bernard, que plusieurs personnes de la maison furent assassinées. Heureusement le fils aîné de Jean, Pierre d'Urfé, à peine âgé de dix ans alors, se trouvait à Paris, où il était élevé près de la personne du roi. Quant à Antoine, le cadet, il fut sauvé comme par miracle, si l'on en croit la tradition. Elle rapporte, qu'après avoir massacré tout ce qu'ils rencontrèrent, et le maître lui-même, qui, surpris sans défense, ne put qu'opposer

---

[1] Ce passage prouve qu'Anne d'Urfé n'avait pas l'intention de publier cette description sous son nom.

une résistance inutile, et dont la main sanglante était restée empreinte sur le mur, les assassins trouvèrent un enfant au berceau, qui semblait leur sourire. « A quoi servirait de le tuer, dit l'un d'entre eux, il ne nous trahira pas. Après un moment de délibération, ils résolurent de le faire lui-même l'arbitre de son sort, et lui présentèrent une pomme et une pièce d'or, croyant pouvoir découvrir par là s'ils auraient un jour à redouter sa vengeance. » « S'il prend la pomme, laissons-le vivre ; s'il prend la pièce d'or, tuons-le, » dirent-ils : l'enfant prit la pomme, et fut sauvé.

« On dit encore qu'un muet qui demeurait auprès du château, ayant vu avec étonnement le pont-levis baissé et les portes ouvertes, entra par curiosité, et fut tellement ému du spectacle qui frappa sa vue, qu'il recouvra la parole, et monta sur une tour pour appeler les habitants de la Grolle, hameau situé à peu de distance au-dessous d'Urfé. »

Tout porte à croire que, sur le texte authentique de la catastrophe du château d'Urphé, les narrateurs d'une époque superstitieuse auront brodé bien des détails fabuleux : il est aisé d'en reconnaître dans ce que nous venons de rapporter ; et l'on va voir que les siècles suivants ne firent qu'enchérir à cet égard sur le XVe. « C'était, continue M. Auguste Bernard, un de ces faits auxquels se rattachent les traditions extraordinaires dont le récit nous émeut dans notre bas âge, et qui nous restent si profondément gravés dans la mémoire toute notre vie. La fameuse *chambre du massacre* m'apparut long-temps avec ses larges et *ineffaçables* taches de sang, qu'en vain, parfois, on s'était avisé de gratter. J'ai acquis enfin la preuve que la tradition avait raison ; mais j'ai été désenchanté en reconnaissant que le miracle n'avait rien que de très-naturel. Les murs d'une des salles de ce château avaient reçu anciennement une peinture rouge, sur laquelle on appliqua plus tard une couche de badigeon ; et ce dernier, en s'effeuillant, laissait reparaître chaque jour quelque nouvelle trace de l'ancienne peinture [1]. »

Nous n'aborderons point ici l'histoire des seigneurs d'Urfé : plusieurs se rendirent célèbres à divers titres, et seront mentionnés dans notre biographie. Nous avons déjà dit que cette maison est éteinte depuis plus d'un siècle ; il nous reste à faire connaître le sort de sa principale demeure. Après l'extinction de la famille, dans la personne de Joseph-Marie, Louis-Christophe de la Rochefoucauld, marquis de Langeac, ayant hérité des biens de cette maison, comme petit-fils de Françoise-Marie d'Urfé, en releva le nom par substitution, et fut nommé bailly de Forez en 1724. Ce seigneur, colonel du régiment de

---

(1) *Les d'Urfé*, notes, de la page 26 à la page 28.

la Roche-Guyon cavalerie, mourut de la petite vérole au camp de Tortone, le 7 janvier 1734. Jeanne Camus de Pont-Carré, sa femme, lui survécut plus de trente ans, et s'acquit une singulière célébrité pour une dame de la cour, celle d'alchimiste. La pierre philosophale, que rêvaient les fous de cette nature, se réalisait de deux manières : d'abord en apprenant *très-philosophiquement* aux insensés qui l'avaient cherchée, qu'en voulant trop avoir on perd souvent ce qu'on a ; puis en faisant passer les écus des riches alchimistes dans la poche des intriguants qui les avaient engagés à suivre cette chimère. La marquise d'Urfé, pour son compte, après avoir travaillé long-temps au *grand œuvre*, parvint au plus grand résultat de dissiper une fortune de 1,500,000 livres.

Enfin, dans la seconde moitié du XVIIIe siècle, nous voyons le mari d'une fille de la marquise d'Urfé succéder aux titres, noms et armes de cette famille : ce gentilhomme se nommait Jean du Chastellet. Lui et sa femme, morts malheureusement, laissèrent un fils qui, entendant la philosophie d'une toute autre manière que son aïeule, fit la guerre en Amérique avec Lafayette, et arbora plus tard, auprès de ce général, les couleurs nationales qu'il avait assorties. Mais lorsque le compagnon de Washington, républicain par principes, fidèle à Louis XVI par devoir, eût quitté cette France où la révolution s'égarait, M. du Chastellet, marquis d'Urfé, fut emprisonné au Luxembourg, comme suspect, et s'empoisonna, ainsi que plusieurs autres détenus, pour se soustraire à l'échafaud. Il avait été l'ami de Condorcet ; il se donna la même mort que lui. Peut-être, dans ces temps de réactions violentes et instantanées, où les vertus de la veille étaient les crimes du lendemain, le prisonnier du Luxembourg avait-il, par une funeste prévision, partagé ce poison subtil, dernier présent que l'illustre encyclopédiste tenait de l'amitié du savant Cabanis [1] ?

Après la mort de la marquise d'Urfé, les propriétés de cette famille, mises en vente sur saisie réelle, furent acquises par M. de Simiane, qui les revendit ensuite. M. Puy de Mussieu acquit, comme nous l'avons dit, le château de la Batie, que sa famille habite encore. Quant au château d'Urfé, il est aujourd'hui la propriété de MM. Demeaux, de Montbrison.

La commune de Cremeaux, canton de Saint-Just-en-Chevalet, où l'on ne retrouve plus les ruines du château que Jean d'Urfé devait acheter lorsqu'il

---

(1) On sait que Condorcet, arrêté à Clamart, en se rendant à la maison de campagne de M. Suard, s'empoisonna dans la prison du Bourg-la-Reine (alors le Bourg-l'Égalité), où il avait été enfermé. On assure que depuis long-temps il portait toujours sur lui un poison que Cabanis lui avait donné.

fut assassiné, offre une source d'eau minérale, dont les propriétés ont été décrites par le docteur Richard de la Prade.

Le canton de Saint-Just, qui occupe la partie la plus étroite du département, forme à cette hauteur moitié de sa largeur; l'autre moitié est formée du canton de *Saint-Symphorien-de-Lay*. La localité qui donne son nom à cette circonscription territoriale est un chef-lieu en deux parties; savoir: Saint-Symphorien, situé sur la route royale de Paris à Antibes, et Lay, placé à un quart de lieue nord de Saint-Symphorien. La population de ces deux endroits s'élève à 4,500 âmes. Lay était autrefois une ville fortifiée, siége de la quatrième prévôté du Beaujolais: on voit encore les vestiges des murs qui l'entouraient, et la tradition rapporte qu'elle a soutenu un siége, sans doute pendant les guerres de religion.

Ici, nous devons aborder quelques considérations se rapportant à plusieurs des cantons que nous allons explorer. La filature du coton est une branche importante d'industrie dans l'arrondissement de Roanne; les traditions font remonter à la fin du XVIe siècle l'introduction dans ce pays de la filature au rouet; celle à la mécanique n'y fut connue que vers l'année 1786. Six établissements considérables existent en cette contrée: deux à Roanne, deux à Reguy, un à Charlieu et un à Saint-Germain-Laval. Il y a vingt ans, ces six filatures mettaient déjà en œuvre 175,000 kilogrammes de cotons du Levant, achetés à Lyon et à Marseille. Mais, indépendamment de ces grandes manufactures, un nombre considérable d'ouvriers, hommes, femmes et enfants, s'occupent de filer le coton dans les cantons de Charlieu, Belmont, Perreux et Saint-Symphorien. Ces fileurs qui, pour la plupart, se servent depuis 1810, des mécaniques soit à carder, soit à filer, vendent le produit de leur industrie sur les marchés de Thisy (Rhône); c'est là aussi qu'ils achètent les cotons qu'ils filent.

Les cotons de belle qualité, filés dans les grands établissements mentionnés ci-dessus, sont employés à la fabrication des guinées, calicots, percales, mousselines, toiles de coton, etc. Ces tissus, fabriqués en grand à Roanne, Charlieu, Saint-Symphorien et Saint-Denis-de-Chabanne, le sont aussi dans des ateliers particuliers, sur les communes de tous les cantons où l'on s'occupe de la filature. Ce sont ces produits que l'on connaît dans le commerce sous le nom de *mousselines de Tarare*, parce qu'ils sont presque généralement portés en cette ville par les fabricants.

La fabrication des tissus de coton dans le Roannais remonte, ainsi que la filature, à la fin du XVIe siècle; mais, à l'origine de cette industrie, on n'y employait que des cotons filés venus de l'étranger. Vers le milieu du XVIIIe siècle, la préparation commença à se faire sur les lieux assez généralement, et même à l'aide des agents mécaniques, ainsi que nous l'avons dit plus haut. Bientôt les matières préparées dans le pays purent suffire à la confection des tissus, qui s'accrut rapidement jusqu'au moment de la révolution; mais ce grand événement en arrêta l'essor. Sous le régime consulaire, les fabriques de l'arrondissement de Roanne reprirent vigueur; ce ne fut toutefois qu'une faveur éphémère : le haut prix des cotons et le défaut de débouchés ralentirent de nouveau cette activité. A la paix de 1815, on la vit renaître : au moment où nous écrivons, l'arrondissement de Roanne contribue pour une énorme masse de produits à l'invasion cotonnière, dont il ne faut pas se féliciter sans restriction.

Par suite de la fabrication des mousselines sur la localité que nous parcourons, on introduisit dans le département la broderie au tambour, qui bientôt occupa un grand nombre d'ouvrières des cantons de Néronde, Saint-Symphorien, Saint-Galmier et Feurs. Cette industrie se remarque même dans quelques parties des cantons de Montbrison, Cervières et Noirétable. Ces broderies se font à la pièce, pour le compte des fabricants du département et pour ceux de Tarare.

La mention générale qui précède comprenant ce qui se rapporte à Saint-Symphorien-de-Lay, quant à l'industrie cotonnière, nous passerons outre, après avoir ajouté seulement que les habitants des communes rurales de ce canton ne s'occupent à carder, filer et tisser le coton qu'une partie de l'année; ils se livrent aux travaux de l'agriculture durant la belle saison. Le territoire de cette contrée est fertile en grains; il contient d'excellents paccages, et produit peu de vin. On exploite dans les environs de Saint-Symphorien quelques mines de houille; mais elles sont d'un faible rapport.

A Saint-Symphorien-de-Lay, se tiennent cinq foires annuelles, qui sont assez commerçantes. Ce chef-lieu de canton est situé à deux lieues et demie sud-est de Roanne. Berchoux, poète agréable, naquit à Lay : il dut surtout sa réputation au poème de la *Gastronomie*, qui se lira toujours avec plaisir, parce qu'il flatte un goût de tous les temps. Quant au poème de la *Danse, ou les Dieux de l'Opéra*, ce n'est plus une composition aussi recherchée : la *gravité française* a renié l'art frivole qu'a chanté le poète forézien, depuis qu'elle fait ses délices du drame, brunissant toutes les phases de la vie; depuis qu'elle veut des situations *saisissantes* jusque dans l'effusion du vin de Champagne. Danser sous l'inspiration des grâces et de la gaîté, est une récréation entièrement proscrite chez nous : on danse, mais dans des tourbillons de figurants qui ressemblent à des charges de cavalerie ; et souvent, après ces tempétueuses galopades, on ramasse autant de blessés qu'à la suite d'une bataille..... Mais les danseurs, ou plutôt les combattants, se sont procuré une de ces robustes émotions dont notre époque est devenue avide, sous l'enseignement de nos écrivains *à la plume forte* : c'est un bien beau progrès.

Le mot d'émotion nous rappelle celle que nous avons éprouvée, à quelque distance de Saint-Symphorien, à l'aspect d'un monticule formé de main d'homme, entouré d'arbres dont les têtes chenues attestent le grand âge, et dont la forme oblongue semble indiquer une sépulture. Cette élévation est en effet, dit-on, le tombeau d'un chef gaulois tué en cet endroit, dans l'une des dernières batailles que nos ancêtres soutinrent contre les Romains. Nous n'oserions garantir l'authenticité de cette tradition; mais, nous le répétons, on se sent ému lorsqu'arrêté près de ce sarcophage agreste, qu'orne seule la fleur des champs, on entend bruire doucement la feuillée au-dessus, comme s'il se mêlait parfois à son murmure les soupirs plaintifs d'une âme errant autour de cette solitude funéraire.

Nous avons parlé de la mine de houille qui se trouve sur la commune de *Regny;* mais il nous reste à mentionner une filature de coton, à la manière suisse, établie dans cette commune, que traverse la route de Paris à Antibes.

En se portant au nord du canton de Saint-Symphorien, on trouve, parallèlement disposés sur la largeur du département, les cantons de *Perreux*, de Roanne et de Saint-Haon-le-Chatel. Nous aurons peu de chose à dire du premier de ces cantons, après avoir rappelé que le chef-lieu, gros bourg peuplé de 2,500 âmes, est le centre d'une industrie cotonnière exercée dans presque toute l'étendue de l'arrondissement de Roanne, ainsi que nous l'avons rapporté plus haut. Quelques habitants de cette localité se livrent à la fabrication des tissus de lin et coton; ils travaillent isolément et ne consacrent que trois ou quatre mois à ce travail. Le surplus de leur temps est employé à l'agriculture, et surtout à la culture des vignobles assez considérables de ce canton.

Quoique le bourg de Perreux ne présente plus aucune physionomie martiale, on doit présumer qu'à la fin du xvi° siècle, il y existait une espèce d'enceinte; car, dans une de ses lettres, Anne d'Urfé parle de la garnison de Perreux, et l'on ne savait alors défendre que les places fermées : l'art d'improviser les fortifications appartient à une époque postérieure. Il y a des eaux minérales dans cette commune, située à une lieue est de Roanne, sur la rive droite de la Loire et tout près de ce fleuve.

Le village de *Vernay*, que l'on trouve en remontant un peu le cours de la Loire, se recommande au crayon du dessinateur : c'est une fabrique agréable;

et la reproduction de cette localité sous l'aspect pittoresque, est tout l'hommage qu'on lui doit.

Au sortir du bourg de Perreux, on entre dans le *canton de Roanne*, dont le chef-lieu est, après Saint-Étienne, la ville la plus considérable du département. Roanne peut se prévaloir d'une origine antique : c'est cette *Rodumna* dont Ptolomée a fixé la situation, dans la Gaule Lyonnaise, de manière à ne pas laisser de doute sur l'identité de l'ancienne cité avec la ville moderne. Les fragments retrouvés dans le sein de la terre (car la terre est partout l'historien le plus sincère), ont confirmé l'antiquité de Roanne; on a découvert au fond d'un jardin, près de la porte Mably, une enceinte de construction romaine, décrivant une circonférence de 25 pieds, que renferme un carré. Dégagée des terres environnantes, cette ruine a offert une hauteur de 13 à 14 pieds. Autour de ce monument, que l'on croit avoir servi à des thermes, se sont trouvés beaucoup de débris en marbre, des urnes et des médailles. Près de là, et sur les rives du Renaison, qui passe sous les murs de Roanne, on voit une grande pierre qui recouvrait un sarcophage et d'autres médailles. M. Lapierre, de Roanne, qui a écrit sur les antiquités qu'on y a recueillies, pense que cette sépulture était celle d'un Gaulois. Le même écrivain signale des découvertes plus importantes faites sur l'emplacement de l'ancien château, situé dans la partie élevée de la ville, et dont il ne reste qu'une tour. Il paraît que cette butte était jonchée d'un nombre prodigieux de médailles, de statues, de vases, de tuiles, de tombeaux, d'urnes cinéraires. Plusieurs de ces vases, encore entiers, renfermaient des cendres. Il y avait aussi dans les sarcophages des ossements humains jugés d'une grandeur démesurée, parce que, sans doute, ceux qui les ont mesurés de l'œil, étaient préoccupés de l'idée que les Romains, géants par leurs exploits, devaient l'être aussi par la taille : opinion tout-à-fait inexacte. Au rapport des écrivains de l'antiquité, les vainqueurs du monde n'avaient rien d'extraordinaire dans la stature; en général, même, le soldat romain était d'une taille médiocre. Et quant aux Gaulois, Pline, Ptolomée et César ne nous les ont pas dépeints comme des hommes d'une grandeur qui les ait frappé. M. Lapierre croit que l'emplacement sur lequel tant d'objets antiques se trouvaient enfouis, était l'éminence tumulaire où l'on brûlait les corps : « Dans notre ville, dit-il, port célèbre situé sur « une voie romaine, conduisant au pays des Autunois, on choisit pour cette « cérémonie le terrein le plus élevé, qui formait une place assez vaste : c'est ce « qu'attestent les charbons disséminés parmi les autres débris. »

M. Duplessy porte à quatre ou cinq cents, le nombre des médailles en or, en argent ou en bronze, trouvées sur le territoire de Roanne et de ses environs, indépendamment des anneaux, pierres gravées, urnes plus ou moins élégantes, ustensiles divers que les moindres fouilles ont mis au jour; et cet écrivain pense que des recherches suivies ne pourraient manquer d'obtenir un résultat intéressant pour la science.

A quelque distance de Roanne, sur la route de Saint-Alban, on voyait autrefois une grande table de pierre, supportée par quatre piliers uniformes, et que les habitants du pays appelaient le *palet du diable*. L'opinion la plus généralement admise est que ce monument était un autel druidique. Il couvrait quelques pouces de terre cultivable; le propriétaire du sol sur lequel il reposait depuis trois mille ans, peut-être, l'a fait détruire : ce n'est que pour une certaine classe d'hommes que les monuments historiques ont aussi leur revenu.

Bornant à ce qui précède notre aperçu archéologique sur la ville de Roanne, afin de ne pas tomber dans les données hypothétiques ou incertaines, nous ajouterons seulement que quelques amateurs du pays conservent, dans leurs cabinets, une assez grande quantité des médailles et objets précieux que nous venons de mentionner.

Si l'on doit s'en rapporter à l'historien De la Mure, le Roannais eut ses comtes particuliers au milieu du Xe siècle; époque à laquelle Giraud Ier, comte de Forez, érigea ce pays en comté pour former l'apanage d'Étienne, le plus jeune de ses fils. Mais en admettant cette érection [1], il faut ajouter que ce comté

---

(1) Les seules pièces qui fassent mention de cette érection sont deux chartes tirées du cartulaire de l'Abbaye de Savigny, et dans lesquelles on trouve ces mots: *In Comitate Rodanensi*.

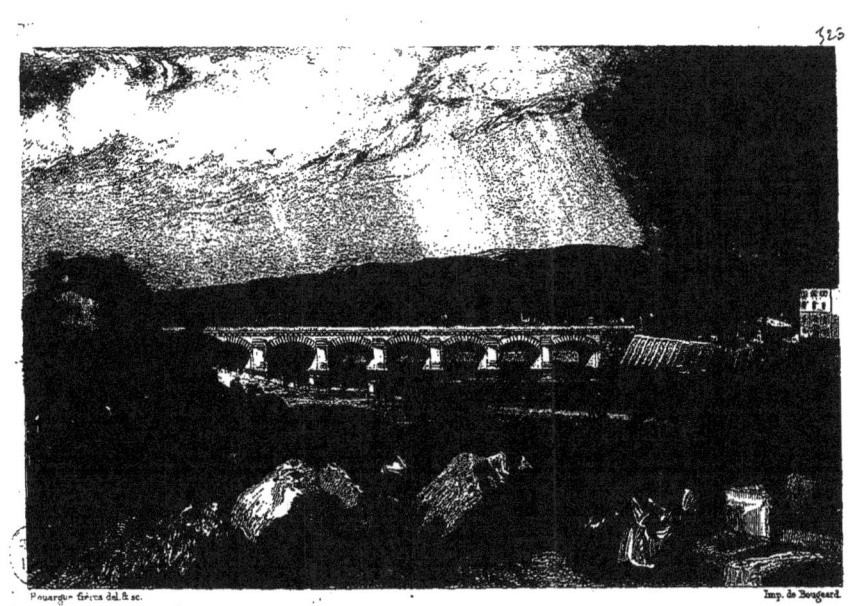

ROANNE.

n'eut qu'une existence éphémère. De la Mure attribue au même Étienne la fondation de l'église de ce nom, qui existe encore aujourd'hui à Roanne, et dont nous parlerons plus tard : il est certain au moins que la tradition est d'accord avec lui sur le nom du fondateur; mais cet Étienne était-il comte de Roannais?

Roanne fut, au moyen-âge, une place de guerre, ainsi que l'attestent encore les restes de son château et quelques pans d'une muraille d'enceinte. Cette ville a souffert durant les guerres de religion : Anne d'Urfé nous apprend que vers la fin des hostilités de la ligue, le marquis de Saint-Sorlin ravagea tout ce pays, durant les courses vagabondes où ce parti luttait encore contre les partisans de Henri IV. Après la pacification accordée aux ligueurs, le monarque qui venait d'être le *vainqueur* de ses sujets, selon l'expression du poète, commença cette période de bienfaits interrompue par la méchanceté des hommes, et durant laquelle il s'efforça d'être *le père* de ces mêmes sujets. Jusqu'alors Roanne, depuis l'évanouissement de son antique splendeur, n'avait été qu'un bourg sans importance et sans renom; elle prit un peu de consistance après la construction du canal de Briare, ordonnée par Henri IV, et qui fournit au commerce du Roannais une communication avec Paris, par la Loire. Alors s'accrut considérablement le transport des houilles de Saint-Étienne, et celui des vins connus sous le nom de vins du Roannais. Cette dernière exportation perdit un peu de son activité, lors de l'ouverture du canal de Chalons; mais elle a repris faveur depuis que la route de Roanne au Rhône est terminée.

Antérieurement à l'ouverture d'un débouché considérable pour le commerce de Roanne par le canal de Briare, dont nous parlerons plus amplement ailleurs, cette ville était devenue, sans grand profit pour elle, le siége d'un duché pairie, sous le règne de Charles IX. Son bailliage ducal, qui relevait directement, comme nous l'avons dit, du parlement de Paris, avait été le sujet de longues discussions d'*intérêt* entre la judicature de Montbrison et celle de Roanne, sans que les citoyens eussent profité en rien du résultat de ces débats. Roanne était aussi le siége d'une élection, dont le ressort s'étendait hors du Forez, et probablement sur une partie du Bourbonnais : nous avons relaté, dans notre précis sur Montbrison, les attributions de cette institution financière.

Avant d'esquisser l'histoire et la situation actuelle de Roanne sous le rapport commercial, nous décrirons brièvement les monuments que cette ville renferme, et nous offrirons à nos lecteurs un aperçu de sa physionomie générale. L'église de Saint-Étienne, déjà mentionnée plus haut, est le seul édifice digne de fixer l'attention sous le rapport de l'art. Cette église, élevée d'abord pour leservice d'un prieuré, nous a semblé, dans une partie de ses fondations, porter le caractère du X⁰ siècle, c'est-à-dire des constructions romanes dans leur première simplicité. Mais le monument a été presque entièrement reconstruit à une époque bien postérieure, par les soins d'une dame de la Perrière. Sa voûte, qui n'est pas antérieure au XV⁰ siècle, est d'un style élégant et remarquable, surtout par les arcs doubleaux qui l'ornent encore plus qu'ils ne la consolident. On remarque aussi dans cette église divers détails d'architecture gothique d'un effet heureux et d'un goût recherché. Mais à l'extérieur, l'édifice, qui a subi diverses altérations successives, et qui paraît devoir en subir d'autres par suite des réparations dont on s'occupe en ce moment, n'a plus l'aspect monumental; l'intérieur seul mérite d'être visité : nous essayons, par le croquis suivant, d'en donner une idée à nos lecteurs.

Il y avait autrefois à Roanne des communautés de Capucins, de Minimes, d'Ursulines. Dans les bâtiments du premier de ces couvents, on a placé l'hôtel de ville et la caserne de gendarmerie; l'ancien monastère des Minimes sert de magasin militaire.

Une inscription gravée sur une table de marbre noir, placée sur la porte d'un édifice religieux, dont l'église sert aujourd'hui de paroisse, apprend que là se trouve un collége fondé par le Père Cotton, confesseur de Henri IV, puis de Louis XIII. Le nom de cet ecclésiastique fait comprendre que cette institution dut être d'abord dirigée par des Jésuites; plus tard, elle fut confiée à des Joséphistes. Durant les premiers temps du régime républicain, une école centrale remplaça le collége; mais un décret du 2 ventôse an II fit redescendre l'établissement au rang d'école secondaire. L'ancien collége de Roanne reprit, après la restauration, un système d'enseignement qui ressemblait beaucoup à celui de ses premiers directeurs; depuis les événements de juillet, une tendance moins exclusive, une éducation plus nationale ont prévalu dans cette maison, comme dans toutes celles que le gouvernement tient sous sa main. Du reste, l'instruction des jeunes garçons appartenant aux classes peu aisées est abandonnée, à Roanne, aux Frères de la Doctrine chrétienne, et aux Sœurs de Saint-Charles, pour les jeunes filles.

Ce sont aussi des Sœurs, mais de la congrégation de Saint-Augustin, qui administrent l'hospice de Roanne. Cette institution jouissait, avant la révolution, de revenus assez considérables; sa situation actuelle nous a semblé peu prospère.

On sait que les écoles centrales avaient été conçues sur un plan d'instruction superficielle, peut-être, quant à l'étude des langues mortes, mais vaste et bien entendu sous le rapport des sciences utiles et de la vie sociale. A la fondation de celle établie vers 1794 à Roanne, un dépôt assez considérable de livres avait été mis en ordre dans une vaste salle; un cabinet de physique y fut joint; dans des salles voisines, on voyait une collection de tableaux, de statues et d'antiquités; enfin, divers objets d'histoire naturelle formaient le complément d'un jardin de botanique, qui fut considéré comme un des plus beaux de France. « De toutes ces créations, il ne reste que des débris, disait M. Duplessy, en 1818 : le jardin de botanique a été dévasté, les collections d'objets d'art dilapidées, les instruments du cabinet de physique en grande partie brisés... » L'auteur de l'*Essai statistique,* par des considérations inhérentes à l'influence sous laquelle il écrivait, passe sous silence le nom des dévastateurs; mais qui ne reconnaîtra pas ici l'action des mains ennemies... Les brûleurs de bois de fusils à Saint-Étienne, ne devaient pas épargner les collections curieuses de Roanne.

Cependant une bibliothèque composée d'environ huit mille volumes, dont moitié en livres de théologie, put être sauvée et transportée dans un autre local; elle a été peu augmentée depuis. On y compte quelques éditions précieuses, remontant à 1480; et soixante-sept manuscrits qui, pour la plupart, pourraient profiter à la science historique.

Une société d'agriculture a été instituée à Roanne sous la restauration; elle n'est pas demeurée étrangère au développement de quelques parties de l'économie rurale dans l'arrondissement, et continue de se livrer à des travaux utiles. La ville possède un journal.

Depuis quelques années, on a élevé une halle commode sur une partie de l'emplacement qu'occupait l'ancien château : c'était une construction vivement réclamée. Celle d'une petite salle de spectacle, dont il importe peu d'indiquer l'époque précise, ne paraît pas avoir été aussi bien appréciée : ce qui, du reste, prouve en faveur du penchant des Roannais vers les institutions utiles, plutôt que vers les choses d'agrément. Les acteurs font ordinairement un assez bref séjour à Roanne, et leurs représentations réunissent rarement *une chambrée* pendant la durée de cette courte station dramatique.

La ville qui nous occupe offre à la curiosité des voyageurs un fort beau pont en pierre, terminé depuis quelques années seulement. On raconte que, vers le milieu du XVIIIe siècle, époque à laquelle, à défaut de pont, on passait la Loire à Roanne sur un bac, l'intendant de Lyon faillit périr avec sa famille dans ce passage... Depuis long-temps la ville déplorait l'absence d'un pont, état de choses qui nuisait singulièrement à son commerce; mais après l'événement que nous venons de rapporter, elle n'eut plus besoin de renouveler les doléances qu'elle avait tant de fois fait entendre sans succès. L'intendant du Lyonnais, sous l'influence de la frayeur qu'il avait éprouvée, fit, dit-on, construire immédiatement deux ponts, au lieu d'un : le fleuve ne passait sous le second que dans les grandes crues; il a été démoli en 1787. Quant à l'autre, il continua à servir jusqu'à l'achèvement de celui que nous allons décrire.

Le nouveau pont de Roanne, bâti en pierre de Saint-Maurice, est parfaitement horizontal et d'une construction aussi solide qu'élégante. Sa longueur est de 190 mètres 95 centimètres; ses arches, au nombre de sept et surbaissées au tiers, ont chacune 23 mètres 80 centimètres d'ouverture. La première adjudication pour cette entreprise fut passée en 1789; mais les événements qui survinrent bientôt, ne permirent pas de commencer alors les travaux; les premières fondations datent de 1803. Suspendue encore peu de temps après, la construction fut reprise en 1810, et ne discontinua plus jusqu'à son achèvement. Les abords, adjugés en 1830, ont été terminés en 1834. La totalité des dépenses s'est élevée à 3,000,000 de francs environ.

Le pont de Roanne, sur lequel passe la route de Lyon à Paris par le Bourbonnais, prépare bien l'entrée de la ville : c'est, dans les beaux jours, la promenade favorite des Roannais. Pour la commodité des promeneurs, on a placé, de distance en distance, des bancs sur ce pont élégant, dont les habitants sont assez fiers.

Roanne est une ville bien située, vivante et d'un aspect agréable. Ses rues sont larges, propres, bordées de maisons d'assez belle apparence; on y voit des magasins disposés avec goût, et les hôtels n'y sont point inférieurs à ceux des autres villes de la route. La population, qui s'élève aujourd'hui à 10,000 âmes, suit de près, parmi les classes aisées, les modes de Paris, sans laisser dégénérer, sous des allures gênées, ce qu'elles peuvent avoir d'agrément. Les Roannaises nous ont paru jolies dans une notable proportion; et nous avons remarqué qu'elles ne manquent pas d'une certaine grâce parisienne, qu'elles peuvent du reste, saisir perpétuellement au passage, en suivant le mouvement de cette grande rue ouverte de la première à la seconde capitale du royaume. Parlons maintenant des sources de prospérité que la ville de Roanne doit à son commerce et à son industrie.

La principale industrie Roannaise est, comme nous l'avons déjà dit, la filature du coton; on s'en occupe dans un grand nombre d'ateliers. La broderie au tambour et à la main fournit aussi du travail à beaucoup de jeunes ouvrières: en un mot, l'industrie cotonnière, favorisée par les moyens d'écoulement particuliers que le commerce de la ville s'est créés, y laisse rarement des bras oisifs.

Il y eut un moment à Roanne une manufacture d'armes de guerre, dont nous devons l'histoire à nos lecteurs : « Un contrôleur de la fabrique de Saint-Étienne, *M. Blanc*, avait fait en 1763, des expériences sur la trempe en paquet, et perfectionné les aciers. Il fut aussi l'inventeur d'une espèce de pistolet extrêmement simplifié, dans la confection duquel le cuivre était substitué au fer, pour plusieurs pièces de la platine; et le tout recevait de la fonte une forme à laquelle il n'y avait plus à retoucher. Ces découvertes frappèrent le gouvernement, et contribuèrent à faire nommer M. Blanc, en 1778, directeur des trois manufactures royales. Vers 1786, il lui fut accordé un logement et des ateliers à Vincennes, pour y faire l'essai des platines à *pièces uniformes*. Par suite de cette fabrication, on pouvait prendre au hasard les pièces, et en les réunissant, on obtenait une platine complète. Ce résultat ayant été constaté par des officiers-généraux, des ministres, des membres de l'Académie des sciences, M. Blanc obtint, en 1792, qu'une fabrique de *pièces uniformes* serait fondée à Roanne sous sa direction, et placée dans l'ancien couvent des Minimes. Mais, soit que les frais de cet établissement aient excédé ses produits, soit effet de la concurrence trop prochaine de Saint-Étienne, l'usine de Roanne n'a jamais ou qu'une existence précaire, et a été fermée après la mort de M. Blanc, arrivée en 1807. »

Le commerce important des Roannais consiste toujours à transporter à Paris et dans les départements de l'ouest, les houilles de Saint-Étienne. Le chemin de fer établi depuis quelques années de cette ville à Roanne, a joint des ressources nouvelles à ce transport; mais elles n'ont pas été portées aussi loin qu'on l'aurait désiré. La circulation ne dépasse pas une moyenne de cinquante wagons par jour, ou 150 tonnes, dont 120 à la descente et 30 à la remonte; ce qui indique un mouvement annuel de 50 à 60,000 tonnes. Le prix du transport est de 15 centimes par tonne et par kilomètre. « On sera peu surpris de l'exiguité de ce mouvement, dit M. Alphonse Peyret, si l'on réfléchit que le port de Roanne est dangereux, et que, d'ailleurs, si l'on augmentait le transport par terre, on serait obligé d'y descendre des bateaux vides pour l'embarquement des houilles, ce qui coûterait presque autant que de les descendre chargés. On continuera donc d'expédier les houilles d'Andresieux par la Loire, et de n'employer la voie du chemin de fer qu'au transport du charbon nécessaire à remplir les bateaux que laisse libre le surcroît de charge qu'on peut leur donner à Roanne. » Cet état de choses changera pourtant en faveur de la voie de fer, lorsque le canal de Roanne à Digoin, dont nous parlerons bientôt, permettra d'abandonner le cours du fleuve.

Le chemin de fer de Roanne à Saint-Étienne, dont la description arrive naturellement ici, fut projeté en l'année 1828, par MM. Mellet et Henry, qui obtinrent alors l'autorisation de le faire construire, à la condition de s'entendre avec les propriétaires de celui qui était déjà en activité de Saint-Étienne à la Loire. La nouvelle voie dut suivre la rive droite du fleuve, parce que cette ligne fut reconnue la plus courte, et qu'elle offrait à franchir moins de croupes de montagnes que la rive gauche. On avait d'abord résolu d'adopter, comme sur le chemin de fer de Saint-Étienne à Lyon, une pente uniforme, au moyen de tranchées et de percements destinés à racheter les inégalités du terrain. Mais on renonça bientôt à ce projet, et l'on s'arrêta à l'adoption de quelques plans inclinés. Des locomotives à poste fixe durent être destinées à remorquer les wagons à la montée ou à modérer leur descente. On reconnut même que le poids des wagons descendants suffirait à la remonte des wagons ascendants, au moyen de la chaîne de Vaucanson. « C'était un système ingénieux, dit M. Alphonse Peyret : il ouvrait aux entreprises de ce genre une voie nouvelle et vaste, en indiquant la possibilité d'établir un jour des chemins de fer au milieu des plus hautes montagnes.

Le chemin devait être à double voie; jusqu'à présent il est simple ; mais les travaux ont été exécutés de telle manière, que la seconde voie pourrait être promptement établie, si elle devenait nécessaire, ce qui, malheureusement, ne semble pas devoir se réaliser. Les machines à poste fixe servant à remorquer les wagons, sont placées, l'une de la force de trente-cinq chevaux, au sommet du plan incliné de Nullise; l'autre, dont la force est de soixante-dix chevaux, au sommet du plan incliné de Balbigny. Il y a en outre trois locomotives, fortes chacune d'environ vingt chevaux.

Le service des voitures destinées aux voyageurs est fait par des chevaux; il va donc sans dire que le mouvement, sur les plans horizontaux, est de moitié moins rapide que sur les chemins de fer où l'on roule par le secours de la vapeur. Toutefois, au plan incliné de Balbigny, la voiture franchit une lieue et demie en six à sept minutes.

Le matériel du chemin de fer de Roanne à Saint-Étienne consiste en quatre cents wagons, nombre supérieur aux besoins actuels. Cette voie commence au-delà du pont de Roanne, dans la cour d'une jolie villa que les entrepreneurs ont fait construire, ainsi que plusieurs ateliers nécessaires à leur exploitation. La longueur du chemin que nous décrivons, depuis sa naissance jusque dans le vallon du Furens, où il se joint à celui de Saint-Étienne à la Loire, est de 68,427 mètres. Les frais d'établissement, y compris le matériel, se sont élevés à 7,500,000 francs.

Le canal de Roanne à Digoin, creusé sur la rive gauche de la Loire, doit, dit-on, servir à remplir la lacune existant entre le chemin de fer ci-dessus décrit, et un autre canal latéral au fleuve construit de Digoin à Briare. Le premier de ces canaux, concédé à une compagnie anonyme le 7 août 1830, devait être terminé en 1837; nous n'avons pas vu cependant qu'il fût ouvert en août 1839 [1].

Nous empruntons à la *Statistique industrielle du département de la Loire*, la description du canal de Roanne à Digoin : « Il se développe, dit l'auteur de cet ouvrage, sur un sol généralement uni et qui n'offre quelque difficulté que sur un seul point (l'escarpement d'Avrilly); il est situé sur la rive gauche de la Loire, et sur toute la ligne, le fleuve ne reçoit que de faibles affluents. L'alimen-

---

[1] L'ordre de nos descriptions, ramenant la mention des canaux latéraux à la Loire, nous devons avouer que ces ouvrages se trouvant partout fort peu avancés dans les départements qu'arrose le cours supérieur de ce fleuve, nous étions en quelque sorte autorisés à nier leur existence, comme nous l'avons fait dans notre première section. Nous n'avions vu sur les bords de notre plus belle rivière qu'un remuement de terre, présentant une espèce de fossé, ici creusé, ailleurs comblé d'éboulements, et partout à sec: l'erreur était excusable. Il est juste cependant de dire que ces canaux existent.

tation du canal est assurée par les eaux de la Loire, dérivées à l'aide d'un barrage et d'une écluse de prise d'eau à Roanne. L'ancien lit du fleuve devant cette ville, formera une immense gare destinée à recevoir les bateaux qui navigueront sur le canal. « La dépense totale, y compris les acquisitions de terrains [1], est évaluée à 6,500,000 francs. » Le droit que la compagnie est autorisée à percevoir sur la houille, qui doit former le principal tonnage, a été fixé à 5 centimes par 1,000 kilogrammes et par 1,000 mètres.

« Les revenus de cette utile entreprise, continue M. Alphonse Peyret, peuvent être estimés à 380,000 francs, et seront dus principalement au transport des houilles du bassin de Saint-Étienne et des vins du Roannais. Les frais d'entretien de l'administration absorberont 80,000 francs ; il restera donc un produit net d'environ 300,000 francs par an pour faire face aux intérêts des capitaux. Il est au surplus fort probable que l'achèvement du canal et l'abaissement du tarif aura pour résultat d'accroître la circulation des marchandises, déjà très-considérable sur cette ligne, destinée à devenir la principale communication du midi au nord de la France. Si la navigation fluviale en amont de Roanne peut souffrir de ce changement, le chemin de fer en retirera un grand avantage, parce que les bateaux du canal, construits plus solidement et de manière à porter cent tonnes de houille, ne seront plus déchirés au point d'arrivée, et remonteront à Roanne pour recevoir les provenances du chemin de fer. »

Nous désirons, dans l'intérêt du département de la Loire, que les prévisions favorables de M. Alphonse Peyret se réalisent de tout point ; mais il est à craindre que quelques mécomptes ne viennent brunir cette riante perspective. De tous les canaux entrepris dans le bassin de la Loire, nous n'en avons pas encore vu un seul en service suivi, long-temps après l'époque à laquelle les travaux devaient être terminés sans retour. Partout des accidents, plus ou moins imprévus et qu'on aurait dû prévoir, sont venus tromper l'attente des constructeurs, les espérances des actionnaires, l'impatience du commerce, et imposer des dépenses nouvelles, au moment où l'on se flattait d'entrer en jouissance des avantages, hautement proclamés, de la navigation sur les canaux latéraux. Ici ce sont des infiltrations ou pertes d'eau, là des éboulements de terre, ailleurs des essais malheureux de revêtements à reprendre,

(1) Pour creuser le canal, il a fallu déposséder tous les propriétaires de la rive gauche sur un espace de dix lieues, au moins, seulement dans le département de la Loire, et dans la partie la plus fertile de l'arrondissement de Roanne) contrée dont Anne d'Urfé disait, il y a deux siècles : « Ce pays rapporte « toutes choses bonnes en perfection, soit fourmants, soigles, avoines, fouins, vins, fruicts, etc. »

et toujours des retards à éprouver. S'il est juste de convenir que les constructions d'écluses, de ponts-canaux, de barrages, etc., donnent lieu d'admirer le talent de MM. les ingénieurs, on ne peut s'empêcher de remarquer que, dans beaucoup d'autres travaux, les erreurs qu'ils ont commises se révèlent par des résultats aussi déplorables qu'onéreux.

En ce qui concerne le canal de Roanne à Digoin, les retards ont compromis gravement les intérêts des propriétaires du chemin de fer qui, depuis 1837, attendaient, comme la manne céleste, l'ouverture d'une navigation qu'on leur peignait providentielle pour eux. Dans l'été de 1839, cette compagnie n'était pas encore remise de la crise que le défaut de transports suffisants rendait inévitable après les énormes dépenses de premier établissement qu'elle avait supportées. Puisse-t-elle, au moment où nous écrivons, être entrée dans une voie de dédommagements, à l'aide de l'embarquement des houilles sur le canal de Roanne à Digoin. Nous devons ajouter qu'en attendant cette chance de prospérité, le mouvement des voyageurs sur la ligne de Roanne à Saint-Étienne et points intermédiaires, dédommage la compagnie, dans une proportion toujours croissante, du peu de bénéfices que donne la circulation des marchandises : « On peut, sans exagération, disait M. Alphonse Peyret en 1835, évaluer à quatre-vingts par jour le nombre moyen de ceux qui suivent actuellement cette voie. » Dans les dernières années, ce nombre s'est considérablement augmenté, surtout depuis l'ouverture du chemin de fer communiquant du pont de Montrond [1] à Montbrison.

Jusqu'à présent, la ville de Roanne n'a paru souffrir du défaut de débouchés, ni comme place industrielle, ni comme entrepôt des marchandises du midi, ni comme centre d'écoulement des vins du Roannais : indépendamment de la grande route de Paris à Lyon, du cours de la Loire, du chemin de fer et du canal latéral, cette ville est le point de départ de quatre routes conduisant : 1º au Rhône sur les limites de l'Ardèche, par Feurs, Saint-Étienne et Bourg-Argental; 2º à Clermont (Puy-de-Dôme); 3º à Villefranche (Rhône); 4º à Digoin (Saône-et-Loire). Ces diverses communications lient le département de la Loire avec le Vivarais, le Dauphiné, l'Auvergne, le Lyonnais, le Charolais et la Bourgogne : ce qui est d'un puissant intérêt pour ce département. Les commissionnaires qui s'occupent spécialement du transport des marchandises entreposées à Roanne, habitent principalement une sorte de faubourg appelé

---

(1) Voyez ci-après la mention des ponts nouveaux construits sur la Loire, au chapitre des considérations générales sur la seconde section.

l'*Ile*, où l'on remarque des magasins considérables et convenablement disposés pour les divers articles qu'ils doivent recevoir.

Roanne a trois foires annuelles et deux marchés par semaine : les premières sont assez suivies, et les derniers offrent aux habitants de la campagne, un écoulement certain des denrées qu'ils y apportent. On conçoit, en effet, que l'une des premières routes de France traversant cette localité, un mouvement prodigieux de voyageurs s'y maintient toute l'année, et produit une consommation aussi considérable qu'assurée. Roanne est à quatorze lieues nord de Montbrison.

Le Renaison, petite rivière qui prend sa source dans la montagne dite *de la Madeleine*, se jette dans le fleuve à l'entrée de Roanne, après un cours de quatre lieues.

Le village de *Villeret*, situé sur la rive gauche de la Loire, fut jadis une place fermée, ainsi que nous l'apprennent les annales foréziennes ; mais nous n'y avons trouvé aucun document précis sur l'origine de cette localité. Villeret, durant les guerres de la ligue, fut tour à tour occupé par les ligueurs et par les royalistes : ces derniers, selon toutes les apparences, y tenaient garnison, lorsque l'événement tragique que nous allons rapporter se passa sous les murs de cette forteresse. Antoine d'Urfé, prieur de Montverdun, abbé de la Chaise-Dieu et évêque de Saint-Flour, avait été forcé d'abandonner son siége, tombé au pouvoir des partisans de Henri IV. Quelques historiens disent que s'étant réfugié d'abord à Paris, il se rendit ensuite dans le Forez pour visiter son frère, Honoré, et sa femme, Diane de Châteaumorand, qui se trouvaient au château de la Batie. D'autres prétendent que s'étant mis à la tête d'une troupe de Nemouristes, il venait grossir ce parti et se joindre au marquis de Saint-Sorlin. On verra bientôt que cette version est la plus probable. Or, ce prélat, passant près de Villeret en Roannais, fut tué d'un coup d'arquebuse parti des remparts de cette place. Une autre incertitude s'est élevée sur la date de cet événement : la *Gallia-Christiana* le fait rapporter à l'année 1589, ce qui est évidemment une erreur ; De la Mure, dans son *Astrée Sainte*, rapporte qu'Antoine d'Urfé fut tué en 1595 ; le Père Anselme admet la même époque ; enfin, Honoré d'Urfé, dans ses *Épîtres Morales*, dit que « le plus cher de ses frères, par sa « mort, lui marqua de noir le 1er octobre qui précéda le 15 août 1595. » Cette date nous a semblé la plus authentique, et nous l'avons adoptée, sans pouvoir toutefois garantir que ce soit la bonne. Les circonstances de la mort d'Antoine d'Urfé, à la tête d'une troupe de ligueurs, sont mieux confirmées dans l'épitaphe suivante, composée par son frère Anne, dont nous n'avons pas encore eu l'occasion de révéler la verve poétique :

> Les ardeurs de jeunesse et le cueur généreux,
> Qui jamais ne manqua en neul de ce lignage,
> Fict périr au *combat*, en la fleur de son aage,
> Cet Antoine d'Urfé, par un coup malheureux.
>
> Il estait très-savant et d'honneur amoureux,
> Et ne lui manqua point la beaulté du visage;
> Docte prédicateur, et qui fut davantage
> A bien faire les vers estremement heureux.
>
> Il avait faict son cours à la philosophie;
> Il estait fort profond en la téologie,
> Estant toujours guidé par une ardente foy.
> Ce que voyant le ciel, pour en frustrer la terre,
> Lui mit dedans l'esprit cette *ardeur à la guerre*,
> Par laquelle il périt, pour le tirer à soi.

Le corps d'Antoine d'Urfé fut transporté à la Batie, et inhumé dans l'église des Cordeliers attenant à ce château.

Depuis que le sceptre, devenu pesant sous la main de Richelieu, a brisé de son poids les couronnes ducales ou comtales, Villeret, a perdu sa physionomie martiale, ainsi que toutes les forteresses qu'entretenait la féodalité. Cette ancienne place de guerre n'est plus qu'un bourg paisible qui, dans ses derniers temps, vit luire au soleil les armes étrangères, sans provoquer la convoitise des vainqueurs... Voilà ce qui reste de la ville et du château :

Dans un petit vallon de la commune de *Briennon*, près Roanne, les voyageurs visitent avec intérêt l'ancienne abbaye royale de *Bénissons-Dieu*, qui fut fondée en 1138, par Saint-Bernard et Albéric, son disciple ; Guy II étant comte de Forez. La tradition rapporte que l'illustre abbé de Clairvaux, en découvrant ce site, qu'arrose la petite rivière de Saône, s'écria : *Benedicamus Deo, fratres!* et que cette exclamation devint le nom du monastère qui bientôt s'éleva dans cette vallée. « En effet, dit M. Auguste Bernard, il n'est pas possible de rencontrer un lieu plus approprié à la méditation ; on est ravi lorsque, des hauteurs d'Ingrande, l'œil plonge sur ce magnifique vallon, qu'encadrent de vertes montagnes, et qu'arrosent plusieurs ruisseaux qui se rendent dans la Loire. Il ne reste plus rien d'antique dans l'abbaye de Bénissons-Dieu ; mais sa vue rappelle l'homme puissant par le génie et la parole, qui d'un mot émouvait les peuples, et jetait l'Occident sur l'Orient. »

L'exclamation de Saint-Bernard ne pouvait suffire pour élever un monastère : ce fut le comte Guy II, qui, par de nombreuses donations, pourvut à la dépense d'une si pieuse construction. « Il se retira dans cette délicieuse retraite, continue l'historien du Forez, non en religieux qui renonce à la vie, pour ne s'occuper plus que de mystiques pensées ; mais en homme sage qui cherche dans la solitude et la paix, le calme nécessaire à une vie agitée. » Guy II avait cédé dès lors à son fils le gouvernement du Forez ; mais on le voyait reparaître à la tête des affaires lorsque de grandes circonstances l'y rappelaient : ainsi ce seigneur, ayant quitté sa cellule de Bénissons-Dieu, assista, en 1209, à l'assemblée qui se tint à Lyon pour l'élection d'un chef dans la guerre contre les Albigeois. Guy, accablé de vieillesse, finit sa vie à l'abbaye qu'il avait fondée : ses restes y furent déposés.

Les historiens du Forez assurent que Saint-Bernard visitait souvent le couvent de Bénissons-Dieu, qui relevait de l'Ordre de Clairvaux ; Albéric, son disciple chéri, en fut le premier abbé. On doit penser que la prospérité des religieux de ce monastère, excita l'envie des moines de Noailly, leurs voisins ; car Saint-Bernard, dans sa 117ᵉ Épître, implore en faveur des premiers, la protection de l'archevêque Falconet, qui occupait alors le siége de Lyon. Il le conjure d'aimer Albéric, et de protéger ses compagnons contre les *calomnies* de leurs antagonistes.

Les historiens ne nous ont point appris sur quels sujets roulaient les calomnies des moines de Noailly ; mais, après la mort de leur fondateur, ceux de Bénissons-Dieu ne menèrent pas une vie exemplaire. Sans doute, durant les siècles suivants, les désordres intérieurs de cette abbaye ne firent qu'augmenter, puisque, au commencement du XVIIᵉ siècle, Claude de Nerestang, qui en était abbé, ne put rétablir la discipline parmi ses religieux insubordonnés. En 1611, il obtint du Pape et du roi, la permission de permuter de couvent avec Françoise de Nerestang, sa sœur, abbesse de Mégemont; et c'est ainsi qu'une abbaye d'hommes fut transformée en monastère de femmes. Mais lorsque Françoise de Nerestang, avec ses religieuses, vint prendre possession des bâtiments de Bénissons-Dieu, ils tombaient en ruines de toutes parts; il fallut les faire relever, et dans la reconstruction, on ne put presque rien conserver de l'édifice du XIIe siècle. L'église nouvelle est bâtie dans le goût de la renaissance et avec une certaine magnificence : l'intérieur est revêtu des plus beaux marbres d'Italie, disposés selon cette recherche d'élégance, qui caractérise l'architecture des premières années du XVIIe siècle. Le portail est flanqué de deux tours rondes, surmontées de flèches fort élevées. Ce monument, grâce aux soins de l'acquéreur qui succéda aux religieuses, est bien conservé : on voit encore en assez bon état la chapelle dite *de Nerestang*, entièrement revêtue de marbre, sur lequel on lit une multitude d'inscriptions, qui seraient sans intérêt pour nos lecteurs. Mais de toutes les tombes remarquables qui existèrent jadis dans l'église de Bénissons-Dieu, il ne reste plus que celle d'Humbert de *Aspinassia*, mort au commencement du XIVe siècle, et representé en pied. Quelques écrivains ont prétendu que parmi les sépultures disparues du chœur, se trouvait celle de Saint-Bernard lui-même; nous croyons cette assertion erronée : tout porte à croire que ce personnage illustre mourut à Clairvaux, au sein de la vie ascétique qu'il avait toujours menée et dans cette précieuse contemplation, qu'il recommande aux âmes pieuses.

On a conservé long-temps, dans le trésor de Bénissons-Dieu, une ceinture en soie garnie de plaques de cuivre, et qu'on disait avoir appartenu à Saint-Jean l'Évangéliste. Les archives de cette maison contenaient aussi une procédure régulière, instruite contre un cochon, qui fut pendu pour avoir dévoré un enfant.... Ceci n'était que ridicule, mais les combats judiciaires, ainsi que les épreuves par le feu et par l'eau, étaient atroces.

A l'ouest du canton de Roanne règne celui de *Saint-Haon-le-Châtel*, qui, dans toute sa longueur, touche au département de l'Allier. Le chef-lieu, bourg peuplé d'environ 1,000 habitants, non compris Saint-Haon-le-Vieux, où l'on en compte à peu près autant, est situé à trois lieues de Roanne, et au milieu du meilleur vignoble qui existe dans le département de la Loire. La justice du Roannais se tenait autrefois à Saint-Haon-le-Châtel, quoique ce lieu fût dépourvu d'enceinte, selon la description du marquis d'Urfé. « Il n'y a rien de clos, dit ce gentilhomme, qu'un château dont l'assiette serait bonne à fortifier, estant reslevé en un petit coutaut en fort belle veue, et n'estant commandé de neulle part. Le bourg qui est assez beau, continue le même écrivain, est au pied pandant du coutaut, et est tout environné de vignoble, qui produit des vins très-excellents. »

Quoique Saint-Haon ne fût pas une place forte, les deux partis, durant les guerres de religion, convoitaient ce bourg, sans doute parce qu'il présentait une bonne position militaire.

C'est particulièrement le crû de la côte *de Renaison* que l'on estime dans le canton de Saint-Haon-le-Châtel; et ses produits sont ceux que les négociants de Roanne exportent avec le plus d'avantage parmi les vins du Roannais. La commune de Renaison n'offre rien autre chose à citer.

Sur la commune de Saint-Haon même, s'élève le château *de Boisy*, construit sous le règne de Charles V. Il appartint d'abord à la maison de Levi, et fut ensuite acheté par l'un des hommes les plus illustres du xve siècle, *Jacques Cœur*, dont les courtisans de Charles VII ne purent supporter l'opulence, parce qu'elle le rendait plus puissant qu'eux. Nous aurons occasion d'examiner ailleurs et la vie de ce célèbre argentier, et le procès inique qu'on lui intenta pour s'emparer de ses richesses; nous n'avons à parler ici que des somptuosités qu'il avait développées à Boisy. Car ce fut sans doute Jacques Cœur qui fit construire la salle immense, les vastes appartements, la cour spacieuse, les beaux et grands fossés dont il ne reste maintenant en ce lieu que des débris. Les belles touffes d'arbres qui, selon Anne d'Urfé, entouraient le château, ont également disparu; et l'on ne retrouve plus, dans cette demeure autrefois somptueuse, que la tristesse et le morne silence de l'abandon. On peut encore reconnaître cependant un rempart sur la terrasse duquel trois voitures pouvaient passer de front. Mais nous avons vainement cherché, au-dessus de la porte extérieure, cette impertinente inscription de la vanité du fameux financier : *Jacques Cœur fait ce qu'il veut, et le Roi ce qu'il peut.* Nous sommes fortement autorisés à douter que cet élan de sottise orgueilleuse ait jamais émané de la pensée d'un homme qui passait généralement pour être adroit, qualité sous l'empire de laquelle on ne tombe point dans l'absurde. Si l'inscription a réellement existé, on la lui aura prêtée, comme on lui prêta des crimes de lèze-majesté. Tout le monde connaît une autre devise que Jacques Cœur fit écrire sur son hôtel de Bourges, où l'on peut encore la lire; la voici : *A Cœur vaillant rien d'impossible.* Celle-là est bien une émanation du caractère d'un bourgeois fier de ne devoir sa grande fortune, ses titres, ses honneurs qu'à sa haute intelligence : ceci révèle, si l'on veut, tout autant de vanité que la devise de Boisy ; mais à Bourges, cette vanité se produit avec noblesse, avec le manteau d'une vertu ; en Forez, elle se laisse voir abjecte et dans la plus honteuse nudité.

Deux hommes fameux dans notre histoire, naquirent à peu de distance l'un de l'autre sur le canton de Saint-Haon-le-Châtel : Le fameux amiral Bonnivet vit le jour au château de Boisy, et le maréchal de Saint-André, au château de Saint-André-d'Apchon [1].

Ce dernier monument, dont on voit les ruines sur la commune à laquelle il a donné son nom, fut bâti par le père du guerrier célèbre qui naquit dans ses murs et terminé par lui-même. « Geste maison, dit Anne d'Urfé, est accommodée de deux belles cours, l'une entre les corps de logis du château, l'autre dehors. Elle est embellie des plus belles galeries qui soient en Forez, tant closes qu'ouvertes ; d'une belle terrasse sur le devant, de beaux jardins et d'un fort beau vergier. Elle est fort saine, en lieu sec, en belle veue et proche de très-bons vignobles. » On peut ajouter à cette courte description, que l'intérieur du château, décoré par le favori de Henri II, était digne de ce seigneur magnifique qui, selon Brantome, aimait « les superbetés, les belles parures, les beaux » meubles très-rares et très-exquis, pour lesquels il surpassait même le roi. » De tout cela, il ne reste que des souvenirs autour de quelques pans de muraille déchirés et couverts d'une végétation parasite.

Les ruines de cette fastueuse demeure sont maintenant un but de promenade pour les baigneurs des eaux de *Saint-Alban*, qui sourdent sur la commune de Saint-André-d'Apchon, à trois lieues de Roanne. Ces eaux minérales, fréquentées depuis quelques années, sont renfermées dans une petite cour carrée, et jaillissent de quatre fontaines. La surface est toujours couverte d'une sorte de rouille jaunâtre, qui n'est autre chose que de l'ocre. Elles laissent remarquer un bouillonnement continuel ; leur goût est austère, leur vertu styptique. Mêlées avec de la noix de Galle, elles prennent la teinte du vin clairet : c'est avoir dit qu'elles rougissent la teinture de tournesol, et verdissent le sirop de violette. Mais, après quarante-huit heures de séjour en bouteille, elles cessent de produire ces effets, et le fond du vase est alors couvert d'une couche de terre martiale.

Les eaux de Saint-Alban, employées en bains et en boisson, acquièrent d'année en année plus de réputation, surtout parmi les habitants du Roannais et du Lyonnais : elles sont proclamées comme efficaces dans les rhumatismes, les vieilles plaies et les obstructions. Des établissements confortables ont été formés en ce lieu, et les baigneurs ou buveurs sont assurés d'y trouver bonne compagnie. Les imaginations rêveuses se plaisent au milieu de cette contrée, où commence la nature largement accidentée de l'Auvergne : il y a plus encore

---

(1) Voyez notre biographie.

de noblesse que d'âpreté dans ces sites, qui grandissent déjà, et qui, dix lieues plus loin, au sud-ouest, deviennent d'une majesté terrible. A Saint-Alban, les habitants ont pris le ton affable que leur imposait leur intérêt bien entendu; mais aux portes de ce bourg, le naturel du pays se retrouve : des traits durs, sauvages même, un ton bref, mais franc, un caractère hospitalier.... Ce sont encore les Arvernes.

La commune d'*Ambierle*, du canton de Saint-Haon, renferme un des monuments religieux les plus anciens du Forez : c'est l'abbaye dont cette localité tient son nom. Une charte de l'année 902, long-temps conservée dans les archives de la maison, et donnée par Louis IV [1], empereur et fils de Boson, roi de Bourgogne, apprend que l'abbaye d'Ambierle, remontait à des temps bien antérieurs : cette charte la désignait ainsi : *abbatiam in honore Sancti Martini dicatam, quæ nominatur Ambierta, pertinetur ad archiepiscopatum lugdunensem, conjacente in pago Rodanensi* [2]. Nous devons faire remarquer à cette occasion que, géographiquement, cette partie du Roannais appartenait au comté de Forez, alors dépendant du royaume de Bourgogne, pour le temporel; tandis qu'elle relevait du Lyonnais pour le spirituel : ce qui souvent causa de longs conflits entre ces deux pouvoirs ; heureux quand les débats ne devenaient pas sanglants.

En 938, c'est-à-dire trente-six ans après la date du titre ci-dessus mentionné, l'abbaye d'Ambierle fut soumise à celle de Cluny, dont Saint Odo II était alors abbé. Cent ans plus tard, cette maison devint un simple prieuré; mais il ne fut donné depuis lors qu'à des ecclésiastiques de haute noblesse : l'abbé de Larochefoucauld en a été le dernier titulaire. L'église d'Ambierle, aujourd'hui érigée en succursale, fut reconstruite en entier, durant la période ogivale; elle est vaste, d'une architecture assez noble, et renferme la sépulture des seigneurs de *Pierre Fitte*. Mais c'est abusivement que quelques visiteurs ont cru reconnaître ici l'architecture du XIe siècle : tout le monument est gothique. On y remarque des vitraux précieux, bien conservés et des boiseries délicatement sculptées : les uns et les autres ont le caractère des dernières années du XVe siècle.

Nous portant brusquement au nord quart-ouest, nous entrons sur le canton de la *Pacaudière*, ayant pour limite, au nord plein, le département de Saône-et-Loire, tandis qu'à l'ouest, ce même canton est limité par le département de

---

[1] Ce Louis IV, dit *l'Aveugle*, avait été archevêque de Lyon.
[2] L'abbaye *d'Ambierle*, dédiée en l'honneur de Saint Martin, dans l'archevêché de Lyon, au pays de Roanne.

l'Allier : cette circonscription cantonale forme ici toute la largeur du département de la Loire.

La Pacaudière est un bourg assez considérable, situé sur la route royale de Paris à Lyon, qui entre dans le département que nous explorons à *Saint-Martin-d'Estreaux*. Ce chef-lieu de canton est gai, prospère, animé nuit et jour par une circulation perpétuelle de rouliers, de messageries, de voitures de poste, et ses habitants ne demandent au ciel que la remise indéfinie de l'établissement des chemins de fer. Rien d'ailleurs n'éveille en ce lieu l'attention de l'historien ; tout au plus le romancier, en fouillant les traditions locales, pourrait-il jeter sur ses tablettes l'esquisse de quelques-unes de ces aventures autrefois si communes sur les grandes routes : de jeunes colonels enlevant des religieuses et ordonnant aux postillons de *crever* leurs chevaux ; des marquises surannées, enlevant de pauvres petits sous-lieutenants, et séjournant volontiers dans les hôtelleries écartées ; des évêques courant annuler à Rome l'influence de Versailles en faveur de leurs compétiteurs au chapeau, et se recommandant par des titres aussi apostoliques que ceux des Dubois, des Bernis et des Rohan ; des danseuses d'opéra ruinées par les mousquetaires, et se dirigeant aussi vers la capitale du monde chrétien, pour se refaire devant une *chambrée* de spectateurs sacrés, assistant au spectacle en loges grillées, etc., etc.

Mais nous, à qui la gravité de notre sujet interdit ces épisodes de vie mondaine, nous nous bornerons à dire que la Pacaudière, peuplée d'environ 1,800 âmes, est à quatre lieues nord-ouest de Roanne.

Nous trouvons dans le nobiliaire du Forez des seigneurs de Changy, à l'écusson écartelé d'or et de gueules ; mais nul document historique digne d'être cité ne nous est parvenu sur le village de ce nom, situé sur la grande route de Paris.

Avant de quitter ce canton, nous devons dire qu'il offre une source d'eau minérale à Sail, près Saint-Martin-d'Estreaux, cité précédemment.

A l'est du canton de la Pacaudière est celui *de Charlieu*, encore limité au nord par le département de Saône-et-Loire. Le chef-lieu est une des plus anciennes villes du département. Vers l'an 876, Boson, roi de Bourgogne, et Ralbert, son frère, évêque de Valence, fondèrent en ce lieu une abbaye de Bénédictins ; mais la cité existait déjà sous le nom de *Caroli Locus*, disent les uns, et sous celui de *Charus Locus* (lieu bien-aimé), disent les autres. M. Auguste Bernard pense que l'origine de Charlieu peut se reporter à cette époque de dégénérescence de la grandeur romaine, que les historiens ont appelée *le Bas-Empire :* « Toute son architecture, dit cet écrivain, ne rappelle pas seulement le moyen-âge, mais le bas-empire : partout les colonnettes et le plein-cintre. » Pour revenir à la fondation de l'abbaye, l'archevêque de Lyon et tous les membres du concile, tenu alors à Pont-sur-Yonne, signèrent la charte de fondation; et cet acte porte que Boson dota la nouvelle maison, de son château de Charlieu et des *habitants de cette ville :* allocation d'êtres humains qui se faisait alors comme celle des choses matérielles. Ce prince joignit à ces dons celui d'un bénéfice qu'il appelle *abbatiolum Sancti-Martini,* qui ne peut être autre que l'abbaye d'Ambierle; et ceci sert à prouver que cette dernière est d'une fondation antérieure à celle de l'abbaye de Charlieu.

On a cru long-temps que le monarque Bourguignon avait été enterré dans cette collégiale, devenue fort célèbre par la suite : cette opinion était fondée sur ce qu'on avait trouvé dans une muraille un fragment de pierre sur lequel on lisait le nom de Boson, entouré de quelques ornements. Mais on a reconnu depuis, d'une manière irréfragable, que ce prince fut inhumé à Vienne.

L'église de Charlieu, selon les traditions, fut bâtie par les religieux eux-mêmes; mais diverses reconstructions en style gothique n'avaient laissé de la période bysantine qu'un portail, qui existe encore, et dont, malgré les dégradations qu'il a subies, les artistes vont admirer les heureuses proportions et les délicieux détails. Plus vieux de plusieurs siècles que le reste de l'édifice, ce portail y a survécu : l'église, démolie tout récemment, ne présente plus que quelques pans de murailles à côté de ce chef-d'œuvre bysantin. Tandis qu'on démolissait, on découvrit, parmi beaucoup de tombeaux en pierre, chargés d'inscriptions gothiques, un sarcophage en marbre blanc, formé d'un seul bloc, et renfermant des ossements. On lisait sur ce tombeau ce fragment d'inscription, disposé à la manière antique :

. . . .

**MARIOLA..... ANNOS ÆTATIS XXIII
DEDICAVERUNT.**

On a supposé que ce monument avait été élevé par deux filles à la mémoire de leur mère; et l'on peut ajouter qu'en considérant son inscription et sa forme païenne, surtout en appréciant les lettres D. M. (aux Dieux Mânes), sculptées sur les côtés de l'inscription, il est difficile de repousser l'idée que cette sépulture était romaine.

M. Auguste Bernard nous apprend qu'en 1835, ce morceau était abandonné dans un coin de la place de Charlieu. Il se déchaîne avec une indignation que nous partageons bien, et contre cet abandon, et contre le projet formé d'anéantir ce qui reste d'une célèbre abbaye où se tinrent plusieurs conciles, et qui eut pour abbés des personnages de haute lignée. « Le propriétaire actuel, s'écrie le jeune historien, veut la détruire pour *en avoir les pierres*.... C'est en vain que des hommes de savoir ont supplié la ville de Charlieu de faire cette peu dispendieuse acquisition; les conseils municipaux voteraient bien plutôt, comme à Bourg-Argental, la destruction de ce chef-d'œuvre.... » Détruire un édifice qui rappelle l'apogée de l'architecture de Bysance, pour en avoir les pierres!... Cela ne ressemble-t-il pas à la demande d'un barbare qui solliciterait les os de Napoléon, pour en faire des manches de couteau?

Au Xe siècle, et lorsque l'abbaye de Cluny devint chef d'Ordre des Bénédictins, l'abbaye de Charlieu, comme celle d'Ambierle, fut réunie à cette puissante suzeraine. Ce fut donc sous le titre de simple prieuré que le monastère, fondé par Boson, partagea les vicissitudes de la ville.

D'anciens titres authentiques ont appris que les rois de France eurent jadis un château à Charlieu, qui, sans doute, avait été précédemment celui des monarques Bourguignons. Sous le règne du roi Jean, les habitants de ce lieu présentèrent au dauphin (depuis Charles V) une requête, tendant à obtenir l'autorisation d'abattre cette demeure royale, afin d'en employer les pierres à clore leur cité. Or, si en effet, il exista à Charlieu une résidence des rois de France, il est probable que quelqu'un d'entr'eux, qui se nommait Charles, aura donné son nom à la ville; et de là cette désignation de *Caroli locus*. Quoiqu'il en soit, on doit présumer que les citoyens de Charlieu purent construire une enceinte, car les Anglais assiégèrent à quatre reprises et vainement cette place : la dernière fois, ils la tinrent investie pendant deux ans. Apparemment, ils finirent par se rendre maîtres d'une forteresse si rebelle, puisque les chroniques rapportent qu'ils en emportèrent une cloche ayant six pieds de diamètre. Las toutefois de transporter à leur suite cet étrange butin, ils le laissèrent sur le bord de la Loire, à Orléans; et quelques historiens attestent que cette cloche fut recueillie plus tard par les Orléanais, qui la firent monter dans un des clochers de leur ville.

Durant les guerres de religion, la place de Charlieu ne fut point épargnée : les royalistes, sous la conduite de Saint-André, s'en étant emparés en 1590, y commirent les plus grands désordres : les habitants furent pillés, les femmes violées et beaucoup d'habitants égorgés. On publia, à Lyon, dans la même année, un opuscule en vers, où se trouvent de curieuses répercussions d'un écho dont il faut toutefois se défier un peu, car c'est un écho de parti.

Écho, donques, dy-moi, véritables les noms
Des traîtres et autheurs d'un tel malheur? Responds — *Les Pons*.
Quel suject eurent-ils, quell'envie ou quell'haine
Les a faict conspirer, chose tant inhumaine? — *Haine*.
L'effet est dangereux de telle passion;
Mais n'eurent-ils encor un peu d'ambition? — *Si ont*.
O folles passions! O poison de notre âme!
Vostre fin ne fut onc que funeste et infâme — *Infâme*.
De qui fut leur dessein si damnable suyvy?
Fut-ce d'un populas d'ignorance esblouy? — *Oui*.
Toujours un peuple sot est cause de sa ruine;
Mais qu'y fit ce Picot, que l'orgueil ronge et mine? — *Mine*.
Ce parjure bastard qui avait abusé
Le prince de Némours, par son serment rusé,
Qu'il jura desloyal contrefaisant le sage,
Qui le mène à changer si souvent de courage? — *Rage*.
Telles gens sont toujours pleins de desloyauté,
Et du milieu de nous, ils devroyent être osté — *Osté*.
Qui rendit compagnons d'un si grand maléfice
Les moines desdiez pour faire à Dieu service? — *Vice*.
Voilà les beaux effets des hommes otieux :
Qu'y a-t-il ici-bas de plus pernicieux? — *Eux*.
Et ce grand *Constantin*, je ne puis pas comprendre
Quel désir le poussa de jamais l'entreprendre. — *Prendre*.
Écho, pardonne-moi, n'a-t-il pas le renom
D'esgaler en valeur son superbe surnom? — *Non*.
O trompeuse grandeur qui manque de courage!
Mais je te prie, écho, dis-moi donc d'avantage :
Qui fut ce brave chef qui commanda ces loups,
Fièrement animés d'envie et de courroux? — *Roux*.
O le dangereux poil! l'on a veu par usage,
Que celui qui l'a craint a esté le plus sage — *Sage*.
Que mérite Ferrand? Ce voleur Cornaton?
Ces deux faux-monnoyeurs, avec leur compagnon,
Le curé Duzausay, surnommé du hazard,
Qui conduisait le tout bien souvent à l'hazard. — *La hart*.
Quels furent les exploits de ces braves royaux?
Que sembloient à chacun ces guerriers si nouveaux? — *Veaux*.

Cette *Némésis*, assez innocente d'esprit, causa un grand chagrin à ceux qui s'y trouvaient nommés. L'épiderme de notre susceptibilité moderne est moins sensible aux satires : nos pères criaient bien haut pour peu qu'on les égratignât; maintenant à peine crions-nous lorsqu'on nous écorche. Aussi voit-on prospérer, jusqu'au plus étrange engouement de la vogue, cette guerre à peu près sans danger pour ceux qui la livrent ; c'est un métier devenu fort lucratif que les diffamations pures et simples, substituées aux critiques raisonnées ; et franchement nous aurions mauvaise grâce à nous en plaindre, puisque nous rions aux éclats du charivari fait à la porte de notre voisin, en attendant qu'il retentisse à la nôtre. Qui donc en ceci est le plus à blâmer, ou du public empressé d'acheter à grands frais les libelles, ou des écrivains qui en vivent ? assurément c'est le public ; car si le débit de l'injure devenait mauvais un beau matin, auteurs et éditeurs y renonceraient : la littérature commerçante se reporterait sur *d'autres articles*. Mais loin de là ; nos contemporains, avides de sensations, tendent leurs bras aux *Guêpes* Rablaisiennes d'Alphonse Karr, pour rire de la piqûre qu'ils vont recevoir ; ils présentent leurs nez aux *pichenettes* de Carle Led'huy, afin de sentir en eux la fibre impressionnable vibrer ; et les beautés mêmes du beau monde attendent avec impatience que les *Papillons noirs* du bibliophile Jacob viennent se poser sur leur sein, espérant que la sombre couleur de ces lépidoptères fera ressortir l'éclat de ce satin animé. Tel est, par le temps qui court, le désir universel de se révéler à l'attention générale, qu'on se voit caricaturer avec reconnaissance. Nous pourrions parier que le *Musée Dantan* se compose, en majorité, des portraits chargés de gens qui vinrent dire à cet artiste ingénieux : « *Pour l'amour de Dieu, daignez nous rendre ridicules.* » L'heureuse et honorable perspective pour les étrangers, qu'une société toute entière traînée ainsi sur les tréteaux de la farce ! Ah ! déplorons cet égarement de la presse légère, car elle diffame sans corriger, ou parce qu'on s'égaye avec le moqueur, ou parce qu'on le méprise ; et les travers réels, entre ces deux effets de l'insouciance, poursuivent tranquillement leur chemin.

Si les pillards de Charlieu, atteints par la satire de Lyon, s'affligèrent de s'y voir nommés, les habitants de cette malheureuse ville s'abandonnèrent à un chagrin bien autrement motivé sur les ruines de leurs maisons ; ils furent long-temps à se remettre de la catastrophe qui les avait frappés par tant de côtés à la fois.

Les fastes de Charlieu prirent fin avec ses malheurs ; car le siége de sa chatellenie royale, dont les appels se portaient à la sénéchaussée de Lyon, n'attira jamais sur ce lieu l'attention, même par des causes remarquables. Indépendamment de cette juridiction, les Bénédictins, possesseurs de l'abbaye, exerçaient une justice seigneuriale. La ville renfermait, en outre, deux couvents : un de Capucins, l'autre d'Ursulines. Les bâtiments de ces anciens monastères, vendus durant la révolution, sont occupés, le premier par une filature de coton, le second par une fabrique de toile de coton. Nous avons donné ailleurs des détails relatifs à ces industries, exercées dans plusieurs cantons de l'arrondissement de Roanne ; nous ne reviendrons point sur ce sujet. Charlieu possède un hôpital très-ancien : on y conserve des lettres patentes données par l'empereur Louis IV, et qui portent que cet asile remonte au temps de Saint Louis. La maison est dirigée par des Sœurs de la congrégation de Sainte-Marthe.

Il y a tous les samedis à Charlieu un marché où il se vend beaucoup de bestiaux et de bêtes à laines ; mais il ne s'y tenait aucune foire lorsque nous avons visité ce lieu. Dans les marchés hebdomadaires, le commerce de la laine et du fil nous a semblé assez actif.

Charlieu est dans une situation agréable sur la petite rivière de Sornin, et à quatre lieues et demie nord du chef-lieu d'arrondissement. Sa population s'élève à 4,500. La ville est traversée par une route de la Loire à la Saône, qui commence à Roanne. Cette route, dont nous n'avons point encore parlé, parcourt dans cet arrondissement, jusqu'à la limite du département du Rhône, une distance de quatre lieues sept dixièmes. Elle est principalement destinée au transport des vins du Beaujolais.

La commune de Charlieu, dans sa partie rurale, offre un bois assez étendu, au lieu appelé *Sorillard* : il se compose à peu près généralement de taillis-chênes. Un autre bois, composé aussi de chênes taillis, se trouve dans la commune de Pouilly-sous-Charlieu ; il porte le nom singulier de *la Fleur de Lière*. Ce bois, ainsi que le précédent, fait partie des forêts royales. Le surplus du territoire de Charlieu abonde en pâturages ; on y voit aussi des vignes assez productives, mais on y récolte du vin de médiocre qualité.

Le canton que nous explorons contient, sur plusieurs autres points, des vignobles dont les produits, de meilleure qualité, contribuent à alimenter le commerce d'exportation dont Roanne est le centre. Dans ce même canton, la Loire a deux petits affluents : ceux du Trambouzon et du Jarnossin, ruisseaux dont le cours est d'environ trois lieues et qui se jettent dans le fleuve, le premier à Aiguilly, l'autre au-dessous du château de Vougy, qui ne présente aucun intérêt.

Nous décrirons brièvement le *canton de Belmont*, situé à l'ouest de celui de Charlieu, et qui remplit toute la pointe du département de la Loire, interposée entre les départements du Rhône et de Saône-et-Loire. Ce bourg, dont la population, essentiellement industrielle, dépasse 2,200 habitants, est situé sur la rivière de Reims, et à cinq lieues nord-est de Roanne. Dans nos considérations générales sur l'industrie cotonnière dont ce chef-lieu d'arrondissement est le centre, nous avons signalé le canton de Belmont, comme renfermant un certain nombre d'habitants occupés de ce travail ; il serait superflu de revenir sur cette mention, et la localité ne présente aucun autre élément d'intérêt, même sous le rapport de l'agriculture, qui n'y est pas active.

Entre l'extrémité nord du canton de Charlieu et la pointe que forme dans cette même direction le canton de la Pacaudière, une assez grande enclave du département de Saône-et-Loire s'enfonce dans les terres de l'arrondissement de Roanne, et projète ainsi, sur la rive gauche de la Loire, un territoire d'environ trois lieues de profondeur qui se prolonge jusqu'aux confins du département de l'Allier. A cette hauteur, l'enclave a cessé, et le fleuve limite le territoire dont il s'agit. Or, appréciant la partie d'ancienne Bourgogne qu'il faudrait suivre loin du fleuve, pour décrire en entier le département de Saône-et-Loire, et ne pouvant donner une telle extension à notre cadre, nous devons nous borner à une mention rapide de l'arrondissement de Charolles, tout en regrettant d'être privé d'explorer un pays si riche de souvenirs, de fastes, d'illustrations; si splendidement doté par la nature de tout ce qui constitue l'opulence territoriale et favorise la prospérité industrielle et commerciale. Nous allons offrir, dans un chapitre unique, ce que nos limites nous permettent de dire sur ce littoral; puis nous reviendrons au résumé qui doit clore notre deuxième section, dont le titre comprend les départements de la Loire et de Saône-et-Loire.

CHAPITRE VII.

Fragment du département de Saône-et-Loire : arrondissement de Charolles. — Origines. — Précis historique. — Aperçu géologique. — Chauffailles. — Semur en Brionnais. — Charolles. — Paray. — Digoin. — Le canal du Centre. — La Guiche. — Gueugnon. — Bourbon-Lancy. — Antiquités — Histoire. — Description des bains et de la ville.

La partie du département de Saône-et-Loire qui forme le littoral du fleuve, sur sa rive droite, c'est-à-dire l'arrondissement de Charolles, était occupée, lors de la conquête romaine, par les *Amburri* et les *Brannovii*. Les Bourguignons s'y établirent ensuite ; puis ceux-ci, vaincus par les Francs, durent leur abandonner ce territoire. Sous les rois de la troisième race, le Charolais ayant été donné comme apanage à Jean de Bourbon, fils de Robert de France, ce prince le laissa en 1316, à Béatrix, sa fille, qui le porta en dot à Jean Ier, comte d'Armagnac. Alors ce pays fut érigé en comté.

Cependant Philippe-le-Hardi, duc de Bourgogne, jaloux de voir son duché confiner à la Loire, demanda à faire l'acquisition du Charolais, qui lui fut cédé, moyennant 60,000 francs d'or. Louis XI, après la mort de Charles-le-Téméraire, rentra en possession de cette province à meilleur marché : il la fit occuper purement et simplement par ses troupes, et déclara qu'elle était à lui. Cette forme d'acquisition ne parut pas apparemment assez régulière à Charles VIII ; car il rendit, par le traité de Senlis, le Charolais à Philippe d'Autriche, fils de Marie de Bourgogne, qui le tint en fief de la couronne de France. Enclavé depuis dans les immenses possessions de Charles-Quint, ce comté échut à Philippe II, roi d'Espagne ; lequel le donna, en 1558, à sa fille, Isabelle-Claire-Eugénie, épouse d'Albert, archiduc d'Autriche. La main de Henri II, armée de son gantelet de fer, avait ressaisi les droits royaux sur le Charolais, lorsque les Espagnols le reprirent en 1633. Mais Louis XIV, qui n'aimait pas de semblables voisinages, fit d'abord confisquer ce pays vers 1674, et s'en saisit définitivement en 1684, au profit du grand Condé.

Le Charolais devint, sous le règne suivant, l'apanage d'un descendant de ce héros, qui ne s'appliqua guère à suivre les traces de son aïeul : tous les mémoires du XVIIIe siècle ont relaté les vices du comte de Charolais ; et sans les liens du sang qui l'attachaient à la famille royale, le glaive des lois, dont Louis XV le menaça plus d'une fois, l'eût atteint pour des meurtres commis par forme de récréation. Le nom de Charolais, dans la descendance féminine de l'illustre Condé, fut terni, moins gravement il est vrai, par les légèretés éminemment productives d'une princesse qui, pour n'avoir pas subi le joug de l'hymen, n'en paya pas moins amplement ce tribut, qui n'est légal qu'en ménage. Mais au moins les travers de cette noble demoiselle ne se jouèrent qu'avec des roses, tandis que ceux de son frère se plaisaient à des jeux sanglants.

Le Charolais releva dans tous les temps, au spirituel, de l'évêché d'Autun, dont la fondation remonte, dit-on, au IIIe siècle, c'est-à-dire à une époque où il était urgent, pour les progrès du christianisme dans les Gaules, d'éteindre les dernières lueurs du Druidisme, au centre de sa puissance, à *Bibracte*. Le siège épiscopal est toujours au même lieu : le prélat qui gouverne spirituellement la contrée que nous traversons, est le successeur de l'abbé Roquette et de l'un des hommes les plus mobiles qui aient illustré la diplomatie française :

> Roquette, dans son temps, Talleyrand dans le nôtre,
> Furent les évêques d'Autun :
> Tartufe est le portrait de l'un ;
> Ah ! si Molière eût connu l'autre !

L'arrondissement de Charolles appartient à l'une des deux vallées formant le département de Saône-et-Loire, lesquelles, séparées par une chaîne de montagnes à base granitique, viennent l'une et l'autre s'ouvrir au sud. Le sol de ce territoire est de natures diverses : pierreux, marneux, calcaire, siliceux, il offre, comme le surplus du département, plusieurs variétés de marbre, de spath, de quartz et de titane; on y exploite le fer et la houille. Beaucoup de rivières arrosent l'arrondissement de Charolles : les principales sont l'Arroux, l'Ondrache, la Bourbance et la Semence; elles ne portent point bateau; l'Arroux est flottable, et la seule voie navigable de cet arrondissement est le canal du centre, dont nous parlerons ci-après. Ces rivières limpides et sinueuses, partout bordées d'une fraîche et active végétation, contribuent encore à la fertilité de cette contrée productive, en lui fournissant ces douces rosées, non moins nécessaires à la vie des plantes que les sucs nourriciers de la terre. La sous-préfecture de Charolles comprend treize cantons, que nous ne décririons avec détail qu'en excédant, par une disparate choquante, la proportion succincte à laquelle il nous a fallu nous restreindre, pour le département de Saône-et-Loire. Ces cantons désignés en aval de la Loire sont : Chauffailles, Semur et Marcigny, dont quelques communes sont situées sur la rive gauche du fleuve; la Clayette, Charolles, Paray, Saint-Bonnet-de-Joux, Digoin, la Guiche, Palinge, Gueugnon, Bourbon-Lancy et Toulon sur Arroux.

Tous ces cantons, couverts de sites agréables, diaprés de prairies, de bois, de vignobles, de cultures actives, commencent ces aspects, tour à tour riants et majestueux, que les rives de la Loire doivent maintenant offrir jusqu'à l'Océan. Ici, comme dans les départements voisins, de vieux manoirs, tantôt en ruines, tantôt vainqueurs encore de l'atteinte des siècles, couronnent quelques montagnes; mais celles-ci n'attristent plus le regard par des crêtes arides; et nulle part les volcanisations n'ont imprimé à cette entrée de l'Eden Bourguignon les traces de leurs dévorantes irruptions.

Nous ne passerons pas devant *Chauffailles*, gros bourg peuplé d'environ 2,000 âmes, et situé sur la rive droite du Botorel, à sept lieues sud de Charolles, sans dire qu'il y existe plusieurs fabriques de toiles qui donnent quelque mouvement à cette localité. Mais son activité n'approche pas de celle qu'on remarque à *Semur en Brionnais*, ville bâtie tout près de la Loire, et qui doit principalement sa prospérité au commerce de vins, de blé, de bétail, auquel se livrent ses habitants. Semur, ancienne ville principale du Brionnais, eut jadis ses dominateurs féodaux, conséquemment ses remparts, ses tours et les malheurs attachés à la condition des places de guerre. Nous avons signalé les discussions que les anciens seigneurs de ce lieu eurent avec les comtes de Forez, pour la délimitation de leurs possessions respectives : débats après lesquels la dame de Sémur, dépossédée d'une partie de ses domaines, dut regretter d'avoir joûté de puissance avec son redoutable voisin, elle dont le bras était trop faible pour soutenir ses droits par l'épée. Semur est à six lieues sud-sud-ouest de Charolles ; sa population s'élève à 6,000 âmes : c'est la ville la plus considérable de l'arrondissement. Il y existe une école secondaire ecclésiastique, dont les élèves sont ensuite admis au séminaire diocésain d'Autun.

Charolles, siége de la sous-préfecture, vient ensuite dans l'ordre d'importance : cette ville est située entre deux collines, au confluent de la Semence et de l'Arroux, dans une position assez pittoresque. C'était l'ancienne capitale du Charolais ; mais aucune trace appréciable d'antiquité ne révèle son existence durant la période gallo-romaine, et l'arrondissement dont elle est le chef-lieu, nous a semblé en général, assez pauvre de monuments appartenant à cette époque. En récompense, ils sont nombreux dans celui d'Autun. Le coteau qui domine la ville, est couvert des ruines du château des anciens comtes de Charolais : il va sans dire qu'à l'occasion des changements de maîtres que ce pays eut à subir, le bellier, puis le boulet vinrent souvent heurter les murailles de cette forteresse et celles de la ville. Le Charolais était le premier comté de la province de Bourgogne : ses seigneurs occupaient la première place parmi les comtes aux assemblées des États. Charolles, cité enrichie par la fertilité du sol environnant, par quelques fabriques, par l'entrepôt naturel des forges nombreuses établies dans son voisinage, et surtout par un commerce considérable de bois, de vins, de bestiaux, offre une apparence de bien-être qui n'est pas trompeuse. Les rues sont propres, bien bâties, et même élégantes dans certaines parties. La ville possède un des huit colléges établis dans le département. La population de cette localité, située à dix-sept lieues ouest-nord-ouest de Mâcon, est d'environ 3,000 âmes.

Laissant sur la droite le canton de Saint-Bonnet-de-Joux, où nous n'avons aucune notion à recueillir, nous entrons sur celui de *Paray*, dont le chef-lieu est situé vers l'angle que forme le canal du centre, à une petite distance de son point de départ. Paray doit au voisinage de cette voie de navigation importante une certaine prospérité qui, depuis une vingtaine d'années, a doublé le nombre des habitants de la ville : elle est aujourd'hui peuplée d'environ 2,900 âmes. Un collége assez suivi ajoute encore à ses éléments de bien-être. Paray est situé à trois lieues ouest du chef-lieu d'arrondissement.

Digoin, qui n'ambitionne pas même le titre de ville, est cependant une des localités les plus importantes et les plus riches du département. En effet, ce lieu est situé sur la Loire, au confluent de ce canal du Centre qui lie l'Océan à la Méditerranée, par la Saône et le Rhône, et au point de jonction du canal de Digoin à Roanne avec celui de Digoin à Briare. Il se fait ici un commerce de sel assez considérable; il y a une fabrique de faïence. L'aspect de la contrée est agréable, les sites au milieu desquels la ville est bâtie lui prêtent une physionomie animée, riante, et tout dans ce petit port respire l'aisance que l'intelligence et l'activité impriment à un pays. La population de Digoin est d'environ 2,500 âmes; sa distance de Charolles est de six lieues au nord-ouest de ce chef-lieu d'arrondissement. Digoin était connu des Romains; une voie antique passait aux portes de la ville.

Le canal du Centre, dont nous devons une courte description à nos lecteurs, se nomme aussi le canal du Charolais. Il commence, ainsi que nous l'avons dit, à Digoin, passe à Paray, Blanzy, Saint-Léger, Chagny, et se jette dans la Saône à Châlons, après un cours de 116,812 mètres. Sa profondeur est de 1 mètre 20 centimètres. Ce canal, commencé en 1784, fut terminé au commencement de l'année 1792. Il sert au transport des vins, grains, houilles, fers, pierres, etc. On évalue à 4,000 le nombre des bâteaux qui parcourent annuellement cette voie de navigation, dont l'immense utilité ne peut être contestée. En formant du département de Saône-et-Loire un point de réunion entre l'Océan Atlantique et la Méditerranée, le canal du Centre appartient au bassin du Rhône et à celui de la Loire; le lieu de partage se trouve au village de Montchalain, et est formé par l'étang de ce nom qui en reçoit plusieurs autres. On s'est amusé à observer que les gouttières du toit d'une maison située en cet endroit, versent d'un côté les eaux pluviales dans un affluent de la Méditerranée, et de l'autre côté, dans des eaux qui coulent vers l'Océan. Si nous laissons aller nos observations au cours du canal que nous décrivons, jusqu'à son embouchure dans la Saône, à Châlons, nous remarquons à ce point un obélisque haut de 60 pieds et d'un fort bel effet : il fut érigé en l'honneur de Napoléon, et décoré d'abord du nom de ce grand homme ; ce nom a été changé lorsque la fortune s'est montrée infidèle à son favori.

Après avoir laissé sur notre droite *la Guiche*, qui donna son nom à une famille féconde en célébrités de plus d'un genre, nous passons avec rapidité devant *Gueugnon*, sur la rive droite de l'Arroux, et à sept lieues nord-ouest de Charolles ; nous nous bornons à mentionner ses forges et usines, qui fournissent du travail à une grande partie de la population du bourg. Elle est de 1,500 habitants.

Nous voici rendus à *Bourbon-Lancy*, ville débaptisée durant la révolution, et qui porta quelques temps le nom de *Bellevue-les-Bains*. C'est l'antique *Nisinœ-Aquœ* ; et les établissements thermaux qui font la prospérité de cette ville, sont d'origine romaine. Bourbon-Lancy, chef-lieu de canton, est situé sur un coteau escarpé tout près de la Loire, et dans une position aussi salubre que pittoresque. Les eaux minérales et thermales de ce lieu sourdent de sept sources, au bas d'un roc coupé à pic, dans le faubourg Saint-Léger. Ces sources, d'où l'on voit l'eau s'élever en bouillonnant, sont toutes renfermées dans une grande cour, et des fontaines la distribuent dans cinq bassins, dont le principal, apppelé *le Grand-Bain*, est construit et pavé en marbre : c'est un ouvrage des Romains. Ces maîtres du monde avaient orné les thermes de *Nisinœ-Aquœ* de plusieurs édifices dont on retrouve encore des débris : les monuments furent renversés par les barbares ; mais la réputation des eaux survécut à ces splendides établissements. En 1580, Henri III fit commencer les constructions qu'on voit aujourd'hui ; interrompues durant les guerres de religion, elles furent continuées par Henri IV, et terminées par Louis XIII. Ce fut particulièrement pendant la durée de ces travaux que l'on découvrit à Bourbon-Lancy une grande quantité d'objets et de fragments antiques, entr'autres choses, une belle statue entière et des médailles d'or et d'argent. La ville, bâtie sur le rocher au pied duquel jaillissent les éléments de sa fortune, est dominée encore par un vieux château.

Que dirons nous des eaux de Bourbon-Lancy ? Ce qu'on pourrait dire de beaucoup d'autres, sans atteindre en rien leur vertu médicinale : c'est qu'elles sont le rendez-vous des personnes dont la principale maladie est une surabondance de loisirs. On trouve à toutes les sources thermales, et particulièrement à celles-ci, une société nombreuse, parmi laquelle les sympathies se cherchent, et ne manquent guère de se rencontrer. On y dépense son existence dans une série de sensations dont le charme consiste essentiellement à être inaccoutumées ; en un mot, on vit autrement qu'ailleurs, et chacun se persuade qu'il vit mieux.

A part cet effet moral des eaux en général, celles de Bourbon-Lancy ont des propriétés salutaires incontestables. Elles sont claires et presque sans saveur, ce qui rend leur boisson facile. On a pourtant constaté qu'elles sont légèrement sulfureuses, bitumineuses, imprégnées d'un peu de sel marin et de nitre. Leur température varie de 30 à 46 degrés. On les emploie avec succès contre les maladies cutanées, les rhumatismes, la paralysie, les obstructions, etc.

Les établissements de Bourbon-Lancy, tenus avec toute l'élégance et la recherche modernes, sont toujours très-fréquentés, et la brillante société qui s'y réunit chaque année, répand beaucoup de numéraire dans cette petite ville, dont la principale industrie est l'exploitation des sources que nous avons décrites. Des voitures commodes communiquent de Bourbon aux villes considérables du département, et correspondent sur divers points avec les grandes messageries. Là, comme dans toutes les villes d'eaux, vous trouvez des joueurs habiles, des poètes, des artistes, bien fixés sur ce que les romans leur ont reconnu de prérogatives ; des cabinets de lecture pourvus des meilleurs ouvrages, au dire d'une critique qui ne se trompe jamais, comme chacun sait ; enfin des concerts d'amateurs au prix desquels il faut, de temps en temps, acheter les plaisirs journaliers. Nous avons vu à Bourbon-Lancy des illustrations fraîchement écloses à Paris, et qui venaient doucement vanter leurs mérites à l'oreille des buveurs d'eau, afin de grandir tout à coup dans la capitale, grâces aux répercussions des échos complaisants qu'elles avaient sérinés aux bords de la Loire.

La population de Bourbon-Lancy s'élève aujourd'hui à près de 3,000 âmes ; cette ville est située à onze lieues et demie ouest-nord-ouest de Charolles ; on s'y livre à un commerce de bestiaux assez étendu.

Bourbon-Lancy se divise en trois parties : le *château* et la *ville* sur la colline ; le faubourg Saint-Léger, au pied du côteau. Il y a dans chacun de ces quartiers d'assez jolies maisons ; mais les rues sont bâties sans régularité. Des magasins bien fournis de ce qui peut agréer aux baigneurs, même en articles de luxe, peuvent les dispenser de recourir aux grandes villes pour satisfaire leurs besoins ou leurs caprices. D'ailleurs, il se trouve presque toujours à Bourbon de ces migrations spéculatrices que l'ouverture des eaux attire partout où la bonne société va les prendre.

Pour suivre jusqu'au bout l'arrondissement de Charolles, qui borde la rive droite de la Loire, nous venons de nous avancer jusqu'aux confins du département de la Nièvre ; remontons le cours de ce fleuve, afin de résumer notre deuxième section.

CHAPITRE VIII.

Mœurs, usages, particularités morales des habitants du département de la Loire. — Costume. — Constitution physique. — Physionomie. — Maladies. — Langage. — Sciences, lettres, arts. — Agriculture, commerce, industrie. — Population. — Calculs curieux. — Améliorations possibles.

Nous avons remarqué que le caractère des habitants de la Loire offre plus d'homogénéité que celui des populations du département de la Haute-Loire ; cela doit être : les premiers descendent tous, ou à peu près tous, des anciens Ségusiens ; tandis que les dernières sont, comme nous l'avons dit, un amalgame de Vellaviens, d'Arvernes, de Languedociens, de montagnards des Cevennes. Cependant, il est impossible de ne pas reconnaître, en étudiant le moral des Foréziens, quelques nuances diverses qui résultent principalement des états qu'ils exercent : cette différence est surtout remarquable dans l'arrondissement de Saint-Étienne. C'est donc dans ceux de Montbrison et de Roanne qu'on trouve le véritable type des mœurs foréziennes; et la douceur, la bonté, la patience, en sont les traits dominants. Ces qualités, qui dégénèrent quelquefois en apathie chez ces habitants, les rendent peu propres aux élans excentriques de l'âme; ils acceptent mais ne recherchent point la profession des armes, à laquelle de nos jours, chaque citoyen doit sept années de sa jeunesse. Toutefois, ces hommes aux passions calmes ont rarement manqué sous les drapeaux de la patrie ; soldats sans enthousiasme, ils sont devenus souvent fort bons militaires, précisément parce que, doués de cette obéissance, de cette soumission que l'on devrait peut-être classer au premier rang des vertus guerrières, ils y joignent la bravoure froide et réfléchie qui n'avance qu'avec prudence, mais ne recule jamais. Le 4ᵉ régiment d'infanterie légère, recruté pendant un assez grand nombre d'années dans le département de la Loire, avait pour devise : *bravoure et discipline.*

Durant la révolution, les Montbrisonnais ne se laissèrent pas gagner par la fièvre chaude de l'époque : leur organisme se refusait à cette sorte de délire qui triompha de l'invasion, profondément méditée, des puissances européennes; mais ils s'associèrent aux Lyonnais révoltés, parce qu'ils virent là l'existence d'une ville violemment troublée, et qu'ils étaient ennemis du trouble. Cet essai de *veto* au pouvoir révolutionnaire leur coûta cher : cent vingt chefs de familles périrent frappés par les commissions ou tribunaux révolutionnaires.

Les Foréziens en général sont religieux : ils pensent, comme *Bacon*, que la religion, destinée à faire notre félicité dans l'autre vie, fait en attendant notre bonheur dans celle-ci. Nous avons montré au village de Chevrières toute une population exerçant la charité envers des proscrits, au mépris des périls les plus imminents ; d'autres cantons encore du département, entr'autres celui de Néronde, donnèrent l'exemple d'un semblable dévouement, sans s'arrêter davantage aux dangers qu'il provoquait. Cette conduite, en peignant sous de nobles couleurs la générosité de ces citoyens, doit éloigner d'eux toute suspicion de lâcheté; et si l'on remarque une certaine mollesse dans leurs habitudes, il est plus naturel de penser qu'elle résulte de l'inertie de passions qui les distingue. Ce calme des âmes foréziennes se révèle aussi par le petit nombre de crimes que les lois ont à punir sur ce territoire : M. Duplessy rapporte que de 1806 à 1815, deux cents soixante-dix-sept accusés seulement, dont quarante-trois femmes, ont comparu devant la justice; ce qui fait à peu près vingt-huit par année, sur une population de 316,000 habitants; et dans ce nombre, celui des meurtres ne s'élevait qu'à soixante. Sans doute, c'est beaucoup encore; mais si l'on compare ce chiffre à celui des attentats de même nature commis sur d'autres points, à cette même époque, on verra que la balance sera à l'avantage du département de la Loire.

Si les Foréziens ne sentent point fermenter dans leur sein ces mouvements impétueux, qui produisent les vertus transcendantes ou les grands crimes, leur cœur n'est pas fermé aux douces émotions de l'amour, et moins encore dans l'enceinte des villes, que sous le chaume où les ombrages de la campagne. Un écrivain du XVIII° siècle, Desforges-Maillard, a constaté la réputation de galanterie qu'avaient de son temps les Foréziens; il écrivait un jour à Rivarol : « L'enceinte et les environs de la capitale du Forez, ont été et » sont encore le théâtre des plus jolies scènes galantes; et je pense que les » tendres chroniques du fameux d'Urfé, en entretiennent le goût dans une contrée » où son roman est encore le bréviaire à la mode. » Aujourd'hui, ce bréviaire a singulièrement vieilli : les allures amoureuses des *Céladons* paraîtraient quelque peu niaises à la jeunesse forézienne. Mais les nouveaux *bréviaires* ne lui manquent pas assurément, par le temps qui court : certes! le culte des amours, n'a jamais eu de plus fervents apôtres que nos romanciers modernes, et malheureusement, ce n'est pas l'amour sentiment qu'ils enseignent.

Si l'on suit le cours des déréglements auxquels conduit souvent cette galanterie, qui ne polit les mœurs qu'en les altérant, on arrive, avec M. Duplessy, à constater qu'en 1818, on ne comptait dans le département de la Loire que soixante-onze prostituées, et l'on se sent d'abord enclin à proclamer la pureté exemplaire du sexe forézien... Pourquoi faut-il que l'impartial auteur de l'*Essai statistique* vous enlève promptement cette illusion bénigne : « sur une population comme celle du département de la Loire, ajoute-t-il, ce petit nombre de femmes de mauvaise vie signalerait une innocence de mœurs qu'il ne faut pourtant pas se hâter de trop préconiser; car ne perdons pas de vue que, dans le nombre que nous venons d'indiquer, on n'a compris que les femmes faisant leur *unique métier* du vice; et cependant il en est un trop grand nombre d'autres qui, bien que ne méritant pas de figurer parmi les premières, peuvent être considérées comme ajoutant à leurs moyens ordinaires d'existence le produit de leurs déréglements. On sent qu'il est impossible d'établir le nombre de celles-ci; mais on les trouve en général dans l'arrondissement de Saint-Étienne, surtout parmi les jeunes ouvrières que l'amour d'un luxe au-dessus de leur état pousse à la dépravation. Ne serait-ce pas à cette cause qu'on pourrait attribuer le petit nombre de véritables prostituées, encore moindre dans ce dernier arrondissement que dans les deux autres. »

Nous voudrions pouvoir jeter quelques traits lénitifs sur ce tableau sévère;

mais par malheur, les mœurs qu'il retrace, en recevant le tribut de civilisation de vingt-deux années, y ont puisé, toujours plus impérieuse, plus exigeante, cette manie de briller qui, chez les femmes, fait si fréquemment dégénérer en vice honteux ce travers presque aimable qu'on nomme la coquetterie. Durant l'été de 1839, nous avons vu, sur les promenades de Saint-Étienne, de jeunes ouvrières en rubans, mises avec toute la recherche des jolies industrielles de Paris : c'était la même fraîcheur de modes, la même cherté de tissus, la même profusion de bijoux qui sont, dans la capitale comme en Forez, une énigme sans mot honnête.

La douceur de carractère que l'on remarque dans les arrondissements de Roanne et de Montbrison, la générosité hospitalière qui ne distingue pas moins essentiellement leurs habitants, sont aussi l'heureux partage de l'arrondissement de Saint-Étienne; mais ici les mœurs commerciales (car le commerce a ses mœurs particulières), apportèrent quelques modifications au naturel forézien. Or, si Montesquieu a dit avec raison de son temps : « *Partout où il y a du commerce, il y a des mœurs douces,* » l'esprit de cette profession est bien changé. Cela devait arriver dans une combinaison politique où les commerçants, assis au premier rang des notabilités sociales, ne pouvaient guère se garantir de cette vanité qui, à moins d'une vertu puissante, devient le propre de toute suprématie. Et si l'on considère maintenant que le premier mobile de la prépondérance du commerce se compose de choses matérielles, sans la possession desquelles on n'obtient qu'avec parcimonie, et la considération et même l'estime, il sera facile de comprendre que les commerçants, sauf d'honorables exceptions, ont cru pouvoir s'épargner une dépense de courtoisie dont, à prix d'argent, ils rachètent à leur gré l'émission. Ce n'est donc pas seulement dans les villes de l'arrondissement de Saint-Étienne que la classe spéculatrice se dispense d'*habiller galamment la raison*, comme dit le philosophe de Genève; c'est partout où cette classe a senti que la génération entière étant à genoux devant le temple de la fortune, le commerce, son principal ministre, peut prétendre à des hommages sans réciprocité. Il est toutefois une distinction équitable à faire en faveur du négoce interpolaire : ses relations à l'étranger nous ont semblé empreintes d'une sorte d'urbanité diplomatique, dont il n'affranchit point ses rapports intérieurs; et dans nos places frontières, comme dans nos ports de mer, les plus riches négociants, les plus opulents armateurs s'expriment avec cette politesse française, à laquelle certains boutiquiers des grandes villes ne croient pas devoir s'astreindre, parce qu'ils sont électeurs et ont des magasins à corniche dorée. Il faut l'avouer, nous n'avons pu trouver à Saint-Étienne des éléments d'extension pour l'exception que nous venons de signaler :

on voit que cette cité, si recommandable sous d'autres rapports, est éloignée de nos frontières et de nos ports de mer. On trouve à Saint-Chamond et à Rive-de-Gier des aspérités commerciales moins rugueuses qu'au chef-lieu d'arrondissement, et cela se conçoit : il y a dans ces deux villes moins de *capacités* (logique électorale), moins de candidatures à la pairie, sous les auspices du caducée. Passons aux classes industrielles.

Les nuances morales qu'elles présentent ne sont guère appréciables que dans l'arrondissement de Saint-Étienne ; et, en général, le rubanier est plus doux, plus policé que l'ouvrier des exploitations houillères et le ferronnier. Les hommes livrés au travail du fer, semblent y contracter cette insouciance un peu sauvage dont parle l'Écriture sacrée : *Sic faber ferrarius sedens juxtà incudem et considerans opus ferri ; vapor ignis uret carnes ejus, et in calore fornacis concertatur* [1]. Cette humeur âpre, que le ferronnier acquiert auprès de la fournaise, se signale souvent dans ses heures de repos ; il est irascible, querelleur au cabaret et sur la voie publique : nous avons vu des forgerons de Saint-Étienne provoquer les soldats qui passaient tranquillement à côté d'eux ; mais heureusement la longanimité de ces derniers, quoique rudement harcelée, ne s'est pas démentie un seul instant.

L'arrondissement de Saint-Étienne présente, relativement aux deux autres, une particularité qui ne peut échapper à l'observateur : le clergé, disons plus, la religion y exerce moins d'empire : c'est un fait positif que nous signalons sans chercher à en expliquer les causes, de peur d'accorder en cela trop d'influence aux immunités que le commerce s'est données, et que partagent, jusqu'à un certain point, les classes industrielles. Hâtons-nous d'ajouter que, moins dévotieux que les habitants du Roannais et du Montbrisonnais, les Stéphanois exercent avec autant de piété qu'eux cette bienfaisance que l'on pourrait appeler l'or pur de la religion : nous avons mentionné ailleurs les institutions créées dans cette contrée pour le soulagement des ouvriers vieux ou malades, pour leurs veuves, pour leurs enfants en bas âge. S'il vient une année calamiteuse, d'abondants secours sont distribués par les habitants riches ou seulement aisés, dans les villes, dans les villages, dans les hameaux. Voici toutefois une circonstance plus particulière à la ville de Saint-Chamond qu'aux autres localités du pays : « Les habitants de cette ville, dit M. Duplessy, se distinguent entre tous ceux du département par une union ordinairement fort rare

---

[1] Celui qui travaille le fer, s'assied près de l'enclume et considère le fer qu'il met en œuvre ; la vapeur du feu lui dessèche la chair, et néanmoins il se complaît dans l'ardeur de la fournaise. *Ecclesi.*, Chap. 38 v. 23.

parmi les personnes chez lesquelles l'exercice des mêmes professions donne trop souvent naissance à d'affligeantes rivalités. Là, tous sont d'accord dès qu'il s'agit de faire du bien. Le collége rétabli, l'hospice agrandi, les églises réparées, ornées et richement entretenues, attestent les qualités que nous proclamons. » Durant le douloureux hiver de 1817, et la disette qui le suivit, pendant que 300,000 baïonnettes étrangères jetaient leurs tristes reflets sur nos champs désolés, les habitants de Saint-Chamond, grâce à cette mutualité de sollicitude, ont peu ressenti les calamités d'une époque doublement désastreuse. M. Ardisson, maire de la ville, qui avait dirigé cet élan de bienfaisance, reçut alors de Louis XVIII la croix de la Légion d'honneur. Cette fois, elle orna une poitrine qu'avaient agitée de nobles inspirations.

Les divertissements du peuple dans le département de la Loire, ne nous ont pas paru bien variés : la jeunesse villageoise, au lieu de se réunir sous les ombrages, et de danser sur la pelouse, dans les fêtes champêtres, nommées ici *Vogues* ou *Baladoires,* se presse ordinairement dans une grange, ou dans la chambre basse, étroite et bientôt fétide d'un cabaret. Presque partout, le violon guide les danseurs, exécutant le quadrille qui, généralement, a remplacé les danses Foréziennes; et la valse n'est pas étrangère à ces plaisirs campagnards. Ce n'est qu'au sein des montagnes avoisinant l'Auvergne que l'on conserve le branle indigène lourdement accentué à coups de semelles : là l'antique cornemuse n'est point délaissée pour l'aigre violon des Musards rustiques. Nous voudrions pouvoir dire que la tempérance préside à ces réunions villageoises des jours de repos; ce serait faillir à la vérité : le plaisir s'y couronne volontiers de pampres, et rentre souvent sous son chaume déraisonnable et chancelant.

Les villes de Roanne et de Montbrison offrent peu de plaisirs animés; il en est ainsi de toutes celles de ces deux arrondissements, à l'exception peut-être, des localités de Saint-Alban et de Saint-Galmier, où les baigneurs égayent un peu le pays, au bruit d'une marotte étrangère. Nous avons vu qu'à Roanne, les jeux scéniques, quoique passagers, sont peu suivis; ils ne le sont guère plus à Montbrison. Durant l'hiver, quelques bals se succèdent dans la première de ces villes; ils sont plus rares dans la seconde, où l'esprit de sociabilité est moins expansif. Sur l'un comme sur l'autre point, on préfère les excursions aux champs, où les citadins s'abandonnent aux récréations agrestes avec une sorte d'entraînement. Du reste, dans le département de la Loire, ainsi que dans celui de la Haute-Loire, on a sa maison de campagne aussitôt que la plus petite aisance le permet, et là chacun fait en miniature la vie de château.

Dans l'arrondissement de Saint-Étienne, c'est en grand qu'on s'y livre : le commerce opulent, après avoir écoulé les soirées d'hiver en fêtes splendides, va chercher dans ses élégantes villas, des jouissances champêtres, corroborées par les plaisirs de la ville. « Les négociants stéphanois, dit M. Duplessy, cultivent avec succès les arts d'agrément; mais ils s'occupent peu des sciences et des lettres; ils aiment la bonne chère et ne sont point ennemis des amusements. » L'étranger, dans ces heures de délassement, reçoit d'eux un accueil distingué : ce ne sont plus les hommes brusques et secs du comptoir. Les cercles du soir sont peu recherchés par ces commerçants; leurs femmes, qui s'en arrangeraient mieux, mènent une vie assez retirée, tandis qu'ils se réunissent au café ou dans ces sociétés où l'on joue à *la poule,* sur un billard autour duquel tourbillonne la fumée des cigares. Les dames stéphanoises, proclamées bonnes épouses, excellentes mères, commerçantes pleines d'intelligence, assurent qu'elles ne perdraient rien de ces belles qualités, si elles s'amusaient un peu plus.

Il est un phénomène social qui ne peut manquer d'avoir frappé les moralistes : l'ancienne noblesse, dessaisie par la révolution de ses belles prérogatives, qu'elle n'a pu ressaisir à la restauration, parce qu'on ne fait pas rétrograder l'esprit des peuples comme les institutions qu'on leur donne; l'ancienne noblesse qui, pourtant, n'a jamais pensé qu'elle dût redescendre au niveau commun des citoyens, s'est avisée, dans une notable proportion, d'un moyen aussi grand que les exploits de ses chevaleresques ancêtres : elle a recherché la supériorité universellement reconnue que procurent le savoir et le talent. Pour recueillir les éléments de cette composition historique, nous avons parcouru l'immense bassin que son cadre embrasse, et partout nous avons trouvé des personnes appartenant aux anciennes familles titrées, se livrant aux recherches scientifiques, à la littérature, aux arts libéraux. Nous aurons souvent occasion de citer, comme nous l'avons déjà fait, les travaux de ces personnages : travaux qui, de leur aveu même, continueront dignement l'illustration de leurs maisons. Ainsi MM. de Becdelièvre et de Parron, au Puy; M. d'Allard, à Montbrison; M. Puy, au château de la Batie; M. de la Saussaye, à Blois; M. de Croy-d'Argenson, à Tours, et tant d'autres, que nous nommerons successivement, s'inscrivent honorablement au nombre des laborieux investigateurs qui reculent chaque jour les bornes de la science et de l'art.

Nous venons de nommer M. Puy de la Batie, qui, confiné dans le fastueux château de ce nom, réunit, avec un soin persévérant, des documents relatifs à l'histoire du Forez. Nous avons eu le regret de ne pas le rencontrer en visitant l'ancienne demeure des seigneurs d'Urfé : ce fut pour nous une grande déception. Mais la physionomie de cette habitation, tout à la fois coquette et imposante, est d'une éloquence si expressivement historique, que l'imagination se plaît en l'admirant à se jouer avec des poëmes improvisés, en attendant les guides qui manquent à la pensée pour tracer des annales authentiques. Cette vaste cour d'honneur, maintenant silencieuse et déserte, nous la repeuplions d'une compagnie illustre, empruntée aux premières années du XVIIe siècle : époque d'élégance, de galanterie sublimée, où l'auteur d'*Astrée* écrivait, tandis que la chevalerie expirait sous sa brillante armure. M. Adolphe Rouargue, qui nous accompagnait, le crayon à la main, comprit notre séduisante fascination, et la fixa sur son album. Nous l'offrons à nos lecteurs, et nous retournons à des détails plus positifs.

Le costume des habitants de la Loire est, dans les villes, ce qu'il est partout : la copie plus ou moins heureuse de celui de Paris, pour les hommes et pour les femmes. Nous n'avons donc à nous occuper que de l'habit des classes populaires, qui lui-même nous a semblé peu caractérisé. Les hommes portent le pantalon large, la veste ronde ou longue, le chapeau à larges bords, les cheveux pendants et couvrant le collet. Dans la Loire aussi, la couleur verte est préférée, particulièrement par les habitants de la montagne. Les jours de fête, l'artisan et le paysan aisés se distinguent par un habit dont les pans sont très-longs. Le drap grossier qui sert à l'habillement des gens de la campagne, provient de quelques fabriques des départements voisins.

L'habillement des femmes est tout à fait dépourvu de cette localité pittoresque qu'on remarque dans le département de la Haute-Loire ; il n'offre rien de particulier, si ce n'est, dans les parties froides du département, un grand mouchoir posé en marmotte sur le bonnet, et dont une pointe tombe sur le dos, tandis que les deux autres viennent se nouer sous le menton. Cet usage, adopté surtout par les femmes âgées, leur prête la physionomie des *Cophtes*. L'amour du luxe a pénétré sous le chaume forézien comme ailleurs : les paysannes du pays qui jouissent d'une certaine aisance, se couvrent de bijoux, qui leur semblent d'un goût d'autant plus distingué, qu'ils sont plus pesants de forme et de matière. Elles portent aux oreilles de larges anneaux en or et de lourds colliers de même métal ; ces derniers, ornés d'une large plaque, peuvent être comparés pour le travail, à cette pièce d'horlogerie contenue dans le mouvement de la montre, et qu'on nomme le *coq*.

Les sabots sont encore la chaussure des deux sexes presque généralement portée : ils sont en bois de hêtre, et se fabriquent dans les montagnes du département. Cependant le soulier et même la botte, ont fait de nombreuses conquêtes dans la Loire depuis une vingtaine d'années ; les paysannes ont aussi adopté, pour la danse, l'escarpin découvert. Quant aux artisans des villes, ils ne portent guère que des bottes sous leur pantalon flottant. Mais personne encore, au-dessous de la condition de contre-maître ou de chef-ouvrier, n'a osé se hasarder jusqu'à l'adoption du sous-pied.

Nous n'avons aperçu, en parcourant le département de la Loire, aucun usage, aucune coutume qui méritent d'être cités comme particularités locales : ces nuances, jadis si marquées, qui distinguaient les individualités provinciales, disparaissent insensiblement, sous ce nivellement de nationalité que la révolution a produit, et qui en cela du moins, n'est pas à déplorer. Il faut voyager dans la Provence, dans la Gascogne, dans l'Alsace, dans quelques parties de la Normandie et surtout en Bretagne, pour retrouver les types originaires des vieilles peuplades de notre France, devenue *une*.

La population du département de la Loire, disséminée sur les deux plaines que traverse ce fleuve, ou répandue dans les montagnes qui ferment ces plaines à l'est, à l'ouest et au midi, doit offrir, dans sa constitution physique, des différences résultant des influences diverses du climat, des habitudes locales et surtout du travail auquel les habitants se livrent. Ainsi, cette population qui, dans la totalité de l'arrondissement de Montbrison et dans une grande partie de celui de Roanne, s'occupe exclusivement d'agriculture, ne peut, sous les rapports physiques, non plus que dans les tendances morales, ressembler aux industriels de l'arrondissement de Saint-Étienne. Sans doute il serait difficile de réduire ces diversités à des termes généraux ; mais on peut saisir au moins les traits caractéristiques qui leur sont communs, et quelques-uns de ceux qui leur sont propres.

L'habitant du département de la Loire est généralement d'une taille moyenne, qui n'excède guère cinq pieds. On a pu cependant remarquer que parmi les jeunes gens appelés sous les drapeaux, il s'en trouve un trente-et-unième ayant cinq pieds cinq pouces et au-dessus. Les plus hautes statures se voient dans l'arrondissement de Saint-Étienne; là aussi se trouvent le moins de petites tailles. Le Forézien des plaines a les cheveux châtains, les yeux bleus, le teint pâle, peu d'embonpoint, les membres grêles, les allures lentes. Des habitations mal aérées, entourées de mares croupissantes, expliquent suffisamment cet air débile et maladif.

Les montagnards, au contraire, ont la chevelure claire, le visage coloré, l'œil vif, le corps fortement constitué, et toutes les apparences d'une santé robuste.

A Saint-Étienne et dans les villes manufacturières de l'arrondissement, la population se distingue par une complexion molle, une physionomie assez expressive, un visage plein, une peau blanche, des cheveux plus ordinairement blonds que châtains. Ces habitants, occupés pour la plupart de travaux pénibles, manquent en général d'embonpoint; mais la puissance musculaire est très-prononcée chez eux. Les femmes de cette contrée sont presque toutes d'une stature médiocre; leur taille manque de finesse; en récompense, elles ont le sein très-développé, les formes arrondies et souvent envahies par un excès de cet embonpoint dont les hommes sont privés. Du reste, la beauté n'est pas communément le partage des Foréziennes; cependant, on aperçoit quelquefois sous le costume rustique, des figures régulières et mêmes distinguées. C'est particulièrement dans les villes, parmi les ouvrières, qu'on rencontre de jeunes filles dont les traits charmants feraient honneur aux femmes des classes élevées.

Les diversités qui se font remarquer dans la constitution physique des habitants du département de la Loire, sont dues à des causes plus ou moins actives, dont l'influence peut déterminer des maladies; et ces maladies ont un caractère différent, selon la nature des principes agissants. A Saint-Étienne et aux environs, les vents du nord ou du sud soufflent pendant une grande partie de l'année : le premier, qui pénètre dans cette vallée après avoir traversé des régions élevées, est toujours froid et piquant; le second, au contraire, est chaud et humide, parce qu'il a parcouru des contrées brûlantes et une vaste étendue de mer. A ces conditions météorologiques, déjà influentes sur les tempéraments susceptibles, se joint une variation fréquente de température d'un effet plus intense encore. Les rhumes, les fluxions aux yeux, aux oreilles, aux dents, au visage; les affections causées par la transpiration subitement arrêtée, et même de graves péripneumonies, résultent donc assez fréquemment dans cette partie du département des influences ci-dessus signalées. Les eaux dont on fait usage sur ce point, et qui contiennent quelque fois surabondamment la sélénite et le carbonate de chaux, contribuent aussi aux anomalies sanitaires de la population. Mais les travaux des habitants et l'irrégularité de régime qu'ils entraînent, agissent avec plus de puissance que les autres causes. Nous avons vu que les mineurs occupés à l'extraction de la houille et les ouvriers en fer, forment plus de la moité des habitants de l'arrondissement de Saint-Étienne. Or, cette classe passe sa vie dans les lieux bas, humides, au milieu d'un air vicié par l'accumulation des individus, ou exposés à l'action d'une fournaise ardente. En outre, les *houilleurs* et les *ferronniers* vivent généralement d'une manière grossière, intempérante et imprévoyante: se nourrissant surtout de fromage, de lard, de salaisons, et se livrant plus que volontiers à l'excès du vin ou de l'eau-de-vie. Les ouvriers en soie, rubaniers et autres, occupent d'ordinaire des ateliers mieux aérés, et n'imposant pas à leur constitution des efforts aussi pénibles, y apportent moins d'altération. On a remarqué aussi qu'ils se livrent moins à l'abus des liqueurs spiritueuses. Toutefois, les uns et les autres sont sujets, à l'intensité près, aux mêmes maladies, parce que le tempérament mixte des Stéphanois est Lymphatico-sanguin et nerveux; aussi les affections dominantes parmi eux tiennent-elles à peu près généralement à des altérations du système lymphatique. Là, se remarquent l'engorgement des glandes muqueuses; par suite, dans le peuple, une multitude d'enfants des deux sexes sont atteints de scrophules, plus ou moins prononcés, ou de maladies ayant avec celle-là des rapports plus ou moins directs, plus ou moins immédiats : comme le rachitisme, les tumeurs blanches, les gibbosités de tout genre, les infiltrations séreuses, les œdèmes, les hydropisies : toutes affections qui, quoique diverses, offrent entr'elles des points de contact, puisqu'elles ont une origine commune, le système lymphatique. Les Stéphanois de toutes les classes sont très-sujets à la toux; à la dyspnée et à l'asthme : indispositions désignées dans le pays sous le nom générique d'oppression, et qui, nonobstant la dénégation de plusieurs médecins, nous semblent avoir pour cause la poussière fine et déliée, la vapeur bitumineuse qui, s'exhalant de la houille, se mêlent constamment à l'air atmosphérique.

Tout ce que nous venons de dire du tempérament et des maladies propres aux habitants de Saint-Étienne et des environs, peut s'appliquer, à de faibles nuances près, aux populations de Saint-Chamond et de Rive-de-Gier. Nous devons ajouter, quant aux ouvriers verriers de cette dernière ville, que la pulmonie se déclare fréquemment parmi eux ; ce que l'on doit attribuer aux émanations subtiles des matières qu'ils travaillent. Mais ni la constitution, ni les maladies des habitants de la région la plus élevée de l'arrondissement ne se rapportent aux tempéraments et aux affections du bassin de Saint-Étienne. Cette portion de la population est sanguine; ses maladies les plus ordinaires sont les rhumatismes, les engorgements des viscères, les fluctions de poitrine. Quant aux fièvres, elles sont rarement épidémiques dans les parties hautes de l'arrondissement de Saint-Étienne ; mais les fièvres inflammatoires bilieuses, putrides et malignes s'y montrent périodiquement.

L'arrondissement de Montbrison, observé dans la plaine dite *de Forez*, et considéré sous le rapport hygiénique, a donné lieu à de fréquentes controverses : des praticiens ont affirmé que l'air de cette plaine était insalubre, d'autres ont nié cette insalubrité. Les premiers appuient leur opinion sur les nombreux étangs qui couvrent ce territoire (il y en a 450), sur le manque de grands végétaux et sur la funeste habitude de faire rouir le chanvre dans des eaux stagnantes, souvent très-voisines des habitations. Les seconds prétendent que l'absence des arbres laisse à l'air une plus libre circulation, et que les montagnes, assez ouvertes vers le septentrion, permettent le passage aux vents du Nord, qui balayent, chassent, dissipent les miasmes délétères; enfin, que les cours d'eaux de la Loire, du Lignon et d'une multitude de petits ruisseaux servent de ventilateurs, et établissent des courants d'air salutaires. Malheureusement, ce dernier raisonnement n'est que spécieux, et l'examen des lieux le démontre au premier coup-d'œil. Indépendamment de l'existence des nombreux étangs et du rouissage infect des chanvres [1], il faut remarquer que la plaine de Montbrison, dont la forme est elliptique, reçoit de tous côtés des eaux qu'y versent en abondance deux chaînes de montagnes élevées. Ces eaux circulent à la surface du terrein et imbibent ses veines sablonneuses, au point qu'il suffit de creuser à quelques pieds pour trouver partout des réservoirs souterreins: circonstance qui oblige à multiplier les irrigations autour et même dans l'intérieur des terres, pour garantir les récoltes d'une humidité excessive. D'un autre côté, et quoiqu'en aient dit les défenseurs de la salubrité locale, cette vaste ceinture de monts qui cerne de tous côtés la plaine,

---

[1] M. Christian, directeur du Conservatoire des arts et métiers, a inventé, il y a plus de vingt-quatre ans, une machine destinée à suppléer au rouissage du chanvre ; mais, au moment où nous écrivons, la routine l'emporte encore, et ses funestes effets subsistent.

interdit : le libre accès des vents ; ce qui entretient pendant l'été ce qu'on appelle dans le pays *une chaleur morte*, et un air si grossier, si épais, que la respiration y est quelquefois pénible. Il semble donc incontestable que de telles conditions doivent produire un foyer délétère ; mais on pourrait en diminuer l'influence par des plantations de grands végétaux, dont le pays est presque entièrement dépouillé. A ces causes d'insalubrité qu'il nous paraît difficile de nier se joint, dans la plaine de Montbrison, l'action évidemment pernicieuse des habitations basses et peu aérées d'une population presque entièrement composée de cultivateurs qui, par spéculation, entretiennent dans les cours des mares d'eaux corrompues, afin d'augmenter la qualité des engrais.

De tout ce que nous venons d'exposer, et de la malpropreté trop générale des paysans foréziens, naissent des fièvres intermittentes, des cachexies, des affections scorbutiques, des scrophules, des ulcères aux jambes, etc. L'habitant de la plaine pourrait atténuer, peut-être, les causes morbides dont il est environné, s'il mêlait un peu de vin à la mauvaise eau de puits dont il s'abreuve ; si, le matin, avant de quitter sa maison, il prenait un peu d'eau-de-vie, et se couvrait avec plus de soin, le soir, en regagnant son toit après les rudes travaux de la journée. Mais loin de là, l'insouciance de ce campagnard le familiarise pour ainsi dire avec les maladies qui l'assiègent ; ses travaux et ses habitudes en sont à peine interrompus. « Il livre son existence à la fièvre, dit M. Duplessy, avec une indifférence presque stupide, ses suites ne l'effraient pas. Il les connaît sous le nom de *Trâine*, et pendant cette *Trâine*, qui dépose dans toute son organisation l'espèce de marc auquel s'ajouteront, l'année suivante, les effets d'une nouvelle fièvre, il attend qu'une maladie plus grave, effet presque inévitable de son apathie, vienne le faire succomber sans résistance et même sans secours. Il est sans doute superflu d'ajouter que les habitants aisés de la plaine dont il s'agit préviennent son influence nuisible par des soins et un régime mieux entendus.

Enfin, et comme preuve irrécusable de l'insalubrité de ce territoire, nous allons citer un fait dont l'expérience d'un administrateur attentif a voulu s'éclairer : « Nous avons pris au hasard dans la montagne, dit M. Duplessy, un nombre de communes contenant une population égale à celle de quelques autres communes, prises également au hasard dans la plaine ; or, voici quel est le résultat de la mortalité, en prenant le terme moyen de plusieurs années. Dans les communes de la plaine, les décès sont, avec la population, dans la proportion d'un sur vingt-cinq ; et dans les communes de la montagne, les décès sont dans le rapport d'un sur quarante-deux. Le surplus du département présente une moyenne des décès d'un trente-quatrième à peu près de la population. »

L'arrondissement de Roanne est exempt des influences qui agissent dans ceux de Saint-Étienne et de Montbrison; mais la population est atteinte, au printemps, d'affections catarrhales bilieuses; et cette maladie, depuis une vingtaine d'années, prend un certain caractère d'adynamie. En automne, les fièvres intermittentes règnent fréquemment dans cette partie du département. Sur les communes où les terres sont fortes, les médecins observent des obstructions viscérales, des affections scorbutiques et des ulcères aux jambes, participant de ce vice.

La vaccine n'est pas encore généralement répandue dans le département de la Loire; cette pratique préservatrice y rencontre même des résistances. Cependant, les autorités ont dès long-temps organisé un système de vaccination gratuite : les médecins chargés de cette opération, parcourent deux fois par année les communes qui leur sont assignées, au mois d'avril et au mois de septembre. Des primes votées par le conseil-général, sont accordées au plus zélés vaccinateurs.

Nous l'avons dit, on ne trouve point dans le département de la Loire ces usages fortement caractérisés, ces habitudes tranchées qui, sur plusieurs points de la France, rappellent la diversité des origines. Si quelques nuances locales se font remarquer ici, nous les avons signalées dans nos descriptions partielles. Mais il convient de parler des migrations annuelles qui viennent en aide à l'industrie des habitants de plusieurs cantons, situés dans les montagnes de l'ouest. Ces montagnards, peu favorisés par le sol, vont chercher hors du département d'autres moyens d'existence, et c'est, pour l'ordinaire, l'état de scieur de long qu'ils exercent durant ces excursions loin de leur clocher. Les cantons où ces migrations ont lieu le plus particulièrement sont : Saint-Georges-en-Cousan, Noirétable, Saint-Jean-Soleymieux et surtout Saint-Bonnet-le-Château. Ces ouvriers voyageurs, dont le nombre peut être évalué à mille, se rendent dans les départements de Vaucluse, Var, Bouches-du-Rhône, Gironde, Ain, Saône-et-Loire, Allier, Nièvre, etc.; mais rarement ils poussent leurs excursions jusqu'aux départements septentrionaux; car ces courses annuelles ne s'étendent guère au-delà de sept à huit mois: partis en octobre, ils reviennent en juin, font leur récolte en juillet, et repartent après deux ou trois mois de séjour, qui, comme on le pense bien, ne sont pas un temps de repos. L'émigrant des montagnes de l'ouest, après avoir vécu durant son absence du pays, y rapporte environ 100 francs. Mais l'ouvrier-maître, celui qui entreprend le sciage, a quelquefois un bénéfice net de 2 à 300 francs; et celui-là devient immédiatement propriétaire, s'il ne l'est déjà. Il s'émigre aussi du canton de Saint-Bonnet-le-Château environ cent cinquante marchands de dentelle ambulants, et l'on a remarqué que la commune d'Husson en fournit plus des deux tiers. Ces porte-balles se rendent dans les départements de l'est et du midi ; lorsqu'ils sont intelligents, surtout lorsqu'ils inspirent assez de confiance aux fabricants pour qu'ils leur confient un lot de marchandise de quelque importance, il arrive quelquefois qu'ils rapportent dans leur village un certain capital. Mais ces petits commerçants ne visent point à la propriété ; c'est à la condition de marchand avec boutique qu'ils aspirent : le rêve de leur ambition prête tout l'éclat d'un trône au comptoir en bois de chêne ; pour eux, l'apogée des prospérités humaines, c'est la banquette de velours, la petite glace posée derrière, substituées au lourd fardeau, aux souliers ferrés du porte-balle... Heureux qui sait rapprocher ainsi l'horizon de ses désirs ambitieux.

Les habitants de la Loire parlent généralement français dans les villes, non pas toutefois sans un accent marqué qui ressemble à celui de l'Auvergne, à l'ouest ; à celui du Lyonnais, au sud et à l'est ; à celui du Bourbonnais, sur l'arrondissement de Roanne, c'est-à-dire vers le nord. Dans ces mêmes villes, dans les petites surtout, la langue de Racine et de Bossuet se nuance aussi de néologismes locaux, quelquefois expressifs, et qu'envieraient ceux de nos romanciers modernes qui s'avisent d'enrichir les lexiques à leur manière. Quant au patois forézien, ses variations sont telles qu'il serait difficile de le faire connaître précisément. Dans les montagnes de l'ouest, il a beaucoup de rapports avec l'Auvergnat ; dans celles de l'est, il se rapproche de celui des bords du Rhône ; dans la plaine, il participe des deux précédents. Mais sur les points mêmes où le langage est identique, l'accent et les inflections varient d'une telle manière, d'un village à l'autre, qu'il est impossible de le reconnaître. Le patois de l'ouest est celui qui nous a semblé le mieux caractérisé ; nous en donnons ici un exemple, emprunté à l'*Essai statistique* de M. Duplessy.

PATOIS.	TRADUCTION.
PIERROT. Bounsaï, *Bartomiau*.	PIERRE. Bon soir, *Barthélemy*.
BARTOMIAU. É mai à vou, *Pierrot*.	BARTHÉLEMY. Et aussi à vous, *Pierre*.
P. É dou vou zamena como co ?	P. D'où revenez-vous comme cela ?
B. Vené dou marcho dé vé la vilo.	B. Je viens du marché de la ville.
P. Perqué vou sai ano ta vité ?	P. Pourquoi êtes-vous venu si tôt ?
B. Lio tan de pela di lou chami, fo pas se bita à la naï.	B. Il y a tant de brigands dans les chemins ! il ne faut pas se mettre à la nuit.
P. Avia addiu de bétia ; n'ein faïe oun paou ?	P. Vous y avez conduit des bestiaux ; se vendaient-ils un peu ?

B. Dié passablamein; l'an ori bien besouen qué se vendézé.	B. Mais passablement; on aurait bien besoin qu'ils se vendissent.
P. Avé be rosou, lou taille ou emportein tout.	P. Vous avez bien raison, les tailles emportent tout.
B. Fo be paya lou taille.	B. Il faut bien payer les tailles.
P. Oun tro omeinto, fo vioro pa mi.	P. Elles ont trop augmenté, et pourtant il faut vivre.
B. Qué bé vrai.	B. C'est bien vrai.
P. Adioussa, Bartomiau, adioussa.	P. Adieu, Barthélemy, adieu.

La prononciation, dans ce patois, est ordinairement très-gutturale, et les nombreuses terminaisons en *a*, lui donnent quelque chose de dur pour l'oreille qui n'y est pas habituée. Nous nous dispensons de citer les autres patois du département; ils offrent, avec celui qu'on vient de lire, une dissemblance trop peu tranchée pour que de nouvelles citations puissent présenter quelque intérêt.

Les *sciences*, *lettres* et *arts* n'ont pas eu un développement général dans le département de la Loire; mais les premières reçoivent une application fort remarquable dans l'arrondissement de Saint-Étienne. En effet, ce n'a pas été, comme on pense bien, sans le secours des sciences physiques et mathématiques que tant d'industries innovées, tant de progrès apportés à la fabrication d'une multitude de produits, tant de procédés nouveaux substitués aux vieilles méthodes, ont porté si loin la prospérité industrielle de cet arrondissement. Non-seulement des hommes de savoir qui avaient étudié à l'étranger l'emploi des ressources mécaniques les ont importées avec avantage; mais l'École des mineurs de Saint-Étienne, dirigée par d'habiles professeurs, produit journellement, comme nous l'avons dit ailleurs, des sujets propres à reculer de plus en plus les limites de l'intelligence industrielle.

Dans cette même ville de Saint-Étienne, les écrivains n'ont pas fait défaut à l'histoire de l'élan progressif dont ils étaient les témoins : nous avons cité souvent, dans le cours de cette section, la *Statistique industrielle* de M. Alphonse Peyret qui, ce nous semble, est l'auteur de divers écrits périodiques, où sont enregistrés les efforts plus ou moins heureux de l'industrie stéphanoise. Nous avons mentionné aussi le *Mercure Ségusien*, publication d'une sage portée littéraire, qui sera appréciée par tous ceux qui voient dans la république des lettres un domaine que la pensée ne doit cultiver que sous l'empire de la raison. Sur l'arrondissement de Montbrison, les vocations agricoles sont telles, que leur mise en pratique laisse peu de temps aux théories : ni la société d'agriculture du chef-lieu, ni les directeurs de la bergerie royale, ne consignent, au moins ostensiblement dans des annales, les résultats de leurs observations : en un mot, le savoir dont la ville capitale du département de la Loire peut être le centre, n'est pas révélé par la publicité. Un jeune écrivain montbrisonnais, M. Auguste Bernard, s'est efforcé d'ouvrir dans sa ville natale une voie littéraire; mais aucun de ses compatriotes ne s'y est engagé ; et lui-même, désespérant d'éveiller les échos historiques de sa patrie, est venu publier à Paris ses *d'Urfé:* livre rempli de bons documents, qu'il a su assortir avec bonheur. M. Octave Puy de la Batie rassemble, commente et explique, dit-on, d'autres matériaux précieux pour l'histoire : c'est encore un trésor herméliquement clos qui profitera sans doute plus tard à la gloire littéraire du département de la Loire.

Les beaux arts sont plus négligés encore dans ce département : il n'y existe point de *Musée*. Si quelques amateurs, dont le nom ne serait pas parvenu jusqu'à nous, y possède ces talents qui embellissent la vie, soit qu'on les exerce, soit qu'on jouisse de leurs œuvres, nous ne connaissons que les collections mi-scientifiques, mi-artistiques de M. d'Allard qui se révèlent à l'attention publique dans le pays que nous venons de parcourir. A défaut de peintres, de statuaires, de dessinateurs et même de musiciens dont la réputation ait quelque retentissement départemental, nous pouvons au moins affirmer que les architectes du département de la Loire, particulièrement ceux de Saint-Étienne, méritent le nom d'artistes. Il y a dans cette ville des maisons particulières dont la construction ferait honneur aux Fontaine, aux Debret, aux Duban. Nous en avons remarqué qui sont élevées de quatre ou cinq étages, et surmontées d'un attique élégant. On voit aussi bon nombre de jolies constructions à Roanne, à Saint-Chamond, à Rive-de-Gier, et Montbrison n'en est pas entièrement dépourvu. Mais tout cela ne constitue, par malheur, qu'une exception. Généralement les constructions présentent un aspect disgracieux : la plupart ont deux étages dans les villes; dans les villages, elles n'en ont qu'un. Les portes et fenêtres, presque toujours démesurément petites, sont d'une forme carrée qui choque le regard. Les appartements, bas, peu aérés, sombres, réunissent rarement les commodités les plus nécessaires; on y parvient par des escaliers de pierre en spirale d'une notable roideur. Les bâtiments sont tous couverts en tuiles creuses, et l'on donne au toit une pente de trente à trente-cinq degrés.

Nous avons à signaler un genre de constructions dont la direction est confiée à MM. les ingénieurs, et qui, dans tous les travaux de maçonnerie et de statique, mérite des éloges sans restriction. Nous voulons parler des canaux et des ponts exécutés dans le département. Les premiers offrent partout des écluses, des revêtements d'une admirable exécution. Les seconds nous imposent une description plus étendue.

Les ponts jetés depuis quinze à seize ans sur la Loire, dans le département que nous décrivons, sont au nombre de quatre, outre celui de Roanne, qui n'a été terminé que vers le milieu de cette période. Le pont suspendu de Saint-Just, d'une travée de 100 mètres d'ouverture, à une voie, a été construit, en 1831, par les soins de MM. Fleury Robert, Labarre, Crozet, Peyron et Grubis, moyennant la concession d'un péage de quatre-vingt-dix-neuf ans. Le pont suspendu d'Andrezieux, ayant deux travées de 75 mètres de longueur chacune, à une voie et élargissement sous la pile pour le croisement des voitures, a été exécuté en 1829, par M. Étienne Gauthier, moyennant abandon du péage pendant trente-six ans. Le pont en charpente de Montrond, avec piles en pierres de taille, de neuf arches, ayant 18 mètres d'ouverture chacune, a été adjugé, en 1824, à une compagnie anonyme qui doit percevoir le droit pendant quatre-vingt-dix-neuf ans. Enfin, le pont suspendu de Feurs, de deux travées, ayant chacune 100 mètres d'ouverture, a été construit en 1830, sous la direction de M. Jules Seguin, moyennant une concession de soixante-cinq ans.

Ces diverses constructions, dans lesquelles la solidité s'unit à la grâce, sont d'une grande utilité sur les divers points où elles existent. Les trois ponts suspendus le sont au moyen de câbles en fil de fer, ayant résisté à des charges bien supérieures à celles qui leur sont imposées [1].

M. Duplessy a fait, il y a vingt-deux ans, un tableau peu consolant des progrès de *l'agriculture* dans le département de la Loire; nous avons le regret d'annoncer que nous devons le reproduire, comme l'exposé le plus fidèle encore du premier des arts sur cette localité; nous réservant toutefois d'indiquer ce que, dans une excursion récente, nous avons remarqué de changements favorables à cet état de choses. « Il est trop vrai, dit l'auteur de l'*Essai Statistique*, que le progrès a été presque nul : assolement vicieux, mauvais instruments aratoires, constructions malsaines, absence presque totale de fourrages artificiels, négligence d'augmenter les prairies naturelles, abandon d'une multitude de rivières, de ruisseaux qui portent leurs eaux à la Loire, sans que, presque nulle part, on prenne le soin de leur faire payer un tribut d'irrigation : telles sont les principales causes qui repoussent l'abondance

---

(1) Assez généralement les fils de fer devant composer les câbles, sont essayés séparément, et doivent porter un poids de 750 kilogrammes. Qu'on juge de la puissance de ces câbles, dans lesquels on réunit jusqu'à 150 et même 200 fils de fer.

d'un territoire naturellement fertile. Cependant, la plaine de Roanne et les montagnes, celles de l'est surtout, offrent quelques progrès en agriculture. L'émulation y fut excitée, il y a environ cinquante ans, par la hausse du prix des denrées, et par le trop fameux *produit net* des économistes. D'après eux, quelques essais furent tentés, quelques plants et fourrages étrangers introduits; on employa même des instruments de culture jusqu'alors inusités, mais avec trop peu de succès pour ne pas revenir bientôt aux anciens usages. De ces espèces d'améliorations passagères, il n'est résulté que quelques défrichements, qui ont reculé d'autant les limites des bois et augmenté leur rareté, sans accroissement sensible dans les récoltes. Rien n'y est cultivé en grand : les forêts sont peu considérables et les prairies étroites. Aucune plante n'y est propagée pour devenir l'objet d'une exploitation considérable; les vignes mêmes, qui fournissent la principale récolte de l'arrondissement de Roanne, et une ressource importante sur quelques parties de l'arrondissement de Montbrison, ne s'y présentent pas en bons tennements. »

Parmi les améliorations qui nous permettent d'adoucir un peu cet austère tableau, on doit citer celles apportées par quelques grands propriétaires au mode d'assolement, et ces propriétaires ont été imités. Dans les arrondissements de Roanne et de Montbrison, l'achèvement d'une grande communication qui traverse le département (la route de Paris à Lyon), et l'ouverture de plusieurs voies départementales ont encouragé les propriétaires de vignes à améliorer leurs plants, afin d'obtenir des produits plus susceptibles d'exportation. La culture du mûrier, source de prospérité dans les cantons où l'on se livre à la préparation de la soie et à sa mise en œuvre, a reçu des perfectionnements; elle s'est même agrandie sur plusieurs points; et l'accroissement de la matière première dans la contrée contribue aujourd'hui, dans une notable proportion, à affranchir le commerce français du tribut qu'il paye à l'étranger pour les soies qu'il en a long-temps tirées presque exclusivement. L'utilité des prairies artificielles, mieux sentie par les habitants de la plaine, a déterminé d'abord les grands propriétaires, puis les petits à l'adoption de ce genre de culture. Les prairies naturelles ont été aussi l'objet de soins mieux entendus. Enfin, il faut signaler, comme le premier des éléments de progrès, l'emploi aux travaux précieux de l'agriculture des bras trop long-temps armés d'un fer destructeur pour le maintien de cette gloire retentissante qui ne vivait que de sacrifices.

Selon les calculs les plus approximatifs, la superficie totale du département de la Loire est de 486,500 hectares, et les terres exploitables qui figurent dans ce nombre peuvent être divisées ainsi :

Terres labourables	276,446 hec.
Prairies naturelles et autres	25,314
Vignes	13,500
Bois	5,399
Chanvre	450
Plantes oléagineuses	550
Jardins, cultures particulières, propriétés bâties	4,000
Étangs	3,200
Terres cultivables	328,859 hec.
Pâtures et terres vagues	157,641
Total égal à la superficie	486,500 hec.

Nous avons indiqué, au commencement de cette section, la division et la nature des terres labourables du département, et fait connaître, par suite de cette indication, le mode d'assolement de ces terres. Nous ne reviendrons sur ces mentions que pour y ajouter quelques détails touchant les ressources et les moyens d'exploitation. L'usage de la *grande charrue* à deux roues, que les cultivateurs de la plaine employaient seuls, il y a trente ans, est devenu plus général, et bon nombre de propriétaires ont même adopté des charrues de nouveaux modèles. *L'araire simple* est employé plus généralement encore : léger et frêle dans la montagne, il est plus solide dans la plaine. On se sert aussi de la *coutrière*, charrue fort svelte, dont le soc ressemble au fer d'une bêche ; elle convient aux défrichements. L'attelage des diverses charrues se compose de bœufs, souvent de vaches, rarement de chevaux. *La herse* est ici, comme ailleurs, triangulaire et à dents de fer ou de bois. *Le rouleau* n'est pas inconnu dans la Loire ; mais on y préfère la *plane :* c'est un composé de deux chevrons d'un mètre et un tiers de longueur, et assemblés à un tiers de mètre de largeur. On promène cet appareil chargé de pierres sur les terres, avant de les ensemencer. Les parties montagneuses de l'arrondissement de Saint-Étienne sont cultivées à la *pioche*. La *bêche*, réservée aux terrains de prédilection, sert particulièrement dans les chambons. On appelle *chars* les voitures destinées aux divers transports ; ils sont montés sur quatre roues, d'une construction solide et traînés par des bœufs. Ces chars sont plus communs dans les arrondissements de Roanne et de Montbrison que dans celui de Saint-Étienne, où l'on se sert, à cause des chemins montueux, de charrettes et de tombereaux à deux roues et plus légers.

Les domaines sont généralement cultivés dans la plaine par des *grangers*, rarement par les propriétaires eux-mêmes. C'est précisément le contraire dans la montagne. Lorsque la métairie est remise à un fermier, le propriétaire jouit de la moitié des produits en grains seulement; les racines alimentaires, fourrages, plantes oléagineuses appartiennent au granger. Sur les exploitations rurales où le profit des bestiaux ne se paye pas, il est partagé. L'exploitant est chargé de tous les frais de culture, ce qui, pour les grandes fermes, nécessite une avance de 2 à 3,000 francs. On conçoit que, placé dans cette condition, ce cultivateur soit indifférent à toute espèce d'amélioration : en effet, à la recherche d'un succès incertain, il ferait des dépenses certaines; voilà ce qui, sur tant de points, rend les progrès agricoles lents et difficiles.

Il faut une paire de bœufs par 5 hectares de terrein à ensemencer; les terres fortes en exigent trois paires pour 10 hectares. Les grangers peu aisés, pour épargner les fourrages, achètent une seconde ou une troisième paire de bœufs au moment des semailles, et la revendent ensuite.

Le ménage du granger se compose ordinairement de lui, sa femme, une servante, un valet, deux bergers et deux petits bouviers. Tout ce personnel se presse dans une habitation composée de deux corps de bâtiments, l'un pour les créatures humaines, l'autre pour les bestiaux : ceux-ci sont presque toujours les mieux logés. Au dernier corps de bâtisse est joint la grange. Les planchers de la maison sont bas; le sol, sans carrelage ni pavé, se trouve au niveau de la cour, au milieu de laquelle est presque toujours une mare infecte, recevant l'égout des toits et des fumiers. Dans la montagne, quelques habitations sont construites en pierre; dans la plaine, elles sont presque généralement en *pisé* (espèce de terre dont on fait des murailles).

Nous avons dit que les bestiaux d'espèce bovine sont presque exclusivement employés, dans le département de la Loire, aux exploitations rurales, et c'est peut-être l'avantage que les cultivateurs trouvent à s'en servir qui fait négliger en cette contrée l'amélioration des races de chevaux. Ceux qu'on y voit sont en général d'espèce commune, d'une taille moyenne, et uniquement propres au bât ou à la selle, encore ne sont-ils montés que par les habitants de la campagne. Car il faut être peu difficile sur le choix d'une monture pour se servir de ces chevaux abâtardis, auprès desquels ceux qui apportent à Paris les cerises de Montmorency paraîtraient d'élégants palefrois. Si l'on remarque dans la plaine quelques chevaux de main ou même de trait, dont les formes et les allures soient moins vulgaires, c'est qu'ils ne sont point indigènes : on les tire ordinairement du Puy-de-Dôme. A diverses reprises pourtant, des étalons du haras de Lyon ont été placés chez des particuliers, pour essayer d'un croisement de races favorable; mais nous ne voyons pas que ces tentatives aient produit un résultat sensible. Une des causes qui contribuent ici le plus à l'abâtardissement des races chevalines, c'est que les poulains sont montés ou mis au fardeau dès l'âge de deux ans. Une autre cause résulte du travail excessif que l'on impose aux juments, même pendant le cours de leur gestation : ce sont ces pauvres animaux qui portent au marché toutes les provisions du granger et la grangère avec. A peine de retour à la ferme, on les charge, ou d'engrais, ou d'autres objets, pour un transport qui dure le reste de la journée. Sans doute ce défaut de ménagement tient au peu de cas qu'on fait de l'espèce; mais un tel usage achève de la détériorer et de rendre l'amélioration impossible.

Les mulets et les ânes qui existent dans le département de la Loire ne sont point indigènes : ils viennent des départements de la Vendée, des Deux-Sèvres, de la Vienne; et les maquignons de ces départements ont soin de les amener en abondance aux foires du Puy (Haute-Loire), de la Bouteresse et de Saint-Germain-Laval (Loire). Nous allions omettre de dire que les foires les plus renommées pour la vente des chevaux, sont celles de Saint-Germain-Laval, de Montbrison, de Poncins, de Pommiers et de la Bouteresse.

Les bêtes à cornes laissent moins à désirer dans ce département que les chevaux, sous le rapport du perfectionnement des races, surtout dans les montagnes qui avoisinent le Puy-de-Dôme. Mais sur ce point même, les espèces ne nous ont pas paru belles : les bœufs et les vaches sont de petite taille. On élève des génisses dans ces montagnes pour les vendre ensuite aux habitants de la plaine, où elles dégénèrent bientôt. Peut-être doit-on moins attribuer cette circonstance au changement de climat qu'aux fourrages, trop peu substantiels sans doute pour ces animaux. Les bœufs et les vaches sont employés, comme nous l'avons dit, au labourage et au transport : le plus souvent ce sont les vaches qui font ce dernier travail. On a l'habitude de les laisser la nuit au pâturage.

Les bêtes à laine, très-multipliées sur le département, n'offrent point ou offrent peu de variété dans les races, et nous devons ajouter que les améliorations dont les troupeaux ont été l'objet d'un bout à l'autre de la France, sont peu remarquables parmi les habitants de ce département. Le croisement des *merinos* s'y est opéré lentement, et les soins donnés aux troupeaux ont besoin de subir une entière réforme. Les moutons foréziens sont petits et faibles; leur toison est en général courte, mal fournie. Cette apparence chétive tient, nous le présumons, au régime négligé des bergeries : locaux humides, mal aérés, où les bêtes à laine demeurent sur une litière de plusieurs mois. Elles sont conduites au paccage à toute heure, par tous les temps, et condamnées l'hiver à une diète tellement sévère, que souvent un fagot de feuillard doit suffire à douze brebis pour tout un jour. Cependant nous devons dire que depuis l'établissement d'une bergerie expérimentale à Montbrison, les essais se sont multipliés, soit pour l'introduction des mérinos de pure race ou de races métisses, soit pour les soins à donner aux troupeaux. En 1818, l'arrondissement de Saint-Étienne, toujours plus avancé dans les voies du progrès que les deux autres, ne renfermait encore qu'une centaine de *mérinos* et cinq à six cents *métis*. Aujourd'hui, ces nombres sont au moins triplés, et les mêmes races sont assez répandues dans les plaines de Montbrison et de Roanne. L'expérience a démontré, du reste, que l'éducation des bêtes à laine espagnoles sera facile dans le département de la Loire, et que leur croisement avec les espèces indigènes aura bientôt opéré une régénération complète de ces dernières, en promettant de beaux produits des tondailles.

Les troupeaux du département de la Loire ne sont point transhumans, et quoique sédentaires, on ne les emploie que rarement au parcage. Les maladies des bêtes à laine sévissent avec moins de gravité depuis que des changements favorables ont été introduits dans le régime des bergeries, et surtout depuis que l'administration veille à la répartition bien entendue des artistes vétérinaires. Toutefois, les moutons sont encore exposés à quelques affections morbides telles que le claveau, la picote, la morve, appelée dans le pays *morvelle*. Afin de détruire les suites graves du claveau, on tenta vainement, il y a vingt-quatre ou vingt-cinq ans, de l'inoculer dans l'arrondissement de Montbrison. On y traite plus heureusement la gale des bêtes à laine, par le vert de gris l'éthiops minéral, les cantharides mêlées avec de la graisse blanche : ce traitement paraît triompher de la gale la plus opiniâtre. Dans les arrondissements de Saint-Étienne et de Roanne, où elle l'est moins, elle cède à l'emploi du soufre malaxé, de la térébenthine, du tabac en poudre et de l'huile dite *de cade*.

Le produit des laines mérinos, métisses et indigènes, dans le département de la Loire, s'élevait, en 1818, à 13,000 kilogrammes, dans lesquels les deux premières espèces n'entraient que pour 2,750 kilogrammes. Aujourd'hui, le produit est assurément plus que doublé, et les laines améliorées y sont comprises dans une proportion beaucoup plus considérable que celle indiquée ci-dessus. Ces laines sont employées, en général, sur les lieux, à fabriquer des draps grossiers, et à la chapellerie commune de Chazelles. Celles qui ne reçoivent pas cette destination, sont expédiées dans le département du Rhône.

Les vignobles du département sont, dans la proportion de plus des deux tiers, situés sur l'arrondissement de Roanne, puisqu'il en contient environ 9,350 hectares. Ils se trouvent répartis dans les cantons de Saint-Haon-le-Chatel,

Roanne, Perreux, Saint-Just-en-Chevalet, Charlieu et Saint-Germain. Le premier de ces cantons produit le meilleur vin, et sa côte de *Renaison* est, ainsi que nous l'avons dit, le premier crû du département. Le canton de Montbrison renferme environ 3,100 hectares de vignes : elles se trouvent en grande partie dans les cantons de Boen, Saint-Rambert, Montbrison, Chazelles-sur-Lyon, Saint-Galmier et Feurs. Enfin, sur le canton de Saint-Étienne, 1,050 hectares environ de vignes couvrent une partie des communes riveraines du Rhône.

On cultive la vigne à peu près de la même manière dans tout le département : aux approches de l'hiver, on enterre le pied du cep, qui est ordinairement peu élevé; puis on le découvre au retour du printemps pour rendre la taille plus facile. En mai, un labour profond, à la bêche ou à la pioche, est donné au terrein, suivant qu'il est plus ou moins pierreux; vers la floraison, une seconde façon a lieu; au mois d'août la vigne reçoit le dernier labour. Ces trois opérations s'appellent dans le pays, *essartir*, *biner* et *tiercer*. Le provignage, qui se fait en hiver et au printemps, est indispensable dans la plupart des vignobles : sans cette méthode, le plant ne durerait pas douze ans; et malgré cet usage, la vigne ne rapporte guère au delà de vingt-cinq ans, dans les terreins pierreux, qui produisent les meilleurs vins. Dans les terres fortes et grasses, elle est d'une plus longue durée et d'un rapport plus considérable; mais ici la qualité ne répond pas à la quantité.

Le vigneron partage ordinairement avec le propriétaire, soit à la vigne, soit au cellier. Les terreins les plus propres à la culture de la vigne offrent une récolte moyenne de 20 à 25 hectolitres par hectare; elle est plus abondante dans les terres qui ne donnent qu'un mauvais produit. Les vins du département de la Loire ne se conservent pas : tout au plus ceux des bons crûs peuvent-ils rester *droits* trois ans, lorsqu'ils ont été faits méthodiquement. Les autres tournent à l'aigre dès les premières chaleurs. Aussi, le commerce de Roanne s'empresse-t-il de les vendre aussitôt qu'ils sont récoltés, ou de les exporter. Ainsi que tous les vins du Valentinois sont vins de l'*Ermitage*, tous ceux de l'arrondissement de Roanne usurpent à Paris le nom de *vins de Renaison*, appelés parmi les Parisiens *vins d'Arnaison*. Les produits des arrondissements de Montbrison et de Saint-Étienne, d'assez mauvaise qualité, sont consommés sur les lieux. Il faut en excepter cependant celui de *Château-Grillé* (commune de Saint-Michel-sous-Condrieux), qui, baptisé *vin de Condrieux*, est transporté comme tel à Paris.

Les prairies ne sont point proportionnées aux besoins des arrondissements où elles se trouvent : par exemple, celui de Saint-Étienne, plus commerçant qu'agricole et qui nourrit peu de bestiaux, comprend une étendue de prairies aussi considérable que l'arrondissement de Montbrison, où le nombre des herbivores est bien plus grand. L'arrondissement de Roanne est le moins bien partagé en ce genre. Depuis quinze à vingt ans, les prairies artificielles suppléent progressivement à cette insuffisance; mais elles sont loin encore d'être en rapport avec les nécessités locales, et peut-être cette proportion ne sera-t-elle jamais atteinte. Car la Luzerne, qui exige une terre forte et profonde, ne vient que dans des terrains de choix; et le sol du département, plutôt granitique que calcaire, repousse la culture du sainfoin. Dans le département de la Loire, les agronomes sont enfin parvenus à faire comprendre que le plâtre, employé comme engrais pour les prairies artificielles, en augmente beaucoup le produit.

Les prairies naturelles soumises aux irrigations, peuvent se faucher deux fois; mais le *regain* est fort exigu. On ne peut faucher qu'une seule fois, les prairies privées d'arrosement. Les fourrages se consomment en général dans l'arrrondissement qui les produit; quand la récolte a été mauvaise, le cultivateur se défait d'une partie de ses bestiaux, il fait moins d'élèves, et cette coutume prévient la nécessité des importations.

Nous avons vu que la diminution successive des bois dans le département de la Loire a contribué à rendre insalubre la plaine dite de *Forez*; nous devons ajouter à cette considération, déjà si puissante, qu'une grande partie des habitants de l'arrondissement de Montbrison, sont obligés d'aller chercher au loin le bois de construction et de chauffage. Les contrées montagneuses sont à peu près les seules qui soient boisées : dans ces montagnes, les forêts se composent généralement de hêtres, de pins et surtout de sapins : le climat convient à ces trois espèces, qui, du reste, forment la seule richesse de ces hauteurs âpres et sauvages. Les bois qui croissent sur le mont *Pila*, paraissent fort estimés; ils sont particulièrement exploités en planches. Depuis quelques années, on cultive dans le département le *pin de Corse*, dont le produit est préférable à celui des autres espèces de pins.

Mais l'arbre qui procure aux habitants de l'arrondissement de Saint-Étienne les bénéfices les plus assurés, c'est le châtaignier. Ce grand végétal croît en abondance dans les communes de Chuyer, la Chapelle, Pavezin, Pelussin, Maclas, Bessey, Roisey, Veranne et Saint-Apolinard. A cette latitude, le châtaignier, qui ne devient productif qu'à l'âge de vingt ans, est dans son plus grand rapport de cinquante à quatre-vingts ans, et prend de l'accroissement pendant près d'un siècle. Il reste ensuite productif l'espace de soixante à soixante-quinze ans; puis il dépérit pendant un laps de temps à peu près égal. Dans les terrains où cet arbre se plaît, il devient d'une grosseur énorme; son bois est excellent : on l'emploie en poutres, en chevrons, en échalas de vignes. Il réussit moins bien dans les ouvrages de menuiserie, étant écailleux et cassant. Pour le chauffage, le châtaignier ne semble pas avantageux; on a remarqué qu'il pétille trop, et que le calorique qui s'exhale de ses charbons, se dissipe dès qu'ils sont écartés du foyer. Les espèces de fruits que produisent ces châtaigniers varient beaucoup : l'espèce la plus multipliée est la châtaigne dite *Pelouzèle*; viennent ensuite la châtaigne moyenne et le marron. Cette dernière variété est la moins abondante, parce qu'on néglige de greffer les arbres. La récolte annuelle des châtaignes ou marrons, sur le territoire désigné ci-dessus, s'élève à 7 ou 8,000 hectolitres, dont les neuf dixièmes en châtaignes. La presque totalité de ces fruits est transportée à Lyon, et de là, vers le midi ou à Paris. Les marrons connus dans cette capitale sous le nom de *marrons de Lyon*, viennent en grande partie de l'arrondissement de Saint-Étienne.

Le mûrier, ainsi que nous l'avons dit ailleurs, est cultivé dans les cantons de ce même arrondissement où l'industrie et le commerce sont principalement dirigés vers l'exploitation de la soie. Long-temps la culture en a été négligée sur cette même localité; mais depuis une trentaine d'années, les plantations ont pris de l'extension, grâces aux encouragements accordés aux propriétaires par l'administration. La nourriture des vers à soie n'est pas le seul avantage que l'on puisse tirer du mûrier; son fruit est un très-bon aliment pour la volaille; ses secondes feuilles peuvent être données aux bestiaux; enfin, les planches provenant de son bois sont flexibles et se courbent facilement en merrain. On a remarqué que les barriques fabriquées avec ce bois ne communiquent point au vin cette saveur désagréable, connue sous le nom de *goût de fût*. Employé aux ouvrages de menuiserie, le mûrier sauvageon, scié dans le sens transversal à la direction de ses fibres, offre un moiré de couleur jaune, d'un coup-d'œil très-agréable. L'écorce de l'arbre donne une filasse grossière propre à divers usages : nous avons vu des tissus de cette matière qui avaient une certaine tenacité.

Les sauvageons de la meilleure qualité proviennent du mûrier d'Italie ou mûrier-rose. Il faut veiller à ce qu'ils ne soient pas atteints par la dent des bestiaux, au moins pendant les deux premières années. Ce plant croit avec beaucoup de célérité. M. Duplessy pense que le mûrier, élevé et taillé convenablement, pourrait être employé en clôtures, et présenterait ainsi une utilité de plus.

L'horticulture occupe une si petite place dans les industries du département de la Loire, qu'elle ne peut être le sujet d'une mention particulière; les vergers y sont assez rares, conséquemment les fruits peu abondants. Mais on cultive assez généralement le chanvre, surtout dans l'arrondissement de Montbrison, où l'on spécule sur ce produit. La graine se tire du département de l'Ain. Les récoltes des chenevières sont généralement employées dans le pays : une partie sert à fabriquer la toile dite *de ménage*, avec le surplus on fait des cordages. Une autre plante oléagineuse est cultivée ici en aussi grande quantité que le chanvre, c'est le colza : ce produit se récolte particulièrement sur les cantons de Montbrison, de Feurs et de Saint-Rambert, et donne annuellement environ 1,200 hectolitres d'huile, qui sont consommés entièrement par les habitants. Parmi les arbres à fruits oléagineux qui croissent dans le département, nous ne signalerons que le noyer, et cette culture, à peu près restreinte aux cantons de Boen, Saint-Jean-Soleymieux et Feurs, produit annuellement environ 4,500 hectolitres de noix, qui ne donnent pas plus de 700 hectolitres d'huile.

La flore du département de la Loire a de grands rapports avec celle de la Haute-Loire, dont nous avons présenté une rapide nomenclature en terminant la première section de cet ouvrage. Dans les hautes montagnes, les plantes qui se rencontrent le plus communément sont : sur *le Pila*, la digitale, l'ellébore ou pied de griffon, le martagon, le tussilage ou pas d'âne, le sceau de Salomon, la grande et petite gentiane, la bistorte, le pied de lion, la betoine, la grande consoude et le meum; sur *Pierre-Haulte*, la réglisse ou trèfle des Alpes, la gentiane jaune, l'arnique, le lycopode à massue, l'orchis, le pied de lion des Alpes, le pied de chat, la bistorte; sur les pentes, la rose des Alpes, l'aconit, la verge d'or et l'ellébore blanc; enfin, sur *la Madeleine*, la pyrole, l'andromède à feuilles de panillot, la canneberge, le trèfle d'eau, le rossolis, l'ail victorial et le lycopode à massue.

La chasse appartient assez aux habitudes foréziennes ; les lièvres et les lapins nous ont paru communs dans plusieurs cantons du département de la Loire. Le gibier ailé, particulièrement les oiseaux aquatiques, abonde dans la plaine marécageuse du Forez. Le chevreuil, la biche, mais rarement le sanglier se trouvent dans les parties boisées du pays. Les loups ne manquent pas à la collection des animaux nuisibles qui désolent quelque fois la contrée, non plus que les renards, les loutres, les fouines, les taupes, etc.

Quant aux reptiles, nous aurions à répéter ici ce que nous avons dit dans notre première section, à laquelle le lecteur peut se reporter pour la nomenclature des animaux venimeux que l'on rencontre sur le territoire dont nous terminons la description. Une désignation des insectes qu'on y observe serait ici sans intérêt, à moins qu'elle ne dépassât de beaucoup les limites que nous avons dû nous imposer.

Les affluents de la Loire, et nommément le Lignon, nourrissent des truites d'un goût exquis, quoique de médiocre grosseur. Le saumon remonte quelquefois le fleuve jusqu'au département de la Loire ; mais cet émigrant des mers y est moins abondant que le marquis d'Urfé le dit dans sa *Description du Forez.* Du reste, la Loire offre à cette hauteur toutes les espèces de poisson d'eau douce. N'oublions pas de constater que les nombreux étangs dont la plaine de Forez est couverte, engraissent des brochets, des tanches, des carpes : c'est de là qu'on tire ces fameux *carpeaux* si recherchés des gourmands, et que Berchoux ne doit pas avoir oubliés dans son poëme, plus que ne les oublie, sans doute, sur ses étalages de marbre, le pourvoyeur aristocratique Chevet. A travers le département serpentent dans toutes les directions une infinité de petites rivières et de ruisseaux, qui, vus des points élevés, s'embranchent ou se divisent en veines argentées : c'est avoir dit que les écrevisses sont communes sur les tables particulières et sur celles des hôtels. Mais quand on parcourt par un beau soir d'été la plaine de Forez, on se surprend à justifier les seigneurs qui, jadis, faisaient battre l'eau des marais par leurs vassaux, pour se prémunir contre l'insupportable coassement des grenouilles.

Nous n'avons plus rien à dire sur la situation de l'industrie et du commerce dans le département de la Loire : leurs progrès, leurs vicissitudes ont été décrits suffisamment, selon l'importance qu'ils ont obtenue, selon les localités, et peut-être ne nous reste-t-il qu'à signaler l'influence qu'ils ont exercée sur la population, dans un aperçu que nous offrons ci-après.

Le département de la Loire, formé, comme on a pu le voir, du Forez, d'une partie du Beaujolais et d'une portion du Lyonnais proprement dit, a pour limites, au sud, les départements de l'Ardèche et de la Haute-Loire ; à l'est, ceux du Rhône et de l'Isère ; au nord, ceux de Saône-et-Loire et de l'Allier ; à l'ouest, ce dernier et celui du Puy-de-Dôme. Ce département tire son nom du fleuve qui le traverse du sud au nord ; il offre une superficie de 486,500 hectares ou arpents métriques, formant 194 lieues trois cinquièmes de 2,500 toises chacune[1] : latitude, 45° 20′ à 46° 30′ ; longitude au méridien de l'Ile-de-Fer, 21° 10′ à 22° 11′, et du méridien de Paris 1° 20′ à 2° 25′.

La température varie suivant la situation des localités et leur exposition. L'air, dans les parties élevées, est généralement vif, un peu froid, pur et sain. La limite d'élévation du thermomètre est de 19°, et celle d'abaissement, + 32° Réaumur.

Le département dont nous terminons la description est divisé en trois arron-

---

[1] L'évaluation de cette superficie résulte des calculs faits dans les bureaux du cadastre départemental, sur les cartes de *Cassini*, et modifiés d'après les résultats déjà connus de la cadastration.

dissements, vingt-huit cantons et trois cents dix-neuf communes. La population, d'après le recensement fait en 1831, est de 391,223 individus; elle ne s'élevait en 1801 qu'à 290,903 individus; il y a donc eu, dans l'espace de trente ans, une augmentation de 100,320 individus; or, à chacune des époques, le dénombrement par arrondissement présentait les nombres ci-après :

Montbrison . . . . 1801 — 97,659 — 1831 — 120,217
Saint-Étienne. . . . . id. — 97,577 — id. — 149,189
Roanne . . . . id. — 95,667 — id. — 121,817

Ainsi l'accroissement dans l'arrondissement de Saint-Étienne avait été, dans cette période, de 51,612 individus, tandis que dans l'arrondissement de Roanne, il ne s'était élevé qu'à 26,150 individus, et dans celui de Montbrison, qu'à 22,558. Cet aperçu suffit pour faire comprendre nettement l'influence que l'industrie et le commerce ont si diversement exercée dans le département de la Loire : l'augmentation dans l'arrondissement de Saint-Étienne a égalé celui des deux autres arrondissements. Cette proportion s'est encore accrue après 1831; mais il est à remarquer que la population de Saint-Étienne, doublée en trente ans, ne tient plus le premier rang depuis sept à huit ans, sous le rapport qui nous occupe : elle est précédée par celle de Bourg-Argental et de Rive-de-Gier; ce qu'explique naturellement l'immense extension des fabriques de soie, rubans, crêpes, lacets, etc., pour la première de ces villes, et l'exploitation non moins grande de la houille, pour la seconde. Il demeure donc bien prouvé, par le témoignage des chiffres, que l'essor industriel a été le principal motif de cet accroissement. L'arrondissement de Roanne, où l'industrie et le commerce ont moins prospéré, a cependant, à cet égard, un avantage marqué sur celui de Montbrison; aussi la population s'est-elle accrue dans le premier beaucoup plus que dans le second, surtout depuis sept à huit ans. En effet, l'arrondissement de Montbrison, privé presque entièrement d'activité commerciale et industrielle, n'aurait pu voir ses habitants augmenter que par suite de l'ouverture des nouvelles communications qui le traversent; et nous croyons qu'à ce sujet M. Alphonse Peyret a raisonné très-logiquement. « L'influence des nouvelles communications, dit cet écrivain, est bien moins étendue qu'on le suppose dans le plus grand nombre de cas : une route, un chemin de fer, un canal produisent un bien sensible et augmentent rapidement la richesse d'une localité, s'il en résulte la création de grands ateliers, tels que des mines de houille, par exemple; mais le plus souvent cet effet n'a pas lieu; il peut même arriver que la suppression du commerce de transit et d'entrepôt prive les communes situées sur les grandes voies de transport, d'une ressource avantageuse pour elles. Ainsi le canton et la commune de Feurs, traversés aujourd'hui par le chemin de fer de la Loire, ont vu cesser presqu'entièrement la grande circulation qui s'était établie sur la route royale. Bref, les chemins de fer, par la facilité et l'économie qu'ils procurent au commerce, favorisent les grands centres de population, au détriment des cantons ruraux qui ne sont pas exclusivement agricoles. » Ce que M. Alphonse Peyret dit ici du canton et de la ville de Feurs, sera applicable à une multitude de localités intéressantes, quand les chemins de fer seront généralisés dans le royaume. Mais on a dit à la tribune nationale : « Nous sommes en arrière du progrès contemporain; toutes les nations ont des chemins de fer; il faut nous hâter d'en avoir. Le motif pour lequel il faut nous hâter n'a jamais été déduit d'une manière irréfragable; car les armées, envahissant la France en wagons, nous semblent une hyperbole trop forte pour être prise au sérieux; et des vainqueurs que l'on pourrait arrêter tout court en enlevant quelques toises de *rails*, ne sont pas en vérité trop redoutables. »

Ajoutons, pour en finir avec cet aperçu sur la population du département de la Loire, que l'arrondissement de Saint-Étienne est celui où la progression croissante a été la plus remarquable de toute la France : si elle continue, le nombre des habitants de cet arrondissement sera doublé en cinquante-quatre ans, et la population du chef-lieu en quarante et un : proportion qui ne s'est encore vue nulle part, que nous sachions.

Le nombre des électeurs du département est d'environ 1670; ils nomment cinq députés dans les cinq arrondissements électoraux de Montbrison, Saint-Étienne, Saint-Chamond, Roanne et Feurs. Dans la division politique actuelle, le département de la Loire fait partie de la 7e division militaire (Lyon); pour l'état judiciaire, il relève de la cour royale de Lyon; il appartient au 23e arrondissement forestier (Moulins), à la 5e inspection des ponts-et-chaussées (Lyon), au 6e arrondissement, pour les courses de chevaux (Aurillac). Saint-Étienne est le chef-lieu du 12e arrondissement des mines.

Le département de la Loire relève pour le spirituel de l'archevêché de Lyon; il renferme 7 cures de première classe, 24 de deuxième, 266 succursales et 143 vicariats; trois écoles secondaires ecclésiastiques sont établies à Verrière, à Saint-Jodard et à Montbrison. Il existe à Saint-Étienne un temple protestant.

La situation générale du département de la Loire est satisfaisante sous beaucoup de rapports. L'arrondissement de Saint-Étienne marche avec une rapidité presque inimaginable dans les voies du progrès et de la prospérité; il ne lui reste à désirer que ce qui manque à toutes les villes manufacturières, aux Birmingham, aux Manchester, dans l'état de pléthore productive où elles se trouvent : il lui faudrait des moyens d'écoulement suffisants et assurés.

Pourquoi donc cette ville persiste-t-elle à solliciter la principale administration du département? Qu'ajouterait une préfecture à son bien-être, dont les sources sont déjà multipliées et fécondes? Montbrison, outre son vénérable droit d'ancienne capitale, a besoin des autorités départementales pour imprimer quelque mouvement à sa vie languissante, pour administrer quelque confortatif à sa débilité organique. D'un autre côté, le préfet de la Loire, quel qu'il puisse être, comprendra toujours trop bien son intérêt, pour se prêter à la transmutation que demandent les habitants de Saint-Étienne. Le caducée stéphanois est trop fort, par le temps d'illustration commerciale qui court, pour qu'un administrateur avisé vienne courber sa toge sous un sceptre si rude... On dit que les notabilités négociantes de Saint-Étienne sont souvent en désaccord avec M. le préfet de la Loire; nous ignorons les causes de cette dissidence [1]; mais il nous semble que cet administrateur fera sagement de guerroyer au moins de loin contre des adversaires qui, d'un moment à l'autre, peuvent se trouver plus près que lui et de la chambre des pairs et des portefeuilles ministériels. Montbrison, il faut en convenir, n'est pas un Eldorado; mais l'existence administrative y est calme, et sa dignité pourrait être souvent coudoyée à Saint-Étienne, par la grande puissance du jour, la puissance métallique.

L'arrondissement de Montbrison, par une marche progressive dans les méthodes agricoles, peut améliorer sa situation. Nous n'essayons pas de signaler ici tout ce qu'il y aurait à faire pour cela; mais il est des nécessités qui nous ont frappé. D'abord, les agriculteurs du pays ne se servent pas assez des cours d'eau nombreux qui traversent le territoire en tous sens, pour des irrigations utiles, ou pour enlever de leurs terres, par des chenaux d'écoulement dirigés vers les courants, l'humidité marécageuse qui nuit à la production. Ces irrigations bien entendues auraient surtout l'avantage certain de fertiliser des prairies presque improductives, à cause d'une extrême sécheresse; les fermiers, maintenant obligés chaque année de se défaire d'une partie de leurs bestiaux, hors des saisons du travail, faute de fourrages suffisants pour les nourrir, ne seraient plus obligés de recourir à cet expédient, nécessairement onéreux, puisqu'ils sont forcés de racheter des attelages au moment du labour. Ajoutons que ce grave inconvénient cesserait bien plus sûrement encore, si l'on mettait en prairies artificielles tous les terrains qui pourraient y être mis.

---

(1) L'opinion la plus générale dans le pays est que, sans doute pour obéir à des conditions de voierie, les préfets de la Loire (car ils sont fréquemment changés), contrarient un peu l'élan *bâtisseur* du haut commerce de Saint-Étienne.

Une amélioration plus urgente encore, en ce qu'elle répondrait en même temps à divers besoins et remplirait une condition hygiénique, ce serait des plantations en grand dans la plaine de Forez, aujourd'hui presque entièrement dépouillée de grands végétaux. Par ces plantations, les cultivateurs, contraints aujourd'hui d'aller chercher au loin le combustible pour les usages auxquels la houille ne peut servir, trouveraient sous peu d'années à leur portée, le bois qui leur manque. D'un autre côté, divers arbustes, enlacés convenablement, pourraient servir à la clôture des héritages. Enfin les grands arbres, en exerçant une ventilation continuelle dans cette plaine, trop authentiquement reconnue insalubre, préviendraient sans doute beaucoup de maladies, causées par la *chaleur morte* dont nous avons parlé précédemment.

Les vignes, qui forment une forte partie des richesses de l'arrondissement de Roanne, et ne sont pas sans intérêt dans celui de Montbrison, ont aussi besoin d'améliorations importantes, soit par un meilleur choix de plants, soit dans les méthodes de culture, que la routine envahit encore. Ce serait aux sociétés d'agriculture établies dans le département à propager les perfectionnements heureux obtenus dès long-temps sur d'autres points; mais il faudrait que ces utiles corporations fussent mises à même de faire des expériences en grand, et d'en propager le résultat par l'indispensable mobile de tous les succès, la publicité.

TROISIÈME SECTION.

ALLIER.

CHAPITRE PREMIER.

Origine du Bourbonnais : *les Eduens, les Arvernes, les Bituriges.* — Délimitations. — La colonie des *Boïens.* — Dernières luttes des Gaulois contre César. — Fin de Vercingétorix. — Le Bourbonnais dans la division des Gaules par Auguste. — Incursion dans les actualités. — Jugement de M. de Cormenin sur les écrivains de la province. — Le dernier des Gaulois. — Vitellius à *Augustodunum.* — Le christianisme dans le Bourbonnais. — Les Visigoths. — Les Francs. — Les Leudes, sentinelles sur la Loire. — Conquête de l'Aquitaine par Pepin-le-Bref. — Origine de la maison de Bourbon. — Les sires et les ducs de Bourbon, depuis Adhémar jusqu'au fameux connétable de Bourbon, avec un aperçu général de leur règne féodal.

L'ancien Bourbonnais, compris aujourd'hui presque en totalité dans le département de l'Allier, était occupé, avant la conquête romaine, par les EDUENS (*Ædui*), sur la rive droite de l'Allier; les BITURIGES (*Bituriges Cubi*) et les ARVERNES (*Arverni*) se partageaient la rive gauche de cette rivière. Le territoire des premiers s'étendait loin au-delà de la Loire, puisqu'il comprenait le pays qui forma depuis les évêchés de Nevers, d'Autun, de Châlons et de Mâcon. Les *Bituriges Cubi*

tenaient le Berry et une partie du Bourbonnais. Les *Arvernes*, outre l'Auvergne, peuplaient la contrée comprise entre l'Allier et le Cher : ils confinaient, de ce côté, les *Bituriges Cubi* [1]. Les limites du territoire habité par ces trois peuples étaient donc, à proprement parler, celles de la Bourgogne, de l'Auvergne et du Berry : le futur Bourbonnais était une dépendance de ces divers pays; l'histoire de cette province, jusqu'à l'invasion des Francs, est conséquemment celle des Eduens, des Arvernes et des Bituriges. Un épisode vient toutefois s'y mêler, au commencement de la période gallo-romaine : avant de le mentionner, disons que ces deux dernières nations furent les premières qui essayèrent de réagir contre l'asservissement qu'avaient apporté les dominateurs du monde. Nul peuple ne répondit plus promptement que les Arvernes et les Bituriges à l'appel de Vercingétorix, lorsque ce général fit espérer aux enfants de la Gaule un affranchissement à la conquête duquel leurs armes se brisèrent. Il n'en fut point ainsi des Eduens : déjà façonnés au joug, ils n'osèrent joindre leurs efforts à ceux des Gaulois qui voulaient le rompre. Plus tard, ils se déclarèrent contre les Romains, mais ce fut alors une honteuse défection.

En reprenant plus loin les événements, nous voyons qu'au moment où les Helvétiens tentèrent de pénétrer dans les Gaules, ils s'allièrent avec les *Boïens*, peuple venu de la Gaule-Aquitaine, disent quelques auteurs [2], voisins des montagnards de l'Helvétie [3], selon d'autres écrivains. Or, ce projet de migration ayant appelé sur le pays des Eduens la dangereuse protection de César, les Helvétiens et leurs auxiliaires furent vaincus par l'illustre romain, sur les bords de la Saône. Les Boïens, après cette défaite, ne devaient pas être plus de douze à quatorze mille, et dans ce nombre, on comptait à peine cinq à six mille combattants. Comme cette peuplade avait montré pendant le combat, ce courage éclatant qui inspirait toujours de l'estime à César, il ne voulut point obliger ces braves à rentrer dans les montagnes d'où ils étaient partis, il leur permit de former un établissement en deçà des Alpes. C'est lui-même qui nous l'apprend : *Boïos, petentibus Æduis, quod egregiâ virtute erant cogniti, ut*

---

(1) Le Déist de Boudoux, *Recherches sur les Commentaires de César*; 5 vol. in-8°. 1809.

(2) Suivant ces mêmes auteurs, cette population armée faisait partie de ces *Boii-Boates* qui occupaient une petite contrée entre l'Océan et les *Bituriges Vibisci*, au lieu appelé *Tête de Buck ;* mais César ne fait nulle mention de ces *Bituriges Vibisci*. Thaumas de la Thaumassière les qualifie de peuplade des *Bituriges Cubi*, échappée au sac d'*Avaricum* (Bourges); le héros romain n'a donc pu en parler.

(3) Au rapport de Damville, le pays des Boïens devait être limitrophe de l'Helvétie. Strabon nomme ce peuple, avec les *Helvetii* et les *Sequani*, comme également exposés aux courses de *Vindelici* et des *Rhæti*. Cette dernière version nous semble la plus probable : il est naturel de penser que les Boïens, établis dans le voisinage des Helvétiens, se sont alliés avec eux pour pénétrer dans les Gaules; et l'on conçoit difficilement l'alliance avec ces mêmes Helvétiens d'une peuplade qui eût habité la Gaule Aquitaine.

in finibus suis collocârent concessit: quibus agros illi dederunt, quosque posteà in parem juris libertatisque conditionem, atque ipsi erant, receperunt[1]. Peut-être serait-il plus exact de dire, que le héros *ordonna* aux Eduens de recevoir sur leur territoire ces étrangers qui, ayant eu à se louer de sa générosité, devaient être pour lui une sentinelle vigilante, sur la frontière des Arvernes et des Bituriges, peuples belliqueux, qu'il savait peu disposés à se soumettre.

Quoiqu'il en soit, les Eduens placèrent les protégés des Romains, entre la Loire et l'Allier, c'est-à-dire sur les confins des Arvernes et des Bituriges. C'est là que les Boïens fondèrent une petite ville qu'ils appelèrent *Gergovia Boïorum*, établissement disparu jusque dans ses derniers vestiges, et dont nos archéologues explorateurs les plus avisés n'ont pu retrouver même l'emplacement[2]. Il faut malheureusement ajouter que cette ville antique est la seule de celles ayant existé dans le Bourbonnais dont l'histoire ait constaté l'existence, la seule dont elle ait conservé le nom. Toujours est-il évident que le pays cédé par les Eduens à la colonie Boïenne, fut le centre de ce duché des temps postérieurs, et que si *Gergovia* ne s'éleva point, comme on l'a dit, sur le territoire où l'on a bâti depuis Moulins, le peu d'espace compris entre la Loire et l'Allier donne lieu de penser que cette capitale ne pouvait être éloignée du lieu où se trouve aujourd'hui celle du département.

Amis reconnaissants des Romains, les Boïens ne firent pas cause commune avec les Gaulois réunis sous les ordres de Vercingétorix, pour reconquérir l'indépendance nationale; ils se déclarèrent contre eux, et s'enfermèrent dans leur ville. « Gergovie n'avait pas sept ans d'existence, dit M. Coiffier, historien du Bourbonnais, lorsqu'elle fut attaquée par Vercingétorix; quelle construction pouvait avoir faite, pendant ce peu de temps, un petit peuple vaincu, qui n'avait apporté que ses bras, et qui devait être au moins autant occupé de sa subsistance

---

(1) César permit aux Eduens de fixer sur leur frontière les Boïens, connus par leur brillante valeur; ils leur donnèrent des terres à cultiver, et les admirent, par la suite, à partager leurs droits et leur liberté. *Commentaires de César*, livre Ier.

(2) « On ignore, dit M. le Déist de Botidoux, la position de la Gergovie des Boïens, qui ne devait pas être éloignée de Moulins, mais qui ne peut être Moulins, dont les commencements ne sont que du XIVe siècle. Au reste, *Gergovia* n'est point un nom propre de ville: si, comme je le présume, il est formé de deux mots celtiques *Ker* ou *Ger*, ville, et *Gos* vieille, il a pu, ainsi que *Mediolanum*, se donner à beaucoup de places, en y ajoutant le nom du peuple. » Cette opinion combat celle de quelques antiquaires qui ont prétendu qu'il n'y avait eu qu'une *Gergovia*: celle des Arvernes. Plusieurs traducteurs des *Commentaires*, décidant nettement la question de l'emplacement que d'autres écrivains cherchent encore vainement, ont traduit *Gergovia* par Bourbon l'Archambault, et *Boï* par Bourbonnais, sans daigner se rappeler que la partie du pays des Eduens où ils reçurent les Boïens, était entre la Loire et l'Allier, au rapport de César lui-même.

que de son habitation. On en a peu parlé depuis; à peine la trouve-t-on dans quelques dénombrements des villes gauloises; ce qui prouve que ses commencements furent faibles, ses progrès peu importants; et il n'est pas étonnant qu'on n'en puisse plus découvrir la trace. » On pourrait même ajouter que l'existence du peuple Boïen lui-même ne fut pas de longue durée; car à peine occupe-t-il une place dans l'histoire des premiers siècles de l'ère chrétienne: « jetée sur les confins de nations belliqueuses, querelleuses et jalouses, dit l'auteur de *l'Ancien Bourbonnais*, celle-ci s'usa dans de nouveaux combats, et fut effacée sans doute, sous les pas des hommes du Nord. »

Cependant les Boïens, en attendant que César vînt les secourir, se défendaient vaillamment contre le général gaulois, qui apprenant enfin l'approche de son redoutable ennemi, laissa Gergovie, et marcha au-devant des Romains. Les combats qui furent livrés dans le pays des Bituriges, appartiennent à une autre section de cette histoire; ceux dont les montagnes de l'Auvergne devinrent le théâtre sont étrangers à notre sujet; nous constaterons seulement ici que Vercingétorix, pour remonter l'Allier, suivit sa rive gauche, tandis que César remonta la rive droite, et dut passer cette rivière près de Vichy.

Avant de continuer le récit des faits accomplis sur le territoire qui, postérieurement, devint le Bourbonnais, qu'il nous soit permis de répandre en pensée, quelques fleurs sur la tombe inconnue du dernier défenseur de l'indépendance Gauloise : ces fleurs, nous les empruntons à la brillante narration d'Achille Allier[1], premier auteur de *l'Ancien Bourbonnais*... Cet écrivain si regrettable, qui fut tout à la fois poète, historien, artiste, après avoir fait entendre dans ses pages imitatives le dernier soupir de la liberté gauloise, dit avec sa verve pleine d'animation et éclatante de coloris : « Debout sur son tribunal élevé, entouré d'une pompe déjà impériale, César fit entasser à ses pieds les armes déjà rendues, reçut les otages et les chefs prisonniers... Vercingétorix parut, et s'avançant toujours fier, rappela à son vainqueur une ancienne amitié. Lui, en voyant cet homme énergique élu par tant de nations, célèbre par ses victoires, hardi dans le danger, grand dans le malheur; Vercingétorix, dont on rapelait le nom à Rome, sur lequel ses ennemis comptaient pour lui ravir la Gaule, l'honneur et le fruit de ses anciens triomphes; Vercingétorix, enfin, qui avait osé balancer la fortune de César; lui, dis-je, pensait que ce serait là

---

[1] Voyez dans notre introduction et dans la biographie de notre première région, ce que nous disons de cet écrivain éminemment remarquable, dont la presse superbe de Paris a mentionné à peine le nom, entre l'apothéose littéraire de quelque *nouvellier* de feuilleton, et l'exaltation emphatique de quelque poète rêveur devenu célèbre par des éloges de coterie.

un bel ornement pour un triomphe... Vercingétorix fut traîné derrière son char, aux cris du peuple, avide de voir les grandes douleurs, curieux de contempler les grands hommes humiliés... Jeté dans les fers, le noble Arverne y languit cinq années, puis il fut mis à mort, ainsi que la civilisation romaine en usait envers les Barbares révoltés [1]. »

Par cette conduite indigne de son caractère, César révéla à l'univers la jalousie que le généralissime gaulois lui avait inspirée; il livra ainsi plus magnanime à la postérité la renommée de Vercingétorix, et diminua de cent coudées le colosse de sa propre gloire.

Dans les divisions successives des Gaules, faites par César Auguste et ses successeurs, le Bourbonnais futur suivit le sort des trois pays dont il dépendait : les Éduens avec les Boïens, leurs hôtes, furent compris dans la première Lyonnaise; les Arvernes et les Bituriges appartinrent à l'Aquitaine qu'on appela la première sous le règne de Constantin, qui sépara cette contrée en trois provinces secondaires. On peut se faire une assez juste idée, par l'ancienne division religieuse, des portions de territoire qui précédemment appartenaient à chacun des trois États gaulois, devenus gallo-romains : lorsque le christianisme fut définitivement établi parmi les Gaulois, il choisit les villes populeuses pour établir ses métropoles : le pouvoir spirituel se plaça près du pouvoir temporel pour mieux le dominer; partout où se trouvait un gouverneur, l'Église mit un évêque. Ainsi les Boïens devinrent fidèles de l'évêché d'Autun; les Arvernes, riverains de l'Allier, relevèrent du siége de Clermont; et les Bituriges, établis entre cette rivière et le Cher, eurent pour prélat l'archevêque de Bourges. Il est à remarquer que cette division gallo-romaine, adoptée par l'Église chrétienne, s'est maintenue presque intacte, d'un bout à l'autre de la France, jusqu'au moment de la révolution.

Lorsqu'Auguste, après un dénombrement de tous les sujets de son empire, eut connu les familles illustres des Gaules, il fit recevoir dans le sénat un bon nombre d'Éduens et d'Arvernes : « ils étaient les plus redoutables parmi les Gaulois, dit Achille Allier, ils furent les plus caressés, et leur pays reçut ainsi un reflet lointain de la grandeur romaine. » Mais, comme toute la Gaule, il dut subir en même temps cette distinction qui formait trois classes de citoyens : les *sénateurs*, qui seuls avaient droit aux grandes dignités, les *curiaux* [2], et les *ingénus*. Ces derniers ne se distinguaient des esclaves que

---

(1) *Ancien Bourbonnais*; t. Ier, p. 28.

(2) Citoyens inscrits sur le rôle des curies, comme possédant une existence et une origine honorables. Les curiaux obtenaient les emplois municipaux.

parce qu'ils *possédaient* au moins leurs corps. La classe des ingénus comprenait les artisans des villes et les cultivateurs des campagnes, également privés de tous droits politiques. Voilà bien déjà la division féodale avec ses nobles, ses bourgeois et ses manants.

Bibracte (Autun), devenue *Augustodunum*, fut, durant la période romaine, un centre de lumières, où les Eduens et même les Arvernes des bords de l'Allier et de la Loire, durent aller acquérir l'instruction et les belles manières, en même temps qu'ils se pénétrèrent de l'obéissance aux dominateurs, qu'on enseignait dans cette ville. Ce furent cependant ces Eduens, si soumis, si adulateurs de la puissance romaine sous Auguste, qui, après les Andes et les Turons [1], essayèrent de briser le joug attaché au front de la vieille Gaule. Cette tentative malheureuse, dirigée par un Eduen, nommé Sacromir, l'an 21 de l'ère chrétienne, ne servit qu'à faire resserrer les entraves de nos pères, qu'avait relachées le mépris des vainqueurs, excité par un servilisme honteux. La harangue que le général romain, Silius, adressa à ses légions avant de combattre ces révoltés, fait bien connaître toute l'étendue de ce mépris : « Vainqueurs des Germains, leur dit-il, n'est-ce point une honte de vous » conduire contre des Gaulois comme si c'étaient des hommes de guerre ! une » seule cohorte a battu les Turons rebelles; une aile de cavalerie a défait les » Treverois [2]; quelques soldats ont soumis les Sequaniens. Riches et voluptueux, » ces Eduens sont plus lâches encore; allez les enchaîner au milieu de leurs » rangs, et atteignez-les dans leur fuite. »

Tel avait été, depuis Auguste, l'asservissement d'une grande partie de la Gaule, que Silius ne daigna pas se souvenir que plus d'une fois le grand César lui-même avait senti broncher la valeur de ses légions devant ces guerriers aujourd'hui si méprisés, et qu'un moment, ce conquérant s'était vu sur le point d'être expulsé de sa conquête. Empruntons encore au récit d'Achille Allier le tableau puissant de verve qu'il fait du combat livré aux Eduens.

« Les Romains aperçurent enfin leurs ennemis qui osaient les attendre dans un lieu découvert [3], dit le jeune historien : les esclaves *Crapellaires* formaient le front de bataille avec leur ligne toute de fer ; les cohortes régulières étaient aux ailes; et la multitude demi-armée se pressait derrière sans ordre et presque sans chefs. Julius Sacrovir, à cheval et parcourant les rangs, rappelait à son armée et les anciennes victoires des Gaulois, et leur liberté perdue, et

---

(1) Peuples de l'Anjou et de la Touraine.

(2) Peuples de la Gaule-Belgique : *Treveri*, habitants du pays de Trèves.

(3) Près d'Autun.

leur intolérable servitude. L'impétuosité des légions vint heurter la barrière de fer des Crapellaires, masse qui supporta le choc, resta immobile, et que l'épée ni le javelot ne purent entamer. A coups de larges et tranchantes doloires, à coups de haches pesantes, on ouvrit une brèche dans ce mur : ébranlés avec des pieux, poussés avec des fourches, tirés avec des crocs, les esclaves tombaient sans pouvoir se relever : placés là pour mourir, ainsi qu'aux jeux du cirque, ils moururent. La défense inerte de ces hommes, auxquels les Gaulois vainqueurs n'eussent pas même donné une petite part de leur indépendance, fut la seule résistance opposée aux Romains. Cette muraille vivante renversée et franchie, les légions enfoncèrent de toutes parts leurs coins puissants dans des masses d'artisans, de cultivateurs, d'écoliers, soldats inhabiles, mal commandés et mal armés : tous furent massacrés ou dispersés. Sacrovir, avec quelques jeunes amis, se réfugia d'abord à Augustodunum, puis dans une maison des champs. Là, ces malheureux défenseurs d'une patrie dégénérée, s'entretuèrent de ces épées qui, n'ayant pu leur donner la liberté, servirent du moins à les sauver de l'esclavage. Ils avaient auparavant mis le feu à la maison, et ce bûcher déroba leurs cadavres à l'outrage des Romains. »

C'est ainsi que s'exprime un historien de la *province,* de la province, déclarée nulle en littérature par M. de Cormenin, dans un ouvrage où *les Français, peints par eux-mêmes,* s'offrent aux étrangers comme une nation de caricatures. « Je l'ai dit et n'en démords, s'écrie l'illustre publiciste, hors des barrières de » la grande ville, on ne sait point tenir une plume. Il y a des orateurs en » province, il n'y a pas d'écrivains. Il n'y en a pas un seul aujourd'hui, un seul » sur 32,000,000 d'hommes. S'il y en a un, où est ce météore? Où est-il? » Qu'il apparaisse sur l'horizon, et qu'on le voie! Art de l'écrivain, art » sublime, il te faut notre soleil intellectuel, notre soleil de Paris pour éclore » et pour fleurir. »

Nous sommes surpris de voir naître sous la main d'un de nos dialecticiens les plus logiques, les plus riches de bons arguments et de raisons probantes, une déclamation aussi vide d'équité et même de pensée. A-t-il donc écrit cela pour se mettre au niveau d'une publication où, de gaîté de cœur, on livre au scalpel du ridicule toutes les classes de notre société contemporaine ? Ce météore, jugé impossible par le trop exclusif Timon, nous venons de le faire luire aux yeux de nos lecteurs qui, certes! le connaissent déjà : nous ne craignons point d'être démentis par les critiques de bonne foi, par les appréciateurs impartiaux de la littérature assez heureusement inspirée pour peindre avec une noble simplicité, et sans le secours du vernis de néologisme, du *brillotement* de mots, du cliquetis de phrases, qui peut séduire les littérateurs du *Café Anglais,* mais dont nous n'aurions pas cru M. de Cormenin épris. Car il a pu voir que la province, précisément, est de nos jours, le refuge des études profondes et consciencieuses. Au moment où le fragment historique du bourbonnais Achille Allier nous prête, ce semble, un argument contre la disgrâce sans exception prononcée par M. de Cormenin, voici venir un autre écrivain *provincial,* que nous trouvons armé d'assez bonnes raisons pour répondre à ce détracteur, si sûr apparemment de son autorité, qu'il n'a pas même daigné en donner de mauvaises. Nos lecteurs de la province, accusés de nullité, nous pardonneront sans doute cette nouvelle citation : c'est avec des pièces établissant le bon droit qu'on gagne *quelquefois* les procès. M. Clairfond, dans la publication périodique intitulée *l'Art en Province,* qui seule serait déjà une réponse victorieuse à la détraction du savant légiste, a tracé ceci : « Qui reconnaîtrait à cette diatribe ce critique, d'ordinaire si élégant et » si fin, qui joint à tant d'esprit une urbanité si rare. Il paraît qu'il ne garde » les manières polies qu'avec les gens de noble origine, comme messeigneurs » les apanages et puissante dame la liste civile. Le reste est de trop bas lieu » pour qu'on ait besoin de se gêner (singulier reproche adressé au plus robuste » défenseur de la démocratie). » — « Vous qui parlez si fort, du haut de » votre trône de pamphlétaire et de moraliste, continue le *provincial,* vous » qui avez écrit de si belles pages contre le monopole, savez-vous bien, noble » Timon, que la cause de cette infériorité, de cette nullité, si vous voulez, est » précisément ce monopole parisien dont vous avez l'air de vous féliciter, et » qui ruine tout ce qui n'est pas lui ? Quel moyen de se faire entendre, » quand il y a une ligne de douanes pour la pensée comme pour le tabac; » quand on ne peut faire passer une idée que sous le couvert de Paris, comme » on expédie les marrons de l'Ardèche sous le nom de marrons de Lyon. Ce » qui manque à la province pour pouvoir briller, ce n'est pas le génie, hono» rable seigneur, c'est une tribune. Votre presse parisienne envahit tout, » parce qu'elle a pour elle, outre le vaste champ de l'annonce, de la *réclame* » et du compte-rendu, les ressorts, puissants aujourd'hui, d'un charlatanisme » sans bornes. Le jour où la province aura des moyens de publicité, la déca» dence de Paris sera proche. »

Après cette digression, que nos lecteurs n'auront pas, nous l'espérons, trouvée inopportune, nous revenons au Bourbonnais, encore gallo-romain. Après la révolte des Gaules contre les exactions des agents de Néron, et après la soumission de cette contrée, sous Galba, une nouvelle tentative d'affranchissement prit naissance sur le territoire que nous parcourons : Maricus, du pays des Boïens, essaya une dernière fois de ranimer l'antique nationalité gauloise, excité peut-être par les druides, poursuivis, persécutés, et qui, s'étant réfugiés dans ce pays couvert de bois, y célébraient encore leurs mystères. Maricus, ayant réuni à peu près 8,000 combattants, se disposa à marcher vers Augustodunum, où le sibarite Vitellius languissait au sein de la plus effrénée débauche, couché sur les lauriers flétris de la puissance romaine. L'intrépide Boïen arriva sous les murs de la capitale des Eduens, avec sa petite armée, grossie de quelques milliers d'habitants des campagnes. Ce furent des Gaulois, des Gaulois asservis, qui marchèrent contre lui : à peine quelques légionnaires se joignirent-ils à ces défenseurs de l'esclavage que Rome avait imposé ; et Vitellius ne daigna pas même se soulever du lit moëlleux sur lequel il s'enivrait de vins et de voluptés. Seulement, a dit un historien, il couronna de fleurs sa vaste coupe enrichie d'inestimables pierreries, et la vida au succès des esclaves soumis, qu'il venait d'armer contre les esclaves révoltés. Maricus, accablé par le nombre, fut vaincu, pris vivant et réservé au plaisir du satrape romain. On a compris que le guerrier boïen devait périr dans le cirque, dévoré par les bêtes féroces. Vitellius, entouré de ses concubines, de ses courtisans, Eduens et Romains, attendait que ce spectacle sanglant ranimât sa fibre énervée ; son attente fut vaine : les bêtes, lâchées contre Maricus, s'élancèrent sur lui, puis reculèrent, revinrent le flairer, et se couchèrent à ses pieds. « Soit que, dans sa vie errante, dit l'auteur de l'*Ancien Bourbonnais*, il eût trouvé un de ses charmes naturels connus des peuples sauvages qui, par des lois secrètes de sympathie ou d'antipathie, domptent la fureur des animaux féroces ; soit que ces animaux captifs, habitués à dévorer des esclaves amollis et tremblants, fascinés par le regard hardi du barbare à la chevelure éparse, eussent reconnu la puissance d'un homme féroce comme eux, comme eux fort : l'homme destiné à être leur roi. » Et, dit très-bien Tacite, à cette occasion : *quia non laniabatur, stolidum vulgus inviolabilem credebat* (et comme il n'était point déchiré, le vulgaire stupide le croyait invulnérable). Plus tard, et lorsque les chrétiens, par centaines, étaient jetés dans le cirque, en proie au paganisme expirant, ce fait naturel eut pris le caractère d'un miracle aux yeux des néophites.

Cet incident imprévu étonna Vitellius ; mais il venait chercher, à la vue du sang, une de ces émotions convulsives qui seules pouvaient ranimer sa vie, saturée de jouissances : il fallait que le sang coulât pour accomplir le programme de ses plaisirs de la journée ; il ordonna à ses licteurs d'égorger Maricus.

Ce héros sauvage fut le dernier des Boïens, peut-être devrions-nous dire le dernier des Gaulois. Après lui, la petite peuplade qui habitait, entre la Loire et l'Allier, un coin du pays des Eduens, tomba dans l'oubli ; mais elle avait au moins protesté, selon ses forces, contre l'esclavage de ses patrons.

Nous ne suivrons pas, dans tous ses degrés, la dégénérescence de la nationalité gauloise, jusqu'au temps où Rome eut besoin des bras long-temps désarmés de nos pères, pour repousser les invasions du Nord. Il fallut alors que ces maîtres du monde, auxquels le monde échappait, relevassent ceux qu'ils avaient abaissés. Les Romains, dégénérés aux banquets de cette brillante corruption, qu'on nomme une civilisation exquise, se montrèrent presque serviles envers ceux qu'ils avaient enchaînés avec mépris; les Gaulois furent vengés par l'abaissement de leurs impérieux suzerains; et leur vengeance fut complète, car ils les servirent avec magnanimité. Mais l'heure suprême de la grandeur romaine avait sonné de l'Orient à l'Occident : Germains, Francs, Bourguignons, Alains, Vandales, Gepides, Goths, Visigoths, Ostrogoths, Sarmates, Huns, débordèrent dans les Gaules : « tous, dit expressivement Achille Allier, accouraient à la grande curée de l'empire en dissolution. » Tandis que les guerriers hyperboréens secouaient sur nos contrées les frimas de leurs manteaux, comme a dit Béranger d'une horde nouvelle et non moins barbare, le christianisme, s'avançant du côté opposé, venait apprendre aux Gaulois à mourir pour de saintes convictions. Ce fut au IIe siècle que les premiers apôtres du Christ parurent dans le pays des Eduens : Andoche et Thyrse, disciples de Saint Polycarpe, firent entendre alors à Autun, la parole de Dieu; tous deux expièrent par le martyre, les sublimes vérités qu'ils avaient prêchées. Au IIIe siècle seulement, Autun devint métropole chrétienne : Amaton en fut le premier pasteur. Mais, combattue par le paganisme, la foi ne triompha décidément parmi les Eduens que vers l'an 324, lorsque l'évêque Sulpicius renversa, d'un signe de croix, la statue de Cybèle, que ces peuples promenaient autour de leurs champs afin de les féconder. Pour achever de faire connaître la fondation du christianisme sur le territoire que nous explorons, nous devons dire que Saint Ursin, premier évêque de Bourges, occupa ce siège à la fin du IIIe siècle, et institua lui-même son successeur Sevitien, vers 280. Au temps où Saint Ursin arrivait à Bourges, c'est-à-dire sous l'empire de Dèce, selon Thaumas de la Thaumassière, Austremoine prenait possession de l'évêché de Clermont. « Saint Ursin, dit l'historien du Bourbonnais, ordonna prêtres ses premiers et rares néophites; il leur apprit à célébrer les fêtes du Dieu puissant, leur enseigna la sainte liturgie, et ce grand art de l'architecture religieuse, avec ses règles invariables[1], révélées aux seuls

---

(1) Ces règles ne furent pas tellement invariables pourtant, que l'architecture religieuse de ces temps primitifs ne pût s'accommoder d'un autre système : chacun sait qu'un grand nombre d'églises, ou furent bâties sur le plan des temples païens, ou n'étaient autres que ces temples mêmes, dont les idoles et leurs prêtres avaient été expulsés.

initiés, son système d'ornements mythiques, ses nombres symboliques de nefs, de fenêtres, de portes, de colonnes, avec sa forme traditionnelle. »

Tandis que les autels du vrai Dieu s'élevaient dans les Gaules et que les temples du paganisme y croulaient, les prétoires romains étaient ébranlés d'un bout à l'autre de cette vaste province. Vers 263, une horde d'Allemands, conduits par Chrocus, pénétra jusqu'au pays des Arvernes. Ce fut ce conquérant qui détruisit à Clermont le fameux temple de *Vasso*, chef-d'œuvre de l'art gallo-romain. Grégoire de Tours, qui nous apprend cette invasion, décrit le monument que Chrocus saccagea : « Il était, dit le père de notre histoire, d'une
» construction admirable et très-solide, car ses murs étaient doubles, bâtis en
» dedans avec de petites pierres, en dehors, avec de grandes pierres carrées :
» ils avaient trente pieds d'épaisseur. L'intérieur était orné de marbres et de
» mosaïques ; le pavé était en marbre et le toit en plomb [1]. »

Nous avons mentionné l'invasion de Chrocus, parce qu'il traversa sans doute quelque partie du futur Bourbonnais ; et son entrée à Clermont, l'une des métropoles dont ce même Bourbonnais relevait, nous a paru la suite nécessaire de cette mention. Continuons de suivre, dans un récit aussi rapide qu'elle, la décadence de l'empire romain. Un empereur presque inconnu, Nepos, céda, vers 475, à Evarick, roi des Visigoths, ses droits sur l'Auvergne et le pays jusqu'à la Loire : c'est ainsi que ces souverains, ombres débiles des Césars, jetaient la Gaule, lambeaux par lambeaux, aux conquérants barbares, pour conserver le centre glorieux de l'empire, qu'ils ne conservèrent pas. Les Arvernes s'étaient montrés fidèles, autant qu'ils l'avaient pu, à leurs patrons : Sidoine Apollinaire, leur évêque, se ressouvenant d'avoir porté à Rome la pourpre magistrale, avait plus d'une fois ressaisi l'épée pour défendre l'Auvergne ; plus d'une fois dans ses vers, ce prélat, guerrier et poëte, avait excité le courage de ses compatriotes. Les Arvernes, sacrifiés à l'espoir trompeur d'un arrangement entre les Romains et les Barbares, ne furent pas même remerciés de leur fidélité.

Par suite de la honteuse convention faite par Nepos, la partie du Bourbonnais dépendant de l'Auvergne et du Berry, se trouva soumise aux Visigoths ; tandis que le pays des Boïens, toujours réuni à l'Autunois, reconnaissait les Bourguignons pour maîtres. Ces peuples tinrent d'abord des Romains ces terres et d'autres, à titre de feudataires ; mais bientôt leurs suzerains n'étaient plus là pour demander compte de ces concessions ; alors, ils s'en emparèrent.

Ce furent donc les Bourguignons, occupant le pays des Eduens et les Visigoths, alors gouvernés par Alarick II, occupant l'Auvergne et le Berry, qui eurent à

---

(1) *Grég. Tur.* Lib. 1.

défendre contre le frank Clovis les possessions que Rome expirante avait laissé tomber dans leurs mains. On sait comment ce héros substitua sa puissance à celle de ces barbares : ce fut pour nos pères un changement de barbarie.

Après la victoire de Vouglé, l'empire des Visigoths s'étant anéanti, l'Auvergne et le Berry d'abord, ensuite le pays des Eduens, devinrent le partage des fils de Clovis : à Théodorik échut l'Auvergne, comme nous l'avons dit ailleurs ; Hildebert, roi de Paris, posséda le Berry ; puis s'étant uni à ses frères pour conquérir la Bourgogne, ce prince joignit l'Autunois aux terres qu'il possédait déjà. Ainsi, vers l'année 534, le pays qui devait un jour former le Bourbonnais était au pouvoir de Théodorik et d'Hildebert.

Lorsque Clotaire Ier fut maître de toute la monarchie franke, il eut à combattre son propre fils Chramm, qui s'était emparé de l'Auvergne ; il envoya contre lui ses frères, qui, comme les fils d'Œdipe, cherchèrent à tarir dans leurs veines le sang qu'ils tenaient de la même source. Clotaire lui-même marcha pour soumettre le prince qui lui devait le jour. Chramm s'était montré sacrilège ; le roi fut barbare dans sa vengeance. Il atteignit l'enfant rebelle sur le territoire des Bretons, et le fit saisir au moment où il courait se refugier sur ses vaisseaux. Une misérable chaumière se trouvait sur le bord du chemin ; on l'y poussa ; il fut garotté sur un banc, enfermé ensuite dans cette maison avec sa femme et ses toutes jeunes filles pleurant ; puis le monarque frank ordonna qu'on mît le feu à la cabane.... Un instant, on entendit les cris déchirants des victimes, dominant le pétillement des matières sèches réunies autour du théâtre de cet horrible supplice ; mais bientôt ces accents du martyre s'éteignirent, étouffés par les flammes. L'implacable Clotaire avait anéanti d'un seul coup toute la race de son ennemi... de son fils... Ce roi, dit Grégoire de Tours, mourut l'année suivante (561), au jour même où Chramm et les siens avaient été brûlés.

Dans le partage qui suivit la mort de Clotaire, le Berry appartint à Gontran, l'Auvergne à Sigebert : chacun de ces princes possédait une partie de la Bourgogne ; mais on n'a jamais su bien positivement auquel des deux fut soumis l'ancien pays des Boïens. A la mort de Gontran, après un règne de trente-deux ans, le territoire qui nous occupe, dépendant alors du Nivernais, de l'Autunois et du Berry, fut soumis à Hildebert, déjà maître de l'Auvergne. Après que ce souverain, empoisonné par Frédégonde, eut laissé l'empire aux petits-fils de Brunehaut, il y eut une succession de crimes et de transmissions, par suite de ces attentats, si compliquée et si rapide, que nous n'essaierons pas de dérouler la trame des événements qui se passèrent sur les bords de la Loire et de l'Allier. Hâtons-nous d'arriver au changement d'État du Bourbonnais, long-temps incertaine du nom même de ses maîtres, et signalons, au moment où la première dynastie franke expire dans les langueurs du dernier Mérovingien, l'apparition de la maison de Bourbon, à travers l'aube du régime féodal.

Après sa victoire dans les plaines de Poitiers, Charles-Martel plaça sur la Loire et sur l'Allier, ses Leudes les plus dévoués, pour arrêter, au besoin, les courses des Sarrasins, repoussés alors dans le midi, mais qui pouvaient encore, comme ils l'avaient fait une première fois, s'avancer jusqu'à Autun. Bourbon-les-Bains, selon les chroniques les plus généralement estimées, fut le centre de ce poste militaire, le lieu où Charles-Martel, après Dagobert, peut-être, plaça ces sentinelles nobles et vigilantes sur la lisière du pays d'Aquitaine, occupée encore par les Ismaélites, mais que Pepin devait bientôt réunir à ses vastes états.

Enfin, ce fils de Charles d'Héristal, décidé à dire aux ducs d'Aquitaine : *Vous avez cessé de régner*, marcha contre eux en 760. « Les Franks, arrivés à la Loire, dit le nouvel historien du Bourbonnais, la saluèrent de leurs acclamations; las déjà de leur glorieux repos, ils se retrouvaient à une fête presque oubliée : l'armée passa le fleuve au bourg de Mesves (Nièvre), franchit les collines boisées qui encadrent son riche bassin, et entra dans les plaines du Berry; dévastant les récoltes et incendiant les hameaux. Elle s'avança ainsi entre le Cher et l'Allier, jusqu'aux terres cultivées et fertiles de la Basse-Auvergne. » Alors Waipher, duc d'Aquitaine, demanda la paix par des députés, et accorda tout ce que le roi exigeait de lui. Cette soumission satisfit peu le monarque frank, qui s'était flatté de conquérir l'Aquitaine; toutefois, comme il n'osait pas avouer ouvertement son dessein ambitieux, il retira ses troupes des contrées d'Outre-Loire. Mais l'année suivante, et pendant la durée d'un champ de mai tenu à Duren, l'Aquitain eut la malheureuse pensée de reprendre les armes, se croyant assez fort pour tirer vengeance de l'invasion victorieuse du Carlovingien. Il fut encore vaincu.

Malgré ses victoires, Pepin n'avait pas achevé la conquête de l'Aquitaine en 765; il ne vit même pas cette belle contrée entièrement soumise à sa couronne franke; il y eut encore là, beaucoup plus tard, des combats à livrer, des triomphes à conquérir pour Charles-le-Grand. Toutefois, la rive gauche de la Loire, jusqu'aux montagnes de l'Auvergne et du Limousin, avait dès 765 accepté les lois du monarque carlovingien. « Au printemps suivant (766), dit l'auteur de l'*Ancien Bourbonnais*, la nation des Franks quitta en armes les cités de l'est et du nord; on vit la reine Berthrade *au grand pied*, ses blondes et jeunes filles, leurs nombreuses esclaves saxonnes et longhobardes, voyager sur des chars dorés et peints de vives couleurs, traînés par les bœufs blancs des pâturages d'Outre-Rhin, et entourées de la foule empressée des Leudes aux vêtements vermeils (*vestibus vermiclis*). Le passage de la Loire n'était plus un combat; arrivés sur ses bords, cavaliers et piétons ne se précipitaient plus dans ses eaux en poussant leurs cris de guerre : la multitude traversa lentement et en paix, à gué, à la nage et sur de légères embarcations, le large fleuve serpentant dans les plaines fécondes que domine la montagne pierreuse de Sancerre, (*Saxiacum castrum*) avec sa couronne de Murailles. Les Franks s'arrêtèrent au fort Gorthon (*Gorthonias castrum...*) Puis en une journée de marche, ils arrivèrent à la cité du Berry (*urbs Bitorica*) » Pepin passa l'hiver dans cette vieille cité gauloise, qu'il avait conquise précédemment sur les cadavres amoncelés de ses défenseurs aquitains. Mais ses guerriers, ses Leudes poursuivirent dans les campagnes dévastées de l'Aquitaine ceux qu'ils nommaient les *Romains d'Outre-Loire*; ils les poursuivirent tant que la saison fut belle, tant que les pelouses désertes qu'ils traversaient fleurirent sous leurs pas. Leurs ennemis reculaient devant eux sans combatre; ils voulaient les engager dans une contrée de plus en plus montueuse, dont ils espéraient faire crouler sur eux les roches escarpées. Mais au premier avis des frimas, à la première apparition des froids brouillards qui descendent des Pyrénées, les Franks reculèrent à leur tour et rentrèrent dans les murs de Bourges. L'année suivante, Pepin demeura maître de l'Aquitaine; mais nous l'avons dit, ce ne fut pas sans retour.

C'était chez les Romains d'Outre-Loire, que Charlemagne, qui devait un jour se mesurer à la taille des Césars, avait soulevé pour la première fois la lourde épée de Charles-Martel, son aïeul; et cette épée, il fallut, dès le début de son règne éclatant, la faire briller au soleil du Midi, pour rattacher le joug frank au front des Aquitains révoltés. Ce ne fut pas encore la dernière convulsion de leur indépendance : lorsque le héros, vainqueur des Saxons, eut ceint la couronne de fer, qu'il avait saisie sur le trône écroulé des rois lombards, il reparut au sommet des Alpes, au moment où les Sarrasins, excités par les peuples d'Aquitaine, allaient descendre des Pyrénées. Charles y courut; mais un fils de Waipher, dernier duc d'Aquitaine, épiait la marche incertaine et pesante des guerriers bardés de fer que conduisait le frank à travers les défilés de Roncevaux... On sait quel fut le sort de ces paladins de l'aurore chevaleresque... Long-temps encore les échos des siècles feront retentir aux oreilles de la postérité ces roches croulantes, écrasant sous leurs armures les compagnons de Charlemagne. « Les chroniqueurs du moyen-âge, dit poétiquement Achille Allier, racontent qu'un son déchirant et prolongé arriva à l'oreille de Karl,

» qui, déjà s'était logé en une vallée aujourd'hui appelée *Val Karlemagne*,
» éloignée d'environ huit mille vers Gascogne. C'était l'oliphant du comte des
» Marches de Bretagne, le son du cor d'ivoire rompu par son souffle de mort.
» Triste et penché sur la crinière de son cheval, le roi recueillit ce dernier
» adieu de son neveu Roland. »

Lorsque Louis I*er* fut sacré roi d'Aquitaine, et que la ville de Bourges fut devenue la principale cité des rois d'Outre-Loire (*Aquitaniæ primæ caput*) Charlemagne, occupé à combattre ces Saxons, toujours vaincus et jamais soumis, tournait quelquefois un regard inquiet vers les Leudes turbulents qui gouvernaient le midi de la France, au nom du trop jeune monarque, et pouvaient combiner les effets de leur ambition avec l'esprit de révolte des Aquitains. Cependant Louis parvint au trône des Franks; il saisit le globe azuré échappé des mains triomphantes de Charlemagne, à la mort de ce grand homme, et parodiste languissant des Césars, dont la pourpre avait souvent paru étroite à son père, il ceignit le diadème impérial, et donna l'Aquitaine à Pepin, son fils.

Parmi les Leudes qu'on avait vus guerroyer sur l'une et l'autre rive de la Loire, depuis Charles-Martel, Hildebrand, son frère, s'était signalé en s'emparant de la Burgondie (Bourgogne), avec Pepin-le-Bref, en 741; ce fut le premier comte d'Autun. Il laissa cet apanage à son fils, Nibhilung, auquel Pepin donna en 762 la terre de *Bourbon*. Hildebrand et Théotdeber, fils de Nibhilung, s'étant partagé ses domaines, le premier, après avoir cédé la viguerie d'Yzeure à *la vénérable et chérie de Dieu*, Amalberge, abbesse de Saint-Pierre, conserva le titre de comte de Matric. Son frère, Théotdeber, fut le père de Robert I*er*, duquel descendent les Capets : ce qui explique leur parenté avec les sires de Bourbon. Ce Théotdeber eut en outre trois fils Thetber, Fhridelin et Erald; de ce dernier, naquit Nibhilung II, qualifié de comte, et dont le fils Adhémar, fut le premier *Sire de Bourbon*.

Telle est la filiation des seigneurs qui devaient donner des rois à la France, et dont l'antique race, retrempée à cette popularité qui est la source légitime de toute puissance, règne encore sur l'empire de Charlemagne. Cet Adhémar, auquel remonte la généalogie de la maison de Bourbon, est nommé dans une charte rendue à Metz, en 913, par Charles-le-Simple. En vertu de cette charte, une agglomération distincte fut formée, pour la première fois, entre l'Autunois, l'Auvergne et le Berry : les deux points extrêmes de ce noyau du Bourbonnais furent le château *des Thermes*, depuis Bourbon-Lancy, sur la rive droite de la Loire; et Souvigny, sur la rive gauche de l'Allier.

Le comte Adhémar, sire de Bourbon, réunit les donations qu'il tenait de

Charles-le-Simple, non-seulement à ce qui lui restait de l'ancien comté d'Autun, mais encore à quelque vignerie, de laquelle dépendait sans doute la baronnie d'Archambaud, qu'il dota du nom de Bourbon. En 916, ce seigneur abandonna aux Bénédictins de Cluny et à leur abbé Berno, le lieu de Souvigny, son église dédiée à la Vierge Marie et aux apôtres Pierre et Paul; les maisons qui en dépendaient, les prairies de sa vallée, les vignes de ses coteaux, les bruyères couvertes de genévriers, et les hautes futaies de ses montagnes. Enfin, le dévotieux comte fit dans cette circonstance une concession si complète aux moines de Cluny, que, quand une ville abbatiale se fut élevée autour du couvent de Souvigny, les sires de Bourbon, donateurs du tout, ne purent même conserver sur ce territoire la place d'un château [1].

Cependant la générosité d'Adhémar, si expansive dans les divers actes qui en avaient constaté les effets, s'était un peu démentie au moment de leur accomplissement; il avait refusé de livrer une partie des terres désignées dans sa première donation : ce refus comprenait particulièrement, dit l'historien du Bourbonnais, « la moitié de la forêt de *Messarges* et la moitié de ces *génébrarias*, collines encore incultes, avec des espaces rouges de bruyères, déchirées de ravins, noircis par la houille, semés de touffes d'ajonc, de houx et de genévriers, dont les crêtes nues s'étagent entre Noyant et Meillet. » Ce n'étaient pas assurément des terres fertiles ou de gras pâturages, que le comte regrettait d'avoir donnés à l'abbaye. Achille Allier explique la résistance du comte avec probabilité : « Peut-être, dit-il, le seigneur et ses fils, ardents aux sauvages voluptés de la chasse, regrettaient-ils d'abandonner aux paisibles troupeaux du monastère ce passage habituel des bêtes fauves, qui vont de Messarges à Grosbois, lieu si favorable pour les embuscades, les courses et les attaques à l'épieu qu'aimaient ces veneurs intrépides. »

Les religieux donataires insistèrent d'abord avec une onction douce et persuasive : ils rappelèrent à Adhémar le respect dû à la foi des promesses, les biens éternels que ses dons fidèlement accomplis lui obtiendraient dans l'autre vie; enfin le renom si désirable que sa charité envers de pauvres serviteurs de Dieu lui mériterait sur la terre, en attendant les récompenses célestes. Ayant échoué par de calmes représentations, les moines eurent recours aux avertissements terribles : ils firent entendre les mots d'*éternelle damnation et de parjure sacrilége...* Ils ouvrirent aux yeux du comte les abîmes enflammés de l'enfer, et firent tomber, heure par heure, dans son esprit troublé, des siècles innombrables de souffrances. Leurs menaces furent puissantes et fécondes : non-seulement

[1] Voyez plus loin l'article *Souvigny*.

le sire de Bourbon donna ce qu'il avait promis; mais il ajouta aux premières donations de nouvelles terres, des vignes, des prairies, des moulins, des églises, des cours d'eaux, avec des serfs et plusieurs redevances... Alors le ciel menaçant se referma; la vie d'Adhémar redevint bénigne et douce. Car aucune agitation momentanée, résultant de sa condition d'homme de guerre, ne paraît avoir animé la carrière du premier sire de Bourbon : au moins l'histoire n'a-t-elle rien recueilli des combats que put avoir à livrer ou à soutenir ce gardien des marches d'Aquitaine; ce voisin de Guillaume d'Auvergne, de Rodolphe et de Ghisleber de Bourgogne, des vicomtes de Bourges, de Nevers, des comtes de Limoges, etc. : tous seigneurs redoutables et turbulents, qui ne durent pas laisser rouiller dans le fourreau l'épée que le roi des Franks avait confiée à la sentinelle placée sur les bords de la Loire et de l'Allier. Assurément, lorsque les Normands menacèrent l'Auvergne et le Berry, Adhémar dut marcher au secours de ces pays. Plus certainement encore, le sire de Bourbon, enrichi par les bienfaits de Charles-le-Simple, ne put se dispenser de combattre dans sa cause contre ce terrible Robert, qui tomba expirant sur les palmes qu'il venait de cueillir près de Soissons... Mais, nous le répétons, nulle trace n'est restée des exploits probables du premier sire de Bourbon, et les plus anciennes annales bourbonnaises ne font guère mention que des présents qu'il fit au clergé. Dans un testament qui précéda sa mort de plusieurs années, il confirma tous ses anciens dons et en fit de nouveaux, pour la rédemption de son âme et de celle d'Hermengharde, son épouse... C'est ainsi que ces Leudes, jeunes encore dans la foi chrétienne, entraient déjà en relation spéculative avec le ciel; parce que dès lors, les hommes sacrés prêtaient à Dieu leurs vues intéressées. Le premier sire de Bourbon avait choisi, pour ses exécuteurs testamentaires, Gerontius, archevêque de Bourges, Eriveus, évêque d'Autun, et Berno, abbé de Cluny. On croit que les dispositions que nous venons de mentionner se rapportent à l'année 924.

On n'a jamais su précisément l'époque à laquelle Adhémar quitta la vie et fut inhumé dans l'église de Souvigny; mais le premier acte connu de son successeur porte la date de 941. *Haymon,* fils du premier sire de Bourbon, avait été, par le testament cité précédemment, institué héritier de tous les domaines donnés à son père par Charles-le-Simple, domaines augmentés par des acquisitions et des constructions postérieures, pour la désignation desquelles nous ne pouvons mieux faire que de la copier dans l'histoire locale. « Il est difficile, dit Achille Allier, d'assigner des limites positives aux domaines féodaux légués à Haymon Ier; nous nous bornerons donc à récapituler ici les principaux lieux nommés dans ses actes publics: Bourbon (l'Archambaud), Saint-Menulphe

(Saint-Menoux) et Marigny, au territoire de Bourges; Souvigny, Saint-Pourcain, Saulzet, Chantelle et Laferté-Hauterive, au territoire d'Auvergne; Yzeure, le château de Moulins, le château des Thermes (Bourbon-Lancy), au territoire d'Autun. A l'aide de ces quelques jalons, continue l'auteur de *l'Ancien Bourbonnais*, il faut que l'imagination, entamant les quatre provinces désignées par la donation de Charles-le-Simple, y trace le périmètre primitif de notre agglomération bourbonnaise. »

Haymon Ier, encore enfant, avait approuvé les legs religieux faits par Adhémar, sous l'autorité du comte son père. Mais lorsque ce seigneur, fier, emporté, cupide, fut investi du pouvoir, il ne tarda pas à faire un retour sur ces libéralités. Jeune, vigoureux, ayant une vaste perspective de vie ouverte devant lui, il ne voyait la tombe que dans ce lointain auquel la jeunesse ne croit jamais parvenir, tant elle se laisse enivrer par le parfum des fleurs dont la route est semée : il ne lui sembla pas qu'il fût temps de traiter avec le ciel pour l'acquisition des biens éternels. Haymon annula donc toutes les donations faites par Adhémar; ni le consentement qu'il avait donné sous l'influence paternelle, ni la charte sacramentelle, ni le serment prêté sur les autels, ni les menaces fulminées par les moines de Souvigny, ne purent ébranler la détermination sordide du sire de Bourbon. Il fit marcher ses hommes d'armes sur les terres concédées pour s'en ressaisir : ce mur de fer, en s'avançant, repoussa les serfs tremblants réunis sous la crosse abbatiale, qui tomba brisée des mains du saint abbé, dès que l'épée féodale l'eut touchée.

Mais Haymon, comme un autre, courut sur cette route fleurie dont il avait à peine entrevu le terme, dérobé par les séduisantes fascinations du jeune âge. Blanchi, fixé sur son lit de douleur par les infirmités de la vieillesse, le sire de Bourbon vit enfin se dresser tout près de lui le tombeau entr'ouvert pour le recevoir; il vit, au-dessus de ce marbre funéraire, les foudres vengeresses du parjure sillonner la nue; tandis que, montrant sa face ironiquement hideuse derrière le mausolée, Satan ricanait à l'espoir d'entraîner bientôt aux enfers, l'âme impénitente d'un sire de Bourbon.

Alors celui-ci fit ce que son père avait fait : il rendit tous les biens violemment repris aux religieux de Souvigny, y en joignit d'autres, et confirma, en 945, tous ses dons par un testament que devaient exécuter ses *fidèles parents*, le duc Hugues[1], ses fils, le comte Hugues, et Otto, qui fut abbé de

---

(1) Ce duc Hugues, selon l'auteur de l'*Ancien Bourbonnais*, était Hugues-le-Grand ou le Blanc, fils de Robert, et fait duc de France par *Louis-d'Outre-Mer*. Ses fils, cités ici, Hugues et Otto, étaient *Hugues Capet*, depuis roi de France, et Otto, duc de Bourgogne en 956. *Ancien Bourbonnais*; t. 1er, p. 177, note.

Cluny, après Odo ; l'abbé Aymar ; Léotius, moine, et le prêtre Lother. Mais comme Haymon ne mourut que long-temps après cette manifestation authentique de ses dernières volontés, les moines, craignant que ses intentions pieuses ne chancelassent, lui firent signer, en 953, une nouvelle donation, laquelle, comme les précédentes, ajouta des biens à ceux précédemment donnés. Sur cette dernière charte, où les rédacteurs avisés avaient formulé contre les infracteurs à venir une terrible malédiction, la femme d'Haymon et ses trois fils, Archambaud, Anserick et Geherard, signèrent comme garants des dispositions faites au profit de l'abbaye. Jusqu'à sa mort, arrivée entre 953 et 959, Haymon demeura fidèle à ses dernières promesses, et ses successeurs les respectèrent. La donation mentionnée plus haut fut le dernier acte du second sire de Bourbon ; la première charte de son successeur est de l'an 959. On ne sait rien de plus ni sur la fin du gouvernement d'Aymon, ni sur l'époque précise à laquelle commença la domination d'Archambaud Ier, son fils aîné, qui lui succéda.

Cet Archambaud Ier paraît avoir gouverné le Bourbonnais pendant vingt-six ans, puisque, d'après le cartulaire et l'orbituaire de Cluny, il mourut en 985. Sa vie, absolument vide de faits mémorables, au moins à en juger par le silence des historiens à son égard, n'eût peut-être pas été révélée à la postérité, sans deux chartes rendues en l'année 959 : par l'une d'elles, il confirme au monastère de Cluny et à l'église de Souvigny les dons de ses ancêtres ; par l'autre, il soumet la chapelle d'*Ousche* ou d'*Osche* (*Oschæ capellum*), située dans le voisinage de Bourbon, à l'abbaye de Deols. Archambaud Ier avait épousé Rothilde, veuve du vicomte de Limoges, dont il eut un seul enfant connu, Archambaud II.

Le premier acte de ce sire de Bourbon est de 989 : c'est une charte qui confirme aux religieux de Cluny et de Souvigny les donations déjà tant de fois confirmées : ce qui prouve que, lors des transmissions féodales, ces bons pères ne s'endormaient par sur leurs intérêts. Achille Allier, jeune homme aux inspirations nobles, à l'imagination puissante, qui avait fait ses lectures d'affection des consolantes doctrines de Châteaubriand sur le pouvoir du christianisme ; Achille Allier qui, d'un autre côté, ne pouvait soutenir l'ardeur de son âme au contact du pyrrhonisme usé de la philosophie voltairienne, nous a laissé ce tableau, que le chantre d'Atala ne désavouerait pas : « Et que l'on ne se hâte point trop de crier au fanatisme, à l'abus de cette religion qui doit instruire et consoler, plutôt que menacer et effrayer ! Avant de nourrir les brebis, le pasteur fait lacher prise aux loups et les tient éloignés par ses clameurs. Il fallait d'abord desserrer la main de fer qui étreignait le monde. Alors ceux qui dressaient la tête avaient la tête couverte de fer ; ils passaient sur la terre le fer à la main, mettant dans le fer leur confiance et leur espoir, leur droit et leur raison. Le prêtre aussi voulait dresser la tête avec la fierté sublime de l'homme qui pense. Pour que le capuchon de laine protégeât son front nu, il l'entourait d'une auréole sainte; il rendait sa parole aiguë et tranchante comme l'épée, et marchait parmi les forts un crucifix d'une main, l'autre main montrant le ciel[1]. »

Ah! sans doute, ils eussent été bien respectables les moines du Xe siècle, s'ils avaient professé cette haute et sainte morale, née de la satiété philosophique du XIXe. Mais que de déception on trouve dans leur conduite, en la rapprochant de cette grande et idéale figure de la vertu! Il ne manqua au sacerdoce de ces temps reculés ni résolution pour soutenir ses droits, ni courage pour les faire valoir; mais l'adresse lui fit défaut pour cacher le but mondain vers lequel tendaient ses efforts. Cette adresse, nous la prêtons trop tard aux prêtres du moyen-âge, quand, depuis le XVIe siècle, ils semblent s'être appliqués à déchirer le voile sacré sous lequel se dérobait leur ambition.

Le gouvernement d'Archambaud II est pauvre d'événements auxquels il ait pris part : ce seigneur, après avoir confirmé, comme ses prédécesseurs, toutes les donations faites à l'abbaye de Souvigny, laissa tomber doucement son pouvoir temporel aux mains de Mayol[2], alors abbé de Cluny. « C'était un grave et austère vieillard, dit le moine Odylon, historien et successeur de ce saint homme; les empereurs, les impératrices, les rois et les princes de la terre l'appelaient *Seigneur* et *Maître*. » Ce fut donc, à proprement parler, le vénérable Mayol qui gouverna le Bourbonnais au nom d'Archambaud II; et pourtant ce sire de Bourbon voyait Hugues Capet, son parent, assis au trône de France, et sa famille se trouvait placée ainsi au premier rang des puissances du monde.

Une nouvelle race, en saisissant la couronne du dernier Carlovingien, avait, comme aux changements antérieurs de dynastie, soulevé les populations d'Outre-Loire. Dans cette circonstance, Hugues Capet rechercha l'amitié d'Archambaud II, son parent, et gardien des marches d'Aquitaine. Or, l'adroit politique comprit que pour se rendre le sire de Bourbon favorable, c'était d'abord auprès des moines de Souvigny qu'il fallait agir. Le roi se rendit donc dans cette abbaye, dont le gouvernement avait été confié à Raymond par le vénérable Mayol. Hugues Capet, modeste, humble même, comme tous les hommes que la nécessité guide, porta, durant son séjour à Souvigny, le froc

---

(1) *Ancien Bourbonnais*; t. Ier, p. 180 et 181.
(2) Voyez ci-après l'article Souvigny.

de bure grossière, et se soumit à toutes les austérités de la règle. Le roi obtint du doyen de Souvigny, ce qu'il était venu demander à Archambaud II, et retourna dans sa capitale, après avoir accordé au monastère, qu'il quittait, le droit précieux de battre monnaie, droit que le sire de Bourbon lui-même avait contribué à obtenir du monarque français. Ce seigneur fit plus : il abandonna à cette abbaye, déjà si puissante, une notable portion de sa puissance féodale, en lui concédant le privilége de rendre la justice. Cette concession imprudente, saisie par une tendance incessante d'envahissement, ne pouvait manquer de déterminer de graves conflits entre le cloître et les créneaux, entre la crosse et la bannière féodale, et ce fut ce qui arriva.

Cependant une agression flagrante venait d'avoir lieu sur les terres du Bourbonnais, de la part de Landhérick, comte de Nevers, issu d'une famille d'Aquitaine. Tout porte à croire que les barons d'Outre-Loire, par de secrètes intelligences, avaient déterminé ce seigneur à agir ainsi, et que c'était un premier brandon jeté par eux sur les terres de Hugues Capet. Dans cette occurrence, Archambaud marcha sans doute contre Landhérik, qui se qualifiait de *gloriosus miles*, et que l'on tenait du reste pour hardi batailleur. Non-seulement le sire de Bourbon avait à défendre ses terres; mais, dans l'intérêt de la monarchie française, il devait s'opposer à la violation des frontières qu'il gardait, comme vedette de Hugues Capet. Ce grand acte de pacification appelé la *Trêve de Dieu*, avait été signé précédemment au synode de Sauçillanges, par les évêques du midi, en présence d'une foule nombreuse d'hommes de guerre, couverts d'habits de pénitents, et attendant avec soumission la décision synodiale.

Assurément, Archambaud II se trouvait au milieu de ces guerriers dociles à la voix du clergé; et tout porte à croire qu'il fut alors armé champion de la trêve de Dieu, dont Achille Allier a dit avec raison : « Grande et noble » tentative de l'intelligence pour détrôner la force brutale; sublime inter- » vention des serviteurs du Christ, dans la lutte inégale des opprimés et des » oppresseurs [1]. »

Avant de descendre dans la lice des combats, Archambaud fit encore de nouveaux dons aux Bénédictins de sa chère abbaye : l'acte constatant ces libéralités lui donne le titre de *prince et noble français* (*princeps et nobilis francus*). Quels furent les résultats de la guerre que le seigneur bourbonnais livra, vers 990, au fier comte de Nevers? Nul monument authentique ne les a constatés.

[1] *Ancien Bourbonnais*; t. Ier, p. 202.

Nous l'avons dit, les premiers temps de la puissance féodale d'Archambaud II s'écoulèrent sous l'empire du saint abbé de Cluny, Mayol ; la fin de cette même carrière fut dominée par Odylon, successeur de cet abbé. Nous parlerons plus amplement de ces deux religieux illustres, à l'article Souvigny ; achevons de parcourir rapidement la vie d'un sire de Bourbon qui fut passif partout, excepté, sans doute, sur le champ de bataille.

Le dernier acte connu d'Archambaud II porte la date de 1018 : il constate une dernière donation faite aux moines de Souvigny par ce seigneur, sa femme, Hermengharde de Saint-Maurice, et ses fils, Archambaud, Albuin, Gérard et Haymon. Voici, selon l'auteur de l'*Ancien Bourbonnais*, le préambule de cette charte :

« La miséricorde divine, voulant guérir les péchés du genre humain, a » donné à tous ceux qui étaient en elle un remède bon et salutaire pour en » fermer les blessures ; elle recommande à tous, tonnant par ces paroles » de l'Évangile : faites l'aumône, et vos péchés vous seront remis ; et de même » que l'eau éteint le feu, de même l'aumône éteint les péchés. » Or la comtesse Hermengharde, selon la chronique des miracles de Saint-Odylon, était encline à commettre de ces péchés qu'il n'est pas facile *d'éteindre* pendant la jeunesse ; et le saint homme lui-même avait été l'objet des ardentes convoitises de cette dame. Nous laissons parler l'auteur de la chronique, historien rasé de l'abbaye de Cluny.

« Saint Odile faisant ses visites et preschant au pays de Bourbonnais, le diable, par ses tentations, troubla tellement le jugement d'une comtesse, et, dit-on, que c'estait Ermengharde de Saint-Maurice, que mettant sous les pieds et son honneur et son salut, elle osa dire effrontément et sans rien craindre au sainct homme qu'elle désirait *dormir* avec lui. Saint Odile, qui demandait à remettre ceste âme desvoyée au bon chemin, lui sembla accorder sa demande. La comtesse l'ayant invité à souper, il y alla. Le soupper fini, le lict étant bien préparé et orné, Sainct Odile larmoïant et se recommandant à Dieu, dit à la comtesse : « Tu as, ô femme, pris grand'peine à préparer la couche, prends-y seule ton repos à présent ; quant à moi, je me garderai très-bien, en te complaisant, d'y coucher. » Et sur l'heure, se jeta sur un grand feu embrazé, disant : « Voicy mon lict, que je me suis préparé ; » sur lequel estendu de son long, fut miraculeusement préservé sans souffrir aucune lésion, soit en sa personne ou vestements, qui furent préservés en leur entier [1]. »

---

(1) Chronique manuscrite de Cluny.

Tel était apparemment le genre de péché que la comtesse Hermengharde songeait à *éteindre*, lorsqu'elle s'associait à la donation faite par le sire de Bourbon, son époux; et l'on ne peut s'empêcher de remarquer qu'en procédant ainsi par extinction, elle agissait à l'opposé du pieux abbé, qui avait prévenu en lui la tentation par embrasement.

Après la charte de 1018, on ne sait plus rien d'Archambaud II; et pourtant le premier acte connu de son successeur porte la date de 1040 : on ignore donc l'époque à laquelle ce sire de Bourbon cessa de vivre. Sa veuve, après avoir sans doute pardonné à l'abbé Odylon ce que les femmes ne pardonnent guère, même quand elles se sont repenties, donna à l'abbaye de Souvigny sa terre de Saint-Maurice et dépendances, pour le soulagement des religieux malades. Cette nouvelle Madeleine repentante donna aussi à la même église de Saint-Pierre une grande croix d'or, deux chandeliers d'argent et deux voiles de pourpre : peut-être ce dernier hommage fut-il fait *ad purificationem*.

Archambaud II laissa quatre fils : Archambaud, qui lui succéda, Haymon, archevêque de Bourges, Albuin et Gérard.

La vie d'Archambaud III, surnommé *du Montet*, s'écoula, comme celle de son père, en actes religieux, sous l'influence de piété et même d'intelligence d'Haymon, son frère. Parmi les donations que ce baron fit au monastère de

Souvigny, on doit citer l'antique monastère de Colombiers, fondé au VIe siècle, par Patrocle, dont les reliques reposaient dans ce monastère, foulées sous des pieds profanes, ainsi qu'on va pouvoir en juger. « Dans cette retraite encore si couverte d'arbres, dit Achille Allier, que vue des hauteurs elle ressemble à une immense forêt, des bandits s'étaient établis derrière les murs croulés et tapissés de lierre du couvent, et de là, guettaient les voyageurs qui suivaient la voie romaine communiquant de la Basse-Auvergne aux marches du Limousin et à une partie du Berry. » De ce lieu jadis révéré, s'élevaient la nuit, tantôt les cris des victimes égorgées ou violées, tantôt les chants de la débauche et de l'ivresse. Car les brigands dont ces murs sacrés étaient devenus le repaire, enlevaient les hommes et les les femmes, et se livraient envers eux à tous les genres d'attentats. Les moines de Souvigny, pour mettre fin à tous ces désastres, demandèrent au sire de Bourbon l'église de Colombiers; Archambaud III la leur accorda; mais sa générosité, dans cette circonstance, ne fut pas gratuite, non plus que celle de ses feudataires : il reçut des concessionnaires deux livres du *meilleur or;* sa femme Auréa en eut quatre onces, les seigneurs de Blot et de l'Ours eurent chacun une once de cette matière; de plus, le dernier fit recevoir Amblard, son fils, parmi les moines de Souvigny. Cette transaction est sans date ; mais comme Haymon, archevêque de Bourges, qui mourut en 1071, y est nommé, et qu'il y est fait mention du pape Alexandre II, parvenu au Saint-Siége en 1061, il faut faire rapporter la charte dont il s'agit à l'espace de temps compris entre ces deux époques.

Nous avons vu qu'au nom d'Archambaud III, les historiens ajoutent celui du Montet (*de Monticulo*) : sans doute ce titre était dû à l'accroissement que le sire de Bourbon donna au monastère de ce nom, qui fut le lieu de sa sépulture; mais on ignore en quelle année il prit possession de cette froide demeure. Ce seigneur avait eu deux enfants : Archambaud IV, qui lui succéda, et une fille nommée Auréa, comme sa mère, vierge encore imparfaitement initiée à la vie, dont on put dire :

> Et Rose elle a vécu ce que vivent les roses,
> L'espace d'un matin.

Archambaud III s'était montré moins généreux que ses prédécesseurs envers l'abbaye de Souvigny; il avait résidé quelque temps à la cour de Philippe Ier, et peut-être quelque courtisan lui avait-il laissé entrevoir que, depuis longtemps déjà, la fière succursale de Cluny devenait une puissance rivale des sires de Bourbon. Il vécut donc froidement avec les moines de ce monastère, et ne leur légua ni ses biens ni son corps: le premier parmi les sires de Bourbon, il ne reposa point sous les arceaux funéraires de Saint-Pierre. Archambaud IV alla plus loin que son père, il abandonna tout à fait le château de Souvigny, qu'avaient habité presque tous les seigneurs du Bourbonnais, et s'établit dans celui de Moulins. Le défaut de sympathie entre Archambaud IV et l'abbaye, que ses ancêtres avaient rendue si puissante, devint hostile vers la fin de sa vie : il employa souvent la violence pour entraver le droit de justice dont les religieux jouissaient; et ses rigueurs envers eux devinrent telles que vers 1077, l'abbé Hugues crut devoir convoquer un synode, afin de faire prononcer l'excommunication du haut baron. Archambaud IV trembla sur son lit de mort, à la voix caverneuse d'un moine qui lui montrait entr'ouvert l'antre des éternels grincements de dents. L'homme fort, atterré par la fièvre et la crainte, désavoua tout ce qu'il avait fait de mal aux religieux de Souvigny; mais ce retour ne lui obtint point sa grâce : il mourut sans être absous, et ses anciens antagonistes lui refusèrent apparemment l'aumône d'une tombe, car il fut enterré comme son père au Montet. Archambaud IV décéda en 1078. Il avait eu de Philippie, fille du comte d'Auvergne, Archambaud, qui lui succéda, Haymon, Guillaume et Hermengharde, mariée en 1070, à Foulques le *Rechin*, comte d'Anjou.

Archambaud V, influencé par son frère Haymon, esprit fort du xie siècle, releva l'épée hostile aux moines de Souvigny, que le précédent sire de Bourbon avait laissé tomber de sa main mourante. Le moment d'une lutte contre la puissance religieuse était mal choisi : le grand choc de l'Occident contre l'Orient se préparait : Urbain II s'avançait vers Clermont, pour ordonner au monde chrétien, dont les Français devaient être l'avant-garde, cette immense et sainte migration qui seule, peut-être, pouvait mettre un terme aux guerres intestines, que la *Trêve de Dieu* n'avait pu arrêter. Le vicaire du Christ s'était dit : « Alimentés par les passions des hommes, les fleuves de sang ne se tarissent point; essayons de les détourner. »

Le Pape voyageait lentement, de monastère en monastère, excitant partout sur son passage l'enthousiasme pieux des populations. L'abbaye de Cluny reçut à son tour le père des fidèles : il y avait été simple religieux; il revit avec cette émotion que nul ne peut exprimer, ce point de départ d'une fortune sans égale sur la terre. L'abbé Hugues raconta au Saint Père les violences du sire de Bourbon; et lorsqu'après avoir franchi la Loire, il s'arrêta au prieuré de Souvigny, les moines se précipitèrent à ses genoux, et lui demandèrent justice contre le suzerain.

Le père de ce baron était mort sous le poids terrible d'une excommunication; Archambaud V vint implorer la miséricorde du Pape en faveur de l'âme d'un père; et cette miséricorde fut le sujet d'une transaction. Le seigneur, à genoux sur la tombe d'Archambaud IV, jura de renoncer aux *mauvaises coutumes* qui froissaient les religieux de Souvigny ; et l'âme du sire de Bourbon fut rappelée des demeures infernales. Hélas! elle dut bientôt retomber dans cet abîme incommensurable de l'impénitence, si sa libération devait dépendre de l'amendement d'Archambaud V : à peine Urbain II avait-il repris sa marche vers Clermont, que les agents du baron recommencèrent par son ordre les violences qu'il venait d'abjurer. Cité devant le concile de Clermont, ce seigneur s'y rendit et jura encore de s'amender ; mais cette fois le Saint Père ne s'en rapporta point à un serment déjà violé ; il soumit le différend du sire de Bourbon avec les religieux de Souvigny à l'arbitrage de l'archevêque de Bourges, de l'évêque du Puy, de l'évêque de Clermont, et de plusieurs nobles hommes. Après le concile, les juges s'étant rendus à Souvigny, l'abbé Hugues déroula les titres qui établissaient les droits du prieuré ; des témoins furent appelés de part et d'autre : ceux des moines, vassaux de leur féodalité mitrée, ne pouvaient manquer de se prononcer en faveur de la sainte maison. Mais que devint Archambaud V, quand les témoins qu'il avait amenés, lorsqu'Haymon lui-même instigateur des méfaits imputés au sire de Bourbon, reconnurent la légalité des droits revendiqués par les religieux ? Ces chevaliers aux résolutions de fer, comme leur armure, n'avaient pu dominer la crainte, mêlée de respect, que leur inspiraient, et le vénérable primat des Aquitaines, et cet Adhémar de Monteil, au regard flamboyant d'enthousiasme, qui allait marcher à la tête de la grande croisade, et le grave abbé de Cluny, dont l'accent sévère, interprète d'une conviction profonde accusait avec autant de calme que d'assurance. Condamné par le témoignage même des siens, le sire de Bourbon se prosterna aux pieds de Hugues, et lui promit de réparer ses torts. Une renonciation aussi humble que complète suivit de près cet acte de soumission ; les moines-seigneurs rentrèrent dans toute la plénitude de leurs droits : le sire du Bourbon lui-même, en mettant le pied sur les terres de Souvigny, jura d'accepter la condition d'un simple vassal des religieux que ses ancêtres avaient comblés de bienfaits : ainsi le voulaient ces hommes de Dieu ; ainsi la condescendance du baron défaillant se résignait à le souffrir. Il était pourtant un point extrême de juridiction, que les moines abandonnèrent avec une prudence avisée à la puissance du seigneur: se déclarant très-compétents pour concilier, réprimander, maintenir l'ordre, faire respecter la foi jurée, et juger en dernier ressort les délits contre la propriété, ils reculèrent devant l'entière répression des attentats aux personnes. La justice qui prononçait des confiscations fiscales (*quod pecuniâ amendari possit*) leur convenait fort ; mais, éludant une responsabilité dangereuse, ces hommes de Dieu renvoyaient au baron le droit de frapper, lorsque l'accusation entraînait la peine de mutilation ou de mort ; se réservant toutefois, même dans les affaires criminelles, le produit des amendes et confiscations. « Au seigneur le plaisir de torturer et de tuer, dit l'historien du Bourbonnais ; au monastère l'avantage de s'enrichir des dépouilles du mort.

La charte qui consacra cet accord, où les sires de Bourbon semblaient recevoir de leurs sujets rasés la loi du vainqueur, est le dernier acte qui fasse mention d'Archambaud V ; il mourut peu de jours après l'avoir signé ; laissant à son frère Haymon le gouvernement du Bourbonnais, pour un fils en bas âge, qui demeura sous la double tutelle de sa mère et de son oncle. Archambaud V mourut en 1096.

Haymon, seigneur audacieux, adroit et persévérant, se promit bien, dès son avénement au pouvoir, qu'il devait exercer pour son neveu, d'arriver promptement à l'entière possession des terres du Bourbonnais, dont il n'était que le sénéchal. Mais l'expérience venait de lui apprendre que l'épée la plus forte pouvait tomber en éclats au simple contact d'une crosse abbatiale ; il songea à se rendre favorable le clergé, et surtout les puissants religieux de Cluny. Hugues, à la mort d'Archambaud, redoutant quelqu'entreprise de la part du sénéchal, était resté parmi ses frères de Souvigny, afin de veiller à leurs priviléges, qui pouvaient être attaqués par ce nouveau baron. Cette crainte n'était pas fondée : Haymon, ainsi que nous venons de le dire, méditait une plus vaste usurpation. « Avant que la pierre tumulaire du dernier sire de Bourbon fût scellée, dit Achille Allier, tandis que les cierges de cire jaune brûlaient encore sur les autels, et que les derniers chants du chœur se perdaient sous les voûtes des longues nefs de la basilique, Haymon suivit jusqu'à la salle capitulaire le vénérable abbé de Cluny. Ce fut devant lui et en présence de la communauté assemblée, que ce seigneur jura de maintenir tous les engagements de son frère ; il y ajouta de pompeuses promesses de libéralités, en biens et priviléges : flattant ainsi la cupidité des moines sans la contenter, et rattachant adroitement leurs intérêts aux siens [1]. » Après ce serment, Hugues, encore peu rassuré par l'engagement solennel d'un homme dont il connaissait les cauteleuses inclinations, lui saisit gravement la main, le conduisit à l'église, s'approcha avec lui de l'autel, et posant sur l'Évangile cette main qu'il comprimait de ses doigts osseux, il dit d'une voix creuse : « Sire de Bourbon, jurez encore... » et le baron jura de nouveau.

Lucques, veuve d'Archambaud V, n'avait pas tardé à pénétrer les projets d'usurpation médités par Haymon ; mais, faible femme, que pouvait-elle tenter

---

(1) *Ancien Bourbonnais*; t. 1ᵉʳ, p. 263.

contre cet homme habile et fort, pour ressaisir l'héritage d'un fils? Toutefois, les charmes d'une femme sont un lien puissant de sympathie, qui la laissent rarement manquer de défenseurs : Lucques, belle et jeune encore, n'eut qu'à ouvrir l'oreille aux tendres protestations d'un seigneur du voisinage, pour procurer un protecteur à son fils. Elle se remaria au sire Alard de la Roche Guillebaud, prince de Saint-Chartier, seigneur souple, rusé, beau parleur, disent les chroniques du temps. « La vengeance d'Haymon, ajoute Achille Allier, aurait eu peine à l'atteindre dans son château, implanté sur une masse de rochers isolée et pendante vers les eaux torrentueuses de l'Arnon, qui la ronge : château caché au creux d'une gorge sauvage, couronnée de bois, ceinte de landes désertes. » Lucques conduisit le jeune Archambaud dans cette sombre solitude, que sans doute l'hymen, couronné de roses nouvelles, embellit aux yeux de l'épouse d'Alard. Haymon apprit avec un sourire méprisant cette lointaine réaction d'une légitimité dessaisie, préludant sous les auspices de l'amour. Possesseur peu inquiet des domaines de son neveu, il ne se préoccupa point de la crainte d'en être expulsé, et travailla à les agrandir. Une ancienne querelle avait existé entre Archambaud V et Guillaume Ier, comte de Nevers, pour une délimitation de frontières en litige; Haymon trouva l'occasion de la renouveler, voici comment : il avait épousé Alsuinde, fille du comte de Tonnerre, fils aîné de Guillaume Ier. Or, le premier étant mort sans avoir acquitté la dot promise à Haymon, il la réclama à main armée, du comte de Nevers. Celui-ci mourut avant d'avoir vu cette guerre terminée, mais non sans en avoir beaucoup souffert.

Nous avons dit ailleurs qu'Haymon était doué de cette *insoumission* au clergé, que l'on peut considérer comme une exception phénoménale à la docilité pieuse des hommes de ces temps reculés; il semblait, dans son pyrrhonisme anti-religieux, recevoir à travers le chaos de barbarie formé par six à sept siècles, les derniers reflets de cette philosophie moqueuse, au sein de laquelle s'étaient éclipsés les expirantes lueurs du paganisme romain. A mesure que cet usurpateur consolidait sa puissance, il devenait plus avide de l'accroître; et bientôt il se prit à dépouiller les églises et les monastères. Il épargna néanmoins les domaines de Souvigny avec un soin scrupuleux, non par respect pour la foi jurée, mais parce qu'il savait l'abbé de Cluny assez puissant pour ameuter contre lui tous les évêques de France; et à une époque où toutes les épées brillaient au soleil à la première intimation des voix sacrées, il sentait que les suzerains laïques eux-mêmes, l'écraseraient dès qu'il oserait toucher aux biens des abbayes, assez riches pour stipendier des défenseurs. Haymon se contenta donc de dépouiller les humbles communautés, les pauvres presbytères sans appuis, parce qu'ils étaient sans moyens pour les acheter.

Enfin, vers l'année 1110, Alard le beau parleur crut entrevoir l'occasion favorable de faire valoir les droits du jeune Archambaud, son beau-fils. Louis-le-Gros venait de réprimer plusieurs grands vassaux révoltés : une dernière fois il avait atteint, dans son château du Puiset, l'indomptable Hugues, qui, dépouillé de ses biens, était allé chercher une mort qu'il trouva au milieu des infidèles. Le second époux de Lucques se rendit à la cour, exposa les droits du légitime sire de Bourbon, peignit avec une éloquente chaleur les vexations exercées par Haymon à l'encontre des saints monastères, ses violences et brigandages envers les pèlerins, les marchands, les voyageurs, enfin, ses perpétuels empiétements sur les terres de ses voisins. Puis, rattachant avec adresse ces intérêts locaux compromis à ceux de la monarchie elle-même, Alard fit pressentir au monarque qu'à défaut d'une prompte intervention de la justice royale, une lutte de famille pouvait s'ouvrir au centre de la France, et s'appuyant de chaque côté des alliances ou des amitiés existantes, embraser encore des feux de la guerre une partie du royaume. Louis, frappé surtout de cette dernière partie de la harangue du baron Bourbonnais, cita l'audacieux délinquant à sa cour; mais Haymon refusa de se présenter, et jeta des hommes d'armes dans tous ses châteaux. Le roi marcha alors vers le territoire de Bourges, à la tête d'une nombreuse armée, et se dirigea sans perte de temps sur la forteresse de Germigny, où le sire de Bourbon se tenait enfermé [1].

A la vue des cohortes bardées de fer qui couvraient la plaine sous mille bannières fleurdelisées, que surmontait la redoutable Oriflamme, Haymon comprit que sa résistance ne pourrait qu'être courte, et serait vaine. Il comprit que Louis-le-Gros, vainqueur de sa mutinerie par l'épée, et conseillé par la prudente sagesse de Suger, l'enverrait, comme Hugues, guerroyer et mourir au-delà des mers, s'il se laissait enlever dans Germigny. Il ouvrit donc les portes de cette place aux troupes royales, et, déposant sa lourde épée aux pieds du roi avant qu'en eussent jailli les étincelles d'un choc sacrilége, ce seigneur hautain, devenu tout à coup humble et souple, se prosterna plusieurs fois devant son suzerain. Louis releva Haymon avec une bonté sévère, l'emmena en France pour être jugé, et garda le château.

On sait que le roi mit fin par arbitrage au différend survenu entre l'oncle et le neveu; mais on ignore de quels châteaux, de quelles terres ce dernier fut ressaisi. Bientôt la chronologie présente de nouveau Haymon comme seul baron du Bourbonnais; et son fils aîné lui succède, en qualité de principal

---

(1) Voyez dans notre quatrième section, les détails du blocus de Germigny, lieu appartenant aujourd'hui au département du Cher.

descendant d'Adhémar, premier sire de Bourbon. Il est probable que le jeune Archambaud mourut peu de temps après l'arrangement auquel le roi de France avait présidé.

La seule concession pieuse qu'Haymon ait faite au clergé, concession qui sans doute fut intéressée, est la confirmation de l'abandon du domaine de Montcenoux, cédé par ses ancêtres au chapitre de Saint-Ursin de Bourges. Quant à l'abbaye de Souvigny, elle ne vit se réaliser aucune des promesses que ce baron lui avait prodiguées à son avènement, et peut-être les moines se trouvèrent-ils heureux qu'au lieu d'ajouter à leurs domaines et à leurs droits, il se dispensât d'en usurper quelques-uns.

On ne saurait fixer l'époque précise de la mort d'Haymon, surnommé *Taire-Vache*, parce que sa barbe et sa chevelure offraient un mélange de teintes noires, rousses et blondes; le premier acte de son successeur est daté de l'an 1139. Outre Archambaud VI, ce baron laissait deux fils, Gérard et Guy, morts sans postérité.

L'acte d'Archambaud VI dont nous venons de rapporter la date, est une émanation de cette première lueur de popularité que le sage Suger fit briller dans l'esprit de Louis-le-Gros, afin de rendre la monarchie réellement suzeraine des grands vassaux: le sire de Bourbon, le premier parmi les seigneurs des rives de la Loire, au moins à cette hauteur, constitua une commune, et cette commune fut Villefranche [1].

« Nous venons de voir Archambaud édifier une commune, dit le poète historien qui écrivit la première moitié de l'*Ancien Bourbonnais;* nous allons le voir entreprendre une croisade: *une croisade* et une *commune!* ne sont-ce pas là les deux grandes œuvres du siècle. » On pourrait ajouter : ne peut-on pas reconnaître à cette double création que le génie, porté jusqu'aux plus nobles inspirations de la pensée humaine, ne meurt point avec les civilisations que la corruption énerve et tue. Essence immortelle de la suprême intelligence, il est conservé dans la tête de quelque mortel privilégié; et le chef vénérable de Suger était, au commencement du XIIe siècle, ce vase précieux. Cependant Saint Bernard, moins ardent, mais plus éloquent que Pierre l'Ermite, entretenait dans les âmes belliqueuses l'ardeur chevaleresque qui déjà avait, en faveur de la guerre sainte, dépeuplé tant de châteaux et enrichi tant de monastères, centres d'une calme prière, où l'on faisait des vœux faciles pour les nobles croisés, sous le frais ombrage des jardins en été, et devant les amples brasiers de la salle abbatiale en hiver. Mais Louis-le-Jeune voulait être moins passif

---

[1] Voyez ci-après l'article de cette ville.

dans la guerre sainte : les treize cents habitants de Vitry, brûlés par son ordre dans une église, pesaient cruellement sur sa conscience royale; leurs cris déchirants retentissaient nuit et jour à son oreille. Ni les caresses vives, ardentes et bientôt adultères d'Éléonore de Guienne, ni les chants d'amour des trouvères d'Outre-Loire, ni l'harmonie des fêtes, si puissante sur les âmes rêveuses, ne pouvaient adoucir les remords du monarque. Il lui fallait une expiation à rechercher, à obtenir, et qui ne pourrait, se disait-il, laver la tache de barbarie empreinte à son règne, que par un baptême de son sang. Infortuné Louis! il ne se doutait pas alors que, pour surcroît de sacrifice, la coupable Éléonore livrerait encore l'honneur du roi de France.

Jusqu'à présent, nous n'avons vu aucun des sires de Bourbon s'associer au grandes et saintes expéditions dirigées vers l'Orient : leur bannière n'avait point encore flotté aux vents enflammés de la Syrie. Archambaud VI, spontanément ou sollicité par Louis-le-Jeune, se disposa, en 1147, à se croiser avec ce valeureux monarque. Les suzerains de la maison de Bourbon, particulièrement le dernier, avaient beaucoup pris; mais on doit penser qu'ils s'étaient moins appliqués à conserver, car au moment de partir, Archambaud VI dut recourir à un emprunt pour subvenir aux dépenses de cette expédition. Il vint donc heurter aux portes du prieuré de Souvigny, et pria les moines de lui prêter dix-sept mille cinq cents sous. Il trouva ces religieux d'autant moins disposés à lui compter cette somme, que déjà ce seigneur leur devait cinq mille sous (143 marcs d'argent). Toutefois le prieur Brossard, n'osant pas refuser précisément un prêt destiné à pourvoir aux frais d'une entreprise sacrée, se contenta d'éluder, en objectant qu'il ne pouvait rien tirer du trésor de l'abbaye, sans être autorisé par l'abbé de Cluny. Archambaud courut alors à la célèbre abbaye, et obtint du pieux abbé Pierre, dit *le Vénérable*, l'assentiment demandé, que ce religieux vint confirmer lui-même au père Brossard. Les Bénédictins, non sans pousser quelques soupirs émanant d'une inclination semblable à celle de la *fourmi* du bon Lafontaine, comptèrent les dix-sept mille cinq cents sous, ou cinq cents marcs d'argent, que la *cigale* Archambaud VI fit immédiatement charger sur ses chariots. Peu de temps après, le sire de Bourbon partit pour l'Orient à la suite du roi. Dans les discussions d'intérêt que ce monarque eut avec le cauteleux empereur Manuel-Comnène, Archambaud, fut envoyé comme député à Constantinople, avec le chancelier, Barthélemy, Manassé de Beuil, Éverard des Barres, maître de l'Ordre du Temple, Alvise, évêque d'Arras, et quelques autres. Le but principal de cette députation était d'obtenir du Grec l'autorisation de laisser joindre, sur ses terres, les troupes françaises aux Allemands, partis de Ratisbonne avec l'empereur Conrad, afin de ne s'engager que de concert dans les contrées ennemies, et après un repos nécessaire aux croisés de toute origine. Mais ceux venant d'Allemagne avaient laissé partout des traces désastreuses de leur passage : à l'aspect des populations ruinées, des femmes enlevées, des villes incendiées par les guerriers de la foi, les populations s'étaient levées, et avaient réagi, avec toute la fureur du désespoir, contre cette tourbe indisciplinée. Ivres de débauches, énervés de voluptés sacrilèges, des milliers de traînards s'étaient attardés derrière les colonnes germaniques, où les habitants en armes les avaient massacrés. Demeurés sans sépulture sur les chemins, leurs cadavres, livrés aux oiseaux de proie, infectaient la contrée. Tels furent les horribles détails que Manuel apprit, tandis que les Allemands et leur prince s'avançaient vers sa capitale, et lorsqu'ils en saluèrent les coupoles dorées de leurs acclamations, Comnène avait déjà préparé les moyens de se débarrasser promptement des hôtes dangereux qui s'avançaient. Conrad, écoutant les perfides insinuations des Grecs qui l'entouraient, ou suivant ses propres inspirations, fit conduire ses croisés de l'autre côté du Bosphore, dans d'étroits défilés, où ils périrent presque tous, soit sous une grêle de traits, soit sous des avalanches de rochers, comme les victimes de Roncevaux.

Il tardait à l'empereur d'Orient d'infliger le même sort aux Français qui arrivaient sous les murs de Bysance, harassés, malades, décimés par les bandes Bulgares. Mais les compagnons de Louis VII, prévenus par l'ambassade dont le sire de Bourbon faisait partie, sur le sort qui leur était réservé opposèrent une énergie passive à l'intimation qu'on leur fit de passer sur la rive asiatique du Bosphore : ils dressèrent en silence leurs tentes le long des collines aux magnifiques aspects qui dominent Constantinople, et étendirent sous l'ombrage des cyprès leurs membres fatigués. Vaincu dans les sourdes menées qu'il s'était flatté de voir réussir, Manuel, levant davantage le masque de sa perfidie, appela à son aide les Pincenates et les Comans ; bientôt ces barbares accoururent sur de maigres cavales livrant aux vents leurs crinières flottantes et leurs sauvages hennissements, et soudain l'air fut obscurci des traits que ces farouches auxiliaires firent pleuvoir sur les croisés français. Ceux-ci firent toutefois bonne contenance, et s'étant emparés d'un tertre, ils se défendirent vaillamment dans une enceinte improvisée avec leurs chars.

Cependant la nouvelle de cette attaque était parvenue aux ambassadeurs de Louis VII, enfermés dans Constantinople. Ils se rendirent au palais impérial ; leurs traits exprimaient la colère, la foudre semblait s'allumer dans leur regard, et le rude langage que ces chevaliers firent entendre, intimida les Grecs : « Hommes brisés et comme changés en femmes, renonçant à toute force

» virile, dans le langage aussi bien que dans le cœur, » dit Odon de Beuil [1]. Manuel jura que l'agression exercée contre les sujets de son allié Louis, était ignorée de lui; il annonça, pour preuve de la bonne *et franche* amitié qu'il portait au roi, que les croisés français pouvaient venir camper sous les murs mêmes de son palais. Mais lorsque les nôtres eurent abandonné le retranchement qu'ils s'étaient formé, les peuplades déchaînées contre eux cherchèrent à s'emparer de la position qu'ils quittaient, tandis que d'autres se mirent à leur poursuite. Dans cette situation périlleuse, plusieurs des ambassadeurs, transportés de fureur, sautèrent en selle, et renversant tout sur leur passage, coururent combattre près de leurs compagnons, traîtreusement attaqués.

Archambaud VI et Éverard des Barres, non moins vaillants, mais plus avisés politiques, se rendirent de nouveau auprès de Manuel, et l'interpellèrent avec une sévérité grave sur ce qui se passait. L'empereur jura encore qu'il était étranger à ces hostilités; que son dévouement au roi de France était entier, sans réserve, et qu'il l'attendait avec impatience pour lui donner le baiser fraternel... Ce fut pourtant au milieu de ces protestations que les ambassadeurs apprirent que Comnène avait signé avec les Turcs une trêve de douze ans. Ils ne laissèrent pas ignorer au roi ce témoignage de perfidie; mais ce prince recevait tous les jours de nouveaux envoyés du grec Manuel : « Ils se répandaient auprès de lui en » éternelles polycronies [2], courbant très-bas la tête et le corps, mettant leurs » deux genoux en terre, ou se couchant sur le sol de toute leur longeur. » La flatterie fut toujours la souveraine des souverains : Louis continua sa marche vers Constantinople. Lorsqu'il fut arrivé dans cette capitale de l'empire d'Orient, il acheva de se laisser enivrer par la fumée de l'encens que l'on brûla pour lui : « Comnène, dit l'auteur de l'*Ancien Bourbonnais*, flatta les goûts de son hôte, en lui donnant le spectacle de magnifiques cérémonies dans ses basiliques peintes, aux grands voiles de pourpre brodée, étincelantes de cierges dorés, retentissantes de fraîches voix d'eunuques. » Telles furent les séductions décevantes au sein desquelles la prudence de l'illustre croisé s'endormit dans les murs d'un allié perfide : vainement l'évêque de Langres fit-il entendre à Louis l'équivalent du fameux *timeo Danaos dona ferentes* (je crains les Grecs jusque dans leurs présents), il ne put exciter les défiances d'un monarque trop honnête homme pour soupçonner la fraude. Il se laissa guider avec confiance vers l'embuscade où les infidèles, prévenus par Manuel, attendaient nos

---

(1) Odon de Beuil, abbé de Saint-Denis, après Suger, a laissé une relation de la croisade de Louis VII, publiée par le père Chifflet, en 1660.

(2) De *polycronium*, souhait par acclamation.

malheureuses légions. « Gouffres qui s'emplirent de cadavres, vallées où les
» plus belles fleurs de France se fanèrent avant d'avoir pu porter des fruits
» dans les plaines de Damas [1]. » Quel est celui d'entre nous qui, jeune encore,
n'a pas entendu redire à son aïeule conteuse l'exploit homérique de Louis-le-
Jeune? « agenouillé sur un quartier de roc, tenant de son bras gauche, enlacé
aux racines d'une yeuse, son écu tout hérissé de flèches; se défendant en lion:
abattant de sa large épée, mains, bras et têtes aux nombreux infidèles qui
l'assaillaient avec rage [2]. »

Mais nous redisons avec entraînement à nos jeunes lecteurs ces traits de

(1) Relation d'Odon de Beuil.
(2) *Ancien Bourbonnais*; t. 1ᵉʳ, p. 294.

haute vaillance : ce ne sera jamais sans profit pour la gloire nationale, qu'ils reporteront leur vive imagination vers ces premiers temps de chevalerie dont la verve moqueuse de Cervantes n'a pu affaiblir le reflet. Ainsi que le souvenir d'Alexandre fit éclore le génie conquérant de César, la grandeur de ce grand homme féconda celle de Charlemagne ; et l'histoire du vainqueur des Saxons livra l'univers à Napoléon, parce qu'il conduisait au combat de jeunes hommes jaloux d'imiter Tancrède, Renaud de Montauban, Duguesclin et Bayard.

Nous avons vu précédemment qu'Archambaud VI, doué sans doute d'une habileté prudente, d'une activité réfléchie, avait été chargé d'une mission qui nécessitait l'emploi de ces heureuses qualités. Lorsqu'il fallut combattre, ce seigneur ne se montra pas moins vaillant qu'il avait été prudent dans le conseil. Enfin, après une campagne désastreuse sur ce territoire où les croisés Français et Allemands avaient trouvé des ennemis au lieu d'alliés, on essaya de soustraire les débris de l'armée aux derniers efforts de la perfidie grecque : ce fut encore Archambaud qui, avec le comte de Flandres, resta chargé de cette trop tardive mission.

On sait qu'à peine quelques chevaliers, quelques bannières sans cohortes, abordèrent en Palestine ; et que là les dégoûts de toute nature assaillirent Louis VII avec l'humiliation qui atteint le plus douloureusement un noble cœur, la trahison d'une femme adorée. Le royal croisé revint en France, veuf de son armée, et laissant son honneur d'époux en proie à la risée des Sarrasins.

Vers la fin de l'année 1148, Archambaud VI rentra dans ses domaines ; alors parut le premier écu de la maison de Bourbon : *d'or* au lion de *gueules* : à l'orle de huit coquilles *d'azur*.

« Sans doute, dit Achille Allier, Archambaud, vainqueur de quelque lion, après une de ces dangereuses luttes dont les chroniqueurs contemporains nous offrent fréquemment le récit, voulut orner son écu d'or de l'image du roi des déserts, peinte avec la couleur de sa *gueule* sanglante. Puis il plaça autour des coquilles amassées sur la plage d'une mer *d'azur*, trésor du pélerin, preuves et reliques du saint voyage [1]. »

A son retour d'Orient, Archambaud continua l'œuvre, digne d'un noble caractère, qu'il avait commencée avant de se croiser : il affranchit plusieurs bourgs, et leur accorda les droits de la commune.

Lorsque Éléonore d'Aquitaine, expulsée de la couche royale, qu'elle avait déshonorée, eut porté ses possessions dotales au roi d'Angleterre, l'état des sires de Bourbon devint plus d'une fois le théâtre de la lutte entre l'époux trahi et l'époux, plus cupide que scrupuleux, qui avait recueilli la princesse adultère : en 1170, Henri II marcha vers Montluçon, suivi d'une immense armée. Le monarque Anglais ne voulait rien moins que s'emparer de Bourges, cette vieille métropole de l'Aquitaine, qu'il réclamait comme appartenant à son duché de Guienne. Bourges resta ville française ; mais les ducs d'Aquitaine avaient droit d'hommage sur plusieurs fiefs de la baronnie de Bourbon, situés au pays de Combraille, et les seigneurs du Bourbonnais durent accepter, pour ce territoire dépendant de leurs domaines, cette suzeraineté aquitanique, alors attachée à la couronne d'Angleterre. Des actes authentiques constatent qu'Archambaud VI et Pierre de Blot, son homme-lige, comparurent devant leur seigneur commun, Henri II.

---

[1] *Ancien Bourbonnais*; t. Ier, p. 297.

Les armoiries, selon nos meilleurs historiens, furent inventées durant la première croisade : elles étaient peintes ou brodées sur les bannières, sur le surcot des combattants et ciselées sur leurs armes, pour que cette foule de guerriers, couverts de fer, pût se rallier dans la mêlée aux couleurs des bannerets. Ce fut, dans ces premiers temps, un simple moyen de reconnaissance ; la vanité demeura peut-être étrangère à cette innovation. Mais lorsque les croisés revinrent dans leurs châteaux, le blason, qui n'avait primitivement admis que des *barres*, des *chevrons*, des lignes diversement combinées ou coloriées, et quelques figures empruntées à la mythe orientale, s'enrichit de ce qui avait frappé vivement le chevalier pendant la guerre sainte, ou bien d'allégories propres à rappeler certains traits de sa valeur. Alors parurent le croissant, le cimeterre conquis sur l'infidèle, le lion tué dans le désert, et surtout les coquilles, insigne éloquent du pèlerinage au-delà de la mer *d'Azur*. Plus tard, l'orgueil nobiliaire ajouta à ces emblêmes, commémoratifs de la guerre sacrée, d'autres signes rappelant des exploits ou présentant des marques de dignité. L'amour voulut aussi, pendant le règne de la courtoise chevalerie, inscrire ses fastes au blason ; mais ce ne fut pas toujours sans ternir son éclat, lorsque la chevalerie eut emporté avec elle dans la tombe des institutions, cet amour délicat dont les preux se faisaient un culte, sans jamais le laisser dégénérer en eux jusqu'aux travers de la passion. Le Paladin du XIIe siècle, portant sur son écu la devise de sa dame, inspire un touchant intérêt ; François Ier et Henri II, mêlant les initiales d'une concubine aux ornements héraldiques de leurs palais, n'excitent que le ressouvenir des vices dont ils donnèrent l'exemple.

Archambaud VI, dont la carrière ressort seule, jusqu'ici, avec quelque gloire, parmi les vies à peu près obscures des Bourbons de la première race, mourut en 1171, selon la chronique de Cluny. Il avait eu de sa femme, Agnès de Savoie, quatre enfants : Archambaud, qui lui succéda, et trois filles. L'aînée, Guiberge, mariée à Ebbles de Charenton, fonda l'abbaye de Bruxières, près de Charenton (Cher); la seconde, Adélaïde, épousa le sire de Perreux; Millesende, la dernière, mourut jeune.

L'existence d'Archambaud VII, comme sire de Bourbon, a été contestée par quelques historiens, d'après lesquels ce seigneur serait mort avant son père. Cependant, il paraît bien prouvé que ce fut ce même Archambaud VII qui, en 1200, prêta à Philippe-Auguste le serment de *bonne garde*, pour les terres du royaume de France limitrophes du duché d'Aquitaine. Du mariage de ce baron avec Alix de Bourgogne, morte religieuse à l'abbaye de Fontevrault, naquit une fille unique, Mahaud. Elle succéda à son père, par une dérogation à la loi franke, entée sur la loi romaine, qui excluait les femmes de l'hérédité souveraine.

Mahaud épousa Gaulcher de Salins, qui, dès l'année 1185, se qualifiait sire de Bourbon, quoiqu'il y ait lieu de douter que son beau-père fût mort à cette époque. Cette qualité est constatée par quelques actes relatifs à des discussions élevées entre le mari de la dame de Bourbon, les bourgeois et le prieuré de Souvigny ; ces différends se terminèrent par l'intervention de l'abbé de Cluny.

Le nom du sire Gaulcher apparaît rarement dans les annales du Bourbonnais : ce seigneur était obligé de partager ses soins entre ce pays et son domaine héréditaire de Salins ; l'historien de cette province [1] nous apprend

---

(1) En citant cet historien, nous devons constater qu'Achille Allier avait cessé de vivre à la partie de sa tâche où nous voici parvenus. Ce jeune écrivain, qui déjà réalisait les grandes espérances que son début littéraire avait fait concevoir, et dont l'avenir paraissait si vaste, si éclatant de bonne gloire, est mort, peut-être, comme les projectiles éclatent, par l'explosion des principes que son cerveau renfermait. La verve du poète, de l'artiste, du moraliste, fermentait à tel point dans sa tête ardente, qu'elle n'aura pu résister à cette action volcanique. Achille Allier a dû mourir d'une vitalité trop prodigue de sensations et d'élans intuitifs : la nature n'a pu suffire à cette dépense excessive. Nous trouvons ; au bas de la page 336 du tome I*er* de l'*Ancien Bourbonnais*, une profession de foi aussi spirituelle que modeste, faite par *M. Adolphe Michel*, continuateur de l'ouvrage. Aujourd'hui, que ce livre est dans toutes les mains, on peut dire que si, comme le prétend son second auteur, le public a pu s'apercevoir qu'il était venu se placer sous l'auréole d'une renommée étrangère, ce n'a été qu'en reconnaissant que, sans diminuer l'éclat de ses rayons, il a souvent ajouté à leur consistance. Moins poète peut-être qu'Achille Allier, moins enclin à prendre sur la palette du peintre ou du romancier les couleurs de l'historien, M. Adolphe Michel sait mieux que lui subordonner aux conseils d'une raison grave, cette imagination qui ne fleurit quelquefois les compositions historiques qu'en faisant soupçonner un sacrifice de

d'un autre côté, qu'il ne vivait pas dans une parfaite intimité avec Mahaud de Bourbon; et de ce double motif, il est naturel de conclure que ce baron résidait plus souvent dans ses terres que dans celles de sa femme. Les annales Bourbonnaises, qui peut-être ne disent pas toute la vérité, constatent pourtant que la dame de Bourbon supportait patiemment l'absence de son époux; elles ajoutent même que Mahaud se surprenait à désirer qu'une guerre lointaine, en éloignant Gaulcher, la mît à même de solliciter sans éclat la rupture de son mariage. Mais cette guerre ne vint pas si tôt au secours de la noble suzeraine, que ce seigneur n'eût trouvé le temps d'exercer contre elle de ces violences qui rendent le joug de l'hymen insupportable. La dame de Bourbon prit la fuite, et peu de temps après, la rupture de ce lien, devenu odieux, fut prononcée par le pape Célestin III.

Presque immédiatement après sa séparation, Mahaud se remaria à Guy de Dampierre, l'un des seigneurs les plus braves et les plus brillants de Philippe-Auguste. Ce second mariage, accompli en 1197, flatta le roi, qui, non-seulement voyait dans la valeur de ce nouveau seigneur du Bourbonnais une bonne garantie contre les Anglais de l'Aquitaine, mais encore une sentinelle sur l'Allier capable de réprimer au besoin la turbulence habituelle des comtes et des dauphins d'Auvergne. Nous avons qualifié Guy de Dampierre seigneur du Bourbonnais; mais il ne prit ni les armes ni le titre des sires de Bourbon : au moins rien ne prouve qu'il l'ait fait; son écu offrit, comme par le passé, deux léopards, et non le lion entouré de coquilles qui figurait dans les armes de la première race de Bourbon.

Cependant l'amitié que Philippe-Auguste portait à ce baron, se signala par diverses concessions qu'il lui fit : entr'autres l'abolition de certains droits que conservait la couronne sur le fief des premiers Bourbons, et la suzeraineté sur la seigneurie de Montluçon, alors possédée par une branche cadette de cette maison. De son côté, Guy de Dampierre s'était déclaré *homme-lige* du roi; aussi passa-t-il une partie de sa vie sous l'armure, pour soutenir les droits ou les prétentions du superbe rival de Richard-Cœur-de-Lion. Ce fut lui que le roi chargea d'aller en Auvergne réprimer les envahissements dont le comte Guy II se rendait coupable envers l'évêque de Clermont, son frère. La résistance du cupide suzerain, qui avait refusé de comparaître devant la juridiction royale,

---

vérités fait aux formes séduisantes de la pensée. Nous sommes heureux de trouver ici l'occasion d'opposer un nouveau témoignage de talent à l'anathème si exclusif lancé contre la littérature provinciale, par M. de Cormenin; et cette occasion, nous espérons la retrouver plus d'une fois dans le cours de notre entreprise.

fut longue et obstinée ; il fallut déloger ses troupes des 120 châteaux qui hérissaient les crêtes sourcilleuses du pays. Enfin, relégué dans ses trois dernières et principales forteresses, Usson, Nonette et Tournoelle, le comte se vit contraint d'en ouvrir les portes à Guy de Dampierre et à Renaud, archevêque de Lyon, qui avait entrepris aussi cette campagne, sans doute pour aider à venger l'Église, outragée dans la personne du prélat de l'Auvergne. L'Église fu en effet vengée, car Philippe-Auguste, n'ayant rien voulu garder de la conquête faite en son nom par le sire de Bourbon, enrichit les monastères des dépouilles du vaincu, sauf le château de Tournoelle et dépendances, que le roi donna à Guy de Dampierre, comme récompense du succès qu'il venait d'obtenir, en forçant un vassal rebelle de courber le front devant son souverain. « Ce fut, dit l'auteur de l'*Ancien Bourbonnais*, le premier fleuron enlevé à la couronne des comtes d'Auvergne, dont s'orna celle des barons de Bourbon. »

Guy de Dampierre était trop bien soutenu par Philippe-Auguste, pour ne pas chercher à reculer, en quelques points, les limites de sa puissance féodale. Vers 1213, il arracha aux moines de Souvigny le consentement de l'admettre au bénéfice résultant du privilége exclusif de battre monnaie, qui leur avait été accordé en 995 par Hugues Capet. Le favori du roi de France se sentait humilié d'être privé d'un droit si important, si lucratif pour l'abbaye. Le prieur n'avait pas encore cessé de batailler sur ce terrein de ses intérêts, que déjà l'atelier monétaire de Guy était établi dans la ville de Montluçon.

Après cet acte d'autorité, comme sire de Bourbon, Guy endossa de nouveau sa pesante armure : il combattit contre Jean-sans-Terre en Anjou, puis contre l'empereur Othon, en Flandres. Ce seigneur fut un de ceux qui firent un rempart de leurs corps au roi, lorsque, désarçonné, blessé, foulé aux pieds des chevaux, à Bouvines, ce monarque allait, au milieu de sa victoire, tomber entre les mains de ses ennemis. Lorsque le triomphe de cette journée eut porté le dernier coup aux espérances du monarque anglais, et qu'il eut obtenu une trêve de cinq ans, que Philippe-Auguste commit l'erreur de lui accorder, Guy de Dampierre, avec plusieurs autres barons, jura, au nom du roi, le maintien des articles du traité : c'est le dernier acte politique qu'on ait connu de lui. Il mourut dans ses terres de Champagne, en 1216, et fut inhumé dans l'église de Saint-Laumer, à Blois.

Guy de Dampierre avait eu de Mahaud, qui vécut trois ans après lui, trois enfants mâles et quatre filles : Archambaud, Guillaume, Guy, Mahaud, Marie, Jeanne et Marguerite.

Les vertus guerrières de Guy de Dampierre, les services qu'il avait rendus à la monarchie, et peut-être plus encore la faveur dont Philippe-Auguste s'était plu à l'environner, portèrent leurs fruits, même après la mort de ce seigneur. Ajoutons que les lauriers qu'il avait moissonnés ne se fanèrent pas entre les mains d'Archambaud VIII, son fils, puisque nous voyons celui-ci décoré du titre de *grand*. Le jeune baron sut d'abord se concilier l'affection de ses sujets, en relevant l'ancienne bannière des sires de Bourbon qui, sous le règne précédent, s'était empoudrée aux voûtes des salles d'armes, et en adoptant l'écu de cette maison, auquel Guy avait substitué celui de sa famille.

Philippe-Auguste, continuant au jeune Archambaud les bontés dont il avait comblé son père, lui laissa la connétablie d'Auvergne, qu'avait exercée le feu sire de Bourbon, ainsi que la garde des forteresses conquises par les armes de ce vaillant chevalier. A peu près dans le même temps, Blanche, comtesse de Champagne, remit à Archambaud l'épée de connétable de ce comté. Plus tard, l'autorité déléguée qu'il avait à soutenir en Auvergne, lui ayant attiré de grands embarras, il pria le roi de la reprendre : c'était un droit fort honorable sans doute, mais encore plus onéreux.

Archambaud se montra généreux, non-seulement envers ses sujets et envers les églises, mais à l'égard de plusieurs gentilshommes, ses voisins, qui se reconnurent ses hommes-liges. On peut toutefois penser, sans atteindre sa renommée de grandeur, que s'il aimait à donner, ses bienfaits étaient quelquefois inhérents à des projets de conservation se rattachant à ses propres intérêts. Ainsi ce baron sentait la nécessité de se tenir en garde contre l'ambition du comte de la Marche, ambition incessamment excitée par Isabelle d'Angoulême, qui, descendue du trône d'Angleterre après la mort du roi Jean, son premier mari, avait épousé ce comte, et fière de ses précédents royaux, se faisait appeler *comtesse reine*. Cette princesse, altière, emportée, façonnée à tous les genres d'intrigues, supportait impatiemment le rang secondaire où elle était redescendue : elle rêvait une couronne royale pour son mari, et peut-être se flattait-elle que le Bourbonnais en serait un des principaux fleurons. Archambaud VIII avait bien compris et le caractère de sa redoutable voisine, et ses projets, et l'appui que la forte épée du comte de la Marche pouvait leur prêter. Tel était le motif des libéralités de ce baron envers les seigneurs ses voisins, dont il ne pouvait manquer de se faire des amis.

En 1226, la malheureuse guerre contre les Albigeois, commencée depuis huit ans, n'était pas encore terminée : Philippe-Auguste avait légué à Louis VIII cette lutte impie, entreprise par un prétendu motif pieux. Archambaud VIII, jusqu'alors renommé par sa bienfaisance, attacha à son manteau le signe de la Rédemption, pour aller combattre des Français. Nous nous félicitons de n'avoir pas à retracer les horreurs de cette guerre, si funeste aux Avignonnais assiégés, plus funeste peut-être aux assiégeants, frappés d'une horrible épidémie. Une brillante élite de noblesse périt durant la campagne de 1226 ; et plusieurs des grands vassaux qui s'y étaient engagés, en voyant tomber leurs compagnons sur le sol brûlant et empesté de la Provence, rappelèrent au roi que leur devoir d'hommes-liges ne les obligeait à le servir de leur personne que durant quarante jours. Thibault, comte de Champagne, fut un des premiers à réclamer amèrement auprès de son suzerain. On sait que ce seigneur, si empressé de limiter les services qu'il rendait à Louis VIII, ne mettait point de bornes aux hommages qu'il voulait rendre à la reine : les histoires secrètes du temps rapportent qu'en abandonnant les bannières royales sous les murs d'Avignon, Thibault reprit auprès de *Blanche* le cours de ses galanteries et l'émission de ses *lais d'amour*.

La prise d'Avignon, enlevée sur des monceaux de débris enflammés et de cadavres sanglants, eut au moins l'avantage de déterminer la soumission de presque toutes les places du midi ; bientôt Toulouse seule résistait encore. Louis VIII s'avança jusqu'à quatre lieues de cette ville ; il ne put aller plus loin. Depuis quelque temps déjà, ce prince subissait l'atteinte de l'épidémie qui décimait son armée ; il dut songer à regagner sa capitale ; laissant le commandement de tout le pays à Humbert de Beaujeu.

Le sire de Bourbon, qui avait partagé les dangers et la triste gloire de cette campagne, accompagna Louis VIII à son retour, et nous allons voir ce baron prouver son dévoûment au roi par un genre de service que les grands seigneurs ne firent jamais inscrire dans leurs chartriers. Les écrivains ecclésiastiques ont représenté l'époux de Blanche de Castille comme une victime de sa chasteté conjugale durant la guerre des Albigeois, et sans doute c'est à la même source que fut puisée la version que nous allons rapporter. « Les embrassements » d'une femme, dit Guillaume de Puy Laurent, pouvaient seuls guérir le roi » du mal dont il était atteint ; un des illustres personnages qui se trouvaient » alors en sa compagnie, Archambaud de Bourbon, ayant appris cela, fit » appeler une jeune fille, belle et de bonne maison. Après lui avoir fait » connaître toute l'importance du service qu'il attendait d'elle, il lui prescrivit » tout ce qu'elle devait faire et dire lorsqu'elle se trouverait seule avec le roi ; » puis, profitant d'un moment où le prince était endormi, il la fit introduire » dans son lit par les valets de chambre. Le roi à son réveil, se voyant avec » une jeune fille qui cherchait à l'embrasser, lui demanda qui elle était, et » comment elle avait pu se glisser ainsi à ses côtés ; à quoi la jeune fille » répondit naïvement, selon les instructions qui lui avaient été données. Le roi » la remercia avec bonté et lui dit : « Il n'en saurait être ainsi, jeune fille ; car

» pour rien au monde, je ne voudrais commettre un péché mortel. Et ayant
» appelé près de lui le seigneur Archambaud, il lui ordonna de marier cette
» jeune fille honorablement. »

L'histoire a répandu trop peu de jour sur l'amour que Blanche de Castille inspira au comte de Champagne, pour qu'il soit permis de décider jusqu'à quel point cette princesse tenait compte à son royal époux d'une si héroïque chasteté ; mais la sienne ne put l'en récompenser : ce roi, martyr de sa continence, ne revit point la belle Castillane. Il mourut en Auvergne, dans les bras du sire de Bourbon et de plusieurs grands feudataires qui l'avaient accompagné. Après avoir recommandé le royaume et son fils au connétable, Louis ajouta : « Mon cousin, le sire de Bourbon vous aidera dans une tâche » aussi rude. » Ayant prononcé ces paroles, Louis VIII, surnommé *le Lion pacifique*, rendit le dernier soupir, dont les vents de la montagne éteignirent le bruit. Cette mort justifia la prétendue prophétie de Merlin : *in monte venti, morietur leo pacificus*.

Le sire de Bourbon, qui avait fait bonne, fidèle et complaisante compagnie au roi durant les dernières vicissitudes de sa vie, l'accompagna encore lorsqu'on transporta sa dépouille mortelle à Saint-Denis.

Chargée d'une tutelle difficile, au milieu d'une noblesse remuante et ambitieuse, Blanche de Castille comprit qu'elle devait traiter les grands vassaux avec ménagement, afin de les attacher aux intérêts de la couronne, peut-être aussi dans la crainte de sentir son bras faiblir, s'il s'agissait de réprimer leur révolte. La régente, d'un autre côté, avait trouvé le comte d'Auvergne trop puni par une entière dépossession ; on croit même que la démission donnée par Archambaud VIII du gouvernement de ce pays fut décidée dans le conseil de régence, pour ouvrir une voie de réconciliation entre le seigneur expulsé et la cour de Paris. En effet, lors du raccommodement, qui ne tarda point à s'accomplir, le sire de Bourbon représenta son souverain. Toutefois la restitution fut loin d'être complète : le roi conserva toujours une portion considérable du comté, et ce territoire réservé demeura confié à la garde des sires de Bourbon jusqu'en 1241. Alors Saint-Louis en forma un apanage particulier, dont il investit son frère, Alphonse, comte de Poitou.

Débarrassé d'une surveillance qui le gênait, Archambaud VIII, placé au premier rang des conseillers du trône, habita la cour plus souvent que sa baronnie, et l'on pense bien que dans ce vaste rayon, il ne négligea ni sa gloire, ni ses intérêts. C'est ainsi qu'en l'année 1232, ce seigneur maria sa fille Marguerite à Thibault, comte de Champagne qui, deux ans plus tard, ceignit la couronne de Navarre. Toutefois, le sire de Bourbon perdit rarement de vue ce Bourbonnais dont les habitants lui étaient si dévoués. Dans le cours de cette même année, 1232, il affranchit et constitua la commune de Moulins; mais l'acte qui constatait cet affranchissement a disparu. On sait seulement que le sire de Bourbon se réserva de lever annuellement un cens de deux cents livres, remplaçant la taille aux quatre cas. En 1244, le successeur d'Archambaud VIII supprima cet impôt. Ce fut aussi ce même Archambaud qui affranchit la terre de Gannat, démembrée de l'Auvergne, et jointe par addition de fief au Bourbonnais.

Le sire de Bourbon, dont nous parcourons rapidement la carrière, en ne nous arrêtant qu'aux fastes qui la décorent, avait mérité le surnom de *Grand*, par sa générosité non moins que par sa valeur; le destin lui devait le lit de mort des héros; il le lui donna. Le comte de la Marche, excité par Henri III, son beau-père, déclara la guerre au roi de France. Louis, entouré de sa haute noblesse, courut en Saintonge attaquer le seigneur mutin, qui s'était emparé du pays. L'histoire générale, malgré sa gravité quelquefois portée jusqu'à la sécheresse, n'a pu effacer ce qu'il y eut d'admirable épopée dans le combat du pont de Taillebourg, où Saint Louis sembla combattre sous la protection des anges, tant ses prodiges de bravoure furent merveilleux et décisifs. Archambaud VIII, sous l'empire d'un si noble exemple, rehaussa encore l'éclat de sa brillante renommée; mais, soit à ce combat, soit à la bataille de Saintes, qui le suivit de près, le sire de Bourbon fut frappé mortellement. Glorieux de sa mort même, il expira au milieu d'un triomphe : son dernier regard vit fuir les Anglais. Selon l'usage de ce temps, Archambaud VIII avait désigné pour le lieu de sa sépulture, l'abbaye de Bellègue en Combraille; on croit que ce furent ses deux fils qui, conduisant le deuil des chevaliers bourbonnais, ramenèrent du champ de bataille sous ces voûtes sépulcrales, la dépouille mortelle de ce guerrier.

Archambaud VIII avait épousé, vers 1215, Béatrix de Montluçon : ce mariage fit rentrer entièrement dans la baronnie de Bourbon cette seigneurie, sur laquelle elle exerçait déjà le droit de suzeraineté. Sept enfants naquirent de l'union d'Archambaud avec Béatrix, qui ne lui survécut pas jusqu'en 1248 : Archambaud IX, qui succéda à son père; Guillaume, seigneur de Bessay; Guy, seigneur de Néris; Dreux, chanoine de Chartres; Marguerite, qui devint reine de Naples; Béatrix, dame de Mercœur, et Marie, comtesse de Dreux.

La carrière d'Archambaud IX fut courte; il tomba, jeune encore, sur cette terre, d'où Saint Louis lui-même devait s'élever vers le séjour des élus. Mais la mort du baron diffère essentiellement, dans ses causes, du noble trépas de son souverain. Après avoir terminé quelques différends, accompli quelques bienfaits dans sa baronnie, le sire de Bourbon se croisa en 1246. « Cette fois, dit M. Adolphe Michel, à qui nous devons l'hommage flatteur de le citer ici, c'étaient les *Mongols*, barbares accourus des extrémités de l'Orient, qui s'étaient emparés de la cité sainte, qu'ils remplissaient de leurs profanations. Un des successeurs de Gengis-Kan, ce terrible *roi des rois*, qui avait trouvé l'Asie trop petite pour son ambition, et qui recevait chaque jour les hommages de cinq cents peuples tributaires; un khan tartare était venu planter sa tente sur les ruines du palais de Godefroi de Bouillon; ses cavales avaient foulé sous leurs pieds, dans les plaines de Gaza, les cadavres de cinq cents chevaliers du Temple; il ne restait plus en Palestine un seul de ces nobles gardiens du tombeau du Christ, et le sang des chrétiens avait ruisselé dans les rues de Jérusalem. La terreur qui s'attachait au seul nom de ces nomades asiatiques était si grande que partout on écoutait, en Occident, si l'on n'entendait pas déjà le bruit lointain de leur marche tumultueuse; de tous côtés on s'attendait à les voir se précipiter sur l'Europe, impétueux comme les flots de la mer hyperboréenne, innombrables comme les grains de poussière que soulevaient les pieds de leurs coursiers. Faible et mourant, Saint Louis avait conçu le dessein d'opposer une digue à ce torrent dévastateur, dont l'Europe était menacée. »

Cette manière élégante sans ambition, vigoureuse sans efforts; ce style élevé, lucide, plein d'heureuses images; enfin ces appréciations historiques que n'ont point influencées les exclusions absolues de l'école moderne, constituent encore, ce nous semble, un de *ces météores* provinciaux que M. de Cormenin a proclamés impossibles; et le succès honorable obtenu par le continuateur d'Achille Allier, a dès long-temps prévenu, à cet égard, notre jugement. Revenons.

Parmi les seigneurs qui se disposèrent à partager avec Saint Louis les périls et la gloire d'une nouvelle croisade, Archambaud IX ne se montra pas le moins empressé. Le sire de Bourbon, suivant l'usage des seigneurs qui se croisaient, avait dicté son testament, dans lequel il s'était efforcé de réparer toutes les omissions de sa justice, tous les torts, volontaires ou involontaires, qu'il pouvait avoir faits à ses vassaux de tous rangs; et cet acte stipulait ou confirmait de nombreuses donations.

Après une traversée heureuse, le roi et ses barons abordèrent dans l'île de Chypre; Henri de Lusignan, souverain de cette contrée, vint recevoir l'illustre croisé au port de Limesson.

L'île de Chypre, au XIIIe siècle, était toujours cette terre voluptueuse dont

---

(1) *Ancien Bourbonnais*, t. Ier, p. 391.

les poètes ont fait l'empire de Vénus, sans doute parce que la corruption antique s'y ébattait avant même qu'il y eût des voix et des lyres pour défier ses vices. Les belles grecques, jalouses de continuer le renom des prêtresses de Cypris, enlacèrent aisément de leurs flottantes écharpes ces chevaliers en qui l'âge de la gloire devait être aussi l'âge de l'amour. L'oisiveté du camp, un climat brûlant et d'incessantes provocations auxquelles il ne purent résister, eurent bientôt fait évanouir les pieuses inspirations des compagnons de Saint Louis : « Ils épuisèrent promptement leur santé et leur fortune, dit le véridique et candide Joinville, dans le commerce *des folles femmes*, et à donner les *grands mangiers et les outrageuses viandes*. Occupé à recevoir des ambassadeurs chrétiens, musulmans et mogols, le roi, qui d'ailleurs ne pouvait soupçonner le vice, parce qu'il ne le concevait pas, laissait un libre cours aux dissipations, aux orgies où se noyait la mission sacrée des croisés. Les maladies, fruit amer de ces débordements, les maladies, contagieuses comme les causes qui les avaient produites, survinrent et décimèrent ces vaillantes cohortes, que le fer n'avait point encore atteintes. Le sire de Bourbon fut une des premières victimes que frappa cette affreuse contagion. Yolande, sa jeune épouse, à qui les lascives Bayadères de Chypre ne disputaient plus la possession d'un cadavre, rapporta en France cette dépouille mortelle d'un époux qui l'avait trahie, sans éteindre sa pieuse affection. Le corps d'Archambaud IX fut déposé, en 1249, dans un caveau de la chapelle vieille du prieuré de Souvigny.

La ville de Montluçon, réunie définitivement à la baronnie de Bourbon, sous Archambaud VIII, dut à son fils sa franchise et ses institutions communales : la charte constatant cette concession est du 5 décembre 1442.

Yolande de Châtillon, comtesse de Nevers, survécut peu à Archambaud IX, dont elle avait eu deux filles, Mahaud et Agnès, appelées à recueillir, par un partage égal, l'héritage paternel. Il n'en fut cependant point ainsi : la baronnie de Bourbon, en vertu de conventions dont la teneur n'est pas connue, passa successivement aux deux filles du dernier souverain. Mahaud, dès l'âge de treize ans, avait été accordée à Eudes de Bourgogne qui, à la mort de son beau-père, se qualifia sire de Bourbon : ce fut en cette qualité qu'il fit hommage à la reine Blanche, régente du royaume. En 1250, ce seigneur accorda aux *francs-hommes*, bourgeois de Moulins, remise pleine et entière de tous les péages qu'il pouvait réclamer d'eux : cet acte d'Eudes de Bourgogne semble établir qu'il gouverna à partir de l'an 1249 : ce qui fait supposer que la veuve d'Archambaud IX avait abandonné de son vivant le pouvoir à l'époux de Mahaud. Celle-ci étant morte en 1262, après avoir partagé avec sa sœur une riche succession provenant de la maison de Nevers, Yolande, Alix et Marguerite, filles de Mahaud, n'eurent aucune part à la sirerie de Bourbon : volontairement ou contraintes, elles abandonnèrent à leur tante Agnès tous leurs droits à cette baronnie. Cependant ces trois princesses formèrent de grandes alliances, grâce aux apports considérables dont elles avaient hérité du côté maternel. La plus jeune des filles d'Eudes de Bourgogne, Marguerite, donna à Charles d'Anjou, son époux, la couronne de Naples, brillante succession que lui laissait Béatrix de Provence.

Agnès de Bourbon se trouva donc seule, et d'une manière inexpliquée, en possession de la baronnie qui, naturellement, devait être partagée entre elle et les enfants de sa sœur. Or, Agnès, en même temps que Mahaud était devenue l'épouse d'Eudes de Bourgogne, avait été unie au frère cadet de ce seigneur, Jean de Bourgogne. Il prit en 1263 le titre de sire de Bourbon ; mais il ne paraît pas que son gouvernement ait été marqué par des faits d'une grande importance : après le serment qu'il fit sur l'autel de Saint-Mayol d'observer fidèlement les libertés et coutumes dont jouissaient la ville et l'église de Souvigny, nous ne retrouvons de lui que l'acte par lequel, dans la même année, il se fit associer, comme ses prédécesseurs, au droit de battre monnaie, conjointement avec les puissants Bénédictins. Tout porte à croire que Jean de Bourgogne, homme faible ou insouciant, laissa presque toute l'autorité aux mains de sa femme, qui en usa d'une manière bien différente. « Les actes qui nous restent de l'administration d'Agnès, dit le dernier historien du Bourbonnais, nous la montrent comme une femme d'un caractère entreprenant et viril, telle qu'il y en a eu souvent dans cette famille. Elle eut avec les moines de Souvigny de vifs et fréquents démêlés, dont la trace se trouve profondément empreinte dans plusieurs titres [1]. » Cette dame chicana souvent et avec vigueur ces religieux, tant sur le droit de battre monnaie, commun au prieuré et au château, que sur la justice seigneuriale, exercée par l'un et par l'autre. De plus, elle retira au couvent de Souvigny une grande étendue de bois qu'il tenait d'Adhémar, fondateur de ce monastère.

Agnès, étant devenue veuve en 1268, se remaria, après neuf ans de veuvage, à Robert, deuxième du nom, comte d'Artois et fils de Robert Ier, le plus jeune des frères de Saint Louis. Robert II était veuf lui-même d'une princesse de la maison impériale de Courtenay. Ce mariage, qui dès lors pouvait faire passer le grand fief du Bourbonnais dans la maison royale de France, demeura stérile. Après la mort d'Agnès, arrivée vers 1288, Robert devint tout à fait étranger à la baronnie dont il avait été le titulaire ; il se retira dans son comté d'Artois qui,

---

[1] *Ancien Bourbonnais*, t. Ier, p. 411.

dix ans plus tard, fut érigé en duché-pairie ; et, après avoir épousé en troisièmes noces Marguerite, fille de Jean d'Avènes, il tomba percé de trente coups de lance à la funeste bataille de Courtray. Avec Agnès de Bourbon finit la seconde race de cette maison. On a vu que déjà elle tenait par ses alliances aux familles les plus illustres de la chrétienté ; mais cet accroissement de puissance fut lent, quelquefois contesté tant que les grands intérêts de la couronne ne s'y mêlèrent pas ; puis les rivalités, soit féodales, soit cloîtrées, s'affaiblirent ou furent éludées par les sires de Bourbon, dès que l'oriflamme protectrice s'étendit sur leurs donjons. Enfin, la faveur dont Guy de Dampierre jouit auprès de Philippe-Auguste, plus que tous les services de ses prédécesseurs, plus même que les siens, contribua à porter les destinées des suzerains du Bourbonnais au plus haut point de prospérité. « Ces seigneurs, dit l'auteur de l'*Ancien Bourbonnais*, entretenaient une cour nombreuse et une véritable maison de prince. A l'instar des plus grands feudataires de la couronne, ils avaient leurs maréchaux, un sénéchal, des baillis, des châtelains, des sergents, des varlets ou pages. Nous avons compté, sous Archambaud IX, jusqu'à dix-neuf châteaux habitables, entretenus avec soin et même avec une sorte de faste [1]. »

Depuis l'avénement du comte Adhémar, en 913, jusqu'à la mort d'Agnès, dernière des Bourbons-Dampierre, treize générations, qui ont donné quinze *sires ou dames*, se sont succédées dans la baronnie qui nous occupe, pendant une période de trois cent soixante-cinq ans.

Le comte Robert, tige de la troisième race de la maison de Bourbon, était le sixième fils de Saint Louis. Son père lui avait donné le comté de Clermont en Beauvoisis, bien mince apanage, comparé à ce que Béatrix de Bourgogne lui apporta en dot. Appelés à succéder à la baronnie de Bourbon, à la mort d'Agnès [2], Béatrix et Robert de France en prirent possession vers le mois de juin 1288. L'administration du sire de Bourbon de royale lignée, a laissé peu de traces dans le Bourbonnais : on peut douter même qu'il ait jamais habité cette baronnie, qu'il fit administrer par Jean de Brienne, bouteiller de France. Béatrix ne partageait point avec son royal époux cette sorte d'éloignement pour ce domaine ; plusieurs actes attestent qu'elle y vint souvent, et sa dépouille mortelle y fut déposée. Elle mourut au château de Murat en 1310, et on l'inhuma, avec de grands honneurs, dans l'église de Champeigne. Robert survécut de quelques années à son épouse ; mais du vivant même de Béatrix, il avait abandonné à Louis, son fils aîné, la baronnie de

---
(1) *Ancien Bourbonnais*, t. 1ᵉʳ, p. 411.
(2) On se souvient qu'Agnès de Bourbon avait épousé Jean de Bourgogne.

Bourbon, le comté de Clermont et divers autres apanages. Robert de France mourut à Paris en 1318, et fut enterré dans l'église des Jacobins de la rue Saint-Jacques. Il avait eu, de Béatrix, six enfants : Louis, qui lui succéda comme seigneur et, depuis, duc de Bourbonnais; Jean de Clermont, baron de Charolais et de Saint-Just; Pierre de Clermont, archidiacre de Paris; Blanche de Clermont, qui épousa Robert VII, comte d'Auvergne; Marie de Clermont, qui se fit religieuse, et Marguerite, mariée à Jean, comte de Namur, dont elle n'eut point d'enfants.

Louis Ier, sire de Bourbon, eut une carrière longue et glorieuse qui lui mérita le titre de *Grand :* titre que les souverains ne pourraient conserver aux yeux des peuples, s'il ne leur était pas légitimement acquis. Ce prince vit la couronne de France, après les règnes rapides des trois fils de Philippe-le-Bel, échoir à une branche cadette, la maison de Valois. Peut-être entrevit-il, dans un lointain embelli par l'espérance, le diadème de Saint Louis ornant la tête d'un Bourbon.

Louis-Monsieur, comme les chroniqueurs du temps appellent ce seigneur de Bourbon, prit une part glorieuse à la guerre dite de Flandres, soutenue par Philippe-le-Bel, qui l'avait provoquée : il se distingua à la bataille de Furnes, et contribua à la victoire de cette journée. Trois ans plus tard, c'est-à-dire en 1300, nous voyons ce même seigneur prendre part à une seconde expédition contre les Flamands, et préparer, avec Charles de Valois, son oncle, la confiscation du comté conquis sur le vieux Guy de Flandres.

Jusqu'alors la querelle n'avait existé que du grand vassal à son suzerain; les Flamands étaient morts passivement au poste qui leur était assigné. Mais les exactions commises dans le pays conquis, l'intolérable tyrannie à laquelle se livra Jacques de Châtillon, que Philippe-le-Bel avait envoyé gouverner le comté, excitèrent bientôt le peuple à la révolte... cent mille bras s'armèrent. Quand le peuple s'inspire de sa puissance, on voit promptement sortir de la foule une intelligence pour le diriger : *Pierre-le-Roi* parut, et la journée de Courtray fut inscrite dans les annales funèbres de la France. Hâtons-nous d'ajouter que Louis-Monsieur, baron de Bourbon, rallia et sauva les débris de l'armée française après cette fatale échauffourée, où la maladresse des chefs rendit vaine leur brillante valeur et celle de leurs soldats. Les sages dispositions faites par ce prince, jeune encore, devant un ennemi vainqueur, la prudence avec laquelle il reforma un corps d'environ 27,000 hommes, reste d'une armée de 50,000, sont un des beaux faits d'armes du moyen-âge.

A Mons-en-Puelle, le sire de Bourbon rendit encore un important service à Philippe-le-Bel : on sait que les Flamands, ayant poussé une audacieuse reconnaissance au milieu du camp français, avaient pénétré jusqu'à la tente du roi : déjà le monarque voyait des bras ennemis en soulever la portière, lorsque Louis accourut à la tête de ses compagnies, et sauva son souverain. Imprudemment engagées, les troupes flamandes ne purent se rallier assez vite pour soutenir l'attaque qui succéda à la leur; ils perdirent leur champ de bataille, jonché de six mille cadavres.

Nous venons de voir Louis de Bourbon s'inscrire avec éclat parmi les grands capitaines français; nous allons le voir maintenant figurer avec magnificence dans les cours.

En 1308, des fêtes furent célébrées à Boulogne avec un faste magique pour le mariage d'Isabelle de France, fille de Philippe-le-Bel, avec Édouard II, roi d'Angleterre. Louis-Monsieur et son frère y déployèrent beaucoup d'adresse et de grâce dans une passe-d'armes à la lance courtoise, où le prix leur fut adjugé. Puis ces princes qui, avec le comte de Valois, étaient chargés de conduire jusqu'à Londres la nouvelle reine, firent admirer dans cette capitale leurs équipages, aussi magnifiques que galants. Pendant plusieurs semaines, l'hôtel qu'ils occupaient ressembla à un palais des *Mille et une Nuits* : jamais les vieux murs de la tour n'avaient reflété une aussi éclatante lumière.

« Ce sont les mémoires qu'il faudra voir, » disait l'empereur Napoléon, lorsqu'on lui apporta les habits du sacre; il paraît que les mémoires que Louis de Bourbon eut à acquitter après cette mission, excédèrent ses ressources; car Béatrix de Bourgogne, qui vivait encore, fut obligée d'engager les châtellenies de Montluçon, Chantelle, Hérisson et Verneuil pour acquitter ce passif colossal.

En 1311, le sire de Bourbon épousa Marie de Hainaut, fille de Jean II, mort en 1304. Les noces furent célébrées à Pontoise, en présence de toute la cour; et l'année suivante, Louis-Monsieur fut nommé chambrier de France.

A cette époque, les croisades n'offraient plus à la noblesse ce prestige sacré qui, durant les deux siècles précédents, l'avait fascinée au point de tout sacrifier pour en poursuivre le résultat. Lorsqu'en 1314 Philippe-le-Bel prépara à grand bruit une nouvelle expédition en Orient, il lui fallut heurter violemment l'amour-propre des seigneurs de son royaume, pour en faire jaillir quelques pâles étincelles d'un saint enthousiasme qu'il n'éprouvait pas lui-même; cependant bon nombre d'entr'eux promirent de se croiser. Louis, comte de Clermont et baron de Bourbon, devait conduire cette nouvelle armée sur la plage où blanchissaient les ossements de tant de Français, morts glorieusement sans avoir obtenu le moindre avantage décisif contre les infidèles. A ce prince était réservé le funèbre honneur de faire couler encore vers la tombe divine ces offrandes de sang que les prêtres du paganisme avaient versées jadis sur les autels de leurs faux dieux, en provoquant l'indignation des premiers chrétiens.

Louis et son frère Jean se rendirent à Lyon, où les croisés devaient se réunir; mais pas un seul n'y était arrivé, pas un seul n'y arriva. Le zèle phosphorescent que le roi avait vu luire un moment dans son palais de la Cité, s'était promptement évanoui, et Philippe-le-Bel fit peu d'efforts pour le ranimer. Peut-être ce monarque, auquel l'adresse ne manqua point, obtenait-il tout ce qu'il désirait dans le prélèvement, autorisé par le Pape pour six années, d'un dixième des revenus du clergé; prélèvement dont la croisade projetée avait été le motif, d'autres ont dit le prétexte.

Quoiqu'il en soit, Louis, comte de Clermont, général sans armée, dut revenir à la cour, et nous pensons que ce fut alors que, chemin faisant, il prit en personne possession du Bourbonnais. Son apparition dans ce pays est constatée par quelques actes portant la date de 1314, et qui sont relatifs à des fondations pieuses.

Durant les années suivantes, nous voyons ce petit-fils de Saint Louis intervenir activement dans les affaires de la monarchie. En 1415, Louis-le-Hutin le chargea, avec Charles, comte de Valois, d'apaiser la noblesse, qui réclamait, les armes à la main, le droit de se faire justice par l'épée, d'un voisin, d'un ami et même d'un frère : droit barbare aboli sous le règne précédent. Les seigneurs s'élevaient aussi contre l'ordonnance des anoblissements qui devait en effet froisser violemment cette caste privilégiée, en la mélangeant d'une bourgeoisie peu sympathique avec elle, à une époque où les communes élevaient déjà à son égard prérogatives contre prérogatives, créneaux contre créneaux. Louis et Charles, comte de Valois, calmèrent la révolte, mais ne la soumirent pas, puisqu'il fallut rendre aux seigneurs la liberté de s'entr'égorger, supprimer une subvention levée sur eux, et leur promettre une victime. Enguerrand de Marigny fut jeté en proie à cette hydre féodale. En 1316, Louis de Clermont et de Bourbon appuya les prétentions de Philippe-le-Long à la couronne, que son prédécesseur avait portée moins de deux ans, flétrie par l'adultère de Marguerite de Bourgogne, plus flétrie encore par le meurtre qui avait terminé la vie de cette princesse. Le service que Louis venait de rendre au nouveau roi porta au plus haut point son crédit à la cour; il fut admis au conseil. Mais ces nouveaux honneurs et la nouvelle gloire qu'il acquit en guerroyant pour la comtesse d'Artois, ne satisfirent point l'ambition du prince dont nous parcourons rapidement la vie : le double diadème de comte et de baron lui semblait léger sur son front, que les lauriers de l'homme de guerre et les palmes du négociateur avaient orné souvent. C'était au diadême des rois qu'il aspirait; dans l'impossibilité de le posséder réellement, il en acheta l'ombre. Eudes de Bourgogne, revêtu du titre illusoire de *roi de Thessalonique*, le lui vendit moyennant une somme de 40,000 livres, qui feraient environ 700,000 francs de notre monnaie. Louis se flattait d'avoir fait un excellent marché ; il nourrissait toujours l'espoir de conduire une croisade en Orient, et pensait que les lances françaises l'aideraient à réaliser sa chimère ambitieuse. Cependant le prince ne tarda guère à reconnaître qu'il se berçait d'une vaine espérance ; alors il regretta ses 40,000 livres, et, pour se dédommager d'autant, il céda, au prix de 15,000 livres, à Philippe-le-Long, le droit de battre monnaie dans ses terres de Clermont et du Bourbonnais.

Sous le règne de Charles-le-Bel, la faveur de Louis, comte de Clermont, sembla augmenter encore, en raison des nouveaux services qu'il rendit à la monarchie. Lors du couronnement, le duc d'Aquitaine (roi d'Angleterre) n'avait point assisté à cette cérémonie, où le comte de Flandres s'était également dispensé de paraître. Celui-ci, vieux et infirme, fit admettre aisément ses excuses; mais l'orgueilleux insulaire, loin d'en alléguer, parut s'appliquer à faire comprendre au monarque français qu'il avait été insolent avec intention : il ne faut pas être profond moraliste pour reconnaître en cela le caractère anglais. Les prétextes de guerre ne manquent pas aux souverains qui veulent rompre avec leurs voisins ; cependant la cour de France agit dans cette circonstance avec une adresse telle, que l'Angleterre fut amenée à commencer les hostilités : moyen toujours puissant sur les nations, qui saisissent avec empressement les armes pour se défendre, et les prennent peu volontiers pour attaquer. Or, les Anglais ayant jeté une garnison dans une ville du Poitou, voisine de la Guienne, Charles de Valois et Louis de Bourbon se portèrent avec rapidité vers le midi de la France, à la tête d'une armée : le comte de Clermont réduisit l'Agénois, tandis que son parent portait sa marche dans la Guienne, dont il ne resta bientôt plus à Édouard II que Bordeaux. Le duc de Kent, frère de ce souverain, forcé de capituler, se reconnut prisonnier de guerre; mais on lui laissa la liberté pour aller à Londres porter au roi d'Angleterre les rudes conditions du vainqueur. Ce fut Isabelle de France, sœur de Charles IV, qui vint négocier à Paris. La Guienne fut rendue à Édouard II ; mais l'Agénois resta à la France, et cinquante mille livres sterling, tirées du trésor britannique, achevèrent d'expier l'impertinence du fier breton.

Ce fut à la suite de cette campagne glorieuse pour les armes de France, que Louis de Bourbon prit place parmi les pairs du royaume : alors la terre de Bourbon fut érigée en duché-pairie, par acte du 14 décembre 1327. Sans doute les services rendus à la couronne par ce prince, lui avaient mérité cette haute dignité; mais dans les actions des rois, comme dans celles de tous les hommes, il est rare qu'il ne perce pas un peu d'intérêt personnel : Charles-le-Bel était né au château de Clermont en Beauvoisis, qui appartenait à son cousin; il tenait à faire rentrer son berceau dans le domaine royal. Le roi proposa donc à Louis d'échanger son maigre comté contre celui de la Marche, avec un titre de pairie, plus les châteaux d'Issoudun en Berry, de Saint-Pierre-le-Moutier en Nivernais, et de Montferrand en Auvergne. Et sans donner au seigneur de Bourbon le temps d'admirer l'éclat de ce présent, Charles acheva de l'éblouir en faisant briller à ses yeux ce titre de duc et pair, qui l'égalait aux grands vassaux de l'Aquitaine et de la Bretagne; titre qui, pour la première fois, était conféré à un vassal sujet.

La mort du roi, arrivée en 1328, procura encore au duc de Bourbon une nouvelle occasion de servir la monarchie : Edouard III, qui venait de monter au trône d'Angleterre, élevait des prétentions à la couronne de France, comme petit-fils de Philippe-le-Bel, par Isabelle de France, sa mère. La contestation ayant été portée devant les douze pairs du royaume, Louis fut celui d'entr'eux qui se montra le plus zélé défenseur des droits de Philippe-de-Valois, qui triomphèrent. Dans la guerre de 1328 contre les Flamands, nous voyons le même prince se distinguer de nouveau à la bataille de Cassel : à la tête d'une vaillante cavalerie, il acheva d'anéantir cette agglomération d'intrépides plébéiens qui, sous les ordres d'un marchand de poisson nommé Zonnekins, avait osé, ce jour-là même, pénétrer à travers une garde prétorienne d'éclatante noblesse, jusqu'à la tente du roi de France, comme nous l'ont raconté Froissart et Guillaume de Nangis. Ce beau fait d'armes acquit au duc de Bourbon de nouvelles faveurs : Philippe-de-Valois lui rendit le comté de Clermont, érigé en pairie; dignité qui se trouva ainsi triplement attachée à ses apanages.

Contraints de resserrer dans nos limites ce précis d'une carrière pleine de fastes, nous grouperons maintenant les faits, en abrégeant leur mention. De 1329 à 1331, le duc de Bourbon, investi d'une mission diplomatique délicate, puisqu'elle devait tendre à soumettre un orgueil couronné, détermina enfin Édouard III, roi d'Angleterre, à reconnaître, pour ses possessions continentales, la suzeraineté du monarque français, et à venir en personne signer l'acte de vassalité constatant cette reconnaissance. De retour en France, Louis résida assez souvent dans ses vastes domaines, qu'il agrandit encore par des acquisitions. Il imprima aussi à plusieurs de ses châteaux des marques qui rappelaient et sa richesse et sa magnificence : alors fut embelli le château de Bourbon, et bâtie la sainte chapelle du même lieu qui, dit-on, ne le cédait ni en élégance, ni en délicatesse artistique à celle de Paris : monuments amoncelés aujourd'hui en décombres, sur lesquels croasse l'oiseau nocturne. Alors aussi, Louis-le-Grand fit jeter les fondements du donjon de Moulins : lourd et massif édifice qui résista aux siècles, mieux que les coquetteries inspirées d'orientalisme, que le goût avait élevées avec hardiesse, et découpées avec patience sur la colline de Bourbon-l'Archambaud.

Ces acquisitions de domaines, ces constructions splendides occupaient l'activité d'un prince que la guerre ne réclamait pas alors; mais dans les loisirs de son âme, il berçait sa vanité d'une royauté chimérique, qu'il avait payée à beaux deniers comptant. Et comme les rêves ambitieux ne reconnaissent point de bornes, Louis arrondissait en pensée son royaume, de la Macédoine et de la Grèce : se faisant d'un seul coup le successeur d'Alexandre et de tous les dominateurs couronnés ou républicains qui gouvernèrent la terre classique des héros. Un moment cette chimère brillante parut offrir un commencement de réalisation.

En 1333, Philippe de Valois, dans un entraînement passager, avait solennellement pris la croix; trois ans plus tard, cet engagement lui fut rappelé par le pape Benoît XII; une nouvelle croisade fut définitivement arrêtée; la noblesse française dut se préparer, dans un court délai, à reprendre le chemin dès long-temps effacé de la Terre-Sainte. Plus de trois cent mille personnes, dit Froissart, prirent la croix pour aller outre-mer en ce saint pélerinage. Mais il ne devait pas s'accomplir : un faussaire, réfugié en Angleterre pour se soustraire au bras séculier levé sur lui dans sa patrie, Robert d'Artois, réveilla l'orgueilleux ressentiment d'Édouard III, et l'arma contre Philippe de Valois. Il fallut ajourner encore la cause du ciel pour soutenir la cause non moins sacrée du pays.

En 1339 commença cette lutte séculaire qui devait couvrir notre belle France de brandons, l'innonder de sang, et tendre du nord au midi de cette monarchie un long crêpe de deuil. Louis-le-Grand commença la guerre; mais il n'en vit que les premiers désastres, et sa renommée put échapper à la flétrissure de Crécy. Le duc de Bourbon mourut à Paris en 1342, à l'âge de soixante-deux ans, et fut inhumé près de son père dans l'église des Jacobins. Quelques mots peuvent résumer l'éloge de ce prince : il savait être prudent à la guerre à une époque où les guerriers ne se piquaient que de témérité; il s'exprimait avec modération et sagesse dans les négociations, au milieu d'une noblesse qui rarement pouvait modérer sa rudesse et son humeur irascible.

Marie de Hainaut, qui survécut de douze années à Louis-le-Grand, lui avait donné huit enfants, dont six seulement vécurent; savoir : Pierre, qui lui succéda au duché de Bourbonnais; Jacques, comte de la Marche; Jeanne, mariée à Guy VII, comte de Forez; Marguerite, qui épousa Jean de Seuly; Béatrix, unie à Jean de Luxembourg, roi de Bohême et de Pologne; enfin, Marie, femme, par une première union, de Guy de Lusignan, et mariée en secondes noces à Robert de Sicile, empereur de Constantinople, comme Louis, son beau-père, avait été roi de Thessalonique.

La vie politique de Pierre Ier, duc de Bourbon, fut courte, et sa carrière féodale, relativement au Bourbonnais, n'est guère tracée que par l'intermédiaire de son bailli et de ses prévôts. Les événements remarquables qui se passèrent dans le duché, sous ce règne, appartiennent surtout aux localités, et nous ne les oublierons pas en leur lieu. Dans cet aperçu général, nous devons nous borner à l'analyse rapide des actions personnelles du prince. Il avait épousé, n'étant encore que comte de Clermont, la princesse Isabelle, fille de Charles de Valois, et sœur consanguine du roi de France.

Le duc de Bourbon et son frère Jean accompagnèrent le prince royal dans la guerre qui s'élevait en Bretagne, pour la succession litigieuse entre les maisons de Blois et de Montfort : guerre qui vint alimenter surabondamment l'animosité incessante entre les Français et les Anglais. Nous retracerons, dans une autre partie de cette histoire, ces longs et sanglants démêlés; nous avons maintenant à suivre le duc de Bourbon sur les provinces d'Outre-Loire, dont il fut nommé *souverain capitaine* en 1345. Investi d'une mission plus vaste que les premiers sires de Bourbon, Pierre Ier n'avait pas seulement à veiller, sentinelle vigilante, aux bords de la Loire, comme les vieux Leudes opposés aux seigneurs remuants de l'Aquitaine; le sol français était entamé; il fallait ressaisir sur les Anglais une partie de la Saintonge et de l'Agénois; aussi les pouvoirs du souverain capitaine étaient-ils immenses : « Sa commission, dit l'auteur de l'*Ancien Bourbonnais,* lui donnait le droit de lever des troupes et de l'argent; de donner des titres de grâce, d'anoblissement et de légitimation; d'accorder des privilèges et des franchises aux villes et aux communautés; d'établir des foires, d'évoquer à lui tous les procès civils et criminels, etc. En un mot, Bourbon allait exercer une véritable royauté déléguée; Philippe de Valois ajoutait à sa couronne ducale un fleuron de la couronne de France : délégation sans réserve que les souverains ne font guère que dans les cas désespérés, et lorsqu'il s'agit de faire reconquérir ce qu'ils sauront bien reprendre ensuite, quand il n'y aura plus à résoudre qu'une question de propriété domestique.

Pierre de Bourbon ne possédait pas les éminentes qualités de son père : il n'avait ni sa prudence dans la guerre, ni son urbanité dans le conseil. Néanmoins, il sut se conduire avec intelligence au milieu des embarras que le roi lui jetait sur les bras, sans lui offrir d'autres ressources que des pouvoirs illimités. Il caressa et flatta la noblesse, racheta les barons prisonniers, répandit des bienfaits dans le peuple, accorda des grâces à tous ceux qui en réclamèrent; puis, mettant sur l'heure à profit le bien qu'il venait de faire, il appela auprès de lui tous les hommes nobles ou roturiers, de quatorze à soixante ans, choisit dans cette tourbe de miliciens, prise entre les limites de l'enfance et de la vieillesse, les sujets capables de former une armée, et après les avoir exercés, marcha à leur tête contre les Anglais. Pierre de Bourbon parvint non-seulement à mettre un terme aux progrès des ennemis, mais à reprendre la presque totalité de leurs conquêtes. Il allait mettre le siége devant Bordeaux, lorsque le duc de Normandie lui ordonna de le joindre au blocus d'Aiguillon. Bientôt ce seigneur et le prince royal, appelés par un danger plus grand de la monarchie, durent abandonner le midi de la France, pour accourir au secours de Philippe. Édouard III trônait en roi de France à Poissy; du haut des tours de Notre-Dame, on voyait luire au soleil les lances anglaises. Pour cette fois, la capitale fut sauvée : les Anglais eurent à combattre avant de songer à conquérir; et la funeste journée de Crécy fut pour eux une victoire si coûteuse, qu'alors, comme après Waterloo, il eût été facile de les exterminer au sein de leur triomphe, s'il fût resté à Philippe de Valois quelque résolution. Le duc de Bourbon avait au moins conservé cette tête royale, sur laquelle penchait la couronne de France : pendant le combat désespéré où le monarque s'était engagé, ce prince dévoué avait paré de son corps un coup qui allait atteindre le roi.

Nous ne suivrons point le duc de Bourbon à travers cette succession de trèves et d'hostilités, qui marqua la fin du règne de Philippe de Valois; mais nous devons encore signaler un épisode assez singulier ressortant de la vie de ce prince. Pierre était magnifique, généreux, libéral sans mesure; ses revenus, quoique considérables, ne couvraient que rarement ses dépenses; en 1556, il se trouvait donc prodigieusement endetté; et l'auteur de l'*Ancien Bourbonnais* fait comprendre que plus d'une fois sa position nécessiteuse, au milieu d'une grande opulence, l'entraîna dans une suite de démarches politiques fort équivoques, mais sur lesquelles on ne sait rien de précis.

Or, les grands seigneurs firent de tout temps des dettes avec facilité, et jamais leurs créanciers n'en eurent aucune à se faire payer. Les prodigalités et conséquemment les emprunts de la noblesse, au milieu du xiv⁰ siècle, étaient devenus tels, que ceux à qui elle devait s'ingéniaient en mille façons pour parvenir à rentrer dans leur dû. La justice civile était sans ressort contre une féodalité qui opposait des coups de bâton à des cédules ; on ne trouvait plus de sergents qui voulussent pénétrer dans ces enceintes crénelées, d'où bon nombre de leurs devanciers n'étaient pas ressortis. On s'avisa d'un recours au Saint-Siège : sans doute il fallut négocier avec le trésorier des Annates, pour obtenir l'intervention du pape dans un genre d'affaires d'autant moins apostoliques de leur nature, que l'usure judaïque s'y mêlait le plus souvent; toujours est-il certain que le souverain pontife consentit à contraindre, par voie d'excommunication, les débiteurs illustres à s'acquitter. Le duc Pierre de Bourbon fut un des premiers seigneurs français contre lesquels instrumenta le premier sergent de la chrétienté ; par malheur, l'âme de ce prince, *sommée de comparoir* en enfer, ne put être dégagée de son vivant: tué à la bataille de Poitiers auprès du roi, il laissa à son fils le soin de tirer cette pauvre âme des griffes de Satan, si sa mort glorieuse ne pouvait être admise, au jugement de l'église, dans le compte financier dont elle s'était chargée de poursuivre la liquidation. Ce seigneur valeureux, en couvrant une seconde fois de son corps un roi de France, racheta du moins les torts qu'il avait eus envers lui; mais tout son sang ne pouvait suffire à effacer ceux qu'il s'était donnés au préjudice de sa patrie.

Ainsi périt Pierre de Bourbon, avant d'avoir atteint sa quarante-cinquième année : c'était un cavalier beau, bienfait, brave et galant : un siècle plus tôt, ces qualités eussent suffi pour faire un chevalier accompli ; au XIVe siècle. c'était déjà trop peu pour composer un homme supérieur. Sous le poids terrible d'une excommunication, le prince défunt, dans toute l'étendue de ses vastes domaines, n'eût pu trouver une tombe, si Louis, son fils et son successeur, ne fût parvenu à tempérer la sévérité du pape. Mais grâce aux efforts de sa piété filiale, l'anathème apostolique fut levé, et la mémoire du feu duc réhabilitée. Alors l'église des Jacobins de Paris s'ouvrit à sa dépouille mortelle, et Pierre y reposa à côté de son père et de son aïeul.

Les enfants de Pierre Ier, duc de Bourbon et d'Isabelle de Valois, étaient au nombre de huit : Louis, déjà cité; Jeanne, qui monta sur le trône de France avec Charles V; Blanche, devenue si célèbre par le martyre que lui fit subir don Pèdre, roi de Castille, surnommé justement *Pierre-le-Cruel;* Bonne, mariée au comte de Savoie, Amé VI; Catherine, qui épousa Jean, comte d'Harcourt et d'Aumale ; Marguerite, mariée au sire d'Albret et de Tartas; Isabelle, morte en bas âge; enfin Marie, entrée jeune en religion et qui mourut abbesse de Poissy. Il est probable que les historiographes ont laissé tomber de l'arbre généalogique des Bourbons quelques fruits de ces galanteries auxquelles le duc Pierre se livrait volontiers ; un seul de ses bâtards est connu : c'est Jean, chevalier, seigneur de Rochefort et autres lieux.

Louis II réunit les deux surnoms qui doivent flatter le plus les âmes généreuses : on l'appela *le Bon* et *le Grand*. Malheureusement, ces titres sont décernés par la flatterie plus souvent que par l'équité ; et la postérité, abusée en lisant les fables laudatives de l'histoire, adopte ses officieuses infidélités. C'est un grand malheur, car vient ensuite le contrôle sévère de la morale, qui, remettant les réputations au creuset d'une sage critique, en sépare violemment les fausses vertus, et apprend ainsi aux peuples à douter des réelles. Or, une fois engagées dans cette voie du doute, les nations n'ont plus de foi aux illustrations les plus authentiques : elles refusent de croire que les vérités puissent croître sur le terrein où le mensonge avait jeté de si profondes racines. Quant à Louis II, duc de Bourbon, un précis impartial de ses actions mettra nos lecteurs à même de juger s'il mérita les beaux surnoms qu'il reçut.

Les deux premières années de son gouvernement furent employées, à peu près entièrement, à racheter, au jugement du monde, et dans l'espoir des biens d'une autre vie, les fautes qui avaient attiré sur la tête de Pierre Ier les foudres apostoliques : Louis, aidé par sa mère, parvint, dit-on, à payer les dettes du feu duc, et libéra ainsi son honneur sur la terre, son âme dans l'éternité.

Ce ne fut que vers l'année 1356 que Louis II put prendre part aux affaires, si déplorables alors, de la monarchie. Le timon du vaisseau presque submergé de l'État reposait aux mains inexpérimentées encore du dauphin, depuis Charles V ; mais, pilote habile avant l'âge, ce jeune prince sut au moins tempérer les maux qu'il ne put guérir. Aucun élément de combustion ne manquait aux orages qui grondaient autour du trône : guerre étrangère, révolte de la Jaquerie, intrigues ténébreuses de Charles-le-Mauvais, défection d'une foule de seigneurs, tout contribuait à ébranler ce malheureux trône, vacant par la captivité insoucieuse du roi Jean.

Cependant en 1359, une calamité se détacha de ce funeste cortège : la paix fut conclue avec le perfide navarrois Charles, et Louis de Bourbon contribua à cet arrangement. Ce prince revenait alors d'Angleterre, où il s'était rendu pour une mission confidentielle du dauphin auprès de son père. Louis, jeune encore et privé de l'expérience qui ne devait plus faire défaut au roi captif, fut entraîné à signer, comme témoin ou comme négociateur, un acte par lequel le royal prisonnier consentait à racheter sa liberté au prix des deux tiers de son royaume, et de la vassalité acceptée pour le reste. Heureusement les états-généraux, à la vue de cet acte surpris à la faiblesse de Jean, s'écrièrent :

« *Plutôt la guerre que la honte d'un pareil traité!* » et le dauphin répéta ce cri d'une noble indignation.

La guerre continua donc. Édouard, toujours préoccupé du projet de ceindre le diadème de Clovis, marcha vers Rheims, où le héros frank avait reçu l'onction sainte. Mais Jean de Craon avait dit : « Non, l'huile d'origine céleste ne coulera point sur un front étranger; » et ce prélat, substituant l'haubert à la chape pontificale, le casque à la mitre, défendit avec intrépidité les remparts de sa métropole. Louis, duc de Bourbon, le seconda vaillamment.

Cette tentative infructueuse coûta cher aux Anglais : leur retraite vers la Bretagne, qui suivit de près le déblocus de Reims, eut l'apparence d'une déroute. Les maladies, les éléments mêmes furent dans cette campagne les auxiliaires de la France; Édouard, saisi d'une terreur religieuse à la vue de ces fléaux ligués contre lui, fit vœu à Notre-Dame de Chartres, de mettre fin aux horreurs de la guerre, et le traité de Bretigny fut signé. Pourquoi les négociateurs français ne surent-ils pas en tirer meilleur parti! Édouard, frappé de l'idée que Dieu lui-même s'était armé pour le terrasser, eût accordé bien plus qu'on n'osa lui demander. L'honneur de la France fut à peine satisfait, et sa fortune demeura gravement compromise. Dans le traité de Bretigny, Louis II, duc de Bourbon, fut désigné comme otage de garantie, avec les ducs d'Anjou, de Berry et d'Orléans; il s'engagea en outre à payer 100,000 florins pour la rançon du roi. Il fallut donc que le souverain du Bourbonnais s'éloignât de ses belles terres, des honneurs de sa cour, et consentît à accepter en Angleterre une condition voisine de la captivité, que rendit d'ailleurs assez douce son étroite parenté avec Philippa de Hainaut, épouse d'Édouard III. D'un autre côté, ce prince, bel et gracieux chevalier, selon le témoignage de Dorronville, se montrait dévoué au beau sexe avec une ferveur qui tenait du culte, et qui dut contribuer à répandre des charmes sur son exil politique. Tandis que Louis de Bourbon se tenait toujours prêt à soutenir envers et contre tous, à la cour de Londres, que : « *des femmes, après Dieu, vient une partie de l'honneur de ce monde* », les grandes compagnies dévastaient ses domaines du Bourbonnais, de l'Auvergne et du Berry; son oncle et son cousin avaient péri en voulant expulser ces bandes. Dans le même temps, l'angélique Blanche de Bourbon, venait d'être assassinée par le cruel castillan don Pèdre. Le duc de Bourbon, enchaîné sur un rivage étranger, ne pouvait ni combattre les routiers, ni venger sa sœur : cette situation dut environner d'ombres lugubres les suaves illusions de sa galanterie optimiste.

En 1366, Louis obtint cependant d'Édouard III la permission de revenir en France pour mettre ordre à ses affaires. Dans ce voyage, que le monarque anglais avait limité à un bref espace de temps, le duc prit possession solennellement de son duché. Après cette cérémonie et quelques arrangements domestiques, quelques levées de subsides sur ses vassaux, déjà ruinés par les grandes compagnies, Louis se disposait tristement à repasser le détroit pour reprendre sa chaîne, lorsque, s'étant arrêté quelques jours aux palais de Saint-Pol, il y reçut des nouvelles consolantes.

William de Wickham, favori d'Édouard III, aspirait à l'évêché de Winchester; le roi le lui avait donné, mais il fallait une bulle de confirmation délivrée par le pape Urbain V, et ce pontife la refusait. Dans cette occurrence, le monarque anglais écrivit au duc de Bourbon, et le pria d'intervenir auprès du Saint-Père : lui promettant, pour le cas de réussite, *de lui être courtois pour sa prison*. Louis courut à Avignon, réussit au gré de ses désirs, et porta à Londres la bulle désirée. Édouard lui rendit la liberté; mais il mit à sa générosité une restriction de 20,000 livres, que le pauvre seigneur fut obligé de payer.

Le duc Louis, revenu dans le Bourbonnais, fixa sa résidence à Moulins; mais il ne put occuper le château de cette ville, dévasté par les routiers avant d'avoir été terminé. Il fut obligé de se loger chez un bourgeois nommé Huguenin Chauveau, grand procureur du Bourbonnais. Ce fut là que ce prince institua, en 1367, son ordre de *l'Écu d'Or*, qu'il donna pour étrennes à ses chevaliers.

« En icelui escu d'or, dit l'auteur du *Théâtre d'Honneur*, était une bande de
» perles où il y avait écrit *Allen* [1]. » Les chevaliers recevaient en outre une
ceinture sur laquelle on lisait : « le joyeux mot *espérance ;* leur chapel était
» de velours vert, rebrassé de pannes de soie cramoisie. » Le nombre des
chevaliers avait été fixé à vingt-six : tous firent le serment dans la main du
duc, et reçurent de lui l'accolade fraternelle.

Bourbon se félicitait encore de la récompense qu'il venait de décerner
à sa bonne noblesse, lorsqu'un incident singulier se mêla tout à coup à cette
solennité chevaleresque.

Nous avons vu que le souverain du Bourbonnais, s'était logé dans l'hôtel du
procureur-général, Huguenin Chauveau, en attendant que son château de
Moulins pût le recevoir. « Or, dit l'historien Dorronville, le duc étant revenu
» en la salle, où il y avait bon feu allumé, si entra le grave magistrat et
» présenta un livre de demi-pied de haut, qu'il avait fait secrètement contre
» les nobles du Bourbonnais, chevaliers et écuyers ; lequel procureur vint
» devant le duc disant : — Mon très-redouté seigneur, vous étant en Angle-
» terre, où vous avez demeuré longue saison, je me suis prins garde de votre
» justice et des faits de notre pays, et ai mis en écrit tous les forfaits et
» désobéissances que les chevaliers, écuyers et nobles d'arrière-fiefs ont faits,
» qui sont si grands, qu'ils ont confisqué tous leurs biens [2] et aucuns y en a,
» le corps. Et pour ce à ce jour de l'an, je le vous donne, et vous fais la
» plus belle offre qui vous fut faite depuis que vous compartistes (revîntes)
» d'Angleterre, et ai mis sept ans à le faire, et s'appelle mon livre le *Peloux*.
» Si vous prie, mon redouté seigneur, que vous le fassiez exécuter, et ce
» sera un trésor à vous. »

« On ne saurait douter, dit à cette occasion l'auteur de l'*Ancien Bourbonnais*,
que maître Huguenin Chauveau ne fût un très-honnête homme, car on voit que
c'était un courtisan fort maladroit. » En effet, non-seulement ce bourgeois
avait mal choisi le moment pour apporter au souverain du Bourbonnais sa rude
protestation contre les faveurs qu'il venait de distribuer ; mais il se trompait
d'époque pour la faire entendre. Chauveau, philosophe trop brutalement
spartiate, oubliait que chez la noblesse du XIVe siècle, le sentiment de la justice
dominait rarement l'esprit de caste ; il oubliait que tout suzerain, ayant plus

---

(1) Le duc fondateur expliquait ainsi ce mot : « *Allen* (mot anglais abrégé aujourd'hui par *all*) signifie
« *tout*, c'est-à-dire, allons *tous* ensemble au service de Dieu, et soyons *tous un* en la défense du pays
« et là où nous pourrons trouver à conquester honneur par fait de chevalerie.

(2) C'est-à-dire, les uns ont mérité la confiscation de leurs biens, et quelques autres la mort.

souvent besoin d'en appeler à l'épée de ses barons, qu'aux coutumes pénales de son baillage, la voix accusatrice du magistrat devait expirer à son oreille, lorsqu'elle compromettait ces *batailleurs*, privilégiés jusqu'à l'impunité des plus noirs attentats. La sagesse du bonhomme Huguenin avançait de quatre siècles.

« Hôte, lui répondit Louis, vous avez mis longue étude et grand'peine, en
» sept ans que j'ai demeuré en Angleterre, à défaire ma chevalerie et la noblesse
» de mon pays. En ce, vous avez fait comme œuvre d'un mauvais vilain, et
» bien démontrez ainsi la nature dont vous êtes issu[1] : car quand seigneur vous
» prend à son service, vu l'état dont vous êtes, vous vous descognoissez, et
» ne regardez point à la fin de votre commencement; oubliant que vous n'êtes
» rien, sinon par le prince qui vous a élu pour l'office où il vous met. Et quant
» est de ce, Chauveau, que vous me dites que votre livre de *Peloux* soit
» exécuté, bref le sera fait devant vous. Certes! il me semble que vous n'avez
» mie décrit en votre livre les biens que m'ont fait mes barons, qui m'ont jeté
» de prison; mais n'y avez mis que les grandes haines que portent à tous
» gentilshommes les gens de votre espèce. » A ces mots le duc arracha des mains du procureur-général le registre malencontreux, et sans l'avoir ouvert, le jeta, aux yeux des barons, dans l'âtre embrasé, où bientôt l'énoncé des nombreux méfaits approuvés par le duc, fut réduit en cendres.

Ainsi se termina la solennité du jour de l'an 1367, dans l'hôtel de maître Huguenin Chauveau; ainsi fut reconnue l'hospitalité qu'il donnait à son souverain. Louis II, en anéantissant à la manière de Trajan, le livre accusateur, sans réflexions injurieuses à son auteur, se fût montré plus sage que lui; il ne fut que grossièrement ingrat, en ne considérant pas même que l'homme loyal et courageux seul ose parler à la face de ceux qu'il accuse.

Voici maintenant un bout d'oreille féodale qui achève d'expliquer la conduite de Louis II dans cette circonstance : trois places du Bourbonnais, où le Prince-Noir avait mis des garnisons de routiers, étaient encore occupées, après dix ans, par ces aventuriers, qui souvent en sortaient pour commettre leurs exactions ordinaires. C'étaient les châteaux de la Roche-sur-Allier, de Beauvoir et de Montescot, situés presque aux portes de Moulins. Le duc, avant de congédier les seigneurs qu'il venait d'admettre dans son ordre de l'Écu, leur demanda aide et assistance pour reprendre ces forteresses. Les barons, reconnaissants de la nouvelle faveur qu'ils avaient reçue, plus reconnaissants, peut-être, de l'impunité que l'incinération du *Peloux* leur garantissait, promirent

---

(1) On voit qu'il était clair, au jugement du seigneur de Bourbon, que les nobles étaient issus d'une nature d'élite.

de se retrouver à Moulins, avec leurs vassaux armés, à la mi-janvier. Au jour dit, nul ne manqua au rendez-vous assigné par le duc. Les châteaux, attaqués vigoureusement, furent repris, et les garnisons passées au fil de l'épée, selon le droit de la guerre, dont l'application à des brigands était cette fois assez légitime.

Après cette expédition, Louis II songea à établir sa maison, sur laquelle nous donnerons quelques détails, empruntés à l'*Ancien Bourbonnais*. « Le service de sa personne, dit M. Adolphe Michel, se composait d'un maître d'hôtel, d'un chambellan, d'un écuyer tranchant, d'un écuyer d'écurie et d'un pannetier. Chacun de ces offices domestiques avait un premier et un second titulaire. Il avait son maréchal, chargé du soin des affaires militaires. Sa cour habituelle se composait d'un grand nombre de chevaliers et d'écuyers qui ne le quittaient jamais, et dont plusieurs étaient à ses gages. Quant au gouvernement de ses finances et de ses domaines, il forma un conseil de quatre chevaliers vieillis sous le harnais, et qui ne pouvaient plus se livrer aux fatigues de la guerre, mais dont l'expérience avait mûri la sagesse. » Nous avons cru devoir mentionner cette organisation de la cour d'un duc de Bourbon, parce qu'elle se perpétua, à quelques variantes près, jusqu'à la fin du duché.

En 1368, Louis II maria sa sœur Marguerite au sire Arnaud Amanieu d'Albret, l'un des plus puissants suzerains de la Gascogne. Ce mariage, qui détachait du parti anglais un de ses fidèles auxiliaires, fut sans doute un trait de la politique habile de Charles V : d'Albret, en s'alliant à la maison de France, ébranlait singulièrement la domination du Prince-Noir en Guienne, car ce prince étranger ne devait plus compter sur les 1,000 lances (près de 6,000 hommes), que le seigneur gascon pouvait lever. Plus tard, Charles-le-Sage sut se prévaloir de cette circonstance, adroitement ménagée.

L'année suivante, Louis II fut fiancé à la fille de Béraud, comte de Clermont et dauphin d'Auvergne, avec lequel il s'était lié d'une étroite amitié, pendant leur commune captivité en Angleterre. Mais cette jeune personne sortant à peine de l'enfance, la célébration du mariage fut retardée : elle n'eut lieu qu'au mois d'août 1371. On assure qu'à cette dernière époque, le duc convertit son Ordre de l'*Écu d'or* en celui de *Notre-Dame de Bourbon*.

Cependant en l'année 1369, les grandes compagnies, revenues d'Espagne, s'étaient jetées sur les terres de France, à l'instigation presque évidente du Prince-Noir, ce *Miroir de chevalerie*, dont les historiens ont beaucoup trop vanté la loyauté, souvent entachée d'actes révoltants d'injustice et de barbarie. Le roi de France avait vu dans cette demi-agression de l'Angleterre une violation assez claire du traité de Brétigny ; ce monarque se réjouit donc secrètement lorsque plusieurs barons dont les possessions touchaient aux Pyrénées, révoltés d'un impôt que le Prince-Noir voulait lever sur chaque feu pour soutenir le luxe effréné de sa cour, refusèrent de s'y soumettre, et portèrent leur plainte devant la justice royale. Parmi eux, on comptait les seigneurs d'Armagnac, de Comminges, de Périgord, et ce sire d'Albret, dont nous avons mentionné précédemment l'alliance à la maison de France, par son mariage avec Marguerite de Bourbon. Le prince de Galles, cité devant le parlement de Paris, répondit avec insolence, ainsi que nous l'avons rapporté ailleurs ; cette réponse équivalait à une déclaration de guerre, et déjà les hostilités étaient commencées dans le midi, entre les seigneurs plaignants et les compagnies stipendiées par l'Angleterre.

Nous n'entreprendrons point de suivre le duc de Bourbon à travers la longue suite de combats auxquels il prit part dans la cause du roi, son beau frère ; constatons seulement, qu'il se distingua successivement, avec ses chevaliers Bourbonnais et Foréziens, en Normandie, en Bretagne, en Guienne : partout digne émule des Duguesclin, des Clisson, des Sancerre. Et quant aux événements dont le duché fut le théâtre durant cette guerre, nous aurons occasion d'y revenir en parcourant les localités. Contentons-nous de dire ici que Louis II servit la couronne aussi activement, aussi vaillamment que l'avait fait son père, sans perdre de vue, autant que lui, ses intérêts. Car au milieu des soins qu'il donnait aux affaires générales, le duc trouva le temps, en 1370, de s'assurer, par transaction avec le duc d'Anjou [1], l'entière et tranquille possession du comté de Forez, après la mort de Jean-l'Imbécille, souverain dérisoire de cette contrée.

Lorsque Charles-le-Sage, qui suivit de près dans la tombe sa vertueuse épouse, Jeanne de Bourbon, eut laissé tomber le sceptre aux mains de ce prince dont la vie devait être une longue et déplorable enfance, le duc de Bourbon, mécontent de la direction donnée aux affaires par les ducs de Bourgogne et de Berry, frères du feu roi, s'éloigna de la cour, et entreprit, contre les Maures d'Afrique, une expédition tardivement chevaleresque et d'une flagrante inutilité. A son retour de cette croisade, sans résultats comme elle avait été sans motifs, le duc prit un commandement plus utile, puisqu'il tendait à chasser encore une fois des provinces du midi ces éternels routiers qui devenaient le fléau

---

(1) Renaud, tuteur de Jean-l'Imbécille, avant Louis II, avait emprunté du duc d'Anjou une somme de 30,000 fr. d'or, pour sûreté de laquelle il avait engagé tout le comté. Voyez dans la section précédente, page 257, ce que nous avons dit de la prise de possession du Forez, par le duc de Bourbon. Ligne 2 de cette même page 257, lisez *Jean* au lieu de *Louis*; et ligne 15, lisez *pays* et non *Puy*.

des provinces, dès qu'ils avaient cessé d'être les champions d'une cause souveraine. Soldats salariés, ils se faisaient brigands quand leur salaire cessait. Aussi tard que le XIXe siècle, qu'on licencie une armée qui ne se composera que d'hommes inhabiles à toute autre chose qu'à manier le mousquet, on retrouvera *les Tuchins, les Routiers, les Tard-Venus, les Mange-Bâcon, les Écorcheurs, les Malandrins*, et tous ces avanturiers qui, n'ayant plus d'ennemis à combattre en acquit de leurs gages, guerroyaient contre tout venant, les soldats pour vivre, les chefs pour s'enrichir. Le progrès ne peut rien sur les nécessités impérieuses, et l'exquise civilisation qui a faim redevient promptement barbarie.

En 1387, les régents du royaume, qui redoutaient la franchise un peu rude de Louis II dans le conseil, surent encore exciter en lui l'esprit chevaleresque, afin de l'éloigner : ils le chargèrent de conduire en Espagne une armée pour soutenir les prétentions de Jean de Castille à la couronne de Portugal, qui lui était disputée par don Joao, grand-maître de l'Ordre militaire d'Avis, et bâtard du farouche don Pèdre. Les Anglais s'étaient déclarés pour le grand-maître, qui d'ailleurs avait toutes les sympathies de la nation portugaise. Mais cette expédition n'eut point de suite ; Jean de Castille s'étant porté à la rencontre du duc, pour lui annoncer qu'il était en voie d'arrangement avec son concurrent.

A son retour, Louis II trouva Charles VI investi du gouvernement ; ce prince, par un effet de ce ressentiment que les jeunes rois conservent assez ordinairement contre les tuteurs qui ont prolongé leur minorité, donna la présidence du conseil à notre duc de Bourbon, au préjudice des ducs de Bourgogne et de Berry. Nous devons ajouter que si Louis II ne déploya pas précisément de la grandeur durant cette présidence, au moins fut-elle marquée par des actes de sagesse et d'équité. Mais il est difficile de faire le bien à la cour sans exciter bon nombre d'envieux : l'exemple d'une vertu que les courtisans veulent rarement imiter, est trop gênant pour qu'il puisse se perpétuer. On ne tarda pas à faire remarquer au jeune roi que l'austère économie de son oncle maternel froissait et humiliait la majesté royale ; Isabeau de Bavière, princesse prodigue, dissipatrice, et peut-être déjà dissolue, sentait surtout avec dépit le coudoiement d'une prudence qui gênait ses allures licencieuses. Louis, convaincu qu'il serait bientôt à la cour un censeur odieux, n'attendit plus qu'une occasion d'en sortir honorablement. Elle se présenta en 1390. Les Génois, voyant leur commerce maritime troublé par les courses des barbaresques dans la Méditerranée, pensèrent que, s'il restait dans le cœur des chevaliers quelques étincelles du saint zèle qui avait inspiré leurs aïeux les croisés, il serait facile de les ranimer pour exterminer les pirates qui nuisaient au négoce de Gênes. Cette république ne voulait, comme on voit, qu'une milice commerciale ; mais les ambassadeurs qu'elle envoya à Charles VI, ne parlèrent que d'une expédition sacrée contre les infidèles, contre d'autres Sarrasins. Le duc de Bourbon, nestor au conseil, mais qui n'était plus qu'un paladin aventureux dès qu'il entendait au loin un clairon de guerre, soutint auprès du roi la demande que les envoyés Génois venaient faire d'un corps de troupes ; et soudain il en sollicita le commandement. Charles VI, moins fou dans cette circonstance que le sage de son conseil, lui répondit : « Bel oncle, vous savez les grandes affaires que nous « avons ; et aussi à grand peine trouveriez vous des gens qui voulussent aller « si loin ; c'est pourquoi ne veuillez entreprendre cette allée. — Louis II, insistant, répondit : « Monseigneur, j'ai les chevaliers et escuyers de mon pays » qui ne me faillirent onques, ne à ce besoin ne me faudront ja, comme je ne » faudrai jamais ce que j'ai vaillant de le partager avec eux. » Charles VI ne repliqua pas, et le duc ne s'occupa plus que de préparer la nouvelle croisade.

Dans notre beau pays de France, les goûts et les penchants ont des retours périodiques ; et pour les choses graves, comme pour les modes futiles, ces renaissantes inclinations sont d'ordinaire aussi vives, aussi emportées qu'elles sont éphémères. Il se présenta dix fois plus de croisés qu'on n'en pouvait admettre : les enfants se faisaient hommes pour faire partie de l'expédition ; les vieillards redevenaient jeunes hommes à cette nouvelle aurore d'une guerre sacrée.

Au mois de juillet 1390, l'armée dont Louis II était le chef, arriva sous les murs de Gênes ; à la fin du mois suivant, les vaisseaux génois qui l'avaient reçue, mirent à la voile, après quelques contestations entre les croisés, pour la bénédiction de ces mêmes vaisseaux.

On ne sait pas précisément aujourd'hui quelle position occupait, sur la côte d'Afrique, une ville d'*Africa* que Bourbon devait d'abord assiéger : d'après divers passages du récit de Froissart, on doit penser qu'elle se trouvait entre Tunis et Alger. Villaret et Daniel prétendent que ce fut devant Carthage que l'expédition s'arrêta, et dont elle fit le siége [1]. Il est beaucoup plus probable que la ville dont il s'agit, était *Aphrodisium*, que Charles-Quint assiégea plus tard et détruisit entièrement, comme le principal refuge de la piraterie barbaresque.

---

(1) Nous croyons que ces historiens se trompent ; mais il n'est pas exact de dire que Carthage, détruite par les Romains, n'ait jamais été rebâtie : au témoignage de Strabon, elle le fut par les Romains eux-mêmes, sous le règne d'Auguste. Les Arabes détruisirent une seconde fois cette cité fameuse, vers la fin du VIIe siècle.

Quoiqu'il en soit de la situation d'Africa, le duc Louis mit le siége devant cette forteresse; l'attaque fut violente; mais la défense fut vigoureuse. Plusieurs assauts, tentés avec une rare intrépidité, n'avaient encore produit aucun résultat, lorsque soudain l'armée se vit assaillie par soixante mille cavaliers arabes, surgis de Tunis, de Bougie, de Tlemcen : c'était alors comme aujourd'hui. Ces innombrables troupeaux d'ennemis n'étaient pas les seuls que les croisés eussent à combattre : le plus redoutable de tous était ce climat de feu, ce soleil du tropique, qui faisait de chaque armure une fournaise ardente, sous laquelle se fondait la force des guerriers d'Occident.

Louis II, prévoyant que le découragement allait suivre de près cette prostration de la puissance physique, songea à se retirer; mais il ne voulait quitter la côte d'Afrique qu'après une action d'éclat, qui prévînt la risée dont on accueille toujours les tentatives échouées, surtout lorsqu'elles ont été préparées avec éclat. Le duc obtint plus qu'il n'avait espéré; car ayant défait les Arabes dans une bataille qui leur coûta deux mille hommes, le bey de Tunis demanda la paix, et offrit des réparations aux princes de la chrétienté. Ces offres furent acceptées; Bourbon repassa en Europe avec une palme de plus : son expédition avait duré quatre mois.

Ce fut le dernier exploit que dirigea l'esprit vraiment chevaleresque qui avait présidé aux premières croisades : la chevalerie elle-même perdait incessamment son prestige[1], depuis que des globes rapides, ailés par le salpêtre, semblaient se jouer dans les airs des paladins bardés de fer, et les laissaient retomber écrasés et sans vie. Dès-lors, une pensée de dérision s'attacha à ces hauberts, à ces salades, à ces cuissarts, à ces gantelets, que le canon broyait; à ces lances finement émoulues, à ces fortes épées, qu'il brisait comme des jouets de verre. Le triomphe de la force éclairée sur la force brutale commençait par le pouvoir de la poudre; bientôt le triomphe de la raison sur le vouloir aveugle se propagerait par l'imprimerie.

Froissart, en racontant avec sa candeur vive et pittoresque la campagne du duc de Bourbon en Afrique, y mêle souvent les fables merveilleuses qui charmaient les lecteurs de son temps. Au moment du dernier engagement entre les croisés et les Arabes, le bon chroniqueur admet par exemple cet épisode : « Ainsi que les Sarrasins s'approchaient, ils virent devant eux une compagnie » de dames toutes blanches, et par spécial, une au premier chef, qui, sans » comparaison, était trop plus belle que toutes les autres, et portoit devant » elle un gonfanon tout blanc et une croix vermeille par dedans. De cet en-

---

(1) Les premiers canons parurent dans l'armée anglaise à la bataille de Crécy.

» contre et de la vue, furent les Sarrasins si effrayés, que ils furent
» d'esprit, de force et de puissance, tous éperdus, et n'eurent pour l'heure,
» selon leur emprise, pouvoir ne hardiesse d'aller plus avant, et se tinrent
» tout cois, et les dames devant eux. »

Voilà qui diminue un peu la gloire du général, et enlève beaucoup de mérite à la valeur des chevaliers.

Louis de Bourbon reparut à la cour, et sa croisade fit long-temps le sujet des causeries du soir devant le chauffe-doux de la chambre du roi. Ce jeune monarque, triste et mélancolique, sentait de plus en plus et sans les comprendre, les atteintes de cette déplorable insanité mentale, qui devait livrer la France à tant de calamités. Il laissa empreindre son imagination douce et rêveuse d'une velléité d'expédition outre-mer : « Si nous pouvons tant faire, disait-il
» au duc de Bourbon, que la paix soit en l'Église et entre nous et les Anglais,
» nous ferons volontiers un voyage à puissance par delà les mers, pour
» exaulcer la foi chrétienne, confondre les incrédules et acquitter les âmes de
» nos prédécesseurs, le roi Philippe, de bonne mémoire, et le roi Jean, notre
» aïeul. »

On sait comment ce projet pieux fut à jamais abandonné, et comment le malheureux monarque en perdit jusqu'au souvenir. La maladie de Charles VI remit le pouvoir aux mains du duc de Bourgogne ; alors Louis de Bourbon, ayant perdu son influence dans le conseil, ne perdit pas pour cela de vue les intérêts du pays : ce fut lui particulièrement qui conclut une trêve de vingt années avec l'Angleterre, et le mariage d'Isabelle de France avec Richard II. Lorsque cette princesse, devenue veuve trois ans plus tard, fut revenue en France, Louis II voulut tenter de faire rentrer, par voie de négociation, la Guienne sous l'autorité du roi ; mais cette tentative ne put réussir. Il ne désespérait pas de la renouer, quand Charles VI, rendu momentanément à la santé, replaça notre duc à la tête du conseil. Malheureusement il aimait le duc d'Orléans, qu'il avait élevé ; et cette affection le porta à rendre un mauvais service à la France, en associant au gouvernement ce prince léger, prodigue, peu propre aux affaires. Mais le plus grave résultat probable de cette mesure, c'est qu'elle initia au pouvoir Isabelle de Bavière, dangereuse sirène, qui flétrissait tout ce qu'elle touchait.

A la suite de ce malheureux choix, Louis II, absent de son duché depuis long-temps, s'y rendit pour s'occuper enfin de ses intérêts. Ils avaient été sagement administrés par le sire de Nourry, chevalier *renommé pour son grand sens et sa prud'homie, et qui loyaument avait toujours servi le duc*, dit le chroniqueur Dorronville.

Mais l'honnête et économe Nourry n'avait pas présidé aux affaires de Louis II, dans son hôtel de Paris, et ses dépenses s'y étaient souvent élevées à des sommes très-fortes. Outre que ce prince se montra, jusque dans un âge avancé, magnifique et d'une élégance recherchée, il tenait, dit son historien Dorronville, un grand état, et tout venant de bon lieu, faisait chère lie à sa table. « Et advint que quand le roi était malade, continue le même écrivain,
» comme il ne tenait point de cour, tous ceux qui venaient le visiter n'y
» trouvant rien appareillé, disaient : Allons-nous-en dîner à l'hôtel de Bourbon,
» et nous y serons bien reçus. Aussi les nobles hommes et officiers venaient
» séans, dont le duc était moult joyeux, et les recevoit liement. Cette danse,
» ajoute Dorronville, dura si longuement que le duc se trouva endetté à
» Paris de soixante mille francs d'or. »

Il fallut songer à couvrir cet énorme déficit : Louis II revint en Bourbonnais pour y aviser, et se prit à compter avec son intendant-général. Ce bilan offrit au prince un résultat heureux : Nourry lui prouva que, moyennant l'aliénation de quelques domaines, il pouvait être quitte, sous deux ou trois ans, de ses grosses et petites dettes. Nous devons ajouter qu'il fut encore aidé dans cette liquidation, par la cession qu'Édouard de Beaujeu lui fit, le 23 juin 1400, de la baronnie de Beaujeu, avec toutes les terres, droits et cens qui en dépendaient.

Alors le duc Louis eût bien voulu se fixer tout à fait dans ses terres du Bourbonnais : « Voilà que je me fais vieux et infirme, avait-il dit au roi, et je
» veux me retirer auprès de mes chevaliers et de mon pauvre peuple, qui m'ont
» tant aidé. Il est temps que je m'en aille crier merci à Dieu : je crains même
» qu'il ne me reste plus assez de jours pour réparer tous les torts que je puis
» avoir commis. » Mais Louis, enlacé malgré lui dans les troubles que suscita la division entre les ducs d'Orléans et de Bourgogne ; forcé ensuite de prêter un appui au trône, ébranlé par les hostilités intestines qui suivirent l'horrible attentat de la Vieille-Rue-du-Temple, ne put qu'en 1409 réaliser, en revenant à Moulins, le projet de retraite qu'il avait formé depuis long-temps. Alors il songea à sanctifier le crépuscule de sa vie, sans toutefois négliger les soins que sa qualité de souverain lui imposait. Il fit relever les murailles de Montbrison, Vichy, Varennes, Villefranche, Feurs et Thiers ; par son ordre, on continua les travaux commencés dans les châteaux de Moulins, Montluçon, Billy, Hérisson, Auzance en Combraille ; et grâce à l'ordre que le duc avait rétabli dans ses finances, il put consacrer d'assez fortes sommes à ces diverses constructions. Alors aussi Louis II fit jeter les fondements du collége de Moulins ; mais ce qui surtout l'occupait avec une fervente sollicitude, c'était la construction de l'église des Célestins de Vichy, entreprise depuis huit années déjà, et dont nous parlerons plus amplement en son lieu, ainsi que du *bel et bon hôtel* que le duc faisait bâtir près de ce couvent pour *sa demeurance*. Il ne devait jamais l'habiter : « Il était écrit que ce noble seigneur, à qui les
» affaires du siècle étaient devenues si odieuses, qui avait passé toute sa vie
» à concilier les partis, à empêcher l'explosion des haines entre les hommes
» puissants de la cour ; qui avait montré toujours tant d'horreur pour les partis
» violents ; à qui la France était redevable de n'avoir pas vu éclater deux ou
» trois fois déjà la guerre civile ; il était écrit que la mort viendrait le surprendre
» au milieu du tumulte des passions politiques, et l'arrêter au moment où,
» chargé d'années, il se jetait, non sans gémir il est vrai, dans la carrière
» des factions [1]. »

Lorsque le parti d'Armagnac fut organisé à Gien, le comte de Clermont, fils aîné de Louis II, figurait au nombre des principaux conjurés ; et en cela ce seigneur croyait seconder les intentions de son père, qu'il savait dévoué à la maison d'Orléans. Il engagea donc le vieillard dans cette ligue sans l'avoir consulté, et la surprise de ce dernier fut grande quand, de la part du jeune duc d'Orléans, on vint lui notifier à Montbrison un double du traité de Gien.

(1) *Ancien Bourbonnais*, t. Ier, p. 652.

Long-temps il se défendit de le ratifier en ce qui le concernait, prévoyant tout ce qu'il allait attirer de calamités sur la France; mais obsédé, circonvenu, pressé sans relâche par les seigneurs confédérés; cédant surtout à l'affection qu'il avait pour les enfants du prince assassiné par l'ordre de Jean-sans-Peur, le vieux duc consentit à redescendre dans la lice des guerres civiles, espérant peut-être en abréger le cours. Ayant mandé ses chevaliers et réuni son contingent de lances, il chargea de l'armure ses épaules affaiblies et courbées; puis s'étant remis pesamment en selle, il dit à la duchesse : « Dame Anne dauphine,
» très-chère compagne, je cuydois prendre congé de vous, pour aller où ma
» destination était, et me retirer ensuite du monde pour servir Dieu, faisant
» ma demeurance aux Celestins de Vichy; mais je sais de certain que le duc
» Jean de Bourgogne, entend à détruire mes beaux neveux d'Orléans ; si j'ai
» voué d'être à l'encontre de tout homme qui leur voudra nuire. Si vous dis
» adieu, ma femme, et de bien bref je vous reverrai : lors la baisa le duc et
» se partit de la ville de Montbrison. »

Louis II venait de faire à la duchesse le dernier adieu : il ne devait jamais la revoir. Il partit à la tête de 2,000 gentilshommes et de 500 arbalétriers, et prit la route de Poitiers, rendez-vous général de l'armée des Armagnac. Un moment le courage du vénérable duc avait fondu en lui les glaces de l'âge; mais bientôt la vieillesse et les infirmités qu'elle traîne à sa suite reprirent leurs droits. Le prince s'était arrêté à Montluçon, pour fêter en *grande dévotion et révérence la fête de l'Assomption :* ce fut durant ce temps d'arrêt pieux que la mort s'approcha de lui. Une paralysie dont il n'avait jusqu'alors ressenti que des prédispositions lointaines, se déclara tout à coup; une fièvre ardente le saisit, des symptômes effrayants survinrent presque aussitôt. Le duc comprit toute la gravité de son mal, et se prépara stoïquement à mourir. « Mes amis, disait-
» il aux chevaliers de son hôtel, qui fondaient en larmes autour de son lit, je
» regracie Dieu de tout mon cœur, pour avoir permis que je vécusse toujours
» dans le respect de sa volonté et dans la crainte de ses commandements.
» Certes ! la mort ne me déplaît mie; mais si au Créateur eût plu, j'eusse
» volontiers veu la santé de monseigneur le roi, l'union des princes des fleurs
» de lys, et la paix de cettui très-désolé royaume de France. Je ai de tout mon
» pouvoir besogné à le pacifier, et était mon vouloir en ce voyage où aller
» cuydois, de m'employer en manière que bon accord s'y fût mis; et pour ce
» que aller je n'y puis, je recommande l'affaire à Dieu le tout-puissant. »

Peu de temps après cette vertueuse allocution, Louis II, dont la paralysie avait remonté vers le cœur, expira dans les pratiques de la plus ascétique dévotion, après avoir recommandé sa femme à ses gentilshommes, et leur avoir demandé bonne obéissance à Jean, son fils aîné et son successeur. Ainsi mourut âgé de soixante-treize ans, le 19 août 1410, ce duc de Bourbon qui n'avait usurpé ni le titre de *grand,* puisqu'il fut homme de guerre, vaillant et généreux, ni celui de *bon,* puisque sa vie s'écoula en bienfaits, en actes de clémence, en efforts pour prévenir les malheurs de la monarchie qui, par malheur, furent plus puissants que lui.

Le corps de Louis II, fut transporté à Souvigny, où sa sépulture était dès long-temps préparée par ses soins. Il avait eu d'Anne, dauphine d'Auvergne, qui lui survécut jusqu'en 1417, Jean, comte de Clermont; Louis, sire de Beaujolais, mort en 1404, dans sa dix-septième année; Catherine de Bourbon, morte au berceau; enfin, Isabelle de Bourbon, promise, dit-on, à Eric, prince de Poméranie, et qui était destinée à porter la triple couronne de Danemarck, de Suède et de Norwège, si la mort ne lui eût enlevé ce brillant héritage.

La fidélité conjugale fut et sera toujours la plus rare vertu des princes : l'ambition et l'orgueil des femmes font tant de chemin au-devant de leur galanterie! Louis II, quoique sage et dévot, eut trois fils naturels: Hector de Bourbon, qui fut regardé comme un des chevaliers les plus braves et les plus accomplis du XVe siècle[1]; Jean de Bourbon, renommé par son courage et ses services; et Perceval de Bourbon, qualifié de chevalier par le généalogiste Anselme, sans qu'on sache rien de ses exploits.

Jean Ier, quatrième duc de Bourbon, ne continua, sous aucun rapport, la bonne renommée de son père, et nous verrons bientôt que ses vices tachèrent de plus d'une manière l'écusson de sa race. Il avait, dès sa plus tendre jeunesse, montré une propension marquée pour les prodigalités et la vie licencieuse; le duc, effrayé de ces dispositions, le tint éloigné tant qu'il put d'une cour dissolue, où il pouvait se donner une déplorable carrière : Jean fut relégué au fond du Bourbonnais, sous la tutelle de sa mère, princesse d'une vertu austère. Mais en 1400, le comte de Clermont, ayant été marié à Marie de Berry, fille unique du premier prince du sang, revint au centre de ce foyer de corruption, dont la prudence d'un père l'avait éloigné. A cette époque, Isabelle de Bavière promenait sur tous les seigneurs de la cour ses convoitises adultères; Jean était beau, bien fait, enjoué d'esprit, galant avec transport : il plut à la reine, et fut bientôt associé aux fastueuses orgies dans lesquelles s'engloutissaient les trésors de l'État, tandis que le malheureux roi manquait souvent du

---

[1] Hector de Bourbon, à qui son père avait donné le nom du vaillant fils de Priam, parce qu'il s'était épris, en lisant l'*Énéide,* du caractère de ce héros, fut tué au siège de Soissons, en 1414, âgé seulement de vingt-quatre ans.

plus strict nécessaire. La reine, non moins prodigue des faveurs de la couronne que des siennes, fit donner en 1404 à son favori, qui peut-être commençait à gêner l'essor de son insatiable passion, la charge de capitaine général des pays de Languedoc et duché de Guienne. Le comte de Clermont, jeune, ardent et brave, parvint en peu de temps à nettoyer ces provinces des Anglais qui ne cessaient de les désoler; après une campagne aussi rapide que brillante, il revint à la cour, où ce premier germe de gloire fut promptement étouffé dans les débauches effrénées auxquelles sa mission guerrière avait fait trève quelque temps, ou plutôt qu'elle avait reportées sur un autre théâtre.

Engagé dans le parti opposé aux Bourguignons, le duc Jean, après la mort de son père, manquait de portée pour hériter du role que ce dernier devait jouer sur un théâtre politique aussi vaste; le nouveau seigneur du Bourbonnais n'apportait dans cette cause qu'un dévouement sans bornes à la maison d'Orléans. Mais Bernard, comte d'Armagnac, possédait toutes les qualités nécessaires à un chef de faction; selon l'habitude des hommes d'une trempe supérieure, il prit la direction de celle-ci sans attendre qu'elle lui fût conférée, lui imposa ses couleurs, et lui donna son nom. La paix de Bicêtre, signée en 1410, suspendit un moment l'effusion du sang; mais il en avait trop peu coulé encore pour qu'elle fût sincère : les passions humaines ne s'arrêtent guère, sans arrière-pensée, au commencement de leur carrière. En effet, une année à peine s'était écoulée, lorsque les hostilités recommencèrent.

Le duc Jean avait employé cette année à solliciter la charge de chambrier, dont son père et plusieurs de ses ancêtres avaient été revêtus. Mais le temps des faveurs galantes était passé pour lui : Isabelle, avec son cortége de grâces impudiques, était passée dans le camp des Bourguignons ; le comte de Nevers frère de Jean-sans-Peur, venait d'être nommé chambrier.

Cependant le duc de Bourgogne fit une tentative auprès de Jean Ier pour le détacher du parti d'Orléans; lui rappelant qu'en l'année 1405, ils avaient conclu ensemble une alliance qui, plus récemment, avait été renouvelée. Le duc de Bourbon, pour toute réponse, renvoya au Bourguignon l'acte constatant cette alliance, et se disposa à marcher sous la bannière d'Armagnac. Mais bientôt Jean Ier se vit réduit à défendre le Bourbonnais, envahi par les troupes bourguignonnes. Ce prince, occupé alors à ravager le Soissonnais et le Vermandois, qui tenaient pour Jean-sans-Peur, accourut en toute hâte au secours de son duché; ses succès de ce côté furent lents et peu décisifs. L'année suivante (1412), les chances de la guerre lui devinrent plus défavorables encore : il perdit successivement le pays de Dombes, le Beaujolais, le château de Clermont en Beauvoisis, et celui de Monceaux, dans le comté d'Eu. Bien plus, les fils de Jean Ier, envoyés par lui dans le château de Blois, tombèrent au pouvoir du comte de Croï, furent emmenés en Bourgogne, et ne recouvrèrent la liberté qu'après le traité de Bourges.

Jusqu'alors, le duc de Bourbon avait servi l'amitié, sans se rendre coupable de trahison envers la France; mais en 1412, il consentit à signer le traité par lequel les Armagnacs se lièrent avec Henri IV, roi d'Angleterre. C'est avec une vive affliction, que l'on voit un prince du sang de Saint Louis ouvrir cette voie de trahisons sacrilèges, où l'infâme épouse de Charles VI devait se jeter plus tard. Mais elle était étrangère, cette femme impudique, et peut-être ne se fût-elle pas engagée dans une si odieuse direction, si déjà elle n'y eût vu flotter la bannière fleurdelisée. Bourbon, allié de l'Angleterre, se renferma dans Bourges, en attendant les secours que Henri IV devait lui envoyer; l'armée royale, ou plutôt l'armée bourguignonne, vint l'y assiéger, traînant à sa suite ce fantôme de roi nommé Charles VI, qui donna en spectacle aux assiégés la puissance royale descendue au dernier degré des misères humaines. La ville ayant résisté et les vivres manquant aux assiégeants, des préliminaires d'une nouvelle paix plâtrée furent signés sous les murs de Bourges, le 13 juillet 1412; elle fut confirmée le 30 du même mois, à Auxerre.

Cependant, les Anglais, en exécution du traité conclu avec les Armagnacs, s'avançaient à travers le Boulonais, sous le commandement du duc de Clarance, second fils de Henri IV. Il fallut s'en débarrasser à prix d'argent, en leur donnant passage, pour gagner la Guienne, à travers la Touraine et le Poitou. A cette occasion, le duc de Bourbon éprouva un de ces retours qui, dans les versatilités politiques, rendent amer le souvenir d'une défection : arrivés en Guienne, les Anglais travaillèrent à détacher de la France les provinces réintégrées à ce royaume depuis le traité de Bretigny; ce fut Bourbon qu'on envoya contre eux. Si la cour avait voulu exercer contre lui une mordante ironie, il prit son parti sagement, et battit les ennemis, qui naguère avaient été ses alliés.

Lorsque le duc de Bourbon revint à Paris, il s'était opéré une réaction en faveur des Armagnacs; la France avait changé de tyrans : le parti opprimé naguère opprimait maintenant, et l'infortuné monarque, nullité couronnée dont les passions politiques se jouaient tour à tour, proscrivait aujourd'hui ceux qu'il avait protégés hier. Jean-sans-Peur, sous l'anathème d'un décret fulminé contre lui, venait d'être déclaré traître, parjure, assassin, perturbateur du repos de l'État, et criminel de lèze-majesté. Jean de Bourbon fut au contraire accueilli en triomphateur; Isabelle de Bavière, dont il se flattait hautement d'être le favori, lui en accordait les droits avec tout aussi peu de réserve;

et comme il fallait un général pour combattre le duc de Bourgogne qui s'avançait, ce fut le vainqueur des Anglais en Guienne, que la reine fit choisir.

Nous traverserons rapidement cette suite de combats dans lesquels Jean de Bourbon fit preuve de valeur : après avoir échoué devant Compiègne, il marcha contre Soissons. Cette place fut prise ; mais elle couta cher au duc : Hector de Bourbon, son frère, l'un des plus braves chevaliers de la France, fut frappé mortellement d'un trait d'arbalète, dirigé par un moine, au moment où ce gentilhomme s'avançait en parlementaire vers la ville. Soissons, enlevée d'assaut par les barons, que cet acte de félonie exaspérait, fut livrée à toutes les horreurs d'un sac : « Il n'est point de mémoire d'homme, dit » Monstrelet, qu'oncques de chrétiens, fut fait si grand desroi en telle » besogne. »

Le duc, quoique blessé à l'assaut de Soissons, continua sa marche triomphante ; dans toutes les rencontres, il battit les Bourguignons, et leur fit surtout éprouver une grande perte au pont de Mie-Bray, sur la Sambre, où le Veau de Bar, bailli d'Auxois, fut défait et se rendit prisonnier. Jean Ier courut ensuite à Bapaume, qui lui ouvrit bientôt ses portes. A la suite de ce dernier exploit, il sollicita l'honneur d'être armé chevalier par le roi ; il avait mérité ce titre, et Charles VI, dans un de ces rares éclairs de raison qui venaient luire de temps en temps à travers sa languissante vie, frappa trois fois du plat de son inutile épée, l'épaule du parent qui, après tant d'autres, s'était inscrit sur la liste des amants de sa femme.

Après la reddition de Bapaume, Jean de Bourbon et le comte d'Armagnac assiégèrent Arras : expédition dans laquelle ils déployèrent plus de valeur que d'habileté. La mollesse de ce siège fit espérer aux Bourguignons, jusqu'alors fort maltraités, qu'ils pourraient entrer en pourparlers avec les Armagnacs, pour une nouvelle pacification, vivement sollicitée, d'un autre côté ; par le comte et la comtesse de Hainaut, dont les domaines étaient le théâtre de la guerre. Les négociations, ouvertes sous les murs mêmes d'Arras, furent courtes et décisives : la paix fut signée le 4 septembre 1414 : c'était le cinquième traité depuis l'assassinat du duc d'Orléans, et l'on ne tarda pas à voir que les princes, les ducs d'Orléans et de Bourbon particulièrement, sortaient de cette lice avec l'arrière projet d'y redescendre prochainement. L'un et l'autre en effet, éludèrent assez long-temps le serment qu'on leur demanda, lorsqu'il s'agit de ratifier le traité, dans un lit de justice tenu à Tours par le dauphin : il fallut que ce prince dît impérieusement au souverain du Bourbonnais : « Beau cousin, nous vous » prions que n'en parliez plus ; nous voulons que la paix se tienne, et que la » juriez. »

On a dit que le premier coup de canon avait tué la chevalerie : ce mot est vrai en l'appliquant à la chevalerie utile, généreuse, vraiment grande. Nous ne voyons plus guère, depuis la dernière moitié du XIVe siècle, que des paladins vaniteux, des rodomonts comparables à ceux de nos théâtres modernes ; modèles en vérité fidèlement copiés par Michel Cervantes, pour être livrés à la risée de la postérité. Voici le cartel que le duc Jean fit publier dans toute l'Europe en 1415 :

« Nous Jehan, duc de Bourbonnais, comte de Clermont, de Foix, de l'Isle,
» seigneur de Beaujeu, pair et chambrier de France; désirant eschiver (éviter)
» oisiveté, et explecter (occuper) notre personne, en avançant notre honneur
» par le métier des armes, et pensant y acquérir bonne renommée et la grace
» de la très-belle de qui nous sommes serviteur, avons naguères voué et
» empris (entrepris) que nous, accompagné de seize autres chevaliers et
» escuyers de nom et d'armes, savoir : Jacques de Chatillion, Jean de Châlons,
» le seigneur Barbazan, le seigneur du Chastel, Raoul de Gaucourt, Robert
» de la Heuse, Guillaume de Gamaches, le seigneur de Saint Remy, le seigneur
» de Montsures, messire Guillaume Bataille, messire Drouet d'Asnières, le
» seigneur de Lafayette, le seigneur de Poularguet, le seigneur de Carnavalet,
» Louis Cochet, escuyer et Jean Dupont écuyer; portions à la jambe senestre,
» chacun un fer de prisonnier pendant à une chaîne qui sera d'or pour les che-
» valiers, et d'argent pour les escuyers, tous les dimanches de deux ans entiers,
» commençant le dimanche prochain après la date de ces présentes, au cas
» que plutôt ne trouvions pareil nombre de chevaliers et escuyers de nom et
» d'armes, sans reproche qui tous ensemblement nous veuillent combattre à
» pied, jusqu'à outrance, armés chacun de tel harnois qui lui plaira, portant
» lance, hache, épée et dague, ou moins de baton, de telle longueur que chacun
» voudra avoir, pour être prisonniers les uns des autres; par telle condition
» que ceux de notre part qui seront outrés soient quittes en baillant chacun un
» fer et chaine pareils à ceux que nous portons; et ceux de l'autre part qui
» seront outrés, chacun pour un bracelet d'or aux chevaliers, et d'argent aux
» escuyers, pour donner ou leur semblera. »

Ce n'est pas le bon et vaillant Louis II, qui eut ainsi hasardé au jeu puéril de sa vanité, l'existence d'un souverain qui se devait, avant tout, à ses sujets. On ne peut voir qu'un acte de folie dans ce cartel, lancé à travers les passions humaines, à peine assoupies sur une terre encore fumante du sang versé dans leurs derniers excès. Mais les événements politiques ne permirent pas au duc Jean de voir réaliser sa frénétique apertise : Henri V venait de monter au trône d'Angleterre; c'était un homme d'un sens droit, d'un esprit judicieux, qui ne pouvait prendre au sérieux ses droits prétendus à la couronne de France ; mais il calculait, en observateur habile, les conséquences probables des dissentions continuelles qui régnaient entre les princes français, si la guerre étrangère venait encore en compliquer la trame. Cette guerre, il la déclara.

Depuis la paix d'Arras, le dauphin s'était emparé de toute l'autorité, en éloignant les ducs d'Orléans et de Bourbon ; mais ce prince, qui ne savait que jouir du pouvoir sans être apte à l'exercer, dut les rappeler l'un et l'autre lorsqu'il fallut défendre l'État. Le commandement des troupes fut partagé entre les ducs de Bourbon, d'Orléans et d'Alençon ; Jean, bâtard de Bourbon, à peine sorti de l'enfance, avait été chargé de s'opposer, avec une escadre de neuf vaisseaux, au débarquement des Anglais. Neuf vaisseaux et un enfant pour repousser 50,000 hommes, montant seize cents voiles de guerre ou de transport ! A quelle extrémité, grand Dieu ! la pauvre France était-elle donc réduite ! Le jeune amiral perdit deux vaisseaux, deux autres périrent ; les cinq autres se réfugièrent dans un port de Bretagne ; et Jean de Bourbon resta au pouvoir des vainqueurs. L'ennemi débarqua sur les côtes de Normandie ; mais l'armée de Henri V, atteinte d'une affreuse épidémie, pouvait être aisément vaincue, s'il eût régné plus d'accord et de résolution parmi les généraux français. Les Anglais arrivèrent presque en fugitifs aux champs d'Azincourt ; quelques heures plus tard, ils y terrassaient encore la fortune de la France. Neuf princes du sang venaient de combattre ; quatre d'entre eux restèrent sur le champ de bataille, avec plus de sept mille nobles, barons, chevaliers ou écuyers. Ces princes étaient : le duc d'Alençon, le duc de Brabant, le comte de Nevers et le prince Louis de Bourbon-Préaux ; cinq autres furent prisonniers : les ducs d'Orléans, de Bourbon, les comtes de Vendôme, d'Eu et de Richemont.

Nous quittons la France désolée et couverte de deuil, pour suivre en Angleterre le héros de ce précis : il fut enfermé étroitement au château de Pomfract avec le duc d'Orléans. Heureux si Jean de Bourbon eût supporté sa captivité avec la courageuse résignation que son compagnon d'infortune montra dans la sienne ; mais il n'en pouvait être ainsi : d'Orléans, quoique jeune encore, était doué d'un esprit méditatif et réfléchi ; il se livrait volontiers à cette suave mélancolie qui fait rêver avec délices, et pare la plus triste solitude de consolantes illusions. Ce prince composait quelquefois de gentils versiculets, et les poètes connurent rarement l'ennui, tant leur muse est une compagne prévenante et flatteuse. Le duc de Bourbon, au contraire, habitué aux plaisirs bruyants, aux licences sans bornes, à la vie fortement agitée par les entrainements de la débauche, ou par les excitations du combat ; le duc de Bourbon ne trouva dans sa captivité aucun élément de consolation. Il aimait le duc d'Orléans, mais de cette amitié qui ne sait point communiquer de cœur à cœur ; de cette amitié qui éclate, mais ne s'épanche pas. Jean passa quinze années dans les prisons d'Angleterre, à solliciter sa liberté ; il paya trois fois sa rançon sans avoir vu s'ouvrir les portes du fort où il était enfermé. Henri V, avant de mourir, avait expressément recommandé de ne pas relâcher les deux princes du sang avant la majorité de son fils.

Enfin, le duc de Bourbon ne put résister aux incessantes intimations de cette soif de liberté qui le dévorait ; il jeta son honneur avec son or dans la balance où les Anglais pesaient les conditions rigoureuses de sa délivrance : Jean Ier reconnut en 1430 Henri VI pour son légitime souverain, et s'engagea à lui livrer les principales places du Bourbonnais, de l'Auvergne, du Forez et de ses autres domaines ; ajoutant à ces flétrissantes concessions, une quatrième rançon de 100,000 francs. Charles, comte de Clermont, fils aîné du duc, refusant de ratifier l'opprobre de sa maison, rejeta avec indignation le traité signé par son père.

Heureusement le défectionnaire Bourbon n'eut point à rougir, en présence de ses vassaux, de l'acte honteux qu'il avait conclu outre-mer ; il mourut sans avoir revu la France en 1434, et fut inhumé à Londres dans l'église des Carmes. Ses restes ne furent rapportés en Bourbonnais et déposés dans la *chapelle vieille* de Souvigny, qu'en 1452. Le duc Jean quitta la vie à l'âge de cinquante-six ans, dont il avait passé dix-neuf, captif sur une terre étrangère. D'Orléans, son ami et son parent, y compléta un quart de siècle.

Après la mort de Jean Ier, Marie de Berry, sa veuve, continua d'administrer le Bourbonnais, comme elle avait fait pendant la longue captivité de son époux. Nous avons vu, dans la deuxième section de cet ouvrage, que cette princesse habita souvent le château de Sury-le-Bois, en Forez, qui fut splendidement restauré et agrandi par ses soins. Mais la duchesse de Bourbon ne survécut que six mois à son mari ; apportée de Lyon, où elle mourut, au prieuré de Souvigny, elle fut enterrée à côté du duc, dans la *chapelle vieille*.

De ce mariage, naquirent Charles Ier, qui succéda à son père dans la plus grande partie de ses domaines ; Louis de Bourbon, mort encore enfant, et Louis, comte de Montpensier, qui fut la souche d'une première branche de cette maison. Le duc Jean laissait, ainsi qu'on peut le penser, des enfants naturels ; ceux connus sont : Jean, qui fut d'abord moine, puis cumulativement, évêque du Puy, administrateur de l'archevêché de Lyon, lieutenant-général des pays de Bourbonnais, Auvergne et Languedoc, pour son frère naturel Charles, et enfin abbé de Cluny ; Alexandre, qui s'étant engagé dans les guerres de la *Praguerie*, tomba entre les mains des gens du roi, fut cousu vivant dans un sac, et jeté à l'eau; Guy, capitaine châtelain des pays et baronnie de Roannais; Marguerite, mariée à l'aventurier espagnol Rodrigues de Villandrado; Edmée, morte demoiselle; enfin Jeanne, qui épousa Louis de Combaud, seigneur de Larbour.

Charles Ier s'était engagé, dès sa tendre jeunesse, dans le parti des Armagnacs, qu'avait embrassé son père. Aussi, lorsque les Bourguignons se rendirent maîtres de Paris, en 1418, par la trahison de Perinet Leclerc, fut-il enlevé de l'hôtel de Bourbon avec son frère Louis, et renfermé dans la tour du Louvre. Ce fut un bonheur pour eux: sans doute ils durent à leur captivité de ne pas tomber sous le fer bourguignon, comme tout ce qui passait pour avoir favorisé les Armagnacs. Quand les massacres eurent cessé, Jean-sans-Peur, décidé à ménager, peut-être dans son intérêt, les deux fils de Jean Ier, vint les tirer lui-même de la tour du Louvre, les prit sous sa protection, et voulant s'attacher entièrement le comte de Clermont, il le fiança à sa fille, Agnès de Bourgogne. Voilà donc l'héritier du duché de Bourbonnais, forcé de suivre la fortune du père de sa fiancée. Le jeune prince était auprès de Jean-sans-Peur, dans cette funeste entrevue du pont de Montereau, où ce duc fut aussi lâchement assassiné que Louis d'Orléans l'avait été jadis, rue du Temple: le comte de Clermont vit l'infamie et la trahison s'acquitter envers elles-mêmes[1]. Son extrême jeunesse était sans doute une excuse suffisante de l'inaction dans laquelle il resta au moment du crime; mais lorsque, presque immédiatement, le

(1) Il est à peu près avéré aujourd'hui que Tanneguy Duchâtel fut celui qui frappa le duc de Bourgogne; on va voir même que si ce meurtre fut une mission, ce gentilhomme dut l'accepter avec le farouche plaisir que les âmes ulcérées trouvent à exercer une vengeance. Tanneguy, gentilhomme breton, après s'être distingué dans sa patrie, vint à Paris; le duc d'Orléans aimait les braves; il accueillit celui-ci avec distinction, l'employa, et se l'attacha par les liens de la plus vive reconnaissance. Lors de l'assassinat du prince, le chevalier breton, irascible, emporté, se livra à des transports furieux. Il se mit, avec quelques hommes d'armes, à la poursuite du duc de Bourgogne; mais n'ayant pu l'atteindre, il lui fit passer un cartel, que ce prince refusa avec mépris, ainsi que tous ceux que Tanneguy lui envoya jusqu'au moment où l'approche des Bourguignons l'obligea à quitter Paris. Cependant, si Jean-sans-Peur avait assez mal justifié son nom, en refusant de ramasser le gant du brave Tanneguy, il n'en comprenait pas moins la nécessité de se défaire d'un ennemi aussi acharné: il recourut donc à un moyen moins chanceux que le combat singulier, ce fut d'envoyer un assassin à Saragosse, où le chevalier s'était retiré. Mais apparemment le champion du Bourguignon manqua son coup, car Duchâtel revint bientôt en France, fut nommé prévôt de Paris, et sauva le dauphin, depuis Charles VII, que les Bourguignons n'eussent pas épargné. Tout cela pourtant n'établit pas la preuve que Tanneguy ait frappé spontanément le duc Jean, au pont de Montereau: s'il en eût été ainsi, Charles VII, qui ne retira point sa faveur à l'ancien prévôt après ce meurtre, la lui eût sans doute ôtée; car tout l'odieux d'un attentat commis en sa présence ne pouvait manquer de retomber sur lui, dauphin, comme cela arriva en effet. Malgré tout ce qu'on a écrit à cet égard, il est donc difficile de laver entièrement la mémoire de Charles VII du crime de Montereau.

dauphin et le fils du duc de Bourbon renouèrent l'intimité de leur enfance, rompue d'une manière aussi brusque que violente pendant les troubles de Paris; lorsque l'on vit l'héritier du trône et celui du duché du Bourbonnais inséparables, après la catastrophe de Montereau, on put se demander si le comte de Clermont était bien pur de connivence avec les conjurés inconnus qui avaient suscité ce forfait.

Le comte Charles ne se borna pas à ce changement rapide de bannière, il renvoya à Philippe-le-Bon sa sœur Agnès, avec laquelle apparemment le mariage n'avait pas été consommé.

Les choses en étaient à ce point, lorsque fut conclu le sacrilége traité de Troyes (1420), préparé par Isabelle de Bavière, en haine de son fils, qui l'avait fait surprendre en flagrant délit d'adultère, par Charles VI. Quand la couronne de France fut ainsi placée sur la tête d'un prince anglais, Clermont, qui venait de se vouer à la cause du dauphin, ne pouvait plus être blâmé du parti qu'il avait pris, et qui racheta d'avance la faute que le duc son père devait commettre dix ans plus tard.

Cependant le comte de Clermont était parvenu à cet âge auquel un grand nom impose de grands devoirs; il suivit le dauphin en Languedoc. Là, ce jeune prince débuta noblement dans le métier des armes : il prit plusieurs places; mais il obscurcit les premiers rayons de sa gloire en commettant des actes de cruauté et de perfidie à Aiguesmortes, à Béziers. Toutefois le comte ne tarda pas à faire oublier ses excès, dus à l'effervescence de son âge plus qu'à son caractère, qui n'était pas méchant. On le vit s'appliquer à réparer les malheurs du pays par une administration bienveillante : « Il porta, dit Désormeaux,
» ses soins sur la culture des terres, presque abandonnée dans plusieurs
» sénéchaussées ; il fit venir des laboureurs de la Provence et des pro-
» vinces voisines, qu'on appelait alors de l'empire, pour les établir dans le
» territoire de Beaucaire et ailleurs; enfin il ne cessa d'envoyer des recrues
» au dauphin. »

Quelques succès obtenus dans l'Ouest avaient marqué le début du règne de Charles VII : Lafayette avait surtout cueilli de beaux lauriers à Beaugé. Mais les batailles de Crevant et de Verneuil étaient venues ensuite démentir cruellement ce sourire passager de la fortune du jeune monarque; il dut chercher à se rapprocher des deux plus grands vassaux de la couronne le duc de Bourgogne et le duc de Bretagne, qui tous deux alors chancelaient dans le parti du roi d'Angleterre. Charles de Bourbon contribua beaucoup à ce double rapprochement : Philippe-le-Bon venait d'épouser la comtesse d'Eu, sœur utérine du comte de Clermont ; dans cette circonstance, les deux princes s'étaient vus à

Mâcon, et le mariage du comte avec Agnès de Bourgogne avait été renoué, puis célébré à Autun peu de temps après. Il faut ajouter toutefois que cette union ne donna point les lances de Bourgogne à Charles VII; et qu'en ceignant l'épée de connétable au comte de Richemont, frère de Jean-le-Bon, duc de Bretagne, le monarque n'obtint que l'alliance douteuse de ce duc.

Quant au comte de Clermont, après avoir pris part à quelques intrigues de cour contre les ministres du roi, il se rangea sous la bannière miraculeuse de cette jeune vierge, devant laquelle se plièrent les plus rudes volontés féodales, et tombèrent en éclats ces épées autrefois triomphantes dans les plaines de Crécy, de Poitiers, d'Azincourt, de Crevant et de Verneuil. Cependant la *journée des harengs* appartint encore à cette série de destinées néfastes : Jeanne d'Arc n'était pas là; le comte de Clermont fut battu : triste début de ce prince dans l'ordre de chevalerie, qu'il avait voulu recevoir, avant le combat, des mains du maréchal de Lafayette. Ce fut la dernière rigueur que la fortune des armes infligea à Charles VII; une suite de victoires prestigieuses, auxquelles Charles de Bourbon prit une noble part, conduisit le roi dans la basilique de Reims. Le comte Charles de Bourbon, pair du royaume, par son comté de Clermont, soutint sur la tête du jeune monarque, la couronne que le ciel lui donnait au nom de la France.

Après le sacre, Bourbon fut investi du commandement général de l'Ile de France; il occupait encore ce poste lorsque les ducs de Bretagne et de Bourgogne, subjugués par les libéralités du régent duc de Bedfort, abandonnèrent la cause du roi de France, que du reste ils n'avaient guère servie depuis qu'ils avaient paru s'y rallier. Jean-le-Bon devait être difficile à ramener, après l'espèce d'ingratitude que Charles VII avait montrée au connétable son frère : le temps seul pouvait, en dissipant cette prévention, assurer en Bretagne un fidèle allié à la couronne de France. Mais le comte de Clermont crut pouvoir exercer quelque influence favorable sur l'esprit de Philippe-le-Bon, son beau-frère; il alla le trouver à Senlis, et n'épargna rien pour le ramener à la cause royale. Ses efforts furent vains : Bedfort donnait des provinces; le petit-fils de Saint Louis ne pouvait donner que son amitié. Il est vrai qu'il fallait conquérir les premières, et que, pour un prince du sang français, il y avait de la honte à ne pas mériter la dernière. Charles et Philippe se séparèrent mécontents l'un de l'autre; bientôt ils devaient se traiter en ennemis.

On sait que le duc Jean de Bourbon, mourut à Londres en 1434; ce fut donc en cette année que Charles, comte de Clermont, prit possession du Bourbonnais. Il s'éloigna avec quelque plaisir d'une cour dont la pauvreté n'avait pas banni l'intrigue : celle-ci est tellement inhérente aux habitudes

des courtisans, qu'aucune extrémité, aucune privation ne peut en triompher [1].

Lorsque le duc Charles fut rendu dans ses domaines, il se rappela amèrement la conduite du duc de Bourgogne à son égard, et se laissa aller d'autant plus volontiers au ressentiment, que Philippe-le-Bon, alors occupé dans ses états de Flandres et d'Artois, laissait à découvert la partie de ses domaines qui touchaient au Bourbonnais. En ce moment, Charles se souvint tout à coup que son beau-frère ne lui avait point encore compté la dot d'Agnès; il n'en fallut pas davantage pour le déterminer à prendre l'initiative des hostilités, et le duc se jeta sur les terres du Bourguignon avec la conviction que le bon droit était pour lui. Charles de Bourbon s'empara presque sans coup férir de trente châteaux ou forteresses; en peu de temps il pénétra jusqu'à la Franche-Comté. Mais ce succès fut aussi court qu'il avait été rapide : Philippe-le-Bon accourut avec des forces décuples de celles du trop aventureux conquérant, qui, satisfait d'avoir produit une diversion favorable aux armées royales, repassa la Loire, et se disposa à se défendre sur ses propres terres. Il ne doutait pas que, reconnaissant du service qu'il venait de lui rendre, le roi ne se hâtât d'envoyer des renforts en Bourbonnais; cet espoir fut déçu : Charles VII entrevit

[1] Durant la révolution, quinze ou vingt émigrés français des deux sexes, qui avaient cultivé les arts du dessin, furent accueillis à Brunswick par un fabricant de porcelaine, qui les employa, selon leur talent, à des ouvrages de peinture, très-exactement, mais très-médiocrement payés. Les nobles artistes travaillaient dans une vaste galerie, où le manufacturier n'avait mis qu'eux : ce fut bientôt un petit Versailles, où se réfugièrent toutes les allures et les prétentions de *l'OEil-de-Bœuf*. Les marquis, les comtes, les barons, les chevaliers se casèrent dans un ordre scrupuleusement héraldique ; la noblesse de robe fut dédaignée, les savonnettes à vilain furent méprisées ; et quant aux illustrations de Vieille-Roche, elles ne prirent rang entre elles qu'après une supputation minutieuse des quartiers duement inscrits au nobiliaire. Jamais la vanité humaine ne se montra sous un aspect aussi comique : de nobles dames, vêtues en hiver d'une robe de toile peinte, couchant sur un grabat, dînant de carottes cuites sous la cendre, ne parlaient que du tabouret qu'elles devaient avoir, des équipages qu'elles avaient eus, de leur inestimables écrins, de leurs hôtels du faubourg Saint-Germain, de leurs terres de Champagne, de Bourgogne, de Normandie. Les hommes étalaient en grasseyant dans leurs entretiens, les sourires affectueux que le roi n'avait jamais manqué de leur accorder au grand lever, les *mon cher* que S. M. leur donnait souvent, les places dans les carosses du roi, dont ils se trouvaient frustrés avec injustice, le cordon rouge qui leur était dû, le titre de lieutenant-général que *la du Barry*, dont ils avaient méprisé les avances, était parvenue à leur faire refuser, au grand scandale de toute la cour. Quelquefois le fabricant faisait rentrer brusquement dans le positif nos illustres discoureurs, en leur montrant des teintes douteuses, des incorrections de formes évidentes: preuves matérielles d'une préoccupation blasonnée essentiellement incompatible avec l'exercice de l'art. Les artistes titrés, convaincus de la nécessité actuelle de vivre à Brunswick, recevaient avec docilité cette réprimande d'un patron roturier ; puis, lorsqu'il était parti, ils disaient, en haussant les épaules : *que voulez-vous attendre de ces gens-là !*

Qu'on ne se hâte pas, toutefois, de livrer au ridicule cette philosophie, non moins heureuse que singulière, qui savait se nourrir d'un reflet de grandeur évanouie, dans une condition misérable ; nous avons vu un grave moraliste allemand, saisi d'enthousiasme au récit de ce qu'on vient de lire ; et ce transport était le premier qu'il eût éprouvé de sa vie.

à peine le danger de son parent, à travers l'éclat des fêtes qu'il donnait alors, en Dauphiné, à la reine de Sicile, sa belle-sœur. Le duc de Bourbon, réduit à ses propres forces, subit de terribles représailles de l'invasion qu'il avait faite en Bourgogne : le Beaujolais, le pays de Dombes et le Forez furent envahis, dévastés, saccagés *par feu et par épée*, disent les chroniqueurs du temps. Si les Bourguignons assiégèrent vainement Villefranche, où le duc Charles s'était enfermé, il fallut leur rendre Belleville, d'où le bailly de Beauvais et Jacques de Chabannes, qui avaient défendu vaillamment cette place, durent sortir enfin, dépouillés de leurs armures, *à pied, et le bâton au poing*, comme de pauvres pélerins : tel était, à ce crépuscule de la chevalerie, le dernier degré d'application du *Vœ victis*. Charles de Bourbon ne pouvait continuer une lutte aussi inégale ; il avait été l'agresseur, il fit les premières démarches pour la réconciliation. Philippe-le-Bon, prince léger et peu accessible aux impressions acrimonieuses, se montra facilement disposé à traiter : les difficultés qu'on eût pu rencontrer en négociant furent d'ailleurs aplanies par le connétable de Richemont, beau-frère des deux contractants. Les ducs de Bourgogne et de Bourbon, s'embrassèrent cordialement dès la première entrevue, ce qui fit dire à un gentilhomme Bourguignon : « Nous sommes trop mal conseillés en vérité, de nous » aventurer et mettre en péril de corps et d'âme pour les singulières volontés » de ces princes et grands seigneurs, qui se réconcilient si facilement l'un » avec l'autre quand il leur plaît ; et il arrive presque toujours que c'est nous » qui payons seuls les frais de leurs querelles, et nous en demeurons pauvres » et détruits. » Cette réflexion, faite au XVe siècle par un noble, devait l'être au XVIIIe, par le peuple, et l'on sait ce qui s'en suivit.

Ainsi se termina cette guerre, dans laquelle Charles VII était demeuré honteusement passif, et qui pouvait cependant influer sur sa destinée. Le traité fut signé au milieu des fêtes, banquets, joutes, divertissements de toute espèce ; car, a dit un vieux chroniqueur, partout où Philippe de Bourgogne se trouvait, on s'éjouissait et ballait. Les duchesses de Bourgogne et de Bourbon étaient venues à Nevers, où les conférences avaient eu lieu, avec une suite leste et brillante : le plaisir, peut-être même la galanterie poussée un peu loin, présidèrent à cette négociation et la consommèrent ; chacun retourna chez soi consolé, quoiqu'un peu ruiné par la guerre qui se terminait.

Cette pacification entre les deux plus puissants vassaux de la couronne, conclue en l'année 1435, prépara la conclusion plus importante du traité d'Arras : tandis qu'on banquetait et ballait à Nevers, le chancelier de France et plusieurs membres du conseil de Charles VII se glissèrent dans l'illustre compagnie, et firent quelques ouvertures d'accommodement au duc de Bourgogne. Le moment était favorable : sous les ailes du plaisir, Philippe ne savait pas être sévère; il ouvrit sans répugnance l'oreille aux propositions du roi, et ses deux beaux-frères, le duc de Bourbon et le connétable de Richemont, achevèrent de le rendre favorable à ces propositions. Dans la même année, Charles VII et le duc de Bourgogne signèrent ce traité d'Arras, qui devait porter le dernier coup à la puissance anglaise en France.

La mort du duc de Bedfort acheva de rendre la cause de Henri VI désespérée : ses troupes, chassées successivement de la Champagne, de l'Ile-de-France, de la Picardie, par le duc de Bourbon et le connétable, ouvrirent sur tous les points des routes vers la capitale : les Français y entrèrent au mois d'avril 1436. Charles de Bourbon voulut porter lui-même à Charles VII l'heureuse nouvelle de cet événement. A la même époque, ce prince obtint de son beau-frère la délivrance de René d'Anjou, roi de Sicile, que Philippe retenait prisonnier avec une extrême rigueur depuis la bataille de Bullegueville : les portes de sa prison s'ouvrirent au prix de 200,000 écus d'or. Mais le trône sicilien ne fut pas plus doux à René que sa captivité en Bourgogne; il ne put combattre une fortune décidément rebelle; ce monarque, qui était aussi comte de Provence, se retira dans cette belle contrée, et se prit à renouveler le temps des rois-bergers. Le poëte Georges Châtelain a constaté cette vocation pastorale :

> J'ai un roi de Sicile
> Vu devenir berger,
> Et sa femme gentille
> Faire même métier ;
> Portant la panuetière
> Et houlette et chapeau,
> Logeant sur la fougère
> Auprès de son troupeau.

C'était, il faut en convenir, une singulière époque, que celle où les jeunes pastourelles quittaient leurs brebis pour commander des armées, tandis que les rois descendaient du trône pour garder les moutons.

Nous avons vu jusqu'ici le duc de Bourbon servir fidèlement son roi et contribuer puissamment à ses succès ; nous allons voir maintenant ce prince s'engager dans les intrigues politiques, et devenir le chef d'une coalition. Le connétable de Richemont, long-temps disgracié dans l'esprit du roi, tout en lui rendant des services éminents, était enfin parvenu à les faire apprécier; maintenant il avait la direction des affaires, et les conduisait avec un despotisme et une âpreté de procédés qui lui mettaient à dos presque toute la noblesse. Une réforme sévère imposée aux hommes de guerre titrés acheva de les exaspérer contre ce rude breton, et contre Louis d'Anjou, comte du Maine et beau-frère du roi, ministre sous le bon plaisir de Richemont. Telles furent les causes de la guerre dite de la *Praguerie*. Le but que les conjurés se proposaient était positif : chasser le connétable et le duc du Maine, s'emparer de la personne du roi, le tenir en tutelle, et organiser un gouvernement nouveau, sous le nom du dauphin (depuis Louis XI). Georges de la Trémouille, homme d'une haute capacité, éloigné violemment du ministère par le connétable, était la pensée dirigeante de ce coup-d'état hardi; Bourbon devait en être le bras, et le duc d'Alençon s'était chargé de circonvenir le jeune prince, dont la précoce ambition ne pouvait que se prêter volontiers aux vues des conspirateurs. Le dauphin, enlevé de la cour, fut conduit à Moulins.

Le duc de Bourbon, en recevant le jeune Louis, provoquait nécessairement les premiers effets du ressentiment de Charles VII. Cependant le roi se dirigea d'abord vers le Poitou, en chassa rapidement les révoltés, et se disposa à marcher vers le Bourbonnais, où ils se concentraient. Voilà donc la guerre, une guerre dans laquelle le souverain s'engageait en personne pour châtier des sujets rebelles, qui pesait de tout son poids sur les états de Charles Ier. Nous rapporterons dans l'histoire des localités les événements dont elles furent le théâtre; il nous tarde maintenant d'arriver à l'acte de clémence royale qui termina ces hostilités. Le pardon des révoltés fut obtenu au château de Cusset, par l'entremise du duc de Bourgogne et du comte d'Eu; le premier, intercédant pour le dauphin, le second, pour le duc de Bourbon. Celui-ci renouvela son serment de fidélité; mais Charles VII conserva sous sa main plusieurs places appartenant au duc, et maintint ses troupes dans le Forez et le Bourbonnais. La clémence du roi s'étendit à presque tous les seigneurs qui avaient pris part à la révolte; la Trémouille ne put toutefois ressaisir les bonnes grâces de son maître : c'était un homme trop subtil pour que Richemont le laissât approcher du trône. Charles VII excepta aussi de l'amnistie, malgré toutes les sollicitations de Charles de Bourbon, le bâtard Alexandre de Bourbon, frère du duc. Le roi ne put lui pardonner d'avoir enlevé le dauphin du château de Loches. Plus tard, ce seigneur, s'étant livré à d'horribles excès, fut, comme nous l'avons dit, saisi, jugé militairement et jeté à la rivière, dans un sac de cuir.

Le duc de Bourbon se sentait un grand éloignement pour toute révolte : celle à laquelle il avait participé lui coûtait cher, indépendamment de l'affection de ses sujets, qui, durant l'invasion du Bourbonnais, s'étaient hautement déclarés contre leur souverain. Mais Charles Ier ne put supporter l'affront fait à sa race par le supplice ignominieux d'Alexandre de Bourbon : il promit de s'en venger à tout prix, et l'occasion lui fut bientôt offerte d'obéir à son âcre ressentiment.

le duc d'Orléans était sorti récemment de captivité, par l'assistance unique du duc de Bourgogne, après une prison qui n'avait pas duré moins de vingt-cinq années. Ce prince ne pouvait pardonner à Charles VII l'indifférence avec laquelle il avait laissé accomplir cette longue période de souffrances, sans avoir une seule fois élevé la voix en faveur d'un membre de sa famille. L'accueil froid et embarrassé qu'il lui avait fait en le renvoyant, mettait le comble à son indignation ; et Philippe-le-Bon la partageait à tel point, qu'il promit fermement d'en seconder les effets, s'il songeait à en appeler aux armes. Le duc de Bourbon, par le motif que nous avons allégué plus haut, tint le même langage au duc d'Orléans, et successivement il engagea dans la cause de son ressentiment les ducs de Bretagne et d'Alençon, les comtes de Vendôme et de Nevers. Cette coalition s'offrait sous un aspect formidable ; elle effraya Charles VII ; il ne voulut point employer immédiatement l'épée pour soumettre la renaissante praguerie : ce fut par l'éloquence de son chancelier qu'il chercha à l'apaiser. Les mêmes raisons qui avaient mis précédemment les armes aux mains de la noblesse, se reproduisirent dans les conférences ouvertes à Nevers pour recevoir les remontrances des seigneurs : on ne voulait pas que les intérêts de l'État fussent remis exclusivement à *deux ou trois;* puis venaient les intérêts personnels, et ceux-là n'étaient pas en petit nombre. Le roi comprit que satisfaire tant de prétentions serait difficile ; dans l'impossibilité de contenter les conjurés, il songea à les diviser. D'abord il détacha le duc d'Orléans de la coalition par des promesses et quelques concessions ; les ducs de Bretagne et de Bourgogne, qui n'avaient pris les armes que pour lui, se retirèrent ; de son côté, le duc de Bourbon, privé de ces puissants appuis, satisfait d'ailleurs sur quelques points financiers, fit sa paix avec le roi : paix qui fut cimentée par le mariage de Jeanne de France, avec le comte de Clermont. Que pouvaient faire les autres seigneurs, après la soumission de ces grands vassaux ? rentrer dans leurs châteaux, et ils y rentrèrent sans avoir rien obtenu, parce qu'ils n'inspiraient plus aucune crainte à la couronne.

Cette réconciliation du duc de Bourbon avec son souverain fut le dernier acte de sa vie politique : son existence avait été longuement et violemment agitée ; il sentait un besoin impérieux de repos et de recueillement. Pierre se retira à Moulins en 1442 ; et dès-lors il ne s'occupa plus que de constructions diverses, que nous signalerons dans nos mentions locales. Ce fut au milieu de ces soins paisibles que la mort le surprit en 1456, à l'âge de cinquante-cinq ans. Il fut inhumé dans la chapelle neuve qu'il avait fait construire à Souvigny. Olivier de la Marche a résumé en peu de mots le caractère de ce prince : « C'était, dit-il, l'un des meilleurs corps, fût à pied ou à cheval, et l'un des plaisants

« et mondains, non pas seulement des princes, mais des chevaliers de France. » Du reste, trop peu réfléchi pour être grand, trop léger pour être sage, Charles de Bourbon fut seulement brave au champ d'honneur, et quelquefois adroit, plus souvent intéressé à la cour. Agnès de Bourgogne, qui ne mourut qu'en 1476, méritait un époux plus fidèle : une goute terrible se chargea de venger ses infidélités. Cette princesse donna onze enfants à son époux : six garçons et cinq filles. Les princes étaient : Jean de Bourbon, qui succéda à son père ; Philippe, seigneur de Beaujeu ; Charles, cardinal-archevêque de Lyon ; Pierre, qui fut sire de Beaujeu après la mort de Philippe ; Louis, évêque de Liége, mort sous l'épée du fameux *sanglier des Ardennes;* et Jacques, qui fut armé chevalier par les mains de Louis XI. Les filles du duc Charles, étaient : Marie, duchesse de Calabre et de Lorraine ; Isabelle, qui fut unie à Charles-le-Téméraire ; Catherine, que l'on maria au comte d'Egmond, fils d'Arnould, duc de Gueldres, qui tint long-temps son père en captivité ; Jeanne, mariée à Jean de Châlons ; enfin, Marguerite, duchesse de Savoie, par son mariage avec Philippe de Savoie. Le duc de Bourbon eut en outre huit enfants naturels, que nous présentons dans l'ordre de leur naissance : Louis, comte de Roussillon ; Renaud, archevêque et comte de Narbonne ; Pierre, proto-notaire du saint siége ; Jeanne, mariée au seigneur Dufau, maître d'hôtel du roi ; Siduine, qui épousa le seigneur du Bas ; Charlotte, unie à Adile de Senay ; Catherine, qui fut abbesse d'Aigueperse.

Jean II, qui succéda à Charles Ier, et qu'on surnomma *le Fléau des Anglais*, fut élevé depuis l'âge de onze ans, à l'hôtel de Bourbon, à Paris ; on le produisit de bonne heure à la cour de Charles VII, qui remarqua en lui une sagesse précoce ; et comme ce monarque, dont le caractère superficiel avait été retrempé par l'infortune, commençait à faire cas des qualités solides, il attacha le comte de Clermont à son conseil, avant qu'il eût accompli sa dix-huitième année, parce que dès-lors, ce jeune seigneur savait raisonner et réfléchir.

Admis à délibérer sur les intérêts de la monarchie, le comte de Clermont puisa dans cette faveur rare à son âge, une bonne opinion de lui-même qui ne tarda pas à exalter son ambition. Non content d'occuper une place au conseil, il voulut avoir un rang dans l'armée et selon l'habitude des grands épris de ceux qui les approchent, Charles VII, croyant son jeune favori propre à tout, parce qu'il l'aimait, le chargea de concourir à la formation des *compagnies d'ordonnance*, qui furent en France l'origine d'une armée régulière soldée par le trésor royal, et ne devant recevoir l'impulsion que du roi. Cette organisation était délicate ; car non-seulement elle allait mettre fin à l'emploi, c'est-à-dire aux intolérables vexations des grandes compagnies, mais les seigneurs devaient perdre, par la formation d'une force nationale, la prépondérance qu'ils avaient exercée jusqu'alors sur des soldats qui, même sous la bannière royale, ne cessaient pas d'être leurs sujets. Si les barons eussent reconnu d'abord l'atteinte que cette mesure portait à leurs priviléges, il est probable que le roi eût eu à réprimer la révolte féodale sur plusieurs points; mais on sut prévenir la rebellion de ces seigneurs en flattant leur ambition et leur amour propre : outre les places de capitaines qu'obtinrent plusieurs d'entre eux, les bannerets se trouvèrent en grand nombre compris dans la nouvelle organisation, comme *chefs de lances*, et en cette qualité, un homme d'armes commandait à plusieurs subordonnés nobles.

Telle fut l'importante réforme à laquelle le jeune comte de Clermont participa en 1445 avec René d'Anjou, roi de Sicile, et le comte du Maine, son frère, sous la présidence du connétable de Richemont. L'année suivante, Charles VII, charmé des belles qualités de son parent, voulut se l'attacher plus étroitement encore, en lui faisant épouser Jeanne de France, la plus jeune de ses filles. Il paraît du reste qu'une inclination réciproque seconda dans cette circonstance les vues politiques du monarque.

Cependant la trève qui existait depuis quelques années entre la France et l'Angleterre, trève nécessitée par l'épuisement des deux puissances, fut rompue en 1449. C'est un point de morale consacré par la politique, qu'un souverain peut profiter des embarras d'un autre, pour lui en susciter de nouveaux : Charles VII fit l'application de cette maxime commode. Les Anglais restaient encore possesseurs de la Normandie; mais les troubles intérieurs qui agitaient le règne du faible Henri VI, avaient obligé le comte de Sommerset, qui commandait dans cette province, à renvoyer de l'autre côté du détroit une partie de ses troupes. Le roi de France, saisissant cette occasion, et s'autorisant d'une violation de territoire, que le général anglais avait pourtant désavouée, fit entrer une armée en Normandie, sous les ordres du vaillant Dunois. Ce fut dans cette campagne, près de ce grand capitaine, que le comte de Clermont fit ses premières armes, et ce début parut au roi si brillant, qu'il donna presque immédiatement à son gendre le commandement en chef d'un corps destiné à conquérir la Basse-Normandie. On sait que le comte de Sommerset, renfermé dans Rouen, ne put défendre cette ville; qu'il fut contraint d'en ouvrir les portes à Charles VII, en lui livrant les places du pays de Caux, et comme otage, une fleur de chevalerie anglaise, parmi laquelle on distinguait le brave Talbot. Le comte de Clermont, avec l'élite de la noblesse française, fit cortège à *Charles-le-Victorieux*, lorsqu'il entra à Rouen à la manière des triomphateurs romains.

Nous avons vu que Jean de Bourbon devait marcher sur la Basse-Normandie ; après son entrée à Rouen, le roi lui conféra le titre de lieutenant-général dans cette province ; lui recommandant de lever une grosse armée, et de se porter contre sir Thomas Kiriel, débarqué récemment à Cherbourg.

Le jeune lieutenant-général devait faire sa jonction avec le connétable de Richemont, qui amenait un renfort de la Bretagne ; mais il rencontra l'ennemi avant que cette jonction eût pu s'opérer, et n'en disputa pas moins au capitaine anglais le passage de la Vire. Mais les forces du comte étaient trop inférieures à celles de Thomas Kiriel pour accepter la bataille ; il se retira sur Carantan, tandis que l'armée anglaise s'établissait aux environs du village de Formigny. Clermont savait, par des avis certains, que le connétable le rejoindrait dans quelques heures ; il fallait donc jusque là faire en présence des Anglais quelques manœuvres qui cachassent l'infériorité numérique de l'armée française. Le comte déploya beaucoup d'adresse dans cette disposition ; mais, craignant que s'il se bornait à une inerte observation des mouvements de l'ennemi, celui-ci ne vînt à prendre l'initiative presque toujours favorable de l'attaque ; il se détermina à faire escarmoucher Pierre de Brezé, avec deux couleuvrines, sur l'aile droite de l'armée britannique. Le jeu de ces pièces produisit un si grand ravage dans les lignes anglaises, que le général ordonna de les enlever à tout prix. Alors une partie de ses troupes franchit une petite rivière qui les séparait des Français, et l'action s'engagea sur tous les points, contre la volonté du comte de Clermont. Thomas Kiriel avait de huit à neuf mille hommes ; le prince n'en réunissait pas plus de quatre mille : les chances du combat n'étaient pas pour lui. La prudence voulait donc qu'il battît en retraite ; mais le désordre se déclarait dans ses deux ailes ; les Anglais se croyant déjà victorieux, puisaient dans leur confiance la force de l'être ; des prodiges d'habileté ne pouvaient plus tirer le jeune général du péril qui le menaçait de toutes parts, lorsque Richemont parut avec un renfort de trois mille hommes. A cette vue, Kiriel hésite, s'arrête et délibère ; Clermont reprend alors l'offensive, et ressaisit l'avantage de la journée. Le général anglais le lui disputa vainement ; la victoire lui avait décidément échappé ; il fallut abandonner le champ de bataille. Kiriel recula d'abord en bon ordre ; mais la cavalerie bretonne se précipita sur son centre, l'enfonça, et le général anglais lui-même tomba au pouvoir du connétable. Dans le même instant, Henry de Norbery remettait son épée au comte de Clermont. Cette journée coûta 5,500 hommes aux Anglais : quatre mille morts furent trouvés sur le champ de bataille qu'ils abandonnaient, et le nombre de leurs prisonniers ne fut pas moindre de 1,500.

Avant la bataille de Formigny, le comte de Clermont avait reçu l'ordre de chevalerie des mains du sire de Brézé ; on vient de voir comment il gagna ses éperons d'or. Cependant l'opinion ne fut pas juste en lui décernant tous les honneurs de la victoire; à l'arrivée du connétable, il était plus près d'une défaite que d'un succès, et l'histoire équitable partage la gloire de cette journée, entre l'illustre breton et le gendre du roi. Après ce grand échec des armes anglaises, toute la Basse-Normandie tomba bientôt au pouvoir des généraux de Charles VII : Vire fut enlevée en six jours; Bayeux capitula; Caen, où le duc de Sommerset s'était renfermé avec 4,000 combattants, se rendit, ainsi qu'Avranches. Successivemnt Briquebec, Valognes, Saint-Sauveur-le-Vicomte, Tombelaine, Falaise, Domfront, ouvrirent leurs portes aux Français; Cherbourg seule résistait encore au connétable et au comte de Clermont, qui l'assiégeaient ensemble : cette place, dernier refuge des Anglais en Normandie, se défendait avec désespoir, protégée qu'elle était, non-seulement par les travaux de l'art, mais encore par la nature, particulièrement du côté de la mer. Enfin, Cherbourg tomba le 12 août 1450. Les généraux français, qui venaient de recevoir les clefs de ce fort, virent, des hauteurs qu'ils occupaient, les voiles anglaises blanchir la mer, et cette fois, c'était pour fuir que les guerriers de Henri VI étaient montés sur leurs vaisseaux. La Normandie redevenait française, et ne devait plus cesser de l'être.

Mais les bannières d'Albion flottaient encore sur la Guienne et ses dépendances. Malgré les troubles qui régnaient en Angleterre, Charles VII hésitait à entreprendre une conquête qu'il n'envisageait pas sans inquiétude : il se défiait de cette versatilité gasconne dont l'histoire lui fournissait tant d'exemples ; il fallut le presser long-temps pour le déterminer à porter la guerre dans le midi de la France. Cependant l'opinion des nobles et même celle du peuple, se prononcèrent si énergiquement pour l'expulsion définitive des Anglais, que le prudent monarque se décida à l'entreprendre en 1451. Les comtes de Foix et de Dunois furent chargés de diriger l'expédition; le dernier demanda pour lieutenant le comte de Clermont. La conquête de la Guienne et du Bordelais, fut aussi rapide que l'avait été celle de la Normandie : en moins de deux mois, les deux rives de la Dordogne et tout le territoire qui s'étend des frontières de l'Espagne à l'embouchure de la Garonne, étaient nettoyés d'Anglais ; Bordeaux était soumis au roi de France, avant même que le panache du bâtard d'Orléans flottât aux portes de cette capitale. Ce fut donc au milieu d'une acclamation générale que Dunois y fit son entrée, accompagné des comtes de Clermont, de Vendôme, de Castres, et à la tête d'un corps de 4 à 5,000 hommes, commandé par Jacques de Chabannes. En 1451, le roi d'Angleterre ne conservait plus sur le continent, que Calais et quelques petites places ou Artois, qu'il eût été facile de reprendre, si l'on n'eût pas craint d'exciter le mécontentement du duc de Bourgogne, avec lequel Charles VII vivait en bonne intelligence depuis long-temps.

Qui n'aurait cru sincère le retour des Gascons vers la France; pourtant une année à peine s'était écoulée, lorsque le comte de Clermont, nommé gouverneur de la Guienne, eut à réprimer une insurrection de ses habitants, secondée par les Anglais.

Jean de Bourbon reçut à Lyon, où il se trouvait avec le roi, son beau-père, la nouvelle du débarquement d'une armée anglaise, commandée par le brave Talbot, à l'embouchure de la Gironde; le prince accourut avec un corps de six cents lances. Il était déjà trop tard, et ces moyens étaient trop faibles pour s'opposer à une invasion, favorisée d'ailleurs par les habitants, qui n'avaient pu s'habituer au régime de la taille levée pour solder les gens de guerre. Clermont sut au moins se maintenir dans le pays avec autant de valeur que d'adresse jusqu'à l'arrivée du roi, qui ne parvint que difficilement à réunir une armée. Le jeune gouverneur, malgré la faiblesse numérique de ses troupes, obtint même quelques succès. Enfin, le monarque parut en Guienne à la tête d'un corps imposant, divisé en trois parties: la première était commandée par Jean de Brosse, la seconde par les maréchaux Laval-Loheac et de Jaloignes; Charles VII se réserva le commandement de la troisième division, avec l'assistance du Bâtard d'Orléans. Les français ne tardèrent pas à reprendre l'offensive; la seule journée de Castillon coûta aux Anglais 4,000 hommes restés sur le champ de bataille, et ce vaillant Talbot, surnommé l'*Achille anglais*, qui continuait encore le métier de la guerre à plus de quatre-vingts ans. Le vieux chevalier, prisonnier sur parole, avait juré de ne point porter les armes contre les Français; il mourut sans avoir forfait à ce serment: il s'était jeté dans la mêlée, couvert d'une simple brigandine garnie de velours cramoisi, et tomba percé de coups sans avoir levé l'épée pour se défendre.

Tandis que ces événements s'accomplissaient au-delà de la Dordogne, le comte de Clermont soumettait un grand nombre de places sur la rive droite de la Gironde, et punissait les révoltés, en saccageant le Médoc. Bientôt les Bordelais, craignant le même sort, envoyèrent des députés au roi, et lui annoncèrent qu'ils se mettaient à sa discrétion. Charles VII les écouta avec bonté; mais il exigea que la ville de Bordeaux remît en son pouvoir vingt seigneurs ou bourgeois, choisis parmi les principaux fauteurs de la révolte : les sires de Lesparre et de Duras étaient désignés nominativement. Ces hommes se croyaient perdus; le roi se contenta de les bannir du royaume, sans même leur avoir enlevé la jouissance de leurs biens. Mais l'année suivante, le comte de Lesparre ayant obtenu la permission de rentrer en France, pour régler, avait-il dit, quelques affaires, fut surpris à fomenter de nouvelles intrigues, arrêté, jugé et décapité.

Cependant le comte de Clermont avait repris le gouvernement de la Guienne; mais cette fois Charles VII laissa à son gendre des forces suffisantes pour faire respecter, parmi ces Gascons si mobiles, l'autorité royale qu'ils avaient reconnue et reniée ensuite en si peu de temps. Hâtons-nous d'ajouter que cette précaution fut inutile : les habitants de la Guienne et du Bordelais ne tentèrent plus de reprendre le joug étranger, qu'un monarque généreux avait détaché avec clémence de leur front. Le seul comte d'Armagnac, par suite des remontrances que le roi lui avait faites pour son mariage incestueux avec sa sœur, essaya de livrer encore le pays aux Anglais. Jean de Bourbon eut ordre de marcher contre ce vassal rebelle, et de prendre possession de ses terres au nom du roi. D'Armagnac n'essaya pas même de résister; il passa les Pyrénées avec sa famille, et se réfugia en Aragon, où il possédait des domaines. Cette expédition fut la dernière du comte de Clermont dans le midi; en 1457, il se rendit dans le Bourbonnais afin de prendre possession du duché, après la mort de son père. Le premier acte qu'eut à accomplir Jean de Bourbon, en sa qualité de pair du royaume, fut d'intervenir dans le procès de Jean d'Alençon : cette mission affligea vivement le gendre du roi; il ne pouvait oublier que l'illustre accusé avait été l'ami de son père et le sien. Bourbon plaida avec chaleur la cause de ce grand coupable; mais sa trahison était flagrante, odieuse; il fût condamné, comme on sait, par commutation de peine, à une prison perpétuelle. En lui faisant grâce de la vie, Charles VII se montra clément ; car parmi les griefs que le monarque pouvait imputer à ce grand vassal, il était difficile d'oublier qu'il avait dirigé le dauphin dans le chemin de la révolte.

Mais ce prince allait régner à son tour; Charles VII venait de descendre dans la tombe, dont il s'était lui-même rapproché par une succession de déplorables terreurs. Le duc de Bourbon avait trop obtenu des faveurs du feu roi pour rester en crédit sous le règne de son ombrageux successeur : il perdit le gouvernement de la Guienne en même temps que Louis XI enlevait celui de la Normandie à cet héroïque Dunois, à qui toute la France avait décerné le titre glorieux de *Restaurateur de la monarchie*. Nous ne répéterons point ici tout ce que ce roi fit pour humilier, irriter, exaspérer la noblesse, et l'ameuter contre lui. On sait que trois ans de ce règne étaient à peine écoulés, lorsque les grands vassaux du royaume se liguèrent contre le souverain; et peut-être n'est-il pas hasardeux d'ajouter que cet état de révolte était secrètement désiré par lui. Louis XI, témoin turbulent du règne de son père, dont il avait plus d'une fois augmenté les agitations convulsives, par ses ambitieuses mais vaines rebellions, avait du moins acquis cette expérience qui, sans nulle doute, est la plus utile lumière du trône. Il avait vu Charles VII perpétuellement menacé par la noblesse, et toujours incertain de la rallier sous les bannières royales, lorsque des intérêts ou des ressentiments personnels séparaient les seigneurs de la cause du pays. Pourtant, et sans s'en douter peut-être, le vainqueur des Anglais s'était en partie affranchi de cette humiliante et dangereuse dépendance par la création d'une armée permanente. En effet, le peuple, jusqu'alors divisé en troupeaux partiels de la puissance féodale, acquérait sous l'oriflamme quelques idées de nationalité, et en reconnaissant que ses maîtres avaient un maître, il devait naturellement en conclure que tous les habitants de la France trouveraient au besoin dans ce souverain un protecteur, puisqu'ils lui prêtaient des bras dont les barons ne pouvaient plus lui refuser le concours. Louis XI, assuré que le peuple raisonnait ainsi, s'était dit, dans sa pensée méditative: « J'appuierai mon trône sur des millions de bras par un semblant de popularité, par une protection fallacieuse des communes; par quelques encouragements accordés au laboureur, à l'industriel, au commerçant; et cette dernière partie de ma politique sera sincère, parce qu'elle me sera profitable. Alors que pourrai-je craindre de la noblesse, dont les bannières marcheraient contre moi sans cohortes, parce que j'aurai rallié à la couronne paysans et bourgeois; parce que, d'ailleurs, j'aurai subjugué l'église par des pratiques dévotes, mêlées de quelques dons. Il faudra donc que ces vassaux orgueilleux et mutins courbent la tête; ou, par Notre-Dame d'Embrun! s'ils ne la courbent pas, je la ferai rouler à mes pieds. »

Mais les têtes féodales refusèrent d'abord de fléchir; plusieurs des grands vassaux de la couronne levèrent, comme on sait, l'étendard de la révolte. On compta parmi les premiers conjurés le duc de Bretagne François II, le duc de Bourbon, puis Philippe-le-Bon, qui, mondain énervé par les voluptés bien plus que par la guerre, remit l'épée de Bourgogne à son fils, ce comte de Charolais, ce Charles-le-Téméraire, qu'on devait voir si redoutable à Louis XI, qu'il avait toujours haï. Vinrent ensuite, le duc de Calabre, le duc d'Orléans, René d'Anjou, roi de Sicile, le comte de Dunois, le duc de Nemours, les comtes d'Alençon, d'Armagnac, de Nevers, de Boulogne, de Tancarville, de Penthièvre, enfin Charles de France, le propre frère du roi. Tels furent les puissants promoteurs de la guerre dite *du bien public :* Le roi, effrayé d'une telle coalition, chercha à prévenir le coup terrible qui le menaçait, dans une assemblée réunie à Tours. Louis XI déploya beaucoup d'adresse dans cette réunion; mais il y prodigua et les promesses brillantes et les plus humbles flatteries sans conquérir la persuasion : son caractère était déjà trop bien connu pour qu'on accordât la moindre confiance aux protestations *patelines* qu'il avait coutume de faire à ceux-là même contre lesquels il préparait de secrètes machinations. Bref, les seigneurs furent si peu convaincus par les doucereuses paroles du roi, que peu de mois après l'assemblée de Tours, ils se réunirent à Paris sous la présidence du duc de Bourbon, et prirent cette écharpe verte qui fut dès lors le signe des conjurés. Nous ne suivrons point ici les phases de *la guerre du bien public,* que tant d'historiens ont décrite : bornons-nous à dire que le duc de Bourbon fut le prince qui la dirigea d'abord, et que ses domaines, ainsi que nous le rapporterons dans nos mentions locales, furent le premier théâtre de la lutte. Le Bourbonnais souffrit beaucoup durant ces hostilités; Jean II avait sur les bras toutes les forces que le roi avait mises en campagne; il était difficile qu'il ne finît pas par succomber. La duchesse de Bourbon, sœur de Louis XI, fit donc des efforts pour suspendre les coups du monarque; cette tentative fut vaine. Mais un peu plus tard, son inclémence s'adoucit : il venait d'apprendre en assiégeant Riom, dernier refuge des rebelles, que le comte de Charolais s'approchait de Paris, dont il pouvait faire tourner au profit des princes confédérés la mobilité accoutumée. Louis, calmé par un calcul judicieux de ses intérêts, signa en 1465 le traité de Moissac, avec les ducs de Bourbon et de Nemours, avec les sires d'Armagnac et d'Albret. Cette paix conclue, le roi marcha vers Paris. Le triste combat de Montlhéry, qui n'offrit ni vainqueurs, ni vaincus, mais deux armées également terrifiées à la présence l'une de l'autre, n'appartient point à notre sujet; nous revenons en Bourbonnais. Louis XI avait appelé précédemment à son secours François Sforce, duc de Milan; il ne contremanda point sa marche après le traité de Moissac; aussi cet Italien, sans s'arrêter à cette pacification, vint-il ravager le Beaujolais et le Forez, qui appartenaient au duc de Bourbon. Nous avons dit, dans notre seconde section, comment se termina cette invasion : à peine resta-t-il quelques Lombards pour aller apprendre à leurs concitoyens la défaite qu'ils avaient éprouvée au pied du Mont-Pila, et combien des guerriers de Sforce dormaient du sommeil éternel au *Cimetière des Lombards*.

Exaspéré par un événement dont il accusait, peut-être avec raison, la perfidie de Louis XI, Jean II rentra immédiatement dans la ligue *du bien public*, courut en Normandie, s'empara de Rouen, par surprise, et bientôt toute la province fut engagée dans la révolte.

Rien d'étrange comme les brusques variations de politique que l'on remarquait alors : à peine Louis XI avait-il signé le traité de Conflans avec Charles-le-Téméraire, qu'il s'empressa de rallier à la cause royale le duc de Bourbon, en lui donnant le gouvernement des pays Outre-Loire. Jean II, subjugué par ce grand témoignage de confiance, promit un dévouement sans bornes à son souverain, et soudain on le vit reconquérir, au nom du roi, cette même Normandie qu'il lui avait enlevée naguère au nom du duc de Berry, contre lequel il marchait maintenant. Plus tard, le duc Jean commanda une armée royale dirigée contre un autre de ses alliés dans la guerre *du bien public*, François II, duc de Bretagne. Assurément nos bons aïeux ne nous le cédaient en rien, quant à la rapidité des conversions politiques.

En 1468, le duc de Bourbon, revêtu d'une mission diplomatique, fut envoyé à Charles-le-Téméraire, par ce cauteleux Louis XI qui, pour la première fois de sa vie, avait montré de la maladresse, en se rendant à Péronne. Jean II portait au duc de Bourgogne des propositions de paix, et le désaveu complet du roi, relativement à sa participation aux troubles de Liège. On sait que l'impérieux Bourguignon voulut des garanties matérielles de la sincérité du monarque, et que celui-ci dut marcher en personne contre ces Liégeois, qu'il avait secrètement excités à la révolte. Le duc de Bourbon et ses frères firent partie du cortège de prince français, honteux pour ceux qui le composaient, que Charles de Bourgogne se donna dans cette circonstance. Peut-être doit-on en cela tenir compte au Bourbonnais, ainsi qu'aux autres grands vassaux, d'un certain témoignage de dévouement; mais comment qualifier l'avis que Jean II, comblé des bienfaits du roi, donna à Charles-le-Téméraire, en

1471, des préparatifs que ce monarque faisait afin d'effacer, par la guerre, l'opprobre du traité de Péronne. Cette félonie fut reconnue comme elle devait l'être : les domaines du duc de Bourbon furent ravagés par ces Bourguignons mêmes qu'il favorisait secrètement, tout en marchant contre eux avec Louis XI. Cette conduite plus qu'équivoque attira sur Jean II, une critique moqueuse qui fut toujours le trait saillant du caractère français : il eut bonne part aux brocards que les Parisiens firent afficher sur quelques édifices publics après la trêve de Picquigny, et ce décri populaire ne contribua pas peu à déterminer sa retraite de la cour, dont il vécut dès-lors assez éloigné.

Rien n'est aussi puissant que le *vox populi*, pour faire rentrer les hommes égarés sous les lois de l'honneur : lorsque le procès du connétable de Saint-Paul, eut mis au jour les sourdes menées d'une nouvelle ligue féodale, il fut reconnu que le duc de Bourbon avait refusé d'y prendre part ; mais son innocence, constatée au moins en cela, ne prévint pas une nouvelle accusation portée contre lui. Le duc de Nemours, dernier des Armagnacs que Louis XI sacrifia à ses terreurs ombrageuses, accusa Jean II d'avoir favorisé une conspiration dont le but était de confiner le roi dans une prison perpétuelle, d'assassiner le dauphin, et de partager le royaume entre le roi de Sicile, le comte du Maine, le duc de Bourbon et le comte de Dammartin. Jacques d'Armagnac rétracta sur l'échafaud cette dénonciation horriblement calomniatrice ; mais les soupçons de Louis XI étaient ineffaçables ; il ne voyait plus Jean II, qu'avec une défiance qu'il ne prenait pas même le soin de cacher ; le duc se retira dans ses domaines, et ne reparut plus à la cour de Plessis-les-Tours.

Le château de Moulins ne ressemblait guère à cette forteresse redoutable, où la royauté se tenait emprisonnée ; le souverain du Bourbonnais, ainsi que son aïeul le bon Louis II, réunissait une noblesse nombreuse, élégante, polie, et s'efforçait d'oublier au sein d'une fastueuse représentation, l'injurieuse disgrâce qui l'avait frappé, et sur laquelle, du reste, il s'expliquait assez librement. Blâmer les souverains, c'est, dans leur opinion, conspirer contre eux : Louis XI, préoccupé d'une prétendue trahison de Jean II, se laissa facilement persuader, par des dénonciateurs obscurs, que le duc le trahissait effectivement. Une enquête fut dirigée contre lui ; ses principaux officiers furent arrêtés et mis en jugement ; c'était assurément le prélude des rigueurs que le roi méditait contre son parent lui-même ; et personne ne peut assurer que Jean II n'eût pas trouvé, vers le terme de sa carrière, l'échafaud des Armagnacs, si la mort de Louis XI n'eût arrêté ses sinistres projets.

L'ambition du vieux duc de Bourbon, assoupie au bruit des chaînes dont le feu roi voulait entourer sa noblesse, se réveilla dès que ce monarque reposa sous les voûtes de Notre-Dame de Cléry [1]. Oncle maternel du nouveau roi, Jean II, se prévalant d'ailleurs des longs services qu'il avait rendus à la monarchie, fit valoir avec chaleur ses droits à la régence. Le duc se flattait de voir le sceptre, remis temporairement aux mains d'une femme, dégénérer jusqu'à la mollesse d'une quenouille; il se trompait: Anne de Beaujeu savait au besoin montrer la virilité d'un autre sexe. Toutefois, comme elle avait été habile à profiter de l'exemple de son père, elle usa d'adresse envers son oncle: il fut investi de la double charge de connétable et de lieutenant-général du royaume. Jean II, prenant pour un acte de faiblesse ce qui n'était qu'un témoignage d'habileté, accepta les faveurs qu'on lui accordait, sans renoncer au pouvoir qu'il voulait avoir; les autres princes, mécontents d'obéir à une femme qui n'était ni tendre, ni belle, secondèrent volontiers les projets du connétable de Bourbon; une ligue se forma: ligue immense qui ne tarda pas à comprendre noblesse, clergé, communes; et de toutes les parties de la France, on demanda à grands cris des réformes.

Anne savait à quelle épreuve périlleuse elle se soumettrait en convoquant les états-généraux; elle sentit pourtant que leur réunion était indispensable, parce qu'elle savait aussi que si, dans ces solennelles assemblées, l'intrigue pouvait se produire, elle expirait presque toujours sous le poids des majorités, que le pouvoir ne savait pas alors acheter. La régente espéra donc qu'à l'aide de quelques réformes spontanées, de quelques rigueurs excessives du feu roi adoucies, de quelques punitions infligées aux exacteurs dont le peuple se plaignait, elle conjurerait l'orage qui se formait sur sa tête. Les Suisses furent renvoyés, les victimes du dernier règne cessèrent d'être emprisonnées ou exilées; on pendit Olivier-le-Daim, et l'on infligea un cruel martyre à Doyat, en le condamnant au supplice d'une vie déshonorée. Ces dispositions faites, Anne de France réunit à Tours les états-généraux, en 1484 [2], avec une confiance que les suites de cette grande mesure justifièrent. Loin d'abonder dans le sens des princes conjurés, l'assemblée écarta de ses délibérations tout ce qui émanait de l'esprit d'intrigue, et ne fit droit qu'aux réclamations équitables. Quant à la présidence du conseil, les états, pour le cas d'absence du roi, n'assignèrent au duc de Bourbon que le second rang; le premier fut attribué au duc d'Orléans et le troisième seulement au sire de Beaujeu, mari de la régente.

En sa qualité de connétable, Jean II eut à repousser des réformes sollicitées

---

(1) Voyez la notice sur cette localité, dans la cinquième section de cet ouvrage (Loire).
(2) Voyez dans notre septième section (Indre-et-Loire) les détails que nous avons réunis sur cette imposante assemblée.

par les états, sur l'ordonnance des gens de guerre : en cela ce prince se montra sage; il arrive trop souvent, dans les assemblées délibérantes, qu'on s'élève contre ce qui froisse la nation, sans s'attacher assez à ce qui sert l'État. Mais comment qualifier une sortie virulente du vieux duc, contre la suppression des tailles, que les communes demandaient avec persévérance ? Dans cette diatribe orale, que nous rapportons, l'esprit féodal se reproduit avec toute la brutalité du XII siècle. « Je connais les mœurs des vilains, s'écria Bourbon :
» si on ne les comprime pas en les surchargeant, bientôt ils deviennent inso-
» lents. Si donc vous ôtez entièrement l'impôt des tailles, il est sûr que tout
» de suite ils se montreront à l'égard les uns des autres, comme envers leurs
» seigneurs, gens rebelles et insupportables : *aussi ne doivent-ils pas connaître*
» *la liberté; il ne leur faut que de la dépendance.* Pour moi, je juge que cette
« contribution est la plus forte chaîne qui puisse servir à les contenir. » Le duc Jean ne fut point le dernier prince de sa famille qui professa cette hérésie politique ; mais heureusement pour ce prince, il n'y avait point alors de journaux pour lui donner de la publicité.

Quelques historiens ont avancé que, mécontent du résultat des états de Tours, Jean II se dispensa, par cette raison, d'assister au sacre de Charles VIII : cette assertion est inexacte ; retenu dans son château de Moulins, par la goutte, il envoya en son nom le maréchal de Gié à cette auguste cérémonie.

Il faut avouer cependant que la cour du duc de Bourbon était le rendez-vous habituel des seigneurs mécontents : on y voyait souvent Georges et Bussy d'Amboise, le sire de Culant et Philippe Comines. Ce dernier, surtout, entretenait Jean II dans des dispositions hostiles. Il ne fallait du reste qu'une faible impulsion pour le déterminer à la révolte ; et l'on fut peu surpris de le voir entrer en 1485, dans la conjuration de Louis d'Orléans contre la régente [1];

---

(1) Le duc d'Orléans était un prince rempli de séductions, disent quelques mémorialistes; et l'on assure qu'Anne de Beaujeu ne lui pardonna jamais d'avoir repoussé, méprisé même certaines avances. Il s'était cependant réconcilié avec elle une première fois, lorsque survint un événement qui raviva pour long-temps leur haine réciproque. En 1485, les principaux seigneurs de la cour avaient engagé une partie de paume dans le grand rond de l'hôtel de Nesle : la dame de Beaujeu s'y trouvait. Louis d'Orléans jouant avec un seigneur dont le nom n'a pas été conservé, il y eut un coup douteux, pour lequel ce prince en appela au jugement de la régente. Celle-ci, avec une animosité marquée, donna tort à l'altesse. Ce futur Louis XII, qui devait se montrer sur le trône si doux, si porté à la longanimité, jeune encore à cette époque, était prompt à s'enflammer : il donna à la princesse un de ces démentis brutaux qui révèlent une absence trop clairement motivée de déférence et d'estime. Anne de Beaujeu, cramoisie de fureur, se tourna vers le duc de Lorraine et lui cria avec l'accent de la rage : « Eh ! mon cousin, me laisserez-vous donc insulter ainsi ? » Le lorrain interpellé se lève, court vers le duc d'Orléans, et le frappe au visage de son gant. Les deux grands personnages étaient sans armes ; un combat essentiellement plébéien s'engageait entr'eux, lorsque

Tandis que ce dernier levait des troupes dans le Berry et l'Orléanais, Bourbon convoqua le ban et l'arrière-ban de ses domaines, en sa qualité de lieutenant-général du royaume, et au nom *d'un monarque opprimé et privé de liberté*. La campagne commença ; mais le duc d'Orléans, vaincu en Berry par Louis de la Trémouille, dut accepter une paix humiliante, et qui pis est, un pardon de celle qu'il s'était flatté de braver. Dans cette occurrence, le duc de Bourbon, regrettant fort son imprudente levée de boucliers, se hâta d'accepter l'amnistie que le maréchal de Gié et le duc de Lorraine lui offrirent, au nom de la régente. Toutefois, le duc rancunier continuait de bouder la cour, lorsque, pressé de s'y rendre, à l'occasion de la guerre que l'archiduc Maximilien, roi des Romains, déclarait à la France, il s'achemina vers Paris, et prit place dans le conseil. A peine y était-il assis que, tout goutteux qu'il était, il se prit à s'agiter sur son fauteuil comme un possédé, et se répandit en invectives, non-seulement contre le gouvernement d'Anne de Beaujeu, mais contre sa personne. L'irascible duc déclara ensuite qu'en sa qualité de connétable, il allait partir pour l'armée, et diriger la guerre à son gré. En effet, Jean II se mit en route dès le lendemain, et comme on craignait que cet étourdi plus que sexagénaire ne compromît la cause royale par quelque coup de tête intempestif, la régente, menant le roi à sa suite, courut après son vieux antagoniste, qu'elle joignit à Compiègne. Insinuante, humble même, Anne parvint à adoucir le duc ; il fit sa paix avec elle, tendit la main au sire de Beaujeu, et promit au jeune Charles VIII de se conduire en connétable, non en brouillon, dans la guerre qu'il allait soutenir. Il put à peine commencer la campagne : une nouvelle attaque de goutte l'ayant frappé, il dut renoncer au commandement, et retourna à Moulins, où il mourut l'année suivante (1488), à l'âge de soixante-deux ans. Son corps fut porté au prieuré de Souvigny, et son cœur déposé dans la collégiale de Moulins.

Ainsi finit ce duc de Bourbon, qui sans doute fut un prince distingué ; mais qui ne mérita pas à tous égards le surnom de *Bon,* et mérita moins encore celui de *Grand.* Instruit, éloquent, apte aux affaires, vaillant au combat, il diminua l'éclat de ces belles qualités par une ambition inquiète et jalouse, par les actions d'un sujet factieux, même ingrat, et par un mépris constant de ces engagements d'honneur, auxquels le dernier des *vilains,* qu'il plaçait si bas dans ses opinions, n'aurait pas manqué. Jean II fut marié trois fois : il avait

---

les assistants parvinrent à les séparer. Cette anecdote est rapportée par M. Mazas dans son *Cours d'Histoire de France ;* Brantôme la raconte avec d'autres circonstances ; mais ni l'un ni l'autre ne fait mention des suites chevaleresques qu'un tel scandale dut avoir.

épousé en premières noces, comme nous l'avons dit ailleurs, Jeanne de France; il se remaria, après la mort de cette princesse, à Catherine d'Armagnac, seconde fille du malheureux duc de Nemours, sacrifié à la haine ombrageuse de Louis XI; enfin il épousa Jeanne de Bourbon, fille de Jean II, comte de Vendôme. Malgré ces trois mariages, le duc de Bourbon ne laissa que des bâtards, au nombre de cinq, savoir : Mathieu, surnommé le *Grand-Bâtard* de Bourbon; Charles, qui forma la tige des Bourbons Malause; Hector, évêque de Lavaur; Marie, qu'on maria piteusement à Jacques de Sainte-Colombe, *écuyer*, et Marguerite, qui épousa Jean de Ferrières, bailly de Beaujeu.

Après la mort de Jean II, la couronne ducale du Bourbonnais échut de droit à Charles II, qui était fils de Charles Ier, cinquième duc de Bourbon. Ce prince, cardinal, archevêque et comte de Lyon, était peu connu dans le Bourbonnais, quoiqu'il le fût beaucoup à la cour de France; et la régente, toute puissante alors, crut qu'elle pourrait impunément mettre la main sur les magnifiques apanages de la maison de Bourbon, objet de ses ardentes convoitises. Elle commença donc par faire occuper Moulins et les principales places du duché; puis elle fit offrir une transaction au prélat, qui du reste, ne pouvait être qu'usufruitier de ce brillant héritage. Il comprit d'autant mieux qu'il lui siérait mal de disputer ses droits à une femme aussi altière, aussi puissante qu'Anne de Beaujeu, que couché depuis long-temps déjà sur son lit de douleur, il entrevoyait dès-lors le terme de sa vie. Charles de Bourbon transigea, moyennant une forte pension, avec un apanage convenable. Il ne jouit du tout que l'espace de quelques mois, car il expira en 1488, cinq mois après le duc Jean. Or, ce prince, qui ne prit pas même possession de son duché, étant demeuré étranger au Bourbonnais, nous n'avons point à nous occuper ici de sa vie, dont nous rapporterons ailleurs les principaux traits[1].

Pierre de Bourbon, sire de Beaujeu, qui devenait ainsi seigneur et duc du Bourbonnais, était le quatrième fils de Charles Ier et d'Agnès de Bourgogne. Il avait, comme les autres princes et grands vassaux, pris parti contre le roi dans la guerre du bien public; mais après la soumission des révoltés, Louis XI l'avait attaché étroitement à sa personne, et c'était surtout à la souplesse de son caractère, que Pierre de Bourbon devait les faveurs dont ce prince l'avait comblé, jusqu'au point de l'unir à sa fille, Anne de France. Durant la vie de Louis XI, le sire de Beaujeu, homme faible et servile, fut constamment l'approbateur des desseins de ce monarque, et l'instrument docile de ses vengeances.

---

(1) Voyez notre biographie à la fin de cette première région.

Devenu l'époux d'Anne de France, ce seigneur attacha sans murmurer à son front un second joug ; les volontés impérieuses de cette princesse, digne émule de son père, trouvèrent Pierre de Bourbon aussi soumis, aussi obéissant qu'il l'avait été jusqu'alors envers le roi. Nous nous félicitons d'avoir à repousser, comme étrangers à notre sujet, les témoignages de cette double servilité : peut-être ne pourrait-on mieux résumer une carrière aussi passivement agissante, qu'en la comparant à celle de Tristan l'Ermite, plus quelques honneurs, et moins le maniement des instruments de supplice.

Pierre II, duc de Bourbon[1], et sa femme, *régente* ou *gouvernante* du royaume de France, prirent possession du Bourbonnais vers la fin de l'année 1488. Ils furent accueillis, disent les chroniques du temps, avec un enthousiasme fort expansif et par des fêtes splendides, où se firent de *beaux esbattements*. Les bons Bourbonnais, en passant sous les lois d'une femme aussi puissante qu'Anne de Beaujeu, croyaient voir luire pour leur pays l'aurore d'un nouvel âge d'or. Ce fut au mois de décembre que le duc Pierre II accomplit, dans l'église priorale de Souvigny, la cérémonie de l'investiture à laquelle ses prédécesseurs s'étaient soumis. Dans le même temps, il fit l'acquisition des vicomtés de Carlat et de Murat; puis celle de la châtellenie de Bourbon-Lancy, fief très-anciennement détaché de la baronie de Bourbon. Pierre II se trouvait alors, non seulement le prince le plus puissant de la monarchie, mais encore le plus opulent. Cependant Anne de Beaujeu, qui ne savait pas moins calculer les chances de la fortune que celles de la puissance, pensait avec amertume que si le duc de Bourbon, plus âgé qu'elle de vingt ans, la précédait au tombeau, comme il était naturel de le prévoir, elle se trouverait dessaisie de son magnifique apanage; car il existait dans leur contrat de mariage une clause portant retour à la couronne de tous les biens du sire de Beaujeu, au cas où il mourrait sans descendance directe masculine. Cette clause, ménagée par la prudence de Louis XI à une époque où ce seigneur, pourvu d'un maigre patrimoine, semblait ne devoir sa fortune qu'aux bienfaits du roi, devenait odieuse à la duchesse, maintenant que son époux était le prince le plus riche de la monarchie. Anne prescrivit donc au duc de se faire délivrer des lettres dérogatoires à cette malencontreuse stipulation; et ces lettres exprimèrent explicitement que Pierre II pourrait disposer de tous ses biens par telle concession qu'il lui plairait de faire. On pense bien que cette disposition fut suivie immé-

---

(1) Anne de Beaujeu ne prit jamais officiellement le titre de *régente;* tant que dura la minorité de Charles VIII, qu'elle sut prolonger au gré de son ambition, l'autorité demeura aux mains d'un conseil présidé par un prince du sang ; mais le pouvoir ne fut exercé en effet que par cette dame.

diatement d'une donation entre vifs, que se firent le duc et la duchesse de Bourbon; mais celle-ci donna lieu à une réclamation de Gilbert de Bourbon, chef de la branche Montpensier, qui, selon le cours ordinaire des choses, devait, à défaut de mâles dans la branche aînée, recueillir son héritage. Ce seigneur avait introduit une instance au parlement; on transigea avec lui.

Cependant, Charles VIII venait d'épouser (en 1491) Anne de Bretagne, *bretonne fort superbe et altière à l'endroit de ses égaux,* dit Brantôme; et cette princesse qui, en effet, montrait autant de fierté que de grandeur dans ses manières, paraissait peu disposée à supporter la tutelle suzeraine qu'Anne de Beaujeu avait jusqu'alors exercée sur le roi son frère. La duchesse comprit alors que Charles VIII lui-même, s'il devait encore recevoir les lois d'une femme, accepterait celles qui lui seraient données par l'amour, à l'exclusion du servage fraternel qui, plus d'une fois déjà, l'avait trouvé indocile. Anne, dès ce moment, s'occupa avec sollicitude des affaires du Bourbonnais : c'est à elle que cette province dut ses premières coutumes, dont la rédaction fut commencée en 1493 et terminée en 1500.

Malheureusement la superbe bretonne ne succéda pas à l'empire qu'Anne de Beaujeu avait exercé sur l'esprit du jeune roi; elle fut sans pouvoir pour empêcher ce paladin couronné de porter en Italie cette guerre qui, durant quatre règnes successifs, devait faire de ce délicieux Eden la vaste tombe des armées françaises. Le duc de Bourbon, dont les sages représentations étaient venues sans plus de succès expirer à l'oreille de Charles VIII, obtint du moins la lieutenance du royaume, et Moulins devint ainsi le siége de la cour de France. Anne de Bretagne y passa les quatorze mois que dura l'absence du roi, au milieu des fêtes que son hôte lui prodiguait. Cette courte période fut l'époque de la plus grande prospérité du Bourbonnais, et surtout de sa capitale.

Lorsque Louis XII eut remplacé sur le trône de France ce monarque aventureux, qui avait précipité le terme de sa vie, la duchesse de Bourbon, que le duc d'Orléans avait toujours trouvée hostile envers lui, dut craindre les suites de son ressentiment. Mais c'était sans restriction, sans exception aucune que ce prince avait juré de ne point venger sur le trône de France *les injures d'un duc d'Orléans.* Louis XII se montra surtout affable et bienveillant envers ceux dont il avait eu le plus à se plaindre; il continua au duc de Bourbon la faveur dont il avait joui sous les deux règnes précédents, et ne tint compte à la duchesse que des services qu'elle avait rendus à l'État, par le concours de son courage et de son génie. Le roi, non-seulement confirma les lettres dérogatoires mentionnées plus haut par de nouvelles lettres, mais il ajouta à celles-ci une clause qui annulait la transaction faite avec Gilbert de Bourbon. Depuis cette transaction, la duchesse avait eu une fille, Suzanne de Bourbon, et Louis XII avait déclaré cette fille habile à succéder à tous les biens de ses parents.

Le comte de Bourbon-Montpensier eut la malheureuse idée de réclamer contre ces dispositions, environnées de toute la puissance que leur donnait la sanction royale ; l'unique résultat de cette tentative fut d'irriter le vieux duc, et de faire perdre au réclamant la main de Suzanne qui lui était promise. Cette jeune princesse fut fiancée aussitôt (1500) au jeune duc d'Alençon, qui pourtant ne l'épousa pas ainsi qu'on le verra bientôt.

Pierre II, duc de Bourbon, saisi de la fièvre quarte pendant une tournée qu'il faisait en Bourgogne avec le roi, se fit ramener à Moulins, où il mourut, après deux mois de langueur, le 10 octobre 1503, à l'âge de soixante-cinq ans.

Après des cérémonies d'une magnificence royale, célébrées à Souvigny pour l'inhumation du prince [1], un héraut d'armes, comédien officiel, répéta trois fois d'une voix lugubre : « Notre bon duc Pierre est mort, Dieu veuille avoir » son âme ; » puis après quelques moments de silence, il cria d'une voix tonnante : « Vivent madame et damoiselle duchesses de Bourbon et d'Auvergne, » comtesses de Clermont, de Forez, de Gien et de la Marche ; vicomtesses » de Carlat et de Murat, dames de Beaujolais, d'Annonay et de Bourbon- » Lancy [2]. »

Après la mort de Pierre II, l'un des premiers soins de sa veuve fut de rompre le mariage projeté entre sa fille Suzanne et le jeune duc d'Alençon, pour l'unir au comte Charles de Bourbon-Montpensier. Il fallut payer un dédit de 100,000 francs, stipulé envers la maison du fiancé, pour le cas où cette rupture aurait lieu ; mais la duchesse prévenait ainsi de nouvelles contestations avec les représentants de la branche Montpensier. Louis XII approuva cette disposition, fondée d'ailleurs sur l'équité.

La duchesse douairière de Bourbon survécut de vingt années à son époux, puisqu'elle ne mourut qu'à la fin de 1422 ; elle repose près de Pierre II, dans la chapelle neuve de Souvigny. Les historiens du Bourbonnais mentionnent avec éloge le gouvernement de cette fille de France, pendant son long veuvage : tout porte à croire que l'activité turbulente et ambitieuse qu'elle avait développée durant sa jeunesse, s'était amortie, puis éteinte dans les pratiques d'une dévotion scrupuleuse et peut-être timorée ; son administration fut toute

---

(1) Voyez-ci après la notice sur Souvigny.
(2) *Ancien Bourbonnais*, t. II, p. 189.

maternelle, et l'on en conserve encore dans le pays un souvenir reconnaissant, qui ne s'est point affaibli en traversant les révolutions.

Brantôme a laissé un portrait peu flatteur d'Anne de France, duchesse de Bourbon : « C'était, dit-il, une fine femme et déliée s'il en fut oncques, et » vraye image en tout du feu roi son père. Vindicative, pleine de dissimulation » et d'hypocrisie qui, pour son ambition, se desguisait en toutes sortes. Si » estait elle sage et vertueuse. » Sévère à l'excès dans ce portrait, le noble mémorialiste s'est montré peut-être trop indulgent en traçant le dernier trait. Mais il faut convenir que si, lorsqu'elle régnait au nom de Charles VIII, la dame de Beaujeu favorisa quelque soupirant, elle sut étendre sur ses mœurs le voile dont elle savait envelopper sa conduite politique. Les dames dont elle s'entourait, dit encore Brantôme, étaient nourries *fort vertueusement et sagement*. Toutefois il arrivait de temps en temps que les erreurs de la jeunesse, plus fortes que les préceptes de *Madame,* faisaient dévier ses demoiselles d'honneur de la ligne des chastes principes qu'elle s'efforçait de leur inspirer. Du reste, cette princesse, peu rassurée apparemment sur son infaillibilité, prit contre l'empire des passions une précaution que nous nous abstenons de citer.

Pierre II fut le dernier prince de la branche aînée de la maison de Bourbon, qui avait gouverné pendant près de deux siècles, avec un accroissement très-prononcé de puissance et de prospérité, que ses alliances avec la couronne avaient surtout favorisé. En effet, tandis que les seigneurs de cette famille épousaient des filles ou des petites-filles de France, des princesses de la même race montaient sur les trônes de France, de Castille, de Bohême, de Chypre, de Savoie ; d'autres étaient unies aux illustres maisons d'Anjou, de Bourgogne, de Berry.

Charles, troisième du nom, qui, par son mariage avec Suzanne de Bourbon [1], succédait à tous les domaines de Pierre II, était fils du comte Gilbert de Bourbon-Montpensier, mort vice-roi de Naples. Sa mère, Claire de Gonzague, appartenait à cette illustre maison de Mantoue, qui brilla surtout par les femmes. Charles III était arrière-petit-fils de Jean Ier, duc de Bourbon ; et la postérité masculine s'étant éteinte dans la ligne dont Charles Ier, son grand-oncle, avait été le chef, il se trouvait le représentant légitime de la branche aînée. Conséquemment le duché de Bourbonnais lui eût été acquis sans son mariage avec Suzanne ; la duchesse Anne ne fit donc que lui rendre ce qui lui appartenait.

---

(1) Nous trouvons ici l'occasion de relever une faute commise à la page 397 de ce volume : on a imprimé, ligne 33, *Suzanne de Savoie ;* c'est *Suzanne de Bourbon* qu'il faut lire.

Tels furent les ascendants de ce prince qui, selon M. Adolphe Michel, « fut le plus magnifique seigneur de son siècle, après le roi de France, et le plus malheureux des proscrits, après Thémistocle et Coriolan. » Nous tenons les annales du Bourbonnais au chapitre terrible qui contient l'histoire du trop fameux connétable de Bourbon. Le jeune Charles fut élevé avec plus de soin qu'on n'en apportait à la fin du XVᵉ siècle à l'éducation des nobles, dont toute la gloire à peu près devait être conquise par la puissance du poignet; et si l'on en doit croire l'historien Marillac, la duchesse douairière de Bourbon, qui voulait le former pour être le digne époux de sa fille, lui faisait apprendre le latin à certaines heures du jour. Mais les penchants qu'on vit se prononcer surtout dans le duc Charles, le portaient à courir la lance, à maîtriser les chevaux, à tirer de l'arc, à chasser le sanglier ou le loup : tous exercices auxquels il se montrait fort habile.

Charles de Bourbon, ainsi façonné à ces jeux de prince, et doué des belles proportions physiques qu'elles avaient développées, parut en 1506 aux fêtes splendides qui furent célébrées à Tours, pour les fiançailles de François, duc de Valois et comte d'Angoulême (depuis François Iᵉʳ), avec Claude de France, fille de Louis XII et d'Anne de Bretagne. Le jeune duc était assurément le plus puissant et le plus riche seigneur de France : aussi sa belle-mère avait-elle voulu qu'il se présentât avec une magnificence qui triomphât de toute comparaison. Il arriva à Tours entouré de cent vingt gentilshommes et vingt-cinq archers, « tous aussi bien en point, montés et accoustrés qu'il estait possible, dit Marillac. » Dans le tournois, complément obligé des solennités du temps, Charles III commença par éclipser tous les princes et seigneurs par l'élégante richesse de ses habits, par la somptuosité de son équipage, surtout par les perfections de sa personne; puis il sortit vainqueur de toutes les joutes. »

Louise, comtesse d'Angoulême et mère de François, héritier présomptif de la couronne, n'avait alors que trente ans; elle était belle encore, et ne devait pas de long-temps cesser d'être galante : elle se sentit puissamment émue en faveur du brillant cavalier qui réunissait tant de grace et d'adresse à des formes herculéennes. Les dames qui formaient sa cour avaient vu bondir son sein et son regard étinceler, chaque fois que le beau paladin s'était incliné avec une délicate courtoisie, en passant sous la balustre drapée de velours sur laquelle s'appuyait la princesse. Mais beaucoup d'autres beautés se sentaient agitées d'une émotion ayant le même objet que la sienne, et ce ne fut pas aux transports de Louise de Savoie que répondirent ceux du séduisant duc. Le dépit et la jalousie aigrirent dès ce moment la passion qu'il inspirait à cette femme altière; à peine commençait-il sa vie de splendeur, de gloire, de renommée, et déjà le ver rongeur d'une vengeance envenimée s'y attachait pour la dévorer.

L'année suivante (1507), Chales III accompagna Louis XII en Italie, et se distingua dans une campagne contre les Génois révoltés. Deux ans plus tard, ce prince fit partie de l'expédition contre ces Vénitiens qui, souverains de la mer au XVIᵉ siècle, osaient, dans leur folle vanité, aspirer à l'empire de la terre, comme l'ont osé depuis et non moins follement d'autres insulaires, quand la France s'est léthargiquement endormie sous les oliviers de la paix. Venise, vaincue à la bataille d'Agnadel, dut perdre cette présomptueuse idée de sa prépondérance. Louis XII, avant d'être l'un des plus sages monarques qui aient régné sur la France, avait recherché, quelquefois avec trop peu de sagesse, l'honneur d'être compté parmi les plus vaillants : on n'a point oublié cette phrase héroïque qu'il prononça au combat d'Agnadel en tirant du fourreau sa royale épée : *En avant, et que ceux qui ont peur se mettent à l'abri derrière moi.* Personne n'eut peur; mais la victoire flottait incertaine entre les Français et les Vénitiens, lorsque le duc de Bourbon, avec quelques centaines de gentils hommes, prit en flanc les lignes vénitiennes, *et les enfonça de si grande furie,* dit son historien, *qu'il rompit et fit esquarrer l'avant-garde.* Cette déroute décida du succès de la journée : « de l'avis de tous les gens de bien de France, » ajoute Marillac, le duc de Bourbon, seul, avait esté la cause de cette » victoire. »

Louis tint peu de compte à son jeune parent de la part glorieuse qu'il avait prise à ce triomphe : les historiens n'ont vu dans cette circonstance qu'un manque de reconnaissance; ne faudrait-il pas y voir plutôt un témoignage de cette jalousie dont les âmes héroïques ne sont point exemptes, et qui tacha la grandeur de Napoléon lui-même ? Le futur père du peuple, après son sublime *en avant*, pensait avoir donné à l'armée une assez puissante impulsion pour que, dans tous les cas, nulle tête ne fût parée de lauriers avant la sienne; cependant les premières palmes furent décernées au duc de Bourbon, et les susceptibilités souveraines sont peu habituées à de semblables déconvenues.

Soit envie, soit ingratitude de la part du roi, l'éclatante valeur déployée à Agnadel, par Charles III, demeura sans récompense : elle lui avait coûté 60 ou 80 mille écus, dont Louis XII lui laissa supporter la charge. « Oncques, dit » Marillac, ne lui en donna-t-il un escu d'avantage, ni en croissance de pension, » ni en bienfait ni autrement, et si ne lui fit un seul grand-mercy du service » qu'il lui avait rendu, et n'en fut aucunes nouvelles à la cour. » Le duc était trop fier, trop grand pour faire apercevoir au roi cet oubli de gratitude; il se montra aussi silencieux sur ce point que le souverain lui-même. Peut-être augmenta-t-il ainsi le grief d'avoir vaincu en Italie plus vite que son maître ; on l'accusa, au palais des Tournelles, de hauteur et d'orgueil; peu s'en fallut même que les soupçons n'allassent déjà jusqu'à supposer la trahison. L'air sérieux, les habitudes taciturnes, les dehors austères de Charles III, cachaient aux yeux de Louis XII une ambition dangereuse ; ce monarque disait à ses courtisans : « Ne nous fions pas trop à ce grand et sage garçon ; il n'est pire » eau que l'eau qui dort. »

Ces idées prirent tant d'empire sur l'esprit de Louis XII, que, durant cette funeste campagne de 1512, où Trivulce, Chaumont, la Palisse et Bayard ne purent ni conjurer les désastres de l'armée française, ni venger complétement le vaillant et infortuné Gaston-de-Foix, Bourbon avait été laissé dans une humiliante inactivité : on assure que ce prince pleura tout à la fois de regret et de rage, en apprenant la mort de son ami et la victoire, trop payée d'un si généreux sang, dont lui, vainqueur d'Agnadel, n'avait pu partager la gloire.

Plus équitable envers Charles III, après un de ces échecs qui d'ordinaire font revenir les souverains à la justice, en perspective des nécessités, Louis XII prescrivit à ce prince de se rendre en Guienne, avec 400 lances levées dans ses domaines, afin d'aider le duc de Longueville à reconquérir le royaume de Navarre, usurpé sur Jean d'Albret, par Ferdinand-le-Catholique. Charles obéit; mais il refusa de servir sous les ordres d'un autre capitaine. Il fallut diviser le commandement; la désunion se mit entre les chefs; alors le roi pour rétablir l'ordre, envoya dans le midi le comte d'Angoulême, son gendre, qui mit les dissidents d'accord, en les dominant l'un et l'autre. Mais le seul corps que commandait le duc de Bourbon eut un succès prononcé durant cette campagne : il entra dans la province espagnole de Guipuscoa, afin d'opérer une diversion favorable au roi de Navarre, et en rasa toutes les places.

Louis XII était doué d'une âme trop noble pour ne pas y faire taire les petites passions : rendant enfin justice au duc de Bourbon, il le nomma, en 1513, gouverneur du Languedoc, et voulut en même temps le charger d'une nouvelle expédition dans cette dévorante Italie, encore fumante du sang des Fançais. Charles III n'accepta ce dernier commandement que conditionnellement : il dressa l'état des ressources qui lui paraissaient indispensables pour relever au-delà des Alpes la gloire de nos armes; et le roi n'ayant point acquiescé à sa demande, il refusa un honneur trop dangereux. Moins prudent ou plus confiant dans sa fortune, la Trémouille accepta la mission que le duc avait refusée : la défaite de ce vieux général à Novarre justifia trop la prévoyance du jeune capitaine.

Cependant la Trémouille, chassé de l'Italie et poursuivi par les Suisses, avait reculé jusqu'aux portes de Dijon, capitale de son gouvernement, et venait de signer un traité humiliant. Louis XII n'en accepta point la honte, et annulant dans les mains de la Trémouille, le bâton de commandement, le roi envoya le duc de Bourbon en Bourgogne, avec le titre de lieutenant-général extraordinaire. Charles III ne conduisit avec lui, dans cette province, que 1,600 hommes d'armes, 4,000 lansquenets et 3,000 hommes de pied. Ces forces lui suffirent, non-seulement pour tenir en respect les Suisses, qui, des hauteurs du Jura, continuaient de menacer la Bourgogne, mais pour réprimer les *mangeries et pilleries* qu'exerçait l'arrière-ban, levé *in extremis* par la Trémouille. Après avoir fait la chasse aux pillards, et les avoir obligés à rentrer chacun en sa maison, le duc, administrateur de vingt-quatre ans, prit quelques mesures intérieures qui eussent fait honneur à une vieille expérience ; puis il revint à la cour, après avoir rétabli l'ordre et la sécurité dans les provinces qu'il avait un moment gouvernées.

Ce fut peu de temps après son retour que le duc de Bourbon se rendit, avec les autres princes du sang, au-devant de la belle Marie, sœur du roi d'Angleterre. Cette jeune princesse, qui, depuis quelques mois, aimait un simple gentilhomme anglais, se trouvait peu flattée de prendre dans la couche royale de France la place encore brûlante qu'y laissait l'auguste et chaste Anne de Bretagne, remplacée avant que la dernière pelletée de terre fut retombée sur sa bierre. Marie, parée d'une fraîche couronne de myrte, soupira lorsqu'il fallut venir ceindre le superbe diadème des reines de France ; mais Henri VIII avait ordonné, elle devait obéir : car les bourreaux de ce despote farouche, portaient une hache pour décapiter les sœurs comme les épouses de leur roi.

A cette époque, la duchesse douairière, Anne, tout à fait rétablie dans les bonnes grâces du roi, avait été appelée à la cour des Tournelles pour apprendre les *façons de France* à la jeune reine ; tandis que Louis XII annonçait au gendre de cette princesse qu'il voulait faire de lui *son escu et bouclier*, en lui promettant l'épée de connétable. La fille de Louis XI n'eut pas le temps d'achever l'éducation française de l'anglaise Marie : le monarque qu'elle avait épousé, oubliant qu'il est une saison de la vie où l'homme doit moissonner avec réserve dans les domaines de l'amour, paya de sa vie des actes d'héroïsme auxquels il n'était plus apte, et la sœur de Henri VIII courut reprendre en souriant la guirlande de myrte qu'elle avait tant regrettée.

Ce fut François Ier qui remit au duc de Bourbon l'épée de connétable, que lui avait promise Louis XII. Charles III était dans ses domaines, occupé à lever des troupes, qu'il devait conduire au-delà des Alpes, lorsqu'il apprit la mort de ce monarque, qui ne mérita peut-être pas, sous tous les rapports, le beau titre de *Père du peuple*. La postérité le lui refusera du moins, au souvenir de l'obstination avec laquelle il fit tomber tant de Français, dans la vaste tombe ouverte en Italie par son prédécesseur. Le nouveau connétable, chargé d'alimenter ce gouffre toujours béant, assista, avant de franchir les Alpes, au sacre du brillant François Ier ; et tout aussi épris que lui des magnificences, il effaça ce monarque même par l'étalage de ces hochets de vanité, qui séduisent la multitude. Dans une fête donnée au palais des Tournelles, après le couronnement, Charles parut, dit Marillac, avec « une » longue robe de drap d'or, contenant douze aulnes, qui avait coûté quatorze » vingt escus d'or au soleil, l'aulne[1], payée comptant. Elle était fourrée de » martres zibelines, et son bonnet était chargé de bagues jusqu'à la valeur » de cent mille escus ; et fut dit qu'il n'y en avait aucun en la compagnie qui » fût si bien ne si richement accoustré, qu'était le dit sieur de Bourbon et » connétable de France. »

Ami des splendeurs futiles, le duc de Bourbon ne leur sacrifiait pas néanmoins cet esprit d'ordre, cette gravité de conceptions que nous l'avons déjà vu déployer en Bourgogne. Avant de se mettre à la tête des armées, il voulut y relever la discipline établie, au milieu du siècle précédent, par l'austère Arthur de Richemont. En conséquence, après avoir recueilli l'avis des la Trémouille, des Chabannes, des Bayard, il rédigea une *ordonnance sur la gendarmerie*, qui donnait encore une organisation régulière et forte à l'armée nationale, en garantissant les citoyens contre les désordres d'une soldatesque licencieuse. Charles de Bourbon avait dit : « La force publique est instituée pour défendre non pour dévaster le pays ; et le trésor royal, non la bourse des particuliers, doit pourvoir à son salaire. »

Tandis que le connétable s'occupait de ces soins, auxquels succédèrent quelques dispositions propres à son duché, il paraissait avoir détourné ses regards du Milanais, perdu par Louis XII, et que ce seigneur était chargé de reconquérir. Charles de Bourbon pouvait être, en ce moment, comparé au chat qui n'est jamais plus près de saisir sa proie qu'à l'instant où il semble y songer le moins. Tout-à-coup le connétable, ayant sous ses ordres l'illustre maréchal de Chabannes, pénétra en Italie par le passage qu'avait marqué le grand Annibal. Prosper Colonne, général pourvu de toute la jactance italienne, s'avançait au-devant des Français, jurant qu'il les enfermerait dans les étroits défilés des Alpes, *comme des pigeons en cage*. Ce fut à lui que ce sort advint : Chabannes avait pénétré jusqu'à Villafranca, où Colonne et les siens

---

(1) En tout, 37,558 livres 8 sous 9 deniers.

s'étaient arrêtés pour se rafraîchir. Tandis qu'ils étaient à table, un groupe de cavaliers français au milieu duquel flotte la bannière de Bayard arrive au galop, et cerne la maison. Les Italiens veulent fermer la porte de la chambre où ils se trouvent; une lance française, passée dans l'ouverture, prévient cette action. Colonne et tous les gentilshommes qui l'accompagnent, n'ont plus que la ressource de se rendre; ils remettent leurs épées entre les mains du maréchal de Chabannes.

L'armée française, entrée ainsi en Italie par d'autres chemins que ceux confiés à la garde des Suisses, pouvait obtenir, en agissant sur l'heure, des avantages d'autant plus décisifs, que son attaque était moins prévue. Mais François Ier avait défendu expressément au connétable de livrer bataille avant son arrivée en Italie; les troupes prirent position à *Marignan*, sur l'Adda, à trois lieues de Milan. Lorsque le roi fut rendu au camp, ses forces ne s'élevaient pas à moins de 60,000 hommes, dont 35,000 fantassins, avec une formidable artillerie. Il n'appartient point à notre sujet de retracer ce triomphe sanglant des 13 et 14 septembre 1515, qui coûta tant de larmes à la France, et qui lui profita si peu; nous dirons seulement que durant cette bataille de deux jours, le roi combattit comme un chevalier le lendemain de sa veille d'armes, et que le connétable commanda avec le sangfroid et la puissance d'inspiration d'un général vieilli sur les champs de bataille. A partir de Marignan, ce capitaine, si jeune encore, fut réputé avec justice le premier homme de guerre du siècle. Cependant, François Ier admira surtout les *gentilles apertises* du connétable, comme il disait en style chevaleresque, attardé dans la bouche d'un souverain du XVIe siècle. Ce paladin couronné avait entendu plus d'une fois pendant le combat, l'épée de son vaillant cousin résonner sur des casques ennemis; mais les Chabannes, les Saint-Pol, les Vendenesse, appréciant mieux le vrai mérite du général, tenaient compte particulièrement à Charles III, du génie qu'il avait déployé dans le commandement de l'armée à Marignan; et c'était de ce dernier éloge que cet homme supérieur se glorifiait, non de quelques coups d'estoc retentissants.

Voici maintenant un épisode singulièrement additionnel, ajouté à la gloire militaire que le duc de Bourbon acquit dans cette campagne: François Ier ne voulut pas quitter l'Italie sans se montrer paré des palmes de la victoire au pape Léon X, le plus magnifique des Médicis[1]; le monarque français se rendit à Bologne

---

(1) Léon X, dont le trésor était épuisé, non-seulement par ses magnificences, mais par les encouragements nombreux qu'il avait accordés aux sciences, aux lettres, aux arts, ne savait plus à quelle ressource recourir pour faire terminer l'admirable basilique de Saint-Pierre. Le débit des indulgences pouvait être

entouré de ses plus illustres capitaines et suivi d'une nombreuse chevalerie, brillante comme lui. Après une solennelle réception faite au roi, au milieu d'une cour qui ne le cédait point à la sienne en magnificence, Léon X voulut célébrer lui-même la messe à l'intention de son hôte couronné. Nos lecteurs sont assurément loin de prévoir quel personnage sollicita l'honneur de tenir lieu de clerc au chef de la chrétienté; ce fut le connétable de Bourbon : ce prince prenant les burettes d'une main qui, peu de jours auparavant, avait fait peser si rudement la première épée de France sur les suisses, aida à la communion pontificale de Jean de Médicis.

Lorsque le roi eut quitté l'armée, plein d'enthousiasme pour les beaux arts, et emportant dans sa vive imagination le modèle poétique de Chambord, le connétable resta dans le Milanais avec les attributions de vice-roi. Ce fut surtout dans cette circonstance que Charles III fit admirer l'étendue de son esprit et les inspirations de sa sagesse. Commandement des troupes, justice, administration, police, finances, tout reçut l'impulsion de cette vaste intelligence; tout fut habilement concerté pour établir la domination française dans ce pays peu soumis, mais qui devait l'être promptement, si la guerre eût laissé au connétable le temps de cicatriser les plaies qu'elle creusait depuis vingt ans au sein des populations lombardes. Tout occupé que fût Charles de Bourbon de cette tâche réparatrice, il ne perdait de vue, ni les Vénitiens, qu'il soutenait contre l'empereur Maximilien, ni le royaume de Naples, qu'il espérait bien reconquérir. Mais il fallut bientôt songer à d'autres dispositions : l'empereur, averti de l'assistance que la France accordait à Venise, et se croyant sûr de réveiller en Italie le parti des Gibelins, passa les Alpes qui séparent l'Allemagne du pays de Trente, et marcha sur la Lombardie. Le connétable, ayant eu avis de ce qui se passait, sut comprimer la faction Gibeline, et mettre Milan dans un état de défense formidable. L'invasion de Maximilien vint échouer sous les murs de cette capitale : le monarque, honteux de cet échec, ajouta encore à sa honte, en désertant son armée pendant la nuit. Les Allemands, démoralisés par cette fugue ignoble, levèrent le siége de Milan en toute hâte; mais le comte de Saint-Pol, Anne de Montmorency et le sire de Lescun, détachés contre eux avec de la cavalerie, taillèrent en pièces leur arrière-garde.

Charles de Bourbon venait donc de délivrer le Milanais; il attendait, avec les éloges du roi, qu'il avait si bien mérités, l'autorisation de marcher sur le royaume de Naples; ce fut son rappel qu'il reçut. Pour qui a su juger sainement

---

fructueux encore ; le Saint Père en fit vendre prodigieusement en Europe, et ce fut à cette occasion que Luther leva l'étendard de la réforme, en 1518. Un réformateur français eût choisi un autre moment.

François Iᵉʳ, à travers cette auréole de gloire factice dont quelques historiens serviles ont environné sa tête, il est aisé de concevoir que la gloire réelle du connétable devait lui déplaire, tout en le servant : si le bon et sage Louis XII avait pu se laisser aller un moment à ce genre de jalousie, certes! on ne pouvait pas attendre que François Iᵉʳ, monarque vaniteux et fanfaron, restât exempt d'un tel travers. La belle comtesse de Chateaubrilland, déjà maîtresse des volontés de ce souverain comme de son cœur, avait pénétré l'envie que le connétable excitait en son royal amant ; elle se promit d'en profiter pour desservir ce seigneur, et pour ouvrir une plus vaste carrière à ses trois frères, les sires de Lautrec, de Lescun et de Lesparre.

Un jour, que la conquête du royaume de Naples était discutée dans le conseil le plus ordinaire de François Iᵉʳ, c'est-à-dire au milieu d'un cercle de dames, la favorite, qui ne manquait pas d'une certaine éloquence, se prit à prouver au roi que cette conquête ne pourrait profiter à sa gloire, qu'autant qu'elle serait confiée à d'autres mains que celles du connétable.

— Nul doute que le mérite du duc de Bourbon, ne soit très-grand, dit la comtesse; mais c'est précisément pour cela qu'il faut l'éloigner de l'Italie.

— J'avoue, belle dame, dit le roi en souriant, que voilà un argument qui me semble singulier.

— Votre Majesté va le trouver très-juste, reprit vivement la favorite : il faudrait être peu clairvoyant pour ne pas remarquer dans M. de Bourbon une ambition au moins égale à son mérite : n'avons-nous pas vu éclater ses vaniteuses prétentions dans toutes les circonstances? Sur le champ de bataille, ce superbe seigneur n'a-t-il pas disputé la première palme à Votre Majesté, que personne n'égale en vaillance? Entre-t-il dans la lice courtoise, ce n'est que pour sourire dédaigneusement à quiconque veut courir une lance avec lui; enfin, au sein des fêtes, Bourbon n'est heureux que lorsque, par la magnificence de ses habits, il croit avoir effacé la splendeur royale elle-même.

— Ce que vous me dites là, comtesse, est très-vrai, et l'insolence de notre cousin le connétable nous a souvent choqué.

— Pas assez, peut-être, Sire, puisqu'il se trouve encore dans une position telle, qu'il pourrait en abuser pour se rendre indépendant.

— Il ne l'oserait! nous ne devons pas oublier d'ailleurs, que le connétable vient encore de rendre un signalé service à notre couronne, en faisant repentir l'empereur Maximilien de son expédition en Italie; et vous savez, comtesse, que le duc de Bourbon a soutenu ce choc avec ses propres ressources et ses propres vassaux.

— Oui, sans doute, Sire, c'est un beau fait d'armes; mais Votre Majesté ne pense-t-elle pas qu'un sujet assez puissant pour se procurer des trésors et des soldats sans le concours de son roi, peut devenir encore plus dangereux qu'il n'est utile.

— Et comment cela, Madame?

— Par le désir de s'élever au niveau du trône, et de devenir l'égal du roi, son maître.

— Lui, notre égal, jamais! s'écria François Ier, dont le regard étincela de toute l'indignation d'un orgueil souverain profondément blessé.

— C'est qu'alors Votre Majesté, au lieu d'agrandir le connétable par une nouvelle concession de pouvoirs en Italie et par l'envoi de secours d'hommes et d'argent, qu'il demande, songera bien plutôt à abaisser ce superbe seigneur.

— Je ne puis cependant l'humilier dans le temps qu'il me sert avec éclat.

— Votre Majesté, en le rappelant auprès de sa personne, peut lui faire croire qu'elle a besoin de ses lumières dans le conseil : ce sera l'annuler en le flattant, et lui enlever un témoignage de confiance, en lui laissant caresser l'ombre d'un autre.

— Comtesse, dit François en riant, quel dommage que la jupe soit exclue des charges diplomatiques : il y a, foi de gentilhomme, en vous toutes les qualités d'un ambassadeur. Vos remarques sont pleines de sens : nous les avons faites plus d'une fois en notre particulier; et nous ne serions pas éloigné de rappeler le connétable, s'il n'était pas si difficile de le remplacer.

Cet entretien avait lieu en présence de Louise de Savoie, mère du roi; dix années écoulées depuis les fiançailles de son fils à Tours, n'avaient point affaibli la flamme impure dont elle brûlait pour le duc de Bourbon; et aveuglée par l'éclat du rang qu'elle occupait auprès du trône, elle s'abusait assez sur la disparition de ses charmes, pour espérer que le connétable répondrait enfin à son amour, lorsqu'il serait habituellement à ses côtés. Toutefois, la princesse, tout en aspirant à la présence du seigneur qu'elle aimait avec une sorte de fureur, ne pouvait avouer à son fils le motif qui lui faisait désirer son retour. Elle parut donc s'associer aux conseils prudents de la favorite, et aux craintes qui semblaient les dicter.

— Vous ne manquez pas, mon fils, de vaillants capitaines pour commander vos armées, dit Louise de Savoie, en prenant part à l'entretien, qu'elle avait écouté jusque là silencieusement, de peur d'appeler l'attention du roi sur un secret déjà trop divulgué. N'avez-vous pas le maréchal de Trivulce.

— Il est trop vieux, dit la comtesse avec ce ton méprisant qui prouve le peu de cas que les femmes galantes font de l'expérience. On peut comparer ce vénérable maréchal à ces drapeaux dont la lance est émoussée, l'étoffe déchirée, et qui ne doivent être montrés que de loin aux ennemis.

— Mais Chabannes, reprit la duchesse d'Angoulême.

— Excellente lame, mais assez mauvaise tête, répondit Madame de Châteaubrilland, qui se faisait d'office la pensée du roi.

— Saint-Pol, Montmorency ou Vendenesse, reprit Louise de Savoie.

— Toujours des batailleurs et point de généraux, répliqua la comtesse. Cette remarque fut faite avec une telle brusquerie, et d'un ton qui laissait voir tant de mépris pour la princesse, qu'elle crut devoir y répondre par un trait de sanglante malice.

— Je suis surprise, comtesse, reprit-elle, que vous n'ayez pas encore proposé pour la vice-royauté du Milanais, l'amiral Bonnivet, auquel vous prenez, dit-on, un vif intérêt... Mais en y réfléchissant, je pense qu'il est des amis dont on se sépare peu volontiers, même dans l'intérêt de leur fortune ou de leur gloire.

Madame de Châteaubrilland qui, en effet, se montrait fort tendre pour Bonnivet, le plus beau cavalier de la cour, fut un moment étourdie d'une apostrophe si crue; mais reprenant bientôt cette présence d'esprit qui ne manque pas long-temps à la femme habituée aux subtilités galantes, elle répliqua avec une sorte de négligence :

— Il est vrai, Madame, que je me suis abstenue de nommer le sire de Bonnivet, par le motif que vous avez dit : je sais combien le roi tient à la présence auprès de lui de ce seigneur, dont il aime le caractère et l'enjouement; je me serais donc bien gardée de faire à mon souverain une proposition qui lui eût déplu.

Nous croyons l'avoir dit ailleurs, François Ier était la seule personne de la cour qui ignorât l'intrigue nouée entre sa favorite et son favori; il eût été même très-difficile de le convaincre d'une rivalité qu'il croyait impossible. Le trait décoché par Louise de Savoie contre la comtesse, fut une flèche perdue, et le roi reprit :

— Nous avons vos trois frères, comtesse : Lautrec, Lescun et Lesparre, gentilshommes vaillans, au dire de toute l'armée, et que je tiens pour expérimentés, quoiqu'ils ne grisonnent pas encore; car je suis assez d'avis que l'expérience, pour être valable en guerre, ne doit pas être si chargée d'ans qu'elle plie sous l'armure.

— J'avais pensé à ces seigneurs, dit Louise de Savoie, avec un dépit provoqué sans doute par l'outrecuidance de la comtesse; mais j'évitais de les nommer, au souvenir de ce que vous m'écrivîtes, mon fils, du champ de bataille de Marignan; j'ai encore en mémoire le passage de votre lettre qui concerne deux des frères de Madame : « Vous vous moquerez, m'écriviez-vous, » de messieurs de Lautrec et Lescun, qui ne se sont point trouvés à la bataille, » et se sont amusés à l'appointement des Suisses, qui se sont moqués d'eux. »

Madame de Châteaubrilland connaissait trop bien sa puissance sur le cœur du roi pour laisser sans réponse cette piquante citation.

— Il est vrai, Madame, répondit-elle avec une fermeté mesurée, il est trop vrai que MM. de Lautrec et de Lescun ont perdu l'occasion de combattre à Marignan; mais Sa Majesté sait qu'ils ne s'étaient rendus auprès des Suisses que par son exprès commandement; et je ne doute pas que le roi ne leur procure prochainement l'occasion d'effacer le tort que cet acte d'obéissance a pu causer à leur gloire.

— C'est juste, Madame, et déjà notre équité royale s'inspirait de cette idée, pendant que Madame notre mère citait avec peu d'opportunité une phrase échappée à l'ivresse de la victoire. Si nous avons décidé de rappeler Monsieur de Bourbon du Milanais, et nommons Monsieur de Lautrec, notre lieutenant-général au-delà des Alpes.

En effet, le connétable reçut peu de jours après cet entretien, l'ordre de remettre son commandement au comte de Lautrec, qui fut plus tard maréchal de France; et Bourbon rejoignit le roi à Lyon. Dissimulant de son mieux le mécontentement que lui causait ce remplacement assez semblable à une disgrâce, le duc se rendit à Moulins avec le monarque et sa cour, qu'il reçut, dans cette capitale, avec sa magnificence accoutumée. Mais après le départ de François Ier, Charles III resta en Bourbonnais pour mettre ordre à ses finances qu'avaient singulièrement obérées ses dernières opérations en Italie, si étrangement récompensées. Dans cette circonstance, le duc se vit contraint de convoquer les états d'Auvergne pour leur demander des subsides : il en obtint une somme de 55,000 livres, payable en cinq années, votée à l'unanimité. Ce témoignage d'affection accordé par l'assemblée au connétable, déplut sans doute au roi; car, loin de lui rembourser les avances qu'il avait faites en Italie, on supprima, à partir du 1er janvier 1517, tous les appointements et pensions dont il avait joui jusqu'alors.

Nous avons rappelé dans notre seconde section [1] les causes probables qui déterminèrent cette dernière disgrâce; nous en avons raconté les suites jusqu'au moment où le connétable quitta Montbrison. Séparant la fin de ce grand épisode de notre récit actuel, nous la renvoyons au précis sur *la Palisse*. C'est

---

(1) Voyez au présent volume de la page 396 à la page 406.

dans le château de cette ville que se renouèrent, pour un moment, les dernières relations amicales entre Charles de Bourbon et la cour de France.

En 1518 encore, le duc dissimulait son mécontentement, contenu sinon par son respect pour le roi, au moins par sa fidélité à la couronne : fidélité qui n'avait point alors été tentée. L'année précédente, il avait prié François Ier de tenir sur les fonts baptismaux un fils que la duchesse avait eu contre l'espérance de son mari, *vu la difformité et indisposition de ladite dame*. En cette même année, Charles fut appelé au baptême du dauphin, qui se célébra dans la ville d'Amboise avec une pompe jusqu'alors sans exemple. Le duc, cette fois encore, surpassa tous les courtisans en magnificence, et ajouta ainsi aux ressentiments jaloux du roi son maître, tandis que d'un autre côté, il n'avait répondu que par un mépris persifleur aux agaceries presque lascives, ou aux regards mourants de langueur de la surannée Louise de Savoie.

Franchissant ici cette fin d'épisode que nous avons écrite au château de la Palisse [1], peut-être dans le cabinet où la trame en fut continuée, nous regarderons, dans le reste de ce précis, le duc Charles III comme étranger au Bourbonnais, et nous arriverons brusquement à l'époque où cette province fut incorporée à la monarchie. « Dès cette époque, dit M. Adolphe Michel, en terminant l'intéressante histoire du Bourbonnais, ce duché, quoique conservant son ancien titre, n'est plus qu'une fraction de la grande unité nationale, qui va se resserrant de plus en plus. Sa vie lui vient d'un centre commun, placé bien loin de lui : ce n'est plus cette vie propre et personnelle, dont il jouissait sous le gouvernement de ses premiers sires ou de ses anciens ducs. Depuis qu'elle ne peut plus se résumer dans l'existence de l'un de ces puissants feudataires, qui osaient quelquefois mettre leur épée dans la balance des destinées de la monarchie, l'histoire du Bourbonnais ne se compose plus que de quelques épisodes locaux et détachés, qui ne sont point de nature à se grouper en un seul faisceau [2]. »

Renvoyant nous-mêmes ces faits à nos précis sur les localités où ils se sont accomplis, nous n'avons plus à présenter ici qu'un aperçu chronologique sur les transmutations successives que subirent le duché de Bourbonnais et ses dépendances, comme apanages de certaines maisons princières.

Par suite de l'arrêt rendu en 1527 contre le connétable, un conseiller du parlement fut envoyé dans toutes les terres qui lui avaient appartenu pour faire enlever, gratter, effacer ses armes et devises partout où elles se trouvaient.

---

(1) Voyez ci-après le précis sur la ville et le château de la Palisse.
(2) *Ancien Bourbonnais*, t. II, p. 265.

L'une de ces dernières consistait en l'épée de connétable, enlacée d'une bandelette, sur laquelle on lisait : *Penetrabit;* mot superbe, qui révélait à la fois et l'orgueil et les espérances de Charles III. Il avait aussi conservé la légende de Pierre II : « c'était, dit Sainte Marthe, une grande nuée d'azur de
» laquelle sortaient des langues de feu d'or et de gueules, et au milieu était
» un cerf-volant d'or, et autour de son cou, s'espandant sur les épaules,
» entre ses ailes, était une ceinture d'azur, où était écrite en lettres d'or
» l'ancienne devise de la maison de Bourbon : *Espérance.* »

On sait que Louise de Savoie avait fait valoir et réussir ses prétentions sur les vastes domaines du connétable : n'ayant pu posséder sa personne, elle parvint au moins à se faire adjuger ses biens, qui devaient néanmoins retourner à la couronne, au profit de laquelle ils avaient été confisqués. En vertu d'une transaction entre François Ier et sa mère, cette princesse jouit de la presque totalité de cet immense héritage ; le roi ne se réserva que la principauté de Dombes, avec les comtés de Forez, de Beaujolais et de Roannais, destinés à former l'apanage de Charles, le troisième de ses fils. Louise de Savoie ajouta donc à ses titres celui de duchesse de Bourbonnais. Les historiens du pays ne pensent pas que cette princesse ait jamais osé s'y montrer : partout elle se fût heurtée contre les regrets que Charles III y laissait, et contre l'indignation que sa conduite, à elle, femme impudique et vindicative, avait soulevée d'un bout à l'autre de la France.

Après la mort de Louise de Savoie, arrivée en 1531, le duché de Bourbonnais avec toutes ses dépendances, fut réuni à la couronne ; et douze ans plus tard (1543), ce duché fut donné en augmentation d'apanage à Charles de

France. Ce prince étant mort en 1545, ce grand domaine retourna de nouveau à la couronne. Le Bourbonnais échut, en 1562, à cette Catherine de Médicis dont la figure lugubre, que l'histoire n'a point assombrie, apparaîtra long-temps aux générations successives comme un fantôme terrible : Charles IX donna ce duché à sa mère, avec plusieurs autres terres, pour en jouir à titre de douaire. Mais il fut retiré, quatre ans plus tard, à cette princesse, et servit avec le Forez à apanager le duc d'Anjou, depuis Henri III. Devenu roi de France, celui-ci composa, en 1577, de plusieurs duchés et comtés, un douaire pour Élisabeth d'Autriche, veuve de Charles IX: le Bourbonnais fit partie de cet apanage, sauf les terres et seigneuries de Montluçon, Bourbon, Verneuil, Souvigny et Ainay, données précédemment à Diane de France, fille légitimée de Henri II.

Dans l'espace de temps qu'Élisabeth d'Autriche posséda le duché de Bourbonnais, un descendant de ses anciens seigneurs, un prince de la branche de *Bourbon-Vendôme*, était monté au trône de France : Henri IV régnait. Ce monarque donna le duché que ses ascendants avaient gouverné pendant plusieurs siècles à Louise de Lorraine, veuve de Henri III, qui passa les deux dernières années de sa vie au château de Moulins. Cette princesse, du vivant de son époux, devait avoir pris en dégoût les grandeurs mondaines : elle avait vu au Louvre de si hideux excès! aussi vécut-elle en Bourbonnais dans une retraite profonde, se livrant aux pratiques de la plus austère piété, et donnant l'exemple même aux religieuses les plus réformées, dit Mezeray.

Marie de Médicis, envoyée à son tour en possession du Bourbonnais, par lettres patentes de 1611, ne vint point occuper à Moulins l'espèce de cellule dans laquelle Louise de Lorraine avait rendu à Dieu son âme pieuse. La veuve de Henri IV, sortie de France en 1631, par un trait de folie, qu'avait secondé merveilleusement la politique ombrageuse de Richelieu, alla mourir à l'étranger, dans un galetas, au grand scandale du monde, et à la honte ineffaçable de son fils, *Louis-le-Juste*. Alors l'ancien fief des ducs de Bourbon retourna à la couronne. Mais en 1643, il en fut de nouveau distrait, et pour la cinquième fois, il constitua en partie le douaire d'une reine de France : Anne d'Autriche, mère de Louis XIV.

En 1661, le fief ducal qui nous occupe eut une destination différente : Anne d'Autriche étant morte, le roi son fils, l'échangea contre le duché d'Albret, avec Louis de Bourbon, prince de Condé. Ainsi, après une période de cent trente-quatre ans, le Bourbonnais, arraché par confiscation au connétable de Bourbon, rentrait en la possession de l'un des représentants collatéraux de ses souverains primitifs. Mais ce prince ne ressaisissait que le squelette de ce vaste domaine, dont on avait détaché, à diverses époques, les plus belles châtellenies. Il ne conservait plus guère que l'avantage attaché au droit de nomination ou de présentation aux offices tant ordinaires qu'extraordinaires. Les habitants de la province n'apprirent pas sans quelque orgueil, qu'ils allaient passer sous la domination seigneuriale du Grand-Condé; mais cet illustre capitaine ne résida jamais dans les châteaux bâtis par les suzerains, ses ascendants : lui et ses successeurs, qui possédèrent le Bourbonnais, sans interruption, jusqu'en 1789, laissèrent miner par le temps et tomber en ruines ces tours et ces murailles crénelées dont les ducs de Bourbon avaient appuyé jadis leur puissance féodale. Ces princes, ne cherchant plus la grandeur que dans un reflet des splendeurs du trône, oublièrent que leurs aïeux, en cimentant ce trône de leur sang, leur avaient acquis une part de gloire plus réelle, qu'ils laissèrent décliner. Nous avons dit qu'ils la laissèrent décliner; car on ne peut en vérité tenir qu'un compte parcimonieux à l'avant dernier des Condé, de quelques exploits trop vantés, lorsqu'on se souvient qu'il s'agenouillait aux pieds d'une du Barry, pour lui chausser ses pantoufles lorsqu'elle quittait sa couche de prostituée... Nous jetons loin de nous le pinceau, afin de ne pas terminer ce tableau par un trait hideux, en relatant l'extinction de la maison de Condé.

FIN DU PREMIER VOLUME.

www.ingramcontent.com/pod-product-compliance
Lightning Source LLC
Chambersburg PA
CBHW060901300426
44112CB00011B/1288